憲法實務研究

제 7 권

(2006)

憲法實務研究會 編

博 英 社

발 간 사

헌법실무연구회가, 왕성하게 이루어졌던 연구활동의 결과인 발표문과 토론요지를 정리하여 「헌법실무연구」 제 7 권을 펴내게 되었습니다. 회원 여러분과 더불어 대단히 기쁘게 생각합니다.

지난 1년간 우리 헌법실무연구회는 실무계와 학계가 함께 참여하는 월례발표회를 꾸준히 개최하여 헌법판례에 관한 논의와 함께 헌법해석 방법론, 사법심사에 대한 재검토 등 근본적인 이론에 대한 깊이 있는 연구발표와 토론을 계속해 왔습니다. 또한 정치학계는 물론 경제학계의 연구성과를 듣고 논의하는 기회를 가짐으로써 더욱 폭넓은 학문적 교류의 장을 마련하기도 하였습니다.

우리 사회는 점차 주요한 정치적·사회적 대립들이 헌법규범을 중심으로 한 논의로 전환되어 헌법재판의 대상이 되고 있으며, 이러한 갈등의 바람직한 해결을 위해서는 명확하고 공정한 재판절차와 함께 재판과정에서 학계의 전문가뿐 아니라 사회각계와의 폭넓은 의견교환과 토론이 이루어져야 합니다. 헌법실무연구회가 심리중에 있는 사건을 월례발표회의 주제로 하여 논의한 것도 이러한 헌법재판의 필요에 부응하고자 하는 작은 시도라 하겠습니다.

우리 연구회는 한국헌법재판의 발전에 기여할 수 있는 보다 나은 장으로 발전할 수 있도록 앞으로도 계속하여 노력해 나가야 할 것입니다.

끝으로 열성적으로 발표와 토론에 임해 주신 회원들을 비롯한 모든 회원 여러분들께 감사의 말씀을 드리며, 기꺼이 출판을 맡아 헌법실무연구회의 연구성과를 좋은 책으로 펴내 주시는 박영사의 편집관계자 여러분들께도 이 자리를 빌어 고마움을 표합니다.

2006. 10.

헌법실무연구회 회장 이 공 현

일러두기

(1) 이 책은 2005. 10 第59회 월례발표회부터 2006. 9 第68회 월례발표회까지 대체로 매월 첫째 주 금요일 저녁 헌법재판소(2층 회의실)에서 이루어진 주제발표, 지정토론, 및 자유토론을 수록한 것입니다.

(2) 각 발표문의 체제와 판결인용방법 등은 대체로 원문 그대로이고, 별도로 통일시키지 않았습니다.

(3) 토론요지는 녹음된 자유토론의 내용을 수록한 것입니다. 현장감을 주기 위하여, 또 다양한 접근방법을 그대로 알려 주기 위하여 구어체와 원래의 발언내용을 가급적 그대로 유지하였습니다. 다만 녹음상태나 발언의 내용에 따라 그 의미를 충분히 알기 어려운 경우가 있었음을 양해바랍니다. 토론요지 처음에 수록된 참여자명단은 발언순서에 따른 것입니다.

(4) 발표자, 토론자의 직함은 원칙적으로 발표일을 기준으로 하였습니다.

차 례

제59회(2005. 10. 11) 발표문

수용자의 서신검열과 통신의 자유

박 인 수*

Ⅰ. 序 論

헌법재판소에서는 통신의 비밀과 자유에 관한 많은 결정들을 하였으며, 그 주요 판례로는 통신의 자유 침해 등 위헌확인사건(전원재판부 1998. 8. 27. 96헌마398)·통신비밀보호법 제10조 제1항 등 위헌소원사건(전원재판부 2001. 3. 21. 2000헌바25)·행형법시행령 제62조 등 위헌확인사건(전원재판부 2001. 11. 29. 99헌마713)에 대한 결정을 들 수 있다. 이들 결정들은 수형자의 통신의 비밀과 자유에 관한 헌법재판소의 기본적 판단들을 명확히 하고 있으며, 수형자가 사인이 아닌 변호사와 국가기관에 송부하는 서신검열에 대한 헌법적 판단을 밝히고 있으며, 나아가 감청설비의 제조·수입·판매·배포·소지·사용하거나 이를 위한 광고를 하고자 하는 자에 대한 정보통신부장관의 인가에 대하여 국가기관의 경우에는 제외시킨 것에 관한 헌법적 판단들로서, 통신의 자유에 관한 한 leading case의 지위를 지니고 있다고 볼 것이다.

그러나, 이 세 개의 결정을 동일선상에서 이론적으로 분석하기에는 내용과 대상의 측면에서 부적합한 면이 있다. 왜냐하면 첫째 대상법률 또는 규범의 측면에서 96헌마398과 99헌마713은 행행법과 그 시행령을 대상으로 하고 있으나, 2000헌바25 사건은 통신비밀보호법을 그 대상으로 하고 있다. 둘째 96헌마398과 99헌마713 사건은 수용자의 서신검열에 대한 통신의 비밀과 자유의 문제를 고찰하고 있음에 반하여, 2000헌바25 사건은 서신에 의한 통신이 아니라 전자통신에 의한 감청의 문제와 피인가대상의 문제를 쟁점으로 하고 있기 때문이다. 따라서 본고에서는 분석의 대상이 되는 결정을 수용자의 서신검열을 다루고 있는 96헌마398과 99헌마713 두 개의 사건을 대상으로 하고자 한다.

---

* 영남대 법대 교수.

수용자의 서신검열에 관한 문제도 수용자의 변호인 교통·접견권, 국가기관에 대한 청원권 등의 헌법적 기본권과 함께 논의될 수 있을 것이나, 여기에서는 헌법 제18조가 보장하고 있는 통신의 비밀과 자유에 한정하여 살펴보고자 한다.

1) 통신의 자유 침해 등 위헌확인사건(전원재판부 1998. 8. 27. 96헌마398)의 개요·쟁점 및 주문내용

(가) 사건의 개요: 청구인은 1996. 3. 12. 국가보안법위반죄로 대법원에서 징역 1년이 확정되어 안양교도소와 순천교도소에서 복역하다가 1997. 7. 8. 형기(집행유예실효로 합산된 기간 포함)의 종료로 출소하였다. 피청구인은, 청구인이 안양교도소에 수용 중이던 1996. 4. 17. 박찬운 변호사에게 보내기 위하여 발송의뢰한 서신과, 같은 달 19. 유남영 변호사에게 보내기 위하여 발송의뢰한 서신을 행형법(이하 "법"이라 한다) 제18조 제3항 본문에 따라 검열한 다음 그 발송을 각 거부하였다.

청구인은, 피청구인의 위와 같은 서신검열 및 발송거부 행위로 청구인의 기본권이 침해되었고, 아울러 수형자의 서신을 검열하도록 규정한 법 제18조 제3항 본문은 위헌이라고 주장하면서 1996. 12. 5. 이 헌법소원심판청구서를 제출하였다.

(나) 쟁 점:

(1) 교도소장이 수형자(기결수)의 서신을 검열한 행위가 헌법에 위반되는지 여부

(2) 수형자의 서신검열을 규정한 행형법 제18조 제3항이 헌법에 위반되는지 여부

(다) 주 문

청구인이 1996. 4. 17. 청구외 박찬운에게 보내기 위하여 발송의뢰한 서신 및 같은 달 19. 청구외 유남영에게 보내기 위하여 발송의뢰한 서신을 피청구인이 각 발송거부한 부분에 관한 심판청구와 행형법 제18조 제3항 본문 중 "수형자의 서신검열"부분에 관한 심판 청구를 각 각하하고, 피청구인이 위 각 서신을 검열한 부분에 관한 심판청구를 기각한다.

2) 행형법시행령 제62조 등 위헌확인사건(전원재판부 2001.11. 29. 99헌마713)의 개요·쟁점 및 주문 내용

(가) 사건의 개요

(1) 청구인은 1998. 8. 21. 강도강간죄 등으로 징역 5년형이 확정되어 현재

군산교도소에 수감중인 자로서 1999. 9. 일자불상경 대구교도소 수용 중 교도소장의 허가 없이, 교도소 내의 청구인에 대한 폭행가혹행위, 부당처우행위, 권리행사방해행위, 직무유기행위를 조사하여 달라는 서신을 국무총리실, 국민고충처리위원회, 감사원 등에 제출하여 위 민원에 대한 처리 회신을 1999. 10. 11.에 받았으나, 대구교도소는 위 서신의 내용에 대한 진상을 조사하는 과정에서 청구인을 1999. 10. 11.부터 14일 동안 구금하였고, 교도소장의 허가 없이 서신을 다른 사람에게 발송한 혐의가 인정된다는 이유로 2월의 금치처분을 하였다.

(2) 청구인은 이에 서신의 검열에 관하여 규정한 행형법시행령(1997. 12. 31. 대통령령 제15572호로 개정되고, 2000. 3. 28. 대통령령 제16759호로 개정되기 전의 것, 이하 '구 시행령'이라 한다) 제62조를 비롯하여 수용자규율및징벌에관한규칙(1995. 8. 11. 법무부령 제411호로 전문 개정되고, 2001. 1. 18. 법무부령 제502호로 개정되기 전의 것, 이하 '구 수용자규칙'이라 한다) 제3조 제21호, 제35호, 제7조 제3항과 징벌 관련 규정이 청구인의 기본권을 침해하였다고 주장하면서 1999. 12. 14. 이 사건 헌법소원심판을 청구하였다.

(나) 쟁 점

(1) 수용자가 국가기관에 서신을 발송할 경우에 교도소장의 허가를 받도록 하는 것이 통신비밀의 자유를 침해하는지 여부

(2) 수용자가 발송하는 서신이 국가기관에 대한 청원적 성격을 가지고 있는 경우에 교도소장의 허가를 받도록 한 것이 청원권을 침해하는지 여부

(다) 주 문

이 사건 심판청구 중 구 수용자규율및징벌에관한규칙(1995. 8. 11. 법무부령 제411호로 전문 개정되고, 2001. 1. 18. 법무부령 제502호로 개정되기 전의 것) 제3조 제21호 중 '서신'에 관한 부분은 이를 기각하고, 나머지 부분은 모두 각하한다.

Ⅱ. 통신의 비밀과 자유의 법적성격과 제한의 정도

헌법재판소는 96헌마398사건 1998. 8. 27. 결정에서 수형자의 통신의 비밀과 자유의 보장에 대한 헌법적 판단을 밝히고 있으며, 통신의 비밀과 자유의 제한에 관하여서는 96헌마398사건 1998. 8. 27. 결정에서 헌법재판소가 행한 헌법적 판단을 99헌마713사건 2001.11. 29. 결정에서도 그대로 수용하고 있다.

먼저, 헌법상 보장된 통신의 비밀과 자유가 수형자에게는 어느 정도로 보장

될 것인가에 관한 문제에 대하여 헌법재판소는 "수형자의 구금목적은 자유형의 집행이다. 자유형의 내용은 수형자를 일정한 장소에 구금하여 사회로부터 격리시켜 그 자유를 박탈함과 동시에 그의 교화, 갱생을 도모함에 있다. 사회적 격리가 자유형의 한 내용이라면 일반적으로 외부와의 자유로운 교통이 허용되지 않는 것은 당연하다고 할 수도 있겠다. 그런데 자유형의 본질이 외부 사회와의 격리이고 수형자의 사회적 위험성이나 사회방위의 관점에서는 '사회로부터의 격리'의 요소가 특히 강조되어야 하지만, 우리 헌법이 '수형자의 사회로부터의 완전한 격리'를 자유형의 당연한 내용으로 하고 있다고 볼 수는 없다. 오히려 일정한 범위내에서 서신수발의 자유를 허용하는 것이 수형자의 교화·갱생을 위하여서 더욱 유익할 수도 있다. 결국 수형자의 통신의 자유를 구체적으로 어느 정도 인정하고 어느 정도 제한할 것인가의 문제는 기본적으로 입법정책에 맡겨져 있다고 할 수 있다. 이렇게 본다면 법률에 의하여 수형자의 서신수발에 관하여 광범위하게 권리성을 인정하는 것도 가능하고, 반대로 수형자의 서신수발은 일반적으로 금지된다고 전제하고 개별적으로 허가하는 것도 헌법에 반한다고 할 수 없다"라고 봄으로써, 수형자의 통신의 자유의 법적성격에 대하여는 추상적 권리성을 부여하고 있다.

또한 수용자에 대한 서신검열에 관하여 96헌마398사건 1998. 8. 27. 결정에서는 "수형자가 수발하는 서신에 대한 검열로 인하여 수형자의 통신의 비밀이 일부 제한되는 것은 국가안전보장·질서유지 또는 공공복리라는 정당한 목적을 위하여 부득이할 뿐만 아니라 유효 적절한 방법에 의한 최소한의 제한이며 통신의 자유의 본질적 내용을 침해하는 것이 아니므로 헌법에 위반된다고 할 수 없다"라고 판단함으로써, 수형자의 통신의 자유에 대한 제한 원리로서 과잉금지의 원리를 적용하고 있다.

1. 일반적 권리성의 문제

수형자의 통신의 자유 인정 여부는 입법정책적 문제로서 일반적으로 금지할 수 있는 것인가?

먼저 통신의 자유가 입법정책적 문제로서 입법에 의해 권리성의 인정 여부가 결정될 수 있다고 보는 견해는 없을 것이다.[1] 통신의 비밀과 자유는 헌법 제18

1) 통신의 비밀과 자유의 법적 성격에 관하여 이를 사생활의 비밀과 자유에 속하는 기본권으로 보는 견해와 표현의 자유에 속하는 기본권으로 보는 견해가 있기는 하지만 통신의 자유에 관한 기본권성을 부인하는 견해는 없다. 박용상, 『표현의 자유』, 현암사, 2002, 621면; 성낙인, 통신에서의 기본권 보호, 공법연구, 제30집 제2호, 2001, 36면; 김일환, 첨단과학기술사회에서 통신비

조가 규정하고 있는 헌법상 기본권이며, 자유권의 핵심적 내용으로 구체적 권리로서의 성격을 가지고 있다.[2] 구체적 권리로서의 통신의 자유는 입법에 의해 제한될 수는 있으나, 통신의 자유의 보장은 이미 헌법에 의해 구현되고 있다고 할 것이다.

그러면 수형자의 통신의 자유는 입법정책에 의해 그 권리성이 좌우될 수 있으며, 일반적으로 금지할 수 있는 것인가? 이 문제에 대해 헌법재판소에서는 '수형자의 구금목적'을 주된 이유로 하여 수형자의 서신수발은 일반적으로 금지된다고 전제하고 개별적으로 허가하는 것도 헌법에 반한다고 할 수 없다는 견해를 나타내 보이고 있다. 그러나 특별권력관계에 의한 일반적·포괄적 기본권 배제는 민주주의 헌법원리에 부합하지 않으며,[3] 필요한 경우에는 특수신분관계에 의한 개별적·구체적 제한은 가능할 것이라 할 것이다. 또한 특수신분관계에 의한 기본권 제한의 경우라고 하더라도, 기본권의 권리성 자체가 배제된다거나 금지된다고는 할 수 없다.[4]

따라서 수형자의 통신의 비밀과 자유라고 하더라도 일반 국민의 통신의 자유와는 다르게 입법정책에 의해 인정되거나 제한되거나 할 수 있는 성격이 아니라, 일반국민과 동일하게 향유할 수 있는 기본권으로서의 성격을 가지고 있으나 행형법 등 법률에 의한 입법목적 구현을 위한 개별적·구체적 제한은 가능한 것으로 보아야 할 것이다.

밀의 헌법상 보호범위와 제한에 관한 고찰, 헌법학연구, 제10권 제1호, 2004, 317면.

헌법재판소는 전기통신사업법 제53조 등 위헌확인(전원재판부 2002. 6. 29, 99헌마480)사건에서 전기통신이 표현의 자유에 속하는 것으로 보고 있다.

2) 프랑스에서는 fouilles des vehicules(1977. 1. 12) 판례를 통하여 통신비밀의 자유는 사생활의 비밀과 자유에 속하는 것으로 보았다(L. Favoreu, L. philip, Les grandes décisions du Conseil constitutionnel, DALLOZ, 2003, p. 331).

3) 김동희 교수는 "국가와 사회의 동질성이 인정되고, 법치주의·민주주의·의회주의 원칙에 입각한 현대 헌법하에는 전통적안 특별권력관계론은 이미 그 성립기반을 상실한 것이다. 따라서 오늘날에는 특별권력관계도 법관계라는 점은 누구도 부인할 수 없고, 그러한 점에서 그것은 일반권력관계와 본질적인 차이는 없다. 그러나 종래 특별권력관계에 포함되어 있던 여러 관계는 자율적 부분법질서를 형성하는 관계라는 사실도 부정할 수 없다고 본다. 그러한 점에서 실정법상 특수한 규율을 하고 있는 경우(예컨대, 공무원의 근무관계·군복무관계)도 적지 않거니와, 법해석상으로도 특별한 해석을 하여야 하는 경우도 상정될 수 있다"라고 보고 있다(행정법 Ⅰ, 제10판, 박영사, 2004, 110-111면).

4) 헌법재판소는 얼차려와 관련된 사건에서, 당해 얼차려명령은 상관으로서 권한 내의 명령이 아닐뿐더러, 적법절차를 무시한 무권한의 것이며, 그 내용에 있어서도 가혹한 행위에 해당되어 항명죄의 객체인 상관의 정당한 명령이 될 수 없음이 명백하여 청구인에 대하여 항명죄의 혐의를 인정해서 안될 사안이라고 하고, 청구인의 평등권과 행복추구권 침해를 이유로 검찰의 청구인에 대항 기소유예처분을 취소하였다(헌재결 1989. 10. 27, 89헌마56).

2. 과잉금지원리의 문제

수형자의 통신의 비밀과 자유를 제한하는 법리는 무엇이며, 수형자의 서신수발에 대한 교도관의 검열은 이 제한 법리에 부합한 것인가? 헌법재판소가 수형자의 서신검열에 대한 제한 원리로 제시하고 있는 과잉금지의 원칙을 중심으로 살펴보고자 한다.[5]

헌법재판소에서는 수형자에 대한 서신검열행위에 대하여 목적이 정당하며 방법이 적절하고 제한은 최소한으로 이루어지고 있으며 통신의 자유의 본질적 내용을 침해하는 것이 아니므로 합헌적 기본권 제한행위로 보고 있다. 이는 기본권 제한에 있어 헌법재판소가 적용하고 있는 과잉금지의 원리를[6] 통신의 자유에도 적용한 것이라 할 수 있다. 수형자의 서신수발에 대하여 교도관이 행하는 검열이 수형자의 통신의 자유를 과잉금지한 것이 아닌가?

(1) 목적의 정당성과 방법의 적절성 여부

교도관 검열에 대한 목적의 정당성과 방법의 적절성에 관하여 헌재는 다음과 같이 판단하고 있다. "수형자의 교화·갱생을 위하여 서신수발의 자유를 허용하는 것이 필요하다고 하더라도, 구금시설은 다수의 수형자를 집단으로 관리하는 시설로서 규율과 질서유지가 필요하므로 수형자의 서신수발의 자유에는 내재적 한계가 있다고 하지 않을 수 없다. 즉, 구금의 목적을 달성하기 위하여는 우선 수형자의 신체적 구속을 확보하여야 하고 교도소 내의 수용질서 및 규율을 유지하여야 할 뿐만 아니라, 수형자의 교화·개선에 해로운 물질이나 서신의 수발을 허용하여서는 아니된다," 또한 나아가 "수형자는 수사 및 재판과정에서 관련된 고소·고발인, 경찰·검찰 및 법원의 공무원, 피해자, 증인, 감정인 등에 대하여 원망과 분노를 가질 수 있으므로, 만일 수형자로 하여금 이들에게 서신을 제한없이 발송할

5) 전기통신사업법 제53조 등 위헌확인(전원재판부 2002. 6. 29, 99헌마480)사건에서 전기통신이 표현의 자유에 속하는 것으로 봄으로써, 헌법재판소는 전기통신의 자유의 제한원리로 과잉금지의 원칙 이외에 명확성의 원칙도 동시에 충족하여야 하는 것으로 보았다. 김일환 교수는 "국가를 통한 통신비밀의 제한은 위에서 설명된 형식적 기준 뿐만 아니라 실질적 기준 또한 충족시켜야만 헌법합치적인 기본권 제한이 된다. 이러한 실질적 기준 중 특히 중요한 것으로는 먼저 비례성 원칙을 들 수 있다. … (중략) … 다음으로 기본권제한에 관한 법률상근거는 법치국가적 요구인 '규범명확성'과 '구체성원칙'이 일치하여야만 한다(통신비밀의 헌법상 보호와 관련 법제도에 관한 고찰, 형사정책, 제16권 제1호, 2004, 36-37면)"라고 분석하면서, 명확성의 원칙 이외에 구체성의 원칙까지 추가하고 있다.

6) 헌법재판소가 기본권 제한의 법리로 과잉금지의 원칙을 가장 많이 활용하고 있음은 주지의 사실이며, 헌재결 1997. 3. 27. 94헌마195등(병합), 헌법재판소판례집 9-1, 383면; 1998. 5. 28. 95헌바18, 헌법재판소판례집 10-1, 595면; 2000. 4. 27. 98헌가16등(병합), 12-1, 459면 이하 등 참조

수 있게 한다면 출소후의 보복 협박, 교도소 내에 있는 동안 뒷바라지 강요 등 교도소 밖에 있는 일반 국민들에게 해악을 끼치고 사회불안 요소가 되는 등 많은 부작용이 생길 수 있다. 또 서신교환의 방법으로 마약이나 범죄에 이용될 물건이 반입될 수도 있고, 외부 범죄세력과 연결하여 탈주를 기도하거나 수형자끼리 연락하여 범죄행위를 준비하는 등 수용질서를 어지럽힐 우려가 많다. 더욱이 그러한 부작용과 그로 인한 사회불안의 정도는 미결수용자의 경우보다 훨씬 더 심각할 것임은 분명하다. 따라서 수형자의 도주를 예방하고 교도소내의 규율과 질서를 유지하여 구금의 목적을 달성하기 위하여는 수형자의 서신에 대한 검열은 불가피하다고 할 것이다."

헌법재판소가 설시하고 있는 교도소 내의 수용질서 및 규율유지의 목적, 사회불안적 부작용과 수형자의 도주 예방 등의 목적에 의한 서신검열의 정당성에 대하여는 일응 동의한다고 하더라도, 모든 수형자의 서신에 대하여 헌재가 설시하고 있는 검열목적이 정당하다고 보기는 어려울 것이며, 따라서 수형자의 서신수발의 자유를 제한하는 방법은 수형자별로 나아가 서신의 송·수신인에 따라 개별적으로 이루어져야 하는 것이지[7] 일반적 제한의 방법을 취하고 있는 것은 방법의 적절성에서 의문을 제시하지 않을 수 없는 것이다.

(2) 최소한 제한의 문제

기본권의 제한에 있어 최소한 제한의 법리는 비교형량의 원칙을 토대로 하여 판단하되 보다 덜 제한적인 수단에 의할 것(Less restrictive Alternative)을 포함하고 있다. 헌재가 설시하고 있는 바와 같이 서신수발에 의한 물품의 반입도 가능할 것이며, 탈주를 기도하거나 새로운 범죄행위에 대한 준비도 이루어질 수 있을 것이다. 그러나 서신수발에 의한 물건의 반입을 방지하기 위하여 서신의 내용을 검열하는 것은 통신의 자유에 대한 과도한 제한으로 볼 수 있으며, 촉수, 서신의 개봉 또는 전자감응장치에 의한 검색[8] 으로도 충분히 목적을 달성할 수 있을 것이라 판단된다.[9] 또한 탈주의 기도나 새로운 범죄행위의 모의를 미연에 차단하

7) Claude-Albert Colliard교수는 서신에 대하여 의심이 되는 경우에는 직권으로 개봉하여 검열하여서는 아니되고, 수형자를 참관시킨 상태에서 특별한 문장이나 암호의 지적 정도에 그쳐야 한다고 보고 있다(libertés publiques, DALLOZ, 1989, p. 394).

8) 전자감응장치에 의한 검색의 방법에 의하여 서신의 개봉도 더 이상 필요하지 않으며, 서신통제도 더욱 신속하게 이루어진다고 보고 있다(Claude-Albert Colliard, libertés publiques, DALLOZ, 1989, p. 394)

9) 프랑스의 경우, 행형규칙에 의하면 수용자에게도 통신비밀의 자유가 보장되며 서신의 분량이나 발송 회수에 대하여도 제한을 두고 있지 않다. 그러나 폐거형 수형자의 경우에는 그들의 친지나 동료와 폐거 동안에는 통신할 수 없다. 이 경우에도 배우자, 가족 또는 외교관이나 영사와

기 위하여 서신을 검열하는 것이 불가피하다고 보는 견해도 일응 설득력이 있는 것 같으나, 교도관의 일방적·직접적 검열이 아니더라도[10] 서신의 개봉에 의한 서신 내용물이나 내용의 지득 가능성과 수시 검열 가능성 나아가 검열이 필요한 경우에는 본인의 입회하에서 이루어질 수 있으므로 최소한의 제한이라고 보기 어려 것이 아닌가 생각된다. 즉, 서신의 검열보다는 덜 제한적인 서신의 개봉 등과 같은 제한적 수단이 일차적으로 고려되어야 할 것이고, 서신의 검열은 이차적인 제한수단으로 활용되어야 할 것이다.

(3) 본질적 내용의 침해여부

본질적 내용에 대한 침해 여부에 대하여 헌재는 행형법 제18조 제2항 "수용자의 서신수발은 교화 또는 처우상 특히 부적당한 사유가 없는 한 이를 허가하여야 한다," 제3항에 의한 수용자의 서신수발에 대한 검열, 제4항 "수용자가 수발하는 서신의 검열·발송 및 교부는 신속히 하여야 한다," 나아가 교도관집무규칙 제78조와 재소자계호근무준칙 제284조 등이 서신검열의 기준과 검열자의 비밀준수의무를 규정하고 있으므로, 수형자가 수발하는 서신에 대한 검열로 인하여 수형자의 통신의 비밀이 일부 제한되는 것은 통신의 자유의 본질적 내용을 침해하는 것이 아니다라고 보고 있다.

그러나, 제18조 제5항이 규정하고 있는 바와 같이 소장이 교부를 불허한 서신의 경우에는 폐기되며, 폐기되는 것이 부적당하다고 인정하는 경우에는 석방할 때 본인에게 교부하도록 하고 있으므로, 헌재가 제시하고 있는 관련 규정들에도 불구하고 수형자의 통신의 자유가 본질적으로 침해되고 있다고 할 수 있을 것이다. 왜냐하면 통신의 비밀과 자유는 통신 당사자 쌍방에게 일정한 기간 이내에 통신의 내용이 전달됨으로써 실현되는 것이지 제3자에 의해 통신내용이 폐기되거나 통신기간이 결정된다는 것은 통신의 자유를 본질적으로 침해하는 것이 되기 때문이다.

의 서신수발은 계속할 수 있다고 규정하고 있다. 또한, 미결수용자의 경우에는 법관의 허가에 의하여, 수형자의 경우에는 교정질서의 확보, 안전 또는 수형자의 처우에 심각한 문제가 있는 서신에 대하여 제한을 가하며, 이 경우에도 배우자나 가족의 서신에 대하여는 제한하지 못하도록 하고 있다. 서신에 대한 제한을 하더라도 제한의 정도는 서신을 개봉하도록 하는 것이며, 서신 전부에 대하여 지속적으로 행하는 것이 아니며 간헐적으로 불특정적으로 행하고 있다.

10) 미국의 경우, 서신검열이 필요한 경우라고 하더라도 Martinez 사건에서 연방대법원에서는 서신검열의 필요한 절차적 보장책으로서 ① 서신의 발송이나 교부를 거부하는 경우 이를 재소자에게 고지할 것, ② 서신을 발송한 자로 하여금 그에 대하여 다툴 수 있는 기회를 부여할 것, ③ 당해 서신의 발송이나 교부를 거부한 자 이외의 자에게 고소할 수 있을 것을 제시하였다 (김재복, 연구보고서, 1998. 5. 15, 20면).

(4) 소 결

수형자의 서신을 검열함으로써 통신의 자유를 제한하는 것이 목적에서 정당하다고 하더라도, 통신의 자유를 제한하는 방법과 수단에서는 보다 적절한 방법과 보다 덜 제한적인 수단에 의하여서 이루어져야 할 것이며, 검열 결과 서신을 폐기하거나 석방 시까지 교부를 금지하는 것은 통신의 자유에 대한 본질적 내용의 침해에 해당한다고 할 것이다.

Ⅲ. 수형자가 변호사와 국가기관에게 보내는 서신의 검열 문제

수형자가 서신을 통하여 가족·친지·친구·동료 등과 통신하는 것은 검열에 의한 제한이 아니라 서신의 개봉 등 구금의 목적상 최소한의 범위 내에서 제한할 수 있을 것이다. 그러나 수형자가 변호인과 통신을 하거나 국가기관에 통신하는 것은 수형자의 통신의 자유뿐만 아니라 변호인과의 접견교통권 또는 국가기관에 대한 청원권의 행사를 구체화하는 것이므로, 가족이나 친지 등과 통신하는 것에 비해 강한 보장이 이루어져야 할 것이다.

(1) 변호사와의 서신수발에 대한 검열

헌법재판소는 96헌마398 사건에서는 수형자와 변호인과의 서신수발을 변호인의 조력을 받을 권리의 측면에서만 고찰하고 있으며, 변호인의 조력을 받을 권리에 관해서도 수형자는 원칙적으로 주체가 될 수 없다고 보고 있다.

변호인과의 서신수발에 대한 검열의 문제는 수형자와 미결수용자로 나누어 행형법에서 규정하고 있으며, 헌재에서도 동 사건에서 수형자와 미결수용자로 나누어 고찰하고 있다. 즉, 미결수용자의 경우에는, 행형법 第66조 제2항에서 미결수용자와 변호인과의 서신은 검열할 수 없지만, 1. 교도소등에서 상대방이 변호인임을 확인할 수 없는 경우 2. 서신에 마약 등 소지금지품이 포함되어 있거나 도주, 증거인멸, 교도소등의 규율과 질서의 파괴 기타 형벌규정에 저촉되는 내용이 기재되어 있다고 의심할 만한 합리적인 이유가 있는 경우에는 검열할 수 있다고 규정함으로써 원칙적 검열금지와 예외적 허용을 인정하고 있다. 또한 헌재에서도 92헌마144사건에서 "변호인의 조력을 받을 권리 등에 비추어 볼 때, 미결구금자가 수발하는 서신이 변호인 또는 변호인이 되려는 자와의 서신임이 확인되고 미결구금자의 범죄혐의내용이나 신분에 비추어 소지금지품의 포함 또는 불법내용의 기재 등이 있다고 의심할 만한 합리적인 이유가 없음에도 그 서신을 검열하는 행위는 위헌임을 선언한바 있다(판례집 7-2, 94, 108)." 따라서 미결수용자가 변호사와의 서신수발에 대하여는 원칙적으로 검열을 금지하고 있다고 할 수 있다.

여기에 반하여 수형자의 서신검열에 대하여 행형법 제18조 제 3 항에서 원칙적으로 검열을 허용하고 있으며, 헌재는 동 조항에 의한 서신검열행위가 수형자의 통신의 자유나 변호인의 조력을 받을 권리를 침해하고 있다고 볼 수 없다고 판시하고 있다. 수형자의 변호인의 조력을 받을 권리에 대하여 동 사건에서 헌재는 다음과 같이 밝히고 있다 : 헌법 제12조 제 4 항 본문에서 "누구든지 체포 또는 구속을 당한 때에는 즉시 변호인의 조력을 받을 권리를 가진다"라고 규정하고 있고, 형사소송법 제30조 제 1 항에서는 "피고인 또는 피의자는 변호인을 선임할 수 있다"라고 규정하고 있을 뿐만 아니라, 원래 변호인의 조력을 받을 권리는 형사절차에서 피의자 또는 피고인이 검사 등 수사·공소기관과 대립되는 당사자의 지위에서 변호인 또는 변호인이 되려는 자와 사이에 충분한 접견교통에 의하여 피의사실이나 공소사실에 대하여 충분하게 방어할 수 있도록 함으로써 피고인이나 피의자의 인권을 보장하려는데 그 제도의 취지가 있는 점에 비추어 보면, 형사절차가 종료되어 교정시설에 수용중인 수형자는 원칙적으로 변호인의 조력을 받을 권리의 주체가 될 수 없다. 다만, 수형자의 경우에도 재심절차 등에는 변호인 선임을 위한 일반적인 교통·통신이 보장될 수도 있겠으나, 기록에 의하면 청구인은 교도소내에서의 처우를 왜곡하여 외부인과 연계, 교도소내의 질서를 해칠 목적으로 변호사에게 이 사건 서신을 발송하려는 것이므로 이와 같은 경우에는 변호인의 조력을 받을 권리가 보장되는 경우에 해당한다고 할 수 없다.

변호사와의 서신수발의 경우, 미결수용자의 경우와 수형자의 경우로 나누어 규정하고 있으며, 미결수용자의 경우 서신검열을 원칙적으로 금지하고 있는 것은 통신의 비밀과 자유의 보장에 충실한 것으로 사료되나, 수형자와 변호인간의 서신수발에 대한 원칙적 검열에 대하여는 변호인의 조력을 받을 권리 이전에 수형자의 통신의 비밀과 자유를 과도하게 제한하고 있는 것으로[11] 위헌의 의심이 농

11) 유럽인권재판소에서는 1950년 유럽인권협약 제8조를 근거로 통신의 자유를 보장하고 있으며,Golder 판례에서, Golder와 변호인간의 서신수발을 영국 내무부장관이 차단한 것은 법률에 의한 제한이기는 하지만, 민주사회에서의 적절한 조치로 볼 수 없다라고 보았다 (CEDH, 1975. 2. 21, Golder, Les droits de l'homme et leurs limitations, Nos 43-46 et supra, p. 281, note 4). Jacques Robert, LIBERTES PUBLIQUES. PRECIS DOMAT, 1982, p. 355. 통신의 자유에 관한 유럽인권재판소의 판례로는 Campbell et Fell 판례(1984. 6. 28), McCallum 판례(1990. 8. 30)를

후하다고 볼 수 있다.12)

프랑스의 경우에는 수형자라고 하더라도 형사소송절차에서 변호를 담당하였던 변호사와의 서신에 대하여는 미결수용자와 마찬가지로 통신의 비밀과 자유가 검열 등의 제한없이 보장되고 있다. 즉, 미결수용자나 수형자가 변호사와 서신수발을 하고자 하는 경우에는 수신자와 송신자의 관계가 변호인과의 관계에 있음을 명시하여야 하며, 변호인의 사무소 주소와 변호인의 자격이 스탬프로 봉투에 찍혀져야 하며, 봉투 뒷면에는 수형자의 성명이 기재되어 있어야 한다는 정도의 제한만 가하고 있다. 미결수용자 또는 수형자의 변호사와의 서신수발에서 차이점이 있다면 수형자의 변호사의 경우에는 그가 수형자의 변호인이었다는 사실을 교도소장에게 입증하여야 한다는 점에 있다.13) 이는 수형자의 서신수발의 자유를 제한하는 것이라기 보다는 변호사의 보호의무를 강조하고 있는 것이라 할 수 있을 것이다.

우리나라의 경우 행형법 규정에 의하여 수형자의 변호사와의 서신수발이라고 하더라도 원칙적인 검열을 행하고, 재심절차 등의 경우를 제외하고는 변호인의 조력을 받을 권리를 제한하는 것은 수형자의 통신의 비밀과 자유라는 측면에서 재고찰되어야 할 것으로 본다.

(2) 국가기관과의 서신수발에 대한 검열

99헌마713 행형법시행령 제62조 등 위헌확인사건은 수용자가 국무총리실, 국민고충처리위원회, 감사원 등에 보낸 청원 내용의 서신이 구 수용자규칙 제3조 제21호(허가없이 서신·접견·전화 등의 방법으로 다른 사람과 연락하거나 우편물 등을 이용하여 소지가 금지된 물품을 취득하여서는 아니된다)의 '다른 사람'에 해당하는지의 여부에 관하여 판단하면서, "국가기관과 사인에 대한 서신을 따로 분리하여 사인에 대한 서신의 경우에만 검열을 실시하고, 국가기관에 대한 서신의 경우에는 검열을 하지 않는다면 사인에게 보낼 서신을 국가기관의 명의를 빌려 검열 없이 보낼 수 있게 됨으로써 검열을 거치지 않고 사인에게 서신을 발송하는 탈법수단으

들 수 있다. Clande Leclercq, LIBERTES PUBLIQUES, litec, 1991, p. 187.

12) 독일의 경우, 행형법 제29조에 의해 수인에게도 변호인과의 서신교환은 검열될 수 없다라고 규정되어 있다: 제29조(서신교환의 검열) ① 囚人의 변호인과의 서신교환은 검열될 수 없다. 형법 제129a에 의한 범행이 자유형의 집행의 기초가 되는 때에는, 형사소송법 제148조 제2항 및 제148조의a가 적용된다. 이는 자유형 집행의 기초가 되는 유죄판결과 관련되는 囚人에 대하여 형법 제129조의a에 의한 범행을 원인으로 한 자유형을 집행할 수 있는 경우에도 그러하다(김재복, 연구보고서, 1998. 5. 15, 22면).

13) 프랑스 행형규칙 28-33.

로 이용될 수 있게 되고, 종국에는 위 96헌마398 사건의 판시에서 열거하고 있는 것처럼 여러 가지 부작용을 불러 올 것이다. 따라서 수용자가 국가기관에 발송하는 서신에 대해 검열을 하는 것은 헌법 제37조 제2항에서 규정하고 있는 국가안전보장, 질서유지, 공공복리라는 정당한 목적을 위하여 부득이할 뿐만 아니라 유효, 적절한 방법에 의한 최소한의 제한이므로 서신검열제도가 합헌이라는 헌법재판소의 판단은 이 사건에서도 그대로 타당하다"고 보고 있다. 이는 헌법재판소가 국가기관을 구 수용자규칙 제3조 제21호의 '다른 사람'에 포함하고 있으며, 국가기관과의 서신수발과 사인간의 서신수발의 차이점을 전혀 인정할 수 없으며, 심지어 국가기관에 대한 서신수발에 대한 검열이 없다면 국가기관의 명의를 빌린 검열없는 서신에 의해 초래될 부작용을 우려하고 있다. 헌재의 이러한 판단은 수형자의 국가기관에 대한 청원권의 행사와 통신의 비밀과 자유를 침해하는 것은 물론이며, 나아가 국가기관에 대한 고도의 불신을 노정하고 있는 것이라 할 수 있다. 물론 경우에 따라서는 헌재가 우려하는 바와 같이 국가기관과 수형자가 공모하거나 또는 수형자 일방적으로 행형법 상의 서신검열제도를 탈법화하는 수단으로 국가기관과의 서신수발을 시도할 수 있겠으나, 그렇다고해서 국가기관과의 서신수발에 대하여서도 교도소장의 허가와 검열을 필요로 하게 된다면 이는 수형자의 청원권 행사 뿐만 아니라 통신의 비밀과 자유를 과도하게 제한한 것으로 볼 수 있을 것이다.

수형자와 국가기관과의 서신수발에 대하여 프랑스 형사소송법전 제2부 명령편 제262조에서는 수형자도 법무부장관이 작성한 리스트에 포함된 프랑스 행정기관과 사법기관에 대한 서신수발을 보장하고 있으며,[14] 이러한 경우 서신에 대한 어떠한 제한도 가할 수 없으며, 지체없이 송부하도록 하고 있다. 그러나, 이러한 경우 교도소장은 서신수발대장에 등재하도록 하고 있다. 또한 폐거형 수용자라고 하더라도 상기 행정기관 또는 사법기관에 대한 서신수발이 보장된다고 규정하고 있다. 그러나 수형자가 법무부장관이 작성한 리스트에 포함되지 아니한 국가기관에게 서신을 송부하고자 하는 경우에는 일정한 제한을 규정하고 있다.[15]

수형자의 국가기관과의 서신수발에 대한 원칙적 검열을 헌재가 해석에 의해 확장하고 있는 것은 수형자의 청원권의 행사와 통신의 비밀과 자유를 침해하는 것으로 볼 수 있을 것이며, 프랑스의 입법례에서 보는 바와 같이 특정한 행정기

---

14) 독일의 경우에도 행형법 제29조 제2항에서 연방과 주의회 및 그 의원에 대한 서신은, 그 서신이 의회의 수신인에게 대한 것이고 발신인을 올바르게 신고하는 한, 인간의 권리를 위한 유럽의회에 대한 것인 한, 검열되지 않는다 라고 규정하고 있다.

15) 프랑스 행형규칙 34-40.

관이나 사법기관에 대하여는 수형자의 통신의 비밀과 자유를 원칙적으로 보장하고, 제한이 필요한 경우에는 최소한의 제한에 그칠 수 있도록 하여야 할 것이다.

(3) 소 결

수용자라고 하더라도 교도관에 의한 서신검열은 특별한 제한이 불가피한 예외적인 경우에 한하여 이루어져야 할 것이며, 통상적인 경우에는 구금의 목적을 실현하기 위한 범위 내에서만 서신의 개봉 등 제한적인 방법으로 이루어져야 한다. 수용자의 통신의 비밀과 자유는 통신의 상대방이 변호사, 국가기관, 종교인[16] 또는 갱생지도보호단체[17] 등인 경우에는 배우자, 가족, 친지, 친구, 동료 등의 경우와는 달리 변호인의 조력을 받을 권리, 청원권, 종교의 자유, 직업선택의 자유 등과 결합되어진 기본권으로서 보다 강한 보장이 이루어져야 하며, 이들과의 서신수발에 대한 제한으로는 서신수발 등재에 의하여 누구와 어느 시기에 서신이 왕래되었는지를 확인하는 정도에 그쳐야 할 것이다.

Ⅳ. 결 론

(1) 수형자에 대한 통신의 비밀과 자유의 인정 여부는 입법정책에 의해 결정될 수 있는 추상적 권리가 아니라, 일반 국민들이 향유하는 바와 같은 구체적 권리로 보아야 할 것이다. 다만 구금의 목적상 불가피한 경우에는 서신수발의 등재, 서신개봉, 서신검열 등의 방법을 활용할 수 있을 것이나, 그 방법과 제한의 정도는 최소한의 제한의 범위 내에서 이루어질 수 있도록 선택되어야 한다. 검열 결과 서신을 폐기하거나 석방 시까지 교부를 금지하는 것은 통신의 자유에 대한 본질적 내용의 침해에 해당한다고 할 것이다.

(2) 재판과정에서 수형자를 변론하였던 변호사에 대하여 또는 법무부장관이 특정한 행정기관이나 사법기관에 대하여 수형자가 서신수발 하고자 하는 경우에는 서신수발대장에의 등재 정도의 제한에 그쳐야 할 것이며, 이들에 대한 서신에 대하여 검열하는 것은 과잉금지의 원칙을 위배한 것이라 볼 수 있다. 또한 수형자가 종교인이나 갱생지도보호단체에게 수발하는 서신의 경우에도 최소한의 제한에 그쳐야 할 것이다.

---

16) 프랑스 행형규칙 41-42에서 종교인과의 서신수발의 자유를 규정하고 있다.

17) 갱생지도보호단체와 수형자와의 통신에 관하여는 프랑스 행형규칙 43-45에서 규정하고 있다.

(3) 행형법 시행령 제66조에 의하여 미결수용자와 변호사간의 서신에 대하여는 검열을 원칙적으로 금지하고 있으나, 행형법 제18조 제3항에 의하여 수형자에 대하여는 검열을 원칙화하고 있는 입법태도는 수형자의 통신의 비밀과 자유를 일반적으로 과도하게 제한하는 것이라 할 수 있으며, 위헌의 의심이 농후한 조항이라 볼 수 있다.

第59회 발표회 지정토론문

황 성 기*

박인수 교수님의 의견에 대부분 동의함.

다만 한 가지 의문은, 헌법재판소가 통신의 자유에 대해서 추상적 권리성을 부여했다는 평석을 하셨는데, 만약 평석대상결정들에서 헌법재판소가 통신의 자유에 대해서 추상적 권리성을 부여하려는 의도였다고 한다면, 박 교수님의 말씀대로 잘못된 것이라고 생각함. 반면에 과잉금지의 원칙에 위반되지 않는다는 점을 강조하기 위해 그런 식의 표현을 사용했다면, 박 교수님의 오해라고 할 것임.

헌법 제18조가 규정하고 있는 통신의 비밀보호 내지 통신의 자유에 있어서, 통신의 개념은 "비공개를 전제로 하는 당사자 간의 의사소통"이라고 정의할 수 있음.

개인의 사적인 "의사소통"의 영역에 적용된다는 점에서, 통신의 자유는 일면 표현의 자유와 관련성을 맺고 있음. 물론 우리의 현행 헌법은 표현의 자유를 통신의 자유와는 별개의 조항(제21조)에서 규정하고 있기는 함. 하지만 일본헌법은 제21조에서 표현의 자유에 관한 규정을 두면서, 통신의 비밀보호를 우리나라의 경우와는 달리 바로 동조 제2항에서 규정하고 있음. 즉 日本國憲法 제21조는 "제1항: 집회·결사 및 언론·출판 기타 모든 표현의 자유는 이를 보장한다. 제2항: 검열은 이를 행하여서는 아니된다. 통신의 비밀은 이를 침해하여서는 아니된다"라고 규정하고 있음. 결국 일본헌법 제21조의 이러한 구조는 통신을 일종의 표현의 영역으로서 파악함과 동시에 통신의 특성인 비밀의 보호를 표현의 자유와 연계시키고 있음을 의미함. 즉 전통적인 통신개념에는 "표현의 자유"와 "통신의 비밀보호"라고 하는 두 가지 법익이 인정된다고 할 것임.

통신의 개념이 갖고 있는 위와 같은 두 가지 법익을 전제로 할 때, 현행 행형법규가 취하고 있는 수형자의 검열 및 서신수발금지제도는 위헌의 가능성이 있음.

---

* 한림대 법학부 교수.

먼저 표현의 자유적인 측면에서 볼 때, 현행 헌법은 사전검열을 원칙적으로 금지하고 있음. 사전검열이 허용되는 경우는, 물론 해석의 여지가 있지만 우리 헌법 제77조 제3항이 규정하고 있는 것처럼 비상계엄이 선포된 경우 표현의 자유에 관한 특별한 조치가 가능한 예외적인 경우에만 가능할 수 있음. 그렇다면 수형자의 경우에, 여러 가지 구금목적이라든지 교도소 내에서의 질서유지의 공익이 인정된다고 하더라도, 비상계엄이 선포되는 경우와 유사할 정도로 검열 및 서신발송금지를 허용해야 할 긴급성, 필요성 등이 충족되는가?

통신의 비밀보호라는 측면에서 보더라도, 검열 및 서신발송금지는 통신의 자유의 본질적 내용을 침해하는 것으로 보임. 왜냐하면 헌법 제18조가 규정하고 있는 통신의 자유의 기본내용은 '비밀보호'에 있음. 따라서 일정한 공익을 위해서 통신의 자유를 제한한다고 하더라도, 그 제한의 형태나 방법은 '비밀보호의 임시적 박탈' 내지는 '임시적인 강제적 공개'의 형태로 이루어져야 함. 예컨대 통신비밀보호법이 규정하고 있는 감청제도나 검열은 범죄수사의 목적 혹은 국가안정보장의 목적을 위해서 당사자간의 의사소통을 제3자가 청취하거나 공독하는 형태로 이루어짐. 즉 당사자간의 의사소통을 전적으로 금지하는 형태로 이루어지지는 않음. 따라서 통신의 비밀보호라는 측면에서 보더라도, 검열 및 서신발송금지는 통신의 자유에 대한 과도한 제한이자, 본질적 내용의 침해라고 생각함.

마지막으로 수형자가 변호사나 국가기관에 보내는 서신의 검열 및 서신발송금지도 헌법적 문제점이 분명한 것으로 보임. 왜냐하면 변호사나 국가기관에 보내는 서신의 경우에는 헌법이론적으로 볼 때도, 단순히 통신의 자유뿐만 아니라 재판청구권을 실현하기 위한 일환으로서 변호사의 조력을 받을 권리, 청원권 등의 보장문제와 중첩적으로 관련되어 있기 때문임.[1)]

수형자가 비록 반사회적 범죄를 저지른 자로서 교화와 갱생의 대상이라고 하더라도, 교도소와 같이 실질적인 물리력이 공권력의 이름으로 수형자에게 가해질 가능성이 있는 공간 내에서는, 자신의 인권침해가 발생하는 행위에 대해서 일반국민과 동일하게 국가기관에 호소할 수 있는 가능성 내지 기회를 보장해 주어야 함. 변호사와의 서신수발도 동일한 맥락에서 접근해야 한다고 생각함. 즉 공적 서비스를 제공하는 자나 기관과의 의사소통은 일반인과 동일하게 보장해 주어야 함.

결국 여러 가지 구금목적달성이라든지 질서유지 차원, 혹은 새로운 범죄의 사전예방 차원에서 수형자의 서신수발을 제한하는 것이 헌법이론적으로 가능하다

1) 평석대상 결정(96헌마398)은 변호인의 조력을 받을 권리와 관련하여서는 "형사절차가 종료되어 교정시설에 수용중인 수형자는 원칙적으로 변호인의 조력을 받을 권리의 주체가 될 수 없다."고 판시하고 있음.

고 하더라도, 구체적·개별적 방법이 아닌 일반적·포괄적 방법으로 접근하는 것은 과도한 제한이라고 생각함. 즉 구체적·개별적 방법이 가능하고 또한 그것으로도 충분히 입법목적을 달성할 수 있음에도 불구하고, 일반적·포괄적 방법을 채택하는 것은 과잉금지의 원칙에 위반되며, 헌법이론적인 관점이 아닌 입법정책적인 관점에서 이야기하더라도 '국가의 직무유기'에 불과함.

제 59회 발표회 지정토론문

염 동 신*

발표자는 수용자의 서신검열과 통신의 자유에 관한 헌법재판소 결정 2건을 대상으로 판례평석을 해 주었다. 판례평석에 대한 본인의 견해나 궁금증을 제시하는 선에서 토론을 갈음하고자 한다.

1. 발표요지

발표자는 대상사건인 1998. 8. 27. 선고 96헌마398 결정에 대하여, 수형자의 서신수발의 자유를 제한하는 방법은 수형자별로 나아가 서신의 송·수신인에 따라 개별적으로 이루어져야 하는 것이지 일반적 제한의 방법을 취하고 있는 것은 방법의 적절성에 의문이 있고, 서신검열 보다는 덜 제한적인 서신의 개봉 등과 같은 수단이 고려되어야 하며, 검열결과 서신을 폐기하거나 석방 시까지 교부를 금지하는 것은 통신의 자유에 대한 본질적 내용의 침해에 해당한다고 보고 있고, 대상사건인 2001. 11. 29. 선고 99헌마713 결정에 대하여, 국가기관과의 서신수발에 대하여도 교도소장의 허가와 검열을 필요로 하게 된다면 이는 수형자의 청원권뿐만 아니라 통신의 비밀과 자유를 제한한 것으로 볼 수 있다는 견해이다.

이러한 견해는 수형자에게 헌법상 보장된 통신의 비밀과 자유 및 청원권을 최대한 보장하기 위하여 헌재에서 보다 더 적극적으로 수형자의 기본권을 옹호하고 수형자에게 원칙적으로 혹은 폭 넓게 서신검열을 거침이 없이 서신을 수발할 수 있는 권리를 보장하는 방향으로 입법을 하자는 것이다.

2. 사 견

이 문제를 검토하기 위해서는 헌법상 보장된 통신의 비밀과 자유, 청원권 일

---

* 헌법재판소 헌법연구관.

반에 관하여 검토함은 물론 수형자의 헌법상, 행형법상 지위에 관하여 먼저 생각해 볼 필요가 있고, 그런 다음에 헌법상의 비례의 원칙이나 과잉금지의 원칙상 어느 정도까지 이들의 기본권을 제한하는 것이 헌법정신에 부합하는지를 판단해 보아야 할 것이다.

수형자는 행형법상 징역형·금고형 또는 구류형을 선고받아 그 형이 확정된 자와 벌금을 완납하지 아니하여 노역장 유치명령을 받은 자를 말한다(제1조의 2 제1호). 이는 형사피의자나 피고인이 도망하거나 증거를 인멸할 우려가 있는 경우 형사절차를 적정하고 신속하게 진행하기 위하여 그의 신체를 일정한 시설에 수용하는 미결수용자와는 구별된다. 미결수용자는 수형자와 달리 무죄가 추정되고 변호인의 조력을 받을 권리 등이 헌법상 보장된다. 수형자를 구금하는 목적은 수형자를 사회로부터 격리시켜 그 자유를 일시적으로 박탈함과 동시에 그의 교화·갱생을 도모함에 있고 이들을 수용하는 구금시설은 다수의 수형자를 집단으로 관리하는 시설로서 규율과 질서유지가 필요하다. 그러한 수형자의 법적 지위와 구금시설의 안전 및 질서유지를 위해 헌법 제37조 제2항에 의하여 불가피하게 이들에게 보장된 통신의 비밀과 자유 등의 기본권을 일부 제한할 수밖에 없다.

교정실무상 수형자들이 자신의 사건과 관련된 피해자, 수사 및 재판 관여 공무원, 불리한 증언을 한 증인 등에 대하여 원망과 분노를 갖고 협박성, 보복성 서신을 보내거나 조직폭력배, 마약사범 등의 경우에는 옥바라지, 조직관리, 마약반입, 탈주 등을 기도하기 위하여 서신을 주고받는 경우가 적지 않다. 실제로 서신봉투에 적혀 있는 수신자의 신원이나 수형자의 범행내용 등만으로는 개별적, 구체적으로 검열대상과 비 검열대상을 구분하기 어렵다. 또한 서신검열보다 덜 제한적인 개봉만으로는 서신에 들어 있을 수 있는 마약 등 반입금지품을 색출해 낼 수 있을지는 몰라도 위와 같은 협박성, 보복성, 반교정적인 범죄유발성 서신을 찾아내기 어려울 것이다. 그러한 점에서 서신검열은 불가피한 측면이 있고 구체적, 개별적으로 서신검열의 대상인지 여부를 가리도록 하는 것은 여러 가지 난점이 있어 보인다.

한편, 행형법과 교도관집무규칙 및 재소자계호근무준칙에는 서신의 검열이나 발송 및 교부를 신속하게 하도록 규정하고 서신검열기준[1] 및 검열자의 비밀준수

1) 교도관집무규칙 제78조에 의하면, 서신검열은 원칙적으로 교회직(교회를 담당하는 정복교도관)이 하도록 되어 있고, 행형법시행령 제62조에 의하면, 서신을 검열하지 아니할 수 있는 수형자의 범위를 정하고 검열서신내용이 법령에 저촉되는 경우, 도주·증거인멸 또는 허가되지 아니한 물품의 반입을 기도하는 경우 등에 한하여 서신의 발송 또는 교부를 제한하며, 발송이 허가되지 아니한 서신은 당해 수형자에게 사유를 통지한 후 폐기하도록 하고 있다.

의무 등을 규정하고 있어 남용될 소지도 거의 없고 부당한 검열 후 발송 및 교부 거부처분에 대하여는 법무부장관에게 청원[2)]을 하거나 행정소송을 통하여 구제를 받거나 국가나 교정공무원을 상대로 손해배상을 청구할 수도 있다.

발표자가 주장하고 있는 필요최소제한의 요청, 즉 수형자가 변호사, 일정한 행정기관 및 사법기관, 종교인 또는 갱생지도보호단체와 서신을 수발하는 경우에는 최소한의 제한에 그쳐야 한다는 요청은 위와 같은 관련규정에 의하여 사실상 충족되어 있다고 보여진다. 이러한 이유로 헌법재판소는 합리적이고 타당한 결론에 이르렀다고 생각된다.

그러나 예컨대 프랑스의 경우와 같이 수형자가 형사소송절차에서 변호를 담당하였던 변호사와의 서신에 대하여는 미결수용자와 마찬가지로 검열 등의 제한 없어 서신수발이 가능하도록 하는 것 등의 입법조치는 우리나라 교정현실 등을 감안하여 형사정책적 고려에 의하여 입법자가 결단하여야 할 사항으로 보여진다.

3. 입법론

참고로 미국 연방대법원은 Procunier v. Martinez(1974) 사건에서 재소자의 서신검열을 규정하는 법률이 수정헌법 제1조를 위반하는지 여부를 판단하는 기준으로 ① 검열을 필요로 하는 하나 이상의 안전, 질서 및 재활 등 중요한 국익 유무, ② 검열이 허용되는 범위가 지나치게 광범위한지 여부를 제시하고 있고, 서신검열에 있어서 필요한 절차적 보장책으로 ① 서신의 발송이나 교부를 거부하는 경우 이를 재소자에게 고지할 것, ② 서신을 발송한 자로 하여금 그에 대하여 다툴 수 있는 기회를 부여할 것, ③ 당해 서신의 발송이나 교부를 거부한 자 이외의 자에게 고소할 수 있을 것을 제시하였다.

독일 행형법(Strafvollzugsgesetz) 제29조는 변호인과의 서신교환과 연방과 주의회 등에 대한 서신은 검열되지 아니하고, 그 외의 서신은 교도소의 처우나 보안 또는 질서를 위하여 검열되어야 한다고 규정하고 있다. 이러한 외국의 판례와 입법례를 보건대 발표자가 지적하는 바와 같이 검열을 원칙화 하는 입법형태를 취하고 있는 우리나라 입법태도는 재고할 수 있다고 생각한다.

---

2) 행형법 제6조 제3항에 의하면, 소장은 수형자가 법무부장관에게 보내는 청원서를 개봉하여서는 아니되며 지체없이 이를 법무부장관에게 송부하도록 하고 있다.

제59회 발표회 토론요지

사 회 자 : 정재황(교수)
토론참여자 : 박인수(교수) 황성기(교수) 염동신(헌법연구관)
장석조(헌법연구부장) 이상원(헌법연구관) 배보윤(헌법연구관)
최희수(헌법연구원) 최창호(헌법연구관)
김웅희(조세연구소 연구원) 오세형(서울시교육청 사무관)

간 사 : 헌법실무연구회 간사를 맡고 있는 전종익연구관입니다.

오늘 비가 오고 그래서인지 몰라도 외부에서 교수님들이 많이 안오셨습니다.

그러니 만큼 토론이 좀더 활발하고 집중적으로 이루어졌으면 좋겠습니다.

오늘 사회는 정재황교수님께서 맡아주시겠습니다.

사 회 자 : 여러분 안녕하세요.

방금 소개받은 성균관대학에 재직하고 있는 정재황입니다.

오늘 평소 존경하는 이공현재판관님을 모시고 이렇게 연구회를 가지게 되어 기쁘게 생각하며, 그동안 재판업무에 상당히 바쁜 시간을 보내시면서 이 자리에 참석을 해 주셔서 감사드리겠습니다.

벌써 저희들 헌법실무연구회가 59번째가 되었습니다.

오늘 월례발표회는 수용자의 서신검열과 통신의 자유에 관한 우리 재판소의 판례를 중심으로 발표를 듣고 토론을 하는 자리입니다.

먼저 발표를 맡아주실 분은 영남대학교 법과대학 학장으로 계시는 박인수교수님이십니다.

박인수교수님께서는 영남대학교 법과대학을 졸업하시고 영남대학교대학원 법학과 석사과정을 졸업하셨고 프랑스 파리 제2대학교에서 법학박사 학위를 받으셨습니다.

현재 법과대학장으로 계시고 있습니다.

먼저 박인수학장님의 발표를 경청하겠습니다.

〈 주제발표자 발표 〉

사 회 자 : 정말 사회자하고 통신의 교감이 잘 이루어져서 적정한 시간에 끝

난 것 같습니다. 수고 많으셨습니다.

결론부분을 이미 잘 정리를 하셨기 때문에 사회자가 다시 정리말씀을 드리는 게 오히려 시간만 잡아먹는 것 같은데 간단히 말씀드리면 권리성의 문제를 논의해 주셨고, 그 다음에 보다 덜 제한적인 방법이 고려되어야 되지 않겠느냐 과잉금지의 원칙과 관련해서 말씀하셨고, 그 다음에 본질적 내용의 침해문제를 다루셨습니다.

그리고 국가기관과의 서신수발에 대해서 통신의 비밀자유를 제한하는 문제가 있다라는 그런 취지로 발표를 해 주셨습니다.

이어서 지정토론이 있겠습니다.

지정토론을 해 주실 분은 황성기교수님이십니다.

간단히 약력을 말씀드리면 서울대학교 법과대학을 졸업하셨고 동대학의 대학원 석사과정을 졸업하시고 박사학위를 동대학원에서 받으셨습니다.

아마 황성기교수님은 지금 친정에 오신 기분일텐데요. 연구원을 지내셨고, 현재는 한림대학교 사회과학대학 법학부 교수로 재직하고 계십니다.

먼저 황교수님께 토론을 부탁드리겠습니다.

〈 지정토론자 발표 〉

사 회 자 : 수고 하셨습니다.

시간을 많이 절약해 주셨는데, 황교수님의 토론취지는 발표자의 의견에 대부분 동의를 하시면서 통신의 자유뿐만 아니라 언론·출판의 자유도 문제가 될 수 있다, 표현의 자유도 문제가 될 수 있다라는 취지에서 본질적 내용의 문제 또 최소제한의 원칙의 위배문제 등을 지적을 해 주셨습니다.

발표자의 답변을 듣기 전에 다음 토론자분을 마저 지정토론에 모실까합니다.

두 번째 지정토론은 염동신헌법연구관께서 해 주시겠습니다.

간단히 약력을 소개해 드리면, 서울대학교 법과대학을 졸업하시고 사법시험을 합격하셨고 사법연수원 수료하시고 부산지방검찰청의 검사로 계시다가 헌법재판소에 파견 오셨는데, 저희들이 기대하는 것은 교정행정에 대해서 현실감 있는 토론을 해 주실 것 같습니다. 경청해서 듣겠습니다.

〈 지정토론자 발표 〉

사 회 자 : 예, 수고 많으셨습니다.

그야말로 생생한 경험을 듣느라고 시간이 조금 길어졌습니다마는 좋은 경험담을 들었고, 요지는 최소한의 제한에 위배되는 것이 아니라고 볼 것이고 결국은 입법자가 결단하는 사항인데 다만 입법론에 관한 한 검열을 원칙으로 하는 것은 이제 폐기되어야 되지 않겠느냐는 취지의 토론을 해 주셨습니다.

진행을 어떻게 하는지 모르겠습니다.

우선 간단히 제가 마이크를 발표자께 드리면 다시 한번 통신이 교감이 되어야 되는데 짧게, 토론요지를 이미 보셨을 테니까 짧게 답변해 주시고, 왜냐하면 다른 연구관님들 상당히 지금 기다리고 계시는데 간단히 답변을 부탁드립니다.

발 표 자 : 두분 황성기교수님 그리고 염동신연구관님 토론말씀 아주 귀하게 잘 들었습니다. 더군다나 황교수님과 염교수님 두분의 말씀과 저의 이야기는 같은 이야기입니다. 무슨 말씀을 드리느냐 하면 권리성 여부에 관한 이야기도 결국 저도 헌법재판소가 수형자라고 하더라도 통신의 비밀과 자유에 대해서 추상적 권리로는 최소한 보지 않았을 것이다라는 그러한 생각을 합니다. 그리고 그것은 반드시 구체적 권리로 봤을 것이다. 그러나 제한의 측면에서 보다보니까 어느 정도 인정할 것인가 뭐 이런 것이라고 생각이 들기도 합니다마는 그러나 표현의 문제에서는 분명히 그 표현을 그대로 놓고 보면 이것은 권리성 여부에 관해서 헌법재판소가 상당히 문제시, 입법정책에 의해서 결정될 수 있는 것 아니냐? 이렇게 표현이 이루어졌다면 이것은 이론적으로 볼 때 검토될 수 있다. 저도 그런 의미에서 충분히 공감되고요.

그리고 우선 황성기교수님 제가 제한의 정도에 대해서 말씀을 드린 그 근거보다도 더 정밀하게 정말 표현의 자유의 관점과 통신의 비밀이라고 하는 관점에서도 검열은 재고되어져야 된다는 측면에서 토론말씀을 주셨고 그런 측면에서 저는 사실은 제가 발표문 중에서 우리가 통신의 자유를 표현의 자유에 속한다고 본다면 보다 더 정밀하게 해야 된다는 그 말씀과 맥락을 같이 하는 것인데 황교수님 말씀 아주 귀하게 잘 들었습니다.

그래서 그것도 앞으로 저도 좀더, 지금 저는 이 평석을 할 때 헌법재판소가 과잉금지의 원리에 입각하고 있기 때문에 저도 그것을 넘어섰느냐 어떻냐 하는 것이고, 그것을 넘어서서 과연 이 권리의 성격을 표현의 자유로까지 봤다면 이것은 더군다나 이런 문제가 있지 않느냐라고 말씀드린 측면이었습니다마는 그것도 저도 황교수님과 의견이 같습니다.

그리고 우리 염연구관님 말씀해 주신 정말 살아있는 생생한 교정행정을 말씀하시는 것을 보니까 역시 교정행정의 필요상 여하간 수형자의 경우에는 다른 미결수용자와도 또 다르고 또 어떤 그러한 교정행정에서의 어떤 서신수발에 대한 통제는 불가피하겠다. 뭐 이런 면은 충분히 저도 말씀은 이해가 됩니다.

그러나 제한의 정도에서 조금 전에 교정행정의 현실에서는 3분의 1이상 수형이 되어져 있고 또 개전의 정이 많다라고 판단한 경우에 거의 검열하지 않는다라고 말씀하셨고 그런 것은 사실 저희들은 몰랐던 부분이고 또 알 수도 없었고, 그러나 그런 정도로 하고 있다면 상당히 완화된 부분입니다.

그러나 그렇다고 하더라도 처음에 수형이 시작되면서 일정한 정도에까지도 일반적·포괄적 제한을 하는 것은 저는 그럼에도 불구하고 여하간 문제시될 수 있는 것 아니냐? 교정행정의 현실에서는 상당히 많이 가급적 수형자라고 하더라도 통신의 자유를 보장하려고 하는 쪽으로 이루어지고 있다는 것을 충분히 수긍이 되었습니다마는 그러나 그 정도 가지고는 수형자의 통신의 비밀을 제한하기에는 충분한 근거라고 보기 어렵지 않느냐 그런 생각이 들었고, 그리고 우리가 입법론적으로 이야기해야 될 것과 해석론적으로 이야기해야 될 것을 염연구관님이 구별해서 말씀해 주셨는데 저도 그 점에서는 충분히 공감합니다.

저희들이 입법정책적으로 앞으로 나가야될 부분에 대해서는 분명히 입법정책을 나누어서 이 부분은 국회에서 해주어야 된다하는 그런 생각인데 그러나 지금 헌법재판소의 기능이 사실은 저는 소극적인 입법작용을 동시에 하고 있다고 봅니다.

위헌법률심판을 통해서도 소극적 입법작용을 행하고 있고 그래서 우리가 헌법해석을 행하면서 일정한 해석을 해간다면 그것 자체도 여하간 해석에 의해서 입법론적인 문제를 동시에 제기를 해 줄 수가 있거든요. 그렇게 본다면 헌법해석은 이렇게 가는 것이고 입법정책은 따로 간다기보다도, 헌법재판소의 기능을 좀 더 넓게 잡아볼 수 있다면 그런 문제까지도 동시에 볼 수 있는 성격이 아니냐, 저는 그런 정도의 생각을 했고, 그래서 그런 부분은 저도 앞으로 교정행정에 관한 부분을 좀 더 현실감 있는 이야기를 들어가면서 제한의 정도가 어느 정도가 되는 것이 과연 바람직한 최소한의 제한이 될 것인가, 그리고 또 그것이 어느 범위까지 인정되어져야 될 것인가, 그런 것을 같이 고민을 해 보도록 하겠습니다.

사 회 자 : 이제 좀 활발한 디베이트가 이루어졌으면 합니다.

여러 연구관님들 또 외부에서 오신 박사분들도 계시고 한데 좀 자유롭게, 이 토론은 발표자에 대해서 뿐만 아니고 토론자분들께도 해 주시기 바랍니다.

이상원연구관님.

이 상 원 : 정말 무명소졸인데 이름을 불러주셔서 감사합니다.

사 회 자 : 아, 이 정도 통신은 되어 있습니다.

이 상 원 : 전반적으로 문제의식과 방향설정에 대해서는 전적인 공감을 합니다마는 혹시 이렇게 생각해 보면 어떨까 하는 차원에서 한번 말씀을 드려보면요, 일반적인 국민에 대해서 통신의 자유를 제한해 나갈 때는 지금 말씀하신게 100% 옳으신데, 이 사람들은 통신의 자유가 보장되는 일반사람들에 비하여 특별한 목적으로 자유를 제한한다는 그런 측면도 있지만 다시 보면 형을 받고 처벌을 받고 있는 사람들이거든요. 그래서 혹시 이 사람들이 받고 있는 통신의 자유 자체가 자유형의 한 내용으로 볼 수도 있지 않겠나 이런 생각을 하면 어떨까 생각됩니다. 우리나라에는 이런 명시적인 규정이 없지만 죄를 범한 사람한테 어떠한 종류의 형을 과할 것인가는 나라마다 조금씩 다르고 우리나라에는 사형도 있지만 어느 나라는 사형은 위헌이다는 논의도 있고 사형이 합헌이다는 논의도 있지요. 그래서 형벌이라는게 논의되는게 주로 사형이 위헌인지 여부 또는 미국같은 경우에 200년, 300년 처벌하는 것이 헌법에 위반되지 않느냐 그런 논의는 있습니다. 또 태형같은 것이 위헌이냐 이런 논의는 있을 수 있는데, 자유형을 하는 데 거기서 조금 통신의 자유를 제한하는 것이 위헌이냐 여부는 그런 형벌체계에서 볼 때는 위헌성은 좀 약화되지 않느냐 이런 생각이 듭니다.

그래서 우리 헌법재판소가 입법정책의 문제이다. 이렇게 말한 취지가 혹시 자유형의 내용을 구성하는 것이 그 나라 입법자가 통신의 자유를 어느 정도 제한하는 내용으로서의 자유형을 만들 것인가 아니면 통신의 자유는 100% 보장해주고 단지 구금하는 내용만 자유형으로 할 것인가 하는 그러한 것을 정하는 것은 정책의 문제이고 이것이 이제 헌법상 형벌임에도 불구하고 위헌인지 여부를 따지는 것으로 미국에서 말하는 것은 cruel and unusual punishment라는 게 있거든요. 어떠한 형벌이 굉장히 잔인하고 또는 이상해 가지고 도저히 문화국가의 국민으로서는 받아들일 수 없는 형벌일 경우에만 그러한 형벌의 내용을 정한 입법이 위헌이지 그 바운더리 안에 들어있으면 약간 많고 적은 정도는 입법정책의 문제다 이렇게도 생각할 수 있고, 그런 차원에서 헌법재판소의 표현을 읽어보면 바로 입법정책에 맡겨져 있으니까 통신의 자유를 제한하는지 여부는 헌법재판소가 들어가지 않겠다. 그런 식으로도 이해될 수 있겠습니다. 그게 첫 번째 질문이고요.

두 번째 질문은 변호인과 수형자간에 서신수발에 관해서 변호인에 대해서 제한을 하는 것은 수형자의 통신의 비밀과 자유를 심하게 제한하기 때문에 그 측면에서 재고찰해야 된다고 말씀하셨는데, 이 취지가 혹시 통신의 비밀자유라는 측면에서만 본다면 변호인과도 자유롭게 커뮤니케이션 해야 되고 일반인과도 자유롭게 커뮤니케이션 한다는 그런 차원에서 일반인은 물론 변호인도 똑같이 오픈해 주어야 된다는 그런 취지라면 변호사를 특별히 언급할 필요가 없을 것 같고요. 만약에 일반인한테는 좀 제한해도 타당성이 있지만 변호인한테만은 보다 더 완화시켜야 된다 이런 취지라고 본다면 그것은 통신의 자유 때문에 변호인한테 더 오픈시켜야 되는게 아니라 변호인은 수형자와의 어떤 변론권 이런 차원에서 보다 더 강화된 보호의 필요성이 있는데, 변호권이라는게 구체적으로 들어가 보면 미결수용자한테는 그게 타당한데 기결수형자한테는 이미 재판이 끝났기 때문에 변호권이라는게 존재하지 않습니다. 현실적으로, 우리가 상상할 수 있는 것은 재심청구 같은 경우인데 그런 경우에는 지금 허용되고 있습니다.

또 하나 상상할 수 있는 것은 그 사건과 관련된 예컨대 민사소송을 제기한다. 내가 형사처벌을 받았는데 이 형사처벌은 어떤 수사기관이 잘못해서 그 사람 때문에 처벌받았으니까 그 사람의 잘못으로 인해서 손해배상청구를 하기 위해서 옛날 변호사와 커뮤니케이션 하겠다라는 취지라면 결국은 민사청구권을 보호하기 위해서 변호인과의 커뮤니케이션을 보호해 준다는 것인데 우리나라 헌법상 민사 변호인의 조력을 받을 권리가 인정된다고 보기는 아직은 어렵거든요.

그런 차원에서 보면 결국 당해 사건 또는 어떤 다른 미결사건이 있지 않는 한 일반인보다 플러스해서 특별히 더 보호할 필요가 무엇이 있을까 그게 잘 떠오르지 않아서 그 부분에 대해서 설명을 해 주시면 감사하겠습니다.

사 회 자 : 예, 연구부장님.

장 석 조 : 장석조연구부장입니다.

첫 번째 질문과 관련해서 보충적으로만 관점을 하나 제시하고 싶은데, 그것은 입법정책적으로 형벌의 내용을 구성하는 것이다 이렇게 보시고, 대개 그 형벌의 본질을 목적형으로 보기 때문에 교화목적과 관계없는 부분은 좀 곤란하다. 그런 시각이 좀 강한 것 같은데 그러지 말고 응보형적 차원에서 보면 어떨지?

지금 우리 헌법재판소 판례가 대표적 응보형인 사형제도에 대해서는 위헌선언을 않고 있는 상태니까 응보형으로 놓고 그 응보를 위한 제재수단을 강화하기 위한 것이다라고 보면 좀 정책적 여지가 있지 않을까.

우리 이판사님에게 공감하는 차원에서 관점을 좀 추가해 봅니다.

발 표 자 : 이연구관님, 연구부장님 말씀 수긍이 갑니다마는, 그러니까 처벌의 하나의 유형, 자유형에 포함된 내용으로 봐야된다. 그리고 그 성격은 응보적 성격으로 봐야된다. 이게 두분의 말씀이신데, 그렇게 되면 그것은 국가가 어떤 형벌 그 자체를 부가적으로 형벌을 부과하는 것이 되거든요. 다시 말씀드리면 만약

에 그러한 형태에서 행하고자 한다면 법관이 새로운 통신의 자유에 관한 제한을 별도로, 저는 법관이 판결을 해야 된다 이렇게 생각합니다. 그러니까 일반적으로 미결수용자의 경우에도 교도소장의 요구에 의해서 법관이 허가를 하거든요. 허가를 해서 통신의 자유에 관한 일정한 제한을 할 수가 있는 것이지 그렇지 않은 경우에는 통신의 자유를 제한하지 않습니다.

예를 들어서 자유형을 받은 자이기 때문에 통신의 자유는 당연히 제한되는 것이다라고 본다면 그것은 자유형에 따라서 국민의 기본권이 없어진다는 말씀이거든요. 그러나 국민의 기본권은 자유형에 의해서는 그대로 있는 겁니다. 자유형을 받더라도, 그거는 일정한 범죄행위에 대해서 그 행위에 대한 형벌로 자유형을 받는 것이지 자유형을 받음으로 해서 국민의 기본권까지 병과해서 자유형에 부과된 것은 아니다. 이렇게 볼 수가 있거든요.

그래서 기본권과 범죄행위를 구별해야 되는 것이지 어떤 자유형의 경우라도, 자유형의 경우에 신체의 자유에 구속이 있지 않습니까? 거기에 별도의 어떤 기본권을 제한하려고 한다면 법관의 별도의 명령에 의해서, 법관이 예를 들어서 이러이러한 자의 경우에는 통신의 자유를 허가 할 수 없다라고 하는 별도의 그게 있는 경우에는 저는 충분히 가능하다고 말씀드릴 수 있지만 반드시 모든 범죄인의 경우에 범죄행위가 되고 자유형이 내려지는 경우에는 그 성격의 하나로서 응보적 성격으로 이루어진다 라고 하는 것은 저는 이중처벌의 가능성이 높고 또 그것도 법관의 명령에 의해서 하나의 행위에 대한 결정으로 인해서 기본권까지 박탈할 수 있는 성격은 아니지 않느냐 저는 그런 측면에서 생각이 듭니다.

그리고 두 번째 문제는 우리 이상원연구관님 말씀이, 도대체 미결수용자의 경우에는 변호인의 조력을 받을 권리가 충분히 인정되는 것은 수긍되지만 그렇지 아니한 기결수형자의 경우에까지 변호인의 조력을 받을 권리가 있겠느냐 라고 하는 문제, 그 문제는 저는 충분히 그럴 수도 있다고 보여집니다.

그러니까 변호인의 조력을 받을 권리가 조금 전에 말씀드린바와 같이 민사재판의 경우에 보호될 수 있는 변호인의 조력을 받을 권리냐라고 하는 측면에서는 아니다라고 본다면 그것은 별문제로 하더라도 그 이외에 다른 부수적인 소송도 있을 수 있겠지만 그런 문제를 떠나서 저는 변호인과 수형자의 관계에서 일반국민과의 관계라고 하더라도 예를 들어서 직장동료거나 어떤 동료와의 관계에서도 얼마든지 통신이 가능한 것일 수 있다는 측면에서 출발하고 있는 것이고, 그렇게 본다면 굳이 변호인의 조력을 받을 권리가 없다고 해서 변호사에 대한 서신을 검열할 수 있다라고 한다면 그것은 지나친 제한이 아니냐 그 말씀이고, 그래서 변호사의 경우에도 얼마든지 변호사와의 서신에서 제한을 할 수가 있지요. 수형자의 경우에는 원칙적으로 변호인의 조력을 받을 권리가 없으니까 수형자와 변호사와의 관계에서 서신수발에 대한 것은 타인과 같은 것이기는 하지만 금지한다·검열한다라고 하는 것은 과도하다는 말씀이지요.

그런 측면에서 말씀드린 것이지 다른 것은 아니고, 그래서 소송절차에서 다른 어떤 그게 필요하다든지 하는 것은 저도 그것은 아니라고 보여집니다마는 그런 측면에서 제가 이제 과도한 제한이다라고 말씀드릴 수가 있습니다.

사 회 자 : 아마 이상원연구관께서 두 번째 질문은 발표문에 변호인과의 서신에 대한 검열문제를 특별히 발표자께서 거론을 하신 것은 일반인에 대한 통신의 자유처럼 변호인도 마찬가지로 통신의 자유가 문제된다면 별도로 거론할 필요가 있었겠느냐 이런 취지이신 것 같은데 답변이 되었는지 모르겠습니다.

토 론 자 : 예, 그냥 넘어가겠습니다.

사 회 자 : 예, 배보윤 연구관님.

배 보 윤 : 저는 이상원판사님이나 연구부장님이 제시한 것 외에 약간 토론을 활성화시키기 위해서 다른 측면을, 두 가지 경험을 말씀드리면서 그 부분을 말씀드리겠습니다.

최근에 제가 출장을 갔다왔는데 그 중에 국제형사유고전범재판소 ICTY 거기에 가서 밀로세비치 증인신문 하는 것을 직접 참관하고 왔습니다. 거기서 피고인이 재판을 받고 있으니까 이것은 기결수가 아니고 미결수입니다. 밀로세비치가 법과대학 졸업했는데 변호사는 아니라고 합니다. 그런데 ICTY에서 변호인 선임하라고 했는데 변호인 선임 안하고, 변호인선임을 UN에서 시켜주겠다고 했는데도 거부를 했습니다. UN에서 기소하고 그랬기 때문에 그에 대한 불신을 가지고 있는지 거부하고 자기가 직접 준비를 한다고 합니다. 교도소에서 별도로 준비하는 방을, 자료라든지 자기가 필요한 준비방을 마련해 준다고 하는데 거기에는 키가 두 개가 있고, 밀로세비치하고 교도관 키가 두 개가 같이 들어가야만 그 방을 열 수가 있다고 합니다.

그러니까 피고인측이 가지고 있는 모든 자료나 이런 것은 교도관측은 전혀 볼 수가 없는 것이지요. 그러니까 엄밀한 의미에서 형사절차의 대등주의가 적용되는 겁니다. 물론 그 재판은 인류역사상 가장 이상적인 재판을 하기 때문에 그것이 모든 나라에 적용될 것은 아니겠지만 일반적으로 거기에 기본적인 원 취지는 거기 우리 재판관으로 계신 권오곤재판관님도 말씀하셨는데, 그 기본적 취지는 미결수의 경우에는 무죄추정의 원칙이 적용되는 것이다. 그렇기 때문에 모든 형사절차에서 당사자 대등주의가 적용되기 때문에 피고인의 경우에도 반드시 모든 서류나 이런 부분에서 통신의 비밀이 철저하게 보장이 되어야 된다라는 취지로 형사절차의 원칙이나 취지가 그렇게 관철된 것이 아니냐 이런 이야기가 있습니다.

그런데 미결수의 경우하고 기결수의 경우는 조금 다른 측면이 있지 않느냐? 아까 말한 무죄추정의 원칙과 변호인의 조력을 받을 권리와 관련해서 두 가지 측면이 있고 그것을 하나의 관점으로 봐야 되지 않겠는가라는 생각이고요.

두 번째로는 지금 잠깐 말씀을 하셨는데 기결수의 경우에는 그러면 통신의 자유가 어떻게 되느냐? 그 부분도 사실은 우리가 기결수라는 것도 자유를 제한하는 것은 자유형인데 그 자유형이라는 것은 신체의 자유를 제약하는 것이고, 징역형, 금고형이라고 이렇게 되어 있기 때문에, 과연 그러면 그 징역형, 금고형 속에 통신의 자유, 일반 다른 자유도 제한하는 것이냐? 그렇게 보기는 어렵지 않느냐? 기본적인 문맥으로 보면, 어렵고, 다만 그러면 그와 같은 제한을 검열이나 이렇게 하는 것은 무엇이냐? 그것은 행형질서라든지 교도소내의 질서를 유지하기 위한 방안으로서만 국한되어야 되지 않느냐? 이런 측면으로 봐야 되지 않느냐라는 생각입니다.

그런데 최근에 제가 사건을 하면서 요즘에 우리 헌법재판소에는 보면 수형자나 기결수나 미결수나 앉아서 편지 한 장으로 헌법소원 내는 경우가 많습니다.

그런 사건들이 대개 행형법사건인데 어떻게 그렇게 생각을 많이 하는지 연구관들한테 어려운 사건들을 많이 지워주고 있는데, 서신검열이라든지 운동금지 이런 것들이 전부 그런 류의 사건입니다. 최근에 제가 사전심사한 사건인데 뭐냐하면, 말하자면 1차사건이 국선변호인사건인 사건입니다. 지금 현재 계류중인 사건인데, 국선변호인하고 통신을 하기 위해서 서류를 보냈더니 개봉을 했다는 겁니다. 개봉을 해 가지고 검열을 해 가지고 보내주지 않았다. 나중에 보내줬다. 자기가 어필을 하니까 보내줬다. 이런 내용이었습니다.

그래서 그 사람이 주장하는 것은 개봉행위 자체를 문제삼고 왔습니다. 형식이야 어쨌든. 그러면서 하는 이야기가 행형현실은 다른 교도소는 변호사와의 통신에는 헌법재판소가 종전에 변호사의 접견교통은 보장이 된다고 금지할 수 없다해서 위헌이 나서 검열을 하지 않도록 되어 있는데 그거를 검열한다는 겁니다. 검열해서 개봉을 했다. 이런 취지의 주장인데, 그래서 종전에 우리가 변호사의 접견교통을 금지하는 것은 위헌이라고 결정을 함으로 인해서 최근에 행형법이 개정이 되었습니다. 여러 가지 교도소의 질서를 위반되는 것이라든지 다양하게 되어 있는데 여러 가지 중에서 기존에 법률을 위반하는 문제가 되었을 때는 검열할 수 있다라고 조항이 되어 있는 것으로 알고 있습니다.

그래서 그런 법률조항이라고 하면 가령 금제품이라든지 마약이라든지 이런 물품이 있는지 여부에 대해서 할 수 있다라는 검열 하나하고, 교도질서에 어긋나는 것 그 두 가지가 주 법률내용으로 되어 있고 나머지는 기타 법률위반 이렇게 되어 있는데 법률내용을 그렇게 딱 보면 그것은 서신의 내용을 보지 않으면 위반여부를 판단할 수 없도록 그렇게 되어 있습니다 법률조항이.

거기다가 아까 염동신연구관께서 토론을 하시면서 실질적으로 검열하지 않고는 그것의 여부를 알 수 없다라는 그런 실무상의 어려움도 이야기를 하셨는데 그런 점에서 그 법률조항, 우리가 헌법재판소에서 결정한 취지에 맞게 제대로 그게 규정이 되어 있는가? 그 점에 있어서는 우리도 여러 가지 추상적으로 했습니다마는 그 점이 입법론으로, 다시 다음에 검토해 보아야 될 것이지만, 그런 면이 하나 있고.

다음에 또 하나는 우리 헌재에서 그렇게 결정한 것은 제가 알고 있기로는 우리나라 행형질서, 아까 잠깐 실무적인 말씀을 하셨습니다마는 교도행정의 어떤, 교도관의 인력부족이라든지 여러 가지 행형질서에 우리의 현실적인 측면이 다분히 있는 것이 아니냐, 그래서 행형질서라는 관점에서 그렇게 이야기하고.

그리고 만약에 차후의 범죄를 위해서 우리가 검열을 한다라는 그것은 좀 남용된게 아닌가라는 생각입니다. 거기에 만약에 덧붙인다면. 그것은 행형질서 차원에서만 국한시켜야 되지 않느냐 그런 생각입니다. 토론을 하는데 있어서 활성화라는 측면에서 제가 말씀을 드렸습니다.

이상입니다.

사 회 자 : 배연구관님 질문이라기 보다는 활성화측면에서 의견을 주셨는데 또 다른,

예, 부장님.

장 석 조 : 3면에 보시면 결정문 인용하신게 있는데 제가 원문을 안봐서 자신은 없습니다마는 이거를 추상적 권리성 이렇게 접근했다기 보다는 지금 발표자께서도 서신검열을 해야 될 어떤 공익목적이 인정된다면 일반적으로 제한하지 말고 개별적으로 금지조치를 통해서 해라는 것에 대해서는 동의를 하시는 취지 아니신가요?

발 표 자 : 그렇습니다.

장 석 조 : 그렇게 본다면 기본권이 실체적으로 제한되는 질과 양이라는 면

에서는 이리가나 저리가나 실체적인 면은 동일한 것인데 절차를 일반적으로 금지하느냐 개별적으로 금지하느냐 그 차이만 있는 것이거든요. 그 부분에 관해서는 입법자가 좀 선택의 폭이 넓다고 볼 여지는 없는지 그런 부분이 의문이 있습니다.

그래서 그 부분을 추상적 권리성이라기 보다는 입법자가 어떤 규제를 함에 있어서 그 규제의 구체적 방법에 관해서는 선택의 여지가 있다 그렇게 좀 이해를 하면 어떨까 모르겠는데 제가 원문은 읽지 않아서 자신은 없습니다. 그게 한 가지 논점인데, 이 부분을 가지고 기본권심사에 있어서 위헌이라는 논거를 하신다면 만약에 건축규제를 할 때 건축을 일반적으로 금지를 해놓고 건축허가를 통해서 열어주는 형태는 그러면 건축이 타당한지 하나하나 따져보고 바람직하지 않으면 금지해 가지고 시정을 하면 될텐데 왜 일반적으로 금지하느냐? 그것은 최소침해성에 반하는 것이냐? 그런 논의하고는 혹시 어떠실지? 예가 적절한지는 모르겠습니다마는 그런 실체적인 기본권에 있어서 기본권이 제한되는 양과 질에 있어서는 차이가 없는데 어떤 절차로 접근하느냐에서 차이가 있는 부분이고 그 부분도 전부 행정소송에서 구제가 가능하기 때문에 다 통제가 가능하다면 그 부분만 가지고 그런 입법형식의 선택만 갖고 위헌으로 하기는 너무 입법자의 형성의 자유를 좁게 보는 것이 아니냐 그런 의문이 있습니다. 그거는 항상 갖게 되는 의문이기 때문에 설명을 부탁드리겠습니다.

이 상 원 : 원문을 제가 읽어드리겠습니다.

제가 이렇게 자유형의 내용으로 볼 수도 있지 않느냐고 말씀드린 취지가 원문이 이렇게 되어 있습니다. "수형자를 구금한 목적은 자유형의 집행에 있고 자유형의 내용은 등등 해 가지고 자유형의 본질상 수형자에게는 외부와의 자유로운 교통형식에 대한 제한이 수반되는 것이다." 이렇게 되어 있습니다.

자유형의 본질상 통신의 제한이 수반된다. 그렇게 한편으로 설명하고 그렇지만 다시 생각하니까 교화의 목적상 완전히 단절시키는 것보다 외부와 커뮤니케이션하면서 교화하는게 더 나을지도 모른다. 그러니까 입법자가 볼 때 이 자유형의 목적을 달성함에 있어서 한편으로는 자유형의 본질상 제한된 통신의 자유 그런 것도 있고 한편으로는 통신을 시키는게 좋은 면도 있고 그러니까 잘 생각해서 어디에서 자를 것인가는 입법자가 재량으로 자를 수 있는 것 아니냐 하는게 지금 이 헌재 결정의 취지로 이해됩니다.

그렇다면 헌재결정에서는 통신의 자유를 제한하는게 자유형의 한 내용, 수반되는 한 내용으로 보는 것에서 출발해서 입법정책의 문제가 나온 것이지 교수님 말씀하신 것처럼 추상적 권리 이것은 구체적인 기본권이 아니다라고 해서 나온 것은 아닌 것으로 알고 있습니다.

발 표 자 : 그렇습니다. 그러니까 통신의 자유를 제한할 수 있다는 측면에서 출발할 수 있는 것이지요. 그 통신의 자유를 제한할 수 있다는 것이지 통신의 자유를 처음부터 없애겠다는, 자유형 자체에서는 통신의 자유에 관한 제한이 가능하다는 것이지 자유형 자체가 통신의 자유를 박탈하는 것은 아니지 않습니까?

이 상 원 : 검열은 … 아니지요. 보고 주는 것이지.

발 표 자 : 그러니까 검열이 가능한데 검열이 가능하지만 그 제한의 정도가 과도하다는 것이지요. 검열방법이외에 다른 여러 가지 방법이 있다는 것이고, 그런 의미에서 말씀드린 것이고.

그리고 방금 배연구관님 말씀하신 내용에 대해서도 저도 충분히, 아까 교정질서를 목적으로 한 차원 내에서는 내용을 검토해야 되는 것 아니냐? 그렇다면 그것은 불가피하다 검열자체가, 그리고 아까 우리 염연구관님도 그런 취지로 말씀하셔 가지고 검열이야말로 불가피한 것 아니냐? 저도 그 점에 대해서는 충분히 공감합니다. 그러니까 예를 들어서 범죄예방을 위해서 하는 그런 정도의 검열은 우리가 논외로 하고 행형질서의 유지목적이라는 차원내에서 그것을 알기 위해서는 검열을 해야 되는 것 아니냐? 저도 충분히 동의를 합니다. 저도 그 점은 옳다고 보고, 그러나 저는 그 점에 대해서도 일반적으로 모든 수형자의 모든 서신을 다 검열해야 되고 검열해야 될 때 본인의 입회 없이 검열하는 것이 타당하냐? 그 말씀입니다.

그러니까 예를 들어 그 내용을 읽어야 되지요. 개봉된 것에 대한 내용을 읽어야 됩니다. 읽어야 되는데 읽어야 될 필요성이 있는 경우에 항상 읽는 것이 아니고 간헐적으로 읽습니다. 수백개의 편지 중에 한 개를 읽어야 될 필요가 있으면 이 편지에 대해서 교도소장의 별도의 허가를 얻고, 얻어서 본인을 입회시켜서 읽는다는 것이지요. 그런 경우에 검열이 가능한 것이지, 아무런 제한 없이 모든 편지에 대해서 열어가지고 다 본다면 그것은 과도한 제한이다. 그런 말씀이지요.

그래서 저도 행형질서의 유지라든지 이런 목적을 위해서 검열을 해야 될 필요성이 있으면 검열을 해야 된다. 해야 되지만 1차적으로 서신개봉에 의해서 검열가능성이라고 하는 것을 모든 수형자는 인식하고 있는 것이지요. 그러면서 필요에 의해서 이 편지를 검열해야 되겠다고 교도소장이 결정한 경우에는 입회를 시켜서 하는 그런 정도에서 검열하는 것이 충분하지 않느냐 그것이지 검열의 필요성 전체가 없다는 것은 아니고요. 그래서 그런 측면에서 얼마든지 우리가 필요한 경우에는 검열을 해야 됩니다. 해야 되고 그전에 이제 그런 단계, 지금 우리

형행법 규정에는 검열한다로 해서 하나밖에 없습니다. 통제하는 방법이. 그래서 그거는 지나친 제한이다. 그런 취지에서 말씀드린 것이고요.

사 회 자 : 그 다음에 우리 연구부장님 질문이 아마 방법선택에 있어서는 재량을 입법자에게 주어야 되지 않겠느냐

발 표 자 : 그런 측면에서 제한의 정도에서는 입법정책적인 측면은 맞습니다.

그러니까 제한의 질과 양의 측면에서는 자유형에 수반되어지는 통신의 자유에 관한 제한이고 그 제한의 정도를 어떻게 하느냐 하는 것은 틀림없이 입법정책이지요.

그것은 입법형성권에 의해서 검열의 방법이든지 아니면 개봉의 방법이든지 아니면 전자감응장치에 의한 방법 그것은 얼마든지 입법정책의 문제인데, 기본적으로 검열을 해야 된다, 그러니까 기본적으로 통신의 자유를 부여할 것이냐 말아야 할 것이냐 라는 기본권권리성 부여자체가 입법정책적 문제는 아니라는 그런 말씀이지요.

그러니까 제한은 얼마든지 할 수 있는 것이다. 할 수 있지만 권리성 자체에 대한 것을 인정할 수 있는 것과 인정할 수 없는 그것은 아니지 않느냐 그런 논지에서 말씀드린 겁니다.

사 회 자 : 여러분들 의견을 더 듣는 의미에서 우리 연구원으로 계시는 분.

아, 죄송합니다. 사회자가 너무 월권을 하는 것 같은데 그전에 의견 있으신 분 얼마 든지 자유롭게 말씀하시고...

최희수연구원님 한말씀 부탁드립니다.

너무 강권을 해서 죄송합니다.

최 희 수 : 최희수입니다.

제가 어떤 문제제기를 하기보다는 아까 자유형의 내용으로서 통신의 자유를 제한하는 것까지도 포함시킬 수 있느냐 그 문제에 대해서 배보윤연구관님께서는 역시 문언에 비추어 볼 때 징역이나 또는 금고와 같은 그런 문언에 비추어 볼 때 그렇게 보기는 어렵지 않느냐 그렇게 말씀하셨는데, 저는 헌법으로부터 출발하면 이 징역이나 금고 같은 것은 12조에서 하는 것이고 그 다음에 통신의 자유는 17조의 문제이기 때문에 통신의 자유를 포함시키는 것은 헌법조문상 어렵지 않나 이런 생각을 해봤습니다.

사 회 자 : 자유롭게 토론을 하시지요. 예를 들자면 죄형법정주의 얘기도 나온 것 같네요. 예를 들자면 조금 전에 명확성원칙이 저희들 배우기로는 죄형법정

주의에서 상당히 중요하다고 보는데, 표현의 자유에서 만의 문제는 아니겠지요. 죄형법정주의의 제1파생원칙이 명확성의 원칙인데 그런 말씀도 있으셨고, 조금 자유롭게, 제가 계속 호명으로 나가면 헌법재판소 역사상 가장 최악의 사회자로 남기 때문에.

최 창 호 : 최창호입니다.

저는 특별히 질문은 아니고요 갑자기 이런 생각이 들었습니다.

교도소에 행형목적으로 수용되어 있는 사람들에게 서신검열을 통해서 이러한 통신의 자유가 제한되는 이런 문제가 제가 헌재 판례를 잘 몰라서 모르겠는데 이런 것은 없었습니까? 군대훈련을 받으러 갔던 사람이 군대훈련을 받는 기간동안 서신을 수발하지 못해서 기본권을 침해당했다. 이런 케이스는 없었습니까 아직?

거의 비슷한 사건이 될 수도 있을 것 같은 그런 생각이 듭니다.

발표자께서는 보다 덜 제한적인 방법으로 제한하면 되지 않겠느냐 하시는 말씀을 자꾸 하시고, 내용을 알게 된다는 것 자체가 본질적인 침해가 되기 때문에 위헌의 소지가 있다라는 말씀을 하십니다. 그렇게 볼 수도 있는데 조금 전에도 다른 분이 말씀하셨지만 행형현실, 결국 교도소나 구치소에 있는 인력과 돈이 어느 정도가 투입되어서 과연 그것을 전자장치로 이렇게 통과하면 마약은 없다라고 할 수는 있지만, 교도소에서 옛날에는 집필을 못하게 할 때는 샤프심을 어디에다 넣어서 했냐하면 책 영치하는데 사이에 샤프심을 넣어서 들여와서 껌종이에 넣어 사용했습니다. 교도소에서 일어나는 현실을 보면 저희들이 상상할 수 없는 기발한 아이디어가 많이 나오곤 하는데 현실에 있어서 보면 현재는 수용자들의 자유가 행형목적을 달성하는데 일을 해야 되는 교정직공무원보다도 훨씬 더 고양되어 있는 그러니까 죄를 지은 사람들이 큰소리를 더 많이 치는 이런 현실입니다.

그래서 교도관들이 옛날에는 한 대 쥐어 박았는지 모르겠는데 지금은 한 대 쥐어 박았다하면 폭언을 당하는 것은 고사하고 계속 집필허가를 내달라고 해서 집필하고, 인권위로 가는 서류도 검열을 못합니다. 그것이 인권위로 갔다가 고소장으로, 인권위 담당자는 이 서류를 검찰청고소장으로 접수해 주십시오. 해서 검찰청으로 도로 이렇게 오는 경우가 많이 있습니다.

그리고 교회사라고 하는 직원들이 그런 업무를, 교회와 관련된 사람들이 업무를 담당하는 모양인데 어쩌다 초코파이라도 하나 줬다가 받았다가 좋은 관계가 되어서 용돈도 받고 하는 그런 일이 있다가 완전히 수용자인 그 사람들 말로는 코걸이라고 하는데 코걸이에게 걸려 가지고 아주 고생을 많이 하는 사람이 있습니다.

그러니까 한번 내가 너에게 뇌물을 50만원 줬다 하면 그런 것에 걸려서 계속 몇 년 동안 편의를 봐주어야 되는 그러한 사례도 많이 있고, 또한 현실에 있어서 일어나는 그런 일을 쭉 보면서 보다 덜 제한적인 방법이라는 것이 있기가 어렵다 그 내용을 알아야 되기 때문에 그런 생각이 듭니다.

청송감호소에서 있었던 보호처분 같은 경우에 저희들이 통상적으로는 이중처벌이다, 없애야된다, 위헌이다라는 논란이 많이 있어서 없애는 것으로 되었는데, 독일에서 공부를 많이 하신 분 말씀이 바이런주에 가면 우리나라 사회보호법과 같은 동일한 처분을 판사에 의한 판결이나 결정이나 명령이 아닌 다른 보호위원회의 결정으로 하고 있다는 겁니다. 우리나라에서도 사회보호법상의 처분이 훨씬 더 직급 높은 고법부장님이상 뭐뭐 누구누구 이렇게 쭉 되어 가지고 위원회에서 하는데 우리나라 것은 전부 위헌이라하고, 전부 법관에 의한 어떤 결정에 의해서 처분을 해야 된다라는 이런 논의가 있는데, 제가 말씀드리는게 부적절한 예가 될 수도 있겠지만 좀 그런 것 같고, 현실적으로 그 내용을, 과연 그것이, 요새 이런 말이 있잖아요. 엑스파일에 나오는 내용을 공개하라고 하는 경우에 그게 제3자의 내용이니까 공개하라고 떠들지 그것이 자기가 한 말일 경우에도 공개하라고 할 수 있겠느냐라는 그런 생각이 드는 것처럼, 제가 메모를 몇 개 해놓았는데 다른 얘기하다보니까 결론을 잊어버렸습니다마는 그래서 보다 덜 제한적인 방법이라는 것이 현실적으로 굉장히 어렵다. 그래서 이론적으로만 따지면 다른 방법으로 해서 할 수 있는데 왜 그러냐 하지만 현실적으로는 그것이 거의 불가능한 것이 아닌가 그런 생각이 듭니다.

아까 염부장님께서도 말씀하신 협박편지를 받은 사람의 경우에는 굉장히 큰 협박이 되는 것 아니겠습니까? 그러니까 수사기관에 있는 사람이라든가 재판업무 담당하는 사람, 교정업무를 담당하는 사람에 대한 협박편지 그런 것을 과연 보내줄 것이냐 말 것이냐, 그런데 그런 것을 한번 받아보신 분들은 그 말이 얼마나 섬뜩한 협박의 메시지인지 알 것입니다.

그래서 저는 헌재의 결정이 이상론으로만 따지면 다른 견해가 나올 수 있을지 모르지만 현실적으로 보면 현재의 우리나라의 소득이라든가 현실을 잘 따져서 적절한 판단이 아니었는가 이렇게 생각을 합니다.

이상입니다.

사 회 자 : 그러면 김웅희연구원, 본인소개를 잠시 해 주시지요.

김 웅 희 : 조세연구소에서 연구원으로 근무하고 있습니다.

두달만에 와서 좀 생소하고 그러기는 한데 주제가 재미있어서 질문을 한 가지 하겠습니다.

아까 한 가지 논점이 과연 자유형 속에 통신의 자유가 포함이 되느냐의 문제에 있어서 의견이 양쪽에서 분분하신 것 같은데, 한쪽 의견에서는 12조하고 17조에서 신체의 자유와 통신의 자유는 헌법상 구별되어 있는데 징역형은 자유형에 관한 부분이니까 통신의 자유는 빠져있다, 아니다, 라는 내용인 것 같은데 이거는 헌법상의 어떤 구분을 해서 잘라서 생각할 수 있는 문제는 아닌 것 같은 생각이 듭니다. 일단 형법상에서는 징역이라고만 되어 있고 징역에 대한 구체적인 내용은 행형법을 통해서 이루어지기 때문에 만약에 행형법에 의해서 징역이라는 어떤 신체나 자유에 관련된 처분형이 떨어져있다고 했을 때 그 구체적인 내용은 행형법이 내용으로 구체화된 것이기 때문에 결국 징역의 어떤 내용 속에도 통신의 자유에 관한 내용도 포함되어 있는 것이 아닌가 그런 생각을 하게 합니다.

그런데 그런 내용 자체가 중요한 것은 아닌 것 같고 결국은 헌법상의 기본권은 어떠한 형식으로든 본질적인 내용은 침해하지 않는다는 내용으로 가기 때문에 그런 내용으로 해서 과잉금지라든가 이런 쪽으로 접근해야지 이거를 구분하는 것에 대한 실익은 그다지 있다고 생각되지는 않습니다.

그리고 발표자하고 토론자께 여쭈어 보고싶은 것은 발표자님께서는 검열서신을 폐기하거나 석방시 교부를 금지하는 것은 통신의 자유에 대한 본질적 내용의 침해라고 소결에서 설명을 하셨는데, 목적의 정당성이나 수단의 적정성의 입장에서 보면 아까 행형의 어떤 실무적 입장에서 봤을 때 피해자에 대해서나 이런 사람에 대해서 어떤, 또는 증거를 인멸하기 위해서라든가 여러 가지 이유에 있어서 검열을 하다보면 그 사람에게는 분명히 피해가 돌아올 것이다, 어떤 공익적인 문제라든가 아니면 사익에 있어서 침해가 분명히 있을 것이라고 판단되는 경우까지도 통신의 자유 때문에 그러면 결국 줘야한다는 뜻으로 생각하신다는 뜻인지 그게 의문이고요.

황성기교수님께서 토론내용에 보면 비밀보호라는 측면을 설명하신 부분이 있는데요. 거기서 보면 비밀보호가 통신의 자유의 본질이기 때문에 결국은 검열 및 서신발송금지는 본질적인 내용으로 침해되는 것이다. 이렇게 설명하셨습니다. 그러면 결국은 행형질서상에 있어서 어떤 검열이라는 것이 필요하지 않다라고 생각하시는 것인지? 그러니까 검열할 수 있다라는 의미에서 보면 검열 자체가 그러니까 그 서신에 대한 검열, 발송을 금지하는가 여부를 떠나서 검열하는 것 자체는 통신의 비밀을 침해하는 것이니까 그것으로 인해서 본질적으로 통신의 자유가 침해된다. 그런 뜻으로 쓰신 것인지 그게 좀 궁금합니다.

왜냐하면 검열을 하더라도 결국은 상대방에게 전달이 되고 행형기관에서 그 내용에 대한 비밀이라든가 성실성을 기반으로 해서 보호가 된다면 프라이버시에 있어서는 어느 정도 제한이 되지만 결국 행형기관에게 비밀보호의 의무를 부과함으로써 해결할 수 있는 문제는 아닌지 그 문제를 한번 여쭤보고 싶습니다.

황 성 기 : 제가 먼저.

사 회 자 : 좋습니다. 토론에 대한 첫 질문이네요.

황 성 기 : 제 의사전달이 잘못 와전된 것 같은데, 저는 기본적으로 서신수발을 금지하는 것까지 나가는 것은 통신의 비밀보호의 본질적 내용을 침해한다라는 생각을 가지고 있습니다.

기본적으로 여기서 말하는 검열이라는 것은, 아까 제가 얘기했지만 통신비밀보호법상의 감청 내지 검열의 개념은 청취나 공독에 그치거든요. 쉽게 말해서 수사기관이 A와 B 두사람이 전화대화를 하거나 아니면 우편이나 소포를 왔다 갔다 할 때 개봉해 가지고 그 내용을 탐지하는 정도에 그치지 원천적으로 막는 것은 아니기 때문에 그런 측면에서 보면 제 생각에는 어떤 구금목적의 달성이라든지 혹은 또 다른 범죄를 시도하는 것을 막는 차원에서 검열, 제가 말씀드리는 검열이라는 것은 공독하거나 청취하는 정도에만 그쳐야되지 서신수발을 아예 원천적으로 막는 것은 과도한 제한이 아니냐는 측면인데요. 그래서 아까 형벌의 어떤 내용 관련해서 생각한게 뭐냐하면 형벌의 내용자체는 여러분들 말씀하신 대로 입법정책적인 문제로 결정될 수 있다라고 생각합니다. 예컨대 단순히 신체의 자유의 제한에 그치는 것이 아니라 통신의 자유의 제한도 부과될 수 있지만 문제는 뭐냐하면 설령 신체의 자유뿐만 아니라 통신의 자유의 제한을 부가적으로 할 수 있다 하더라도 분명히 다른 어떤 기본권보장의 취지라든지 헌법체계 내에서의 한계, 과잉금지원칙이라든지를 준수해야 되거든요.

그래서 통신의 자유에 대한 부가적인 제한을 한다하더라도 예컨대 횟수를 제한한다든지 아니면 교도관이 공독을 할 수 있는 정도에 그쳐야지 완전히 원천적으로 막는 것까지 나가는 것은 문제가 많다라는 그런 측면에서 말씀드린 겁니다 저의 기본적인 취지는.

염 동 신 : 염동신연구관입니다.

거기에 대해서 제가 조금 보완해서 설명해 드리면 사실이 이렇습니다.

예를 들어 두 가지 경우가 있는데요. 하나는 외부에서 수형자한테 보내는 경우, 하나는 수형자가 외부에 보내는 경우가 있는데 좀 구분해서 생각을 해야 됩니다.

왜 그러냐하면 수형자가 보내는 경우는 자기가 어떤 글을 썼는지 알고 있습니다.

이게 전혀 문제없는 경우가 대부분이겠지만 그 중에는 법에 저촉된다든가 아니면 외부에 있는 사람한테 어떤 부당한 지시를 한다든가 협박성 편지를 쓴다든가 하는 경우에 있어서는 본인이 알고 있는 경우라서 문제가 없거든요. 이게 예를 들어서 이 사람에게 돌려주더라도 아무런 문제가 없는데, 반대로 외부에서 이 사람한테 예를 들면 이 사람을 도주시키기 위해서 어떠어떠한 준비를 하고 있다든가 아니면 어떤 교도관을 매수해서 그 사람한테 잘하도록 했으니까 그 사람하고 접촉해 하라든가 아니면 마약을 누구한테 전해줄테니까 받으라든가 이런 경우는 교도관이 검열을 해서 이거는 알려주면 안 되거든요. 이것은 어떠한 경우에도 교도관 자체에서 끝나야지 그것을 검열하고 나서 검열이 끝났기 때문에 수형자한테 보내줄 수가 없습니다. 그렇게 두가지 경우로 나누어야 되기 때문에, 그래서 현재 행형법시행령은 그것을 구분하는 것을 전제로 해서 규정을 둔 것 같습니다.

약간 오타가 났는데 급히 쓰다보니까, 이 취지가 뭐냐하면 검열의 서신내용과 관련해서 그 내용이 법령에 저촉된 내용이 있다든가 도주나 증거인멸이라든지 여러 가지 허가되지 아니한 물품을 반입하는 경우 이런 내용이 있는 경우 발송이 허가되지 않고, 발송을 하지 않으면 그런 경우에는 수용자에게 사유를 통지해 줍니다. 네가 이러이러한 서신을 썼는데 네가 쓴 서신의 내용이 법령에 저촉되거나 아니면 도주 및 증거인멸 또는 허가되지 않은 물품 반입을 기도한 내용이 있다. 그래서 이것은 발송하지 않았다. 이렇게 통보를 하도록 되었는데 교부하는 것, 저쪽에서 오는 것을 받는 부분에 대해서는 통지한다는 내용이 없는 것 같더라고요. 그 이유가 뭘까 제가 생각을 해봤는데 아까 예를 든 케이스예요. 밖에서 수형자한테 서신을 보내면서 어떤 교도소 내에 있는 사람을 도주하는 것을 음모를 한다든가 계획을 세운다든가 아니면 교도관을 통해서 반입이 금지된 마약 등을 줬는데 누구누구 만나서 해보라든가 이런 것은 도저히 알려지면 안 되기 때문에 검열단계에서 끝나는 그런 현실적인 문제가 있습니다. 그래서 구분해서 생각을 해야 될 필요성이 있고, 그래서 더 나아가서 보면 검열에서 끝나야지 폐기를 한다든가 출감할 때 주어야 된다는 부분은 본질적 내용을 침해한다는 부분은 논리의 비약일 수도 있다 그런 말씀을 드리고 싶습니다.

발 표 자 : 최창호연구관님 교정행정의 필요성 등에 의해서 사실은 우리가 생각할 수 없는 그런 많은 수형자들의 물품반입행위라든지 또는 서신을 통해서

어떤 외부에 공포행위라든지 이런 내용 충분히 있을 수 있고 저도 충분히 인정합니다.

그리고 아까 말씀대로 서신을 이러이러한 반사회적 이유가 있고 또 염연구관님 말씀대로 반사회적이거나 또는 새로운 무엇을 기도하거나 이런 내용의 서신이 있는 경우에 그것을 폐기하는 경우 그것이 어떻게 본질적 내용의 침해가 되느냐라고 하는 말씀에 대해서는, 그런 경우에는 폐기가 아니고 본인에게 전달해주기는 하는데 일정한 부분은 입회를 시켜서, 입회를 시키더라도 우선 교도관이 먼저 읽는다, 공람을 안하겠습니까하면서 그 내용에 대해서 삭제를 하거나 또는 지우거나 그런 반사회성이 있는 것은 그렇게 해서 그 내용은 제거를 하고 다른 내용은 주는 것이지요. 통신의 자유에는 그러한 방금 이야기한 어떤 수형자의 경우에는 그런 문제가 있는 내용들이 있을 수 있습니다. 그렇지만 그 내용 이외의 내용들도 있을 수 있거든요. 그래서 전체의 내용을 폐기해서 없애는 것은 그것은 본질적 침해가 아니냐 이렇게 볼 수가 있는 것이지요.

그러니까 방금 이야기하신 그런 우려 부작용들이 있지요. 그런 부작용에 대한 부분의 내용은 제거를 시켜야됩니다. 어떤 형식으로든 제거를 시키고 그 나머지 부분에 관해서는 통신의 자유를 보장할 수 있는 그런 방법을 연구를 해 보자는 것이지요.

사 회 자 : 또 다른 의견, 질문도 좋고요 의견 있으신 분.

본인소개를 좀 부탁드리겠습니다.

오 세 형 : 죄송합니다마는 저는 많이 배워야되는 그런 입장에 있습니다.

행정학을 전공했고 지금 서울시교육청에 사무관으로 있습니다. 법리관계로 해서 저희 직원들한테 도움이 될까해서 말씀을 드려서 회원으로 되어서 이렇게 연구회 회의하시는 것을 듣고자 왔습니다.

오늘 이렇게 발표해 주시고 많은 도움이 되었습니다. 저희들 생각을 간단히 말씀 올리겠습니다.

제 이름은 오세형입니다.

제가 보는 입장에서는 자유를 억압한다는 쪽에서는 지금 논지하신 그런 내용들이 옳다고 이렇게 판단을 하고 있습니다. 그래서 그 사람들에게 마약이 들어간다든가 상대편을 협박한다든가 하는 쪽에서는 당연히 누가 검열을 하더라도 인정을 하고 있는데, 제가 보기에는 그런 문제를 가지고 과잉이라고 보는 것은 없겠고, 단지 저희들 입장에서 볼 때 내부고발적인 휘슬이라고 할까요 그 내부적인 어떤 문제들 때문에 검열에 대해서 너무 강화를 하는 것이 아니냐, 그런 쪽에서 본다면 이게 법정형이 너무 과잉쪽이 아니냐 그런 생각이 듭니다.

그러면 내부고발문제는 실질적으로 그 조직에 있는 사람들에 한해서 모든 것을 나가는 것을 원치를 않고 있습니다. 그러면 그 사람들에게 어떻게 기본적인 인권을 보호해 줄 것이냐 그런 차원에서는 그 조직 외에 제3의 기관에서 그것을 검열하게 한다면 양쪽 목적을 다 달성할 수 있지 않겠느냐 그런 생각이 듭니다.

그러면 일단은 그 조직 외에서 검열하기 때문에 그 내용의 문제점들이 자유를 억압하는 쪽에 전달되지 않을 것이고 신변을 보호하면서 개선책을 강구하지 않을까 이런 쪽에서 생각을 해봤습니다.

그리고 실질적으로 그런 보호를 해야 되는 서신보호를 해야 되는 그런 쪽에서 보면 내부고발자에 대해서 행정적으로 일어나는 사항이기 때문에 이미 그 사람이 죄를 지은 것과는 달리 거기서 새사람으로 태어나기 위한 삶의 본질을 찾기 위한 그런 쪽에서 어떤 억울함이 있을 때에 내부고발이 이루어지지 않겠느냐 이런 쪽에서 제가 느껴지는 점이 있어서 말씀드리고, 오늘 발표하신 교수님의 입장에 공감하면서 과잉쪽의 얘기는 내부고발적인 또는 행정적인 제도적인 차원에서 풀어나가신다면 법에서 이렇게 정한 내용들을 보완쪽에서 접근되지 않을까 이런 생각에서 제 생각을 간단히 말씀올렸습니다.

여기에 대해서 제가 잘못 생각한 것이 있다면 꾸짖어주시고 지도해 주시기 바랍니다. 이상입니다.

사 회 자 : 우리 오박사님은 질문이라기보다는 나름대로의 견해를 보충적으로 피력을 하신 것으로 생각이 됩니다.

또 다른 의견들 없으시면 마무리를 짓기 전에 우리 발표자분 또 토론자분들 더 하실 말씀 있으십니까?

충분히 통신을 하셨으니까 그러면 마무리를 짓겠습니다.

짓기 전에 이공현재판관님의 지도말씀을 듣도록 하겠습니다.

회 장 : 지도말씀은 아니고 그냥 제가 들은 소감만 말씀드리겠습니다.

우리가 이 자그만한 사건이라면 자그마한 사건이지만 하나가 얼마나, 결정문 한귀절 귀절이 얼마나 의미를 갖는지 다시 한번 깨닫는 시간이 되었습니다.

여러분들이 다 관점을 얘기해 주시고 저는 듣는 입장에서 정말 많은 것을 배웠습니다. 서로 하시고 싶은 얘기 더 남은 얘기도 많이 있을 텐데 그거는 뒷풀이 가서 하기로 하고 벌써 시간이 꽤 되었으니까 뒷풀이 장소로 가시지요.

감사합니다.

사 회 자 : 이상으로 59회 월례발표회를 마치도록 하겠습니다.

第60回(2005. 11. 1) 발표문

헌법재판소 심판사건 통계분석

- 1988. 9.1.부터 2005. 7. 31.까지의 심판사건총괄표와 심판사건누계표를 중심으로 -

송 기 춘*

Ⅰ. 시작하며

헌법재판소는 1988년 구성된 이후 지금까지 많은 법률조항을 위헌결정하고 공권력이 침해한 기본권의 구제활동을 해 왔다. 당초 예상과는 달리 매우 활발하게 그 권한을 행사하여 기관의 위상을 확실하게 정립하였으며, 국민들이 헌법재판소에 거는 기대 또한 현재 매우 높은 수준인 것으로 보인다. 아직 이념적 대립과 관계되는 법률이나 정치과정에 관련되는 사안에서 비판을 받을 점은 많지만 대체적으로 성공적인 헌법재판제도로 자리 잡았다고 평가되고 있다.

이 글은 헌법재판소가 그 동안 처리한 사건통계를 분석한 것이다. 헌법재판소의 통계자료는 매월 공표되는 심판사건총괄표와 심판사건누계표가 있으며, 헌법소원 청구원인별심판사건누계표, 헌법소원심판사건 각하사유별현황 등[2]도 접할 수 있다. 또한 헌법재판소 결정의 대상이 되는 법률의 제정과정이나 제정기관을 기준으로, 결정에서의 재판관 의견의 분포를 기준으로, 재판관의 임기별로, 각 재판관별 또는 그 출신기관(검찰 또는 법원)을 기준으로, 또는 심판대상 주제별 재판관의 결정성향 등을 기준으로 다양하게 통계자료를 가공하여 분석할 수도 있을 것이다.

지금까지 헌법재판소의 통계자료를 이용한 연구로는 필자(2001)의 「헌법재판소 심판사건누계표에 나타난 법원의 헌법판단의 수준 분석」[3]과 남복현의 「법률에 관한 청구인용결정의 실적과 일반적 분석」[4](2003a) 및 「법률의 입법과정 실

1) 전북대 교수.

2) 헌법재판소 사이트 사건통계란(http://www.ccourt.go.kr/ccourt_hinformation/casestatistics.asp)에서 확인할 수 있다.

3) 공법연구, 제29집 제4호, 2001. 6.

제와 헌법재판소에 의한 위헌여부 결정실제의 상관관계」[5](2003b)가 대표적이다.

이 가운데 필자(2001)의 글에서는 2001년 3월까지 헌법재판소의 심판사건 누계표를 분석하였다. 특히 법원과 헌법재판소 사이의 헌법판단의 차이를 말해주는 것이 헌법재판소법 제68조 제2항의 헌법소원이라는 점에서 법원의 위헌법률심판제청사건과 헌법재판소법 제68조 제2항의 헌법소원심판사건 통계를 중심으로 분석하였으며, 그 결과 법원의 헌법판단은 헌법재판소의 판단을 기준으로 하였을 때 정확도가 68.6%이며 특히 법원이 관여(법원이 제청하여 또는 기각 후 당사자가 헌법소원을 제기하여)되어 헌법재판소의 위헌여부심판을 받은 사건 가운데 21.6%(2001년 3월말 기준)는 헌법재판소의 결정이 없었더라면 당사자가 적절한 권리구제를 받지 못하였을 것이라는 점에서 독립적인 헌법재판기관인 헌법재판소 구성이 적절하였으며, 법원과 헌법재판소 사이의 헌법해석의 차이를 해결하기 위하여 법원의 재판에 대한 헌법소원의 필요성을 주장하였다.

남복현(2003a)는 2001년 12월까지 헌법재판소가 위헌, 헌법불합치 등 변형결정의 형식으로 결정한 사건을 중심으로 재판부별, 심판유형별, 계쟁물의 등급 내지 규모와 개수를 기준으로 하여 헌법재판소의 활동을 분석하고 평가하였다. 심판사건 계쟁물의 등급이나 규모가 '항'이나 '부분'단위로 이뤄지고 있으며, 이는 섬세한 단위로 결정이 이뤄짐으로써 결정의 효과와 관련하여 불필요한 논란을 막을 수 있다는 점에서 긍정적이라 하고, 헌법재판소법 제68조 제2항의 헌법소원은 매우 유용한 절차이며 이 유형사건통계에서 법원의 경직성이 드러난다고 보고, 43.1%에 달하는 변형결정 비율은 지나치게 대법원을 의식함으로써 심판의 공정성을 해할 가능성이 있다고 평가하고 있다.

또한 그(2003b)는 2001년 12월까지 헌법재판소가 위헌 또는 변형결정한 법령조항을 대상으로 입법기관, 입법기관의 의결방식 등을 기준으로 분석하였다. 그 결과 입법기관에서 날치기 통과로 의결된 경우나 비정상적 입법기관에서 입법한 법령이 정상적인 입법기관에서 정상적 절차로 의결된 경우와 비교할 때 청구인용(위헌 또는 변형결정)된 비율은 큰 차이가 없으며, 비정상적 입법절차를 거친 경우 변형결정이 선호되며 다수결로 결정이 이뤄진다고 분석하고 있다.

이 글은 앞에서 말한 필자의 2001년 연구의 연장선에 있다. 2001년 연구가 2001년 3월까지의 심판사건누계표를 분석한 것이라면 이 글은 심판사건누계표와 함께 심판사건총괄표를 중심으로 각 항목 통계를 매년 단위로 파악하여 분석한

4) 공법연구, 제31집 제4호, 2003. 5.

5) 법과 사회, 제24호, 2003. 6.

것이다. 헌법재판소의 업무개시 이래 지금까지의 시계열(時系列) 통계는 특정 시점에 존재하는 누계적 통계와 달리 시간의 흐름에 따른 변화 추이를 보여줌으로써 현재의 상황에 대해 보다 정확하게 인식할 수 있게 해주기 때문이다. 이 글에서는 필자의 기존연구(2001)에서 분석의 틀로 사용한 여러 지수를 기본적으로 사용하고 그밖에도 여러 가지 지수를 사용하기로 한다. 기존 연구에서 사용한 지수는 시계열통계 분석에도 동일하게 사용할 수 있는 것이라고 생각하기 때문이다. 이를 통하여 특히 법원의 헌법적 판단과 관련한 활동을 평가하고 앞날의 제도개선을 위한 기초자료로 삼고자 한다.

Ⅱ. 분석의 대상과 방법

1. 분석의 대상

(1) 헌법재판소 심판사건 통계자료

이 글에서 주된 분석의 대상으로 삼은 통계자료는 헌법재판소에서 작성하여 「헌법재판소 공보」에 공표하는 심판사건총괄표와 심판사건누계표이다. 「헌법재판소 공보」에는 심판사건총괄표와 심판사건누계표가 매월 단위로 작성되어 실려 있으나, 매월 단위로 작성된 사건총괄표는 집계기간이 지나치게 짧아 분석을 위한 통계자료로 삼기에 적절하지 않다고 생각되므로 여기서는 심판사건총괄표는 1년 단위로, 심판사건누계표는 2005년 7월 31일까지의 통계를 대상으로 하고자 한다. 이하의 자료는 헌법재판소 심판사건총괄표 및 심판사건누계표를 그대로 또는 일부 변형하여 만든 것이다. 통계수치의 처리는 헌법재판소의 처리원칙처럼 1) 결정란의 < >에는 심판대상법률조문의 숫자를 같이 기록하며, 2) 헌법소원심판사건중 지정재판부에서 각하한 건수는 ( )안에 기재하고 본란의 숫자에도 합산하여 표시하며, 3) 법령에 대한 §헌법재판소법 제68조 제1항의 헌법소원심판사건이 인용된 경우는 그 내용에 따라 위헌, 헌법불합치, 한정위헌 등으로 분류하였다.

(2) 심판사건누계표

이 글에서 다루는 심판사건누계표는 헌법재판소가 개소 이후 2005년 7월 31일까지 접수, 처리한 사건수와 조문수를 누계한 것이다.

구분	접수	처리												미제
		합계	결정										취하	
			계	위헌	헌법불합치	한정위헌	한정합헌	인용	합헌	기각	각하	기타		
합계	11607	10906	10484 <287>	271 <175>	89 <49>	48 <34>	28 <29>	228	883	3644	5289 (4198)	4	422	701
위헌법률	520	476	375 <145>	97 <102>	35 <20>	15 <9>	7 <14>		200		21		101	44
탄핵	1	1	1							1				
정당해산														
권한쟁의	29	18	16					3		7	6		2	11
헌법소원 계	11057	10411	10092 <142>	174 <73>	54 <29>	33 <25>	21 <15>	225	683	3636	5262 (4198)	4	319	646
헌법소원 §68①	9718	9211	8927 <49>	40 <33>	10 <8>	10 <8>		225	3	3636	5000 (4062)	3	284	507
헌법소원 §68②	1339	1200	1165 <93>	134 <40>	44 <21>	23 <17>	21 <15>		680		262 (136)	1	35	139

(3) 위헌법률심판 및 헌법재판소법 제68조 제2항의 헌법소원 현황(연도별)

구분		접수	처리											미제
			계	위헌	헌법불합치	한정위헌	한정합헌	인용	합헌	기각	각하	기타	취하	
1988	위헌법률	13												
	§68②	1												1
1989	위헌법률	142	108 <6>	6 <4>	1 <2>				3		15		83	47
	§68②	15	6 <2>	2 <1>			1 <1>		1		2 (1)			10
1990	위헌법률	71	11 <7>	7 <3>			3 <4>		1					107
	§68②	60	5						2		2 (2)		1	65
1991	위헌법률	9	104 <3>	2 <2>		1 <1>			96				5	12
	§68②	22	17 <2>			2 <2>			13		2 (2)			70
1992	위헌법률	24	13 <11>	3 <2>		4 <3>	2 <6>		2				2	23
	§68②	54	39 <4>	6 <3>			1 <1>		21		6 (3)		5	85
1993	위헌법률	17	6 <4>	3 <4>					2				1	34
	§68②	67	36 <6>	3 <4>		1 <2>			12		18 (1)		2	116

1994	위헌법률	10	21 <8>	5 <4>		2 <2>	1 <2>		13					23
	§68②	50	27 <3>		2 <1>	2 <2>			11		7 (5)	1	4	139
1995	위헌법률	17	18 <7>	5 <5>	4 <2>				5				4	22
	§68②	64	85 <8>	3 <2>	10 <1>	7 <5>			55		9 (1)		1	118
1996	위헌법률	23	18 <10>	5 <8>			1 <2>		11				1	27
	§68②	96	56 <2>	3 <2>					40		12 (7)		1	158
1997	위헌법률	15	23 <7>	4 <5>	11 <2>				6		2			19
	§68②	90	77 <14>	17 <3>	2 <2>	5 <2>	6 <7>		40		6 (2)		1	171
1998	위헌법률	18	18 <13>	8 <10>	4 <1>	1 <2>			5					19
	§68②	107	103 <10>	14 <8>	6 <1>	1	1 <1>		60		17 (8)		4	175
1999	위헌법률	18	17 <8>	7 <7>	1 <1>				9					20
	§68②	120	153 <8>	69 <3>	2 <2>		10 <3>		52		18 (12)		2	142
2000	위헌법률	12	16 <13>	9 <11>	2 <2>				4				1	16
	§68②	96	95 <3>		4 <2>		1 <1>		59		29 (18)		2	143
2001	위헌법률	31	17 <7>	4 <3>	1 <4>				10		1		1	30
	§68②	102	135 <7>	8 <5>	6 <2>				87		29 (13)		5	110
2002	위헌법률	28	23 <13>	7 <11>	1 <1>	7 <1>			7				1	35
	§68②	107	105 <7>	3 <4>	1 <1>	2 <1>	1 <1>		65		31 (13)		2	112
2003	위헌법률	24	21 <7>	8 <7>					12		1			38
	§68②	118	92 <12>	4 <3>	6 <6>	3 <3>			48		29 (18)		2	138
2004	위헌법률	31	21 <9>	9 <8>	1 <1>				8		1		2	48
	§68②	101	108 <3>	1 <1>	4 <2>				73		28 (19)		2	131
2005	위헌법률	17	21 <12>	5 <8>	9 <4>				6		1			44
	§68②	69	61 <2>	1 <1>	1 <1>				41		17 (11)		1	139

2. 통계자료의 처리 원칙[6)]

(1) 심판사건누계표와 심판사건총괄표에는 헌법재판소가 심판한 사건의 수와 심판의 대상이 된 조항의 수(< > 안에)가 같이 기록되어 있다. 헌법재판소의 활동은 심판의 대상인 법률조항을 중심으로 관련 사건을 병합하여 심리하는 것이 일반적이므로 헌법재판소의 활동을 평가할 경우는 주로 조항의 수를 중심으로 하고, 법원과 당사자에 관한 분석을 위해서는 조항이 아니라 개별 사건수를 기준으로 한다. 다뤄지는 법률조항은 같아도 법률의 위헌성으로 인하여 심판을 제청하는 법원과 제청을 신청하거나 제청신청기각으로 헌법재판소법 제68조 제2항의 헌법소원을 제기하는 당사자는 제각기 다르기 때문이다.

(2) 법원과 헌법재판소의 위헌성 판단에 관한 해석상의 차이를 비교하기 위해서는 헌법재판소에서 형식적 이유로 각하한 경우가 제외되어야 하는 것처럼, 뒤에 열거하는 지수 산출을 위한 통계처리에는 그 지수의 성격에 따라 모든 사건수가 산입되기도 하고, 본안판단을 받은 사건수만 산입되기도 하는 등 차이가 있다.

(3) 헌법재판소 결정 가운데는 위헌결정뿐만 아니라 헌법불합치결정, 한정위헌결정, 한정합헌 결정 등 변형결정도 있다. 법원이 한정위헌결정과 한정합헌결정을 헌법재판소의 법률해석의 하나로 보고 있기는 하지만, 한정위헌이나 한정합헌결정도 일정한 위헌취지를 담은 결정이라는 점에서 이 글에서는 위헌결정과 헌법불합치결정, 한정위헌결정, 한정합헌 결정을 모두 위헌결정의 범주에 포함하여 다루기로 한다. 물론 합헌결정이라도 일정한 합헌적 조건을 설시하여 합헌이라고 하는 경우도 있으므로 합헌결정도 어떤 의미에서는 한정합헌이라고 볼 여지도 있지만,[7)] 헌법재판소가 말하듯이 한정위헌결정이나 한정합헌결정은 위헌결정이지만 입법권의 존중과 입법공백상태의 회피를 위한 변형결정이라는 점에서 여기에서는 헌법재판소 결정 주문에 나타난 결정형식을 기준으로 하여야 할 것이다.

(4) 헌법재판관 다수가 교체되는 시점을 기준으로 하여 대체적으로 1988년

---

6) 통계자료 처리의 원칙은 대체로 송기춘, "헌법재판소 심판사건누계표에 나타난 법원의 헌법판단의 수준분석," 「공법연구」, 제29집 제4호, 2001. 6., 247-249면을 따른다.

7) 예를 들어, "생명권에 대한 제한은 곧 생명권의 완전한 박탈을 의미한다 할 것이므로, **사형이 비례의 원칙에 따라서 최소한 동등한 가치가 있는 다른 생명 또는 그에 못지 아니한 공공의 이익을 보호하기 위한 불가피성이 충족되는 예외적인 경우에만 적용되는 한**, 그것이 비록 생명을 빼앗는 형벌이라 하더라도 헌법 제37조 제2항 단서에 위반되는 것으로 볼 수는 없다 할 것"(헌법재판소 전원재판부 1996. 11. 28. 선고, 95헌바1 결정(합헌 · 각하) 【형법 제250조등 위헌소원】)이라는 문장에서도 사형제도의 합헌적 조건을 제시하고 있으나 결정에서는 그러한 조건을 붙이지 않고 있다(굵은 글씨로 필자가 강조함).

부터 1993년까지를 제1기 재판부 시기, 1994-1999년까지를 제2기 재판부 시기, 2000년부터를 제3기 재판부 시기로 분류한다. 재판관이 교체되는 시점은 해의 중간에 있어 보다 정확하게 분류하는 게 불가능한 것은 아니지만, 1년 단위로 작성된 통계자료의 처리를 위하여 위와 같이 대략적으로 나눈다.

(5) 지수의 산출은 소수점 이하 셋째 자리까지 표기하며 소수점 이하 넷째 자리에서 사사오입한다.

3. 분석을 위한 가정

헌법재판소 통계자료를 분석하기 위하여 다음과 같은 가정을 한다.

(1) 법원이나 당사자의 헌법적 판단에 대한 평가는 헌법재판소의 헌법해석을 기준으로 한다. 헌법재판소의 많은 결정에 대하여 비판을 받을 점이 있다고 하더라도, 헌법재판소가 헌법해석의 최종적 권한을 가지고 있고 그 해석이 국가기관을 구속한다는 점과 법원과 국민의 헌법적 판단과의 격차를 확인하고자 함이 주된 목적이라는 점에서 일단 헌법재판소의 헌법적 판단을 비교의 기준으로 할 수 있을 것이다. 즉, 법원이나 당사자의 헌법적 판단의 정확성은 헌법재판소 결정을 기준으로 하여 판단한다.

(2) 따라서 법원이나 당사자의 헌법판단이 헌법재판소의 헌법적 판단이 일치하는 정도는 헌법판단의 수준과 비례관계에 있다. 일치정도가 높으면 헌법판단의 수준이 높고 일치정도가 낮으면 헌법판단의 수준이 그만큼 낮은 것이다. 헌법판단의 일치정도가 1에 접근할수록 헌법에 대한 판단이 정확하다는 것이며, 0에 접근할수록 헌법판단이 부정확하다는 것이다.

(3) 재판과정에서 사건의 당사자가 재판의 전제가 되는 법률의 위헌성을 주장하지 않았다 해도 법원이 직권으로 위헌심판을 제청한 경우, 경우에 따라서는 법원과 당사자가 헌법해석의 차이가 있을 수는 있겠지만, 이럴 경우 법원의 위헌성의 주장은 어느 쪽 당사자에게 유리한 것이고 그 당사자 역시 그 위헌성에 대해 주장한 것으로 볼 수 있으므로 법원의 직권으로 위헌제청한 경우도 당사자가 위헌주장을 한 것으로 본다. 물론 모든 당사자의 의사에 반하여 법원이 직권으로 위헌제청을 하는 경우도 있겠지만, 이런 경우는 그리 많지 않고, 헌법재판소의 통계가 위헌제청이 법원이 직권으로 하는 경우와 당사자의 신청에 의해 하는 경우를 나누지 않고 있으며 더 구체적인 분류를 위해서는 현실적으로 많은 노력이 필요하고 그리 큰 의미를 가지는 것은 아니기 때문이다.

(4) 재판의 당사자가 법원에 위헌법률심판제청신청을 하였으나 기각된 경우 당사자는 헌법소원을 제기할 수 있으나 제기하지 않았을 경우 그 사실을 확인하기란 쉽지 않다. 따라서 분석의 편의상 당사자는 위헌법률제청 신청 기각시 모두 헌법소원을 청구하는 것으로 한다.

4. 분석의 주된 측면

(1) 법원의 헌법적 판단의 문제점

법원의 헌법적 판단의 실제에 대해서는 세 가지 측면에서 평가한다.

첫째, 법원이 얼마나 헌법적 논의에 적극적이냐이다(헌법적 논의의 적극성). 이는 재판에서 어떤 법률의 위헌 여부가 문제되는 경우 당해 조항에 대하여 위헌의 합리적 의심 이상의 의심을 하는 경우 헌법재판소에 위헌법률심판 제청을 얼마나 적극적으로 하느냐를 가지고 판단한다. 즉 재판과정에서 당사자가 재판의 전제가 되는 법률의 위헌성에 관한 주장을 제기하든 아니면 법원이 이를 먼저 제기하든 법원이 안이하게 합헌이라는 판단을 하지 않고 합리적 의심 이상의 위헌 의심이 있는 경우 위헌법률심판권을 가지는 헌법재판소에 위헌법률심판제청을 얼마나 적극적으로 하느냐로 평가할 수 있다. 아울러 위헌과 합헌 판단의 정확성이 긴밀하게 관련되어 헌법적 논의의 적극성이 판단되어야할 것이다.

둘째 법원이 헌법적 판단을 얼마나 정확하게 하느냐이다(헌법적 판단의 정확성[8]). 법원의 헌법적 판단의 정확성에서 특히 중요한 의미를 가지는 것은 법원의 헌법판단이 가지는 위험성 때문이다. 법원이 위헌의 의심을 가지고 위헌법률심판제청을 하는 경우 적어도 법원이 위헌법률을 적용함으로써 기본권을 침해할 위험은 따르지 않는다. 하지만 법원이 합헌으로 판단을 했음에도 헌법재판소가 위헌으로 결정하는 경우는 헌법재판소에 의해 권리구제가 결정적으로 이뤄진다고 할 수 있다. 이러한 사건이 많을수록 법원의 헌법적 판단의 위험성은 증가한다.

셋째, 헌법재판소의 법률의 위헌여부 심판과 관련하여 법원이 어느 정도의 역할을 수행하는가이다(법원의 법률 위헌성 여과기능). 즉 위헌인 법률이 재판의 전제가 된 경우 법원은 위헌의 합리적 의심을 가지면 위헌법률심판을 제청해야 하는데, 제청한 사건 가운데 얼마나 위헌결정되었는가, 또는 전체 위헌결정된 사건 가운데 법원의 위헌심판제청을 통한 사건이 어느 정도인가를 기준으로 평가할 수

8) 정확성이라는 말보다는 필자의 2001년 연구에서 언급하였듯이 '적확성'이나 '헌재판례와의 일치 정도'라는 용어가 더 적합할지 모르겠다. 그러나 앞에서 보듯이 일단 헌법재판소의 입장을 중심으로 하여 비교를 하는 것이라는 점에서 이 용어를 사용하기로 한다.

있을 것이다.

(2) 국민(또는 사건 당사자)와 헌법재판소의 헌법판단의 격차

당사자가 위헌의 의심을 하고 법원에 위헌법률제청신청을 하거나 법원이 직권으로 위헌심판제청을 한 경우 모두 사건의 당사자가 위헌의 합리적 의심을 한 경우라고 가정하므로 이러한 당사자의 헌법적 판단이 헌법재판소에 의해 어느 정도 받아들여지느냐에 따라 헌법재판소와 당사자 사이의 헌법적 판단의 차이가 밝혀질 수 있을 것이다. 또한 이러한 수치를 바탕으로 법원과 당사자 사이의 헌법적 판단의 차이도 알 수 있을 것이다.

(3) 기 타

통계자료만으로는 재판의 실질적인 측면을 알기는 어렵고 다만, 헌법재판소의 전체 업무량, 재판관 1인당 업무량, 본안판단 경향(지정재판부의 헌법소원심판 각하율) 등이 평가될 수 있으나 여기서는 다루지 않는다.

Ⅲ. 통계자료의 분석

1. 법원 및 당사자의 헌법적 판단 분석을 위한 지수

(1) 위헌법률심판제청률

법원이 당사자의 신청을 받아 또는 직권으로 위헌법률심판을 제기한 사건수를 법원의 법률의 위헌여부에 관한 판단이 문제된 전체 사건 수로 나눈 것을 말한다. 즉 법원에서 헌법판단이 문제된 전체 사건 가운데 법원이 헌법재판소에 위헌심판을 제청한 비율을 말한다.

위헌심판제청률 = 법원의 위헌심판제청사건수/(위헌심판제청사건수+헌법재판소법 제68조 제 2 항 헌법소원청구사건수)

위헌심판제청률이 높다는 것은 첫째, 법원이 사건의 재판과정에서 위헌의 합리적 의심[9]이 있을 경우 헌법재판소의 위헌여부 판단을 받아 재판하고자 하는 적극성을 가지고 있으며, 둘째, 합리적 의심의 수준을 낮게 설정하고 있다는 것이며, 셋째, 법원에 의한 헌법적 판단의 오류로 인한 위험이 낮아진다는 것을 의미

9) 헌재 1993. 12. 23 선고, 93헌가2 결정.

한다.

또한 위헌심판제청률이 낮다는 것은 법원이 자신의 헌법적 판단에 대해 상당한 확신을 가지고 있으며, 위헌제청을 하는 위헌의 합리적 의심의 수준이 매우 높게 설정되어 있다는 것을 의미한다.

그러나 아무리 위헌의 합리적 의심의 수준을 낮게 또는 높게 설정한다 해도 법원의 합헌판단이 정확하지 않다면 법원의 헌법적 판단의 오류로 인한 위험이 낮아진다고는 할 수 없을 것이다. 즉 아무리 위헌법률심판제청을 많이 한다고 하더라도 뒤에 제시하는 법원의 합헌판단의 정확도가 높지 않으면 법원이 안이하게 합헌의 판단을 하였다는 것이므로 법원이 적극적으로 헌법적 논의를 하고 있다고 말하기는 곤란해진다. 즉 합헌판단 정확도가 높으면 위헌법률심판제청률이 그리 중요하지 않겠지만, 합헌판단정확도가 낮으면 법원이 합헌으로 판단한 사건에 대해 헌법재판소가 위헌으로 결정한 경우가 많다는 것이므로 법원이 위헌의 합리적 의심의 정도에 이르면 위헌법률심판제청을 하여야 하여 헌법재판소의 결정에 따라야 함에도 불구하고 안이하게 합헌의 판단을 한 것이므로 이 경우 위헌법률심판제청률은 법원이 헌법적 논의에 소극적인가 적극적인가를 판단하는 지표가 될 수 있을 것이다. 합헌판단정확도가 낮음에도 위헌법률심판제청률이 낮으면 법원은 극히 소극적인 헌법적 논의의 태도를 취하고 있다고 볼 수 있다.

또한 이 제청률이 낮은 경우 위헌의 합리적 의심의 수준을 높이 설정하고 있다고 볼 여지도 있지만, 이렇게 보는 경우는 법원의 위헌판단의 정확도가 그만큼 높아지고 합헌판단의 정확도 역시 높아져야만 법원의 헌법판단의 정확성을 인정하고 헌법적 논의가 소극적이지 않다고 할 수 있을 것이다. 위헌판단이나 합헌판단의 정확도가 높게 나타나지 않으면 위헌법률심판제청률이 낮다는 것은 헌법적 논의에 극히 소극적이라는 판단을 할 수 있을 것이다.

(2) 법원의 법률위헌결정 관여도

법원에서 법률의 위헌여부가 문제된 사건 중에서 법원에서 위헌제청하여 위헌으로 결정된 사건의 비율이다.

법원의 법률위헌결정 관여도 = 위헌법률심판 위헌결정건수/위헌심판제청사건과 헌법재판소법 제68조 제2항 헌법소원심판사건 중 위헌결정된 사건수

즉 법원이 일차적으로 위헌 판단을 할 수 있으므로 위헌결정과정에서 어느 정도의 주도적 기능을 하고 있는가, 즉 법원이 위헌법률을 재판과정에서 어느 정도 여과하고 있는가를 판단할 수 있으며 법원이 위헌결정 과정에서 차지하는 비중을 평가하는 지표가 된다.

(3) 법원의 위헌법률심판제청의 형식적 요건에 대한 판단정확도

위헌법률심판에서 재판의 전제성과 관련한 판단의 정확도이다. 즉 **헌법재판소의 위헌법률심판제청사건 가운데 각하되지 않고 본안판단을 받은 사건의 비율**이다. 법원의 헌법재판에서 형식적 요건에 대한 판단의 정확도와 관련된다. 이 지수가 클수록 형식적 요건에 대한 정확도가 높다는 것이요, 낮으면 그만큼 형식적 요건에 대한 헌법판단의 정확도가 낮다는 것이 된다.

(4) 당사자의 형식적 요건에 대한 판단정확도

헌법재판소법 제68조 제 2 항의 헌법소원심판사건에서 재판의 전제성과 관련한 판단의 정확도이다. 즉 **헌법재판소법 제68조 제 2 항의 헌법소원심판사건 가운데 각하되지 않고 본안판단을 받은 사건의 비율**이다. 당사자의 헌법재판에서 형식적 요건에 대한 판단의 정확도와 관련된다. 이 지수가 클수록 형식적 요건에 대한 정확도가 높다는 것이요, 낮으면 그만큼 형식적 요건에 대한 헌법판단의 정확도가 낮고 당사자의 위헌소원이 남용되고 있다는 것이 된다.

(5) 법원의 위헌판단 정확도

법원이 위헌이라고 의심한 사건 가운데 헌법재판소가 위헌이라고 판단한 것과의 일치 정도를 말하며 **법원이 위헌심판제청한 사건 가운데 헌법재판소가 위헌으로 판단한 사건의 비율**이다. 그러나 법원이 위헌의 합리적 의심을 하여 위헌심판제청을 하는 반면 헌법재판소는 권력분립의 원리상 매우 제한적으로만 위헌결정을 하므로 위헌판단정확도는 법원의 헌법적 판단의 평가에 직접 원용될 수 있는 것은 아니라고 생각된다(오히려 법원의 '위헌의 의심'의 수준에 대한 판단에 관련되는 지수라고 할 수 있지만 일단 헌법재판소를 기준으로 한 연구방법상 정확도라는 표현을 사용하기로 한다).

이 지수가 높으면 법원의 헌법적 판단의 정확성이 높은 것이라고 할 수도 있지만, 합리적 위헌 의심의 수준이 매우 높게 설정된 경우도 배제할 수 없다. 이 지수의 수치는 특히 헌법재판소 활동초기에는 그 동안 위헌의 소지가 있다고 주장되어 온 법률에 대해 법원이 적극적으로 위헌심판제청을 하면 낮아질 수도 있으며 법원이 위헌법률심판의 기준이 되는 위헌의 합리적 의심의 수준을 낮게 잡는 경우에도 낮아질 수 있을 것이다. 제청사건은 많으면서 위헌판단의 정확도가 낮을 경우 헌법재판소의 사건과다로 인한 여과장치(예를 들어 지정재판부)의 필요성과 관련될 수 있을 것이다.

(6) 당사자의 위헌판단정확도

당사자가 위헌이라고 의심한 사건 가운데 헌법재판소가 위헌이라고 판단한 것과의 일치 정도를 말한다. 법원이 직권으로 제청한 경우도 당사자가 위헌주장을 한 것으로 보기로 하였으므로 **헌법재판소가 위헌으로 판단한 사건 수를 (법원이 위헌심판제청한 사건 수 + 당사자가 위헌심사형 헌법소원 제기한 사건수)로 나눈 것**이다. 이 지수는 당사자의 헌법적 판단의 정확성을 헌법재판소를 기준으로 비교하는 것이며, 특히 법원의 헌법적 판단의 정확성과의 비교를 위한 것이다.

사건의 당사자는 법률의 위헌여부에 관하여 매우 밀접한 이해관계를 가지므로 법원이 가지는 위헌의 합리적 의심의 정도보다 그 기준이 낮게 설정될 수 있으며, 또한 위헌소원을 남용하는 것도 예상되므로 법원보다 상당히 낮은 수치가 될 것이다.

(7) 법원의 합헌판단정확도

법원이 전체사건 가운데 합헌으로 판단한 사건 즉 당사자의 위헌법률심판제청신청을 기각하는 경우의 헌법적 판단의 정확성을 평가하기 위한 지수이다. 이는 **헌법재판소법 제68조 제2항의 헌법소원 제기사건 가운데 본안판단을 받은 사건수로 동 유형의 헌법소원에서 합헌결정을 받은 사건을 나눈 수**이다. 법원이 당사자의 위헌법률심판제청신청에 대해 기각을 하는 경우 즉 문제되는 법률에 대해 합헌판단을 하는 경우는 동 법률이 위헌의 합리적 의심을 할 정도에는 이르지 않았다는 판단이므로 이에 대해 헌법재판소가 어떠한 결정을 하느냐 나아가 헌법재판소에서 어느 정도로 합헌의 결정을 받느냐는 법원의 헌법판단의 수준을 가늠케 한다.

이 지수가 높으면 법원이 합헌으로 판단하더라도 헌법적 판단을 잘못할 위험이 적어지고 낮게 나타날수록 법원의 어떤 법률에 대한 합헌판단이 정확지 않아 법원의 재판만으로는 헌법적 판단을 그르칠 위험이 높아진다는 것이다. 즉, 합헌판단의 정확도가 낮은 것은 합헌판단에 대한 통제를 필요로 한다. 합헌판단정확도가 낮은 경우는 법원이 위헌의 합리적 의심을 하는 수준이 지나치게 높아 헌법재판소에서 위헌으로 판단하는 사건이 많아져서 합헌판단정확성이 그만큼 적어진다는 의미일 수도 있다. 그러나 이러한 설명이 가능하려면 위헌법률심판제청률은 낮고 위헌판단의 정확도가 높아야만 한다.

(8) 법원의 법률위헌성판별정확도

법원이 위헌으로 의심하여 위헌결정이 내려진 경우와 합헌이라고 판단하였는데 합헌결정이 나온 경우를 합하여 위헌제청사건과 위헌소원 사건 중 본안판단을 받은 사건수로 나눠 얻은 수치이다. 법원의 헌법적 판단의 정확성을 평가할 수 있는 지수이다.

법원이 헌법판단을 한 전체사건 가운데 정확한 위헌판단을 한 사건과 정확하게 합헌판단을 한 사건을 합한 사건수가 차지하는 비율을 말한다. 즉 법원이 합헌 또는 위헌판단을 한 사건이 헌법재판소에서 어느 정도 일치하는 판단을 받았는가를 지수화한 것이다. **전체 사건(위헌제청사건+위헌소원사건수)으로 위헌법률심판사건 중 위헌결정을 받은 사건과 헌법재판소법 제68조 제2항에 의한 헌법소원에서 합헌의 결정을 받은 사건을 합한 수를 나눈** 것이다. 이 지수는 단지 헌법재판소의 위헌기준과 법원의 위헌법률심판제청기준의 격차를 판단할 뿐 법원의 헌법판단의 정확성을 판단하는 기준은 되지 못한다.

(9) 법원의 헌법판단위험도

법원은 최종적인 위헌심판기관은 아니기 때문에 법률이 합리적 의심의 수준을 넘는 위헌의 의심이 있는 경우 헌법재판소에 위헌심판을 제청하여 재판을 하여야 한다. 그런데 법원이 합헌이라는 결정을 쉽게 함으로써 재판을 그르칠 위험은 법원이 합헌으로 결정하였음에도 헌법재판소가 위헌으로 결정함으로써 법원의 판단을 번복하는 경우를 지수화하면 알 수 있다.

법원이 위헌이라 합리적 의심을 하여도 그것이 헌법재판소에서 반드시 위헌으로 결정되는 것은 아니다. 법원은 일차적인 위헌의 의심을 하고 최종적으로 헌법재판소의 판단에 따라 재판하면 되므로 위헌제청을 적극적으로 하면 우선 법원의 헌법적 판단의 잘못으로 인한 위험은 면할 수 있을 것이다. 또한 합헌으로 판단하여 위헌제청신청을 기각하였어도 그 위헌소원에 대해 헌법재판소가 합헌으로 결정한다면 그 또한 법원의 헌법적 판단으로 인한 위험은 없을 것이다. 그러나 위헌소원에 대하여 헌법재판소가 위헌으로 결정한다면 이 사건은 헌법재판소의 구제가 없었더라면 법원의 재판과정에서 결코 자신의 권리구제를 받지 못하였을 것이라고 판단할 수 있다.

즉 전체 사건(위헌제청사건+위헌소원사건수) 가운데 법원이 합헌으로 당사자의

위헌법률심판제청을 기각했음에도 헌법재판소에서 헌법소원심판을 한 결과 위헌으로 결정된 사건수가 차지하는 비율이다.

이 수치의 높고 낮음은 법원의 헌법적 판단의 위험성과 관련된다. 이 지수의 수치가 높으면 높을수록 법원의 독자적인 헌법판단이 위험하다는 것이며, 낮아지면 낮아질수록 법원은 헌법판단을 주로 헌법재판소에 의지하거나, 독자적으로 판단하는 경우에도 헌법재판소의 결정과 다르지 않으므로 그만큼 법원의 헌법판단의 위험이 줄어든다는 것이다(물론 헌법재판소의 결정이 절대적으로 옳은 것이냐 하는 문제는 논외로 한다).

(10) 헌법재판소의 변형결정 선호도

헌법재판소의 법률조항에 관한 결정시 위헌결정 대신에 변형결정을 선호하는 비율이다. 변형결정이 불가피한 측면이 있긴 하지만, 지나치게 변형결정에 의존하는 것은 법원과의 결정의 효력을 둘러싼 마찰을 일으키고 독립성의 문제를 야기시킬 가능성도 있다.

그밖에도 헌법재판소의 활동과 관련하여 전체 처리사건수, 위헌법률심사(위헌법률심판, 위헌심사형 헌법소원 등)사건수, 지정재판부에서의 각하율 등을 통해 헌법재판소 활동을 조망할 수도 있을 것이다.

㈏ 산출된 지수들

연도	(1)	(2)	(3)	(4)	(5)	(6)	(7)	(8)	(9)	(10)
1988	0.929	−	−	−	−	−	−	−	−	−
1989	0.904	0.700	0.400	0.667	0.700	0.435	0.25	0.571	0.130	0.375
1990	0.542	1	1	0.500	0.909	0.769	1	0.923	0	0.500
1991	0.290	0.600	1	0.882	0.030	0.044	0.867	0.140	0.017	0.500
1992	0.308	0.563	1	0.824	0.818	0.410	0.750	0.769	0.179	0.632
1993	0.202	0.429	1	0.471	0.600	0.333	0.750	0.714	0.190	0.273
1994	0.167	0.667	1	0.682	0.381	0.333	0.733	0.528	0.111	0.636
1995	0.210	0.310	1	0.893	0.643	0.281	0.733	0.719	0.225	0.571
1996	0.193	0.667	1	0.782	0.353	0.150	0.930	0.767	0.050	0.167
1997	0.143	0.333	0.913	0.921	0.714	0.495	0.571	0.604	0.330	0.538

1998	0.144	0.371	1	0.828	0.722	0.350	0.732	0.730	0.220	0.200
1999	0.130	0.090	1	0.881	0.471	0.593	0.391	0.451	0.540	0.286
2000	0.111	0.688	1	0.681	0.733	0.203	0.922	0.886	0.063	0.313
2001	0.233	0.263	0.938	0.777	0.333	0.164	0.861	0.793	0.121	0.522
2002	0.207	0.682	1	0.699	0.682	0.234	0.903	0.851	0.074	0.231
2003	0.169	0.381	0.952	0.789	0.400	0.259	0.787	0.691	0.160	0.391
2004	0.235	0.667	0.947	0.736	0.556	0.156	0.936	0.865	0.052	0.267
2005	0.198	0.875	0.952	0.717	0.700	0.254	0.953	0.873	0.032	0.357
전체 기간	0.280	0.410	0.944	0.775	0.435	0.220	0.754	0.664	0.177	0.512

2. 분 석

(1) 법원의 헌법적 판단

㈎ 위헌법률심판제청률

전체 기간 동안 법원의 위헌심판제청률은 0.280(이하 모든 그래프의 맨 오른쪽 막대가 전체기간 동안의 값이다)이다. 그러나 헌법재판소 개소 이후 1988-90년까지 3년 동안 전체 520건 가운데 226건이 제청되어 전체의 0.435를 차지하고 있다. 이 기간을 뺀 나머지 기간의 제청률은 0.189에 불과하다. 즉 법원은 재판의 전제가 되는 법률의 위헌여부가 문제될 때 5건에 1건 이하의 비율로 위헌심판을 제청하는 것이다. 즉, 법원이 자신의 헌법적 판단에 대해 상당한 확신을 가지고 있으며, 위헌제청을 하는 위헌의 합리적 의심의 수준이 매우 높게 설정되어 있거나 또는 당사자와의 헌법적 판단의 격차가 크다는 것을 의미한다.

위의 표에서 보듯이 전체 기간 동안 법원의 합헌판단의 정확도가 0.754이므로 법원이 위헌의 합리적 의심조차도 하지 않은 경우의 0.246이 위헌으로 결정된다는 것으로서 이는 법원의 헌법적 판단이 정확하지 않음에도 불구하고 헌법재판소의 헌법적 판단을 받아 재판을 진행하고자 하는 헌법적 논의의 적극성이 부정적으로 평가될 수 있다. 아울러 법원의 헌법적 판단에 오류가 있을 수 있다는 점에서 당사자의 권리구제에도 문제가 발생할 수 있음을 보여준다.

조사대상 기간 동안 제청률의 변화추이를 보면 다음 그림 1과 같다.

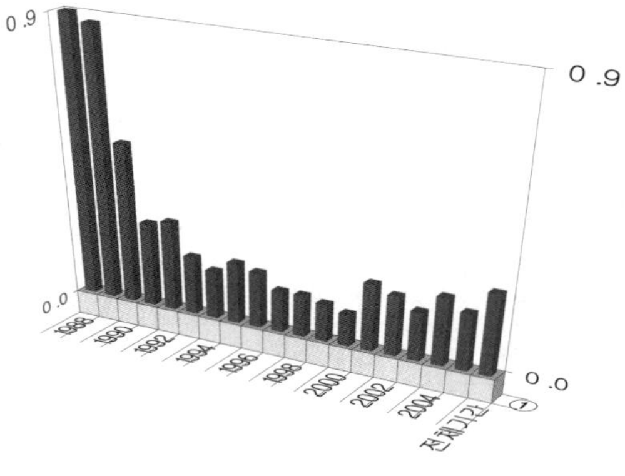

[그림 2] 법원의 위헌심판제청률

[그림 1]에서 보듯이 88-90년 동안 매우 높은 제청률을 보였지만 그 뒤로는 전체적으로 낮은 제청률을 보이고 있음을 알 수 있다. 초기에 제청율이 높은 이유는 첫째, 그 동안 법률의 위헌성에 의문을 가졌던 법관들이 적극적으로 헌법재판소에 판단을 받고자 했을 것이라는 점, 둘째, 1989년 사건처리결과에 나타나듯 재판의 전제성을 심각하게 고려하지 않고 제청을 하였다는 점, 셋째, 헌법재판소가 초기에 활동이 미약할 것을 우려하여 헌법재판에 대하여 적극 홍보하였다[10]는 점 등을 들 수 있을 것이다.

1989년 위헌법률심판사건결정 통계를 보면, 취하로 종결된 사건이 83건, 각하된 사건이 15건으로 실제 본안판단을 받은 사건은 불과 10건에 불과한 것을 보면 법원의 제청이 사건의 계류나 재판에 적용될 법률인지 여부를 중요하게 고려하지 않고 이뤄졌음을 알 수 있다. 취하된 83건은 전체기간 취하된 101건 가운데 사건의 0.822를 차지하며, 각하 15건도 전체 기간 동안 각하된 21건 가운데 0.714를 차지한다. 아직 재판의 전제성에 관한 판례가 정립되지 않을 때 제청된 사건에 대해 명확한 판례가 나온 이후 법원의 위헌제청사건수는 급격하게 감소하게 된다.

특히 제2기 재판부의 임기에 해당한다고 할 수 있는 1994년부터 1999년 사이의 제청률이 1991년 이후의 평균치인 0.189에 대부분 미달하고 있다는 사실은 헌법재판소와 법원의 관계 및 법관들의 헌법재판에 대한 인식 등을 종합적

10) 이시윤재판관의 증언.

으로 고찰하여 평가할 부분이다. 이 시기 동안 법원의 위헌판단정확도는 1994년과 1996년에 평균치에 미달하고, 합헌판단정확도도 1997년과 1999년 평균치에 미달한다는 점을 고려하면, 이 시기 동안 헌법적 판단이 그리 정확하지 않으면서도 위헌제청에 상당히 소극적이었다고 조심스럽게 판단할 수 있을 것이다. 헌법판단위험도가 이 시기에 속하는 1995년 0.225, 1997년에 0.330, 1999년에 0.540이었다는 점(평균치보다 높다)도 밀접하게 관련된다고 생각된다.

법원이 위헌제청에 소극적이고 위헌의 합리적 의심의 정도를 높게 하는 원인으로는 1) 재판과정에서 헌법적 판단보다는 일반법률의 해석문제로 처리하여 신속한 재판을 선호한다는 점, 2) 법원과 헌법재판소의 관계에서 가능한 한 헌법재판소에 의존하지 않고 독자적으로 재판을 하고자 한다는 점, 3) 법원은 사법(私法)에 익숙하여 헌법적 판단에 소극적이 된다는 점, 4) 법률의 위헌성에 관하여 재판의 대상이 된 사건에 국한하여 생각하게 된다는 점, 5) 법원 내부의 분위기가 법원 외의 다른 기관의 판단에 의존하는 것을 꺼린다는 점 등을 들 수 있을 것이다. 아직 명확한 조사를 통하여 입증된 것은 아닌 가설이지만, 상당히 설득력을 가질 수 있을 것이라고 생각된다.

(2) 법원의 법률위헌결정 관여도

법원의 재판과 관련하여 위헌제청되어 위헌결정된 사건은 전체 기간 동안 154건이며, 위헌제청신청이 기각되어 위헌소원청구된 사건 가운데 위헌결정된 사건은 222건이다. 이 경우 전체 376건 가운데 법원이 위헌판단(결정)의 일차적 여과기능을 수행한 비율은 0.410이다. 이는 헌법재판소에서 위험심사를 통하여 위헌결정한 사건의 0.590에 해당하는 사건에 관하여 법원이 위헌이라는 합리적 의심조차 하지 못하였다는 것을 말한다. 결국 법원은 전체 기간 동안 법률의 위헌성을 일차적으로 여과하는 과정에서 만족스럽지 못한 수준을 보여주고 있다.

조사대상 기간 동안 법원의 위헌결정관여도의 변화추이를 보면 다음 그림 2와 같다. 수치가 들쑥날쑥한 것은 위헌법률조항 관련 사건이 병합되어 심리된 데 따른 것이라 생각된다.

대체로 제 1 기 재판부와 제 3 기 재판부 시기에 법원의 법률위헌결정 관여도가 높게 나타난다. 제 1 기에는 위헌법률심판제청률이 높았다는 점, 헌법재판소가 활동을 개시한 지 얼마 되지 않은 시점이라 위헌법률이 산적해 있던 만큼 법원의 위헌판단이 헌법재판소에 접근하고 합헌판단도 대체적으로 높은 점과 관련된다. 그러나 제 2 기 재판부 시기 무렵에는 법원의 위헌제청률도 낮아지면서 위헌결정

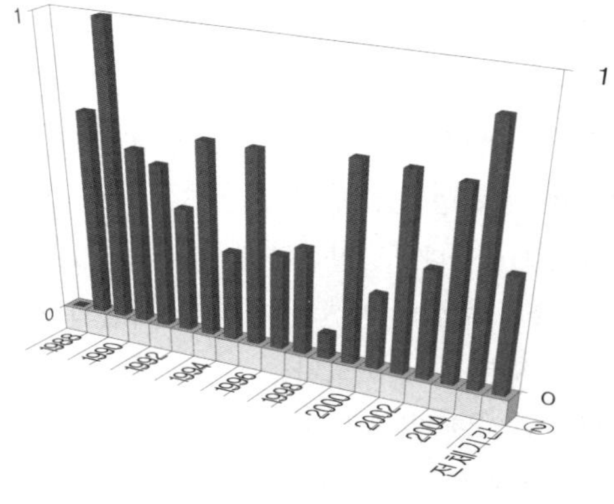

[그림 3] 법원의 법률위헌결정관여도

에 관여도도 낮아지는 것은 이 시기 동안 법원과 헌법재판소가 헌법적 판단에 상당한 격차를 보이고 있음을 나타내는 것이라 생각된다. 한편, 제3기 재판부 시기 무렵에는 점차 위헌제청률도 평균 수준(1991년 이후 평균치)을 넘어서게 되며, 위헌판단정확도와 합헌판단정확도가 높아지면서 법원이 법률위헌결정에 관여하는 정도가 높아진다고 할 수 있다. 제3기의 현상(위헌, 합헌판단의 정확도 상승)이 법원의 헌법적 판단에 대한 인식의 변화 때문인지, 헌법재판소의 재판관이 보다 법원의 입장을 이해하는 성향을 가졌기 때문인지, 다뤄진 사안들에 관하여 법원과 헌법재판소가 거의 공통되는 판단을 하고 있기 때문인지는 보다 엄밀하게 판례를 분석하여 답을 얻을 수 있을 것이다. 그러나 재판관의 교체 이외의 다른 사정의 변화가 없다면, 재판관 구성의 변화가 가장 중요한 요인이 아닐까 생각된다.

(3) 법원의 위헌법률심판제청의 형식적 요건에 대한 판단정확도

조사대상기간에 걸쳐 헌법재판소가 처리한 위헌법률심판사건은 취하된 사건을 제외하면 375건이며, 이 가운데 각하 21건을 뺀 354건이 본안판단을 받았다. 법원이 위헌법률심판을 제청할 경우 '재판의 전제성'에 대한 판단을 매우 정확하게 하는 것으로 나타난다. 이는 법원의 법관이 재판을 직접 담당하여 위헌제청한 법률(조항)이 사건에 적용될지 여부에 관하여 가장 잘 파악할 수 있는 위치에 있다는 점과, "재판의 전제성은 헌법재판소가 별도로 독자적인 심사를 하기보다는 되도록 법원의 이에 관한 법률적 견해를 존중해야 하는 것이며, 다만 그 전제성에 관한 법률적 견해가 명백히 유지될 수 없을 때만 헌법재판소는 예외적으로 이를 직권으로 조사하여 위헌제청을 각하할 수 있다"[11]는 입장[12] 때문인 것으로 보인다.

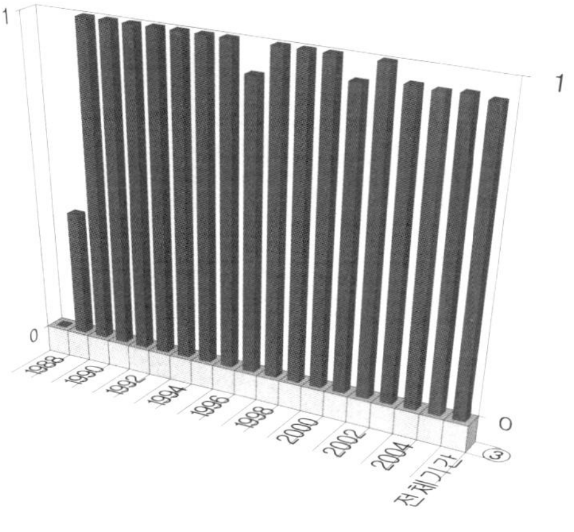

[그림 4] 법원의 위헌법률심판제청의 형식적 요건에 대한 판단정확도

이 지수의 변화추이는 그림 3에서 보는 바와 같다. 초기에 재판의 전제성을 제대로 고려하지 않고 위헌심판을 제청하여 각하된 경우를 제외하면 거의 매년 1에 가까운 정확성을 보여주고 있다. 따라서 헌법재판소는 재판의 전제성을 엄격하게 심사하기보다는 지금의 심사정도를 유지하고 본안판단에 집중하면 될 것이다.

(4) 당사자의 형식적 요건에 대한 판단정확도

법원의 위헌제청에 대한 심사가 매우 완화된 것이라고 한다면, 당사자가 법원의 위헌제청신청기각결정에 불복하여 제기하는 위헌소원은 일단 지정재판부에

11) 헌법재판소 1989. 7. 14. 선고, 88헌가5,8 89헌가44(병합) 전원재판부 결정; 1993. 5. 13. 선고, 92헌가10; 헌법재판소 1997. 9. 25. 선고, 97헌가4 결정)

12) 헌법재판제도의 문제에 대한 해명은 헌법재판소의 독자적 판단사항이기 때문에 헌법재판소는 재판의 전제성 유무가 헌법과 법에 정한 헌법소송의 기능본질 및 효력 등 헌법재판제도에 관한 헌법적 선결문제의 해명에 따라 전적으로 좌우되는 경우에는 헌법재판소는 법원의 법률적 견해에 구애받지 아니하고 법원의 위헌법률심판제청이 적법한 것인가의 여부를 독자적으로 결정한다(헌재 1994. 6. 30. 92헌가18 결정).

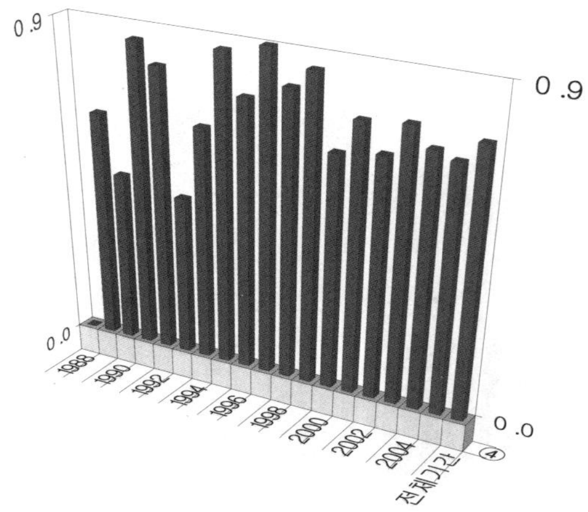

[그림 5] 당사자의 재판의 전제성 판단정확도

의한 사전심사를 거치고 위헌제청사건의 재판의 전제성 심사보다 강화된 기준에 의한다. 그 결과 위헌소원청구건수의 0.775만이 재판의 전제성을 충족하고 있는데, 이는 법원의 경우(0.944)보다는 낮은 수치이다. 그러나 당사자의 위헌심사형 헌법소원이 남용되었다고 할 만큼은 아니라고 생각된다.

지정재판부에서 각하한 사유를 보면 헌법소원심판의 청구기간을 준수하지 못한 경우(31건), 대리인을 선임하지 못한 경우(24건), 기타 청구가 부적법하고 흠결을 보정할 수 없는 경우(79건)[13] 도 있어 위헌제청사건의 경우보다 형식적 요건 불비로 각하될 가능성이 더 많다는 점에서 반드시 소원의 형식적 요건에 대한 부정확성에 기인하고 있다거나 소원을 남용하고 있다고 보기는 어려울 것으로 생각된다.

전체적으로 제2기 재판부 시기의 판단정확도가 높게 나타난다. 이는 이 시기에 법원의 위헌제청률이 낮아지는 흐름과 관련이 있다고 생각된다. 즉, 법원이 위헌제청을 위헌의 합리적 의심의 수준을 높게 하여 엄격하게 하고 그 결과 당사자의 위헌소원에서 형식적 요건의 문제가 있는 사건이 상대적으로 적어지기 때문이 아닌가 생각된다. 제1기 재판부는 특히 초기에 위헌제청을 많이 하여 이 때 당사자의 위헌소원은 형식적 요건을 갖추지 못한 경우가 많이 나타난다고 판단된

13) 헌법재판소의 '헌법소원심판사건의 각하사유별 현황'

다. 제3기 재판부 시기에는 위헌소원의 사건수와 각하사건수가 큰 변화가 없으므로 법원의 위헌제청률이 약간 높아지면서, 즉 위헌제청의 수준을 조금 낮춤으로써 형식적 요건의 문제가 있는 사건의 비율이 높아진 것으로 생각된다.

(5) 법원의 위헌판단 정확도

조사대상기간 동안 법원이 위헌심판을 제청한 사건 354건 가운데 헌법재판소가 위헌으로 결정한 것은 154건이다. 즉 0.435의 비율로 헌법재판소가 위헌으로 결정한다. 이 수치는 법원이 위헌제청에 요구하는 위헌 의심의 정도가 그리 높지 않다고 할 수도 있고, 법원의 위헌성 판단의 부정확성으로도 이해할 수 있다. 그러나 앞에서 봤듯이 법원의 위헌심판제청의 비율이 낮고 법원의 합헌판단의 정확성도 그리 높지 않으므로(0.754) 법원이 정확하지 않은 헌법적 판단을 가지고도 위헌제청에 상당히 높은 의심의 정도를 요구하고 있는 것으로 생각된다. 그러나 법원의 합헌판단에서 0.246의 비율로 오류가 발생하고 있으므로 법원이 위헌제청에 요구하는 합리적 의심의 수준을 낮추는 것이 요청된다고 생각된다.

제1기 재판부 시기에 위헌판단정확도가 높게 나타나는 것은 앞에서도 얘기했듯이 헌법재판소 활동 초기에 위헌성이 짙은 법률이 산적해 있었고, 법원이 이에 대해 적극적으로 위헌제청을 한 데 따른 것으로 보인다.

제2기와 제3기 재판부 시기에는 위헌판단의 정확도가 그리 차이가 없이 제1기보다는 낮게 나타난다. 제2기의 위헌제청률과 합헌판단의 정확도가 제1기 및 제3기에 비하여 더 낮게 나타나므로 이 시기 동안 법원은 위헌제청에 비교적 높은 '합리적 위헌 의심'을 요구하였던 것으로 보인다. 제3기에는 평균치보다 높은 위헌정확도를 보여주고 있다. 이는 합헌정확도의 상승과 함께 법원의 헌법적 판단에 헌법재판소의 그것에 수렴하고 있다는 것이며, 위헌제청률의 상승에서 보듯이 조금 더 적극적으로 헌법재판소의 판단을 구하고 있는 것으로 보인다.

(6) 당사자의 위헌판단 정확도

조사대상 기간 동안 당사자가 재판의 전제가 된 법률조항에 관하여 위헌의 의심을 한 사건의 0.220이 헌법재판소에서 위헌으로 결정된다. 당사자는 자신의 권리구제의 결정적인 법률조항의 위헌여부에 관한 판단을 받고자 하는 데 적극적이라는 점에서 법원에 비하여 당사자의 위헌의 합리적 의심의 수준은 낮기 때문이라고 할 수 있을 것이다.

제1기 재판부 초기에 위헌판단정확도가 높게 나타나는 것은 법원을 통하여

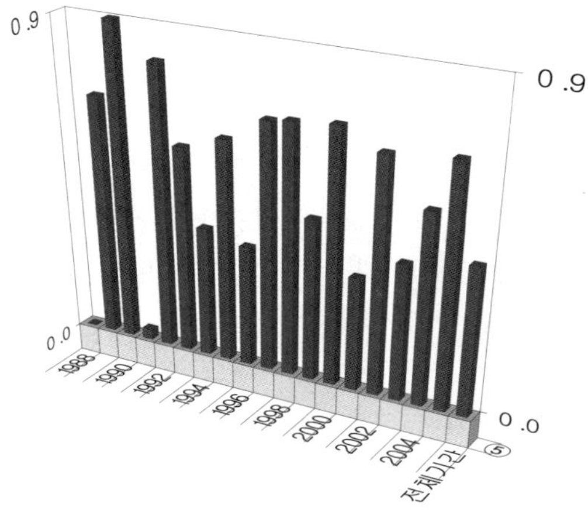

[그림 6] 법원의 위헌판단정확도

위헌제청된 사건의 위헌결정이 많았기 때문[14)]이며, 헌재와 법원의 헌법적 판단의 차이가 상대적으로 크게 나타나는 제 2 기에는 당사자의 위헌판단정확도가 높게 나타난다. 즉 이 시기에는 법원에 의해서보다는 당사자의 적극적인 위헌주장을 통하여 당사자의 기본권침해구제 및 위헌상태의 해소가 이뤄진 것으로 생각된다. 제 3 기 재판부 활동시기인 2000년부터 법원의 합헌판단정확도가 상승하고 헌법판단위험도가 급격히 감소하면서 역으로 이 지수가 낮아지고 있음을 알 수 있다.

(7) 법원의 합헌판단정확도

조사대상기간 중 법원이 위헌심판제청신청에 대하여 합헌이라고 기각하여 헌법재판소에 위헌소원이 제기된 사건 가운데 본안판단을 받은 사건은 모두 902건이며, 그 가운데 680건이 합헌이라 결정되었다. 즉 0.754의 비율로 합헌판단이 정확하다고 할 수 있다.

이는 법원의 합헌결정 즉 당사자의 위헌심판제청신청 기각결정이 0.246의 비율로 그릇될 가능성이 있다는 점이다. 이는 합헌판단의 오류가능성을 말하는 것이며, 당사자가 적극적으로 헌법소원을 제기하여 법률의 위헌성을 판단받지 않

14) 1991년은 이례적으로 위헌법률심판사건(헌가) 가운데 합헌결정이 96건, 위헌결정 2건, 한정합헌(일부위헌)결정 1건 등 합헌결정의 비율이 매우 높다. 이 해의 합헌결정 가운데 교육법 제8조의 2에 관한 위헌심판(1991. 2. 11. 선고, 90헌가27 결정)과 사립학교법 제55조 등 위헌심판(1991. 7. 22. 선고, 89헌가106 결정)만 판례집에 수록하고 있다.

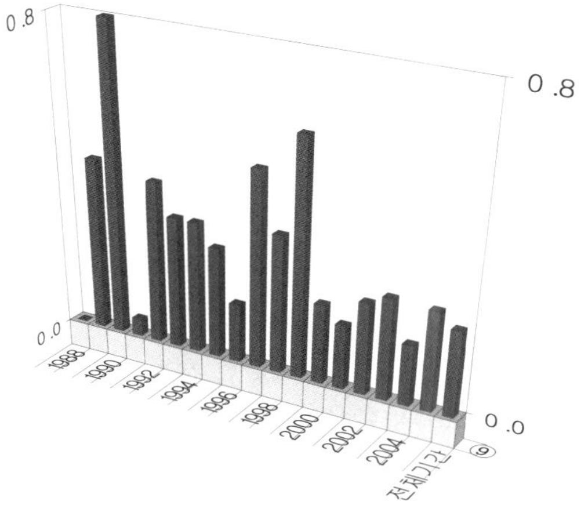

[그림 7] 당사자의 위헌판단정확도

고서는 기본권의 침해를 가져올 가능성이 높음을 말해준다. 위헌제청률이 낮으면서도 합헌판단정확도가 낮다는 것은 법원의 헌법적 판단의 오류가능성이 높음을 시사하는 것이라고 할 수 있다.

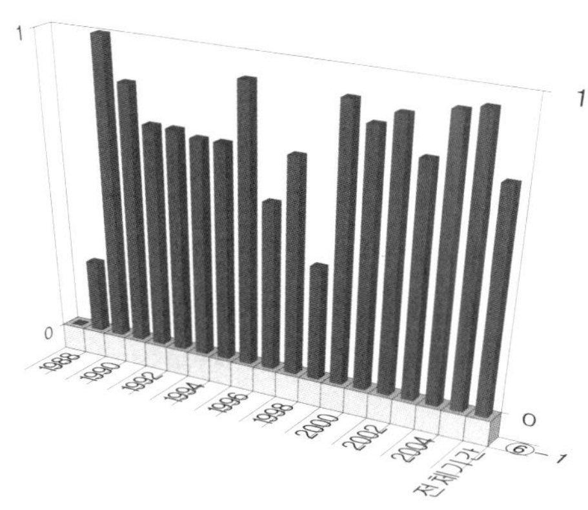

[그림 8] 법원의 합헌판단정확도

조사대상 기간중 일정한 편차는 있지만 제 2 기 재판부 시기를 제외하고는 대체로 평균치 정도의 정확도를 보여주고 있음을 알 수 있다. 제2기 재판부 시기에는 위헌제청률이 낮아지고 위헌판단정확도와 합헌판단정확도가 대체적으로 낮다는 점에서 법원이 헌법재판소의 판단에 의지하는 데 소극적이었으며, 헌법재판소와의 헌법적 판단의 격차가 상대적으로 컸다고 판단할 수 있다.

(8) 법원의 법률위헌성판별정확도

법원이 위헌과 합헌을 망라하여 어느 정도의 정확성을 가지는지를 평가한다. 조사대상기간중 본안판단을 받은 사건 1256건 가운데 위헌제청심판에서 위헌결정된 것은 154건, 위헌소원심판에서 합헌결정된 것은 680건으로 법원의 위헌 또는 합헌의 판단과 헌법재판소의 판단이 일치한 정도는 0.664이다. 이 수치는 위헌판단정확도와 합헌판단정확도를 종합적으로 고려한 것이기에 앞에서 말한 것 이상의 고유한 정보를 얻기는 힘들다고 생각된다.

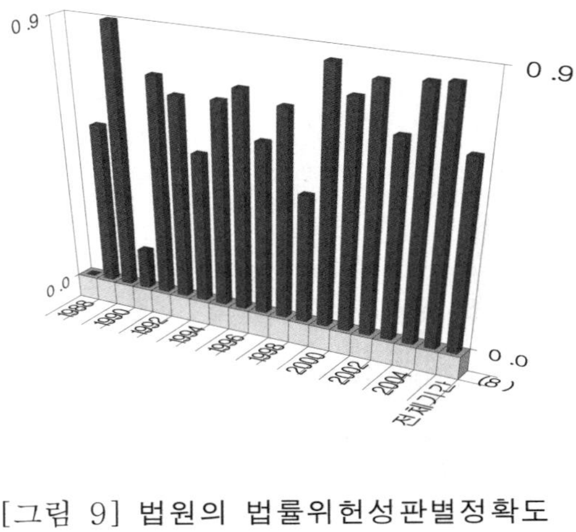

[그림 9] 법원의 법률위헌성판별정확도

(9)법원의 헌법판단위험도

조사대상 전체기간중 본안판단을 받은 전체 1256건 가운데 위헌소원에서 위헌결정된 사건은 222건으로 전체의 0.177의 비율이다. 즉 전체 사건 가운데 17.7%에 해당하는 사건은 당사자가 적극적으로 위헌주장을 하여 헌법재판소의 결정이 이뤄지지 않았더라면 재판과정에서 자신의 권리구제를 제대로 받지 못하

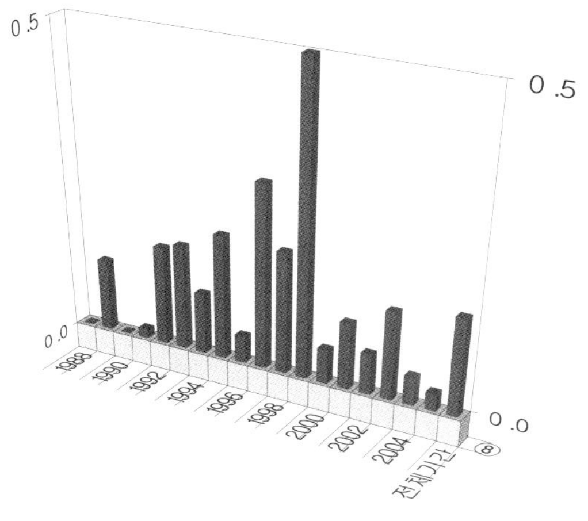

[그림 10] 법원의 헌법판단위험도

였을 것이라고 생각할 수 있다.

1999년까지 평균치보다 높은 경우가 많았지만 그 뒤로는 상당히 낮은 비율을 보이고 있다. 1999년의 위헌도가 높게 나온 것은 택지소유상한에 관한법률 제2조 제1호 나목 등 위헌소원에 병합된 사건이 67건이나 되었기 때문이다. 대체적으로 제2기 재판부 시기에 법원과 헌법재판소의 헌법적 판단의 차이가 상대적으로 컸다는 점에서 이 위험도도 높게 나타난다.

제3기 재판부가 업무를 시작한 2000년 이후 이 지수는 현저하게 감소하고 있다.[15] 2000년, 2002년, 2004년, 2005년처럼 10%에도 못 미치는 위험도는 분명 법원의 헌법적 판단의 문제가 헌법재판소의 판단을 기준으로 하였을 때 그리 심각한 수준은 아니라는 것을 보여준다. 이 기간 동안 법원의 합헌판단정확도도 매우 높은 수준을 보여준다. 점차 헌법재판소와 법원 사이에 헌법적 판단에 관한 일정한 공감대가 형성되어 가고 있음을 알 수 있다.

그러나 점차 헌법재판소의 판례가 축적되어 가고 있음에도 새로운 법률조항이 위헌으로 계속 결정되고 있다는 점, 아무리 적은 수의 사건이라도 당사자의 권리구제에 결정적인 의미를 가진다는 점에서 법원의 합헌판단에 대한 헌법재판

15) 이 부분은 그것이 재판부의 구성변화로 인한 것인지, 판례축적에 따른 것인지 좀 더 엄밀한 구명이 필요할 것이다.

소의 통제의 필요성은 감소하지 않을 것으로 생각된다.

(10) 헌법재판소의 변형결정 선호도

조사대상 전체기간 동안 헌법재판소의 위헌결정 가운데 변형결정이 차지하는 비율은 0.512이다. 즉 위헌결정의 반은 변형결정을 하였다는 것이며, 이는 헌법재판소법에는 규정이 없지만 입법권의 존중과 입법공백상태의 회피 등을 위해 현실적으로 필요하였다는 점, 위헌결정이 가져올 충격을 완화하기 위하여 지나칠 정도로 변형결정으로 도피하였다는 점 때문이 아닐까 생각된다.

특히 제1기 재판부[16]에서는 변현결정을 선호하였다. 이는 초기에는 위헌성이 명백한 법률을 중심으로 위헌결정이 내려졌지만, 일부 위헌성이 존재하는 법률조항과 관련하여 헌법재판소 초기에 다른 국가기관과의 원만한 관계의 설정을

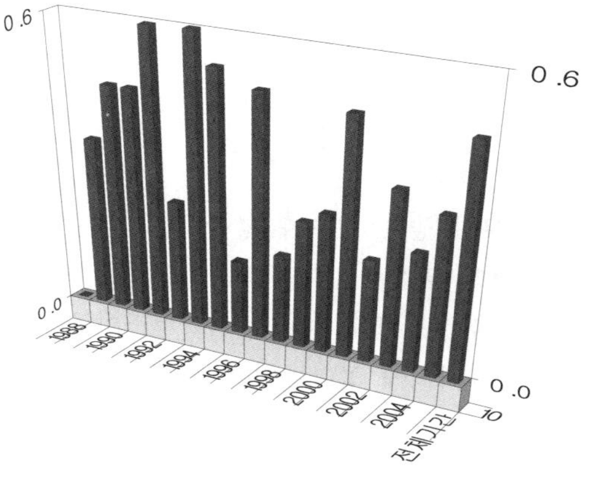

[그림 11] 헌법재판소의 변형결정선호도

위하여 변형결정을 적극적으로 활용하였기 때문이라고 생각된다. 제2기 재판부 역시 초기에는 변형결정을 선호하였으나 점차 변형결정을 피하는 모습이 두드러진다. 이는 특히 제2기 재판부 시기에 법원과 헌법재판소의 헌법적 판단에 관한 차이가 상대적으로 컸다는 점과 두 기관 사이의 변형결정의 효력을 둘러 싼 갈등을 피하고자 한 때문으로 생각된다. 그럼에도 불가피하게 변형결정이 채택되고

16) 헌법재판소 재판부를 1, 2, 3기로 구분하는 것은 일반적으로 1988년부터 임기 6년을 단위로 한다.

있다.

제3기 재판부 시기에도 변형결정을 피하려는 노력은 계속되고 있다.

이와 관련하여 남복현(2003a)[17]은 제1기 재판부는 임기중반 이후 변형결정이 단순위헌결정이 더 많았는데 그 이유는 그 유형이 필요했다는 점과 위헌결정의 회피수단으로 이용되었다는 점이라고 본다. 또한 제2기 재판부는 단순위헌을 선호하는 경향이 뚜렷하다고 하면서 그 이유를 재판관들 사이의 공감대 형성과 법원과의 갈등을 회피하고자 하는 점 등을 들고 있다. 그러나 제2기 재판부도 변형결정을 하는 비율은 낮아졌지만 그 현실적인 필요성 때문에 변형결정을 하고 있으며, 제3기 재판부의 변형결정선호도는 제2기에 비하여 좀 더 증가하고 있다.

특히 위헌법률심판에서의 변형결정비율은 43/145 = 0.297이고, 헌법재판소법 제68조 제1항에 의한 법령소원에서의 변형결정비율은 16/49 = 0.327이며, 같은 법 제68조 제2항 헌법소원에서의 변형결정비율은 53/93 = 0.570로 위헌심사형 헌법소원에서 변형결정의 비율이 가장 높게 나타난다.

3. 법원과 당사자의 헌법판단의 문제

(1) 법원의 헌법적 논의의 적극성

조사대상 기간의 위헌심판제청률은 0.280으로 필자의 2001년 연구에 나타난 2001년 3월까지의 수치(0.315)에 비하여 낮아지고 있다. 이는 2001년부터 2005년까지의 제청률이 0.169 내지 0.233에 지나지 않기 때문이며, 이러한 추세가 지속될 경우 더욱 낮아질 것으로 보인다. 이는 헌법재판소가 10여년의 기간을 거치는 동안 상당히 많은 위헌의심 법률들이 이미 제청되었다는 점에서 당연한 경향으로 생각된다.

특히 헌법재판소 개소 초기인 1989년부터 1992년까지 이례적으로 높았던 경우를 제외하면 연평균 제청률은 0.189에 지나지 않는다. 이 수치는 법원이 위헌제청에 매우 소극적이라고 볼 여지가 있다. 특히 필자의 2001년 연구에서 보듯이 2001년 3월까지의 법원의 합헌위험도는 0.216이고, 2005년 7월까지도 0.177이고, 법원의 위헌판단정확도가 2001년 3월까지 0.388, 2005년 7월까지는 0.435이고, 특히 2001년 3월까지의 당사자의 위헌판단정확도(0.337)가 법원의 위헌판단정확도와 거의 차이가 없다는 점에서 보면 법원의 헌법적 판단에 대

17) 남복현(2003a), 89-90면.

한 신뢰를 가지기가 어렵고 따라서 제청률이 0.189(또는 0.280)인 것은 법원이 법률조항에 대한 위헌의 합리적 의심의 수준을 높게 잡아 헌법재판소에 위헌제청에 소극적이라는 점을 말하는 것으로 생각된다.

다만, 제 3 기 재판부 시기에 뚜렷한 변화가 나타나고 있어 이러한 판단은 매우 신중하여야 할 것이다. 즉, 2000년 이후 2005년 7월 31일까지의 합헌판단의 정확도는 0.895(375/419, 전체 기간 평균치는 0.754)가 된 반면, 헌법판단의 위험도는 0.082(전체 기간 평균은 0.177)로 급격하게 낮아지는 등 법원의 합헌판단의 정확성이 매우 향상되었다는 점에서 제청률이 낮아졌음에도 법원이 헌법적 논의의 질적인 측면은 더 나아졌다고 볼 여지가 충분하다고 생각된다.

하지만 위헌결정에서 전체 기간 동안 법원이 위헌법률조항의 0.410만을 선별하고 있다(위헌결정 관여도)는 사실, 비록 2004년 0.667, 2005년 0.875의 높은 선별도를 보이고 있긴 하지만, 2000년부터 2005년 7월까지 법원의 위헌결정 관여도는 0.527(49/93)로서 그리 높은 수준은 아니라는 점에서 여전히 법원의 헌법적 판단과 헌법재판소의 판단의 차이가 엄연함을 말해주고 있다.

결론적으로 말하면, 법원은 재판소 개소 초기에 그 동안 위헌성이 의심되어 온 법률을위헌제청하는 등 매우 위헌제청에 적극적이었으나 이러한 흐름은 이내 사라지고 0.189 정도의 위헌제청률을 보여 상당한 정도로 소극적인 제청경향을 보여준다고 할 수 있다. 특히 제 2 기 재판부 시기에는 제청률도 더 낮았을 뿐 아니라 위헌판단과 합헌판단의 정확도가 다른 시기에 비하여 상대적으로 낮았다는 점에서 가장 헌법적 논의에 소극적인 시기로 분류할 수 있을 것이다. 그러나 제 3 기에 들어 제청률이 약간 상승하고 위헌판단과 합헌판단정확도가 급격히 상승하여 법원이 소극적이라는 판단을 하는 것은 매우 조심스럽다. 그러나 이 기간 동안 전체 위헌결정되는 법률조항의 0.527만을 법원이 위헌제청하고 있다는 점에서 법원의 헌법판단정확도에 대해서는 그리 긍정적인 평가만을 하기는 어렵다고 할 것이다. 특히 법원의 흐름이 이 시기에 특히 바뀔 단서가 없다고 한다면, 이러한 판단정확도의 상승은 오히려 헌법재판소 재판부의 변화에서 찾는 것이 옳아 보인다. 여하튼 제 3 기 재판부 시기에 들어 법원은 헌법판단의 정확성이 향상됨으로써 과거의 부정적인 소극성의 비난을 조금씩 벗어나고 있는 것으로 판단된다.

(2) 헌법적 판단의 정확성

법원의 형식적 요건(재판의 전제성)에 대한 판단의 정확도는 매우 높게 나타난다. 특히 초기의 지나친 제청을 제외하면 거의 대부분의 제청사건에서 재판의 전제성은 문제가 되지 않는 것으로 보인다. 당사자의 경우도 법원에 비해서는 낮지만 문제될 만큼의 수준은 아닌 것으로 보인다.

필자는 2001년의 연구에서 법원의 헌법적 판단의 문제에 대해 매우 비판적 입장을 취하였다. 그것은 법원의 합헌판단의 정확도가 0.686이고, 헌법판단의 위험도가 0.216으로 나타났으며, 위헌판단정확도가 0.388인 반면, 법원이 위헌의 의심조차 하지 아니한 위헌심사형 헌법소원이 경우에 위헌결정된 사건이 0.314이었기 때문이다. 그러나 2000년 이후 2005년 7월 31일까지의 합헌판단의 정확도는 0.895가 된 반면, 헌법판단의 위험도는 0.082로 급격하게 낮아졌고 그 결과 법원의 합헌판단정확도(0.664)는 계속 올라가고 있으며, 아울러 위험도(0.177)도 낮아지고 있는 것을 볼 수가 있다. 그 이유에 관하여는, 그것이 재판부의 변화로 인한 것인지, 아니면 헌법재판소 판례의 축적의 결과 법원이 위헌제청의 기준을 헌법재판소의 판례에 맞춰 판단하기 때문인지, 다뤄지는 사건의 성격 때문인지 등에 대해서는 좀 더 세심한 논의가 필요할 것이다. 하지만 앞에서도 말했듯이 법원에 갑자기 변화가 생겼다고 보기 어렵다면 이는 헌법재판소의 구성의 변화에 따른 것이라고 보는 것이 옳지 않을까 생각된다. 위헌판단정확도는 큰 변화가 없이 다만 합헌판단의 정확도가 높아지고 합헌판단의 위험도가 낮아지고 있음은 제 3 기 재판부 시기에 위헌심판제청률이 조금씩 높아지고 있다는 것과 함께 법원의 헌법적 판단이 정확성에 대하여 긍정적인 평가를 할 수 있게 해준다고 생각된다.

그렇지만 지금까지 법원의 헌법적 판단 사건의 0.177이 잘못될 가능성이 있으며, 합헌판단을 한 사건의 0.336은 헌법재판소의 결정과 배치되는 것으로 나타난다는 점에서 법원의 헌법적 판단은 헌법재판소의 판단과 상당히 근사한 방향으로 가고 있긴 하지만 여전히 판단의 잘못으로 인한 위험을 갖고 있는 것으로 보인다.

(3) 법원의 위헌법률 사전여과기능 수행 정도

위헌법률심판과 헌법재판소법 제68조 제 2 항의 헌법소원심판에서 위헌결정된 사건 가운데 법원이 위헌으로 판단한 사건의 비율은 0.410이다. 즉 전체 위헌법률의 0.590에 대해서는 법원이 위헌의 합리적 의심도 하지 않았으며, 법원이 합헌이라고 인정한 사건에 대해서 당사자가 제기한 헌법소원심판에서 헌법재판소는 사건의 0.336에 해당하는 사건을 위헌으로 결정하였다. 법원이 위헌제청하여 위헌결정되는 비율이 0.435이므로 과연 법률의 위헌여부 심판절차에서 헌법재판소가 심판하기 전에 사전적으로 여과하는 기능을 제대로 수행하고 있다고 보기 어렵다. 물론 2001년 3월까지의 통계에 비하여 법원의 위헌판단정확도와 합헌판단정확도가 올라가긴 했지만, 이 기간 동안에도 법원은 0.527의 비율로 법률위헌결정에 관여하였다는 점에서 법원의 판단이 가지는 오류가능성은 크게 변하였다고 보기 어렵고 그 결과 법원의 위헌법률사전여과기능을 제대로 하고 있다고 보기 어렵다고 생각된다.

(4) 당사자의 경우

법원과 달리 재판의 당사자는 적극적으로 법률의 위헌성을 주장하고 그 구제를 적극적으로 바라므로 법원에 비하여 위헌판단정확도가 낮을 수밖에 없을 것이다. 특히 법원이 합헌이라고 함에도 불구하고 당사자가 위헌성을 주장한 사건의 0.246이 위헌으로 결정된다는 것은 당사자가 법원보다는 더 적극적으로 소원을 제기한다고 하여도 상당히 높은 위헌정확도라고 할 수 있다. 특히 헌법재판소법 제68조 제1항의 헌법소원에 의한 위헌결정까지를 포함하면 당사자에 의한 위헌결정의 비중은 더욱 높아진다. 즉 0.647(282/436)의 비율로 당사자에 의한 법률위헌결정이 나온다고 할 수 있다. 따라서 당사자가 헌법소원을 남용하는 데 대한 지정재판부의 사전심사는 청구기간의 준수 등 형식적인 것에 머물면 족하다고 생각된다.

Ⅳ. 마 치 며

1. 연구의 한계

이 연구는 우선 법원과 당사자의 헌법적 판단에 대한 평가기준을 헌법재판소의 판단에 두었다는 문제를 갖는다. 헌법재판소의 판단은 언제나 옳은 것일 수 없으며, 근본적으로 민주주의에 반할 위험을 내포한 것이기 때문이다. 특히 국가보안법, 대통령탄핵심판이나 신행정수도건설을위한특별조치법 위헌결정 등의 사안에서 보여준 정치적 성격은 많은 우려를 낳고 있다.

따라서 이 연구결과는 헌법재판소 결정이 헌법적 판단으로서 옳은 것이라는 전제가 충족될 때만 전적으로 받아들여질 수 있는 것이다. 그러기에 헌법재판소가 헌법해석에 관한 최고의 전문성과 권위를 확보하도록 하여야 할 것이다. 그렇지만, 이 연구는 적어도 헌법재판소와 법원 또는 당사자 사이의 헌법적 판단의 차이를 확인할 수 있다는 점은 그러한 전제충족과 상관 없이 가능할 것이다. 국가기관의 정신분열이라 할 수 있는 두 (헌법판단)기관 사이의 의사분열은 헌법재판소가 옳든 법원이 옳든 상관없이 국민의 기본권보장에 결정적인 흠으로 작용할 수밖에 없다. 어느 당사자든 헌법적 판단과 재판결과를 완전히 수용하기 어렵기 때문이다.

둘째, 분석이 구체적인 결정 하나 하나를 가지고 종합하여 분석하지 못하고 단지 심판사건총괄표와 누계표를 위주로 분석하였다는 점에서 수치로 환산될 수 없는 많은 요소들을 고려하지 못하고 있다는 점이다. 단순한 계량적 분석이 가질 수 있는 문제는 고스란히 연구자의 몫이다.

셋째, 1년 단위로 통계를 잡음에 따라 재판부의 변화를 명확히 반영하는 수치를 확보하지 못하여 번법재판소 재판부의 변화가 어떤 의미를 가지는지에 대해 개략적인 계산만을 하게 되었다는 점이다.

2. 국민의 기본권보장 강화를 위한 헌법재판제도의 개선방향

헌법재판소는 17년의 역사 속에서 헌법재판기관으로 확고하게 자리잡았으며, 국민과 국가기관의 헌법의식의 고양에 큰 역할을 하였으며 한국의 정치과정에서 그 비중이 매우 높아지고 있다고 생각된다. 이상의 논의를 종합하여 국민의 기본권보장을 위한 관점에서 헌법재판제도에 관하여 다음과 같이 평가하고 제언할 수 있다.

첫째, 4년 전과 비교할 때 법원의 헌법적 판단의 내용은 상당히 긍정적으로 변화하였지만, 그럼에도 불구하고 법원이 합헌판단에서 보인 문제는 여전히 남아 있다. 따라서 그에 대한 통제는 여전히 필요하다. 즉 헌법재판소법 제68조 제2항의 헌법소원은 여전히 매우 유용한 제도이다.

둘째, 법원의 합헌판단이 헌법재판소에서 번복되는 경우가 적지 않으므로 이는 법원의 헌법적 판단의 오류가능성을 의미하고 아울러 법원의 재판과정에서 기본권침해가 있을 수 있다는 것이므로, 법원의 재판에 의한 기본권구제제도로서 재판에 대한 헌법소원이 인정되어야 할 것이다. 더구나 법원의 재판에 대한 소원이 명시적으로 금지되었는데도 불구하고 지금까지 470건이 접수되었다[18]는 사

18) 이들 사건에 대해 지정재판부에서 433건을 각하하고 전원재판부에서 1건은 기각, 나머지는 각하하였다.

실은 법원의 재판에 대한 불만이 결코 적지 않음을 말해주는 것이다. 매우 제한적으로 법원의 재판에 대한 헌법소원이 인정되고 있긴 하지만, 법원의 재판을 소원의 대상에서 제외한 이유가 법원 역시 국민의 기본권보장을 위한 국가기관으로서의 법원의 권위에 있다고 할 때 헌법소원에서 재판을 제외한 것은 큰 문제이다. 즉, 헌법재판소와 비교하여 0.177의 헌법적 판단의 차이가 존재할 수 있고, 이러한 판단위험이 현저히 줄어든 제3기 재판부 시기에도 여전히 법원의 법률위헌결정관여도 0.527에 불과하다면 법원의 헌법적 판단은 헌법재판소와 상당한 차이가 있고 두 기관의 헌법적 판단의 차이가 존재하는 한, 어느 기관의 판단이 옳으냐를 떠나서 이 사실은 국민의 권리구제의 불안과 사법에 대한 불신을 초래할 가능성이 있다는 점에서 적어도 국가기관 사이의 의사분열을 해결할 적당한 장치가 절실하다고 할 수 있다. 그러한 관점에서 법원의 재판에 대한 헌법소원은 일단 헌법재판소제도가 있고, 명문의 규정으로 인정된 것은 아니지만 헌법해석에서 헌법재판소가 최종적인 지위를 가지고 있으므로, 인정되지 않으면 안된다고 생각된다. 본래 권력분립원리는 법체계의 원활한 작동을 위하여 분립된 권력 사이의 의사의 대립을 해소하는 장치까지 갖출 것을 요구하는 것이라는 점을 상기하여야 한다.

셋째, 법원의 위헌제청신청기각결정에 불복하여 당사자가 헌법소원을 제기할 경우 제기한 사건의 0.246은 위헌으로 결정되는데, 헌법소원을 통한 위헌심사라 하여 변호사강제주의를 적용하는 것이 합당한가 의문이 제기될 수 있다. 과거에 비하여 국선변호인선임 가능성을 더 넓게 열어놓고 있고 이러한 당사자의 위헌주장의 정확성이 변호인에 의해 담보되는 측면이 있긴 하지만, 대리인을 선임하지 못하여 헌법소원을 청구하지 못하는 단적인 경우도 배제하지 못하고(2005년 7월까지 24건), 헌법재판소의 심사과정도 그것이 위헌법률심판과 그 본질이 같다는 점에서 과연 변호사강제주의를 요구하는 것이 타당한지 의문이다.

넷째, 헌법재판소법 제68조 제1항의 헌법소원의 방식으로 전체 위헌결정된 법률조항(전체 287조항)의 0.170(총 49조항)이 위헌결정되므로 반드시 법원에서의 재판이나 기본권을 직접 침해당한 당사자에 의해서만 법률의 위헌성을 심사받도록 하는 것이 아니라 제한적이나마 구체적 사건을 전제로 하지 않고 법률의 위헌성을 심사받는 추상적 규범통제제도의 도입도 고려할 시점이 되었다[19]고 생각된

19) 자방자치법 제159조 제1항 및 제3항에 규정된 바, 대법원에 제소할 수 있는 지방의회의 의결에는 조례 의결도 포함되므로, 지방의회의 조례에 대하여 지방자치단체의 장이 대법원에 제소하여 법령위반 여부를 판단받는 것은 일종의 추상적 규범통제의 예에 속한다고 할 수 있다.

다. 특히 기본권이 주관적이긴 하지만 공동체의 누구나 존중하여야 하여야 한다는 점에서 재판의 전제나 자기관련성을 떠나서 규범의 위헌성을 다툴 수 있는 길을 인정하는 것이 옳다고 생각한다. 실제 당사자의 헌법소원도 남용되지 않고 있으며, 추상적 규범통제가 남용되지 않도록 제한적으로 인정한다면 보다 기본권의 보장 정도는 획기적으로 신장될 수 있을 것이다.

다섯째, 변형결정과 그 효력에 관하여 명문의 규정을 둘 필요가 있다. 지금까지 위헌결정의 반이 변형결정이며, 특히 한정위헌과 한정합헌의 효력을 둘러싸고 법원과 헌법재판소 사이에 갈등이 있음은 잘 아는 사실이다. 헌법재판소가 변형결정을 피하려 해도 불가피하게 이 결정형식을 취할 수 없는 측면이 강하므로 이제 헌법재판소법에 결정형식과 그 효력에 관하여 규정하는 것이 옳다고 생각한다.

제 60 회 발표회 지정토론문

강　　을　　환*

1.

법원의 재판과정에서 적용되는 법률의 위헌성이 논란이 되는 경우, 당해 법관이 위헌성에 대하여 합리적인 의심도 갖지 못하여 합헌판단(위헌제청신청시 각하 포함)을 하였으나 당사자가 헌법소원을 제기하여 궁극적으로 위헌으로 판명되는 경우가 발생하고 있고, 이는 헌법문제에 관한 법원 판단의 부정확성으로 인하여 당사자의 적극적인 헌법소원이 없었다면 위헌인 법률이 당해사건에 그대로 적용되어 부당한 재판의 결과가 발생할 위험이 상존하고 있음을 의미한다.

발제자의 논문은 통계분석을 통하여 법원의 합헌판단의 정확도가 아직까지도 바람직한 수준보다 낮다고 판단하고, 이와 같은 상황에서 법원이 좀더 적극적으로 직권 또는 당사자의 신청에 따라 위헌제청신청을 하여야 한다고 주장하고 있다. 나아가 이와 같은 법원의 헌법판단의 오류가능성은 재판 전반의 오류가능성을 시사하는 것인만큼 재판소원 또한 전면적으로 허용되어야 한다고 주장하며, 그밖에 위 논문의 통계분석의 결과를 추상적규범통제의 허용, 헌법재판소법 제68조 제 2 항의 헌법소원에 있어서 변호사강제주의의 폐지 및 사전심사단계에서 적법성 심사의 완화의 논거가 된다고 밝히고 있다.

발제자의 지수설정 및 분석에 관하여 대체로 이견이 없지만, 같은 자료를 토대로 하더라도 지수설정에 있어서 분모 및 분자에 어느 것을 포함시킬 것인가 및 대상기간을 어느 범위로 정하는가에 따라 다른 분석도 가능하고, 해석을 달리할 여지가 있는바, 저는 파견법관으로서 몇몇 쟁점에 관하여는 법원의 입장에서 의견을 밝히고자 한다.

* 헌법연구관.

2. 가정(3)에 관하여(5쪽)

“법원의 직권으로 위헌제청한 경우도 당사자가 위헌주장을 한 것으로 본다”는 가정 3번은 계량화 단계에서는 어쩔 수 없는 측면이 있으나 분석, 평가 단계에서는 주의해야 할 요소를 안고 있다. 이점은 특히 지수 (5)와 지수 (6)을 비교하는 것의 타당성과 관계있다.

3. 지수 분석에 있어서 기간 구분의 세분화 필요성(별지 참조)

발제자는 2003년과 2005년 두 시점을 비교하면서 여전히 법원의 헌법판단의 정확성에 문제가 있다며 뒤에서 보는 바와 같이 이를 재판소원 허용의 논거로 사용하고 있다.

사건의 접수시기와 사건의 처리시기에 다소간 차이가 있기는 하지만 대체로 2년 이내에 처리되고 있는 만큼 시기별(예컨대 1기, 2기, 3기 재판부)로 분석하는 것도 생각해 볼 수 있다. 이 경우 법원의 헌법판단의 정확도는 3기 재판부의 경우 상당히 신뢰할 만한 수준에 이르렀다고 볼 수 있다.

4. 지수설정 및 분석에 관하여

(1) 위헌심판제청율 : 헌가사건수/(헌가사건수+헌바사건수)

발제자는 법원의 위헌제청이 소극적이라고 평가한 다음 그 원인에 대한 가설을 11쪽 마지막 줄 이하에서 언급하고 있으나(종전 논문 263쪽 각주 25번도 같은 취지임), 이는 7쪽에서 언급하고 있는 바와 같이 합헌판단의 정확도가 낮은 경우에 비로소 논의될 수 있는 것이다.

그런데, 기간별 평균치로 파악할 때 3기 재판부 시대에 법원의 합헌판단정확도는 0.893%에 달하고 있으므로 법원이 헌법적 논의에 소극적이라고 판단할 것은 아니라고 본다.

(2) 법원의 법률위헌결정 관여도: 헌가사건의 위헌결정수/(헌가사건의 위헌결정수+헌바사건의 위헌결정수)

의견 없음.

(3) 법원의 위헌법률심판제청의 형식적 요건 정확도: 헌가사건의 본안판단사건수/헌가사건수

* 여기서 분모는 접수건수 중 미제 및 취하건수를 제외한 것임. 즉, 총 결정건수를 분모로 함.

(4) 당사자의 형식적 요건 정확도: 헌바사건의 본안판단사건수/ 헌바사건수

* 여기서 분모는 접수건수 중 미제 및 취하건수를 제외한 것임. 총 결정건수 기준.

발제자는 각하 사건 중 청구기간도과, 대리인 미선임 등으로 각하된 경우를 제외하고 본다면 재판의 전제성 요건의 흠결로 각하되는 수는 적으므로 당사자의 형식적 요건의 정확도는 산출된 수치보다 높은 것으로 보아야 한다는 입장이다.

(5) 법원의 위헌판단정확도: 헌가사건의 위헌결정수/ 헌가사건수

* 분모는 (3)과 같다.

지수(5)가 높지 않은 것에 대하여 일반적으로는 법원이 낮은 수준의 의심으로도 위헌제청을 한다고 볼 수도 있을 것이다.

그러나 발제자는(13쪽 하단에서 14쪽) 법원의 합헌판단정확도{지수 (7)}가 높지 않음을 전제로, 법원이 정확하지 않은 헌법적 판단을 가진 상태인데도 위헌제청에 상당히 높은 의심의 정도를 요구하고 있는 것으로 보고 있기 때문이라고 평가하고 있다. 그러면서도 다시 법원에 대하여 위헌제청시 요구하는 합리적 의심의 수준을 낮출 것을 요구하고 있는바, 발제자의 위와 같은 평가 및 요구가 서로 모순되는 것이 아니라고 본다면, 결국 지수(5)는 무의미한 분석에 불과하다고 할 수 있다.

종전 논문에서 발제자가 이미 지적한 바와 같이(251쪽), 합헌판단의 정확도가 낮은 경우 합헌판단에 대한 통제의 필요성이 요청되는 것과는 달리 위헌판단의 정확도는 그러한 필요와 직접 연결되지 아니한다. 그러므로 지수(5)의 수치가 높을 것이 요구된다고 할 수 없다. 법원으로서는 합리적 의심이 있으면 위헌제청할 것이 요구되고 있으므로 위 수치가 낮다고 하여 반대로 '위헌판단의 부정확성'의 근거로 삼을 수 있는 것이 아니기 때문이다.

(6) 당사자의 위헌판단정확도: 위헌결정 수 / (헌가사건 수 + 헌바사건수).

가정(3)이 문제라고 생각되는 지점

위 지수에 대하여 '당사자가 위헌이라고 의심한 사건 가운데 헌법재판소가 위헌이라고 판단한 것과의 일치 정도를 말한다'고 하고 있다. 발제자는 8쪽에서 위 지수를 "특히 법원의 헌법적 판단의 정확성과의 비교를 위한 것"이라고 하고 있으면서 법원이 직권으로 제청한 경우를 당사자가 위헌주장을 한 것에 포함시키는 것은 모순이 아닌가 생각한다.

(7) 합헌판단정확도: 헌바사건의 합헌결정수 / 헌바사건수(본안판단)

* 분모에서 취하, 기타, 각하 된 경우를 모두 제외하고 있다.

위 지수는 분모에서 취하, 각하된 헌바사건 수는 제외하고 있다. 그런데, 발제자는 위 수치를 근거로 {1- 지수(7)의 값}을 "당사자가 적극적으로 헌법소원을 제기하여 법률의 위헌성을 판단하지 않고서는 기본권의 침해를 가져올 가능성이 높음," 합헌판단의 오류가능성의 판단 근거로 사용하고 있다.

그런데, 당사자가 위헌제청신청을 하는 경우에, 법원은 합헌 판단(기각)을 하기도 하지만 전제성이 없다고(각하) 판단하기도 한다. 당사자의 입장에서는 신청이 기각되거나 각하되거나를 구별할 실익이 없다. 헌법재판소에서의 위헌여부 판단을 받을 기회를 법원이 차단하기는 마찬가지이고, 어느 경우에나 헌법소원을 제기할 수 있기 때문이다.

헌바사건의 경우 법원이 신청을 기각한 경우인지 각하한 경우인지 헌법재판소의 통계가 구분하고 있지 아니하나, 법원이 높은 정도의 형식적 요건 정확도를 가지고 있으므로 법원에서 각하된 사건의 대부분은 헌재에서도 재판의 전제성 요건 흠결로 각하되고 있다고 추측할 수 있다(물론 헌재에서는 청구기간의 도과 등으로 각하되기도 한다). 한편, 헌재에서 취하된 경우도 상당 부분은 당사자가 위헌판단을 받을 가능성이 없다고 전망하거나 적법요건의 흠결이 있는 경우로 추측할 수 있다.

그러므로, 법원의 위헌제청신청기각, 또는 각하결정의 헌법적 위험성을 살펴보는 방법으로는 지수(7)과 같은 간접적인 방법 대신 차라리 직접적으로 법원 판단(합헌판단)의 위험도를 산출하는 것이 바람직하다. 별지2. 참조

① 법원판단의 위험도(1): 헌바사건의 위헌결정수 / 헌바사건수(각하 포함, 취하, 미제 제외)

이 경우 전체평균은 0.190으로 이는 1 − {수치 (7)의 0.754} = 0.246보다 낮은 수치이다. 즉, 법원이 위헌제청신청을 기각, 또는 각하하여 받아들이지 아니하였을 때 그로 인하여 당사자가 위헌법률에 근거한 재판을 받아 기본권이 침해될 확률이 19%라는 것이다. 이를 기간별로 환산한다면 더욱 낮은 수치가 될 것이다.

② 법원판단의 위험도(2): 헌바사건의 위헌결정수 / 헌바사건수(각하, 기타, 취하 포함, 미제 제외)

이 경우 전체평균은 0.185이다.

(8) 법원의 법률위헌성판별정확도(헌법판단정확도):

발제문 9쪽은 "법원이 헌법판단을 한 전체사건(헌가사건수 + 헌바사건수) 가운데 정확한 위헌판단을 한 사건과 정확하게 합헌판단을 한 사건을 합한 사건수가 차지하는 비율을 말한다"고 하고 있으나, 위헌제청신청에 있어서 위헌의 확신을 가질 때만 제청하는 것이 아닌 이상 "이 지수는 단지 헌법재판소의 위헌기준과 법원의 위헌법률심판제청기준의 격차를 판단할 뿐 법원의 헌법판단의 정확성을 판단하는 기준은 되지 못한다."

(9) 법원의 헌법판단위험도(오류도)

헌바사건 중 위헌결정수 / 본안판단을 받은 (전체 헌가사건수 + 전체 헌바사건수)

* 분모에 미제, 취하, 각하, 기타를 제외

헌가사건은 법원이 위헌판단을 명확히 한 것도 아닌데 분모에 포함시킬 필요가 있는가 하는 의문이 있다..

5. 법원과 당사자의 헌법판단의 문제에 관하여

(1) 헌법적 판단의 정확성(17쪽)

둘째 단락의 "법원이 위헌의 의심조차 하지 아니한 위헌심사형 헌법소원인 경우에 위헌결정된 사건이 0.337이었기 때문이다"는 오류로 보임. 이는 지수 (6)의 경우 분모에 헌가사건도 포함되어 있기 때문이다. 의도한 바는 1 − 지수(7)로 보이고 그 경우 수치는 31.4%가 될 것이다.

둘째 단락 6째줄의 합헌판단정확도 0.664는 0.754(정확히는 0.753임)의 오기로 보임.

셋째 단락 2째줄의 0.336은 0.246{1 - 지수(7)}, 또는 0.220{지수 (6)}의 오기로 보임(18쪽 첫단락의 0.336도 마찬가지임).

한편, 토론자의 입장은 {1 - 지수(7)}을 기준으로 함이 부적당하다고 보고 있고, 직접 합헌판단의 위험도를 기준으로 하여야 한다고 보는바, 그 경우 위험도 수치는 훨씬 낮아진다.

(2) 당사자의 경우(18쪽)

"특히 법원이 위헌(합헌의 오기로 보임)이라고 함에도 불구하고 당사자가 위헌성을 주장한 사건의 0.336(?)이 위헌으로 결정된다는 것은 당사자가 법원보다는 더 적극적으로 소원을 제기한다고 하여도 상당히 높은 위헌정확도라고 할 수 있다. 따라서 당사자가 헌법소원을 남용하는 데 대한 지정재판부의 사전심사는 청구기간의 준수 등 형식적인 것에 머물면 족하다"고 하고 있으나,

{1 - 지수(7)} 또는 지수(6)의 수치로 이와 같은 결론이 도출되는 논거를 듣고 싶다.

5. 종합의견

(1) 헌법재판소법 제68조 제2항의 헌법소원은 매우 유용한 제도임은 물론이나, "법원의 합헌판단이 헌법재판소에서 번복되는 경우가 적지 않으므로 이는 법원의 헌법적 판단의 오류가능성을 의미한다"는 점으로부터 "법원의 재판과정에서 기본권침해가 있을 수 있고, 법원의 재판에 의한 기본권구제제도로서 재판에 대한 헌법소원이 인정되어야 한다"는 결론이 도출되는 논거가 무엇인지 발제자의 견해를 듣고 싶다.

토론자의 의견으로, 이 사건 통계분석의 의미는 법원이 재판에 적용할 법률의 위헌성 판단에 있어서 오류가 있을 수 있고, 특히 법원이 위헌의 의심조차 갖지 아니하여 위헌제청신청을 기각 또는 각하한 경우로서 헌법소원에서 위헌판정이 난 경우 자칫하여 위헌인 법률이 당해사건에 적용됨으로써 재판 당사자의 기본권 침해의 위험이 있었다는 점에서 의미 있다. 현재에도 위헌판단을 받은 법률을 적용한 재판에 대한 헌법소원은 인정되고 있다.

그러나, 전면적인 재판소원의 문제는 위와 같이 헌법재판소가 최종적인 해석권한을 갖고 있는 헌법문제가 아닌 영역에서까지 헌법이 법원에 부여하고 있는

재판권의 침범 문제를 야기할 수 있다.

법원의 헌법판단에 오류 가능성이 있음을 근거로 하지 않더라도 구체적인 사건의 재판에 있어서 오류가능성은 언제나 일반적으로 존재한다. 그러나, 헌법판단의 오류가능성을 이유로 헌법문제를 제외한 재판의 일반적인 오류문제마저 헌법소원으로 해결하여야 한다고 주장하는 것은 위험하다.

첫째, 이 사건 논의도 헌법재판소의 판단 자체의 오류 가능성을 배제하고 있지 아니하다. 그럼에도 불구하고 헌법재판소의 판단을 기준으로 0에서 1까지의 합치도를 산정하고 있음은 헌법이 헌법재판소에 헌법판단의 권한을 부여하였고 그것을 존중하기 때문이다. 헌법재판소가 구체적 사건에서 법원에 비하여 오판할 가능성이 적다는 근거는 무엇인가?

둘째, 법원의 헌법판단에 있어서 오류가능성을 근거로 재판의 오류가능성을 추단한다면 법원의 헌법판단의 정확도가 몇 % 수준에 도달할 것을 요구할 수 있는가. 이 글에서 법원의 오류 가능성에서 토론자가 보기에 가장 의미 있는 것으로 보이는 것이 {1 - 지수(7)}의 값인데, 3기 재판부 기간 동안 법원의 오류가능성은 11%에 불과하고, 지수(9)의 경우 0.083에 불과하다.

한편, 위 수치가 극단적으로 0에 가깝게 된다면 헌법재판소법 제68조 제2항의 헌법소원 제도를 별도로 두는 것이 실질적으로 의미가 없게 될 것이다.

(2) 18쪽 셋째, 부분에 관하여

둘째 줄의 0.336은 0.220 또는 0.246의 오기로, 마지막 줄의 "헌법소원을 청구하는"은 "헌법소원을 청구하지 못하는"의 오기로 보임.

지수(6)에서 변호사강제주의의 폐지가 도출되는 논거는 무엇인가?

(3) 19쪽 넷째 부분의 0.170은 0.590의 오기로 보임.

{1 - 지수 (2)}의 수치에서 추상적규범통제제도의 도입이 도출되는 논거는?

[별지 1]

구	분	접수	합계(처리)	결정계(취하제외)	위헌	헌법불합치	한정위헌	한정합헌	인용	합헌	기각	각하	기타	취하
1기	위헌법률	276	242	151	21	1	5	5	0	104	0	15	0	91
구간평균	§68②	219	103	95	11	0	3	2	0	49	0	30	0	8
2기	위헌법률	101	115	110	34	20	3	2	0	49	0	2	0	5
구간평균	§68②	527	501	488	106	22	15	17	0	258	0	69	1	13
3기	위헌법률	143	119	114	42	14	7	0	0	47	0	4	0	5
구간평균	§68②	593	596	582	17	22	5	2	0	373	0	163	0	14
전체평균	위헌법률	520	476	375	97	35	15	7	0	200	0	21	0	101
	§68②	1339	1200	1165	134	44	23	21	0	680	0	262	1	35

	위헌심판제청률	법률위헌결정관여도	형식적요건정확도(법원)	형식적요건정확도(당사자)	위헌판단정확도(법원)	위헌판단정확도(당사자)	합헌판단정확도	법률위헌성판별정확도	헌법판단위험도
1 기	0.558	0.667	0.901	0.684	0.235	0.139	0.754	0.403	0.080
2 기	0.161	0.269	0.982	0.857	0.546	0.356	0.617	0.603	0.305
3 기	0.194	0.578	0.965	0.720	0.573	0.152	0.890	0.824	0.087
전체	0.280	0.410	0.944	0.774	0.435	0.224	0.754	0.664	0.177

[별지 2] 법원 합헌판단의 위험도

합 계		위헌	각하제외	각하포함	전체사건수	1-지수(7)	위험도1	위험도2
1988	위헌법률							
	§68②							
1989	위헌법률							
	§68②	3	4	6	6	0.750	0.500	0.500
1990	위헌법률							
	§68②	0	2	4	5	0.000	0.000	0.000
1991	위헌법률							
	§68②	2	15	17	17	0.134	0.117	0.117
1992	위헌법률							
	§68②	7	28	34	39	0.250	0.205	0.179
1993	위헌법률							
	§68②	4	16	34	36	0.250	0.117	0.111
구간평균		16	65	95	103	0.247	0.168	0.155
1994	위헌법률							
	§68②	4	16	22	27	0.313	0.181	0.148
1995	위헌법률							
	§68②	20	75	84	85	0.267	0.238	0.235
1996	위헌법률							
	§68②	3	43	55	56	0.070	0.054	0.053
1997	위헌법률							
	§68②	30	70	76	77	0.429	0.394	0.389
1998	위헌법률							
	§68②	22	82	99	103	0.269	0.222	0.213
1999	위헌법률							
	§68②	81	133	151	153	0.610	0.536	0.529
구간평균		160	419	487	501	0.385	0.328	0.319
2000	위헌법률							
	§68②	5	64	93	95	0.079	0.053	0.052
2001	위헌법률							
	§68②	14	101	130	135	0.139	0.107	0.103
2002	위헌법률							
	§68②	7	72	103	105	0.098	0.067	0.066
2003	위헌법률							
	§68②	13	61	90	92	0.214	0.144	0.141
2004	위헌법률							
	§68②	5	78	106	108	0.065	0.047	0.046
2005	위헌법률							
	§68②	2	43	60	61	0.047	0.033	0.032
구간평균		46	419	582	596	0.110	0.079	0.077
전체평균		222	903	1164	1200	0.247	0.190	0.185

第60회 발표회 지정토론문

헌법재판소 심판사건 통계분석

남 복 현*

종래 우리는 거의 대부분 헌법재판소에서의 결정과정 내지 결과에 대해 개별적인 결정례를 중심으로 논의하곤 하였다.

우리는 법정책적인 시각에서 어떤 법제도를 설계하든지 간에 현상에 대한 정확한 진단을 바탕으로 하지 않으면 안된다. 현상을 정확하게 파악해야만 거기서 문제점이 제대로 적출될 수 있고, 그 문제점을 해소할 필요성과 방향성을 제시할 수 있기 때문이다. 바로 이것은 경험적인 법연구를 기초로 해야만 원만하게 이루어질 수 있고, 제도개선의 합리성을 확보할 수 있음을 의미하게 된다. 단순한 부분적인 사실이나 피상적인 주관적인 의견에 입각해서 제도를 개편하려 해서는 안된다. 이제까지 쌓여진 사실을 집적하고 정리하며, 이를 분석하고 평가해야만 보다 더 객관적이고 공정한 결과를 도출할 수 있게 된다.

이런 시각에서 볼 때, 실증적인 분석과 평가를 시도한 이 논문을 아주 높이 평가하지 않을 수 없다. 이런 작업은 나중에 아주 유용한 법정책적인 판단 자료가 될 것이고, 또 중요한 준거로 활용될 것이다.

발제자는 분석의 주요대상으로 법원의 헌법적 판단의 실제에 관한 요소와 당사자와 헌법재판소의 헌법판단의 이격성에 관한 요소로 구분하고, 전자를 헌법적 논의의 적극성, 헌법적 판단의 정확성, 법원의 법률위헌성 여과기능성으로 나누어 검토하고 있다.

그와 아울러 분석지수를 10가지로 정리해서 제시하고, 각각의 지수들에 관해 세부적인 분석 및 평가작업을 진행하고 있다.

그러면 토론자로서 몇 가지 사항에 대해 의견을 제시하고자 한다.

* 호원대 법경찰학부 교수.

1. 분석의 가설적 전제사항과 관련해서

먼저, 기준점 설정에 관한 것이다. 이 논문은 헌재가 지닌 기능적 위상, 즉 헌법의 최종적인 유권해석 기관으로서의 지위를 전제로 하고 있는데, 앞서 제시한 결정주문이 지닌 중심축으로서의 기능적 한계에 대해 제기되는 본질적인, 근본적인 문제도 생각해봐야 한다는 점이다.

대체로 1988년 헌재가 설치되어 활동한 이래 정치, 경제, 사회, 문화 등 제반 영역에서 첨예한 이해관계를 지닌 갈등이 궁극으로는 헌법소송의 형태로 헌재에 도달하였고, 헌재에서의 균형적인 감각을 갖춘 공정한 판단으로 인해 갈등의 주체들이 헌재의 유권적 판단을 존중하는 자세를 취함으로써 헌법재판소의 기능적 위상은 대단히 제고되었음을 볼 수 있었다.

그런데 문제는 최근 들어 헌법재판소의 설치이래, 아니 헌법재판소가 헌법분쟁을 최종적으로 유권적 판단을 함으로써 그 기관성이 유지되기까지, 헌재 역사상 최악의 결정으로 인해 그런 지위를 일실하게 되는 문제가 초래될 수도 있게 되었다는 점에 유의해야 한다. 다시 말하면, 중심축이 흔들리면 법원의 역할에 대한 평가나 분석도 그 유의미성에 있어 하향 평가될 수도 있다고 보여진다.

또한 단순한 사실 수준의 분석이지, 객관적 진리로서의 평가라는 가치성 확보는 어떻게 할 것인가도 의문이다.

둘째, 헌법판단의 정확성에 있어 '정확성'의 개념을 대체하는 '부합성' 내지 '일치성'의 개념이 적절하다고 본다.

2. 산출지수에 관해

첫째, 분석지수와 관련해서 법원의 법률위헌성 판별정확도, 내지 법원의 헌법판단 위험도를 제시하고 있는바, 정확도나 위험도를 1로 본다면, '비'정확도 내지 '비'위험도를 0으로 표시할 수 있는데, 어떠한 영역에서 어떠한 요인으로 '비'정확도나 위험도가 높게 나타나는지도 아울러 도출해준다면, 독자들에게 훨씬 서비스를 유용하게 해주는 것이 아닌가 한다.

둘째, 논문의 분석기법과 관련해서 10면에서는 산출지수를 연도별로 제시하고 있는 바, 그 분포도는 0에서 1까지의 사이에서 나타나겠지만, 분포도의 흐름에서 일관성이나 통일성을 찾기는 쉽지 않다는 점이다. 0.1에서 0.9까지 불과 몇 년 사이에 급격한 흐름의 변전이 나타나곤 하는데, 이에 관해 당시의 상황을 개괄적이나마 분석해서 제시함이 바람직하지 않을까 한다.

또한 흐름의 변전이 발생하는 요소들을 사상해 버릴 수 있는 추가적인 분석기법을 반영함으로써 유의미성과 분석의 신뢰도가 높아질 수 있지 않을까 한다.

셋째, 10면에 제시한 각종 산출지수들과 관련해서 각 지표별 평균치에 지나치게 벗어난 독특한 지수들이 있다면, 그에 대한 요인분석을 구체적으로 제시함이 분석자료의 가치를 높일 것이다. 그런 점을 (1), (2), (9)의 산출지수에서는 제시하고 있다.

넷째, 이해관계가 첨예하게 대립되어 대량의 위헌논란이 발생된 법률조항의 경우 헌가사건이나 헌바사건 모두 그 양이 대단히 많을 것이다. 그로 인해 야기되는 통계수치상 분석지수에 있어 어떠한 일관성을 획득하기 어렵다는 한계가 노정될 우려가 있음도 유의해야 하지 않을까 한다.

3. 비교분석기법의 폭넓은 활용에 관해

발제자는 (7)(8)(9)의 산출지수에서는 비교분석하는 기법을 활용하고 있지만, 추가적으로 몇 가지 사항에서도 가능하다고 본다. 그런 점에 주목할 필요가 있지 않을까 한다. 구체적으로는,

첫째, (1)과 (2)의 지수를 활용해서 제청율과 인용율의 상관관계도 이 자료를 통한 분석이 가능하다고 본다.

둘째, (3)과 (4)는 각각 헌가절차와 헌바절차와 관련된 것으로 형식적 요건인 재판의 전제성을 갖추었는지에 대한 판단에 관한 것이다. 관련해서 몇 가지 사항을 언급하면,

그 하나는, 양 지수들에 대한 일반적인 검토가 필요할 것으로 본다.

그 둘은 형식적 요건에 대한 판단의 정확도는 법원이 (헌가절차에서) 높은 것이 정상이지, 소송당사자가 (헌바절차에서) 높은 것은 비정상적인 것이 아닌가 한다. 왜냐하면, 법원은 중립적인 판단기관이지만, 소송당사자는 자신의 이해관계가 직결되었기 때문에 다양한 형태로의 위헌논증을 제시할 것이기 때문이다.

그 셋은 (3)과 (4)간의 지수상 편차에 대해서도 의미를 부여하는 작업도 필요하지 않을까 한다.

셋째, (5) 법원의 위헌판단 정확도와 (6) 당사자의 정확도를 비교 분석하기 위한 것으로 보여지는데, 여기서 몇 가지 사항을 언급하면,

그 하나는 (5)와 (6)을 비교 분석하려는 시도가 기본적으로 전제됨이 좋을

것으로 본다.

그 둘은 (5)가 기본적으로 (6)보다 높아야 정상이라 할 수 있을 것이다. 왜냐하면, 헌가절차에 의한 위헌판단 정확도가 높아야지, 헌바절차에 의한 위헌판단의 정확도가 높다고 한다면, 헌가절차의 무용성이 제기될 우려가 있을 것으로 본다. 그렇다면, 이에 대한 적절한 설명도 필요하지 않았을까 한다.

그 셋은 (5)와 (6)간의 편차에 대해서도 주목하고 이를 분석하려고 시도해 보면 어떨까 한다.

넷째, (7)(8)(9) 상호간의 관계에 있어 법원이 합헌판단의 정확도나 위헌판단의 정확도가 1989년이나 1999년과 같이 헌법판단의 위험도와 근소하게 차이가 나거나 정반대로 위험도가 오히려 높게 나타난다면, 그런 경우 법원으로 하여금 법률에 대한 통제절차에 관여하게 할 실익이 없을 것으로 본다.

또한 (7)과 (8)을 비교할 때, 합헌판단의 정확도가 위헌판단의 정확도보다 대체로 높음이 나타난다. 아닌 경우로는 1989, 1992, 1997, 1999를 들 수 있겠다. 이런 부분에 대한 세부적인 설명도 필요치 않았을까 한다.

4. 분석결과의 평가에 관해

첫째, 17면에서는 법원의 헌법적 판단의 정확성문제를 분석하고 있는데, 정확성에 근접한다는 긍정적인 평가를 하면서도, 0.177과 0.336이라는 비율에서 몇 가지 유의미한 내용을 도출할 수 있다고 본다.

그 하나는 차후 헌법개정시 헌법재판소를 없애고 대법원 특별부를 신설하려는 시도에 대한 답변이 될 수도 있겠다.

그 둘은 순수한 사법작용을 수행하는 기관과 헌법재판작용을 수행하는 기관이 지닌 그 본질적인 성격상 나타난 편차로 이해할 수도 있지 않을까 한다.

둘째, 18면에서는 법원의 위헌법률에 대한 사전여과기능의 수행정도와 관련해서 0.336이 헌바절차에서 위헌결정되었는 바, 이에 대해서도 유의미한 내용을 도출할 수 있지 않을까 한다.

그 하나는 헌바절차가 지닌 가치성이다. 만약 이 절차가 만들어지지 않았다면, 합헌적 질서는 위헌법률에 의해 일정 부문 잠식당하는 결과가 초래되었을 것이다.

그 둘은 재판소원이 인정된다고 하더라도, 이 절차가 지닌 고유한 가치에 대해서도 그 의미를 부여해야 하지 않을까 한다.

셋째, 결론부분과 관련하여 헌바절차의 유용성, 재판소원의 허용필요성 및 변호사강제주의에 대한 헌바절차에서의 배제 등에 대해서는 앞에서 논의한 사항과 맥락을 연결지을 수 있고, 그런 점에서 전적으로 공감한다. 하지만, 추상적 규범통제의 도입문제는 그 자체로는 공감하지만, 법령소원 자체에 대해서는 이 발표에서 논의의 대상으로 삼지 않았음에도 그런 귀결을 맺는 점이 좀 어색하다는 생각이 든다.

5. 지엽적인 사항에 관해

첫째, 용어를 간략하게 활용하는 방안이다. 헌가절차와 헌바절차란 표현을 쓰면 훨씬 쉽게 정리될 수가 있었을 것이고, 이 글에서는 청구인용이란 용어를 정립해서 사용하였더라면, 위헌결정이 지닌 용어와의 중복성을 회피하는 효과를 지닐 수 있지 않았을까 한다.

둘째, 6면에서는 '위헌심판제청률 = 법원의 위헌심판제청사건수 / (위헌심판제청사건수 + 헌법재판소법 제68조 제 2 항 헌법소원청구사건수)'로 제시하였다. 그런데, 소송당사자가 위헌심판의 제청신청을 하였지만 제청기각이나 각하를 당하고도 헌재법 제68조 제 2 항에 따른 헌법소원심판을 청구하지 아니한 사건의 "수치가 분모에 반영되지 아니하였다." 그렇다면, 이런 점도 각주 처리함이 좋지 않았을까 한다.

셋째, 위헌의 합리적 의심이란 수준의 유동성이다. 물론 이와 같은 실증적인 연구에서는 대단히 중요하다고 본다. 의심의 수준을 완화시킬 경우 한 단계 법원의 제청단계에서 걸러진다는 의미와 효과가 반감될 것이고, 헌재에서의 업무 과중을 초래할 것임은 분명하다. 그러나 실제에 있어서는 소송당사자가 헌바절차의 형태로 헌재에의 접근성이 보장되기 때문에, 그 논의의 실익이 있는지는 의문이다.

넷째, 이 논문에서 분석대상은 헌가절차와 헌바절차로 제기된 사건이고, 논의대상은 헌법재판소, 법원(제청법원 내지 제청신청을 기각한 법원), 그리고 당해사건의 소송당사자(제청신청이 인용된 당사자 또는 신청이 기각 또는 각하되어 헌법소원심판을 청구한 당사자)이다. 그런데, 그들이 공통으로 다룬 대상은 법률이다. 그러면 그 법률 자체가 지닌 고유한 속성이나 구성요소에 대해서도 나름대로 관심을 기울이고 분석할만한 가치가 있는 것이 아닐까 한다.

6. 토론의 마무리에

앞으로도 헌법재판소의 구체적인 활동실태는 꾸준히 그리고 다양한 시각에서 분석되어야 할 것으로 본다. 그럼으로써 여러 가지 측면에서 객관적인 평가가 가능할 것이다. 이러한 경험적인 법연구를 바탕으로 각종 제도를 설계하거나 개선책이 모색되어야 함이 바람직할 것이다.

第60회 발표회 토론요지

사 회 자 : 이명웅(헌법연구관)

토론참여자 : 송기춘(교수) 남복현(교수)
서상홍(부회장, 헌법재판소 사무처장) 강을환(헌법연구관)
이상원(헌법연구관) 김하열(헌법연구관) 이인복(판사)
노동일(기자)

간 사 : 간사를 맡고 있는 전종익연구관입니다.

저희가 원래 예정을 6시45분쯤 조금 일찍 시작해서 늦어도 9시까지는 끝낼 계획을 세웠습니다. 그런데 시작을 7시에 하게 되었는데 그래도 끝나는 시간은 9시로 맞추는 방향으로 사회자분하고 얘기를 했습니다.

그 점 생각해 주시고요, 오늘 사회는 우리 헌법재판소의 이명웅연구관님께서 해 주시겠습니다.

사 회 자 : 안녕하십니까? 사회를 맡은 이명웅연구관입니다.

본격적으로 단풍이 지기 시작하고 아주 좋은 날씨에 이렇게 실무연구회를 하게 된 것 같습니다.

오늘 발표해주실 송기춘교수께서는 전북대에 재직중이시고 서울대학교 법과대학을 졸업하시고 서울대학교 대학원에서 석사·박사를 하셨습니다.

박사논문은 국가의 기본권보장의무에 대해서 박사학위논문을 쓰셨고요.

그리고 오늘 지정토론을 맡아주실 남복현교수님은 호원대에 재직중이시고, 그리고 강을환 헌법연구관께서 지정토론 해 주시겠습니다.

발표시간은 약 30분, 그 다음에 토론시간은 한 10분정도씩 해서 나머지 1시간가량 자유롭게 질의 응답하는 시간을 갖도록 하겠습니다.

그러면 송기춘교수님 발표를 부탁드립니다.

〈 주제발표자 발표 〉

사 회 자 : 수고하셨습니다.

남복현교수님 지정토론 해 주시겠습니다.

< 지정토론자 발표 >

사 회 자 : 수고하셨습니다.

마지막으로 강을환연구관님 부탁드립니다.

< 지정토론자 발표 >

사 회 자 : 예, 고맙습니다. 지금까지 발제와 토론들을 들어봤습니다.

통계수치, 숫자도 많이 나오고 여러 가지로 이해하기 어려운 것 같습니다.

그리고 오늘 여기 참석하신 분에게 말씀드리면 강을환연구관님의 지정토론문은 발제문이 수정되기 전에 작성이 되었었기 때문에 그래서 지금 발표하시면서 약간의 수정이 있었던 것 같습니다.

그러면 이런 문제들에 대해서 발제자의 얘기를 들어 보기 전에 토론한 내용과 관련해서 특별히 지금 이 단계에서 말씀하시고 싶은 분이 있으시면 말씀하실 기회를 드리고자 합니다.

말씀하실 분이 없으시면 송기춘교수님 답변해 주시지요.

발 표 자: 어느 연구분야나 그렇겠습니다마는 자기가 연구해서 발표했는데 아무 말도 안하면 굉장히 속상합니다.

2001년도의 글을 이제, 글이 잘못되었으면 뭐라고 욕이라도 해 주면 좋겠는데 아무 얘기도 안합니다. 그래서 일부러 자가발전을 하기 위해서 그렇게 했다고 생각을 좋게 해주어서 좋은 데, 적절한 토론들을 해 주셔서, 남복현교수님의 토론은 별로 안반가운데 강판사님의 토론은 굉장히 반갑습니다.

왜냐하면 저는 헌법재판소에게는 이 안에서 일어나는 일들을 듣고 싶고 법원에게는 직접 재판을 하시면서 어떠한 헌법적인 문제에 봉착을 하는지 어떠한 헌법적인 판단에 스스로 문제를 느끼시는지 아니면 그 지적에 대해서 어떤 생각을 하는지 이런 것을 듣고 싶거든요. 그래서 굉장히 귀한 기회라고 생각을 합니다.

아까 말씀하신 여러 가지 것들에 대해서 제 의견을 말씀드리면 헌법재판에서 법원의 헌법판단의 위험성이 드러났다. 그거는 좋은데, 그래서 헌바사건으로 그것을 해결하도록 하고 있는데 왜 그것 가지고 재판소원까지 들먹이느냐?

좀 억울할 것도 같습니다. 그리고 그 해결방법이 반드시 재판소여야 되느냐? 오히려 재심사유를 넓혀야 된다는 그런 주장도 많이 있고 그러니까 오히려 재판소원의 문제를 재심사유의 확장의 문제로 해결하는 것이 바람직하지 않겠는가.

역시 법원에서 근무하시는 분의 발상이라고 생각할 수 있겠습니다.

그런데 저는 그렇게는 생각하지 않습니다. 물론 재판소원을 인정안하는 것이 위헌이라고까지는 저는 생각하지는 않습니다.

그렇지만 인정하는게 기본권보장에 굉장히 적극적인 입장을 취하는 것이라고 생각하기 때문에 그 부분에서 저는 얘기를 하는데, 물론 헌법판단의 문제가 있는데 재판소원까지 해서 재판전체의 오류를 얘기하는 것은 논리의 비약이라고 할 수도 있습니다.

그런 측면도 있어요. 그런데 실제 재판을 하면서 꼭 어떤 법률의 위헌성여부가 문제될 때만 헌법판단하는 것은 아니거든요. 저는 사실은 우리가 일반조항이라고 하는 규정들이 있는데 민법 103조랄지 104조랄지 750조… 그런데 이런 조항의 해석을 하면서 분명히 어떤 헌법적인 판단을 하고 있다고 생각을 합니다. 그 부분은 헌법적 판단을 안하고는 해결되지 않는 부분이기 때문이지요. 물론 그 부분 해석에 대해서 헌법판단이 아니라 우리는 민법의 해석을 하고 있다. 이렇게 말하시겠지만 사실 헌법하는 사람 입장에서 보면 분명히 그거는 헌법적인 판단입니다. 민법103조의 문제는 근본적인 우리사회질서 문제이고 헌법에 규정되어 있는 가족질서니 민주적 기본질서니 다 이런 질서와 관련된 해석의 문제거든요. 그래서 약간의 어떤 비약이 있을 수는 있겠습니다마는 적어도 이런 사건에서 나타나는 헌법판단의 오류가능성은, 적어도 재판을 하면서도 헌법적인 판단의 오류가능성을 시사한다는 이것을 나름대로는 좀 얘기를 할 수 있지 않을까?

물론 그 부분에 대해서 엄밀하게 규명하는 것은 지금 어려울지 모르겠습니다마는 적어도 제가 하는 얘기가 그렇게 비약이라고만은 생각되지 않습니다. 그래서 적어도 저는 여기에서 법원재판에서 있을 수 있는 어떤 전반적인 헌법적인 판단의 위험성 이것을 이야기했고 그것을 기초로 해서 그것을 푸는 것은 적어도 재판소원이다 이렇게 얘기를 했는데, 물론 재심사유가지고 할 수 있어요.

그런데 법원이 헌법적 판단의 문제를 인정을 하고 있는데 법원 스스로 그것을 제대로 시정할 수 있다고 기대를 할 수 있겠습니까? 물론 법원에 대한 어떤 신뢰를 갖고 있는 사람이면 재심을 가지고 해결하자는 주장도 가능할 겁니다. 그렇지만 적어도 법원에 대한 17.7%의 의심을 갖고 있는 사람에게는 재심을 통해서도 역시 그 부분의 위험은 17.7% 만큼 나타날 수 있다는 이러한 생각을 하고, 결국 재심보다는 기존의 어떤 최종적인 헌법판단의 권한을 가진 그런 기관에서 하는 것으로 주장이 되는 것이 저는 옳다고 생각합니다. 그러니까 제가 가진 전제에 비추어서 그러한 결론이 나오는 것이고 적어도 헌법판단에 문제가 없다고 생각하신다면 재심문제가지고 해결하는 것도 하나의 방안으로 제시될 수 있겠다는 생각을 합니다.

그리고 법원판단의 위험성문제 얘기를 하시는 지수도 나름대로 고려해 볼만 한 가치는 있다고 생각합니다.

그런데 제가 제시한 그런 법원의 헌법판단의 위험도 이 문제하고 법원판단의 위험도라고 하는 이 문제하고 그다지 그렇게 의미 있는 수치의 차이를 가져오지는 않는다고 생각합니다. 0.2 아니면 0.0몇 이 정도의 그런 차이, 그러니까 1.몇에서 1.몇으로 바뀌는, 그러니까 0.2 이배수에서 2, 4, 6에서 0.19, 18 이 정도 나오는 이 부분은 그다지 의미 있는 차이를 주는 것은 아니기 때문에 조금 그거를 낮추기 위해서 굳이 그렇게 할 필요는 있겠는가, 뭐 그 부분 반영할 부분이 있겠어요. 있겠습니다. 그렇지만 그다지 의미 있는 차이는 거기서 나타나지 않는다고 생각하고 나름대로 법원의 직접 재판하시는 분의 관점에서 충분히 설득력 있는 그런 근거는 제시된다고 생각을 합니다.

그 다음에 헌법재판소에 중심을 두고 있는데 중심축이 흔들릴 수 있다는 부분입니다. 사실은 작년에 있었던 두 개의 중요한 결정, 탄핵심판결정하고 신행정수도건설을위한특별조치법 위헌결정하고 여기에 대해서 저는 굉장히 지금도 불만을 많이 갖고 있습니다. 그래서 제가 관여하는 단체에서는 성명을 발표하기를, 아마 제 이름도 그 밑에 들어갔는지 모르겠는데, 저는 반대했는데, 헌법재판소를 해체하라고 이렇게, “아니 그렇게 까지 할 필요있겠느냐”고 그랬는데 “아 밀고 나가” 그래서 아마 성명에는 헌법재판소 해체라고 그랬는데, 사실은 헌법재판소가 지나치게 정치적 결정과정에 어떤 민주주의의 위험까지를 초래하면서 지나치게 관여하고 있는 이런 것 때문에 분명히 남교수님 지적하신 중심축의 문제는 얘기가 될 수 있겠습니다.

그렇지만 그런 예외적인 것들을, 그런 문제들을 어떻게 보면 본질적일 수도 있겠습니다마는, 조금 차치하고 전반적인 평가를 한다면 그래도 긍정적으로 평가될 수 있는게 그동안 헌법재판소의 활동 아니었나 하는 생각을 합니다. 그래서 일단 제가 가진 전제를 그래도 좀 인정을 해 달라고 기어이 부탁을 드리고 싶고요.

이게 6년정도의 이런 재판관의 임기에 따른 분류가 아니라 매년 단위로 하다 보니까 통계가 들쑥날쑥한데 이 부분은 나름대로 정치하게 다듬으면 통계가 왔다 갔다 하는 이런 부분들을 해명할 필요는 있다고 생각이 됩니다. 그런 부분들은 두분 토론자께서 해 주신 그런 부분들을 잘 반영을 하도록 하겠습니다.

그리고 나머지는 저에 대한 적절한 토론이라고 생각을 하고 잘 새겨듣도록 하겠습니다.

사 회 자 : 고맙습니다.

그러면 지금부터 이 주제와 지정토론에 대해서 의문이 있거나 질문이 있거나 혹은 코멘트를 하실 분 들은 자유롭게, 발제자가 질책이라도 좋으니 얘기를 듣고 싶다 라는 각오를 가지고 나오셨기 때문에 어떤 문제라도 좋으니까 준비해 주시기 바랍니다.

그러면 이상원연구관님 먼저 말씀해 주시지요.

이 상 원 : 사실 제가 국가와 민족을 위해서 열심히 일하다보니까 이 논문을 잘 못읽고 나왔습니다. 웬만하면 우리 송교수님 논문 읽고 나오려고 결심을 굳게 했는데 결국 못읽고 나와서 지금 여기서 볼려니까 잘 이해가 안 되서 몇 가지 질문을 드리겠습니다.

우선 질문 드리기에 앞서서 저와 항상 식사를 같이 하는 강판사님을 위해서 반론을 제기한다면 아까 강판사님이 재심을 얘기한 것은 결국 재심을 하면 법원도 또 틀리지 않겠느냐하는 발표자의 재반박에 대해서 강판사님의 취지는 제가 이해하기로는 헌법재판소에서 위헌결정이 나면 그 위헌결정을 전제로 위헌결정이 난사건, 위헌결정난 법률을 적용한 그 사건은 확정된 경우라도 재심을 하자. 이렇게 하는 취지이기 때문에 그 뒤에 법원이 헌법재판소가 위헌결정한 것을 “아, 우리는 재심해서 안하겠다” 이렇게 하지는 않을 것이니까 결국 재심으로 해결할 수 있다는 것은 하나의 중요한 방법인 것 같습니다. 다만 개인적으로는 재심의 또 하나의 문제가 뭐냐하면 정의를 실현하는 것도 중요하지만 법적 안정성도 또 하나의 정의이기 때문에 이미 판결이 확정된 사건을 다시 끄집어내어 가지고 부관참시하든지 다시 하는 것이 과연 또 다른 정의를 해하는 면은 없지 않느냐 그런 면에서도 재심여부를 검토를 해봐야 된다 이렇게 생각이 됩니다.

저의 질문은 우선 7페이지에 나와 있는 공식 있지 않습니까? 붉은 글씨로 쓴 공식이 위헌법률심판제청율이라는게 법원이 위헌여부판단이 문제된 사건중에서 몇 %나 헌법재판소에 위헌심판제청을 하느냐 이게 목표인데, 분모를 보면 분모의 위헌심판제청사건수 또는 헌바사건수는 법원에서 문제된 사건수가 아니고 헌법재판소의 사건수입니다. 그러니까 분모는 헌법재판소사건수이고 분자는 법원에서 신청한 사건이어서 서로 핀트가 달라서 정확한 수치가 안나올 것 같고, 숨은 1인치는 어디에 있냐하면 법원에서 위헌제청신청이 들어 왔는데 기각을 한 경우에 그것이 헌바사건으로 들어오는 경우도 있지만 헌바사건으로 안오고 그냥 죽는 사건도 많이 있습니다. 그 사건까지 포함해서 하면 원래 제목과 맞을 것 같습니다. 즉 분모는 헌법재판소의 통계로 해서 분모를 찾을게 아니라 법원에서 위헌심판을 몇 개나 신청하느냐 거기서 찾으면 될 것 같습니다. 그게 더 정확한 것 같고요.

그리고 발표자께서는 재판소원을 인정하자는 결론을 도출하시면서 쭉 나가면서 은연중 헌법재판과 불일치하는 법원재판은 틀린 것이다 라는 것을 계속 은연중 강조하시고 그리고 그 틀린 것을 교정하기 위해서는 재판소원이 필요하다. 이런 결론으로 자연스럽게 이끌고자 하시는데, 발표자께서 분석했다시피 1기, 2기, 3기에서 약간 차이가 납니다. 특히 2기의 경우에 법원이 소극적이었다. 법원의 판단이 부정확했다. 이렇게 표현하신 것은 조금은 객관적이지 않은 표현이 아닌가 싶습니다. 1기와 2기의 차이는 법원에 차이가 있는게 아니라 헌법재판소에 차이가 있는 것 아니겠습니까? 1기와 2기가 뭐가 차이가 있다면 그 원인이 헌법재판소에 있다고 보는 것이 보다 자연스럽지 그 원인이 2기 때는 법원이 보다 부정확했다, 2기 때는 법원이 보다 소극적이었다, 이렇게 말하는 것은 조금 비논리적이지 않은가 이런 생각이 듭니다. 그래서 재판소원 결론을 내리더라도보다 객관적으로 하려면 아까 남교수님 말씀하신 것처럼 용어자체를 '부정확도' 또는 '위험도' 이런 것 말고 '불일치도' 이런 식으로 객관화시킨 다음 거기에 이제 법원의 판단이 부당하다고 하는 것은 그것 말고 다른 어떤 실질적인 조사 끝에 법원의 판단이 부당하다 이렇게 하는 것이 더 설득력 있지 않을까 이렇게 생각합니다.

이상 마치겠습니다.

사 회 자 : 답변 하시겠습니까?

발 표 자 : 위헌제청율에 대해서는 제가 처음에 이 통계를 다루는 원칙에 대해서 얘기를 했고 이 통계를 다루는 것은 상당히 개략적인 결론이 날 수 있습니다. 오차가 있을 수 있다는 것이지요. 그래서 위헌제청에 관련해서도 법원에서 문제가 되었으면서도 그냥 구체적인 통계에 안잡히고 그냥 지나가는 이런 것들이 분명히 있을 수 있다는 생각을 합니다. 분명히 그게 있지요. 저도 그거는 압니다.

그렇지만 일단 객관화된 자료를 가지고 측정을 해보라는 취지에서 현재의 통계에 드러난 이것만가지고 얘기를 해서 상당한 어떤 차이는 분명히 있을 수 있습니다.

그렇게 되면 제청율이 올라갈지 낮아질지는 사실 모르지요. 그런데 일단은 통계처리의 방식 때문에 조금 속 편하게 하고자 해서 한 것이고, 실제 재판기록을 다 뒤지면 그 부분도 다 드러날 수 있을 겁니다.

이 상 원 : 재판기록 뒤지지 마시고 법원에 가서 물어보시면 통계가 있을 겁니다. 위헌심판제청건 통계가 있을 겁니다.

발 표 자 : 사법연감에서 그거를 찾아보려고 그랬는데 사법연감쪽에는 없고,

자료가 있으면 알려주시면 좋겠습니다.

발 표 자 : 그리고 저도 각오를 했는데 처음 전제가 일단 비교의 기준을 헌재에다 두고자, 사실은 헌재가 제가 그렇게 좋아하는 데는 아니지만 먹고 사는게 헌재니까, 헌법재판소판례가 있어서 먹고 사니까, 그래서 이 기준을 거기다 둔 것이 하여간 법원에 계신 분들한테는 일단은 좀 욕을 먹을 거라는 생각은 합니다.

그런데 제가 뒤에 이 연구의 한계에 대해서는 얘기를 했습니다.

일단 이게 헌재가 전적으로 옳다는 것은 아니니다. 하지만 적어도 일단은 최종적인 해석의 권한을 갖고 있기 때문에 그 부분하고 일치해야 되는 것이 일단은 국민의 법적 생활의 안정이나 이런 관점에서 옳다고 생각한다면 이 비교의 기준을 헌재에다 두고 한 것이 반드시 잘못된 것은 아니지 않은가 이런 얘기를 했고요.

물론 용어에 대해서도 저도 각주에 얘기를 했습니다마는 '정확도' 이거 사실 저도 쓰면서 몇 번이나 바꾸었습니다. 이것을 '헌법판단의 일치정도' 이렇게 하다가 '적합성'이라고 하다가 결국은 애라 모르겠다 한번 써보자고 그냥 '정확성'이라고 썼는데 정 마음에 안드시면 바꿀 용의도 없지 않고요. 일단 기준을 거기다 놓고 그 한계에 대해서 나중에 얘기하라는 방식으로 했으니까 그 부분은 적절하게 양해하실 줄로 생각을 합니다.

사 회 자 : 예, 말씀하시지요.

남 복 현 : 아까 제청율과 관련해서 차이 말씀하시는데 사실 거기 수치가 많이 줄어들었다고 그러지만 굉장히 큰 의미를 가지고 있습니다 그게, 재판의 결론이나 주문을 달리하는 경우 또 주문을 도출한 이유가 달리되는 경우 그 다음에 세 번째가 재판에 중요한 영향을 미친 경우 이렇게 세 가지가 있는데 사실은 그 밑에 있는 두 가지 나중에 말씀드린 그 두 가지를 법원에서는 아직도 재판의 전제성 판단하는데 있어서 받아들이지를 않고 있습니다. 사실은 그런 부분들이 엇박자로 계속 유지가 되는 것이거든요.

그러면 그게 이미 입장이 정리되어 있으면 그거를 존중할 줄 아는 그런 여유도 필요할거라는 생각이 드는데, 또 그래야만 '헌바'절차의 무용성이 강조가 될 수 있을 텐데 사실 그런 어떻게 보면 사소할 수도 있는데 절대 그거 사소하게 생각하지 않고 붙잡고 있거든요. 그러다보니까 끝없이 갈등은 유지되지 않을까 그런 생각도 해 봅니다.

사 회 자 : 또 다른 분 자유롭게 말씀해 주시지요.

서 상 홍 : 저는 우리 강을환연구관께서 법원이 오판할 가능성이 높으냐 안

그러면 헌법재판소가 오판할 가능성이 높으냐 이런 틀렸다 맞다는 이런 차원에서 이 통계를 가지고, 아까 우리 발제자께서도 당연히 그렇게 말씀하셨습니다마는 결국 헌법재판이라는게 맞다 틀렸다라고 그렇게 재단할 수 없는 것이라고 보고, 그러면 결국 문제는 헌법재판을 할 수 있는 권한을 헌법이 누구한테 주었느냐? 권한을 누가 가지고 있느냐? 그러면 거기에 맞추어 다른 모든 기관은 헌법활동을 해야 되고 헌법판단을 해야 되는데 결국은 법원도 독자적으로 법률에 대한 헌법판단을 할 권한이 없으니까 당연히 헌법재판소의 결론에 맞추는 작업을 해왔느냐 안해왔느냐가 가장 의미 있는 통계자료라고 보는데 그런 점에서 보면 저는 우리 송교수님의 발제논문이 굉장히 의미 있다고 봅니다.

그리고 자꾸만 이게 헌법재판소가 잘하고 있느냐 못하고 있느냐, 안그러면 헌법재판소의 판단이 맞느냐 틀리느냐라는 것은 전혀, 금방 주제발표하고는 핀트가 조금 어긋나는 것은 아닌가 그런 생각을 해 봤습니다.

이상입니다.

발 표 자 : 법원도 마찬가지고 헌법재판소도 마찬가지고 분명히 오류가능성을 갖고 있습니다. 그래서 헌법재판의 최고기관의 결정에 대해서 왈가왈부한다고 이러는 사람은 사실은 완전히 제대로, 굉장히 오만하다고 할까요 이런 것이라고 생각을 하는데 일단 오류가능성은 분명히 있습니다.

하지만 적어도 제가 여기에서 말하고 싶은 것은 헌재가 옳다는 이게 아니라 두기관 사이에 의사분열에 이 문제에 집중하는 것이지요. 법원이 옳을 수도 있습니다. 경우에 따라서는 법원이 더 나은 헌법의 해석을 보여주고 있는 것들이 있으니까. 그렇지만 적어도 두기관 사이에 의사분열이라는 것은 국민은 기본권보장에 결코 바람직한 상황이 아니라는 겁니다. 그래서 어떠한 방식이든지 하여간 이 부분이 조정되어야 될 필요가 있다는 이런 관점을 얘기를 하는 것입니다.

법원을 절대 비판한다는 그런 관점이 아니라 두기관의 차이를 부각시키는 것임을 이해해 주시기 바랍니다.

사 회 자 : 예, 강연구관님 말씀하시지요.

강 을 환 : 이제는 파견법관으로서가 아니라 헌법재판소연구관으로서 아까 질문드린 것 중에 하나가 지금 청구기간, 지정재판부 사전심사 답변을 안 해주셨고요.

그 다음에 변호사강제주의 폐지 도출의 논거로 삼고 있는 부분이 있는데 그 부분은 헌가나 헌바가 같지 않느냐 또는 기능이 같지 않느냐 이런 차원에서 보면 그렇지만 그 밖에 추가적으로 논거를 말씀해 주시면 좋겠고요.

제 발제문 마지막에 있는 그 부분은 이제 저도 처음에는 남교수님처럼 그렇게 생각했는데 여기에 언급도 안한 것을 했냐 그랬는데 지금 수정된 발제문에는 그 부분이 들어가 있습니다. 그래서 이게 갑자기 나온 것 같지는 않은데, 그래서 제가 써놨던 수치부분은 저는 이것을 전제로 하는 것이고 지금 발제자께서는 헌마사건을 전제로 하신 것이기 때문에 그 부분 주장은 제 주장을 철회하고, 그렇지만 그럼에도 불구하고 지금 인용하신 헌마사건의 수치에서 왜 추상적 규범통제 제도의 도입이 도출되는 것인지

발 표 자 : 결론에다가 뜬금없는 얘기들을 써놓아 가지고 사실은 저도 그것을 괜히 넣었다는 생각은 해요.

일단 분석의 결론으로서 넣는 것은 아마 그 한계를 제시하는 정도일 것이라고 생각합니다. 일단 여기서 조금 비약은 있지만 이것으로서 얘기할 수 있는 몇 가지를 언급하겠다는 그런 의도에서 결론에 넣었는데 그 부분이 조금 비약이 있어 가지고 말을 많이 듣게 생겼는데요.

68조 2항 헌바사건의 경우에 사전심사를 하는데 그냥 형식적 요건의 심사정도에 머물면 족하다 이런 얘기를 했는데요. 이거는 일단 당사자에 의한 헌법소원 역시 청구기간도과나 변호사가 없어 가지고 한 경우나 그밖에 흠결을 보정할 수 없는 이런 경우나 이런 것들을 제외하면 그리고 헌법재판소가 법원의 위헌결정에 대한 재판의 전제성 심사보다 상당히 느슨하게 심사를 한 이런 것들을 고려를 하면 당사자의 형식적 요건의 정확성에 대한 이 문제는 그렇게 낮다고는 볼 수 없다는 것이지요. 0.775인가 나왔지요? 이게 법원의 0.944 이것보다 그다지 낮은 수치라고는 볼 수 없기 때문에 일단 지정재판부에서의 사전심사를 할 때 그냥 간단하게 진짜 흠이 있는 그런 것만 거르고 바로 본안으로 해서 판단하는 것이 괜찮지 않는가 하는 그런 의미에서 쓴 얘기입니다.

그리고 법원이 법률의 위헌결정에 관여한 정도를 보면 헌가와 헌바사건의 경우에 전체기간동안 법원이 41%의 기여를 했지요. 그리고 법원의 헌법판단의 정확도나 위헌판단의 정확도가 높아진다고 하는 3기의 경우에도 52.7%이고. 그래서 일단 헌가, 헌바사건에도 법원이 그다지 법률의 위헌결정에 큰 역할을 하지 못하고 있다.

특히 그냥 당사자가 재판과 관련하지 않고 법령소원을 거치기로 했을 때 그것으로서 위헌결정이 나는 비율도 17%에 이르기 때문에, 물론 그거는 당사자가 직접 기본권을 침해당해가지고 그 법률을 대상으로 해서 소원을 제기한 이런 경우입니다마는 일단 이것은 도처에 법률의 위헌성이라는 것이 깔려있다는 것이고

꼭 법원의 재판에 관련해서만 이런 위헌성문제가 제기되는 것은 아니라는 점, 그래서 기본적 인권이라는 것이 반드시 주관적인 당사자만이 제기해야 될 것이 아니라 오히려 우리사회의 기본적인 하나의 질서로서 모든 사람들이 존중을 하고 그것의 보장을 위해서 노력해야 될 그런 측면을 조금 더 얘기를 한다면, 일단 당사자의 헌법재판에서 나타났던 그런 기여도로 미루어서 생각을 하면 결국 좀 더 적극적으로 법원의 재판만 관련해서가 아니라 그런 것과 관련하지 않은 어떤 추상적 규범통제라는 것이 얘기될 수 있겠다하는 생각에서 제기를 한 겁니다.

물론 추상적 규범통제를 얘기를 한다고 해가지고 어느 나라나 마구잡이로 그거를 인정하는 나라는 없으니까 상당한 정도의 남용가능성을 제한하는 그런 장치를 두면 족하다는 생각이 듭니다.

여기도 지적을 했습니다마는 지방자치법상에 추상적 규범통제제도가 있다고 생각을 합니다 저는. 그 얘기 잘 안합니다마는 분명히 지금 있거든요. 조례를 제정할 때 그게 여러 가지 문제가 있다고 그러면 대법원에 제소해 가지고 그 지방자치단체의 조례에 대한 통제를 하는 그게 규범통제에 속하고 추상적인 것이지요.

그래서 그런 것까지 생각을 한다면 우리 제도에도 이미 들어 와있는 부분이 있고 또 당사자가 이렇게 역할을 하는 부분들도 상당히 비중 있게 다루어진다면 추상적 규범통제의 문제도 여기서 구체적인 설명을 안해가지고 비약적인게 있습니다마는 가능하다하는 생각이 듭니다.

사 회 자 : 예, 말씀하시지요.

이 인 복 : 재미있게 분석해 주셨는데요. 2기재판부 때가 어떻게 보면 정적인 평가 비슷하게 나오는 것 같아서 제가 여기 연구관으로 1기말 2기초에 있었던 사람으로서 변명을 좀 해야 되겠다는 생각도 들고.

그 다음에 법원의 위헌판단, 합헌판단, 헌법판단의 정확도랄까 어떤 제청율 이런 것 관련해 가지고 지금 현재 법원에 있으니까 일종의 변명 내지는 앞으로 전망을 하자면 사실 우리 연구관으로서는 강을환판사님이나 이상원판사님도 사법시험준비하실 적에 헌법 별로 많이 안하셨지요? 그때 아마 헌법재판소가 설립되기 전이거나 하여간 그 무렵이어서 그때는 사실은 법원에 오는 사람, 그때는 기본적으로 법조인자격을 가진 사람들이 헌법적인 감각이 솔직히 거의 없었다고 해도 과언이 아닙니다.

헌법재판소가 만들어지고 판례가 쌓이면서 우리 신미용연구관님이나 이분들 계실 때는 벌써 헌법적인 마인드가 굉장히 들어갔거든요. 그리고 헌법재판소의 연구관으로 파견왔던 사람들이 법원으로 또 많이 갔고 그리고 변호사들도 헌법적인 지식과 그런 마인드가 많아졌기 때문에 그런 사정들로 해서 지금 헌법재판소 설립된 이후에 사법연수원을 수료하고 그래 가지고 판사로 간 사람들이 지금 벌써 법조경력 10년 가까이 됩니다. 10년 정도 되니까 이제부터는 상당히 달라질 겁니다.

이거는 제도 자체의 문제라기보다 그 부분을 분석하시는데 변수 내지는 중요한 요소로 해 주셔야 되지 않겠느냐 싶고요. 그렇게 해도 어차피 차이는 나올 겁니다. 헌법재판소의 판단과 법원의 판단사이에는 제청요건과 관련된 것 또는 위헌여부에 대한, 그러니까 어디론가 수렴이 될 텐데 그거는 제도상 어쩔 수 없는 불가피한 편차가 아니겠느냐 저는 그렇게 봅니다.

다음에 법원과 헌법재판소를 1대 1로 비교 비슷하게 해 놓으신 것을 보면서 사실은 법원의 재판부는 수백개입니다. 헌법재판소는 딱 하나고요. 우리처럼 이렇게 재판부가 단독판사 1명의, 심지어 영장하면서도 위헌제청을 할 수 있고, 여기서부터 대법원까지 포함해서 그 수백개의 재판부가 하는 것하고 헌법재판소 하나에서 하는 거랑 이거를 가지고 단순비교하는 것에서, 방법은 그 방법밖에 없을지 모르지만 그 점은 조금 고려해 주셨으면 좋겠습니다.

이게 나라에 따라서는 이런 불일치 때문에 지금 발표자께서는 법원에서 좀더 정확하게 해야 된다. 이런 말씀을 하시지만 그거를 위해서 자칫하면 결론이 오히려 거꾸로 가가지고 법원에서 그러면 하급심에서는 제청 못하게 하자, 법원에서 논의 일치시켜가지고 대법원까지 올라가서 정말로 제청해야 될 것이라고 판단되는 것만 하자, 이런 결론도 충분히 가능하거든요. 그거를 그냥 건수 비교해 가지고 하는 데 따른 위험 아니겠느냐 그런 생각이 좀 들고.

그 다음에 남복현교수님 헌법재판소 판례 재판의 전제성에 대하여 세 가지를 놓고 맨 위에 주문이 달라질 경우 이외에는 법원에서 잘 제청을 안한다. 이거는 좀 문제가 있지 않느냐 그러는데, 그게 법원이 헌법재판소를 무시해서가 아닙니다.

재판을 하는 입장에서는 당사자들은 이기거나 빨리 끝나거나 하는 것을 좋아하지 당사자들은 헌법학자가 아니고 학술적인 목적으로 소송을 제기하는 것은 아니거든요. 그렇기 때문에 법원입장에서는 당사자들에게 빨리 결론을 내주는 것이 옳습니다. 주문에서 아무런 영향이 없는데 어차피 질 것을 헌법연구하는 사람들한테 헌법이 뭐라는 것을 가르쳐 주기 위해서 제청하고 재판 정지시켜 가지고 1년, 2년 두는 것은 이거는 법원 판사 잘못하는 것이라고 봅니다. 그렇지 않겠어요? 법관윤리상 그거는 잘못일거예요. 그래서 그거를 법원에다가 헌법재판소에 그 판례에 의한 이유 중에 뭐 달라지는 게 있더라도 제청하라는 것은 그거는 무리라고 봅니다.

오히려 그거야말로 헌가사건이 아닌 헌바사건제도가 있는 것이 이런 데서 효용성을 발휘하지 않나 싶습니다. 그리고 아마 68조 2항에 의한 헌법소원제도가 없다면 위헌제청이 지금 보다 훨씬 많을 겁니다. 그런데 재판부입장에서는 내가 볼 적에는 합헌인데 혹시 위헌일 가능성도 있다 싶을 때에 당사자한테 맡깁니다. 이 소송은 이 소송대로 하고 헌법문제는 헌법문제대로 또 해서 거기서 결론나면 이거를 합헌인 것을 전제로 했다가 위헌 나오면 그때 바꾸자 재심제도 있으니까, 그거는 절묘하게 해 놓은 당사자를 위한 것이지 이게 헌법판단이 잘못되어서라고 그렇게 결론짓는 것은 좀 곤란하지 않느냐 그런 생각이 들고요.

하나만 더 말씀드리자면 발표자께서 오늘 주제가 헌법재판소 심판사건 통계분석이라고 하시면서 사실은 통계분석이 법률에 대한 위헌결정을 주로 했거든요. 사실은 재판소원을 하느냐 여부는 법률의 위헌여부문제가 아니고 재판에 의해서, 그 재판이라는 어떤 공권력행사에 의해서 당사자의 기본권을 침해하느냐의 문제잖아요. 이게 법률에 대한 위헌결정 분석한데서 재판소원이 허용되어야 된다는 논리는 저는 그거는 연결이 좀 안 되어 보입니다.

오히려 전체적으로 분석해 놓으신 이거는 전부, 법률에 대해서 위헌결정 좀 많이 하게 하자는 이런 취지 비슷하게 보이는데 그것하고 재판소원하고는 사실은 저는 그거는 좀 납득이 잘 안갑니다.

그냥 이 정도만 말씀드리겠습니다.

발 표 자 : 제가 이런 얘기를 듣고 싶었습니다.

진짜 법원의 재판을 담당하시는 분에게, 분명히 이거는 굉장히 귀하신 말씀이고 공감을 합니다. 법원에 정말 수많은 재판부가 있는데 이것을 통계를 내서 법원 전체에 대한 어떤 평가의 기준으로 삼는다는 것은 문제가 있다. 저도 인정합니다.

그렇지만 이거는 전체적인 그리고 일정한 어떤 오차의 가능성을 염두에 두고 한 말씀이라는 것을 좀 이해해 주셨으면 좋겠고요. 여기서 그것이 전체의 17.7%의 어떤 위험도가 나타나는 그리고 합헌판단의 위험성이 24.6%로 나타나는 이런 것은 어떤 불가피한 편차 아니겠느냐. 그리고 특히 3기에서는 굉장히 좁아져버렸기 때문에요. 그것은 법원재판의 어떤 문제를 제기할 정도가 아니고 실제 재판하다보면 오히려 당사자가 소송을 질질 끌기 위해서 제청하는 경우도 있을 것이고요. 그래서 그 부분을 좀 고려를 해 달라는 말씀이신데요. 굉장히 이거는 중요한 지적이라고 생각합니다. 이거는 재판을 직접 해 보시는 분이 아니면 아마 어렵겠지요.

그런데 사실은 그 부분을 어떻게 생각하느냐의 문제겠는데 당사자가 위헌제청을 할 때 그 부분을 헌바사건이 있으니까 그것으로 가도록 하고 제청을 기각한다. 이것도 반드시 옳은 것은 아닌 것 같아요. 일단은 당사자의 어떤 헌법적 판단에 대한 불만이 있을 경우에 그럼에도 불구하고 재판이 계속 진행된다할 때 당사자가 불복을 할 가능성도 있다고 생각을 한다면 헌바사건에 의지해 가지고 제청을 기각하는 이런 방향으로 가는 것이 반드시 옳은 것은 아니라는 생각이 들고, 특히 그런 것까지를 감안해 가지고 이게 불가피한 어떤 편차라고 인정을 한다고 할지라도 실제 헌법재판소의 위헌결정 과정에서 법원이 결국 위헌결정 하는 법률 중에 반정도밖에 선별하지 못한다고 하는 것은 글쎄요 아무리 편차를 인정한다고 하더라도 나름대로 큰 문제점이 아닐까, 조심스럽게 법원의 헌법적 판단이 헌법재판소와 상당한 편차를 갖고 있는게 아닌가 이러한 결론을 그래도 유지하고 싶습니다.

남 복 현 : 그것과 관련해서 저도, 이인복부장님 1말 2초에 계셨다고 그러는데 2기재판부가 그랬다는 것에 대해서는 이렇게 분석이 되더라고요.

어떤 심판대상이 된 법률에 대해서 위헌논증을 하는데 있어서 사실은 합헌을 할려면 그 주장된 위헌여부의 판단기준들에 대해서 다 검토가 되어야 됩니다.

그런데 위헌의 경우 논증은 딱 한 가지만 하면 넘어갑니다.

어디서 하나만 걸리면 위헌이 나오지 않습니까? 그러면 청구인용된 법률조항들에 대해서 심판기준이 몇 개 동원되었는지 그거를 좀 분석해 봤습니다.

그랬더니 심판동원된 개수가 1기, 2기, 3기 이렇게 비교했을 때 2기가 훨씬 적었습니다. 그래서 아, 이런 측면에서 사건 떼기가 바쁘다는 얘기가 그래서 나오는 거구나. 정확한 재판보다는 신속한 재판을 훨씬 더 선호했다는게 그런데서 실제로 결정분석해 보면 나옵니다. 그런 점 말씀드리고 싶고요.

그 다음에 계속 말씀이 오가셨는데 이런 것은 어떤지 모르겠습니다.

어떤 법원에서 위헌심판제청신청을 기각하는 이유, 다시 말하면 헌바로 오는 이유 중에 하나는 이미 기존에 대법원의 확립된 판례가 있기 때문에 그 판례를 벗어나지를 못해서 벗어나자니 좀 그렇고 그래서 나타나는 현상은 아니냐 그런 것이지요.

그러면 이 헌바 중에 어디서 많이 나타나느냐 하면 이게 주로 조세법관련사건에서 많이 나타납니다. 조세법관련사건이라고 하는 것은 그야말로 세금이라는

게 무보상으로 재산권 박탈 침해에 해당되었기 때문에 전부 다 관심은 많았다는 것이지요. 다시 말하면 지금 이전에도 과거에도 열심히 다투었다는 겁니다. 그러다보니까 확립된 대법원의 판례가 있었고 그리고 그것을 제청신청을 받은 법원쪽에서는 그것을 쉽게 넘어서기는 어려운 부분이 있지 않았었느냐, 그런 것도 현재 실제로 분석이 가능합니다. 분석이 되어 있고요.

그 다음에 아까 이연구관님 특별재심 말씀하셨는데 당해 헌법소원과 관련된 소송사건과 관련된 재심 말씀하시는 것인지 아니면 또 다른 무슨 재심 말씀해 주신 것인지 그 부분이 명확하지가 않습니다. 그 부분….

사 회 자 : 그러면 지금까지 말씀 안하신 분들 중에 말씀하실 분들 있으면 말씀을 해 주시지요.

예, 김하열연구관 말씀해 주세요.

김 하 열 : 김하열연구관입니다.

저는 숫자만 나오면 머리 아픈 사람이기 때문에 숫자에 대해서는 드릴 말씀이 없고 요 숫자 아닌 부분에 대해서.

우선 변호사강제주의부분은 조금 일리가 있는 점은 있는 것 같습니다.

헌가라고 하는 위헌법률제청사건하고 68조 2항에 관한 헌법소원사건이 결국 지금 발표자께서도 본질이 같으니까 라고 말씀하셨는데 그 부분은 저는 적어도 공감할 수 있다고 생각합니다.

결국 헌가나 헌바는 어떤 재판에서의 결론을 내기 위한 어떤 부수적인 절차 같은 그런 성격을 가지는데 반해서 68조 1항에 의한 헌법소원은 말하자면 어떤 특별히 개인에게 어떤 법률의 위헌여부를 다투는 그런 헌법소원적인 성격을 가지고 어떤 재판, 사법절차라는 개입 없이 바로 개인과 헌법재판소가 만나는 그런 구조이기 때문에 좀 더 변호사강제주의를 해야 될 그럴 필요성이 많다고 이야기할 수가 있겠지요. 헌가나 헌바사건의 경우에는 일반적으로 중간에서 여러 가지 법원의 판결문도 나오고 또 위헌제청서도 있고 법원의 위헌제청기각결정도 있고 이런 것들이 있어서 어느 정도 그런 부분이 상당히 헌법적인 부분들이 정리가 된다. 이런 측면에서 보면 68조 1항에 관한 헌법소원하고 달리 취급해도 되겠다. 이런 측면도 있는 것 같습니다.

반면에 또 생각해 보면 지금 법원에 하는 위헌제청이 1심, 2심, 3심에서 다 이루어 질 수 있고 거기에서 기각되면 바로 헌법재판소에 오는데 보통 법원에서의 어떤 소송이라는 것이 변호사강제주의가 아니기 때문에 당사자본인소송할 수도 있고요. 당사자본인이 위헌제청신청을 했다가 법원에서 기각하면 바로 헌법재판에 올텐데 그 경우에 헌가의 경우하고 다른 이유는 헌가는 그래도 법원의 법률 전문가인 법관이 위헌성이 있다라고 해서 위헌의 이유를 논리정연하게 설명한 부분이 헌법재판소에 옵니다.

그러나 헌바의 경우에 당사자가 소송하고 위헌제청신청서도 당사자가 내고 그랬다가 법원에서 기각했을 때 바로 68조 2항 헌법소원으로 오는데 이 부분에서 다시 변호사의 개입이 없다고 하면 헌법재판소의 입장에서는 애초에 헌마사건에서 변호사강제주의를 필요로 했던 그 부분이 관철이 좀 안 되는 그런 측면에서는 역시 또 같은 것 같습니다. 그래서 그런 양 측면이 다 있는 것 같은 측면이 있고.

그 다음에 이거는 우리 강을환연구관께서 하신 6페이지 토론부분인데요.

재판소원을 하는 것이 헌법문제를 제외한 재판의 일반적인 오류문제까지 헌법소원으로 해결해야한다고 주장하는 것은 위험하다. 이렇게 하셨는데, 이것은 이제 재판소원이 인정되는 법제에서도 이렇게 하는 것은 아닌 것 같습니다.

결국은 재판이 기본권의 의미와 작용 또 헌법에 대한 해석 이런 부분, 헌법문제가 있을 때만 들어가는 것으로 이렇게 지금 되어 있는 것 같습니다.

만약에 지금 발제자의 어떤 취지도 그리고 어떤 재판을 적용하면서 근거가 되는 법률의 위헌여부를 놓쳤을 때 그럼으로써 헌법심사가 포괄적으로 관철되는 그런 필요성에서 한 것이지 예를 들어서 사실인정이라든가 일반헌법문제가 없는 이런 부분은 재판소원을 인정한다고 하더라도 어차피 헌법재판소에서 건드리는 것은 아닌 것 같습니다.

사 회 자 : 그러면 또 다른 분 말씀하실 분 있으면 말씀해 주시지요.

오늘 식사때 보니까 외부에서 오신 분들이 몇분 계신 데, 어떻게 말씀하실 내용이 없으십니까?

코멘트라든가 말씀을 좀 해 주시지요.

노 동 일 : 안녕하십니까? 노동일이라고 합니다.

그냥 옵저버로 참석했는데 이렇게 거의 잘 모르는 얘기들만 들리니까 거의 외계어 같습니다. 혹시라도 한 줄이라도 나중에 기사거리 나올까봐 나왔는데 없을 것 같습니다. 저는 제 자신이 이해를 잘못하겠고요 무슨 소리인지.

그런데 하여튼 굉장한 작업을 하신 것 같아요, 어쨌든 이것이 어떤 의미를 가지든 간에, 이해도 어려운 부분을 이렇게 쓰셨다는 것은 정말 대단한 것이라고 보는데, 결론적으로 봤을 때 저는 이것을 헌법소원대상을 늘려가지고 재판까지도 헌법소원을 하게 한다 그 점은 개인적으로는 반대의견을 가지고 있는 사람인데요.

대법원 가서도 한번 얘기했습니다마는 지금 권리구제절차를 넓힌다, 기본권을 확대시킨다, 이런 점에서는 좋은 의미라고 여길 수도 있겠지만 우리나라에서 지금 이렇게 사건수가 너무 많이 확대되어 가는 것들은 바람직한 현상은 아니라고 봅니다.

아마 제가 얘기 들으니까 지금 불기소처분문제 헌법재판에서 다루는 문제 이 부분은 아마 다 아시겠습니다마는 법을 개정해서 재정신청을 전체적으로 확대하고 그것을 법원으로 가져가는 쪽으로 이렇게 하는 것 같은데, 그렇게 될 경우에 저는 이제 송교수님 말씀하신 것 중에 추상적 규범통제 부분 그 부분은 조금 생각해 봐야 된다고 생각하는데 재판의 어떤, 물론 아까 말씀하신 헌법적 전제가 있어야 되는 것이지만 헌법소원까지 허용하면 결국은 4심제, 5심제 이렇게 될 가능성이 있어서 결코 바람직한 방향은 아닌 것 같고요. 차라리 법정책적으로 본다면 법원에서 1심을 대폭강화해서 2심, 3심까지 가는 사건을 대폭 줄이는 것, 그것이 오히려 바람직한 부분이지 자꾸만 이렇게 상급심을 넓혀서 그런 쪽으로 너무 오래 시간을 끌게 하는 것, 정치적으로 봐도 바람직하지 않은 것이고요. 저도 법학을 했으니까 과감히 말씀드리면 결코 생산적이지 않은 일입니다 이거, 이 법 부분이라는 것이 다아시겠습니다마는 생산적이지 않은 일을 자꾸 이렇게 하는 것은 바람직하지 않다고 보여지고요. 어쨌든 이런 식으로 통계분석을 해봤다는 것은 참 의미있는 일로 보여집니다. 의미 있는 일로 보여지고.

이렇게 보니까 그렇습니다. 요즘에 미국에서 오코노 후임으로 미국대법관들 임명하는데 뜨거운 논란들 많이 있는데 이런 것도 하나 있더라고요. 보니까 1981년도에 연방대법관에 오코노가 지명되었는데 24년간 대법원에서 5대 4로 판결이 갈릴 때 오코노가 어느 쪽에 서느냐에 따라서 판결이 갈린 것이 146회나 된답니다. 재미있는 통계에 났더라고요. 이것이 보수냐 진보냐에 따라서 명확히 갈리는 성향이 뚜렷하게 나타나고 있고 미국 대법원의 판결을 보면, 그래서 누구는 보수 누구는 진보라는 것이 명확히 드러나는데 그 경우에 오코노가 어느 쪽에 섰느냐에 따라서 판결이 갈린 것인데 24년 동안 146회나 되었다는 그런 식의 통계도 쭉 내보면 아마 재미있을 것 같습니다.

우리는 지금 6년밖에 임기가 안 되니까 조금 어려움은 있겠지만 각 재판관님 재판 성향별로 그런 것을 분류해서, 예를 들자면 홈즈판사처럼 기본권보장에는 굉장히 엄격하지만 어떤 정부의 정책에 대한 부분은 유연한 이런 식의 어떤 판결 경향도 분석해 보는 것도 재미있을 것이라고 생각이 됩니다.

감사합니다.

사 회 자 : 그러면 또 말씀하실 분이 없으시면 마지막으로 주제발표자의 마무리 말씀을 듣도록 하겠습니다.

발 표 자 : 제가 듣고 싶었던 얘기들을 많이 들을 수 있어서 아주 의미있었던 자리같습니다. 일단 연구가 가지는 한계는 분명합니다. 통계자료를 다룬다는 것 자체가 이미 한계를 내포하고 있는 것이라고 생각을 하고요. 그렇지만 적어도 여기에서 의미 있는 정보를 읽을 수 있다는 점, 그리고 분명히 결론에서 얘기했던 것은 이 통계만 가지고 입증을 하기에는 분명히 논리에 비약이 있습니다.

하지만 그 각 주제들이 아마 논문 한편씩은, 논문 한편이 아니라 여러 편을 다 쓸만한 그런 분량들이기 때문에 분명히 비약은 있지만 그런 제한이 분명히 의미 있고 다만 이 통계를 통해서도 일정하게 뒷받침될 수 있다는 그런 측면에서 제가 그 내용을 넣었다는 점에서 논리의 비약이라는 그 부분은 조금 해명을 했으면 좋겠습니다. 그리고 좀 조심스럽게 얘기를 하면 1기, 2기, 3기의 어떤 차이점 이런 부분들은 좀 더 신중하게 좀 더 섬세하게 다듬어져야겠다는 생각이 들고요. 여러 가지 좋은 말씀들 참고해서 좀 더 좋은 논문으로 보이도록 하겠습니다.

고맙습니다.

사 회 자 : 감사합니다.

오늘 대체적인 얘기가 오늘의 통계분석은 상당히 의미 있는 작업이었다. 그렇지만 거기서 나오는 어떤 표현들, 원래 통계라는 것은 객관적이고 과학적인 수치 아니겠습니까? 그런데 다소 주관적인 표현들 정확도라든가 위험도 이런 것으로 인해서 다시 또 주관적 인식의 문제로서 통계를 파악해야 되는 그런 것들이 지적이 되었고 그런 상태에서 또 결론적으로 대안을 제시하는 그 부분에 대해서 통계의 객관적인 수치와 대안간에 어떤 연결고리 그런 것들이 좀 더 정치하게 되어야 되겠다라는 지적이 있었던 것으로 이해가 됩니다.

늦은 시간까지 참석해 주셔서 감사합니다.

제61회(2005. 12. 16) 발표문

한국에서 자유민주주의와 헌정주의

강 정 인*

1. 글을 시작하며

오늘 이 발표회에서 필자는 자유민주주의를 비판적으로 수용하면서 한국 민주주의 발전의 현 단계에서 민주주의와 헌정주의가 어떤 관계인지에 대해 논하고자 한다. 이 글의 개요를 간략히 제시하면 다음과 같다. 먼저 자유민주주의의 개념 및 발전과정, 그리고 한국에서의 전개과정을 간략히 일별하고자 한다. 이 과정에서 필자가 말하는 자유민주주의체제가 이른바 사회민주주의로의 전화가능성을 내포한 자유민주주의체제이라는 점을 주장할 것이다. 필자는 이념으로서 자유민주주의와 사회민주주의의 구분을 인정하기는 하지만, 체제로서 양자의 엄격한 구분은 수긍하지 않는다. 필자의 이러한 주장에 대해 발표회에 참석한 헌법전문가들의 의견을 듣고 싶다. 둘째, 현 단계에서 자유민주주의는 민주주의의 핵심 가치인 참여와 평등의 관점에서 볼 때, 이론과 실천 양면에서 많은 문제점과 한계를 안고 있다. 필자는 이러한 자유민주주의에 대한 비판을 자유주의와 민주주의 간의 긴장을 중심으로 논할 것이다. 셋째, 현재 세계의 이념적 지형은 신자유주의적 세계화로 특징지어지는바, 이러한 이념적 지형이 한국 민주주의의 심화를 가로막고 있다는 점을 지적할 것이다. 넷째, 현 단계 한국 민주주의의 전개과정에서 민주주의와 헌정주의간의 관계를 살펴보고자 한다.

2. 어떤 자유민주주의인가?

(1) 서구에서 민주주의의 역사

근대 서구에서 기원하여 오늘날 전 세계를 풍미하고 있는 자유민주주의는 그리스 아테네의 직접민주주의에 이념적 연원을 두고 있으며, 고대 로마의 공화정

* 서강대 정치외교학과 교수.

으로부터도 영감을 제공받은 바가 크다. 근대 민주주의의 발전은 무엇보다도 르네상스 시기에 마키아벨리로 대표되는 공화주의 사상에서도 자극을 받았다. 이어서 1640년대 영국 내전 기간에는 수평파에 의해 민주주의 사상이, 해링턴(James Harrington)에 의해 공화주의 사상이 싹텄다. 비슷한 시기에 아메리카 대륙에 건너간 초기 영국계 이주민들 역시 식민지를 건설하면서 민주주의 체제를 실험하였다(1641년 로드아일랜드 주 헌법). 이후 영국에서는 명예혁명을 기점으로 하여 본격적으로 자유주의 사상이 전개되기 시작했고, 1776년 독립을 선언한 아메리카 대륙의 식민지인들은 공화주의의 언어로 자신들의 민주적 주장을 표현했으며, 독립과 함께 미국은 근대 민주주의의 거대한 실험장이 되었다. 뒤이어 발발한 1789년의 프랑스 대혁명은 단기적으로는 유럽대륙에서, 종국적으로는 전 세계적으로 근대 민주주의의 행진을 역전불가능하게 만든 최대의 사건으로 판명되었다. 이후 서구문명은 19－20세기에 걸쳐 민주주의에 대한 다양한 실험을 시도하였는데, 파시즘과 공산주의의 도전을 물리치면서 종국적으로 자유민주주의[1]로 귀결되는 체제를 발전시켜왔다.

(2) 민주주의의 분류[2]

근대세계에 존재해 온 민주주의는 이념상 대략 세 가지로 분류된다. 비록 이 세 가지는 몇 가지 특징을 공유하지만, 이들 간에는 분명한 이념적 차이가 존재하며 그 결과 민주주의에 대한 상호 독자적이고 경쟁적인 개념을 제기해 왔다.

㈎ 자유민주주의

오늘날 대부분의 서구 민주국가의 특징이기도 한 자유민주주의는 근대 자유주의로부터 기원하였으며, 그 결과 개인의 권리와 자유를 강조한다. 자유주의자에게 민주주의는 물론 '인민에 의한 통치'를 의미하지만, 이 통치는 본질적으로 개인의 권리와 자유의 보호를 목표로 한다. 이는 민주주의의 원칙인 '다수에 의한 지배'가 제한되어야 한다는 것을 의미하는바, 다수가 소수의 기본적인 시민적 자유를 박탈하거나 제한하려 해서는 안 된다는 의미에서 특히 그렇다. 예를 들어 종교와 언론의 자유, 공직에 참여할 권리, 재산에 대한 권리 등은 자유주의자들이 대체로 민주적 이상을 실현하기 위해 필수적이라고 간주하는 시민적 권리와 자유의 일부이다. 오늘날 자유민주주의는 흔히 '입헌 민주주의'(constitutional democracy)라고도 불리는바, 자본주의적 시장경제를 바탕으로 한 이 정치체제는 기본적으로 법의

1) 곧 논의할 것처럼, 여기서 체제로서의 자유민주주의는 사회민주주의를 포함한다.

2) 이하에서 제시되는 민주주의의 분류에 대한 논의는 Ball & Dagger(2004, 38-40)를 따른 것이다.

지배(헌정주의를 포함한), 권력분립, 기본권 보장, (보통선거권과 공정한 선거제도의 보장을 수반하는) 대의정부를 그 특징으로 한다.

(나) 사회민주주의

자유민주주의가 자유주의의 틀 안에서 성장해 왔듯이, 사회민주주의는 사회주의 이념과 긴밀한 연관을 맺으면서 발전해 왔다. 따라서 '사회민주주의적' 혹은 '민주사회주의적' 이념에서 민주주의의 핵심은 '평등', 특히 사회와 정부 영역에서의 평등한 권력이다. 사회민주주의자들은 자유민주주의가 빈자와 노동계급을 부자들의 자의적(恣意的)인 처분에 내맡긴다고 비판한다. 그들은 근대 세계에서 부(富)는 권력의 주요한 근원이며 부를 가진 사람들이 그렇지 못한 사람들에게 권력을 행사한다고 지적한다. 즉 자본가 계급을 포함한 유산자 계급은 공직 독점과 정부 정책에 대한 다양한 영향력 행사 – 예를 들어 조직적인 로비, 언론의 장악 등 – 를 통해 정치에 압도적인 영향을 미친다는 것이다. 사회민주주의자들에게 이러한 상태는 결코 민주적이지 않다. 민주주의는 인민에 의한 통치이고, 이는 모든 시민이 정부에 대해 대체로 평등한 영향력을 행사할 것을 요구하기 때문이다.

따라서 사회민주주의자들은 좀더 평등한 방식으로 권력 – 경제적 권력을 포함하여 – 이 분배되지 않는다면, 민주주의가 추구하는 평등한 영향력은 결코 실현되지 못할 것이라고 역설한다. 이런 이유에서 사회민주주의의 강령은 전형적으로 평등을 증진시키기 위한 부의 재분배, 천연자원과 주요 산업의 국유화(또는 사회화), 노동자에 의한 작업장 통제, 선거 공영제 등을 요구한다. 아울러 자유주의자들처럼 사회민주주의자들 역시 시민적 자유를 보존하고 공직진출에 대한 공정한 경쟁을 보장하기를 원한다. 그러나 자유주의자들과 달리, 그들은 부와 권력의 거대한 불평등이 존재하는 한, 대부분의 시민은 진정으로 자유로울 수 없으며 '다수에 의한 지배'가 제대로 이루어질 수 없다고 본다.

(다) 인민민주주의

공산주의 국가에서 민주주의에 대한 지배적인 이상은 인민민주주의라는 이념이었다. 어떤 의미에서 인민민주주의는 자유민주주의나 사회민주주의보다 민주주의의 그리스적 이상 – 데모스(demos), 즉 보통 사람들에 의한, 보통 사람들의 이익을 위한 통치 – 에 더 가깝다. 공산주의적 시각에서 '보통 사람'은 프롤레타리아트 혹은 노동계급을 지칭하며, 민주주의는 정부가 노동계급의 이익을 위해 통치할 때 비로소 성취된다. 그렇다고 반드시 프롤레타리아트 자신이 직접 정부를 통제해야 한다는 뜻은 아니다. 공산주의자들은 우선 마르크스가 노동계급의 이익을 위한 통치로 묘사한 '프롤레타리아트의 혁명적 독재'를 통해서 그것이 가능하다고 보았다. 이 독재의 직접적인 목적은 노동계급을 착취하기 위해 자신의 권력과 부를 사용했던 자본가계급 혹은 부르주아지를 제거하는 데 있었다. 프롤레타리아트 독재는 궁극적으로 국가 자체가 소멸하는 '계급 없는 공산사회'를 목표로 한다. 하지만 과도적 체제로서 프롤레타리아트 독재기에 인민민주주의는 공산당이 다수 노동계급을 위해 통치하는 형태로 이루어진다.

(3) 자유민주주의와 사회민주주의는 구분되는가

1989년 이래 대부분의 현존 사회주의 체제가 붕괴한 이후 인민민주주의 이념은 회복할 수 없을 정도로 심각한 타격을 입었다. 남아 있다면 북한이나 쿠바 정도가 인민민주주의체제를 유지하고 있는데, 인민민주주의의 긍정적인 측면을 얼마나 유지하고 있는지, 과연 그 체제들을 민주주의라고 규정할 수 있는지 그리고 얼마나 지속될 수 있는지에 대해서는 다분히 회의적이다.

따라서 이제 문제가 되는 것은 자유민주주의와 사회민주주의의 구분이다. '이념'적으로 자유민주주의가 자유주의로부터, 사회민주주의가 사회주의로부터 출발했다는 기원상의 차이점은 명백히 존재한다. 그러나 오늘날 대부분의 사회민주주의 체제[3)]가 자유민주주의 체제 내에서 자유민주주의의 헌정적 틀 – 다당제에 바탕을 둔 대의제도, 기본적 시민권의 보장, 권력분립, 선거를 통한 정권교체 등 – 을 수용하면서 발전해 왔기 때문에, '체제'면에서 자유민주주의와 사회민주주의를 구분하기란 다음 두 가지 이유로 대단히 어렵다.

첫째, 서구의 선진 민주국가들에서 목격되는 것처럼, 자유민주주의를 표방하던 정당과 사회민주주의를 표방하던 정당들 간의 이념적·정책적 수렴현상을 들 수 있다. 나라마다 차이가 있겠지만 오늘날 사회민주주의를 운위할 수 있는 대부분의 서구 선진국가에서는, 보수적인 또는 자유주의적인 정당들 역시 2차대전의 종결 이후 복지국가 또는 수정자본주의의 이념을 받아들여 사회보장제도를 도입하고 확충하는 데 노력을 기울여 왔기 때문에, 사회민주주의 정당과 비교할 때 정책과 정강에서 사실상 커다란 차이가 없다. 마찬가지로 대부분의 사회민주주의적 정당 역시 비효율성, 관료제의 비대 등을 이유로 국유화 강령, 계획경제의 강화 등 사회주의의 본격적 실현을 목표로 추진되는 정책들을 폐기함으로써 두 정당 세력들은 어느 정도 정책적 수렴현상을 보여 왔다. 아울러 냉전 종언 이후 신자유주의의 전 세계적 확산 등 이념적 지형의 변화와 함께 종래 진보적인 사회민

3) 이어진 논의에서 명확해지겠지만, 필자는 집권경험이 있는 사회민주주의적 정당이 존재하는 서구의 선진민주국가들 중에서 어떤 국가를 골라내어 일의적으로 사회민주주의체제 혹은 자유민주주의체제로 구분하거나 규정할 수 있는가에 대해 회의적이다.

주주의적 정당들 역시 '제 3 의 길' 또는 '생산적 복지' 등을 주장하면서 (기존 복지 정책의 후퇴를 포함하여) 우경화된 노선으로 방향전환을 시도했기 때문에 기존에 관찰되던 수렴현상은 더욱 더 현저해지고 있다고 평가할 수 있다.

둘째, 현실정치에서 사회민주주의라는 독특한 정치체제를 식별해 내기가 어렵다는 점을 지적하지 않을 수 없다. 예를 들어 우리는 가령 '전후 서독 또는 최근의 통일독일에서 기독교민주연합이 집권하면 자유민주주의 체제이고, 사회민주당 등 좌파연합이 집권하면 사회민주주의 체제라고 구분하는 것이 설득력을 갖는가?'라는 질문을 제기해 볼 수 있다. 이러한 질문을 이탈리아, 프랑스, 스웨덴, 덴마크 등에 대해서도 제기할 수 있을 것이다.[4] 만약 이러한 질문에 긍정적으로 답한다면, 이들 국가에서 보수적인 정당이 집권하다가 좌파연합이 선거를 통해 집권한다면 그 체제는 사회민주주의 체제로 전환한 것이고, 반대로 좌파연합이 집권하다가 보수세력이 선거를 통해 집권하게 되면 이제는 자유민주주의 체제로 전환한 것이라는 주장을 긍정하지 않을 수 없을 것이다. 그렇게 되면 논리적으로 해당 국가가 동일한 헌정체제를 유지하면서도 유동적이고 우발적인 선거결과에 따라 자유민주주의 체제와 사회민주주의 체제를 오락가락한다는 결론이 나온다. 그러나 이 국가들의 정치현상을 관찰해 볼 때, 집권정당의 변화에도 불구하고 이 국가들의 헌정체제는 물론 대부분의 정책 역시 커다란 변화가 없었고, 의미심장한 차이를 꼽는다면 단지 복지정책에서 상당한 변화가 있었다는 점 정도를 들 수 있을 뿐이다. 요컨대, 자유민주주의를 표방하는 세력과 사회민주주의를 지향하는 세력은 양자가 각각 자유주의와 사회주의라는 상이한 이데올로기를 배경으로 출발했지만, 적어도 오늘날 서구 선진민주국가의 현실을 볼 때, 양자는 선거에서 승

4) 이러한 주장에 대해서는 스웨덴과 같이 사회민주주의적 정당이 일시적인 기간을 제외하고 장기집권해 온 나라가 사회민주주의 체제이고, 미국과 같이 공화당이나 민주당이 교대로 집권하지만 사회민주주의적 지향이 (유럽의 여러 국가들에 비해) 현저히 약한 나라가 자유민주주의 체제라는 반론이 가능하다. 이러한 반론은 서구 민주주의 국가들 중에서 양 극단에 있는 스웨덴과 미국, 두 국가의 사례를 지목·제시함으로써 상당한 설득력을 지니고 있으며, 필자 역시 이러한 지적이 지닌 설득력을 인정한다. 그러나 대다수의 유럽 국가들의 경우에는 그 중간에 위치함으로써 사실상 구별이 대단히 어렵다는 것이 필자의 기본적인 논지이다. 또한 최근의 독일정치가 보여주는 것처럼, 기독교민주연합과 사민당 등이 참가하여 대연정을 구성했을 때, 우리는 그 체제를 자유민주주의체제로 보아야 하는가 아니면 사회민주주의체제로 보아야 하는가라는 현실적으로 별로 실익이 없으면서도 혼란스러운 질문에 직면하게 된다. 이처럼 서구의 많은 민주국가들이 양 극단의 어느 중간에 놓여 있을 때, 이념형적으로는 이 구분이 어느 정도의 가치가 있지만, 현실의 구분에서는 커다란 실익이 없다는 것이 필자의 주장이다. 다시 말해 사회민주주의적 정당과 보수적인 자유민주주의적 정당이 교대로 집권해 온 다수의 서구 민주국가에 대해서는 양자의 구분이 오히려 혼란을 초래할 수 있다는 것이다. 그럼에도 불구하고 많은 학자들은 과거의 관행에 따라 이러한 구분을 반복적으로 강조하고 있다. 이는 사회주의 이념의 헤게모니적 측면을 보여주는 대목이기도 하다.

리하기 위해 정책적으로나 이념적으로 수렴현상을 보이고 있다.

지금까지의 논의를 종합해 볼 때, 자유민주주의와 사회민주주의를 체제 면에서 구분하는 것은 현재로서는 커다란 실익이 없다는 것이 필자의 판단이다. 그런데 이러한 필자의 주장이 우리나라의 제 6 공화국의 헌법규정과 적절히 부합하는지에 대해서는 여기 참석한 헌법전문가들의 의견을 듣고 싶다. 필자의 거친 판단에 따르면, 헌법 전문에 선언된 "국민생활의 균등한 향상" 구절, 인간의 존엄과 가치 및 평등권을 선언한 제10~11조, 재산권 행사를 공공복리나 공공필요에 따라 제한할 수 있게 한 제23조의 재산권 조항, 근로의 권리 및 최저임금제 시행을 규정한 제32조, 사회보장제의 실시를 규정한 제34조, 그리고 마지막으로 자유시장 경제질서를 존중하면서도 다양한 목적으로 기업의 국유화, 부분적인 계획경제의 도입 및 경제민주화를 규정한 제119조에서 제127에 이르는 경제관련 조항은 현행 헌법하에서도 상당한 수준에서 사회민주주의적 개혁이나 정책을 가능케 하는 것으로 보인다. 이러한 조항이 사회민주주의의 선진국이라 할 수 있는 스웨덴, 독일 등의 헌법과 어떠한 차이를 가지는지 – 달리 표현하면, 서구에서 이른바 사회민주주의 국가와 자유민주주의 국가는 헌법상으로 과연 구분이 되는지 그리고 구분이 가능하다면 어떤 점에서 구분이 되는지 – 에 대해서는 헌법학자들의 저술 등을 참고함으로써 좀더 검토를 해야 한다고 생각되는바, 우선 여기 참석한 헌법전문가들이 비판과 질정을 통해 필자의 무지를 깨우치고 싶다. 만약 사실상 구분의 실익이 별로 없다면, 한국정치 역시 헌법개정 없이도 이른바 사회민주주의에서 강조하는 사회경제적 불평등을 해소할 수 있는 방향으로 성장하는 것이 가능할 것이다.

(4) 한국에서 자유민주주의의 전개과정

잘 알려져 있다시피, 남한(이하 '한국'이라 한다) 역시 해방공간에서는 인민민주주의, 사회민주주의, 자유민주주의를 지향하는 세력들이 격렬한 각축을 벌였지만, 미군정이 행사한 지배적인 영향력으로 인해 정치구조로서는 미국식 자유민주주의 체제를 따르면서도 사회경제적으로는 바이마르 헌법이 표방했던 사회민주주의 이념을 가미한 제헌헌법을 제정함으로써, 서구문명이 발전시켜온 자유민주주의체제를 받아들였다. 그러나 정치·경제·사회적 여건이 미숙한 상태에서 외부로부터 일거에 이식된 헌법은 일종의 '종이 위의 헌법'으로서 현실 정치체제를 제대로 규율하지 못했고, 그 결과 한국의 시민은 물론 정치인들 역시 제 2 공화국이라는 일시적인 예외를 제외하고는 1987년까지 각종 독재정부의 억압에 시달려 왔다.

그러나 1987년 6월항쟁을 기점으로 한국정치의 민주화가 시동되었는데, 이는 일종의 할부금 납부식으로, 곧 혁명적이라기보다는 점진적으로 진행되는 양상을 보여 왔다. 민주화 이후 한국정치에서는 대체로 세 가지 부류의 정치세력이 각축을 벌여 왔다. 첫 번째는 군부정권의 유산으로 남겨진 권위주의적 보수 세력으로서 민주화 자체 또는 민주화가 가져온 변화에 대해 미온적이거나 저항적인 세력이다. 두 번째는 자유민주주의 세력으로서 1987년 민주화 항쟁을 이끌어온 김영삼·김대중으로 대표되는 제도권 정치세력 및 시민운동세력이다. 세 번째는 자유민주주의에 만족하지 않고 사회경제적 민주주의를 관철시키고자 하는 사회주의 또는 사회민주주의 세력이다. 민주화이후 지난 20년 동안 한국정치는 이 세 정치세력이 각축을 벌이면서 점진적으로 민주화의 여정을 밟아 왔다. 군부정권의 후신으로서 지역분할구도를 통해 집권한 보수적인 노태우 정부, 보수세력 중심의 3당 통합에 하위 파트너로 참여하여 집권한 김영삼 정부, 호남배제의 지역 분할구도를 타파하기 위해 보수세력 일부를 하위 파트너로 삼고 연합하여 정권교체를 이룩한 김대중 정부, 2002년의 대통령 선거에서 보수세력과의 연합 없이 민주세력과 일부 급진세력[5]의 지원을 통해 집권한 노무현 정부가 이를 잘 보여준다. 특히 '탄핵정국'하에서 실시된 2004년 4월 17대 국회의원 선거는 2002년 대통령 선거 못지않은 역사적 의의를 갖는다. 총선을 통해 한나라당으로 대표되는 보수세력은 비록 지역주의에 기대어 추락을 멈추었지만 국회에서 다수당으로서의 지위를 상실했고, 추가적인 민주화에 대해 확고한 결의를 갖고 있는 여당인 열린우리당은 과반의석을 확보한 다수당이 되었으며, 사회민주주의 세력인 민주노동당이 비록 의석수는 많지 않지만 민주당을 누르고 일약 제 3 당으로 부상하면서 제도권 정치에 당당하게 진입했기 때문이다.[6] 나아가 지난 20년 동안 진행된 한국정치의 민주화는 보수 세력의 쇠퇴와 위축, 자유민주주의 세력의 성장과 확충, 민주노동당으로 상징되는 사회민주주의 세력의 약진이라고 규정할

---

5) 여기서 '급진(적)'은 영어 '래디컬'(radical)의 옮김말이다. 영어 래디컬은 '근본적'이라는 뜻이 함축되어 부정적이지 않으나, 우리말 번역어인 '급진적'은 '급하게 나아가려 한다'는 뜻으로 다소 부정적인 의미를 내포하고 있다. 따라서 '근본적'이라는 말로 번역하는 것이 적절하다고 생각하지만, 통상 '급진(적)'이라는 말로 번역되기에 부득이 용례를 좇아 '급진(적)'이라는 단어를 사용한다. 오늘날 포스트 마르크스주의가 주장하는 '래디컬 데모크라시'(radical democracy)를 종종 '급진민주주의'라고 번역하는데, 이 경우에는 우리 사회 역시 '급진'을 크게 부정적으로 받아들이지 않는 것 같다. 필자 역시 이러한 세간의 의미에 편승하고자 한다.

6) 그러나 2005년 4월 30일 및 10월 26에 실시된 재·보궐 선거에서 제 1 야당인 한나라당이 압승함으로써 열린우리당은 원내 과반의석을 상실하였다. 또한 민주노동당 역시 대법원에서 선고된 선거재판에서 의석을 잃게 되고 또 민주당이 추가의석을 확보함에 따라 원내 3당의 지위는 민주당으로 돌아갔다.

수 있다.[7] 따라서 전체적으로 볼 때, 한국 민주주의의 위기를 진단하는 학자들이 적지 않지만,[8] 1960년대부터 30년 동안 한국 경제가 여러 차례의 파행과 위기를 겪으면서도 괄목할 만한 발전을 이룩해 온 것처럼, 민주화 이후 한국 민주주의 역시 숱한 굴절과 위기를 거치면서도 견실한 성과를 거두어왔다고 평가해도 무방할 것이다.

그렇다면 한국인들은 민주주의로의 이행과 공고화의 성공에 대해 긍지를 느껴 마땅할 것이다. 하지만 많은 한국인들은 민주주의의 현 상황에 대해 불만이 적지 않다. 어떤 이들은 '더 많은 민주주의'를 요구하는 반면, 다른 이들은 포퓰리즘이라는 용어를 내세워 '민주주의의 과잉'에 대해 비판하고 있다. 또 많은 이들은 정치가 소모적인 정쟁 및 지역분열로 얼룩져 있다며 등을 돌리고 있다. 따라서 보수주의자든 진보주의자든 상반된 이유로 민주화의 속도와 방법에 대해 강한 실망을 표출하고 있다. 게다가 1997년 금융위기로 초래된 이른바 '국제통화기금(IMF) 신탁통치체제'하에서 김대중 정부에 의해 본격적으로 단행된 신자유주의적 개혁의 결과, 실업자와 빈자의 수가 급증했고, 많은 사람들의 삶의 질이 이른바 민주정부('국민의 정부')하에서 더 악화되는 현상을 경험했다. 아울러 민주화 이전 시대의 예상과 상반되게, 정부에 대한 신뢰 역시 지난 20년의 민주화 기간 동안 오히려 급격하게 하락하였다.

이와 관련하여 한 가지 생각해 볼 사실은, 민주화 이후 지난 20년 동안 정치적으로 많은 민주적 개혁이 이루어졌음에도 불구하고, 일단 개혁이 현실화되면 많은 시민들이 이를 민주화의 성과로 환영하기보다는 단시일 내에 이를 당연시하면서 기정사실화한다는 점이다. 이는 아마 세계사적으로 민주주의를 뒤늦게 수행하게 된 많은 국가들에서 흔히 목격되는 역사적 지체현상의 결과가 아닌가 싶다.[9] 이미 교육이나 언론을 통한 학습효과에 의해 관념적으로는 서구 선진민주국가의 정치적 현실에 너무나 익숙해져 있었기 때문에, 민주개혁이 과거의 잘못된 권위주의적 현실을 힘들게 혁파했을 때에도 민주정부는 이에 대해 생색을 내기 어려워지는 정치 현실에 봉착한다. 또 일반 시민은 민주적 정부의 개혁에 공을 인정하기보다는, 여전히 서구 민주국가의 선진적 수준과 괴리된 한국의 정치현실에 더욱 불만을 품게 된다.

---

7) 다소 논란의 소지가 있겠지만, 필자는 민노당을 사회민주주의 성향을 갖는 정당으로 보고자 한다. 민노당의 이념적 성향에 대해서는 채장수(2004)를 볼 것.

8) 대표적으로 최장집(2002)을 볼 것.

9) 필자가 다른 글에서 지적한 것처럼 세계사적 시간대(표준시)는 소수의 선진적인 서구국가들에 의해 설정된다.

그렇지만 지난 20년간의 민주화 과정을 종합적으로 조망할 때, 앞에서 언급한 대중들의 정치적 불만에도 불구하고, 민주화 초기에 존재했던 자유민주주의에 대한 대중적 차원의 거부감이나 모호성은 한국에서 민주화가 꾸준히 진전되어감에 따라, 그리고 일반 대중이 민주화된 정권과 과거 권위주의 정권과의 차별성 및 단절성을 인식해 감에 따라 점차 사라진 것으로 보인다. 즉 자유민주주의가 좀더 헤게모니적 이데올로기로서 정착되어 감에 따라 자유민주주의에 대한 확고한 지지자가 증가한 셈이다. 이러한 사실은 최근에 세간의 주목을 받으면서 등장한 '뉴 라이트' 세력 역시 과거의 보수세력과는 달리 자유민주주의에 대한 공약을 확실히 하고 있다는 점에서 확인된다. 아울러 재야 정치세력들 중에서도 체제의 혁명적 전복을 도모하는 급진 좌파세력들이 점진적으로 퇴조하고 민주노동당 등 일부 좌파세력이 의회진출을 적극적으로 모색·추진하고 있다는 사실은, 전술적이든 아니면 좀더 내면적인 차원에서든, 그들이 자유민주주의의 헌정적 틀을 수용한다는 점에서 자유민주주의를 긍정하거나 수용하는 세력이 증가하고 있다는 사실을 뒷받침한다.[10] 이처럼 정치권에서도 보수와 진보를 불문하고 자유민주주의를 지지하거나 수용하는 세력이 증가하는 것은 이제 자유민주주의가 대세로 자리잡았음을 증명하는 현상이라고 생각된다.

3. 자유민주주의에 대한 비판: 자유주의와 민주주의간의 긴장을 중심으로

자유민주주의의 발전과정과 현존 사회주의국가의 붕괴과정을 고찰해 볼 때, 우리는 한편으로 고전적 자유주의의 핵심적 가정과 제도들이 민주주의의 발전과 유지에 필수불가결한 것으로 판명되었지만, 다른 한편 역사적으로 자유주의가 민주화과정에 대한 제약으로도 작용해 왔으며, 그 과정에서 민주화가 취해야 되는 내용과 형태를 둘러싸고 자유주의자와 다양한 유형의 민주주의자들 간에 끊임없는 투쟁이 전개되었다는 사실에 새삼 주목하게 된다. 즉 자유주의는 역사적으로 민주주의에 필수적인 토대와 이에 대한 제약을 동시에 제공해 왔던 것이다. 그렇다 하더라도 한국의 일부 진보적인 학자들이 주장하듯이, 자유민주주의를 "자유주의에 의한 민주주의의 흡수통일"이라는 식으로 규정하는 것은 설득력이 떨어진다.[11] 왜냐하면 흡수·통일했다는 식의 주장은 독일통일의 이미지가 시사하듯이

10) 대신 과거의 진보적 세력의 일부는 이제 '민주주의의 위기'를 진단하거나 '87년 체제의 극복'을 주장하고 있다. 그러나 그렇다고 해서 이들이 자유민주주의의 기본적 질서를 근본적으로 부정하는 것처럼 보이지는 않는다.

민주주의가 본래의 정체성을 전적으로 상실하고 자유주의에 흡수되었다는 해석인데, 이는 근대 서구의 민주화 투쟁의 공적을 지나치게 투항주의적인 것으로 축소·해석하는 것이며,[12] 암묵적으로는 (초기에 유산자 계급의 이익만을 옹호하던) 자유주의를 배격해야 하듯이 자유민주주의 역시 응당 거부해야 한다는 다분히 선동적이고 수사적인 함의를 갖기 때문이다.[13]

민주주의에 대한 자유주의의 기여로는 대략 5가지가 제시된다:

1) 정치적 비판과 반대를 가능케 하는 표현·행동·결사 등의 자유를 개인의 권리로서 특별한 법적 또는 헌법적 장치를 통해서 보장한 것.
2) 권력의 제도적 분립과 법의 지배의 확립.
3) 자유롭고 공정한 선거에 의해 선출된 대표자로 구성된 대의제도의 확립.
4) 제한국가의 원리(헌법에 의한 국가권력의 제한 그리고 시민사회와 국가의 분리).
5) 정치영역에서 절대적 선과 궁극적 진리의 존재를 부인하는 인식론적 상대주의(비담 1994, 151-52).

다른 한편 자유주의는 민주화의 범위와 형태를 제약해 왔으며, 이로 인해 다양한 형태의 민주주의자들로부터 비판을 받아 왔다. 이제 이러한 비판을 좀더 구체적으로 살펴보자.[14]

첫째, 역사적으로 초기 자유주의자들이 '정부에 대한 인민의 통제'를 언급했을 때, 그들은 그 지정된 인민의 범주에 결코 모든 인민을 포함시키지 않았다. 따라서 서구 민주화의 역사는 재산·인종·성·교육 등을 근거로 한 참정권의 제한을 폐지하기 위한 투쟁의 역사였으며, 오늘날 이는 하층계급, 소수민족 및 여성 참정권론자들의 끈질긴 투쟁에 의해 대체로 관철된 것으로 판단된다.

둘째, 자유민주주의는 사회주의자와 산업민주주의자들의 전통적인 비판, 곧

11) 예를 들어 박호성은 "자유민주주의는 곧 자유주의에 의한 민주주의의 '흡수통일'이었던 것"이라고 주장한다(박호성 1994, 94).

12) 다시 말해 이런 해석은 '서구의 격렬한 민주화 투쟁이 궁극적으로 자유주의에 흡수되기 위한 것에 불과했는가?'라는 의문을 제기한다.

13) 물론 그것이 그들이 노리는 의미이기도 하고, 적지 않은 급진 세력 역시 이에 동조하는 듯하다. 그러나 그런 식의 자유민주주의 비판은 그들이 극복하고자 하는 자유민주주의체제의 장점을 수사학적 기제를 통해 무시해 버린다는 점에서 진지성이 결여되어 있다. 자유민주주의는 분명 자유주의가 민주화된 버전으로서 민주주의적 요소가 강하게 남아 있으며, 그렇기 때문에 자유주의보다 유연한 체제로서 쉽게 극복할 수 없는 여러 가지 장점을 가지고 있기 때문이다. 이 점은 현존 사회주의권 국가들에서 사회주의가 붕괴된 이후, 거의 모든 국가들이 자유민주주의체제로 전환했다는 역사적 사실에서도 단적으로 확인된 바 있다.

14) 이하의 논의에 대해서는 비담(1994, 155-156)을 참조할 것.

사회경제적 불평등이 정치적 의사결정에 불평등한 영향력을 행사한다면, 또 일반 공중이나 고용인들을 포함하여 공적으로 커다란 영향력을 미치는 기업의 결정이 그들에게 책임을 지지 않는 경영진에 의해 작성된다면, 정치적 권리의 형식적 평등은 단지 제한된 가치를 지닐 뿐이라는 비판을 극복할 수 있는 효과적인 해결책을 제시하지 못하고 있다. 그 결과 노동자 계급 등 하층계급이 자본가 계급과 중산층에 비견할 만한 정치적 영향력을 행사하지 못해 왔다. 하지만 앞에서도 언급한 것처럼, 스웨덴, 독일 등 서구의 선진 민주국가들의 경우 자유민주주의체제 내에서 사회주의자들과 사회민주주의자들의 적극적 투쟁에 힘입어 노동자 계급을 포함한 하층계급의 사회경제적 복지 및 정치적 참여의 질적 향상이 이루어진 점을 우리는 부정할 수 없다.

셋째, 자유민주주의는 여성해방론자들의 비판, 곧 가족 내에서 형성·고착된 여성억압적인 성별 노동분업이 정치영역에서의 남녀평등을 무력화시키며, 양성관계 자체가 민주화를 위한 결정적 영역임에도 불구하고 이를 무시한다는 비판에 대해 적절한 해결책을 제시하지 못해 왔다. 그러나 서구의 선진 민주주의 국가에서 지난 50년 동안 남녀평등에 있어 괄목할 만한 진전이 있어왔다는 점 역시 부정할 수 없다. 이 국가들은 여성에 대한 역사적 불평등과 억압을 시정하기 위해 노력해왔다. 정치영역에서는 각급 대의기관에서 여성의원에 대한 할당제가 도입되고 각급 중요한 조직이나 기관에도 여성 대표성 강화를 위한 시정적 조치가 취해져 왔으며, 또 취업 여성을 배려하기 위해 출산과 양육을 지원하는 각종 사회보장제도가 꾸준히 채택·개선되어 왔기 때문이다. 앞으로도 이러한 추세는 지속적으로 강화될 것으로 전망된다.

마지막으로 자유민주주의는 대의제도에 대한 비판, 곧 대의제도가 전문적 활동으로서 정치에 관여하는 직업 정치인 엘리트와 탈정치화되고 사사화(私事化)된 시민 간에 일종의 정치적 노동분업을 확립하여 일반 시민을 정치과정으로부터 격리시킴으로써 정치적 불평등을 초래하고 있다는 비판이 꾸준히 제기되어 왔지만, 시민의 직접적인 정치참여를 강화하기 위한 해결책은 만족스러운 차원에서 실현된 바 없다. 최근 '정보사회'의 도래와 함께 전자민주주의가 논의되어 왔고, 한 때 직접민주주의에 대한 장밋빛 희망이 세상에 풍미하기도 했다. 하지만 시민 상호간, 정부와 시민 사이에 쌍방향적 의사소통을 획기적으로 개선시킨 인터넷의 도입·보급에도 불구하고 여러 가지 제약으로 인해 대의제도를 보완하는 수준 이상의 직접민주주의는 아직 실현되지 못하고 있다(강정인 1998 참조).

지금까지 논의된 것처럼, 두 번째 비판에 대해서는 사회민주주의자와 산업민주주의자, 세 번째 비판에 대해서는 여성해방론자, 네 번째 비판에 대해서는 참여민주주의자들(전자민주주의를 주장하는 자들을 포함한)이 나름대로의 대안들을 제시해 왔다. 그리고 개별 국가 수준에서 이런 비판에 대처하기 위한 '민주적 개선'이 이루어진 실적도 있다. 그러나 이 세 가지 비판을 압도할 만한 해결책은 서구의 선진 민주주의 국가들의 경우에도 아직 만족스러운 수준에서 제기되거나 실천되지 못하고 있다. 물론 이러한 진단에 대해 급진적인 대안민주주의를 주장하는 세력들은 자본가 등 기득권 세력의 저항에 의해 자신들이 제시한 대안을 실험할 수조차 없었다고 응수할 수도 있을 것이다. 하지만 이유야 어떻든 나름대로 제시된 대안들이 자유민주주의의 공식적인 제도로 적절히 수용되어 자유민주주의의 민주성을 심화시키는 데까지 이르지 못하고 있다는 점을 부정할 수는 없다.

이러한 사태의 주된 원인에 대한 설명은 종종 자유민주주의가 기반하고 있는 자본주의에 대한 분석으로 소급되기도 한다. 정치경제학적 입장에서 볼 때, 자유민주주의는 자본주의적 발전의 모순에서 생성된 산물로서 자본가계급의 이해가 직접적으로 위협받지 않을 때만 유지된다는 견해가 널리 수용되고 있다(Therborn 1977, 34-35). 따라서 자유민주주의체제 하에서는 형식적인 정치적 평등의 보장에도 불구하고 또는 그 때문에 생산수단의 사적 소유 등에서 비롯되는 사회경제적 불평등이 형식적인 정치적 평등을 끊임없이 잠식·훼손한다. 그러나 역사적으로 형식적인 정치적 평등이 노동계급 등 하층계급에게 보통선거권을 포함한 공개적인 정치적 활동의 자유를 보장함으로써 사회경제적 불평등이 곧바로 정치적 불평등으로 전화되는 것을 견제·완화시켜온 사실, 나아가 사회경제적 불평등을 완화시키고자 하는 하층계급에게 선거 등 정치의 장에서 민주적 계급투쟁의 무기를 제공해 왔다는 사실을 간과해서는 안 될 것이다. 그렇기 때문에 자유민주주의는 시민적 자유를 훼손하지 않고 - 특히 사회민주당 등 좌파정당들이 충분한 힘을 확보한 경우에는 - 실질적으로 재분배적인 국가의 행동을 이끌어 내기도 하였다. 그러나 최근 우리가 목격하는 것처럼 시장과 자본의 위력이 강화되는 상황 하에서는 사회경제적 불평등이 심화되고 나아가 정치적 평등의 실효성이 형해화되기도 한다. 따라서 자유민주주의 체제 내에는 정치적 평등과 사회경제적 불평등 간의 긴장이 항존하고 있으며, 당대의 세력배치와 계급구도에 따라 사회경제적 불평등(정치적 평등)이 심화(약화)되기도 하고 완화(강화)되기도 한다. 그렇기 때문에 자유민주주의체제는 한편으로 끊임없이 불안하게 동요하는 체제이기도 하지만, 다른 한편 계급 간 세력구도의 변화에 (부분적이지만) 유연하게 적응하는 체제라는 평가도 가능할 것이다.

4. 신자유주의적 세계화와 민주주의의 위축·쇠퇴

앞에서 논의된 자유민주주의에 대한 비판은 필자가 '민주주의 내포적 심화'라고 개념화한 것과 직접적으로 관련되어 있다. 민주주의의 내포적 심화란 절차적 민주주의가 실질적 차원에서 민주화되는 것, 곧 노동자·여성·소수집단(종교·인종·이념·문화 등의 면에서의)·장애자·노인·청소년 등 주변화되고 소외된 모든 계층의 정치적 평등은 물론 실질적인 사회경제적 평등이 확보되고, 나아가 민주주의의 실천이 단순히 공식적인 정치 영역에만 한정되지 않고, 직장·기업·학교·병원·가족 등 통상 사적인 영역으로 간주되는 일상적인 삶의 영역으로 확산되는 것을 포함한다. 요컨대 내포적 심화는 (정치적 평등의 전제조건인) 사회경제적 평등을 상당한 수준에서 확보하고 참여민주주의를 확산시킴으로써 현행 자유민주주의에서 민주주의의 핵심적 개념인 '평등'과 '참여'(또는 적극적 자유)의 요소가 강화되는 것을 그 요체로 한다.

이제 한국 민주주의는 이러한 민주주의의 내포적 심화라는 과제에 직면해 있다. 그러나 1997년 이후 한국의 사회경제적 현실은 이러한 민주주의의 심화라는 과제의 달성을 어렵게 하고 있다. 필자는 1994년 한국정치학회에서 세계화와 관련지어 민주주의에 대한 전망을 발표하는 논문에서 제 3 세계와 동구권에서는 민주주의로의 이행과 정착이 이루어지고 있는 반면, 서구의 선진 민주국가에서는 민주주의의 내포적 심화가 지체되거나 역전됨으로써 전 세계의 민주주의가 최소 민주주의 – 곧 절차적 민주주의 – 차원으로 수렴하고 있다고 주장한 바 있다. 그리고 이 같은 현상은 자본주의 시장질서의 강화로 요약되는 일련의 전 세계적 상황의 전개, 다시 말해 사회주의권의 붕괴와 자본주의화, 우루과이 라운드 타결을 통한 세계무역체제의 출범, 정보통신기술의 발전에 힘입은 국제금융시장의 급속한 지구화 등을 통해서 경제의 개방화와 시장화, 곧 신자유주의가 범세계적으로 확산·진척되고 있는 상황과 직결되어 있다고 지적했다(강정인 1994).

이렇게 볼 때, 민주주의로의 이행과 정착은 자본주의 시장경제와 역사적·논리적 친화력을 가지고 있다. 왜냐하면 사유재산과 시장경제에 근거한 자본주의 경제 질서가 여타 체제에 비해 국가에 대한 시민사회의 자율성과 다원성을 확보하고 권력중심의 다양성을 용인함으로써 절차적 민주주의의 차원에서 민주화에 유리한 여건을 조성하기 때문이다. 이런 의미에서 절차적 민주주의는 '시장을 위한 정치' 또는 '시장과 양립가능한 민주주의'라고 할 수 있다. 그러나 민주주의의 내포적 심화에 해당하는 사회민주주의나 참여민주주의는 '시장에 대항하는 정치' 또는 '시장의 전횡을 거부하는 민주주의'로서의 속성을 강력하게 지니고 있다. 그렇기 때문에 우리는 대체로 민주주의로의 이행과 정착이 시장제도와 공존할 수 있는 반면에 민주주의의 내포적 심화는 시장제도와 긴장관계에 있다고 말할 수 있다.

따라서 오늘날 진행되고 있는 세계화의 신자유주의적 측면, 곧 신자유주의적 세계화는 선진 민주주의 국가는 물론 한국과 같은 신생민주국가에서도 민주주의의 심화 또는 사회경제적 민주주의의 진척을 가로막는 중대한 걸림돌로 작용하고 있다.[15] 김영삼 정부에서 유포된 '국가경쟁력 강화' 담론, 김대중 정부 이래 추진되어 온 신자유주의적 구조조정은 한국 민주주의의 전진에 주요한 장애물로 작용하고 있다. 특히 신자유주의적 개혁정책은 많은 노동자들의 고용안정을 깨뜨리면서, 시간제 노동자는 물론 정규직 노동자마저 저임금의 구렁텅이로 몰아넣고 있다. 그 결과 경제적 불평등은 더욱 심화되고 있다는 것이 일반적인 관찰이다.[16]

이처럼 김대중 정부 이래 본격적으로 실시된 신자유주의적 개혁은 한국의 사회경제적 민주화에 암운을 던져왔다. 서구의 선진 민주국가들 역시 '두 국민 헤게모니 프로젝트' 또는 '20 대 80의 사회'로 상징되는 전 지구적 신자유주의의 공세에 의해 지금까지 성취한 사회민주주의적 성과를 잠식당해 왔다. 그러나 한국은 사회경제적 불평등을 해소하려는 시도도 미처 해보기 전에 신자유주의의 거센 파고를 맞고 있는 셈이다. 더욱이 재벌중심의 경제체제가 근본적으로 개혁되지 않은 상태에서 진행되고 있는 시장 자율성의 증대와 그로 인한 국가의 경제적(재분배적) 기능의 축소는 경제적 평등과 관련하여 많은 해악을 초래할 것임이 분명하다. 물론 신자유주의적 개혁정책이 시장 합리성과 기업경영의 투명성을 제고시킨 측면은 인정되어야 하겠지만, 여전히 남아 있는 재벌 중심의 경제구조가 사회경제적 평등의 진전에 부정적인 역할을 할 것이기 때문이다.

이러한 세계적 상황에서 서구의 사회민주주의적 정당이나 복지지향적 정당들은 이른바 '제 3 의 길'을 주장하면서, 신자유주의의 요구를 어느 정도 수용하는 한편, 지금까지 성취한 복지제도의 전면적 해체를 방지하는 방향으로 정강·정책

15) 신자유주의적 세계화가 민주주의에 미치는 부정적 영향을 논한 국내의 좋은 논문으로는 박영도(2000)와 이광일(2003)을 볼 것.

16) 한 예로, 국세청의 발표에 따르면 2003년 소득분포 가운데 5억원 이상의 고소득자는 15.8%, 1천만원 이하의 저소득자는 9.9% 증가했는데, 이는 한국사회에서 '부익부, 빈익빈' 현상이 강화되고 있음을 확인시켜 준다(연합뉴스 2004/1/18; 이광일 2003, 93쪽 주에서 재인용).

을 조정해 왔다. 그러나 동일한 전지구적 조건은 상대적으로 진보적인 김대중·노무현 정부에게 노동자 및 빈자를 위한 보상적인 분배정책을 제대로 수립·실천하지 못한 채 신자유주의적 개혁을 실시하도록 강요해 왔다. 과거에 국제적인 냉전질서가 민주화 이전 한국정치에서 정치적 민주화의 걸림돌로 작용한 것처럼, 이제는 신자유주의적 세계경제질서가 한국 민주주의의 심화에 장애물로 작용하고 있다.

5. 민주주의와 헌정주의

오늘날 법의 지배는 자유민주주의의 핵심적 원칙의 하나로서 통상 세 가지 관념으로 구성된 것으로 인식된다. 첫째, 법치는 자의적(恣意的)인 권력에 의한 지배에 반대되는 관념으로서 일반적인 법의 최고성을 지칭한다. 이 점에서 법치는 인치(人治: rule of men)에 대비되는 개념으로서 인간의 자의적인 정치권력을 규제하며 그것을 비인격적인 것으로 전화시킨다. 둘째, 법치는 법 앞의 평등, 곧 계급과 계층에 상관없이 공직자를 포함한 모든 사람들이 일반적인 법의 평등한 적용을 받는다는 관념을 지칭한다. 셋째, 법치는 최고의 법, 곧 헌법이 상위법으로서 통상적인 법을 구속한다는 관념을 지칭한다(Solum 1994, 122; Macedo 1994, 148-49; Gaus 1994, 328-330; 다이시 1993, 106-23 참조).

역사적으로 가장 전통적인 의미에서의 법치는 첫째 요소를 지칭하는 것으로 인식되어 왔다. 그러나 법치의 첫째와 둘째의 조건이 충족되더라도 압제는 가능하다. 예를 들어 모든 국민에게 해외여행의 자유나 언론의 자유를 금지하는 법 - 마치 마약복용을 금지하는 법을 제정하는 것처럼 - 이 제정되어 평등하게 적용된다면 첫 번째와 두 번째 의미에서의 법치는 존재하는 것이기 때문이다. 따라서 세 번째 요소가 필요하며, 이를 위해 독립된 사법부가 입법부나 행정부의 정치적 행위에 대해 헌법과 같은 상위법에 의거하여 사법심사(위헌심사)를 할 수 있는 권한을 보유하는 제도가 오늘날 법치의 필수적 요소로 인식된다(Macedo 1994, 149). 이 점에서 법치주의의 세 번째 요소는 서구 근대사상의 전개과정에서 전통적으로 존재하던 헌정주의(constitutionalism)가 법치와 결합한 결과 추가된 것이다. 따라서 오늘날 법치주의는 기본권의 보장, 권력의 분립, 성문헌법의 존재[17]와 함께 자유주의적 헌정주의의 필수적 구성요소로 인정된다.[18] 우리나라에서도

---

17) 물론 영국과 같이 불문헌법에 다스려지는 국가도 예외적으로 존재한다.

18) 그러나 서구 정치사상사에서 헌정주의가 명시적으로 법치와 결합되게 된 역사적 사실은

헌정주의를 흔히 국민의 기본권 보장과 주권재민, 권력분립 및 대의제도 원칙을 내포하는 헌법의 채택에서 출발하는, "헌법으로 제도화된 민주주의"로 이해하는 듯하다(김세중 1997, 67, 69; 최장집 2004, 15; 문지영 2005, 2). 이렇게 볼 때 한국에서 1987년 6월 이후 진행된 민주화 과정은 "헌정주의[의] 제도화"라는 관점에서 이해할 수 있을 것이다(문지영 2005, 2).

헌정주의에 대해서는 헌정주의가 민주주의와 모순된다는 지적이 서구의 보수·진보 양 진영에서 제기되어 왔다. 진보진영에서는 만약 다수 국민의 대표인 정치인들이 과거의 조상들이 제정한 헌법을 준수해야 하고, 헌법을 다수가 쉽게 변경(개정)할 수 없고, 선출되지 않은 그리고 공론으로부터 격리된 소수의 법관에 의해 헌법이 해석된다면, 이는 인민주권과 다수의 지배를 특징으로 하는 민주주의에 반한다는 이유로 비판해 왔다. 즉 진보주의자들은 헌정주의가 궁극적으로 소수의 사회적 엘리트의 이익에 봉사하는 장치라는 이유로 다수의 지배라는 민주주의의 일관된 관철을 위해 헌정주의에 종종 반대했던 것이다. 보수주의자들 역시 헌정주의와 민주주의 모순성에 대해 진보주의자와 입장을 같이 했다. 그러나 보수주의자들은 정치에 대한 헌정주의적 제약이 반민주주의적이라는 바로 그 이유로 헌정주의를 지지해 왔다. 곧 그들은 민주주의에 내재한 '다수의 횡포(또는 전제)'(the tyranny of the majority)의 위험을 지적하면서 개인의 권리를 민주주의의 과잉으로부터 보호할 수 있는 장치로서 헌정주의적 제약을 환영해 왔던 것이다(Holmes 1995, 299).

그러나 민주주의와 헌정주의 자체에 대한 다양한 이론과 해석들이 경합하고 있다는 사실과 서구 민주국가에서 역사적으로 전개된 헌법 현실을 고려할 때, 이러한 이분법적 해석은 근거가 없다는 것이 일반적인 지적이다(Holmes 1995).[19] 이른바 민주주의의 대표적 특성으로 언급되는 다수결주의가 순전히 중립적인 결

근대에 들어와 영미법의 전통에 따라 확립된 것이다. 서구 정치사상사에서 헌정주의는 본래 "어떻게 통치자를 규제할 것인가?(How to Rule the Rulers?)"라는 문제의식에서 출발하였다. 따라서 헌정주의는 가장 기본적으로 "정부의 행위에 대한 규제의 체계"("a system of restraint upon governmental action")로 정의된다(Friedrich 1968, 320). 예를 들어 아리스토텔레스에 따르면, 지배계급 또는 지배자가 공동선을 추구하는 왕정, 귀족정, 혼합정은 입헌적 정부이고, 이에 비해 지배계급의 이익만을 추구하는 폭군정, 과두정, 중우정은 비입헌적 정부에 속한다. 물론 아리스토텔레스는 오늘날 이해되는 헌정주의 사상을 주장하지는 않았으며, 그의 사상에 존재하는 헌정주의는 규범적 요소와 기술적(記述的) 요소가 혼재하고 있다. 따라서 그는 독특한 혼합정 - 진정한 입헌적 정부 - 은 물론 모든 형태의 정부를 지칭하기 위해 폴리테이아(politeia)라는 단어를 사용하기도 했다(Friedrich 1968, 318-19). 이처럼 헌정주의가 논리적으로 법치와 불가분적으로 결합할 필요는 없었지만, 서구 정치사상사에서는 역사적으로 특히 근대와 들어와 법치주의와 강하게 결부되게 되었다.

19) 헌정주의에 대한 다양한 해석을 국내에 소개한 글로는 곽준혁(2005)을 참조할 것.

정 작성 과정에 불과하며, 반드시 좋은 결과를 보장하지 않는다는 사실은 그리스 민주정 이래 널리 알려진 사실이다. 다수결에 의한 결정은 단지 절차에 의해 스스로를 정당화하는 것이지, 내용에 의해 정당화되는 것은 아니기 때문이다. 그러므로 민주주의는 다수결을 존중하기는 해야 하지만, 그 다수에게 공적 숙의와 비판을 통해 자기 성찰과 교정의 기회를 끊임없이 제공해야 한다는 점에서 헌정주의적 장치를 필요로 한다(Holmes 1995, 303).

헌정주의의 제도화와 관련해서는 제6공화국 헌법에 따라 창설된 헌법재판소의 활동과 기여가 학계로부터 긍정적인 평가를 받아 왔다. 그렇기 때문에 한 헌법학자는 "현행헌법의 성립 후 가장 성공적인 발전은 평화적 정권교체와 더불어 헌법재판의 활성화"이며, "헌법재판제도는 민주화의 정도를 측정할 수 있는 가장 대표적인 제도 가운데 하나"라고 평가한 바 있다(윤대규 2001, 340-341). 다시 말해 우리는 민주화와 함께 일어난 가장 주목할 만한 정치적 변화로서, 공정한 선거의 실시 및 평화적 정권교체를 통해 헌법상 선언된 국민주권의 원리가 헌법 현실적으로 관철됨으로써 "최소한 국가권력 성립의 측면에서 국민의 의사와 결정[을] 절대적인 것으로 인식"하게 된 현실, 또 헌법재판의 활성화에 따라 "국민의 기본권을 침해하는 국가권력이 헌법상 통제되기 시작"하고 그 결과 "국가권력의 행사가 헌법 및 법에 의해 구속받게 되었다"는 현실을 들지 않을 수 없다(문지영 2005, 3-4).[20]

이러한 헌정주의와 관련해서 우리는 김대중 정부의 출범 이후, 특히 노무현 정부에 들어와 정치권에서 법치주장의 증가와 함께 이른바 '정치의 사법화'(judicialization of politics)가 점증하는 현상을 목도해 왔다. 대통령 탄핵심판, 행정수도이전, 국가보안법, 이라크 파병, 양심적 병역거부 등 정치사회의 중요한 의제들이 모두 헌법적 결정에 직면해 왔기 때문이다(박명림 2005, 266). '사법에 의한 정치의 대체현상' 또는 정치의 사법화 현상은 오늘날 발전된 민주주의 국가에서 광범위하게 목격되는 일반적 추세로 인식되고 있기도 하다(박명림 2005, 266).

20) 좀더 구체적으로, 함재학과 김성호는 헌법 재판소의 민주주의에 대한 기여를 다음 네 가지로 요약한다. 첫째, 헌법재판소는 연설의 자유, 학문적·예술적 표현의 자유, 사생활의 자유, 변호인의 조력을 받을 권리 등 국민의 기본권을 좀더 견고하고 명시적인 기반 위에서 보장하는 데 기여했다. 둘째, 헌법재판소는 선거 절차와 과정을 민주적으로 개혁하고 정치적 문책성을 강화하는 데 기여했다. 셋째, 헌법재판소는 때로 과거 권위주의 정권 하에서 일어난 부정의를 바로잡기 위해 법적 해석의 한계를 확대하기도 했다. 넷째, 헌법재판소는 발전주의적 국가의 재산권 침해 관행에 대항하여 사유재산권의 불가침성을 옹호해 왔다 (Hahm and Kim 2005, 32-33).

그러나 헌정주의는 민주주의의 진전에 걸림돌로 작용하는 측면도 없지 않다. 김대중 정부 시절 법치의 이름으로 제기된 비판의 주된 내용으로는 2000년 총선을 전후로 하여 전개된 총선연대의 '낙천·낙선운동'에 김대중 대통령이 공감을 표하고 선거법 개정을 촉구하자 이에 대해 대통령이 불법을 부추기고 법치주의를 훼손했다고 공박한 야당과 보수언론의 법치주의적 비판, 2001년에 실시된 언론사 세무조사에 대해 당시 야당총재이던 이회창이 직접 나서서 법치에 반하는 결정이자 중대한 언론탄압 행위라고 비난한 사실, '햇볕정책'과 6·15 공동선언에서 채택된 통일방안에 대해 그것이 "자유민주적 기본질서에 입각한 평화적 통일정책"을 수립·추진할 것을 규정한 헌법 제4조의 규정에 반하는 것이라는 세간의 비판 등을 들 수 있을 것이다. 김대중 정부 하에서 이처럼 민주주의의 확장과 통일을 위해 추진된 일련의 정책이나 사태에 대해 야당이나 보수세력이 '법치'를 명분으로 비판한 사실은 민주주의 공고화단계에서 표출된 민주적 개혁에 대한 국민일반의 의사를 도외시한 채 법을 말하고 있다는 점에서 법치에 대한 주장이 민주주의와 통일을 가로막고 있다는 인상을 민주적 시민들에게 심어 주었다(문지영 2005, 6).

나아가 김대중 정부 하에서는 법치에 대한 주장이 민주적 개혁을 가로막는 논변의 기능을 수행하는 데 있어 헌법재판소가 적극적으로 관여하지 않은 데 반해, 노무현 정부에 들어와서는 헌정주의의 수호기관인 헌법재판소가 정치영역에 긴밀하게 관여하게 되었고, 이에 따라 진보세력들 사이에서 헌법재판소에 대한 비판과 우려의 목소리가 커지기 시작했다. 이들은 특히 2004년 들어 헌법재판소가 행한 대통령 탄핵심판과 행정수도 이전특별법 위헌판결, 국가보안법 합헌판결을 문제 삼는다. 대통령 탄핵심판에서 헌법재판소는 비록 국회의 탄핵소추를 기각하기는 했지만, 대통령을 공무원법 제9조가 정의하는 공무원으로 본 중앙선거관리위원회의 해석을 인정하여 노무현 대통령이 선거에서의 중립의무를 위반하였다고 판결하였다(문지영 2005, 7; 박명림 2005, 259). 그 결과 헌법재판소는 "대통령직을 좁은 의미에서의 공무원의 역할로 한정시키는 동시에 그 범위를 훨씬 넘어서는 광범한 정치적 역할을 무시하고 부정"했다는 비판을 받았다(최장집 2004, 53).[21] 나아가 최장집은 행정수도 이전에 대한 헌재의 위헌 결정에 관해서도 "이는 민주주의의 절차적 정당성에 대한 부정이며, 제일의 민의의 대표기구가 내린

21) 이외에도 "행정수도이전특별법의 위헌 결정에서는 '관습헌법'을 끌어들였고, 국가보안법 합헌 결정시에는 스스로의 이전 결정취지에 반하는 국보법옹호론을 제기하면서 그 이유를 적절하게 적시 않았을 뿐더라 자신들의 의견을 밝히지 않은 채 국가인권위원회의 폐기 건의를 무시해 버렸다"는 비판을 받기도 했다(문지영 2005, 7).

다수의 결정을 번복한 것으로 헌재 결정의 비민주성과 입법부에 대한 사법부의 우위를 입증하는 사례라 할 수 있다"는 비판을 제기했다(최장집 2004, 54).[22)]

최근의 이러한 사태전개를 이유로 일부 진보적 학자들은 민주주의와 (자유주의적) 헌정주의가 한국 민주주의의 전개 과정에서 상호 보완적으로 공존하던 단계를 지나 이제 양자가 상호 갈등하는 단계에 들어섰다고 주장하면서, 헌정주의의 보수성을 비판하기 시작했다. 한국정치의 초기 민주화 과정은 법치로 인해 발전하였지만, 이제 법치가 "민주주의를 부정하는 동시에 심대하게 제약한다"는 것이다(박명림 2005, 268). 이처럼 사법부의 위헌심사를 통해 발생하는 정치권과 사법부간의 긴장과 갈등은 흔히 민주주의(다수의 지배)와 법의 지배(소수의 지배)[23)]간의 충돌로 인식되고 있다. 특히 이러한 이분법적인 대비는 행정부의 수장인 대통령이나 국회가 국민의 직접 선거에 의해 선출된 공직자인데 반해, 헌법재판소나 사법부를 구성하는 법관은 선출된 공무원이 아니며, 따라서 국민에 대해 책임을 지거나 민주적 통제를 받지 않는다는 점에서 헌법재판소나 사법부가 (민주주의에서 다수의 지배를 상징하는) 대통령이 내린 결정 또는 국회가 통과시킨 법률이나 결의를 무효화시킬 경우 사법부에 대한 비판으로 흔히 인용·이용되어 왔다.

그러나 우리는 정치의 사법화가 주로 민주주의에서 국민 다수의 대표로 인식되는 국가기관과 정치인들에 의해 정상적인 정치과정이 작동하지 못했을 때 또는 (일반 시민에 의한 헌법소원 제기에서 볼 수 있는 것처럼) 주권자인 일반 시민이 (시민의 대표자인) 국가기관이 내린 결정이나 법률에 대해 헌법위반을 이유로 문제를 제기할 때 발생하는 현상이라는 점에 주목할 필요가 있다. 전자의 경우는 국가기관이 권력을 남용할 때, 국민의 대표인 국회가 의회주권을 남용할 때(또는 입법과정에서 갈등의 조정과 타협, 합의가 이루어지지 못할 때), 국가 기관 간의 권한분쟁이 발생할 때 등 정상적인 정치과정이 제대로 작동하지 못할 때로써 분쟁의 당사자인 국가기관이나 의회가 아니라 독립적인 제3의 기관이 분쟁을 해결하기 위해 개입할 필요가 있을 때이다(문지영 2005, 8). 후자의 경우는 헌법적으로 제도화된 일종의 '저항권의 행사'로서 주권자인 국민의 의사를 존중하는 것이기 때문에 민

22) 그러나 앞에서도 지적한 것처럼 다수결이 민주주의의 필요조건은 될지언정 충분조건은 아니다. 또 다수의 '전제'나 '횡포'가 시사하는 것처럼, 다수결이 반민주적이 될 수 있다는 점도 유념해야 한다. 또한 최장집은 '민의의 대표기구가 내린 다수의 결정'에 따라 소추된 대통령 탄핵심판에서 헌법재판소가 그 청구를 기각한 사실에 대해서는 동일한 비판을 제기하지 않는 이중적인 태도를 보이고 있다. 또한 최장집은 헌법재판소가 내린 대통령 탄핵소추의 기각과 행정수도 이전 특별법의 위헌결정이 당시 주권자인 국민 다수의 여론에 합치했다는 점에서 헌재의 결정이 지닌 '민주성'에 대해서는 침묵하고 있는 모습을 보이고 있다.

23) '법의 지배'가 '법의 해석을 전담하는 소수 법조인의 지배'를 초래한다는 점에서 '소수의 지배'로 등치된다.

주주의에 대한 위협으로 보기보다는 인민주권이라는 민주적 대의에 충실한 장치로, 국민의 기본권 보장을 충실히 하는 제도로 받아들여져야 할 것이다.

다른 한편 상술한 비판은 '정치의 사법화'의 결과, 헌법재판소가, 원하든 원하지 않든, 논쟁적인 정치적 사안에 깊숙이 관여하게 됨에 따라 필연적으로 수반되는 '사법(부)의 정치화'(politicization of the judiciary)의 산물로 해석될 수 있다. 현대 민주주의 체제에서 사법부가 관할하는 재판의 상당수는 그 실질적 내용에 있어 다분히 정치적인 것임에도 불구하고 정치(권; 圈)의 과부하(過負荷)를 방지하고 법적·정치적 안정을 확보하기 위해 (일견 중립적인) 사법적인 절차에 의한 '탈정치화'를 시도하기 위한 장치이다. 하지만 정치의 사법화는 필연적으로 (일견 탈정치화된) 사법(부)의 정치화를 초래한다. 최근의 정치의 사법화 비판은 정치의 사법화가 야기한 사법(부)의 정치화를 비판한 것으로서 이로 인해 사법부에 대한 민주적 통제 또는 문책가능성(accountability)의 중요성이 새롭게 부각하게 된 셈이다.

그러나 비판자들 역시 인정하고 있듯이 문제의 궁극적 소재는 헌법재판제도나 헌정주의 자체에 있는 것은 아닌 것으로 보인다(최장집 2004, 57). 곧 서구의 선진 민주국가에서 목격되는 정치의 사법화 현상과 달리 한국정치에서 일어나는 정치의 사법화 현상은 아직 한국 민주주의가 정치적으로 미숙한 상태를 벗어나지 못했다는 사실에서 단적으로 비롯되는 것이다. 노사협상이나 의회정치의 현장에서 볼 수 있듯이, 한국인들은 민주적 협상과 타협을 통한 합의의 창출이라는 정치적 기예를 제대로 습득하지 못한 정치문화로 인해, 일반인이건 정치인이건, 정상적인 민주적 절차의 작동에 방해가 되는 극단적인 입장을 고수하는 속성이 있고, 타협과 협상을 배신과 변절로 간주하는 성향이 있다.[24] 즉 민주적 정치문화의 미성숙 때문에 정치적 해결책이 결렬된 상황에서 헌법재판소가 개입하여 문제를 해결해 줄 것을 요청하게 된다는 것이다. 그렇기 때문에 문지영이 제시한 다음과 같은 지적과 결론은 강한 설득력을 갖는다: "오히려 문제의 진정한 핵심은 헌재가 쟁점이 되는 정치적 사안의 결정 권한을 갖지 않을 수 없도록 하는 … 정치의 실패에 있다 …… 자유민주주의의 발전에 헌법재판소가 기여하는 측면을 고려할 때, 헌법재판제도의 자체에 대한 회의나 헌정주의의 제도화에 대한 부정적 평가에 몰두하기보다 문제의 본질을 찾아내어 고침으로써 민주주의를 보완하는 법치, 민주주의와 조화를 이루는 헌정주의의 발전을 모색할 필요가 있다"(문지영

---

24) 2005년 3월 국회의 탄핵소추 결정에 이르는 정치적 과정은 이러한 현실을 적나라하게 보여준 바 있다.

2005. 7. 9).

하지만 이러한 지적에도 불구하고 필자는, 헌법재판소의 판결이 (과거 역대 권위주의 정권하에서 사법부가 묵수해 왔던) 법의 형식만을 중시하는 형식적 법치주의보다 (스스로도 공언한 바 있는) 법률의 목적과 내용도 정의에 합치할 것을 요구하는 실질적 법치주의에 일관되게 충실했는지에 대해서는 일부 판결의 결론이나 논거를 볼 때 다소 회의적이다.[25] 앞에서 필자는 향후 한국 민주주의가 직면한 주된 과제를 민주주의의 내포적 심화로 보고 그 핵심적 요소로 사회경제적 평등의 확대와 정치참여의 확산을 제시한 바 있는데, 실질적 법치주의와 정의에 대한 헌법재판소의 강조 역시 기본 정신은 민주주의의 심화와 맞닿아 있다고 생각된다.

따라서 한국은 물론 선진 민주국가의 정치 현실을 고려하면서 사법부의 역할과 관련해서 제안하고 싶은 것은 사법부 역시 전통적으로 사적 영역이라고 간주된 영역에서 자행되는 전제(專制)에 긴밀한 주의를 기울일 필요가 있다는 것이다. 고대 아테네에서는 시민이라는 특권을 지닌 남성 가부장 자유인에게만 공적 영역에서 민주주의를 허용하고 사적 영역에서는 여성 및 노예에 대한 전제를 당연시해 왔다. 그러나 오늘날 인민주권을 표방하는 대중 민주주의의 경우 사적 영역에서의 반민주적 요소를 상존시키면서 공적 영역으로서 정치영역에서만 민주주의를 실행하는 이율배반적인 구조로는 '지속가능한 민주주의'를 발전시킬 수 없다. 따라서 양성평등 및 사회경제적 평등의 확보를 통한 평등의 강화는 한국 민주주의가 당면한 시급하고도 중대한 과제라 할 수 있다.[26]

그러나 앞에서도 언급한 것처럼(주 20 참조), 헌법재판소는 사유재산권의 보장에 대해 좀 더 노력을 기울여 온 것으로 보인다. 물론 과거 사회주의 체제하에서 공산당 독재의 폐해가 여실히 보여 주었듯이, 일정 정도의 사유재산은 시민의 생존은 물론 정치적 반대의 자유를 포함한 다른 기본권의 향유를 위해서도 필수불가결한 것으로 판명되었다. 그러나 거의 무제한적으로 축적이 허용된 사유재산이 사적 영역에서 전제를 자행할 뿐만 아니라 공적 영역에서의 민주주의마저 위태롭게 한다는 사실은 최근 도청된 테이프를 통해 밝혀진 모 재벌의 정치자금 제공에서도 극적으로 확인된 바 있다. 앞에서 헌정주의를 둘러싼 보수 – 진보 진영

25) 물론 국회의원의 면책특권을 남용한 이른바 '방탄국회' 또는 주로 정치적 비리와 관련된 범죄인(정치인)들을 대상으로 행사되어 온 대통령의 사면권 남용 등을 고려할 때 대통령이나 국회 역시 실질적 법치주의 또는 헌정주의적 비판으로부터 자유롭지 못하다.

26) 물론 갈 길은 멀지만 양성평등에 대해서는 헌법재판소가 과거보다 진일보한 전향적인 결정을 적지 않게 내려온 것으로 알고 있다. 그러나 오늘 발표회에서는 사회경제적 평등의 문제에 초점을 맞추어 논의하겠다.

의 공방에서 보았듯이 자유주의적 헌정주의가 민주주의라는 이름 아래 다수의 전제에 노출된 무력한 소수자 – 여성은 물론 이주 노동자, 인종적 소수자, 종교적 소수자 등 – 를 보호하는 데 일정한 기여를 한 점은 인정되지만, 동시에 사적 영역에서는 물론 공적 영역에서도 힘없는 다수를 거대한 경제적 부를 축적한 특권화된 소수의 전제에 방치할 가능성이 있다는 주장 역시 경청할 필요가 있다.

이러한 우려는 무엇보다도 헌법 제22조에 규정된 사유 재산권 보장조항을 좀더 제한적이고 엄격하게 해석할 것을 요청한다. '사유'(私有)의 '사'(私)의 의미를 이해하기 위해서는 이에 대비되는 '공'(公) 또는 '공공'(公共)의 의미를 정확히 알 필요가 있다. 자세한 논의를 여기서 전개할 수는 없지만, 우리말로 '공'은 영어와 마찬가지로 '접근가능성'(access), '영향'(impact) 및 '통제'(control)의 요소로 구성되어 있다. 대중 또는 공중이 출입하거나 사용하는(access) 시설은 보통 '공중(대중) 목욕탕', '공중접객업소', '공중전화' 등으로 불린다. 이러한 공중을 위한 시설은 불특정 다수의 많은 사람들이 사용하기 때문에 공중의 건강이나 편의에 커다란 영향을 미친다(impact). 예를 들어 공중이 사용하는 식당의 위생시설은 공중 보건에 중요한 영향력을 행사한다. 그렇기 때문에 공중을 대표하여 국가는 이들 공중접객업소의 위생시설을 감독할 필요가 있고, 실제로 감독한다(control). 물론 군주제와 달리 민주주의 체제에서 '공적인 통제'는 민주적 통제를 의미한다. 아울러 '공정'(公正), '공평'(公平), '공공' 등의 말이 의미하듯이, (이러한) 민주적 통제는 정의의 원칙에 따라 규율되어야 한다.

이렇게 볼 때, 한국사회를 특징짓는 거대기업(재벌), 거대 언론사, 사학재단 등이 법상으로는 사유재산에 속하고 그 활동이 사적 활동의 자유로 보장되어야 하는 것인지는 몰라도 그 재산권의 행사는 현재보다 훨씬 더 공적인 통제나 규제를 받아야 한다는 결론이 나올 것이다.[27] 삼성 등 재벌기업의 제품은 국민 모두가 사용(소비)하고 있고(access), 그 기업들이 내린 결정은 지방자치 단체의 장이나 국회의원보다 일반 국민들에게 훨씬 더 커다란 영향을 미친다(impact). 마찬가지로 거대 언론기업의 보도내용은 거의 모든 국민이 접하게 되고(access), 많은 사람들에게 영향을 미친다(impact). 또 많은 사람들이 사학재단이 운영하는 학교에서 수년 동안 교육을 받기 때문에(access), 그들이 내리는 결정 역시 많은 사람들에게 영향을 미친다(impact). 따라서 이러한 실체들의 공공성을 고려하여 민주

27) 이와 관련하여 우리는 과거에 '자장면'이나 '설렁탕' 역시 일반 서민들이 애용하는 음식이고, 따라서 가격인상이 많은 사람들의 삶에 영향을 미치기 때문에 '공공요금'(?)으로 간주되어 정부의 (사실상의) 규제를 받은 적이 있으며 심지어 대다수 국민 역시 이를 당연히 여긴 적이 있다는 웃지 못할 사실을 기억할 필요가 있다.

적 정치는 일정한 기준과 요건을 부과하면서 이미 많은 규제를 하고 있다(control). 그렇다 하더라도 현재 한국의 정치현실은 헌법재판소를 포함한 사법부가 이들 실체(법인들)에 대해 사유재산권의 보호라는 명분보다는 실질적 법치주의와 정의의 원칙에 입각해서 좀더 적극적으로 공적인(민주적인) 규제를 지원할 것을 요청한다는 것이 필자의 판단이다.[28)]

6. 글을 맺으며

민주주의의 이상이나 서구 민주주의의 발전된 현실에 비추어 볼 때, 2005년 현재 한국의 민주주의가 여러 모로 미흡한 점이 많다는 점은 부인할 수 없는 사실이다. 그렇다 하더라도 서구의 선진국가들이 현존 자유민주주의로 성숙하는 데 적어도 200년 이상 걸렸다는 점을 감안한다면, 한국의 현실은 비록 급진주의자들의 눈에는 그렇지 않겠지만 참을성 많은 역사의 눈에는 상당히 고무적으로 비칠 것이라 생각된다. 아울러 한국 민주주의가 정착됨에 따라 한국에서 민주주의자의 고뇌는 이제 서구의 민주주의자의 고뇌와 크게 다르지 않다. 그것은 지금까지 논의한 것처럼, 한국 민주주의가 직면한 여러 가지 모순과 딜레마에도 불구하고, 환멸이나 냉소에 쉽게 빠지지 않은 채 민주주의의 이상을 보존하고 그것을 현실화시키는 것이다.[29)] 그리고 민주주의의 이상을 현실화시키기 위해, 민주주의를 효과적인 치료약으로 만들기 위해 지금 우리에게 필요한 것은 민주주의의 내포적 심화이며, 이를 위해 헌정주의의 적극적인 기여가 요청된다. 그 방향은 물론 사회경제적 평등을 실현하고, 정치적 참여를 확대하는 쪽이 될 것이다.

---

28) 그러나 헌법재판소의 일부 결정이 형식적 법치주의에 입각하거나 아니면 국민의 사유 재산권 보장에 치중해 온 전력이 있기 때문에 열린우리당의 민주적 개혁입법에 대해 야당과 일부 법조계 인사들은 개혁입법이 통과도 되기 전에, 만약 그 법안들이 통과되면 헌법소원을 제기하겠다는 으름장을 놓게 되고, 그리하여 이를 잘 모르는 일반 국민들은 헌정주의나 법치를 보수적인 제도로 인식하게 되는 현상이 확산되는 듯하다. 물론 다른 많은 요인들도 있었겠지만, 이러한 사실이 노무현 정부와 열린우리당으로 하여금 그들이 추진하고자 했던 개혁입법 - 특히 국가보안법 개폐, 사립학교법 개정 등 - 을 제대로 추진하지 못한 채 지지부진하게 만든 원인이 아닌가라는 추정을 가능케 한다. 헌법재판소는 국가보안법을 합헌으로 판결한 적이 있고, 또 사립학교법 개정에 대해 반대하는 이들은 사립학교의 공공성보다는 사유재산성을 강조하면서 개혁법안이 재산권 보장에 대한 헌법규정을 침해한다고 주장하기 때문이다.

29) 섣부른 환멸이나 냉소를 방지하기 위해서는 현재 실현된 민주주의가 완성된 상태가 아니며, 또한 민주주의가 만병통치약이 아니라는 사실을 자각하는 것이 필요하다. 이 점은 한국보다 높은 수준의 민주주의를 시현하고 있는 서구 선진국의 경험에 의해서도 어렵지 않게 확인된다.

도움 받은 글

〈국 문〉

강정인, "세계화 그리고 민주주의의 미래," 강정인·김세걸(1994), 1994, 11 ~ 54면.

강정인,「세계화, 정보화 그리고 민주주의」, 서울: 문학과지성사, 1998.

강정인·김세걸 편역,「현대 민주주의론의 경향과 쟁점」, 서울: 문학과 지성사, 1994.

곽준혁, "민주주의와 공화주의: 헌정체제의 두 가지 원칙,"「한국정치학회보」, 2005, 39:3, 33 ~ 57면.

김세중. "헌정주의 제도화의 평가와 과제,"「6·10민주화운동학술회의 발표논문」, 한국정치학회, 1997.

다이시·알버트,「헌법학입문」, 안경환·김종철 공역, 서울: 경세원, 1993.

문지영, "민주화 이후 한국 민주주의의 자유주의적 성격: 의미와 한계," 미출간, 2005.

박명림, "헌법, 헌법주의, 그리고 한국 민주주의: 2004년 노무현 대통령 탄핵사태를 중심으로,"「한국정치학회보」, 2005, 39:1, 253 ~ 76면.

박영도, "세계화 시대의 민주주의: 그 딜레마와 전망,"「경제와 사회」45, 2000, 198 ~ 230면.

박호성,「평등론」, 서울: 창작과비평사, 1994.

비담·데이비드, "자유주의적 민주주의와 민주화의 한계," 강정인·김세걸 공역, 1994, 149 ~ 75면.

윤대규, "민주화와 헌법의 역할," 한국정치외교사학회 엮음,「한국정치와 헌정사」, 서울: 한울, 2001, 336 ~ 352면.

이광일, "자유주의에서 신자유주의로의 전화: '민주주의'의 축소와 '국가 물신'의 심화,"「정치비평」(하반기), 2003, 75-105.

채장수, "한국 좌파집단의 인식과 지향,"「한국정치학회보」38:3, 2004, 93 ~ 112면.

최장집,「민주화 이후의 민주주의」, 서울: 후마니타스, 2002.

최장집, "민주주의와 헌정주의: 미국과 한국," 달, 로버트,「미국 헌법과 민주주의」, 서울: 후마니타스, 2004, 9-66..

〈영 문〉

Ball, Terence & Richard Dagger, *Political Ideologies and the Democratic Ideal*, 5th ed.(New York: Longman, 2004).

Friedrich, Carl J., "Constitutions and Constitutionalism," *International Encyclopedia of Social Sciences*, Vol. 3(New York: Macmillan, 1968), pp. 318−26

Gaus, Gerald F., "Public Reason and the Rule of Law," *Shapiro*(1994), pp. 328−355.

Hahm Chaihark and Sung Ho Kim. "Constitutionalism on Trial in South Korea," *Journal of Democracy*(April 2005), 16:2, pp. 28−42.

Holmes, Stephen, "Constitutionalism," Lipset, Seymour Martin, ed., *The Encyclopedia of Democracy*(New York: Routledge, 1995), pp. 299−306

Macedo, Stephen, "The Rule of Law, Justice, and the Politics of Moderation," *Shapiro*(1994), pp. 148−177.

Shapiro, Ian, ed., *The Rule of Law: Nomos XXVI*(New York: New York University Press, 1994).

Solum, Lawrence B., "Equity and the Rule of Law," *Shapiro*(1994), pp. 120−147

Therborn, G., "The rule of capital and the rise of democracy," *New Left Review*, 103(1977), pp.3−41.

제61회 발표회 토론요지

사 회 자 : 권영설(교수)
토론참여자 : 강정인(교수) 조대현(헌법재판관) 윤영철(헌법재판소장)
이명웅(헌법연구관) 장석조(연구부장) 신우철(교수)
김홍우(교수) 김성호(교수) 윤영미(헌법연구관)
김시철(판사) 김경희(박사) 양건(교수)

간 사 : 이렇게 참석해 주셔서 감사합니다.

헌법실무연구회 간사를 맡고 있는 헌법재판소에 전종익연구관입니다.

오늘은 연말을 맞이해서 특별한 분들을 모셨습니다.

저희 헌법재판이 법학뿐 아니라 정치학과도 연관이 깊은 것으로 생각이 되고 그런 의미에서 정치학계에서 서강대학교 강정인교수님께서 발표를 해 주시기로 하겠습니다.

그리고 연말을 맞이해서 소장님과 조대현재판관님께서 특별히 참석해 주셨습니다.

사회는 중앙대학교의 권영설교수님께서 맡아주시겠습니다.

그러면 권교수님께서 진행해 주시도록 하겠습니다.

사 회 자 : 평소 존경하는 헌법재판소장님 그리고 이공현, 조대현재판관님, 서상홍차장님. 오늘 모처럼 송년세미나라 할까요? 저보고 사회를 하라고 그래서 개인적으로 영광입니다. 동시에 오늘 모처럼 평소에 자주 뵙지 않던 연사와 다른 손님들을 모시고 하게 되었습니다. 그래서 모처럼 이런 귀한 자리를 마련했기 때문에 좋은 담론이 있게 되기를 기대하겠습니다.

먼저 오늘 발표해 주실 발표자를 소개해 드리면 서강대학 강정인교수님이십니다.

본래 학부에서 법학을 하셨습니다. 서울대학교 법과대학을 1977년에 졸업을 하시고 미국 유시버클리에서 석사와 박사를 하셨습니다. 정치사상이 전공이고 현재 서강대학에서 교수로 계십니다. 전공이 그러하고 관심이 그러해서 이 자리에 계시는 우리들과 많은 공통된 관심사에 관해서 글도 많이 쓰시고 또 학술활동도 열심히 하시고 책도 여러권 출판하시고 하셨습니다.

아무튼 지금 이 시점에 우리사회는 대단히 통합수준이 낮습니다. 갈등이 대단히 많습니다. 표면상으로는 굉장히 위태로운 수준으로 위기적인 상황같이 느껴지기도 합니다.

일반적으로 주어진 사회가 이념과 가치가 서로 다르게 나타나게 될 때는 두 가지 경우가 있는 것 같아요. 그 중에 하나가 서로 다른 이념과 가치가 서로 상승효과를 나타내서 순기능을 하는 경우도 있고요. 또 그렇지 않으면 서로 충돌과 파괴적인 사회의 길로 가는 경우도 있습니다. 우리사회가 어느 쪽으로 가고 있거나 현재 갈 것으로 보는지 다같이 한번 생각을 해봅시다.

동시에 앞으로 이 같은 이념과 가치가 지금 봐서는 더 다양하게 표출될 것 같습니다. 더 다양한 가치가 많이 뒤 섞일 때 그것이 대화와 타협과 또는 양보의 길로 그같은 기술이 잘 개발이 될는지 아니면 계속 긴장과 갈등과 비판과 투쟁의 길로 갈는지 이것도 정말 조심스럽게 이 가능성 저 가능성을 생각해 보지 않을 수가 없습니다. 어떤 분들은 지금 이 시점에 우리사회의 사회통합수준이 세계최저의 수준이다. 이렇게 얘기하시는 분들도 있습니다.

그런데 그 가운데서 정치영역의 경우라고 예외가 될 수 없습니다.

그래서 정치적인 이념과 가치, 결국 우리가 흔히 정치질서, 정치체제 등등으로 얘기할 수 있겠는데요. 이 경우에도 예외가 아니라서 이를 테면 보수와 진보라든지 좌와 우라든지 이런 대립과 갈등이 대단히 지금 심한 상태에 있었습니다.

그런데 강정인교수님 오늘 발표하실 책이나 글을 제가 다는 못읽어봤고요. 몇갈래를 읽어봤더니 이렇게 말씀하신 것을 흥미롭게 생각을 했습니다.

이 같은 갈등이 오늘날만 있는게 아니다. 과거에도 그랬다. 그래서 과거에는 반공과 경제발전 이래서 반공주의, 발전주의 이렇게 강교수님이 설명하시던데 그것이 민주주의 선결조건이라고 보는 견해가 있는가 하면, 또 다른 쪽에서는 오히려 바로 그같은 것이 민주주의의 강력한 장애요소로 작용했다. 이 두 입장의 대립이야말로 한국정치에 대단히 흥미로운 역설이다. 이렇게 얘기하시기도 하십니다.

제가 지금 기억컨데는 우리 대통령 취임사에 대개 자유민주주의라는 명제는 반드시 들어갑니다. 그런데 김대중대통령, 노무현대통령취임사에서는 자유민주주의라는 말을 제가 본적이 없습니다. 참여민주주의의 이런 경우는 봤어도. 이 자유민주주의 이게 뭔지 우리가 오늘 담론을 해볼려고 하는 것입니다.

바로 헌법재판소입니다. 헌법재판소가 한 15년전에 국가보안법 제7조에 대한 위헌심판에서 한정합헌결정이 나왔지요. 이 경우에서도 자유민주주의 개념적인 구성요소라는 것을 흔히 우리가 교과서에서 다 익혀서 아는 것들이지요. 기본권 존중이니 권력분립이니 의회주의니 독립된 사법부라든지 복수정당제도, 선거제도 이런 등등, 다른 말로 할 것 같으면 또 그것에 대칭되는 것으로서 자의적 지배, 폭력적 지배, 일인독재, 일당독재 이것의 대립개념으로 이렇게 보기도합니다.

오늘 강정인교수님 어떤 글로 우리에게 또 다른 측면에서 계몽을 해 주실는지를 경청하기로 하겠습니다.

그러면 강정인교수님께서 30분 정도로 먼저 말씀을 해 주시고 뒤이어서 토론을 하도록 하겠습니다.

〈 주제발표자 발표 〉

사 회 자 : 감사합니다.

올해 마감하면서 특히 올해 후반기 들어서서 우리 사회에 아주 폭풍을 몰고 왔던 한분이 계십니다 교수가, 강정구교수입니다. 성함도 비슷해서 오늘 또 어떤 말씀을 해 주시는가…

자유민주주의 그리고 그 가운데서 또 우리 헌법재판소의 역할에 대해서도 따가운 비판도 제기하셨습니다.

다 들으신 것을 제가 다시 이 자리에서 시간관계상 요약하지는 않겠습니다.

자유민주주의체제가 계급간의 세력구도와 변화에서는 유연성이 있지만 동시에 정치적 평등과 사회적·경제적 불평등과의 관계에서는 상당히 불안하고 동요를 불러일으키는 체제라는 점을 얘기하셨고요. 또 시장경제와 관련성에 있어서 민주주의로의 이행과 정착이 시장제도의 친화성을 가지며 공존할 수 있는 반면에 민주주의적 내포 심화가 시장제도와는 긴장관계에 있다라는 정도로 말씀하셨고.

그리고 이 자리에 계신 대부분 사람들이 익숙한 용어가 컨스티튜셔널리즘을 입헌주의로 그렇게 하는데, 헌정주의라고 표현을 하셔서 “이상하다 무슨 다른 뜻을 갖고 계신가” 해서 제가 사실은 강교수님 몇몇 글을 한번 봤더니 또 다른 데서는 입헌주의라는 용어를 쓰시더라고요. 특별한 무슨 함의를 갖고 하시는지?

발 표 자 : 아니 적절한 번역이 뭔지 모르겠는데요. 저도 법학에서는 대개 입헌주의로 배웠는데 최근에 정치학계에서는 헌정주의라는 말을 쓰고, 또 젊은 교수 박명림교수는 최근에 대통령탄핵심판에 대해서 글을 쓰면서 헌법주의라는 말을 쓰더군요. 그래서 제가 전과를 하면서 이쪽에 또 맞추어야 되기 때문에 헌정주의라고 썼는데 발표하는 마당에 또 법조계 인사들이 많아가지고, 어떤 단어가 정확한지에 대해서는 저도 판단이 잘 서지는 않습니다마는 내용상에는 큰 차이가 없는 것으로…

사 회 자 : 예, 알겠습니다. 더 익숙하기는 물론 입헌주의입니다.

물론 지금 발표하신 분이나 이따 질문하시는 경우에도 쓰는 용어에 관해서는 호환적으로 그냥 쓰기로 합시다. 그러니까 입헌주의라 그러셔도 좋고 뭐라고 하시든간에.

그래서 이 헌정주의내지 입헌주의와 관련해 가지고는 민주주의하고 상호보완적인 측면도 있지만 우리 헌재결정이 너무 형식적 법치주의에 치우쳐왔지 않느냐? 실질적 법치주의주의에 충실했다고는 별로 볼 수 없겠다. 그리고 한걸음 더 나아가서, 사법부의 정치화로 인해서 정치의 사법화가 초래되었다. 민주주의를 보완하는 법치주의, 민주주의 조화를 이루는 헌정주의 또는 입헌주의를 모색할 필요가 있다. 이렇게 말씀을 하셨습니다. 이 마지막 부분에 관해서는 저는 단순히 사회를 하고 있습니다. 그러나 제 개인적으로는 조금 의견을 달리하고 있습니다만.

먼저 이 자리에 제가 모두에 헌법재판소 재판관님들 기타를 말씀드리면서 동시에 또 제가 결례를 했습니다. 인사말씀을 못드렸습니다.

이 자리에는 또 전 한국공법학회회장이시고 현재 헌법재판소 자문위원이신 양건교수님도 와 계시고요.

또 지금 서울대학교 정치학과의 김홍우교수님도 와 계십니다. 우리나라 정치사상계의 원로교수님이시고요. 또 최근에는 대단히 왕성하게도 헌법쪽에 관심을 많이 기울이셔서 오늘 마침 이 자리에 저한테 좋은 글을 주셨는데요. 이게 지금 서울대학에서 최근에 포럼을 만드신 모양입니다. '헌법의 시민적 읽기를 위하여'라는 대단히 두꺼운 논문도 주셨습니다. 관심을 많이 가지시고 그동안에 생각을 많이 하셨을 것이기 때문에 이따 물론 고견을 듣도록 그렇게 하겠습니다.

특별히 먼저 질문을 좀 끊어주시면 좋겠네요.

오늘 밖에는 황우석, 노성일 대토론이 지금 열띠게 진행되고 있습니다.

이안에서도 좀 해 주시면 좋겠네.

예, 이명웅.

이 명 웅 : 오늘 말씀 잘 들었습니다.

자유민주주의와 사회민주주의에 대한 부분인데요.

우리 헌법체제 내에서 특별히 헌법실무가의 얘기를 듣고 싶다고 해서 제가 실무가로서 그런 얘기를 할 자격이 되는지는 모르겠는데 아는게 별로 없어서, 제 개인적인 소감을 말씀드리면 헌법 자체에서는 말씀하신대로 자유민주주의와 사회민주주의의 요소가 혼합되어 있는 것이 사실인 것 같습니다.

특별히 우리는 사회민주주의적인 영향이 강한 부분에 대해서 사회적 법치국가, 사회적 시장경제, 사회적 기본권 이런 용어를 써서 사회민주주의적 요소를 많이 도입을 하고 있습니다.

그렇지만 실제로 판결의 내용에서는 헌법상의 위헌심사의 기준이랄까 그런 면에서는 종래 자유권이라든가 어떤 일반헌법조항에 대한 위헌심사와 사회적 기본권 혹은 사회적 시장경제에 대한 심사기준이 좀 구분이 되고 그래서 전자가 어떤 과잉금지의 원칙에 입각한 심사라면 후자는 과소금지의 원칙에 입각한 심사로 이렇게 나오고 있습니다. 그래서 현실적으로 심사에 있어서는 차이가 있는 것이지만 헌법자체의 이념으로서는 두 가지 요소가 혼합이 되어 있고 가장 큰 문제는 두 가지 요소의 혼합을 어떻게 이해할 것이냐라는 것입니다.

그것은 굉장히 큰 헌법학에서의 딜레마가 아닌가 싶은데요. 기본적으로 자유주의에 입각한 자유민주주의 사고방식이라는 것은 자유우선이기 때문에 평등을 지향하는 사회민주주의 요소하고는 기본적으로 대립이 될 수 있는 여지를 안고 있습니다.

물론 우리 헌법에서는 그 자유와 평등이라는 것을 하나의 조화로운 관점에서 보고 있고, 그런 입장에서 이미 자유주의와 민주주의의 결합이라는 자유민주주의라는 요소를 가지고 있지만, 여전히 사회민주주의적인 요소까지 자유민주주의적인 요소로 받아들일 수 있다라고 할 때 과연 우리 헌법이 그럴 가능성은 있지만 구체적으로 어떻게 그것을 조화시킬 것인가는 여전히 문제가 있는 것 같습니다.

우선 그 정도로 말씀 마치겠습니다.

사 회 자 : 질문을 하신 것을… 답변을 하시겠습니까?

발 표 자 : …

사 회 자 : 이따가 그러면 다른 질문에 대한 답변과 더불어서 묶어서 해 주시기 바랍니다.

다른 질문 또는 논평을 해 주시지요.

장석조부장님 말씀해 주시겠습니까?

장 석 조 : 저는 법률실무가이기 때문에 이런 정치사상에 관한 것은 솔직히 말씀드려서 낮선 입니다. 이런 말씀을 참고로 드리고, 몇 가지 질문을 드리겠습니다.

체제로서의 자유민주주의와 이념으로서의 자유민주주의 말씀을 하셨습니다.

그런 것이 법학을 전공하셨으니까 잘 아시겠지만, 우리 제도의 틀을 이루는 체제로서의 자유민주주의하고 어떤 정당의 정강으로 등장할 수 있는 정치이념으로서의 자유주의를 조금 구별할 수 있는 것이 아닌가 하는 생각을 한번 해봤습니다.

가령 라드브르흐의 법철학체계에 있어서의 어떤 자유민주주의라는 그런 개념이라는 것은 가치상대주의를 전제로 합니다. 가치상대주의를 전제로 하기 때문에 어떠한 이념에 대해서도 문을 열어놓습니다. 모든 것에 대해서 우리 헌정질서가 용인을 한다라는 것을 전제로 하고 있기 때문에 여기서 지금 말씀하셨듯이 사회민주적 성향이나 자유주의적 경향이 전부 수용이 될 수 있는, 그리고 자유의 이름으로 그런 어떤 반대의 정파가 집권할 수 있는 길을 열어놓은 그런 어떤 체제의 문제인 것 같고, 다만 그 체제안에서 구체적 정당이 나는 더 자유에 중점을 둔다, 나는 어떤 사회적 연대성에 더 중점을 둔다, 이런 정파가 갈릴 수 있을 것 같습니다.

그런 부분들을 지금 자유민주주의라는 개념과 관련해서 어떻게 구별할 수 있는지 또는 사용하신 용어가 어느 쪽으로 좀 가까운지, 두 가지를 먼저 전제로서 여쭤보고 싶습니다.

발 표 자 : 다시 좀 요약해서

장 석 조 : 자유민주주의라는 말을 쓰시는데 그것이 어떤 우리 제도를 이루는 틀로서의 자유민주주의하고, 그 다음에 그 제도 안에서 자유를 중요시하는 정치이념으로서의 자유민주주의라는 것을 구별이 가능한지 또는 구별해서 사용하시는 것인지 그거를 여쭤보고 싶습니다.

발 표 자 : 그거 질문 하나고요. 두 개라고 그러지 않으셨어요?

장 석조 : 그러니까 가능한지, 그 다음에 여기서 사용하신 개념이 어디에 해당하는 것인지?

발 표 자 : 만약에 그것이 체제로서의 자유민주주의, 사회민주주의와 또는 정당의 정강으로서 자유민주주의, 사회민주주의를 구분하는 것이 저는 가능하지 않다고 보고 주장을 한 것이거든요. 서구의 어떤 현대민주주의체제를 봤을 때.

왜냐하면, 그렇다고 그랬을 때 그러면 서구의 어떤 국가는 체제는 자유민주주의체제인데 정당은 사회민주주의정당이 집권했을 경우는 어떻게 되는 거냐? 그러면 그거는 모순이 되는 거냐 아니면, 사실 구분이 좀 어렵다라는 관점에 있을 때는 어느 정당이 집권하거나 아까 그 체제 자체는 변한게 없기 때문에 헌정적인 기본틀이요, 그렇기 때문에 구분이 좀 불가능하다라는게 지금 저의 주장이거든요.

그리고 그 말을 사실은 암묵적인 메시지가 있고, 아까 사회자께서도 말씀을 잘해 주셨습니다마는 우리나라 헌법에서 자꾸 어쩌다보면 자유민주적 기본질서라는 말을 써가지고 주로 국가보안법이나 정당해산이나 이런 것 관련했을 때 자유민주적 기본질서라는 말을 해서 암묵적으로 무슨 공산주의나 사회주의 또는 폭력집단에 대해서 격리시키는 의미를 갖는데, 만약에 헌법이 아까 말씀하신 것처럼 자유민주주의와 사회주의가 항상 혼합된 헌법이라고 하면 헌법재판소에서 헌법을 해석하거나 헌법학자들이 해석할 때에도 여러 가지 재산권조항이나 또는 국가보안법 관련조항에 있어서도 좀더 적극적으로 어떤 사회주의적 요소를 살려나갈 수 있지 않는가라는, 그렇게 나가야 된다고 보고 그렇지 않은가.

왜냐하면 결국 많은 서구의 자유민주주의국가들도 사회민주주의정당이 집권하면서 자연스럽게 변화해 나갔기 때문에 우리의 경우에도 자유민주적 기본질서가 어떤 사람들한테는 위협으로 다가 오거든요. 물론 많은 사람들한테 자유민주적 기본질서하면 안심하고 아! 평안하다고 느끼기 보다는 자유민주적 기본질서를 침해하기 때문에 누군가를 뭔가 처벌을 해야겠다. 그래서 어떤 칼을 들이대는 느낌이 드는데 그것에 대한 어떤 위화감을 좀 완화시키는 방향으로 자유민주적 기본질서를 좀 폭넓게 해석을 하기 시작하면 좀더 우리나라의 자유를 위해서도 좋은게 아닌가라는게 저의 해석이고, 저는 정당이나 체제입장에서는 지금 현재로서는 구분하기 어렵다라는 입장입니다.

장 석 조 : 조금 더 제가 말씀을 드려도 되겠습니까? 너무 대화를 독점하면 좀

사 회 자 : 괜찮습니다.

장 석 조 : 지금 자유민주적 기본질서 그러니까 체제로서의 자유민주주의가 사회주의와는 대립되지 않는다고 보는게 저의 기본적인 생각입니다. 그러니까 아까 말씀드린 것처럼 체제로서의 자유민주적 기본질서는 가치상대주의를 전제로 하기 때문에 모든 이념에 대해서 문을 열어놓고 있습니다.

다만 그것이 독일연방헌법재판소에 의해서 설정된 한계가 소위 투쟁적 민주주의라는 개념으로 등장을 합니다. 그거는 자유의 이름으로 자유를 위협하는 것에 대해서만 문을 닫겠다는 것이거든요.

그런데 그거는 우리가 만약에 합리성이라는 어떤 기준만 인정을 한다면 쉽게 수용을 할 수가 있습니다. 그러니까 자유의 이름으로 나를 위협하는데 거기까지는 관용할 수 없는 것 아니겠습니까? 그렇기 때문에 자유민주적 기본질서가 반드시 사회주의적 요소와 반대된다 이것은 곤란한 것이고, 여기 지금 정치사상을 분류를 하셨는데 인민민주주의 같은 경우 조금 저촉될 여지가 있는 것 같습니다.

그거는 왜 그러냐하면 인민민주주의가 프롤레타리아 독재를 주장하기 때문에

그 스스로가 일정한 정치사상에 대한 공격을 전제로 하고 있습니다. 배제를.

그러니까 그런 경우에 대해서는 투쟁적 민주주의는 거기에 대해서는 관용을 하지 않지만 나머지 모든 경제사상이나 정치사상에 대해서는 관용하고 있지 않는가라는게 저의 기본적인 생각이고, 그런 맥락에서 보신다면 그런 사회개혁을 주장하는 사람들이 자유민주주의적 기본질서에 대해서 위협을 느낄 필요가 없는게 독일에서 투쟁적 민주주의라는 잣대를 가지고 정당에 대해서 위헌선언된 경우가 두 케이스가 있다고 그럽니다.

하나는 공산당입니다. 또 하나는 파시즘, 나찌정당입니다. 그러니까 그것이 좌파적 주장을 하느냐 우파적 주장을 하느냐라는 것을 묻는 것이 아니고 그 주장에 담겨있는 독재적 요소, 자유를 위협하는 요소 이런 것들이 중요시되는 것이 아닌가 싶어서 말씀을 드렸습니다.

정리를 하자면 제가 바라보는 어떤 정치이념에 관한 시각은 자유민주주의적 기본질서라는 것은 도리어 우리가 활동할 수 있는 틀을 마련해 주는 것이다. 그러면 그 틀안에서는 여러 가지 정치이념 그러니까 개인적 가치를 중요시하는 사람, 단체가치를 중요시하는 사람, 자유를 더 중요하게 생각하는 사람, 평등을 더 중요시하는 사람들이 어떤 민주적 룰에 의해서 경쟁을 하는 겁니다. 그리고 그 안에서 집권을 한다면 그 집권자가 자유를 도외시하고 독재를 하겠다는 생각 또는 폭력적으로 뒤엎겠다는 생각만 하지 않는다면 사회주의정권이 들어오더라도 그게 자유적 민주적 기본질서와는 반하지 않는다 그렇게 생각을 합니다.

그래서 상당히 이 논문에 있는 것이 자유민주적 기본질서에 대한 어떤 두려움 같은 것이 깔려있다는 느낌이 들어서 제가 그거를 여쭤봤는데, 그런 부분은 지금 우리법률가들이 이해하는 것 하고 조금 방향이 다른 것 같아서 참고로 말씀드렸습니다.

발 표 자 : 저는 그렇게 강성발언을 하는 사람이 아니니까 전혀 두려움을 느끼지 않습니다 사실은. 그런데 상당히 많은 강한 생각을 갖고 있는 분들은 진보적이라는 분들은 그것을 상당히 위협적으로 느끼는 분위기가 조성되어 있기 때문에 그런데, 아까 사회자께서 뭐, 저는 굉장히 학계에서 온건한 사람으로 알려져 있거든요. 그거는 정치학계에서 다 알고 있기 때문에.

그런데 아까 강정구교수 이야기가 나왔고 같은 '정'자고 그런데 한자는 다르고요.

그 다음에 좀 뭐한 얘기지만 북한연구방법론에 대한 글을 썼을 때, 지금 집권층 내에도 있습니다마는 송두율, 강정구, 이종석 세 사람의 북한연구방법론에는 문제가 있다고 학문적으로 치열하게 제가 비판을 했습니다.

그리고 혹시 아시는지 모르지만 고등법원 항소심에서 송두율교수를 옹호하기 위해 나가가지고 사상의 자유를 보장하는 차원에서 그거는 막아야 된다. 그래서 항소심에서 제가 송두율교수를 옹호하는 입장에 서서 변호인측 증인으로 나가 가지고 방황한 적은 있습니다.

저 자신은 크게 위협을 느끼지는 않습니다.

장 석 조 : 잘 알고 있습니다.

사 회 자 : 예, 다른 질문.

이 명 웅 : 아까 제가 말씀드린 문제의식이 잘 전달이 되었는지 모르겠는데요.

정치적인 어떤, 정당차원에서는 그때그때 사회민주주의적 요소을 강조하는 집단이 집권을 하느냐 안하느냐에 따라서 정책이 형성될 수 있는데, 헌법적 차원에서는 규범내에서 그 양쪽의 요소가 혼재되어 있기 때문에 그 혼재된 요소에서 어떤 기준설정을 하느냐라는 것이 결정이 되어야 됩니다.

그 기준설정을 결정되지 않으면 그때그때 헌법재판관님들의 취향에 따라서 거기서 결정되는 형식이 되거든요. 그것은 바람직한 사법의 모습은 아니라고 생각합니다.

그래서 그것을 결정하기 위한 어떤 기준점의 모색이 필요한데 이 논문에서는 가령 사유재산권에 대한 규제를 좀더 강화해야 된다라는 논거에서 공공성 말씀하셨지 않습니까? 말하자면 그런 어떤 이론에 입각한 하나의 어떤 기준설정이 필요한 것인데 그런 기준설정이 지금 학계에서 미약하다고 저는 보기 때문에 이것이 지금 왜 재산권부분에 대한 위헌결정이 많이 나오느냐라고 했을 때 그것은 우리헌법에 엄연히 어떤 자유주의적인 요소, 시장경제적인 요소라는 것을 원칙적으로 보는 입장에서는 오히려 사회민주주의적인 그런 요소들을 헌법에서 어떻게 봐야 될 것이냐에 대한 어떤 패러다임이 없어 가지고, 비판에 대해서 바로 그렇게 대응할 수가 없다라는 것이지요.

그래서 자유민주주의에 사회민주주의적인 요소가 현상적으로 결합되어서 나타날 수 있다라고 하시지만 결국 구체적으로 어떻게 결합할 것이냐? 어떤 논거로서 어떤 부분을 결합할 것이냐? 그런 부분에 대한 어떤 그것이 필요하다는 것입니다.

발 표 자 : 저도 아직 해결책을 가지고 있는 것은 아니고 그런 어떤 재산권에 대해서 좀 더 보장이라는 측면보다는 좀 더 공공적인 차원에서 전향적으로 해석해야 되지 않느냐라는 문제제기만을 한 것이고, 헌법재판소에서도 고민을 많이

하신다면 머리를 맞대고 같이 고민하면 나름대로 좋은 해결책이 나오지 않을까 생각을 합니다.

저도 문제제기만 한 겁니다 사실.

죄송합니다. 해결책 없이 문제만 제기해서.

김 홍 우 : 저도 한 가지.

사 회 자 : 예, 김홍우교수님.

김 홍 우 : 정치학과에서 정치학을 강의하고 있는 사람입니다.

오늘 강정인교수께서 핑퐁외교의 첫 스타트를 시작한 노고에 대해서 대단히 높이 평가를 하고 그것을 조금 협조하는 의미에서 질문도 드려볼까 합니다.

강정인교수님의 논문이 한국의 정치현실과 헌법현실을 상당히 일목요연하게 정리를 해 준 상당히 중요한 논문이 아닌가 이렇게 생각합니다.

그런데 제가 이렇게 논문을 읽으면서 한 가지 맥락상 느끼는 문제점은 강정인교수가 민주주의를 얘기할 때, 특히 앞에 자유민주주의를 얘기를 할 때의 톤과 뒤에서는 자유를 뺀 그냥 민주주의를 얘기할 때의 톤이 상당히 달라지고 있다는 생각이 듭니다. 자유민주주의를 얘기할 때는 상당히 비판적인 입장으로 민주주의를 보는 것 같은데 뒤에서 민주주의를 얘기할 때는 상당히 강한 민주주의 옹호라고 하는 입장에서 톤이 달라지고 있다 이런 느낌을 저는 느꼈습니다.

그리고 정치의 사법화를 얘기할 때는 법에 대해서 굉장히 비판적인 것 같은데 나중에 또 보니까 재산권행사는 현재보다 훨씬 더 공적인 통제나 규제를 받아야 한다. 이런 얘기로 봤을 때는 법에 대한 일종의 강교수의 표현으로는 사법화 쪽으로 굉장히 또 기울어지는 것 같은 이런 느낌을 느끼고, 그래서 언어 또는 용어 또는 개념에 있어서의 일관성을 조금 이렇게, 국면에 따라서 사용방식이 달라지지 않나 이런 생각을 합니다.

그런데 오늘의 주제가 자유민주주의, 민주주의인데, 사실은 이 논문에서 그냥 아는 것으로 다 생략한 것이 민주주의에 관한 논의인 것 같아요.

사실 저도 짧은 경험이지만 놀란 것은 미국의 헌법을 읽어보니까 거기 민주주의라는 말이 없더라고요.

또 조금 더 올라가서 불란서인권선언에 보니까 거기도 민주주의가 없더라고요.

그래서 이게 참 놀랍다 해서, 그러면 그 민주주의라고 하는 말은 사실 꽤 천착을 해야 되는데, 그런 문제와 오늘의 이 강정인교수가 앞과 뒤에 썼던 맥락상 달라지는 것이 그런 논의를 생략하셨기 때문이 아닌가 이런 생각을 제기를 해봅니다.

제 질문이 이렇습니다.

사 회 자 : 예, 감사합니다.

그 부분에 대해서 답변하시겠습니까?

발 표 자 : 그냥 코멘트 같기도 하고 그래서 답변은, 글쎄 제가 처음에는 민주주의에 대해서 비판적이다가 나중에는 민주주의를 옹호하는….

일단 맨 마지막 말씀드린 것처럼 프랑스혁명이라든가 이런데, 미국헌법에 민주주의라는 단어가 안나온다라는 것은 잘 지적하신 것이라고 생각을 합니다.

그래서 저도 미국의 독립선언서나 미국이 주로 공화주의이름으로 사실은 민주주의를 실행했다 그런 얘기를 하고, 프랑스혁명에 대해서도 아마 그런 식의 언급을 했던 것 같습니다. 그러니까 사실상 19세기 유럽의 정치세력들 중에서 자유민주주의를 적극적으로 표방하면서 지시했던 세력은 없습니다 사실, 자유주의세력과 사회주의세력이 싸우다가 두 힘의 벡타가 결합하면서 맞물려가지고 타협을 한 것이 자유민주주의이지 19세기에 자유민주주의를 주장한 사람은 없습니다.

일종의 바이프로덕트로 형성되었기 때문에 자유민주주의라고 헌법을 쓴 나라도 많지 않고 또 정치세력도 없었다라는 것이 상당히 역사적인 현상이라고 생각을 합니다. 그리고 민주주의에 대해서 제가 애매하게 쓴 것에 대해서는 좀더 생각을 해보겠습니다.

사 회 자 : 예, 나머지 부분 더 생각나시면 말씀해 주시고요.

모처럼 올라오셨는데 신우철교수님 한마디 하십시오.

신 우 철 : 좋은 발표 잘 들었습니다.

영남대학교에서 헌법을 가르치고 있는 신우철입니다.

저는 전체적으로 이 부분에 대해서 잘 모르는 그런 상황이라서 제가 좀 관심있는 부분에 대해서만 몇 가지 말씀드리고 싶습니다.

우리헌법에 상당히 사회적인 내지는 심지어는 사회주의적인 경향으로 해석될 수 있을 정도로 그런 사회화경향을 강하게 띠고 있는 조문들이 경제조항에 주로 많이 포함되어 있습니다. 그래서 이 부분만 보면 사실은 사회민주주의헌법으로 봐도 과언이 아닐 정도로 이렇게 볼 수가 있을 것 같은데, 다만 헌법의 역사적인 측면에서 이것을 다시 살펴보면 1948년헌법 만들 때 이런 부분이 대거 들어가는데 거기에는 한 세가지 정도 원인이 있었던 것으로 판명됩니다.

첫 번째는 헌법을 기초한 유진오씨가 개인적으로 상당히 어떤 사회주의적인 그런 사상을 가져오셨다는 점에 있었고.

나머지 두 번째 측면으로는 북한과의 관계에서 상당히 경쟁심리가 있었다는 것이지요. 그쪽에서 노동관계 입법들이 계속 나오면서 거기에 대해서 경쟁심리가 있었다는 것이고.

셋째로는 사실은 그 당시 대한민국지역에서는 경제가 별로 없었다는 것이지요. 통제를 하려고 해도 통제할 만한 경제가 없었다는 것이지요. 거의 농업사회였기 때문에 사실 적산처리문제가 조금 문제일 따름이겠지 별로 통제경제적인 것을 두었다하더라도 어떤 사회민주주의로 가는 것은 아닌 것이 아니었나 이런 어떤 실질이 없는 것이었다, 이렇게 판단이 되고요.

헌법의 역사를 이렇게 쭉 제 개인적으로 살펴본 그런 결과에 의하면 우리의 경우에는 사회적 경향 내지는 사회화의 경향이 통치형태의 어떤 지배원리로서의 민주주의보다는 기본권의 원리로서의 결합된 측면이 굉장히 강하게 나타납니다.

즉 사회적 기본권이라는 것이지요.

그래서 헌법조문가운데서도 사실 우리헌법의 역사를 쭉 보면 군사정부에서 군사쿠데타이전까지는 계속 평등조항이 헌법기본권조항에서 제일 먼저 나옵니다.

그 다음에 이제 쭉 나오는데, 사실은 박정희군사쿠데타와 신군부체제에서 헌법을 만들면서 인간은 존엄성존중조항이나 행복추구권조항이 들어가는 것이지요. 그래서 기본권분야하고 이렇게 강하게 결합되어 있다는 것이고, 그래서 사회화의 경향은 민주주의원리와 결합되는 경향이 조금, 직접 결합시키기가 좀 어려운 측면이 있다. 이런 말씀을 드리고 싶고요.

예외적으로 119조에 보시면 경제의 민주화다. 이런 이야기가 나오는데 상당히 헌정사에 확인하기 어려운 해프닝같은 그런 측면이 있어 가지고 그런 것들이 공식적으로는 이야기하기가 어려운 그런 부분으로 들어가 있는 것으로 생각이 됩니다.

이런 정도를 제가 말씀드리고 싶고요.

그 다음에 재산권에 대한 어떤 공공성의 입장에서의 대대적인 제한이 필요하지 않는가 이런 부분에 대해서, 실질적으로 우리헌법 23조의 규정내용 자체가 다른 기본권에 비해서 상당히 강한 제한이 가능한 기본권으로 규정이 되어 있습니다. 헌법법리적으로는.

그런데 왜 현실적으로 이렇게 그것이 불가능할 정도로 그렇게 어려운가 하는 측면을 본다면 역시 어떤 헌법재판의 실제에서 한 두 가지 측면이 논의가 될 것 같습니다.

경제분야의 입법 같은 경우는 경제적 이해관계가 많기 때문에 입법과정에서 경제적 이해관계에 연루된 로비집단에 의해서 오염이 될 가능성이 많습니다. 그러니까 헌법재판소의 관점에서는 상당히 엄격하게 심사를 할 필요성이 대두되고요. 이거는 공공선택이론의 어떤 논리적 귀결입니다만.

또 다른 한편으로는 법경제학적인 분석의 어떤 결과로 비추어 보면 시장에 있어서의 어떤 법적 규제라고 하는 것이 개인의 어떤 행태적인 측면이나 어떤 시장가격을 통해서 이것이 효과가 없어져버리는 경우가 많다는 것이지요.

그래서 우리 헌법학자들이 이야기하는 바에 의하면 과잉금지의 원칙의 기준으로 볼 때 유효성이 없다는 것입니다. 그러니까 규제의 효율이 없으니까 ··을 통해서 효과가 사라져버리니까 헌법재판소로서는 이것은 제한하나나마 한 것이다. 어떤 기본권 침해만 오히려 가져온다. 이런 식으로 판단할 가능성이 높다는 것이지요. 그래서 그런 현실적인 문제가 있지 않나 이렇게 생각을 해봤습니다.

좋은 발표 감사합니다.

발 표 자 : 좋은 말씀 통해서 많이 배웠습니다.

김 성 호 : 연세대학교 정치외교학과의 김성호교수입니다.

김홍우교수님이 말씀하셨던 문제의식을 이어서 또 개인적으로 강정인교수님이 입헌주의와 민주주의의 관계를 어떻게 생각하시는지 조금 더 입장을 명쾌하게 듣고 싶다는 차원에서 질문을 한 가지만 드리겠습니다.

이 발표문의 끝쪽으로 갔을 때 굉장히 방점을 찍고 있으신 포인트 중에 하나가 실질적 법치주의, 형식적 법치주의를 넘어선 실질적 법치주의라고 말씀을 하시는데요, 정치학계에서 굉장히 많이 쓰고 있는 익숙한 개념이기는 합니다마는 솔직히 저는 정치학자이기는 하지만 이게 어떠한 기준에 의해서 나누어지는 것인지 잘 모르겠습니다.

제가 생각할 수 있는 것은 헌법해석차원에서 형식적 법치주의라는 것은 법률의 어떤 텍스트, 그 텍스트를 가지고 내재적 법리와 자구해석에 근거해서 좁게 해석을 하는 것이라면, 실질적 법치주의라는 것은 자구에 매달리지 않을 수 없겠지만 그렇지만 최소한 확장적으로 법률을 해석해서 어떤 현상태에서 등장하고 있는 여러 가지 권리주장을 폭넓게 인정해 주는 뭐 이런게 지금 강정인선생님께서 생각하시는 형식적 법치주의와 실질적 법치주의의 차이가 아닌가 그런 생각이 듭니다.

그런다고 그랬을 때 제가 여쭈어보고 싶은 것은 뭐냐하면 그런 식의 자구해석이 아닌 굉장히 폭넓게 법률을 해석하는 방향으로 나갔을 때 부딪치는 문제가 바로 소위 사법입법의 문제가 되는 것이고요. 그렇다면 지금 이 텍스트에서도 말씀하시고 계신 진보적인 우리나라 지식인들이 비판하고 있는, 다시 말하면 선출되지 않은 권력인 사법부가 어떻게 그런 식의 법률의 확장적 해석을 통해서 사실상의 입법활동을 하고 있느냐 하면 그런 식의 비판에 직면하실 수 있지 않나 하는 그런 생각이 드는 겁니다.

사실 미국에서 그런 식의 형식적 법치주의와 실질적 법치주의 얘기를 할 때는 다 아시는 얘기겠습니다마는 수정헌법 14조에 나오는 소위 'due process clause'라는 것을 해석하는데 있어서 얼마만큼 플렉서블하게 해석할 것이냐? 뭐 이 문제를 가지고 많이 나오는데요. 제가 보기에는 오히려 우리나라 같은 상황에서는 만약에 제가 나눈 실질적 법치주의와 형식적 법치주의의 구분이 맞다면 오히려 지난번 신행정수도특별법 위헌판결에서 등장했던 관습헌법론같은 것이 어떻게 보면 우리나라에서는 그런 식의 실질적 법치주의의 한 예가 될 수 있는 그런 상황이 지금 벌어지지 않나 싶고요.

그런 의미에서 교수님은 실질적 법치주의와 법률에 굉장히 합목적적 해석을 주장하고 계시지만 사실은, 그리고 그게 진보적인 입장이라고 생각하신 느낌도 드는데요. 반드시 그게 진보적인 입장이 아닐 수도 있고 동시에 진보진영에서 얘기하고 있는 미국에서는 'counter majority'라고 부르는 사법부의 반민주성에 오히려 어떤 증거가 될 수도 있다는 이런 생각이 얼핏 들어서 교수님의 입장이 어떤 것인지 질문을 드립니다.

발 표 자 : 제가 잘 모르는 부분을 저보다 더 자세히 설명하시고 저의 입장을 물으니까 대답이 궁합니다.

그런데 아까 얼핏 나오는 것은 실질적 법치주의가 경우에 따라서는 만약에 관습헌법상의 수도 같은 것을 주장하게 됨으로써 만약에 행정수도 이전을 주장하는 세력이 진보적이라면 그런 식의 어떤 실질적인 법치주의에 해당하는 것이 어떤 진보 – 진보라는 단어가 굉장히 애매한 단어입니다마는 – 에 반하는 그런 사법입법을 열어놓을 수 있다라는게 아마, 또 이렇게 합쳐보면 그런 식으로 나오는 것 같아요. 한국의 사례로는. 그렇게 직접 부딪치지는 않았지만.

제가 실질적 법치주의하고 형식적 법치주의 썼을 때는 죄송합니다마는 부주의하게 뭐, 헌재가 교과서 고치라고 나온 그 추천내용에 '법의 내용과 목적을 중요시하는' 뭐 이런 말이 나와서 "아, 이거는 민주주의의 내포적 힘하고 비슷한 말이 아닌가 보다." 그래 가지고 헌법, 법을 떠난 지가 오래 되어 가지고 그런 좀 더 실질적인게 아니겠느냐라는 말을 썼는데 김선생님 주장에 의하면 실질적 법치주의가 오히려 입법정신에 반할 수도 있고 또는 다수의견에 너무나 반하는 것이 나올 수 있다라는 지적 같은데 그 점까지는 생각을 못해 봤고 제가 그 점에 대해서는 잘 모릅니다.

그러나 그 지적에 대해서는 대단히 감사하고 좀 고민해 보겠습니다.

윤 영 미 : 비슷한 질문인데요. 사법부의 헌법해석과 관련된 글을 보니까 절차를 중요시해 가지고, 가치중립적이고 절차에 치중하는 분석방법이 아닌가 싶은데요 민주주의론이. 그래서 그 절차자체가 공정하게 이루어지게 하는 것이 사법부의 주된 임무가 되어야 된다. 또 이제 고립된 소수자의 경우에는 실제로는 발언을 할 수 없기 때문에 혹은 발언해도 들리지 않기 때문에 그 소수자의 목소리를 돕도록 사법부가 그 역할을 해야 된다. 이런 절차중심적 이론이 있는데요.

이제 그것에 반대하는 반론을 보니까 민주주의는 반드시 다수결과 동일시될 수는 없다. 그래서 입헌주의로 연결될 가능성이 있다. 뭐 이런 이야기가 있던데, 제가 이제 그 논문에서는 그거를 자세히 논하고 있지 않아서 혹시나 어떤 절차외의 실체에, 민주주의론이 거기에 가 닿을 수 있는 그런 것이 있을까? 지금 교수님강연을 들으니까 좀 실체를 중요시 하시는 것 같거든요.

사회적 민주주의 이렇게 얘기를 하시다보니까 사회주의의 실체를 이야기하신 것 같기도 한데, 조금 전에 교수님께서 지적하신 것처럼 실체를 중요시하시는 그런 느낌도 들거든요. 그러다보니까 입헌주의가 그런 면에서 좋은 기능을 할 수 있다. 이런 결론으로 가셨는데 그러면 그 민주주의 안에서도 어떤 실체에 중점을 두고 분배를 중요시한다든가 이런 쪽으로 가 닿을 수가 있는 것인지 질문을 드리고 싶습니다.

발 표 자 : 대단히 어려운 질문이고 그거를 제가 명쾌하게 대답할 수 있으면 아마 세계적인 학자가 될 것 같습니다.

그런데 현대에서 대개 우리가 정당성은 법학적인 용어로는 어떻게 되는지 모르겠습니다마는 둘 다 굉장히 모호한 개념입니다마는, 절차적으로는 모든 정권이나 정책은 다수의 동의를 얻어야 된다라는게 있고요. 그거는 오히려 판별되기가 쉬운 데, 두 번째로 실질적인 차원에서는 공공선을 추구해야 된다라는 것이거든요.

그러나 다수의 동의라고 하는 다수결이라고 하는 것은 어떤 일정한 절차 속에서 세기가 쉬운데, 무엇이 공공선이냐라고 하는 것은 엄청난 논쟁에 휘말리기 때문에 많은 경우에는 실체적인 어떤 진실이나 정의를 강조하기 보다는 절차적인 수준에서 일단 타협하는 것으로 아는데 실질적으로 무엇이 정의이냐라는게 굉장히 어려운 것처럼 공공선이나 공동선이라고 하는게 대단히 어렵지요. 그러니까 문제는 저도 어떤 딜레마를 말하는 것이지 해결책을 말씀드린 것은 아닌 것 같네요.

그런데 아까 어떤 우리나라 헌법에도 자유민주적 요소가 있고 사회적 기본권도 있고 사회복지권도 있고 또 사문화되어 있는 좋은 규정들도 있고 헌법조항중에서도 이것만 제대로 잘되면 사회주의국가가 될 수도 있는 그런 조항들이 있는데 그러한 것들 속에서 적절한 타협점을 찾아내지 못하니까 잘못하면 재판관들의 어떤 주관적인 판단이 개입하지 않겠느냐라는 우려도 있지만 다른 한편으로는 시대의 어떤 변화에 따라서 국민전체의 정치적 정서가 어떻게 변하느냐에 따라서 국민의 기본권이 충분히 보장되고 재산권에 대해서도 어떤 정부의 횡포로부터 일반국민이 재산권을 침탈당하는 결과가 좀더 없어지기 시작한다면 그다음 단계같은데서는 사회분위기도 바뀌고 또 기본권도 충분히 보장되고 그러면 좀더 어떤, 과거에 재산권보호속에서 안주하면서 횡포를 부려왔던 어떤 소수의 재산권소유자들에 대해서 좀더 과거보다는 강화된 어떤 규제방안을 공공선을 위해서 강구해야 되는 것 아니냐, 이게 어떤 고민거리라고 말할 수 있겠습니다.

그런데 또 한편 우리가 황교수의 연구업적을 단순히 연구업적으로 삼지 않고 국가공공선으로 생각하듯이, 또 재벌의 어떤 생산성이나 생산능력이라고 하는 것이 일개재벌의 사적소유가 아니고 어떤 국부의 차원이 있기 때문에 재벌의 생산활동을 지나치게 규제한다라는게 다른 한편으로는 어떤 국가의 부를 위축시킬 수도 있는 염려가 있기 때문에 문제의 일단을 제가 전달한 것이지 해결책을 제시한 것은 아니다라는 그런 고민은 하고 있습니다.

김 시 철 : … 아까 거대기업에 대해서 말씀을 하셨는데 헌법이론을 주장한다면 무슨 주장을 하시는지 알 수 없는 부분이 있어서 제가 좀 말씀드리겠습니다.

말씀드리고자 하는 취지는 뭐냐하면 거대기업에 관련해서 규제입법이 있을 때 강도가 굉장히 강할 것 같고 위헌판단을 하는 것을 자제하는 것이 좋겠다는 것을 주장하시는 것인지, 이른바 하게 된다면 헌법위반의 심사정도, 경제관계에 대해서 그것에 대한 주장이시거든요.

그런데 그게 아니고 만약에 공공선을 근거로 해서 적극적인 규제입법을 하지 않으면 바람직하지 않다. 그러면 규제입법을 하지 않는 것은 헌법불합치적인 요소가 있다 하는 얘기까지 주장하시는 것인지? 그거는 헌법위임이나 입법부작위의 위헌문제가 되는 것이고요.

또 더 나아가서 사기업이 소속구성원에 대해서 어떤 규제를 할 때에 국가기관과 마찬가지로 해당권리제한에 대해서 근거법률이 없으면 애당초 정당화 안된다. 여기까지 주장하시는 것인지?

그런데 주장이라는게 어디까지 주장하는 것인가가 굉장히 모호하게 되어 있어서, 저희 입장에서 볼 때 포괄적으로 말씀하시는 것인지 어떤지 잘 모르겠고요. 어떤 주장인지 한번 알고 싶습니다.

발 표 자 : 그 부분에 대해서 여러 가지 경우에 대해서 법학적인 이론들을 말씀해 주셔서 대단히 감사드립니다.

그런데 제가 아까 얼핏 말씀드렸던 것은 지금 사학법개정안이 통과되었고 그것도 봤을 때 상당히 문제가 여러 가지 있는데, 지금 사립고등학교나 또는 사학재단, 대학같은데서 이 법이 사유재산권을 침해한 것이다라는 식으로 헌법소원을 제기하거나 그런 경우가 있었을 때 사학재단의 어떤 경영권을 일반적인 어떤 사유재산권의 행사로서 봐가지고 지금 개정법에 대해서 위헌판결을 할 것인지, 아니면 지금 개정법에 대해서 이 정도는 사유재산권의 침해가 아니고 사학재단의 공공성으로 봤을 때 이 정도의 규제는 사유재산권을 침해한 것으로 볼 수 없다. 이 두 가지 판결이 가능하다고 봤을 때 제가 구체적인 조항을 자세히 보지도 않았고, 법전문가로서 어떻게 재산권을 침해한 것인가에 대한 정교한 어떤 해석을 가지고 있지는 않습니다마는 그런 사학법개정안 통과를 두고 이렇게 나왔을 때 그런 것에 대해서 쉽게 이게 사유재산권침해다라는 식으로 해서 헌법재판소가 만약에 그 사학개정법을 위헌판결한다면 그거는 저는 좀 문제라고 보는 겁니다.

그러니까 거기에 대해서 어떤 법이론을, 유보인지 아닌지 이런 것은 잘 모르겠는데 헌법재판소가 사법부인 이상 적극적으로 입법을 할 수는 없는 것이고, 나름대로 어떤 개혁된 입법에 좋은 취지가 있는데 그것이 어떤 입법미비나 부분적인 제한사유로 인해서 약간의 사유재산권을 침해하는 그런 규정이 있더라도 한정합헌판결을 한다든지 해가지고 개혁입법의 정신을 살려두면서 사립학교 같은 것의 무분별한 어떤 전횡은, 아무튼 구체적인 사안의 경우이지만 좀 막아야 된다라는 것이 대학의, 저는 그렇게 레디컬하지 않습니다. 많은 사람들의 생각인데, 지금 보수신문을 보면 갑자기 뭐 이제 이 개정법을 통해가지고 사학의 무슨 뭐 이런 것 나오는 것, 저는 그 부분에 대해서는 헌법재판소가 좀더 그런 사유재산권 논쟁에 쉽게 말려들어서 사학재단의 입장을 취해서는 안된다라는 것이 그냥 저의 학자로서 아니면 사립대학에 몸을 담고 있는 교수로서의 제 입장입니다.

사 회 자 : 뒤이은 행사가 있기 때문에 시간이 얼마 안 남았습니다.

대단히 소중한 기회에 의견을 말씀을 해 주시면 좋겠네요.

김 경 희 : 저는 정치사상을 공부하고 있는 김경희라고 합니다.

선생님, 발표논문 잘 들었습니다.

앞에서 많은 선생님들께서 좋은 말씀을 하셨기 때문에 제 느낌을 간략하게 말씀드리고자 합니다.

제가 보기에는 선생님께서 오늘 말씀하신 것 중에 핵심적인 것은 헌법뿐만 아니라 정치사상에 있어서도 한 정치공동체를 구성하고 있는 여러 구성원들 간에 갈등관계나 대립관계가 헌법이라든지 정치사상을 구성시킨 핵심적인 요소라고 파악하고 계신 것 같습니다.

특히 뒤에 공공선이라든지 공과 사의 대립을 말씀하실 때 우리나라에서 지금 여러 가지 빈부격차라든지 가진 자와 가지지 못한 자간에 대립이 격화되고 있는 것을 말씀을 하시면서 그런 부분을 어떻게 대립이 격화되는 것을 낮출 수 있을까 아니면 조화롭게, 기존에 있는 정체가 혼란스럽게 되는 것을 막을 수 있을까라고 하는 관점에서 헌법을 해석하는 헌법재판소랄까요 그런 데에 대해서 어떤 요구사항 같은 것을 말씀하신 것 같은데요. 그런 의미에서 한 가지, 제 생각에는 공공선이라는 것에 대해서 어떻게 과연 아까도 말씀하셨지만, 파악을 해야 될 것인가가 핵심인 것 같습니다.

제가 파악하기에는 선생님께서는 민주주의에 강조를 두시면서 사회적으로 좀 열악한 상황에 있는 자들의 이익을 공공의 관점에서 파악을 하신 것 같은데요. 오히려 공화주의적인 입장에서는 가진 자의 입장도 고려를 해야 되는 것이, 물론 그것에 강조를 두는 것이 아니라 가진 자와 가지지 못한 자의 이익관계를 어떻게 조화시킬 수 있는 것인가가 공화국이라든지 공화주의의 관점에서 더 중점을 두어야 될 부분이 아닌가 하는 생각이 들어서 짧게 말씀을 드렸습니다.

발 표 자 : 객관적으로 제 주장도 말씀드렸습니다마는 저는 그러니까 만약에 헌법상으로 자유민주주의와 사회민주주의가 체제에서 잘 구분이 안 된다라면 또 어떤 자유민주적 기본질서라는 식으로 우리나라체제를 정치적으로 너무 협소하게 해석하지 말고 헌법재판소도 헌법규정에 이미 상당히 많은 생존권조항과 사회민주적 요소가 있으니까 헌법재판소로서도 굉장히 고통스럽겠지만 어떤 사회주의적 요소 또 사민주의적 요소를, 특히 경제활동과 관련해서 또는 적극적으로 반영할 필요가 있지 않는가, 그리고 그것이 어떤 의미에서는 공공선에 대한 해석도 자주 바뀌는 것입니다마는 좀 나갈 수, 재산권조항에 대해서는, 특히 재벌이라든가 거대 사학재단이라든가 거대언론이라든가 거대종교집단이든 이런 것에 대해서는 좀, 정부의 정책이나 입법부의 법률에 대해서 해석을 할 때 좀더 전향적으로 해석하기를 바라는 마음에서 드렸고.

선생님 말씀대로 가진 자와 못가진자의 균형을 취하는게 중요한데 현시점에서 어떤게 더 필요한 것인가라는 쪽에서 제가 어느 쪽으로 좀 치우쳐 있었던 것은 사실이라고 생각합니다.

사 회 자 : 기왕 공공선 애기 나왔으니까 시간 한 1분 정도로 짧게 평소에 '공과 사', '공공선' 관심이 많으신 김홍우교수님 한마디 하십시오.

김 홍 우 : 사실 아까 미국헌법이나 불란서인권선언에 민주라는 말이 없다고 말을 하면서 제가 하려다가 깜빡 잊어먹고 지금 애기를 들어서 생각나는데, 제 소박한 눈으로 우리나라 헌법을 읽어보면 오히려 민주가 여러 번 나오는데 공화라는 말은 한번도 안나오더라고요. 그래서 우리나라 헌법의 표현을 보면 '민주공화국이다' 했을 때 우리헌법의 엑센트는 민주쪽에 있지 않는가, 공화보다, 이런 생각을 많이 갖게 됩니다.

그래서 오늘 어떻게 강선생님의 애기를 해석 나름에 따라서 굉장히 레디, 아까 자꾸 본인은 온건하다라고 강조하셨음에도 불구하고 보기 나름에 따라서는 굉장한 레디컬한 함의를 갖고 있는 발표로도 저는 이해를 하게 됩니다.

사 회 자 : 좋습니다. 그러면 기왕 오랜 시간 지켜보셨으니까 양건 학장님 귀한 논평을 해 주십시오.

양 건 : 글쎄, 제가 이해하기는 오늘 강교수님 발표내용의 중요한 핵심은 헌정주의를 부정하지는 않지만 좀 조건이 있다. 사회·경제적 평등을 향상시키는 그런 방향에서 헌정주의가 이루어지면 좋겠다. 뭐 이렇게 저는 이해했습니다.

맞습니까?

발 표 자 : 그렇게 말씀할 수 있을 것 같습니다.

양 건 : 저도 기본적으로 생각이 다르지는 않습니다마는 강교수님이 사회·경제적 평등 이거를 강조하셨는데 그냥 사회·경제적 평등, 특히 경제적 평등 그러면 과연 무엇이 경제적 평등이냐? 또는 경제적 평등을 위해서 어떻게 하는게 바람직한 것이냐? 주로 재산권규제를 말씀하신 것 같은데 재산권제한을? 과연 재산권 제한하는 것이 곧 경제적 평등을 가져오는 것이냐? 잘못하면 재산권규제가 경제적 평등은 경제적 평등이지만 하향적인 경제적 평등 내지는 현상유지적인 경제적 평등에 그칠 수도 있고, 그렇게 본다면 말하자면 상향적인 사회·경제적 평등을 지향해야 된다. 저는 좀 그렇게, 좀더 구체화시켜서 지향할 점을 애기할 수는 없는 것이냐? 이런 생각이 좀 들었고요.

이 헌정주의라고 하는 구체적인 가장 제도화된 표현은 역시 헌법재판이라고 생각이 되는데, 강교수님도 아까 신자유주의 이런 언급도 하신 것처럼 우리가 일반적으로는 헌법재판제도라고 하는 것이 민주주의하고 우리 법하는 사람들 입장에서는 같이 가는 것이다 말이지요. 이렇게 생각을 많이 하고. 또 실제로 2차대전 이후에 헌법재판이 굉장히 활성화되었는데 그 활성화과정을 보면 대개 민주화과정하고 일치하면서 헌법재판이 활성화하는 그런 현상을 보여 왔습니다.

다만 최근에는 여기에 대한 비판적인 그런 평가도 있는 것 같습니다.

최근에 어느 외국학자가 특히 몇몇 서구의 선진국가 중에 위헌심사제도가 없다가 채택한 나라들, 특히 영국식민지로 있다가 위헌심사제도를 채택한 나라들, 그 몇 나라를 이렇게 분석하는 것을 보면, 제 기억에 캐나다, 뉴질랜드, 남아연방, 이스라엘 그렇지요? 이게 기본적으로 이들 나라의 헌법재판제도가 말하자면 우리가 쓰는 말로하면 기득권자의 기득권옹호를 위해서 헌법재판제도가 도입이 되고 그렇게 활용이 되고 있다. 이런 비판이 나오는 것 같습니다.

그리고 처음에 강교수님이 자유민주주의하고 사회민주주의의 구별에 관해서 법학자들이 어떻게 생각하는지 그 의견을 물으셨는데, 이미 다 나온 얘기지만 그냥 사족을 더 붙이면 저는 아까 발표자께서는 구체적인 예로 가령 미국하고 독일, 스웨덴 이렇게 구체적으로 표현하셨습니다. 그런데 미국만하더라도 과연 이게 아주 순수한 자유민주주의냐? 아까 강교수님이 쓰시는 의미로 말이지요? 적어도 1930년 뉴딜이후에는 상당히 말하자면 사회민주주의요소가 도입이 된 것이고 결국 이거는 하나의 상대적인 정도, 차이의 문제가 아니냐 그런 생각을 합니다.

그리고 이왕 마이크를 잡았으니까 오늘 발표자께서 처음에 본인이 전과자라고 그러셨는데, 사회보시는 권교수님도 전과자십니다. 아시는지 모르겠지만.

반대로 권교수님은 학부에서 국제정치하시고 지금 법을 하십니다. 발제자하고 반대로 말이지요. 전과를 폭로해서 미안합니다.

사 회 자 : 감사합니다.

그러면 시간이 거의 다 되었기 때문에 마지막으로 소장님 말씀 해 주시겠습니까?

윤 영 철 : 작년 연말에 우리 여기 할 때 양건교수님이 발표를 하셨습니까? 재작년에 하셨습니까?

토 론 자 : 작년입니다.

윤 영 철 : 작년에 하셨지요?

그때 제가 연말에 왔었는데 그때 하신 강의의 주제가 사법자제주의, 사법적극주의 이런 것과 관련되어 가지고 정치적인 갈등이 많이 있는 사건들이 헌재에 들어 왔을 때 이것을 어떻게 하는 것이 옳으냐와 관련된 주제가 포함된 내용을 말씀하셨는데, 오늘 강교수님이 발표하신 내용을 보니까 또 그 문제가 나와서 '사법의 정치화', '정치의 사법화' 이런 얘기가 나와서 이것이 정말 우리사회에 상당히 큰 이슈로구나. 이런 것을 제가 받아들였습니다.

사실 우리도 지금 그것에 상당한 어려움 속에 빠져있습니다.

우리 헌법에는 다 아시겠지만 강교수께서도 말씀하셨지만 자유민주적인요소 또 사회주의적인요소 이런 것들이 다 혼합되어 있는데, 아주 이념적으로 갈등이 심하고 이런 것들이 들어 왔을 때에 우리는 사법의 정치화, 사법기관이 정치화된다. 이런 비판에서 벗어나기 위해서 많은 노력을 하고 자꾸 그런 얘기를 합니다.

그런데 결정을 해 놓고 나면 우리 강교수처럼 어떤 규제에 대해서 우리가 규제를 풀으라고 하면 그것이 민주적인 정당성이 없는 헌법재판소가 어떻게 입법부하는 것을 견제하냐? 이래 가지고 헌법재판소를 이렇게 하고, 상당히 어려운 문제인데 그거를 지적만 해 주시고 헌재에서 어떤 쪽으로, 아까처럼 사립학교법을 하면 안된다고, 그것이 꼭 해답은 안 되겠습니다마는 우리가 많이 고민을 하고 있다는 것만 교수님들이 이해를 해 주십시오.

그런 문제에 대해서 정말로 많은 고민을 하고 있습니다.

어느 쪽에서도 다 승복을 할 수 있는 좋은 결정을 얻어내려고 많은 노력을 하고 있다는 것만 말씀드리고 싶습니다.

작년에도 똑같은 얘기가 나왔는데 금년에도 또 똑같은 말씀을 하셔서 "이거 참 중요한 문제로구나." 우리가 항상 지금 맞닥뜨리고 있는 문제가 바로 그런 문제다.

뭐 그런 얘기만 좀 하고 싶습니다.

오늘 그래도 여러 가지 말씀을 많이 해 주셔서 저는 나름대로 많은 도움을 받았습니다. 고맙습니다.

사회자 : 감사합니다.

그러면 이 정도로 끝을 내도록 하겠습니다.

그동안 우리 법학을 하는 사람들의 경우에, 우리 한국법학 특히 비판 많이 받고 있습니다. 방법론이 있는지 없는지, 그냥 대학 들어올 때부터 계속 법전테두리에서 맴돌고 있지 않나하는 비판도 없지 않아 있습니다. 물론 개개의 법률가가 그렇다는 얘기는 아닙니다.

또 정치학의 경우 발표자를 위시해 가지고 여러 저명한 교수님들 하셨고 아까 여러분들, 연세대학 정치사상교수님 김성호교수님 질문하신 것 보셨으면 아시겠지만 법률가들도 크게 각성을 해야 됩니다. 우리 직역이 잘못하면 잠식됩니다.

오늘 오후 2시부터 온 나라가 난리고 증권시장이 춤추고 큰일입니다.

배아줄기세포는 추출은 황우석교수가 하고 배양은 미즈메디 다시 말하면 동물전문가는 추출하고 사람전문가는 배양을 하는 기술을 갖고 있던 분인데 어떻게 궁합이 잘 안맞는 모양입니다.

우리 헌법의 경우에도 아까 김홍우교수님이 지금 드디어 정치학자들이 '헌법의 시민적 읽기를 위하여'라고 캠페인을 벌이고 있습니다. 여기 있는 헌법 전문하시는 분들 너무 읽어서 신물이 나서 지금 중독이 되었습니다. 그러니까 앞으로 참신한 시각, 오늘 발표자님도 그리고 질문하신 많은 정치학 교수님들 제공해 주셨습니다.

아까 제가 말씀드렸듯이 마치 우리가 지금 줄기세포논쟁을 보듯이 우리 정치학의 새로운 시각과 전통적인 법학공부하시고 재판하시는 여러분들 이 두개, 잘 만났으면 좋은 줄기세포가 나오리라고 생각합니다.

오늘 모처럼 송년의 이 같은 기회에 수준 높은 담론의 자리를 제공해 주신 헌법재판소에 다시 감사를 드리면서 오늘 좋은 발표를 해 주신 강정인교수님 다시 한 번 감사드립니다.

감사합니다.

제62회(2006. 2. 10) 발표문

명의신탁 증여의제규정의 개선방안

박 훈*

Ⅰ. 서 설

현행 명의신탁 증여의제 규정은 2003. 12. 30 상속세 및 증여세법이 법률 제7010호로 개정될 때 동법 제41조의2에서 제45조의2로 자리이동을 하였다.[1)] 상속세 및 증여세법 개정시 제2조 제3항 신설로 증여세가 과세되는 증여에는 계약에 의하지 않는 경우도 포함하도록 되어 있어 사법상의 증여의 개념과 동일한 것이 아님을 분명히 밝혔다. 사법상 증여개념과 세법상 증여개념의 분명한 차이로 부의 무상이전에 대해 증여세 과세를 하기 위해 사법상의 증여개념을 확대하여 민법상 증여계약에 해당되지 않으면서 부의 무상이전이 있는 경우를 증여로 보는 증여의제규정은 더 이상 필요하지 않게 되었다. 종전에 증여로 의제되는 경우는 당연히 증여세가 과세되는 증여로 되어 증여재산가액에 포함되는 것으로 조문이 변경되었다.

이러한 조문의 변경으로 상속세 및 증여세법 제3장 제2절의 대부분의 증여의제 규정이 증여재산가액에 포함되는 거래유형에 관한 규정으로 바뀌었다. 그런데 명의신탁은 재산을 누군가에게 맡겨 놓은 것이지 무상으로 재산을 이전해 준 것이 아니라는 점에서는 상속세 및 증여세법 제2조 제3항에 따른 증여라고 하기 어려운 점이 있고 그럼에도 증여세를 과세해야 된다면 명의신탁은 증여의제라는 종전의 규정을 그대로 둘 수 밖에 없었다. 증여의제에 관한 다른 규정이 증여재산가액에 관한 규정으로 바뀐 상황하에서 제3장 제2절이 아닌 제3장 제2절의2에 추정규정(제44조, 제45조) 다음으로 자리이동을 한 것이다.

---

* 서울시립대 세무학과 교수.

1) 이 법의 개정이유와 이론적 배경에 대해서는 성낙인 · 박정훈 · 이창희, "상속세 및 증여세의 완전포괄주의 도입방안에 관한 연구", 「서울대학교 법학」, 제44권 제4호, 2003. 12., pp. 163-363 참조.

이러한 명의신탁 증여의제 규정은 지금처럼 단순히 자리이동에 그쳤던 것은 아니다. 증여의제 대상자산, 의제의 타당성 여부 등에 대해 과세일선에서 뿐만 아니라 입법, 사법단계에서 계속 논의가 되었고 이러한 논의가운데 수차례의 내용 변경이 있었다. 이러한 변경에도 불구하고 여전히 이 규정에 대한 위헌시비가 계속되고 있다. 헌법재판소에서는 비록 현행규정의 내용이 위헌이 아니라는 결정을 계속해서 내리고 있지만,[2] 헌법재판소 2004. 11. 25, 2002헌바66 결정시에 4명의 반대견해가 있어 헌법재판소 자체 내에서도 견해가 일치하는 것은 아니라는 점, 그 전후에도 여러 연구자에 의해 명의신탁 의제규정이 계속 비판을 받아온 점, 증여세 회피목적이 추정규정으로 쉽게 인정되고, 회피하는 조세도 증여세에 국한하지 않음으로 인해 제재수단으로서 증여세 부과에 대한 우려가 점점 커지고 있다는 점 등을 볼 때 바람직한 명의신탁에 대한 과세의 정립을 위해 현행 명의신탁 증여의제규정의 내용과 문제점에 대해 검토해 보는 것은 의미있는 작업이라 할 것이다.

Ⅱ. 명의신탁에 대한 증여세 과세규정의 변천과정[3]

1. 1974. 12. 21. 증여의제규정이 제정되기 전

구 상속세법 제32조의2가 1974. 12. 21.에 제정되기 이전에는 명의신탁에 대해 증여세를 부과한다는 직접적인 법규정이 없었다. 다만 구 상속세법 제34조의4(1952. 11. 30. 법률 제261호로 제정되고 1960. 12. 30. 법률 제573호로 개정된 것)가 포괄적 증여의제에 관한 사항을 규정하고 있을 뿐이었다.

그런데 과세당국은 구 상속세법 제34조의4에 의거하여 명의신탁에 대하여 증여세를 부과하였다.

---

2) 최근 헌재 2005. 6. 30. 2005헌바24에서도 증여의제규정이 위헌이 아니라고 결정하였다.

3) 가장 최근의 명의신탁증여의제규정의 위헌여부에 대한 헌법재판소의 결정인 헌재 2005. 6. 30, 2005헌바24에서 지금까지의 명의신탁시 증여의제 규정과 관련된 법개정과 판례의 입장을 잘 정리하고 있다, 여기에서는 그 결정문 pp. 1~4에 있는 내용을 거의 그대로 소개하되, 이해를 위해 적절한 제목을 달고 주요 개정사항에 대한 표 정리만을 필자가 새로이 추가하였다.

[표] 명의신탁 증여의제(추정)규정의 주요 쟁점별 변천과정

법개정	별도의제규정	적용대상 자산	조세회피 유무 구별	조세회피 추정	회피대상인 조세
1974. 12. 21 이전	없음(포괄적의제규정) 과세관청 : 증여세 과세 대법원 : 실질적인 이익없으면 증여세 과세부정	규정없음	규정없음	규정없음	규정없음
1974. 12. 21	신설(의제) 대법원 : 명의신탁시 증여세 과세부정(78누396)	부동산 포함	규정없음	규정없음	규정없음
1981. 12. 31	존속(의제) 대법원 : 명의신탁시 증여세 과세(86누486)	부동산 포함	규정없음 헌재 : 한정합헌결정(89헌마38)	규정없음	규정없음
1990. 12. 31	존속(의제)	부동산 포함	**신설(조세회피 목적)**	규정없음	규정없음 대법원 : 증여세에 국한(92누10685) 헌재 : 증여세에 국한하지 않아도 합헌(96헌바87)
1993. 12. 31	존속(의제) 92누10685	부동산 포함	존속	규정없음	**신설(국세, 지방세, 관세)**
1996. 12. 30.	**추정**	**부동산 제외 - 부동산실명법**	존속	**신설**	존속
1998. 12. 28	**의제**	존속	존속	존속	존속

이에 대해 대법원은 1965. 5. 25. 선고 65누4판결에서 수탁자가 위탁자와의 대내적 관계에서 완전한 소유권을 취득하지 못하였다고 하여도 수탁자가 그 신탁계약에 의하여 대가없이 이익을 취득한 것이라면 이는 상속세법상 증여를 받은

것으로 해석된다고 판시하여 구 상속세법 제34조의4에 의거한 명의신탁에 대한 증여세 부과를 인정한 후 상당기간 동안 이러한 견해를 유지하였다. 그러나 그 후 대법원은 1975. 4. 22. 선고 74누139판결에서 구 상속세법 34조의4는 실질상 양수자에게 이익이 없는 경우라도 이를 양자간의 내부관계로 보고 그 부분을 증여받은 것으로 의제한다는 취지로 해석될 수 없다는 이유로 명의신탁이 있더라도 실질적인 이익이 없으면 증여세를 부과할 수 없다고 설시하면서 종전의 견해를 변경하였다.

2. 1974. 12. 21. 증여의제규정이 제정된 후

국회는 1974. 12. 21. 명의신탁재산을 증여로 보도록 규정하는 구 상속세법 제32조의2(1974. 12. 21. 법률 제2691호로 신설된 것)를 제정하였다. 위 법조는 "재산에 대하여 신탁을 설정한 경우에 신탁법 제 3 조의 규정에 의하여 신탁재산인 사실을 등기 또는 등록하지 아니하거나, 증권에 표시하지 아니하거나, 주권과 사채권에 관하여는 또한 주주명부 또는 사채원부에 기재하지 아니하고 수탁자의 명의로 등기·등록·표시 또는 기재된 신탁재산은 당해 등기·등록·표시 또는 기재한 날에 위탁자가 그 신탁재산을 수탁자에게 증여한 것으로 본다"라고 규정하였다.

이에 따라 과세관청이 위 구 상속세법 제32조의2를 적용하여 명의신탁을 증여한 것으로 보아 증여세를 부과한 과세처분에 대하여 대법원은 "명의신탁은 신탁법 제 1 조 제 2 항이 규정하는 신탁법상의 신탁이라고 할 수 없으므로 명의신탁인 사실을 신탁법 제 3 조의 규정에 의하여 이를 등기하지 않았다 하여 그 명의신탁을 상속세법 제32조의2 소정의 증여로 볼 수 없다"라고 판시한 후(대법원 1979. 1. 16. 선고, 78누396 판결) 일관된 견해를 지속하였다(대법원 1982. 6. 22. 선고, 82누9 판결 등).

대법원의 위 판결 이후 납세의무자는 무상으로 소유권을 이전한 뒤 증여세가 부과되면 문제의 등기이전은 증여가 아니라 명의신탁에 의한 것임을 입증함으로써 증여세 납부의무를 면할 수 있게 되었다.

3. 1981. 12. 31. 법개정

국회는 명의신탁에 대하여 증여세를 부과하기 위하여 1981. 12. 31. 구 상속세법 제32조의2(1981. 12. 31. 법률 제3474호로 개정되고 1990. 12. 31. 법률 제4283호로 개정되기 전의 것)를 다음과 같이 개정하였다. "① 권리의 이전이나 그 행사에 등기·등록·명의개서 등(이하 "등기 등"이라 한다)을 요하는 재산에 있어서 실질소유자와 명의자가 다른 경우에는 국세기본법 제14조의 규정에 불구하고 그 명의자로 등기 등을 한 날에 실질소유자가 그 명의자에게 증여한 것으로 본다. ② 제 1 항의 규정은 신탁법 또는 신탁업법에 의한 신탁재산인 사실을 등기 등을 하는 경우에는 이를 적용하지 아니한다."

그 후 대법원은 "상속세법 제32조의2 제 1 항의 증여의제규정은 실질소유자와 명의자 사이에 합의가 있거나 의사소통이 있어 명의자 앞으로 등기 등이 경료된 이상 그들간의 내부관계가 어떠하든지 간에, 즉 그들간에 실질적인 증여가 있건 없건 또는 신탁법상의 신탁의 설정이건 단순한 명의신탁에 불과하건 간에 그 등기 등을 한 때에 증여가 있는 것으로 본다는 취지로 해석하여야 한다"라고 판시(1987. 4. 28. 선고, 86누486 판결 등)하면서 명의신탁에 대한 증여세 부과를 인정하였다.

4. 1990. 12. 31. 법개정

헌법재판소는 1989. 7. 21. 구 상속세법 제32조의2 제 1 항(1981. 12. 31. 법률 제3474호로 개정된 후 1990. 12. 31. 법률 제4283호로 개정되기 전의 것)은 "조세회피의 목적없이 실질소유자와 명의자를 다르게 등기 등을 한 경우에는 적용되지 아니하는 것으로 해석하는 한 헌법에 위반되지 아니한다"라는 한정합헌결정을 선고하였다(헌재 1989. 7. 21. 선고 89헌마38, 판례집 1, 131).

그 후 국회는 헌법재판소의 위 결정의 취지를 반영하고자 1990. 12. 31. 구 상속세법 제32조의2(1990. 12. 31. 법률 제4283호로 개정되고 1993. 12. 31. 법률 제4662호로 개정되기 전의 것)를 개정하여 제1항에 "다만, 타인의 명의를 빌려 소유권이전등기를 한 것 중 부동산등기특별조치법 제 7 조 제 2 항의 규정에 의한 명의신탁에 해당하는 경우 및 조세회피목적 없이 타인의 명의를 빌려 등기 등을 한 경우로서 대통령령이 정하는 때에는 그러하지 아니하다"라는 단서규정을 신설하였다.

5. 1993. 12. 31. 법개정

대법원은 1992. 3. 10.에 선고한 91누3956판결에서 구 상속세법 제32조의 2 제 1 항(1981. 12. 31. 법률 제3474호로 개정되고 1990. 12. 31. 법률 제4283호로 개정되기 전의 것)은 권리의 이전이나 행사에 등기 등을 요하는 재산에 있어서 증여를 은폐하여 증여세를 회피하기 위한 수단으로 명의신탁 제도가 악용되려는 것을 방지하려는 데 그 입법 취지가 있다고 하여 그 등기 등의 명의를 달리하게 된 것이 증여를 은폐하여 증여세를 회피하기 위한 것이 아니라면 이를 증여로 볼 것이 아니라고 판시한 후 이 견해를 견지하였다(대법원 1993. 3. 23. 선고 92누10685 판결, 1994. 5. 24. 선고 92누13455 판결, 1995. 9. 29. 선고 95누8768, 8775, 8782 판결 등 참조).

그러자 국회는 1993. 12. 31. 구 상속세법 제32조의2(1993. 12. 31. 법률 제4662호로 개정되고 1996. 12. 30. 법률 제5193호로 전문개정되기 전의 것) 제1항 단서에 규정된 '조세회피목적'이 의미하는 조세의 범위를 모든 조세로 확대하여 증여의제규정을 적용할 수 있도록 하기 위하여 법률 제4662호로 구 상속세법 제32조의2에 제3항을 신설하여 "제 1 항에서 조세라 함은 국세기본법 제 2 조 제 1 호·제 7 호에 규정된 국세·지방세 및 관세법에 규정된 관세를 말한다"라고 규정하였다.

대법원은 1995. 11. 14. 선고한 94누11729 판결에서 구 상속세법 제32조의2 제 1 항(1990. 12. 31. 법률 제4283호로 개정되고 1993. 12. 31. 법률 제4662호로 개정되기 전의 것)의 입법 취지가 명의신탁 제도를 이용한 조세회피 행위를 효과적으로 방지하여 조세정의를 실현한다는 취지에서 실질과세의 원칙에 대한 예외를 인정한 데에 있다 하여 명의신탁의 목적에 조세회피 목적이 포함되어 있지 않은 경우에만 위 단서의 적용이 가능한데 그 단서 소정의 조세를 명문의 근거없이 증여세에 한정할 수 없다는 견해를 확립한 후 그 이후의 판결에서도 이러한 견해를 일관되게 견지하여 왔다(대법원 1996. 4. 12. 선고 95누13555판결, 1996. 5. 10. 선고 95누11573판결, 1996. 5. 10. 선고 95누10068판결, 1999. 7. 23. 선고 99두2192판결, 1999. 12. 24. 선고 98두13133판결 참조).

그런데 헌법재판소는 1998. 4. 30. 선고 96헌바87, 97헌바5·29결정에서 조세회피목적없이 명의신탁을 한 경우를 증여의제대상에서 제외하고 있는 구 상속세법(1990. 12. 31. 법률 제4283호로 개정되고 1993. 12. 31. 법률 제4662호로 개정되기 전의 것) 제32조의2 제 1 항 단서 중 '조세'(회피목적)에 증여세 이외의 다른 조세를 포함하는 것으로 해석하더라도 합헌이라고 선고하였다.

6. 1996. 12. 30. 법개정

국회는 1996. 12. 30. 구 상속세및증여세법(1996. 12. 30. 법률 제5193호로 전문개정되어 신설된 후 1998. 12. 28. 법률 제5582호로 개정되기 전의 것) 개정시, 종전 제32조의2의 규정을 제43조로 변경하면서 부동산실권자명의등기에관한법률이 1995. 7. 1.부터 시행됨에 따라 부동산(토지, 건물)을 명의신탁 증여추정 대상에서 제외하였고, 주식에 대하여는 조세회피 목적을 확인하기 어려워 증여세 과세의 실효성이 떨어지는 문제가 있어 2년(1997. 1. 1. - 1998. 12. 31.)의 유예기간을 설정하고 유예기간 중 실명전환한 과거의 명의신탁주식에 대해서는 증여세를 면제하는 특례를 인정하여 주식의 실명전환을 유도하는 대신, 1997. 1. 1. 이후 명의신탁하거나 유예기간 종료일 후 발견되는 명의신탁 주식에 대하여는 조세회피 목적이 있는 것으로 추정하도록 규정하였다.

7. 1998. 12. 28. 법개정

그 후 국회는 1998. 12. 28. 구 상속세및증여세법(1998. 12. 28. 법률 제5582호로 개정되어 신설된 후 2002. 12. 18. 법률 제6780호로 개정되기 전의 것) 개정시 종전 제43조를 삭제하고 제41조의2를 신설하였는데, 구법 제43조가 자산을 타인명의로 등기·등록·명의개서한 경우 실제 소유자가 명의자에게 증여한 것으로 추정하도록 규정되어 있어 조세회피목적이 있는 명의신탁의 경우에도 증여가 아니라는 사실을 납세자가 입증하게 되면 증여세 과세대상에서 제외되는 것으로 해석될 소지가 있어, 신설된 제41조의2를 증여추정("증여로 추정한다")에서 증여의제("증여받은 것으로 본다")로 다시금 바꾸어서, 명의신탁을 하면 증여의제로 보아 증여세를 과세하되 납세자가 조세회피목적이 없음을 입증하면 증여의제로 보지 아니하도록 규정하였다. 이후 명의신탁 증여의제 규정은 2003. 12. 30 상속세 및 증여세법이 법률 제7010호로 개정될 때 동법 제41조의2에서 제45조의2로 자리이동을 하였다.

Ⅲ. 명의신탁 증여의제 규정에 관한 주요 판례

1. 헌법재판소 1989. 7. 21. 89헌마38[4)]

(1) 사실관계

B사의 대표이사인 X는 1982.4.14.부터 같은 해 7.8.까지 3차례에 걸쳐 6필의 토지에 대하여 A외 2인으로부터 소유권이전등기를 받았다가 1982. 5. 8.부터 1984. 8. 27.까지 사이에 위 토지들에 대하여 B사외 2인 앞으로 소유권이전등기를 하였다.

과세관청 Y는 1985.10.17. X가 위 토지들에 관하여 위와 같이 등기부상의 소유명의를 취득한 것은 상속세법 제32조의2 제1항(1981.12.31. 법률 제3474호로 전문개정되어 1982.1.1.부터 시행)에 의하여 증여로 간주된다고 하여 증여세 부과처분을 하였다.

X는 위 토지들에 대한 등기부상의 소유명의를 취득한 것은 원래 B사가 위 A 등으로부터 위 토지들을 매수한 것인데, 농지매매증명의 취득곤란 및 매도인들의 등기이전 기피 등 부득이한 사정으로 말미암아 B사가 일단 그 대표이사인 X 명의로 등기이전 하였다가 얼마 후에 B사 등 앞으로 다시 등기이전한 것이므로, 증여의제를 전제로 한 증여세 등 부과처분은 위법하다고 주장하여 위 과세관청 Y를 상대로 증여세 등 부과처분취소청구소송을 제기하였다.

원심에서 원고패소판결을 내렸다. X는 위 상속세법 규정이 헌법에 위반되는지 여부가 재판의 전제가 된다고 주장하여 대법원에 헌법재판소법 제41조 제1항에 의한 위헌제청을 신청하였으나, 대법원은 위헌제청신청을 기각하는 결정을 하

4) 이 판례에 대한 평석으로는 윤현석, "명의신탁과 증여의제," 「조세판례백선」, 박영사, 2005, pp. 425-430가 있다. 이 평석에서는 대상판결이 조세회피 목적 없는 명의신탁에 대해 증여의제 규정이 적용되지 않음을 밝힘으로써 명의신탁에 대한 과세관청의 무차별적인 증여의제규정의 적용을 제한하였다고 평가하고 있다. 다만 명의신탁 증여의제규정에 대해서는 위헌의 소지가 있어 동규정을 의제규정에서 추정규정으로 변경하는 것이 타당하다고 주장하고 있다.; 또 다른 평석인 윤진수, "명의신탁에 대한 증여세의 부과와 평등원칙 —헌법과 세법 및 사법의 관계—," 「조세법의 논점」, 행솔 李泰魯敎授華甲紀念論文集 刊行委員會, 1992, pp. 519-534에서는 헌법재판소 결정의 다수의견이 제시하고 있는 것처럼 조세회피의 목적이 있을 때에만 증여로 의제한다거나 또는 소수의견의 주장처럼 실질소유자가 명의자에게 증여한 것으로 추정하는 것만으로도 어느 정도 조세회피를 방지하는 목적을 달성할 수 있다는 점에서 일률적으로 명의신탁을 증여로 의제하는 규정은 헌법상 평등의 원칙에 위반된다고 볼 소지가 충분하다고 보아 조세회피의 목적이 없는 명의신탁에 대한 증여세의 부과에 위헌성이 있다고 본 것은 정당하다고 보고 있다. 다만 한정합헌결정이 아닌 위헌결정이 타당하다고 보고 있다.

였다. 이에 X는 위 결정의 정본을 송달받고, 헌법재판소에 위헌심사를 구하는 헌법소원을 제기하였다.

본 사안에서 X는 " … 법인이 토지를 취득함에 있어서 매도인이 양도소득세의 과중한 부담 등을 이유로 법인에의 등기 이전을 기피하기 때문에, 부득이 일단 개인명의로 등기하였다가 다시 법인명의로 환원한 진정한 의미의 명의신탁의 경우에도, 무차별적으로 증여세를 부과하는 것은 국민의 재산권을 보장하고 경제적 차별을 받지 않도록 한 헌법규정에 위반된다"고 주장하였다. 이에 대하여 헌법재판소는 "상속세법 제32조의2 제1항은 조세회피의 목적이 없이 실질소유자와 명의자를 다르게 등기 등을 한 경우에는 적용되지 아니하는 것으로 해석하는 한, 헌법에 위반되지 아니한다"고 한정합헌결정을 내렸다.

(2) 결정요지

상속세법 제32조의2 제1항은 형식상으로나 실질적으로 조세법률주의에 위배되지 아니하고, 위 규정이 실질과세의 원칙에 대한 예외 내지는 특례를 둔 것만으로 조세평등주의에 위배되지도 않는다. 다만 위 법률조항에는 무차별한 증여의제로 인한 위헌의 소지가 있으므로 예외적으로 조세회피의 목적이 없음이 명백한 경우에는 이를 증여로 보지 않는다고 해석하여야 하고, 위와 같이 해석하는 한, 헌법 제38조, 제59조의 조세법률주의 및 헌법 제11조의 조세평등주의에 위배되지 않는다.

(재판관 조규광의 보충의견) "……로 해석하는 한, 헌법에 위반되지 아니한다"라는 문구의 취지는 상속세법 제32조의2 제1항에 관한 다의적인 해석가능성 중 한정축소해석을 통하여 얻어진 일정한 합헌적 의미를 천명한 것이며 그 의미를 넘어선 확대해석은 바로 헌법에 합치하지 아니한다는 뜻이다.

(재판관 변정수, 김진우의 반대의견) 상속세법 제32조의2 제1항의 규정은 실질적 조세법률주의를 규정한 헌법 제38조, 제59조에 위반되는 규정이며 법률문언이 한가지 뜻으로 밖에 해석할 여지가 없어 달리 헌법합치적 해석을 할 수 없는 위헌법률이다.

(3) 이 판결하의 증여의제 규정 : 1981. 12. 31. 법률 제3474호로 개정된 후의 것

현행법과의 차이는 조세회피목적이 없는 경우에는 명의신탁 증여의제 규정이 적용되지 않는다는 규정이 없고, 조세회피목적이 추정되는 규정을 두고 있지 아니하며, 조세회피에서 말하는 조세가 증여세 이외의 조세인지에 대해 명문의 규정을 두고 있지 않고, 부동산의 경우에도 증여의제규정이 적용되고 있다는 점 등이다.

第32조의2 (제 3 자 명의로 등기등을 한 재산에 대한 증여의제) ① 권리의 이전이나 그 행사에 등기 · 등록 · 명의개서등(이하 "등기등"이라 한다)을 요하는 재산에 있어서 실질소유자와 명의자가 다른 경우에는 국세기본법 제14조의 규정에 불구하고 그 명의자로 등기등을 한 날에 실질소유자가 그 명의자에게 증여한 것으로 본다.

② 제 1 항의 규정은 신탁업법에 의한 신탁업을 영위하는 자가 신탁재산인 사실을 등기등을 하는 경우에는 이를 적용하지 아니한다.

(4) 이 판결의 의의

본 결정은 조세회피의 목적이 없는 명의신탁에 대하여 상속세법 제32조의2 제 1 항의 증여의제규정을 적용할 수 없음을 밝히고 있다. 이로써 과세관청이 명의신탁에 대해 증여의제규정을 적용하기 위해서는 조세회피 목적유무를 따져 보게 되었다는 점에서는 이 결정의 의의가 크다. 한편 세법의 규정에 대하여 헌법적 판단을 하여 실질적으로 위헌이라는 판단을 내린 최초의 사례라는 평가되기도 한다.[5)]

다만 과세관청이 명의신탁에 대하여 증여의제규정을 적용하여 과세하는 경우 과세관청은 명의신탁만을 입증하면 되고, 조세회피목적이 없었다는 점에 대하여 납세자가 입증책임을 부담하는 입증책임의 전환의 문제는 여전히 남아 있다.

그리고 조세회피 목적이 있는 경우의 명의신탁에 대한 증여의제 규정이 헌법 제38조, 제59조의 조세법률주의 및 헌법 제11조의 조세평등주의에 위배되지 않는다는 입장은 그 이후의 판례에서도 계속 유지되고 있다.[6)]

---

5) 윤진수, 위의 글, p. 534.

6) 1992년부터 2005년까지 동일한 취지의 판결이 계속되고 있다. 헌재 1992. 1. 28. 90헌바59; 헌재 1992. 2. 25. 90헌가69; 헌재 1992. 4. 28. 90헌바27; 헌재 1992. 12. 24. 90헌바21; 헌재 1993. 3. 11. 91헌바22; 헌재 1994. 4. 28. 92헌가3; 헌재 1994. 7. 29. 92헌바49; 헌재 1995. 6. 29. 94헌바39; 헌재 1995. 7. 21. 92헌바40; 대판 1995. 11. 14. 94누11729; 헌재 1995. 11. 30. 94헌바40; 헌재 1995. 11. 30. 91헌바1; 헌재 1996. 12. 26. 94헌가10; 헌재 1998. 4. 30. 96헌바87; 헌재 1999. 2. 25. 96헌바64; 헌재 1999. 4. 29. 96헌바22; 헌재 2000. 2. 24. 97헌바15; 헌재 2000. 6. 29. 98헌바92; 헌재 2001. 6. 28. 99헌바54; 헌재 2001. 7. 19. 2000헌바40; ; 헌재 2002. 6. 27. 2000헌바88; 헌재 2004. 11. 25. 2002헌바66; 헌재 2005. 6. 30. 2004헌바40 등.

2. 대법원 1993. 11. 23. 선고 93누6195 판결[7)]

(1) 사실관계

A는 주택건설업자로서, 이 사건 연립주택을 신축함에 있어 주택건설촉진법상의 규제와 소득세법상의 누진제도를 피하고, 이 사건 점포를 취득함에 있어 도·소매진흥법상의 규제를 회피할 목적에서 그 장인인 원고 X의 명의를 빌려 원고앞으로 소유권이전등기를 경료하였다.

과세관청 Y는 이 사건 부동산의 실질상 소유자와 명의자가 상이하다는 이유로 구 상속세법 제32조의2 제 1 항(1990.12.31. 법률 제4283호로 개정되기 전의 것)에 의하여 증여의제하여 원고에게 증여세를 부과하였다.

원고 X는 증여세를 회피할 목적으로 소유권이전등기를 경료한 것이 아니라는 이유로 증여세 부과처분의 취소를 구하는 소를 제기하였다.

원심에서는 원고승소판결을 내렸고, 대법원에서는 원심을 유지하였다.

(2) 판시사항

이 사건 연립주택을 신축함에 있어, 주택건설촉진법상의 규제와 소득세법상의 누진제도를 피하고, 또한 이 사건 점포를 취득함에 있어, 도·소매진흥법상의 규제를 회피할 목적에서 그 장인인 원고의 명의를 빌려 원고앞으로 소유권이전등기를 경료한 것이라면, 증여세를 회피할 목적으로 위와 같이 소유권이전등기를 경료한 것이라고 볼 수 없어 증여의제 규정을 적용할 수는 없다.

(3) 이 판결하의 증여의제 규정 : 1990. 12. 31. 법률 제4283호로 개정되기 전의 것[8)]

현행법과의 차이는 조세회피목적이 없는 경우에는 명의신탁 증여의제 규정이 적용되지 않는다는 규정이 없고, 조세회피목적이 추정되는 규정을 두고 있지 아니하며, 조세회피에서 말하는 조세가 증여세 이외의 조세인지에 대해 명문의 규정을 두고 있지 않고, 부동산의 경우에도 증여의제규정이 적용되고 있다는 점 등

---

7) 이 판례에 대한 평석으로는 최선집, "명의신탁에 따른 증여의제규정 적용에 있어서의 조세회피목적",「국세」제324호, pp. 22~31이 있다. 이 평석에서는 증여의제의 규정은 조세회피행위 및 납세협력의무불이행에 대한 제제라는 성격을 갖는 조항으로 조세부담의 공평을 실현하기 위한 것으로 보아, 이 조항이 실질과세원칙에 위반된다는 전제 아래 가급적 좁게 해석하려는 대상판례를 비판하고 있다.

8) 제32조의2 제 1 항은 1981. 12. 31.된 이후 동일한 내용이다.

이다.

第32조의2 (제 3 자 명의로 등기등을 한 재산에 대한 증여의제) ① 권리의 이전이나 그 행사에 등기 · 등록 · 명의개서등(이하 "등기등"이라 한다)을 요하는 재산에 있어서 실질소유자와 명의자가 다른 경우에는 국세기본법 제14조의 규정에 불구하고 그 명의자로 등기등을 한 날에 실질소유자가 그 명의자에게 증여한 것으로 본다.

② 제 1 항의 규정은 신탁법 또는 신탁업법에 의한 신탁재산인 사실을 등기등을 하는 경우에는 이를 적용하지 아니한다.<개정 1982. 12. 21>

(4) 이 판결의 의의

대상판례는 소득세법상의 누진제도의 적용의 회피 즉, 소득세 회피목적은 조세회피 이외의 목적으로 취급하여 명의신탁 증여의제 규정의 적용범위를 축소하고 있다는 점에 의의가 있다. 현행 상속세 및 증여세법하에서는 증여세뿐만 아니라 기타 국세, 지방세, 관세를 "조세회피목적"에 있어서의 조세에 포함시키고 있으므로 위 판결과 결론을 달리한다.

3. 대법원 1995. 11. 14. 선고 94누11729판결[9)]

(1) 사실관계

A, B 등은 C로부터 농지를 농산물저온창고의 건축부지와 약초재배용 농지로 사용하기 위하여 매수하였다. A, B 등은 이 사건 농지의 소재지에 거주하지 아니하는 관계로 농지매매증명을 받을 수 없어서 부득이 중개인인 원고 X 명의로 소유권이전등기를 경료하였다.

과세관청 Y는 A, B 등이 원고 X에게 이 사건 토지에 관하여 명의신탁한 것은 구 상속세법 제32조의 2 제 1 항 규정(1990. 12. 31. 법률 제4283호로 개정된 것)에 해당한다고 하여, 원고에게 증여세 금 74,223,350원의 부과처분을 하였다.

원심은 원고가 내세우는 증거만으로는 원고가 주장하는 사실이 입증되지 아니하고, 오히려 반대증거에 의하면, 위 A, B 등은 원고의 명의를 빌려 이 사건 토지를 매수한 다음 이를 담보로 하여 매매대금에 버금가는 금원을 차용하고 이

9) 이 판례에 대한 평석으로는 우창록, "명의신탁의 증여의제와 조세회피 목적," 「조세판례백선」, 박영사, 2005, pp. 431~436가 있다. 이 논문에서는 대상판결이 구상속세법 제32조의 2 제 1 항 규정의 법적성격을 오해한 나머지 그 규정상의 "조세회피목적"에서 말하는 "조세"의 범위를 너무 확장하여 해석하였다고 비판하고 있다.

를 전매하여 그 차익을 얻는 투기거래를 한 것으로 보여지고 이는 부동산 투기거래에 따른 조세회피를 목적으로 한 것에 다름없을 뿐 거래상의 편리에 따른 부득이한 것이라고는 볼 수 없다고 인정하여 원고패소판결을 하였다. 대법원은 상고를 기각하였다.

(2) 판시사항

가. 부동산등기특별조치법 제7조 제2항의 규정에 의하지 아니한 명의신탁약정의 사법적 법률행위의 효력이 부인되지 아니하는 이상, 그 명의자로의 등기에 있어서 조세회피목적이 없는 경우에도 이를 증여로 보아 증여세를 부과하는 것은 조세법률주의 또는 조세평등주의의 헌법정신에 위반되는 결과를 초래하기 때문에 부동산등기특별조치법 제7조 제2항의 규정에 의하지 아니하고 타인의 명의를 빌려 소유권이전등기를 한 부동산은 그 명의자로 등기를 한 날에 실질소유자가 그 명의자에게 증여한 것으로 보되, 다만 그 명의자로의 등기에 있어서 조세회피목적이 없는 경우에는 그러하지 아니한 것으로 보아야 하고, 이 때 그 명의자로의 등기에 있어서 조세회피목적이 없었다는 점에 관한 입증책임은 이를 주장하는 명의자에게 있다고 보아야 할 것이다.

나. 상속세법 제32조 제1항의 입법취지는 명의신탁제도를 이용한 조세회피행위를 효과적으로 방지하여 조세정의를 실현한다는 취지에서 실질과세원칙에 대한 예외를 인정한 데에 있다고 할 것이므로, 명의신탁이 조세회피목적이 아닌 다른 이유에서 이루어졌을 뿐 그에 부수하여 사소한 조세차질이 생기는 것 등을 제외하고, 그 주된 목적이 조세회피에 있는 경우에는 그 단서 소정의 조세를 증여세에 한정할 필요는 없다고 보아야 한다.

(3) 이 판결하의 증여의제 규정 : 1990. 12. 31. 법률 제4283호로 개정된 것

현행법과 동일한 점은 조세회피목적이 없는 경우에는 명의신탁 증여의제 규정이 적용되지 않음을 밝히고 있다고 있는 것이다. 현행법과의 차이는 조세회피목적이 추정되는 규정을 두고 있지 아니하고, 조세회피에서 말하는 조세가 증여세 이외의 조세인지에 대해 명문의 규정을 두고 있지 않고, 부동산의 경우에도 증여의제규정이 적용되고 있다는 점이다.

제32조의2 (제3자 명의로 등기등을 한 재산에 대한 증여의제) ① 권리의 이전이나 그 행사에 등기·등록·명의개서등(이하 "등기등"이라 한다)을 요하는 재산에 있어서 실질소유자와 명의자가 다른 경우에는 국세기본법 제14조의 규정에 불구하

고 그 명의자로 등기등을 한 날에 실질소유자가 그 명의자에게 증여한 것으로 본다. 다만, 타인의 명의를 빌려 소유권이전등기를 한 것중 부동산등기특별조치법 제7조 제2항의 규정에 의한 명의신탁에 해당하는 경우 및 조세회피목적없이 타인의 명의를 빌려 등기등을 한 경우로서 대통령령이 정하는 때에는 그러하지 아니하다.<개정 1990.12.31>

② 제1항의 규정은 신탁법 또는 신탁업법에 의한 신탁재산인 사실을 등기등을 하는 경우에는 이를 적용하지 아니한다.<개정 1982.12.21>

(4) 이 판결의 의의

대상판결은 1993. 12. 31.자로 구상속세법 제32조 제3항이 신설되기 전의 사안에 대한 것이다. 대상판결은 조세회피목적에서 말하는 조세는 증여세를 의미한다는 입장을 견지하여 오던 대법원 입장[10]과는 달리 "주된 목적이 조세회피에 있는 경우에는 그 단서 소정의 조세를 증여세에 한정할 필요는 없다"고 함으로써 조세회피목적에서 말하는 조세가 증여세에 한정되지 않음을 밝힌 최초의 판결이다.

4. 헌법재판소 2004. 11. 25. 2002헌바66

(1) 사실관계

A사의 대표이사 B가 1997. 12. 29. A사의 주식 20만주를 X 명의로 배정받고 X명의로 주식대금 10억 원을 납부한 12.31. A사의 주주명부에 X를 주주로 등재하였다. 과세관청 Y는 B가 X에게 위 주식을 명의신탁하였다고 인정하고 구상속세및증여세법(1998. 12. 28. 법률 제5582호로 개정되기 전의 것) 제43조에 의하여 X에게 증여세 금698,256,000원을 부과하였다.

X는 서울행정법원에 위 증여세부과처분의 취소를 구하는 소송(2001구10058)을 제기하고 명의신탁을 증여로 의제하도록 규정한 구 상속세및증여세법(1998. 12. 28. 법률 제5582호로 개정되고 2002. 12. 18. 법률 제6780호로 개정되기 전의 것) 제41조의2가 헌법에 위반된다고 주장하면서 위 법조항에 대한 위헌법률심판제청신청(2001아1781)을 하였으나 법원이 X의 청구와 위헌법률심판제청신청을 모두

10) 대법원은 '지방세'를 회피할 목적,(1992. 3. 10. 선고 91누3956 판결), '종합소득세'를 회피할 목적(1992. 3. 10. 선고 91누13168 판결; 1992. 3. 13. 선고 91누6481호 판결), '법인세'를 회피할 목적(1992. 9. 8. 선고 92누4383호 판결)은 위 규정에서 말하는 '조세회피목적'에 해당하지 아니한다고 판시하였다.

기각하자 이 사건 소원을 제기하였다. 헌법재판소에서는 재판관 4인의 반대의견이 있는 외에는 합헌결정을 하였다.

(2) 쟁 점

가. 명의신탁이 증여세 이외의 다른 조세 회피를 목적으로 이용되는 경우에도 증여세를 부과하도록 규정한 구법 제43조 제5항이 비례의 원칙과 평등원칙에 위배되는지 여부(소극)

나. 명의신탁이 증여세 이외의 다른 조세 회피를 목적으로 이용되는 경우에도 증여세를 부과하도록 규정한 구법 제43조 제5항이 체계정당성에 위반되어 위헌이 되는지 여부(소극)

다. 명의신탁 증여의제에 있어서 조세회피의 목적이 없었다는 점에 관한 증명책임의 소재(명의자)

(3) 판결요지

가. 명의신탁에 의한 조세의 회피는 증여세에 한정된 것이 아니고 상속세, 소득세, 취득세 등 각종의 국세와 지방세 그리고 관세에 대하여도 가능하므로, 증여세 이외의 다른 조세에 대하여도 명의신탁의 방법으로 이를 회피하는 것을 방지하고 그 회피행위를 제재하여야 할 필요성은 증여세의 경우와 조금도 다를 바 없다. 그러므로 증여세 이외의 다른 조세를 명의신탁에 의하여 회피하는 행위를 제재하기 위하여 그러한 명의신탁에 대하여 조세회피의 목적을 추정하고, 이를 증여로 추정할 수 있도록 조세범위를 확장하는 조항은, 증여세회피의 경우에 관하여 위에서 본 바와 동일한 이유로, 그 입법목적이 정당하고 그 수단이 입법목적의 달성에 적합하며 최소침해의 원칙에 어긋나지 아니하고 법익간의 비례가 유지되므로, 비례의 원칙에 대한 침해라고 할 수 없고 평등의 원칙에도 어긋나지 않는다.

나. 심판대상조항들이 조세범위확장조항을 통하여 증여세가 아닌 다른 조세를 회피하려는 목적이 인정되는 경우에, 회피하려는 조세와는 세목과 세율이 전혀 다른, 증여세를 부과하도록 증여추정을 하게 되는데, 이 경우의 증여세가 비록 과징금의 성격을 갖는다고 하더라도, 이는 체계정당성의 원칙에 위배되는 외관을 가질 수 있으나, 증여세가 아닌 다른 조세를 회피하려는 목적이 명의신탁에 인정되는 경우에도 명의신탁을 증여로 추정하여 증여세를 부과하도록 한 입법의 선택에는 합리적인 이유가 존재하고 여기에 입법재량의 한계를 현저히 일탈한 잘못이

있다고 볼 수 없으므로 체계부정합으로 인한 위헌의 문제는 발생하지 않는다.

다. 구 상속세및증여세법(2002. 12. 18. 법률 제6780호로 개정되기 전의 것) 제41조의2 제1항의 입법 취지는 명의신탁제도를 이용한 조세회피 행위를 효과적으로 방지하여 조세정의를 실현한다는 취지에서 실질과세원칙에 대한 예외를 인정한 데에 있으므로 명의신탁의 목적에 조세회피의 목적이 포함되어 있지 않은 경우에만 같은 조항 단서의 적용이 가능하고 또한 그 단서 소정의 조세를 증여세에 한정할 수 없으며, 명의신탁에 있어서 조세회피의 목적이 없었다는 점에 관한 입증책임은 이를 주장하는 명의자에게 있다. 대법원 2004.12.23 선고 2003두13649 판결[공 2005. 2. 1.(219), 211].

<반대의견>

구 상속세및증여세법 제43조 제1항 본문 및 제1호, 같은 법조 제2항 후단규정, 같은 법조 제5항(이하 '심판대상조항들'이라 한다)이 명의신탁을 이용한 각종 조세의 회피를 방지하여 조세평등과 조세정의를 달성하고자 하는 입법목적은 헌법 제37조 제2항에서 규정하고 있는 공공복리의 증진에 기여한다고 여겨지므로, 그 정당성이 인정되지만, 심판대상조항들이 증여세가 아닌 다른 조세를 회피하려는 목적이 인정된 경우에 회피하려는 조세와는 세목과 세율이 전혀 다른 증여세를 부과하는 것은 체계정당성에도 위배되고, 과징금의 형태로 증여세를 부과하는 형식을 택하는 것은 결코 합리적인 사유가 존재한다고 볼 수 없으므로 적합성원칙에 위배되며, 나아가 심판대상조항들이 행정적 제재로서 과징금을 부과해야 할 사항을 그보다 금전적 부담이 크고 실질에도 맞지 않는 증여세를 부과하는 것은 법체계의 정당성에도 부합하지 않을 뿐만 아니라 최소침해성원칙에 위배되며, 심판대상조항들이 명의신탁을 이용하여 증여세가 아닌 다른 조세의 회피행위에 대하여 지나치게 고율의 증여세를 부과하는 것은 조세정의와 납세의 공평성을 구현하고자 하는 공익을 감안하더라도 막중한 금전적인 부담을 담세능력이 전혀 없는 명의수탁자에게 지우게 되는 과중한 결과를 초래하게 되어, 심판대상조항들에 의하여 입게 되는 명의수탁자의 불이익은 조세정의와 조세공평의 실현이라는 공익에 비해 훨씬 크다고 아니할 수 없으므로, 법익간의 균형성을 잃고 있어서, 심판대상조항들이 증여세가 아닌 다른 조세의 회피목적이 있다고 인정되는 경우에 명의신탁재산에 대하여 증여세를 부과하는 것은 비례의 원칙에 위배된다.

심판대상조항들이 증여세가 아닌 다른 조세를 회피하려는 목적이 있는 경우와 심지어 조세회피를 의도하지 않거나 그러한 인식조차 없이 사실상 명의를 빌려준 경우에 경제적 이익의 이전이 없는 통상의 명의신탁을 일률적으로 증여로 보고 담세능력의 정도를 고려하지 아니한 채 고율의 증여세를 부과함으로써, 명의신탁재산에 대한 실질적인 권리 내지 이익을 취득하지 아니하고 단순히 권리의 외양만을 취득하여 담세능력이 없는 명의신탁자를 재산을 증여받은 자와 동일하게 취급하여 고율의 증여세를 부과하는 것은 명의수탁자를 자의적으로 불리하게 취급하는 것으로서 평등원칙에 위배된다. 따라서 심판대상조항들이 증여세가 아닌 다른 조세의 회피목적이 있다고 인정되는 경우에 명의신탁재산에 대하여 증여세를 부과하는 것은 헌법에 위반된다.

(4) 이 판결의 의의

명의신탁 증여의제규정시 회피대상이 되는 조세가 증여세에 국한하지 않는 현행 규정이 위헌이 아니라는 종전의 입장을 확인한 판결이다. 다만 김영일, 김경일, 송인준, 주선회 등 헌법재판관의 반대의견이 제시된 바 같이 현행 증여의제규정의 타당성에 의문이 있고, 이러한 상황하에서는 현행 증여의제규정을 최대한 제한적으로 해석하는 것이 타당할 것이다.

5. 헌법재판소 2005. 6. 30. 2004헌바40 2005헌바24

(1) 사실관계

C사의 전 대표이사 A는 X1, X2, X3의 명의로 C사의 주식을 취득하였으며, A의 며느리인 B는 X1의 명의로 C사의 주식을 취득하였다.

과세관청 Y는 정리회사 C사의 주식이동상황을 조사하여 이러한 사실을 확인하여 상속세법및증여세법 제41조2의 제1항에 의거하여 위 주식취득가액을 증여가액으로 하여 X들에게 증여세를 부과하였다.

이에 원고 X들은 증여세 부과처분의 취소를 구하는 소송을 제기하고 구 상속세법및증여세법 제41조2의 제1항에 대하여 위헌법률심판제청신청을 하였으나 원심[11]에서 모두 기각되자 구 상속세법및증여세법 제41조2의 제1항 본문에 대하여 헌법소원을 제기하였다.

(2) 판결요지

가. 명의신탁에 의한 조세의 회피는 증여세에 한정된 것이 아니고 앞에서 본

11) 서울행정법원 2004.5.4. 선고, 2003구합26737 판결; 서울행정법원 2003구합14994 판결

바와 같이 상속세, 소득세, 법인세, 부가가치세, 취득세 등 각종의 국세와 지방세 그리고 관세에 대하여도 가능하다. 증여세의 경우에는 증여가 아닌 명의신탁임을 내세워 이를 회피하고, 증여세 이외의 경우에는 명의신탁이 아닌 진정한 양도임을 가장하여 이를 회피하는 것이 다를 뿐이다. 마치 두 얼굴을 가진 가면과 같다. 증여세 이외의 다른 조세에 대하여도 명의신탁의 방법으로 이를 회피하는 것을 방지하고 그 회피행위를 제재하여야 할 필요성은 증여세의 경우와 조금도 다를 바 없다. 그러므로 증여세 이외의 다른 조세를 명의신탁에 의하여 회피하는 행위를 제재하기 위하여 그러한 명의신탁에 대하여 조세회피의 목적을 추정하고 일정한 예외하에 이를 증여로 의제할 수 있도록 조세범위를 확장하는 조항은, 증여세 회피의 경우에 관하여 앞에서 이미 본 바와 동일한 이유로, 그 입법목적이 정당하고 그 수단이 입법목적의 달성에 적합하며 최소침해의 원칙에 어긋나지 아니하고 법익간의 비례가 유지되어 재산권에 대한 과도한 침해라고 할 수 없고 나아가 평등의 원칙에도 어긋나지 않는다고 판단되므로 이는 헌법에 위반되지 않는다.

나. 조세범위확장조항을 통하여 증여세가 아닌 다른 조세를 회피하려는 목적이 명의신탁에 인정되는 경우에도 명의신탁을 증여로 의제하여 증여세를 부과하도록 한 입법의 선택에는 합리적인 이유가 존재하고 여기에 입법재량의 한계를 현저히 일탈한 잘못이 있다고 볼 수 없고 따라서 체계부정합으로 인한 위헌의 문제는 발생하지 않는다고 할 것이다.

(3) 이 판결의 의의

종전의 헌법재판소의 입장과 같이 증여세 이외의 다른 조세에 대해서 명의신탁 증여의제 규정을 적용하고 있는 현행 규정이 위헌이 아님을 확인하고 있다.

Ⅳ. 현행 명의신탁 증여의제 규정의 내용

현행 명의신탁 증여의제 규정은 부동산의 경우에는 적용되지 아니하며, 조세회피 목적이 없는 경우에도 적용되지 아니한다. 다만 조세회피 목적이 추정되는 경우를 규정하고 있고 회피목적을 내국세에 국한하지 않고 지방세, 관세에 까지 확대하고 있다.

상속세 및 증여세법 제45조의 2 【명의신탁재산의 증여의제】

① 권리의 이전이나 그 행사에 등기 등을 요하는 재산(토지와 건물을 제외한다.

이하 이 조에서 같다)에 있어서 실제소유자와 명의자가 다른 경우에는 국세기본법 제14조의 규정에 불구하고 그 명의자로 등기 등을 한 날(그 재산이 명의개서를 요하는 재산인 경우에는 소유권취득일이 속하는 연도의 다음 연도 말일의 다음날을 말한다)에 그 재산의 가액을 명의자가 실제소유자로부터 증여받은 것으로 본다. 다만, 다음 각호의 1에 해당하는 경우에는 그러하지 아니하다.(2003. 12. 30. 신설)

1. 조세회피의 목적없이 타인의 명의로 재산의 등기 등을 하거나 소유권을 취득한 실제소유자명의로 명의개서를 하지 아니한 경우

2. 주식 또는 출자지분(이하 이 조에서 "주식 등"이라 한다) 중 1997년 1월 1일 전에 신탁 또는 약정에 의하여 타인명의로 주주명부 또는 사원명부에 기재되어 있거나 명의개서되어 있는 주식 등에 대하여 1998년 12월 31일까지의 기간(이하 이 조에서 "유예기간"이라 한다)중 실제소유자명의로 전환한 경우. 다만, 당해 주식 등을 발행한 법인의 주주 또는 출자자(이하 이 조에서 "주주 등"이라 한다)와 특수관계에 있는 자 및 1997년 1월 1일 현재 미성년자인 자의 명의로 전환한 경우에는 그러하지 아니하다.

② 타인의 명의로 재산의 등기 등을 한 경우, 실제소유자명의로 명의개서를 하지 아니한 경우와 제1항 제2호의 규정에 의한 유예기간중에 주식 등의 명의를 실제소유자명의로 전환하지 아니하는 경우에는 조세회피목적이 있는 것으로 추정한다. 다만, 양도자가 소득세법 제105조 및 제110조의 규정에 의한 양도소득과세표준신고 또는 증권거래세법 제10조의 규정에 의한 신고와 함께 소유권변경내역을 신고하는 경우에는 그러하지 아니하다. (2003. 12. 30. 신설)

③ 제1항의 규정을 적용함에 있어서 주주명부 또는 사원명부가 작성되지 아니한 경우에는 법인세법 제109조 제2항 및 제119조의 규정에 의하여 납세지관할세무서장에게 제출한 주주 등의 명세 및 주식등변동상황명세서에 의하여 명의개서 여부를 판정한다. (2003. 12. 30. 신설)

④ 제1항 제2호의 규정은 주식 등을 유예기간중에 실제소유자명의로 전환하는 자가 당해 주식을 발행한 법인 또는 그 출자된 법인의 본점 또는 주된 사무소의 관할세무서장에게 그 전환내용을 대통령령이 정하는 바에 따라 제출하는 경우에 한하여 이를 적용한다. (2003. 12. 30. 신설)

⑤ 제1항의 규정은 신탁업법 또는 간접투자자산운용업법에 의한 신탁재산인 사실의 등기 등을 하는 경우와 비거주자가 법정대리인 또는 재산관리인의 명의로 등기 등을 하는 경우에는 이를 적용하지 아니한다. (2003. 12. 30. 신설)

⑥ 제1항 제1호 및 제2항에서 "조세"라 함은 국세기본법 제2조 제1호

및 제7호에 규정된 국세 및 지방세와 관세법에 규정된 관세를 말한다. (2003. 12. 30. 신설)

⑦ 제1항 제2호의 규정에 의한 특수관계에 있는 자의 범위는 대통령령으로 정한다. (2003. 12. 30. 신설)

1. 의제의 의미

권리의 이전이나 그 행사에 등기 등을 요하는 재산(토지와 건물을 제외한다)에 있어서 실제소유자와 명의자가 다른 경우에는 국세기본법상 실질과세원칙에 불구하고 그 명의자로 등기 등을 한 날(그 재산이 명의개서를 요하는 재산인 경우에는 소유권취득일이 속하는 연도의 다음 연도 말일의 다음날을 말한다)에 그 재산의 가액을 그 명의자가 실제소유자로부터 증여받은 것으로 본다.

일정한 요건을 갖춘 경우에는 증여가 의제되지만, 증여의제의 요건 중에 조세회피 목적이 있어야 되고 조세회피의 목적은 추정된다는 점에서 조세회피의 목적이 추정되는 경우를 번복시킴으로서 이론상으로는 의제를 벗어나는 길이 존재하게 된다.

2. 증여의제 대상자산

권리의 이전이나 그 행사에 등기 등을 요하는 재산(토지와 건물을 제외한다)에 한한다.

3. 조세회피 목적의 인정

조세회피목적없이 타인의 명의로 재산의 등기 등을 하거나 소유권을 취득한 실제소유자 명의로 명의개서를 하지 아니한 경우에는 증여의제가 되지 아니한다(상증법 제41조의2 제4항 제1호).

타인의 명의로 재산의 등기 등을 한 경우, 실제소유자명의로 명의개서를 하지 아니한 경우와 유예기간중에 주식 등의 명의를 실제소유자명의로 전환하지 아니하는 경우에는 조세회피목적이 있는 것으로 추정한다(상증법 제41조의2 제2항).

4. 회피대상인 조세의 범위

조세회피목적에서 말하는 조세에는 현행 상속세 및 증여세법상 국세·지방세·관세가 포함된다(제45조의2 제6항).

V. 명의신탁 증여의제 규정의 개선방안

1. 증여의제를 증여추정으로 바꾸는 방안

명의신탁 증여의제 규정은 그 자체가 재산을 무상으로 이전하여 주는 것이 아니라 재산을 맡겨둔 경우라도 증여세 과세가 된다는 것을 의미하고 있다. 신탁등기를 명시적으로 하여 조세회피 목적이 없음이 분명하는 경우에는 증여의제가 적용되지 않고 있다.

현행 증여의제 규정의 요건인 조세회피 목적이 없을 것이라는 요건을 충족하지 못하는 대표적인 예로 신탁을 들 수 있을 것이다. 다만 신탁의 이용도 그 운영에 따라서는 세금을 절감하는 효과를 가져올 수 있기 때문에 "신탁 = 조세회피 목적 없음"이라는 등식을 아닐 것이다. 실제로는 특수관계자간 증여인데 과세관청의 조사에 의해 증여가 밝혀진 이후에 재산을 무상으로 준 것이 아니라 맡겨 두었다는 것을 주장하는 경우 과세관청으로서는 증여의사로 준 것인지 재산관리의 목적으로 맡겨둔 것인지 밝히기가 쉽지 않을 것이다. 재산을 맡기는 자가 신탁이라고 미리 밝혀둔 다면 실제 명의자와 소유자 사이에 괴리를 확인해야 될 위험이 어느 정도 벗어날 수 있고 반대로 신탁이라고 밝히지 않을 경우에 무상이전이라고 과세를 할 근거를 제시한다는 점에서 신탁 여부에 따른 증여의제 적용여부 결정은 과세관청의 입장에서는 의미있는 것이라 할 수 있다.

이처럼 재산을 무상으로 이전해 주었는지 맡겨둔 것인지 명확하지 않는 경우에 법령에 의해 증여의제로 보는 것은 입증책임의 전환을 넘어 납세의무자 일방에게 불리한 세부담을 지우게 된다. 명의신탁이라는 사회적으로 바람직하지 못한 소유권의 명의자와 실제 소유자와의 괴리를 막기 위해 세부담이라는 제재를 쓰는 경우라면 이러한 증여의제의 타당성이 설명될 수는 있을 것이다.

그러나 세금을 담세력 이외의 다른 제재의 성격으로 사용하는 것이 바람직한

가에 대해 의문을 제기하는 입장에서 보면 제재로서 증여의제는 설 자리를 잃게 된다. 가산세와 같이 행정제재의 성격의 세금이 있기는 하지만, 이는 독립된 세목이라 보기 어렵다는 점에서 세금이 제재로서 쓰이는 일반적인 예로 보기는 어려울 것이다. 양도소득세의 경우 자본이득에 대한 과세인데도 부동산 투기와 관련한 불로소득이라는 관점에서 종합소득의 세율보다 더 과중한 세율을 지우는 것 역시 세금을 제재로서 쓰는 면은 있지만 이는 세율의 높고 낮음을 통해서 조세정책적인 입장에서 이용되는 것이라 증여의제의 제재의 성격을 합리성을 담보하지는 못할 것이다.

이처럼 증여의제의 경우 담세력에 따른 과세가 아니고 세금을 줄이는 방법으로 많이 쓰이는 거래유형에 대한 제재로서 쓰인다는 점에서 이는 바람직하지 않은 입법이라 할 것이다. 세법상 증여의 개념을 민법상의 증여개념보다 훨씬 넓은 개념으로 명문화한 현행법하에서 증여의제규정은 그 설자리를 잃게 되었고 유독 명의신탁 증여의제 규정이 제재의 성격임이 분명해 졌다. 또한 증여세 뿐만 아니라 양도소득세 등의 조세회피로 쓰이던 부동산에 있어서 명의신탁은 현재 증여세라는 이름이 아닌 다른 제재의 수단을 쓰고 있고 완전하지는 않지만 시장에서 그 역할을 어느 정도 하고 있다. 주식 등의 경우에만 제재로서 남겨놓을 필요가 있는지는 의문이다.

제재의 성격으로서 증여의제규정을 인정하지 않는다고 하더라도 명의신탁이 증여의 한 방법으로 이용될 수 있다는 점은 부정하기 어렵다. 그렇다면 명의신탁의 형식을 취하는 경우에는 조세회피 목적이 있는 것으로 추정하고 조세회피 목적이 없음을 입증하지 못하는 경우에 부의 무상이전이 된다.

문제는 명의신탁을 이용하였는데 조세회피 목적이 없다는 것을 어떻게 입증할 것이고 어떠한 경우에 이러한 조세회피 목적 없음으로 인정할 것인가의 문제가 남게 된다. 증여의제를 증여추정으로 바꾸었을 뿐이지 현재의 증여의제되는 경우의 납세의무자의 부담을 사실상 얼마만큼 덜어줄 수 있는지는 의문이 들 수 있다. 그러나 증여의제가 아닌 추정으로 규정함으로써 일단 부의 무상이전에 대한 입증의 문제임을 보다 분명히 밝히는 것이 과세관청의 과세편의가 아닌 납세의무자에게 보다 유리한 과세행정의 모습을 보여주리라 본다. 상속세 및 증여세의 국세 비율이 1%를 갓 넘는 현행 세제하에서 증여의제를 통해 얼마나 실효를 거두고 있는지가 의문이라면 세제의 본래의 취지에 충실하게 하는 것이 바람직한 것으로 생각된다.

즉 증여의제 규정은 예정처럼 증여추정 규정으로 바꾸는 것이 의미있다고 생각된다.

2. 증여의제 대상을 조정하는 방안

부동산의 명의신탁에 대한 제제로서 부동산실권리자명의등기에 관한 법률이 강력하게 작동하고 있어 현재는 부동산의 경우는 증여의제 대상에서 제외되고 있다. 현재로서 제재의 성격으로 증여의제규정을 남겨놓는다면 현행 규정에 있는 것에 국한하여야 할 것이다.

3. 조세회피 목적이 인정되는 경우를 축소하는 방안

조세회피 목적이 있는 것으로 인정되는 경우란 명의신탁이면 조세회피 의도가 있는 것으로 추정되므로 조세회피 목적이 쉽게 인정되고 있는 것이다. 회피되는 조세를 증여에 국한하는 것이 아니므로 조세회피 목적이 늘어나는 경우가 더욱 넓어지는 것이다.

조세회피 목적이 없는 것으로 여겨지는 경우 뿐만 아니라 세금을 줄이려는 의도가 적은 신탁업법 또는 간접투자자산운용법에 의한 신탁재산인 사실의 등기 등을 하는 경우와 비거주자가 법정대리인 또는 재산관리인의 명의로 등기 등을 하는 경우나 양도자가 양도소득과세표준신고 또는 증권거래세신고와 함께 소유권 변동내역을 신고하는 경우 등도 증여의제 규정이 배제되고 있다.

조세회피 목적이 없는 것으로 "조세회피목적없이 타인의 명의로 재산의 등기 등을 하거나 소유권을 취득한 실제소유자 명의로 명의개서를 하지 아니한 경우"라고 해서 조세회피 목적이 없다고 보는 구체적인 예시를 법률에서 해주고 있지는 않다. 어떠한 경우에 조세회피 목적이 없는 경우인지에 대한 구체적인 명시를 해 두는 것도 하나의 방법일 것이다.

4. 회피대상인 조세를 축소하는 방안

명문의 규정으로 증여세 이외의 다른 조세에 대해 회피대상으로서 나열하고 있지만, 제재로서의 증여의제를 축소하여야 한다는 점에서 보면 회피대상이 되는 조세를 법개정을 통해서라도 종전의 판례에서 증여세에 국한하는 것으로 축소하여야 할 것이다.

Ⅵ. 결 어

현행 상속세및증여세법 상 주식에 대한 명의신탁에 대해 증여의제를 하고 있는데, 증여의제가 과세가 아닌 제재의 성격이라고 하여 이를 합리화하고 있다. 그러나 과세를 어떤 정책적인 목적의 제재수단으로 이용하는 것이 바람직한 것은 아니다. 또한 현행 명의신탁에 대한 증여의제제도가 명의신탁이 조세회피목적으로 쓰이는 것을 막기 위한 정책수단으로 쓰일 수 있다고 하더라도 부담하는 증여세 부담이 너무 과중하지 않는가 다툼이 될 수 있다.

증여세 회피목적이 추정규정으로 쉽게 인정되고, 회피하는 조세도 증여세에 국한하지 않음으로 인해 제재수단으로서 증여세가 부과에 대한 우려는 더욱 클 수 밖에 없다. 제재수단으로서 증여세 운영은 담세력에 따른 세제 운영에 바람직하지 않은 것이라는 점에서 현행법을 증여의제에서 추정으로, 회피대상 조세를 증여로 국한하는 등의 개정을 통해 명의신탁이 있다고 해서 증여과세가 확대적으로 되는 것을 최대한 제한을 가하는 것이 필요하다. 입법론적으로 되지 않는다면 조세회피목적이 없는 경우에 대한 구체적인 해석론상 범주를 제시해 주는 것도 부차적인 대안이 될 수도 있을 것이다.

이 글에서는 증여의제 규정이 어떠한 과정을 거쳐 현재의 모습이 되었는지, 그러한 개정과정에서 여러 글에서 평석으로 다룬 주요 판례의 내용과 의의는 어떠한 것인지, 현행 증여의제 규정의 문제는 어떠한 것이 있어 개정을 논의해 볼 만한 것인지를 다루어 보았다. 헌법재판소에서 1989년 결정례가 나온 이후에 2005년도에서 계속해서 증여의제 규정에 대한 헌법재판소에 판단이 묻는 요구가 계속되고 있다.

명의신탁에 대한 제재에 대해 납세의무자가 수긍을 못하고 있다고 생각해 볼 수도 있을 것이다. 이 글이 깊이 있는 연구라기보다는 세법학자로서 평소 생각해 보았던 화두를 한번 던져 보았다는 점에 의의를 두고 싶다.

第62회 발표회 지정토론문

이 영 무*

1. 조세회피목적과 관련하여

명의신탁 증여의제 제도는 實質課稅의 원칙에 대한 예외 규정인 만큼 그 규정의 적용범위는 필요최소한도에 그쳐야 한다. 그 적용범위를 제한하고자 찾아낸 개념이 租稅回避의 目的이라고 하겠다.

헌법재판소의 결정(89헌마38호) 취지에 따라 구 상속세법(1990. 12. 31. 법률 4283호) 제32조의 2에 처음으로 '조세회피의 목적없이 타인의 명의를 빌려 등기 등을 한 경우'에 증여의제를 회피할 수 있도록 규정한 뒤에 ① 증여세를 회피하기 위하여 명의신탁이 이루어진 경우에만 증여로 간주하여 증여세를 부과할 수 있다는 限定說과 ② 증여세 뿐만 아니라 그 밖의 조세를 회피할 목적으로 명의신탁이 이루어진 경우에도 증여로 간주하여 증여세를 부과할 수 있다는 非限定說이 대립하였고, 대법원은 지방세를 회피할 목적(91누3956), 종합소득세를 회피할 목적(91누13168), 법인세를 회피할 목적(92누4383)은 구 상속세법 제32조의 2 제1항 단서에서 말하는 "조세회피목적"에 해당하지 않는다고 판시하여 한정설의 입장을 취한 경우도 있고, 이와는 반대로 증여세가 아닌 소득세도 회피대상이 되는 조세의 범위에 포함되는 것으로 보거나(91누2410), 그 주된 목적이 조세회피에 있는 경우에는 구 상속세법 제32조의 2 제 1 항 단서 소정의 조세를 증여세에 한정할 필요는 없다고 판시한 경우(94누11729)도 있어 그 판례의 태도가 서로 상반되고 있었다.

이에 과세당국은 구 상속세법 제32조의 2 규정에 제 3 항을 신설하였다(1993. 12. 31. 법률 제4662호). 위 신설된 제 3 항은 "제 1 항에서의 조세라 함은 국세기본법 제 2 조 제 1 호·제 7 호에서 규정된 국세·지방세 및 관세법에 규정된 관세를 말한다"라고 규정하여 명백히 비한정설의 입장을 취하여 입법적으로 위 문제를 해결하였다. 그럼에도 불구하고 이 규정 자체의 타당성에 대하여 여전히

* 조선대학교 법과대학 교수.

의문을 제기하는 견해가 적지 않았다. 하지만 헌법재판소는 2004. 11. 25. 선고 2002헌바66 결정에서 명의신탁이 증여세 이외의 다른 조세 회피를 목적으로 이용되는 경우에도 증여세를 부과하도록 규정한 위 규정이 위헌이 아니라고 판시하여 명백하게 非限定說의 입장을 받아들였고 이후 위 입장을 계속하여 견지하고 있다.

여기서 한정설이 타당하냐 비한정설이 타당하냐에 대하여는 많은 논란이 있을 수 있고 그 내용에 대하여는 헌재의 결정 등을 통하여 대체로 잘 알려져 있다. 개인적인 견해로는 조세회피목적의 조세를 증여세 뿐만 아니라 그 밖의 조세를 모두 포함하는 것으로 볼 경우 거의 모든 명의신탁 행위를 증여로 간주하는 결과가 되어 조세회피의 목적이라는 요건자체가 무의미하게 되는 측면이 있다는 점에서 한정설이 타당하다고 생각한다. 하지만 헌재의 입장이 확고한 만큼 헌법 해석론상으로는 실천적 한계가 있을 수밖에 없다. 실질과세의 원칙을 관철한다는 측면에서 발표자의 견해와 같이 회피대상이 되는 조세를 증여세로 제한하는 것을 입법론적으로 고려할 필요는 있다고 여겨진다.

2. 의제규정과 관련하여

주지하다시피 推定은 반대의 증거가 제출되면 당해 규정의 적용을 면할 수 있지만, 看做는 반대의 증거의 제출을 허용하지 않고서 법률이 정한 효력을 당연히 생기게 하는 것이다. 간주조항은 보통 " … 한 것으로 본다"라는 형식으로 표현된다. 위와 같이 간주된 경우에는 추정된 경우와는 달리 반증이 허용되지 않는다.

상속세및증여세법상의 증여의제규정은 "등기 등을 요하는 재산에 있어서 실제소유자와 명의자가 다른 경우에는 … 명의자가 실제소유자로부터 증여받은 것으로 본다"라고 규정하고 있어 명의신탁사실이 존재하면 바로 증여사실이 있는 것으로 간주되고, 이 경우 당사자는 다른 반증에 의하여 그 증여사실을 다툴 수가 없다. 단지 명의신탁 행위에 조세회피목적이 없었음을 입증하여 증여간주규정의 적용을 배제할 수 있을 뿐이다.

발표자는 현행 의제규정을 추정규정으로 바꾸는 것이 타당하다는 취지이나 이에 대하여는 깊은 고려가 있어야 할 것으로 생각된다. 현재는 조세회피 목적이 없었음을 입증하는 것만이 증여세의 부과를 회피할 수 있는 유일한 방법이다. 그리고 '조세회피목적'에서 말하는 조세에는 증여세 뿐만 아니라 그 밖의 국세·지방세 및 관세를 포함한다.

그런데 만약 위 의제규정을 추정규정으로 바꾼다면 당사자는 조세회피목적이 없었음을 입증하는 것과는 상관없이 증여사실이 없었음을 입증(반증)하여 증여의 제규정의 적용을 피할 수도 있을 것이다. 이는 결국 조세회피목적을 증여세회피목적으로 제한하는 결과를 초래하게 것이 되는 것이 아닐까? 왜냐하면 증여세 이외의 다른 국세· 지방세 및 관세를 회피할 목적이었음이 입증된 경우 이는 당사자 사이에 증여사실이 없었음을 반증한 것과 다름없다고 볼 수도 있기 때문이다.

3. 부동산에 대한 명의신탁과 관련하여

상속및증여세법이 1996. 12. 30. 개정되면서 부동산은 명의신탁 증여의제 대상에서 제외되었다. 부동산실권리자명의등기에관한법률이 시행되면서 부동산 명의신탁행위에 대하여 과징금을 부과하여 制裁하기 때문이다. 그러나 ① 조세와 행정벌(과징금)은 그 목적, 부과방식 등이 전혀 다른 제도이므로 한쪽이 다른 한쪽을 대체할 수 있는 관계가 아니고, ② 부동산실명법상의 과징금은 부동산평가액의 10%-30% 범위 내에서 정하여지므로 부동산 명의신탁의 경우가 주식의 명의신탁의 경우보다 부과되는 금액이 더 적게 되는 불합리가 발생할 수 있으며, ③ 실무상 명의신탁을 이용한 증여는 주식의 경우보다 부동산의 경우가 더욱 빈번하므로 명의신탁을 증여로 의제할 필요성이 가장 큰 것은 부동산이라는 점 등을 고려할 때 부동산도 명의신탁 증여의제 대상에 포함시키는 것이 타당하다고 보여진다. 그에 대한 발표자의 견해는 어떠한지?

第 62회 발표회 지정토론문

최 주 영*

발제자의 발표 잘 들었습니다.

발제자는 명의신탁 증여의제 규정(현행 상속세 및 증여세법 제45조의2)의 연혁, 명의신탁 증여의제 규정을 둘러싼 그간의 주요 판례의 내용과 의의를 짚어 주신 후 현행 명의신탁 증여의제 규정에 대한 개선방안으로 1) 증여의제를 증여추정으로 바꾸는 방안, 2) 증여의제 대상을 조정하는 방안(현재 부동산실권리자명의등기에 관한 법률에 의하여 제재규정이 마련되어 있는 부동산의 명의신탁에 대해서만 증여의제 규정을 두어야 한다는 취지로 보입니다), 3) 조세회피목적이 인정되는 경우를 축소하는 방안(조세회피목적이 인정되지 않는 경우를 법률에 예시하는 방안), 4) 회피대상인 조세를 증여세로 축소하는 방안을 제시하여 주셨습니다.

발제자는 명의신탁 증여의제 규정이 담세력에 상응하는 과세가 아닌 조세회피에 대한 제재로서 기능하고 있다는 점에서 기본적으로 바람직하지 않다는 입장을 견지하고 계신 것으로 보입니다.

토론자도 발제자의 견해에 전체적으로 공감합니다만, 발제자가 제시한 위 1) 내지 4)의 개선방안은 모두 입법론에 해당하는 내용이어서, 토론자로서는 입법론이 아닌 해석론으로서 명의신탁 증여의제 규정의 적용범위를 축소시키는 방안을 하나 제안하고자 하는데, 이에 대한 발제자의 고견을 듣고 싶습니다.

그 방안은 조세회피목적의 추정의 복멸을 쉽게 인정해 주는 것입니다. 이를 위해서는,

1) 우선 조세회피의 목적이 있다고 하기 위해서는 명의신탁행위를 하게 된 주된 의도 혹은 명의신탁을 함에 있어 계산에 넣은 중요한 계기가 조세회피에 있다고 볼 수 있는 정도에 이르러야 한다고 해석함으로써 그런 정도에 이르지 못하는 사안[1]은 조세회피목적이 없다고 인정해 주는 것입니다.

---

* 헌법연구관.

1) 세무서에서 명의인에게 증여세를 부과하자 증여세를 면해 보려고 명의신탁 받은 것이라고 주장하는 고전적인 사안을 비롯하여 과점주주의 제2차납세의무, 간주취득세, 주식양도소득세, 종합소득세의 누진 경감 등 전형적인 조세회피사안도 있겠으나, 최근 실무상 (주식)명의신탁이 이루어지는 경우로는 주식회사 설립시 상법상 요구되는 발기인 수를 채우기 위한 경

명의신탁행위의 중요한 의도가 따로 있더라도 부수적으로 조세부담 경감의 결과가 발생할 수 있다는 인식이 있으면 족하다고 해석한다면, 이는 '목적' 이라는 문언의 일반적 의미에 반하고, 명의신탁이 법상 특별히 금지된 경우를 제외하고는 일반적으로 허용된 행위형식으로 사적자치의 원칙 하에서 당사자는 일정한 경제적 목적을 달성하기 위하여 여러 가지 형식을 취할 수 있음에도 그 자체를 사실상 부인하는 결과에 이르게 되며, 명의신탁재산 증여의제 규정의 입법취지와도 동떨어지게 되기 때문입니다.

이는 본질적으로 명의신탁행위를 통하여 회피될 수 있는 조세부담이 어느 정도의 것인지와 연결되는데, 사소한 정도의 조세 부담이 회피될 수 있을 뿐이어서 당사자가 명의신탁을 함에 있어 그것을 계산에 넣었다고 하기에는 미약한 반면 당사자가 의도한 다른 경제적 사정이 명의신탁의 중요한 계기가 되었다면 조세부담 경감에 관한 인식을 하였다고 하더라도 이를 '목적' 으로 명의신탁을 하였다고 할 수는 없다고 할 것입니다.

그런 의미에서 "명의신탁이 조세회피 목적이 아닌 다른 이유에서 이루어졌을 뿐 그에 부수하여 사소한 조세차질이 생기는 것 등을 제외하고, 그 주된 목적이 조세회피에 있는 경우에는 그 단서 소정의 조세를 증여세에 한정할 필요는 없다" 고 한 대법원 1995. 11. 14. 선고 94누11729 판결이 주목됩니다.

2) 그 다음으로 명의신탁관계는 명의신탁자와 수탁자 사이의 합의에 의하여 형성된다는 점, 증여세납부의무는 원칙적으로 수증자로 의제되는 명의수탁자가 부담한다는 점(비록 명의신탁자가 법 제4조 제5항에 의하여 연대납세의무를 부담하기는 하지만)에 비추어 조세회피의 목적이 명의수탁자에게도 있어야 한다고 해석하는 것입니다.

현재 대부분의 판결례는 명의수탁자의 의도나 인식은 문제삼지 않은 채 명의신탁자에게 조세회피목적이 없다고 단정할 수 없다는 판시를 하고 있거나 명

우(1995. 12. 29. 개정 전의 상법은 7인 이상의 발기인을 요구하였다), 도지사가 도시가스사업자지정을 함에 있어 경영독점 방지를 위해 주식 분산을 요구하여 이에 부응할 필요가 있었던 경우, 코스닥 등록을 위한 주식분산요건을 맞추고 기존 기관투자자나 일반투자자들이 추가 투자를 꺼리지 않도록 주식의 소유명의를 분산시켜 달라는 회사의 요청이 있었던 경우, 유사금융업체를 운영하는 자가 직접 상호신용금고를 인수하기 어려워 이를 피하기 위한 경우, 계열사 편입에 따른 독점규제및공정거래에관한법률상의 각종 규제를 회피하기 위한 경우, 주식을 양수한 해외 영주권자가 대표이사 등기를 위하여 현지 영사관에서 거소증명을 발급받아야 하는 불편을 피하기 위한 경우, 주식양수 당시 채권자들로부터 강제집행을 당할 우려가 있어 이를 피하기 위한 경우, 토목건설 관급공사의 입찰에 있어 임원이 아니고는 법인의 대리인으로 입찰에 참가할 수 없도록 되어 있어 그 업무의 원활한 추진을 위하여 회사 직원들에게 명의신탁을 한 경우 등과 같이 다양하다.

의신탁자 외에 명의수탁자의 인식 여부는 요건이 아니라고 하고 있는 것으로 보입니다.

그러나 명의신탁자가 특정 명의수탁자 외에 여러 사람에게 명의신탁을 통하여 주식을 분산하였는데 그 특정 명의수탁자는 자신 외의 명의신탁 관계를 알지 못하고 자신 명의의 주식비율이 크지 않으며 명의신탁자와 자신 명의의 주식을 합하더라도 과점주주의 요건에 전혀 해당하지 못하는 등의 사정이 있는 경우로서, 명의신탁자의 조세회피목적을 인식할 수 없었던 명의수탁자의 입장에서는 명의신탁관계를 형성하는 것이 법상 허용되는 것이어서 선의로 명의신탁자의 요청에 응하였을 뿐임에도 증여세납부의무를 부담하게 된다면 헌법재판소 결정의 소수의견이 지적한 위헌적 요소가 크게 부각되는 것입니다.

명의신탁재산 증여의제규정은 헌법재판소 결정의 소수의견(위헌의견) 등에서 나타나듯이 여전히 위헌적 요소가 있는 규정이므로, 그 위헌적 요소가 실질적으로 제거될 수 있도록 하기 위해서는 '조세회피목적'을 합리적으로 제한하여 해석하여야 할 필요가 있다고 생각합니다.

第62회 발표회 토론요지

사 회 자 : 윤영미(헌법연구관)
토론참여자 : 이영무(교수), 최주영(헌법연구관), 김하열(헌법연구관)
정주백(헌법연구관), 전상현(헌법연구관), 김성진(헌법연구관)
이공현(회장, 헌법재판관)

간 사 : 헌법실무연구회 간사를 맡고 있는 전종익연구관입니다. 올해 첫 실무연구회 월례발표회를 시작하도록 하겠습니다. 간사가 준비는 제대로 하지 않아서 많은 분들이 참석하지 못한 점 대단히 죄송스럽게 생각합니다. 다음부터는 좀더 노력해서 많은 분들이 참석을 하셔서 토론하실 수 있도록 하겠습니다.

오늘은 특히 신임 헌법재판소 사무차장님이신 정해남차장님께서 참석을 해 주셨습니다. 오늘 사회는 우리 헌법재판소의 윤영미연구관께서 해 주시겠습니다.

그러면 지금부터 진행은 윤연구관께서 해 주시겠습니다.

사 회 자 : 발표자 박훈교수님 소개 올리겠습니다.

서울대 법학과에서 박사학위 조세법 전공으로 하시고 현재 서울시립대 세무학과 학과장으로 계십니다. 토론자 이영무교수님은 판사와 변호사를 역임하시고 현재 조선대 법대 교수님으로 계십니다. 그리고 다른 토론자는 우리 헌법연구관이신 최주영판사님이 해 주시겠습니다.

발표는 30분정도, 토론자의 토론은 각 15분씩 하시고 그 외 토론을 한 3~40분 정도하시면 되지 않을까 생각됩니다.

발표를 들어 보겠습니다.

〈 주제발표자 발표 〉

사 회 자 : 발표 잘 들었습니다. 이영무교수님 토론해 주시겠습니다.

〈 지정토론자 발표 〉

사 회 자 : 박훈교수님 토론에 대해서 말씀하실 것 있으면 해 주십시오.

발 표 자 : 먼저 기억나는 것 순으로 말씀드리겠습니다.

세 번째 '부동산까지 확대하자' 그렇게 말씀해 주셔가지고, 아마 제 발표하는 취지 자체는 지금 있는 주식부분도 좀 제한하자 그런 입장에서 견해 자체는 대립되는 견해가 될 수 있는데요, 하나 상황만 좀 말씀드리고 싶습니다.

제가 명의신탁의 경우에 증여의제라는 이름으로 증여세에 목매지 말자라고 말씀드린 이유 중에 하나가 실제로 작년에 갑자기 증여세수가 높아졌습니다.

왜 높아졌느냐 하면 종합부동산세액 부담 그러니까 재산을 보유하고 있는 것 자체가 세 부담이 높아짐으로 인해서 차라리 증여세를 내고 자식한테 미리 재산을 넘겨주자라고 하는 그러한 'tax-planning' 차원에서 이루어졌거든요.

그래서 방금 말씀드린 대로 부동산인 경우에 있어서 명의신탁 증여의제 대상에 억지로 증여, 부가 무상이전되는 그런 범주가 아닌데도 증여의제 잡지 않더라도 오히려 납세의무자가 나서 가지고 증여라든가 주겠다라는 상황이 벌어진다는 것이지요. 그래서 저는 세제는 세제의 본질로 가야된다라고 말씀드린 것 중 하나가 증여세라는 것은 소득세 보완세의 성격이고 그래서 그런 증여의 본질에 맞추어서 맞지 않는다는 저의 입장이 있기 때문에 지금 현행 규정도 잘못되었고 부동산에 관한 부분도 지금 자체가 잘못되었다고 비추었기 때문에 부동산을 내쫓은게 잘했다라고 제 의미는 그렇게 말씀을 드리는 것이고요.

그 다음에 두 번째 부분에서 의제부분 추정규정에 관한 부분도 사실 제가 아까 예규를 통해서 범주, 조세회피목적이 있느냐 없느냐 그 부분에서 사실 이렇게 추정규정을 두었을 때 무슨 문제가 생기느냐 하면 결국 입증책임을 누가 지느냐에 따라서 완전, 완패로 이끌어가 버립니다.

그 다음에 그 추정이 있을 때 입증책임이 납세의무자에게 있을 때 납세의무자에게 굉장히 많은 부담을 주게 되거든요. 그래서 그 범주에 드는 것이 예규를 통해서 아까 말씀드린 대로 부동산도 그렇고 그 다음에 주식의 경우도 명의신탁의 형태가 많다면 조세회피의 목적이 없는, 저도 지금 딱, 옛날 같은 경우는 종중 같은 경우가 많이 대상이 되었었던 것 같은데 조세회피목적이 아닌 명의신탁 이용의 경우가요, 그런 것처럼 어떤 범주를 좀더 입법화시켜서 그거를 좀 명확히 하는 게 좀, 아이디어 차원에서 말씀을 드렸던 것이고요. 저 자신도 추정으로 바꾸었을 때 생기는 문제에 대해서는 종전에 추정규정이 되었다가 의제로 다시 돌아오지 않았습니까? 그래서 같은 논리로 증여의제라는 말로 바뀌었습니다. 그래서 저는 그 지적에 대해서는 충분히 수긍을 하고 대신에 이런, 결국 현재 의제규정으로 되어 있지만 조세회피목적에서는 추정규정이 있어서 추정과 의제가 결합되어 가지고 조세회피목적이 있느냐 없느냐 그게 굉장히 관건이 될 것이고 그래서 아이디어 차원에서 조세회피목적이 있는지의 범주, 어떤 경우가 조세회피목적이 있고 없고를 좀 범주화시키는데 과연 그게 뭐냐? 그거는 저도 연구할 주제로 삼고 있습니다. 그래서 두 번째 지적은 전적으로 수긍하는 바입니다.

그 다음에 첫 번째 조세회피목적에 관련해서는 제가 페이퍼를 작성하지 않았던 부분을 학설대립을 더 쉽게 써주셨기 때문에 그 부분은 설명자료이기 때문에 특별한 것은 없는 것 같습니다.

사 회 자 : 이교수님 또 하실 말씀이 있으십니까?

지정토론자 : 별다른 것은 없습니다.

그런데 주식의 명의신탁 증여의 경우에만 증여의제가 현재 존재하는데 사실은 실무적으로 필요한 게 부동산명의신탁이 훨씬 큰 실천적인 의미가 있다고 보여 지는데 이게 불균형적인 요소가 아닌가 개인적으로 생각하고 있습니다.

그래서 이게 아까 말한 조세하고 행정상의 제재라는 것은 다른 차원인데 행정상의 제재 그러니까 아까 말한 증여의제에서 뺐다는 것도 좀 선후가 틀린 게 아닌가 하는 의문은 있습니다.

그 증여의제규정을 축소해서 해석하는 부분하고 그것을 부동산의 경우 증여의제규정에 포함하자는 것은 다른 차원인 것 같습니다. 일단 그 부분은, 해석해서 남용을 해서 그 규정을 축소해서 해석하자, 이런 부분을 빼버린다는 것은 다른 차원이 아닌가 이거는 제 개인적인 의견입니다.

발 표 자 : 한 가지만, 아까 빠뜨렸던 것 중에 하나가 증여의제규정의 또 하나 제가 근거로서 집착하지 말자하는 반대의견을 직접 이렇게 말씀드린 것은 아니고요. 그중에 하나가 세수입이 상속하고 증여세를 합쳐서 국세 차지하는 것이 1%가 넘지 않습니다. 어디 가서 그 이야기했더니 "그러니까 열심히 거두어야 되는 것 아니냐?" 그렇게 하고 있는데, 이런 무리한 규정을 두면서까지 거두어야 되는 세수는 높지 않다는 겁니다. 그래서 원칙에 충실해야 된다라고 말씀드린 이유 중에 하나가 우리나라의 세제문제가, 특히 얼마 전에도 굉장히 중대한 세제개편안이 논란이 되었었고 그 다음에 상속세 및 증여세법 자체가 지금 현재 정부에서 세법에서 가장 먼저 손을 댔던 법률입니다.

그래서 이 명의신탁 증여의제에 관한 규제도 자리매김을 달리했던 이유 중에 하나도 세제문제를 굉장히 중요시한 부분의 이슈가 되었다는 점에서는 세법학자로서 굉장히 동감을 하는데 그거를 세제의 본래의 논리가 아니라, 물론 세제 자체가 가져야 될 효율과 공평 그런 어떤 사람들의 생각을 지배하는 면도 있지만 세제는 어디까지나 세제의 본질에 충실해야 된다라고 하는 제 개인적인 철학에 의해서 말씀드렸기 때문에 아마 토론자분과 약간의 의견의 차이가 나는 것도 그렇겠다고 생각이 드는데, 어쨌든 증여의제규정이 세수에서는 그렇게 큰 역할을 못하고 있다. 그래서 그러면 그거를 강화해서 세수에서 제대로 역할을 할 것인지 아니면 못하니까 이 부분을 포기할 것인지 그 부분은 듣는 여러분들의 몫인데 한번 같이 토론해 보면 저도 많은 도움이 될 것 같습니다.

사 회 자 : 지금 입법론하고 해석론하고 이게 엇갈리면서 의견대립이 있는 것처럼 여겨지는 부분도 사실은 차원을 달리해서 의견대립이 없는 부분도 있는 것 같습니다.

최주영 헌법연구관 토론해 주시겠습니다.

< 지정토론자 발표 >

사 회 자 : 의견이 있으실 것 같은데요.

발 표 자 : 의견을 만들어야 될 것 같은데요.

지금 두 번째 말씀해 주신 것은 수탁자, 사실 우리가 조세회피목적에서 보통 신탁하는 신탁자 입장에서는 아까 누진세 얘기하셨는데 재산을 일부를 나누어가지고 누진세를 회피하거나 또는 아까 제2차 납세의무의 과점주주의 요건에서 또 나누어 가지고 51%를 충족시키지 않으면서 사실상 뒤에서 과점주주로서 회사를 지배하는 그런 요건을 지배구조의 하나의 또 다른 방법으로 삼는 것 이외에 증여세라는 목적으로 봤을 때는 신탁자보다는 수탁자의 과세문제로 대두가 되는데 그래서 증여세부분에 있어서는 수증자가 납세의무자가 되기는 하지만 증여자도 아까 말씀하셨듯이 연대해서 납세의무자이기 때문에 그 사람이 고유한 납세의무자냐 그런 논의가 있어서 그와 관련해서 연결은 되겠지만, 지금 수탁자가 과연 증여세부담을 질지 안질지 유무자체는 수증자가 질지 안질지 문제라면 수탁자가 실제로 조세회피목적이 있었느냐 없었느냐 그거를 요건을 들고 오면 양쪽을 두개를 요구하든 아니면 수탁자쪽으로 무게중심을 기울이든 좀 해석론상 증여의제규정을 좀더 제한적으로 해석론상으로도 가능한 방법이 있지 않을까. 저도 굉장히 좀 좋은 생각이라는 생각은 드는데요 그 부분에 대해서는 이상하다는 생각은 지금 들지는 않거든요.

저도 사실 여기 올 때 입법론이 좀 거창하기는 한데 지금 해석론상 우리 한번 고민해 보자는 의미도 있는데 입법론상 사실 툭 던져놓으면 되거든요. "야 이거 나쁘니까 법 바꿔라" 이러면 굉장히 쉬운 데 현행규정상 명의신탁 증여의제규정이 확대되는 게 문제라면 궁극적인 것도 제시하지만 지금 당장에 보이는 것 관련해서 저도 한번 이 부분에서도 논문을 발전시켜 볼 생각인데, 이 수탁자에 관한 아이디어 부분은 저도 좀 발전적으로 해가지고 해석론 측면에서 하나의 아이디어로 저도 이용을 해 볼까 합니다.

첫 번째 부분 조세차질부분은 제가 그 부분은 약간 연구가 부족해서 그 부분은 즉답하기는 좀 어려울 것 같습니다.

사 회 자 : 그러면 증여세는 수증자가 부담하는데 지금 조세회피목적은 증여자를 기준으로 판단한다는 말입니까 현재? 현재 실무는 그렇게 되고 있는 겁니까?

최 주 영 : 지금 전체적으로 딱 부러지게 그렇지는 않은데요. 전체적으로는 지금 신탁자, 증여자 기준으로 판단은 많이 하고 있지요. 명의신탁에 의한 조세회피라는 것이 실질적으로는 신탁자의 역할이 크지만 이해관계 때문에 생기는 경우가 대부분이거든요. 물론 제가 들고 있는 몇 가지 사례에서는 좀 그렇지 않다라고 볼만한 사안도 있을 수는 있겠습니다마는 전체적으로는 신탁자의 어떤 세수부담을 덜기 위해서 아니면 기타 경제적 이익 때문에 벌어지는 경우가 많아서 그쪽과 관련해서 많이 초점이 맞추어져 있는 것은 사실입니다.

사 회 자 : 그러면 증여세가 아니라 다른 세가 주된 것이 되겠네요? 그렇다면요?

최 주 영 : 그럴 수도 있고요. 그러니까 첫 번째 증여세가 문제가 되는 것은 대개 증여를 해놓고 세무서에서 아까 주에서 제가 다루었습니다마는 세무서에서 증여세를 매기니까 증여세를 벗어나고자 "아! 이게 증여가 아니라 명의신탁입니다"라고 주장하는 게 고전적인 형태고 그것의 경우에는 증여세를 회피한다라고 얘기할 수 있을지 모르겠지만, 요즘 이제 부동산이 아니라 주식으로 와버렸고 주식의 경우에는 대부분의 경우 법인세나 과점주주를 회피하거나 주식을 한쪽에서 몰고 있는 것으로 인해 가지고 있는 여러 가지 공정거래상의 문제 때문에 흐트러뜨려 놓는 그런 이익 때문에 많이 생기거든요. 그런데 실제 세금자체가 부과되는 것은 수증자한테 부과가 1차적으로 되고 그거를 보완하기 위해서 아예 제한 없이 연대납세의무를 증여자한테도 부과, 이 경우에 그러니까 이 조항에 의해 가지고 증여의제가 되는 경우에는 수증자가 자력이 없거나 이렇지 않다하더라도 바로 연대납세의무가 있도록 만들어 놓기는 했습니다마는 이론상으로는 기본적으로 수증자가 물어야 되는 것은 맞지요.

사 회 자 : 혹시 추가로 코멘트하실 부분이 있습니까?

발 표 자 : 지금 또 생각나는 것 중에 하나가, 이런 문제는 있을 수 있을 것 같습니다. 수탁자하고 증여세를 연결시키게 되면 지금 그 전제로 제가 보는 여기 명의신탁의 증여의제 관련해서는 왜 이런 시스템을 이용을 했느냐? 그런데 과연

수탁자가 재산을 이전받을 그게 있느냐? 그거는 또 제가 의문이 들거든요? 명의신탁을 했을 때에, 지금 같은 경우에 부동산 같은 경우는 소유권을 아예 수탁자 것으로 사실상 형사적인 처벌도 해가지고 수탁자에 머물도록 만들어 가지고 결국 재산이 넘어가는 것으로 그렇게 잡는데 우리가 지금 주식의 경우에 명의신탁을 했다 그러면 수탁자가 수탁받은 주식에 대해서 자기가 재산권 행사할 수 있는지? 그러니까 부가 증가하게 되는 것인지 그 부분은 조금 의문이 들거든요.

최 주 영 : 그런 부분은 이제 위헌적인 요소라고 저도 생각을 하고 있는 것입니다 마찬가지로요. 그런데 지금 우리나라 증여세체제가 증여자한테 증여세를 부과하는게 아니라 수증자, 증여받은 사람한테 증여세를 물리고 있기 때문에 그거를 이 규정에 의해서 증여를 의제해버리면 수탁자가 수증자가 되어 버리는 것이니까 그 사람한테 물리는 것이지요. 대신 그것이 이제 늘 문제가 되는 응능부담의 원칙에 따라서 세금을 부과하는 것이 원칙인데 이 수탁자가 과연 무슨 부의, 말씀하신 부의 증가가 있었느냐? 그 사람이 증여를 받은 부분이 뭐가 있느냐? 없는 것을 갖다가 있다고 의제하고서는 세금을 매기는 것이 과연 합당하냐라는 측면에서 그런 것이 문제로 많이 지적이 되는 것이지요.

그래서 처분할 수 있는 재산이 실질적으로 있다라고 한다면 그거 처분해서 세금내면 될 텐데 명의신탁이 실질적으로 명의신탁 순수하게 진짜 명의신탁이라고 한다면 명의만 지금 가지고 있지 실질적인 처분권은 신탁자가 여전히 다 가지고 있는 것이고 그 두 사람 사이에서 어떤 내부적인 거래관계로 받는 용돈정도나 아니면 다른 경제적인 대가가 있었겠지요? 그것이 만약 증여세가 그 이득을 더 초과한다고 한다면 있지도 않는 존재하지도 않는 경제적 이익에 대해서 세금을 내라고 하는 것이기 때문에 그 부분이 늘 문제로 지적은 되는 것이지요.

그런데 다수의견에서는 공모 비슷하게 서로 그거를 갖다가 협력의무를 다 안해 주었다든지 아니면 그런 사실을 알면서 같이 맞장구를 쳐준 것에 대해서 어떤 세금부과의 원인을 삼아서 괜찮지 않느냐라는 의견도 있는 것 같습니다마는 근본적인 문제는 거기서 출발하는 것 아닌가 생각합니다.

사 회 자 : 토론 감사합니다.

그리고 지금까지의 토론은 세법적인 테두리 안에서 입법론을 중심으로 하고 부수적으로 해석론을 논의를 했는데요. 우리는 이제 실질과세원칙이 헌법에서 어떤 위치를 차지하는가라든가 지금 방금 말씀 하신 그런 점에서 증여받는 게 없는데 과세하는 것이 헌법적으로 어떤 평가를 받아야 하느냐라든가 그리고 증여를 의제하는 것 또는 추정하는 것, 의제로 되어 있는데요, 그런 데서 생기는 헌법적 문제라든가 입증책임 그런 문제라든가 대상을 많이 포괄적으로 하고 있는 그런 데서 생기는 문제라든가 헌법하고 연결해서 토론이 되면 좀더 유익할 것 같은데요. 특히 1조에서 조세 많이 연구하신 분들이 생각이 많이 있으실 것 같은데 말씀해 주십시오.

정 주 백 : 제가 이 문제에 관해서 아까 박훈교수님도 그런 얘기를 하시고 막연하게 이렇게 못마땅한 것 같다라는 생각을 하셨다는 것인데 그 말씀을 제가 헌법적으로 포장을 해 보겠습니다.

먼저 근본적으로 명의신탁에 의한 증여세 이것이 우리 헌법 본질론적으로 어떤 문제가 있는가 하는 것을 먼저 말씀드리겠습니다.

아까 박훈교수님 말씀하셨듯이 우리 조세체계 안에서 조세가 무엇이냐라는 부분에 대해서 정의가 없다고 말씀하셨고 실제로 그렇습니다.

우리가 보통 조세의 개념으로 원용하고 있는 것이 1919년도 독일 조세기본법에서 말하고 있는 조세개념을 원용해서 쓰고 있는데 그 당시에 조세개념에서는 무엇만 있었는가 하면 국가재정목적의 조세만이 조세다라고 했었습니다.

그 다음에 생긴 문제가 재정목적 이외에 국가가 조세를 사회정책적으로 이용하는 경우에 이거를 조세라고 볼 수 있느냐 없느냐라는 문제에 관해서 독일에서 엄청난 논의가 있었고 그 논의 끝에 1927년도에 조세기본법을 개정해 가지고 조세 재정목적이 부차적일 수 있다라고 해서 1927년도의 조세기본법에 조세정의가 들어갔는데 그 조세정의가 지금 현재 우리 재판소에서 원용하고 있는 조세의 개념하고 똑같습니다.

그러면 그 안에 들어가 있는 조세의 목적이라는 게 두 가지가 있습니다.

맨 처음에 있었던 재정목적의 조세하고 그 다음에 들어가 있는 것이 의도적 목적의 조세라는 겁니다.

그러면 여기 우리 재판소가 말하고 있듯이 이 증여의제에 관한 증여세가 우리 재판소는 지금 형식적으로 세금이라고 하는 것은 실질적으로 거래라고 한단 말이에요. 그러면 이 거래라고 말해지는 이것이 우리 재판소가 말하고 있는 조세의 개념 속에 포섭될 수 있느냐라는 것이 먼저 문제가 되어야 된다고 저는 생각합니다.

그러니까 조세라는 개념틀 안에 들어 올 수 없는 어떤 이질적인 요소가 지금 들어 와있다는 것이지요. 우리 재판소는 그 부분에 있어서는 아직 깊이 생각은 안하고 있는데 제일 기본적인 우리가 가지고 있는 조세의 개념틀 안에서는 벌을 가할 수 없다는 것입니다. 그런 생각이 먼저 들고.

그 다음에 우선 저는 두 가지로 나누어서 생각을 해 볼 수 있다 생각하는데 첫째, 세금이라고 봤을 때 어떤 문제가 생기느냐 하는 문제가 있을 것이고, 벌이라고 봤을 때 어떤 문제가 생기느냐 하는 문제를 나누어서 생각해 볼 수 있다고 생각합니다.

세금이라는 관점에서 보면 세금은 본질적으로 내가 가지고 있는 어떤 벌이의 일부분을 국가의 재정목적 등 여러 가지 목적을 위해서 내는 것입니다. 내가 번 중에 일부를 내는 것이지 내가 벌지 아니한 나의 소득 그러니까 원천적으로 소득이 없는 상태에서 나한테 세금을 내라고 할 수 없다는 것이 조세의 제일 처음의 모습입니다. 그러니까 뭔가 소득을 얻었다고 의제할 수 있는 뭔가는 적어도 있어야 된다는 것입니다. 맨 처음에 영국에서 말하자면 세금이 생겼을 때 영국에서 창문세라는 게 있었는데 창문세를 가지고 소득을 의제했었습니다. 왜냐 하면 그 당시에 영국에서는 매우 추워가지고 창문이 많이 있는 집은 난방도 잘하고 난방을 빵빵하게 할 수 있으니까 창문을 많이 두었다. 그러니까 창문이 많은 집을 가진 사람은 돈이 많다라는 것을 연결해 냈다는 것입니다.

그런데 이 사건에서 만약에 증여세를 회피하기 위한 것이라고 인정되는 경우라면 그거는 증여를 한 것이지요 실제로.

그러면 증여세회피목적이 인정되지 아니하는 그 바깥의 부분은 증여는 안했다는 겁니다. 적어도 증여는 없었다는 것이지요. 그러면 증여가 있었다면 증여세회피목적이 분명히 인정이 되었을 것이고요. 그러면 수증자한테는 와 있는 게 뭐가 있느냐? 아무 것도 없다는 것이지요. 그 사람의 담세능력을 징표할 수 있는 어떤 요소도 없다 하는 것입니다. 그런 상태에서 이 사람한테 지나가는 사람한테 적어도 우리가 이론적으로 말해지는 응능부담의 원칙이라는 것은 대원칙이 뭔가 하면 그 사람의 소득에 관해서 세금을 매긴다는 것입니다.

응능부담원칙 이전에 어떤 원칙이 있었느냐 하면 응익부담의 원칙이 있었지 않습니까? 응익부담은 그 사람은 소득이 있든지 없든지 간에 그 사람이 국가로부터 얼마나 편익을 얻었느냐 그거를 척도로 해서 세금을 거둘 수 있다는 것이었습니다.

그런데 그것이 부정되고 응능부담으로 갔다는 얘기는 응능부담은 우리 헌법재판소의 대원칙으로 받아들여진다는 얘기는 적어도 그 사람이 그 세금을 부담할 수 있는 소득, 담세력의 기초가 있어야 된다라는 것이 헌법적인 대전제라는 것입니다.

그러면 이 사건에서 명의신탁을 받았던 이 사람한테 담세력을 징표할 수 있는 어떤 용도가 있느냐? 그것이 없다면 조세는 본질적으로 문제가 있는 것이 아니냐라고 생각을 하는 겁니다.

그 다음에 아까 이게 만일 우리가 실질적으로 벌이라고 본다면 어떤 문제가 생기느냐?

첫째 아까 부동산에 관한 과징금에 관해 말씀하셨는데 과징금에 관해서도 스펙트럼이 형성되는 겁니다. 그런데 이 증여세에 관한 부분은 증여받은 부분의 10%이면 10%, 20%면 20%, 30% 이면 30% 거래량이 딱 정해져있는 겁니다. 이거는 과연 정당하냐하는 문제가 생긴다고 저는 생각합니다.

예를 들어서 10만원을 사기친 사람은 그중에 5만원을 벌금으로 내야 된다. 1억을 사기친 5천만원을 벌금으로 내야된다. 이런 형식의 벌이 형사벌로서 가능하냐? 저는 가능하지 않다고 봅니다. 왜냐 하면 그 행위 뒤에 숨어있는 어떤 의사적인 요소 어떤 그 모든 증상에 관한 자료들이 있을 터인데 그 증상에 관한 자료들이 이 증여세, 증여세로 부과된 이 벌에 대해서는 전혀 고려되지 않는다는 것입니다.

그리고 또 하나 이 증여세가 문제가 되는 것은 누가 주범이고 누가 종범이냐 하는 것입니다. 아까 말씀하셨듯이 이 증여세를 부담하는 사람은 수증자인데 실제로 그 벌이라면 그 벌을 받아 마땅한 주범은 누구냐 하면 증여를 하는 사람입니다. 신탁자지요. 그러면 아무나 두개 중에 공모를 했으니까 누가 내든지 관계없다고 하면 우리 벌에 관한 대원칙으로서 주범과 종범의 개념, 세금의 양에 관한 관념, 그런 관념들이 여기서는 다 무너지는 문제가 생긴다는 것입니다.

그리고 또 하나 이 의제에 관한 본질적인 문제인데 우리 재판소에서도 들고 있는 바와 같이 형벌하고 세금을 침익적인 대표적인 두개의 법률로 들고 있습니다.

이 침익적인 법률에 대해서 의제할 수 있느냐라는 문제는 반드시 생긴다고 저는 생각합니다.

이 의제라는 규정은 처음에는 민사법에서 출발했는데 그 민사법은 그 틀을 만들어 놓고 거기에 누가 들어올지에 대해서는 개방되어 있는 겁니다. 이러이러한 경우에는 이렇게 본다. 어떤 특정한 사람을 불리하게 하거나 유리하게 하기 위해서 의제를 한다는 생각은 적어도 민사법에는 없는 것입니다.

그런데 형사법이나 조세법의 영역에 들어오면 유리해야 되는, 두개의 당사자들 간에 누가 유리해 질 것인가 라는 것은 이미 법제정당시에 분명해지는 겁니다.

과연 이것이 만약에 벌로서 이런 의제규정이 가능하다면 형사벌에 있어서도 이러이러한 경우에는 사람을 살인한 것으로 본다. 옛날에도 있었지요. 예를 들어 칼을 가지고 있으면 그 사람이 그 사람 찔러 죽인 것으로 보겠다. 과연 이런 규정이 가능하겠느냐? 저는 가능하지 않다고 생각합니다.

그래서 우리 헌법적으로 적어도 이 증여의제에 관한 증여세 규정은 헌법적으로 봐도 상당히 문제가 있는 조항이다. 저는 그렇게 생각합니다.

이상입니다.

사 회 자 : 토론을 여러 사람하고 나서 답변을 하실 수도 있겠지만 지금 여러 가지 얘기를 하셨기 때문에 한번 답변하시는게 좋을 것 같습니다.

발 표 자 : 이거 관련해서 사실 정주백연구관님 글을 봤고 또 그거를 이야기해 주셔서 특별히 코멘트 할 것은 없을 것 같습니다.

필요하신 분은 나중에 '조세법연구'나 계속해서 좋은 논문을 내고 계시거든요. 참조하시면 도움이 될 것 같습니다.

사 회 자 : 다른 토론이나 의견 있으면 말씀해 주십시오.

예, 김하열연구관님.

김 하 열 : 제가 정주백연구관 토론을 듣고 아무 것도 모르는데요 조세에 대해서, 우선 생각나는 것이 조세의 개념을 법률로 정하면 그것이 헌법위반입니까?

정 주 백 : 그렇지는 않겠지요.

김 하 열 : 그렇겠지요?

정 주 백 : 예.

김 하 열 : 우선 그런 생각이 드는데 그러면 예를 들어서 국가가 여러 가지 사실과 정책에 직면해서 우리는 이런 부분을 조세로 보겠다라고 할 때 그것이 쉽게 조세법률주의 위반이다라고 말을 할 수가 있겠습니까?

예를 들어 약간 벌적인 성격을 두는 조세를 만든다 뭐 이런 경우.

정 주 백 : 제가 대답해야 됩니까?

제가 말씀드리고 싶은 것은 이런 겁니다. 제가 적어도 우리 재판소가 조세를 정의하고 있는 것은 헌법적 차원에서 정의를 하고 있는 겁니다.

그러면 우리 재판소가 정의하고 있는 적어도 이게 처음에 독일에서도 그 논의가 있었습니다. 또 이게 독일 조세기본법에 있는 조세의 개념을 헌법적 개념으로 격상시킬 수 있느냐 없느냐 그 문제에 관한 논의가 있었고 우리 재판소에서는 그 문제에 관해서 이론적인 검토는 특별히 없었던 것 같고 우리 재판소의 개념으로 들어와 있는 겁니다.

그러면 우리 재판소의 헌법해석으로서 조세의 개념이 들어가 있는 것이지요.

그러면 두 개, 아까 말씀드린 명의신탁에 관한 벌에 관한 문제가 이게 편입된다고 한다면 우리 조세개념이 확장, 아까 제가 그래서 맨 처음에 말씀드린 것처럼 처음에 재정목적의 조세에서부터 의도적 목적의 조세로까지 확장되었고 그 다음에 문제로 되는 것이 이것이 벌에 관한 조세까지 확장될 수 있느냐 없느냐에 관한 논의가 있어야 된다는 겁니다.

그러면 우리 개념적으로는 이론적으로는 지금 거기에까지 확장 안되어 있는 상태에서 실질적으로 아까 말한 이거는 벌이다. 그렇지만 조세다라고 하는 것은 개념적으로 혼선이 일어나고 있다는 겁니다.

사 회 자 : 혹시나, 사회자가 말해도 되는지 모르겠습니다. 벌을 유도라고 보면 혹시 안 될까요?

정 주 백 : 그 점에 대해서 제가 말씀드리겠습니다.

유도라는 개념하고 벌은 무엇이 다르냐? 벌이라는 것은 법경제학적인 관점이 아니고 정의론적인 관점에서는 0을 지향하는 겁니다.

여기에서 이게 만약에 명의신탁이 나쁜 것이다, 벌이다, 벌로서 이 행위를 없애야 되겠다 하면 법경제학적으로 그거는 뭐 비용적으로 여러 가지 제거시키는 데는 돈이 들겠지요. 비용이 드니까 그거를 법경제학적으로 0에 갈 수는 없겠지만 이념적으로 봤을 때는 이런 명의신탁이 없는 것이 가장 최선의 상태입니다.

그런데 유도적 목적에 관한 문제는 그런 문제는 아니다라고 저는 구분을 하고 있습니다.

사 회 자 : 그러면 유도인 경우에는 어떤 식으로 다르다는 것이지요. 0이 아니면 또

정 주 백 : 그러니까 어떤 사회를 이쪽으로 움직여가겠다는 것이지 그것은 나쁜 것이다. 그것은 해서는 안된다라고 하는 것은 아니라는 것이지요.

사 회 자 : 그런데 지금 여기서 0을 지향하는게 아니라 명의신탁 같은 것을 하지 말고 투명하게 하자 이런 의도 아니었을까요?

정 주 백 : 그러니까 그것이 궁극적으로 가면 명의신탁이라는 형태 자체가 없어지는 것이 가장 이상적인 상태라는 것이지요.

사 회 자 : 아니 그러니까 입법자의 의도가 유도의 의도가 아니었을까요? 이런 저런 조세회피를 막아보려는.

정 주 백 : 과연 그것이 사회적으로 악이고 할 수 없는 것이라면 우리 형법적으로라도 그것이 0으로 만들어질 수 있는 형태로서 없애버리면 되는 것이지요.

사 회 자 : 예, 최판사님.

최 주 영 : 옛날에 자주하던 토론인데, 지금 정주백연구관님 말씀하시는 그 근저에 깔려있는 것은 예컨대 가산세, 아마 정연구관님은 가산세도 정식세금으로 안쳐주려는 입장을 가지고 계실 겁니다. 지금 아마 말씀하시고자 하는 내용은 지금 담세력이 없는데 증여라고 의제를 해서 증여세를 매기는 것이 어떤데서 문제가 되느냐라고 지적을 해 주신 것과 관련해서 제재로서의 성격을 가지고 있기 때문에 문제가 있다라고 발표를 해 주신 것과 관련해서 만약 제재로서의 성격을 가지는 세금을 조세 내용에 포함시켜 준다라고 한다면 제재로서의 성격이 있다고 해서 그 자체가 어떤 위헌적인 요소가 된다든지 그러지는 않을 수 있을 겁니다.

그런데 조금 부정적으로 보신 근거 중에 하나가 정식세금이 담세의 원천에 따른 그에 상응하는 과세가 아니라 하나의 어떤 정책적인 이유에서 부과된 제재로서의 성격을 갖고 있기 때문이다라고 보신다고 한다면 이론적으로는 그 이전에 조세 중에 특히 가산세와 같은 어떤 담세력의 원천이 있기 때문이 아니라 하나의 유도나 어떤 정책적인 이유에서 매겨지는 법률에 의해서 정해져서 세금이라고 이름이 붙여진 그런 것을 정식으로 세금으로 끼워줄거냐 말거냐에 대해서 규명이 있으신 다음에 만약 거기서 그런 유형의 세금은 우리는 조세로 인정 못하겠다라고 한다면 이런 결론은 굉장히 쉽게 나오고요. 그런데 그런 것도 정책적으로 법률에 규정을 해서 세금이라고 끌고 간다면 그거 세금으로 인정 안 해줄 방법은 없다라고 한다면 그것은 조금 위헌성이 약해질 소지는 있지 않을까 싶습니다.

그거를 아마 지적을 해 주시는 것이라서 아마 제재로서의 성격이라는 말을 강한 위헌적인 요소로 내세우기 위해서는 제재라는 것이 과연 조세의 범주에 포함될 수 있느냐 없느냐를 한번 따져 보시는 것이 좋지 않을까 싶은 생각이 듭니다.

사 회 자 : 발표자께서 코멘트 하신답니다.

발 표 자 : 좋은 지적해 주셨는데요. 제가 아마 페이퍼에 포함을 했는지는 모르겠는데 제가 위헌적인 요소에 관한 부분이라는 부분을 아마 언급을 자제했을 겁니다.

왜 그러냐 하면 여기 왔기 때문에 위헌이나 합헌이나 어떤 이런 것으로 관점이라든가 편하게 생각을 했는데 사실 명의신탁 증여의제 관련해서 풀어놓은 자체도 바람직한 세제냐? 왜 그러냐 하면 이것이 도입되었던 배경 중에 하나도 명의신탁을 함으로써 경제가 왜곡되고 그 왜곡되는 과정에서 이거는 증여세라고 하는 어떤 국가가 가지고 있는 재정정책의 하나로서 이런 방법을 써보겠다 라는 의미인데 이런 방법이 적절한 것이냐? 그래서 아까 말씀하신대로 아무래도 이곳이 위헌이나 합헌여부 자체를 가지고 다투기 때문에 저는 정책적으로 바람직할 것이냐 그런 관점을 말씀드렸던 것이고요.

예컨대 가산세 이야기를 해 주셨는데, 그 이외에도 교부세라는 말을 또 쓰고 있습니다. 실제 지방자치단체에서는요. 그래서 지방자치단체에서 왜 교부금이라고 안하고 세라는 말을 붙이느냐? 그러니까 무슨 문제가 발생하냐 하면 법률로서 조세라는 이런 성격 자체도 의미가 있기는 한데 저는 세제는, 너무 여기 회의하고 벗어난 이야기일 수 있는데, 결국 국민으로부터 반대급부 없이 재정수요를 목적으로 걷는 강제적인 어떤 부담이거든요. 그러니까 국민의 수준에 맞게 이야기를 해야 된다. 그런 의미에서 무슨 말이냐 하면 첫 번째는 이 세금이 갖고 있는 일반적인 상식을 벗어난 세금은 바람직하지 않다. 그 자체가 아까 정주백선생님은 위헌으로 생각을 하시고 내가 이제 정책적으로 바람직하지 못한 것을 과연 위헌이라고 결론 내릴 수 있을 것이냐? 그 문제를 명백히 말씀 못 드렸습니다. 왜 그러냐하면 제가 자신이 없기 때문에 그런 것인데, 그 부분에 대해서 말씀해 주신 것 같은데요. 그래서 과연 정책적으로 바람직한 제도이냐? 그 다음에 그 판단은 어떻게 할 거냐? 국민이 생각하는 세금이라고 하는 것 자체가 우리가 소득세라고 생각하는 자체도 처음 만들어질 당시 영국에서 만들어질 당시에는 이 자체가 관세에 익숙했던 사람들한테는 소득세 자체가 악마의 세금이다라고 해서 도입 자체가, 위헌여부 자체는 미국에서 논의되기는 했지만 그거는 조문이 있었기 때문에 그러는데요. 이 세제 자체가 결국 사회적 필요에 의해서 잠시 전쟁을 위해서 있다가 없어졌습니다. 그래서 이 세금은 위헌여부하고는 또 별개로 그 존속의 여부가 그거를 내는 국민들이 어떻게 생각하느냐와 밀접한 관계가 있다는 것이지요. 그거를 보여 드리기 위해서 말씀드렸던 것이고요.

그와 또 다른 측면으로 세금이라는 이름하에 우리가 제재라는 이런 게 숨어도 있지만 세금이라는 특성을 가지고 있으면서도 세금이라는 이름을 갖지 않는 부담금이라든가 그래서 내연과 외연이 서로 겹치는 부분이 있다는 겁니다. 그러면 그것이 바람직한거냐? 그 다음에 증여의제라는 자체가 세금이 가지고 있는 담세력의 성격을 버리고서 왜 가지고 있느냐? 제재성격이라는 게 세제에 들어 왔느냐? 그 판단이 뭐냐? 이거는 과세권자의 입장에서 생각해 봐야 됩니다. 앞에서 말씀드렸던 납세의무자의 입장에서 익숙한 세제에 관한 생각하고 있는 부분에 맞추어서 세제가 운영되는 것을 말씀드렸고, 지금 말씀드리는 것은 과세권자의 입장인데요. 과세권자인, 만일 세가 붙게 되면 누가 걷게 되냐하면 재경부와 지자체, 주로 세무서가 걷겠다는 것이지요. 그런데 이 수입 자체가 세무서라고 하는 행정조직이 걷는게 더 좋은 것이냐? 아니면 부담금이라는 것을 통해서 건교부면

건교부가 일정한 부담금에 대해서 관리하는게 적절한 것이냐? 그 다음에 그런 논의 자체가 요즘 국민연금 자체에도 나오는데 외국 같은 경우에는 사회보장세란 이름으로 그거를 커버했는데 우리나라는 세금이라는 이름으로 커버를 안 하거든요. 그래서 또 다른 측면은 과세권자의 입장에서 봤을 때 세금으로 이름을 붙일 것이냐 안붙일 것이냐의 문제는 누가 거둬들인 수입을 관리하는 게 더 적절할 것이냐? 그래서 여기서 논의가 적절하지 않다는 게 납세의무자의 입장이라든가 과세권자의 입장에서 바라보는 것 자체가 위헌여부하고 어떻게 연결될 것이냐? 이 부분은 제가 자신이 없기 때문에 이렇게 정책적 타당여부를 검토할 수 있다는 정도로 저는 일응 말씀드리고 싶습니다.

사 회 자 : 예, 감사합니다.

혹시 다른 연구관님들 의견 있으시면 말씀해 주십시오.

예, 전상현연구관님.

전 상 현 : 이 조항과 관련 해가지고 이해가 잘 안됐었는데 오늘 발표 듣고 어느 정도 이해가 되었는데요. 제가 혹시 잘못 이해하고 있는지는 모르겠는데 제가 볼 때는 이 조항이 제재를 전제로 하는 것 같은데, 제가 생각할 때는 이 조항은 명의신탁을 하지마라 꼭 이런, 명의신탁을 없애겠다는 이런 제재나 '유도', '벌' 이런 것보다는 징수에 있어서 입법기술적인 편의를 위해서 이렇게 만든게 아닌가 이런 생각이 들거든요.

그러니까 명의신탁제도도 인정하고 다 좋은 데 명의신탁의 경우에 주로 조세회피를 목적으로 명의신탁하는 경우가 많으니까 세무당국에서 그것을 일단 실제 소유자와 명의자가 다르다. 이렇게 세금을 내야 되는 사람이 그렇게 주장하는 경우가 많으니까 아, 그러면 그런 경우에는 우리는 일단 명의신탁이라면 조세회피를 위한 것으로 추정을 하겠다. 그러면 이거는 네가 입증을 해라 조세회피목적이 아니라는 것을, 이렇게 얘기한 다음에 그 다음에는 그냥 형식대로 증여세를 우리는 부과하겠다. 만약에 실질에 있어서 이것이 신탁자의 어떤 조세회피목적이었다면 수탁자를 통해서 걷는 그러니까 결과적으로 수탁자한테 부담이 되겠지만 과세관청 입장에서 볼 때에는 전체 조세징수 틀에서 보면 결국은 거둬야 할 세금을 어떻게 보면 편의적으로 나눈 게 아닌가 이런 생각이 들거든요.

그러니까 약간 제재라고 전제를 하고 명의신탁을 없애겠다. 또는 이것을 심지어 정주백연구관님 더 나아가 가지고 형벌하고 거의 같이 보는 것 같은데요. 형벌로 보는 것은 너무 무리인 것 같고 행정상 제재까지도 제가 볼 때는 아닌 게 아닌가 이런 생각이 들거든요. 의문이 있어서 이러한 해석에 대해서 어떻게 생각하시는지.

발 표 자 : 좋은 지적이신 것 같은데요. 그러면 방금 말씀하신대로 과세관청이 그렇게까지 하면서 왜 과세하려고 할 거냐? 그 부분에 있어서 이제 해서는 안되겠다는 밑바탕에 깔려있기 때문이라고 생각이 들고요. 그래서 그 부분에 있어서는 과세관청의 납세편의다 라는 부분에 있어서는 저도 동감을 합니다.

그리고 이 조항뿐만 아니라 추정이라든가 입증책임의 전환을 통해서 과세권자가 편의를 도모하는 조항들이 굉장히 많습니다.

작년에도 재경부하고 보니까 이번에 시행령이 통과가 되었던데 저도 주무과장과 좀 다퉜었는데요, 과세권자 입장에서는 법에서 어떤 식으로든 입증책임의 전환을 통해서 많이 논의가 된 싯가의 문제에 있어서 특수관계자와 특수관계자 사이에 이게 정상적인 불특정다수인의 거래에 의해서 이루어진 가격이냐 아니냐 자체를 납세의무자인 네가 입증해봐라 그런 추정규정을 통해서 과세권자의 어떤 편의를 구하는 조항들이 여러 군데 있더라고요. 그래서 이것도 말씀하신대로 반드시 제재의 성격이라면 아예 못하게 하는게 가장 좋은 방법이겠지만 그런 생각을 갖고 있기 때문에 이런 것을 편의를 도모해서라도 과세권을 행사하려고 했던 것은 아닌가?

결국 똑같은 말인데 표현의 방식일 수도 있는데요, 그래서 저는 좀 그렇게 생각이 되는데 얘기가 좀 됐나요? 어떻게 되었나 잘 모르겠습니다.

사 회 자 : 혹시나 정주백연구관님 또 의견이 있으십니까?

정 주 백 : 그 문제에 대해서 제가 말씀드린다면 이게 결국은 우리 헌법적인 관점에서 볼 때는 정의론의 관점에서 한번 다시 생각해 봐야 되는 측면이 있다고 저는 생각을 합니다. 두 사람 중에 아무나 내면 되는 것 아니냐 라고 하지만 그 사람은 둘다 개별적인 인격을 가진 별개의 사람이거든요.

대개의 경우가 이게 요즘 주식 같은 경우가 문제가 많이 되고 하는 것들 중에 하나가 회사 사장하고 상무와의 관계인데, 내가 당신한테 월급주는 사람이니까 내 주식 당신이름으로 좀 해놔달라. 상무정도 되면 그래도 담세력이 있으니까 대리 정도라고 합시다. 대리한테 몇십 억의 주식을 명의신탁을 해놓았단 말입니다. 그러면 이 사람은 이름 하나 잠시 빌려준 죄로 30억 같으면 지금 한 15억 정도 증여세 내겠지요? 한 50% 되지요? 15억 정도의 벌을 받아야 된다는 얘기입니다. 이름을 빌려준 것이 그만큼 잘못했느냐?

전 상 현 : 제 생각에는 벌이라기보다 대리한테 15억을 받고 대리는 내부관계에서 실질적으로, 그게 이제 물론 사실상의 문제는 있을 수 있겠지만 신탁자한

테 결국은 내부관계에서 해결될 수 있는 문제이고 그 다음에 이 조문의 형식은 아까 입증책임의 전환 말씀하셨지만 통상의 경우 하고 약간 다른 게 과세관청이 명의가 분명히 이 사람한테 되어 있어 가지고 증여세를 내라 이렇게 얘기를 하니까 "아, 우리는 실질이 다르다. 내가 주인이 아니다" 이렇게 얘기를 할 때 그때 벌어지는 상황이지 않습니까? 그때부터 벌어지는 상황이기 때문에 과세관청으로서는 일단 명의자한테, 겉으로 드러나는 이 대상도 주로 등기, 등록이 문제되는 재산일 테니까 그 명의로 보이는 사람한테 과세를 하려고 들어가니까 "아, 이거는 내 것이 아니다" 이렇게 주장을 할 때 그러면 네게 아닌지 네 것인지는 사실 과세관청이 일일이 내부관계를 다 추적해 가지고 일일이 그 실질에 맞추어서 과세를 하려면 굉장히 어렵지 않겠느냐 그래서 입법기술상 이런 방법을 동원한 것이지 이것이 과연 벌이라든지 제재로 하려는 것이었을까 이런 의문이 좀 든다는 것이고요. 물론 증여세 이렇게 이름을 붙인 소위 말하는 행위형식을 좀 남용해 가지고 증여도 아닌데 왜 증여세라는 이름을 붙여서 가져가느냐 이거는 문제가 좀 어느 정도 될 수도 있고요.

정 주 백 : 아니 그 사이에서도 아까 제가 말씀드린 정의하고 편리, 편의성, 간이성의 문제가 극단적으로 대립이 되는 것이지요. 이게 대개 증여세액이 문제되는 것들이 일반적으로 널리 국민들한테 과세되는 것이 아니고 특정한 몇몇 사람들한테 과세되는 것입니다. 그리고 그 특정한 몇몇 사람은 굉장히 큰 세금을 내게 된다는 겁니다.

도저히 감당할 수 없을 정도로 어떻게 보면 아까 말씀드린 그런 경우 같으면 파멸될 수도 있는 것이고, 사실의 문제로서 저 사람이 내줄 것 아니냐 라는 것이고 우리는 규범적으로 누구를 담세자로하고 누구한테 세금을 걷을 것이냐 라는 정의론의 관점에서 본다면 상당히 받아들이기 어려운 측면도 있지 않을까 그런 생각이 든다는 것입니다.

사 회 자 : 표정을 보니까 김성진연구원님도 하실 말씀이 있으신 것 같습니다.

김 성 진 : 표정까지는 아니었지만 왠지 의무감에서 좀 말씀을, 글쎄 제가 자세하게 규정에 관한 내용보다는 그냥 일반적으로 헌법재판소가 조세문제에 있어서 어떻게 문제를 어느 정도까지 관여해서 이 문제를 바라볼 수 있을지에 대한 교수님의 조세법학자로서의, 어떤 것이 바람직한 정책인지에 대한 부분에 초점을 맞추셨다고 말씀을 하셨었는데, 이것이 과연 헌법적으로 용인되지 못할 부분까지라는 기준을 가지고서, 예를 들어서 어떤 정부가 선거를 통해서 등장을 하고 그

정부가 거는 모토 중에 복지정책에 대한 투자를 많은 부분을 하겠다고 해서 세율을 높였다라고 했을 때 세율이 60%가 될 수도 있고 70%가 될 수도 있을 것이고 다른 정당 같은 경우에 다른 정책적인 어떤 목적을 가지고 세율을 굉장히 낮게 가져갈 수도 있을 것이고 그래서 어떤 한 정당이 선거에서 승리를 해서 정권을 유지하고 그리고 의회를 통해서 세법을 고쳤을 때 그 세율이 60%가 될 수도 있을 것이고 10%가 될 수도 있을 것인데 이런 어떤 정책적 선택의 문제가 있는 것 하고 그것이 헌법적으로 그러한 문제 특히 이런 조세법에 있어서의 어떤 정치적인 역할들이 많이 관여될 수 있는 부분에 있어서 헌법재판소가 어느 정도까지 그 부분에 있어서 엄격하게 바라볼 수 있을 것인가? 그리고 특히 이것이 재산권과 연관되어서 재산권을 우리가 심사를 하면서, 어떤 비례심사를 말씀하시고 그러셨는데, 비례심사와 같은 엄격한 심사로서 어떤 조세문제와 같은 경제의 영역, 특히 조세부분 또 재산권제한의 부분에 있어서 얼마만큼 엄격한 심사를 적용하는 것이 과연 바람직할 것인가에 대한 부분, 이런 부분에 있어서 조세법교수님으로서 의견을 한번 듣고 싶고요.

그리고 두 번째는 의제규정에 대한 부분에 있어서 과연 의제규정 우리 정주백연구관님도 말씀하셨지만 특히 이것이 무슨 재판을 받을 권리라든지 그리고 재산권심사에서 비례심사 거기서 어떤 과잉금지원칙부분에 있어서의 어떤 문제도 있고 그래 가지고 의제조항이 일반적으로 그렇게 조세에서 많이 사용이 되고 있는데 그 입법형식에 헌법적인 정당성의 문제를 혹시 의견을 가지고 계시면 듣고 싶습니다.

발 표 자 : 제가 어느 토론에 나가서 이렇게 질문 많이 받고 답변하기는 처음인 것 같습니다.

두 번째 부분은 정주백연구관님과 한번 토론을 했었는데 그 부분은 아직 생각을 정리중에 있고요.

첫 번째 부분에 있어서 제가 왜 자꾸 위헌, 합헌의 문제하고 정책적으로 바람직한 모습을 좀 분리해서 보고 있느냐? 그 부분은 제가 아직 정리가 안 되었기 때문입니다. 왜 그러냐 하면 지금 독일 같은 경우는 아까 세율 이야기를 해 주셨는데 납세의무자의 세부담에 있어서 벌어들이는 소득의 절반이상을 넘는다면 그거는 위헌이다라는 독일의 헌법재판소 입장이 최근에 학회의 기조연설에서 발표가 된 적이 있었습니다. 그 발표가 난 다음에 바로 부동산기획 부단장이 독일이야기를 우리 현실에 맞지도 않는 데 지금 열심히 잘해 보려고 이렇게 부동산세제 8·31대책을 하고 있는데 이 시점에 이야기를 하시느냐고 이렇게 말을 했는데,

저는 궁극적으로 정책의 문제의 타당성과 타당치 않음의 문제는 결국 위헌여부로 연결은 될 것이라고 생각을 하고 있습니다. 그 예가 독일의 예일 텐데, 그러나 그 부분에 있어서 이 부분은 저는 결국은 헌재가 취해야 될 어떤 위상의 문제와 관련해서 생각이 드는데요. 정책의 옳고 그름의 문제를 행정부의 독자적인 어떤 영역으로 남겨둘 것이냐, 그게 아니고 비록 입법자체에는 참가하지 않지만 국민으로부터 헌법에서 부여된 어떤 권한을 가지고 법률자체를 판단할 수 있는, 헌재에서 그런 정책적인 부분까지 손을 댈 것이냐의 문제라고 생각이 들고 있고요. 그러면 그 기준이라는 것은 답이 있지 않다는 생각이 듭니다.

단적인 예로 우리가 부부자산소득 합산과세와 관련해서 부부의 소득이라는 것을 합쳐서 계산할 것이냐 나누어서 계산할 것이냐 그 문제에 대해서 제가 결론도 뒤범벅이 되었는데 독일의 경우, 일본의 경우, 미국의 경우, 우리나라가 제 각각이었습니다. 그런데 그 경우에 결국 네 나라를 법률부분에 있어서 판단을 했었고요. 그래서 정책적으로 어떻게 과세단위를 잡는 것이 바람직하냐의 문제를 결국 사법부의 판단으로 끌어왔던 예에서 보는 것과 마찬가지로 정책의 문제는 결국 위헌여부와 연결될 수 있지만 어떤 경우에 그렇게 될 거냐, 그 부분에 대해서 명의신탁 증여의제에 관한 규정을 거기에 연결시킬 것이냐, 그 부분에 대해서는 제가 신중을 기했던 이유 중에 하나가 거기에 대해서 아직 정리가 되지 않아서, 그런데 이제 질문하셨기 때문에 저도 제가 갖고 있는 그런 생각을 말씀드렸습니다.

사 회 자 : 지금 토론에 예정한 시간이 거의 다 지났습니다.

혹시나 꼭 하시고 싶은 말씀 있는 분 한 분 정도 말씀을 들어보겠습니다.

이 공 현 : 제가 여기 와서 고민을 하고 있는 부분을 잠깐 말씀 드리겠습니다. 우리 박교수님도 그 얘기를 얼핏 하셨어요.

도대체 그러면 세라고 국회에서 입법을 할 때에 다른 명목으로 부담금이라고 하면서도 실질적으로는 조세성격을 갖는 것이 있고, 그런 부분을 좀 그쪽에 전공하신 분들이 구별을 해 주셨으면 좋겠다 이런 생각입니다. 그러니까 조세냐 아니냐는 성질로 구별해야 될 거냐 아까도 말씀드린, 왜 그러냐 하면 그것이 나중에 판단기준에 관해서 엇갈릴 수가 있습니다.

가령 우리가 개발부담금을 부과한다고 하면 바로 그냥 재산권침해다. 이렇게 나오지만 우리가 조세의 위헌문제를 다룰 때는 우리가 지금 하나의 연결고리를 국민이 사용·수익·처분할 수 있는 재산을 제한한다. 이런 하나의 연결고리를 걸고 재산권 심사를 하는 것이거든요. 그러니까 지금 그 문제는 근본적으로 우리 헌법하에서 조세법률주의나 이 법으로만 되면 모든 것을 조세원칙인냥 근본적인 문제인지 우리가 과세대상에 대해서는 별로 논의를 않고 있습니다마는.

그 다음에 실질적으로 조세성격을 가졌다고 볼 수 있는 게 학자 관점에서 있을 수 있느냐?

그 다음에 그것이 조세의 성격을 가졌다고 볼 것이냐 아니냐에 따라서 판단기준이 달라져야 되는데 그런데 만일 박교수님이 사실상 조세와 같다면 조세와 같은 판단구조를 가져야 될텐데 그래서 그런 어떤 다른 이름을 가지면서도 조세의 형태도 있을 수 있고 이런 것에 대해서 좀 설명이 전무하시니까 저는 그 부분을 많이 좀 문헌을 찾다가 못 찾아서 하는 얘기입니다.

조세법률주의 상당히 머리가 좀 복잡한 우리나라에서 정리가 안된 어떤 미지의 세계의 어떤 그런 생각이 들어서 독일의 경우에 아까 50% 얘기 하셨지만 독일 연방헌법재판소는 상당히 깊이 들어가고, 미국은 아예 연방헌법에 의해서 과세대상이 되느냐 안되느냐, 원래 제정 당시 헌법과 수정조항 16조인가요? 그것하고 관련해서 과세대상이 얼마이고 주와 연방정부가 어떻게 나눌 것이냐 이런 점에 초점이 맞추어져 있는데, 우리가 필요로 하는 가령 헌법적인 문제는 독일과 미국과는 좀 다른 문제란 말입니다. 아까 말씀드린 바와 같이, 아마 그런 의미에서 재경부에서 비판했는지도 모르지요. 박교수님을.

50%라는 퍼센트가 문제가 아니라는 측면에서 실질적으로 얘기를 한 것 같은데 그런 부분에 교수님들이 근본적인 문제를 평소에 해 주시고 하면 많은 도움이 되지 않을까? 우리 실무가는 그것까지 들어 갈 수는 없거든요.

아, 이쪽은 이렇게 보고 저쪽은 저렇게 보고, 그 정도의 자료밖에는 우리가 접할 수 있는 것이 없으므로, 그런 부분을 앞으로 해 주시기를 바라는 의미에서 질의는 아닙니다.

제가 요새 고민하고 있는 대목을 얘기를 하시길래 그렇게 부탁말씀을 드리는 겁니다.

발 표 자 : 일단 거기에 대해서 대학에서 교재로 쓰고 있는 세법 책에 보면 항상 '조세란 무엇인가'가 나오거든요. 그래서 제 은사이신 이창희교수님 교과서를 보면 첫 면에 사람들이 왜 이렇게 책마다 조세라는 것을 이야기를 하느냐? 그래서 이창희교수님이 남들이 이야기하니까 나도 이야기는 하는데 이거는 순전히 무엇을 위함이냐? 이 수업시간이 세법수업인데 세법수업이니까 조세를 다루는데 그러면 이 수업시간에 무엇을 다룰 것인가? 그것을 보여주기 위해서 조세라는 개념을 내가 정의한다. 그렇게 이야기를 하고 있거든요.

그래서 아까 말씀드린 대로 조세의 성격 자체에 대해서 이거를 개념 정리할 때 이 구별을 가지고 어디 쓸 거냐? 그 부분도 연결이 될 부분인데, 저도 말씀하신대로 좀더 연구를 많이 해서 실무에 계신 분들의 어려움을 조금이라도 덜어드릴 수 있도록 더 노력하도록 하겠습니다.

사 회 자 : 감사합니다.

재판관님께서 우리가 평소에 문제로 생각하고 있는 것을 잘 정리해 주셨습니다.

각종 금전부과가 명칭하고 달리 실질이 경우에 따라서 제재일 수도 있고 유도적 목적의 부담금일 수도 있고 조세의 일반재정충당 목적일 수도 있고 그런데 그 경우마다 헌법상 심사기준은 아마 달라져야할 텐데 명칭에 구애될 수는 없는 것이고 그 실질을 어떻게 판단할 것인지에 대해서 세법 전공하시는 분들께서 많이 연구해 주셨으면 좋겠고 우리 연구관들도 앞으로 더 연구가 진척되었으면 좋겠습니다.

이상으로 오늘 토론을 마치겠습니다.

第63回(2006. 3. 10) 발표문

지구당의 강제적 폐지의 위헌성

- 헌재 2004. 12. 16. 2004헌마456, 판례집 16-2, 618 결정에 대한 평석

정 태 호*

Ⅰ. 문제의 제기

국회는 2002년 대선자금과 관련하여 불거진 불법정치자금문제로 여론이 비등하자 불법정치자금 조성의 본질적인 원인들 중의 하나가 지구당에 있다는 이유로 2004. 3. 12. 법률 제7190호로 정당법을 개정하면서 동 법률의 공포와 더불어 지구당을 폐지하였다.

대규모 정당들에 비하여 당의 재정규모는 훨씬 작지만 당원들이 내는 당비와 활발한 지구당 활동을 기초로 당내민주주의를 실천해 왔다고 자부하던 민주노동당과 그 소속 당원인 청구인들은 "정당은 수도에 소재하는 중앙당과 국회의원지역선거구를 단위로 하는 지구당으로 구성한다. 다만, 필요한 경우에는 특별시 · 광역시 · 도에 당지부를, 구 · 시 · 군에 당연락소를 둘 수 있다"라고 규정한 개정 전의 정당법(이하 '구 정당법'이라 한다) 제3조를 "정당은 수도에 소재하는 중앙당과 특별시 · 광역시 · 도에 각각 소재하는 시 · 도당으로 구성한다"는 내용으로 대체하는 현행 정당법(2004. 3. 12. 법률 제7190호) 제3조 및 이와 관련된 경과규정인 정당법 부칙 제5, 7조가 헌법 제8조 제1항[1]이 보장한 자신의 정당설립·활동의 자유, 같은 조 제2항이 보장한 자신의 정당조직 선택 및 결성의 자유를 침해

---

* 경희대 법대 교수.

1) 부칙 제5조(지구당에 관한 경과조치)

① 이 법 시행 전의 지구당의 당원은 그 지구당이 소재하는 시·도를 관할하는 시·도당의 당원으로 본다.

② 이 법 시행 전의 지구당의 재산의 처분에 대하여는 제41조의 규정을 준용한다.

③ 이 법 시행 전의 제24조의2의 규정에 의한 지구당의 관련서류는 중앙당 또는 시·도당에 인계한다.

부칙 제7조(지구당의 등록말소) 이 법 시행 전의 지구당 및 구 · 시 · 군연락소는 이 법 시행일에 그 등록이 말소된다.

하였다고 주장하면서 2004. 6. 3. 위 각 법률조항들의 위헌확인을 구하는 헌법소원을 제기하였다.

구 정당법 제3조는 정당을 수도에 소재하는 중앙당과 국회의원지역선거구를 단위로 하는 지구당으로 구성하도록 함으로써 중앙당과 지구당을 필수적인 조직으로 요구하면서 특별시 · 광역시 · 도에 두는 당지부와 구 · 시 · 군에 두는 당연락소는 임의적인 조직으로 허용하였다. 이에 비하여 개정된 정당법 제3조는 정당을 수도에 소재하는 중앙당과 특별시 · 광역시 · 도에 각각 소재하는 시 · 도당으로 구성하도록 함으로써 중앙당과 시 · 도당(종전의 당지부에 대응한다)을 필수적인 조직으로 요구하면서도 그 하부조직인 지구당과 당연락소에 관하여는 명시적 규정이 없다. 정당법이 제3조에서 지구당과 당연락소에 관하여 명시적 규정을 두고 있지 아니한 것은 부칙 제5, 7조의 내용과 성립사에 비추어 볼 때 지구당과 당연락소를 임의적인 조직으로 하여 그 설치여부를 정당의 자율에 맡긴다는 취지가 아니라, 기존의 조직을 폐지하고 이후 그 설립을 금지한다는 취지로 해석된다.[2)]

이 사건 헌법소원에 대해서 헌법재판소(이하 "헌재"로 약칭)는 전원일치의 의견으로 정당법 제3조, 부칙 제5, 7조(이하 "이 사건 법률규정들"로 칭함)가 헌법 제8조 제1항에 보장된 청구인의 정당의 자유를 침해하지 않는다고 보았다.[3)]

그러나 이 결정이 지구당 내지 정당의 기초적인 지역조직(이하에서 "지구당"은 명칭을 불문하고 국회의원 지역선거구나 기초지방자치단체 또는 읍면동 차원에서 조직되는 기초적인 지역조직을 지칭한다)이 헌법 제8조 제2항에 명시된 당내민주주의의 명령, 국민의 정치의사형성에 필요한 조직구비의 명령이 정당국가적 민주주의의 현실에서 가지는 의미에 대한 올바른 이해에 토대를 둔 것인지, '고비용 저효율'을 보이고 있는 우리의 정당정치 실패의 원인을 지구당에서 찾는 것이 옳은지, 그와 같은 원인진단이 옳다고 하더라도 지구당의 폐지라는 극단적인 처방의 헌법적 정당성을 확인한 것이 타당한 것인지 의문이다. 국회는 최근 개정된 정당법(2005. 8. 4. 법률7684호) 제37조를 통해 정당정치의 활성화를 위해서 지역조직의 분화가 필요하다는 사실을 절감하고 시군 차원뿐만 아니라 읍면동 차원의 당원협의회 구성을 허용하였다. 이로써 헌재의 위 판례(이하에서 "판례"는 이 사건 법률규정들에 대한 헌재의 판례를 의미한다)의 토대는 더욱 취약해졌다. 당원협의회와 종전의 지구당과는 사무실을 둘 수 없고, 따라서 유급직원도 둘 수 없다는 점에서만 실질적인 차이가 있을 뿐이기 때문이다.

2) 헌재 2004. 12. 16. 2004헌마456, 판례집 16-2, 618, 5-6 참조.

3) 헌재 2004. 12. 16. 2004헌마456, 판례집 16-2, 618, 628.

이하에서는 먼저 헌법 제8조 제1항에 보장된 정당의 자유 및 정당의 기회균등의 내용과 (II), 정당국가적 현실에서 헌법 제8조 제2항의 당내민주주의를 살펴보고(III), 국민의 정치의사형성에 필요한 조직의 의미와 지구당의 법적 성격을 구명한 뒤(IV), 헌법재판소의 위 결정의 당부를 평가하면서 전술한 의문에 답한 뒤(V) 간략한 결론(VI)을 맺고자 한다.

Ⅱ. 정당의 자유와 기회균등

1. 정당이란?

헌법은 제8조 제1항에서 "정당의 설립은 자유이며, 복수정당제는 보장된다"고 규정하고, 제8조 제2항 후단에서 정당에 대해 "국민의 정치적 의사형성에 참여하는 데 필요한 조직을" 갖출 것을 요구함으로써 적어도 국민의 정치의사형성에 참여하는 국민의 자발적인 정치적 결사만이 헌법적 의미의 정당이 될 수 있다는 것을 시사하고 있다.

이 규정들은 정당의 주된 기능을 언급함으로써 정당개념의 핵심적 표지를 제시하고 있는 것이다. 이 표지들에 의할 때 정당이란 국민의 정치의사형성에 직접적으로 참여하려는 의도로 설립되고 또 그 의도에 부합하는 조직과 활동을 보이고 있는 국민의 자발적인 정치적 결사를 말한다. 이를 부연하면 다음과 같다.[4)]

(1) 국민의 정치의사형성에의 직접적 참여

어떤 결사가 정당으로 분류될 수 있으려면 무엇보다도 국민의 정치적 의사형성에 참여하고 있어야 한다. 국가권력의 궁극적 원천인(헌법 제1조 제2항) 국민의 정치의사는, 국민이 국가권력을 직접 행사하는 방식과 형태로, 따라서 무엇보다도 선거(헌법 제41, 61조) 와 국민투표(헌법 제72, 제130조 제2항)를 통해서 공식적으로 표출된다. 우리 헌법의 민주제에서 선거는 국민이 자신의 정치의사를 공식적으로 직접적으로 표출하는 방식 중에서 핵심적인 의미를 갖는다. 따라서 정당이 국민의 정치의사형성에 참여한다는 것은 무엇보다도 정당이 선거에 참여한다는 것을 의미한다. 이는 정치적 견해를 주장함으로써 유권자의 의사형성에

4) 정당개념에 대해서 보다 자세한 것은 졸고, 정당설립의 자유와 현행 정당등록제의 위헌성에 대한 관견, 인권과 정의 제343호(정태호), 97-105면 참조.

영향을 미치거나 공직선거에 후보자를 추천하고 지원하는 방식으로 이루어진다. 정당은 의회나 정부 안에서 단순히 어떤 이념만을 주장하고 대표하는 것이 아니라 자신들의 이념이나 정강정책을 대변하는 사람을 의회나 정부에 보내려고 한다. 그러므로 선거에 후보자를 내지 않고 이념만을 내세우는 결사는 헌법적 의미의 정당이라 할 수 없다.5)

한편, 선거는, 그것이 자유로울 때에만 선거로 선출된 대표자에게 민주적 정당성을 매개하여 줄 수 있다. 자유로운 선거를 위해서는 강제와 부당한 압력이 없는 상태에서 선거권을 행사할 수 있어야 할 뿐 아니라, 유권자가 자유롭고 공개적인 의사형성의 과정에서 판단을 내릴 수 있어야 한다. 현대의 대의민주제에서 이는 정당을 전제로 하며6) 또 새로운 정치적 표상이 국민의 정치의사형성과정에서 실현될 수 있으려면 언제든지 새로운 정당을 결성할 수 있는 가능성을 전제로 한다.7)

전술한 바와 같이 선거참여는 헌법적 의미의 정당개념의 본질적이고 포기할 수 없는 요소이고8) 또 정당은 이러한 의미에서 선거준비조직이라는 속성을 갖는다. 그렇지만 정당은 단순한 선거준비조직에 불과한 것이 아니라,9) 그 "이상의" 것이다.10) 우리 헌법의 민주주의는 국민이 정기적으로 자신의 선거권을 행사하여 대표자를 뽑는 정례행사에 그치지 않는다. 오히려 현대 민주주의에서 정당은 유권자의 의사가 선거 이외의 방법으로도 국가의사의 형성에 반영될 수 있도록 해주는 도구, 즉 정치노선의 확정을 둘러싼 항상적 논쟁의 중요한 담당자이다. 정당의 중요한 소명은, 유권자들이 국가기관들의 국가의사형성에 관여하는 것을 목적으로 하는 정치단체들을 자발적으로 결성·가입하도록 하고 또 그렇게 함으로써 국사에 영향을 미칠 수 있도록 하는 것이다. 정당의 의무는 정치적 목표들을 명료하게 정리하여 국민들에게 전달하고 또 사회나 개인과 관련된 문제들이 인식되고 거론되며 적절하게 해결되도록 하는 데 참여하는 것이다. 민주국가의 정치의

5) 헌재 1991. 3. 11. 91헌마21, 판례집 3, 91, 113; 계희열, 헌법학(상), 2004, 258면; 김철수, 헌법학개론, 2004, 163면; 권영성, 헌법학원론, 2004, 193-194면 참조. 이와 같은 취지의 독일판례로는 BVerfGE 24, 260, 264; 24, 360, 361; 47, 198, 222 참조.

6) 헌재 1996. 8. 29. 96헌마99, 판례집 8-2, 199, 207 참조. 같은 취지의 독일판례로 BVerfGE 44, 125, 145; 73, 40, 85; 92, 262, 267도 참조.

7) BVerfGE 92, 262, 267 참조.

8) 계희열, 헌법학(상), 258면; 허영, 헌법이론과 헌법, 2004, 235면; BVerfGE 24, 260, 264; 24, 300, 361; 92, 262, 267f. 참조.

9) BVerfGE 8, 51, 63 참조.

10) K. Stern, Das Staatsrecht der Bundesrepublik Deutschland, 2. Aufl., § 13 III 1 d; Ph. Kunig, Parteien, in: HStR II, 1998, § 33 Rn 48.

사형성과정에 대하여 결정적인 의미를 갖는 국가기관들과 국민 사이에 피드백이 이루어지도록 하는 것도 정당의 일이다. 국민의 의사형성과 국가기관 안에서의 의사형성은 다양한 방식으로 또 일상적으로 서로 영향을 주고받는데, 이 과정에서 정당이 중요한 역할을 수행한다. 국가기관들의 정치적 프로그램과 행태는 국민의 의사형성에 영향을 미치고 또 그 자체 국민여론의 대상이기도 하다.[11]

정당이 정치의사형성과 국가의사형성의 과정에서 하여야 할 이와 같은 역할을 충실히 수행할 수 있으려면 정당은 대외적인 활동을 하여야 하며, 다른 정당들 및 여론의 형성에 영향을 미치는 여타의 기구나 단체들과 경쟁하면서 유권자들이 자신의 정책의 타당성을 인정하도록 설득하여야 한다. 정당은 국민 속에 존재하는 다양한 견해, 이익, 지향을 취합·조정하고 국민들이 선택할 수 있는 대안으로 구체화하여 국가기관이 수용하도록 노력하여야 한다. 이렇게 할 때에만 정당은, 유권자들로 하여금 선거가 없을 때에도 최고국가기관들의 결정에 영향력을 행사할 수 있는 가능성을 국민에게 제공하여야 하는 과제를 충실히 수행할 수 있다.[12]

(2) 국민의 정치의사형성에 대한 참여의도의 객관적 진지성

정당이 전술한 과제를 이행하려면 적지 아니한 인적·물적 자원을 필요로 한다. 그러나 이를 동원할 수 있는 능력은 정당의 규모나 연륜에 따라 차이가 있다. 모든 정당들이 이 자원을 같은 정도로 확보할 수는 없다. 특히 창당과정에 있거나 정치의사형성과정에 첫발을 내딛는 신생정당들에게 국민의사형성과정에의 참여라는 과제를 기성의 정당들만큼 이행할 것을 요구할 수는 없다. 그러한 정당개념은 민주적 정치과정의 개방성 요청과 모순되게 될 것이기 때문이다. 이 때문에 그리고 미래의 정치발전을 위한 여지를 주고 현 정당구도의 고착화를 예방하기 위해서 헌법 제 8 조 제 1 항은 모든 정치적 결사에게 정당으로서 정치적 의사형성에 참여할 수 있는 기회를 보장하고 있는 것이다.

헌법적으로 보장된 정당설립의 자유 및 복수정당제(제 8 조 제 1 항) 그리고 정당과 복수정당제가 자유민주주의에 대하여 갖는 의의로부터 모든 정당들의 기회균등의 원칙, 특히 선거에서의 기회균등의 원칙이 직접적으로 추론된다.[13] 헌법 제116조 제 1 항의 선거운동의 기회균등보장은 이를 명확히 확인한 것에 불

11) 무엇보다도 헌재 1999. 12. 23. 99헌마135, 판례집 11-2, 800, 812 참조. 독일판례로는 BVerfGE 92, 262, 268; 85, 264, 284f. 참조.

12) 계희열, 헌법학(상), 234-235면; BVerfGE 92, 262, 268f; 85, 264, 285f. 참조.

13) BVerfGE 82, 322, 337 참조.

과하다.

요컨대, 어떤 정치적 결사의 존속기간을 포함한 그 사실적 상태를 종합적으로 평가할 때, 그 결사가 천명한 국민의 정치의사형성에 참여하려는 의도를 진지하게 추구하고 있다는 추론이 가능하다면, 그 결사는 헌법적 의미의 정당이다. 그러므로 그 조직의 정도와 활동에 비추어 볼 때 명백히 국민의 정치적 의사형성에 영향을 미칠 수 없고 이 목표의 추구가 명백히 비현실적이고 가망이 없으며, 따라서 진지성이 있다고 볼 수 없는 정치적 결사는 헌법 제8조가 의미하는 정당이 아니다.

(3) '국민'의 '자발적' 조직

헌법적 의미의 정당이려면 정치적 결사의 구성원이 대한민국 국적자이어야 한다. 정당은 무엇보다도 선거를 통해 대한민국의 주권자요 국가권력의 궁극적 원천인(헌법 제1조 제2항) '국민'의 정치의사의 형성에 참여함을 목적으로 한다. 이 참여는 정당이 정치적 견해를 주장함으로써 국민의 정치적 의사결정에 영향을 미치거나 공직선거에 후보자를 추천하고 지원하는 형태로 이루어진다. 정당은 자신들의 이념이나 정강정책을 대변하는 정당원을 선거후보자로 내세우고 지지·후원하여 의회나 정부에 보냄으로써 국가의사결정과정에 직접 참여하고자 한다. 정당은 이를 통해 궁극적으로 국민주권의 실현에 이바지하여야 한다. 그러므로 어떤 정치적 결사가 정당의 지위를 획득하려면 그 구성원들이 원칙적으로 대한민국 국적자이어야 한다.

헌법 제8조 제1항에 의하여 보장된 정당설립의 자유에 비추어 볼 때 헌법적 의미의 정당은 국민의 '자발적 조직'이어야 하며, 관제조직은 헌법적 의미의 정당이 될 수 없다.

2. 정당설립의 자유

(1) 정당설립의 자유의 내용

헌법 제8조 제1항 전단의 정당설립의 자유는 헌법 제21조 제1항의 결사의 자유에 대한 특별법으로서 좁은 의미의 정당설립의 자유만이 아니라 정당(활동)의 자유를 포함한다.[14)]

---

14) 헌재 1996. 3. 28. 96헌마9등, 판례집 8-1, 1996, 289면 이하; 1999. 12. 23. 99헌마135, 판례집 11-2, 800, 813; 2001. 10. 25. 2000헌마193, 판례집 13-2, 526, 537. 정당은 헌법과 법률에

1) 좁은 의미의 정당설립의 자유

좁은 의미의 정당설립의 자유[15]는 공동의 정치적 프로그램을 중심으로 개인들이 결합할 자유 및 정당가입의 자유를 포함한다.[16] 정당설립을 위해선 정치적 뜻을 함께하는 사람들의 결합이 필요하기 때문이다. 가입의 자유의 소극적 측면, 즉 개인이 정당 일반 또는 특정 정당에 가입하지 아니할 자유, 가입했던 정당으로부터 탈퇴할 자유 등도 설립의 자유에 포함된다.[17]

나아가 정당설립의 자유는 설립할 정당의 조직형태 및 법형식을 어떻게 할 것인가에 관한 정당조직 선택의 자유 및 그와 같이 선택된 조직을 결성할 자유(이른바 '정당조직의 자유')[18]를 포함한다. 정당조직의 자유는 정당설립의 자유에 개념적으로 포괄될 뿐만 아니라, 정당조직의 자유가 완전히 배제되거나 임의적으로 제한될 수 있다면, 정당설립의 자유가 실질적으로 무의미해지기 때문이다.[19]

정당설립의 자유에는 논리적으로 볼 때 정당설립에 대응하는 행위인 정당해산의 자유, 합당의 자유, 분당의 자유도 포함된다.[20]

2) 정당(활동)의 자유

정당의 자유는 그 내용에 따라 대내적 자유와 대외적 자유로 구분할 수 있다.[21]

① 정당의 대내적 (활동의) 자유

정당의 자유 내지 정당활동의 자유는 당내부조직의 자유, 강령의 자유, 정당가입을 원하는 개인들에 대한 선별영입의 자유를 포함한다. 정당의 내부조직의 자유는 제 8 조 제 1 항이 아닌 제 8 조 제 2 항에 의해 보장된다는 주장도 있으나, 이는 설득력이 없다. 헌법 제 8 조 제 2 항은 정당의 자유를 전제로 정당에 대하여 객관적인 의무를 부과하고(전단) 또 어떤 정치적 결사가 정당이 되려면 갖추어야 할 조건(후단)을 제시하고 있는 것이기 때문이다.[22]

의하여 정당활동의 자유를 가진다고 명시하고 있는 정당법 제30조도 참조.

15) 이와 관련하여 무엇보다도 헌재 1999. 12. 23. 99헌마135, 판례집 11-2, 800면 이하 참조.

16) M. Morlok, in: Grundgesetz Kommentar, H. Dreier(Hrsg.), Bd. II, 1998(이하 in: Dreier), Art. 21 Rn 57 참조.

17) 헌재 1999. 12. 23. 99헌마135, 판례집 11-2, 800, 813; M. Morlok, in: Dreier, Art. 21 Rn 57 참조.

18) 헌재 2004. 12. 16. 2004헌마456, 판례집 16-2, 618, 624; M. Morlok, in: Dreier, Art. 21 Rn 57.

19) 헌재 2004. 12. 16. 2004헌마456, 판례집 16-2,618,624.

20) 헌재 1999. 12. 23. 99헌마135, 판례집 11-2, 800, 813; M. Morlok, in: Dreier, Art. 21 Rn 57 참조.

21) 동지: 문광심, 정당의 자유, 「법학연구」 제27권 제 1 호, 부산대 법과대학 법학연구소, 1984, 162면 이하. 허영, 한국헌법론, 2005는 내형적 자유와 외형적 자유로는 용어를 사용하고 있다.

“단체자치”의 특수사례인 정당의 자유는 정치노선 결정의 자유(Tendenz-freiheit)[23]도 포함한다. 노선결정의 자유에 의하여 정당은 정당의 내부구조와 활동을 정당의 노선에 맞추어 조절할 수 있는 권리를 향유한다. 노선결정의 자유는 조직의 측면에서는 모든 당무를 당 자신의 기구를 통해서 처리할 수 있는 자유를, 내용적으로는 정당강령의 기본적 원칙들을 당내 논의의 기초로 삼을 수 있는 자유를, 당원과 관련해서는 당원만이 당의 의사결정과정에 참여할 수 있도록 할 수 있는 자유를 의미한다.

당원 및 정당 자체의 당내활동도 정당의 자유에 의한 보호를 받는다. 당원 개인의 당내활동은 그의 개인의 기본권에 의한 보호를 받지만, 다른 당원들의 개인의 권리 및 당무를 노선에 맞추어 집행할 수 있는 정당 자체의 권리에 의하여 제한을 받는다.

② 정당의 대외적 자유

정당의 대외적 활동도 기본권적 보호를 받아야 한다는 점에 대해서는 이론의 여지가 없다. 문제는 헌법 제 8 조 제 1 항 전단이 어느 범위까지 직접 그 보호역할을 수행하고, 어디부터 다른 관련 기본권들이 정당의 대외적 활동을 보호하느냐 하는 것이다.

이와 관련하여 먼저 결사의 자유의 결사 자체에 대한 보호의 범위와 관련한 논의를 참고해 볼 가치가 있다. 현재 개인뿐만 아니라 단체 자체도 결사의 자유의 주체가 된다는 데에는 별다른 이론이 없다.[24] 그러나 결사의 자유가 결사 자체의 활동을 보호하는 범위에 대해서는 견해가 대립하고 있다. 결사 자체에 대한 기본권보호를 “단체활동 일반”에까지 확장하는 이도 있다.[25] 그러나 결사 자체의 활동을 헌법 제21조 제 1 항의 결사의 자유의 보호영역에 포함시키는 범위가 커질수록 법인의 기본권주체성이라는 테마는 그 의미를 잃게 된다. 국내의 통설은

---

22) 헌재도 유사한 입장을 취하고 있다. 헌법 제 8 조 제 2 항은 정당에 대하여 정당의 자유의 한계를 부과하는 조항이자 정당의 핵심적 기능과 임무를 ‘국민의 정치적 의사형성에 참여’하는 것으로 선언하면서 동시에 위 기능과 임무를 민주적인 내부질서를 통하여 수행할 수 있도록 그에 필요한 입법을 해야 할 의무를 입법자에게 부과하고 있는 것으로 본다(헌재 1999. 12. 23. 99헌마135, 판례집 11-2, 800, 812-813 참조; 헌재 2004. 12. 16. 2004헌마456, 판례집 16-2, 618, 6-7 참조).

23) 이에 대해서는 M. Morlok, NJW 1991, S. 1162(1163); ders., in: Dreier, Art. 21 Rn 57 참조.

24) 헌재 2000.6.1. 99헌마553, 판례집 12-1, 686(705-706). 독일연방헌법재판소도 마찬가지이다. BVerfGE 13, 174(157); 30, 227 (241) 등 확립된 판례. 그러나 결사의 자유의 이중적 기본권성을 부인하는 학설로는 W. Höfling, in: Sachs(Hrsg.), GG Kommentar, 1996(이하 in: Sachs), Art. 9 Rn 25; J. Isensee, Anwendung der Grundrechte auf juristische Personen, in: HStR VI, 2. Aufl., 2000, § 118 Rn 62ff. 등 참조.

25) A. Katz, Staatsrecht, 12. Aufl., 1994, Rn 768.

기본권이 그 성질상 법인 내지 단체에 적용될 수 있는 한, 기본권주체의 범위를 국내의 사법인, 그에 따라 원칙적으로 제21조 제1항의 모든 결사에까지 확장하고 있다. 결사의 모든 활동을 헌법 제21조 제1항의 결사의 자유의 보호영역에 포함시킨다면, 법인 내지 결사에게 개별 기본권의 주체성을 인정함으로써 해당 기본권을 통한 보호를 제공할 수 있는 여지는 없어진다. 또한 자유의 행사가 개별적으로 이루어지느냐 아니면 집단적으로 이루어지느냐에 따라 특권이나 불이익이 있어서도 안 된다. 그러므로 결사의 자유는 단체의 존속보호, 회원확보활동, 단체 자체의 홍보활동, 조직형성의 자유, 대내적 활동의 자유만을 보호대상으로 하는 단체의 기본권으로 보아야 한다.[26] 그러므로 단체의 목적을 실현하기 위한 대외적 활동은 관련 기본권들에 의해서 보호된다고 보는 것이 원칙이다. 결사의 자유는 "단체활동의 핵심영역"[27]만을 보호한다는 독일연방헌법재판소의 공식도 이를 의미한다. 그러나 헌법 제8조 제2항 및 정당의 본래의 목적에 비추어 볼 때 정당의 자유를 독자적으로 보장하고 있는 헌법 제8조 제1항의 보호영역은 결사의 자유의 보호범위를 넘어간다고 보아야 한다.[28] 즉 헌법 제8조 제1항의 보호영역에는 정당활동의 핵심영역만이 아니라 정당의 목적 달성에 필요한 활동 전반이 포함된다고 보아야 한다. 다만, 개별기본권이 테마적으로 관련성이 있는 정당의 활동을 보호할 수 있는 경우에는 해당 기본권이 우선적으로 적용된다. 물론 그 경우에도 정당활동이 오늘날 대중민주주의 현실에서 가지는 중요성에 비추어 볼 때 헌법 제8조 제1항 전단은 해당 기본권의 효력을 그 만큼 강화하는 작용을 발휘한다고 보아야 할 것이다.[29] 국민의 정치의사형성에 참여하는 데 본질적인 의미가 있는 정치적 주장과 관련해서는 헌법 제21조의 언론·출판·집회의 자유, 당사 등의 위치선정에 대해서는 헌법 제14조의 거주·이전의 자유, 당사의 사무실과 관련해서는 제16조의 주거의 자유가 적용된다. 정당도 세계관 내지 종교적 입장을 추구할 수 있으므로 헌법 제19조의 양심의 자유, 제20조의 종교의 자

26) 이에 대해서는 무엇보다도 D. Merten, Vereinsfreiheit, HStR VI, 2001, § 144, Rn 50; W. Höfling, in: Sachs, Art. 9 Rn. 17ff., 특히 20; R. Scholz, in: Maunz/Dürig, Stand, 1999, Art. 9 Rn. 86f. 독일 연방헌법재판소도 결사의 자유에 의한 보호는 결사의 존립 및 그 내부조직에 국한되고, 대외적 활동은 회원의 확보를 통한 존속의 확보와 같이 대외적 활동이 결사의 존속이나 내부조직의 자율성 확보에 기여하는 경우에만 결사의 자유에 의해 보호된다고 본다. BVerfGE 70, 1 (25); 84, 372 (378).

27) BVerfGE 30, 227 (241).

28) Ipsen, in: M. Sachs (Hrsg.), GG Kommentar, 1996(이하 in: Sachs), Art. 21 Rn 31 참조.

29) 이와 관련해서 필자가 전게논문인 '정당의 자유와 현행 정당등록제의 위헌성에 대한 관견', 110면을 통해 펼친 견해, 즉 헌법 제8조 제1항의 보호영역도 정당의 대외적 활동과 관련해서는 결사의 자유와 마찬가지로 그 핵심영역에만 미치고, 그 이외의 활동에는 각기 테마적으로 관련성이 있는 기본권에 의해서 보호된다는 견해를 수정한다.

유도 정당활동에 적용될 수 있다. 그 밖에도 정당은 헌법 제18조의 통신의 비밀, 제23조의 재산권, 제26조의 청원권, 제28조의 재판청구권도 원용할 수 있다.

(2) 제 8 조 제 1 항 전단의 법적 성격

1) 기본권설

이 설은 헌법 제 8 조 제 1 항 전단을 '개인'의 기본권으로 보는 견해[30]이다. 이 설은 그 근거로 개인들만이 정당을 설립할 수 있다는 점과 헌법 제 8 조 제 1 항 전단은 헌법 제21조의 결사의 자유에 대한 특별규정[31]이라는 것을 들고 있다. 이렇게 해석하지 않는다면 정당설립의 자유 때문에 개인의 기본권인 결사의 자유가 정당과 관련되는 범위에서는 객관규범으로 변질되는 결과가 초래된다는 것이다.

이 설에 의하면 정당설립의 자유와는 달리 정당활동의 자유는 '정당'의 기본권이다. 정당활동의 자유를 기본권으로 보아야 하는 근거도 제 8 조 제 1 항 전단이 제21조 제 1 항 결사의 자유에 대한 특별한 기본권이라는 것이다. 결사의 자유가 결사의 존속 및 활동도 보호한다면, 민주적으로 조직된 공동체에 대하여 정당이 갖는 필수적 의미에 비추어 볼 때 헌법 제 8 조 제 1 항의 보호수준이 제21조 결사의 자유의 보호수준에 미달한다고 볼 수 없다는 것이다. 그렇다면 제 8 조 제 1 항 전단도 정당 자체의 활동의 자유를 보호하는 것이 당연하다는 것이다.

2) 제도보장설

헌법 제 8 조 제 1 항 전단에 의하여 보장되는 정당의 자유는 기본권이 아니라 정당이라는 제도의 보장이라는 설이다.[32] 이 설은 정당의 자유는 정당이 정치

30) 국내 학자들은 구체적인 논거의 제시 없이 정당설립 및 활동의 자유를 기본권으로 파악하고 있다. 허영, 한국헌법론, 2004, 510면 - '정당설립의 자유에 내포된 개인의 자유권적 성격'; 계희열, 헌법학(중), 583면; 김철수, 헌법학개론, 749-750면. 독일에서 기본권설을 주장하는 이로는 Henke, BK, Art. 21 (1991), Rn 216; Seifert, Die politischen Parteien im Recht der Bundesrepublik Deutschland, 1975, S. 111; J. Ipsen, in: Sachs, Art. 21 Rn 28 f.

31) BVerfGE 1, 208, 255; 2, 1, 13, 17; 12, 296, 304; 13, 174, 177; 17, 155, 166.

32) 독일에서 이 설은 U. Scheuner, Die institutionellen Garantien des Grundgesetezes, 1953, in: ders., Staatstheorie und Staatsrecht, Gesammelte Schriften, 1978, S. 665(673, 687); von Mangoldt-Klein, Das Bonner Grundgesetz Bd. 1, 2 Aufl., Berlin 1966, Anm. II 4 zu Art. 21 등에 의해서 주장된 뒤 최근에 무엇보다도 A. Mauersberger, Die Freiheit der Parteien, 1994에 의하여 체계화되었다. 그 후 M. Morlok, in: Dreier, Art. 21 Rn 49 등도 이에 가담하고 있다.

한편, 헌법재판소도 1999. 12. 23. 99헌마135, 판례집 11-2, 810-811에서 "정당의 자유를 규정하는 헌법 제 8 조 제 1 항이 기본권의 규정형식을 취하고 있지 아니하고 또한 '국민의 기본권에 관한 장'인 제 2 장에 위치하고 있지 아니하므로, 이 사건 법률조항으로 말미암아 침해된 기본권은 '정당설립과 가입에 관한 자유'의 근거규정으로서 '정당설립의 자유'를 규정한 헌법 제 8 조 제 1 항과 '결사의 자유'를 보장하는 제21조 제 1 항에 의하여 보장된 기본권"이라고 하여 헌법 제 8

과정에 영향을 미칠 수 있도록 하기 위해 보장되는 것이므로, 정당의 자유는 정당의 고유가치 때문이 아니라 그 목적 때문에 인정되는 기능적 자유라고 본다. 따라서 정당이라는 목적 단체의 자유는 인간의 존엄에 뿌리를 두고 있는 기본권적 자유와 구분된다고 본다. 그러나 정당은 개인에게 보장되는 개별 기본권들을 통해서 기본권의 보호를 향유하게 된다고 한다. 이 경우 제 8 조 제 1 항 전단의 제도보장은 정당의 기능보장을 위하여 정당과 당원에게 귀속되는 개별 기본권들의 보장내용과 한계를 수정한다고 본다. 즉 이 기본권들이 정당의 설립 및 활동의 자유를 보장하기 위하여 정당과 당원에 대하여 적용될 때에는 정당의 기능영역에서 전개되는 활동에 대해서만 보호를 제공한다는 것이다. 요컨대, 정당의 자유는 헌법 제 8 조 제 1 항 전단에 의하여 객관법적으로 보호되며, 정당의 설립 및 활동에 적용되는 다른 기본권들에 의하여 주관적 권리의 형태로 보호된다는 것이다.

3) 평 가

제도보장설은 정당을 제도보장의 개념에 포섭하는 데 있어서도 오류를 범하고 있다. 정당은 정치학적·사회학적 의미의 제도이기는 하지만 제도보장의 대상이 되는 법제도가 아니다.[33] 정당은 본질상 법에 의하여 구성되는 것이 아니며, 그 활동을 하기 위하여 법의 제정을 필요로 하지도 않는다. 실제로 미국 등 많은 나라에는 정당법이 존재하지 않는다. 정당은 국가기관과는 달리 본래 헌법의 피조물이 아니다. 정당은 사회 내에 존재하는 다양한 이해관계와 공동체문제에 대한 생각의 차이에 기반을 두고 있는 것이다. 그렇기 때문에 정당의 존재가 헌법의 승인여부에 좌우되는 것은 아니다. 헌법 제 8 조도 정당의 기능을 창설하는 것이 아니다. 정당의 기능은 제 8 조 제 2 항이 없더라도 존재하고 또 그 정당성이 약화되는 것도 아니다.[34]

물론 헌법 제 8 조와 정당법에 의하여 '정당'이라는 사회적 현상이 법적 틀을 통해 그 전형적인 모습을 획득한 것은 틀림이 없다. 그렇지만 이 법적 틀들은 창당의 자유와 정당의 기회균등에 비추어 해석되어야 하고 또한 국민의 정치의사형성의 참여라는 정당의 과제를 부인할 수 없다. 헌법이 정당에게 부과한 의무는 그 기능상 기본권의 한계와 같다. 그 의무는 헌법적 의미의 정당의 개념표지도 아니다. 사회적 현상에 대한 법적 승인이 주어졌다는 것만으로는 제도보장의 존

조 제 1 항이 개인의 주관적 공권을 포함하고 있지 않은 것으로 이해하고 있는 것처럼 보인다.

33) K. Hesse, Die verfassungsrechtliche Stellung der politischen Parteien im modernen Staat, VVDStRL17 (1959), S. 11 (11f.); Henke, in: BK, Art. 21 Rn 26; D. Grimm, Politische Parteien, in: HdbfVerfR, 2. Aufl.,1994, § 14 Rn 78; U. Mager, Einrichtungsgarantien, 2002, S. 379ff.

34) D. Grimm, HdbfVerfR, § 14 Rn 78 참조.

재를 인정할 수 없다. 제도보장의 특징적인 딜레마, 즉 법제도가 법률적 규율에 의존하고 또 그에 따라 어느 정도 입법자의 손에 맡겨져 있다고 하는 사정이 정당에는 존재하지 않기 때문이다.[35)]

바이마르 헌법하에서 단순한 프로그램규정과 법적 구속력 있는 규정을 구분하여 주는 의미를 가졌던 제도보장의 특별한 가치는 기본권의 법적 구속력이 확보되어 있는 현행 우리 헌법에서는 의미가 없다. 헌법 제8조 제1항 전단에서 '정당은 존재하여야 한다'는 당위를 이끌어 낼 수는 있다. 그러나 문제는, 그 당위가 국가권력이 정당의 존립을 위태롭게 하는 조치만을 금지하는 것이냐 아니면 정당의 존립 자체를 보장하여야 한다는 것이냐 하는 것이다. 정당은 국민의 의사를 결집하여 이를 국가조직에 매개하는 기능을 수행하면서 국민 속에 뿌리를 내리고 있는 것이다. 국가권력이 국민들 속에 존재하는 조직의 존립을 위하여 헌신해야 한다는 것은, 헌법이 의도했던 국민과 국가권력 사이에 존재하는 정당성의 사슬에 배치된다. 국가가 정당의 존립에 대하여 걱정을 할 지경에 이르렀다면, 그것은 – 국가가 스스로 조성하기 어려운 – 민주주의의 전제가 존재하지 않는다는 것을 의미하는 것이다. 정당에게 국민의 의사형성에 참여할 권리를 부여하고, 정당설립의 자유를 보장하며 시민들의 정당활동을 방해하는 것을 금지한 것으로 복수정당체제의 유지를 위하여 헌법적으로 할 수 있는 것을 다한 것이다.[36)]

그렇기 때문에 헌법 제8조 제1항 후단도 그 법문이 시사하는 것과는 달리 제도보장이라고 보기 어렵다.[37)] 개방적 정치체제, 책임정치의 구현을 위하여 긴요한 복수정당의 존재는 정당설립의 자유를 보장한 결과이지 법형성의 산물이 아니기 때문이다. 정당설립의 자유가 보장되어 있음에도 불구하고 자연스럽게 하나의 정당밖에 남아 있지 않게 되어 책임정치의 구현이 어려워지고 또 그로 인하여 민주주의에 위기가 닥친다고 하더라도, 국가가 인위적으로 정당을 설립하거나 다른 정당이 자진 해산하는 것을 금하거나 스스로 붕괴되는 정당을 억지로 살려낼

35) U. Mager, aaO, S. 380 참조.

36) 독일의 통설: W. Henke, in: BK, Art. 21 Rn 30; D. Grimm, HdbVerfR, § 14 Rn 30, 31(기본법에서 실질적 다원성에 대한 보장을 기대한다면 이는 잘못이다 … 민주체제에서 국가가 복수정당제의 자연스런 붕괴를 막기 위하여 사용할 수 있는 수단은 존재하지 않는다); K. Hesse, VVDStRL 17 (1959), S. 11 (35) (남아 있는 불안정 요인은 무시된 것도 제거된 것도 아니라 의도된 것이다); Maunz: in: Maunz/Dürig, Art. 21 Rn 21(정당설립의 자유를 통해서 복수정당제는 보장된 것이다).

37) 그러나 국내의 통설은 이를 제도보장으로 이해한다. 가령 권영성, 헌법학원론, 193면; 김철수, 헌법학개론, 168면; 허영, 한국헌법론, 139면; 홍성방, 헌법학, 2004, 107면. 독일에서 이를 제도보장으로 보는 견해로는 Streinz, in: von Mangodt/Klein/Starck(Hrsg.), Bonner Grundgesetz Bd. II, 4. Aufl., 2001, Art. 21 Rn. 74.

수는 없는 것이다.

또한 정당을 '헌법적 제도'로 지칭하는 것은, 헌법이 정당의 기능을 부여한 것이 아니라 그 기능을 헌법상 필요한 것으로 승인[38] 하였다는 것을 의미하는 것이다. 그 승인의 범위도 국민의 정치의사형성에의 참여에 국한되어 있다. 그러나 이것이 정당을 인위적으로 창설하고 생명력을 부여하여야 할 국가의 의무를 수반하는 법제도보장이 헌법 제 8 조 제 1 항 전단에 내포되어 있다고 볼 수 있다는 주장을 뒷받침하는 것은 아니다.

더구나 우리 헌법에는 독일법과는 달리 헌법소원청구의 기초가 될 수 있는 폐쇄적인 기본권 내지 준기본권의 목록이 들어 있지도 않다. 헌법재판소법 제68조 제 1 항을 통해서 구제를 청구할 수 있는 권리는 '헌법상 보장된 기본권'으로만 되어 있을 뿐이다. 또한 헌법 제 2 장의 표제가 "국민의 권리와 의무"라는 것도 개인의 기본권이 헌법 제 2 장에만 들어 있다는 것을 의미하지는 않는다.[39]

그러므로 헌법 제 8 조 제 1 항 전단은 헌법 제21조의 결사의 자유에 대한 특별법으로서 개인 및 정당 자체의 기본권이라고 보아야 한다. 이 사건에 대한 판례도 헌법소원의 적법성을 인정한 것으로 미루어 볼 때 헌법 제 8 조 제 1 항이 적어도 주관적 권리인 기본권을 포함하고 있다고 본 것으로 해석된다.

(3) 정당 설립 및 활동의 자유의 주체

먼저 정당설립의 자유는 개인의 기본권이다.[40] 무엇보다도 개인들만이 정당을 설립할 수 있기 때문이다. 이 자유가 헌법 제21조의 결사의 자유에 대한 특별규정이라는 사실도 이 자유가 개인의 기본권이라는 사실을 뒷받침한다. 그러나 정당의 자유는 개인들이 집단적으로 행사할 수 있는 기본권인 동시에 정당 자체의 기본권이기도 하다. 이러한 의미에서 헌법 제 8 조 제 1 항의 정당활동의 자유는 이중적 기본권이다.

이 사건에 대한 판례도 청구인인 민주노동당과 그 당원의 헌법소원의 적법성을 모두 인정한 것에 비추어 볼 때 헌법 제 8 조 제 1 항에 포함된 기본권이 이중적 기본권임을 인정한 것으로 보인다.

---

38) D. Grimm, in: HdbVerfR, § 14 Rn 78.

39) 이설로는 헌재 1999. 12. 23. 99헌마135, 판례집 11-2, 810-811.

40) 헌재 2004. 12. 16. 2004헌마456; Ipsen, in: Sachs, Art. 21 Rn 28; Henke, BK, Art. 21, Rn 216; Seifert, aaO, S. 111.

(4) 정당의 자유의 한계

1) 헌법적 한계

헌법은, 정당이 현대 정당제민주주의에서 불가결한 기능을 정상적으로 수행할 수 있도록 정당의 자유에 대하여 직접 한계를 설정하고 여타의 결사들이 부담하지 아니하는 의무를 부과하고 있다. 당내 민주주의 실현의무(제 8 조 제 2 항)와 민주적 기본질서 준수의무(제 8 조 제 4 항)가 그것이다.

2) 헌법내재적 한계 및 헌법 제37조 제 2 항의 적용가능성

헌법 제37조 제 2 항은 정당의 자유에도 적용될 수 있는가? 이 문제에 대해서는 여러 가지 해석론이 있을 수 있을 것이다.

먼저 헌법 제37조 제 2 항의 "국민의 모든 자유와 권리"라는 문구 및 헌법 제 8조 제 1 항과 제21조의 결사의 자유 사이에 존재하는 일반과 특별의 관계에 의거하여 정당의 자유에도 헌법 제37조 제 2 항이 적용된다는 설이 있을 수 있다. 현재 국내의 통설이 이러한 입장을 취하고 있는 것으로 보인다.

다음으로 헌법 제 8 조 제 1 항 전단이 정당의 대외적 자유 중 정당의 설립과 존속에 핵심적인 의미를 가지는 부분만을 보호하고, 나머지 대외적 활동은 각기 테마상 관련 있는 개별 기본권들의 보호를 받는다는 전제하에 헌법 제 8 조 제 1 항 전단이 보호하는 범위에서는 헌법 제37조 제 2 항은 정당의 자유에는 적용되지 않고, 헌법의 통일성에 입각한 헌법내재적 한계만이 그어질 수 있다고 보는 견해가 있다.[41] 그 이유로 헌법 제 8 조 제 1 항이 헌법 제21조 제 1 항에 대한 특별법적 지위를 가지지만, 그것은 체계상 헌법 제37조 제 2 항의 기본권제한적 법률유보 아래 놓여 있지 않다는 점을 들고 있다. 그에 따르며 정당의 자유에 대해서는 헌법의 통일성원칙상 충돌하는 다른 헌법적 지위를 갖는 법익에 의하여 헌법내재적 한계[42]만이 그어질 수 있다고 본다. 가령 외국인의 정당가입의 자유에 대해서는 국민주권원리에 의한 한계가 설정될 수 있다. 반면, 헌법 제 8 조 제 1 항 전단이 아닌 해당 개별기본권들이 직접 적용되는 대외적 활동의 영역에서는 헌법 제37조 제 2 항이 타당하다고 본다. 다만, 이 경우에도 정당 및 그 활동이 현대민주주의에 대해서 갖는 의미는 각 기본권의 효력을 강화한다는 점이 고려되어야 한다고 본다.

헌법 제 8 조 제 2 항 및 정당의 본래의 목적에 비추어 볼 때 정당의 자유를

---

41) 이에 대해서는 졸고, 정당설립의 자유와 현행 정당등록제의 위헌성에 대한 관견, 111면.

42) 이에 대해서는 계희열, 헌법학(중), 135면의 기본권에 대한 '사리상의 제한' 참조.

독자적으로 보장하고 있는 헌법 제8조 제1항의 보호영역은 결사의 자유의 보호범위를 넘어 정당활동의 핵심영역만이 아니라 정당의 목적 달성에 필요한 활동 전반이 포함되며, 헌법 제8조 제1항은 헌법 제21조에 대하여 특별법적 지위를 가지고 있고, 또 헌법 제37조 제2항의 "국민의 모든 자유와 권리"라는 문구에 비추어 볼 때 헌법 제37조 제2항은 헌법 제8조 제1항의 자유에도 적용된다고 보아야 한다.[43] 이 사건에 대한 판례도 같은 입장을 취하고 있는 것처럼 보인다.[44]

3. 정당의 기회균등

정당관련 법제는 정치세력간의 경쟁을 전제로 하고 있는 우리 헌법의 자유민주적 기본질서에서는 정치영역의 공정거래법과 같다. 그 과제는 정치세력들 사이의 경쟁이 정당의 기능에 부합하게 전개되도록 법적으로 보장하는 것이다.

(1) 정당활동에 있어서의 기회균등권의 주체

정당활동에 있어서의 기회균등권도 개인 및 정당의 기본권이다.[45] 정치의 기본단위는 개개 국민이다. 정치적 의견의 형성에 대한 영향력행사, 정당에 대한 후원 등 다양한 형태로 전개되는 타인과의 정치적 경쟁에서 균등한 기회는 국민 모두에게 보장된다. 나아가 정당 자신도 이 권리를 향유한다.

유의할 것은 정당의 기회균등이 침해되었는지를 판단할 때 차별조치가 개별 국민에게 미치는 영향이 주된 기준이 되어야 한다는 것이다.[46] 가령 정당에 대한 국고지원이나 선거운동을 위한 방송시간의 배정이나 후보초청토론회에서 정당의 정치적 의미에 따라 정당을 차별하는 조치는 정당의 기회균등의 판단준거를 조직으로서의 정당에 미치는 효과로 볼 경우 위헌이라는 판단을 할 수밖에 없을 것이다. 왜냐하면 정치영역에서의 평등은 엄격평등, 기계적 평등, 형식적 평등으로서

43) 이와 관련하여 제시했던 졸견, 정당설립의 자유와 현행 정당등록제의 위헌성에 대한 관견, 111면을 수정한다.

44) 헌재 2004.12.16. 2004헌마456, 판례집 16-2, 618, 626에서 본질적 내용침해여부를 검토하기 위하여 아무런 논증 없이 헌법 제37조 제2항을 끌어들이고 있다.

45) 이는 독일의 지배설이다. BVerfGE 7, 99, 107; Seifert, S. 132; Henke, BK, Art. 21 Rn 218; Kunig, HStR II, § 33 Rn 62; Ipesen, in: Sachs, Art. 21 Rn 32; M. Marlok, in: Dreier, Art. 21 Rn 74. 이견으로는 Pieroth, in: Jarass/Pieroth, Art. 21 Rn 12.

46) 이에 대하여는 M. Marlok, in: Dreier, Art. 21 Rn 75; E.-W. Böckenförde, 헌법원리로서의 민주제, in: 김효전/정태호 편역, 헌법과 민주주의, 2003, 247면 이하.

중대한 공익을 위한 불가피한 사유가 존재하는 경우에만 차별이 정당화될 수 있을 것이기 때문이다. 그러나 국민 개인의 정치적 영향력 행사 가능성의 평등이라는 관점에서 이 문제를 본다면, 정당이 국민들로부터 얻고 있는 지지도에 따라 정당에 대한 국가의 급부를 차별하는 것이 허용될 뿐 아니라, 오히려 그것이 요청된다. 정치세력들을 평등하게 대우하여야 할 국가의 의무는 정당의 경쟁이 수행하는 기능적인 연관을 고려할 때 국민들의 정당에 대한 선호도의 차이가 국가의 간섭을 받지 않고 표출되고 또 국민들의 정치지향에 따라 정치적 결정과정에 대한 영향력의 차이로 나타날 수 있도록 보장하여야 한다는 것을 의미한다. 정치과정은 이와 같은 방식으로 정치적 승자와 패자를 가른다. 따라서 헌법적 목표는 사회적인 경쟁에서 정치세력들의 평등이 아니라, 정치세력들에 대한 균등한 기회의 보장인 것이다. 정치과정은 정치세력 사이의 영향력의 차이를 유발하며, 국가기관은 이를 존중하여야 한다. 기회균등의 보장은 국가가 이와 같은 경쟁의 과정을 왜곡하면서 개입하는 것을 금지한다.

(2) 정당활동에 대한 기회균등권의 헌법적 근거

문제는 그 실정헌법적 근거를 어디서 찾느냐 하는 것이다. 그 근거를 제 8 조 제 1 항 전단 자체에서 찾는 설,[47] 헌법 제11조 제 1 문의 일반적 평등권에서 찾는 설, 헌법 제11조 제 1 문의 일반적 평등권 및 민주주의 원리의 결합에서 그 근거를 찾는 설, 헌법 제41조 제 2 항 및 헌법 제67조 제 2 항에 근거를 둔 평등선거의 원칙에서 그 근거를 찾는 설,[48] 헌법 제116조 제 2 항의 선거운동의 기회균등에서 그 근거를 찾는 설, 헌법 제11조 제 1 문, 민주주의원리, 헌법 제 8 조 제 1 항의 결합에서 그 근거를 찾는 설[49] 등이 있을 수 있다.

평등선거의 원칙이나 선거운동의 기회균등을 명시하고 있는 헌법규정들은 모두 정당의 활동과 관련하여 중요하기는 하지만 특별한 문제들만을 대상으로 하고 있으므로, 정당활동의 포괄적 기회균등권을 근거지우기 어렵다고 본다. 일반적 평등권만을 그 근거로 제시하는 것은 일반적 평등권이 보통의 경우 자의금지원칙으로 이해되기 때문에 정당의 기회균등을 충분히 보장하기 어렵다. 헌법재판소가

47) 독일에서 이와 같은 견해를 취하는 이로는 H.R. Lipphardt, Die Gleichheit der politischen Parteien vor der öffentlichen Gewalt, 1975, S. 113 ff., 118 f., 693; Grimm, § 14 Rn 42; Kunig, § 33 Rn 62.

48) 독일에서 이러한 견해를 취하는 이로는 Badura, Staatsrecht, S. 383.

49) 독일에서 이러한 견해를 취하는 이로는 H.C. Jülich, Chacengleichheit der Parteien, 1967, S. 70 ff.; P. Häberle, JuS 1967, 64 (72); Henke, BK, Art. 21 Rn 218; M. Morlok, in: Dreier, Art. 21 Rn 73.

평등권심사에서 비례성심사를 하는 경우의 하나로 차별로 인해 다른 기본권에 중대한 제약이 초래되는 경우를 들고 있는 것도 사실 일반적 평등권과 구체적 사건과 테마적으로 관련된 개별기본권의 기능적 연관을 시사하는 것이다. 제 8 조 제 1 항 전단만을 근거로 할 경우 정당의 기회균등에 관한 실질적인 정보를 충분히 제시하기 어렵다. 그러므로 헌법 제11조 제 1 문, 헌법 제 1 조 등으로부터 추론되는 민주주의원리, 헌법 제 8 조 제 1 항 전단의 결합에서 그 근거를 찾는 것이 타당하다고 본다. 즉 정당들의 민주적인 경쟁활동의 기능적인 맥락 속에서 헌법 제11조 제 1 항 제 1 문의 일반적 평등권이 헌법 제 8 조 제 1 항 전단에 의하여 수정된다고 보아야 한다.

(3) 정당의 기회균등권의 내용과 적용영역

정당의 영역에서 기회균등은 주관적 권리인 동시에 객관법적 원리이다. 양측면이 공조하면서 민주적 의사형성과정의 자유와 개방성을 보장하는 기능을 수행한다. 이 기본권은 모든 국민들에게 정치적 결정과정에 영향력을 행사할 수 있는 평등한 가능성을 부여함으로써 정치적 정의를 확보하는 역할을 한다. 즉 정치과정참여를 통한 평등한 정도의 자결을 보장하는 기능을 수행한다.

정당 상호간의 경쟁과 관련하여 정당의 기회균등은 엄격하고 형식적으로 적용되어야 한다. 정당영역에서 기회균등이 이처럼 엄밀성을 띠어야 하는 이유는, 그것이 경쟁질서가 제대로 기능하기 위한 요건이기 때문이다. 즉 경쟁질서를 자신에게 유리하게 형성함으로써 현재의 야당에 불리하게 자신의 입장을 개선시키고 싶어 하는 권력자의 잠재적인 기도에 대처하기 위하여 필요한 요건[50]이자 민주적 기본질서의 기초를 형성하는 모든 국민들 사이의 평등에서 추론[51]되는 요건이다.

물론 이 형식적 평등의 명령도 불가결한 공익을 실현하기 위해 "특히 불가피한 사유가 있는 경우"[52]에는 예외를 허용한다.

정당의 영역에서의 평등은 결과의 평등이 아니라 기회의 균등이라는 것은 경쟁의 논리에서 추론된다. 정치적 경쟁은 승자와 패자를 가르는 기능을 수행한다.

50) M. Marlok, in: Dreier, Art. 21 Rn 77; A. Kißlinger, Das Recht auf politische Chachengleichheit, 1998, S. 81 f. 참조.

51) 무엇보다도 P. Kirchhof, Der allgemeine Gleichheitssatz, in: HStR V, § 124 Rn 100; 계희열, 헌법학(상), 2005, 276면; Böckenförde, 헌법원리로서의 민주제, 247면.

52) H.H.v. Armin, Der strenge un der 래그밑 Gleichheitssatz, DÖV 1984, 85 (85); BVerfGE 8, 51, 64 f.; 14, 121, 133; 73, 40, 88ff.

물론 이 승패의 기준은 선거에서의 국민의 지지율이다. 국가는 이 경쟁의 결과를 무시할 수 없다. 따라서 정당의 기회균등은 출발점에서의 기회균등이며 경쟁조건에 있어서의 기회균등이다.

정당의 기회균등의 적용영역은 선거나 그 준비에 국한되지 아니하고 경쟁을 통한 정치적 의사소통이 전개되는 정치적 의사형성의 전 영역에 적용된다.

Ⅲ. 당내민주주의

지구당이 당내민주주의에 대해서 갖는 의미를 파악하기 위해 정당국가적 현실에서 당내민주주의의 개념과 본질을 파악하는 것도 필요하다. 헌법 제8조 제2항 전단은 정당의 목적, 활동, 조직의 민주성을 요구하고 있다. 그렇지만 이러한 명령의 이행을 위해서 정당은 구체적으로 어떤 제도와 절차를 확보하여야 하는지 불분명하다. 분명한 것은 당내민주주의라는 개념이 형성의 여지를 부여하고 있다는 것뿐이다.

당내민주주의의 명령이 무엇을 의미하는지를 파악하기 위해서는 국가의 헌법적 구조와 정치가 사실상 그리고 법적으로 정당의 활동에 의해 결정적으로 규정되는 현대의 정당국가적 현실에서 정당이 수행하는 기능을 파악하는 한편, 관련 헌법조항들을 전체적으로 그리고 통일적으로 이해하는 것이 필요하다.[53)]

1. 정당국가적 현실과 당내민주주의

정당은 헌법 제8조 제2항 후단, 정당법 제1조가 규정하고 있는 것처럼 국민의 정치의사형성과정에 참여하는 것을 과제로 한다. 참여라는 말은 정당이 이 과정에 참여하는 여러 요인들 중의 하나라는 것을 시사한다. 그렇지만 정당은 정치의사형성과정에서 주도적인 역할을 한다. 정당국가에서 직간접적으로 정당이 관여하지 않는 중요한 정치적 결정은 없다고 해도 과언이 아니다.

정당은 선거 등을 통해서 그 당원들을 의회, 집행부에 보내고, 그렇기 때문에 당내에서 결정된 의사를 국가의 의사로 용이하게 전환시킬 수 있는 가능성을 가

53) 이에 대하여 상세한 것은 졸고, 정당국가에서 당내민주주의 개념과 본질, 헌법논총 제16집(2005), 479면 이하; 계희열/김선택/장영수, 한국정당의 내부질서와 민주화방안에 관한 연구, 1999-2000년도 한국의회발전연구회 지원연구논문 참조.

지고 있다. 심지어는 정당은 의회와 집행부에 진출해 있는 당원들을 통해서 사법부의 구성에도 관여한다.

정당의 정치적 의사표현이 개인이나 다른 집단의 그것과 질적으로 다른 의미를 획득하는 원인은, 정당이 이처럼 자신의 정치적 결정을 지속적으로 그리고 효과적으로 관할 국기기관을 통해 국가적 결정으로 변형시킬 수 있는 가능성을 독점하고 있다는 데 있다.[54] 그렇기 때문에 국민들은 본래 국가기관에 제기하여야 할 요구도 정당에게 제기하고 또 이 요구는 정당의 중개를 거쳐 국가기관에 전달된다. 반대로 국민은 국가기관들이 수행하는 활동을 보고 정당에게 책임을 묻거나 정당에 지지를 보낸다. 정당의 이와 같은 독점적 지위 때문에 어떤 형태로든 정당의 주목을 끌지 못하는 정치적 주장은 국가기관을 통해서 실현되기 어렵다.

정당국가에서는 정당을 통해서 국민 내부의 이익갈등들이 해소된다. 이해갈등의 해소를 위한 주된 기구는 이제 의회가 아니다. 의회가 수행하던 공공복리의 구현기능의 상당부분은 정당으로 넘어갔다. 과거에 폐쇄적이던 국가의사형성과정이 정당국가에서는 정당들에게 개방되어 있고 또 정당을 통해서 국민에게 개방됨으로써 민주주의의 새로운 차원, 즉 정당국가적 차원이 열리게 된다. 정당국가에서 국가권력의 정당화는 정기적인 의회선거를 통해서만 이루어지지 않으며, 정당을 통해서 상시적으로 진행되어야 한다. 그렇다면 정당국가에서 비대해진 정당의 권력이 시민, 특히 당원들로부터 자유롭고 평등한 정당성을 획득하도록 대책을 세우지 않으면 안 된다. 당내민주주의의 형성은 이와 같은 실정헌법적 정당화와 관련되어 있다. 당내민주주의는, 국민이 정당의 정책을 통해서 이루어지는 공동체 전체의 현실적인 정치적 방향의 결정과정에 국민이 효과적으로 참여할 수 있는 기제를 제공할 것을 요구한다. 국가와 정당이 함께 성장할 때 비로소 당내민주주의는 국가권력도 시민들의 참여가 강화되면서 그 만큼 높은 정당성을 갖는 것이다.

2. 당내민주주의의 구체화는 입법자의 과제인가 정당의 자치사항인가?

우리 헌법은 독일 기본법과는 달리 정당에 관한 상세한 규율을 입법자에게 맡기는 명문의 규정도 없다. 그렇다면 당내민주주의의 실현은 전적으로 정당의

54) 정당의 개념표지에 대하여 상세한 것은 졸고, 정당설립의 자유와 정당등록제의 위헌성에 관한 관견, 인권과 정의 제297호, 2005. 3. 97 (99면 이하) 참조. 정당과 단체의 구분에 대해서는 전광석, 정당과 단체의 헌법적 위상; 단체의 활동을 중심으로, 공법연구 제24집 제 2 호(1996), 81 (93면 이하) 참조.

자치에 맡겨진 문제인가? 입법자에게 상세한 규율을 위임한 독일에서도 정당의 내부질서형성에 정당에게 광범위한 형성의 여지가 부여되어 있다는 주장을 뒷받침하기 위하여 정당의 자치[55]나 형성의 자유[56]를 원용하는 견해들이 적지 않다. 독일의 판례도 이렇다할만한 논거 없이 이를 인정하고 있다.[57]

그렇지만 정당은 당의 기본노선, 정강정책의 선택과 형성, 인사문제에 대한 결정과 같은 정당활동의 내용의 측면에서는 자율성을 갖지만, 아래에서 살펴보는 바와 같이 당내민주주의의 요청 때문에 민주적인 의사결정의 절차나 방식 등과 관련해서는 헌법과 법률의 테두리 안에서만 자율권을 행사할 수 있을 뿐이라고 보아야 한다.[58] 즉 헌법이 부과한 정당의 과제인 국민의 정치의사형성에의 참여

55) H. Schiedermair, Parteiausschluß und gerichtlicher Rechtsschutz, AöR 104 (1979), S. 200 ff., 205, 는 정당을 자율적인 헌법기관으로 지칭하면서 정당의 자치는 제21조를 통해 정립된 정당국가적 민주제에서 포기할 수 없는 헌법적 조직원리라고 평가하고 있다; Kunig, HStR, Bd. II, 1987, § 33, Rn 28에 의하면 당내민주주의를 민주주의 문화를 기준으로 실행하는 것은 정당에 맡겨져 있다; 그 밖에도 U. Müller, Die demokratische Willensbildung in den politischen Parteien, 2. Aufl., 1967, S. 99 f.; Rechtliche Ordnung des Parteiwesens. Probleme eines Parteiengesetzes: Bericht der vom Bundesminister des Innern eingesetzten Parteienrechtskommission, 2. Aufl., 1958(이하 'Bericht'), S. 158 ff. 참조.

56) W. Henke, Das Recht der politischen Parteien, 2. Aufl., 1972, S. 53. 그는 가령 당내의 구제절차를 소진하기 전에 국가법원에 제소하는 것은 정당의 자결에 반하기 때문에 허용되지 않는다고 본다(W. Henke, BK, Art. 21 GG, Rn 311). 물론 그도 정당이 국가기관의 구성과 그 행위에 직접적으로 영향을 미치고 있기 때문에 공법의 규율을 받아야 한다는 점을 인정한다(같은 곳, Rn 67 f.). 그러나 정당의 내부질서가 민주적 원칙에 부합하여야 한다는 기본법 제21조 제1항 제3문의 문구를 충실히 따를 것을 요구하는 H. Preuß의 주장(AK-GG, Bd. 2 Art. 21 Rn 16-25, 54-59)을 비판함으로써 정당의 자치에 중점을 놓고 있다; U. Scheuner, DÖV 1968, S. 88, 91.

57) 독일 연방헌법재판소는 정당에게 당의 내부 사항을 독립적으로 규율할 권리가 있음을 강조하고 있다(BVerfGE 89, 243ff.) 특히 입후보자 추천시 정당이 존중하여야 할 선거법의 기준과 정당이 광범위하게 자율적으로 형성할 수 있는 정당 내부의 사항(정관으로 규율할 수 있는 권리)을 구분하고 있다(앞의 판례 252). 물론 이와 같은 구분의 상세한 근거는 제시되어 있지 않다. 정당의 재정보조와 관련된 사건(BVerfGE 85, 264, 287)에서도 헌법이 정당의 국가로부터의 자유를 전제하고 있으며, 그렇기 때문에 정당의 국가에 대한 독립을 보장하여야 할 뿐 아니라 정당은 사회적·정치적 영역에 뿌리를 둔 자유롭게 형성된 집단으로서의 성격을 유지한다고 지적하고 있다.

독일 연방법원의 확립된 판례에 의하면 정당(BGHZ 75, 158)을 비롯한 사단법상의 징계조치는 국가의 법원에 의한 통제를 받지만 사단자치의 원칙적 승인에 일정한 한계를 지켜야 한다(BGH NJW 1994, 2610, 2611).

58) K. A. Schachtsschneider, Res publica res populi: Grundlegung einer allgemeinen Republiklehre, 1994, S. 816; 그를 원용하고 있는 D. Kressel, Parteigerichtsbarkeit und Staatsgerichtsbarkeit, 1998, S. 224 f. 참조. H. Trautmann, Innerparteiliche Demokratie im Parteienstaat, 1975, S. 171 ff.는 각 정당이 당내민주주의를 달리 이해할 경우 정당의 기회균등이 침해될 우려가 있다는 이유로 정당자치를 이유로 정당에 대한 입법자의 규율권한을 부정할 수 없다고 주장한다. 국내의 문헌들도 대체로 상세한 논증은 없으나 입법자에게 당내민주주의의 구체화 권한이 있다는 전제하에서 논의를 진행하고 있다. 가령 김선택, 정당의 민주화를 위한 법적 방안, 정당과 헌법질서(심천계희열박사 화갑기념논문집), 1995, 280면 이하; 방승주, 권력구조의 민주화와 정당, - 야당기

가 "민주적으로" 어떻게 이루어져야 하는지의 문제에 대하여 헌법과 입법자는 법률적 지침을 제시할 수 있다.

3. 당내민주주의의 요건과 국가영역에서의 민주주의원리와의 관계

과연 정당의 특성에 비추어 당내민주주의 명령의 내용을 민주주의원리의 내용에 비하여 축소할 수 있는가? 당내민주주의와 국가조직의 민주주의원리는 상호 어떤 관계에 있는가? 이 문제와 관련해서는 미묘한 차이를 보이고 있는 다양한 견해들이 주장되고 있다.

국가에 대한 민주주의요청은 정당과 관련해서는 포기할 수 없는 소수의 원칙으로 축소된다는 하향수정설,[59] 대체로 완화되지만 가령 상설의회와 같은 기구가 없기 때문에 당지도의 임기를 국회의원 등의 임기보다 짧게 함으로써 지도부의 민주적 정당성을 강화하여야 하는 등 부분적으로 강화된다는 설,[60] 당내민주주의의 요청은 국가민주주의의 요청에 비해 완화되지는 않으나 정당내부의 선거에는 모든 국민이 아니라 당원만이 참여한다든가, 복수정당제는 정당 안에서는 적용되지 않는 등 정당의 개념과 본질을 감안한 수정을 필요로 한다는 설,[61] 정당국가적 현실에서 국가조직의 근간이 대의제적 성격을 띠기 때문에 발생하는 민주주의의 부족을 당의 수뇌부가 평당들로부터 보다 강한 민주적 정당성을 확보하도록

능의 활성화와 당내민주주의를 중심으로 -, 헌법학연구 제8권 제2호(2002. 3), 41면 이하; 특히 공직선거후보자 추천과 관련하여 전광석, 정당의 내부질서와 민주적인 공직선거 입후보자 추천, 헌법학 연구 제6권 제1호, 2000. 5., 130(141, 148면 이하); 정만희, 정당의 내부질서, 102면. 우리 헌법재판소도 헌법 제8조 제2항 후단은 "정당의 핵심적 기능과 임무를 '국민의 정치적 의사형성에 참여'하는 것으로 선언하면서 동시에 위 기능과 임무를 민주적인 내부질서를 통하여 수행할 수 있도록 그에 필요한 입법을 해야 할 의무를 입법자에게 부과하고 있다"(헌재 1999. 12. 23. 99헌마135, 판례집 11-2, 800, 812-813; 헌재 2004. 12. 16. 2004헌마456, 판례집 16-2, 618)고 판시함으로써 이러한 입장에 서있는 것 같다.

59) Ph. Kunig, HStR, Bd. II, § 33 Rn 28. 그는 그 근거로 독일 기본법이 제21조 제1항 제3문에서 당내질서를 민주주의가 아닌 민주적 "원칙"에 "부합"하여야 한다고 규정하고 있다는 것을 들고 있다; K. Stern, Staatsrecht der BRD I, § 13, Die politischen Parteien, § 13 III 4; 이러한 견해로는 그 밖에도 Stern의 주장을 인용하고 있는 김선택, 정당의 민주화를 위한 법적 방안, 279면 - "사회민주화의 요청과 국가민주화의 요청의 중간 어딘가에 위치를 정할 수밖에 없다 …"; 분명하지는 않지만 정만희, 정당의 내부질서, 105면; M. Morlok, in: Dreier, Art. 21, Rn. 117은 당내민주주의 원칙을 알렉시가 말하는 원리로 보면서 그 구체화의 필요성 때문에 최소한의 내용만이 현실적인 의미를 가질 수 있다고 본다; D. Grimm, in: HdbVerfR, § 14 Rn 39: "규범적 목표와 사리적 구조 사이의 교호작용".

60) Seifert, aaO, S. 189 f.

61) I. v. Münch, in: Münch/Kunig, Grundgesetz-Kommentar, 3. Aufl., 1995, Bd. 2, Art. 21 GG Rn 56 참조.

함으로써 보정하여야 할 필요가 있기 때문에 당내민주주의는 민주주의원리에 비하여 보다 까다로운 요건을 제기한다는 설,[62] 당내민주주의 원칙은 당내질서를 국가의 형식원리들과 동질화하라는 명령이며, 당내민주주의 원칙은 자유민주적 기본질서의 구성요소인 정치적 기본권들과 의미와 실체에 있어서 같다고 보는 설[63] 등 다양한 견해가 주장되고 있다.

그러나 당내민주주의의 내용은 국민의 정치의사형성과정에서 정당이 수행하는 기능을 기초로 독자적으로 확정되어야 한다고 본다. 즉 당원을 전체 국민에 비유하거나, 전당대회를 의회와 비교하거나, 당의 최고위원회 내지 당대표를 정부 내지 대통령과 비교할 수는 없다. 그러므로 당내민주주의가 요구하는 민주성의 수준이 민주주의원리의 수준과 같은지, 아니면 높거나 낮은 것인지의 물음 자체가 잘못된 것이다. 당내민주주의를 파악함에 있어서 결정적인 것은, 국민의 민주적인 정치의사형성의 과정에서 정당이 수행하는 기능이다. 그렇다면 헌법 제8조 제 2 항 전단의 해석을 위한 준거로 볼 수 있는 것은 국가조직에 관한 규정이라기보다는 정치과정을 구성하고 보장하는 헌법규정들이 될 것이다.

정당은 시민이 정치의사형성에 지속적으로 참여할 수 있도록 함으로써 선거 때만이 아니라 평시에도 국가권력을 지속적으로 정당화하는 역할을 수행하여야 한다. 정당은 당원들이 정치적 욕구를 지속적으로 표출할 수 있도록 촉진하여야 하고 또 당의 의사형성 결과를 결정권이 있는 국가기관에 매개하여야 한다. 이를 통해 선거를 통한 형식적인 정당화에 대한 보완이 이루어진다. 현행 헌법상의 민주제에 포함되어 있는 참여적 요소는 정당국가적 현실에 비추어 볼 때 무엇보다도 정당과 결부되어 있다. 제 1 조 제 2 항, 민주제와 밀접한 관련성이 있는 기본권들(제21, 24조), 국민의 정치의사형성과정에 대한 규범적 지침들(제 8 조 제 1, 2 항, 제41조 제 1 항, 제67조 제 1 항)에 대한 종합적 해석은 이러한 이해를 뒷받침한다. 헌법은 국가영역에 형성된 대의제적 구조를 보충하기 위하여 정당을 통해서 국민과 국가기관 사이에 상시적인 피드백이 형성될 수 있도록 배려하고 있는 것이다. 그렇기 때문에 정당의 구조는 민주적으로 형성되어야 하며 또 그렇기 때문에 유권자들이 정당 안에서 능동적으로 정당활동, 특히 정당의 의사결정에 참여

62) D. Th. Tsatsos/M. Morlok, Parteienrecht: Eine verfassungsrechtliche Einführung, 1982, S. 41 참조.

63) J.-Th. Blank, Die innerparteiliche Willenswilldung nach dem grundgesetz, ihre Ausgestaltung im Parteiengesetz und ihre Berücksichtigung in den Parteistatuten, DVBl. 1976, 564, 565. 별다른 논거의 제시 없이 이러한 견해를 주장하고 있는 국내의 견해로는 최대권, 헌법과 당내민주주의, 서울대 법학 118호(2001. 5.), 9면. 최대권 교수는 민주주의는 거시민주주의는 물론 정당이나 단체의 내부와 같은 미시적 영역에도 적용된다고 본다.

할 수 있는 가능성이 항상 열려 있어야 한다. 그러므로 국가영역의 대의제에 상응하는 당내의 대의체계만으로는 헌법 제8조 제2항 전단의 요청을 충족시키지 못한다. 왜냐하면 국가기관이 국민으로부터 유리되는 경향을 억제하고 그러한 경향을 시민이 정치권력에 지속적으로 참여할 수 있는 가능성을 통해 보정하는 것이 정당의 과제이기 때문이다.[64] 그렇다고 전당대회 내지 대의원대회를 매일 열 수는 없다. 그렇기 때문에 정당의 대의기관들에게 대의모델에 의거해서만 설명될 수 있는 권한을 부여하는 것은 불가피하다. 결국 정당 내에서도 당원의 직접적인 참여와 대의는 양자택일이 아니라 상호보완적으로 결합되어야 한다.[65]

정치현실에서 당지도부는 자신의 권력을 공고화하기 위하여 당원의 참여보다는 대의원리를 강조하는 경향이 있다. 그 결과 당의 엘리트들에게 당의 권력이 집중되고, 또 당의 뿌리인 평당원들의 의사와는 무관하게 당이 운영되게 된다. 이는 다시 당원들의 당무에 대한 무관심을 유발한다. 정당이 크면 클수록 당의 과두화는 더욱 심화될 위험이 있다.[66] 당원들이 무관심 때문에 권력을 당지도부의 수중에 맡겨버리면, 과두화의 위험성은 더욱 커진다. 이러한 위험에 대처하는 길은 당원들의 참여와 대의적 요소를 균형 있게 결합시킨 당내질서를 형성하는 것이다. 특히 하의상달구조를 정당의사형성의 핵심적인 프로세스로 삼을 것을 '국민이 정치의사형성에 참여하는 데 필요한 조직'을 갖출 것을 요구하고 있는 헌법 제8조 제2항은 요구하고 있다고 본다.

그러므로 당내질서는 당원의 영향력이 극대화되고 당원이 상시적으로 그리고 실효적으로 결정에 참여할 수 있도록 형성되어야 한다.[67] 나아가 다수의 국민이 정당의 정치생활에 능동적으로 참여할 수 있도록 정당국가의 양적 확대가 이루어져야 한다. 이러한 목표들을 달성하기 위해서는 다양한 민주주의 실현형식들이 유기적으로 결합되고 또 환경의 요청에 맞게 하나의 복합적인 당내민주질서의 틀로 합체되어야 한다. 그렇게 볼 때 당내민주주의의 개념과 내용은 민주주의원리의 핵심으로 축소되는 것이 아니고, 정당의 헌법적 과제를 고려하여 독자적으로

---

64) H. Trautmann, S. 175 f.; U. Müller, Die demokratische Willensbildung in den politischen Parteien, S. 97 참조.

65) 그러나 방승주, 권력구조의 민주화와 정당, 27면 이하는 정당의 과두화 및 당지도부에 의한 정당의 비민주적 운영의 현실을 이유로 상향식 정치의사형성 모델을 당내민주주의의 모델로 이해하고 있다.

66) 정당 과두화의 철칙을 제시하고 있는 R. Michel, Soziologie des Parteiwesens, Neudruck der 2. Aufl. von 1925, 1970, S. 343 ff. 참조.

67) E. Forsthoff, Zur verfassungsrechtlichen Stellung und inneren Ordnung der Parteien, in: E. Forsthoff / K. Loewenstein / W. Matz, Die politischen Parteien im Verfassungsrecht, 1950, S. 16 f.; W. Henke, Das Recht der politischen Parteien, S. 50; H. Trautmann, S. 180.

확정되어야 하는 것이다.[68]

4. 당내민주주의 명령의 구체적 의미

헌법 제8조 제2항 전단의 당내민주주의의 명령은 객관법적 효과와 주관적 권리 관련된 효과를 갖고 있다. 물론 양자는 무관하게 병존하는 것이 아니라 상호 불가분적으로 결합되어 있으면서 상호 보완·강화하는 작용을 한다.

(1) 당내민주주의의 객관법적 측면

1) 참여촉진적 절차와 조직의 헌법적 요청

정당의 과제는 능동적 시민들이 국가권력에 참여할 수 있도록 절차적·조직적으로 매개하는 일이다. 이러한 과제는 정당의 구조와 내부질서가 시민들의 정당참여를 촉진하고 또 당원들이 당내의사형성 및 결정과정에 평등하고 자유롭게 참여할 수 있도록 형성될 것을 요구한다. 이와 같은 요청은 헌법 제8조에 이미 담겨 있다. "정당은 국민의 정치의사형성에 참여하는 데 필요한 조직을 갖추어야 한다"는 제8조 제2항 후단의 규정을 통해서 직접적으로, 그리고 당내질서의 '민주성'을 요구하는 제8조 제2항 전단의 규정을 통해서 간접적으로 표현되고 있다. 헌법 제8조에 내포된 절차적 요청은 언론·출판·집회·결사의 자유 등 민주주의와 밀접한 관련을 갖는 기본권에 내포된 절차적·참여촉진적인 성격을 강화한다. 입법자는 정당법을 비롯한 법률의 차원에서 민주주의 관련 기본권들에 토대를 둔 능동적 절차적 지위(status activus processualis)[69]를 구체적으로 형성하여야 한다.

기본권에 의해 보장되는 자유를 '집단적'으로 그리고 '조직적'으로 행사하는 것 자체가 개인의 기본권적 지위를 강화하는 작용을 한다.[70] 이러한 효과는 헌법 제8조에 의하여 부여되는 정당의 특권을 통해서 보다 강화된다. 기본권 행사의 집단적 측면은 당내에서도 실현된다. 능동적 시민의 일반적인 기본권적 지위는 정당 가입을 통해 질적으로 강화된다. 즉 사실상으로는 집단적인 요소를 통해서,

68) H. Trautmann, S. 181.

69) 이에 대해서 자세한 것은 P. Häberle, Grundrechte im Leistungsstaat, VVDStRL 30 (1972), S. 86 ff. 참조.

70) 같은 취지로 전광석, 정당의 내부질서와 민주적인 공직선거 입후보자 추천, 145-146면: "민주적인 절차에 따른 입후보자추천은 … 선거와 관련된 국민의 기본권을 보다 제고하는 핵심적인 요소".

법적으로는 정당의 지위를 통해서 그리고 절차법적·실체법적으로는 개별 기본권에 내포되어 있고, 민주적인 당내의사형성과정을 통해서 실현되는 절차적 측면을 통해서 질적으로 강화되는 것이다.[71] 기본권과 정당은 이렇게 공동작용을 하면서 지배질서가 지속적으로 민주적 정당성을 확보하기 위한 전제를 조성하는 것이다. 정당조항은 정당이라는 일견 순전한 형식으로 보이는 조직의 요소를 통해 참여의 새로운 형식과 참여의 가능성에 대한 보장을 함축하고 있는 기본권촉진적인 조직의 영역에 속하는 것이다.[72]

2) 조직의 수직적·수평적·지역적·직능적 분화의 필요성

참여촉진적 조직형성의 요청은 당내에 독립적으로 의사를 형성할 수 있는 다수의 조직들이 형성될 수 있도록 보장할 것을 요구한다. 사회의 다원적인 구조 및 정당의 국민정당으로의 발전추세에 비추어 볼 때 사회 내에 존재하는 다원적 이익의 주체들이 정당에 용이하게 참여하고 당내에서 자신의 이익을 주장할 수 있도록 당내 조직의 수평적·직능적인 분화가 이루어져야 한다.

또 조직의 수직적·지역적 분화가 충분히 이루어져서 당원들이 정치적 문제에 대한 논의에 손쉽게 참여할 수 있는 충분한 가능성이 보장되어야 한다.

3) 정당활동의 공개성 확보의 필요성

정당의 공개성은 당원과 유권자에 의한 통제를 가능하게 하며, 당원지위의 법적 보호장치는 당내민주주의의 실효성을 확보해준다. 헌법의 당내민주주의 명령은 당내민주주의를 위하여 정당에 대내적 공개의 의무를 부과하고 있으며, 당내의 권리보호절차의 도입의무를 부과한다.

(2) 당내민주주의의 주관적 권리의 측면

당내민주주의와 관련된 개인의 권리는 당원의 권리를 정하는 규정에 의해 구체화된다. 물론 이는 민사법적 관계이다. 그렇지만 이 관계는 헌법 제8조 및 정당법의 공법적 지침에 의해서 각인된다. 당원은 당내의사형성의 과정에서 당원의 지위에서 나오는 행위가능성을 주장하고 관철함으로써 당내민주주의의 실현에 이바지한다. 그 동안 당내민주주의의 이와 같은 차원이 등한시되어 왔다. 당원의 권리를 이처럼 강조하는 것은, 이러한 방법이 기본권을 당원과 정당의 관계에 적용하려는 시도의 배경이 되고 있는 필요를 충족시킬 수 있기 때문이다.[73]

71) H. Trautmann, S. 189 f.

72) P. Häberle, VVDStRL 30 (1972), S. 51 f.

73) 그러한 시도로는 R. Wolfrum, Die innerparteiliche demokratische Ordnung nach dem Parteigesetz, 1974, S. 134ff.

Ⅳ. 정당의 조직과 그 지역적 분화

1. 국민의 정치의사형성에 참여하는 데 필요한 조직의 확보(헌법 제8조 제2항 후단)

정당은 국민의 정치의사형성에 직접적으로 참여하는 정치적 결사이다. 그런데 정당이 이와 같은 기능을 수행하려면 적지 아니한 인적·물적 자원과 이들을 유기적으로 결합하고 관리하는 조직을 필요로 한다.

일반적으로 '조직'이란, 특정인들로 구성되고 또 특정의 과제를 수행하여야 하는 기관 내지 기구를 갖추고 있고 또 회의, 기관의 구성, 과제의 분배와 이행, 재정의 관리에 관한 규칙을 구비하고 그것이 적용되고 있는 사회적 형상을 의미한다.[74]

정당의 조직은 '지속적으로 또는 비교적 장기간' 존속할 수 있어야 한다. 국민의 정치의사형성에 참여하려면 지속성을 띠는 조직이 필요하기 때문이다. 이를 위하여 필요한 조직의 규모나 크기는 엄밀하게 확정할 수 없기 때문에 지속성의 표지는 정당의 표지로서 중요한 의미를 갖는다. 특정의 정치적 구상을 관철하기 위해서 일시적으로 조직된 결사는 정당이라고 볼 수 없다. 반면, 조직이 존재하는 것이 분명하다면 그 활동이 일시적으로 중단되었더라도, 그 조직은 정당의 속성을 잃지 않는다. 특정 선거에만 참여하려는 의도로 결성된 결사는 정당이 아니다. 충분한 지속성을 갖는 조직이 만들어질 수 없기 때문이다.[75]

정당은 또한 국민의 정치의사형성에의 참여라는 목적을 달성하는 데 적합한 규모와 공고성, 구성원의 수, 유권자들에게 인지도를 확보한 조직을 갖추고 있어야 한다.[76] 어떤 정치적 결사가 "정당활동을 하려는" 의지가 있다는 것만으로는 헌법적 의미의 정당이 되지 못한다. 단명으로 끝나는 우연한 결합체가 아닌, 진지성 있는 정치적 결사만이 유권자들의 지지를 모을 수 있다.[77] 따라서 정치적 결사에게 정당의 지위를 인정할 수 있으려면, 그 결사의 연륜이 늘어남에 따라 비

---

74) Bericht, S. 132f. 참조.

75) Henke, in: BK, Art. 21 Rn 43; Bericht, S. 128. 이견으로는 v. Münch, in: v. Münch (Hg.), 1983, Rn 11 Fn 107. 그는 정치세력의 자유로운 활동성을 정당에 의존하는 공직의 안정성과 그 활동의 지속성에 비하여 지나치게 높게 평가하고 있다.

76) Henke, in: BK, Art. 21 Rn 44.

77) BVerfGE 89, 266, 270; 91, 262, 270 참조.

중이 커지는 조직요건들이 충족되어야 한다. 즉 자신의 조직의 상태에 비추어 볼 때 그 목표추구의 진지성에 대한 충분한 보증을 할 수 있을 때[78] 정당이 될 수 있다. 상술한 조직과 관련된 표지들 하나하나는, 그것을 고립적으로 평가할 경우에는, 어떤 정치적 결사가 정당인지 여부를 결정할 정도의 의미를 갖지 못한다. 또한 이 모든 표지들을 정당이 동시에 같은 정도로 충족시켜야 하는 것은 아니다. 오히려 자신들의 정치적 목적의 진지성을 어떻게 입증할 것인지는 원칙적으로 정당에 맡겨져 있다. 정치활동에 있어서 당원모집과 당원의 활성화, 평시의 홍보활동, 선거운동 중 특정 부문에 중점을 두는 것은 각 정당이 알아서 할 일이다. 특정 부문의 활동소홀은 다른 부문에서의 활동을 강화함으로써 어느 정도까지는 만회할 수 있기 때문이다.

2. 정치의사형성에 참여하기 위한 기본통로로서의 정당의 지역조직

(1) 지역조직 분화의 참여촉진기능

당내민주주의의 주요 내용으로는 모든 당원들의 평등하고 자유로운 참여 가능성의 보장, 당내의 다원성 보장, 당내의사형성과정의 투명성, 당의 대의기구들을 통한 대표를 들 수 있다. 이러한 가치들을 실현하기 위해서는 상술한 바와 같이 정당의 기구를 구조적으로 분화시키고[79] 독립적인 기관들을 설치할 필요가 있다.

국민의 정치의사형성에 대한 참여를 매개하는 데는 특히 정당의 지역조직들이 중요한 의미를 갖는다. 전국적으로 산재해 있는 지역조직들이야 말로 국민이 당원으로서 정당의 의사결정에, 따라서 궁극적으로는 국가의 의사결정에 활발하게 참여할 수 있는 가능성을 보장할 수 있기 때문이다. 공간적으로 개인의 주변에 가까이 놓여 있어서 자신의 일상생활을 영위하면서도 쉽게 접근할 수 있는 지역 조직을 통해 개인들은 당원으로서 당무와 관련하여 직접 참석하여 발언하고 결정에 친히 참여할 수 있다. 정당의 모든 상급 조직들은 최하급 지역조직에 소속되어 있는 당원들을 조직적 토대로 삼고 있고 또 복수의 하급 지역조직들을 산하에 두게 된다. 대규모 정당들의 상급 조직들의 의사결정 과정에는 모든 당원들이 직접 참여할 수 없으며, 대의적 의사결정방식을 택할 수밖에 없음은 물론이다.

78) BVerfGE 47, 198, 222; 89, 291, 306; 91, 262, 270f.; 계희열, 헌법학(상), 2005, 258-259면 참조.

79) W. Henke, Das Recht der politischen Parteien, 64면; H. Trautmann, Innerparteiliche Demokratie im Parteienstaat, 1975, S. 231.

(2) 정당의 지역조직과 지역행정조직의 동조화

정당의 지역조직이 입장을 표할 수 있는 정치나 정책의 범위는 그 위상에 따라 달라진다. 가령 국회의원지역선거구에 대응하여 결성되었던 지구당의 경우는 모든 정치적 문제에 대하여 입장을 표명할 수 있지만, 지구당의 평가는 현실적으로 해당 지방자치단체에만 의미를 가질 수 있을 뿐이다. 광역자치단체의 정책에 대해서는 시도당이, 중앙정부의 정책에 대해서는 중앙당이 입장을 표하고 결정을 내리는 것이 원칙이다. 그러나 이렇게 지역적인 관할이 분명하지 아니한 경우에는 사안의 의미가 중대할수록 상급 조직이 결정을 내려야 할 것이다.

기초자치단체인 시군구나 광역자치단체인 시도, 전국의 차원에서 정치적 결정권한을 보유한 국가의 대의기관들은 선거를 통해서 구성된다. 그리고 대부분 정당추천후보자들이 그 기관들의 구성원들이 된다. 이는 정당의 정강정책의 실현가능성을 제고한다. 정당이 국가영역이나 지방자치단체 안에 그 교두보를 확보할 수 있을 때에만 국가, 시도, 기초자치단체의 차원에서 발생하는 문제에 대한 당내의 의사형성이 실질적인 의미를 갖게 된다. 왜냐하면 이 경우에만 국가나 지방자치단체의 기관이 당내의 결정을 정책에 반영할 가능성이 존재하기 때문이다. 그러므로 국가의 지역적 구조는 정당 조직의 지역적 분화에 영향을 미친다고 보아야 한다. 당원들이 정치에 참여하는 정도는 정당의 정책이 고권적 결정에 미치는 작용에 달려 있다. 따라서 정당의 지역적 구조와 국가의 지역적 구조를 동조시키는 것이 정당 정책의 효율성 그리고 당원 참여의 실효성 확보를 위한 전제이다.[80] 물론 행정구역과 선거구가 항상 일치하는 것이 아니기 때문에 때로는 정당의 지역조직이 선거구를 중심으로 형성될 수도 있을 것이다. 어쨌든 정당을 국가의 지역행정구조에 맞추어 짜는 것이 실용적이다. 그렇지만 정당의 지역조직을 국가의 지역행정구조에 맞추어 짤 것인가 여부는 정당의 자율적 결정사항이며, 의무는 아니라고 보아야 한다.[81]

---

80) 이를 근거로 정당은 지방의 행정구조에 맞추어 정당의 구조를 짤 의무가 있다고 보는 견해가 있으나(가령 H. Trautmann, S. 232f.), 그러한 주장에는 동의하기 어렵다(동지: Bericht, S. 166).

81) 정당의 지역조직이 가지는 참여촉진적 의미에 비추어 볼 때 지방자치가 중앙정치에 의해 휘둘린다는 이유로 지방자치단체 선거에서 정당표방을 금지하거나(헌재 1999. 11. 25. 99헌바28, 판례집 11-2, 543은 그와 금지를 합헌으로 판단하였으나 헌재 2003. 5. 15. 2003헌가9등, 판례집 15-1, 503은 위헌으로 선언하였다) 정당의 지방선거참여를 금지하는 것은 헌법에 부합하지도 않는다. 지역구도하에서 중요한 것은 오히려 지역주민들이 책임을 추궁할 수 있도록 선택의 대안들이 생성될 수 있도록 하는 것이다. 이를 위해서는 무엇보다도 지방(자치단체)정당을 헌법적 의미의 정당으로 보고, 국고보조를 받을 수 있도록 하는 것이 필요하다고 본다. 지방정당에 대해서는 정태호, 정당설립의 자유와 현행 정당등록제의 위헌성에 대한 관견, 115면 이하; 정만

정당이 그 지역조직을 중앙, 시도, 시군구, 읍면동 등 여러 차원으로 분화할 경우 다양한 참여의 영역이 열린다. 기초지방자치단체 차원의 관심사가 정당참여의 동기가 될 수도 있고, 시도나 전국 차원의 문제가 정당참여의 동기가 될 수도 있다. 특히 기초지방자치단체 차원에서의 정당활동은 정당활동의 결과가 지방정치에서 실현되는지 여부를 쉽게 파악할 수 있기 때문에, 당원들의 참여를 제고시키기에 유리한 조건을 갖추고 있다. 정당의 지역조직들은, 각 차원에서 부분적인 독립성과 자립성을 발휘할 수 있는 가능성이 있기 때문에 정당내부의 중앙집중과 과두화의 경향을 완화할 수 있다. 그에 따라 시도와 시군구 차원에서 (과두적 구조의) 지역조직들이 경쟁하는 다원적인 구조가 형성되고, 이는 수평적인 방향과 수직적인 방향으로 작용한다. 이와 같은 경쟁구조를 통해서 당원들과 대의원총회에서의 대의원의 지위도 함께 격상된다. 개별 당원들이 단일대오를 형성한 당의 지도집단에 대하여 대립하는 것이 아니라 각기 당내의 다수파 지위의 획득을 위하여 경쟁하는 집단들이 당의 리더쉽을 획득하려는 자 내지 그 집단들의 구애대상이 된다. 이처럼 당원의 참여 동기와 기회는 당의 지역조직이 국가의 지역행정구조에 맞추어 만들어질 때 제고된다.

당조직을 중앙, 시도, 시군구, 읍면동 단위의 단체로 수직적으로 분화하는 것은 동시에 당조직을 시도, 시군구, 읍면동의 수에 비례하여 수평적으로 분화하는 것을 의미한다. 그렇지만 각 조직단위가 항상 당원이 각 조직단위 내부의 의사형성에 적정하게 참여할 수 있는 구조를 가지고 있는 것은 아니다.

(3) 지역조직 분화의 정도

정당이 헌법 제8조 제2항의 요청을 충족하려면 어느 정도로 지역조직을 분화시켜야 할 것인가? 일단 국민이 정당을 통해서 정치의사형성에 "적정하게" 참여할 수 있어야 한다고 보아야 한다. 수십만의 당원들이 있는 경우 당원 개개인이 모두 적정하게 참여할 수 있어야 하는 것인가 아니면 그것은 당원의 수에 따라 달라지는 것이어서 당원수가 많은 대정당의 경우에는 참여가능성이 적더라도 용인될 수 있는 것인가? 참여의 적정수준은 공동체의 민주제에서 당내민주주의 기능과 관련되어 있다. 정당은 원하는 누구나 정당에 가입하고 또 정당 내부에서 다른 당원과 협력하여 직접 정치문제에 대하여 입장을 표하고 이를 통해 국가기관의 정치에 직접적으로 영향을 미칠 수 있도록 조직을 분화하여야 한다. 이를

희, 지방선거와 정당참여에 관한 헌법적 고찰, 공법연구 제33집 제1호(2004), 1면 이하; 장영수, 지방자치와 정당, 심천계희열박사 화갑기념논문집 「정당과 헌법질서」, 1995, 351면 이하 참조.

위해서는 정당은 그 조직을 수직적으로(중앙당, 시도당, 지구당, 읍면동 당원협의회) 분화시켜야 할 뿐 아니라 수평적으로도(서울시당, 경기도당 등등) 분화하여야 한다. 지역단체를 과도하게 많이 만드는 것과 과소하게 만드는 것도 아닌 당원수에 적합한 지역조직의 밀도를 모색하는 것이 필요하다. 즉 지역조직을 최대한 분화하여야 하는 것이 아니라 적정 수준에서 분화하여야 한다. 당원수에 비하여 조직의 지역분화가 과소한 경우에는 당원의 참여가능성이 과소하게 된다. 반면 당원수에 비하여 조직의 지역분화가 과대한 경우에는 능동적인 당원의 수는 늘지만 당내의 사형성과정에서 알력이 증대될 가능성이 있고, 조직 전체를 개관하기 어려워지고, 조직의 관리자가 너무 많아지며, 친밀한 인간적인 관계 때문에 자유로운 결정을 내리기 어려워질 수 있다. 그렇지만 과잉조직의 단점이 과소조직의 단점보다 적다고 할 수 있다. 따라서 정당의 조직분화의 정도는 당원의 수에 좌우된다고 보아야 한다.[82]

정당 의사의 민주적 형성을 위해서는 그 의사결정의 과정에 참여하는 당원의 수가 많아야 한다는 사실을 감안할 때 당내의 의사소통과정을 조직화하여야 한다. 의사소통이 적다는 것은 당원의 참여가 적다는 것을 의미한다. 그러므로 전체당원과 그 대의원들의 집회를 의사소통이 가능한 단위로 쪼개야 한다. 독일의 정당법(제8조 제1항 제3, 4문)은 조직분화의 기준이 되는 당원의 수를 250인으로 정하고 있다. 250인 이상일 경우에는 대의원회와 같은 매개기구를 구성할 수 있도록 하고 있다. 이론상으로 볼 때도 각 조직단위는 이러한 숫자를 넘지 않는 것이 바람직하다고 본다. 일견 매우 많아 보이는 이 수도 두 가지 요인 때문에 적정한 수준으로 평가된다.[83] 먼저 어느 조직이나 적극적으로 의사형성에 참여하는 사람은 절반이 훨씬 되지 않는다. 또 각 조직 내에는 특수조직이나 일시적으로 형성되어 존재하는 조직들이 형성되어 존재하는데, 많은 당원들은 이 조직을 통해 단합하고 또 이 조직을 통해 자신의 의사를 표현한다. 결과적으로 이 그룹의 리더들이 주로 발언권을 행사하기 때문에 실제로 의사소통과정에 참여하는 당원의 수는 더욱 더 줄어든다.

(4) 정당의 이념상 최고기관인 지구당 총회

지역단체들과 각종 기관들로 정당을 조직하는 목적은, 국민들의 결합체에 기술적인 행위능력을 확보해주는 것만이 아니라 국민들이 당원으로서 정치에 참여

82) H. Trautmann, S. 235.
83) H. Trautmann, S. 235.

를 도우려는 것이다. 정당은 집행부가 포괄적 권한을 가지고 정치를 전담하더라도 행위능력을 확보·유지할 수 있다. 헌법 제8조 제2항 전단에 비추어 볼 때 중요한 것은 정당의 의사의 형성, 결정 또는 행위능력 자체가 아니라 그것이 민주적이어야 한다는 것이다. 헌법 제8조 제2항 후단의 국민의 정치의사형성에 참여하는 데 필요한 조직도 전후 관계상 단순한 의사의 형성이 아니라 민주적 의사의 형성을 의미하는 것이다.

이러한 관점에서 볼 때 정당의 실질적인 최고기관은 각 지역단체의 당원총회와 대의원회이며, 또 그래야 한다. 지구당과 같은 하위 지역조직들이 당의 기층인 평당원들이 참여하는 기관이기 때문이다. 정치체계에서 정당의 참여촉진기능은, 모든 국민들이 당원으로서 원칙적으로 그 정치의 모든 사안들에 대한 직접적인 참여를 가능하게 하는 것이다. 지역단체의 당원총회(당원협의회나 지구당대회)나 상위의 그 대의원대회는 당의 최고기관으로 당내에서 최고권한을 보유한다.[84] 전당대회는 정당정책의 지침을 참여를 통해 결정하는 데 이바지한다. 반면 당원들에 의하여 민주적으로 구성되어야 하는 여타의 기관들은 전당대회에서 내려진 지침을 집행하고, 그 테두리 안에서 활동하거나 보조기능을 수행하거나 또는 전당대회 당시 예견할 수 없었던 정치적 상황을 실무상 극복하여야 한다.

그렇지만 당원 전체나 그 대표자들이 당의 최고기관으로서 어느 정도까지 그 권리를 행사할 것인지는 실제로는 당내의 사회학적·사회심리학적인 상황에 달려 있다. 국민들이 당원의 신분으로 당내에서 그리고 당을 통해서 직접적으로 정치에 참여할 수 있는 가능성은 아직 충분히 제공되지 않고 있다. 정당가입이 금지된 자의 범위가 필요 이상으로 넓고 또 당내민주화의 정도가 너무도 미흡하며, 정당에 대한 국민의 혐오감이 뿌리 깊어 정당들이 국민들 속으로 파고들어 가기가 쉽지 않기 때문이다. 현실적으로는 당대의기관의 권한이 과중하고 당의 대의기관이 당원을 이끌고 가고 있는 실정이다. 그렇기 때문에 대의기관들이 당원들에 더욱 많이 의존하도록 하는 절차적 규칙을 통해 대의기관의 과도한 비중을 상쇄할 필요가 있다. 당원들의 무관심과 지도부의 조작적 행태로 인해 대의기관들에게 쏠리게 된 사실상의 권력은, 이 권력의 본래의 주체인 당원들에게 되돌려주어야 한다. 당원들이 자신들의 권리를 실제로 완전히 활용할 수 없는 경우에는, 이 권리들을 통해서 조정적인 개입이 이루어져야 하고 또 기능상의 오류가 제거되어야 한다.

---

84) Bericht, S. 45.

3. 정당의 지역조직, 특히 지구당의 법적 성격

사단의 하부 조직을 나누는 방법이 다양한 것처럼 정당의 조직을 수직적으로 분화하는 방법도 다양하다.

먼저, 복수의 독립적인 사단들이 하나의 상급 단체(연맹)로 결합하는 방법이 있다. 그러나 정당을 이와 같은 형태로 조직할 경우 당내민주주의 실현에 문제가 생길 수 있다. 왜냐하면 중앙당 지도부는 가령 시도당이라는 독자적인 단체들을 통해서, 그리고 시도당은 다시 산하의 독자적인 지구당들을 통해서, 지구당은 읍면동의 당원협의회를 통해서 간접적으로만 당원들과 접촉하게 되기 때문이다. 그렇지만 단체는 당원이 될 수는 없기 때문에[85] 당내민주주의의 여타 요청들이 충족되는 한 이와 같은 조직형식을 취하는 것 자체를 문제 삼을 수는 없을 것이다.[86]

둘째로 중앙당만이 독립적 사단의 성격을 띠고, 시도당, 지구당 또는 당원협의회는 법적으로 독립성이 없는 중당당의 지역적인 지체로 정당이 조직될 수도 있다.

셋째로 정당은 사단의 성격을 갖는 독립적인 다수의 지역단체들로 분기되지만, 이 단체들의 회원은 자동적으로 중앙당의 당원이 되고, 그 존속과 활동과 관련하여 중앙당에 의존하는 형태로 조직될 수도 있다.

끝으로 둘째 형태와 셋째 형태가 결합되는 복합적인 형태로 분화될 수도 있다. 가령 중앙당과 시도당 또는 지구당은 독립적인 지역단체이지만, 읍면동 단위의 당원협의회는 시도당이나 지구당에 종속된 기구로 조직될 수도 있다.

현행 정당법은 시도당을 별개로 시도 선거관리위원회에 등록하도록 하면서(제13, 15조) 등록사항으로 사무소의 소재지, 대표자·간부·회계책임자의 주소·성명 등을 열거(제13조)하고, 중앙당과는 별도로 등록증을 교부받도록 하고 있다. 정당법의 이와 같은 입법태도에 비추어 볼 때 시도당은 현행법상 중앙당과는 별개의 독립적인 사단이라고 보아야 한다. 시도당의 법적 성격을 파악하는 데 결정적인 의미를 갖는 것은 시도당이 중앙당에 대하여 독립적인 회계단위인지 또 독립적인 의사결정단위인지 여부이다. 주요 정당의 당헌도 시도당에게 이러한 지위

85) 현행 정당법은 제6조에서 "국회의원선거권이 있는 자" 중에서 정당의 발기인 내지 당원이 될 수 있는 자와 그렇지 아니한 자를 규정함으로써 법인이나 단체는 정당의 발기인 내지 당원이 될 수 없음을 간접적으로 밝히고 있다. 정당의 의사를 민주적으로 형성하기 위해서도 자연인들만이 당원이 되고, 당원이 자신과 정당의 중간에 서 있는 단체들을 거치지 않고 직접 의사를 표현할 수 있어야 한다. 이에 대해서는 W. Henke, Das Recht der politischen Parteien, 제2판, 69면 참조.

86) W. Henke, Das Recht der politischen Parteien, 제2판, 76면 참조.

를 인정하고 있는 것으로 해석된다.[87]

2005년 6월 개정된 정당법은 당원협의회를 설치할 수 있도록 하였다. 즉 정당은 국회의원지역구 및 자치구·시·군, 읍·면·동 별로 당원협의회를 둘 수 있도록 하되, 시·도당 하부조직의 운영을 위하여 당원협의회 등의 사무소를 둘 수 없도록 하였다(제37조 제3항). 당원협의회가 독자적인 사무소도 가질 수 없도록 했고 또 당원들의 협의기구일 뿐 독자적인 의사결정기구가 아니라는 점을 감안하면, 시도당에 대해 독립적인 별도의 사단이 아니라 시도당의 비독립적인 지역조직으로 보아야 한다.

어쨌든 현행 정당법에 의하면 시도당은 사단의 성격을 갖는 독립적인 지역단체이지만, 이 단체들의 회원인 시도당 당원은 자동적으로 중앙당의 당원이 되고, 그 존속과 활동과 관련하여 중앙당에 의존하는 형태로 조직되어 있는 것으로 분석된다.

한편, 개정 전 정당법에 의하면 지구당은 중앙당과는 별개로 창당대회를 치루고 관할 선거관리위원회에 등록하도록 되어 있었으며, 별도의 대표자·간부·회계책임자와 사무소를 가지고 있었다.[88] 따라서 지구당도 현재의 시도당과 같이 중앙당과는 별개의 독립적인 단체이지만 이 단체들의 회원인 지구당 당원은 자동적으로 중앙당의 당원이 되고, 그 존속과 활동과 관련하여 중앙당에 의존하는 형태로 조직되어 있다고 생각한다.

V. 판례 평석

이 사건의 핵심쟁점은 지구당 존폐 문제가 과연 입법자의 광범한 형성의 자유에 맡겨진 것인지, 지구당 폐지강제가 정당의 설립의 자유의 한 내용인 조직의 자유에 대한 적정수준의 제한인지, 그리고 정당간의 기회균등권을 침해하는지 여부이다.

---

87) 열린우리당 당헌 제75조 이하 및 덜 분명하지만 한나라당의 당헌 제93조 및 당규인 지방조직운영규정 제4조 이하 참조.

88) 정당법(법률 제6661호 2002. 3. 7) "第5條 (發起人) 政黨의 創黨準備에는 中央黨의 경우에는 20人 이상의, 地區黨의 경우에는 10人 이상의 發起人이 있어야 한다." 第13條 (등록신청사항-地區黨의 경우) "① 地區黨의 登錄申請事項은 다음과 같다 1. 政黨의 名稱 2. 事務所의 所在地 3. 代表者·幹部·會計責任者의 住所·姓名 4. 黨員의 數 ② 第1項의 登錄申請에는 代表者·幹部 및 會計責任者의 就任同意書, 中央黨 또는 그 創黨準備委員會의 創黨承認書, 法定黨員數에 해당하는 數의 黨員의 入黨願書 및 創黨大會 會議錄 寫本을 첨부하여야 한다."

1. 지구당 존폐문제가 입법정책의 문제인가?

(1) 판례의 입장

판례는 지구당이 정당조직에서 갖는 의미는 어떠한 시각에서 정당을 이해하는가 하는 것과 밀접한 관련이 있다고 하면서, 대중조직적 정당모델을 이상적인 정당형태로 보는 입장에서는, (i) 지구당 중심으로 정당을 운영하여 지구당의 자율권을 보장하고 지구당에 공직후보 선출권을 부여하며, (ii) 자발적 당원을 확보하고 당원의 당비납부를 제도화하며 자원봉사자를 확보하는 방향의 정당조직을 바람직한 것으로 보는 반면, 포괄적 선거전문가 정당모델을 이상적인 정당형태로 보는 입장에서는, (i) 지구당은 고비용 정치의 주범이므로 이를 폐지하고 대신 선거를 중심으로 한 후보자 사무실을 개설하며, (ii) 평시에는 축소하여 최소한으로 운영하다가 선거시에 선거조직으로 전환하고, (iii) 공천기능을 수행할 비상설협의체를 설치하는 방향의 정당조직을 바람직한 것으로 본다는 것을 이유로 지구당을 강화할 것인가의 여부에 관한 선택은 법적인 문제라기보다는 헌법의 테두리 안에서 입법자가 합목적적으로 판단할 문제로서 헌법의 테두리를 벗어나지 않는 한 그 선택의 재량을 갖는다고 할 수 있다고 논증한다.89)

따라서 “가사 지구당을 폐지함으로써 일부 바람직하지 않은 결과가 파생된다 하더라도 그것이 헌법의 테두리를 벗어나지 않는 한, 이는 당·부당의 문제에 그치고 합헌·위헌의 문제로까지 되는 것은 아니므로, 그 구체적인 선택의 당부를 엄격하게 판단하여 위헌여부를 가릴 일은 아니다. 결국 지구당을 폐지한 것에 수단의 적정성이 있는가 하는 것을 판단함에 있어서는 상대적으로 완화된 심사기준에 의하여 판단하여야 한다. 이러한 관점에서 볼 때, 이 사건 법률조항들에 대하여 그 수단의 적정성은 보다 쉽게 인정될 수 있다.

(2) 비 판

1) 판례의 가장 큰 문제점은, 지구당이 위에서 살펴본 바와 같이, 헌법 제8조 제2항에서 제시된 당내민주주의의 명령 및 정치적 의사형성에 참여하는데 필요한 조직 확보 명령을 실현하기 위하여 긴요하다는 점을 외면하면서 지구당 폐지 강제를 주로 정당조직의 자유에 대한 제한 문제로 축소시키고 있다는 사실이다. 정당조직의 문제는 헌법 제8조 제2항, 그리고 정당국가에서의 국민주권의

89) 헌재 2004. 12. 16. 2004헌마456, 판례집 16-2, 618, 628.

실현과 밀접한 연관이 있다.

판례는 이 사건 법률조항들이 정당의 자유의 "본질적 내용"을 침해하는지 여부를 판단하는 부분에서만 이 문제에 간략하게 언급하고 있다. 즉 지구당이나 연락사무소 등이 "정당의 핵심적 기능을 민주적으로 수행하는 데 매우 효과적인 존재"임을 인정하면서도 오늘날 지구당이 없더라도 정당의 국민의 정치적 의사형성에 참여하여 정당의 핵심적 기능과 임무를 수행할 수 있다는 이유로 정당의 자유의 본질적 내용에 대한 침해를 부정하고 있을 뿐이다.[90]

(2) 판례는 지구당의 의미 이해를 둘러싼 입장을 대중조직 정당모델과 포괄적 선거전문가 정당모델로 나누고, 양자 중 어느 것을 선택할 것인지는 원칙적으로 입법자에게 맡겨져 있다고 보고 있다. 그러나 정당의 조직은 정당이 수행하여야 할 목적에 영향을 미친다. 정당조직의 문제는 정치적인 문제이자 정당국가적 현실에서 헌법이 예정한 민주국가의 성패를 좌우하는 정당의 민주적 내부질서의 확보와 직결된 문제이다. 정당은 기관들에 기능과 권한을 부여하고 그 조직을 지역·직능·이익에 따라 분화시킴으로써 활동력과 능률성을 유지하고 동시에 정치체계 안에서 정당에 부여된 특수한 과제를 달성하여야 한다. 그렇기 때문에 정당의 조직 문제는 단순한 입법정책의 문제가 아닌 헌법의 문제일 수밖에 없다.

판례는 포괄적 선거전문가 정당모델이 우리 헌법의 정당 관련 규정들과 양립할 수 있을지를 검토하지 않았다. 이 모델에 따르면 정당은 주로 그리고 특히 지방차원에서는 선거(준비 내지 운동)조직이 될 것이나, 정당국가에서 헌법 제8조 제2항에 담긴 명령의 의미를 그처럼 좁게 새길 수는 없다. 정당은 위(II 1 1))에서 살펴본 것처럼 단순한 선거준비조직 "이상의" 존재요[91] 또 그래야 한다. 그 모델에 따르면 유권자가 선거 때를 제외한 평시에는 정당을 통해 국가권력의 행사에 참여하는 것이 어려워짐에 따라 헌법 제 1 조 제 2 항의 국민주권의 원리는 형식화될 위험이 크다. 정당국가에서 국민주권이 실질적으로 실현되려면, 정당조직이 지역적으로 수직적·수평적으로 분화되고 또 분화된 각 조직의 규모도 적정수준을 유지함으로써 국민이 평소에도 당원의 신분으로 국가권력행사에 참여할 수 있어야 된다. 중앙당과 시도당과 같은 대규모 광역조직들만으로는 이와 같은 헌법적 요청을 충족하지 못한다.

그러므로 이른바 포괄적 선거전문가 정당모델은 우리 헌법이 상정하고 있는

90) 헌재 2004. 12. 16. 2004헌마456, 판례집 16-2, 618, 626.

91) BVerfGE 8, 51, 63; K. Stern, Das Staatsrecht der Bundesrepublik Deutschland, § 13 III 1 d; Ph. Kunig, in: HStR II, § 33 Rn 48. 이에 대해서 상세한 것은 졸고, 정당설립의 자유와 현행 정당등록법제의 위헌성에 대한 관견, 99면 이하 참조.

정당의 모델이 될 수 없다.[92] 따라서 개별 정당이 자신의 정체성에 따라 2 가지 모델 중 어느 하나를 지향할 수 있는지의 문제는 별론으로 하더라도,[93] 두 가지 정당모델들 중 어느 하나를 입법자가 임의로 선택하고 이를 모든 정당들에게 강요할 수 있다는 판례의 전제 자체는 우리 헌법의 차원에서는 오류이다. 지구당 폐지론,[94] 입법자와 판례도 결국 지구당이 수행하는 기능을 제대로 이해하지 못한 채 잘못된 논리를 전개하고 있는 것이다.

2. 지구당 폐지강제는 정당조직의 자유에 대한 과도한 제한이 아닌가?

(1) 판례의 요지

판례에 의하면 이 사건 법률조항들은 정당의 조직 중 기존의 지구당과 당연락소를 강제적으로 폐지하고 이후 지구당을 설립하거나 당연락소를 설치하는 것을 금지하고 있으므로 정당조직의 자유와 정당활동의 자유를 포함한 정당의 자유를 제한하는 것이지만, 첫째, 입법목적인 '고비용 저효율의 정당구조 개선'은 그 정당성을 인정할 수 있고, 둘째, 지구당 폐지는 위 입법목적을 달성하는데 효과적이고 적정한 수단이고, 셋째, 지구당을 폐지하지 않고서는 문제점을 해결할 수 없다는 한국정당정치의 현실에 대한 입법자의 진단이 타당할 뿐만 아니라 이 사건 법률조항들하에서도 정당활동을 할 수 있는 길이 있으므로 침해의 최소성을 인정할 수 있으며, 넷째, 이 사건 법률조항들이 달성하려는 공익과 이로 인하여 침해되는 사익 사이에 현저한 불균형이 있다고 보기 어려워 법익의 균형성을 인정할 수 있으므로, 비례원칙에 반하지 아니한다고 한다.[95]

(2) 비　　판

판례가 이 사건 법률조항에 의한 정당조직의 자유에 대한 제한이 존재한다는 것을 인정한 부분에 대해서는 전적으로 동의하지만, 이 사건 법률조항이 과잉금지원칙의 제 요청을 충족하고 있다고 본 부분은 지지하기 어렵다.

---

92) 판례에 등장하는 이론은 박찬표, 한국 정당민주화론의 반성적 성찰: 정당민주화인가 탈정당인가?, 사회과학연구 11집, 서강대학교 사회과학연구소(2003), 150-152면에서도 확인할 수 있다.

93) 물론 어떤 정당이 포괄적 선거전문가 정당모델을 추구한다면, 이는 헌법 제8조 제2항 전단의 당내민주주의 명령에 반할 소지가 많다. 문제는 정당이 이 모델을 선택하더라도 현행 정당법에서는 이를 제재할 방법이 없다는 것이다.

94) 학계에서는 가령 최창렬, 정당과 정치개혁, 경기논단 5권 4호(2003 겨울호), 경기개발연구원, 96-97면.

95) 헌재 2004. 12. 16. 2004헌마456, 판례집 16-2, 618 판례 요지 참조.

1) 심사강도의 문제

헌법재판소는 법률적 규율의 효과(어떤 수단이 목적을 달성할 수 있는지, 어떤 수단이 법익에 대한 최소의 침해를 수반하는 것인지 등)에 대한 판단이 예측적 성격을 띠는 경우에 관련 기본권의 의미, 기본권제한의 강도, 규율영역의 특성, 확실한 판단을 내릴 수 있는 가능성 등에 따라 명백성통제(입법자의 사실평가 내지 예측이 입법의 근거를 전혀 제시할 수 없을 정도로 명백히 잘못된 것인지에 국한된 통제),[96] 주장가능성통제(입법자가 입법시 입법의 기초되는 사실에 관한 가용자료를 제대로 수집하고 평가하여 일응 주장가능한 예측을 하였는지 여부만을 통제), 내용에 대한 치밀한 통제(입법자가 고려하지 아니한 자료에도 기초하여 헌법재판소가 독자적인 평가와 예측을 하고 입법자의 평가와 예상이 잘못된 것으로 판단할 경우에는 입법자의 그것을 탄핵한다)[97] 등으로 통제 내지 심사의 강도를 분화시켜 왔다.[98]

그런데 이 사건에서 헌재는 대중조직적 정당모델과 포괄적 선거전문가 정당모델 중 어떤 모델을 선택할 것인지는 원칙적으로 입법적 결정의 사항이라는 이유로 심사기준을 완화하여야 한다고 주장하였다. 위에서 이미 심사기준완화론의 전제가 참이 아님이 확인되었기 때문에 심사기준의 완화 주장도 근거를 상실했다.

이 사건법률조항들에 의하여 지구당을 폐지할 경우 정치부패의 원인이 되고 있는 고비용저효율의 정치가 개선될 수 있는지의 문제는 입법당시를 기준으로 할 때 확실한 것이 아니다. 지구당을 폐지하더라도 지역구에 선거운동을 위한 조직을 운영할 필요가 존재하는 한 유사조직이 음성적으로 생겨나 정치비용의 수요와 그에 따른 비리의 문제는 계속 존재할 수밖에 없다는 전망도 얼마든지 가능하기 때문이다.

그렇다면 판례의 기초가 된 전제를 떠나서 이 사건에서 어떤 강도로 입법자의 예측이 옳은지를 판단하여야 할 것인가의 문제를 살펴보자. 헌법재판소는 경찰청장 퇴임 후 정당설립 등 정당활동의 자유를 제한하는 경찰청법상의 규정에 대한 위헌결정에서 "정당설립의 자유에 대한 제한은 오늘날의 정치현실에서 차지하는 정당의 중요성 때문에 원칙적으로 허용되지 않는다는 것이 헌법의 결정이므로 정당설립의 자유를 제한하는 법률의 경우에는 입법수단이 입법목적을 달성할

96) 이러한 심사강도를 적용한 사례로는 가령 헌재 2002. 10. 31. 99헌바76등, 판례집 14-2, 410, 432-433.

97) 이와 같은 심사강도가 적용된 예로는 가령 헌재 1999 .12. 23. 99헌마135, 판례집 11-2, 800, 816-817.

98) 이에 대해서는 정태호, 헌법재판의 한계에 관한 고찰, 「공법연구」 제30집 제1호, 2001, 237면 이하 및 헌재 1997. 1. 16. 90헌마110, 판례집 9-1, 90, 131 참조.

수 있다는 것이 어느 정도 확실하게 예측될 수 있어야 한다. 다시 말하면, 헌법재판소는 정당설립의 자유에 대한 제한의 합헌성 판단과 관련하여 '수단의 적합성' 및 '최소침해성'을 심사함에 있어서 입법자의 판단이 명백하게 잘못되었다는 소극적인 심사에 그치는 것이 아니라, 입법자로 하여금 법률이 공익의 달성이나 위험의 방지에 적합하고 최소한의 침해를 가져오는 수단이라는 것을 어느 정도 납득시킬 것을 요청한다. 만일, 정당설립의 자유와 같이 원칙적으로 제한될 수 없다는 것을 헌법이 명시적으로 밝히고 있는 경우에도, 헌법재판소가 '법률이 그를 통하여 달성하려는 목적을 실현하기에 명백하게 부적합한가'만을 심사한다면, 입법자는 중대한 공익이나 방지해야 할 위험이 현존함을 주장하여 입법목적의 달성에 조금이라도 기여하는, 생각할 수 있는 모든 입법수단을 동원하게 될 것이기 때문이다"라고 하여 엄격한 기준을 들이대며 강도 높은 심사를 한 바 있다.[99]

위 판례는 정당설립 및 정당가입의 자유의 제한의 문제를 다루고 있다. 그러나 같은 논리는 정당설립의 자유의 한 내용인 정당조직의 자유에도 적용되어야 한다고 본다. 어떤 조직형태로 정당 고유의 목적을 달성할 것인지는 원칙적으로 정당의 자율적 판단에 맡겨져 있으되, 헌법 제8조 제2항의 명령을 준수하여야 한다. 그 밖의 사유에 의한 정당조직의 자유에 대한 제한에 대해서는 정당국가에서 정당의 자유가 가지는 중요성에 비추어 볼 때 강도 높은 통제를 가하여야 할 것이다.

2) 목적과 수단의 정당성 요건의 충족여부

① 목적의 정당성

이 사건 법률조항들의 목적이 고비용 저효율의 정당구조 개선에 있으며, 이 목적이 헌법적으로 정당하다는 헌재의 평가결과에 대해서는 인식을 같이 한다. 다만, 그 목적이 정당한지를 가리는 평가기준이 제시되어 있지 않은 것이 아쉽다. 가치가 다원화된 사회에서는 정당성 판단의 기준 자체가 모호하며, 따라서 그 평가기준은 헌법 안에서 모색되어야 한다. 더구나 헌법 제37조 제2항은 기본권제한의 목적을 열거하고 있고, 정당설립의 자유에 대한 제한의 근거를 이 규정에서 찾고 있으므로, 이 사건 법률조항의 목적도 거기에 열거된 목적들 중 어느 하나에 포섭될 수 있어야 한다. 이 목적들 자체가 매우 추상적인 개념이고, 따라서 포섭이 대부분 매우 의례적인 의미만을 갖게 될 것이기는 하지만, 이 포섭의 과정을 생략할 수는 없다고 본다.

정치적 부패의 주된 원인으로 지목되고 있는 지구당 폐지를 통한 고비용 저

99) 헌재 1999. 12. 23. 99헌마135, 판례집 11-2,800, 816-817.

효율의 정당구조 개선이라는 목적은 헌법 제37조 제2항의 "질서유지"에 포섭된다고 할 수 있을 것이다. 질서유지라는 개념의 정의와 관련하여 견해가 분분하지만,[100] '국가의 존립과 안전에 대한 대외적인 보장인 국가의 안전보장을 제외한 국가 공동체 내부에 있어서의 국가의 존립과 안전의 보장, 그리고 경찰법적 의미의 공공질서(즉 그때그때의 지배적인 사회적 인식 및 윤리의식에 비추어 공동생활을 위한 불가결한 전제로서 인식되는 규율들의 총체)의 보장으로 정의할 수 있고, 정당운영비용의 절감을 통한 정치적 부패 원인의 제거는 이러한 의미의 질서유지를 위한 것이라고 볼 수 있기 때문이다.

다만, 목적 자체는 정당하다고 볼 수 있지만, 이 사건 법률규정이 과연 어느 정도의 정치비용 절감을 목표로 하고 있는지는 입법자료에는 나타나 있지 않다. 정당정치에 소요되는 비용을 완전히 근절할 수는 없을 것이고, 그렇다면 합리적 수준의 정당운영자금의 규모에 대한 논의가 있어야 할 것이기 때문이다.

② 수단의 정당성

공권력이 목적의 달성을 위해서 사용하는 수단이, 헌법이 직접 금지하고 있는 것이어서는 안 된다. 헌재가 이 요건을 과잉금지원칙의 요소로 명시적으로 제시한 바는 없으나, 이는 당연한 요건이다. 왜냐하면 헌법적으로 금지되지 아니한 목적과 수단의 상관관계를 분석하는 것만이 의미가 있기 때문이다. 가령 헌법 제12조 제2항은 고문을, 제21조 제2항은 언론·출판에 대한 검열과 집회·결사에 대한 허가를 금지하고 있으므로, 실체적 진실을 밝히기 위한 고문이나 미풍양속을 지키기 위한 검열이나 공정선거를 위한 결사와 집회의 금지도 굳이 과잉금지원칙에 의거한 심사를 거칠 필요도 없이 그 자체 위헌이 된다. 그러나 판례는 이 사건에서 이 문제를 검토하지 아니하였다.

이 사건 법률조항들은 우리 정치의 고질병을 치유한다는 이유로 헌법 제8조 제2항이 금지하고 있는 수단을 사용하였고, 따라서 과잉금지원칙 위배여부를 심사할 필요도 없이 위헌이라고 본다. 정당의 권력이 비대해진 정당국가에서 헌법 제1조에 명시된 국민주권원리를 실현하려면, 정당은 유권자인 국민들이 용이하게 접근할 수 있는 정치참여루트를 제공함으로써 유권자들이 정당을 통해서 국가권력의 행사에 참여할 수 있도록 하여야 한다. 헌법은 그 방안으로 제8조 제2항에서 정당에 대하여 당내민주주의의 실현과 국민의 정치의사형성에 참여하는데 필요한 조직의 구비를 요구하였다. 이와 같은 규범적 요청에 부응하려면 상술한 바와 같이 정당의 조직을 지역적으로도 수평적·수직적으로 세분화[101]하여야

100) 학설의 현황에 대해서는 계희열, 헌법학(중), 2004, 140면 주 33 참조.

한다. 지나치게 큰 조직은 헌법 제8조 제2항의 요청을 충족하지 못하므로 헌법 제8조 제2항에는 당원들이 활발히 당내 의사소통에 참여할 수 있는 적정규모의 지역조직에 대한 요청이 담겨 있다고 해석하여야 한다.

그럼에도 입법자는 주요 정당의 경우 수만 명 이상이 되는 당원을 거느리고 있는 시도당을 제외한 일체의 지역조직을 둘 수 없도록 함으로써 당의 대의기관의 권력 독과점을 강화하는 등 정당의 비민주성을 조장하고 있다.[102] 지구당에 대한 대안의 하나로 제시된 인터넷을 통해 이루어지는 당원들의 지구당 단위의 활동도, 그것을 인정하는 명문의 예외 규정이 없는 한, 금지되어 있다고 보아야 한다.[103] 특히 정당이 국민의 정치의사형성에 참여하는 방식들 중의 하나인 후보자 추천을 통한 선거참여가 정당의 핵심기능 중의 하나라는 점을 감안할 때 선거에서 승리하기 위해 중요한 수단 중의 하나인 기초적인 지역조직의 형성·관리·유지를 포기하라는 것은 선거준비조직이기도 한 정당의 본질을 부정하는 것이기도 하다.[104]

또한 앞에서 살펴본 것처럼 지구당을 중앙당과 결합되어 있기는 하지만, 그

---

101) 권영호, 독일정당의 내부질서에 관한 연구, 토지공법연구 제16집 1호(2002. 9), 122면은 우리나라의 지구당 규모가 지나치게 커서 민주적인 의사형성을 어렵게 만들고 있다고 비판하고 있다.

102) 동지: 정기영, 한국정당구조의 문제점과 개혁방향, 선거관리 44호(1998), 78-79면.

103) 이와 상반되는 판례의 입장, 즉 인터넷 등 통신수단 등이 고도로 발달된 오늘날 지구당의 부재로 인한 활동의 위축을 최소화할 방법이 널려 있다는 등의 이유로 최소침해요건의 충족을 인정하고 있는 것(헌재 2004. 12. 16. 2004헌마456, 판례집 16-2, 618, 628)은 법적 근거가 없다고 본다. 이 사건 법률규정들의 제정과정에서 선거관리위원회 관련자도 정당의 선거준비조직으로서의 특성상 어떤 식으로든 지역조직에 대한 관리가 있을 수밖에 없기 때문에 지구당 폐지를 통한 정당의 지역활동의 금지는 현실성이 없다고 지적하고 있다. 2004년 1월 27일의 제244회 국회 정치개혁특별위원회 회의록(정당법소위원회)에서 선거관리위원회 정당국장 자격으로 참석한 김경석의 발언 참조. 그 밖에도 당시 정당법소위원회 위원들도 심의과정에서 지구당 폐지의 비현실성을 지적하고 있다.

104) 지난 대선에서 민주당 대통령후보 선출과정이나 대선과정에서 인터넷을 통해 형성되었던 자발적 지지자 그룹의 헌신적인 자원봉사가 당내에서 별다른 세력을 갖고 있지 못했던 노무현 후보를 상당히 민주화된 공천절차를 이용하여(이에 대한 분석으로는 김용복, 2002대선과 정당구조의 변화, 「경제와 사회」 제56권(2002), 57면 이하 참조) 민주당의 대선후보로 옹립하고, 마침내 대통령으로 만드는 데 중요한 역할을 했다. 이는 민주당이 한나라당에 비하여 훨씬 적은 선거비용을 들이고도 지난 대선에서 승리할 수 있었던 주된 요인으로 평가된다. 또한 최근 민주노동당을 비롯하여 열린우리당, 한나라당 등 주요 정당들은 모두 당비를 일정기간 납부한 실적이 있는 당원들에게만 각종 선거후보자공천 절차나 당내의 각종 선거에 참여할 수 있도록 하여 당비대납 등 일부 부작용에도 불구하고 긍정적인 방향으로 발전하고 있는 모습을 보여주고 있다. 또한 과거 당의 총재가 좌우하던 당의 공천권이 당내의 집단적 의결기구나 지역조직으로 넘어가는 등 최근 주요 정당들의 당대표 내지 당총재에 대한 권한의 집중이 과거에 비하여 현저히 완화되는 등 당의 내부질서가 현저하게 민주화되고 있다. 이 사실들은 모두 더 이상 우리의 척박한 정당정치의 현실을 이유로 헌법의 규범적 명령에 반하는 수단의 강요가 정당화될 수 없음을 말해준다.

자체 독자성을 띠는 정치적 결사의 일종이라고 본다면, 지구당의 폐지강제는 헌법 제8조 제1항의 일반규정인 제21조 제2항에서 금지된 결사의 허가제 금지에도 반한다.

그렇다면, 이 사건 법률규정들은 헌법 제8조 제2항, 제21조 제2항에서 금지된 수단을 사용하고 있기 때문에 수단의 정당성 요건에 위반된다.

3) 수단의 적합성 내지 적정성요건

판례는 이 요건 역시 충족되었다고 보았다.

① 수단의 적합성과 적정성의 개념적인 차이? 결론의 당부에 대한 평가에 앞서 용어의 문제부터 명확히 할 필요가 있다. 이 사건 판례는 수단의 적합성[105]이 아닌 수단의 "적정성"[106]이라는 용어를 사용하고 있다. 수단의 적절성,[107] 수단의 상당성[108]이라는 용어가 등장하는 판례도 있다. 적합성, 적정성, 적절성, 상당성 등 상이한 용어의 사용은 개념상의 차이에 기반을 두고 있는 것인가? 헌재가 판례에서 이들 용어를 명확히 정의하고 있지 않아 확실한 판단을 내리기는 어렵다. 이 사건에서도 헌재는 지구당 폐지가 "입법목적을 위하여 지구당을 폐지하는 것은 효과적이고 적절한 수단이라고 할 수 있어 수단의 적정성도 인정할 수 있다"[109]고만 설시하고 있다. 일반적으로 적합성 요건은 공권력이 선택한 수단이 그 목적의 실현을 용이하게 하거나 촉진함으로써 충족되는 것[110]으로 알려져 있음에 비추어 볼 때 이 판례에서 나타난 헌재의 언술은, 헌재가 수단의 적정성을 수단의 적합성과는 다른 것으로 이해하고 있다는 인상을 주고 있다. 수단이 목적달성에 긍정적 효과를 발휘한다면, 적합성 요건은 충족됨에도 판례는 "효과적이고 적절하다"는 가중된 심사를 하고 있는 외양을 보이고 있기 때문이다. 그러나 관련 판례들이 수단의 적정성 요건의 각 요소들에 대한 판단을 통일적으로 하고 있어서 실제로 가중된 심사를 하고 있는지는 불분명하다.

어쨌든 이 경우 제기되는 의문은 적정성 요건의 실체와 그 충족여부를 판단하는 기준이 무엇이냐 하는 것이다. 과연 미국의 판례처럼 심사기준[111]에 따라

105) 이 용어를 사용하고 있는 최근 판례는 헌재 2005. 12. 22. 2003헌바88, 헌재공보 111호 95면.

106) 헌재 2004. 12. 16. 2004헌마456, 판례집 16-2, 618, 627; 헌재 2005. 12. 22. 2003헌가8, 헌재공보 111호 60면.

107) 방법의 적절성이라는 용어를 사용하고 있는 판례로는 헌재 2005. 12. 22. 2004헌가31, 헌재공보 111호 78면.

108) 헌재 1995. 4. 20. 92헌바29, 판례집 7-1, 509.

109) 헌재 2004. 12. 16. 2004헌마456, 판례집 16-2, 618, 627.

110) 무엇보다도 계희열, 헌법학(중), 156면 참조.

111) 이에 대하여 상세한 것은 졸고, 미국과 독일의 규범통제에서의 심사도구 비교, 「헌법실무연구」2(2001), 463면 이하, 특히 466면 이하 참조.

수단과 목적 사이에 존재하여야 하는 연관의 정도를 달리하겠다는 것인지(즉 단순 합리성심사의 경우 목적과 수단 사이에 느슨한 연관이 존재하면 족하고, 엄격심사의 경우에는 목적과 수단 사이에 밀접한 관계가 존재하여 수단을 통한 목적의 달성이 거의 확실할 것이 요구되며, 중간단계심사의 경우에는 수단을 통해 목적을 달성할 수 있는 상당한 개연성이 존재하여야 한다), 따라서 적어도 이 문제와 관련하여 미국식 심사방식을 채택하겠다는 것인지 궁금하다. 이 점을 분명히 하지 않는 한, 수단의 적정성 요건은 헌재의 주관적 평가에 맡겨질 수밖에 없고 또 그렇기 때문에 실무상으로나 학문적으로나 무용한 심사기준이 될 수밖에 없다. 헌재의 반추가 시급한 문제라고 본다.

② 적정성 인정에 대한 평가: 만일 수단의 적정성 요건을 미국식으로 이해할 경우 이 사건에서 수단과 목적 사이에는 어느 정도의 연관성이 존재하여야 할 것인가? 정당국가에서 정당설립 및 정당조직의 자유가 국가의 민주주의의 실현에 대하여 가지는 근본적인 의미에 비추어 볼 때 미국의 엄격한 심사기준이 요구하는 정도의 연관성이 존재하여야 한다고 본다. 즉 지구당폐지 강행이라는 수단을 통해서 고비용 저효율의 정당구조의 개선이라는 목적을 거의 확실하게 달성할 것이 필요하다. 헌법재판소도 위에서 언급한 경찰청장 퇴임 후의 정당활동의 자유를 제한하는 경찰청법상의 법률규정에 대한 위헌결정[112]에서 이와 같은 취지로 논증한 바 있다.

이처럼 강도 높은 기준을 이 사건에 적용할 경우 과연 이 사건 법률규정들이 이른바 수단의 적정성 요건을 충족하였다고 보는 판례의 입장은 타당한 것인가?

판례의 논거는 상설조직인 지구당을 폐지할 경우 적어도 지구당운영 경비는 절감할 수 있고, 지구당 폐지는 합법을 가장한 불법적 자금유통의 창구가 될 가능성이 높은 원천을 없애는 것이며, 지구당을 대신할 수도 있는 음성적 사조직은 불법조직이라 허용되지 않으므로 음성조직으로 인한 비용이 지구당으로 인한 비용을 능가할 것이라는 단정을 할 수 없다는 것이다.

그러나 과연 고비용 저효율 정치의 근본원인을 지구당의 존재 자체에서 찾을 수 있을지 의문이다. 오히려 한국 정당의 후진적인 구조, 비민주적인 조직운영에 그 근본원인을 찾아야 한다고 생각한다. 우리의 주요 정당들은 아직까지도 이념

---

112) 헌재 1999. 12. 23. 99헌마135, 판례집 11-2, 800, 816-817. 한편, 기초의원 후보자의 정당표방 금지에 대한 헌법소원심판에서 헌재는 인과관계가 지나치게 막연하여 실효성이 의문스럽다는 이유로 위헌결정을 한 바 있다. 인과관계가 지나치게 막연하기 때문이다. 헌재 2003. 1. 30. 2001헌가4, 판례집 15-1, 7; 2003. 5. 15. 2003헌가9등, 판례집 15-1, 503 참조. 이와 상반되는 종전의 헌재 판례 헌재 1999. 11. 25. 99헌바28결정도 참조.

이나 정책을 중심으로 다수의 자발적인 지지자를 확보하고 있는 정치단체라고 평가하기 어렵다. 과거의 여당의 경우 비정상적으로 정권을 강탈한 자 및 그 추종자들에 의해 급조되어 선거에서 대중적 기반이 취약한 정권을 뒷받침하는 동원조직의 성격을 띠었다. 그에 따라 대중정당으로 국민 속에 뿌리내리지 못하고 권력자와 명운을 함께 하곤 했다. 야당의 경우에도 정권에 도전하는 인물들을 중심으로 이합집산하는 과정을 반복하는 등 사당 또는 붕당의 성격을 벗지 못했었다.[113] 이처럼 정당이 그것이 표방하는 이념과 정책에 호감을 갖는 자발적인 지지자들의 조직이라기보다는 선거를 위한 동원조직의 성격이 강하다보니 그 조직의 유지·관리에 많은 비용이 들어갔고,[114] 이 비용을 충당하기 위해 불법정치자금을 끌어 모을 수밖에 없었다. 최근 우리의 정당들이 민주화의 진전과 더불어 변신을 위한 노력을 하고 있으나, 지역구도의 덫에 걸려 명실상부한 정책정당으로의 발전은 아직은 미흡한 상태다. 이에 비하여 정당정치가 발전한 구미 각국에서는[115] 정당의 이념 내지 강령에 동조하여 자발적으로 당비를 내는 당원들에 의해서 정당이 민주적으로 운영되고 있고, 또 정당의 지역조직들이 중앙당의 모태가 되며, 평당원들이 소속 지구당의 관할 범위에서 거행되는 각종 선거의 실질적인 공천권을 행사한다. 당원들이 내는 당비와 자원봉사로 지구당이 운영되기 때문에 지구당의 유지비용은 정당에 큰 부담이 되지 않으며, 오히려 지구당이 정치자금 조달의 통로 구실을 한다.[116]

전술한 사실들은 지구당의 존재 자체가 아니라 지구당 조직의 파행적 운영[117]이 고비용 저효율 정치의 근본원인임을 말해주고 있다. 즉 지구당 조직이

113) 한국정당의 역사에 대해서는 김수갑, 정당의 역사적 발전, 심천계희열박사 화갑기념논문집 「정당과 헌법질서」 1995, 1면 이하, 특히 111면 이하; 신명순, 한국의 정당과 정당정치, 연세대학교 사회과학논집 제25권(1994), 86면 이하 참조.

114) 신명순, 전게논문, 95면; 정윤재(새천년민주당 부산 사상지구당 위원장), 봉건적 먹이사슬 구조를 깰 수 없다면 - 민주당 현직 위원장의 심경고백 -, 월간 말 2002년 2월호, 66면 이하 참조. 지구당 조직을 당원들이 국사에 직간접적으로 참여하는 조직이 아니라 선거를 위한 동원조직일 뿐이라는 인식은 지구당폐지문제를 논의하던 국회의원들에게 공유되어 있었다. 특히 2004년 1월 27일의 244회 국회 정치개혁특별위원회회의록(정당법소위원회), 특히 "원래 취지대로 지구당을 완전히 폐지하고 평상시에는 시·도 지부에서 명부를 가지고 당원을 관리하면 됩니다"는 김성호 위원의 발언 내용 참조.

115) 이에 대해서는 무엇보다도 미국, 캐나다, 영국의 중앙당과 지구당의 조직 및 운영현황, 중앙당과 지구당의 관계에서 나타나는 양상을 비교분석하고 있는 신명순, 정당조직운영의 비교분석, 동서연구 제7권(1995), 5면 이하 참조.

116) 이에 대해서는 신명순, 정당조직운영의 비교분석; 월간 「말」이 1993년 12월호에서 다룬 기획기사의 내용 참조. 김정노, 지구당이 당 재정·조직의 근간, '미국민주당·공화당 뉴욕주위원회', 72면 이하; 이주희, 시민의 요구에 따라 시민의 이익을 위하여, '독일 사회민주당 마부르크 지역당', 75면 이하 참조.

117) 신한국당과 국민회의의 지구당에 대한 실제적 분석을 담고 있는 정영국, 한국정당의 지구당

당원들의 자발성에 기해 민주적으로 운영되는 것이 아니라, 지구당위원장의 당선을 위한 동원기제로서 작용하는 지구당 위원장의 사실상의 사조직으로 변질되었다는 데 그 근본원인이 있는 것이다. 지구당을 폐지하더라도 선거준비조직의 속성을 버릴 수 없는 정당은 다가오는 선거를 위하여 어떤 식으로든 지역조직을 유지·관리할 수밖에 없다.118) 조직관리의 공식적·형식적인 주체도 과거의 지구당 위원장에서 시도당 위원장으로 바뀔 뿐, 그 실질적인 관리주체는 해당 지역구의 현직 국회의원이나 재기를 원하는 낙선자 또는 신인 정치인이 될 것이다. 정당의 일상적인 정당활동의 범위에서 행해지는 지역구 차원의 활동비용은 지구당 폐지와는 무관하게 들어갈 수밖에 없다. 또 현직 국회의원은 지역구에 개인사무소를 두고 민원을 접수하고 처리할 수 있는바, 이 사무소 운영을 위한 직접적인 비용도 적지 않게 소요될 것이다. 지역선거구의 조직이 공식적으로 활동할 수 없게 됨으로써 정당의 지구당 차원에서 당원들의 참여와 대의원이나 대의기관에 대한 통제가 어려워지면서 지역조직은 국회의원 등의 실질적 사조직으로 전락해버릴 위험성이 더욱 커진다. 또 정치인들은 비용이 훨씬 많이 들어가는 사조직을 활용하려는 유혹을 크게 느끼게 될 것이다.119) 정당의 지역조직이 당원들의 자발성에 의해 유지되는 것이 아니라 돈이 들어가야 원활하게 움직이는 동원조직의 성격을 벗지 못하는 한, 지구당 폐지를 통한 정치의 효율성 제고는 공염불에 그칠 가능성이 크다.

그러므로 정치적 부패를 초래하는 고비용 저효율의 정당정치의 병폐를 치유하기 위해서는 헌법 제8조 제2항의 요구하는 것처럼 정당으로 하여금 당내민주화의 명령을 충실히 반영하는 내부질서를 형성하도록 강제·유도하는 한편, 유권자들이 일상생활을 영위하면서도 자기가 속한 지역공동체 및 국가의 사안에 관한 논의에 정당을 통해 자발적으로 활발히 참여할 수 있도록 지역조직을 더욱 세분화120)하고 활성화함과 동시에 지구당조직을 단순한 동원조직이 아니라 정치적

조직과 기능 - 문제점과 대안 -, 경남대 극동문제연구소 「한국과 국제정치」(2000), 225면 이하 참조.

118) 이 점은 이 사건 법률규정들의 제정과정에서 선거관리위원회 관련자에 의해서도 적확하게 지적된 바 있다. 2004년 1월 27일의 제244회 국회 정치개혁특별위원회 회의록(정당법소위원회)에서 선거관리위언회정당국장 김경석의 발언 참조. 그 밖에도 당시 정당법소위원회 위원들도 지구당 폐지의 비현실성을 지적하고 있다.

119) 이에 관한 실증적인 자료에 대해서는 박명호, 개정정당법의 검토 - 지구당과 당내경선제의 보완을 중심으로 -, 헌법학연구 제10권 제2호(2004), 55면 참조. 그가 인용한 중앙선거관리위원회의 분석에 따르면 입후보 예정자와 관련된 것으로 보이는 사조직이 지구당폐지를 앞두고 급증하고 있는 것으로 나타난다.

120) 신명순, "한국의 정당과 정당정치," 사회과학논집 25권(1994), 106면.

가치나 정책을 수렴하고 논의하며 홍보하는 선진화된 조직으로 변모시켜야 한다. 현저하게 좋아졌다고 평가되는 지난 총선의 선거풍토도 지구당 폐지강제의 효과라고 보기 어렵다. 그 이유는 지난 총선은 이 사건 법률규정들이 발효된 지 얼마 되지 않아 실시되었기 때문에 기존의 지구당조직이 그대로 선거운동조직으로 활용되었기 때문이다. 선거풍토개선의 효과는 오히려 유권자의 의식 향상, 전례 없이 강화되고 실효성을 확보한 선거법위반단속방법의 사용, 관계당국의 엄벌의지 및 그 실천 등 다른 요인들에 힘입은 바 크다고 보아야 한다.

그러므로 이 사건 법률규정은, 미국의 엄격심사기준이 요구하는 목적과 수단의 밀접한 연관의 존재를 기준으로 심사한다면, 수단의 적정성 요건을 충족하지 못했다고 보아야 할 것이다.

4) 최소침해요건의 충족여부

최소침해요건은 같은 정도의 적합성을 보이는 복수의 수단들 중에서 개인과 공동체에 피해를 가장 적게 유발하는 수단을 사용할 것을 요구한다. 최소침해성 심사에서 기본권을 제한하는 조치가 관련 개인에게 미치는 효과를 중심으로 판단하되 일반에 미치는 불이익의 정도도 함께 고려해 넣어야 한다.[121]

판례에 따르면 고비용 저효율이라는 한국정치의 병폐가 지구당이라는 정당조직에 너무 깊게 고착화되어 있어서 지구당의 구조조정을 통한 경량화, 운영방식의 개선, 자금의 투명성 확보 등 정당의 자유를 덜 제한하는 다른 대체수단들로는 그러한 병폐를 치유할 수 없기 때문에 이 사건 법률규정들은 최소침해요건을 충족하고 있다고 한다. 또한 이 사건 법률규정에도 불구하고 종전 지구당 소속 당원들이 시도당의 구성원으로 정당활동이 가능하고, 교통수단, 인터넷 등 통신수단, 대중매체 등이 고도로 발달했기 때문에 지구당 부재로 인한 정당활동의 위축을 최소화할 수 있으며, 공식선거운동기간 동안에는 종전 지구당의 기능을 대신하는 선거운동기구와 정당선거사무소를 설치할 수 있음을 그와 같은 평가를 위한 보충적인 논거로 제시하고 있다.[122]

지구당 조직이 고비용 저효율이라는 한국 정치가 앓고 있는 병폐의 원인들 중의 하나임을 인정한다고 하더라도 헌법 제8조 제2항의 요청상 정당의 기초적인 지역조직을 일체 금지하는 것은 그 문제를 해결하는 합헌적인 방안이 될 수 없음을 위에서 이미 밝힌 바 있다. 그렇지만, 여기서는 그와 같은 판단과는 별개로 최소침해요건의 충족여부를 검토한다. 위에서 확인한 것처럼 이 사건 법률규

121) 계희열, 헌법학(중), 157-158면.

122) 헌재 2004. 12. 16. 2004헌마456, 판례집 16-2, 618, 627-628.

정의 위헌여부를 심사함에 있어서 "명백성통제"가 아닌 "내용에 대한 치밀한 통제"를 하여야 할 것이고, 그렇다면 입법자가 효과가 불확실한 입법적 실험을 할 수 있는 여지는 없다고 보아야 할 것이다. 따라서 헌법재판소는 재판시점에서 확보할 수 있는 모든 판단자료에 기초해서 입법자의 예측의 오류를 탄핵할 수 있다고 보아야 한다.

먼저, 이 사건 법률규정들이 정당활동의 자유나 당내민주주의에 미치는 타격의 정도를 추량해 보자.

첫째, 이 사건 법률규정들은 정당의 조직의 자유 및 활동의 자유를 심대하게 위축시킴으로써 정당의 저변을 엷게 만듦으로써 정당의 약화를 초래할 위험성이 높다. 정당은 자신이 처한 구체적 상황에 맞게 기초적인 지역조직을 탄력적으로 형성할 수 없게 된다. 당원들의 정당에 대한 접근성이 떨어지기 때문에 당원이 자신의 일상생활과 정당활동을 병행하는 것이 어려워짐에 따라 당원들의 정당활동의 가능성이 줄어들고, 소규모 지역조직 내에서의 스스럼없는 의사소통이 어려워지면서 당에 대한 친밀도나 충성도가 저감되며, 결과적으로 당의 결속력도 약화될 위험이 크다. 당의 지역조직이 대규모화됨에 따라 다수의 당원들이 당무를 체험하면서 정치적 훈련을 받을 기회도 줄어들어 정치지도자를 선별·육성하는 정당의 기능도 약화된다. 정당이 국민들 속으로 파고들어가 명실상부한 대중정당 내지 국민정당이 되는 것도 어려워지게 된다. 그에 따라 이 사건 법률규정은 그렇지 않아도 대중성이 떨어지는 우리나라의 정당들을 더욱 인적 기반이 취약한 조직으로 만들 가능성이 크다. 교통·통신의 발전상황을 감안할 때 정당활동의 위축이 심각한 정도가 아니라는 판례의 입장은 설득력이 없다. 인터넷이 가진 여러 가지 장점과 가능성에도 불구하고 그것이 오프라인에서 이루어지는 전통적인 활동들을 보완·강화해 줄 수는 있으나 그것들을 온전히 대체할 수는 없으며, 교통·통신의 발달도 지리적인 거리를 단축시켜 줄 수는 있어도 조직의 거대화에 따른 타협과 절충을 통한 의사결정의 난점을 극복하게 해줄 수 있는 것은 아니기 때문이다. 또 판례는 공식적인 선거운동기간 동안에 선거운동기구와 정당선거사무소를 설치할 수 있음을 지적하고 있으나, 정당의 일상적 활동이 다가오는 선거에서 승리하여 정권을 획득하기 위한 활동이라는 점을 감안하면 짧은 공식선거운동 기간에만 지역선거구에서 활동할 수 있도록 한다고 해서 정당기능의 약화가 만회되는 것이 아니라는 것도 명백하다.

둘째, 이 사건 법률규정들은 정당민주화의 초석이자 국민과 국가기관을 매개하는 신경조직인 지구당을 폐지함으로써 정당의 내부질서의 민주성을 또 그럼으로써 궁극적으로는 정당국가에서 그와 밀접한 관련이 있는 국가영역의 민주성을 저하시킬 위험성이 크다.[123] 헌법은 제8조 제2항을 통해 정당에게 민주적인 의사형성을 가능하게 하는 조직을 갖출 것을 요구하고 있다. 지구당을 둘 수 없게 되면, 시도당의 규모에 비추어 볼 때 모든 당원들이 정당의 의사형성과정에 직접 참여하는 것이 불가능하기 때문에 당권은 평당원들이 아닌 대의기관으로 집중될 수밖에 없다. 이는 정당의 과두화를 촉진하고, 궁극적으로는 국가영역의 민주성까지도 위협하게 될 것이다. 지역의 당원들에게 지역선거구 후보자 선출을 비롯한 소속 지역과 관련된 각종 당내 선거에 참여할 수 있는 기회가 주어지더라도 당원들이 평소 지구당활동을 통해 후보자들의 정치적 능력이나 성향 등을 체험할 수 없어서 인물에 대한 올바른 평가를 하기 어렵고 또 선거에 대한 관심도 역시 떨어질 가능성이 높다. 이는 결국 공직선거후보자의 공천의 민주성, 선출된 대의원의 민주성, 나아가 대의원이 선출하는 중앙당 지도부의 민주성 전반을 취약하게 만들게 된다.

셋째, 이 사건 법률규정들은 공직선거에 출마하려는 자들로 하여금 당의 기초적 지역조직보다는 산악회, 동창회, 종친회 등 오히려 비용이 많이 들어가는 사조직에 의존하게 만들어 오히려 은밀한 불법(사전)선거운동을 조장하고, 고비용저효율 정치의 청산이라는 입법목적의 달성을 더욱 어렵게 만들 가능성이 크다.

넷째, 이 사건 법률규정들은 당내질서의 민주성을 저하시키고 당원과 정당 사이의 유대감을 떨어뜨려 – 그렇지 않아도 소수에 불과한 – 당비를 내는 당원들의 수를 더욱 감소시킬 가능성이 높다.

다섯째, 지방자치제가 실시되고 있고 또 정당이 지방자치를 주도하고 있는 상황에서 정당의 기초 지역조직의 부정은, 유권자가 당원으로서 정당을 통해 지속적으로 자치사무의 처리에 효과적으로 영향을 미칠 수 있는 가능성을 차단하는 것이기도 하다.

이 사건 법률규정들이 정당의 지역조직을 형성·유지·관리하는 데 소요되는 비용을 줄여줄 수 있으리라는 입법자의 전망을 수용한다고 하더라도 그것을 위해 정당, 소속당원, 나아가 공중이 지불하여야 할 대가가 너무 크다. 그렇기 때문에 고비용 저효율의 문제를 해결하기 위해서는 상술한 부작용을 수반할 수밖에 없는, 기초적 지역조직의 완전폐지강제라는 극단적인 처방이 아닌 정당의 본질을 존중하는 여러 수단들을 유기적으로 결합하여 사용하는 것이 피해를 최소화하는 길이

123) 동지: 정기영, 전게논문, 78-79면; 김혁동, 한국정치의 난맥상과 정치개혁의 방향 - 저비용 고효율의 지구당 운영방안 - 사회과학연구(배제대학교) 제18집(1999), 93-94면 참조.

라고 본다. 그러한 수단으로는 ① 과거의 지구당의 규모가 너무 크므로 지구당은 폐지하고 당원협의회와 같은 소규모 지역조직을 허용하되 상설사무소의 설치를 금지하거나 지구당은 유지하더라도 유급지구당사무원의 수를 제한하는 등 지구당 운영을 경량화하고, ② 평당원의 권리강화 등을 통해서 당내질서를 민주화하고, 이를 통해 당원의 참여의욕과 당에 대한 충성도를 제고함으로써 정당이 단순한 동원조직의 구각을 벗도록 하고 또 당원이나 유권자들을 돈으로 동원하는 것을 엄격히 금지하며, 이를 통해 지역조직 운영비와 선거운동비용의 절감을 꾀하고, ③ 불법선거운동의 엄격하고 실효성 있는 규제를 도모하며, ④ 정치자금의 상한을 합리적으로 확정하는 한편, 정치자금의 모집 및 사용의 투명성을 확보하는 장치를 강화하고, ⑤ 중앙당의 슬림화 내지 원내정당화를 유도하며 ⑥ 소선거구제를 중대선거구제로 바꾸거나 비례대표제를 통해 선출하는 의원의 수를 늘림으로써 선거비용이나 지역구 관리비 부담을 덜어주는 등 여러 수단들이 있다. 이들 수단들을 동시에 모두 또는 그중 일부를 동시에 조합하여 사용한다면, 정당의 조직의 자유 및 활동의 자유를 덜 제한하고 당내질서의 민주성을 해치지 않으면서도 고비용저효율의 정당정치 실현이라는 목적을 달성할 수 있는 길이 존재한다고 본다.

그런데 위의 수단들 중 입법자는 이 사건 법률규정들의 시행당시에 이미 ③과 관련해서는 선거운동의 자유에 대한 과도한 규제가 아니냐는 비판이 제기되고 있을 정도로 세세하고도 광범위한 규제가 가해지고 있고(공직선거법 제58조 이하 참조), 부정선거운동 제보자에 대한 포상금제도(공직선거법 제262조의 3), 정치인으로부터 금품 등을 제공받은 자에 대한 50배 과태료 부과제(공직선거법 제256조 제5항) 등이 부정선거단속의 실효성을 확보할 수 있는 제도가 새로 도입되고, 선거법위반시 당선무효사유가 확대되었고(공직선거법 제263조 이하), ④와 관련해서는 후원인의 기부한도(정치자금법 제11조 참조),[124] 후원회의 모금·기부한도(정치자금법 제12조 참조)[125]를 축소하고, 법인이나 단체의 후원이나 기탁을 금지하는 한편(정치자금법 제8조 제1항 단서, 제31조 참조), 후원금 모집(무엇보다도 정치자금법 제

124) 후원인이 후원회에 기부할 수 있는 한도는 연간 중앙당 후원회에는 1억원에서 1천만원으로, 당지부(시도당)후원회에는 1억원에서 500만원으로, 지구당 등의 후원회에는 연간 2천만이었으나 지구당의 폐지로 기부자체가 불가능해졌고, 후원인이 아닌 자는 1회 100만원에서 10만원으로 하향조정되었다. 그 사이의 물가상승과 법인의 후원금지를 감안한다면, 후원한도의 대폭적인 축소를 의미한다.

125) 후원회의 모금·기부한도는 연간 중앙당후원회의 경우 200억원에서 50억원으로, 시도지부(시도당)후원회의 경우 20억원에서 5억원으로, 지구당후원회의 경우 2억원이었으나 지구당의 폐지로 후원회 구성 자체가 불가능하게 되었다.

17조 참조) 및 정치자금 사용내역의 투명성을 확보하기 위한 통제장치 및 제재를 강화하고 있으며(정치자금법 제34조 이하 및 제45조 이하 참조), ⑤와 관련해서는 중앙당의 유급사무직원의 수와 시도당 전체의 유급사무직원의 수를 각기 100인 이내로 제한(정당법 제30조)하고 있다.

위에서 살펴본 것처럼, 입법자가 지구당폐지 이외에도 고비용 저효율 정치를 치유하기 위한 다양하고 강력한 수단들을 조합하여 사용하고 있는 상황에서 지구당의 완전한 폐지라는 심각한 부작용을 초래할 수밖에 없는 극단적인 조치를 추가할 필요성이 있었는지 의문이다. 더구나 이 사건 법률규정에 대한 합헌결정이 내려진 뒤에 입법자는 ①과 관련하여 상설사무소 없는 당원협의회를 설치할 수 있도록 함으로써 정당의 기초적인 지역조직의 형성 및 그 활동의 가능성을 열어놓았다. 입법자 스스로 고비용 저효율 정치의 해소를 정당의 기초적인 지역조직을 두게 하더라도 다른 수단들을 통해서 치유할 수 있거나 지구당 폐지강제가 정당의 본질에 반하는 조치였거나 과도한 수단이었음을 확인했다고 볼 수 있다. 한편, 현직의원들이나 정당수뇌부가 불편해 하는 ②와 관련한 개혁조치는 당의 자율에만 맡기고 있어 헌법 제 8 조 제 2 항 전단의 당내민주주의 명령에 의해 부과되는 국가적 의무의 이행[126]을 부분적으로 해태하고 있으며, ⑥과 관련한 개혁조치 역시 정당들의 이해대립 때문에 시행되지 못하고 있는 실정이다.

그렇다면 이 사건 법률규정은 정당의 조직 및 활동의 자유에 대한 필요 이상의 제한을 가하는 것으로서 최소침해의 요건도 충족하지 못했다고 보아야 한다.

5) 법익균형성요건의 충족여부

법익균형성요건은 수단에 의해 초래되는 희생의 정도와 의미 그리고 그 수단을 통해서 달성되는 목적의 비중과 의미가 서로 상당한 비례관계에 있을 것을 요구한다.

판례는 정당은 공공의 지위 때문에 바람직한 정당제도의 실현이라는 공익을 위하여 일정한 제한을 받게 되고 경우에 따라서는 다른 단체에게는 부과되지 아니하는 의무가 정당에게 부과될 수 있다는 것을 이유로 법익균형성 요건이 준수되었다고 판시하였다.

법익을 형량하기에 앞서서 판례의 주된 논거인 정당의 공공의 지위의 본질을 살펴보자. 정당의 공공의 지위란 정당이 '비국가적인 것'에서 '국가적인 것'으로

---

126) 정당내부질서의 민주화를 강제할 수 있는 다양한 방안에 관한 연구로는 계희열, 한국 정당의 내부질서와 민주화 방안에 관한 연구, 34면 이하; 김선택, 정당의 민주화를 위한 법적 방안, 심천계희열박사 화갑기념논문집 「정당과 헌법질서」, 1995, 275면 이하 참조.

이행하는 과도영역에 속해 있는 '특수한 형상'임을 의미한다. 정당은 그렇기 때문에 정치의사의 형성에 관여하는 다른 사회적 단체들과는 본질이 다르다는 것이다.[127] 이 지위 때문에 정당은 공익지향의무와 정당활동의 공개의무를 진다. 이 중 공공복리지향은 정당에 대한 필요하고도 긴절한 요청이기는 하나 오늘날 다원화된 사회에서 '공익'이라는 개념의 불명확성 때문에 그것을 정당의 본질적 표지의 하나로 평가할 수 있는지에 대해서 견해가 갈리고 있고, 최근에는 이를 정당의 개념표지에서 제외하는 입장이 관철되고 있는 실정이다.[128] 그렇기 때문에 정당의 공익지향성 내지 공공의 지위를 이유로 정당의 자유에 대한 제한을 정당화하려는 시도에는 신중함이 요구된다. 더구나 정당의 본질과 기능에 부합하지 아니하는 의무가 공익을 빌미로 부과할 수는 없는 것이다.

헌재는 경찰청장 퇴임 후의 정당활동 금지에 대한 위헌결정에서 "민주적 의사형성과정의 개방성을 보장하기 위하여 정당설립의 자유를 최대한으로 보호하려는 헌법 제 8 조의 정신에 비추어, 정당의 설립 및 가입을 금지하는 법률조항은 이를 정당화하는 사유의 중대성에 있어서 적어도 '민주적 기본질서에 대한 위반'에 버금가는 것이어야 한다고 판단된다"[129]고 판시한 바 있다. 이 사건 법률규정은 정당의 설립이나 활동 자체를 금지하는 것은 아니나, 정당의 지역조직의 형성과 지역활동의 자유에 대한 근본적인 제한을 의미하므로 위 사건과 다른 기준이 적용되어야 할 이유가 없다고 본다.

이 사건 법률규정에 의해 희생되는 이익은 이미 최소침해요건을 검토하면서 상세하게 열거하였다. 무엇보다도 헌법 제 8 조 제 1 항에 보장되어 있는 정당의 조직의 자유와 활동의 자유를 현저히 위축시켜 정당을 허약하게 만들 뿐 아니라, 헌법이 제 8 조 제 2 항에서 명시하고 있는 당내민주주의 실현요청 및 국민의 정치적 의사형성에 참여하는 데 필요한 조직의 구비요청과 상치되어 공익에 대한 심대한 타격을 가한다는 것이다. 정당의 권력이 비대해져 있는 정당국가에서 이러한 법익들에 대하여 가해지는 희생의 정도와 의미는 매우 크다고 보아야 한다.

---

127) 이 개념은 원래 K. Hesse, Die verfassungsrechtliche Stellung der politischen Parteien im modernen Staat, VVDStRL Heft 17, 1959, S. 39 ff.에서 유래한다. 그의 이론을 소개하고 있는 것으로는 계희열, 헌법학(상), 2005, 277-278면.

128) J. H. Kaiser, Die Repräsentation organisierter Interessen, 1956, S. 244ff.; Bericht, S. 131; Seifert, aaO, S. 167; U. Scheuner, Parteiengesetz und Verfassungsrecht, DV 1968, S. 90 Fn 22; H.-R. Lipphardt, aaO, S. 647ff.; M. Morlok, in: H. Dreier, Art. 21 Rn 34; U. Scheuner, Parteiengesetz und Verfassungsrecht, DÖV 1968, S. 88 (90); D. Grimm, in: HdbVerfR, § 14 Rn 32 등 참조.

129) 헌재 1999. 12. 23. 99헌마135, 판례집 11-2, 800, 800-801.

이에 비하여 이 사건 법률규정에 의해 확보하려는 이익은 고비용 저효율의 정당정치구조의 청산이다. 이 이익의 비중을 결코 가볍다고 볼 수는 없으나 헌법이 직접 언급하고 있는 이익이 아닌, 중요성 있는 질서정책적 목표들 중의 하나에 불과하며, '민주적 기본질서에 대한 위반'에 대한 제재의 필요성에 버금가는 정도의 의미를 가진다고 할 수는 없다. 더구나 이 사건 법률규정들을 통해서 그와 같은 목적을 달성할 수 있을지도 불확실하고 또 이 수단이 정치비용의 절감을 가져온다고 하더라도 그로 인해 지불하여야 할 대가가 지나치게 크다. 결국 이 사건 법률규정들은 적은 공익적 효과를 얻고자 헌법이 실현을 요구하는 중대한 법익을 희생시키고 있다고 보아야 한다.

그렇다면, 이 사건 법률규정들은 법익균형성요건도 충족하지 못했다고 보아야 한다.

3. 정당조직 및 활동의 자유의 본질적 내용을 침해하고 있는가?

헌법 제37조 제2항 후단의 기본권의 본질적 내용보장에 대한 헌법재판소의 해석은 많은 동요를 보여 왔다.[130] 특히 그 보장의 정도와 관련하여 때로는 상대설을, 때로는 절대설을 취함으로써 판례의 일관성 유지를 위한 노력이 부족하다는 인상을 지우기 어렵다.

판례는 이 사건에서는 기본권의 본질적 내용이란 "만약 이를 제한하는 경우에는 기본권 그 자체가 무의미하게 되는 기본권의 근본요소를 의미한다(헌재 2003. 12. 18. 2001헌바91 등, 판례집 15-2하, 406, 417)"고 정의함으로써 절대설 중 핵심영역보장설을 취한 것으로 이해된다.[131] 판례는 비교법적으로 볼 때 지구당이 정당활동에 있어서 필수적이라 할 수 없다는 점, 교통·통신·대중매체의 발달로 지구당이 국민과 정당을 잇는 통로로서의 기능 및 의미가 상당부분 줄어들었다는 점을 고려할 때 정당은 지구당 없이도 국민의 정치의사형성에 참여하여 핵심적 기능과 임무를 수행할 수 있다는 이유로 이 사건 법률규정들이 정당의 자유의 본질적 내용을 침해하지 않았다고 판시하였다. 판례의 결론 자체는 지지를 모을 수 있을 것이다.

그러나 판례가 그와 같은 결론에 이르기 위해 사용한 논거의 부실함이 눈에

130) 이에 대해서는 졸고, 기본권의 본질적 내용보장에 관한 고찰, 헌법논총 제8집(1997), 279면 이하, 특히 329면 이하 참조.

131) 헌재 2004. 12. 16. 2004헌마456, 판례집 16-2, 618, 626.

뜨인다. 구체적인 외국사례도 제시하지 않으면서 막연히 외국을 들어 지구당의 불가결성을 부정하고 있기 때문이다.

어느 나라에서나 정당활동이 가장 치열하게 전개되는 시기는 사리상 각종 공직선거직전이거나 당의 기관을 구성하는 당내선거나 전당대회 때일 것이다. 이 시기가 지나면 정당활동은 정상궤도로 돌아가게 된다. 모든 당원들이 일상을 포기하고 정치만 하고 살 수는 없는 일이다. 지구당에서도 이는 당연한 과정일 뿐이다. 모든 당원들이 간단없이 소속 지구당활동에 참여할 수는 없을 것이기 때문이다. 지구당이 지방자치를 이끌고 있더라도 마찬가지이다. 그렇기 때문에 지구당에서도 대의의 형식은 포기할 수 없다. 따라서 선거 이후에 지구당 활동이 상대적으로 줄어들거나 미약해진다는 것만을 이유로 지구당의 폐지강제의 정당성을 뒷받침할 수는 없다.

과문한 탓인지는 모르나 우리의 구 정당법이나 독일처럼 의무적으로 지구당을 두도록 하는 경우는 있으나 현행 정당법처럼 지구당 폐지를 강제하는 나라는 확인할 수 없었다. 또 정당이 일체의 지구당 내지 기초적인 지역조직을 두고 있지 않은 나라도 찾을 수 없었다.[132] 어느 나라에나 당세가 약해 많은 지구당을 두고 싶어도 일부 지역에만 둘 수 있는 당도 있을 것이고, 다수의 지구당이 있더라도 그 모든 지구당의 활동이 기대만큼 활발하지 않을 수도 있다. 그렇지만 선거에서 승리를 지향하는 정당의 입장에서는 기초적인 지역조직의 부실이나 부재는 아쉬울 따름이다. 그렇기 때문에 선거가 끝나면 지구당의 활동이 미미하고 경우에 따라서는 거의 운영되지 않는 나라가 "많다"는 판례의 주장은 사실에 부합하지 않거나 오도의 위험성이 있는 것이라고 생각한다. 민주주의가 제대로 가동되고 있는 구미의 각국들이 어떤 형태로든 지방자치를 실시하고 있고 또 정당이 그에 관여한다는 점을 고려하면, 정당의 지역조직이 선거할 때에만 가동된다는 것은 사리에 맞지 않기 때문이다.

사건의 중대성에 비해서는 결정문이 전체적으로 볼 때 너무 간결하다는 느낌이다. 결정문에 모든 정보를 담기는 어렵겠지만, 법치국가원리는 청구인과 국민들을 설득하는 데 필요한 정도의 논증책임을 국가기관에 부과하고 있으므로 결정문

132) 미국은 지구당이 없는 것처럼 주장하는 이도 있으나(가령 2004년 2월 9일의 제245회 국회 정치개혁특별위원회 회의록에 기록되어 있는 김학원 의원의 주장), 이는 정확한 견해가 아니다. 미국은 오히려 지구당 중심의 정당운영을 하고 있다. 자세한 것은 신명순, 한국의 정당과 정당정치, 연세대 사회과학논집 제25권(1994), 106면; 김혁동, 한국정치의 난맥상과 정치개혁방향 - 저비용 고효율의 지구당 운영방안, 배제대 사회과학연구 제18집(1999), 29면 참조. 캐나다의 경우도 활발하지는 않지만 정당은 지구당을 두고 있다. 이에 대해서는 신명순, 전게논문, 36면 참조. 영국, 독일, 노르웨이, 일본 등에 대해서도 김혁동, 전게논문, 96면 참조.

에 그러한 정보를 담는 수고를 아끼지 말았어야 했다고 본다. 그 정보가 헌재의 판단의 중요한 논거로 등장하는 경우에는 더욱더 그러할 것이다. 그렇지 않으면 결정문이 합리적 논증이 아닌 단정 내지 자의적 판단을 담고 있다는 인상을 남길 수 있기 때문이다.

4. 정당의 평등권을 존중하고 있는가?

상술한 바와 같이 헌법 제11조 제1항 제1문, 민주주의원리, 헌법 제8조 제1항 전단은 정당들에게 정치적 경쟁과 관련한 균등한 기회를 보장하고 있고, 정당 사이의 차별은 중차대한 공익의 실현을 위하여 불가피한 사유가 존재하는 경우에만 정당화된다.

(1) 차별의 존부

이 사건 법률규정들에 의해서 정당이 지구당 내지 그 유사조직을 두거나 그러한 조직을 위한 사무소를 두는 것은 금지된다. 그러나 이 사건 법률규정들이 가령 국회의원이 자신의 지역구에 개인 사무소를 두어 민원을 접수하는 것까지 금지하는 것은 아닌 것으로 해석되고 있다.[133] 물론 현행 공직선거법상 그와 같은 개인 사무소가 선거사무소의 기능을 하거나(공직선거법 제89조 제1항 선거운동기구 유사기관 설치의 금지) 선거운동을 하는(공직선거법 제255조 제13호 선거운동기구 유사기관을 통한 선거운동금지 위반죄) 것은 허용되지 않는다. 다만, 국회의원선거의 경우 선거일 120일 전부터 선거일 후 30일까지는 선거구 안에 있는 구·시·군(하나의 구·시·군이 2 이상의 국회의원 지역구로 된 경우에는 국회의원지역구)마다 1개소 이상의 정당사무소(공직선거법 제61조의 2 제1항 제2호)나 선거사무소(예비후보자에 대해서는 제60조의 3 제1항 제1호)를 들 수 있다.

이 사건 법률규정들에 의해서 현역 국회의원들 및 그가 속한 정당은 낙선자 및 그가 속한 정당에 비하여 국회의원 개인 사무소를 통해서 이른바 '민원의 접수 및 처리'라는 명목으로 공식 선거기간 이전이라도 실질적으로 차기 선거에 도움이 되는 지역구 관리활동을 폭넓게 할 수 있다. 낙선자나 정치신인도 개인 사무소를 둘 수는 있기는 하지만, 그들이 사전선거운동 금지규정에 위반하지 않고 할 수 있는 정치행위는 별로 없다.

133) 2004년 2월 9일의 제245회 국회 정치개혁위원회 회의록 중 김성순 위원의 발언; 헌재 2004. 12. 16. 2004헌마456, 판례집 16-2, 618, 5-6 참조.

우리 입법자는 선거운동과 선거운동이 아닌 정치행위를 구분할 수 있다는 생각을 가지고 있으며, 헌재도 기본적으로 그와 같은 입장에 동조하고 있다. 즉 공직선거법은 선거운동이라 함은 당선되거나 되게 하거나 되지 못하게 하기 위한 행위로서 선거에 관한 단순한 의견개진 및 의사표시나 입후보와 선거운동을 위한 준비행위 또는 정당의 후보자 추천에 관한 단순한 지지·반대의 의견개진 및 의사 표시나, 통상적인 정당활동은 제외하고 있다(제58조 제1항). 헌재도 "공선법 제58조 제1항의 '선거운동'이란, 특정 후보자의 당선 내지 이를 위한 득표에 필요한 모든 행위 또는 특정 후보자의 낙선에 필요한 모든 행위 중 당선 또는 낙선을 위한 것이라는 목적의사가 객관적으로 인정될 수 있는 능동적, 계획적 행위"로 정의하면서 명확성원칙에 위반되지 않는 것으로 판단하고 있다.[134)]

그러나 선거운동의 태양과 방법은 일일이 열거할 수 없을 정도로 많다. 현직 국회의원들에게는 지역구에 설치한 개인 사무소를 통해 유권자의 뜻을 잘 헤아리고 그 민원을 처리하면서 지역구와 정당의 해당 지역조직을 잘 관리하는 것이야 말로 최선의 선거운동이라고 할 수 있다. 기존 대의기관 구성원들에게 공직선거는 그 간의 활동에 대한 성적표를 받는 것이기도 하다. 차기선거를 염두에 두는 국회의원들의 정치활동은 능동적·계획적·의도적으로 이루어진다. 그렇기 때문에 법이 금지한 사전선거운동과 국회의원의 법에 의해 허용되는 통상적인 지역구 정치활동을 구분하는 것은 불가능에 가깝다.

또한 청구인 정당처럼 특정 이념에 공감하는 자발적인 지지자들로 구성되어 지역조직이 저렴한 경비로 원활하게 운영되는 조직을 갖추고 있는 정당은 이 사건 법률조항에 의하여 선거를 위한 동원조직의 성격이 강한 지역조직을 갖추고 있는 정당에 비하여 심한 타격을 입는다.

그렇다면 이 사건 법률규정은 현직 국회의원 및 그가 속한 정당과 그렇지 아니한 정치인 및 그가 속한 정당을, 그리고 다수의 자발적 지지자로 구성된 지역조직을 갖춘 정당과 그렇지 아니한 정당을 사실상 차별하는 것이라고 보아야 한다. 헌재는 법의 명시적 문구에 의한 직접적인 차별만이 아니라, 일견 무차별적인

134) 헌재 1994. 7. 29. 93헌가4등, 판례집 6-2, 15, 33; 2001. 8. 30. 2000헌마121등, 판례집 13-2, 263, 274; 2004. 5. 14. 2004헌나1, 판례집 16-1, 609, 640 참조. 전형적인 정치적 공무원인 대통령에게도 명확히 한정된 유형의 불법선거운동의 금지를 넘어서 선거에서 중립의무를 요구하는 것이 우리의 현실이다. 그러나 과연 선거운동기간 동안에 정치적으로 중립적인 대통령의 국정수행이 존재할 수 있을 지 의문이다. 대통령 임기 중의 지방선거나 보궐선거는 대통령의 국정수행에 대한 중간평가로 이해되며, 특히 국회의원선거의 결과는 대통령의 국정수행에 직접적인 영향을 미친다. 그럼에도 대통령은 만연히 중립을 지켜야 한다는 비현실적인 선거법해석이 헌재에 의해 받아들여지고 있는 실정이다(헌재 2004. 5. 14. 2004헌나1, 판례집 16-1, 609, 638- 640).

규율처럼 보이더라도 그 규정이 현실의 구조 때문에 발휘하게 되는 사실적·간접적인 차별도 헌법적으로 의미 있는 차별로 보고, 그에 대해서도 평등권의 효력은 미친다는 판례를 형성하여 왔다.[135] 따라서 이 사건 법률규정에 의한 정당들 사이의 사실상의 간접적 차별도 헌법적 정당성을 확보하여야 한다. 입법자는 이 사건 법률규정에 의한 이와 같은 사실상의 차별을 충분히 예측할 수 있었다고 보아야 한다.

(2) 정당의 평등권 침해

이 사건 법률규정들에 의한 차별이 정당화되기 위해서는 차별의 목적과 수단이 헌법적으로 정당한 것이어야 하고, 또 목적을 달성하기에 적합한 것이고 또 불가피하여야 하며, 그 목적이 중대한 법익의 실현이어야 한다.

굳이 다른 요건들의 충족여부를 검토하지 않는다고 하더라도 위에서 살펴본 바와 같이 이 사건 법률규정에 의한 차별의 불가피성이 인정되지 않기 때문에 이 사건 법률규정에 의한 차별은 헌법적으로 정당화되지 않는다. 그 구체적인 이유는 정당의 자유에 대한 과도한 침해를 검토하면서 제시했기 때문에 길게 재론하지 않는다. 입법자는 정당법 개정을 통해서 국회의원지역구 차원은 물론 읍면동 차원의 당원협의회를 둘 수 있도록 함으로써 정당의 기회균등권을 침해하지 않으면서도 우리나라 정당정치의 병폐를 치유할 수 있는 길이 있음을, 따라서 지구당을 비롯한 기초적 지역조직 일반을 금지하면서 국회의원에게만 지역구에 사실상 지구당 사무소에 상당히 유사한 기능을 수행할 수 있는 개인 사무소를 설치할 수 있도록 함으로 그가 속한 정당과 해당 지역구에서 당선자를 내지 못한 정당을 차별하여야 할 불가피한 사유가 없음을 인정하였음을 확인하는 것으로 족하다고 본다.

5. 소 결

위에서 살펴본 바와 같이 지구당을 비롯한 정당의 기초적인 지역의 강제적 존폐문제는 단순한 입법정책의 문제가 아니라 헌법 제8조 제1, 2항과 직접적으로 관련되어 있는 헌법문제이기 때문에 이 문제와 관련한 입법자의 형성의 여지

135) 가령 입후보희망자에게 동일금액의 기탁금을 요구하는 선거법규정과 관련하여 헌재 1989. 9. 8. 88헌가6, 판례집 1, 199; 2001. 7. 19. 2000헌마91, 판례집 13-2,77, 89; 정률제의 인지첩부제도에 관한 헌재 1996. 8. 29. 93헌바57, 판례집 8-2, 46, 47 참조.

는 매우 좁고 또 그렇기 때문에 입법자가 이 영역에서 실험을 할 수 있는 여지도 역시 매우 좁다. 그럼에도 입법자는 이 사건 법률규정들을 통해서 당내민주주의 실현 및 국민의 정치의사형성에의 참여에 필요한 기초적인 지역조직의 확보에 다대한 부작용을 수반할 수밖에 없는 무리한 실험을 감행하면서 필요 이상으로 정당의 조직의 자유 및 활동의 자유를 침해하고 또 정당의 기회균등권을 침해하였다.

그렇기 때문에 이 사건 법률규정들이 청구인들의 기본권을 침해하지 않아 합헌이라는 헌재의 판단에는 동의할 수 없다.

Ⅵ. 결 어

당연히 이목을 집중시켰어야 할 이 사건 법률규정들에 대한 헌법소원이 너무도 조용한 가운데 그것도 재판관 전원일치의 기각결정으로 종결된 배경에는 우리 사회의 정치에 대한 뿌리 깊은 불신, 정당에 대한 염오가 있다고 생각한다. 그러나 정치를 불신한다고 정치가 없어지는 것은 아니다. 인간의 인간에 대한 지배는 자유민주질서에서도 존재할 수밖에 없기 때문이다. 정당에 대한 염오가 시민단체의 역할과 비중을 짧은 기간에 크게 신장시켰지만, 시민단체가 정당을 대체할 수 있는 것도 아니다.

정치가 존재할 수밖에 없고 헌법도 자유민주질서의 얼개에서 정당이 핵심적 역할을 수행한다는 것을 인정하고 있는 한, 우리는 정당활동과 관련하여 필요한 합리적 비용을 지불할 용의를 가져야 한다. 양질의 정당들이 대가 없이 출현하는 것은 아니라고 본다. 정당, 그에 따라 정치인들에 대한 일방적인 내핍요구는 현실성을 띨 수 없다. 그러한 요구의 방향이 헌법의 정당에 대한 규범적 요청 및 정당의 본질적 기능의 부분적 부정을 초래할 경우에는 더욱 그러하다. 저비용 고효율 고품질의 민주적인 정당정치는 이상일 뿐이다. 독재정치는 저비용 고효율의 정치를 가능하게 하지만, 정치적 자유의 억압과 저항이라는 대가를 치러야 한다. 민주정치는 결정과정에서 많은 경제적·시간적 비용을 유발하지만, 정치적 자유를 신장시키고 다수결로 내려진 정치적 결정에 대한 사회구성원의 승복용의를 높여준다. 정치가 신뢰를 잃은 사회에서 '돈 안드는 정당정치'라는 구호는 매력적이다. 그렇다고 경제적 가치가 참다운 민주주의 실현을 비롯한 모든 다른 가치에 우선할 수는 없다.

그러므로 무조건적인 저비용 고효율 고품질의 정당정치라는 비현실적인 목표가 아니라 합리적인 비용을 투명하게 투입하면서 고품질의 민주적인 정당정치를 할 수 있도록 유도하는 현실적이고 합헌적인 방안이 모색되어야 한다.

第63회 발표회 지정토론문

박 명 호*

정당제도는 대의정치의 필수적 기초이며 민주정치의 생명선이다. 이는 정당이 민주정치를 만들고 민주정치제도의 핵심적 기제(mechanism)임을 의미한다. 사실 현대 대의민주주의에서 정당은 국민들의 다양한 의견을 집약하여 이를 정치적 대표하고 의회와 정부를 통하여 정책적 대안으로 전환시키는 기능을 수행하도록 요구받고 있다. 현대 정치과정에서 정당은 국가와 시민사회를 연결하는 중요한 매개자(mediator)이다. 정당 이외에도 이익집단과 시민단체 등도 국가와 시민사회 간의 채널링(channelling) 수단으로 기능한다. 하지만 정당은 여타의 사회적 조직과 달리 선거에 후보자를 내세워 입법부와 행정부를 구성하려 하고 이들을 통해 국가의 주요정책에 영향을 미친다. 따라서 정당과 정당체계가 시민사회의 균열구조를 제대로 반영하고 정당의 운영이 민주적이라면 한 사회에서 발생할 수 있는 갈등을 효율적이고 합리적으로 해결할 수 있을 것이다.

우리나라의 경우에도 정당에 대해 헌법 제8조를 통하여 헌법상의 지위를 부여하고 정당의 의미, 구성, 성립 그리고 운영 등에 관해서는 정당법에 명문화하고 있다. 특히 2004년 3월 개정된 정당법은 정치개혁의 필요성이 그 어느 때보다도 높았던 시기에 이루어졌다. 개정 정당법은 고비용 저효율의 정당구조를 개선하여 저비용 고효율의 정당구조를 실현하는 것을 최우선 목표로 설정하였다. 이를 위해 "돈 먹는 하마" 또는 "고비용 저효율"의 대명사로 불리는 지구당 제도를 완전 폐지하고 동시에 중앙당 조직의 경량화를 추구하였다.

한편, 우리가 지향하는 정치개혁은 국민의 의사를 제대로 반영하는 공정하고 합리적인 선거제도를 모색하고 적은 비용으로 높은 효율성을 내며 민주적으로 운영되는 정당을 마련하며 투명하고 합리적으로 정치관련 비용이 모금되고 사용되는 정치자금제도를 구현하는 것이다. 따라서 올바른 정치개혁을 위해서는 공직선거제도와 정당법 그리고 정치자금제도가 종합적으로 고려되어야 할 것이다. 즉, 선거제도, 정당의 구조 그리고 정치자금이라는 세 가지 요소 사이의 제도적 정합성(institutional coordination) 특히, 선거제도를 어떻게 규정하느냐가 정치개혁의

* 동국대 정치외교학과 교수.

핵심이라고 할 수 있다. 선거제도에 따라 정치과정에 참여하는 정치인, 정당 그리고 유권자의 행태와 선택에 다양한 변화가 나타날 수 있기 때문이다. 더불어 정당개혁의 경우, 당원중심의 대중정당을 지향해야 하는지 또는 원내우위의 선거전문가 정당을 지향하는 것이 타당한지에 대한 검토가 있어야 한다.

지구당 제도는 그 동안 우리 정치에서 상반된 평가를 받아왔다. 저비용 고효율의 정치를 위해서는 반드시 없어져야 하는 대상으로 취급되기도 했고, 개별 국회의원지역선거구 단위에서 만들어져 지역구민과 정당의 상호작용을 위한 말단조직의 역할을 수행한 것으로 평가되기도 했다. 후자의 경우 지구당제도가 토대로서의 정당(party on the ground)의 역할을 수행한다는 의미이다. 즉, 지구당제도는 풀뿌리 당원조직으로서 유권자들의 정치참여의 기본단위로서 기능한다는 것이다. 이런 의미에서 지구당 폐지는 대의민주주의의 원칙에 역행할 가능성도 있을 수 있다. 더불어 선거를 치루기 위해서는 일정한 조직이 필요하기 때문에 지구당이라는 명칭을 사용하지 않지만 유사한 기능을 수행하는 조직을 만들어낼 가능성도 있다. 현재와 같은 일정지역을 단위로 국회의원선거가 이뤄지는 경우 이러한 현상은 피할 수 없을 것으로 보인다. 따라서 기존의 지구당 제도의 현황을 파악하고 대의민주주의의 기초단위로서 민주적이고 효율적으로 기능하도록 하는 방안을 모색하는 것이 현실적 대안이 될 수 있을 것이다. 왜냐하면 지구당 폐지와 진성당원 증대요구는 서로 상반되는 것이며 당원들의 자발적 참여를 통한 풀뿌리 민주주의의 활성화에도 역행할 수 있기 때문이다. 따라서 지구당 제도를 유지하면서 금권에 의한 운영과 사유화(私有化)를 막는 것이 핵심이라고 할 수 있다. 즉, 운영 과정의 합리화와 투명화가 전제된다면 지구당 제도는 풀뿌리 민주주의의 핵심이라고 할 수 있다. 나아가 정당의 운영에 관해서는 개별 정당이 직면한 선택의 문제로 인식하는 것이 바람직하다고 하겠다.

'지구당의 강제적 폐지의 위헌성'에 대하여

홍　일　선*

평소 헌법적 시각에서 정당관련문제에 대한 많은 해결책을 제시해 주신 정 교수님의 발표를 직접 듣게 되어 영광스럽게 생각합니다. 오늘 '지구당의 강제적 폐지의 위헌성'에 대한 발표에서도 지구당폐지의 문제점뿐만 아니라, 평소 의문을 가지고 있었던 헌법 제8조와 관련하여 제기되는 정당의 자유·당내민주주의 등의 여러 문제들을 명쾌하고 폭넓게 설명해 주셔서 많은 도움을 받을 수 있었습니다.

그러나 지정토론자의 임무를 수행하기 위해 다음과 같은 의문점들을 감히 제시해 보고자 합니다.

Ⅰ. 일반론에 대한 의문점

1. 정당의 자유의 내용과 주체

헌법 제8조 제1항 전단의 정당설립의 자유는 좁은 의미의 정당설립의 자유만이 아니라 정당(활동)의 자유까지 포함한다고 한다. 좁은 의미의 정당설립의 자유에는 ① 공동의 정치적 프로그램을 중심으로 개인들이 결합할 자유, ② 정당가입의 자유, ③ 정당조직의 자유(정당조직 선택의 자유 + 선택된 조직을 결성할 자유), ④ 정당설립에 대응하는 행위인 정당해산의 자유, 합당의 자유, 분당의 자유가 포함된다고 한다. 정당(활동)의 자유에는 ㉠ 당내부 조직의 자유, ㉡ 강령의 자유, ㉢ 정당가입을 원하는 개인들에 대한 선별영입의 자유, ㉣ 정치노선 결정의 자유 등의 ⑤ 정당의 대내적 (활동의) 자유와 ⑥ 정당의 대외적 자유가 포함된다고 한다.[1] 이러한 내용의 정당설립의 자유는 헌법 제21조 제1항의 결사의 자유에 대

---

* 헌법연구원.

1) 발표문, 208-212면.

한 특별법으로서 개인 및 정당 자체의 기본권이라고 한다.[2]

이와 관련해서는 다음과 같은 의문이 제기될 수 있다.

첫째, 개인 및 정당자체는 정당의 자유의 모든 내용(①~⑥)의 주체가 될 수 있는지, 아니면 각각의 성질에 따라 개인과 정당 자체가 주체가 될 수 있는 권리 내용이 구분될 수 있는지 의문이다. 특히 ③ 정당조직의 자유와 ⑤ 정당의 대내적 자유는 정당자체뿐만 아니라, 개인(정당원)도 주체가 될 수 있는지 궁금하다. 만약 그렇다고 할 경우, 동일한 내용의 정당의 자유를 개인(정당원)과 정당 자체는 모두 주장할 수 있는가? 가령 개개의 정당원(개인)이 정당 자체가 주장하는 정치노선과 다른 내용을 결정할 자유가 인정되는가?

둘째, 지구당 폐지문제와 관련된 2004헌마456사건에서도 청구인 민주노동당(정당자체)과 그 지구당 위원장(개인)은 각각 정당조직의 자유, 정당활동의 자유, 정당의 기회균등권 등의 주체가 되는가?

셋째, 정당의 자유 중 ① 공동의 정치적 프로그램을 중심으로 개인들이 결합할 자유의 주체는 1인으로도 족한 것인가 아니면 최소한 몇 인 이상이어야 하는가? 가령 결사의 자유에서 다수인의 의미에 대해서는 2인 이상이라는 견해와 3인 이상이라는 견해가 대립된다.

넷째, 가령 사회당과 같이 정당법상의 일정 요건을 구비하지 못해 등록이 취소된 정당은, 정당의 자유 중 구체적으로 어떠한 내용을 침해당한 것인가?

2. 복수정당제와 정당의 기회균등

헌법 제8조 제1항 후단의 복수정당의 존재는 정당설립의 자유를 보장한 결과이지 법형성의 산물이 아니므로, 하나의 정당밖에 남지 않아 책임정치의 구현이 어려워지더라도 국가가 인위적으로 다른 정당을 설립하거나 스스로 붕괴되는 정당을 살려낼 수는 없다고 한다.[3]

그러나 복수정당제의 제1차적 의미는 과거 나치시대와 같이 국가권력에 의한 일당독재의 폐해를 막기 위한 것이고, 나아가 여러 정당들이 경쟁적으로 활동하는 것을 보장하여 정당정치를 통한 권력분립의 원리를 실현하기 위한 것이라고 생각된다. 이러한 점에 비추어 볼 때 정당의 기회균등에 대한 헌법적 근거는 헌법 제8조 제1항 전단만이 아니라,[4] 후단의 복수정당제까지 포함되는 것이 아

2) 발표문, 215면.

3) 발표문, 214면.

닐까 생각된다.

3. 당내민주주의

(1) 당내민주주의의 내용

당내민주주의의 개념과 내용은 민주주의의원리의 핵심으로 축소되는 것이 아니고, 정당의 헌법적 과제를 고려하여 독자적으로 확정되어야 하는 것이라고 한다.[5] 그러나 당내민주주의의 내용을 독자적으로 확정하기 위해서는 정당의 헌법적 과제만이 아니라, 정당의 헌법상 지위까지도 고려되어야 하는 것은 아닐까 생각된다.

정당은 사인에 의해 자유롭게 설립된 조직으로 발표자가 인정하다시피,[6] 당의 기본노선·정강정책의 선택과 형성·인사문제에 대한 결정 등과 같은 정당활동의 내용의 측면에서 자율성을 가지기 때문이다. 가령 당내민주주의와 국가조직의 민주주의원리의 상호관계와 관련해서 발표자가 비판하고 있는 하향수정설이나 정당의 개념과 본질을 감안한 수정설 등도,[7] 특정한 정치적 목적을 위해 결성된 사적 결사라는 정당의 특성을 고려하여 국가적 영역에서 요청되는 민주주의원리가 당내민주주의에서 그대로 적용될 수 없지만, 민주주의원리의 핵심영역은 반드시 지켜져야 한다는 것으로 이해될 수 있다.[8] 정당은 자신들만의 정치적 노선을 유지한 채 다른 정당과의 경쟁관계에서 승리하기 위하여, 정당원들에게 어느 정도는 강제성과 폐쇄성을 요구할 수 있기 때문이다. 가령 정당은 당내 선거과정에서 일정한 당비의 납부를 기준으로 선거권이나 피선거권을 제한할 수 있으며,[9] 어느 정도의 간접선거를 실시할 수 있을 것이다.[10]

---

4) 발표문, 219면.

5) 발표문, 226면.

6) 발표문, 221면.

7) 발표문, 223면.

8) Philip Kunig, in: HdbStR II, § 33 Rn. 28, ders., in: von Münch/Kunig, GGK II, 5. Aufl. Art. 21 Rn. 51 참조.

9) 가령 독일 정당법 제10조 [당원의 권리] 제2항 제2문: "당원의 당비납부의무 이행여부로 표결권을 제한하는 규정을 당헌의 세부규정으로 둘 수 있다," 동법 제13조 [대의원회의 구성] 제4문: "선거권의 행사는 지구당의 당비납부의무의 이행과 관련시킬 수 있다."

10) 가령 독일 연방선거법 제21조 [정당후보자의 선정] 제1항: "지역구의 정당후보자는 지역구후보자선출을 위한 정당의 당원회의에서 혹은 지역구후보자선출을 위한 정당의 특별대표자회의나 일반대표자회의에서 선출된 자가 입후보할 수 있다. 지역구후보자선출을 위한 당원회의는 회의 소집시 각 선거구에서 독일연방의회의원 선거권이 있는 당원으로 구성된다. 특별대표자회의는 위의 당원회의에서 선출된 대표자들로 구성된다. 일반대표자회의는 (정당법 제6조에 의한) 정

(2) 주관적 권리로서의 당내민주주의

당내민주주의에 대한 개인의 주관적 권리가 "기본권을 당원과 정당의 관계에 적용하려는 시도의 배경이 되고 있는 필요를 충족시킬 수 있다"[11]는 말의 의미는?

Ⅱ. 지구당문제에 대한 의문점

1. 지구당과 당내민주주의의 관계

지구당과 당내민주주의의 실현과 관련하여 다음과 같은 의문이 제기된다.

첫째, 지구당 폐지의 문제가 제기될 때 지구당은 이른바 '돈먹는 하마로서 고비용의 온상'이며, 지구당은 '선거 때를 제외하고는 지역구 국회의원의 민원, 경조사 창구에 불과하다'는 등의 비판들을 받고 있었다는 점을 고려할 때, 우리의 정당정치적 현실에서 지구당 중심의 정당운영이 반드시 헌법 제 8 조 제 2 항의 당내민주주의의 요청을 최적으로 실현시켜줄 수 있을지는 의문이다.

둘째, 발표자에 의하면 "이 사건 법률조항들은 … 헌법 제 8 조 제 2 항이 금지하고 있는 수단을 사용하였고, 따라서 과잉금지원칙의 위배여부를 심사할 필요도 없이 위헌"이라고 한다.[12] 그러나 헌법 제 8 조 제 2 항의 당내민주주의의 실현과 국민의 정치적 의사형성에 참여하는 데 필요한 조직의 구비에 대한 요청에서, 곧바로 지구당폐지의 금지가 도출되는지는 의문이다. 지구당만이 유일하게 헌법 제8조 제2항의 요청을 충족시켜줄 수 있다고는 보기 어렵기 때문이다.

셋째, 헌법 제 8 조 제 2 항의 당내민주주의의 요청은 제 1 차적으로 특정한 정치적 목적을 위해 결정된 사적 결사라는 정당자신이 자율적으로 실현해야 하는 것이라고 볼 수 있다. 따라서 가령 어떤 정당이 일정한 사유로 인해 지구당을 설치하지 않는다는 강령을 두었다고 하여, 이 또한 헌법 제 8 조 제 2 항이 금지하고 있는 수단을 사용하여 위헌이라고 할 수 있는지는 의문이다.

당의 강령에 따라 선거수행을 위해 당원회의에서 구성된다."

11) 발표문, 227면.

12) 발표문, 241면.

2. 지구당 폐지에 대한 대체수단

최소침해요건의 충족여부와 관련하여 발표자는 고비용 저효율의 문제를 해결하면서도 정당의 본질을 존중하는 여러 수단들의 하나로 소선거구제를 중대선거구제로 바꾸거나, 비례대표제를 통해 선출하는 의원의 수를 늘리는 방안을 제시하고 있다.13) 그러나 정당의 제1차적 목적은 선거에서의 승리를 위한 준비라는 점에서 볼 때 중대선거구제를 통한 선거구의 확대는 자연스럽게 정당의 기초적 지역조직의 확대를 초래할 수 있으며, 이는 지구당을 통한 당내민주주의의 실현에 역행하는 것으로도 볼 수 있을 것이다. 비례대표제 의원수를 늘리는 방안도 기초적 지역조직을 통한 당원의 민주적 의사반영을 반드시 보장한다고 말하기는 어려우며, 오히려 가령 비례대표후보자명부의 작성과정에서 반대의 결과가 초래되는 현상도 발생할 수 있을 것이다.

13) 발표문, 249면.

第63회 발표회 토론요지

사 회 자 : 김형성(교수)
토론참여자 : 정태호(교수), 박명호(교수), 홍일선(헌법연구원),
정해남(부회장), 헌법재판소 사무차장), 이명웅(헌법연구관)
박경신(교수), 장석조(연구부장), 김대휘(판사)
정주백(헌법연구관),

사 회 자 : 원래 부회장님을 모시는 사회는 회장님이 보셔야하는데 오늘 이공현 회장님께서 다소 불편하신 점이 있어서 자리를 함께 하지 못해서 제가 대신해서 잠깐 사회를 보도록 하겠습니다.

그러면 관례에 따라서 부회장님을 어떤 분으로 모시면 좋을지 추천을 해 주시면 추천을 받아서 의사를 묻도록 그렇게 하겠습니다.

장 석 조 : 제가 한 말씀만 올리겠습니다.

우리 헌법실무연구회가 전임 서상홍 부회장님께서도 그러셨던 것처럼 사무처장 일 맡으시기 전에 사무차장 직에 계실 때 부회장 업무를 맡아서 그동안에 수고를 해 주셨습니다.

그동안에 부회장 직책을 거의 관례화되다시피 해서 사무차장님께서 담당을 해 오셨기 때문에 차기 부회장으로도 지금 사무차장을 맡고 계신 정해남 사무차장님께서 수락을 하신다면 맡아주셨으면 하는 그런 제안을 드리고 싶습니다.

사 회 자 : 다 들으신 바대로 정해남 사무차장님이 부회장직을 맡아주셨으면 하는 그런 제안이 있었습니다.

특별히 다른 추천이 없으시거나 또 우리 정해남 사무차장님 모시는데 특별한 이의가 없으시면 박수로 환영해 주시면 어떻겠습니까?

감사합니다.

정해남 신임 사무차장님께서 부회장님 맡아주셨는데 간단한 인사말씀.

정 해 남 : 방금 소개받았습니다.

박수로 하니까 조금 이상하네요.

저는 헌법실무연구회가 굉장히 중요한 기능을 한다고 생각합니다.

헌법학자님들하고 법원을 포함해서 헌법실무가들하고의 교량역할을 하는데, 누구 표현을 빌리면 그거를 '정사역천'이라고 이렇게 표현을 했습디다. 정성과 지혜를 다해서 생각하고 그 생각한 것을 힘을 다해서 실천하는 자리가 되어야 된다 하는 것인데 바로 헌법실무연구회가 그런 모임이 아니냐 그런 생각이 듭니다.

여러분들께서 실무가쪽과 학자쪽이 힘을 합해서 이 모임을 발전시키면 결국 대한민국 헌법이 발전하고 대한민국이 좋은 나라가 되지 않을까 저는 확신합니다.

앞으로 잘 부탁드리겠습니다.

사 회 자 : 감사합니다.

앞으로 학계와 또 우리 실무가 좋은 관계를 가지고 상승효과를 거둘 수 있기를 기대하는 바입니다 저 역시.

그러면 시간이 다소 지났습니다마는 오늘 발표를 맡아주실 정태호 교수님 소개드립니다.

정태호 교수님께서는 고려대학 법학과 또 대학원 법학과를 졸업하시고 독일의 뢰겐스부르크대학에서 법학박사학위를 취득하시고 지금은 경희대 법과대학 교수님으로 계십니다.

오늘 발표해 주실 정태호 교수님도 과거에 헌법재판소에서 근무를 하셨기 때문에 사실 친정에 와서 발표를 하시는 분이시고 또 그동안에 이 헌법실무연구회에 굉장히 많은 관심을 보여 주셨고 또 직접 참여를 해 주셨습니다.

오늘은 지구당 강제적 폐지의 위헌성에 대해서 발표를 해 주시겠습니다.

〈 주제발표자 발표 〉

사 회 자 : 감사합니다.

우리가 평소에 깊이 관심을 가지지 못했던 이런 분야에 대해서 상당히 예리하게 여러 가지 문제점을 지적해 주셨습니다.

사실은 지구당의 폐지 법률안이 만들어지고 또 그것이 헌법재판소에서 위헌문제가 결정되어지는 전반적인 과정 속에서 대다수의 국민들이나 전문가들이 이 문제에 대해서 사실상 그렇게 큰 관심을 보이지 못했습니다.

그럼에도 불구하고 이것에 대한 중요성과 헌법재판소의 이 문제에 대한 결정이 상당히 많은 문제점을 가지고 있다 하는 것을 대단히 여러 가지 측면에서 지적을 해 주셨습니다.

발표자께서 결론에서 말씀해 주신바와 같이 과연 지구당을 폐지하는 것이 저비용 고효율의 정치를 이룩할 수 있는 그런 길이 될 수 있을 것인가? 아니면 적어도 지구당을 운영하는 정도의 비용은 우리가 민주적 법치국가로 나아가는 과정에서 필수적인 비용으로서 우리가 감당해야 될 그런 공동체의 몫이 아닌가? 좀 더 우리가 토론을 해 보기로 이렇게 하겠습니다.

오늘 토론에는 동국대학교 정치외교학과에 계시는 박명호 교수님과 헌법재판소에 헌법연구원으로 계시는 홍일선 박사님 두 분이 지정토론으로 참여를 해 주시겠습니다.

먼저 박명호 교수님께서 토론해 주시겠습니다.

〈 지정토론자 발표 〉

사 회 자 : 우리 박명호교수님께서는 우리 법학자들이 가지고 있는 시각과는 좀 다른 차원에서 지구당 폐지 문제를 말씀해 주셨습니다.

그래서 지구당의 문제는 결론적으로는 정당의 자유로운 선택, 정당의 자치에 맡기는 것이 좋지 않겠는가 하는 그런 요지의 토론을 해 주셨는데, 아무래도 홍일선 박사님하고는 토론의 쟁점이 많이 차이가 있는 것 같아서 이 부분과 관련해서 혹시 발제자께서 하실 말씀 있으시면 듣고 홍일선 박사님 토론을 듣도록 하겠습니다.

발 표 자 : …

사 회 자 : 함께 하겠습니까? 그러면 홍일선 박사님 토론해 주시겠습니다.

〈 지정토론자 발표 〉

사 회 자 : 감사합니다.

우리 홍일선 연구원님께서는 일반론과 그 다음에 지구당문제 두 가지로 나누어서 여러 가지 각도에서 다양한 문제점을 제기를 해 주셨습니다.

그러면 우리 발제자님의 답변 또 관련된 말씀을 먼저 듣도록 하겠습니다.

발 표 자 : 먼저 박교수님 견해, 본질적인 면에서는 저와 큰 차이가 없는 것 같습니다. 다만 선거제도와 관련해서 정부형태와 정합성을 가져야 되는 것이 아니냐, 이런 지적을 하셨는데 일반이론으로는 동의할 수 있습니다마는 다만 우리 경우에 지역구도라든가 이런 근본적인 문제가 있기 때문에 좀 다른 각도에서 문제에 접근할 필요가 있지 않는가 그런 생각을 해보았습니다.

그래서 비록 우리가 대통령제를 취하고는 있지만 소선거구제, 다수대표제가 아닌 다른, 예를 들면 중·대선거구제나 혹은 제가 완전히 비례대표제로 전환하자는 것이 아니라 비례대표제 인원을 좀 늘리는 것을 고려하는 것도 선거비용을 줄일 수 있는 방안이 아니겠느냐 이런 말씀을 드렸던 것입니다. 지역구도를 감안했을 때 우리가 반드시 정합성을 어떤 전가의 보도로, 주된 논거로 사용을 할 수 있겠는지 그 부분에 대해서는 좀 의견을 피력하고 싶습니다. 그리고 분명히 지금 중·대선거구로 가면 이게 정당중심의 선거가 아니라 당내에서도 복수후보자를 공천할 것이기 때문에 후보자 개인중심의 선거운동으로 바뀔 가능성이 상당히 있다. 이런 지적, 상당히 귀중한 지적인 것 같습니다.

그렇지만 또 다른 측면이 있지 않겠느냐, 선거구 자체가 커질 경우에 과연 개인의 사조직이 그렇게 광대화될 수 있겠는지, 아무리 비용을, 온갖 방법을 동원한다고 하더라도 과연 그 광대조직을 개인이 유지할 만큼 그런 비용을 과연 사용할 수 있겠는지 그런 관점에서 오히려 불가피하게 이 정당의 조직에 의존하는 그런 선거가 되지 않겠는지 그런 생각도 해봤습니다.

그리고 최근에 각 당들이 민주노동당을 본 따서 진성당원제를 강화하고 있습니다. 이것이 지역조직 강제적 폐지와는 본질상 상치되는 그런 움직임이 아니냐, 그 지적에 대해서는 저도 공감을 합니다. 그러니까 저는 정당개혁의 본질은 동원조직에서 어떤 정책과 이념에 공감해서 자발적으로 참여하는 자발적인 조직으로, 문자 그대로 자발적인 조직으로의 전환 이것이야말로 참다운 정당개혁의 방향이라고 생각을 합니다. 그래서 지역조직 자체를 폐지한다고 해서 선거운동조직이 없어지겠느냐? 거기에 이제 근본적인 의문을 가지고 있고, 이른바 진성당원제는 사실은 자발적인 어떤 지지자모임으로 가는 그런 첫 단계가 아니냐 그런 관점에서 봤을 때 진성당원제가 활성화되기 위해서는 사실은 지역모임 자체가 커서는 안 된다 이렇게 생각을 합니다. 그래서 각 당이 자율적으로 추진하고 있는 진성당원제와 입법자가 강행했던 지역조직 폐지와는 상합하지 않는다 이렇게 생각합니다. 그런 점에서 동감을 표시합니다.

그리고 우리 홍박사님께서 많은 문제를 제게 던져주셨습니다. 제가 시원하게 답할 수 있는 문제도 있고 그렇지 못한 문제도 있을 것 같습니다. 유인물 순서대로 제가 답을 해보겠습니다.

우선 첫 번째 문제, 과연 그 자유의 어떤 측면을 주장하느냐에 따라서 개인의 기본권침해를 주장할 수도 있고 이른바 단체자치로서 정당의 기본권 침해를 주장할 수도 있을 겁니다. 그래서 획일적으로 답하기는 상당히 어려운 데 저는 일반적으로는 대부분의 정당의 자유의 내용들이 당원과 정당이 모두 주체가 될 수 있다. 이렇게 생각을 합니다. 아울러서 거기에 가령 개개의 당원이 정당 자체가 주장하는 정치노선과 다른 내용을 결정할 자유가 인정되는가? 이 문제는 결국은 당 자체의 노선결정권 그리고 '노선추구의 자유'하고 '효율적 정당활동의 가능성'의 요청과 '당원의 어떤 정치적 자유' 이런 것이 충돌하는 문제라고 생각을 합니다.

그래서 기본적으로 양자간에는 실제적 조화가 모색이 되어야 되리라고 생각하는데 문제는 우리나라 중요 정당들도 그렇고 각국의 중요 정당들이 거대화되고 있습니다. 그러면서 국민정당을 표방을 하고 있는 추세이기 때문에, 이렇게 국민정당이라면 당내에 사실은 어떤 협의의 이념에 동조하는 세력만이 아니라 당이 다양한 세력을 포괄할 수 있어야 될 것이고 그렇게 된다면 당에서 어떤 이견을 제시할 수 있는 그러한 가능성이 이념 정당보다는 비교적 폭넓게 인정되어야 되는 것이 아니냐, 즉 당내 야당권이 상대적으로 넓게 인정되어야 하는 것이 아니냐 이렇게 생각을 합니다. 결국은 이 갈등은 극단적인 상황에서는 제명이라든가 이런 상황까지 갈 수도 있겠지요. 그러나 진정한 의미에서 국민정당을 표방한다면 당내의 다른 생각, 다른 이익, 이런 것을 주장할 수 있는 가능성을 각 당이 좀 더 폭넓게 인정해야 되고 그리고 당내에서 다른 목소리가 나오는 것을 꼭 해당행위로 쉽게 판단하는 것은 자제되어야 되지 않겠는가 이렇게 생각을 합니다.

다음 두 번째 문제에서 이 사건에서 정당뿐만 아니라 지구당 위원장 개인도 자유의 혹은 평등권의 내용을 각기 주장할 수 있겠느냐? 저는 가능하다고 생각을 합니다.

여기서 '정당의 기회균등권' 이렇게 얘기했다고 해가지고 이게 정당만이 주장할 수 있는 것은 아니고 정당뿐만 아니라 정당활동의 기회균등을 의미하기 때문에 역시 당원도 이 사건 내용에 비추어 봤을 때 평등권을 주장할 수 있는 것이 아닌가 이렇게 생각을 합니다.

다음에 세 번째 문제는 개념적으로 좀 혼동이 있는 것 같습니다. 그러니까 어떤 모임이 결사인가의 문제하고 결사의 자유의 주체문제는 구분해야 될 필요가 있다고 생각을 합니다. 당원이 몇 명일 때 정당으로 볼 수 있는지의 문제하고 정당을 결성할 수 있는 자유 이거는 구분해야 된다고 봅니다. 그래서 정당을 결성할 수 있는 자유는 1인도 그 자유를 주장할 수 있지요. 그 주체가 될 수 있고 다만 몇 명이 현실적으로 모여서 어떤 정치적 프로그램을 확정하고 추구할 때 일반 정치적 결사를 넘어서 정당으로 볼 수 있느냐 하는 문제는 별개의 문제라고 생각을 합니다. 이거는 상당히 예민한 문제인데 제가 정당등록제 그것의 어떤 위헌성을 지적을 하면서 이거는 획일적으로 도대체 몇 명이상이어야지 된다. 우리 현행 정당법은 각 시·도당이 최소 1천명 이상의 당원을 확보해야 되고 그런 시·도당이 5개 이상 있어야 된단 말이지요. 그러니까 최소 5천명이 있어야 정당으로 인정을 받습니다마는 사실 그런 식의 정당등록제는 독일에는 없고요. 450명인가 이런 당원만을 가지고 있는 정치적 결사를 정당으로 인정한 예가 있습니다.

제가 아까 그래서 말씀드린 것이 어느 정도의 조직을 갖추고 있어야 정당이라고 볼 수 있느냐? 이거는 우리 정당법은 너무 획일화할 수 있는 기준, 아주 쉽게 사무처리하기 용이한 기준을 가지고 등록사무를 처리하게끔 했는데 저는 그거는 문제가 있다. 사실 당원이 소수라도 훨씬 훈련이 잘되고 조직화가 잘된 그런 단체가 있을 수 있고 그래서 이 당원수의 부족을 다른 것으로 메꿀 수 있는 가능성이 있기 때문에 이거를 획일적으로 당원수가 몇 명이냐 이것을 가지고 정당인지 아닌지를 판단할 수는 없다 이렇게 생각합니다. 여러 가지 객관적인 상황을 종합적으로 판단해야 하는 것이 아닌가 이렇게 생각합니다.

다음에 사회당 같이 등록이 취소되어서 해산된 경우에 어떠한 내용을 침해당한 것이냐? 그거는 뭐 설립의 자유에는 해산의 자유가 대응하고 있고 그러니까 저는 정당설립의 자유도 침해되었고 동시에 해산되었으니까 정당존속 및 활동의 자유가 아울러 침해되었다고 생각을 합니다.

다음에 복수정당제와 정당의 기회균등, 이 포괄적 정당의 기회균등권의 헌법적 근거를 어디서 찾을 것이냐? 제가 이제 복합적으로 8조 1항 그리고 11조 1항 그리고 민주주의 원리 이렇게 세 가지 근거를 들었는데 8조 1항 전단만 이렇게 얘기를 했습니다. 그런데 홍박사님 지적이 상당히 의미 있는 것 같습니다. 한번 생각을 깊이 해보겠습니다.

다음에 당내민주주의의 내용과 관련해서 이거를 저는 본질적으로 다른 얘기를 하고 있다고 생각하지는 않습니다. 다만 이게 국가민주주의의 핵심영역으로 당내민주주의의 내용이 축소되는 것이냐? 저는 그런 견해에는 동의하기는 어렵습니다. 저는 독자적인 견지에서 별개로, 물론 이 국가민주주의의 내용을 참고는 해야 되고 중요한 판단기준으로 삼아야 되지만 독자적인 기준으로 삼아야 된다. 이렇게 생각을 합니다. 그런데 홍박사님께서 거기서 제시한 예를 들면 당비를 납부한 사람들에게만 선거권을 준다든가 어느 정도의 간접선거를 실시한다든가 저도 다 인정하는 겁니다. 이거는 예를 들면 지역조직의 구성기준을 250명 정도로 한다면 그 위로 가는 상급조직에서는 불가피하게 간접선거가 부분적으로 행해질 수밖에 없습니다. 그러니까 모든 당내의사결정을 모든 당원들이 다 직접 참여해서 결정해야 한다는 주장은 아닙니다. 그러니까 국가영역에서도 대의제가 불가피한 것처럼 그리고 정당을 통한 참여적 요소가 필요한 것처럼 당내에서도 직접민주주의적 요소와 대의제적인 요소 이것이 공히 필요하다. 양자택일의 문제가 아니라 양자유기적 결합이 중요하다. 이렇게 생각을 합니다.

다음에 당내민주주의의 주관적 권리의 측면에 대해서 제가 어떻게 줄인다고 줄이다가 보니까 써야 될 것을 빼놓고 뭐 좀 그런게 있습니다.

제가 요약능력이 부족해서 그런 오해를 산 것 같은데 그래서 아까 부분적으로 설명을 드렸습니다. 그러니까 제3자효론이라든가 이런 것을 통해서 우리 정당법상의 당원지위의 어떤 규율의 흠결 혹은 당원상의 어떤 규율의 흠결 이런 것을 메꾸어 보려는 노력이 있습니다. 그래서 이 기본권을 정당에 대해서 적용하는 것이지요. 그러니까 이거는 정당이 당원들의 어떤 정당활동의 자유의 잠재적인 적이다. 이런 출발선을 가지고 있는 이론구도라고 생각하거든요. 그래서 이 당원들의 자유를 보장하는 방법으로 이 기본권을 정당의 어떤 권리남용, 결국은 정당의 권리남용이라고 하는 것은 당 간부들, 당 수뇌부들의 권한남용에 적용해서 그거를 무효화시키는 그런 이론이라고 생각이 되는데, 그런데 문제는 그 이론이 일견 그럴 듯해 보이지만 기본권이라는 것이 굉장히 추상적입니다. 그래서 이게 전적으로 뭐냐 하면 법원의 판단에 맡겨진다는 것이지요 사실은. 그래서 권리상태가 그렇게 추상적인 상황하에서는 당원이 어떤 당내사안에 어떤 발언을 할 수 있는지 어떠한 형태로 참여해야 될지 이런 것을 합리적으로 계산할 수 없기 때문에 참여를 하기가 어려워진다는 것이지요. 그래서 참여를 촉진시키는 절차, 조직 이런 것을 확보하기 위해서는 당원들의 지위가 아주 명확하고 세세하게 이렇게 규정될 필요가 있다. 물론 규율의 주체는 부분적으로는 입법자일 수 있고 상당부분은 당원을 통해서 이것이 규정이 되어야 된다는 겁니다. 그렇게 해야 당원들이 적극적으로 참여할 때 비로소 당원들의 권리도 제대로 지킬 수 있고 또한 당내민주주의도 실현이 가능하다고 생각을 합니다. 그런데 방어권의 문제로 자꾸 보게 되면 극단적인 경우가 아니면 실효적인 방어가 사실 불가능한 것이 아니냐 이렇게 생각을 합니다. 그래서 당원의 권리확보는 참여촉진적인 절차를 당원들이 적극적으로 활용할 때 얻어지는 것이지 이게 뭐 분쟁을 법정으로 가지고 간다고 해서 당원들의 권리가 실효적으로 확보되는 것은 아니다. 이런 생각입니다.

다음에 지구당 문제에 대한 의문점 여러 가지 지적을 해 주셨는데 과연 현재 같은 지구당 운영모습에 비추어 봤을 때 지구당을 존치시킨다고 해가지고 당내민주주의가 실현이 될 수 있을 것이냐? 물론 현재의 지구당이 상당히 지구당 위원장의 사당의 성격 이런 것을 가지고 있다는 점 인정을 합니다. 그리고 상당히 동원조직의 성격 이런 것을 가지고 있고 그렇기 때문에 사실은 이 조직을 관리하고 유지하는데 고비용이 소요된다. 이점에 대해서는 동의를 합니다. 그리고 그 자체로서 지구당을 둔다고 해가지고 당장은 당내민주주의가 훨씬 더 잘 실현될 것이냐? 그렇게 애기할 수는 없다는데 저도 동의를 합니다. 다만 우리가 국가기관이 부패했다고 해서 국가기관을 없앨 수는 없지 않느냐, 이런 문제의식을 우리 지구당 문제에도 가져야 되는 것은 아닌가 이런 생각을 합니다. 문제점을 고치고 다소 비용이 들더라도 시간이 들더라도 문제점을, 그러니까 환자가 아프니까 치유를 해야지 아프다고 호소하는 환자를 안락사 시킬 수는 없지 않느냐 그런 생각입니다.

다음에 과연 지구당만이 유일하게 헌법 제8조 제2항의 요청을 충족시켜 줄 수 있다고 볼 수 있느냐? 헌재도 그런 입장에 서있는 것 같습니다. 현재 중앙당, 시·도당만 가지고도 그것이 가능하다고 아마 생각을 한 듯한데, 제 개인적으로는 이때의 지구당을 넓은 의미로 이해를 한 겁니다. 그러니까 일체의 기초적 지역조직 그러니까 거대 지역조직을 제외한 일체의 기초적 지역조직을 두지 못하도록 하는 것 이것이 문제라는 겁니다. 그러니까 과거, 예를 들면 국회의원선거구 단위로 존재했던 그런 지구당은 없애도 좋다. 그렇지만 당원협의회라든가 이런 지역에서 자발적으로 형성되는 그런 어떤 기초적인 지역조직을 아예 둘 수 없게 하는 것은 8조 2항의 취지에 정면으로 위배되는 것이 아니냐라는 겁니다.

그리고 세 번째 문제, 당이 그 문제를 자율적으로 예를 들면 우리는 지구당 두지 말자라고 결정했을 때 그 결정의 효력은 어떠냐? 저는 정당의 자율적 결정과 강제적 폐지는 분명히 별개의 문제라고 생각합니다.

지금 문제 삼는 것은 강제적 폐지의 문제이고 그러나 정당이 당헌으로 지구당을 두지 않기로 하고 거대조직만을 유지하기로 한다면 그 당헌의 효력은 어떻게 될 것이냐? 저는 개인적으로는 무효라고 생각합니다. 왜냐하면 그거는 법원으로 갔을 때 법관이 8조 2항의 당내민주주의 명령의 규범적 효력을 그리고 그 내용을 어느 정도까지 인정해 줄 것이냐의 문제인데 결국은 이거는 과도화를 촉진하고 결국은 누구한테 유리하냐하면 정당수뇌부한테 유리한 조직형태가 아니냐, 그렇다면 강행규정인, 물론 어떻게 강제할 것이냐 상당히 어려운 문제입니다. 그러나 헌법 8조 2항이 그냥 어떤 윤리적인 지침이 아니고 분명히 법적 명령이고 그렇다면 이것은 강행규정일 것이다. 다만 이 범위를 어디까지 볼 것이냐 하는 문제는 많은 논란이 있겠습니다마는 저 개인적으로는 8조 2항에는 그런 거대조직이 아닌 당원들이 쉽게, 시민들이 당원으로서 쉽게 정당활동에 참여하고 그것을 통해서 또 국사에 평시에도 영향을 미칠 수 있는 가능성이 보장되는 조직을 요구하고 있다고 생각합니다. 그런 점에서 그러한 당헌은 효력이 없다 이렇게 생각합니다.

다음에 지구당폐지에 대한 대체수단, 이거는 제가 비용절감의 차원에서 그런 방안도 있을 수 있다라고 지적을 한 것이지, 왜냐하면 이 입법목적이 뭐냐 하면 고비용 저효율의 정당정치의 문제점을 해소하겠다. 그거였기 때문에 그렇다면 이런 방안도 모색해볼 수 있는 것 아니냐? 물론 이렇게 바뀌었을 때 당내민주주의가 또 어떻게 될 것이냐? 어떤 영향을 받을 것이냐? 깊이 생각은 안해봤습니다마는 예를 들면 선거구제가 중·대선거구제로 바뀌었다고 해서 과연 이 당내 민주주의에 꼭 부정적인 영향을 미칠 것이냐? 그렇게 보지 않거든요. 왜냐하면 우리가 지금 지구당문제를 항상 국회의원선거하고만 연관시키는데 우리는 뭐냐 하면 이 지방자치제도를 함께 고려를 해야 되고 그래서 아까 제가 말씀드린 것은 지역조직은 행정조직과 동조화시킬 필요가 있다. 그게 이 당원들의 참여를 촉진시키는 중요한 모티브가 될 수 있다. 뭐 이런 지적을 했습니다. 그래서 그런 종합적인 그리고 예를 들면 기초의회의원이라든가 이런 선거구는 국회의원선거구보다 훨씬 작거든요. 그러니까 그런 것에 맞추어서 이런 정당의 기초적인 조직들이 결성될 필요가 있는 것이 아니냐, 그런 것이 활성화된다면 비록 광역지역에서 후보자를 내는 문제라 하더라도 평소에 기초적인 조직을 통해서 훈련된 민주주의는 거대조직에서도 약간 규모가 커진 조직에서도 통할 수 있지 않겠느냐 그렇게 생각을 합니다.

그리고 역시 비례대표제 그것이 간접선거의 문제라든가 여러 가지 문제점을 내포하고 있는 것은 사실이지요. 그러니까 당내민주주의가 제대로 구현이 될 때 비례대표제도 의미가 있으리라고 생각을 합니다.

역시 비례대표제가 안고 있는 문제점을 치유하기 위해서도 당내민주주의는 활성화되어야 된다. 당내민주주의 없는 비례대표제는 그 근본적인 문제점인 간접선거 그러니까 실제적인 것은 전부 소수의 당의 수뇌부가 다 결정해 놓고 유권자 입장에서는 사실상 선택권이 없는 그러한 폐해를 낳게 될 것이다라고 생각합니다.

이상입니다.

사 회 자 : 예, 아주 많은 질문이 있었고 또 상세한 답변이 있었습니다.

혹시 토론해 주신 두 분께서 꼭 한마디 언급하시고 싶은 내용이 있으시면 말씀해 주십시오. 간단하게.

예, 박명호 교수님 말씀해 주십시오.

박 명 호 : 감사합니다. 여러 가지 설명해 주셨고 또 우리 홍박사님이 제기하신 헌법적인 법률적인 문제에 대해서는 정치학자로서 모르는 것에 대해서 많이 배웠다는 감이 듭니다.

한 가지 말씀드리면 지역주의의 문제인데 독일의 사정을 더 잘 아시겠지만 독일도 지역당 어떻게 보면 우리보다 더 심할 수도 있고, 캐나다 같은 경우에는 퀘백당 같은 경우에는 퀘백지역만 공천을 하고 다른 데는 일체 공천하지 않고 그럼에도 불구하고 항상 제1야당을 할 수 있는 위치에 있거든요.

제가 보는 견지에서의 지역주의는 어떤 제도로서 해결하는 데는 상당히 한계가 있지 않겠느냐. 자연스러운 국민의 선택이기 때문에 그 선택의 기준이 변화하는 것을 기다릴 수밖에 없지 제도로서 하는 데는 어느 정도 한계가 있을 수밖에 없지 않겠나 하는 생각이고, 2004년 총선을 보면 영남에서의 지역주의는 상당히 무너지고 있는 것이 사실입니다. 호남에서의 지역주의는 아직까지 그 이전의 강고함과 거의 견줄만큼 유지되는 게 현실이지만 영남에서의, 특히 젊은 세대의 지역주의는 상당부분 완화되고 있기 때문에 지금 계속해서 새로운 유권자가 편입이 되고 상층부의 유권자는 자연스럽게 퇴장하는 어떤 밀려올라가는 상황이기 때문에 지역주의문제는 좀 그렇게 봐야 되지 않겠나 하는 생각이 들고요.

중·대선거구제의 경우인데 어느 나라가 어떤 제도를 썼을 때 어떤 결과가 나오느냐라는 것을 예측하기는 사실 어려운 겁니다. 여러 가지 변수가 있기 때문인데 그런 면에서 이제 중·대선거구제를 사용했던 나라들의 경험에서 과연 어떤 일들이 벌어졌느냐를 가지고 판단할 수밖에 없다고 한다면 이게 저희식 용어에 의하면 단기비이양식투표를 했을 때에 중·대선거구제를 사용하게 되는데 이것이 이제 아일랜드, 대만, 일본이 사용을 하던 제도였습니다. 지금 현재 일본이 94년에 선거제도를 개혁해 가지고 일본형 비례대표제 그러니까 독일식 비례대표제와 반대되는, 반대라기보다는 다른 유형의 비례대표제를 하고 있다면 대만의 경우가 아일랜드와 더불어서 남아있는데 대북시 같은 경우에 하나의 선거구가 되고 17명인가를 20명인가를 그 선거구에서 선발하게 되는데 주요정당에서 복수공천을 하게 되고 거의 정원수만큼 복수공천을 하게 되면 어떤 식으로 선거운동을 하게 되느냐 하면 전 지역을 다 커버하기가 어려운 것이지요. 서울시가 한 선거구인데 그거를 다 사조직을 동원해서 커버한다는 것은 거의 불가능한 일일 것이고 따라서 17등이나 20등 안에만 들면 국회의원이 되기 때문에 일정한 섹터를 나눕니다 각 정당에서, 그래서 그 지역에서 주로 선거운동을 하게 하는 것이지요. 그 지역만 어떻게 보면 담당 비슷하게 되고, 물론 다른 지역에서도 그 사람을 지지하는 사람들의 표가 나오겠습니다마는 대체로 자기의 어떤 주 근거지라고 할까요 이를테면, 그런 류로 나누어서 하게 되고 그러다 보니까 사실 정당이라는 같은 정당의 이름을 띤 기초조직은 확대될 수 있겠지만 한 꺼풀만 벗겨보면 그것이 정당의 기초조직이라고 하기보다는 정당의 이름을 빙자한 개인의 사조직만이 각 권역별로 결국은 존재할 수밖에 없게 되는 것이고, 또 누가 당선될지를 모르는 상황이기 때문에 결국 누구라도 등수 안에 들려면 가능하면 많은 표를 확보하려고 노력할 수밖에 없지 않겠느냐라는 생각입니다.

마지막으로 진성당원 뭐 민주노동당이 진성당원이라는 말을 쓰고 열린우리당이 기관당원, 한나라당의 경우에 책임당원제라는 말을 쓰는데 사실 세계적인 추세에 비하면 저희가 대중정당시대를 거치지 않았기 때문에 지금 이제야 대중정당체제를 거치려고 하는데 세계적인 추세는 이미 대중정당모델을 뛰어 넘어가지고 지지자 중심의 정당모델을 지향하고 있는 상황이거든요. 즉 기관당원이랄까 진성당원이랄까 책임당원이라고 하는 것은 좀 현실적으로 여러 가지 단점이 있고 그러다보니까 그런 어떤 매니아급의 당원들도 있지만 대체로는 선거를 전후해서 어떤 그 정당의 당원은 아니지만 지지하는 사람들 위주로 어떤 경선도 치러지게 되고 전당대회도 치러지게 되고 하는 그런 형식을 통해서 정당이 계속 그런 좀 느슨한 형태의 어떤 연합체로서 계속 이어지는 것이 세계적인 추세, 물론 세계적인 추세가 꼭 저희가 따라야 되는 추세는 아닙니다마는 교통통신의 발달과 어떤 시대의 변화에 따른 정당조직이 현실과 좀 부합하지 않는다는 측면에서 본다면 지금 현재는 당원 중심의 대중정당모델도 아니고 선거전문가가 중심의 어떤 포괄정당도 아닌 전문가정당도 아닌 중간상태에서 어정쩡한 현실을 지금 맞고 있는 상황이기 때문에 앞서 말씀드린 대로 이게 지금 과도기적인 진통이 아닐까 하는 생각입니다.

마지막으로 한 말씀만 더 드린다면, 정치학자의 입장에서 헌법을 하시는 선생님들의 토론과 어떤 발표를 듣고 이런 것들이 상당한 도움이 되었다고 생각이 들고 앞으로도 이런 기회가 자주 있었으면 합니다.

감사합니다.

사 회 자 : 감사합니다.

우리 헌법하는 사람들의 입장에서도 정치학하시는 박교수님의 아주 생생한 현실적 정치현실의 이야기를 들을 수 있어서 많은 도움이 되었습니다.

그러면 기존에 제기되었던 그런 토론의 쟁점들을 중심으로 해서 혹시 더 자세하게 의문을 해소하고자 하시는 분이나 질문 있으시면 해 주시면 고맙겠습니다.

김 대 휘 : 박명호 교수님 그런 사실적 지식이 상당히 특히 헌법재판에 도움이 되겠다하는 생각이, 또 상당히 많이 도움이 되었습니다. 저는 지금 상당히 많이 배웠고 다만 두 가지만 간단하게 말씀드리겠습니다. 질문이라면 질문이고.

아까 예를 들어 당규로 지구당을 폐지하는 이런 정당이 있다고 할 때, 더 극단적 예를 들면 일체의 하부조직을 인정하지 않고 당 중앙에만 의존하는 수용체제의 독재정당이 이를 테면 아까 법원에 가서 예를 들어 당규를 어겨서 지구당을 설치했는데 당에서 제재를 받고 법원에서 재판받을 때 그게 이제 문제가 될 수 있겠지요. 그런데 그거는 가능하겠지만 그렇지 않고 그전에 독재적 정당내지는 당내민주주의를 어기는 정당이 혹시 정당해산심판의 대상이 되는 것은 아닌지, 이거를 하나, 당내민주주의가 그만큼 중요한 것인지? 목적과 활동만이 민주적 기본질서, 조직이나 이런 것까지 비민주적일 때 당내민주주의가 어긋날 때 어떻게 되는지 여기에 대해서 궁금하고 법률가로서 이거는.

또 두 번째 법률가로서 궁금한 것은 지금 목적의 정당성이니 수단의 적절성, 물론 목적과 수단의 상관관계 이 두 가지를 지금 구분하셨는데 헌재는 아마 수단의 적정성 한 가지 가지고 다 얘기 한 것 같습니다. 과연 그러면 그거를 누가 입증해야 되는지 저는 항상 평소에 의문을 가져 왔습니다. 합헌성이 추정된다면 적정하지 않다는 것을 심판청구인이 입증해야 되는 것인지, 적정하지 않다하는 것을? 그 입증할 때 입증의 정도, 그러니까 미국에서는 엄격심사를 한다는데 심사의 기준이나 방법이 도대체 무엇인지? 그러니까 예를 들어 지금 박교수님같은 어떤 사실적 정치학 또는 정치사실에 관한 광범한 자료조사나 또는 전문가의 감정 이런 것까지 요구되는 것인지, 예를 들면 과연 지구당을 폐지하는게 고비용 저효율의 정치구조, 비용을 절감하고 정치부패를 막는데 유효한 수단이냐? 이거를 누가 입증해야 되는지? 또 입증한다면, 그러니까 국회쪽에서 입증해야 되는 것인지 그거는 합헌성 추정원칙에 따르면 사실은 청구인이 적정하지 않다는 것을 입증해야 되는 것이 아닌가 하는 생각도 드는데 헌재의 논증방식은 적정하다. 뭐 이런 식으로 단정을 해 버립니다. 뭐 사실적 논증 없이 그냥 이론적인 것만 이렇게, 생각과 추측가지고 이렇게 하는데 그런 점이 사실 조금, 물론 헌법재판이 법원의 재판같이 엄격한 증거에 의해서 움직이는 것은 아니다라고 인정합니다마는 그런 기본적인 전제가 사실은 좀, 지금 이 논지하고 벗어난 점이 있습니다 두 번째 질문은, 생각이 어떠신지 답변해 주시면 감사하겠습니다.

발 표 자 : 첫 번째 질문은 독재적인 정당 그러니까 당내질서가 비민주적인 정당이 그자체로서 해산대상이 되는 위헌정당이 되느냐 인 것 같습니다.

제 생각에는 그 자체로서는 해산대상이 되기는 어렵다고 생각합니다.

물론 우리 8조 4항의 규정이 독일과는 약간 차이가 있기는 있습니다. 그러니까 독일이 사실은 헌법규정 문구로 보면 해산제소 요건이 훨씬 까다로운 데 비해서 우리는 문구만 보면 비교적 독일에 비해서 용이하게 해산제소를 할 수 있는 것처럼 그리고 해산을 시킬 수 있는 것처럼 규정이 되어 있는 게 아닌가 이렇게 생각을 합니다마는 이 당내민주주의가 전혀 실시되고 있지 않다라고 하는 것은 해산대상이 되는 위헌정당일 수 있다는 중요한 증거자료일 수는 있지만 그것만가지고는 해산을 시킬 수는 없지 않느냐라는 게 제 생각이고요.

다음에 입증책임문제, 이거 입법의 기초되는 사실, 입법사실과 관련된 질문이신 것 같습니다. 그래서 이거를 과연 누가 입증해야 되느냐? 이 사안에서 핵심문제인 과연 지구당을 폐지를 하면 고비용 저효율의 정당정치라고 하는 병폐가 일소될 것이냐? 사실 이게 확실한 문제가 아니기 때문에, 여러 가지 어떤 미래의 전망·예측을 요하는 문제입니다. 그러니까 여러 가지 정치학이나 사회학에서 행해지는 연구성과들이 동원이 되어서 사실은 그럴 수도 있고 아닐 수도 있다. 뭐 이런 논증이 이루어 졌어야 하는 것이지요. 변호사입장에서든 아니면 헌법재판소의 입장에서든.

그런데 입증책임문제는 아마 미국 판례 같은 경우는 비교적 자주 이 용어가 사용이 되는 것 같습니다. 그런데 독일에서는 입증책임 문제라기보다는 심사강도의 문제로 이렇게 처리를 하는 것 같습니다. 그런데 미국식으로 한다면 결국은 지금 문제되고 있는 기본권이 뭐냐? 이게 근본적인 의미를 갖는 권리냐? 저는 이거는 근본적인 의미를 갖는 그런 권리라고 보고 그렇다면 이것을 통해서 목적을 확실히 달성할 수 있다는 입증책임은 입법자에게 있다. 국가측에게 있다고 이렇게 생각을 합니다.

다만 만일 그렇지 않고 어떤 경제적인 활동의 자유와 관련된 기본권제한의 문제라면 사실상 합헌성 추정의 법리가 통용이 될 것이고 그에 따라서 입법자는 어떤 합리성, 그 법률의 합리성만을 입증하면 되고 나머지는 합리적인 법률이 아니다. 이 수단가지고는 전혀 목적을 달성할 수 없다, 전혀 실효성이 없다, 이런 입증책임은 청구인쪽에서 져야 하리라고 이렇게 생각을 합니다.

독일식으로는 심사강도의 조절문제로 이어지는 것 같습니다. 그래서 과연 헌법재판소가 입법자가 전혀 접하지 못했던 수집할 수 없었던 그런 입법사실에 관한 어떤 자료 특히 헌법재판소는 법률의 위헌성을 입법자에 비해서 시간적으로 사후적으로 판단하기 때문에 경험적인 데이터를 많이 수집할 수 있을 겁니다.

물론 이 법률 조항처럼 시행된 지 얼마 안 되어 가지고 다투어지는 경우에는 입법자의 인식수준과 헌법재판소의 인식수준이 크게 차이가 난다고 보기는 어려울 것입니다. 그런데 오래된 조항들이 다투어지는 경우는 그런 인식수준의 차이가 분명히 있을 수 있을 것이고 그러면 헌재는 이게 중요한 기본권이기 때문에 입법자가 미처 접할 수 없었던 그런 판단자료에 기초해서도 위헌판단을 할 수 있다. 이렇게 생각을 합니다. 그 얘기는 뭐냐 하면 결국은 입법자가 이와 같은 근본적인 의미를 갖는 기본권의 영역에서는 함부로 실험을 해서는 안 된다. 그런 의미를 갖는다고 생각을 합니다. 그래서 아까 제가 적정성 요건, 헌재가 과연 적정성요건을 어떻게 이해하는지 제 개인적으로도 의문인데 그것이 일반적으로 알려진 적합성요건과 과연 다른 것이라면 그것이 혹시 미국의 엄격심사에서 요구되는 수단과 목적의 밀접한 관련성 그에 따라서 이 수단을 가지고 이 목적을 거의 확실히 달성할 수 있다라고 하는 것을 요구한다고 하면 저는 그런 정도의 어떤 확실성은 이 수단이 가지고 있지 못한 게 아니냐, 그래서 이 적정성요건의 충족을 부정을 했었습니다.

사 회 자 : 답변이 어떻게 되었는지?

김 대 휘 : 조금은 부동의 하는 부분이 있지만 그 정도로 하겠습니다.

사 회 자 : 그러면 또 다른 토론해 주실 분.

정 해 남 : 저도 한 가지만 질문하겠습니다.

사 회 자 : 예, 우리 정해남 부회장님께서.

정 해 남 : 아까 등록이 취소된 정당은 존속의 자유도 침해당한 것이라 말씀을 하셨는데 그렇다면 존속의 자유를 침해당한 정당이 정당 그 스스로 헌법소원을 제기할 능력이 있는 것인지, 있다고 본다면 긍정적 근거는 무엇인지 궁금합니다.

발 표 자 : 글쎄요, 저는 해산된, 사실상 이미 등록이 취소되고 그렇게 되면 거의 준강제해산절차로 들어가기 때문에 이미 행정적인 절차는 집행이 되었으리라고 생각을 합니다. 그런데 저는 그렇게 행정적인 절차가 끝났다고 해서 당원들이 다 해체되고 조직으로서의 어떤 사회적 실체가 다 사라졌다면 모르겠습니다만 그런 행정적인 조치에도 불구하고 사회학적인 실체는 존재할 수 있다고 생각합니다.

그리고 이때 정당이냐 아니냐 이것의 판단은 행정법적인 차원 혹은 정당법적인 차원이 아니라 헌법적인 차원에서 판단을 해야 된다고 생각을 합니다.

그래서 설사 선거관리위원회의 조치에 의해서 등록이 취소되고 관련절차가 집행이 끝났다하더라도 헌법적 의미의 정당은 존속할 수 있다. 이렇게 생각을 합니다.

사 회 자 : 시간이 우리 예정된 시간보다 지나기는 했습니다마는 더 하실 말

씀 있으신 분.

예, 이명웅연구관님.

이 명 웅 : 발표, 토론 잘 들었습니다.

기본적으로 정당 조직의 민주성이라고 할 때 저는 오늘 발표를 들으면서 좀 고민스러운 게 헌법재판에 있어서 외형적이고 형식적인 관점에서 볼 것이냐 아니면 실질적이고 현실적인 관점에서 볼 것이냐 이런 것인데요. 헌법재판소의 입장은 제가 생각하기에는 지역구 자체가 지구당 자체가 하나의 우리나라의 정치현실에서 비민주적인 조직이 아니었냐 이렇게 보지 않았을까 싶습니다.

그렇지만 오늘 발표와 토론의 관점에서는 일단 조직자체의 형태, 조직으로서의 어떤 외향적 형태 자체는 그것은 풀뿌리민주주의를 반영하는 것이고 그것은 민주주의의 하나의 어떤 전형적인 제도에 속한다. 밑에서부터 위로 올라가는 시스템을 저변을 확대한 것이다라고 본다면 그것이 외향적인 어떤 상황에서 민주적인 조직이 아니라고 어떻게 얘기를 하냐라고 하는 것이지요.

그렇지만 현실적으로 우리 정치형태에서 그야말로 진성당원이 거의 드문 종래의 조직형태에서 민주노동당은 좀 다릅니다마는 지구당에 대한 인식이 너무나 외향적인 민주성에도 불구하고 비민주적이었지 않느냐라는 관점에서 접근을 한 것 같습니다.

그래서 그것은 이제 입법적인 현실이랄까 그런 것을 규범판단에 어느 정도 관련시켜야 되느냐 라는 굉장히 큰 법철학적 문제가 되겠습니다마는 적어도 헌법이 하나의 어떤 현실과 괴리된 규범상태에서 그 규범 자체의 어떤 가치판단만 한 것은 아니지 않느냐. 물론 정박사님도 아까 헷세의 규범형성의 영역이라는 그것을 고려해서 규범을 판단해야 된다는데 그거는 여전히 어려운 것 같습니다.

우선 제가 질문 드리고 싶은 것은 세 가지인데 짧게 하도록 하겠습니다.

입법자가 이 사건 법률을 만드는 입법의 근거가 어디서 나왔느냐 라는 것이 한번 논의가 되어야 될 것 같습니다.

8조 자체에서는 민주적 정치의사 형성을 하는 입법형성 외에는 입법자의 어떤 입법권한이 나오지가 않습니다. 조문의 형식이 그렇게 되어 있지요. 오히려 그러한 형식도 말하자면 8조를 기본권적인 것으로 볼 때는 어떤 객관적 가치질서를 입법자가 최대치로 올려야 된다라는 관점에서 나오는 것이지 8조 자체에서 법률에 규율위임을 하고 있는 것은 3항밖에 없거든요. 그래서 8조에 의한 입법을 하려면 민주적이고 정치의사형성에 참여하는데 필요한 조직을 가지기 위한, 논문에서 나오는 지침적인 성격 혹은 조금 더 강조된 의미의 어떤 당내민주주의 이런 것도 가능은 하겠지요. 그것이고, 37조 2항에서 나온다면 역시 공공복리를 이유로 한 기본권의 제한이라는 형식으로 들어 갈 것이고요. 그것도 아니라면 일반적인 어떤 국회의 입법권한, 포괄적 입법권한의 한 내용으로서 들어 갈 텐데 이것은 지금 자유의 제한의 형성되는 내용이기 때문에 결국 37조 2항에 의한 입법이냐 아니면 8조에 의한 형성적 입법이냐 그 둘 중에 하나거든요. 그러면 이 논문이 일관성이 있으려면 가령 '고비용 저효율의 구조다' 그거는 이제 37조 2항의 입법, 공공복리성의 입법으로 본 것 같은데, 그 입법상태와 8조 2항이 요구하는 규율적인 입법 상태가 충돌하는 문제가 생길 수 있거든요. 이 논문의 논지라면, 그러면 처음부터 입법목적의 정당성부분에서 그것이 걸러져야 되지 않느냐? 일단 그것이 37조 2항에 따른 어떤 공공복리목적이라는 것으로 들어간다면 그러면 공공복리목적이라는 것이 지구당 폐지를 전제로 한 개념이었거든요 고비용 저효율이라는 것은, 그거는 현실인식에서 그렇게 들어간 것인데, 그러면 그것이 수단의 적정성을 누가 입증하느냐 그런 문제는 있을 수 있지만 수단이 적정하지 않다고 어떻게 하겠느냐라는 것이지요.

물론 거기서 이 논문은 그것은 헌법 8조 2항에 의해서 허용되지 않는 수단이다. 이렇게 갔는데, 그것은 8조 2항에 따른 입법은 그자체가 목적에 해당되어야 되는 것이지요. 그래서 수단으로서의 어떤 8조 2항이 적용된다기보다는 8조 2항 자체가 하나의 입법목적으로서만 가능한 것이고 입법목적이라는 것은 민주적 그거를 위해 필요한 수단이 되겠지요. 그래서 논문의 일관성이랄까 그런 쪽에서 보면 오히려 입법목적의 정당성 그 부분에 가야 되지 않느냐라는 것이고 그리고 헌법재판소 종전판결도 입법자의 규율형성권 그것을 상당히 강조를 했는데 제가 보기에는 8조 2항 자체에서는 규율형성의 내용이 그렇게 많이 나오지는 않거든요. 오히려 홍박사님 말씀하신 대로 이것은 아무리 헌법적인 차원에서 정당을 끌어들인다고 해도 이것은 여전히 사적 조직이란 말이예요. 사적조직에 대해서 국가가 어떻게 거기에 대해서 모두 이래라 저래라 할 수 없거든요. 다만 너희는 민주적이라고 해라, 민주적이 아니면 자금을 보조하지 않겠다, 혹은 더 심한 경우에는 정당해산의 대상이 될 수도 있다. 이런 식의 어떤 경고를 하는 취지라고 보여지고, 그것에 대해서 구체적인 규율입법의 형성권이 나온다면 오히려 입법을 해야 된다고 이렇게 나온다면 제가 보기에는 오히려 이것은 민주적 정당조직이라는 민주적 정당제도라는 하나의 새로운 형식의 제도적 보장을 한 것이 아니냐, 오히려 그렇게 봤을 때 논리적 일관성이 있는 게 아니냐, 독일연방헌재가 언론의 자유에서 자유로운 신문제도라는 것이, 신문이라는 것은 사적조직인데도 자유로운 신문제도라는 제도적 보장 비슷한 그런 것을 인정하면서 규율위임으로 들어가고 있거든요. 그렇다면 8조를 순전히 복수정당제 빼고는 어떻게 이것을, 제도적 보장적인 요소를 빼고 순전히 기본권적인 것으로 규정을 할 수 있겠느냐 이런 의문이 생깁니다. 그게 첫 번째고요.

두 번째는 심사강도의 면에서 명백성통제, 수단의 예측가능성, 엄밀한 통제 이런 말씀하셨는데 독일과 달리 37조 2항이 있는 우리나라 일반적 법률유보 조항이 있는 상태에서 그런 어떤 통제단계에 그게 가능하겠느냐? 물론 거기에 관련된 헌법재판소 판례도 명백히 통제란 말이 쓰인 판례도 있습니다마는 거기에 대한 소견을 묻고 싶고.

마지막으로 평등권부분에 있어서 평등권도 역시 침해된 것이라고 보여진다고 하셨는데 거기서 비교집단의 설정이 평등권판단에서 우리가 비교집단설정이 항상 어려운 과제인데요, 그것은 보는 사람에 따라서 비교집단의 설정이 이렇게 될 수도 있고 저렇게 될 수 있는데 적어도 이 논문에서 설정한 어떤 전국적 조직을 가진 정당사이라든가 어떤 큰 재벌정당과 아닌 정당이라든가 이런 식의 어떤 비교집단 설정은 조금 어렵지 않은가, 오히려 이 조항 자체는 중립적이고 모든 정당에 대해서 열려있는 그런 상태이기 때문에 특별히 의도적인 차별을 한 것이라고 보여지지도 않고 그렇다면 그 부분 조금….

발 표 자 : 굉장히 어려운 질문을 해 주신 것 같습니다.

명쾌하게 답변을 드릴 수 있을지 모르겠는데 끝에 것부터 답변 드리겠습니다.

저도 이게 문구는 중립적이지요. 문구는 중립적인데 예를 들면 '기탁금' 누구에게나 같은 액수를 요구하지요. 또 '인지첩부' 누구에게나 같은 비율의 인지를 첩부할 것을 요구를 합니다. 그렇지만 헌법재판소 판례는 이 경우에 어떤 것까지 심사를 했었느냐하면 가난한 자와 부자, 또 심지어는 고액소송을 제기한 자와 그렇지 않은 자를 차별하는 것으로까지 봤습니다. 그러니까 이거는 현실적 구조 때문에 법의 문구는 중립적인 것처럼 보이지만 현실적 구조 때문에 차별적 효과를 발휘하는 예라고 볼 수가 있지요. 굳이 얘기 한다면 사실상의 차별 이렇게 얘기를 할 수 있겠지요. 헌재는 그 경우 차별로 보고 정당화가 필요하다고 본 예가 사실 굉장히 많은 것으로 알고 있습니다. 예를 들면 군필자 가산점제도도 문구는 뭐냐 하면 군을 필한 자와 필하지 않은 자지요. 군을 필한 자 중에는 여자도 있습니다. 그러니까 가산점 혜택을 여자도 누릴 수가 있습니다. 그러나 현실적으로는 여성은 어렵게 시험을 봐서 통과해야 군에 입대할 수 있고 그래서 그 규정은 남여차별적이다 해 가지고 위헌취지로 결정을 내린 바 있고요. 그래서 저는 문제의 규정이 이 사건에서도 문구는 중립적인 것 같지만 사실은 차별적이다. 이렇게 본 것이지요.

그래서 두 가지 측면에서 차별적이다. 그러니까 지역구에서 당선자를 낸 정당과 그래서 국회의원 개인의 사무소를 통해서 실질적으로 지역구를 관리하면서 합법적으로 사전선거운동을 할 수 있는 그런 정당과 그렇지 않은 정당, 개인사무소밖에 낼 수가 없고 그래서 사실은 정치활동을 거의 봉쇄당하는 그런 정당과 차별이 있고 또 하나는 민주노동당처럼 가난한 정당이지만 많은 비용 들이지 않고 잘 관리하고 있거든요. 그런 정당과 엄청난 돈을 들여야 조직이 가동이 되는 그런 기성정당과의 사실상의 차별이 존재한다. 이런 관점에서 문제를 바라본 겁니다.

그리고 두 번째 문제, 37조 2항이 존재하는데 과연 통제강도를 우리가 이렇게 분화시킬 수 있겠느냐 독일처럼? 저는 그거는 큰 문제는 아니라고 봅니다.

사실 독일의 경우에 개별적인 법률유보체제지요. 그런데 법률유보 없이 보장된 기본권의 경우에만 항상 내용에 대한 치밀한 통제를 하는 것은 아닙니다. 그래서 일반적인 공식은 뭐냐 하면 결국 관련된 기본권의 의미, 제한의 정도, 규율대상 뭐 이런 것을 종합적으로 판단해서 심사강도를 정할 수밖에 없다. 따라서 37조 2항이 있다고 해서 본질은 바뀌지 않지 않겠느냐 이렇게 생각을 합니다.

다음에 1번이 말끔히 정리가 되지 않습니다. 그런데 2항과 관련된 입법은 오로지 형성적 성격을 띠게 되고 따라서 그거는 당내민주주의를 구현하고 조직을 구비하도록 하는 것은 제한의 근거가 아니라 오히려 어떤 입법의 목적이 되어야 된다. 그러니까 정당의 입장에서 보면 제 생각에는 양면성이 있는 것 같아요 8조 2항의 문제는, 그래서 한편으로는 음으로 다가오거든요. 음으로 다가오고. 다른 한편으로는 그거 가지고 자기가 당내민주주의를 실현하겠다는 의지가 있는 정당에게는 그거 못하게 하면 자유에 대한 제한의 성격을 갖거든요. 물론 그것을 8조 1항의 문제로만 파악을 할 것이냐? 8조 2항의 문제도 동시에 끌어들여서 판단할 것이냐의 문제인 것 같습니다.

제가 최소침해성 심사에서 이 글에서 바로 그 부분을 언급을 했는데 피해의 정도를 추량을 할 때 청구만 중심으로 피해의 정도를 봐서는 안 된다. 독일판례나 이론도 뭐냐 하면 피해정도를 추산할 때는 일반이 받는 피해 이것까지도 감안해야 된다라는 것이지요. 그래서 저는 정당의 민주화의 정도라든가 혹은 국민의 정치의사형성에 참여하는데 필요한 조직의 문제는 정당의 자유하고도 관련이 있지만 동시에 일반의 이익과도 관련이 되어 있다. 이렇게 파악을 한 겁니다. 그래서 그것까지도 우리 계산에 넣어야 한다. 그래서 정당입장에서는 사실은 이게 귀찮은 요구사항이 될 수도 있고 진짜 민주성을 구현하고자 하는 정당에게는 당연한 것을 못하게 하는 그런 양면적인 성격을 띠기 때문에 그 성격을 판단하기는 굉장히 까다로운 것 같습니다. 그렇지만 일반의 입장에서는 당내민주주의는 국가의 민주주의실현과 직결이 되고 그렇기 때문에 공익과 관련된 것이기도 하다. 그러니까 공익에 대한 타격으로 이어진다는 것이지요. 아직 답변이 충분히 된 것 같지는 않습니다마는 모자란 것은 제가 이 질문도 아직 충분히 파악 못된 것 같아 가지고 이따 더 얘기를 했으면 좋겠습니다.

사 회 자 : 아주 본질적인 문제이고 또 이 사건 결정과 관련해서 이면에 담긴 헌법재판소의 의도를 읽을 수 있는 그런 질문이 아니었던가 생각됩니다.

상당히 많은 논란이 더 진행이 되었으면 좋겠습니다마는 이 문제와 관련해서, 우리가 그렇게 많은 시간을 갖고 있지 않은 것 같아서, 또 나중에 시간이나 다음 기회를 이용해서 한번 기회를 갖도록 하고요.

꼭 더 해야 할 말씀이 있으시면 해 주시기 바랍니다.

정 주 백 : 간단하게 하나만 묻겠습니다.

아까 이명웅 연구관님 얘기하신 평등에 관한 논쟁에 대해서 저는 개인적으로 평등의 문제를 유개념하고 종차개념하고의 대립항쟁이라고 생각합니다.

기본적으로 같음을 나타내는 유가 우리 헌법의 명령이라면 종차를 중심으로 하는 정당화절차가 다름을 강조하는 종차개념이 정당화 절차에 해당한다고 저는 생각합니다.

우리 헌법재판소도 그렇고 학술사적으로도 보면 두개가 유개념하고 종차개념이 주로 명령의 원리와 정당화 원리가 바뀔 수 있다고 실제로 보고 있고 이 결정에 관한 교수님 말씀도 그렇게 보고 있습니다.

그렇게 보면 굉장히 복잡한 문제가 생긴다고 생각하는 게 교수님 말씀대로 하면 진성정당이냐 아니냐는 개념하고 이 해산 여부 하고가 직접적으로 합법적인 명령으로 이루어졌느냐 하는 겁니다. 진성정당이면 지구당을 가져야 되고 진성정당이 아니라면 지구당을 가지지 말아야 된다라는 어떤 헌법적인 명령에 의해서 출발해야 교수님의 이론이 설 수 있다고 저는 생각합니다. 그러면 거꾸로 하면 어떤 문제가 생기느냐? 그러면 그전에 진성정당이든지 아니든지 전부 다 지구당을 가지고 있는 상태, 이 상태 자체가 위헌이 되는 겁니다. 이것이 위헌이 되고 이것이 정당화절차에 가가지고 다름에, 같음의 문제로 이게 정당화되느냐 안 되느냐의 문제로 풀어야 된다는 겁니다. 논리적으로 그런 문제가 생긴다고 생각하는데 교수님은 어떤 생각을 가지고 있는지.

발 표 자 : 논리학에 대해서는 제가 잘 모르기 때문에, 그러나 사실은 평등권문제에서 진짜 헌법적으로 의미 있는 차별이 존재하느냐 이거를 판단하는 것은 용이한 문제가 아니라고 생각합니다. 더군다나 간접적, 사실적 차별의 문제에 당면하면.

그런데 저는 평등이라고 하는 것은 사실은 동일성하고는 분명히 다른 개념이고요. 그래서 만일 모든 것이 다 같다라고 하면 그거는 동일한 것이지 평등의 문제는 제기되지 않습니다. 그러니까 평등이라고 하는 것은 뭔가 다른 것이 있음에도 불구하고 일정한 비교의 관점에서 봤을 때 일치하는 것이 있더라. 그런데 그 비교의 관점을 형성하는 것이 어떤 본질적인 의미를 갖는 것이어야 하는 것이, 그래서 그러면 무엇이 본질적인 것이냐? 이것도 이제는 어려운 문제지요. 무엇이 본질적이 것이냐? 그런 것은 결국 헌재 판례도 일부 나오는 것 같은데 예컨대 규율의 목적이라든가 여러 가지를 기준으로 판단할 수밖에 없는 게 아니냐, 그래서 평등이라고 하는 것은 결국은 비교대상의 상이성, 세 가지 요소가 있다고 보거든요. 비교대상들이 모든 점에서 일치하지 않는다, 그러나 일정한 비교의 관점, 이 비교의 관점은 결국 비교대상이 되는 것들을 포괄할 수 있어야 되고 그리고 비교대상이 안 되는 것들을 배제할 수 있는 그런 상위개념이 존재해야 된다, 그랬더니 그런 비교의 관점에서 비교해 보니까 부분적으로는 불일치하더라도 본질적인 관점에서 일치하더라, 그런데 이것을 공권력이 다르게 취급하고 있더라, 그러면 거기에 헌법적으로 의미있는 차별이 존재하게 된다고 생각합니다. 그래서 그 경우에는 헌법적으로 정당화되어야 된다. 그런데 이 사건의 경우에는 저는 그런 모두 다 정당이라는 점에서는 그게 결국은 비교의 관점을 무엇으로 잡을 것이냐? 정당이라고 하는 것으로 잡는 것이지요. 그 중에는 물론 여러 성격의 정당들이 있을 수 있지요. 민주노동당처럼 동원조직이라기 보다는 이념에 충실한 자발적 지지자들의 단체가 있을 수 있고 전통적인 구태를 벗지 못한 동원조직을 가진 그런 정당들이 있을 수 있고 그러나 이 정당들을 그 상위 개념인 정당이라고 하는 것 그것에 의해서 어쨌든 포괄할 수 있는 것 아니냐. 그런데 선거에서 어떤 결과가 나왔느냐에 따라서 사실상 차별하고 있고 그래서 이 차별은 헌법적으로 정당화되어야 될 필요성이 있다. 물론 저는 간접적 사실적 차별에 대해서 과연 의도적, 직접적 차별의 경우처럼 그렇게 항상 엄격한 심사기준을 적용할 수 있느냐? 그런 것은 아니라고 봅니다. 그렇지만 그 기준은 예측가능하냐? 과연 이런 차별효과를 입법자가, 저는 이 사건 같은 경우에는 이런 입법조치를 취하면 전형적으로 그런 차별적인 효과가 발생한다는 것을 충분히 예견할 수 있다고 봅니다. 그래서 같은 정도의 심사강도를 의도적인 직접적인 차별의 경우와 같은 정도의 심사강도를 적용할 수 있는 것 아니냐 그렇게 생각해 봤습니다.

사 회 자 : 이 정도로 답변이 충분한지 모르겠습니다마는 또 다른 질문을 받아보겠습니다.

박경신 교수님.

시간이 많이 되어서 죄송합니다마는 짧게 해 주시면 고맙겠습니다.

박 경 신 : 역시 헌법재판소에서 헌법실무를 하시는 분들이 많아가지고 항상 평석한다고 와서 보면 구체적인 케이스 얘기 하다보면 나중에 결국 심사기준가지고 얘기를 많이 하게 되는데, 우선 평등문제에 있어서 비교집단이 적정하냐 이런 질문도 나왔었는데 저는 비교집단은 무한대로 많을 수 있다라고 생각을 합니다.

그래서 지금 정당간에 평등도 있어야 되고 예를 들어서 자도소주구입제도에서 사실은 막걸리와 소주를 비교할 수도 있는 것이고 자기 도에 있는 소주도매상과 다른 지방에 있는 소주도매상을 비교할 수도 있는 것이고 그러니까 어떤 식으로 비교집단을 설정해도 사실은 헌법으로 불평등이 있으면 그거는 위헌인 것이지요.

그러면 국가가 어떻게 그런 수많은 경우의 수를 다 생각을 해서 차별이 없도록 하냐? 거기에서 심사강도 문제가 나오고 만약에 정말로 국가가 그렇게 할 수 없다면 사실은 그 분야에 대해서 어떠한 차별적인 정책을 하지 말라는 것이지요. 그래서 여기서 재벌당과 군소당을 비교해서 불평등을 따지는 것 자체는 문제가 없다라고 생각을 합니다.

그런데 이명웅 연구관님이 말씀하셨던 부분은 그렇다고 하더라도 이것은 이제 사실적 평등, 사실적 차별을 지금 찾아낸 것이기 때문에 사실적 차별을, 그러니까 명시적인 차별이 아니고 또는 의도적인 차별이 아니고 겉으로는 동등하게 적용되지만 결과가 안 좋은 이런 제도를 심사를 하는 것이기 때문에 이것을 곧바로 엄격하게 심사를 하거나 그렇게 쉽게 위헌처리를 하기는 어려운 것이 아니냐라는 말씀을 하셨던 것 같습니다. 그런데 그 부분에 대해서는 저도 한편으로는 동의를 하는데 사실은 제대군인가산점 위헌결정에서도 사실적 차별을 근거로 해서 위헌결정을 했었던 것이었고 그래서 그 위헌결정을 하게 되면서 거기에서도 엄격심사를 하겠다라고 선언을 하고 그리고 차별선언을 했었는데 그렇게 생각을 했을 때 저는 여기서도 당연히 더욱 엄격한 심사가 있어야 되지 않았을까 라고 생각을 하고요. 왜냐하면 정치적인 자유를 제한하는 것이기 때문에 무엇보다도 더 엄격하게 심사를 했어야 된다고 생각을 하고, 엄격하게 심사한다는 게 뭐냐? 여기에 대해서 많은 논증을 여기서 하셨는데 목적의 정당성, 방법의 적정성, 법익의 균형성, 침해의 최소성 이렇게 네 개를 미국식 심사기준하고 어떻게 접목시키느냐 이런 것들이 사실 논란이 많은 데 이 목적의 정당성이나 방법의 적정성은 이게 바로 가장 미국의 심사기준에서는 좀 낮은 심사기준인 합리적 근거심사의 뼈대를 이루는 것이고 결국에 심사기준을 높인다는 것은 바로 법익의 균형성과, 법익의 균형성이라는 것은 침해당하는 사익이 지대할수록 국가가 더 많은 공익을 달성할 것을 요구하는 게 법익의 균형성이 되겠지요. 그리고 그 침해가 최소일 것을 요구하는 그래서 법익의 균형성과 침해의 최소성이 바로 어떤 엄격심사의 그러니까 심사기준을 합리적 근거심사 또는 합리성심사에서 더 높이는 그것과 등가이지 않은가 그렇게 생각을 합니다.

그래서 그렇게 해서 봤을 때 어쨌거나 법익의 균형성이나 침해의 최소성까지 전부 다 심사를 한다고 봤을 때 지금 정태호 교수님의 어떤 형량 결과에 대해서는 100% 동의를 합니다.

아무리 지구당이 어떤 비민주적으로 존재해 왔던 현실을 고려한다고 하더라도 그런 지구당을 제거함으로써 이룰 수 있는 공익이 그 지구당 자체를 불법화함으로써 정치적 자유의 침해를 정당화할 수 없을 것 같고요. 그리고 특히 침해의 최소성에 관한 정교수님 분석은 훨씬 더 명백하다고 생각을 합니다.

질문은 아니었고요 코멘트였습니다.

발 표 자 : 사실상의 차별문제와 관련해서 사실은 이거를 확대하다보면 입법자의 입법형성의 자유는 굉장히 축소될 겁니다. 그래서 결국은 어떤 경우에 그렇게 사실상의 차별까지 다 포착해서 그것의 정당성 여부를 따질 것이냐? 이거는 쉬운 문제는 아닙니다. 그러나 지금 헌재는 의식했는지 의식하지 않았는지 모르지만 예를 들면 재판청구권이나 이런 상당히 기본적인 의지를 갖는 권리 그리고 기탁금사건처럼 공무담임권이나 선거권 내지 피선거권의 평등 이런 것과 관련된 어떤 기본적인 의미를 갖는 기본권영역에서 특히 이 사실상의 차별에 대해서 면밀한 검토를 하지 않았느냐. 물론 기탁금 관련 사건들은 너무나 헌재가 제 생각에는 그렇습니다. 춤을 많이 추고 있는 것 아니냐 그런 생각을 하는데.

그래서 이제 미국 같은 경우는 입법자의 모티브통제, 입법의 동기가 뭐냐? 이런 문제가지고 사실상의 차별문제, 동기통제를 통해서 사실상의 차별문제에 대해서 입법자의 어떤 입법형성의 여지를 확보해 주는 것 같습니다. 그런 악의적인 동기가 있었느냐 이런 것들 아마 검토를 하는 것 같고요.

그런데 독일 같은 경우에는 과거에 비해서 점점 특히 특별기본권의 경우에는 그만큼 헌법제정자가 아주 관심을 크게 두었던 그런 특별평등권 같은 경우 간접적, 사실상의 차별에 대해서 엄격한 심사기준을 들이대고 있는 것 같습니다.

다만 그 경우에만 과연 예측가능했느냐 예측할 수 없었느냐? 예측하기 어려운 차별이 사회구조적인 요인 때문에 발생하는 경우에는 간접적으로 통제하려는 노력을 하는 것 같습니다.

사실 입법자는 구성요건을 통해서 항상 차별을 할 수밖에 없기 때문에 한편으로는 입법형성의 자유 다른 한편에서는 국민의 입장에서는 평등한 보호, 평등한 기본권의 향유 이런 두 가지 요청을 적절하게 조정한다고 하는 것이 그렇게 쉬운 문제는 아닌 것 같습니다.

사 회 자 : 또 다른 많은 의견이 있으시겠지만 시간이 많이 초과해서 이런 정도로 그치겠습니다. 오늘 아주 훌륭한 발제와 또 열띤 토론을 해 주신 여러분들에게 다시 한 번 감사를 드립니다.

이상으로 헌법실무연구회 3월 월례회를 마치겠습니다.

감사합니다.

제64회(2006. 4. 7) 발표문

법적 추론에 대한 법철학적 고찰

– 헌법의 경우 –

김 현 철*

1. 법적 사고의 합리성과 법적 추론

– 합리성과 정당성

법을 실천한다는 것은 구체적인 사건에 법을 해석하고 적용하여 결론을 이끌어 내는 행위를 말한다. 이런 법실천은 반드시 법률가만 하는 것은 아니다. 같은 법체계를 가지고 있는 공동체 구성원은 누구라도 법실천을 할 수 있다. 하지만 법관의 법실천과 일반 시민의 법실천은 그 효과에서 상당히 다르다. 법관의 법실천은 국가의 공권력과 결합하여 강제력을 가지는 데 반해, 일반 시민의 법실천은 하나의 의견으로 주장될 뿐이다. 이런 의미에서 법관의 법실천은 권위에 근거한 법실천이다.

그런데 법실천 그 자체는 누구나 할 수 있듯이, 법실천에 대한 평가도 역시 누구나 할 수 있다. 특히 법관의 법실천도 이러한 평가에서 자유로울 수 없다. 적어도 법관의 법실천이 가지고 있는 권위에 대해서는 인정을 하겠지만, 그 권위의 정당성과 법실천의 정당성은 또 다른 평가의 대상이다.

이러한 정당성에 대한 평가는 다양한 관점에서 행해질 수 있다. 법의 이념에 근거한 평가도 가능하고, 사회 실상과 맞지 않는다는 점에서 부당하다는 평가를 할 수도 있다. 그러한 평가척도 중의 하나가 합리성이다. 합리성은 법에 대한 평가일 뿐만 아니라 모든 이론과 사고에 적용되는 중요한 평가척도이다. 적어도 현대 문명은 서구의 합리성이라는 가치 기준에 의해 성립된 것이다.

합리성이 법 이외의 다른 사고에서도 중요한 평가 기준이 된다는 것은 합리성이 정당화를 위한 설득력을 가지고 있다는 점을 의미한다. 즉 합리성이라는 가치는 합리적인 사고나 이론이 다른 사람들에게 설득력 있게 받아질 수 있다는 차원에서 정당성과 관련을 가진다.

* 이화여자대학교 법대 교수.

결론적으로 법실천이 정당화되기 위해서 필요한 다양한 평가 기준 중에, 합리성이라는 기준은 설득력 있는 한 가지 기준이 될 것이다.

- 법적 추론의 두 가지 : 연역적 추론과 귀납적 추론

법실천에 있어서 합리성을 확보하기 위해서 필요한 것이 무엇일까? 근대의 합리성이라는 것은 기본적으로 이성의 작용에 의한 논리적 사고를 의미하는 것으로 생각할 수 있다. 근대 철학에 있어 논리적 사고는 크게 두 가지의 형태로 구분 가능하다. 하나는 연역적 추론이고 또 하나는 귀납적 추론이다. 연역적 추론은 일정한 개념 속에 내포되어 있는 속성들을 풀어내는 것으로 이른바 분석적 판단에 해당하는 것이다. 분석적 판단은 이미 일정한 개념 속에 내포되어 있는 속성을 술어의 형식으로 도출해 내는 것이기 때문에, 외계에 대한 새로운 지식을 주는 것은 아니다.

귀납적 추론은 관찰 가능한 경험으로부터 일정한 원리를 도출해 내는 것이다. 귀납적 추론이 합리성을 담보하기 위해서는 보다 많은 사례군을 확보하여야 하며, 수많은 반증의 기회에도 불구하고 경험적으로 추출된 일정한 원리가 계속 타당한 것으로 유지되어야 한다.

법실천의 영역에서도 연역적 추론과 귀납적 추론은 중요한 합리성 확보 수단이 된다. 이러한 추론들을 사용하여 법실천에 있어서 내려진 판단이나 결론의 합리성을 확보하는 방식을 포괄하여 법적 추론(legal reasoning)이라고 부른다. 법적 추론은 논리적 추론의 방식을 기반으로 한다. 즉 논리적 추론의 합리성에 합당할 만한 추론 과정이 법적 논변에 존재할 때 법적 추론은 합리적 논증이 된다.

법적 추론이 무엇인지에 대해 명확한 정의를 하기는 어렵다. 맥코믹에 따르면 법적 추론이란 "법적 행위와 결정(법률과 판결)에 이유(reason)를 고안하고 숙고하거나 제공하는 과정, 혹은 법의 의미와 그 행위 관련성에 관한 이론에 정당화(justification)를 고안하고 숙고하거나 제공하는 과정"이라고 할 수 있다.[1] 법적 행위나 결정, 그리고 이에 관한 이론 구성 등을 법실천이라고 한다면, 결국 법적 추론이란 법실천에 이유를 대고 정당화를 시키는 모든 과정을 의미한다고 할 수 있을 것이다.

---

1) N. MacCormick, "Legal Reasoning and Interpretation," Encyclopedia of Philosophy Vol. 8(Routledge, 1998), 525면

– 법률적 삼단논법과 토픽법학 / IRAC

법적 추론에는 연역적 추론과 귀납적 추론 모두 가능하기는 하다. 그러나 전통적으로 법적 추론은 연역적 방식으로 행해졌다. 특히 법률적 삼단논법은 이런 연역적 추론의 대표적인 방법으로 알려졌으며, 법실천에 상당히 상응하는 것으로 이해되어 왔다. 법률적 삼단논법의 가장 일반적인 형식의 예는 다음과 같다.

(대전제) 만약 어떤 자가 사람을 살해하면, 그러면 사형, …의 형에 처하게 된다.
(소전제) 그런데 갑 등 모든 피고인은 살인자이다.
(결 론) 그러므로 갑 등 모든 피고인은 사형, …의 형에 처하게 된다.[2)]

법률적 삼단논법의 출발점은 대전제인 법규범이다.[3)] 근대법에서 법규범은 일정한 개념으로 구성된다. 특히 논리적으로 잘 구성된 실정법체계를 구상하려는 근대법학의 기획에서 개념은 중요한 도구가 된다. 상위 개념과 상위 개념에 내포되어 있는 하위 개념의 연관 관계를 통해 법실천의 논리적 사고를 담보할 수 있었던 것이다.

그러나 개념은 그 자체로 의미가 명확하게 확정되지 않는다. 하트는 개념의 핵(core)과 주변부(penumbra)가 존재하며, 개념의 주변부는 결국 법관의 법형성(재량)에 맡겨져 있다고 말한다. 드워킨도 판결하기 어려운 사건 즉 하드케이스(Hard Case)에서는 법규(legal rule)에 의하여 해결하기 어렵고, 그 사회의 공동체 규범의식(정치적 도덕성)에 근거한 원리(principle)를 고려하지 않을 수 없다고 말한다.

이러한 개념의 한계는 법규범을 대전제로 출발하는 법률적 삼단논법이 가지는 한계이기도 하다. 즉 법규범에 있는 개념을 해석하고, 소전제에 해당하는 사실관계를 해석된 개념의 내용과 연관시키는 작업(포섭)을 통해 일정한 결론을 도출하는 것이 법률적 삼단논법의 기본적 방식이기 때문이다. 포섭은 다음과 같은 방

2) 심헌섭, "법률적 삼단논법," 분석과 비판의 법철학, 282면; 이 예의 경우 대전제가 일반문의 형태로 되어 있다. 그러나 엄밀히 말하면 대전제는 규범문의 형태인 ' … 이어야 한다'라는 형식이 되어야 옳다. 그렇게 되면 당위명제인 대전제와 사실명제인 소전제로부터 역시 당위명제인 결론이 이끌어 지게 된다. 이것이 가능한가 라는 문제는 법논리학의 기본적 물음이 되고 있다. 이를 예르겐센(Joergensen)의 딜레마라고 한다.

3) 법규범은 법조문 그 자체라기보다는 법조문의 의미에서 구성된 것이다. 법조문은 법규범을 표현하는 하나의 코드(code)가 된다.

식으로 이루어진다.[4)]

대전제의 요건 T의 개념은 징표 M1, M2, M3에 의해 내포가 충족되며 외연이 확정된다.
소전제의 사실 S는 징표 M1, M2, M3을 보유하고 있다.
결론적으로 S는 T의 한 경우이다.

다시 말하면, 대전제의 요건 T의 개념이 가지는 징표를 밝히는 것이 해석이 되는데, 이런 해석은 모든 징표를 밝힐 수는 없을 뿐만 아니라 실제로 소전제인 사실 S를 고려하지 않으면 행해질 수 없다는 한계를 가지고 있는 것이다.

이런 점을 고려할 때 법적 추론에 있어서 사실 관계의 확정이 갖는 의미는 단순한 소전제 이상의 것이 될 수도 있다. 맥코믹 또한 이런 의미에서 제대로 된 실천적 추론이라면 결정과 관련된 사실을 적절히 고려하여야 한다고 하고 있다.[5)] 피벡의 토픽 법학은 이러한 관점에서 제안된 법학방법론이다.

토픽법학은 체계 중심적 사고가 아니라 문제 중심적 사고가 핵심에 있음을 주장한다. 주어진 문제 사례에서 논의의 쟁점을 도출하고(topoi) 이를 논의하면서 결론을 가장 잘 정당화 할 수 있는 법규를 찾아 나가는 것이 토픽 법학의 사고 구조이다. 영미에서 행해지는 IRAC이라는 방식도 이와 유사한 사고이다. 즉 토픽 법학과 IRAC은 연역적 추론의 대표적인 법률적 삼단논법에 대한 비판적 사고에서 비롯한 것이다. IRAC의 사고 구조는 다음과 같다.[6)]

(I) after identifying an Issue, you should
(R) state the legal Rule that will help resolve the issue
(A) Apply the rule to the relevant facts, and
(C) reach a Conclusion on the question of whether the facts satisfy the legal rule

이러한 법학방법론의 합리성은 어떻게 확보될 수 있을까? 결국 쟁점이 무엇인가를 도출하는 것의 합리성, 그 쟁점을 합리적으로 해결할 수 있는 법규의 발

4) 라렌츠/카나리스, 법학방법론, 허일태 역, 세종출판사, 2000, 123면의 내용을 필자가 수정
5) MacCormick, 위의 글, 525면
6) A. R. Calleros, Legal Method and Writing(Aspen law & business, 1998), 73면

견이 핵심이 될 것이다. 그런데 이는 연역적인 사고틀 속에서 추론될 수 있는 것은 아니다. 원리론(Dogmatic)이 아니라 결의론(Casuistic)적 사고이며, 연역적 추론보다는 귀납적 추론에 가까운 사고라고 할 수 있다. 결의론의 핵심은 사안을 다루는 공동체의 의사소통과 합의의 구조에 있으며, 귀납적 추론의 핵심은 보다 많은 사례군의 확보와 보다 많은 경험의 공유에 있는 것이다. 즉, 이때 합리성의 확보는 논증의 전제가 아니라 논증의 배경에 있다.

2. 법적 추론과 헌법의 해석

– 헌법 해석의 특성

법적 추론의 합리성은 일반적으로 법의 해석과 적용에 두루 통용되는 덕목이다. 다른 법 혹은 법률과 차이점을 가지고는 있지만 헌법도 법의 일종으로서 법적 추론이 적용되는 것은 당연하다. 문제는 헌법이 다른 법 혹은 법률에 비해 다른 특성들 때문에 법적 추론의 적용에 있어서 얼마만큼의 차이를 보이는가 하는 점이다.

헌법학자들은 "일반 법률의 기술법적 성격과는 달리 가치법적 내지 이념법적 성격을 가지는 헌법을 해석해서 정치현실에 실현시킨다고 하는 것은 어느 특정한 분쟁사건을 해결하기 위한 일반 법률의 해석과는 여러 가지 면에서 그 성질을 달리 한다"라고 하거나,[7] "문제되는 헌법조항의 다의성, 추상성, 개방성 때문에 헌법해석의 합리성, 정당성, 법적 안정성의 요청을 충족시키는 일은 그만큼 어려울 수밖에 없다"고 한다.[8] 그리고 이런 면에서 헌법재판제도의 존재의의가 있다고 한다.

즉, 헌법이 일반 법률과는 다르게 가치와 이념 그리고 정치적 현실을 고려해야 하고, 헌법조문이 다의적이고 추상적이기 때문에 헌법 해석은 일반 법률이 경우보다 특히 문제된다고 할 수 있다. 물론 헌법조문 모두가 그러한 것은 아니다. 헌법조문 중에는 일반 법률에서처럼 요건 개념이 명확한 것들도 있다. 하지만 헌법은 다른 일반 법률보다 훨씬 더 많은 추상적인 조문을 가지고 있다.

추상적인 조문을 많이 가지고 있는 헌법의 특색이 다른 일반 법률에 비해 질적인 차이를 가지는 것인가? 최대권 교수는 헌법은 한 나라의 법체계에서 최고의 효력을 가지는 규범이어서 세세하게 모든 내용을 규정할 필요도 없고 규정할 수

7) 허 영, 한국헌법론(신정판), 박영사, 1996, 66-67면
8) 최대권, 헌법학강의, 박영사, 2001, 110면

도 없을 것이며, 오히려 헌법-법률-명령-규칙의 법단계 속에서 규범의 내용을 구체화해 나가는 것이 효율적이고 합리적일 것이라는 헌법정책적인 판단이 헌법의 특색이라고 주장한다.[9] 이는 헌법이 가지는 질적인 차이를 얘기하고 있는 것이라 생각된다. 반면에 해석의 방식과 관련하여 본다면, 일반 법률의 일반조항도 헌법조문과 같은 추상성을 가지고 있기 때문에 헌법의 해석이 특별히 달라야 할 필요는 없다고도 할 수 있다. 이런 이유에 근거한 헌법 해석과 관련된 법학방법론은 기본적으로 사비니의 법해석의 캐논에서부터 출발하고 있다.

- 헌법 해석의 캐논

헌법학자들은 헌법해석의 준칙으로 헌법규범의 통일성/조화성 존중, 기능 존중, 체계성 존중을 들거나,[10] 헌법의 통일성, 기능적 과제, 사회안정적 요인 등을 들고 있다.[11] 그리고 헌법해석의 방법으로 흔히 전통적 해석방법으로 사비니의 문리적 해석, 논리적 해석, 목적론적 해석, 역사적 해석을 헌법해석과 관련시킨 포르스트호프의 해석방법론을 들고 있다.[12] 또 현대적 해석방법으로는 스멘트의 현실기준적 해석방법, 엠케, 크릴레, 헤세, 뮐러 등의 헌법이념합치적 해석방법, 뵈켄푀르데의 절충적 해석방법, 토픽적 방법론 등을 들고 있다.

현대적 해석방법은 결국 법률 일반에 적용되는 사비니의 전통적 방법론으로는 요건과 효과가 분명한 헌법의 몇몇 조항은 잘 해석하여 정당성을 얻을 수 있겠지만, 그렇지 않은 추상적이고 모호한 몇몇 조항을 해석하는 것은 부족할 수 있다는 관점에서 시작된 것이다. 왜냐하면 사비니의 해석 방법론은 기본적으로

9) 최대권, 위의 책, 114면

10) 권영성, 헌법학원론(개정판), 박영사, 2004, 23면

11) 허영, 앞의 책, 74면

12) 그러면 마지막으로 헌법해석에 있어서 전통적 해석방법이 어떻게 작용하는지를 결론적으로 서술하여 보자. 우선 법해석에 있어서는 그리고 헌법해석에 있어서도 가장 먼저 법문의 자연적, 통상적인 의미에 따라 그 뜻을 새겨야 한다. 이를 문리해석이라고 하는데, 이러한 문리해석에 의하여 그 뜻이 분명하여진다면 달리 다른 해석방법에 의존할 이유나 필요가 없게 된다. 그러므로 문리해석에 의하여도 아직 그 뜻이 불분명하다든지 불합리하거나 서로 모순되는 결과를 가져온다든지 하는 경우에 비로소 다른 해석방법의 도움을 얻어 그 뜻을 찾아내게 된다. 이처럼 헌법해석은 일차적으로는 문리해석에 의하여 행하고 이차적으로만 논리해석이나 역사적 해석 또는 목적해석에 의하여 행한다고 할 수 있다. 그리고 이러한 명제 이상 또는 이 명제 이외에 꼭 어떠한 해석방법에 의하여 해석하여야 한다고 말할 수 있는 해석방법은 없다. 다만 헌법해석의 경우에 문리해석보다는 운명적이라고 할 만큼 논리해석, 역사적 해석 및 목적해석에 의하여 문제가 풀리는 경우가 단연 많다고 말할 수 있다. 이리하여 헌법해석에 있어서 특이하게 많이 나타나는 통일적, 조화적 해석의 원칙이나 비교(이익)형량의 문제는 논리해석이나 역사적 해석, 목적 해석 등의 헌법규범에의 응용원리에 지나지 아니한다. 이러한 헌법해석방법이나 원리를 동원하여 도달하려는 합리적인 헌법해석이란 궁극적으로 이성에 바탕을 둔 헌법적 원리의 천명일 수밖에 없다. 최대권, 위의 책, 128-129면

문리 해석을 출발점으로 하고 예외적인 경우에 다른 해석방법을 적용하는 것인데 반해, 헌법의 조항들은 문리 해석을 출발점으로 하기 어려울 정도의 가치와 이념에 관련된 추상성을 가지고 있기 때문이다. 예를 들어 우리 헌법 제11조의 인간의 존엄과 가치, 행복추구권, 제12조의 평등권 등은 애초부터 문언의 개념이 이미 내포하고 있는 속성들 혹은 하위 개념들을 추론할 수 있는 개념들이 아닌 것이다.

그럼에도 불구하고 헌법 해석의 여러 방법들은 단순한 방법론상의 상이함 이전에 헌법에 대한 가치관의 차이를 드러낸다. 포르스트호프는 새로운 헌법해석론에 대해 "해석이라는 수단을 씀으로써 접근할 수 있는 내용과 규범의 외부에 놓여 있는 것이기 때문이며, 내용상 법률개념의 해결, 해체를 의미하는 고전적 해석기법의 원칙들을 포기하는 것은 규범으로부터 명확성을 빼앗는 것과 같기 때문"이라고 주장한다.[13] 이에 반해 새로운 헌법해석론들은 헌법 규범의 명확성 보다 가치성, 이념성을 중요하게 생각하며, 명확성의 확보도 헌법 문언에 근거하는 것이 아니라 사회적 컨센서스와 같은 다른 방식에 의해야 한다고 생각하는 것이다.

- 헌법에 있어서 법적 추론과 자의성 축소

그렇다면 헌법에 있어서 법적 추론은 헌법이 가지는 특성에 대한 가치 판단을 전제로 하여 그 방법론을 접근하여야 할 것이다. 그런데 그러한 특성에 대한 판단은 전체적으로 이렇다 저렇다라고 할 수 있겠지만, 구체적인 방법론의 차원에서는 다양한 종류의 헌법조항이 있음을 인정하여야 할 것이다.

이미 잘 알려져 있듯이, 원래 헌법은 국가의 조직규범이다. 그런 의미에서 헌법이 원래부터 최고성을 가졌던 것은 아니며, 헌법을 정점으로 한 법체계의 관념이 오래된 상식이었던 것도 아니다. 법사상사의 관점으로 보면 상위 규범과 하위 규범의 체계화가 이루어지고, 상위 규범과 하위 규범 간에 충돌이나 모순이 있을 경우 상위 규범을 우선시 한 것은 자연법적 사고에서부터이다. 즉 스토아 학파의 자연법 이론에서 유래한 3법론이 영원법(lex aeterna), 자연법(lex naturalis), 현세법(lex temporalis)으로 나누고, 자연법에 어긋나는 현세법의 효력을 부정하면서 법체계의 위계에 대한 사고가 시작되었다.

고전적 의미의 헌법 즉 국가의 조직법은 이러한 자연법적 사고에서 현세법에 속하는 것이지, 자연법에 속하는 것은 아니다. 자연법은 인간의 이성에 대한 자명한 본성에서부터 유래하는 여러 원리로 이루어 진 것이며, 근대에는 자연권도 함

13) 라렌츠/카나리스, 위의 책, 237면

축하는 것으로 대체로 생각되었다. 이러한 자연법적 원리와 자연권의 내용이 헌법의 차원에 수용되게 되면서, 헌법은 다른 실정법에 대해 최고성을 가지게 되었던 것이다. 즉 자연법의 권위와 효력은 헌법의 차원으로 이전된 것이다.

따라서 헌법 속에는 법사상사적으로 관념할 때 자연법 혹은 자연권에서 파생된 규범과 현세법으로서의 국가조직법에서 파생된 규범이 혼재되어 있다. 토마스 아퀴나스는 자연법에서 현세법(인정법; lex humana)으로 이르는 과정은 연역(conclusio)과 특정(determinatio)의 방식에 의한다고 하고 있다. 연역이란 본성에서 이끌어 낸 행위규칙을 역사적 상황에 적용하는 것이고, 특정이란 자연법의 범위 내에서 본성의 목적을 위하여 자연법의 모호하고 부족한 내용에 필요한 것을 추가하는 방식을 의미한다. 즉, 헌법의 규정 중에서 추상적이고 모호한 많은 규정은 이러한 자연법적 방법론과 밀접한 연관을 가지는 것이며, 따라서 헌법에서의 법적 추론을 모두 사비니의 법실증주의적 방식에 담을 이유는 역사적으로 없는 것이다.

문제는 이러한 연역과 특정의 방식이 갖는 자의성에 있다. 이는 자연법이 자체가 갖는 모호함과도 관계되어 있는 것이다. 그러나 형식만 놓고 보면 인간의 존엄이나 가치 혹은 평등에 관한 헌법의 조항은 자연법을 이해하는 것에 못지않은 모호함이나 자의성이 나타날 수 있는 것이다. 어쨌든 자의성을 줄이고 객관성과 합리성을 확보함으로써 설득력 있는 정당한 헌법 해석이 되기 위해서 필요한 것을 찾는 것이 관건이 된다.

독일에서 그 기준으로 "이성적이고 공정한 판단을 할 수 있는 사람들의 합의"를 드는 엠케나, 규범의 구체화과정의 방법적 합리화를 도모하는 뮐러, 윤곽규범으로서의 헌법의 기속력을 인정하려는 뵈켄푀르데 등의 모색은 이러한 자의성 축소에 관련된 경향으로 생각할 수 있다.

3. 실천적 추론으로서의 법적 추론

- 법적 추론과 근거지음

그렇다면 구체적으로 헌법에 적용될 수 있는 법적 추론은 어떤 형태의 것이 될 것인가? 이를 얘기하기 위해서 법적 추론 즉 Legal Reasoning에 대해 다시 한 번 생각해 본다. 간단히 생각하면 추론이란 말 그대로 근거/이유(reason)를 대는 작업이라고 할 수 있다. 즉 어떤 실천적인 판단을 하기 위해서는 자기 자신을 설득하든지 혹은 다른 사람을 설득하는 것이 필요한데 그런 설득은 근거나 이유를 대어 나가는 작업을 통하여 이루어 질 수 있는 것이다.

우리가 어떤 행위를 한다고 하자. 그 행위를 하는 데에는 나름대로의 근거(reason)가 존재할 것이다. 예를 들어 내가 후배를 때렸다고 하자. 내가 후배를 때린 데에는 어떤 근거나 이유가 있을 것이다. 만일 내가 그 후배에게 담배 심부름을 시켰는데 그 후배가 그 심부름을 거절했다면, 그것은 나의 구타행위의 근거 혹은 이유가 될 수 있을 것이다. 이 경우 후배가 나의 심부름을 거절한 것은 하나의 근거 혹은 이유이지만, 그것은 나의 행위를 해명하기 위한 주관적인 근거에 불과하다. 다시 말해서 내가 행한 구타라는 행위의 동기(motive)에 해당하며 그 동기는 나의 일정한 욕구가 좌절되었다는 것과 관련된다.[14] 그런데 나의 친구가 나의 행위를 보고 "후배가 너의 심부름을 거절했다는 것은 후배를 때릴 만한 이유가 못된다"고 말했다고 하자. 이때 내 친구의 말속에 들어 있는 이유라는 것은 앞서 말한 구타의 동기인 주관적인 근거와는 다른 측면을 가지고 있다. 그것은 나의 행위가 정당화되는지 아닌지에 대한 객관적인 평가를 내리고 있는 것이다.

위의 예에서 후배를 구타한 것에 대한 나의 이유는 해명적 혹은 주관적 근거라고 할 수 있고, 내 친구가 내 행위에 대해 "이유 없다"라고 말할 때 그 이유는 정당화적 혹은 객관적 근거라고 할 수 있다.[15] 이 근거의 중요한 기능은 행위를 평가한다는 점에 있다. 즉, 우리는 정당화적 근거를 통해 어떤 행위가 옳은지 혹은 최선인지를 평가한다. 그리고 해명적 근거를 통해 행위의 일관성을 평가한다. 예를 들어 내가 친구와 약속한 행위를 이행하였을 때 "약속은 지켜야 한다"라는 도덕 원리는 내 행위에 대한 정당화 근거가 될 것이고 따라서 그 근거에 의해 내 행위는 옳은 행위가 되는 것이다. 그런데 내가 오늘 비가 올 것이라고 생각하면서 우산 대신 지팡이를 들고 나온다고 하자. 그렇다면 내가 지팡이를 들고 나온 이유는 오늘 비가 온다고 생각했기 때문이다. 그렇다면 이런 나의 이유는 내 행위의 합리성을 평가하는 기준이 된다. 즉, 비가 온다고 생각하는데 지팡이를 들고 나온 것은 합리적이지 않다는 평가를 내리는 근거가 된다. 따라서 모든 근거는 어떻게든 평가를 위한 기준이 된다.

그런데 여기서 다시 처음의 예로 돌아가 보자. 즉 내가 후배를 때린 것은 후배가 나의 담배 심부름을 거절했기 때문이다. 이 예에서 내가 후배를 때린 것에

---

14) Grice는 해명적 근거는 욕망과 필연적 연관이 없다고 주장한다. 왜냐하면 행위의 근거는 논리적으로 욕망과 무관하게 생길 수 있기 때문이다. 따라서 일반적인 관점에서 해명적 근거를 동기에만 연관시키는 것이 타당하다. 그러나 이 경우에는 욕구에도 관련된다. Grice, "Motive and Reason," Practical Reasoning, ed., Raz, 1978, 171면

15) Raz, "introduction", Practical Reasoning, ed., Raz, 1978, 2-4면

는 해명적 근거만 있는가? 다시 한 번 생각해 보면, 나는 나 나름대로 "후배는 선배의 말에 복종해야 한다"라는 일종의 정당화 근거를 가지고 있다는 점을 알 수 있다. 따라서 이점에서 본다면 주관적인 믿음의 차원(이 경우 후배가 선배의 말에 복종해야 한다는 것은 객관적으로 정당화되지 않는다)에서 존재하는 정당화 근거도 있다고 할 수 있다. 그러나 이런 정당화 근거는 일반적인 의미에서 정당화 근거라고 할 수 없다. 왜냐하면 일반적으로 승인되는 도덕원리에 합치하지 않기 때문이다. 이 점을 생각한다면 객관적인 정당화 근거는 일반적으로 승인되는 도덕원리를 기준으로 하는 한 이 도덕원리와 밀접한 관련을 가진다.

이 정당화 근거가 하는 기능은 결국 일정한 행위를 하기 위한 실천적 숙고에서 하나의 전제로 사용된다. 그렇다면 정당화 근거에서 일정한 행위의 결정으로 이어지는 실천적 과정은 하나의 논리적 과정이라고 할 수 있을 것이다. 이것이 실천적 추론(practical reasoning)이다.[16] 라즈에 따르면 이런 실천적 근거지음에서 근거(reason)는 개념적으로 다음의 세 가지로 구분할 수 있다. 첫째 완전 근거(complete reason)로서 이는 결론을 도출하는데 있어 전혀 잉여의 전제가 필요없는 그런 전제들의 집합으로 구성된다. 즉 완전 근거에서 일정한 실천적 결론은 이미 전제들의 집합 속에 포함되어 있는 것이므로 논리적으로 자명하게 도출된다. 두 번째가 수행 근거(operative reason)이다. 이는 자체로 행위의 완전 근거가 될 수 있는 전제이다. 그러나 대부분의 경우 수행 근거는 일정한 보조를 받아야 한다. 세 번째가 수행 근거를 만족시키기 위한 수단을 지칭하는 사실판단인 보조근거(auxiliary reason)이다.[17] 많은 경우 실천적 추론이 완전 근거에서 시작하지는 않으며 대부분 수행 근거와 보조 근거를 통해 실천적 추론이 이루어진다.

- 정당화 근거와 법규범

이런 근거들은 규범과 어떤 관련을 가지는가? 여기에 대해서는 두 가지의 관련을 생각할 수 있다. 그것은 정당화 근거를 객관적이게 하는 기준으로 규칙이나 원리가 주어져야 하므로 그런 한도에서 규범과 근거가 관련을 가진다는 것이고,

16) 이에 대해서는 Raz, Practical Reason and Norm, 1975, 15면; 케니는 실천적 근거지음의 경우 필요조건이 아닌 충분조건에 근거한 논리가 전제된다고 주장한다. A. Kenny, "Practical Reasoning and Rational Appetite," in Raz(ed.) 위의 책, 63면; 물론 실천적 근거지음을 이해하는 다양한 방식들이 실천적 근거지음이 논리적 방식이라는데 모두 동의하는 것은 아니다. 때에 따라서는 실천적 추론은 일정한 행위나 의도를 산출하기 위한 심리적 과정을 의미하기도 하고 또 때에 따라서는 일정한 행위를 설명 혹은 예견하는 논리적 추론(logical inference)을 의미하기도 한다. 그러나 여기서는 실천적 근거지음을 행위를 평가하고 지시하기 위한 논리적 추론을 의미하는 것으로 한정한다. 이것 역시 라즈의 제안이다. Raz, 같은 책, 같은 면

17) Raz, 위의 책, 1975, 15면

다른 하나는 규칙이나 원리가 그 자체로 정당화 근거가 되는 것이다. 라즈는 규칙이나 원리가 그 자체로 정당화 근거로 작용할 수 있다고 생각한다. 특히 강제규칙(mandatory rule)은 그 자체 배제적 근거(exclusive reason)로 작용할 수 있다는 것이다.[18)]

그러나 이에 대해서 근거를 규범이 아니라 사실(fact)로만 보아야 한다는 입장이 있다.[19)] 예를 들어 "만일 자동차 사고로 상대방에게 손해를 입혔다면, 이를 배상해야 한다"라는 강제규칙이 있고, 정말 자동차 사고로 상대방에게 손해를 입혔다면 상대방에게 배상을 해야 할 것이다. 라즈 식으로 말하자면 이 예에서 규칙의 존재는 수행근거가 되고 자동차 사고로 손해를 입힌 것은 보조규칙이 될 것이고 이 양자는 상대방의 손해를 배상해 주기 위한 배제적 근거가 될 것이다. 그러나 하게는 이 경우 자동차 사고로 손해를 입혔기 때문에 배상한다고 그 근거를 대면 충분하다고 생각한다. 일상용어로 말하자면 누가 "너 왜 돈 물어줬냐"라고 묻는다면 "응, 내가 사고 냈어"라고 말하는 것으로 충분하고 "응 내가 사고 냈는데 우리 법에 자동차 사고로 상대방에게 손해를 입히면 그것을 배상하라는 법이 있어서"라고 대답하지 않는다는 것이다. 그러나 "상대방에게 손해를 입혔을 때는 이를 배상하라"라는 규범이 심리적인 사고 과정에서 직접 근거로 작용하는 것은 아니라고 해도, 만일 누군가가 "네가 왜 돈을 물어주어야 하지?"라고 행위의 근거를 비판적으로 묻는 질문을 할 경우에는 이에 대해 그 규범이 존재한다는 것을 결국에는 결정적인 근거로 들 수밖에는 없을 것이다. 이 점은 대단히 중요한 점이라고 생각된다. 즉 일정한 행위를 결정하는 과정 속에서만 정당화 근거를 파악하는 견해는 이 점을 놓치고 있다. 우리가 근거를 묻는 경우는 어떤 행위를 했을 때뿐만 아니라 그 행위를 사후에 평가할 때도 있는 것이다.[20)]

---

18) Raz, "Reasons for Action, Decisions and Norms," in Raz(ed.) 위의 책, 1978, 138-142면; 정확히 말하면 라즈는 강제규칙 뿐만 아니라 그 강제규칙이 규율하는 사실도 함께 배제적 근거가 된다고 본다; 배제적 근거와 규범에 대한 요약된 설명으로는 심헌섭, "규범의 일반이론에 관한 연구-서론적 고찰-" 법학(서울대) 제37권 3·4호, 1996, 5-7면 참조

19) Jaap C. Hage, Reasoning with Rules, Kluwer Academic Publishers, Dordrecht, 1997, 20면; 하게는 나아가 그 사실들을 일종의 제도적 사실이라고 할 수 있는 근거에 기초한 사실(reason-based fact)이라고 부른다. Hage, 같은 책, 30면; 그러나 제도적 사실이라고 하는 것을 존재와 당위의 논리적 상관관계에서 어떻게 이해하여야 할 것인가는 여전히 문제이다. 이점에 대해서, 심헌섭, 법철학1, 1982, 241-242면

20) 어쨌든 라즈를 비판하는 하게도 의무적 근거(deontic reason)를 인정한다. 물론 그 근거는 규범 자체는 아니고 일종의 제도적 사실들이다. Hage, 위의 책, 1997, 65-70면

- 실천적 추론과 법적 추론

법적 추론에 대한 최근의 연구는 법적 추론을 이러한 실천적 추론의 일부로 자리매김하려고 한다.21) 실천적 추론의 일부로 법적 추론을 본다는 것은 기본적으로 구체적인 사안에서 근거대기를 시작한다는 뜻을 함축하고 있다. 따라서 실천적 추론의 관점에서 본다면, 법적 추론은 사실관계의 정확한 진술에 의해 구성된 사실에서 행한 구체적 판단과 행위에 대한 관심이 먼저 고려되고, 그에 대한 근거를 따져 나가는 방식이 될 것이다.

기본적으로 법적 추론에서 일정한 판단이나 행위에 대한 근거는 우선적으로 법규가 될 것이다. 그런데 그 법규를 근거로서 대는 방식에는 기존의 연역적 추론에 근거한 방식이 있을 수 있고, 그렇지 않은 또 다른 방식이 있을 수도 있다.

코흐/뤼스만은 법률적 삼단논법을 세련된 형태로 정식화한다. 예를 들어 법률적 삼단논법의 가장 단순한 형태는 아래와 같다.22)

모든 x에 대해서 다음이 타당하다: x가 살인자이면,
x는 종신형에 처해져야만 한다.
a는 살인자이다.
그러므로 a는 종신형에 처해진다.

그러나 이 형식을 근거대기의 연쇄로 좀 더 확장하면 다음과 같이 된다.

모든 x에 대해 다음이 타당하다: x가 모살을 했다면,
x는 종신형에 처해져야 한다.
x가 비열하게 사람을 죽였다면 x는 모살자이다.
x가 간악하게 사람을 죽였다면 그는 비열하게 죽인 것이다.
a는 간악하게 사람을 죽였다.
그러므로 a는 종신형에 처해져야 한다.

---

21) 예를 들어 MacCormick, Legal Reasoning and Legal Theory, Clarendon Press, 1978

22) 이하의 예는 김영환, 법철학의 근본문제, 홍문사, 2006, 314면; 심헌섭 교수는 코흐/뤼스만 연역추론이 내적 정당화되는 추론으로 파악하고 일종의 연역원리가 될 수 있다고 한다. 다만 논리적으로 연역은 되지만 반드시 그런 결론이 나와야 될 당위성의 근거는 없다고 한다. 즉 법추론의 연역원리는 구체적 법적 판단의 근거지음의 '전부'를 나타내지는 않는다는 것이다. 심헌섭, "합리적 법학방법론," 분석과 비판의 법철학, 법문사, 211-212면

이는 가장 단순한 형태의 법률적 삼단논법을 실천적 추론의 형태로 변형한 연역추론의 방식이라 할 수 있다. 하지만 이 추론 형태는 모살이라는 개념 속에 내포되어 있는 속성을 분석한 것이 아니라, 모살이라는 개념의 예시를 열거하고 있는 데 불과하다. 즉 모살은 비열한 살인, 간악한 살인을 내함하고 있는 것이 아니기 때문에, 코흐/뤼스만 모델은 궁극적으로 연역적 모델이 되지 못한다.

이에 대해 툴민의 모델은 또 다른 형태의 추론 형태를 보여 준다.

D(데이타: A는 살인자이다) – K(결론: A는 종신형에 처해진다)
SR(추론규칙: 모든 살인자는 종신형에 처해져야만 한다)
S(지원규칙: 독일형법 제211조)

이 모델은 D-K의 관계는 아무런 근거지음을 가지지 못한다는 것을 밝힌 점에 그 의의가 있다. 즉 D-K 관계가 설득력 있는 합리적인 논증이 되기 위해서는 추론규칙과 지원규칙의 도움을 받아야 하며, 이때 추론규칙과 지원규칙은 좋은 근거(reason)가 되는 것이다.

이처럼 실천적 추론의 일종으로 법적 추론을 볼 경우를 추상적인 헌법 규정 해석에 적용해 보면 다음과 같은 함의가 나온다. 첫째, 해석을 연역적으로 정당화하기는 어렵다. 둘째, 해석의 합리성을 실천적 추론의 방식으로 새길 경우, 구체적 사안에 대한 판단이 우선된다. 이는 헌법의 해석은 헌법 조문의 해석이 아니라 헌법 사건과 관련된 조문의 해석이라는 뜻을 가진다. 셋째, 헌법 해석에 대한 근거는 헌법전에 있는 조항의 문구만으로는 부족하다. 즉 수행근거와 보조근거 모두를 고려해야 하며, 법규범만 정당화 근거가 아니라 일정한 사실도 정당화 근거가 될 수 있다. 다시 말하면, 헌법적 판단이 합리성을 갖기 위해서는 헌법이 놓여진 맥락과 배경 모두가 근거가 되어 이를 정당화할 수 있어야 한다.

4. 법적 추론과 규범의 구체화

– 규범의 구체화와 헌법 재판

앞서 얘기한 내용은 두 가지로 요약된다. 첫째는 헌법의 추상적인 규정은 법사상사적으로 자연법 혹은 자연권에서 유래한 것으로 이미 과거에서부터 연역과 특정을 통한 구체화가 문제가 되었던 사항이라는 것이며, 둘째는 법적 추론을 실천적 추론의 일부로 새길 경우 구체적 헌법 사건에 대한 판단의 합리적 근거를 찾아 나가는 것이 중요하다는 것이다. 그렇다면 규범의 구체화는 어떻게 가능할 수 있을까?

먼저 헌법의 추상적인 규정들은 법률에 있어 일반 조항(general clause)과 비슷한 성격을 가지고 있다. 사실 법률의 일반 조항들도 상당수는 자연법적 혹은 관습법적 원리에서부터 유래한 것들이다. 그리고 법률의 일반 조항은 개념의 문제라기보다는 문장 단위로 사고해야 하는 원리의 문제들에 관계된다. 그런데 그 일반 조항은 상당한 크기의 일반성, 추상성, 불확정성을 가진 규범으로 파악된다. 이 점에서 단순히 일반성, 추상성, 불확정성만으로 그 특성을 포착할 수 없는 가치/평가 충족성을 가지고 있는 헌법의 추상적 규정들과 일반 조항은 개념적으로 구분된다.[23] 그럼에도 불구하고 헌법의 추상적인 규정들은 일반 조항의 내용을 구체적 법원의 판단에 의해 채워 넣는 것과 유사하게 헌법 재판을 통해 그 내용을 구체화해 나간다는 점에서 유사성이 있다.

즉 규범의 구체화에 관련된 첫 번째 계기는 구체화 방법론이 아닐 구체화의 주체이다. 그 점에서 헌법 재판이 헌법 해석에 있어서 가지는 의의는 일반적인 법원의 재판이 법(일반조항이 아닌) 해석에 있어서 가지는 의의보다 더 크다. 다시 말해서 법원의 재판이 법규에 구속받는 정도에 비해, 헌법 재판이 법규에 구속받는 정도는 다르다. 왜냐하면 헌법 재판의 법규는 앞서 얘기한 일반 조항의 특색을 가지고 있는 경우가 일반 법률보다 훨씬 더 많을 뿐 아니라, 헌법의 특성상 가치, 이념, 정치현실 등을 고려하지 않을 수 없기 때문이다.

- 규범의 구체화와 법체계

또한 규범의 구체화는 헌법 재판에게만 주어진 것이 아니다. 앞서 언급한 대로 헌법의 추상성은 헌법에 구체적으로 모든 것을 규율하는 것 대신에, 헌법-법률-명령-규칙 등으로 이어지는 법체계 속에서 단계적으로 규율하는 것이 훨씬 합리적이고 효율적이라는 고려와도 관련되어 있기 때문이다. 이런 이유에서, 그리고 헌법이 정한 수권에 의해서 의회 즉 국회가 법률을 제정하는 것 자체가 하나의 규범의 구체화가 된다.

다만 의회가 제정한 법률을 통해 규범을 구체화하는 것은 의회가 국민의 대표자라는 측면에서 정당성을 가지기는 하지만, 헌법의 특성상 최고의 권위를 가지지는 못한다. 왜냐하면 의회에서 제정한 법률에 대해서 헌법재판을 통해 위헌

23) 일반 조항에 가치충족적인 요소가 없다는 것은 아니다. 일반 조항의 개념에서 가치충족적인 요소는 필요충분조건이 아니라는 의미이다.

으로 판정할 수 있기 때문이다. 따라서 의회가 행하는 규범 구체화 행위는 궁극적으로 헌법이 부여한 헌법 재판의 권위에 의한 최종 판정을 한계로 하는 규범 구체화 행위라고 할 수 있다.

이러한 사고를 확장하면, 명령/규칙에 대한 위헌여부를 심사할 수 있는 대법원도 규범 구체화 기관이 될 수 있으며, 합헌적 법률에 따라 명령/규칙을 제정하는 행정기관도 규범 구체화 기관이 될 수 있는 것이다. 다만 규범 구체화가 각 기관의 이해관계에 따라 자의성을 갖지 않고 통일되고 조화롭게 되기 위해서는 규범 구체화에 대한 최종적인 판정 기관으로서 헌법 재판의 우위를 인정하여야 할 것이다.

– 규범 구체화의 방법론 : 기능적 방법

규범 구체화의 방법론은 일종의 법형성에 가까운 내용을 가진다. 그러나 어떻게 법형성을 할 것인가라는 문제 즉 포지티브한 문제에 대해서는 방법론이 대답하지 못한다. 실제로 규범 구체화의 문제에 대해서 연역적 방법론이 무용한 것도 그 이유가 된다. 헌법의 추상적 조항은 그 추상성과 일반성이 너무 심해서 그에 포섭되는 내용을 도출하거나 해석할 수가 없는 것이다. 즉 예를 들어 "인간의 존엄과 가치"라는 헌법 개념이 내포하고 있는 것들을 해석해 내는 것은 너무나 어려운 일이다.

그러나 반대로 그 법형성이 정당한가라는 물음 즉 네가티브한 문제에 대해서는 방법론이 대답해 줄 수 있다. 먼 길을 돌아왔지만 헌법 해석에 있어서 연역적 추론보다 실천적 추론의 방식이 중요하다는 앞선 얘기는 결국 규범 구체화의 문제는 네가티브하게 판단할 수밖에 없다는 주장에 대한 근거가 된다. 즉 실천적 추론의 함의들 사건의 중요성과 근거를 대어 가는 것의 중요함 그리고 일관성 등은 헌법의 추상적 조항에 대해 법형성을 하는 기관들이 행한 법형성의 합리성을 테스트할 때 사용될 수 있는 덕목들이다. 다시 말해서 헌법 재판에 대해 과연 설득력 있는 논거를 대어서 합리적으로 추론하고 있는지를 물을 수 있는 것이다. 그리고 이때의 논거는 오로지 법규 특히 헌법 조항만을 뜻하는 것이 아님은 물론이다. 이런 네가티브한 실천적 추론의 방법은 합리성을 확보하기 위한 기능적 방법이 될 수 있다.

– 규범 구체화와 드워킨의 구성적 해석 : 절차적 방법

드워킨의 구성적 해석의 이론은 이런 의미에서 실천적 추론으로서의 헌법 추

론이 가지는 특성과 부합하게 된다. 드워킨의 이론은 3단계로 나누어진다.[24] 첫 단계는 해석 이전의 단계로서 해석을 위한 여러 가지 배경 조건들과 사전 지식을 보유하는 단계이며, 두 번째 단계는 해석의 단계로서 해석을 위한 해석 이전 단계의 여러 조건과 지식에 맞추어 정당화를 하는 단계이며, 세 번째 단계는 해석 이후의 단계로서 해석의 결과와 배경 조건 및 제도가 서로 잘 부합할 수 있도록 하는 단계이다.

이런 구성적 해석은 해석적 실천으로 관념되는데 이 해석적 실천에 있어 드워킨은 반성적 평형(reflective equilibrium)의 기법을 동원하고 있다. 이 반성적 평형은 직관을 얻은 제 도덕 판단과 이를 정당화하는 이론들을 상호 조정하여 정합적인 평형에 이르는 기법이다. 즉 반성적 평형의 기법은 일정한 판단과 결정이 일응(frima facie) 행해졌을 때 그 판단과 결정의 합리성을 확보하기 위해 그 판단과 결정을 정당화하는 이론 즉 근거와 서로 모순되지 않고 정합할 수 있도록 끊임없이 최초 판단과 결정을 수정해 나가는 과정이 된다. 따라서 헌법적 판단과 결정도 그것을 정당화해 주는 근거와의 사이에서 합리성을 찾아 나가는 방법의 하나로 반성적 평형의 방법을 고려할 수 있을 것이다. 이런 의미에서 반성적 평형은 실천적 추론의 정당성을 확보할 수 있는 절차적 방법으로 기능할 수 있을 것이다.

- 규범 구체화와 제도적 사실

그러나 규범 구체화의 기능적, 절차적 방법에 의한다 하더라도 최종적인 합리성 판단은 부족할 수 있을 것이다. 왜냐하면, 실천적 추론의 기능적 방법은 어떠한 그 자체로 타당한 실체와의 부합을 의미하는 것이 아니라, 끝없는 근거에 대한 물음이라는 의미를 가지고 있고, 절차적 방법은 판단과 근거와의 일관성을 위한 절차적 조정을 의미하는 것일 뿐이어서 여전히 자의적인 부분이 남아 있을 수 있기 때문이다. 즉 실천적 추론의 기능적, 절차적 방법은 형식적인 역할을 할 뿐 실체적인 기반이 되지 못한다. 그런 이유에서 형식적 합리성을 보완할 수 있는 실체에 대한 이론의 필요성이 존재한다.

이 이론이 형식적 합리성을 보완할 수 있는 실체에 대한 것이 되려면 가능한 전략 중의 하나는 일정한 경험적 사실에서 합리성을 테스트하는 것이 될 것이다. 그러나 그 사실은 적나라한 사실(brute fact)은 아니다. 왜냐하면 이 사실은 그 사회의 규범체계와 일정한 관련을 맺는 사실이기 때문이다. 즉 이 사실은 그 자체

24) 장영민, "드워킨의 권리와 원리의 법철학," 현대법철학의 흐름, 법문사, 1996

로 하나의 사실이지만, 일정한 규범적 결론들에 대한 근거가 될 수 있는 사실이기 때문에 그 자체 규범적인 속성을 지니고 있지 않으면 안 된다. 따라서 이런 사실은 규범적인 사실 다른 말로 제도적 사실(institutional fact)이라고 할 수 있다.[25)]

이런 제도적 사실의 이론은 다음과 같은 특징을 가지고 있다. 첫째, 제도적 사실은 일종의 사실이다. 따라서 논증에 의해 그 내용이 바뀌거나 하는 것이 아니라, 제도적 사실은 규범과 제도, 문화와 언어 등과 같은 관련된 사실들이 변화함으로써 그 내용이 바뀐다. 이런 특징은 논증의 무한한 상대주의를 규제할 수 있는 틀이 된다는 것을 의미한다.

둘째, 제도적 사실은 규범체계와 관련된 사실이다. 즉, 어떤 주장이나 결정을 헌법상의 기본권 조항으로부터 정당화할 수 있도록 하는 규범체계의 존재는 제도적 사실에서 필수적인 부분이다. 즉 헌법에서 규정해 놓은 기본권의 목록, 헌법재판 제도의 존재, 헌법 재판에 대한 국민의 의식과 그와 관련된 다양한 활동과 토론 등은 모두 제도적 사실을 구성하는 주요한 원인이 된다.

셋째, 제도적 사실은 그 자체로 규범 구체와에 대한 중요한 근거가 된다. 제도적 사실이 근거가 된다는 것은 "그 규범이 하나의 사실로서 현재 존재한다는 바로 그 사실"이 문제가 되는 것이다. 따라서 제도적 사실은 실천적 추론과는 다른 차원에서 권리에 대한 근거로 사용될 수 있다. 즉 그 사회에 사실상 존재하는 제도적 사실들이 일정한 주장을 정당화하는데 있어 법규가 하는 역할의 나머지 부분을 담당한다. 하게는 이런 제도적 사실들을 근거에 기반한 사실(reason-based fact)라고 부른다.[26)]

25) 제도적 사실의 이론은 영국의 철학자 썰에 의해 최초로 주장되었다. "어떤 신문도 다음과 같은 종류의 사실을 기록한다. 스미드씨는 존스양과 결혼하였다. 다저스는 자이언트를 11회에서 3대2로 이겼다. 그린은 절도죄로 체포되었다. 그리고 국회는 시행령을 통과시켰다. (중략) 즉 이러한 사실의 진술은 실상의 물리적 또는 심리적 성질에 대한 진술의 단순한 집합으로 환원될 수는 없다. 결혼식, 야구경기, 재판, 그리고 입법절차 등은 여러 가지의 물리적 운동, 상태, 그리고 생생한 느낌 등이 개입하지만, 이러한 사건들을 구체적으로 세밀하게 보여준다고 하더라도 그런 사실들을 완전히 설명할 수 있는 것은 아니다. (중략) 나는 위의 진술들에 기록된 사실들을 制度的 事實이라고 불렀으면 한다. 그들은 실제로 사실이다. 그러나 그들의 존재는 있는 적나라한 사실과는 달리 어떤 인간제도의 존재를 전제한다." John Searle(이건원 역), 언화행위, 신문화사, 1980, 57-58면; "나의 반증의 요점은 고전적인 모형은 制度的 事實을 다룰 수 없다는 것을 보이는 것이다. 누구나 어떤 義務, 介入, 權利 그리고 責任이 있다는 것을 하나의 사실로 알지만, 그것은 制度的 事實이지 단순한 사실의 문제가 아니다." John Searle, 같은 책, 218면

26) Hage, 위의 책, 30-31면

5. 결론을 대신하여

이상의 논의를 정리하면 다음과 같다. 헌법에 있어서 법적 추론은 규범의 구체화라는 작용 속에서 고유한 의미를 가진다. 그 고유한 의미는 헌법적 판단이나 결정의 합리성을 확보함으로써 설득력 있는 정당성을 부여하는 것이다. 그런데 헌법의 추상적인 조항은 그 추상성으로 인해 규범의 구체화를 하는 기관을 전제하지 않을 수 없다. 그 규범의 구체화는 헌법 재판과 입법의 과정에서 우선 이루어지고, 법원과 행정기관에서 부차적으로 이루어진다. 물론 최종적인 권위는 헌법재판이 가지게 된다. 반면 규범의 구체화가 관련되는 방식의 합리성이 문제될 수 있다. 법적 추론을 실천적 추론으로 새기는 최근의 법철학적 경향은 법적 추론을 실체적인 결론을 법규범으로부터 연역적으로 도출할 수 있다는 사고 대신, 일정한 판단이나 결론의 근거를 지속적으로 물어 감으로써 그 합리성 테스트를 수행한다는 방법적 기능을 강조하고 있다. 나아가 그 근거와 일정한 잠정적 판단 혹은 결론과의 정합성을 끊임없이 묻고 이에 따라 결론을 수정해 나가는 반성적 평형이라는 절차적 기능도 실천적 추론이 필요한 내용이 된다. 그리고 이러한 형식적 기능을 실체적으로 뒷받침할 수 있는 공통의 기반이 되는 제도적 사실을 판단과 결정의 근거로 삼음으로써 그 합리성 주장은 객관성을 좀 더 확보할 수 있을 것이다.

제 64회 발표회 지정토론문

헌법의 해석과 적용에서 수행되는 법적 추론의 합리성

이 준 일*

헌법의 해석과 적용에서 수행되는 법적 추론과 관련된 법철학적 문제는 두 가지로 요약된다. 첫째는 법과 도덕의 관계이고, 둘째는 포섭과 형량의 관계이다.

우선 법과 도덕의 관계에서 결합이론(Verbindgunsthese)과 분리이론(Trennungsthese)이 주장될 수 있다.[1] 결합이론에 따르면 법은 특정한 도덕이 아니라 어떤 것이든 상관없이 일정한 도덕과 관련될 수밖에 없다. 하지만 분리이론에 따르면 법은 어떤 것이든 상관없이 도덕과는 무관하다. 법과 도덕의 불가분적 관련성은 법과 도덕의 경계가 혼재됨으로써 법적 안정성의 이념에 대한 일정한 후퇴를 요구하지만 법의 도덕적 정당성을 요구함으로써 정의의 이념을 향한 일정한 진보를 담보한다. 다만 법적 논증에 참여한 다양한 도덕적 논거들의 합리성을 어떻게 확보할 것인지는 과제로 남게 된다.

다음으로 포섭(Subsumtion)과 형량(Abwägung)의 관계에서[2] 포섭이 법의 해석과 적용의 유일한 방법이라는 견해와 그와 함께 형량도 법의 해석과 적용의 방법이 될 수 있다는 견해가 주장될 수 있다. 법을 해석하고 적용하는 과정에 형량의 방법이 개입될 수밖에 없다면 법의 해석과 적용은 단순한 분석적(analytical) 과정을 넘어 다양한 가치들을 조화롭게 실현시키는 평가적(evaluative) 과정으로 이전하게 된다. 여기서 중요한 과제는 법을 해석하고 적용하는 주체의 자의가 분석적 과정보다 훨씬 개입되기 용이한 평가적 과정에서 어떠한 방식으로 합리성을 확보할 수 있는지가 된다.

법과 도덕의 관계에 대한 결합이론은 법의 해석과 적용의 양식으로서 포섭과 함께 형량도 포함될 수 있다는 견해와 연계되는 반면에 법과 도덕의 관계에 대한

* 고려대 법대교수.

1) 결합이론과 분리이론의 구분에 대해서는 R. Alexy, *Begriff und Geltung des Rechts*, 제2판, (München: Freiburg, 1994), 39면 이하 참조.

2) 포섭과 형량에 대해서는 이준일, 『법학입문』(2004), 173면 이하; 같은 이, 『헌법학강의』(2005), 56면 이하 참조.

분리이론은 법의 해석과 적용의 양식으로 포섭만이 문제될 수 있다는 견해와 연계된다. 순전히 개념적 구분에 따르면 법규범(rule)의 의미경계는 확정적이며 고정적이어서 포섭이 해석과 적용의 유일한 양식일 수 있는 반면에 도덕규범(principle)의 의미경계는 불확정적이며 가변적이어서 형량이라는 해석과 적용의 양식도 사용될 수 있기 때문이다.[3] 이처럼 법과 도덕의 관계 및 포섭과 형량의 관계에서 필수적인 전제는 규범을 규칙과 원칙으로 구분하는 것이다. 문제는 법규범의 체계에 전통적인 규칙 이외에 원칙이 포함될 수 있는지, 포함될 수 있다면 이러한 원칙은 법체계에 전체에 어떠한 영향을 미치는지 하는 점이다.

법과 도덕을 분리하고, 법규범을 해석하고 적용하는 유일한 양식으로서 포섭만을 인정하면서, 법규범을 오로지 규칙의 체계로만 이해하는 견해에 따르면 법규범의 의미경계에 대한 확정성 또는 고정성에 대한 신뢰는 해석규칙(canons)의 완벽성에 대한 믿음에 의해서 강화된다. 이러한 신뢰는 "건전한 상식과 통상적 법감정을 가진 일반인"에 의한 객관적인 법인식의 가능성을 기초로 삼아 명확성원칙 위배 여부를 판단하고 있는 헌법재판소의 여러 판례에서도 확인된다. "통상적인 해석방법에 따른 법관의 보충적 해석"은 어떤 식으로든 법규범의 의미경계를 확정지을 수 있기 때문이다. 문제는 전통적인 해석규칙이 정말 완벽할 수 있는지에 대하여 의문이 제기될 수 있다는 점이다.[4]

헌법재판소의 실무에서 자주 인용되는 비례성원칙은 헌법적 사안의 해결에서 형량이 중요한 해석과 적용의 양식임을 잘 보여준다.[5] 왜냐하면 비례성원칙의 가장 본질적인 부분원칙인 좁은 의미의 비례성원칙(=최적화명령)은 다름 아닌 서로 충돌하는 원칙이나 가치의 합리적 형량을 명령하기 때문이다. 또한 비례성원칙만큼이나 자주 인용되는 평등원칙도 실제의 적용에서는 자의금지원칙 또는 비례성원칙으로 구체화되고 있음을 고려한다면 헌법의 해석과 적용은 단순한 포섭 이상임을 확인할 수 있다.

결국 헌법의 해석과 적용은 법과 도덕의 밀접한 관련성을 인정하는 전제에서 포섭과 함께 자주 인용되는 형량의 과정을 어떻게 합리화하고 정당화할지에 따라 결정된다. 이것은 헌법의 해석과 적용을 위한 권한을 부여받은 헌법재판소나 민주적 입법자와 함께 시민사회의 역할이 대단히 중요함을 보여준다. 법규범에 대한 포섭은 입법절차나 사법절차와 같은 제도화된 절차에서만 가능할지 모르지만

3) 규칙(ruel)과 원칙(principle)의 구분에 대해서는 이준일, 『법학입문』(2004), 127면 이하 참조.

4) 전통적 해석규칙의 한계에 대해서는 이준일, 『법학입문』(2004), 185면 이하 참조.

5) 비례성원칙에 대해서는, 이준일, "비례성원칙의 개념과 구조 및 구체화", 『고시연구』(2005년 3월), 24면 이하 참조.

도덕규범에 대한 형량은 시민사회의 공론영역과 같은 제도화되지 않은 절차에서도 가능하기 때문이다.

이상과 같은 기본이해에 기초하여 다음과 같은 질문을 제기해본다.

1. 헌법의 해석과 적용에서 전통적인 해석규칙들은 어느 정도의 역할을 할 수 있는지?

2. 헌법의 해석과 적용에서 자주 인용되는 비례성원칙의 부분원칙인 적합성원칙이나 필요성원칙과 관련하여 경험적 논증의 중요성이 강조되어야 하는 것은 아닌지?

3. 비례성원칙의 본질적 부분원칙인 좁은 의미의 비례성원칙(= 형량명령 또는 최적화명령)과 관련하여 형량의 합리성을 제고할 수 있는 방법은 무엇인지?

4. 특히 형량의 합리성과 관련하여 헌법재판소의 논증적 사법절차와 의회의 민주적 입법절차가 어떻게 조화를 이룰 수 있는지?

5. 헌법재판소의 논증절차와 의회의 정책결정절차가 조화를 이루기 위해서 시민사회는 어떤 역할을 할 수 있는지?

제64회 발표회 지정토론문

이 승 환*

구체적인 헌법재판에서 헌법을 해석하고 사건의 결론을 내리는 과정을 심층적으로 분석한 발표문을 잘 읽었습니다. 깊이있는 법철학적 논의를 할 역량이 부족하기에, 몇 가지 단편적인 감상과 질문으로 지정토론을 대신하고자 합니다.

1. 헌법에서 법적추론의 방법론으로 연역적 추론보다 실천적 추론의 방식이 중요하다는 논의에 공감합니다.

변론주의가 적용되는 민사재판과는 달리 구체적인 헌법재판의 실무에서는 당사자의 주장에 얽매여 판단하는 것이 아니고(당사자의 주장이 있으면 당해사건에 적용될 근거의 하나로 판단되어진다는 사실상의 효과는 있음), 헌법재판소가 헌법 전체의 해석에 따라 당사자가 주장한 바 없는 법리를 통한 판단을 하기도 한다. 또한 헌법규범의 특성상 유보가 없는 절대적인 권리 또는 원리가 존재하고 있는 것은 아니므로 당사자와 반대 당사자·이해관계인들 모두 헌법 규범을 – 때로는 상이한 헌법규범을 – 근거로 하는 주장을 펼치게 된다. 따라서 때로는 헌법재판에서는 구체적인 당해사건의 해결에 가장 적합하고 중점적으로 적용되어야 할 (때로는 상충할 수 있는) 헌법조문 또는 헌법원리를 발견·선택하는 것이 출발점이 될 수 있다.

때로는 사회공동체와의 소통을 통해서 새로운 해석, 새로운 헌법이론을 창설할 수도 있는 것으로 보여진다. 새로운 규범현실과 변화하는 국가와 사회의 실상을 연역적 방법으로 논증하려다 보면, 필연적으로 과거의 용어로 사실관계를 재단하여 판단의 기초로 다듬을 수 있고, 결국 정확한 헌법추론이 이루어지지 못하는 위험도 발생할 것이기 때문이다.

2. 반성적 평형의 과정을 통해서 헌법재판소가 구체적 사례의 해결을 모색한 결과가 헌법변천의 결과를 가져오거나 새로운 헌법원리를 헌법전에 추가하는 결과(입법부를 제약하게 될 것임)가 될 수 있을 것입니다. 헌법을 공동체의 기본약속이라고 보고, 헌법개정 과정의 어려움 등에 비추어 볼 때, 헌법변천과 유사한

* 헌법연구관.

결과를 가져올 수 있는 실천적 법적추론도 경우에 따라서는 불가피할 수 있다고 생각됩니다. 헌법에서 실천적 법적추론 방법론의 한계는 어디인지 의견을 듣고 싶습니다.

이러한 헌법추론이 헌법재판소가 아니라 입법부에 의하여 이루어지는 경우에는 그 한계를 다르게 설정할 수 있는 것인지 견해를 듣고 싶습니다.

3. 발표자의 논지가 전통적인 법해석 방식, 연역적 추론의 방식을 배제하는 것은 아니라는 점을 분명히 이해하면서, 적용해야 할 헌법조문 또는 헌법원리를 찾은 다음에 진행되는 과정에서는 연역적 추론과 실천적 추론이 명백하게 분리되지 않을 수도 있지 않는가 하는 의문을 제기해 봅니다.

특히 이전의 실천적 추론의 과정을 통하여 축적된 헌법재판 판례의 존재는 결국 헌법재판소에 의해서 행해지는 법적추론의 과정에서, 추상적인 실정 헌법규범 또는 헌법원리를 연역적으로 해석할 수 있는 단서가 될 수 있을 것입니다.

기존의 판례가 제시하고 있는 원칙이 문제되는 헌법재판 사례를 포섭할 수 있다고 보거나, 아니면 기존 판례가 제시하고 있는 바와 새로운 사례의 문제점은 다른 지점이라는 판단을 하는 것을 연역적 추론의 방식으로 볼 수도 있지 않을까 싶습니다.

결국 실천적 추론의 내용으로 언급된 반성적 평형의 과정은, 구체적인 이론들이 선택된 다음에는 그 안에서 이루어지는 연역적 추론과 상당 부분 중복된다고 볼 수도 있는지에 대한 고견을 부탁드립니다.

4. 3항과 관련해서 헌법재판소 판례가 헌법을 구체화해서 연역적인 추론을 가능하게 해 줄 단서가 된다고 한다면, 때로는 헌법재판소의 결정이 자기만족적인 순환논리에 빠지고 사회공동체의 합의와 동떨어진 판단으로 인하여, 법적추론을 정당화하지 못할 위험에 빠질 수도 있겠습니다.

반면 판례는 실천적 추론의 함의들 중에서 근거대기, 일관성에 관한 합리성을 판단할 수 있는 자료가 될 수 있습니다.

그렇다면 실천적 추론을 강조하는 입장에서라면 헌법재판소의 결정례의 존재가 법적추론의 근거가 될 수 있는지 여부와, 헌법재판소 결정례에 대한 평가를 듣고 싶습니다.

5. 제도적 사실이 합리성을 테스트하는 기초가 된다고 한다면, 헌법추론은 결국 기존의 제도를 상당부분 존중하는 결과가 되는 것은 아닌지 궁금합니다.

한편, 제도적 사실이 규범과 제도가 변화함에 따라 내용이 바뀌게 된다면, 제도적 사실 자체의 변경을 의도하는 법규를 심판대상으로 하는 헌법재판에서는 법적추론의 합리성을 판단할 객관적 기초가 사라지는 것은 아닌지요?

第64회 발표회 토론요지

사 회 자 : 정종섭(교수)
토론참여자 : 김현철(교수), 이준일(교수), 이승환(헌법연구관)
박경신(교수), 장석조(연구부장), 이인호(교수)
정태호(교수), 윤진수(교수), 배보윤(헌법연구관)
서윤호(교수)

간 사 : 헌법실무연구회 간사를 맡고 있는 전종익연구관입니다.

늦은 시간에도 저희 헌법실무연구회에 와주셔서 대단히 감사합니다.

원래 6시 45분에 시작하기로 되어 있었는데 5분 정도 늦어진 것 같습니다.

오늘 사회는 서울대학교 법과대학의 정종섭교수님께서 해 주시겠습니다.

사 회 자 : 오늘 사회를 볼 정종섭입니다.

우리가 시작해야 될 시간이 45분인데 한 10분 정도 늦었습니다.

그래서 바로 시작을 하도록 하겠습니다.

학계와 실무계 그리고 이론과 실무의 상호 의사소통이 굉장히 중요하다는 것을 여러분들 다 아시고, 따라서 우리 연구회가 그런 점에서 대단히 중요한 역할을 하고 있습니다.

오늘은 64회째의 연구회를 맞아서 저희들이 늘 과제로 삼고 있는 리걸 리즈닝의 문제에 대해서 논의할 수 있는 기회를 갖도록 하겠습니다.

발표자는 현재 이화여대 법대교수로 계시는 김현철교수가 오늘 발표를 해 주시고 토론자로는 고려대학 교수로 계시는 이준일교수님하고 현재 헌법재판소 헌법연구관으로 계시는 이승환연구관님께서 참여를 하시겠습니다.

사회자의 역할은 시간을 통제하는 것이고 따라서 저는 다른 발표문을 요약하거나 그렇게 하지 않겠습니다. 그래서 시간만 통제를 하는데 발표자께서 40분 안으로 발표하시고 나머지 시간은 가능한 한 많은 토론이 있는 그런 방식으로 하겠습니다.

그러면 우리 김현철교수님 발표해 주시기 바랍니다.

〈 주제발표자 발표 〉

사 회 자 : 그러면 먼저 우리 이준일교수님 토론해 주시기 바랍니다.

< 지정토론자 발표 >

사 회 자 : 토론 감사하고요, 질문은 전체적으로 다 우리 이연구관님 말씀하신 다음에 합해서 말씀하시고, 한 가지만 제가 우리 이교수님한테 전통적 해석규칙이라고 하는 것을 우리 김교수님 해석에서 연혁적 리즈닝으로 받아들이면 되겠습니까? 같은 개념으로 쓰십니까? 조금 달라요?

이 준 일 : 뭐 비슷한 것 같습니다.

다만 연혁적 과정에 동원되는 전통적인 해석방법들, 그 정도로.

사 회 자 : 대략 비슷한 코드로 알겠습니다.

우리 이 연구관님.

< 지정토론자 발표 >

사 회 자 : 예, 감사합니다.

그러면 우리 김교수님, 시간을 15분 안에 질문에 대한 답변까지 다해 주시기 바랍니다.

발 표 자 : 토론 잘 들었습니다.

제가 발표문을 발표하면서 보니까 발표문이 굉장히 불친절하네요. 불친절해서 읽으면서 굉장히 당황했습니다마는, 이준일교수님이 이거를 잘 정리를 해 주셔서 굉장히 도움이 되었습니다.

순서대로 말씀을 드리면, 헌법의 해석과 적용에서 전통적인 해석규칙들은 어느 정도의 역할을 할 수 있는지?

잘 모르겠습니다. 왜냐하면 '어느 정도'가 뜻하는 말이 뭔지를 잘 몰라가지고, 기본적으로 헌법의 해석 중에서도 통치구조론에 있는 요건, 사실이 아주 분명한 그런 것들은 문언해석해서 그냥하면 될 것 같거든요, 그 반대로 헌법 10조나 11조 이런 것 해석하는데 문언해석을 할 수 없는 것이지 않습니까? 그런 부분들이기 때문에 헌법해석과 관련해서는 전통적 해석규칙이 잘 적용될 수 있는 부분도 있다라고 이렇게 생각을 합니다. 다만 조금 다른 얘기기는 한데요, 왜냐하면 문언해석이라고 하는 것은 여러 선생님들 잘 아시겠지만 원래 문언해석의 원리라고 하는 것이 의회의 우위, 독일도 그렇고 영미에서도 그렇고 기본적으로 의회에서 제정한 법률이 계급법관으로 이루어져 있던 사법부의 판단보다 우위에 서야된다라고 하는 정치적 주장에 기반하고 있습니다. 그렇다면 법원과 의회의 관계에서는 시민들로 이루어진 의회가 주도권을 쥐어야 된다는 입장에서 법원이 의회에 기속될 것을 주장할 수가 있고, 저는 그게 19세기 형식적 법치주의의 가장 중요한 역사적인 의의라고 생각을 합니다.

실질적 법치주의가 되기 위해서는 사법부가 달라져야 된다고 생각을 하는데요, 그런 점에서 본다면 헌법은 19세기의 형식적 법치주의에서 겨냥을 했던 사법부하고는 조금 다른 차원에 있는 것 같습니다. 헌법이라고 하는 것은. 그러니까 헌법은 의회에서 만들어지기는 하지만 사실 이념적으로는 의회가 제정했다라고 보기 어려운, 말하자면 우리 헌법에서도 헌법제정권력이라는 표현을 따로 쓰지 않습니까? 그러니까 국민의 대표자인 의회와는 조금 다르고요, 헌법재판이라고 하는 것도 사법부가 가지고 있는 위상과는 조금 다른 부분들이 있다고 생각합니다.

그런 점에 있어서 전통적인 해석규칙들은 제가 요건사실이 분명한 그런 조문에서는 일반적으로 적용될 수 있다고는 하지만 그것이 굉장히 해석을 하는데 있어서 명확성을 주고 합리성을 주기 때문에 제공하고 있는 것이지만 그것이 반드시 필연적으로 그것이 적용되어야 될 것은 아니지 않느냐 생각됩니다.

그것보다 더 합리적인 방법이 혹시 상상을 통해서 가능하다면, 저는 상상을 못 해봤습니다마는 상상 속에서 가능하다면 전통적 해석규칙과 다른 규칙을 사용할 수도 있지 않을까 이렇게 생각을 합니다.

그 다음에 두 번째 경험적 논증의 필연적 강조성은 제가 말씀드리는 것처럼 실천적 추론에서 말하는 근거라고 하는 데에서는 사실은 규범근거보다도 사실근거라고 하는 것도 대단히 중요한 근거이기 때문에 경험적 논증의 중요성이 강조되어야 된다라고 생각을 합니다.

세 번째, '형량의 합리성을 제고할 수 있는 방법은 무엇인지'라고 되어 있는데, 이 형량의 합리성을 제고할 수 있는 방법으로, 사실 제가 방법적으로 말씀드린 것은 새로운 얘기들은 아니고요, 기본적으로 실천 속에서 많이 하고 있는 그런 부분들입니다. 그리고 말대로 형식적인 방법이기 때문에 구체적으로 형량의 합리성이라고 하는 것은 형량의 결과가 설득되어야 되는 것인데 어떻게 설득되는지 마는지 라고 하는 것은 그 사회에서 형량의 결과가 설득되고 의사소통하게 되는 그러한 어떤 메커니즘 속에서 이루어지는 것이지 형식적인 방법 속에서 이루어지지는 않는다고 생각됩니다. 그렇게 말씀을 드릴 수 있고요.

네 번째도 그런 의미에서 마찬가지입니다.

논증적 사법절차와 민주적 입법절차와의 조화라고 하는 것도 방법론상의 조화라기보다도 역시 그 사회가 가지고 있는 그러한 어떤 여러 가지 맥락적인 문제와 관련되었다라고 생각이 되고요. 마찬가지로서 그 맥락에는 시민 사회가 같이 포함되어서 당연히 이렇게, 지금까지 법률적인 논의라고 하는 것이 대체적으로 법기관내에서 수범자와 법관의 관계에서만 이루어졌다고 한다면 그러한 논의를 둘러싸고 있는 공론화과정 이런 것들이 앞으로 중요할 것이라고 생각되고요. 사실은 그런 의미에서 3, 4, 5번에 대해서는 제가 말씀드릴 수 있는 부분들은 아니고 오히려 헌법재판소에서 결정해나가면서, 그리고 헌법재판소 결정들이 사회에 질문들을 던져주고 사회공론화를 일으킴으로써 설득되는 부분이 아닌가, 말하자면 결론적으로 이런 얘기입니다. 합리성이라고 하는 것은 최종목표가 아닙니다. 설득되기 위한 하나의 방법일 뿐이지요. 그러니까 조금 전에 얘기했던 세 번째, 네 번째, 다섯 번째는 어떻게 설득되는가라고 하는 것을 합리성에만 물으려고 한다면 그거는 실패할 수밖에 없다고 생각을 합니다. 그런 점에서 합리성이 대단히 중요한 설득기재이기는 하지만 문제는 이런 합리성도 잘 안 되어 있는 부분들이 있다면 그거는 제거되어 나간다는 의미일 뿐이지요. 그런 의미고요.

그 다음에 이승환연구관님께서 말씀해 주신 부분도 대단히 중요한 말씀인데, 헌법에서 실천적, 법적 추론방법론의 한계는 제가 조금 전에 말씀드린 것으로 대신하도록 하겠습니다. 그런 한계가 있다, 말 그대로 한계가 있다라고 말씀드릴 수 있고요.

그 다음에 연역적 추론이라고 하는 것이 무엇인가와 관련된 것이 세 번째, 네 번째 말씀해 주신 부분인데요.

구체적인 판례를 가지고 뒤에 있는 사례를 다루는 것은 그것이 연역적 추론이 되는가 여부에 대해서는 확정적인 말씀은 못드리겠습니다마는 일반적으로 판례법상에서 선례를 뒷 사건을 구속하는 것을 우리가 유추라고 그럽니다. '유비', '유추' 그러니까 비슷한 사건들에서 적용될 원리를 적용하는 것이라고 보기 때문에, 유추는 기본적으로 경험적 논증방법이거든요. 그렇게 될 때가 있고요. 아마 이승환연구관님 말씀하신 것은 구체적인 판례에서 어떤 원리가 도출이 된다면 그 원리가 헌법적 규범처럼 아주 명확하게 원리가 도출된다면 그 안에서 뭔가를 얘기할 수 있지 않느냐라고 생각되는데 그 부분에 있어서도, 그런 원리가 헌법전과 같은 원리가 도출될 수 있을 것인지에 대해서는 잘 모르겠습니다.

지금 제가 얼핏 생각나는 것은 예를 들면 비례의 원칙, 과잉금지의 원칙 같은 경우에 헌법전에는 그 명문은 없지만 헌법에서 이미 확정적인 원리로 적용되고 있는가라고 얘기하는데, 과잉금지의 원칙은 여러 선생님들 잘 아시겠지만 그 안에 어떤 실질적인 내용을 내포하고 있는 개념이 아닙니다. 말 그대로 방식에 대한 개념이지 않습니까? 목적과 수단 사이에 방식에 대한 개념이지 과잉금지라고 하는 그 안에서 제가 아까 연역추론에서 말씀드렸던 개념의 징표로서 말할 수 있는 M1, M2, M3가 그 안에 있는 것은 아니거든요. 그렇기 때문에 그런 부분도 연혁이라고 보기는 어렵고 여전히 하나의 어떤 방식의 적용내지는 그런 부분이 아닐까라고 생각이 됩니다.

그 다음에 제도적 사실이라고 하는 것이, 제가 이승환연구관님의 지적이 굉장히 정확한 지적이라고 생각이 되는데요, 제도적 사실이라고 하는 부분이 가지고 있는 핵심적인 내용은 그 당시에 이미 존재하는 제도적 사실 모두를 다 고려하자라고 하는 것은 아닙니다. 말하자면 제도적 사실 내에는 그 안에 있던 지배적인 어떤 여러 가지 생각들을 바뀌어 질 수 있는 메커니즘도 제도적 사실 안에 포함된다라고 생각이 들고요. 그래서 제가 제도적 사실을 말씀드리면서 두 번째에서 헌법에서 규정해 놓은 기본권의 목록이 있고, 헌법재판제도가 존재한다는 그 자체도 제도적 사실을 구성하는 중요한 내용이다라고 말씀드린 것은 제도적 사실이라고 하는 것이 어떤 다수의 지배의식이라든가 또는 흔히 법철학에서 강의할 때는 지배도덕, 실증도덕 이런 표현을 쓰는데요, 지배도덕, 실증도덕만을 제도적 사실로 얘기하는 것은 아니고 그런 도덕이 변화할 수 있는 메커니즘까지 다 포함해서 광범위하게 말씀드리는 것이고 그리고 제도적 사실의 기능도 마찬가지입니다.

실체적인 결론을 내는데 사용되는 것이 아니라 실체적인 결론이 갖고 있는 자의성의 한계에 대해서 그 토대를 다시 한번 점검해보자라고 하는 의미고요.

그 토대에는 어떤 실증도덕이나 이런 일반적인 의식뿐만 아니라 그 의식과 관련되어 있는 여러 가지 이미 존재하는 헌법재판의 기존판례라든가 이런 것들도 다, 또는 헌법재판제도의 존재라든가 입법과정이나 이거 다 포함되는 것이다라고 저는 그렇게 생각합니다.

물론 제가 말씀드린 것들은 기본적으로 어떤 실체적인 결론을 바로 도출 할 수 있는 그런 내용은 아니기 때문에 그런 점에서는 여전히 방법론 자체가 가지고 있는 한계점들이 있다라고 저는 개인적으로 생각하고 있습니다.

사 회 자 : 대단히 감사합니다.

질문에 대해서 어느 정도는 대답을 하신 것 같은데요, 나머지 미진한 부분은 두분 토론자께서는 참여자들이 나중에 토론하시는 것을 보고 그 과정에서 해명되면 되고, 또 혹시 전체적인 토론에서 해명이 안 되면 나중에 제가 마지막에 기회를 드리겠습니다.

내용이 상당히 방대하기 때문에 5분정도 쉬면서 기존 논의를 정돈하시고 토론할 쟁점들도 정리를 하시는 기회를 가졌으면 합니다.

지금부터 5분정도 휴식시간을 갖도록 하겠습니다.

〈 속 회 〉

사 회 자 : 이어서 토론을 진행하겠습니다.

지금 계획은 저희들 논의를 8시 50분에는 마쳤으면 합니다.

저희들에게 주어진 시간이 40분인데, 5분동안 휴식시간을 드렸기 때문에 토론의 내용을 잘 정돈하셨으리라 믿고, 오늘 우리 김교수님 말씀 중에는 전통적, 이른바 우리해석이 가지고 있는 어떤 한계점이나 어떤 답답함을 어떻게 돌파할 것이냐 하는 데 대해서 일정한 말씀을 던지셨는데, 또 한편으로 우리 토론하신 두 분 말씀하셨듯이 또 여기에는 역시 일정한 어떤 위험도 같이 따라 오는 부분이 있기 때문에 이러한 부분들에 대해서 허심탄회하게 자유로운 토론이 이루어졌으면 좋겠습니다.

예, 장부장님.

장 석 조 : 발표 잘 들었습니다.

감사하다는 말씀을 드리고, 논의를 교통정리 하는 차원에서 세 가지만 질문을 드리겠습니다.

발제자께서 취하고 계신 방법론적인 입장이 어느 정도 수준인지 가늠하고 싶습니다. 발표문 3면 같은데 보면 조금 눈에 띄는데, "개념 자체로는 명확하게 확정되지 않는다"라는 것을 쓰셨습니다. 언어철학적 명제를 던지셨는데, 그러면 그게 법 문언이 가지고 있는 문언의 한계를 부정하시는 것인지, 그냥 유동적인 것 정도로 보시는 것인지 그 점에 관한 어떤 위치를 말씀해 주셨으면 좋겠습니다. 그래서 그거를 불확정개념에 관해서 어떻게 보시는지, 그 다음에 법이 기술적으로 서술하고 있는 구체적 개념에 대해서는 어떻게 보시는지를 좀 나누어서 그런 법 문언의 한계를 어떻게 보시는지 답변을 해 주시고요.

그 다음에 법적 3단논법에 대해서 비판적 입장을 표명하셨습니다. 그런데 그 부분이 모호성이 있어서 종전에 우리가 해오던 방법과 비교해서 말씀해 주셨으면 좋겠습니다. 그러니까 지금 우리가 실무에서는 대개 사실인정을 하고 거기에 법을 적용하는 그런 입장을 취해 왔습니다. 그런데 지금 이 글에서 다루는 것은 법해석, 해석과 적용영역만 다루신 것인지 아니면 사실인정까지 포괄해서 다루신 것인지 하는 것이 명료하지 않은 것 같습니다.

귀납적이라는 것을 하시면서 사실관계에 의해서 법명제의 선택이 결정된다. 이런 입장을 하셨는데 그러면 그 사실은 어디서 나오는 것인지, 그 의미있는 사실은 무엇에서 끌어내는 것인지, 이런 부분을 좀 명확히 해 주셨으면 좋겠습니다.

그러니까 종전의 방법론을 비판하시니까 대안을 말씀해 주셔야 되는 것 아닌가 말씀을 드리고요.

그 다음에 지금 이런 방법론적으로 다른 대안을 제시하는 것의 실천적 의미가 어디 있는지를 여쭙고 싶습니다.

그러니까 종전에 하던 방법에 의해서 별다른 무리 없이 진행이 된다면 그거에 대한 비판을 하고 대안을 제시한다면 어떠한 점에서 문제가 있기 때문에 이러한 새로운 방법론으로 가야된다라는 것을 명확히 해주시는 게 좋을 것 같습니다.

예컨대, 하버마스 같은 경우는 비판을 위한 도구로 사용하였는데 이 경우에는 어떤 유용성 때문에 이런 주장을 하시는 것인지 명확히 해 주시면 감사하겠습니다.

세 가지 정도 질문 드렸습니다.

발 표 자 : 잘 정리를 해 주셔서 감사합니다.

첫 번째 개념에 대해서 말씀을 드리면, 저는 개념이라고 하는 것이 우리 법학에서 개념이라는 말을 쓸 때 그 개념이라고 하는 것은 의미가 확정된다라고 전제를 했었습니다. 전제를 했었고, 그 확정되는 전제는 그러니까 '데피니션' 정의를 하는 방식에 의해서 얘기할 수 있다라고 전제를 했었습니다. 그리고 그렇게 전제를 하게 되었을 때 데피니션의 방법으로는 근대 뉴튼식 자연과학에 사용되었던, 생물학도 그랬고요, '유와 종차'라고 하는 이론으로, 말하자면 아리스토텔레스가 처음 시작한 겁니다마는, 거기에 의해서 사용될 수 있다라고 이런 식으로 생각을 했었습니다. 이거는 제 혼자 의견이 아니고 그러한 의미에서의 개념이라고 하는 것이 확정되지가 않는다라고 하는 얘기들은 20세기 초 이후로 지금까지 지속적으로 되어 있었던 것입니다.

그래서 중간에도, 실무에서 이미 많이 개념을 다루실 때 느끼시는 것일 겁니다마는 이러한 어떤 개념문제에는 우리가 가지고 있는 정의로 아주 쉽게 해결할 수 있는 케이스들, 영미에서는 '이지 케이스'라고 그러는데, 쉬운 사건들이 상당수가 많이 있지만, 그런데 이런 개념의 한계에 해당하는 사건들도 대단히 많이 있습니다. 많이 있고, 그러한 개념의 한계에 있는 사건들을 해결하기 위해서는 개념만으로는 해결되지가 않는다라고 생각이 되는 겁니다.

법문언의 한계가 어디에 있느냐라고 말씀을 주셨는데 법문언의 한계라고 하는 것은 그런 식으로 말씀드릴 수밖에 없을 것 같습니다. 그리고 법문언에서 상식적으로 합의되는 코어라고 하는 부분이 있지만 그럼에도 불구하고 항상 법문언의 한계가 되는 부분들이 있다라고 말씀드릴 수 있고요.

저희 법철학에서 흔히 드는 예가 하트라고 하는 사람이 드는 예인데요, 예를 들어서 "공원에 탈것이 들어 와서는 안된다"라고 되어 있는데, 자동차가 안들어오는 것은 잘 알겠는데 자전거로 못 들어가는지, 심지어는 유모차가 못 들어가는지, 다 탈것이니까, 그런 문제가 생겼을 때 결국 그거를 해결하는 방식은 탈것이라고 하는 것은 개념에서 해결할 수는 없고 결국 그 조문의 입법취지나 목적을 고려할 수밖에 없지 않느냐 이런 얘기를 하고 있습니다.

그리고 흔히 쓰는 표현으로 말하자면 목적론적 해석도 될 수 있을 것이고 역사적 해석도 될 수 있을 것인데, 그 경우에 입법자의 취지가 소음을 규제하기 위한 것이라면 소음이 없는 유모차 같은 것은 당연히 들어 올 수 있을 것인데, 또는 매연을 규제하는 것이라면 자전거는 들어 올 수 있겠지요, 오토바이 같은 것은 못 들어올 것이고, 이런 여러 가지 개념의 외형과 외피가 생길 것입니다. 그런 것들에 대해서 기본적으로 존재한다라고 생각하고요.

더 신앙고백을 하라고 하시면 아주 명확하다고 생각되는 이지 케이스에서 사용되는 개념조차도 제 개인적으로는 유동성이 있다라고 생각을 합니다. 아주 근본적으로는요.

물론 제 말은 그렇다고 해서 그런 유동성이 있다라고 하는 신앙고백을 했지만 그런 개념을 그러면 사용할 수 없는 것이냐? 그거는 아니라고 생각합니다.

조금 전에도 합리성에 대해서 'nationality'가 아니고 'reasonabale'하다라고 하는 정도는, 그 정도가 우리 사회에서 채택할 수 있는 합리성이기 때문에 그 합리성이 허용하는 한도 내에서의 유동적인 것이라 하더라도 개념의 형태는 인정할 수 있다고 생각합니다.

장 석 조 : 명확성원칙이나 유추해석금지의 원칙은 포기하시는 겁니까?

아주 극단적인 견해는 거기까지 가는데 어느 정도이신지 위상을 좀 말씀을 해 주시면 좋겠습니다.

발 표 자 : 아닙니다. 그런 원칙은 'reasonabale'에서 중요하지요. 저는 오히려 'reasonabale'한 것을 합리성의 핵심으로 삼기 때문에 그러한 원칙들이 대단히 중요하다고 생각하는 겁니다. 하지만 그런 원칙이 중요하다고 하는 것하고 개념자체가 이렇게 픽스되어 있다는 것하고는 다른 얘기라는 것이지요. 그거는 논리적으로 다른 얘기입니다. 다른 얘기이고, '근본적으로는 개념이 뭔가'라는 문제

까지 관련이 되는데 제가 채택하고 있는 개념서를, 얘기가 길어집니다마는 어쨌든 좀 다릅니다. 그래서 그런 부분들이 있습니다.

그 다음에 불확정개념이나 구체적 개념도 결국은 그런 차원에서 말씀드릴 수밖에 없고요.

그 다음에 법률적 3단논법에 대해서 말씀드리면 발표 때도 제가 빨리 읽어서 많이 지나갔을 텐데, 저는 법률적 3단논법을 실무에서 사용하고 있다고 생각하지 않습니다. 오히려 교과서에, 전통적인 방법론에서 법률적 3단논법이 나오지 실무에서는 사실은 이렇게, 사실관계가 중요하고 사실관계에서부터 기본적으로 끄집어내지요. 그런데 문제는 사실관계에서부터 관련되어 있는 어떤 룰들을 끄집어낼 때 아까 부장님께서도 말씀하셨지만 그 사실관계에서 무엇을 근거해서 의미 있는 사실관계를 끌어낼 수 있을 것이냐? 이렇게 물으셨지 않습니까? 그랬을 때 대부분의 많은 사람들이 혹시 그게 법관 개개인의 어떤 사적인 선이해는 아닌가라고 하는 것을 테스트해 보는 것이 실천적 추론의 한 방법론적 의미라고 생각하는 겁니다. 기본적으로 테스트해보는 거지요. 즉 계속해서 기능적인 것으로서 테스트, 네거티브하게 테스트해야 된다라고 얘기했지만 기본적으로 어떤 잠정적인 결론을 내는 것 자체는 아마 법관의 고유한 영역일겁니다. 다만 그 결론을 남한테 테스트받기 전에 본인 스스로도 테스트할 수 있는 그런 어떤 사고를 가지는 것이 중요하다고 생각을 할 뿐이고, 법률적 3단논법이 현재 실무에서 사용된다는 얘기는 기본적으로 아닙니다. 저는 그렇게 생각하지 않습니다.

그 다음에 대안의 실천적 의미에서 말씀을 하셨는데, '왜'라고 이렇게 얘기를 하셨는데, 조금 전에 쉬는 시간에 서윤호교수님하고도 얘기할 때 그 얘기를 조금 했습니다마는 결국은 예를 들어서 '반성적 평형이다'라고 하는 기법을 왜 사용해야 되느냐? 반성적 평형이라고 하는 것은 일응 잠정적인 결론을 내고 잠정적 결론을 가지고 그 사람이 속해 있는 구체적 맥락 속에서 수정해나가는 것인데 그러면 그 방법을 왜 사용하느냐라고 했을 때 핵심적인 것은 뭐냐 하면 결국 자기가 내린 잠정적 결론이 자기가 내렸기 때문에, 앞에서 얘기했던 해명적 근거에 의해서 스스로 납득되는 것이 아니고, 반성적 평형의 과정 속에서 객관적으로 테스트해보라는 얘기거든요. 테스트해보라는 얘기이고, 더군다나 이것이 일반법률처럼 전체적으로 정말 리즈너블의 수준에서 문언해석이나 다른 해석방법론으로 쉽게 도출될 수 있는 경우가 아니라 너무나 추상적인 헌법의 경우에는 더욱 더 그러한 어떠한 수정가능성, 자기 의견의 잠정적 의견의 수정가능성, 의견의 잠정성 이런 것들이 테스트되었으면 좋겠다라고 하는 그런 의미, 그리고 제가 구체적인 사례는 많이 다루지 않았습니다마는 혹시 다음에 기회가 되시면 사례를 가지고 한번 적용해 봤으면 하는 생각이 드는데, 많은 경우에 근거사유가 서로 모순이 되거나 또는 정당화근거와 해명적 근거가 사실 섞여 있거나, 보조적 근거가 완전근거처럼 설득이 되거나 그런 것들을 제가 개인적으로 많이 느끼고 있습니다.

그래서 그런 부분들에 대해서 어떤 틀을 줄 수 있다면 그런 부분들에 대해서 얘기를 할 수 있지 않을까 이게 기본적인 생각이었는데 그럼에도 불구하고 조금 더 고백을 드리면 발표문이 좀 부실합니다. 부실해서 그런 부분에 대해서 명확하게 말씀을 못드리는게 죄송합니다.

사 회 자 : 또 다른 분.

박박사님.

박 경 신 : 오후 늦게 강의마치고 오느라고 늦게 와서 죄송합니다.

발표 잘 들었습니다. 사실 듣지 못했고 오면서 KTX 안에서 아주 자세히 읽었습니다. 읽었고, 이준일교수님 토론도 와서 잘 들었습니다.

쭉 듣다보면서 느낀 게 아주 중요한 논제인데 거기에 대한 해결책 내지는 관련되어서 논의되어야 되는 것 중에 중요한 피스가 하나 빠지지 않았나, 그래서 그것과 관련되어서 답을 해 주셨으면 좋겠는데, 선판례의 구속성에 관한 논의가 필요하지 않은가라고 생각합니다.

예를 들어서 비례성원칙의 경험적 논증이 중요하다라고 했을 때, 그러면 어떤 경험들을 형량의 재료로 이용을 할지 이런 것들을 걸러주는 것이 바로 선판례들이 아닌가 이런 생각이 들고, 또 형량균형, 최적화의 자의성을 어떻게 배제하고 합리성을 제고할 수 있을까, 이런 것들 역시 선판례의 구속성이 어떤 하나의 방법이라고 생각을 하고요.

드워킨의 'reflectible equalibrium'도 기본적으로 드워킨이 최초판례 그러니까 최초결정을 수정한다는 얘기는 사실은 실제 결정을 수정한다는 얘기가 아니라 앞에 있던 선판례에 대한 해석을 바꾼다는 것이거든요. 그래서 앞에 있었던 판례들이 결과야 어쨌든지 간에 현재 새로운 결정을 하기 위해서 어떻게 해석되어야 되는지 그 해석을 바꾸어 가지고 그 이전 판례들 자체의 어떤 정합성도 유지하면서 새로운 판례도 새로운 하드케이스도 합리적으로 결정을 하겠다는 이런 취지에서 선판례 구속성의 배경 속에서 'reflectible equalibrium'을 어떤 비연역적인 논증의 방법으로 제시를 한 것이었고요.

그리고 이것도 이준일교수님이 질문했던 것들 중에 하나인데 시민사회의 역할과 입법자의 논증이 사법부와 어떻게 다른가? 기본적으로 선판례구속성 또는 선판례구속성까지 가지 않더라도 다른 판례들과의 정합성 이거를 보느냐 안보느냐 이 부분이 시민단체의 논증방식과 입법자의 논증방식이 결국은 다른 것이 아닌가 이렇게 생각을 합니다. 그래서 선판례 구속성을 지금 여기서 제기하는 문제들과 관련되어서 같이 논의하는게 중요하지 않을까 생각을 하고요.

그러면 왜 선판례구속성이 그렇게 중요하냐? 판례국가도 아닌데? 저는 이제 전통적인 해석규칙의 하나로서 목적적인 해석방법이 있는데 헌법의 입법취지, 헌법의 제정취지 중에 하나가 자유와 평등이라고 생각을 하고 헌법의 제정취지 중에 하나 평등을 구현하는 하나의 방법으로서 선판례구속성이 만들어지고 다듬어지지 않았나 이렇게 생각을 합니다. 그래서 선판례구속성의 어떤, 그런 식으로 정당화하고 이런 헌법논증의 방법으로 자리를 차지하지 않을까 생각합니다. 그게 한 가지 질문이고.

또 한 가지 질문은 지금 두 분 다 헌법논증과 법률논증이 어떻게 다른지에 대해서 말씀을 해 주셨는데, 저는 사실은 더 중요한 문제는 도리어 법률논증이 헌법논증과 더 비슷해져야 되는 것이 지금 더 중요한 문제가 아닌가 이렇게 생각을 합니다.

물론 지금 헌법논증과 법률논증이 상당한 차이를 보이고 있는데, 그래서 헌법논증은 형량중심의 또 법률논증은 포섭중심의 이런 식으로 되고 있는데, 사실은 법률논증자체도 형량을 더 강화하는 헌법논증과 비슷해져야 되지 않는가 그런 소회는 없으신지 그 두 가지 질문 드리겠습니다.

발 표 자 : 처음에 말씀하신 선판례구속성이 가지고 있는 의의라고 하는데 대해서 제가 먼저 대답을 드릴만한 능력과 지식이 없는 것 같습니다.

제가 말씀드리고자 하는 것은 선판례구속이라고 하는 것도 아마 제도적 사실의 중요한 부분이 될 것이다라고는 생각이 듭니다.

그 다음에 반성적 평형에서도 선판례라고 하는 것은 결국은 해석적 단계의 선이해속에서 기본적으로 들어 있는 중요한 부분이 될 것이다라고 생각하는데, 문제는 결국은 구속이라고 하는 것이 가지고 있는 의미의 차원인데 거기에 대해서는 사실 제가 잘 판단을 내리기가 어렵습니다. 그래서 그 부분은 혹시 다른 선생님께서 논증을 해 주시면 돌리도록 하고요.

그 다음에 법률논증도 역시 형량에 관련된 헌법논증의 차원으로 올라가야 되는 것 아니냐라고 말씀하셨는데, 기본적으로 제가 이해하는 법문언의 해석에 대한 기본적인 생각은 아까도 잠시 말씀드렸습니다마는 역사적인 문제라고 생각을 합니다.

이 개념이라고 하는 것이 19세기 독일 법률실천주의 이후로 굉장히 많이 사용되기는 했지만 그 이전에도 개념을 가지고 법학을 했던 것은 아니었거든요. 물론 개념이야 기본적으로 사고의 기본방식이니까 사용은 했겠지만 오히려 이렇게 사례중심으로 법학을 하는 것도 개념만큼이나 가능했던 것이라고 생각되는데 그러한 개념에 의해서 법학이 가능하도록 만든 것도 결국은 의회냐 법원이냐라고 하는 19세기적인 어떤 구도 내에서 결국은 법원에게 여지를 주지 않기 위한 어떠한 형태의 입법전략이었다는 생각이 기본적으로 들고요. 그런 의미에서 문언해석, 사실 사비니도 문언해석이 최고라고 처음 얘기했던 것은 아니지요. 그 사람에게는 관습법이 중요하기 때문에 역사적 해석이 중요한 것이었고요, 결국은 빈트샤이트 이래로 제정법 나오면서 문언해석이 중요하게 되는 것이고, 그런 부분들은 사실 역사적 이유가 더 중요하다고 생각합니다. 따라서 문언해석도그마도 사실은 그자체가 논리적 필연성을 가진 도그마는 아니라고 생각됩니다.

그것은 역사적 우연을 가진 도그마인데요, 다만 문언해석도그마가 논리적 필연성은 없지만 하지만 이 사회에서 합리적으로 받아들여지는 척도로서 현재 리즈너블하게 우리에게 인식되는 제도적 사실의 한 부분이기 때문에 그런 의미에서 부분해석의 도그마는 그런 상태에서 의미가 있다라고 생각합니다.

그리고 그렇게 본다면 박교수님 말씀하신 것처럼 기본적으로 법률논증과 헌법논증에 대해서 법률논증을 포섭의 논리로 하는 것이 아니라 헌법논증이 되어야 된다라고 하는 그 부분에 대해서는 논리적인 이유에서 찬성합니다. 논리적인 이유라고 하는 것은 문언해석의 근거는 논리적 필연성이라기보다도 역사적인 근거이고 거기에 대한 어떤 법체계의 리즈너블한 측면도 있다는 그점에서는 동의를 합니다.

사 회 자 : 윤교수님.

윤 진 수 : 저는 별로 제가 잘 아는 분야가 아니라서 침묵을 지킬려고 했는데 박경신교수님이 선판례구속성에 대해서 말씀하셔서 한말씀 드릴까합니다.

특히 김교수님이 말씀하신 실천적 추론에 있어서는 선례구속이 상당히 중요하겠지요. 법원이나 헌법재판소가 결정을 내림에 있어 선례를 고려하니까, 그렇지만 그거는 어디까지나 보조적인 역할을 하는 것뿐 아닌가, 우선 우리법이 그렇고 또 영미법이 그렇고, 실제로는 선례구속이라는 것은 그렇게 강력한 의미가 있다고는 생각하지 않아요. 미국의 어떤 책을 보니까 'stare decisis'가 아니고 책 제목이 'stare in decisis', '선례는 구속하지 않는다'는 그런 책이 있는데, 특히 80년대, 80년대 미국 판례가 바뀌었거든요.

박교수님은 그거를 평등원칙에 의해서 정당화하시는데 기본적으로 선례구속력이라는 것은 법적인 구속력으로 인정할 수는 없는 것이 아닌가. 다만 실천적 추론의 하나의 근거로 삼는다면 판례가 있었고 그 판례가 그렇게 큰문제가 없었다. 어느 정도 검증이 된 것이다. 그러면 그 판례에 입각해서 다른 판례를 쌓아놓더라도 괜찮지 않느냐. 그런 정도의 의미만 있을 뿐이지 선례구속성이 핵심적인 중요한 실천적 추론의 중요한 부분이다. 그렇게는 생각되지 않습니다.

사 회 자 : 배연구관님.

배 보 윤 : 오늘 발표에서 저희들이 새로운 관점에서 배울 점이 상당히 있다고 생각을 합니다.

어떤 측면에서 그러냐하면 기본적으로 헌법재판이 있는 어떤 나라에서나 법률해석이나 헌법해석을 할 때 봉착되는 문제지만 특히 미국판례를 보면, 독일판례도 마찬가지지만 특히 미국판례를 보면 리즈닝을 여러 가지 많이 하고, 판례의 선례를 이야기하면서도 비슷한 케이스지만 다른 논증을 하려고 하는 논증이 아주 치밀하게 되어 있다는 것은 한편으로 보면, 특히 우리 대륙법계를 기반으로 두는 국가에서는 법률이 있고 그 법률을 해석하기 위한 여러 가지 단계를 우리가 법률가적인 리걸마인드에서 명제를, 일단 법이 있으면 그 명제에 그 법에 포섭될 수 있는 하부결과적인 논리 그거를 정한 다음에, 그 다음에 추상적으로 사안이 오면 그 사안을 포섭시키려는데 중점이 있지 않느냐 싶습니다 기본적으로.

그러다보니까 그런 명제를 놓고 볼 때, 다른 사안을 가지고 놓고 볼 때, 보기에 따라서는 같이 포섭될 수도 있는데, 이게 조금 이상한데 다른 판결을 하고자 할 때 상당히 어려움에 봉착하는 그런 실무상 갖는 어려움에 직면하는 경우가 자주 있습니다.

그렇다면 그럴 때 그런 사안을 놓고, 세상에 사안이라는 것은 사실은 우리가 브리핑을 하고 추상화하고 구체적으로 이렇게 포섭을 시키지만 어떤 사안이든지 똑같은 사안이라는 것은 세상에 없을 것이라는 생각이 들고, 또 그 사안이 가지고 있는 사안의 어떤 사실상의 행위라도 정말 비슷한 사안이라 하더라도 그 사안이 놓여진 상황이라든지 시대적 배경이나 이런 것에 따라서 그 사안이 달리 평가될 수도 있을 겁니다.

그런데 그렇게 되었을 때 항상 법원의 입장에서는 판결을 해야 되는데, 특히 헌법재판의 경우에는 법률문언 자체가, 헌법텍스트 자체가 상당히 추상화되어 있기 때문에, 다른 일반법률보다도 구체성이 떨어지기 때문에, 어차피 논리적으로 그것을 세부적으로 이렇게 논리적 리즈닝을 해야 된단 말입니다. 그렇게 되면 위험성이 있기 때문에 법관이, 그래서 다음에 사안을 놓고 볼 때 항상 어떻게 하면 이게 연역적으로 하든지 귀납적으로 하든지 리즈닝을 해야 됩니다. 그것이 전제가 되고 그 다음에 판례가, 그렇다고 해서 어느 텍스트를 놓고 A, B, C의 해석가능성이 세 가지가 있을 때에, 그 세 가지 가능성이 있다 하더라도 나름대로 다 합리적인 세 가지 가능성이 있다고 했을 때, A판례는 A를 갖다가 그게 선판례가 있었다고 했을 때, 그런데 사안을 보니까 이 사안의 경우에는 포섭은 될 수 있는데 B로 논증했던 것이 더 나았다고 생각이 될 수가 있을 것입니다. 그럴 때 A가 선판례가 있기 때문에 이거를 할 수 있겠느냐라는 어려움에 봉착이 됩니다. 그것은 실무가라면 누구나 느낄 수 있는 것이지요. 그렇게 되었을 때 어떻게 방향을 가서 결론을 도출할 수 있는지, 판사들이 결정을 할 때 이 사안을 놓고 볼 때, 결론은 이렇게 갔으면 이게 합당할 것 같다. 이렇게 생각이 되는데 선판례에 봉착되었단 말입니다. 그렇게 했을 때 과연 어떻게 논증을 해야 되느냐, 그 논증의 근거는 무엇이냐, 그런 관점에서 보면 오늘 제기하신 이런 논증자체가 그런 문제를 해결하는 하나의 방법 중에 하나의 중요한 어떤 방향이나 이런 것이 될 수 있지 않겠는가, 막연히 저도 이런 논증에 대해서는 철학적인 이 부분에 대해서는 심도 있게 발표하신 문언을 접한 것이, 제가 과문해서 그렇습니다마는, 본격적으로 접한 것은 오늘 말씀하신 것에서 시사를 받았었는데, 그런 측면에서 의미를 두면 어떨까? 제가 이해한 것이 발표하신 취지하고 어느 정도 부합되는지 다시 한번 고견을 듣고 싶습니다.

발 표 자 : 가끔씩 해석자가 원저자보다 훨씬 더 좋은 의미들을 발견해 주는 경우가 대단히 많이 있습니다.

사실 실무적인 경험이 없는 제가 이런 논제를 가질 때 가지게 되는 추상적인 문제의식보다 당해 현실에서 보시는 분들이 훨씬 더 많은 의의를 찾아내는 게 저는 그게 당연하다고 봅니다. 당연하다고 보기 때문에 제 취지와 부합하거든요. 하는데, 그것보다도 오히려 이렇게 문제제기를 해 주신게 더 의미가 있지 않나 생각됩니다.

사 회 자 : 이교수님.

이 인 호 : 중앙대학교 이인호입니다.

귀중한 발표 정말 잘 들었습니다.

저는 두 가지 의문이 들어서요. 첫 번째는 혹시 제가 교수님발표의 논지하고 제 생각이 맞는지 몰라서 질문드리는 것인데, 아마 교수님의 기본전제는 법언어는 데퍼니션이 있을 수 있는데 법은 살아있는 것이다. 법은 데퍼니션 그 자체가 결정되어 있는 것은 아니다. 소위 말하면 'living constitution'인데 살아있는 헌법을 찾아내자라고 하는 취지가 아닌가 하는 생각도 들고요. 그래서 그게 실천적 해석이라고 하는 것은 어떤 개념 속에 담겨있는 의미를 추출하는 것도, 그거는 아마 연역적 추론이라고 말씀하신 것 같고요, 그 연역적 추론방법은 네 가지 방법을 통해서 의미를 찾아내겠지만 그 외에도 팩트와 연관시켜서 의미를 찾아내야 된다라고 하시는 게 아마 실제로 어떤 규범이 애초에 제정될 때와 진행되면서 실제 적용되는 과정 속에서 또는 국민의 법감정이나 이런 것과 연결되어서 그 의미가 새로워 질 수 있는 것 아닌가, 혹시 그런 전제를 지금 가지고 계신 것 아닌가 하는 생각이 들고요. 그런 의미에서 실천적 해석이다, 그 점에 대해서 상당히 의미있는 지적이라고 생각이 되고요.

그런데 저는 한 가지 우리 헌법재판소가 그동안 어떤 부분에서는 문언해석도 정확하게 하지 않는 측면도 있지 않았나, 그래서 우리 문언을 제대로 안보는 경향이 있고, 오히려 독일헌법문언에 초점을 맞춘 측면도 있는 것 아니었던가, 그럼에도 불구하고 예를 들면 동성동본 혼인사건의 경우는 상당히 어떻게 보면 실천적 추론을 결과로서 이렇게 된 것 아닌가 하는 생각이 드는데요.

혹시 예를 들어서 설명해 줄 수 있으면 더 좋을 것 같은데요. 지금 우리헌법 36조 2항에 "혼인과 가족생활은 개인의 존엄과 양성의 평등을 기초로 한다." 이렇게 되어 있습니다. 그때 양성이라는 것은 문언으로는 명확하지요. 남과 여를 가족으로 하는데, 그런데 시대의 흐름에 따라서 만약에 이것을 동성혼을 인정할 수 있는 것으로 해석이 가능한가, 그러니까 'living constitution'의 관점에서 봐서 가능한지 아니면 그거는 안 된다든지 그 점을 말씀해 주시고요.

그 다음에 하나는 저도 항상 의문을 가졌던 것인데 교수님도 말씀하셨습니다마는 "비례의 원칙은 논증방법 중에 하나다"라고 말씀하셨고 저도 마찬가지입니다마는 우리 이준일교수님께서 아주 적절한, 사실은 똑같은 고민인 것 같아요, 제가 이준일교수님 세 번째 질문 중에 좁은 의미의 비례의 원칙, 상당성의 원칙내지는 법익균형성 판단을 할 때 형량의 합리성을 제고할 수 있는 방법이 무엇인가를 질문하셨는데, 저는 '법익균형성' 그 논증방법이 과연 정당한가 하는 것에 의문을 원천적으로 가지고 있는게 특히 법률을 형량하는 것이거든요.

아시다시피 규범은 일반적인 것인데 법익균형성은 그 규범을 얻고자 하는 공익과 잃게 되는 기본권적 이익들을 형량해서 어느 것이 더 커야 된다라고 하는 방법인데요. 그런데 규범이라고 하는 일반적인 어떤 규범의 달성하고자 하는 이익, 실제로 달성되는 이익과 잃게 되는 이익들을 과연 어떤 사회과학적 방법론으로 이익을 찾아낼 수 있을까? 공익의 양을 정할 수 있을까? 저는 그거 불가능한 방법 아닌가? 그래서 오히려 저는 원천적으로 정당성이 있는가 하는데 대해서 의문을 가졌습니다. 혹시 그 점에 대해서 좀.

발 표 자 : 자꾸 질문이 감당하기 어려운 수준으로 와서 그렇습니다마는, 처음에 전제로 하신 말씀, 제 생각하고 거의 다르지는 않는 데, 다만 법언어는 데피니션이 가능하다라고 하는 것은 데피니션 자체가 가능한가를 생각하고 있기 때문에 그 점만 빼고는 다 저의 생각과 부합하는 것 같습니다.

그리고 구체적으로 양성의 평등을 말씀하셨는데 양성의 평등하기 전에 제 스스로도 생각하는 문제인데 양심의 자유라고 문언에 표현되어 있는데, '사상의 자유' 당연하다고 생각하잖아요. 그렇지요? 왜 그런지 잘 모르겠습니다. 이유를 들면 역사적인 이유도 들고 그리고 그렇게 해석하지 않으면 사상의 자유가 놓일 위치도 애매하기 때문에 들기도 하고요. 여러 가지 그것도 리즌들을 들지 않습니까? 리즌들을 드는데 기본적으로 양성애, 동성애 부분뿐만 아니라 기본적으로 얘기는 하지 않지만 그런 부분들도 현재 존재하고 있는 것인데 그런 부분들에 대한 리즌들도 한번 검토해 볼 필요는 있다고 생각합니다.

그런데 제가 거기에 대해서 결론을 내리기는 어렵습니다마는 헌법문언이 가지고 있는 추상성이라고 하는 것은 법률처럼 문언의 한계가 있고, 그 안에서 그게 있느냐 없느냐 이 문제하고는 좀 다른 문제인 것 같아요 헌법에서는, 결국은 어떻게 헌법적 결정이 정당화되는가라고 하는 설득력의 문제라고 생각되기 때문에 그 점에서는 법률해석보다는 훨씬 더 많이 열려져 있는 것이 아닌가라고 생각이 되고요. 그랬을 경우에는 논증의 방식이, 이게 문언논증은 아니지요. 양성의 평등이라고 되어 있는데 동성혼 되어 있다라고 했을 때 동성혼은 아니지 않느냐 라고 얘기할 것이 아니라 오히려 헌법에는 수많은 원리들이 있으니까 인간의 존엄이라든가 행복추구권이라든가 또 다른 리즌들이 거기에 대해서 대항리즌으로, 문언해석에 대한 대항리즌으로 사용되어서 그 리즌들 사이에서의 어떤 테스트들이 될 수 있는 그런 방식의 어떤, 좀 열려진 구조가 필요하지 않을까라는 생각이 듭니다. 그 점에서 실천적 추론이라고 하는 것은 한마디로 근거를 찾는 것이기 때문에 하나에만 국한되는 것은 아니거든요.

두 번째도 마찬가지라고 생각되는데 저도 법익이 형량되려면 양쪽으로 구분되어야 된다라는 이런 생각들이 있는데, 제 개인적으로 느낄 때마다 드는 것이 항상 민법에서 기본적으로 이익법학이라든가, 이익법학 할 때 생각하는 것은 결국 당사자의 이익형량이었거든요, 그러니까 기본적으로 당사자 두 사람이 기본전제가 되는 것이고, 미국에서의 '주의 이익' 이런 얘기할 때도 결국 '주 대 개인의 이익' 이런 식으로만 되어 있는데 반성적 평형이라든가 이런 리즈닝의 방법은 뭐냐 하면 거기에 동원될 수 있는 갖가지 이익이라고 하는 것은 다변적이다라고 하는 것을 전제로 하는 것이거든요. 이를 테면 이익형량이라고 하는 것이 이렇게 단순비교해서 되는 것보다도 형량해야 될, 형량이라는 표현이 좀 이상한데, 말씀대로 동감합니다. 하는데 어쨌든 서로 비교하고 검토해야 될 자료들은 훨씬 더 많이 열려져 있는 것이라고 생각이 되고, 그런 점에서 양당사자의 형량이라든가 이런 것보다는 조금 더 헌법의 형량은 표현은 그렇습니다마는 열려져 있어야 되지 않을까 기본적으로 그렇게 생각을 합니다.

결국 결론적으로는 그렇게 형량해서 나온 결론, 그 결론이 어느 만큼 논증테스트에 의해서 견뎌낼 수 있을지, 만약 그렇게 견뎌낸다면 그거는 아마 대단히 합리적인 주장이나 합리적인 어떤 결론이 될 것이라고 생각되고요.

그리고 처음에 다시 제가 말씀드렸습니다마는 합리성은 정당성의 한 부분일 뿐이고 결국 또 다른 정당성을 위한 다른 부분들이 더 필요합니다. 그런 부분들에 의한 테스트도 또 한 번 받아야 되지 않을까 이렇게 생각을 하거든요.

저도 그래서 말씀대로 비례의 원칙이라고 하는 것, 법익 균형성이라고 하는 것, 형량의 합리성이라고 하는 것 그런 부분에 대한 문제제기 하신 부분에 대해서는 제가 100% 공감을 하고, 그 문제는 때로는 합리성의 문제에서는 다양한 논거들이 비교 검토된다는 점에서 좀 확장된다고 하는 점이고, 궁극적인 정당성의 확보는 합리성 플러스알파 다른 부분이 더 필요하다 이런 식으로 정리해서 말씀드릴 수 있을 것 같습니다.

사 회 자 : 이 지점에서 제가 좀 개입을 해야 될 것 같은데, 두 분 지정토론자 분이 마지막 질문을 남겨두고 사회자로서는 지금 역할이 발표하신 분의 자백을 받아내는 것이 저의 역할인 것 같은데, 좀더 명확한 두개만 질문 드릴께요.

예를 들어 지금 아마 다 궁금해 하실 텐데, 아까 김교수님 발표중에도 현실적으로 실무에서도 그렇게 하고 있지 않느냐? 뭐 이렇게 말씀 들었는데, 쉽게 얘기해서 재판이든 헌법재판이든 했을 때 재판관이 결론부터 먼저 내려놓고 그 다음에 그 결론을 꿰맞추는 논리를 찾아들어 가서 사실상 하는 것이 법원의 재판이다. 그러면 이것을 정당하다고 보느냐? 물론 아까 우리 김교수님 말씀중에 그러한 일의 진행과정에도 법관의 선이해가 개입이 되어 있기 때문에 그게 무턱대고 꿰맞추는 것은 아니다하는 그런 지점인데, 그 지점을 그 문제를 놓고 정확하게 이야기하시면 오늘 논지가 좀 더 명확하실 것 같고.

그 다음 두 번째는 과잉금지의 원칙은 아까 말씀하신대로 이것이 형식원리이기 때문에 결국은 구체적인 상황을 거기다 집어넣는 수밖에 없고 따라서 상황구속적이어서 이것이 동일한 사안이라 하더라도 A나라에서 위헌이 되는 것이 B나라에서는 합헌이 되는 이런 것이 비례성의 원칙에서 있을 수 있는데, 그러면 헌법에서 비례성의 원칙적용이외에 나머지 방금 얘기했듯이 많은 부분에서 이 포섭의 문제가 남아있는 이런 부분에서도 이런 casualistic한 쪽으로 가야되느냐, 만약에 그렇다면 법도그마틱은 어디로 가느냐 하는 이런 아주 중대한 문제가 남기 때문에 그 지점을 명확하게 한번 더 말씀을 해 주시고 두 분 지정토론자분의 마지막 토론을 받도록 하겠습니다.

발 표 자 : 실무에서 결론을 먼저 낸 다음에 거기에 대해서 결론을 정당화할 수 있는 논리를 찾아간다라고 하는 그런 방식의 사유가 행해지고 있다는 것에 대해서 경험적으로 말씀을 드린 것이고, 그게 정당하다라고 하는 것은 아닙니다.

그러니까 계속 얘기하지만 지금은 기본적으로 그런 사유를 하고 있지만 처음에 내린 결론이 테스트를 견뎌낼 수 있는지 없는지 법관 스스로 물어야 한다는 얘기거든요. 법관 스스로 물어야 한다는 얘기고, 그것이 특히 헌법처럼 추상적인 규범같은 경우에는 더더욱 물어야 될 뿐만 아니라 그 물음이라고 하는 것이 오로지 법규범적인 논리 근거만으로 물어서는 안 되는 것이다라고 하는 것을 말씀을 드리려고 하는 것이고요. 명확하지 않을 것 같은데요.

그 다음에 과잉금지원칙에 대해서 말씀을 하셨는데,

사 회 자 : 과잉금지의 원칙 빼고, 그거는 그렇다 치더라도 나머지 과잉금지의 원칙이 적용 안 되는 많은 부분이 헌법해석 …

장석조 : 그러니까 서술적 개념 같은 것 말씀 하시는 것이지요? 헌법에도 그런게 있다면?

발 표 자 : 예, 저는 문언해석이 기본적으로 우리법체계에서 가지고 있는 리즈너블한 측면이 분명히 있다라고 생각을 하고 그게 중요한 제도적 사실이라고 보기 때문에, 이를 테면 통치구조에서 '입법권은 국회에 속한다' 이런 것들에 대해서 이런 리즈닝을 해나가면서 과연 그러냐 안그러냐 이렇게 얘기할 수 부분은 아니라고 생각이 되고, 다만 문제가 한계상황이 되었을 때는 역시 그러한 명확한 규정들도 한계상황에서, 한계상황이라고 하는 것은 해당된다라고 얘기할 수도 있고 해당 안된다라고 얘기했을 때는 결국은 리즈닝의 합리성이 어느 쪽에 더 설득을 주느냐에 따라서 결국은 그게 최종적으로 성패가 나지 않겠습니까? 그런 점에 대해서는 리즈닝이 들어 갈 수 있을 것이라고 기본적으로 생각을 합니다.

그래서 기본적으로 법해석의 캐논들, 전통적인 캐논들도 중요한 제도적 사실이라고 기본적으로 생각을 하고 있는데, 다만 그 제도적 사실이라고 하는 그 자체가 정당성을 주는 것은 아니고 다양한 다른 정당성들을 동시에 고려해야 되고 계속해서 테스트를 물어야 한다는게 제가 생각하는 사유의 구조로서 언급되었으면 좋겠다는 생각을 말씀드리는 겁니다. 좀 불충분해서 죄송합니다.

사 회 자 : 정교수님 1분.

정 태 호 : 경희대 정태호입니다.

김교수님 발표하시고 또 설명하시는 가운데서 일단 분명한 것은 헌법규범은 전통적으로 그냥 헌법규정 이 자체로서 이해되었는데 오늘날 이해에 따르면 헌법규범은 결코 헌법규정자체가 아니다. 과거에 구체적인 사건에 적용되는 이른바 헌법규범은 헌법규정안에 헌법제정자에 의해서 이미 집어넣어졌고 해석자는 그것을 단순히 사후적으로 발견하면 된다. 이런 사고속에서 해석의 캐논들이 적용이 되는데 이제는 그것은 더 이상 타당한 이론이 될 수 없다. 이거는 분명히 하신 것 같습니다.

제가 궁금한 것이, 그러면 이 헌법규범이 단순히 헌법규정이상의 것이라면 그래서 뭔가 외부로부터, 그러니까 이 헌법규정은 어떤 불완전한 것이고 외부로부터 뭔가를 이른바 정당화논거인지 이런 것들을 가지고 들어 와서 구체적 사건에서의 헌법규범을 완성시켜줘야 된다고 말씀하시는 것 같은데, 그렇다면 도대체 헌법규정의, 아까와 좀 비슷한 질문일 수도 있습니다, 그런데 헌법규정의 역할은 과연 무엇인지, 우리 김교수님 말씀 중에 모든 것을 '논증의 합리성' 이것으로 환원시켜 버리고 있는데, 예를 들면 구체적 사건을 해결하는데 헌법규정이 어떤 합리적인 해결책을 보증해 주지 못한다면 그 규정도 버릴 수 있는 것인지, 그러니까 다른 논거들과 과연 동등한 지위를 갖는 것인지 아니면 이 헌법규정이 뭔가 한계를 설정하는 것인지 그것을 좀 묻고 싶습니다.

사 회 자 : 그거 상당히 중요한 질문이고요, 그래서 지금 시간상 두분 지정토론자 분 마지막 질문을 다 합해가지고 한꺼번에 질문 받으시면 될 것인데, 이번에는 토론순서를 우리 이연구관님부터 먼저, 1분씩.

이 승 환 : 제가 특별히 질문하기보다는 지금까지 질문하시고 싶은데 시간이 안 되신 분께 제가 양보를 하고 싶습니다.

사 회 자 : 그래요, 우리 이교수님.

이 준 일 : 간단히 말씀을 드리면, 결국 포섭이냐 형량이냐의 어떤 양자택일은 아닌 것 같고, 포섭위에 형량이라는 양식이 더 추가가 되어야 된다라고 하는

생각인 것 같습니다.

그리고 중요한 것은 형량이라고 하는 개념의 의미인데, 우리 이인호교수님 말씀하셨던 것처럼 형량에 있어서는 '양'이라는 개념에 포인트가 맞춰지면 안 될 것 같고 '형'이라는 개념에 오히려 포인트가 맞춰져서 균형 그러니까 저울에 올려놓고 균형을 맞춘다라고 하는 그 지점에 포인트가 주어져야 이 의미가 제대로, 이 합리성의 의미하고 만나지 않을까 제 개인적으로 질문보다는 그런 생각을 정리하고 싶습니다.

사 회 자 : 예, 서박사님.

서 윤 호 : 제가 유일하게 법철학을 같이 전공하는 사람으로 알고 있는데요. 우리 김현철교수님이 "조금 불친절하게 발표문을 작성을 했다" 말씀하셨는데 제가 보기에는 상당히 친절하게 작성을 하신 것으로 판단을 합니다.

왜 그런가 하면 이 드워킨의 법철학, 법사상 내용들을 이렇게 간단하게 정리할 수 있다고 하는게 참 놀라운 일이고요. 그리고 아까 박교수님이신가요? 선판례구속의 원칙을 말씀하셨을 때, 드워킨의 기본적인 법사상을 이해하고 계신다면 아마 조금 쉽게 문제를 피해할 수 있지 않았을까 싶습니다.

우리 발표자하고는 제가 잠깐 휴식시간에 나가서 얘기했을 때 드워킨의 세 가지 법관념을 먼저 설명을 합니다.

그거는 장영민교수님께서 '법의 제국'이라고 하는 책을 번역을 하셨는데, 물론 드워킨의 책의 가장 두 가지 중요한 책이 초기저작으로는 '권리존중론(taking rights seriously)', 그 다음에 '법의 제국'이 있거든요 'Law's empire' 그런데 우리나라는 지금 '법의 제국'만 번역이 되어 있어요. 그런데 거기에 관행주의가 설명이 되어 있고 법실용주의가 설명이 되어 있고 정합성으로서의 법을 설명을 하고 있는데 먼저 법관행주의는 법실증주의 특히 대륙의 법실증주의 그 다음에 영미의 법실증주의, 다시 말해 논리적 법실증주의, 규범적 법실증주의 또는 경험적 법실증주의 이 두 가지 모두, 다시 말해 대륙에서는 법률을 중시여기고 영미쪽에서는 선판례를 중시 여긴다는 것이지요. 그러니까 이 법률이나 선판례는 과거의 사실이라는 거예요. 과거의 관행을 중시 여겨서 법을 발견하려고 하는 법태도들 이것은 한계가 있다고 지적을 합니다.

두 번째는 법현실주의라든가 법회의주의의 입장에서 나오는 법실용주의가 있어요. 공리주의적 입장에서 나오는, 거기서는 사회적 필요성에 따라 가지고 유용성에 따라 가지고 그때그때마다 정책적인 요소에 따라서 법을 발견해야 된다. 우리사회에서는 이게 필요하다고 생각을 한다. 그런 관점이 중요하게 작동을 하는

데, 그렇게 되면 드워킨이 생각하고 있는 법이라고 하는 것이 발견이 안 된다는 것이지요. 드워킨은 법이라고 하는 것은 모든 요소들이 정합적으로 작용을 해가지고 정합성을 확보받는 것 또는 통합성이라고 하는 것 'interigrity' 그것을 확보하는 게 상당히 중요하다고 봐요. 그런데 초기 권리존중론에서는 그거를 원칙, 우리 이준일교수님이 좋아하시는 표현 중에 규칙과 원칙의 구별이라 할 때 그 법원칙이라고 하는 것을 초기저작에서는 강조를 했는데 후기저작 '법의 제국'에 와서는 정합성개념을 상당히 중요하게 여깁니다. 이 정합성으로서의 법을 파악하려고 하면 구성적 해석이니 해석적 실천이니 반성적 평형이니 이런 관점들이 이제 중요하게 작동을 하지요.

그런데 오늘 우리 김교수님께서 법철학적 관점에서는 아주 탁월하게 치고나간 부분이 하나 있는데요, 드워킨은 규범적인 관점을 상당히 중요시 여기는데 오늘 우리 김교수님께서는 사실적인 요소, 경험적인 요소, 제도적 사실의 부분들을 가지고 드워킨이 가지고 있는 법사상을 상당히 보완을 하고 있다는 겁니다.

그래서 그 모든 것들, 형식적인 방법에서 기능적인 방법 그 다음에 절차적인 방법, 그것 외에도 실체적으로 제도적 사실을 통해서 실체적인 내용을 보완하는 작업이 필요하지 않는가, 그게 모두 실천적인 추론, 법추론에서 상당히 중요하고, 이러한 법적 추론이라고 하는 것은 법해석을 넘어서는 단순한 법률이든 입법자가 만들어 놓은 과거의 법률이든 또는 과거의 선판례든 이런 것을 넘어서서 또 공리주의가 취하고 있는 사회적 필요성 이런 것도 넘어서서 정합성으로서의 법, 우리가 지금 저기서 우리들의 정치적 도덕성이라고 하는 개념도 나오는데요, 정치적 도덕성을 확보해 주는, 정말 법다운 법을 어떻게 발견할 것인가가 법관의 의무이지 않겠는가 하는게 드워킨이 바라보고 있는 법의 제국입니다.

사 회 자 : 감사합니다.

그러면 우리 김교수님.

발 표 자 : 워낙 근본적인 말씀을 하셔서 저도 간단하게 말씀을 드리면, 법규인데 제가 순간적으로 어떻게 설명할까하다가 비교컨대 이런 생각이 들었습니다.

기본적으로 실천적 추론에서는 법규를 포함해서 모든 게 다 리즌입니다. 다 리즌이기 때문에, 대신에 저는 리즌과 그 리즌들 사이가 가지고 있는 설득력의 차이는 마치 재판에서 증거능력과 증명력의 차이 같다고 생각을 합니다. 실증적 추론의 관점에서는요. 그러니까 그것이 리즌으로서의 자격을 갖는 것은 당연할 뿐만 아니라 리즌으로서의 힘, 리즌으로서의 그것은 다른 리즌보다 월등히 높은 정도의 리즌이라고 생각되고요. 또한 그러한 리즌들 중에서 기본적으로 이렇게 문언의 형태로 구성해 놓은 것은 제가 발표문에도 써 놓았습니다마는 제도적 사실에 해당한다고 생각됩니다.

사 회 자 : 대단히 감사합니다.

지금 7시부터 9시 가까이까지 두 시간 아주 치열한 논의를 했는데, 마지막으로 본회의 회장이신 이공현재판관님 말씀을 듣고 전체적으로 마무리 하도록 하겠습니다.

회 장 : 오늘 이렇게 많이 참석해 주셔서 열띤 토론을 해 주시고, 또 김현철교수님께서 우리가 평소 접하기 어려운 헌법해석, 법률해석에 관한 얘기는 우리가 평소에 많이 고민하고 했습니다마는 헌법적 차원까지 이렇게 해 주셔서 정말 저희들에게는 큰 도움이 되었습니다.

앞으로도 이렇게 실무계와 학계가 서로 얘기를 나누고 점점 심도 있는 논의가 될 수 있는 장이 되는 것이 저로서는 너무 바람직한 일이고, 앞으로도 계속 적극적인 참여를 해 주시기 바랍니다.

감사합니다.

사 회 자 : 감사합니다.

오늘 저희들 이 주제가 사실은 굉장히 어렵습니다. 어려운 데, 그래도 상당부분 저희들 궁금한 부분들을 논의를 거쳤고, 또 이 논의를 거쳐서 우리가 결론적 답은 구하기는 상당히 어렵다고 하더라도 그동안에 불명확한 점들에 대해서는 그 경로들을 짚어본 것이 저희들의 큰 수확이었다는 생각이 됩니다.

그런 점에서 우리 김현철교수님 발표에 대단히 감사하고, 우리 두분 지정토론 맡으신 이준일교수님, 이승환연구관님께 대단히 감사를 드리면서 오늘 토론 여기서 마치겠습니다.

대단히 감사합니다.

제65회(2006. 5. 12) 발표문

명백 · 현존하는 위험의 원칙과 표현의 자유

임 지 봉*

Ⅰ. 서 론

미국 수정헌법 제1조에는 표현의 자유, 종교의 자유를 위시한 여러 중요한 기본권들이 규정되어 있다. 실제로 미국 로스쿨들에서는 '수정헌법 제1조(First Amendment)'라는 과목이 헌법과목으로서 한 학기 동안 강의되는 독립과목을 이룬다. 그만큼 미국 헌법학에서는 수정헌법 제1조의 표현의 자유 등을 중시한다는 방증이다. 이 표현의 자유와 함께 곧 잘 이야기되는 것으로 '명백·현존하는 위험의 원칙'이 있다.

표현의 자유의 한계 내지는 표현의 자유를 제한하는 법률의 합헌성 판단기준이 되는 것이 바로 이 '명백·현존하는 위험의 원칙'이다. 이 원칙을 어떻게 이해하고 활용하느냐 하는 것은 표현의 자유 보장 확대와 관련해 대단히 중요하다. 왜냐하면, '명백·현존하는 위험의 원칙'을 표현의 자유의 '한계'로서의 의미에 무게를 두고 이해하면, 이 원칙은 표현의 자유 제한을 정당화하는 이론이 되어 표현의 자유 보장이 좁아지게 되고, 반대로 '명백·현존하는 위험의 원칙'을 표현의 자유를 제한하는 법률의 '엄격한' 합헌성심사기준으로서 이해하게 되면, 이 원칙은 명백하고 현존하는 위험을 발생시키지 않는 한 모든 표현은 자유롭게 개진될 수 있다는 의미로 이해되어 표현의 자유 보장이 넓어지게 되기 때문이다. 적어도 미국 연방대법원에 의해서는 – 비록 간헐적인 후퇴기나 왜곡기도 있었지만 대체적으로는 – '명백·현존하는 위험의 원칙'이 후자의 의미로 이해되고 활용되면서 표현의 자유 보장을 확대해주는 이정표로서 기능했다.

이런 의미에서, '명백·현존하는 위험의 원칙'의 의미와 내용 및 그 바람직한 적용에 대해 연구하고 그것을 우리에게 맞는 표현 규제 입법의 합헌성 심사기준

* 서강대 법학과 교수.

으로 소화해내는 것은 자못 뜻깊은 일이라 할 수 있다. 이에, 본 연구는 미국 수정헌법 제 1 조상의 표현의 자유 제한과 관련해 연방대법원을 중심으로 '명백·현존하는 위험의 원칙'이 어떻게 탄생, 발전, 적용되어 왔는지를 살펴보고 그것이 우리에게 주는 시사점에 대해 탐구해보고자 한다. 그래서, 이 땅에서 표현의 자유의 '제한'보다는 '보장 확대'가 뿌리를 내려 표현의 자유가 '자유민주국가 기본권의 꽃'으로서의 제 역할을 다 할 수 있는 방안을 모색해보고자 한다.

Ⅱ. 수정헌법 제 1 조상의 표현의 자유와 내용 규제

1. 수정헌법 제 1 조와 표현의 자유

미국 수정헌법 제 1 조는 "연방의회는 국교를 정하거나 또는 자유로운 선교행위를 금지하는 법률을 제정할 수 없다. 또한, 언론, 출판의 자유나 국민이 평화로이 집회할 수 있는 권리 및 불만사항의 구제를 위하여 정부에게 청원할 수 있는 권리를 제한하는 법률을 제정할 수 없다"고 규정하고 있다.

1987년에 제정된 미합중국 헌법은 통치구조에 관한 규정만 두고 있을 뿐 기본권에 관한 본격적인 규정을 갖고 있지 못했다. 이에 기본권 규정이 없는 헌법이 어디 있느냐는 비판이 州權派(Repblican)들을 중심으로 강력히 제기되었고 이에 10개의 기본권 규정들이 한꺼번에 1789년 9월 25일에 발의되고 1791년 12월 15일에 비준되어 미국 연방헌법에 들어가게 되었다. 이들 10개의 기본권 조항들을 따로 '권리장전(Bill of Rights)'이라 부른다. 수정헌법 제 1 조는 이 권리장전의 첫 조항이다. 우선 조문의 위치상 큰 중요성을 가진다. 특히, 그것이 종교의 자유와 함께 언론, 출판, 집회의 자유와 같은 표현의 자유, 청원권을 규정하고 있다는 데에서 내용상으로도 큰 중요성을 띤다. 그 중에서도 언론, 출판, 집회의 자유와 같은 표현의 자유는 미국 수정헌법 제 1 조의 가장 핵심적인 기본권이다.

그러나, 이 권리장전조항들은 연방정부를 그 규율대상으로 할 뿐, 州에 대해 직접 주장될 수는 없다는 한계를 안고 있었다. 수정헌법 제 1 조가 연방정부기관의 하나인 "연방의회(Congress)"가 언론의 자유 등을 침해하는 연방법을 만들 수 없다고 규정하고 있고 그 외의 권리장전조항들에도 "州(State)"라는 단어는 등장하지 않음으로써, 권리장전조항들의 규율대상자 내지 주장대상자는 "州"가 아니라

"연방정부"에 한정되어 있었기 때문이다.[1] 이러한 문제를 해결해 준 것이 바로 수정헌법 제14조의 적법절차조항이다. 同 條項은 "어떤 州도(No State)" 적법절차에 의하지 않고 주민의 생명, 자유, 재산을 박탈하지 못한다고 규정함으로써, "州"를 그 규율대상자로 명시해 놓고 있으며, 이 조항의 "자유(liberty)" 속에 권리장전상의 기본권들을 편입(incorporation)시킴으로써, 이 조항을 통해 권리장전상의 기본권들이 "州"에 대해서도 주장될 수 있게 된 것이다. 즉, 수정헌법 제14조의 적법절차조항이 수정헌법 제 1 조에서 제10조 즉, 권리장전상의 기본권을 州에게도 주장할 수 있게 하는 "편입조항"의 구실을 하게 된 것이다. 수정헌법 제14조상의 적법절차조항은 "연방주의(federal system)"를 채택하고 있는 미국헌법 하에서 기본권 조항들의 적용이 연방정부를 넘어 州로 확대되어 나가는 통로로서의 구실을 훌륭히 해내고 있다. 수정헌법 제 1 조상의 표현의 자유도 수정헌법 제14조의 적법절차조항을 통해 연방정부 뿐만 아니라 "州"에 대해서도 적용될 수 있는 권리가 된 것이다.[2]

2. 표현의 자유의 보장 근거

이러한 표현의 자유 보장의 근거와 관련해서는 다음과 같은 이론들이 주로 개진되었다.

첫째, 사상의 자유시장이론(Macket Place of Ideas)이다. 수정헌법 제 1 조는 정부가 사상의 자연스러운 투쟁과정 속에서 어느 쪽을 편드는 것을 금하고 있다는 원칙에 근거를 두고 있다. 정부가 사상의 자유시장에 개입해 표현을 제한하지 않는다면 자유롭고 완전한 표현간의 각축의 場에서 최고의 사상이 승리를 거두고 덜 가치로운 사상은 패퇴된다고 본다. 1919년의 Abrams v. United States판결에서 언급되었듯이, "진리 발견을 위한 최상의 방법은 사상의 자유시장 속에서의 경쟁을 통해 어떤 사상이 최상의 사상으로 받아들여지게 하는 것이다."[3] 이것은 미국 연방대법원에 의해 오랫동안 받아들여졌던 이론이다.

둘째, 시민참여모델이론(The Citizen Participant Model)이다. 유명한 명예훼손 관련 판결인 New York Times v. Sullivan판결에서[4] 연방대법원은 수정헌법 제

1) 수정헌법 제14조 적법절차조항의 편입조항으로서의 기능에 관해 자세히는 JOHN E. NOWAK & RONALD D. ROTUNDA, CONSTITUTIONAL LAW 368-70 (6th ed., St. Paul/Minnesota: West Group, 2000) 참조.

2) 예를 들어, 뒤에 상술되는 Gitlow v. New York 268 U.S. 652 (1925) 참조.

3) Abrams v. United States 250 U.S. 616, 630 (1919).

1 조의 중심적 의미가 공적 이슈와 공적 인물에 대한 활발하고 강건한 토론을 독려하는 것이라고 보았다. 그러한 토론이 사람들을 정치적 과정에 적극적으로 참여케 함으로써 민주적 지배의 핵심을 이루게 된다.

셋째, 개인적 자유 모델이론(The Individual Liberty Model)이다. 표현의 자유는 사회적 목표 뿐만이 아니라 개인적 가치의 실현에도 이바지한다. 개인적 자유는 "목적이기도 하고 수단이기도 한"[5] 가치로운 것이다. 표현의 자유는 개인적 자율성을 장려하고 자기 결정을 촉진한다.

즉, 어느 이론에 의하건 표현의 자유는 자유민주사회에서 자율적인 개인의 자아실현을 위해 가장 중요하게 취급되고 두텁게 보장되어야 될 기본권임에는 틀림이 없는 것이다. 이것이 미국 권리장전 제 1 조에 표현의 자유가 위치하고 있는 이유이기도 하다. 특히, 이러한 표현의 자유 보장 근거에 비추어 봤을 때, 정치적 의사에 관한 표명인 정치적 표현은 더더욱 두터운 보호를 받을 필요가 있게 된다.

3. 표현의 자유의 적용 방법

수정헌법 제1조를 문면 그대로 읽으면 표현을 규제하는 모든 법들의 제정이 절대적으로 금지되는 것처럼 읽힐 수 있다. 그러나, 곧 자세히 보게 될 Schenck v. United States판결에서 Holmes대법관이 말했듯이 "언론의 자유의 가장 강력한 보장도 극장 안에서 잘못해 '불이야'하고 소리친 사람을 보호하지는 않는다."[6] 미국 연방대법원은 표현의 자유와 다른 정당한 공익 간의 조화를 위해 다양한 적용 방법들을 채택해왔다.

우선, 수정헌법 제 1 조에 의해 보호받지 못하는 표현들을 분류했다. 싸움을 거는 말(fighting words), 음란(obscenity), 명예훼손(defamation) 등이 그것이다. 또한, '상업적 표현(commercial speech)'처럼 수정헌법 제 1 조에 의한 완전한 보호대상은 아니고 부분적 보호의 대상인 표현도 존재한다고 보았다.

연방대법원은 정부가 표현의 내용을 규제하려드는 경우에는 정부 규제의 정당화에 무거운 부담을 지우는 엄격심사의 기준을 적용해오고 있다. 그리고 이런 '내용 규제'의 경우 명백·현존하는 위험의 원칙이 표현 규제 입법의 합헌성 심사기준으로 등장하고 사용되게 된 것이다. 그런 표현 규제 입법에는 통상적인 합헌

4) New York Times v. Sullivan 376 U.S. 254 (1964).
5) Whitney v. California 274 U.S. 357, 375 (1927).
6) Schenck v. United States 249 U.S. 47, 52(1919).

성 추정의 원칙이 적용되지 않는다. 오히려, 그 법률은 위헌의 추정을 받는다.

표현의 자유의 적용문제는 어떻게 보면, 표현의 자유를 보장할 때 얻어지는 개인의 이익과 표현의 자유 제한으로 얻어지는 정부의 이익간의 비교형량으로 정해지는 것이라 볼 수 있다. 이 때, 명백·현존하는 위험의 원칙이나 엄격심사는 정부 측에 가혹한, 이익형량의 가장 엄중한(stringent) 형태라 할 수 있다.

4. 내용 규제 v. 내용 중립적 규제

표현행위에 대한 규제는 표현행위의 내용에 근거한 '내용 규제(content-based regulation)'와 표현행위가 행해지는 시간, 장소, 방식 등 내용 외적인 것에 대한 규제인 '내용 중립적 규제(content-neutral regulation)'으로 나누어 볼 수 있다.

우선, '내용 규제'의 경우를 보자. 정부가 표현의 내용 때문에 표현을 규제할 때, 즉, 무슨 말을 했느냐는 것 때문에 표현을 규제할 때, 그 법은 위헌의 추정을 받는다.[7] 관점에 근거해 차별한다거나 그 주제 내용에 근거해 표현을 분류화한다면 그 법은 '내용 규제'의 법률이다. 주제 내용에 근거한 차별은 위헌의 추정을 받는다. 왜냐하면 정부가 공적 논의를 왜곡하거나 특정한 메시지를 선호할 우려 때문이다. 어떤 법이 규정의 文面上 표현의 내용에 근거해 차별을 할 때 뿐만이 아니라, "심지어 법 규정의 문면상으로는 중립적인 규제라 할지라도 그 법의 명백한 입법목적이 어떤 표현이 전달하는 메시지 때문에 그 표현을 규제하려는 것이라면"[8] 그것도 '내용 규제'이다. 미국 연방대법원은 특정한 표현, 표현자, 사상에 대한 정부의 차별을 막기 위해 평등조항도 사용해오고 있다.[9] 이러한 '내용 규제'에 대해 법원은 "내용을 이유로 어떤 표현을 억압하거나, 그것에 불이익을 주거나, 다른 부담을 부과시키는 것이므로 그러한 규제에는 가장 엄밀한 엄격심사를 적용"한다.[10] 따라서, 정부는 그 법이 저가치 혹은 무가치한 표현의 영역을 규제함을 증명하거나 혹은 그 법에 '내용 규제'를 통해 다른 취급을 하는 것이 "긴절한 정부의 이익을 이루기 위해 필요하고 그 목적을 이루기 위해 표현의 자유를 필요최소한으로 제한하면서 아주 좁고 세밀하게 만들어진 규제입법"임을[11] 입증

7) 예를 들어, Police Department of the City of Chicago v. Mosley 408 U.S. 92, 92 S.Ct. 2286 (1972)에서 연방대법원은 학교 주변에서의 피케팅 시위는 금지하고 노동 피케팅 시위는 인정한 법은 '내용 규제'로 보아 위헌이라 반시했다.

8) Turner Broadcasting Systems, Inc. v. F.C.C. 512 U.S. 622, 645(1994).

9) 예를 들어, Police Department of the City of Chicago v. Mosley 408 U.S. 92, 92 S.Ct. 2286 (1972) 참조.

10) Turner Broadcasting Systems, Inc. v. F.C.C. 512 U.S. 622, 642(1994).

해야 한다.

다음으로, '내용 중립적 규제'를 보자. 어떤 법이 규제된 표현의 내용에 상관없이 정당화될 때, 그 법은 '내용 중립적'이다. 예를 들어, 성인영화관의 위치를 규제하는 법은 '내용 중립적'이다. 왜냐하면 그 법의 규제는 성인영화관의 부수적 효과에 관한 것이지 성인영화관에서 상영되는 영화의 내용에 관한 것이 아니기 때문이다.[12] 표현의 내용과 무관한 정부의 규제는 더 낮은 수준의 위헌심사, 즉 덜 엄격한 합헌성심사를 받는다. 그런 법은 보통 "공적 토론에서 나타나는 어떤 의견이나 관점을 삭제할 실질적인 위험이 덜하다."[13] 대법원은 보통 '내용 중립적 규제'인 시간, 장소, 방식 규제에 덜 엄격한 이익형량분석을 적용한다. 예를 들어 대법원은 내용 중립적인 법이 합헌이기 위해서는 "중대한 정부 이익에 봉사하기 위해 세밀하게 만들어졌고 의사소통의 충분한 대안적 채널들이 있으면"[14] 된다고 보았다. 만약 표현 규제라는 수단이 직접적이고 효과적인 것이라면 정부가 가장 표현의 자유 제한의 정도가 경미한 수단을 사용할 것도 요구되지 않는다. 즉, 정부의 규제는 중대한 정부 이익의 촉징을 위한 것이라면 충분히 정당화된다. "만약 정부의 이익이 언론의 자유 억압과 무관하고, 표현의 자유에 대한 우발적이고 부수적인 제한이 중대한 정부 이익의 촉진보다 중하지 않다면"[15] 그러한 '내용 중립적 규제'는 합헌이다.

명백·현존하는 위험의 원칙은 엄격심사와 함께 바로 '내용 중립적 규제' 입법이 아니라 '내용 규제' 입법의 합헌성심사에 사용되는 심사기준이다.

---

11) Simon & Schuster, Inc. v. Members of the New York State Crime Victims Board 502 U.S. 105, 106.(1991).

12) City of Renton v. Playtime Theatres 475 U.S. 41 (1986).

13) Turner Broadcasting Systems, Inc. v. F.C.C. 512 U.S. 622, 642(1994).

14) Perry Education Association v. Perry Local Educator's Association 460 U.S. 37, 45 (1983).

15) O'Brien v. United States 391 U.S. 367, 377 (1968).

Ⅲ. 명백·현존하는 위험의 원칙과 관련된 미국 연방대법원의 주요 판결들

1. Schenck v. United States[16] — 명백·현존하는 위험의 원칙의 탄생

위법한 행위의 선동 발언도 표현의 자유에 의한 보호를 받을 수 있는 것인가? 이 물음에 대한 한 답이 되어줄 수 있는 명백·현존하는 위험의 원칙이 제1차 세계대전 중의 판결들에서 탄생하게 된다.

(1) 사실관계

1919년의 방첩법(Espionage Act)은 고의로 미 육해군에서 불복종, 불충성, 의무이행 거부를 선동하거나 선동하려하는 행위와 고의로 징병을 방해하는 행위를 처벌토록 규정하고 있었다. 제1차 세계대전중에 Schenck는 우편으로 징집대상자 2명에게 전단을 보냈다. 그 전단에는 징집법이 위헌이라 쓰여 있었다. 전단은 징병법이 월스트리트의 선택받은 소수의 이익 때문에 인간성에 대항하는 거악이며, 징병 반대에 대한 비판은 교활한 정치인들과 돈이라면 무슨 짓이라도 하는 탐욕적인 자본주의 언론사들이 만들어낸 합작품이라고 주장했다. 전단지는 "협박에 굴복치 말라"고 주장했지만, 징병법 폐지 청원과 같은 평화적인 방법만을 충고했다. Schenck는 방첩법을 위반했기 때문이 아니라 이에 위반되는 행위를 하려고 예비·음모했다는 이유로 기소당했다. Schenck는 전단지가 피징병자들의 징병을 방해하는데 영향을 끼치려는 목적 이외의 다른 목적을 가지지는 않는다는 배심원들의 주장에 대해 이를 부인하지는 않았다.

(2) 다수의견의 논점과 추론 및 판시사항

Holmes대법관에 의해 집필된 만장일치의 판결문은 표현의 자유를 누릴 수 있느냐 여부는 그 표현이 행해진 상황에 의해 영향을 받는다고 판시했다. 다음은 그 추론요지이다.

모든 행위의 성격은 그것이 행해진 상황이 무엇이냐에 크게 의존한다. 극장 안에서 갑자기 "불이야"라고 잘못 소리쳐 극장 안을 온통 혼란의 도가니로 만드는 것 까지 표현의 자유가 보호하는 것은 아니다. 중요한 것은 그 표현이 어떤 상황

16) Schenck v. United States 249 U.S. 47(1919).

하에서 행해져서 연방의회가 방지할 권한을 가지는 실질적 해악을 초래할 명백하고 현존하는 위험을 발생시킬 성격을 갖느냐이다. 그것은 근접성과 정도의 문제이다. 평화 시에는 괜찮을 표현도 전쟁 중에 행해지면 전쟁 노력에 큰 방해가 되어 허용되지 않을 수 있다. Schenck가 보낸 전단지는 전시에 행해진 표현으로서 명백하고 현존하는 위험을 발생시킨다. 하급심의 유죄결정을 인용한다.

(3) 이 판결이 가지는 의미

헌법에 의해 보호받는 표현의 범위에 대해 미국 연방대법원이 내린 최초의 판결들은 이 Schenck판결처럼 제 1 차 세계대전 중의 징병이나 전쟁 자체에 대한 반대 선동에 관한 것이었다. Schenck판결은 표현을 규제하는 입법의 합헌성 심사기준인 '명백·현존하는 위험의 원칙'을 최초로 선언하고 적용했다. Schenck판결에서 Holmes대법관은 표현행위에 대한 완벽한 면책에는 반대했지만, 또한 "악행을 낳을 표현의 경향성만 있다면 아무리 해악 발생과의 근접성이 없다 하더라고 그 표현행위 규제입법은 정당하다는 기준," 즉, 훨씬 더 제약적이고 훨씬 더 광범위한 표현행위의 규제를 담는 대안적 심사기준에도 반대했다. 같은 1919년의 Frohwerk v. United States판결과[17] Debs v. United States판결에서도[18] 방첩법이 수정헌법 제 1 조에 위배되지 않는다고 판시되었다.

2. Gitlow v. New York[19] - '위험경향의 원칙'으로 후퇴

앞의 Schenck판결 등은 특정 표현행위를 금지하는 법률을 위반했는지 여부를 다룬 것들이지만, 그 후에는 법률 자체가 일정한 표현을 위험하다고 판단해 직접 금지한 경우에도 명백·현존하는 위험의 원칙이 적용될 수 있는지가 다루어졌다. 그 첫 번째 사건이 바로 이 Gitlow사건이다.

(1) 사실관계

Gitlow는 노동자들에게 파업을 선동하고 정부를 전복해 혁명적 무정부상태를 만들어야 한다는 내용의 '사회주의자 선언서'(socialist manifesto)를 출판했다. 그는 뉴욕주의 '무정부주의자 처벌법(criminal anarchy statute)' 위반으로 유죄판결

17) Frohwerk v. United States 249 U.S. 204 (1919).
18) Debs v. United States 249 U.S. 211 (1919).
19) Gitlow v. New York 268 U.S. 652 (1925).

을 받았는데, 동법은 뉴욕주 주의회가 보기에 실질적 해악의 위험을 초래할 개연성이 있는 특정한 성격의 표현들을 금하는 것을 내용으로 하고 있었다. 문제된 법조항은 위력, 폭력 및 불법한 수단으로 정부를 전복하는 것을 옹호하는 말도 금지하고 있었다. '사회주의자 선언서'를 읽고 정부 전복 등의 실질적 해악으로 나아간 사람이 있다는 증거는 없었다. Gitlow가 하급심의 유죄결정에 대해 연방대법원에 상고했다.

(2) 다수의견의 논점과 추론 및 판시사항

Sandford 대법관이 집필한 다수의견은, 州議會가 실질적 해악의 위험을 발생시킬 개연성이 있는 표현을 州法으로 직접 금지할 수 있다고 판시했다. 다음은 그 추론요지이다.

미국 연방대법원은 앞서 수정헌법 제 1 조 관련 사건들에 있어서 주된 쟁점은 문제된 표현이 실질적 해악을 초래할 "명백하고 현존하는 위험"을 가지고 있느냐에 있다고 보았다. 그러나, 뉴욕주법에 의해 구체적으로 성격 규정이 된 어떤 표현 속에 "명백하고 현존하는 위험"이 존재하는지는 뉴욕주의회가 결정해야 한다. Gitlow의 표현은 이러한 금지되는 표현의 범주 내에 든다. 주의회에 의한 결정이 이미 내려져 어떤 표현을 금지하고 처벌하는 것으로 州法이 정했다면, 州法에 의해 금지된 표현이 법원의 관점에서는 "명백하고 현존하는 위험"을 띠고 있지 않다고 해봤자 별 의미가 없다. 즉, 의회가 이미 일정한 유형의 표현은 실질적인 해악을 발생시킨다고 결정했으므로 법원은 그 판단을 존중해야 하고 의회가 법규정을 통해 이렇듯 표현의 위험성을 판단해버린 경우에는 명백·현존하는 위험의 원칙이 적용되지 않는다. 정말 중요한 것은 그 법조항 자체가 위헌이냐 하는 것이다. 문제된 뉴욕주 주법의 조항은 위헌이 아니다. 주는 실질적 해악 발생의 위험을 초래할 개연성이 있는 표현을 금지할 수 있다.

(3) 반대의견

Holmes 대법관에 의해 쓰여진 반대의견은 문제된 뉴욕주법 조항을 위헌으로 보았다. 다음은 그 추론요지이다.

표현의 자유는 수정헌법 제14조의 적법절차조항에 의해 보호받는 "자유(liberty)"의 하나이다. 따라서, 표현에 대한 유죄결정에 적용될 심사기준은 이미 Schenck v. United State(1919)판결에서[20] 개진된 대로 실질적 해악 발생의

20) Schenck v. United State 249 U.S. 47 (1919).

"명백하고 현존하는 위험"이 있느냐가 되어야 한다. 본 사건에서처럼 '사회주의자 선언서'의 출판이 해악을 발생시킬 수 있는지에 대해 큰 의구심이 든다면, 그 출판은 아마도 금지된 결과를 발생시키는 것과는 너무 동떨어진 것이며 그에 대한 규제는 쓸데없는 것이 된다. 즉, 명백·현존하는 위험의 원칙을 적용해야 한다는 전제 하에서 정부 전복의 현존하는 위험은 없다.

(4) 이 판결이 가지는 의미

Holmes 대법관이 Schenck v. United State(1919)[21] 판결에서 "명백하고 현존하는 위험"의 심사기준을 상술한 바 있다. 그 심사기준이 본 판결에서는 '위험경향 심사(Bad Tendency Test)'원칙으로 대체되었다. 그러나, 이 Gitlow판결은 그 후 포기되었으며, 현재 미국 연방대법원의 결정들은 위법한 행위를 선동할 개연성에 다시 초점을 맞추고 있으며 주의회가 州法으로 어떤 표현이 그러한 개연성을 만들 수 있는지를 결정하지 못하게 하고 있다.

3. Whitney v. California[22] - '급박성'의 요건 추가

(1) 사실관계

1919년에 Whitney양은 사회당 전당대회에 참석했다. 그 전당대회가 각 계파의 회합으로 나누어졌을 때, Whitney는 급진파쪽으로 가서 공산노동당(Communist Labor Party)을 만드는 것을 도왔다. 그해 말에, Whitney는 공산노동당의 캘리포니아주 支部를 조직하기 위한 또 다른 전당대회에 참석했다. 거기서 Whitney는 정치적 행동을 할 것을 승인하는 결의안을 지지했고 노동자들에게 모든 선거에서 공산노동당 공천 후보에게 투표할 것을 촉구했다. 이 결의안은 부결되었으며 더 극단적인 정치 행동이 채택되었고 Whitney는 그 결의안에는 반대했다. 캘리포니아주 州法인 '캘리포니아 과격단체운동 처벌법(California Criminal Syndicalism Act)'은 산업 소유권 변화나 정치적 변화에 영향을 주려는 수단으로서 위법한 폭력행위를 옹호하는 단체를 결성하는 것을 법으로 금하고 있었다. Whitney는 이 법 위반으로 기소되어 재판을 받던 중, 공산노동당이 과격 테러조직이 되도록 할 의도는 전혀 없었다고 주장했다. 계속해서 그녀는 그녀가 폭력적인 정치변혁정책에서 공산노동당을 도울 의도가 전혀 없었기 때문에 그녀가 단지

21) Schenck v. United State 249 U.S. 47 (1919).

22) Whitney v. California 274 U.S. 357 (1927).

공산노동당 전당대회에 참석했다는 사실만으로 그것이 범죄가 될 수는 없다고 주장했다. 따라서, 그 법은 적법절차에 의하지 않고 그녀의 자유를, 즉, 언론·출판·집회·결사의 자유를 빼앗은 것이라고 Whitney는 주장했다.

(2) 다수의견의 논점과 추론 및 판시사항

Sanford 대법관에 의해 집필된 다수의견은, 목적 달성에 영향을 주기 위해 불법한 수단의 사용을 옹호하는 조직에 고의적으로 그 구성원이 되는 것을 처벌하는 州法은 헌법에 의해 보장된 적법절차의 원칙과 언론·출판·집회·결사의 자유를 침해하지 않는다고 판시했다. 다음은 그 추론 요지이다.

헌법에 의해 보장된 표현의 자유도 아무런 책임 없이 말할 절대적 권리를 부여하고 있는 것은 아니다. 어떤 표현이 범죄를 선동하거나 평화를 교란하거나 폭력을 통한 정부 전복을 꾀하는 경향을 보일 때처럼 공공복리에 적의적인 표현인 경우에는, 州는 이를 州에게 부여된 경찰권 행사의 일환으로서, 표현의 자유 남용으로 처벌할 수 있다. 본 사건에서 '캘리포니아 과격단체운동 처벌법'(California Criminal Syndicalism Act)은 州의 公的 평화와 안정을 위협하는 범죄들을 옹호하는 조직을 돕거나 고의적으로 그 조직의 구성원이 되는 것이 州의 경찰권 행사에 의해 처벌될 수 있는 것이라 선언하고 있다. 그 처벌행위의 핵심은 불법적 수단의 옹호와 사용을 통해 원하는 목적들을 달성하기 위해 다른 사람들과 결합함에 있다. 이것은 그 성질에 있어 형법상 예비·음모의 단계에 해당하는 것이며 개인의 개별적 행위들보다 公的 안정에 훨씬 더 큰 위험을 수반한다. Whitney양은 본 사건에서 그녀에게 적용된 '캘리포니아 과격단체운동 처벌법'(California Criminal Syndicalism Act)이 위헌이라 주장하지만, 그러한 주장은 대법원이 일심법원에서 끝난 사실판단에 관한 평결을 다시 하라는 것이 되므로, 본 법원은 이를 받아들일 수 없다.

(3) 동조의견 - 사실상의 반대의견

Brandeis대법관에 의해 집필된 동조의견은 문제된 법조항이 위헌이 아니라는 점에서는 다수의견과 의견을 같이 했지만, 그렇게 본 근거는 다수의견과 달랐다. 이 Brandeis대법관의 동조의견은 그 후의 연방대법원 판결들에 다수의견보다 더 큰 영향을 준, 유명한 동조의견이다. 다음은 그 추론 요지이다.

Whitney는 여기서 공공의 안전을 멀리서 위협하기만 하는 행위를 준비하던 단계에서 처벌을 받고 있다. '캘리포니아 과격단체운동 처벌법'(California Criminal

Syndicalism Act)은 과격한 단체운동을 실행에 옮기는 것이 아니라 단지 說諭하는 사람들을 처벌함을 목적으로 한다. 수정헌법 제14조의 적법절차조항에 의해 보장되고 州에 대해 구속력을 가지게 되는 언론·출판·집회·결사의 자유도 州에 대해 정치적, 도덕적, 경제적 위해를 가할 위험이 있는 표현행위들에서는 제한될 수 있다. 그러나, 표현이 州에 실질적 해악의 명백하고 급박한 위험을 초래하지 않는다면 그러한 제한은 존재하지 않는다. 연방대법원은 아직 언제 위험이 '명백한' 것이 되는지 결정 기준을 세우지 않았다. 그러나, 예견되는 해악이 아주 급박한 것이어서 그 해악에 관한 논의 기회를 가지기 전에 해악이 발생할 정도가 아니라면 그러한 표현행위로부터 초래될 위험이 명백하고 현존하는 위험일 수는 없다. 그러나, 이러한 표현이 州에 중대한 위해를 끼칠 가능성이 있음은 틀림없다. '캘리포니아 과격단체운동 처벌법'(California Criminal Syndicalism Act)의 위헌 주장을 본 법원이 심리함에 있어, 언론·출판·집회·결사의 기본적 권리들이 침해당했다고 주장될 때마다, 피고는 명백·현존하는 위험이 그의 행위에 의해 급박한 것이 되었느냐 하는 쟁점에 대해 의견을 개진하도록 허락받아야 한다. 여기서, 미래의 어느 시점에서 야기될 집단행동에 의한 혁명을 지금 이 시점에서 단순히 옹호하는 것은 수정헌법 제14조의 보호범위 내에 있다. 그러나, 형법이 금지하고 있는 예비·음모행위에 대한 증거가 있고 그것이 헌법상의 권리를 박탈당했다는 입증이 없는 한 형사 일심재판에서 확정된 사실관계를 본 법원이 다시 심리할 수는 없기 때문에 우리에게는 이 사건 사실관계를 다시 심사할 권한이 없다.

(4) 이 판결이 가지는 의미

본 판결은 Schenck 판결의 "명백·현존하는 위험"의 심사기준에 그 위험이 "급박한(imminent)" 것이어야 한다는 요건을 추가했다는 점에서 중요하다. 이런 점에서 본 판결에서 Brandeis 대법관의 동조의견은 일종의 반대의견으로 평가되어질 수도 있다. 주정부에 대항하는 위협적 행위를 "단순히 옹호"(mere advocacy) 하는 표현을 했다는 이유만으로 이들을 처벌할 수 있다는 다수의견에 Brandeis 대법관이 추가한 "급박성"의 요건은 중요한 의미를 갖는다. 그래서, "단순한 옹호기준"(mere advocacy test)은 그 후 살아남지 못했다. 오늘날, 과격단체운동을 계속 처벌하는 Smith Act에서도 "단순 옹호"에 그친 표현을 처벌하지는 않는다. 처벌이 가해지려면 강력한 정부 전복 행위를 촉구하는 것이 필요하다. 따라서, "행위촉구"(urging action)는 본 판결에서 Brandeis대법관이 개진한 "명백하고 현존하는 급박한 위험"(clear and present imminent danger) 심사의 한 현대적 형태이다.

4. Dennis v. United States[23)] - 명백하고 있을 수 있는 위험의 원칙

제2차 세계대전이 일어난 이후에는 공산주의의 발호가 세계적으로 큰 위협이 되었다. 이에 미국 연방의회는 1940년에 New York주의 '무정부주의자 처벌법(criminal anarchy statute)'과 비슷한 내용의 Smith법을 제정했다. 이 법 적용과 관련한 최초의 사건이 이 사건이다.

(1) 사실관계

Smith법은 위력이나 폭력으로 정부를 전복하도록 가르치거나 이를 옹호하는 행위, 혹은 그것을 위해 사람들을 조직하는 것을 불법으로 규정했다. 또한 앞에서 말한 행위의 모의도 금지했다. Dennis와 공산당 간부들이 정부를 무력으로 전복하고자 모의했다는 이유로 유죄판결을 받았다. 공산당은 규율이 잘 되고 전략적 위치로 침투를 잘하며 별명과 중의법을 잘 쓴다는 점이 여러 증거들에 의해 입증되었다. 공산당은 엄격히 통제되었으며 당원간의 불화를 일체 용인하지 않았다. 공산당의 당헌, 강령, 성명서 등은 무력과 폭력에 의한 성공적인 정부 전복을 옹호했다.

(2) 다수의견의 논점과 추론 및 판시사항

Vinson 대법원장에 의해 집필된 4인의 다수의견은, 무력이나 폭력에 의한 정부 전복 옹호와 그 모의를 처벌하는 Smith법이 공산당 간부들에게 적용되는 것이 수정헌법 제1조에 위배되지 않는다고 판시했다. 다음은 그 추론 요지이다.

수정헌법 제1조상의 권리를 제한하는 법률의 합헌성 심사에 있어서 그 심사기준은 다음과 같다. 즉, 표현행위가 비인쇄매체상에 비언어적으로 이루어졌다면 법 위반의 증거로서의 언론이나 출판에 근거한 유죄결정은 그 언론이나 출판이 금지된 범죄행위를 모의하거나 완수함에 있어 명백·현존하는 위험을 발생시킬 때에만 내려질 수 있다. 이 사건에서, Smith법은 무력이나 폭력에 의한 전복으로부터 정부를 보호하려하고 있다. 확실히 이것은 정부가 언론을 제한하는 충분한 이유가 될 수 있다. 이제는, 명백·현존하는 위험이 존재하느냐가 결정되어야만 한다. 정부 전복 기도의 성공이나 성공가능성은 그 정부 전복 기도가 명백·현존하는 위험을 구성하는지를 판단하는 기준이 될 수 없다. 문제는 표현행위로 발생될 해악의 중대성이 - 비록 발생될 것 같지 않아 그 중대성이 깎이기도 하지만 - 해

23) Dennis v. United States 341 U.S. 494 (1951).

악 발생의 위험 회피를 위해 필요한 언론의 자유 제한을 정당화하느냐 이다. 다른 나라들에서 유사한 폭동이 있었다는 점, 지금 세계정세가 격해지기 쉬운 불안한 상태라는 점, 공산주의국가와 우리의 관계 등 여러 가지를 고려해 봤을 때, 본 사건에서 간부가 시간이 되었다고 판단해 소집만 하면 언제라도 달려올 정도로 일사분란한 규율체계를 갖고 있는 고도로 조직화된 Dennis와 기타 간부들의 단체의 문제된 표현행위들은 우리로 하여금 명백·현존하는 위험이 존재한다고 믿게 만든다. 위험이 있는지의 여부는 헌법문제이지 사실인정의 문제가 아니기 때문에 이것은 배심원이 아니라 판사가 판단하여야 한다. 하급심의 유죄결정을 인용한다.

(3) 동조의견들

Frankfurter대법관과 Jackson대법관이 동조의견을 냈다. 우선 Frankfurter대법관 동조의견의 추론요지는 다음과 같다. 법률의 합헌성은 국가의 안전에 대한 이익과 민주사회에서의 언론의 자유에 대한 이익간의 형량에 의해 결정된다. 이러한 이익형량은 법원이 아니라 입법부에 의해서 행해져야만 한다. 법원은 수정헌법 제1조상의 권리를 제한하는 법률을 포함해 모든 기본권을 제한 법률에 합리적 근거가 없을 때, 이 법률을 위헌이라 선언할 수 있을 뿐이다. 그런데 Smith법은 의회가 합리적으로 입법한 것이다.

Jackson대법관 동조의견의 추론요지는 다음과 같다. 무력이나 폭력에 의한 정부 전복을 가르치거나 옹호할 목적으로 이를 모의하는 것을 범죄로 규정한 법률은 심지어 명백·현존하는 위험이 없더라도 표현의 자유를 침해함이 없이 적용될 수 있다.

(4) 반대의견들

Black대법관과 Douglas대법관이 각각 별개의 반대의견을 냈다. 우선 Black대법관 반대의견의 추론요지는 다음과 같다. 수정헌법 제 1 조상의 권리는 자유민주주의사회에서 우선적 위치를 가져야만 한다. 그러한 권리를 제한하는 법률들은 단순한 합리성의 근거에서 법원에 의해 지지를 받아서는 안 된다. 다수의견은 수정헌법 제 1 조에 의해 보장되는 표현의 자유를 자유민주주의사회에서 보장해야 하는 정도로 높게 보장하지 않고 그 중요성을 희석시켰고, 급기야 수정헌법 제 1 조 규정이 의회에 대해 단순한 경고 이상의 의미를 갖지 않도록 했다.

Douglas대법관 반대의견의 추론요지는 다음과 같다. 옹호된 해악이 급박하다는 위험을 분명하고 객관적으로 입증할 때에만 수정헌법 제 1 조상의 권리의 제한이 가능하다. 정부의 폭력적 전복을 옹호하는 Dennis와 다른 공산당원들이 성공할 가능성이 있다고는 도저히 생각조차 할 수 없는 본 사건에서, 이에 대한 입증조차 없다. 상황이 심각하여 언론이 해락을 회피할 시간적 여유가 없을 때에만 언론의 자유를 제한할 수 있다. 또한, 명백·현존하는 위험이 있는지 여부는 판사가 아니라 배심원이 판단해야 한다.

(5) 이 판결이 가지는 의미

이 Dennis판결에서 '명백·현존하는 위험(clear and present danger)'의 원칙은 '명백하고 있을 수 있는 위험의 원칙(clear and probable danger)'으로 후퇴했다. 그리고 급박성(immediacy)의 요건은 가능성(probability) 내지 중대성(seriousness)의 요건으로 바뀌게 되었다. 예상되는 해악 발생의 가능성이 아무리 적더라도 그 중대성을 이유로 언론은 제한될 수 있게 된 것이다. 이러한 기준 하에서 급진적인 정치적 표현은 거의 보장되지 않게 되었다. 그러한 표현은 항상 정부에게 위협이 되고 상상할 수 있는 가장 중대한 해악이 될 수 있을 것으로 보이기 때문이다.

이 판결 이후 연방대법원은 많은 반성 후에 표현의 자유 보장을 확대하기 위한 여러 이론들을 개발했다. 연방정부는 공산당 간부가 아닌 공산당 평당원들을 피고로 한 Smith법 위반사건들을 법원에 제소했고 이 Yates v. U.S.(1957)판결에서[24] 연방대법원은 14명 피고들에 대한 유죄판결을 파기했다. Yates판결은 결과적으로 폭력사태가 벌어질 것이라는 우려가 합리적으로 정당화된 상황 하에서 미래의 폭력 행위에 대한 집단세뇌를 수반했다는 이유로 Dennis판결과 차이를 드러낸다.[25] Scales v. U.S.(1961)판결에서[26], Smith법의 회원자격규정 위반으로 유죄판결을 받으려면 조직의 위법한 옹호 발언을 알고 있었어야 하고 그 조직의 위법한 목적 달성을 촉진하려는 특정한 의도를 가지고 그 단체에 가담했어야 한다는 점을 분명히 하면서 연방대법원은 Smith법의 회원자격규정에 대해 합헌결정을 내렸다. 즉, Smith법은 피고인 스스로 불법적 수단으로 공산당의 목표를 달성하기 위한 특별한 의도를 가지고 있는 경우에만 피고를 처벌하도록 한 것이지, 단순히 소극적으로 또는 명목상의 당원인 것만으로 피고를 처벌할 수 없다고 판시한 것이다.

24) Yates v. U.S., 354 U.S. 298 (1957).
25) Yates판결에 대해서는 곧 자세히 논한다.
26) Scales v. U.S., 367 U.S. 203 (1961).

5. Yates v. United States[27] - 선동의 원칙

(1) 사실관계

Yates외 13인은 Smith법 위반을 이유로 기소되고 유죄판결을 받았다. 검찰측은 첫째, 그들이 무력이나 폭력으로 미합중국 정부를 전복해야하는 필요성과 의무에 대해 가르치고 이를 옹호하려 한 죄, 둘째, 그렇게 가르치고 옹호하려는 사람들의 단체를 구성한 죄로 기소했다. Yates는 Smith법이 그의 정치적 신념을 이유로 그를 처벌하는 것이어서 위헌이라 주장했다.

(2) 다수의견의 논점과 추론 및 판시사항

Harlan대법관에 의해 집필된 다수의견은, Smith법이 폭력에 의한 정부 전복을 목적으로 한 행위를 선동하려 한다는 것과는 별개로, 추상적 원칙으로서 폭력에 의한 정부 전복을 옹호하고 가르치는 것을 금하고 있지는 않다고 판시했다. 다음은 그 추론요지이다.

Smith법에 의해 정부 전복 옹호 발언이 처벌 가능한 것이 되기 위해서는, 단지 어떤 것을 믿는데 그치는 것이 아니라 행동을 취하려 하는 이들에게 실행을 촉구하는 것이어야 한다. Smith법은 정부 전복의 추상적 원칙을 가르치거나 옹호하는 것을 벌하려는 법이 아니라 실제의 정부 전복 행위를 가르치거나 옹호하는 것을 벌하려는 법이다. 달리 판시하려면 수정헌법 제1조에 의해 보호되는 정치적 사상을 처벌한다는 이유로 Smith법 자체를 위헌이라 선언해야 한다. 원고들 중 5인에 관해서는 그들이 정부 전복 행위를 옹호했다는 증거가 충분치 않으며 그들은 석방되어야만 한다. 나머지 9명의 원고들에 대해서는 재심(retrial)을 열도록 명한다.

(3) '일부 동조 및 일부 반대의견(concur in part, dissent in part)'과 반대의견들

Black대법관과 Douglas대법관은 같이 일부 동조 및 일부 반대의견을 개진했다. 그들은 기소 근거 법조항들이 수정헌법 제1조에 위반된다고 보고 원고 전원이 석방되어야 한다고 주장했다.

Clark대법관은 홀로 반대의견을 개진했다. 그는 Dennis사건의 판시사항이 본 사건에도 적용되어야 한다고 보면서 하급심의 유죄판결을 인용했다. 다수의견이 판결에 이르기 위해 본 사건을 어거지로 재구성해 판결을 합리화하고 있다고

27) Yates v. U.S., 354 U.S. 298 (1957).

일침을 가했다.

(4) 이 판결이 가지는 의미

이 판결은 폭력에 의한 정부 전복의 선동에 대비한 Smith법의 규정은 '행위의 선동'에 도달해야 적용되는 것이고 '추상적인 원리나 사상의 선동'에 그치면 적용되지 않는다는 점을 분명히 했다. 즉, 선동의 원칙으로 '행위'의 선동이어야지 '추상적 원리나 사상의 선동'이어서는 표현의 자유가 제한받지 않음을 강조한 것이다.

본 사건이 하급심에 환송되자, 검사가 연방대법원이 상술한 증거 요건들을 충족시킬 수 없을 것 같다며 나머지 9명의 원고들에 대한 소추도 철회했다. 1948년에 개정연방법령집은 Smith법의 謀議規定을 폐지하고 일반적 모의규정만 살려놓았다.

6. Brandenburg v. Ohio[28] - 명백·현존하는 위험의 원칙의 현대적 기준

(1) 사실관계

KKK(Klu Klux Klan, 백인우월주의자 집단)단의 리더인 Brandenburg는 Cincon innati 텔레비전 방송사에 전화해 Hamilton카운티에서 열리는 KKK단 집회에 기자를 초청했다. 기자에 의해 이 집회는 녹화되고 텔레비전에 방영되었다. 한 녹화필림은 두건으로 얼굴을 덮고 무기를 든 12명의 사람들이 나무 십자가 주위에 모여 그 나무 십자가를 불태우는 장면을 담고 있었다. 유태인과 흑인들을 경멸하는 말들이 녹화필림에서 산발적으로 들렸다. Brandenburg가 연설을 했고 그는 연설 중에 "우리는 보복을 목적으로 하는 단체는 아니다. 그러나, 우리의 대통령이, 연방의회가, 연방대법원이 계속해서 백인들을 탄압한다면 어떤 보복조치가 취해져야만 할 수도 있다"고 말했다. 그리고 독립기념일인 7월 4일에는 40만 명이 의회 앞에서 시위를 하고 이어서 두 그룹으로 나뉘어 일부는 Florida주로 일부는 Mississippi주로 행군할 것이라고 연설했다.

Brandenburg를 피고로 한 소송이 이들 몇몇 녹화필림들에 근거해 제기되었다. 그는 Ohio주의 '과격단체운동 처벌법(criminal syndicalism statute)'에 의해 유죄판결을 받았다. 이 법은 사회변혁 달성의 수단으로 범죄의 의무, 필요성, 정당성을 옹호하거나 태업, 폭력, 불법적 방법의 테러를 옹호하는 것을 금했고 과격단

28) Brandenburg v. Ohio 395 U.S. 444 (1969).

체운동의 원칙을 가르치거나 옹호하기 위해 형성된 단체와 회합하는 것도 금하고 있었다.

(2) 다수의견의 논점과 추론 및 판시사항

집필자를 밝히지 않은 판결(per curiam[29]))에서, 연방대법원은 폭력 사용이나 법 위반의 옹호가 급박한 불법적 행위를 선동하거나 야기하기 위한 것이고 또 그러한 선동 및 야기의 개연성이 있는 것이면 그러한 폭력 사용이나 불법의 옹호는 수정헌법 제 1 조와 수정헌법 제14조에 보장된 권리를 침해한다고 판시했다. 다음은 그 추론 요지이다.

헌법상의 언론·출판의 자유는 폭력 사용이나 법 위반의 옹호가 급박한 불법적 행동을 선동하거나 야기하기 위한 것이거나 그럴 개연성이 있는 것인 경우 이외에는 州가 그러한 폭력 사용이나 불법의 옹호를 금지하거나 처벌하는 것을 허락치 않는다. 위력이나 폭력에 호소하는 것의 도덕적 정당성이나 심지어 도덕적 필요성을 단지 추상적으로 가르쳐 주는 것이, 어떤 단체가 그러한 폭력적 행위로 나아가게 돕거나 조정하는 것과 같을 수는 없다. 양자의 행위를 명확히 구분치 못하고 함께 처벌하는 법률은 수정헌법 제 1 조와 제14조에 보장된 자유를 침해하는 것이다. KKK단의 집회 당시 그 집회에는 KKK단 단원 이외에는 아무도 없었고 집회에서 그들이 행한 인종적대적 발언이 누구에게도 즉각적으로 신체적 위협을 준 바 없었음에도 불구하고 Brandenburg가 단지 인종적대적 폭력이 '도덕적으로 적절함(moral propriety)'을 '추상적으로 가르쳤기(abstract teaching)' 때문에 Ohio주법에 따라 처벌된 것이다. Brandenburg의 발언은 직접적 행동을 선동한 것이 아니고 단순히 어떤 결과를 옹호한 것에 불과하므로 수정헌법 제1조와 제14조에 의해 보장되는 표현의 자유의 보호범위 내에 속한다. 즉, 그의 표현행위는 연방헌법이 정부의 통제로부터 면죄부를 준 '비난 발언'(condemnation speech)의 범주 내에 드는 것이다. 문제된 Ohio 州法의 취지는 단순한 옹호 발언을 처벌하려는데 있고, 법에서 서술된 유형의 행위들을 단순히 옹호하기 위해 다른 사람들과 회합하는 것을 금하려는데 있다. 그러므로, 하급심 판결은 유지될 수 없다. Brandenburg에 대한 유죄판결을 파기한다.

29) "Per curiam"은 라틴어로서 "by the court as a whole"의 의미를 가진다. 여러 이유로 인해 집필자를 밝히지 않고 재판부 전체 명의로 내린 판결을 'per curiam opinion'이라 한다.

(3) 동조의견

Black대법관과 Douglas대법관이 동조의견을 집필했다. 다음은 그 추론 요지이다.

허용되고 정부의 통제를 받지 않는 표현과 불허될 수 있고 정부의 통제를 받는 행위 사이의 경계선은 '생각'과 '공공연한 행위' 사이의 경계선이다. 아주 드문 예외적인 경우를 제외하고는 표현행위는 형사소추로부터 면제된다.

(4) 이 판결이 가지는 의미

본 판결은 언론의 자류를 제한하는 법이 합헌성을 획득하기 위해서는 '위험의 급박성(imminence of danger)'이 존재해야 함을 잘 보여준다. 이 요건은 그 전 판결인 1966년의 Bond v. Floyd(1966)판결에서도[30] 강조된 바 있었다. Bond판결에서 연방대법원은 Bond의 하원의원자격을 박탈한 주의회의 결정을 뒤집었다. 그가 징병제도에 반대하는 자를 지지한다는 선언문에 서명하고 베트남전과 베트남전 참전 군인 징병을 비판하는 말을 한 이후로는 진정으로 州憲法과 연방헌법 준수 선서를 할 수 없다는 이유로 하원의원 자격을 박탈한 것이었다. 연방대법원은 Bond가 한 발언에서 불법을 선동한 어떤 점도 발견할 수 없다고 보았다.

Ⅳ. 명백·현존하는 위험의 원칙의 탄생과 발전

1. 탄생 초기

1919년에 Holmes대법관이 집필한 Schenck v. United States판결을[31] 통해 명백·현존하는 위험의 원칙이 표현의 자유의 한계 내지 표현의 자유 제한 법

30) Bond v. Flyd 385 U.S. 116(1966). 이 사건에서 월남전 반대론자인 Bond는 징병제도에 반대하는 자를 지지한다는 선언문에 서명하고 베트남전과 베트남전 참전 군인 징병을 비판했다. 이에 Georgia주 하원은 Bond가 주헌법과 연방헌법을 진정으로 준수한다고 선서할 수 없다는 이유로 하원의원 취임을 못하게 해 문제가 된 사건이다. 연방대법원은 Bond가 불법적인 징병제 반대 선동을 한 것은 아니고 다만 일반적이고 추상적으로 전쟁반대선언을 한 것이어서 Bond는 제재를 받아서는 안 되며, 따라서 주 하원이 의원자격박탈조치는 Bond의 수정헌법 제 1 조상의 표현의 자유를 침해한 것이라고 판시했다.

31) Schenck v. United States 249 U.S. 47(1919).

률의 합헌성 판단기준으로 탄생하였다. 탄생시에 명백·현존하는 위험의 원칙은 다음과 같은 내용의 원칙으로 이해되었다. 즉, "불법적 행동에 대한 위협 때문에 표현의 자유를 제한하는 것은 급박하고 발생가능한 위험이 존재하고 그로 인해 염려되는 해악이 정부의 규제를 정당화할 정도로 실질적인 것일 경우에만 용인된다"는[32] 것이다. 초점이 표현이 행해질 당시의 상황 하에서 불법적 행위의 근접성과 위험의 정도에 두어진 것이다. 명백·현존하는 위험의 원칙은 표현행위로 인해 야기될 위험이 중대하고, 개연성이 있거나 급박한 것일 때, 州政府는 평소 상황에서는 취할 수 없는 조치를 그러한 비상 상 황하에서는 취할 수 있게 한다. 따라서, 표현의 내용 때문에 그 표현행위를 규제하고 제한하는 것이다. 그러한 표현행위에 대한 제한이 용인되는 이유는 자유롭고 충분한 토론을 통해 어떤 표현행위에 대한 해악을 치유하는 기능을 갖기에는 시간이 불충분하다고 결론내려질 수 있는 상황이기 때문이다. Brandeis대법관도 Whitney v. California판결에서[33] "비상상황만이 그러한 표현행위의 규제를 정당화할 수 있다(Only an emergency can justify repression)"고 주장한 바 있다.

정리하면 명백·현존하는 위험의 원칙이란 특정한 표현이 제한될 수 있는 경우란 그 표현이 정부가 방지해야 할 '실질적 해악(substantial evil)'을 가져올 것이 '명백'하고 그 위험이 '현존'하는 것이어야 함을 의미한다. '실질적 해악' '명백성' '현존성'이 명백·현존하는 위험의 원칙의 중요한 세 가지 요소였다. 이 때, '실질적 해악'이란 국가각 방지할 필요가 있는 이익에 대한 침해나 위협을 뜻한다. '명백성'은 표현과 해악 발생간의 명확한 인과관계의 존재를 의미한다. 여기서의 인과관계의 명확성은 어느 정도이어야 하는가? 이 명확성의 요구는 단순한 합리적 근거 이상의 것이 필요하다고 이야기되어 진다.[34] '현존성'이란 자유토론에 맡겨서는 그 해악의 발생을 방지할 수 없을 정도로 위험의 발생이 시간적으로 근접한 것임을 요구하는 것이다.

같은 해인 1919년에 나온 연방대법원의 Abrams v. United States 판결에서는[35] 명백·현존하는 위험의 원칙이 약간 후퇴된 듯한 분위기가 감지된다. Abrams 등은 당시의 러시아 혁명에 우호적인 사회주의자들이었다. 이들은 미국정부가 해병대를 시베리아에 보낸 것을 러시아 혁명을 진압하기 위한 시도라고

32) JEROME A. BARRON & C. THOMAS DIENES, CONSTITUTIONAL LAW 251 (5th ed., St. Paul/Minnesota: West Publishing Co., 1995).

33) Whitney v. California 274 U.S. 357 (1927).

34) JOHN E. NOWAK & RONALD D. ROTUNDA, infra, at 1083.

35) Abrams v. United States 250 U.S. 616, 630 (1919).

보았다. 이에 대한 대응으로, 이들은 미국의 독일과의 전쟁 수행을 방해할 의도로 전쟁 물자를 감축 생산하도록 주장하는 수천 장의 전단을 뉴욕시에서 인쇄하고 배부했다. 그 전단지는 근로자에게 독일 뿐만 아니라 러시아에 대해서도 사용될 수 있는 총탄을 생산하지 않도록 강조했다. 명백·현존하는 위험의 원칙을 계속 적용해야 한다고 주장한 Holmes판사의 반대의견도 있었지만, 연방대법원의 다수 의견은 명백·현존하는 위험의 원칙 보다는 표현자의 '의도'나 '위험 경향(bad tendency)'에 주목했다. 그래서, 피고인에게 미국의 독일에 대한 전쟁 노력을 방해할 '의도'가 있었느냐를 먼저 보았다. 피고인의 주된 목적은 러시아를 돕자는 것이지만 러시아를 보호하기 위한 전쟁 물자 생산의 감축은 독일에 대한 전쟁 노력을 해치지 않고서는 달성될 수 없는 것이므로, Abrams 등의 전단지에는 '위험 경향(bad tendency)'이 존재하고 방첩법 규정이 금하는 '의도'가 있다고 판단했다. 이러한 '위험 경향'의 기준은 후속판결을 통해 곧 줄기차게 이어지지는 않았지만 1951년의 Dennis판결로[36] 본격적인 부활을 보았다.

1927년의 Whitney 판결에 가서, 표현행위로 인한 해악 발생의 위험이 너무 급박하고 중대해서 통상적인 자유토론에 맡길 수 없다는 입법부의 결정은 그 결정이 비록 합리적이라 하더라도 확정적이고 최종적인 것은 아니라는 판결이 나왔다. 입법부가 아니라 법원이 특정의 표현 규제가 그 해악 발생의 위험 때문에 정당화 된다고 확정해 주어야만 한다는 것이다.[37]

특히 1930년대 중반부터 1950년대까지 미국연방대법원이 표현의 자유 등 정신적 자유권의 '우월적 지위론'을 채택함으로써 명백·현존하는 위험의 원칙은 다수의견의 지위를 계속해서 유지할 수 있었다.

2. 명백·현존하는 위험의 원칙의 왜곡기

1951년의 Dennis v. United States판결에서[38] 연방대법원은 Smith법에 대해 합헌결정을 내리면서 명백·현존하는 위험의 원칙의 중요한 일부분이었던 '시간' 기준의 중요성을 고려에 넣지 않는 듯한 태도를 취하면서 언론의 자유의 광범위한 보호를 위해 삽입했던 심사기준의 한 중요한 요소를 제거해 버린다. 연방대법원이 말한 대로 명백·현존하는 위험의 원칙은 "폭동이 일어나기 직전까지"[39]

36) Dennis v. United States 341 U.S. 494 (1951).
37) Id.
38) Dennis v. United States 341 U.S. 494 (1951).
39) Id.

정부가 그 표현을 규제할 수 없다는 뜻이 아니다. 연방대법원은 정부 전복의 목적에 대한 성공이나 성공가능성이 기준이라는 주장도 거부했다. 대신, “발생 불가능성 때문에 감소되기도 하는 해악의 중대성이 해악 발생의 위험 회피를 위해 필요한 언론의 자유 제한을 정당화하느냐”가 기준이 되어야 한다고 보았다.

이것은 ‘명백·현존하는 위험(clear and present danger)’의 원칙이 ‘명백하고 있을 수 있는 위험(clear and probable danger)’의 원칙으로 왜곡되었음을 의미한다. 이 때, 급박성(immediacy)의 요건은 해악 발생의 가능성(probability)을 거쳐 해악의 중대성(seriousness)의 요건으로 바뀌게 된다. 즉, 해악이 중대한 것이면 해악의 발생가능성이 적다하더라도 표현행위에 대한 제한이 허용되는 것으로 다루어졌다.

3. 옹호(advocacy)와 선동(incitement) 구분기

1950년대말에 접어들면서 연방대법원은 Dennis판결에서 빠져나오면서, 1957년의 Yates판결에서 선동과 단순한 옹호 발언을 구분했다. 즉, Dennis판결은 ‘선동’과 같은 불법적 행동의 옹호에 대한 정부 규제를 합헌이라 본 것이지, 추상적 원칙에 대한 옹호 발언을 정부가 규제하는 것을 합헌이라 본 것은 아니라는[40] 것이다. 비록 Yates판결에서 연방대법원이 직접적으로 헌법적 쟁점에 대해 그 입장을 개진한 것은 아니지만, Yates판결은 명백·현존하는 위험의 원칙에 대한 Dennis판결의 왜곡을 암묵적으로 거부한 것이라는 평가를 받았다.

4. 선동(incitement)과 위험(danger)의 구분기: 현대적 심사기준의 탄생

1960년대 이후에 연방대법원이 명백·현존하는 위험의 원칙을 적용한 사례는 법정모욕사건 등 극소수의 사건을 제외하고는 별로 없었다. 그러던 중 1969년에 나온 연방대법원의 Brandenburg v. Ohio판결은[41] 표현 규제가 가능하기 위해서는, 폭력 선동을 처벌하기 위해 불법적 행동이 의도되고 그 발생이 급박한 것이어야 한다(intent to incite imminent lawless action)고 판시함으로써 명백·현존하는 위험의 원칙의 요건을 더욱 구체화하고 위험기준을 더욱 엄격하게 적용케 함으로써 합헌성 심사의 기준을 한 단계 더 높여 놓았다. 즉, 선동을 금지할 수

40) Yates v. U.S., 354 U.S. 298 (1957).

41) Brandenburg v. Ohio 395 U.S. 444 (1969).

있는 요건으로, 첫째, 급박한 해악, 둘째, 불법적 행동이 야기될 가능성, 셋째, 불법적 행동을 야기할 의도라는 세 가지 요건이 충족되어야 함을 확실히 함으로써, 표현행위자의 의도의 입증을 추가요건으로 삼음으로써 표현의 자유 보호에 더더욱 만전을 기할 수 있게 된 것이다.

명백·현존하는 위험의 원칙에 대한 현대적 해석은 그 '표현행위의 성격(the nature of the speech)'과 그 표현행위가 보여주는 '위험(danger)'에 초점을 맞춘다. 따라서, 첫째, 추상적 원칙에 대한 옹호가 아니라 불법적 행동에 대한 선동만이 처벌받을 수 있고, 둘째, 그러한 불법적 행동을 선동하거나 낳을 개연성이 있는 "급박한 불법적 행동에 대한 선동(incitement to imminent lawless action)"만이[42] 정부의 규제를 받을 수 있게 되었다.

최근에 와서는 미국의 이라크 전쟁 등 각종 전쟁 수행과 관련해 전쟁 관련 발언 규제의 합헌성 척도로서 '명백·현존하는 위험의 원칙'이 곧 잘 이야기되고 있다.[43]

5. 명백·현존하는 위험의 원칙에 대한 미국 내의 평가

명백·현존하는 위험의 원칙이 1919년의 Schenck판결을 통해 탄생할 때부터 이 원칙에 대한 반대론이 미국 내에서 만만치 않게 제기되었다. 미국 역사상 가장 존경받는 하급심 법관 중 한 사람으로 평가받는 Learned Hand판사는 발언 내용만을 문제 삼지 주위 상황은 고려하지 말자는 심사기준(Learned Hand Test)을 제시했다. 이 심사기준은 1917년의 하급심 판결인 Masses Publishing Co. v. Patten 판결에서[44] 실제로 적용되었다. 이 사건에서는 反戰 만화와 전쟁 및 징병제를 비난하는 글 등 징병제 반대자들에 대해 큰 동의감을 표시하는 표현들이 문제되었다. 이에 대해 Learned Hand 판사는 이 표현은 反戰 입장에 대한 추상적 옹호에 불과하지 직접적으로 법 위반을 부추기는 표현은 아니라면서 이 표현은 처벌될 수 없다고 판시했다. 이 심사기준에 의하면, 어떤 표현에 의해 발생할 수 있는 효과는 전혀 고려되지 않으며, 거꾸로 어떤 표현이 직접적으로 법 위반을 부추기는 경우에 해당하면 그에 따른 효과가 전혀 발생치 않았더라도 처벌을 면할 수 없게 된다. 그러나, 이 심사기준(Learned Hand Test)은 이 Masses

42) Brandenburg v. Ohio 395 U.S. 444 (1969).

43) 명백·현존하는 위험의 원칙을 적용한 최근의 예로는 Virginia v. Black 538 U.S. 343 (2003)이 유명하다.

44) Masses Publishing Co. v. Patten 244 F. 535 (S.D.N.Y. 1917).

Publishing Co. v. Patten사건의[45] 항소심에서도 받아들여지지 않았으며, 미국에서 그 이후 50여 년간 명백·현존하는 위험의 원칙이 지배적으로 적용되었다.[46]

둘째, 적어도 명백·현존하는 위험의 원칙 초기 관련 판결인 Schenck판결이나 Abrams판결 등에서는 모두 표현의 내용이 사실상 실질적인 해악을 초래했다는 점에 대한 명확한 입증없이 모두 유죄로 선언되었다는 점에서, 명백·현존하는 위험의 원칙은 표현의 자유 보장 확대에 기여하는 바가 크지 않다는 지적들이 많았었다.[47]

셋째, 명백·현존하는 위험의 원칙은 위험 발생의 '급박성'이 있는지 여부의 사실인정에 따라 법적 판단이 달라지는데, 정치적 표현은 전쟁 등 국가가 위기에 처해있는 경우 '대중의 병적 흥분(mass hysteria)'에 의해 항상 공격받기 쉬우며 따라서 '급박성'이 있다는 판단을 받아 표현의 자유가 제한되는 일이 빈발하기 쉽다. 나아가, 표현행위와 해악 발생의 결과 사이의 인과관계에 대해 판단함에 있어 '명백성'은 추상적이고 애매한 개념이어서 사실상 주관적으로 판단되기 쉽다. 배심원에 의한 이 인과관계의 판단에 있어서도 국가 위기시 대중의 병적 흥분이 영향을 미쳐 유죄평결로 가기 쉽고 판사가 이 평결을 번복하기는 매우 어려워진다.[48]

비교적 현대에 와서 제기되는 명백·현존하는 위험의 원칙에 대한 비판론도 만만치 않다. 넷째, 몇몇 학자들은 동 원칙이 '명백·현존하는 위험'이라는 추상적이고 일반적인 기준을 사용함으로써 별 내용이 없는 이익형량심사의 한 형태가 되어 버렸다고 비판한다.[49] 다섯째, 또 다른 이들은 명백·현존하는 위험의 원칙이 보호하고자 하는 표현은 수정헌법 제 1 조에 의해 보호되는 표현 영역에 속하지 않는다고 비판한다.[50] 실제로 법원에 의해서도 '선동(incitement)'은 종종 수정헌법 제 1 조의 영역 밖에 존재하는 표현의 한 형태로서 별도로 다루어지기도 한

45) Id.

46) WILLIAM B. LOCKHART ET AL, CONSTITUTIONAL LAW: CASES, COMMENTS, QUESTIONS 650-653 (6th ed., St. Paul/ Minnesota: West Publishing Co. 2000).

47) JOHN E. NOWAK & RONALD D. ROTUNDA, CONSTITUTIONAL LAW 1080- 1081 (6th ed., St. Paul/ Minnesota: West Group, 2000).

48) Robert H. Tanenbaum, Preadhing Terror: Free Speech or Wartime Incitement? 55 AM. U. L. REV. 785. 788 (American University Law School, 2006).

49) David. R. Dow & R. Scott Shields, Rethinking the Clear and Present Danger Test, 73 IND. L. J. 1217, 1243 (Indiana Law School, 1998).

50) David R. Dow, The Moral Failure of the Clear and Present Danger Test, 6 WM. & MARY BILL RTS. J. 733, 747 (William & Mary Law School, 1998).

다.

그러나, 이러한 비판론들에도 불구하고 '명백·현존하는 위험의 원칙'은 언론의 자유의 수호신이라고 RK지 불리워지면서, 표현의 자유조항에 내실을 부여하고 특히 소수집단의 표현의 자유 보호에 큰 공헌을 해왔다는 긍정적인 평가를 받고 있다.

V. 결 론 : 명백·현존하는 위험의 원칙이 우리에게 주는 시사점

명백·현존하는 위험의 원칙은 표현이 발생시키는 폐해는 그에 대응한 표현으로써 시정되어야 한다는 강경한 자유주의적 입장을 대변하는 것으로, 앞에서 본 사상의 자유시장론에서 국가의 개입을 배척하는 것과 같은 입장에 서 있다. 이러한 강경한 자유주의적 입장은 미국이라고 하는 안정된 사회에서나 발전될 수 있는 이론이라는 지적도 있다.[51] 하지만, 우리 사회가 '명백·현존하는 위험의 원칙'이 적용되고 발전될 수 없을 정도로 불안정한 사회라 보기는 어려울 것이다. 오히려, 역동적이며 할 말은 하는 국민성을 두고 볼 때, 표현의 자유를 넓게 보장하여 역동적인 민주사회로 더더욱 크게 발전해 나갈 수 있게 하는 것이 바람직하다고 본다.

미국 연방대법원이 명백·현존하는 위험의 원칙을 적용한 예는 주로 정치적 선동이 문제된 사건과 법정모욕사건에 국한되고 있다는 점에도 주목할 필요가 있다. 또한, 이 원칙은 처음 정치적 선동에 대해 형사적 제재에 의한 직접적 제한을 금지하는 법리로 탄생된 것이었기 때문에 취업상의 제한 등 간접적 규제나 해외여행의 규제 등 기타 행정적 규제의 위헌성 심사에는 적용되지 않았다는 점도, '명백·현존하는 위험의 원칙'의 본격적인 도입 및 운용과 관련해 우리가 주의해야 할 바다.

만약 정부가 일정한 정치적 표현을 제한하거나 처벌할 수 있다고 한다면, 정부는 합법적으로 정부에 대해 비판하는 언론도 금지시킬 우려가 있게 된다. 다시 말해서, 표현과 그것이 야기하는 해악 간에 엄격한 인과관계를 요구한다는 식의 명백·현존하는 위험의 원칙과 같은 표현의 자유 보장 기준을 갖고 있지 않으면 정부는 언론이 단순히 혼란을 야기한다는 이유만으로도 이를 규제하거나 집요하게

51) 자세히는 박용상, 「표현의 자유」(서울: 현암사, 2002년) 108면 참조.

각종 표현행위를 처벌하려 들 것이다. 명백·현존하는 위험의 원칙과 같은 표현의 자유 보장 기준이 정부의 표현 규제를 꺼리는 본질적 이유는, 정부가 표현이 야기할 수 있는 여러 해악을 구실삼아 실제로는 정부가 우려하는 언론의 설득력을 억압하려 한다는 데 있다. 미국 수정헌법 제 1 조는 정부가 그러한 표현이 폭력이나 해악을 야기하리라는 구실에 호소해 정치적 반대의견 개진을 억압하는 것을 금하는 데서 존재이유를 가진다는 점을 다시금 상기할 필요가 있다.

우리 헌법재판소나 법원에서 '명백·현존하는 위험의 원칙'을 어떻게 법적 판단에 사용하고 있는지, 그 사용에 문제점은 없는지, '명백·현존하는 위험의 원칙'의 바람직한 법리 운용의 방안은 무엇인지 등에 대해서는 다음의 연구과제로 미루어 둔다.

제 65 회 발표회 지정토론문

명백 · 현존하는 위험의 원칙과 표현의 자유

성 선 제*

발표문은 미국 수정헌법 제 1 조의 표현의 자유와 내용 규제, 명백하고 현존하는 위험의 원칙과 관련된 미국 연방대법원의 판례를 정리하고, 동 원칙의 탄생과 발전을 설명하고, 우리에게 주는 시사점을 간략하게 잘 정리하여 보여주고 있다. 간과하기 쉬운 문제를 다시 한 번 일깨워주고 있다.

그런데 수정헌법 제 1 조의 표현의 자유와 내용 규제, 명백하고 현존하는 위험의 원칙과 관련된 미국 연방대법원의 판례에 대한 일반론은 그간 적지 않게 소개되어 왔으므로, 우리는 오늘 발표문에서 제시된 내용들에 바탕을 두면서 관련된 다른 구체적인 문제에 대해 논의해 보는 것이 필요하다고 생각된다.

(1) 표현의 자유는 다른 사회적 가치와 동화되고 균형되어져야 하는 사회적 가치의 일부분으로 이해될 수 있는가? 표현의 자유는 사회적 가치 중에서 고양된 우월적 지위인가 또는 절대적 지위인가?[1] 이러한 질문들은 실제적 문제 해결에 필요하다. 이에 대하여 답변하기 위하여는 권리장전의 도입 배경 내지는 연원에 대한 고찰이 필요하다고 본다.

반역법의 존재는 수정헌법 제1조가 어떻게 해석되어야 하는지에 대해서 처음으로 논란을 불러일으켰으며 특히 반역적인 명예훼손을 채택한 것인지의 여부에 대해 논란을 불러일으켰다. 이러한 불일치는 헌법제정자의 의도와 밀접한 관련이 있다. 이 점에 관하여 채피(Chafee)교수는 수정헌법 제 1 조는 반역에 관한 보통법(common law)을 일소하려는 의도를 가진 사람들에 의하여 쓰여졌다고 주장하며, 불법에 호소하지 않는 방법으로 정부를 비판하는 것에 대하여 기소하는 것은 영원히 불가능하다고 믿었다.[2]

이에 반하여, 레비(Levy) 교수는 권리장전은 오로지 정치적 편의에 의한 우

* 영산대 법학과 교수.

1) Black 대법관은 미국에서 가장 유명한 절대주의자로 알려져 있다. 절대주의자는 언론의 자유를 말 그대로 신성불가침한 것으로 본다. Black 대법관은 의회는 "또는(if)," "하지만(but)," "한편으로는(whereas)" 같은 수식어가 붙은 법을 만들 수 없다고 보고 있다.

2) Zechariah Chafee, Free Speech in the United States 21 (1941).

연의 산물이며 제퍼슨 추종자들이 반역법에 반대하기 전까지는 언론에 대한 광범위하고 자유주의적인 이론은 존재하지 않았다고 주장한다. 레비 교수는 헌법제정회의가 개최되기 3일 전까지 어느 누구도 기본적 자유가 헌법초안에 편입되어야 한다고 주장하지 않았다고 말했다. 언론의 자유가 제헌헌법에 편입되지 못한 지연사유는 연방정부는 위임된 권한의 하나이고, 정부에 주어지지 않은 권한은 인민에게 있다는 주권재민의 사상 때문이라고 본다. 레비 교수는 권리장전은 개인의 자유에 대한 원칙적인 수행이라기보다는 정치적 편의에 의한 우연의 산물이라고 믿을 이유가 더 많다고 주장한다.[3] 식민지 시대의 언론의 자유에 대한 그의 견해에도 불구하고, 레비 교수는 이 점에 관하여 후에 그의 주장을 철회하고 개정하는 저서를 출판한 바 있다.[4] 이토록 표현의 자유에 대한 관점의 차이가 존재하는데 발표자는 표현의 자유가 다른 사회적 가치와 동화되고 균형되어져야 하는 사회적 가치의 일부분으로 이해하는지? 더 나가 표현의 자유는 사회적 가치 중에서 고양된 우월적 지위로 보는지? 또는 절대적 지위로 보는지?를 밝혀주기 바란다.

(2) 표현의 자유의 사상적 기초로서 사상의 자유시장, 자아실현, 그리고 민주적 자치가 제시되고 있다. 이러한 기초는 시대와 장소의 차이를 불문하고 지금도 여전하다고 할 수 있다. 그러나 표현의 자유의 실현 모습은 과거와 상당히 많이 변화되고 있다. 일례로 현재 표현의 자유의 구체적 문제는 인터넷을 통하여 나타나는 것이 일반적이다. 일찍이 2002년 헌법재판소는 새로운 표현매체인 인터넷에 대하여 새로운 규제수단의 가능성을 전기통신사업법상 '불온통신' 결정에서 다음과 같이 설시한바 있다(헌재 2002. 6. 27. 99헌마480).

"인터넷은 공중파방송과 달리 '가장 참여적인 시장', '표현촉진적인 매체'이다. 공중파방송은 전파자원의 희소성, 방송의 침투성, 정보수용자측의 통제능력의 결여와 같은 특성을 가지고 있어서 그 공적 책임과 공익성이 강조되어, 인쇄매체에서는 볼 수 없는 강한 규제조치가 정당화되기도 한다. 그러나 인터넷은 위와 같은 방송의 특성이 없으며, 오히려 진입장벽이 낮고, 표현의 쌍방향성이 보장되며, 그 이용에 적극적이고 계획적인 행동이 필요하다는 특성을 지닌다. 오늘날 가장 거대하고, 주요한 표현매체의 하나로 자리를 굳힌 인터넷상의 표현에 대하여 질서위주의 사고만으로 규제하려고 할 경우 표현의 자유의 발전에 큰 장애를 초래할 수 있다. 표현매체에 관한 기술의 발달은 표현의 자유의 장을 넓히고 질적 변

3) Leonard Levy, Legacy of Suppression vii-viii (1960).

4) Leonard Levy, Emergence of a Free Press (1985).

화를 야기하고 있으므로 계속 변화하는 이 분야에서 규제의 수단 또한 헌법의 틀 내에서 다채롭고 새롭게 강구되어야 할 것이다."

그렇다면 인터넷상의 표현에 대하여 명백하고 현존하는 위험의 원칙을 그대로 적용할 수 있는지 아니면 어떻게 적용할 수 있는지 궁금하다.

(3) 발표문으로만 보아서는 명백하고 현존하는 위험의 원칙이 계속 유효하다고 보는 입장인지 아니면 폐기되고 현재는 브란덴버그 심사(Brandenburg Test)가 유효한 기준이라는 것인지 명확하지 않아 보인다. 둘 간의 관계를 좀 더 명확하게 밝혔으면 한다.

제 65회 발표회 지정토론문

위헌 심사기준으로서 '명백하고 현존하는 위험원칙'의 수용 가능성

고 민 수*

미국 수정헌법 제 1 조는 종교, 언론 및 출판의 집회 및 청원의 권리라는 표제하에 "연방의회는 국교를 정하거나 또는 자유로운 신교행위를 금지하는 법률을 제정할 수 없다. 또한 언론, 출판의 자유나 국민이 평화로이 집회할 수 있는 권리 및 불만사항의 교제를 위하여 정부에게 청원할 수 있는 권리를 제한하는 법률을 제정할 수 없다"고 규정하고 있다. 이 규정은 형식상 법률로도 제한할 수 없는 절대적 자유권으로 규정되어 있다고 해석되어지기도 한다.

그러나 미국의 언론·출판의 자유도 헌법제정 전에 이미 보통법(common law)에서 확립된 명예훼손 등 예외를 부정하는 것이 아니며, 또한 공공질서 나아가 민주국가의 기본질서에 위배될 경우에도 제한될 수 있다. 이와 같은 사실은 형식상 절대적 자유권으로 규정되어진 것처럼 여겨지는 수정헌법 제 1 조가 제정된 이후 국가안전보장, 공공질서 등을 보장하기 위해 제정된 많은 제한 입법례를 통해 확인될 수 있으며, 또 연방대법원도 그 제한의 타당성을 인정해오고 있다.

문제는 이처럼 언론·출판의 자유를 제한하는 입법에 대한 정당성 인정의 한계를 어떻게 설정하는가에 있다. 왜냐하면 주지하는 바와 같이 민주주의가 국민을 위한 정치체제이고 국민에게 주권이 부여된 만큼, 국민의사의 발표는 보장되어야 하기 때문이다.

의사표현행위의 내용과 관련하여, 이를 제한하는 입법의 합헌성 여부를 판단하는 기준으로 제시된 첫 번째 이론이 바로 '악의의 경향'(bad tendency) 내지 '위험한 경향'(dangerous tendency)이론이다. 말하자면 의사표현행위가 있고, 그 의사표현의 내용이 국가의 평화와 안전 등 입법자가 보호해야할 다른 이익에 위협이 될 여지가 있다면 그 의사표현행위에 대해 제한을 가하는 입법은 정당화된다는 것이다.[1)]

* 방송위원회 사무처 조사관, 법학박사

1) 위험경향의 이론은 초기 하급법원에서 제시된 기준이었으나, 1925년 Gitlow v. New York 사

'악의의 경향 이론'의 뒤를 이어 연방대법원이 제시한 언론의 자유에 대한 제한의 정당성을 판단하는 기준이 바로 '명백하고 현존하는 위험의 원칙'이다. 이 원칙은 어떠한 내용의 의사표현행위에 대한 제한의 정당성을 상황에 조건 지운다. 말하자면 모든 행위는 그것이 어떤 상황에서 행하여졌는가에 따라서 그 성격이 결정된다고 함으로써 상황이 판단의 중요한 판단기준으로 작동한다. 예를 들어 평상시에는 가능한 많은 표현들이 있다고 하자. 그런데 국가가 전쟁 중에 있고 이러한 표현들이 전쟁을 수행하는데 방해가 된다면 전쟁이 계속되는 한 그러한 표현들은 허용되지 않게 된다는 것이다.[2)]

그렇다면 문제는 의사표현행위에 대한 제한이 정당화되는 상황에 대한 판단기준이라고 할 것인데, 이 원칙은 그 기준을 실질적인 해악을 초래하는 명백하고 현존하는 위험(clear and present danger)을 발생하게 하는 상황이라고 한다. 그리고 상황의 인정여부는 이른바 근접성과 정도(proximity and degree)의 문제로 파악한다.

이러한 '명백하고 현존하는 위험의 원칙'은 언론의 자유에 대해 우월적인 지위를 인정하고자 하는 '우월적 지위(preferred position)이론'에 힘입어 발달하였다. 그러나 이른바 Warren 대법원 시대라고 불리는 1950년대 들어서면서 '명백하고 현존하는 위험의 원칙'은 수정되기 시작했다. 1951년 Dennis v. United States 사건에서 빈슨(Vinson)대법원장은 '의사표현행위의 내용이 해악을 가져오게 될 위험이 명백하기만 하면 현존할 것까지 요구할 것이 아니라 발생할 가능성만으로도 제한할 수 있다'고 하였다. 이로써 '명백하고 현존하는 위험의 원칙'은 "명백하고 있을 수 있는 위험의 원칙(clear and probable doctrine)"으로 변경되었다.

연방대법원은 50년대 후반부터 프랑크퍼트(Frankfurter) 판사가 Dennis v. United States 사건에 대한 동의의견에서 제시한 '이익형량 이론'으로 다시 그 판단기준을 변경하게 되었고,[3)] 1960년대 일련의 판결에서 다수의견을 이루었으

건(268 U.S. 204)에서 연방대법원이 수용하였다.

2) 249 U.S. 47, 52.

3) 언론의 자유에 대한 제한의 합헌성 내지는 정당화 판단기준으로 이익형량을 적용하는 데 대한 반론이 이른바 절대주의 이론이다. 이는 워렌 대법원 시대 블랙(Black)판사와 더글라스(Douglas)판사가 제시한 것으로 일반적으로 어떤 표현은 그 내용에 관계없이 절대적으로 보호된다는 의미 또는 표현의 자유가 다른 이익들과 충돌할 때 이익형량을 할 수 없다는 의미로 이해되고 있다. 말하자면 언론의 자유에 대한 절대적·자유주의적 입장에서 언론의 무한한 가치를 부여하는 기능적 분석을 통해 표현할 수 있는 자유야말로 국가를 보전하는 최선의 방법이라고 파악한 것이다. 물론 이러한 시각에서도 의사표현행위가 행해지는 시간·장소 그리고 행위에 대한 합리적으로 공평한 제한은 허용된다고 본다.

며 현재에도 연방대법원에서는 '이익형량'기준(balancing test)을 보편적으로 적용하고 있다.

물론 이익형량기준은 1950년대 냉전상황을 배경으로 '명백하고 현존하는 위험의 원칙'으로는 국가안전에 만전을 기할 수 없는 비판적 성찰에 따른 것이다. 물론, 이익형량기준은 일의적 의미를 갖는 것은 아니다. 초기 이익형량은 개별적 이익형량으로 기본권의 제한에 대하여 기본권을 보장함으로써 보호되는 이익과 그것을 제한함으로써 얻어지는 이익을 개개의 구체적인 사건에서 비교형량하여, 전자가 후자보다 클 때에는 그 기본권을 제한할 수 없다는 이론이었다. 그러나 이러한 개별적 이익형량에 대해서는 형량 시 원칙이 없고, 법관의 주관에 따라 재판의 결과가 불명확하게 되고 그 후의 재판의 지침으로도 되기 어려운 점이 지적되어 유형별 이익형량이론이 제기되었다.4)

결국 미국 수정헌법 제 1 조의 언론·출판의 자유는 법률로도 제한할 수 없다는 특수한 규정형식을 띠고 있지만 이에 대한 제한을 전면 부인하는 견해는 찾아보기 어렵다고 할 것이며, 의사표현행위의 내용에 따른 제한에 관한 연방대법원에서의 논의는 크게 두 갈래로 전개되고 있다고 보인다. 특별한 판단기준에 의해 심사할 것인가 아니면 다른 기본권과 같이 개개의 사건에 있어서 구체적인 상황을 고려하여 다른 이해관계를 비교형량할 수 있는가이다.

이상과 같은 이해에 기초하여 다음과 같은 질문을 제기해본다.

1. 우리 헌법은 제21조 제 4 항에서 언론·출판의 자유에 대해 개별적 헌법유보는 물론 헌법 제37조 제 2 항에 따른 일반적 법률유보를 규정하고 있는데, 과연 '명백하고 현존하는 위험의 원칙'등과 같은 특별한 정당성 심사기준을 검토할 실익이 과연 무엇인지?

2. 발표문에서 보면, '명백하고 현존하는 위험'이 추상적이고 일반적인 기준을 사용함으로써 이익형량심사의 한 형태가 되어 버렸다는 비판이 소개되어 있는데, 이러한 비판에 대한 발표자의 견해는 무엇인지?

3. 발표자께서는 현대적 심사기준의 탄생이라는 평가와 함께 선동(incitement)과 위험(danger)의 구분을 언급하고 계시는데, '명백하고 현존하는 위험의 원칙' 자체가 보호받는 표현과 불법적 행동을 유발할 수 있는 보호받지 못하는 선동을 구별하는 기준과 밀접하게 관련되어 있는 것은 아닌지? 즉, 불법적 행동을 선동

4) 유형별 이익형량론은 수정헌법 제 1 조에 의해 보호되는 표현과 보호되지 않는 표현의 한계를 확정하여, 양자를 분류하기 위한 경계선을 나타내는 공식을 발견하고자 하는데 이는 절대주의적 관점을 의식적으로 배제하고 형량이라는 개념을 도구적 개념으로 적극적으로 채용한 것이다.

하거나 낳을 개연성이 있는 “급박한 불법적 행동에 대한 선동”만이 처벌된다는 것과 명백하고 현존하는 위험에 대해 제한이 정당화된다는 것과 어떠한 차별성이 존재하는 것으로 파악하시는 건지? 말하자면 선동과 위험은 동일한 것이 아닌지?

第65회 발표회 토론요지

사 회 자 : 김종철(교수)
토론참여자 : 임지봉(교수), 성선제(교수), 고민수(박사),
이인호(교수), 노희범(헌법연구관), 이명웅(헌법연구관),
정해남(헌법재판소 사무차장), 이준상(헌법연구관)

간 사 : 안녕하십니까? 헌법실무연구회 간사를 맡고 있는 전종익연구관입니다.

저희가 원래 예정이 항상 6시 45분에 시작하는 것으로 되어 있는데 식사 등 여러 가지 사정으로 한 10분씩 늦어지고 있는 것 같습니다.

그래서 바로 시작을 했으면 좋겠습니다.

바쁘신 가운데 이렇게 참석해 주셔서 대단히 감사합니다.

오늘 사회는 연세대학교 김종철교수님께서 해 주시겠습니다.

지금부터 진행은 사회자분께서 해 주시겠습니다.

사 회 자 : 오늘 사회를 맡은 연세대학교 김종철입니다.

원래 사회를 맡으면 좀 거창하게 추임새가 있는 그런 말로 시작을 해야 되는데 제가 말주변이 없고 또 우리 재판관님 앞이라서 긴장도 되고 그래서 바로 본론으로 들어가도록 하겠습니다.

오늘 발제는 서강대학교 임지봉교수님께서 맡아주셨고, 발제제목은 '명백·현존하는 위험의 원칙과 표현의 자유'가 되겠습니다.

임지봉교수님은 모두 다 잘 아시지만 서울대학교 법과대학을 졸업하시고 미국 UC버클리에서 법학박사학위를 받으셨습니다. 건국대학교 법과대학을 거쳐서 현재 서강대학에서 헌법을 강의하고 계십니다.

오늘 진행은 간사께서 9시까지는 어떤 일이 있더라도 마쳐달라는 당부말씀을 하셨기 때문에 9시까지 마칠 수 있도록 제가 최대한의 노력을 하겠습니다.

개인적으로 또 우리 헌법의 주요내용이 기본적 인권을 보호하고 실현하는 것이고 그 핵심이 인간의 존엄과 가치를 구현하는 것인데, 헌법을 하는 사람들이 가끔 그것을 어기는 경우들이 많은 것 같습니다. 2시간 넘게 굉장히 열띤 토론을 하고 이런 경우들이 있는 것 같은데 오늘은 원칙을 준수해서 존엄과 가치를 우리 스스로 실천적으로 구현할 수 있도록 되었으면 좋겠습니다.

그러면 임지봉교수님의 발제를 듣도록 하겠습니다.

약 30분 정도 많은 분량입니다마는 요약을 해서 발제를 해 주시면 진행에 도움이 되겠습니다.

마이크를 넘기도록 하겠습니다.

〈 주제발표자 발표 〉

사 회 자 : 임지봉교수님 감사합니다.

시간을 제약하는 사회자의 특권을 행사할 기회를 박탈하고 시간을 정확하게 맞춰주셨습니다. 감사드립니다.

그러면 두 분 지정토론자의 토론을 듣도록 하겠습니다.

표현의 자유에 대해서 우리 한국이 자랑하는 전문가들 두 분을 특별히 간사님께서 엄선을 하신 것 같습니다.

영산대학교의 성선제교수님과 방송위원회의 고민수박사님이 지정토론자로 나와 주셨습니다.

먼저 영산대학교의 성선제교수님께서 지정토론을 해 주시겠는데요. 성선제교수님도 헌법재판소에 연구원으로 계셨던 적도 있고 해서 굳이 소개를 드릴 부분은 아니지만 기록을 위해서 간단하게 소개를 드리겠습니다.

성교수님은 고려대학교 법과대학을 졸업하시고 미국 위스콘신대학에서 역시 표현의 자유와 관련된 주제로 박사학위를 받으셨습니다. 귀국하셔서 헌법재판소 헌법연구원과 법무법인을 거쳐서 현재 영산대학교에서 헌법학을 전공하고 계십니다.

토론시간 10분은 너무 토론자에게 가혹한 것 같습니다마는 시간제약이 있다는 말씀을 드렸기 때문에 10분을 기준으로 해서 많게는 15분까지 해 주시면 감사하겠습니다.

〈 지정토론자 발표 〉

사 회 자 : 성선제교수님 감사합니다.

오늘 사회자에 대한 배려가 전혀 없는 것 같습니다.

제1토론자께서도 시간을 아주 정확하게 10분을 지켜주셔 가지고 사회자의 특권이 다시 한 번 무참하게 무시되는 그런 상황을 맞았습니다.

감사드립니다.

진행은 두 분 지정토론을 다 듣고 발제자의 답변을 듣고 전체토론을 하는 그런 방식으로 진행을 하도록 하겠습니다.

두 번째 토론자는 방송위원회의 고민수박사님이십니다.

고민수박사님은 연세대학교 법과대학을 졸업하시고 연세대학교 법과대학에서 방송의 개념과 관련된 논문으로 법학박사학위를 받으셨습니다.

고박사님 토론 부탁드립니다.

〈 지정토론자 발표 〉

사 회 자 : 고민수박사님 감사합니다.

기본적으로 발제자께서는 미국 연방대법원을 중심으로 해서 발전했던 표현의 자유와 관련된 명백·현존하는 위험의 원칙의 어떤 발전경로 그리고 구체적 내용 그리고 우리의 시사점을 간단하게 정리를 해 주셨고, 토론자들께서는 약간의 보충되는 말씀과 더불어서 각각 세 가지의 관련되는 문제점들을 발제자에게 제기를 하신 것 같습니다.

그러면 먼저 발제자의 지정토론자의 토론에 대한 답변을 듣고 또 전체 토론 시간에 좀 더 다양한 토론을 진행하도록 하겠습니다.

발제자께서 답변을 해 주십시오.

먼저 첫 번째 성선제교수님께서 세 가지 질문을 제기를 하셨습니다.

순서는 발제자께서 편하게 정하셔도 좋을 것 같습니다.

발 표 자 : 질문을 아주 단시간에 여러 개를 쏟아놓으시니까 질문을 받아 적는데 시간이 다 가고 질문에 대한 답변을 생각할 시간적인 여유가 별로 없군요.

성선제교수님께서 처음에 표현의 자유에 관한 발제자의 입장이 뭐냐? 표현의 자유가 다른 어떤 가치보다도 우위에 있는 그러한 가치고 기본권이라고 생각하느냐 아니냐라고 물어 보셨는데, 저는 표현의 자유가 다른 어떤 가치보다 우위에 두어야 될 가치요 기본권 중의 기본권이라고 생각합니다. 왜냐 하면 표현의 자유와 관련해서 제한할 때는 우리가 표현의 자유를 보장함으로써 누리게 되는 사적 이익과 표현의 자유를 규제함으로써 얻게 되는 공적 이익을 결국은 이익형량하는 것이다라는 이야기를 하는데요. 사실은 표현의 자유를 규제함으로써 얻어지는 공익, 공적 이익이라는 것은 굉장히 추상적입니다. 그리고 항상 정부측에서는 그 공익이 큰 것이라고 계속해서 과장해 오는 것이지요. 그러면서 항상 표현의 자유를 제한하려고 드는데, 저는 어떤 사람이 그 의견이나 사상을 마음대로 말하게 해서 초래되는 해악과 불이익이 과연 얼마나 클지, 그것에 비하면 오히려 표현의 자유를 인정함으로써 얻어질 수 있는 그런 가치가 더 큰 것이 아니냐? 특히 표현의 자유는 자유민주주의발전을 위해서 가장 기본이 되는 그러한 기본권이라고 이해되지 않습니까? 왜냐하면 개개인의 국민들이 자기의 의견이나 사상을 충분히 자유롭게 개진할 수 있는 것이야말로 국민에 의한 지배 즉 민주주의 원리와 부합하는 첫걸음이 될 수 있기 때문이지요. 그래서 저는 표현의 자유가 굉장히 중요한 기본권이고 어떤 가치보다도 우위에 두어야 되고 특히 아주 추상적인 공익보다도 더 우위에 두어야 될 그러한 기본권이요 가치라고 생각합니다. 그런 점에서는 저만의 고찰인지 모르겠는데 우리 헌법재판소가 표현의 자유, 사실 어떻게 보면 표현의 자유는 재산권과 같은 경제적 기본권보다 훨씬 중시해야 하는 기본권임에도 불구하고 우리 헌법재판소는 여태까지 많은 판결에서 재산권을 거의 표현의 자유와 비슷한 레벨의 기본권인양 굉장히 중시하고 오히려 의외로 표현의 자유와 같은 정신적 자유권을 조금 소홀히 취급하는 경향이 있지 않느냐, 예를 들어서 토초세법이라든지 여러 가지 경제와 관련된 세법규정에 대해서는 '재산권침해다', '재산권에 대한 과잉금지의 원칙에 위배되는 제한으로서 침해다', '헌법에 불합치한다' 이런 판결을 내리는 데는 헌법재판소가 굉장히 전향적인데 반해 어떤 표현의 자유라든지 양심의 자유 같은 정신적 자유권 침해를 이유로 위헌판결을 내린 데는 굉장히 머뭇머뭇거린 것 아니냐 싶은 느낌을 받을 때가 많다. 그 대표적인 예가 저는 양심적 병역거부에 대한 합헌결정 같은 게 그 예가 아닐까 생각합니다. 물론 그거는 양심의 자유고 이거는 표현의 자유니까 조금 다릅니다마는.

그 다음에 두 번째 질문으로 인터넷상의 표현에 대해서는 명백·현존하는 위험의 원칙이 적용된다고 생각하느냐? 글쎄 제가 깊이 생각을 못해 봐서 지금 이 자리에서 뭐라고 확답을 드리기는 안 좋은데, 그런데 제가 공부한 많은 인쇄매체 등 기존의 매체를 통한 표현의 자유의 법리가 인터넷상에도 그대로 적용되는 경우가 굉장히 많더라는 것, 물론 인터넷의 여러 가지 특수성, 침투성이라든지, 여러 가지 특수성에 의해서 부분적으로는 기존의 매체를 통한 표현에 적용될 수 있는 법리가 인터넷상의 표현에는 적용되지 않는 것이 있을 수 있겠습니다마는 기본적으로는 명백·현존하는 위험의 원칙도 인터넷상의 표현에 적용될 수 있어야 하지 않을까 그렇게 생각합니다. 좀 더 고민해 보겠습니다.

그 다음에 저는 브란덴브르크원칙은 명백·현존하는 위험의 원칙을 버린 새로운 원칙이라는 그러한 주장들이 미국에서 많이 제기되고 있다라고 말씀하시면서 저의 입장을 물으셨는데, 저는 발제문에도 브란덴브르크원칙을 명백·현존하는 위험의 원칙의 현대적 기준이라고 쓰고 있습니다. 그래서 브란덴브르크원칙에서 몇 가지 요건이 추가되고 몇 가지 요건은 덜 강조되고 그랬습니다마는 역시 크게 보면 어떤 공익에 아주 급박하고 중대한 위해를 가한 그러한 표현만 제한해야 한다는 그 핵심사상은 변한게 없는게 아닌가, 그래서 1919년에 홈즈가 밝힌 명백·현존하는 위험의 원칙과 브란덴브르크원칙의 세부적인 내용들은 많이 바뀌어있고 강조되는 요건들도 많이 다릅니다마는 그런 핵심사상은 이어오고 있다는 측면에서 저는 브란덴브르크원칙을 명백·현존하는 위험의 원칙의 현대판이다라고 이렇게 보고 싶습니다.

그 다음에 두 번째 토론자께서 명백·현존하는 위험의 원칙의 도입실익이 뭐냐? 특히 우리 헌법 같은 경우 표현의 자유를 규정한 21조 4항에 개별적 법률유보조항으로서 언론·출판의 자유에 대한 한계사유들이 규정이 되어 있고, 또 37조 2항의 일반적 법률유보로서 일반적 유보규정이 있고 이렇게 표현의 자유와 관련해서는 제한규정이 많은 데 명백·현존하는 위험의 원칙이라는 표현의 자유의 한계법리를 도입할 실익이 뭐가 있겠느냐라고 말씀하셨는데, 저는 어둠은 곧 밝음의 시작이라고 하듯이 또 아까 식사하면서 재판관님께서 극과 극은 통한다라고 하셨는데 제한사유라는 것은 어떻게 뒤집어놓고 이야기해 보면 보장확대의 사유라고 보고 싶습니다.

명백·현존하는 위험이 있으면 표현의 자유가 제한될 수 있다라는 말은 다시 뒤집어 이야기하면 명백·현존하는 위험만 없으면 표현은 자유다라고 말하는 것과 같을 수가 있거든요. 그래서 명백·현존하는 위험의 원칙이 우리가 언론·출판의 자유에 대한 개별적 헌법유보조항과 일반적 헌법유보조항이 있음에도 불구하고 이러한 명백·현존하는 위험원칙의 제한원칙을 도입해서 오히려 역으로 이것을 표현의 자유의 보장을 확대하는 그러한 무기로서 활용해 나간다면 국민의 기본권보장확대 특히 표현의 자유의 확대라는 취지에서는 아주 유용한 그러한 법리가 되지 않을까 싶어서 이 법리를 한번 소개하고 제 나름대로 한국현실에 한번 접목시켜 보려고 또 효율적인 활용방안에 대해서 한번 생각해보려고 하고 있습니다.

그리고 두 번째 질문은 아마 명백·현존하는 위험의 원칙이 결국은 이익형량심사와 같은 것이다라는 반대론에 관해서 찬성하느냐 하는 질문이셨을 것 같은데요, 저는 찬성하지 않습니다. 왜냐하면 이익형량심사라는 것은 사실은 모든 어떤 법리가 사실은 따지고 보면 이익형량심사지요. 특히 미국에서는 미국 사법부의 아주 오랜 전통이 사실은 판결은 케이스 바이 케이스로 이루어져야한다는 것, 케이스 바이 케이스는 항상 그 사건마다 이익형량을 할 수 있다는 것을 전제로 깔고 있는 것이라고 보입니다. 그럼에도 불구하고 이익형량이라는 것은 너무 판사의 주관에 의해서 흐를 수 있다는 것이지요. 조금이라도 어떤 객관적인 요건을 만들어 보고자 하는 노력들은 저는 아주 값진 노력이라고 생각하고요. 명백·현존하는 위험의 원칙도 비록 시간적 근접성의 문제이고 정도의 문제다, 아주 주관적인 요건으로 가득 차있는 껍데기다라는 그런 비판이 있습니다마는 그런 껍데기라도 만들면서 어떤 객관적인 심사기준을 찾아가려는 노력들을 하는 것은 굉장히 뜻 깊지 않을까? 또 이러한 노력들이 쌓이면서 점점 이러한 심사기준이 더 객관적인 심사기준으로 더 구체적인 심사기준으로 발달할 수 있지 않을까 그렇게 생각합니다.

두서없는 답변을 마치겠습니다.

사 회 자 : 세 번째 마지막 질문에 대해서는

발 표 자 : 질문 제가 미처 못 받아 적은 것 같습니다.

사 회 자 : 한번 검토를 하실 시간을 좀 더 드리고요.

전체 토론으로 넘어가기 전에 지정토론자들께서 질문을 해 주신 것에 대해서 답변을 해 주셨기 때문에 혹시 보충질문이나 코멘트가 지정토론자들에게 있으신지 약 1~2분정도 시간을 더 드리는 게 지정토론의 어떤 목적에 부합하는게 아닌가 그렇게 생각을 합니다.

먼저 성선제박사님께서 세 가지 질문을 해 주셨는데, 첫 번째 질문은 표현의 자유가 다른 어떤 사회적 가치와의 관계에 있어서 우월적 지위를 가지는 것으로 보느냐에 대한 질문을 발제자의 어떤 입장을 물으셨는데 발제자께서는 우월한 것으로 보아야 하지 않느냐, 특히 경제적 자유와 같은 그런 정신적 자유와 관련되어지지 않거나 혹은 자유민주적 기본질서와 같은 공동체의 어떤 기본적 질서를 형성하는 것에 본질적으로 연관된 그런 자유의 경우에는 좀 더 강하게 보장되어야 된다라는 그런 취지에서 표현의 자유는 좀 더 우월적인 지위다라는 의견을 말씀을 해 주셨고요.

인터넷상의 어떤 표현의 자유와 관련 되어서 명백하고 현존하는 위험의 원칙이 그대로 적용되어 질 수 있는지 아닌지에 대한 의견을 물으셨는데 정확한 답변은 좀 더 심도 깊은 연구를 거친 다음에 하신다는 제안을 조건으로 해서 아마 적용될 수 있는 게 아닌가라는 의견을 말씀해 주셨습니다.

다음 미국에서의 어떤 명백하고 현존하는 위험의 원칙의 어떤 발전과정과 관련되어서 미국 내에서도 약간의 이견이 있는데 예를 들어서 브란덴브르크 판결 이후에 명백하고 현존한 위험의 원칙은 폐기되고 새로운 어떤 브란덴브르크 테스트가 새로운 표현의 자유와 관련된 위헌성심사기준으로 등장된 것이다는 의견이 있는데 그것에 대한 발제자의 의견은 어떤 것인지 질문을 하셨는데 그렇지 않고 그것의 발전·계승이다라는 그런 해석을 해 주셨습니다.

세 가지 답변에 대해서 성박사님 혹시 보충질문이나 코멘트 있으시면, 죄송하지만 시간이 있기 때문에, 고려를 해 주시기 바랍니다.

성 선 제 : 이것은 제 질문이 아니고 그냥 코멘트입니다. 제가 이 질문을 드리게 된 배경이 미국헌법과 우리 헌법의 언론의 자유 내지는 표현의 자유의 규정형식이 다르기 때문에 그런 것 같습니다.

미국헌법에는, 두 번째 토론자분께서도 거기 쓰셨었고 제가 각주 1번에서도 썼지만 언론·출판의 자유 즉 표현의 자유에 대해서 어떤 규제도 할 수 없다라고 이렇게 되어 있었기 때문에 그런 논의가, 그 다음에 이것이 다른 기본권하고 똑같은 수준의 기본권이냐? 좀 더 우월된 기본권이냐 내지는 우월된 지위냐 아니면 그 문헌 그대로, 그거를 문헌 그대로 주장하는 사람은 없습니다마는 절대적 지위냐 이렇게 주장하는 그런 논의가 있고 거기에 어떤 실익이 거기서부터 생겼습니다.

그러나 우리 헌법구조에 있어서는 언론·출판의 자유에서 그 조항 자체에서 거기에 벌써 제한사유가 들어가 있습니다. 이렇게 했을 때 우리는 과연 그렇다면 이것을 실질적으로 보았을 때는, 지금 우리나라에서 많은 분들은 다 언론의 자유가 고양된 우월적 지위로 보시는 것 같습니다만 그러나 실제에 있어서 보았을 때는 다른 기본권과의 어떤 조화 내지는 제한해서 이익형량을 많이 말씀하신다면 그러면 실제로는 보면 다른 사회적 가치와 동화되어지는 일부분으로 보는 것 아닌가 이런 것 때문에 제가 질문을 드렸었고 그거는 임교수님이 하신 말씀도 원칙에 있어서는 타당한 말씀이고 그래서 같이 생각을 합니다. 그런데 그것이 실제 판결에서 많은 부분에 있어서 그런 평가가 잘되지 않는 것 같아서 말씀을 드렸던 것이고.

두 번째 인터넷상의 표현에 대해서 제가 아까도 말씀드렸지만 홈즈가 명백하고 현존하는 위험의 원칙을 하면서 정말로 유명한 비유를 한 것 있지요. 극장에서 "불이야"하는 것까지 우리가 언론의 자유로서 보장해 줄 것인가? 그런데 그런 상황에서는 정말로 어떤 위험이 발생할 수 있지요. 실제 행동에 어떤 불법적인 행동이 일어날 수 있단 말이에요. 그런데 그것보다 더 심한 말이라 하더라도 우리가 인터넷상에서 어떤 그것보다 더 큰 장난 내지는 어떤 모욕적인 말 선동적인 말이 있어도 사람들은 그런 것을 보았을 때 확인하는 절차를 거칩니다. 대부분 "아, 이게 맞는 거야. 진짜야" 이렇게 하기 때문에 명백하고 현존하는 위험의 원칙의 원래의 뜻을 고수한다라고 하면 말씀드린 것처럼 급박한 해악이 직접 발생하지는 않습니다.

그랬을 때 헌법재판소에서도 얘기한 것처럼 우리가 다채롭게 어떤 새로운 규제수단을, 다양한 규제수단을 강구한다고 했을 때 그런 부분을 원래 발표자께서는 사이버스페이스에 관련된 법에서도 많이 그런 것을 쓰셨기 때문에 혹시 이런 것이 인터넷상에서 많이 일어나기 때문에 앞으로 이것을 똑같이 보아야 할 것인가 이 부분에 대해서 정확하신 지적으로 대부분은 그 원칙이 그대로 적용이 되고, 그러나 제가 봤을 때 최근에 많은 경우에 있어서 인터넷상에서 확인하는 절차가 그 다음에 있는데도 인터넷을 최근에 보면 많이 규제하려고 하는 그러한 논거로서 이것이 해악이 크다라고 하는 것을 주장합니다. 그런 논거 중의 하나로 명백하고 현존하는 위험의 원칙이 대두될 수 있기 때문에 그런 부분을 지적을 했던 것이고.

세 번째는 평가의 부분이기 때문에 객관적으로 답변에 있어서도 그것은 현대적 기준으로 이렇게 변화된 것이다, 발전된 것이다, 이렇게 말씀하셨는데 이것에 대해서는 저는 다른 사람들의 어떤 생각을 말씀드리면 명백하고 현존하는 위험의 원칙이 여기에 비판받는 부분을 여러 가지 얘기했습니다.

그래서 이것은 현재 더 이상 유효하지 않다라고 하는 이런 부분들도 주장이 많기 때문에 브란덴브르크 테스트가 현재 유효한 것이다라는 것을 좀더 강하게 주장하는 경향도 있기 때문에 그렇다면 이것은 현재는 유효하지 않다라고 해야 되지 않겠느냐, 그런데 발표자께서는 좀 더 조화로운 단어로서 현대적인 기준이라고 계속하셔서 이거는 관점의 차이이기 때문에 그거는 제가 그렇게 받아들이겠습니다.

사 회 자 : 감사드립니다.

발제자와 제1토론자이신 성교수님의 토론을 들으면서 굉장히 행간에 들어있는 뜻은 두 분 다 공히 표현의 자유가 보장의 어떤 헌법 명문상의 표현의 차이에도 불구하고 우월적 지위를 가지는 것이 옳지 않느냐라는 점에서 공감을 표시하지만 우리 현실, 특히 헌법재판의 현실에서 그 점이 반영되는 데는 미흡하지 않는가라는 그런 우회적인 지적을 해 주신 게 아닌가라는 생각이 사회자의 어떤 주관적 판단으로 드는 것 같습니다. 이점에 대해서 어떻게 공교롭게도 오늘은 발제자와 토론자가 전부 그리고 사회자까지 포함해서 학교에서 온 사람들로만 되어 있어서 우리 헌법실무연구회의 한 축을 이루는 실무를 담당하시는 연구관님들을 비롯한 법조계에서 오신 회원님들의 또 다른 시각에서의 말씀이 전체토론시간에 있었으면 하는 생각이 들었습니다.

두 번째로 고민수박사님께서 질문하신 부분에 대해서 답변을 해 주셨습니다.

세 가지 질문을 하셨는데 첫 번째 질문으로서 우리가 성교수님께서 지적을 해 주셨지만 미국 수정헌법 제1조의 어떤 조문체계와 그것에 의한 표현의 자유의 어떤 보장체계와 우리 헌법상의 표현의 자유의 보장체계가 약간 다를 수 있음에도 불구하고 명백·현존하는 위험의 원칙을 수용할 실익이 있는가라는 질문에 대해서 임교수님께서 여전히 실익이 있다라는 답변을 해 주셨습니다.

기본논리는 아까 답변하신 것과 관련되어서 우월적 지위에 기본적으로 바탕해서 그런 원칙에 의해서 표현의 자유를 더 강하게 보장해야 한다라는 것이 일반적 법률유보조항이나 개별적 헌법유보의 어떤 제한이 있다고 해서 다른 어떤 기본권들 하고 똑같이 취급할 수는 없는 것은 아닌가라는 인식이 들어가서 그런 답변이 나오신 게 아닌가라고 추정을 해보았습니다.

두 번째, 명백하고 현존하는 위험의 원칙의 어떤 추상성, 일반성 때문에 유용성이 떨어지는 것은 아닌가라는 비판에 대한 발제자의 개인적인 소견을 들으셨는데 여전히 객관적 하나의 기준으로서 표현의 자유를 보장하는 하나의 어떤 한계사유를 설정하는 의미는 있지 않느냐라는 의견을 말씀을 해 주셨습니다.

세 번째 부분은 토론을 제대로 파악 못하셔서 좀 더 시간을 드린 상태고요.

답변과 관련되어서 우리 고박사님도 1분 정도 코멘트하실 부분이 있으시면 해 주십시오.

고 민 수 : 제가 질문을 세 개 드렸는데요, 몰라서 여쭤보는 내용이 더 큽니다마는 첫 번째 제가 여쭤본 내용은 사실 이런 함축적인 의미를 갖고 있습니다.

말하자면 37조 2항의 한계가 적용이 된다. 그러니까 법률로서 된다고 했을 때 우리 헌법재판소에서 과잉금지원칙에 의해서 그 제한법률의 합헌성 심사를 하고 있는데 그렇다면 그 합헌성 심사기준 외에 명백하고 현존하는 위험의 원칙이라는, 미국에서 특별한 정당성 심사기준으로서 제시되었던 이 원칙을 또다시 적용할 이유가 있겠느냐라는게 제가 여쭤보고 싶었던 질문이었거든요. 과잉금지의 원칙에 의해서 다 해결이 될 텐데 이게 왜 또다시 필요한 것인가? 질문 자체가 너무 함축적이어서 제가 잘못 여쭤본 것 같고요. 그런 취지에서 질문을 드렸다라는 것을 다시 말씀을 드리고요.

두 번째 질문과 관련해서는 명백하고 현존하는 위험의 원칙이 이익형량기준과 관련해서 이익형량에서는 주관적 판단의 모순 이런 문제점이 있고 또 명백하고 현존하는 위험의 원칙을 통해서 객관적 기준을 만들 수 있지 않나라는 의견을 밝혀 주셨는데, 이익형량의 원칙, 이거 개별적 이익형량의 원칙에 대한 비판에도 분명히 객관적 기준이 설정될 수 없다라는 문제점이 노정이 되었고 그에 대해서 이익형량이론이 다음 단계인 유형별 이익형량이론으로 바뀐 게 미국에서의 변화라는 것을 제가 토론문에서 말씀을 드렸는데, 이익형량이론에서도 객관적 유형화 기준을 만들어서 그런 문제를 해결하는 방법이 이미 제시가 되었다는 점이지요. 그래서 오히려 명백하고 현존하는 위험의 원칙이라는 게 그 판단의 준거가 되는 게 상황의 해당성 여부이고 그것을 또 판단하기 위해서 근접성과 정도의 문제라는 또다시 주관적인 판단에 맡기고 있기 때문에 명백하고 현존하는 위험의 원칙이 이익형량, 그것도 유형별 이익형량론에 비해서 보다 더 모순점을 갖고 있지 않느냐라는 재질문을 드리고 싶습니다.

사 회 자 : 지정토론자를 너무 배려하다보니까 시간이 많이 간 것 같습니다.

조금 아쉽기는 하지만 다른 전체토론자에게 시간이 가야되는 게 저희 실무연구회의 관행이기 때문에 발제자께서는 간략하게 답변을 해 주시고, 사실 오늘 이 자리에서 다 해결될 수 있는 부분도 아니고 우리 전체토론에서 진전될 수 있는 부분도 있을 것이기 때문에 조금은 참여하신 분들을 배려하는 입장에서 간략한 답변을 해 주시고 혹시 좀더 생각이 필요하신 부분을 말씀을 해 주시면 다른 질문을 다 전개한 다음에 답변을 듣는 그런 형식으로 했으면 좋겠습니다.

발 표 자 : 저는 명백·현존하는 위험의 원칙이 37조 2항에 의한 과잉금지의 원칙 같은 게 있는데 또 고려되어야 되느냐, 또 고려되어야 된다고 생각합니다.

왜냐하면 표현의 자유를 제한하는 법률이 합헌성을 획득하기 위해서 넘어야 할 허들들을 많이 만들어 놓음으로써 그야말로 표현의 자유를 웬만하면 규제할 수 없다. 규제 안해야 된다는 그러한 메시지를 정부측에 또 의회에 줄 수 있다고 보기 때문입니다. 그래서 37조 2항에 의한 과잉금지의 원칙도 위배되지 않아야 되고 명확성의 원칙에도 위배되지 않아야 되고 이러한 표현의 자유를 제한하기 위해 넘어야 될 산들을 많이 만들어 두는 것이 더 좋을 것 같고요. 특히 표현의 자유의 제한과 관련해서 과잉금지의 원칙을 적용할 때는 저는 그것이 내용규제라면 엄격심사로 가야 되지 않을까? 엄격심사와 관련해서는 우리 헌법재판소가 "평등권의 비례성심사에 있어서 헌법에 예시된 성별, 종교, 사회적 신분 등에 따른 차별에 대해서는 엄격심사의 대상이 된다" 그러면서 엄격심사의 법리를 받아들이고 발전시키기 시작하고 있는데, 표현의 자유의 내용규제와 관련한 과잉금지의 원칙에 있어서도 저는 이를 엄격심사의 대상으로 해야 한다고 하면서 표현의 자유의 제한을 그만큼 더 어렵게 만드는 것이 필요하다고 보고 안그래도 어려운데 다시 명백·현존하는 위험의 원칙도 충족시키라고 요구하는 것이 저는 표현의 자유의 보장을 위해서는 실익이 있으리라고 생각합니다.

그리고 유형별 이익형량 심사이론이 발전되고 있기 때문에 사실상 명백·현존하는 위험의 원칙 같은 것은 불필요하지 않나 이런 말씀을 하셨는데요. 제가 유형별 이익심사의 이론에 대해서 깊이 있게 공부를 잘못해 가지고 정확한 내용은 잘 모르겠습니다마는 어차피 그것도 이익형량심사이기 때문에 비록 유형별이기는 합니다마는 표현의 자유에 국한된 어떠한 법리라기보다는 일반적인 기본권의 제한과 공익과의 이익형량심사에 관한 이론이라고 보여져서요, 저는 특히 표현의 자유 그중에서도 정치적 표현의 자유 그중에서도 내용에 따른 규제와 관련해서 명백·현존하는 위험의 원칙이라는 것이 유형별 이익형량심사론과 같이 있어도 그 존재의 이유는 있을 수 있지 않나 그런 생각을 하고요. 또 심사기준이나 이런 것은 많으면 많을수록 좋지요. 그래야 이게 위헌인가 아닌가를 여러 가지 기준에 빗대어서 볼 수 있기 때문에요. 그런 생각을 해봤습니다.

그리고 아까 세 번째 질문이 뭐냐 하면, 제가 '명백하는 위험의 원칙의 발전' 그래 가지고 네 번째로 '선동과 위험의 구분기'라고 썼는데 그 선동과 위험의 구분기라는 것이 어떤 의미냐라고 질문을 하셨는데요.

그거는 첫째 합헌성심사기준의 핵심용서가 뭐냐로 인한 구분이라고 봅니다.

'clear & present danger'는 'danger'에 무게가 가 있지요. 그러니까 'clear & present'는 전부 'danger'를 수식하는 말이 됩니다. 과거에는 'danger'에 무게를 두었다면 브란덴브르크 판결의 핵심은 'incitement to imminent lawless action'이어야 그러한 표현을 규제할 수 있다는 것이지요. 'incitement' 선동이 관건인 키워드라는 것이지요. 그런데 이 선동이라는 것도 구체적인 불법한 행위에 대한 선동이어야 하고 선동시에 불법한 행위를 야기할 의도를 가진 선동이어야 하고 그 다음에 그러한 불법한 행위가 야기될 가능성이 있어야 하고 그것을 통해서 급박한 해악도 발생해야 하고 뭐 이런 것들이 사실 'incitement'라는 키워드를 통해서 이렇게 쭉 발전되고 있다는 것이지요.

그런데 아까 성선제교수님께서 질문하신 것 하고도 약간 맥이 닿는 이야기 같습니다마는 이 브란덴브르크 판결에서도 명백·현존하는 위험이 있어야 된다는 것을 강조는 안 되고 있지만 녹아있다는 것이지요. 그게 'present' '현존하는' 이라는 것이 'imminent'라는 것하고 비슷하고 'imminent'가 좀 더 강하고 구체적인 기준이 안 되겠습니까? 'imminent'라는 말이 브란덴브르크 심사기준에 살아있다는 게 저는 'present'도 녹아있다고 생각하고 'clear'의 경우도 당연히 표현행위와 급박한 해악이라는 것을 강조하고 있기 때문에 해악발생과 인과관계는 있어야 한다는 것을 전제로 깔고 있는 것이어서 저는 여전히 브란덴브르크 판결은 'clear & present danger'의 하나의 연장선상에 있지 않나 하는 생각을 가지고 있습니다.

사 회 자 : 하실 말씀이 많으실 것이라고 생각을 합니다마는 저의 입장을 고려하셔서 간단하게 답변을 해 주셔서 감사합니다.

지금 약 35분이 남아있습니다.

오늘 약 20여 분이 참석을 했는데 아마 모두 다 헌법실무를 담당하시는 분들 또 학문의 길에 있으신 분들이어서 한 마디씩 하시고 싶은 내용들을 다 가지고 계시리라고 생각을 합니다마는 기본적인 의문이 지정토론을 통해서 해소된 부분들이 있기 때문에 이 부분은 좀 새롭게 논의되어야 되겠다하는 그런 질문이 있으시면 그 질문 있으신 분부터 발언을 해 주시면 감사하겠습니다.

그리고 질문을 하실 때 우리 전종익간사께서 좌석배치도를 주셨습니다마는 기록상의 필요도 있고 질문자 소개를 먼저 해 주시고 질문을 해 주시면 감사하겠습니다.

예, 표현의 자유의 또 다른 대가이신 이인호교수님께서 먼저 손을 들어주셨습니다.

이 인 호 : 제가 질문 아니고 저도 토론에 참여하고 싶어서 드리는 말씀인데요. 지금 두 분 토론 중에 하나가 비례심사, 비례의 원칙과 명백하고 현존하는 위험의 원칙의 관계가 어떤 것인가 하는 것에 관해서 두개가 다 사용될 수 있다라고 두 분께서 말씀하시는 것 같아요. 발표자도 그러시고 토론자도.

그런데 저는 다른 것 아닌가, 보호영역을 설정하는 문제거든요. 그러니까 명백하고 현존하는 위험의 원칙은 어떤 표현을 헌법상 보호되는 표현으로 볼 것인가 아니면 보호되지 않고 따라서 형사처벌의 대상이 되는 표현으로 볼 것인가 하는 문제이고, 비례원칙은 보호영역 안에 드는 표현행위 중에 어떤 공익을 위해서 제한할 것인가, 그 제한이 정당화되는가, 그래서 수단과 목적 간의 비례관계를 따지는 문제이기 때문에 이 두 문제는 서로 다른 문제가 아닌가 하는 생각이 들고요. 혹시 그 점에 대해서, 아니 저도 의문을 제기하는 것이기 때문에.

그 다음에 하나는 이게 여러 영역에서 문제될 수는 있을 것 같아요. 예를 들면 미국에서 'illegal activity'를 주장할 때 선동을 하거나 하는 정부를 상대로 하는 것을 중심으로 해서 발전했지만 예를 들면 우리의 경우에 모욕죄 같은 경우에 'fighting words' 같은 미국에서 말하면, 모욕죄를 적용함에 있어서도 명백하고 현존하는 위험의 원칙이 혹시 적용될 가능성이 없는가. 그러니까 단순히 그냥 모욕했다는 것만으로 형사처벌하는 것이 타당한지 아니면 그 모욕의 어떤 언사가 구체적인 위험성을 드러냈을 때만 형사처벌하는 것이 표현의 자유를 보장해 주는 관점에서 선을 그을 수 있는 것이거든요.

결국 명백하고 현존하는 위험의 원칙은 헌법재판소가 적용하기보다 일반법원에서 충분히 고려를 해서 적용해야 되는 영역이라고 생각이 됩니다. 법원도 헌법을 실현하는 기관이고, 특히 이런 표현의 영역에서 명백하고 현존하는 위험의 원칙은 일반법원이 적용을 해야 되는 문제라고 생각이 됩니다.

일종의 코멘트입니다.

사 회 자 : 두 가지 점에 대해서 코멘트 겸 약간의 다른 생각을 말씀을 해 주셨습니다.

첫 번째, 비례성심사와 명백·현존하는 위험의 원칙은 차원이 다른 문제이지 같은 차원에서 논의되어 질 수 있는 원칙이 아닌 게 아닌가라는 말씀을 해 주셨고요.

두 번째, 명백·현존하는 위험의 원칙은 일반법원에서 주효하게 사용되어 질 수 있는 원칙이다라는 말씀을 뒤에 깔으시면서 기본질문은 정부비판의 경우에 주로 적용되는 것으로, 특히 정부비판에 대한 형사적 제재의 경우에 적용되는 것으로 보았는데 사인간의 어떤 모욕적 언사와 관련되어서 꼭 형사제재까지 가지 않는 경우에도 이런 원칙들이 잘 적용되어 질 수 있는 것인가에 대한 의문을 담아 주신 것 같습니다.

시간이 제한되어 있기 때문에 한 질문에 대해서 일일이 대응하기 보다는 질문을 조금 더 받아서 정리를 한 다음에 예측가능하게 오늘 발표회를 진행을 했으면 합니다.

또 다른 차원에서 질문이 있으시면 질문을 해 주시기 바랍니다.

정 해 남 : 질문 하나 하겠습니다.

우리 과잉금지의 원칙 그 틀 안에 이거를 적용을 하려면 과연 어떻게 하는 것이 좋은지 그런 것이 도움이 될 것 같은데, 과잉금지의 원칙 네 틀 중에 목적, 수단 이 부분은 해당이 안 될 것 같고, 최소침해성이나 법익균형성 이 부분에서 어떻게 그거를 포섭을 해서 용해를 시킬 것인지 그 점에 관해서 좀 얘기를 해주시면 좋겠고.

그 다음에 'present'라는 단어가 별로 의미 없는 것 아닌가, 'danger'가 있으면 제한할 수 있다, 그러면 'danger'도 없으면 제한을 하지 못하는 게 당연한 것이니까 'present'라는 말은 사실은 의미가 없는 말인 것 같이 생각이 들어요. 그래서 우리 결정례에서 '명백한 위험성' 이렇게 표현한 데에는 그런 생각도 들어 있는 것이 아닌가, 우리가 어떤 'present'를 만들 때 무의식적으로 이렇게 쓰이는데 구체적으로 그러면 'present'한 것하고 안한 것하고 우리가 기준으로 잣대로 잴 때 'present' 이게 'danger'라 그랬지 'result'라고 하지를 않았거든요. 'danger'라도 있어야 되는데 그것이 'clear'한 'danger'라면 우리가 보통 생각하기에는 추상적 위험성이 아니고 뭔가 구체적이어서 여러 사람들이 보기에도 객관적으로 "아, 이거는 유용하다" 이렇게 느낄 정도가 되어야 된다. 객관적으로 명백한 어떤 그런 것이라면 'present'트는 우리가 당연한 것으로 생각하는 것이어서 이 표현이 무슨 의미가 있느냐? 우리 4단계 과잉금지원칙에 이 표현을 어떻게 녹여낼 것이냐 하는 점에서는 이 원칙에 대해서 조금 저도 그거를 넣어서 엄격심사를 보통 하는 엄격심사보다 조금 더 강화하자 하는 것은 특정영역에서 특정한 상황에서 동의할 수도 있다고 생각이 드는데, 일반적으로 지금 미국에서 'clear & present danger'가 원칙에 만들어지고 적용된 영역이 아까 제한되었다고 그러셨지 않으셨습니까? 그리고 지금도 미국에서 'lawless action' 그 영역에 주로 적용이 되는 것이기 때문에 일반적인 거기에다 과잉금지원칙을 적용하면서 일반적으로 'clear & present danger' 이 표현을 넣어가지고 다시 몇 개의 제안을 걸러내서 위법하다고 하는 것은 미국의 판례에 비추어 볼 때 너무 일반적이어서 위험하다. 미국도 그렇게 안합니다. 미국도 아까 말씀해 주신 몇 개 영역에서만 하고 있는데 그거 자체도 위험하고 지금 우리 과잉금지원칙 체계에 이거를 녹여내는 것 자체가, 좀 깊이 연구를 해 주시면 좋겠다. 그런 생각을 하고 있습니다.

사 회 자 : 정해남 사무차장님께서 질문 반 코멘트 반 이렇게 해서 종합적인 성격의 문제제기를 해 주신 것 같습니다.

한 분 정도 질문을 더 받고 답변을 듣고 토론을 진행하도록 하겠습니다.

노희범연구관님.

노 희 범 : 헌법재판소 노희범연구관입니다.

우선 비례의 원칙 37조 2항과의 관계가 나와서 제가 근본적으로 의문을 갖고 있는 것은 아닌데, 저는 지금 이인호교수님 말씀하셨지만 이게 별개문제다, 보호영역에 관한 문제가 명백·현존위험의 원칙이고 비례성문제는 기본권제한의 문제라고 보셨는데 저는 이것이 같이 적용될 수 있다라고 봅니다.

표현의 자유가 정신적 자유에서 가장 중요한 기능을 하고 있는 것이고 그렇기 때문에 비례성심사 플러스 명백·현존위험의 원칙이 더 심사기준으로서 갈 수 있다고, 기본적으로는 발표자님하고 같은 생각인데요, 일단 보호영역이냐 문제는 보호영역에 포함되더라도 이것을 규제할 수 있는 있느냐, 처벌할 수 있느냐라는 것은 명백하고 현존한 때에만 할 수 있다라고 봅니다 저는. 그래서 단순히 음란이라든가 'fighting words' 이런 경우에는 아예 보호영역에 들어오지 않지만 그런 경우라도 보호영역에 들어 온 이상 규제는 또 가능하지 않은가, 그 규제는 명백하고 현존하는 경우다라는 것이고요.

그 다음에 이 표현의 자유뿐만 아니고 항상 문제가 되는 게 바로 그겁니다.

37조 2항이 있는데 왜 우리가 다른 심사기준을 가져와야 되느냐? 제가 짧지만 헌법연구보고서를 쓰면서 해보면 37조 2항을 동일한 기준을 갖고 적용을 하더라도 정반대의 결과가 나오는 경우가 많습니다.

사실 과잉금지 심사라는 하나의 37조 2항이 심사기준은 굉장히 넓다고 봅니다.

지금 그것을 우리 헌법재판소가 해나가고 있고 독일 연방헌법재판소도 그런 것을 구체화시키고 개별화시키고 해서 기본권제한입법의 어떤 심사기준을 강화시키는 것이지요 계속, 영역에 따라서 색깔에 따라서, 저는 그거야말로 우리가 외국의 이런 언론규제에 있어서 아주 선진국들이 갖고 있는 이런 기준들을 우리가 받아들이는 이유가 바로 그런 것이 아니냐. 37조 2항이 있는데 왜 우리가 그거를 받아들여야 되는가라는 것은 37조 2항은 사실 어떤 기준이라기보다는 굉장히 주관적인 기준입니다. 아주 큰 테두리만을 정해놓았지 그거를 무슨, 지금 평등심사에서 우리가 엄격심사하고 또 합리성심사를 하지 않습니까? 과잉금지 다 적용되고 있는 것이거든요. 그럼에도 불구하고 우리가 그런 분화시키고 직업의 자유에서 주관적, 객관적 사유 나누는 이유도 개별화시키고 구체화시키려고 하는 그런 노력들이 아니냐, 그래서 저는 비례성심사뿐만 아니고 이런 것도 당연히, 표현의 자유뿐만이 아니고 다른 영역에도 당연히 들여와야 된다 그게 필요하다면, 기본적으로 갖고 있고요.

그 다음에 또 한 가지 질문을 드리고 싶은 것은 표현의 자유가 주로 정치적 표현의 자유에 대한 규제와 관련해서 발전을 했습니다.

그런데 현행 내용을 규제하는 법은 그렇게 많지 않습니다 사실은. 국가보안법외에는 정치적 표현의 자유에 대해서 그렇게 제한하는 경우가 많지 않고요. 그 내용을 규제하는 법은 거의 광고라든가 상업적 언론에서만 많이 쓰입니다. 예컨대 과장광고라든가 기망을 유발할 수 있다든가 이런 경우만 문제되지, 이제 표현의 자유를 규제하는 입법의 형태는 바로 시간, 장소, 방법입니다. 대부분이 그렇게 되고 있고요. 실제 그런 경우가 많습니다. 그러니까 이것이 허용되는 내용이냐 허용되지 않는 내용이냐를 떠나서 원천적으로 표현의 자유가 제한되는 것이지요. 시간, 장소, 방법에 의해서. 그런데 우리는 시간, 장소, 방법이라고 딱 선을 그어버리면 그냥 합리성 심사로 끝내버립니다. 적절한 예가 될지 모르지만 인터넷에 반드시 실명을 강제한다거나 서울시청 앞에 있는 소위 광장에 대해서 아예 모든 집회를 금지시킨다거나 ―'public forum'인데요― 그러면 정치집회뿐만 아니고 어떤 집회도 원천적으로 봉쇄되는 결과를 가져옵니다. 그런데 그런 내용에 대한 심사를 하기 전에 이게 어떤 내용인지도 모르고 원천적으로 봉쇄가 되는 거지요. 그럴 때 그런 입법규제에 대한 심사는 굉장히 완화되게 된다면 실제 내용에 대한 심사보다도 강한 그런 규제를 받는 것이 아닌가 이런 생각이 되고요. 그래서 이게 실제 현실적으로 앞으로 표현의 자유에 대한 규제 입법에 대한 심사는 설사 시간, 장소, 방법에 관한 내용중립적인 형태를 띠더라도, 제가 논리의 비약인지는 모르겠습니다마는 그것이 과연, 물론 중대한 공익과 비교형량, 형량심사를 하지만 정말 좀 더 엄격한 명백하고 현존한 위험을 초래한다 공익한테, 그런 경우에만 내용중립적인 심사도 가능하게 넓힐 수는 없을까? 그런 것을 받아들여야 되지는 않을까? 예컨대 인터넷에서 꼭 실명을 요구해야 되는 이유는 실제 그것이 처벌을 어떻게 하느냐의 문제보다도 명백하고 현존한 위험을 가져오느냐라는 것으로도 볼 수 있지 않을까? 저는 이런, 실험적인 것이지만 이런 생각을 해봤는데 그 점에 대해서 발표자님이 어떻게 생각하시는지 듣고 싶습니다. 이상입니다.

사 회 자 : 노희범연구관께서는 두 가지 점을 말씀을 하셨습니다.

첫 번째는 이인호교수님께서 제기하신 비례심사와 명백한 현존위험의 원칙은 다른 차원의 문제가 아닌가라는 의견에 대해서 반대의견을 말씀을 해 주셨고요.

두 번째는 굉장히 새로운 시각에서 그동안 우리의 전통적인 표현의 자유의 규제법리가 내용규제와 비내용규제 즉 가치중립적 규제를 구분을 한 다음에 내용규제의 경우에는 굉장히 엄격한 심사를 적용하려는 태도를 취하면서 가치중립적 규제와 관련된 즉 방법론상 혹은 시간상 제한과 관련된 부분에 있어서는 굉장히 규제의 폭을 오히려 넓혀놓고 있는 그런 태도에 대해서 역발상적인 어떤 문제제기를 해 주셨던 것 같습니다.

세 분의 질문과 코멘트가 있었는데요, 이쯤해서 발제자의 답변을 듣고 전체 토론을 진행하도록 하겠습니다.

발 표 자 : 답변을 잘하려면 머리가 좋아야 되겠군요. 질문내용의 핵심을 다 기억을 해야 되니까요. 주섬주섬 답변을 한번 올려보면, 이인호 교수님께서 우선 과잉금지의 원칙과 명백·현존하는 위험의 원칙은 서로 다르다. 명백·현존하는 위

험의 원칙은 원래부터 합헌성 심사의 기준에 들어가지 않는 그런 것이기 때문이라고 말씀하셨는데 그에 관해서는 노희범연구관님께서 제가 할말을 오히려 더 잘해 주셨다고 생각이 들고요. 저는 이제 명백·현존하는 위험이 있다고 의심이 가는 표현도 일단은 표현이라고 보고 표현의 자유에 넣었다가 그것이 명백·현존하는 위험이 있으면 제한될 수 있게 되는 것이기 때문에 그것이 애초부터 표현의 자유의 표현에서 빠지는 표현은 아니라고 생각합니다. 그래서 과잉금지의 원칙과 같이 놓고 고려해도 저는 된다고 생각하고요. 좀 추상적이네요 그런데.

두 번째, 모욕죄에 대해서도 명백·현존하는 위험의 원칙을 적용할 수 있겠느냐 하셨는데, 글쎄요, 모욕죄의 경우 많은 경우 정치적 표현이 아니겠지요. 그런데 명백·현존하는 위험의 원칙은 정치적 표현에 대한 규제입법의 합헌성 판단기준으로 발달했기 때문에 정치적 표현이 아닌 표현으로 인한 모욕행위에 대해서는 적용하기가 부적절할 것 같다는 생각이 듭니다.

그리고 사무차장님께서 이 명백·현존하는 위험의 원칙을 종래 우리의 과잉금지의 원칙의 틀 안에 녹여낼 수 있는 방법은 없겠느냐 말씀하셨는데, 저는 이것은 형식의 문제이고 목차의 문제라는 생각은 듭니다마는 굳이 녹여낼 것까지 있겠느냐 그냥 과잉금지의 원칙 적용해 주고 명백·현존하는 위험의 원칙 따로 적용해줘도 되지 않겠느냐 하는 생각이 듭니다.

왜냐하면 우리가 직업의 자유의 제한기준을 살필 때 우리가 과잉금지의 원칙 이외에 직업의 자유의 제한의 3단계이론을 잘 적용해 주지 않습니까? 그렇지요? 그래서 특히 표현의 자유와 관련해서는 직업의 자유의 3단계이론 같이 명백·현존하는 위험의 원칙이 과잉금지의 원칙과 따로 존재해도 저는 크게 나쁠 것은 없다고 생각하고요. 만약에 굳이 녹여낸다면 사무차장님께서 말씀하신 대로 법익의 균형성에 녹여내어서 결국은 이게 예견되는 해악발생의 위험과 표현의 자유의 보호의 사이 두 개의 형량의 문제라는 태생적인 그러한 성격을 갖고 있기 때문에 법익의 균형성 속에 녹여낼 수 있겠는데, 글쎄요, 굳이 그렇게 해야 될 필요가 있겠나 싶은 생각은 들고요.

미국이론에도, 미국에는 과잉금지의 원칙이라고 그래서 4개의 세부원칙을 딱 이야기하는 것은 없습니다마는 미국의 판례이론으로 다 잘 아시는 바와 같이 'less restrictive alternative rule'이라는 게 일찍부터 발달했고 그거를 독일이 받아들여서 저는 피해의 최소성이라는 것을 과잉금지의 원칙의 하나로 이렇게 체계화한 것으로 알고 있거든요. 그래서 LRA룰이 있는 미국에서도 피해의 최소성과는 따로이 명백·현존하는 위험의 원칙을 두고 있다는 것을 보더라도 저는 과잉금지의 원칙과 따로이 독립해서 명백·현존하는 위험의 원칙을 표현의 자유의 규제입법의 합헌성 판단기준으로 따로 두는 것도 저는 실익이 있다고 보고요.

제가 행복추구권에 대해서 몇 년 전에 오래 책을 들여다보고 고민을 한 적이 있었는데, 제 주장의 요지는 뭐냐 하면 행복추구권은 권리가 아니다라는 것이었습니다. 행복추구권은 없다. 그런 것은 이야기하지 말라는 것이었는데, 왜냐? 행복추구권이 아니라 행복추구는 이념이라 하는 것을 저는 강조하고 싶었지요. 그 근거로 저는 미국에서 'pursuit of happiness'가 기본권이 아니라 이념으로서 계속해서 인식되고 있는 그러한 역사적 연원까지 추적하고 그랬는데요. 한 원로학자분이 제가 발표 끝나고 나니까 이런 말씀을 하시데요. "임교수, 그것도 권리라고 해가지고 어떤 기본권도 침해되고 또 행복추구권도 침해했다고 하면 위헌성이 더 극명해져서 더 좋은 것 아니냐. 그리고 또 기본권이 많으면 많을수록 이 기본권도 침해했고 저 기본권도 침해했다고 할 수 있어야 기본권보장이 중첩적이 되어서 더 극대화될 수 있지 않느냐" 그런 말씀을 하셨단 말이지요. 그래서 그것을 들으면서 제가 야, 내가 옛날에 중·고등학교 때 객관식 시험문제 답 고르듯이 이게 침해하는 기본권은 오로지 하나만 있어야 된다고 그렇게 은연중에 생각한 것 아닌가, 정말 저분 말씀대로 이것도 침해하고 저것도 침해하고 중첩적으로 침해될 수 있는 기본권이 있다고 이론구성을 하는 게 기본권보장의 확대강화라는 취지를 위해서는 더 좋은 것이 아닌가. 그러니까 딱 맞아 떨어지는 뭐 하나보다도 비슷하게 걸치는 여러 개를 이야기할 수 있는게 더 좋을 수도 있다는 그런 생각을 그때 잠시 했었는데요, 이것도 마찬가지입니다. 그러니까 과잉금지의 원칙에도 위배되고 명백·현존하는 위험의 원칙에도 위배된다고 이야기하는 것하고, 과잉금지의 원칙 속에 명백·현존하는 위험의 원칙을 일부러 녹여내어서 과잉금지의 원칙에만 위배된다하는 것하고 저는 전자가 더 강력한 논리일 수 있을 것 같거든요. 그래서 저는 명백·현존하는 위험의 원칙을 과잉금지의 원칙과 독립한 또 다른 하나의 표현의 자유의 규제입법의 합헌성심사기준으로 두었으면 좋겠다는 생각을 계속해서 하게 됩니다.

그리고 두 번째 질문이 아마 현존성의 문제인데요, 현존성의 문제는 그래서 나중에는 급박성이라는 말과도 대체되기도 하고 이 자체가 굉장히 사실은 내용이 없는 요건이라고 홈즈 자신도 이야기한 바 있고요. 그냥 이거는 위험이 곧 발생할 정도로 아주 위기상황이다. 위기상황이 어떤 상황이냐는 것을 좀 구체화해 주는 단어로 들어간 것이 바로 현재성의 요건이 아닌가 그런 생각을 하게 됩니다.

그래서 헌법재판소가 판결문에서 명백한 위험성이라고 해서 '현존하는' 이라는 말을 빼셨군요. 처음 알았고, 아주 감명 깊게 잘 들었습니다. 해서 사실은 판결문에서 용어 하나하나 쓰는 것도 굉장히 신중하게 하고 있다는 말씀을 듣고 아주 감명을 받았습니다.

그 다음에 노희범연구관님께서 내용규제 말고 내용중립적인 표현규제라도 지금은 내용중립적인 표현규제 'time, place & manner'에 관한 규제는 그냥 'nationality test' 합리성 심사만 해서 합리적 이유만 있으면 그것을 합헌으로 보는데 사실상 이러한 내용중립적인 시간, 장소, 방식에 대한 규제라 할지라도 예를 들어서 '어느 시간에는 열 수 없다' 이런 식으로 하면 사실상의 원천봉쇄가 되어버려서 어떻게 보면 내용규제보다도 더 심한 규제가 될 수도 있다. 그래서 이러한 데도 합리성심사 말고 엄격심사라든지 명백·현존하는 위험의 원칙을 적용해 보는 것을 생각할 수 있지 않은가라고 말씀하셨는데 그렇게 말씀하시니까 저도 확 깨네요. 그래서 생각이 지금 그쪽으로 막 가고 있는데요. 그런데 이런 것 같아요. 뭐냐 하면 미국의 판례에서도 내용중립적 표현규제라 하더라도 그러한 사실상의 원천봉쇄에 해당할 것 같으면 이것을 합리성 심사로 하지 않고 심사의 기준을 높였던 것으로 그런 판례를 읽었던 기억이 나는데요. 만약에 내용중립적 표현규제라도 사실상의 원천봉쇄와 같은 것으로 나아간다면 이것은 엄격심사를 해야 되겠지요. 그리고 차차로 명백·현존하는 위험의 원칙을 내용규제 말고 내용중립적 표현규제에도 적용하는 방안도, 만약에 그럴 필요성이 계속해서 대두된다면 그런 방향에 대한 연구도 필요하리라고 생각합니다.

사 회 자 : 답변 감사합니다.

시간관계도 있고 하기 때문에 답변에 대해서 정리하는 것은 생략하고요. 지금 저에게 주어진 시간이 약 6분, 7분정도 되겠습니다.

배분을 보면 한 분 혹은 두 분 정도의 질문과 그에 대한 답변이 이론적으로 가능한 시간이 아닐까 그렇게 생각을 합니다.

그래서 오늘 발표회시간을 통해서 꼭 이 말씀은 한번 제기를 했으면 한다라는 의견을 가지신 분 한 분 혹은 두 분에게 발표기회를 드리도록 하겠습니다.

예, 이명웅연구관님.

이 명 웅 : 오늘 발표와 토론 잘 들었는데요. 우리가 미국판례를 볼 때 보통 그 기준은 'case law'니까 어떤 사안에 적용이 되는지 이거를 좀 구분하지 않습니까? 그래서 지금 이 명백·현존원칙 내지는 그 사례군이 적용된 사례들은 대개 공산당문제라든가 폭력적 정부전복이라든가 과격한 사회주의적인 노동자들 계급이라든가 KKK단이라든가 이런 것이었거든요. 그런 것들은 결국 어떤 그 국가전

복 내지는 사회선동의 위험성이 즉각적으로 나타날 수 있는 아주 중대한 어떤 해악을 줄 수 있는 사안이기 때문에 그런 사안들에 대해서는 표현의 자유를 애초부터 보호대상이 아니다 이런 어떤 관점에서 그런 사안군에서 그런 어떤 법리가 적용되어 온 것 같거든요. 그래서 저는 기본적으로 이인호박사님처럼 그것은 하나의 어떤 표현의 자유의 보호영역으로 들어오는 관문에서 하나의 어떤 특별한 사례군에 적용되는 케이스가 아닌가 이렇게 이해를 하고, 그래서 발표문에서도 조금 더 그 적용사례군에 대한 물론 법정모욕이나 이런 부분에서 적용되었다는데 대체적으로는 폭력적인 정부선동 이런 부분 그러니까 그것은 음란이냐 아니냐 'fighting words'냐 아니냐 어떤 그런 차원과 유사하게 그런 행위에 대해서는 표현의 자유가 아예 보호를 안해주겠다라는 관점에 섰던 것으로 보여지고 그런 사례들에 적용되는 것이고 그 외의 사례들에 대한 표현내용의 제한에 대해서는 역시 엄격심사가 적용이 되겠지요. 그래서 이것은 굳이 일반화를 한다면 표현내용의 제한에 대해서 엄격심사가 적용되는 사례의 하나의 예외적인 어떤 사례군이 아닌가 이렇게 보고 싶거든요. 그렇게 보기 때문에 사실은 명백·현존하는 위험이 있는지 혹은 급박한 위험이 있다면 아예 보호대상이 아니다. 이렇게 자신 있는 어떤 판례로 나타날 수 있었다는 것이지요.

저는 그렇게 보는데 발표자께서는 명백·현존의 위험원칙하고 'strict scrutiny'원칙하고의 관계설정을 어떻게 보시는지 다시 한 번 정리해 주셨으면 고맙겠습니다.

사 회 자 : 질문을 아까 약간 답변이 있었던 부분에 대해서 재차 질문되는 부분이어서 또 시간을 아주 간략하게 해 주셨기 때문에 다른 한분 더 질문을 받고 답변을 듣도록 하겠습니다.

피날레를 장식해 주실 질문자가 없으시면 발제자에게 발언기회를 드리도록 하겠습니다. 혹시 답변이 빨리 끝나면 다시 한 번 더 기회를 드리도록 그렇게 하겠습니다.

임교수님.

발 표 자 : 이인호교수님이나 이명웅연구관님처럼 아예 그러한 아주 정부전복 같은 과격한 정치적 표현, 명백·현존하는 위험이 있는 표현을 아예 표현의 자유의 보호영역인 표현에서 제외하자는 학설도 있습니다. 분명히 있는데 미국 내에서는 아직까지는 그러한 과격한 정치적 표현은 음란이라든지 싸움을 거는 말이라든지 명예훼손과는 달리 원래는 표현의 자유의 표현에는 속하는데 그것이 명백·현존하는 위험이 확실히 있다고 입증이 되면 제한받을 수 있는 표현이다라

는 식의 논리구성을 하고 있는 것 같습니다.

그리고 이명웅연구관님께서 엄격심사라는 것과 명백·현존하는 위험의 원칙의 관계를 어떻게 보느냐라고 말씀을 하셨는데요. 엄격심사라는 것은 모든 기본권에 아주 중요한 기본권제한에 있어서의 합헌성심사의 기준 아니겠습니까? 그래서 표현의 자유뿐만이 아니고 다른 기본권에서도 어떤 것은 엄격심사하고 어떤 것은 중간수준심사하고 어떤 것은 합리성심사 합니다만, 그런데 표현의 자유의 제한과 관련해서는 표현의 자유를 내용에 근거해서 제한하려할 때 'content-based regulation of freedom of speech'면 무조건 엄격심사로 간다는 것입니다. 간다는 것인데, 그런데 그중에서도 특히 정치적 표현과 관련된 내용규제입법에 대해서는 엄격심사도 하지만 명백·현존하는 위험의 원칙도 적용해 준다는 것이지요. 그래서 정치적 표현에 대해서 내용규제로 가는 규제입법에 대해서는 엄격심사와 명백·현존하는 위험의 원칙이 같이 적용된다는 그러한 논리구성을 하고 있는 것으로 알고 있습니다.

사 회 자 : 답변 감사합니다.

시계를 보니까 약속한 시간이 다 되었습니다.

그런데 사회자가 가지고 있는 또 다른 특권 하나가 원래 이렇게 공언을 하지만 재량권을 발휘해서 조금 더 여유를 가질 수도 있는 게 아닌가 생각이 듭니다.

그래서 오늘 이 자리에 꼭 답변까지 나온 상황에서 한 가지 짚고 넘어갈 부분이 있다라고 생각을 하시면 5분 이내의 시간 내에서 정리하는 그런 시간을 가졌으면 좋겠습니다. 없으면 오늘 발제를 마치도록 하겠습니다.

예, 이준상연구관님.

이 준 상 : 이준상입니다.

궁금했던 것 중에 질문 한 가지만 드려보겠습니다.

지금 명백하고 현존하는 위험의 원칙이라는 게 어떤 상황이론과 사실은 밀접한 관련을 갖고 있다고 말씀을 해 주셨는데, 이 원칙자체가 어떤 특별한 영역 예를 들어서 군인이라든가 수형자라든가 이런 영역에서는 현저하게 약화되거나 혹시 이러한 원칙이 폐기되는 것인지 혹시 그런 사례들에 대한 미국판례가 있는지 그것이 궁금합니다.

발 표 자 : 소위 말하는 특별권력관계에 처한 사람들

이 준 상 : 그러니까 군인이 예를 들어서 정치적 선동을 한다든가

발 표 자 : 최근 판례로 그런 것을 본 것 같은데요. 그런데 제가 깊이 있게 보지를 않아서 머릿속에 잘 정리는 되어 있지 않은 것 같습니다.

그거는 제가 좀더 연구를 해서 이준상연구관님께 개인적으로 이메일로 하든지 전화로 답변 드리도록 하겠습니다.

사 회 자 : 그러면 이것으로 헌법실무연구회 월례발표회 임지봉교수님의 명백·현존하는 위험의 원칙과 표현의 자유와 관련된 주제발표와 토론을 모두 마치도록 하겠습니다. 아주 열띤 내용이 차분하게 전개되어서 사회자 개인적으로는 많은 배움의 시간이 된 것 같습니다.

이런 훌륭한 자리를 계속해서 마련을 해 주시는 헌법재판소 이공현재판관님을 비롯한 헌법재판소 관계자 여러분께 사회자의 지위에서 감사말씀을 드리겠습니다.

이공헌 재판관 : 제가 요새 고민하고 있던 대목을 이렇게 발표해 주신 임교수님, 또 토론해 주신 교수님들 감사합니다.

저는 헌법조항 우리 헌법재판소에서 나온 것을 보면 왜 언론·출판의 자유가 이렇게 긴가? 문제가 많으니까 길다. 이렇게 아주 단순한 생각을 해봅니다. 문제가 많으니까 이렇게 길지 않겠느냐. 고심을 했기 때문에.

어떤 때는 모든 국민은 양심의 자유를 가진다. 이렇게 한단원인데 4항까지 넣은 것은 그만큼 우리가 고민을 많이 해야 될 대목 아닌가, 헌법제정권력이 우리 헌법재판소에다 고민을 많이 하라고 이렇게 조문을 준 것 같습니다.

다른 얘기는 뒷풀이하면서 나눌 얘기가 많고, 오늘 교수님들 정말 감사합니다.

또 연구관님들 수고 하셨습니다.

또 외부에서 오신 서기석부장하고 한위수부장 감사합니다.

第66회(2006. 6. 9) 발표문

사법적 검토의 재검토: 헌법재판과 비지배적 상호성

곽 준 혁*

Ⅰ. 서 론

최근 전 세계적으로 사법적 검토(judicial review) 또는 사법심사제도에 대한 관심이 고조되고 있다.[1] 이러한 관심은 한편으로는 미국만의 독특한 제도로 인식되어오던 사법적 검토가 80개 이상의 국가에서 차용 또는 모방되고 있는 상황에 대한 즉자적 인식에서 비롯된 것이기도 하지만,[2] 다른 한편으로는 사법부의 기능과 권한을 민주적 절차를 통해 선출된 입법부의 권한보다 결과적으로 상위에 놓

* 경북대학교 정치외교학과 교수.

1) 필자가 일반적으로 통용되는 '사법심사'라는 용어대신 '사법적 검토'라는 용어를 사용하는 이유는 크게 두 가지이다. 첫째, 사법적 검토는 헌법해석에 대한 사법부의 최종결정권을 인정하는 입장과 사법외적(extrajudicial) 또는 입법부의 정치행위를 통해 헌법의 안정성과 헌정체제의 변경가능성을 확보할 수 있다고 믿는 입장 모두가 사용할 수 있다는 장점이 있다. 전자의 경우 사법심사는 해석의 범위만이 문제가 되지만, 후자의 경우 해석의 주체가 문제가 되기에 사법심사 자체를 받아들일 수 없다. 따라서 헌법해석과 해석주체의 논의를 모두 포괄하기에는 사법적 검토라는 용어가 더 적당하다. 둘째, 사법적 검토는 대법원에 헌법재판권을 부여하는 미국식 제도에 대한 논리뿐만 아니라 다양한 사법적 기관에 의한 헌법재판 또는 위헌법률심사에 대한 논의를 전개할 수 있는 장점이 있다. 독립된 헌법재판기관을 두고 있는 경우에도, 헌법재판기관이 사법적 성격과 정치적 성격을 동시에 갖고 있는 경우에도, 사법부가 위헌법률심사를 주관하지만 최종판결권이 없는 경우에도 사법적 검토는 함께 논의할 수 있다는 것이다. 필자가 이 논문에서 사법적 검토를 헌법재판(위헌법률심사)에 국한시키는 것도 헌법해석과 해석주체에 대한 기존의 논의를 모두 포괄하고자 하기 때문이다.

2) 이러한 연구로, 인권에 대한 관심의 증가로 입법행위가 사법부의 법해석에 의지할 수밖에 없는 상황이 형성됨으로 인해 의회주권이 사법입법으로 대체된 새로운 헌정주의가 출현했다고 보는 스위트(Sweet 2000), 의회의 다수당과 행정부수반의 소속정당이 다른 분할정부(divided government)와 민주화이후 고양된 기본권에 대한 관심이 정치의 사법화에 기여했다는 관점에서 사법권과 민주주의의 긴장을 분석한 구아르니에리와 페데르졸리(Guarnieri and Pederzoli 2002), 영미와 유럽의 사법권의 배경과 확대경향을 비교분석하고 사법권의 보조적 역할을 강조한 쿱만스(Koopmans 2003), 그리고 어떻게 위헌법률심사가 선출된 대표의 정책선택을 제한하게 되었으며 왜 이러한 추세가 시민사회의 관심으로부터 사회경제적 평등개념이 배제되는 데 기여했는지를 설명하고자한 허슬(Hirschl 2004)의 연구를 들 수 있다.

을 수 있는 제도가 보편화되는 것에 대한 학문적 우려가 반영된 것이기도 하다.[3] 그 이유가 무엇이든 축적된 경험과 정치적 고민의 결합으로 제도를 이해하는 제도사상사에서 볼 때, 그리고 삶을 해석하고 영위하는 방식으로서 하나의 정치적 원칙을 바라보는 정치사상사에 비추어 볼 때, 2차대전 이후 신생국의 출현과 함께 나타났던 한 차례의 물결과는 사뭇 다른 방식에서 관심을 끌고 있는 사법적 검토는 민주화이후 다양한 사회적 갈등과 정치적 실험 속에서 새로운 정치적 상상력이 어느 때보다 필요한 우리에게 그 어떤 것보다 다시 검토해 볼 필요를 느끼게 하는 정치제도가 아닐 수 없다. 사실 미국식 사법적 검토나 헌법재판은 우리에게 전혀 생소한 제도가 아니다. 미국식 사법적 검토의 도입 여부를 둘러싼 논의는 제헌헌법의 제정과정부터 있었고(김효전 1989, 339-340), 3공화국 헌법은 대법원에 헌법재판(위헌법률심사)권을 부여하여 미국식 사법적 검토를 채택했으며, 독일식 헌법재판소제도를 수용한 현행헌법도 명령·규칙·처분에 대한 헌법재판권을 대법원에 별도로 부여하고 있기 때문에 미국식 사법적 검토의 영향으로부터 완전히 벗어났다고 말할 수 없다(김운용 1989, 334; 남복현 1989, 97-112). 게다가 제헌헌법의 헌법위원회, 2공화국 헌법의 독일식 헌법재판소, 유신헌법과 5공화국 헌법의 헌법위원회에 헌법재판권이 부여되었다는 점을 고려할 때, 대한민국 헌정사에서 헌법재판제도는 한번도 배제된 적이 없는 핵심적인 제도라고 할 수 있다. 물론 제헌헌법의 헌법위원회는 7건의 심사를 했을 뿐이고, 2공화국의 헌법재판소는 제 기능을 할 기회조차 없었다. 그 후 3공화국의 대법원이 11건의 부실한 심사를 한 것을 제외하고는 1988년 9월 1일 지금의 헌법재판소가 출범하기 전까지 헌법재판제도는 장식에 불과했다(Yang 1993, 1-2; 정종섭 1999, 231-232). 그러나 1988년 9월 1일부터 현재까지 532건의 위헌법률, 1건의 탄핵, 38건의 권한쟁의, 12,146건의 헌법소원심판이 헌법재판소에서 다루어진 사실이 보여주듯,[4] 헌법재판제도는 이제 대한민국 헌정체제의 내용을 결정할 수 있는 제도

---

3) 이러한 경우는 사법부의 헌법재판권을 입법부 또는 시민이 참여하는 심의의 영역으로 회수해야 한다고 주장하는 민중주의적 헌정주의(populist constitutionalism)의 범주에 들어갈 수 있는 학자들에 의해서 주로 나타난다. 비판법사회학자 터쉬넷(Tushnet 1999), 수정주의 미국 역사가 크래머(Kramer 2004a & 2004b), 사법외적 위헌법률심사를 주창한 윗팅턴(Whittington 2002a & 2002b), 헌법과 문화를 중재하는 정치적 원칙으로 헌정주의를 바라보는 포스트와 시겔(Post & Siegel 2003), 사법심사의 근간을 반다수결주의로 간주하고 입법부에 의한 위헌법률심사를 대안으로 제시하는 월드런(Waldron 1998 & 1999), 사법부에 보통 시민보다 더 신중한 판단을 기대하는 것 자체가 반민중주의적(anti-populist) 편견이라고 지적한 파커(Parker 1993), 미국의 정치체제에서 행정부와 입법부가 헌법을 해석하는 데 있어 사법부와 함께 주요한 역할을 공유해야만 한다고 주장하는 피셔(Fisher, 1990), 반다수결주의에 대한 문제의식은 공유하지만 사법부의 제한된 역할만은 인정해야한다고 주장하는 프리드만(Friedman 1998 & 2003)과 같은 학자의 연구가 대표적이다.

가 되었고, 그 결과 이 제도를 지탱하는 정치적 원칙들은 헌법조문의 단순해석으로 정리될 성질의 것이 아니라 지속적인 공적 토론과 민주적 심의를 통해 결정되어야할 사항이 되었다고 말 할 수 있다.

그럼에도 불구하고 헌법재판제도가 기초하는 정치적 원칙에 대한 학문적 연구는 그리 만족할만한 수준이 아니다. 미국식 사법적 검토의 역사적 기원이 영국 보통법원의 하나인 민사법원의 수석판사였던 코크(Edward Coke)의 본햄(Thomas Bonham) 사건 판결부터인지 아니면 미국의 대법원장 마샬(John Marshall)이 마베리 대 메디슨(William Marbury v. James Madison) 사건에 대해 내린 판결에서 비롯된 것인지를 살펴보거나, 헌법해석의 방법과 입헌의도의 해석을 놓고 벌어진 미국의 주석주의(interpretivism)와 비주석주의(noninterpretivism)의 논쟁, 또는 원본주의(originalism)와 비원본주의(nonoriginalism)의 논쟁을 소개하는 정도에 그치는 경우가 대부분이다.[5] 사법부의 정치사회적 역할을 놓고 벌어진 사법적극주의(judicial activism)와 사법소극주의(judicial passivism)의 논쟁이 기본권 보장과 입법권과의 관계를 포함한 정치문제에서 헌법재판소가 어떤 태도를 견지하는 것이 바람직한 지에 대한 논의로 확장되기는 했지만,[6] 각각의 법 이론이 오늘날 우리의 삶 속에서 어떤 정치사회적 의미를 갖는 지에 대해서는 이렇다할 연구를 찾아볼 수 없다.[7] 노무현대통령 탄핵심판과 행정수도이전과 같은 주요한 정치쟁점들

4) http://www.ccourt.go.kr/ccourt_hinformation/casestatistics.asp 5월 25일 검색.

5) 미국식 사법적 검토의 역사적 기원에 대한 연구는 한편으로는 사법심사를 소개하는 차원에서, 다른 한편으로는인권보장과 같은 목적에 사법부의 적극적인 역할을 기대하는 차원에서 전개되는 경향을 보여준다. 두 가지 경향을 모두 포괄하는 경우로는 김운용(1997), 조지형(1997), 강승식(2004)의 연구를 들 수 있다. 특히 조지형의 연구는 지금까지 보통법 우위의 사상으로 단순하게 정리되었던 사법심사의 기원을 영국 보통법의 17세기 코크(Coke)적 기본법 전통과 18세기 블랙스톤(Blackstone)적 자연법 전통의 길항적 공존으로 설명함으로써 이후 미국에서 전개된 주석주의와 비주석주의, 그리고 원본주의와 비원본주의의 갈등을 가늠하게 해주는 장점이 있다.

6) 우리나라 법조계와 법학계도 헌법재판권을 둘러싸고 다양한 갈등을 보여주고 있는데, 이러한 갈등은 드윌킨(Dworkin)의 적극주의(activism)와 소극주의(passivism)라는 구분으로 보는 것이 적절할 것 같다(Dworkin 1986, 369). 대체로 법조계와 법학계에서는 사법적 검토의 존재이유보다 그 범위와 한계에 주목하는데, 여기에는 독재정권 하에서 보여준 사법부의 소극적 자세에 대한 반성과 민주화이후 기본권 침해방지나 권리보장에 대한 적극적 역할에 대한 사회적 요청이 한 몫을 한 것으로 보인다. 기본권 보장과 관련해 사법입법을 포함한 법원의 적극적인 사법적 검토의 필요성을 강조한 이회창(1987), 정당의 의회지배와 행정국가의 심화라는 상황인식을 바탕으로 사법적극주의를 제한적으로 지지한 임지봉(2001)이 이러한 경향을 잘 반영하고 있다. 사법소극주의에 서 있는 입장으로는, 사법입법이 가져올 정치와의 긴장관계에 주목하고 기본권 보장에 역점을 둔 헌법해석이 필요하다고 주장한 이동훈(1999), 그리고 졸속입법과 같은 문제는 공감하지만 사법입법을 당연시하는 태도에 문제가 있다고 비판하는 오세혁(2004)의 연구가 있다. 비교사회·문화적 맥락에서 한국의 사법적극주의와 일본의 사법소극주의를 비교한 최대권(2005)의 연구는 사법부의 역할에 대해 보다 근본적인 성찰이 필요한 시점에 이르렀다는 것을 단적으로 보여준다.

7) 미국식 사법적 검토와 그 밖의 헌법재판의 정치사회적 의미를 살펴보려는 노력이 전혀 없었던 것은 아니다. 1980년대 미국학계에서 이른바 주석주의와 비주석주의의 절충적 입장으로 주목을

이 정치학자들의 관심을 헌법재판제도로 충분히 옮겨놓았지만, 민주주의와 헌정주의의 긴장관계를 넘어 헌법재판제도가 어떤 정치적 원칙을 통해 구체화되어야 하는지를 근원부터 면밀하게 검토하면서 동시에 이러한 정치적 원칙을 구현하기 위한 제도적 구상을 제시하기에는 아직까지 충분하지 않다.8) 다시 말하자면, 법학자는 '해석의 문제,' 정치학자들은 '주체의 문제'에 여전히 머물러 있을 뿐, 헌법재판제도의 현재적 의미를 재고할 수 있는 정치적 원칙과 이에 기초한 제도적 구상을 제시하지는 못하고 있다는 것이다.

이러한 문제의식에서 필자는 사법적 검토 또는 헌법재판에 대한 현재적 의미는 헌법해석을 둘러싼 '해석의 문제'와 '주체의 문제'를 일관되게 해결할 수 있는 정치적 원칙에서 찾아야한다는 것을 밝히고, 법의 안정성을 상실하지 않으면서도 민주주의의 변화추동력과 규범적 내용을 적극적으로 실현시키고 발전시킬 수 있는 헌법재판의 조정원칙으로 비지배적 상호성을 제시하고자 한다. 크게 두 가지 작업을 수행한다. 첫째, 사법적 검토에 대한 최근 논의를 '해석의 문제'와 '주체의 문제'에 초점을 맞춰 살펴보고, 전자의 자유주의적 경향성과 후자의 공화주의적 지향성이 개인의 자율성과 공공선의 조화라는 현재 민주주의의 일반적 요구를 충

받았던 일라이(Ely)의 참여 보완적(process-perfecting) 사법적 검토를 비판적으로 검토하면서, 국가기관 상호간의 조정을 통해 절차를 넘어 민주주의의 실질적 가치를 구현하는 방향으로의 개선이 필요하다고 주장한 윤명선(1990 & 1992)의 연구, 법현실주의와 비판사회학의 관점을 수용해서 민주주의를 다수결주의로 단순화하는 주석주의의 문제점을 찾아내고, 담론적 법공동체의 형성과 헌법해석의 헌법외적 요소의 개입을 당사자와 법관을 넘어 시민사회에게까지 허용하는 비주석주의를 통해 법의 합리성과 민주성을 견지할 수 있다고 주장한 한상인(1998)의 연구, 헌법해석을 둘러싼 다양한 법이론을 소개하고, 헌법해석에 있어 주관의 개입과 소수자의 권익보호라는 측면에서 드윌킨류의 적극주의적 관점, 텍스트와 텍스트 밖의 사회와의 균형을 통해 헌법해석의 적극성을 유도하려는 법사회학적 관점에서 제한적 적극주의를 극복하고자 한 양건(2004)의 연구가 있다.

8) 노무현대통령 탄핵심판이후 정치학 분야에서는 헌법재판제도 그 자체뿐만 아니라 헌정주의와 민주주의의 관계에 이르기까지 폭넓은 토론이 진행 중에 있기에 속단을 하기는 이르다. 정치학계의 이러한 움직임은 최장집(2005[2004])의 연구에서 비롯되었다고 할 수 있다. 최장집은 미국의 반연방주의적(anti-federalist) 전통과 민중주의적 헌정주의의 범주에 들어가는 심의민주주의자인 니노(Nino)와 평등한 정치참여의 권리를 강조하는 월드런(Waldron)의 이론을 중심으로 사법부의 정치화를 비판하고, 분할정부에서 등장하는 사법권의 확대경향을 쉐프터(Shefter)와 긴스버그(Ginsberg)가 정의한 '다른 수단에 의한 정치'로 정의한 후, 이를 극복하고 민주주의의 규범적 내용과 원칙을 지키기 위해 정당으로 조직되고 대표되는 정치과정의 활성화를 제시한다. 헌정주의와 민주주의의 근원적인 갈등을 참여와 심의의 결합을 통해 해결하려고 시도한 박명림(2005), 헌정주의와 민주주의의 긴장관계라는 일반적 틀을 거부하고 공화주의적 헌정주의의 장점으로 자유주의적 헌정주의에서 발견되는 정치에 대한 법의 우위의 원칙과 민주주의와의 내재적 긴장을 극복하려고한 곽준혁(2005a), 헌정주의가 지닌 참여와 구속의 상호 모순적 정합성에 주목하고 주관적 불만에 의한 헌법개정의 문제점을 지적한 김성호(2005), 행정수도 특별법과 탄핵사건 등 최근 발생한 일련의 헌법재판의 정치적 의미를 분석한 함재학과 김성호(2005)의 연구도 이러한 움직임을 잘 보여준다.

족하기에는 충분하지 못하다는 점을 지적한 후, 사법적 검토 자체의 존재타당성과 현대 민주주의의 일반적 조건을 충족시켜줄 수 있는 하나의 틀로 자유주의적 공화주의를 제시한다. 둘째, 아테네 민주주의의 비합법성 기소(graphē paranomon)를 시민적 자유와 '반편견의 원칙'의 결합으로, 로마 공화국의 원로원 동의(auctoritas patrum)와 호민관의 거부권(ius auxilii)을 대표의 탁월성과 '동의의 원칙' 의 결합으로 살펴보고, 이러한 결합을 가능하게 한 사법적 검토 또는 헌법재판의 핵심내용을 '비지배적 상호성'으로 정리한 후, 이러한 비지배적 상호성에 기초한 헌법재판의 제도적 틀을 제시하고자 한다.

Ⅱ. 사법적 검토의 이론적 재검토

민주주의 이론가들과 정치가들이 정치의 사법화(the legalization of politics) 또는 법의 정치화(the politicization of law)라는 말로 미국식 사법적 검토 또는 사법부에 의한 위헌법률심사제를 비난한 것은 어제 오늘 일이 아니다.[9] 사법통치(juristocracy)라는 신조어가 등장하기 훨씬 이전부터 학자들은 사법부의 헌법재판을 둘러싸고 사법입법(judicial legislation) 또는 사법우위(judicial supremacy)라는 이름으로 사법권의 확대가 가져올 정치사회적 문제에 주목해왔다. 특히 미국에서는 대법원의 결정이 사법부의 귀족적 특성에서 비롯되었다는 비판을 받을 때, 사법적 검토는 더 이상 법적용과 법제정의 경계를 둘러싼 해석의 문제가 아니라 정치적 원칙의 충돌과 이념적 갈등을 수반하는 정치적 문제로 전환되었기에 더욱 그러했다.[10] 물론 사법적 검토에 대한 일관된 견해를 가지기보다 판결에 따라 사

9) 미국식 사법적 검토에 대한 초기 비판은 소위 '호들리 증후군'(Hoadly Syndrome), 즉 '누구든지 법을 해석할 절대적인 권력이 있다면, 법을 쓰거나 말한 사람이 아니라 바로 그 사람이 진정한 입법자'라는 인식에서 비롯되었다(Levy 1967, 13). 이러한 인식은 미국헌법의 비준을 놓고 벌어진 논쟁에서 반연방주의자 예이츠(Yates)가 부르투스(Brutus)라는 필명으로 쓴 반연방주의자 논설에서 사법부는 헌법의 의미와 구문에 대한 모든 논의를 최종적으로 결정할 권력이 있기 때문에 무소불위의 권력을 갖게 될 것이라고 경고한 것과(Brutus 1788.2.7), 버지니아 대법원 판사 로앤(Roane)이 연방대법원의 연방문제에 대한 최종 관할권 주장에 반발해 신문에 기고한 글을 읽고 제퍼슨(Jefferson)이 "[연방대법원의 절대권한을 옹호하는] 가설에 따르면 헌법은 단지 사법부의 손아귀에서 왜곡되고 그들이 원하는 어떤 형태 바뀔 수 있는 밀랍에 불과하다"고 주장한 것도 같은 맥락이다(Jefferson 1819, 563). 사법부에 의한 입법영역에의 어떤 형태의 개입도 금지되어야 한다고 주장한 싸이어(Thayer 1893, 152), 그의 영향을 받아 사법부를 "과두적(oligarchic)"이라고 자평한 대법원판사 프랭크퍼터(Frankfurter 1949, 335 U.S. 538), 제퍼슨의 공화주의 사상을 바탕으로 사법적 검토가 반민주주의적이라고 비판한 코메거(Commager 1943)도 이러한 인식을 공유했다.

10) 해밀턴이 「연방주의자 논설」 78번에서 입법부의 행위가 사법부에 의해 무효화된다는 것이 곧

법부의 적극적인 판결을 요구하던 입장에서 사법부의 자제를 당부하는 입장으로 선회하는 경우도 많다(Black 1998, 109).[11] 그러나 헌법재판에 대한 일반 시민들의 태도가 재판결과에 따라 바뀐다는 것이 곧 사법적 검토의 규범적 내용을 구성할 정치적 원칙이 개인의 선호나 상황적 판단으로 귀결됨을 의미하는 것은 아니다. 오히려 재판결과에 따라 일반 시민들의 태도가 바뀐다는 점은 헌법재판이 헌정체제의 근본적인 내용을 바꾸어버리거나 아니면 사회저변에서 축적된 변화의 요구가 수렴되는 하나의 제도로 시민들에게 이해되고 있으며, 헌법재판의 존재이유와 실제운용을 조정할 정치적 원칙을 찾는 작업은 곧 광범위한 토론과 민주적 심의를 요구하는 정치사회적 문제라는 것을 시사한다.

최근 한국의 헌법학자들도 헌법재판의 정치사회적 의미에 깊은 관심을 기울이고 있다. 이러한 움직임은 현실주의 법학, 법사회학, 비판법학을 수용한 헌법이론가들에 의해 주도되고 있는데, 이들의 주장은 크게 두 가지 방향에서 전개되고 있다.[12] 첫 번째는 형식논리학적이고 기계적인 조문해석을 반대하면서, 헌법재판

입법부에 대한 사법부의 우위를 의미하는 것은 아니라고 말한 것은 역설적으로 당시 사법우위에 대한 우려가 상당했음을 시사한다(Federalist Papers 78, 491-492). 최초의 위헌판결인 마베리 대 메디슨의 경우는 미국식 사법적 검토를 확립함으로써 삼권분립과 견제와 균형, 다수결주의와 반다수결주의 사이의 오랜 논쟁을 낳았고, 노예제 없는 자유지역을 설정한 1820년의 미주리 협정(Missouri Compromise)을 위헌으로 판결한 1857년의 드레드 스콧(Dred Scott)사건은 미국을 남북전쟁으로 몰아갔으며, 170여 개의 노동관련 법률이 무효처리가 된 이른바 로흐너(Lochner) 시대의 1905년 로흐너 대 뉴욕(Lochner v. New York) 사건과 뉴딜입법에 대해 위헌판결을 한 셰흐터 대 미정부(Schechter v. U.S.) 사건은 보수와 진보, 그리고 행정부와 사법부의 전면전을 가져왔다. 사법부의 소극적인 자세 또한 정치사회적 갈등을 가져왔는데, 1789년 연방파가 통과시킨 외국인법과 선동 방지법(Alien and Sedicion Acts)에 대한 사법부의 미온적 자세는 공화파와 연방파의 첨예한 갈등을 가져왔고, 제퍼슨은 이를 계기로 사법적 검토의 적극적인 반대자로 선회했다(Agresto 1984, 79). 제퍼슨의 긍정적인 태도는 제퍼슨이 파리에서 메디슨에게 보낸 편지(1789.6.3), 그의 법에 대한 기본적 자세는 버거(Berger 1997, 137)를 참조. 제퍼슨이 처음부터 사법적 검토에 부정적이었다는 견해는 코메거(Commager 1943, 27)를 참조.

11) 개인의 자유와 인권의 보장이라는 기치를 내걸고 사법적극주의를 지향한 워렌(Warren) 법원(1954-1969)이 '분리하되 평등'한 인종차별정책을 폐지한 브라운 대 토피카 교육위원회(Brown v. Board of Education)는 공정성의 기준을 바꾸어 놓았다는 이유로, 텍사즈주의 낙태금지법을 위헌으로 판결한 버거(Burger) 법원의 1973년 로 대 웨이드(Roe v. Wade) 사건은 자유와 생명에 대한 새로운 지평을 열었다는 이유로 사법적극주의에 대한 진보진영의 지지를 얻어냈다. 그러나 로 대 웨이드 사건의 판결을 사실상 뒤집는 렌퀴스트(Rehnquist)법원의 1989년 웹스터(Webster v. Reproductive Health Services)사건이래 진보진영은 보수적인 연방대법원의 사법적극주의에 회의적인 반응을 보이고 있다.

12) 한국 헌법학계에서의 논의를 미국식 법이론 논쟁으로 정리하는 것은 적절하지도 타당하지도 않다. 그러나 헌법학자들이 어떤 종류의 법이론을 수용 또는 비판하는 지를 살펴보는 것은 이들의 입장을 분석하는 데 필요하다. 최근 한국 헌법학계의 사법적극주의는 대체로 미국 워렌법원시대 개혁입법의 사상적 배경을 제공한 법현실주의와 법사회학, 비판법학의 태도와 유사하다. (가) 법현실주의는 랑델(Langdell)류의 형식주의 법학에 반발해 법관의 기계적 법해석을 반대하고 실질적인 판단에 있어 판사의 재량과 재판관에 의한 법의 재구성을 강조했고, (나) 법사회학은 사회의 내부질서를 형성하고 일상을 실재적으로 규정하는 살아있는 법(Lebendes Recht)으로

을 통해 인권을 보장하고 소수자의 권리를 보호하기 위한 사법부의 적극적인 활동을 요구하는 움직임이다. 이와 같은 입장은 민주화이후 대부분의 법학자들이 공유하고 있지만, 삼권분립과 견제와 균형의 원칙을 넘어 헌법상 보장된 실체적 가치의 중요성까지 해석의 방법과 법원의 선택에 포함시킨다는 점에 그 특징이 있다. 민주적 과정에의 참여를 보완하는 것에서 사법적 검토의 존재이유를 찾는 일라이의 절차 중심적 견해를 비판하면서, 헌법이 "해석을 통해 현재의 관심과 개념들에 개별적인 의미를 부여함으로써 지속적인 가치를 확인"할 수 있도록 해야 한다는 입장을 견지하는 윤명선(1990 134-135)의 연구가 대표적이다.[13] 두 번째는 사법외적인 해석과 시민-법률가-판사의 상관관계에 초점을 맞춤으로써, 사법적 검토가 다양한 사회집단의 상호관계 속에서 일상에 기초한 실천적 성격을 갖도록 해야 한다는 입장이다. 양건과 한상희는 이러한 측면에서 가장 진전된 연구결과를 제시한 학자들이다. 전자는 텍스트, 역사적 맥락, 판례, 정치문화와 전통이 고려된 사법적 검토를 주문했고(1994, 18), 후자는 "다수자지배의 원칙에 입각한 대의민주제적 정당성의 관념에만 한정하는" 자유주의적 편향성을 극복하고, 사법적 검토가 사회집단, 정치세력, 여론, 법조계, 그리고 법학계의 소통관계를 통한 공동의 산출물이 되어야한다고 주장했다(1992, 210-211). 비록 접근방식은 상이하지만, 법과 사회의 상관관계에 주목하고, 사법외적 부분을 가미하면서 사법적 검토를 통한, 보다 광범위하고 적극적인 역할을 강조했다는 공통점을 가지고 있

서 법에 주목하고, 적절한 사회규범을 찾아 새롭게 법을 구성하고 갈등을 조정하는 사법부의 적극적인 기능을 강조했으며, (다) 비판법학은 언어에 내재하는 불확정성을 바탕으로 일정정도 사법부에 의한 법제정을 긍정함과 동시에 주관적인 재량을 인정함으로써 집단적 편견을 극복하고 사회의 변화를 주도할 수 있는 사법외적 해석을 강조했다. 법현실주의에 대해서는 르웰린(Llewellyn 2003[1930])과 최봉철(1999), 법사회학에 대해서는 엘리히(Ehrlich 1975[1936]), 양건(2000[1986]), 한상희(1999), 비판법학에 대해서는 한인섭(1999), 맥코믹(McCormick 1999), 터쉬넷(Tushnet 2005)을 참조.

13) 1980년대 초 미국 헌법학계는 일라이의 이론을 사법적극주의와 사법소극주의의 절충안 또는 제3의 입장으로 크게 환영하고, 이론의 적실성에 대한 활발한 토론을 벌였다. 사법소극주의와 사법적극주의라는 기존의 구분대신 주석주의(interpretivism)와 비주석주의(non-interpretivism)이라는 구분을 사용한 일라이는 (가) 헌법의 실질적 가치와 관련된 부분에서는 사법부의 해석이 헌법에 명시된 부분에 국한되어야 한다는 주석주의적 입장을, (나) 절차적 공정성을 보장하거나 시민의 정치참여를 보장하는 부분에서는 사법부도 능동적으로 헌법규범을 해석해서 판단할 수 있다는 비주석주의적 입장을 견지한다(1980). 이와 같은 절충주의에 대한 평가는 (가) 정교함이 없는 새로운 주석주의(neo-intepretivism)라는 입장(Alexander 1981, 9), (나) 절차보완적 사법적 검토가 결국 실질적인 가치에 대한 검토를 요구하기에 적극주의와 소극주의의 절충은 사실상 불가능하다는 입장(Brest 1981, 131), (다) 참여 지향적이고 대표강화(representation-reinforcing)적이기에 대법원이 한편으로는 정치적 변화의 통로를 열어두면서도 소수집단에 대한 차별을 방지할 수 있는 이론이라고 보는 입장(Grano 1981, 169)으로 크게 나누어진다. 윤명선이 사법적 검토가 사법우위로 귀결되지 않도록 기관간의 조정을 언급한 점을 본다면 일라이의 이론을 비판적으로 수용한 것으로 보인다(윤명선 1992, 67-68).

다.

하나 특이한 사실은 헌법재판의 정치사회적 의미와 실질적인 민주주의의 구현을 강조하는 학자일수록 사법부에 의한 헌법재판 또는 사법적 검토의 타당성은 논외로 한 채 사법부의 정치적 역할의 확대와 보다 광범위한 사법적극주의를 주문하고 있다는 것이다. 이런 특징은 1980년대까지 사법적극주의를 주문하던 민주주의 이론가들과 비판법학 또는 법사회학에서 최근 사법부에 의한 사법적 검토의 문제점을 지적하고 새로운 제도적 형태와 정치적 원칙을 모색하고 있는 미국 학계와는 매우 다른 모습이다.[14] 비록 각 사회가 처한 상황이 상이하기에 한국의 헌법학계가 사법적극주의를 추구하고 있는 데는 그만한 이유가 있다고 인정하더라도,[15] 사법적 검토 그 자체의 존재타당성과 민주주의의 실질적인 구현이라는 목적 사이에 아무런 긴장관계가 없는 것처럼 논의를 진행하는 것은 특이한 현상이다. 특히 권력분립, 의회주의 및 법치주의에 의한 정치과정의 통제와 같은 단순한 내용을 한국의 헌정체제를 지탱하는 원칙으로 제시하는 자유주의적 편향성을 극복하고자 노력해 온 학자들이 사법적극주의를 표방할 때, 유사한 자유주의적 편향성을 가지고 사법적 검토의 민주적 정당성을 부여하는 것은 조금 아쉬운 부분이다. 따라서 사법적 검토 또는 헌법재판의 현재적 의미를 찾는 작업에서 무엇보다 선행되어야 할 것은 한국 헌법학계가 사법적극주의를 견지할 수 있는 이론적 배경은 무엇인지, 그리고 이 배경이 민주주의의 일반적 요구와 조화될 수 있는지를 살펴보는 것이다.

14) 수년 전부터 영미와 유럽학계는 헌법재판의 결과를 두고 일희일비하기보다 미국식 사법적 검토에 대한 근원적인 재검토를 시작하고, 이러한 재검토를 바탕으로 민중주의적 헌정주의, 사법외적 헌정주의(extrajudicial constitutionalism) 등 새로운 이론들을 제시하고 있다. 전술(주 3)한 바와 같이 민중주의적 헌정주의는 시민의 역할을 간헐적인 헌법제정에 국한하지 않고 헌법해석과 근본규범의 강화에 이르기까지 시민의 적극적이고 지속적인 통제를 인정하는 입장이다. 사법외적 헌정주의는 이러한 민중주의적 헌정주의의 민중주의적 요소를 사법우위와 조화시키려는 입장으로, 시민이 정치적 심의의 핵심적 역할을 하는 것을 인정하면서도 헌법적 갈등의 해결을 위한 최종적 권위는 사법부가 유지하는 방식으로 사법의 정치화를 극복하려고 하는 입장이다 (Whittington 2002b; Friedman 2003).

15) 법학계는 일반적으로 논의되는 기본권 보장과 소수자 보호 외에, (가) 행정비대 또는 입법부와 행정부의 권력융합에 대한 견제력이 필요한 상황(양건 2004, 18; 임지봉 2001, 18), (나) 다원화·정보화되는 현실에서 사법부의 창조적 역할이 요구되는 상황(이동훈 1999, 330) 등을 사법적 검토가 필요한 상황으로 인식한다. 비교 사회문화적 맥락에서 최대권은 (가) 사회적 화합보다 변화를 추동하는 사회적 동력을 강조하는 경향, (나) 사법적극주의를 사법권 독립의 한 측면으로 보는 인식, (다) 입법과정을 졸속으로 보는 법조계의 판단, (라) 독립된 헌법재판소, (마) 헌법재판관의 임명방법에 따른 다양성과 구체적 규범통제를 바탕으로 한 헌법소원제도의 채택을 사법적극주의경향의 원인으로 제시한다(최대권 2005).

1. 법해석의 문제: 자유주의적 경향성

일반적으로 헌법해석을 둘러싼 쟁점들은 성문법의 본질적 불확정성(indeterminacy)을 법해석으로 어떻게 그리고 어느 정도까지 보완할 수 있느냐는 문제로 귀결된다. 이 문제는 헌법해석의 방법과 관련해서는 주석주의와 비주석주의, 법원의 태도와 관련해서는 사법적극주의와 사법소극주의로 구분되어 논의된다. 그렇지만 우리나라에서는 자의적 법해석의 불가피성과 사법입법의 타당성을 적극적으로 주장하거나 법 원리의 적용에 법관의 재량을 완전히 배제하는 극단적인 입장을 찾아보기 힘들기에 단순비교는 큰 의미가 없다. 게다가 사법적 검토의 헌법적 근거유무에 대한 논쟁에서부터 시작하는 미국적 논의와는 달리 독립법원에 의한 헌법재판이 헌법에 명시된 우리나라의 경우 사법적극주의는 헌법재판소의 정치적 역할의 확대를 의미할 수 있기에 보다 신중한 비교가 필요하다. 사법입법이나 사법우위를 용인하느냐의 문제도 쟁점 중 하나지만, 한국학계나 서구학계 모두 헌법해석과 관련해 사법입법이나 사법우위보다 사법권위(authority) 또는 사법권의 정당한 행사에 더 관심을 가지고 있기에 이러한 범주를 가지고 사법적극주의를 설명하는 것은 큰 실익이 없다.[16] 따라서 헌법해석과 관련된 미국식 논쟁에 집착하기보다 사법적 검토에 대한 태도가 어떤 정치적 원칙에 기초하고 있는지, 그리고 어디까지 헌법해석이 가능하다고 보는지와 같은 기본적인 문제를 살펴볼 필요가 있다.

일단 사법적극주의를 옹호하는 헌법학자들의 공통된 이론적 표적은 헌법해석의 본질을 텍스트의 형식 논리나 제정자의 의도에 국한시키려는 입장이다. 이러한 입장은 다양한 법이론적 전통으로부터 도출될 수 있다. 법은 강제력을 가진 주권자의 명령이자 의지의 표현이며 법의 존재와 장단점은 구별된다는 영미의 법실증주의(Austin 2001[1832], 157),[17] 원칙 또는 개념으로 확립된 법체계는 "내

16) 학자에 따라서 사법입법 또는 사법우위에 대한 직접적인 입장을 제시하는 경우가 없는 것은 아니다. 예를 들면 미국의 그레이(Grey)는 원본주의에 대항해서 미국 헌법의 불문법적 성격을 강조하고, 이를 바탕으로 사회적 규범에 기초한 사법적 정책결정을 통해 입법을 보완하는 것이 사법부의 의무라고 주장하기도 했다(Grey 1975, 703-709). 그러나 이러한 주장을 면밀히 살펴보면 사법입법이나 사법우위는 자신들이 정의하는 정당한 사법권 행사의 결과이지 이것 자체가 목적으로 상정되지는 않는다. 일반적으로 사법우위는 사법적 검토와는 다른 개념으로 취급된다. 사법우위는 (가) 사법부가 전체 정치체제의 중요한 문제들을 모두 해결하고, (나) 이러한 해결이 정치체제의 다른 행위자들을 절대적으로 구속하는 것으로 간주되고, (다) 그 결과 사법부는 이러한 문제에 있어 다른 정부기관이 취한 입장을 존중하지 않는 경우를 의미한다. 이 둘의 차이에 대해서는 프리만(Freeman 1998, 333)을 참조.

재적 도덕적 합리성" 을 가지고 있기에 헌법은 그 자체의 일관성, 예측가능성, 통일성을 가진다고 주장하는 법형식주의(Weinrib 1988, 953), 헌법과 관련된 문제에 있어 법관은 "법전에 언급되었거나 명백하게 암시된 규범"을 강화하는 데 스스로의 역할을 한정해야한다는 주석주의(Ely 1980, 1), 그리고 법 제정자의 의도에 따라 텍스트를 해석해야한다는 원본주의가 모두 이러한 입장을 대변할 수 있다(Brest 1980, 204). 문제는 이러한 입장들이 사법소극주의 또는 사법절제(judicial restraint)라는 이름으로 배제되는 과정에서 헌법해석의 문제가 결국 해석자의 문제, 즉 판사의 자질문제로 환원될 수 있다는 것이다. 만약 논쟁이 판사의 자질문제로 환원된다면, 헌법의 비판적 기능의 회복이나 민주주의의 규범적이고 실천적인 측면을 부각시키는 한국의 헌법학자들이 왜 사법적극주의를 주문하고 있는지를 파악할 수 없다. 역으로 만약 어떤 일관된 정치적 원칙에 의해 사법적극주의가 주문된다면, 사법적 검토의 정당성이 판사의 자질문제로 귀결되는 것을 막기 위해서라도 몇 가지 쟁점을 통해 이런 측면을 재고해볼 필요가 있다.

첫 번째 쟁점은 '제한정부' (limited government) 또는 '권력분립'(separation of powers)의 원리가 사법적극주의의 정치적 원칙이 될 수 있는가이다. 사실 사법적극주의를 옹호하는 학자들은 자의적이고 전제적인 권력의 행사를 방지한다는 '법의 지배'(rule of law)의 일반적 의미를 사법부를 통한 정부권력의 제한(limit)과 연관시키는 경향이 있다. 이러한 경향은 특히 사법적 검토가 기초하고 있는 핵심적인 정치적 원칙으로 권력분립을 제시하는 경우에 더욱 뚜렷하게 나타나는데,[18)]

17) 실증주의적 전통에서 사법적 검토에 대한 견해는 한마디로 정리하기 어렵다. 다만 도덕적 가치 또는 정치적 판단이 사법적 검토에 개입해서는 곤란하다는 조건하에 사법적 검토를 용인한다고 보면 큰 무리는 없다. 최근 실증주의는 법은 곧 제정자의 의지라는 단순논리에서 벗어나 다양한 이론을 제시하고 있다. 예를 들면, (가) 민주적 절차를 통해 산출된 결과를 법규범으로 수용할 수 있도록 실증주의를 수정해 사법적극주의와 민주적 정당성을 동시에 만족시킬 목적으로 오스트레일리아 법학자 캠벨(Campbell 2000)이 제시한 민주주의적 실증주의(democratic positivism), (나) 헌법을 한 사회의 근본적인 가치를 발전시키는 도구나 민의의 총체로 바라보기보다 적절한(modest) 수준의 규칙으로 바라보고, 제한된 영역에서 법관이 자신의 역할에서 가지는 도덕성 정도만 용인하는 사법적 검토가 필요하다고 보는 샤우어(Schauer 1993)의 헌정주의적 실증주의(constitutional positivism)가 있다.

18) 제한정부 또는 권력분립과 사법적 검토를 연관시키는 입장은 대법관 마샬(Marshall) 이래 최근까지 지속적으로 발견된다. 마샬은 마베리 대 메디슨의 판결문에서 (가) 사법부는 법을 해석하고 적용하는 제도적 역할을 하고, (나) 헌법은 법체계상 최상의 법이며, (다) 따라서 법원은 반드시 헌법을 해석하고 적용해야하고, (라) 만약 법원이 헌법과 하위법률이 상충된다고 결정을 내리면, 그 하위법률은 무효가 된다고 설명했다. 이 같은 입장들은 (가) 미국헌법은 권력분립의 원칙에 기초한 제한정부를 의도했으며, 사법부는 헌법에 위배되는 법률을 무효화할 의무가 있으며(Federalist Papers 78, 491; Marshall 1803; Rostow 1952, 195-196), (나) 사법부는 입법부와 행정부의 도움을 받을 수밖에 없기에 그 자체로는 위험하지 않으며(Federalist Papers 78, 490; Beth 1962), (다) 사법적 검토는 사법우위가 아니라 인민의 우위를 목적으로 하며, 다수결이 곧 민의를 반영하는 것은 아니라는 주장으로 정리된다(Federalist Papers 78, 492; Rostow 1952,

권력분립이 곧 사법부가 입법부와 행정부의 권한을 제한할 수 있다는 것을 의미하는 것은 아니기에 사법적 검토의 정당성을 자동적으로 제공하기에는 무리가 있다(Gunther 1986, 18-20). 실제로 권력분립은 사법소극주의의 정치적 원칙으로 제시되기도 하며, 이때 사법적 검토는 입법영역에의 개입이라는 동일한 이유에서 거부된다(Thayer 1893, 152). 권력분립이 견제와 균형을 의미하는 것도 아니다. 전자는 정치권력으로부터의 독립성, 후자는 자의적인 권력의 방지를 위해 정부권력을 통제(regulate)할 수 있는 상호 견제력(reciprocal contestability)을 강조하는 각기 다른 정치적 목적을 가진 원칙이다.[19] 사법적극주의자들 중에도 정부권력을 제한하는 데 초점을 두기보다 사회정책을 입안하는 데 초점을 맞추는 경우는 이와 같은 견제력 또는 사회변화를 추동하는 하나의 수단으로 사법적 검토를 상정하고 있다고 볼 수 있다.[20] 따라서 제한정부 또는 권력분립은 몇몇 학자들의 정치적 이념은 반영할 수 있지만, 사법적 검토의 정당성을 보장하거나 사법적극주의를 전적으로 대표한다고 말할 수 없다. 만약 대표한다면, 사법적 검토의 정당성은 권력분립 또는 제한정부의 원칙을 바탕으로 스스로의 권력까지 제한할 수 있는 판사의 신중한 판단과 통찰력에 달린 것이지 원칙 그 자체는 아니다.

두 번째 쟁점은 사법적 검토가 헌정체제를 바꾸어버릴 수 있는 본질적인 부분에 대해서까지 재해석을 허용하느냐이다. 거의 대부분의 헌법학자들은 기본적인 인권과 소수자의 권익보호를 위해 보다 적극적인 사법적 검토를 요구한다. 반면 기본권의 내용은 어떤 것이 되어야하며, 헌법에 명시되지 않은 헌법외적 가치들은 어떤 근거에서 보장되어야 하는지에 대해서는 뚜렷한 합의가 없다. 미국 헌

196; Black 1960, 167-168; Bickel 1986[1962], 27-28).

19) 근대 자유주의와 맥락을 같이하는 권력분립과는 달리 견제와 균형은 고대 그리스와 로마시대부터 형성되고 사용된 공화주의의 독특한 제도라고 할 수 있다(Wirszubski 1950, 131; Nippel 1994, 9; Bellamy 1996, 28-35). 일반적으로 자유주의와 공화주의의 차이로는 터쉬넷의 분류가 인용된다. 비판법학자 터쉬넷은 시민적 공화주의 전통에서 공화주의와 자유주의의 차이점을 (가) 인간본성이라는 측면에서 전자의 사회성과 후자의 비사회성, (나) 제도와 관련해서 전자의 개인의 자기실현을 위한 수단성과 후자의 사적영역에의 국가의 중립성, (다) 정치와 법의 관계에서 전자의 정치우위와 후자의 사법부우위에서 찾았다(Tushnet 1988, 6-7). 이러한 자유주의와 공화주의의 단순비교는 최근 공화주의 이론에서는 거부되고 있는데, 이에 대해서는 곽준혁(2005, 36-43)을 참조.

20) 미국의 워렌법원이 주도한 사법적극주의의 사상적 근거를 제공한 법현실주의와 비판법학에서 이러한 측면이 발견된다. 사회적인 부분을 강조하는 르웰린과 개별 사건에 대한 판사의 심리적 요소를 강조하는 프랭크(Jerome Frank) 등의 법현실주의 학자들은 법관에 의한 법의 재구성을 강조했을 뿐만 아니라 자의적인 법해석을 인정했다는 공통점을 지닌다(Leiter 2005, 54-56). 아울러 비판법학의 사법입법에 대한 태도는 법원칙의 재해석의 필요성을 주장한 부분에서 나타난다. 이에 대해서는 미국의 지배적인 자유주의적 헌법해석을 시민적 공화주의의 입장에서 재구성하면서, 헌법해석을 통한 기존의 이해와 전혀 다른 새로운 정치원칙의 도출이 가능하다고 주장한 터쉬넷(1988)을 참조.

법학계의 자연법논쟁이 이 문제를 둘러싼 복잡한 지형의 단면을 보여준다. 기본권에 대한 헌법해석과 관련해, 한편으로 헌법은 자연법이 인간의 이성을 통해 실정법으로 구체화된 것으로, 판사는 상충하는 가치와 규칙을 선택해서 자연법을 구체화할 수 있는 존재로 보는 입장이 있는가하면(Corwin 1950, 195), 다른 한편으로는 자연법의 존재는 인정하지만 판사가 다른 사람들보다 자연법을 더 잘 이해한다고 볼 수 없기에, 헌법해석에 있어 판사는 가치판단을 배제하고 헌법제정자의 의도를 파악하는데 자신의 역할을 국한해야한다는 입장(Bork 1986, 7-8; 1990, 66),[21] 그리고 이 둘의 절충으로 전자와 같이 상충하는 헌법외적 가치에 대해 판사가 판단을 할 수 밖에 없는 조건은 인정하면서도, 후자의 입장에서 제기되는 문제를 극복하기 위해 사법부의 헌법해석의 남용을 막을 방법을 고민하는 입장이 있다(George 1998, 103-118).[22] 이렇듯 기본적인 인권을 보장한다는 데 대해서는 이의가 없지만, 헌법외적 가치를 어떻게 파악하고 보장해야하는 지에 대해서는 구체적인 합의가 없다. 헌정체제의 성격을 바꿀 수 있는 기본권의 내용에 대한 논쟁에서는 더욱 그러하다. 결국 기본권 보장과 소수자 보호에서도 사법적 검토는 판사의 '우리보다 우리를 더 잘 아는 지각능력'에 의해 정당성을 확보할 수밖에 없다.

정리하면, 사법적극주의는 사법적 검토의 제도적 정당성을 판사의 능력과 판단에 의지하려는 경향을 갖는다는 것이다. 이러한 경향은 사법적극주의를 주장하는 학자들이 의식적으로 또는 무의식적으로 자유주의적 경향성을 수용하기 때문이

---

21) 전자와 후자 모두 영미의 보통법 전통으로부터 완전히 동떨어지지는 않는다. 미국헌법이 제정될 당시 보통법 전통은 코크와 블랙스톤의 영향으로 크게 이분된다. 전자의 경우는 보통법에 의한 제정법의 무효를 선언함으로써 사법적 검토를 확립하는데 기여했다. 반면 후자의 경우는 미국의 헌법이 인간의 이성을 통해 실정법적 체계로 재구성된 자연법이라는 사고를 통해 헌법에 최고법(the higher law)적 지위를 부여하는 데는 기여했지만, 의회우위에 입각해 사법적 검토는 거부했다. 코윈의 경우는 블랙스톤의 보통법적 전통에서 헌법의 의미를, 코크로부터 사법적 검토를 받아들인 것으로 보인다. 코크와 블랙스톤이 미국헌정사에 끼친 영향에 대해서는 코윈(Corwin 1957[1955])을 참조.

22) 이와 같은 문제의식에서 등장한 절충론으로는 일라이, 비켈(Bickel), 그리고 드월킨의 이론이 있다. 일라이는 시민의 공정한 법적절차에의 참여를 보완하는 부분에 국한해서 적극적인 사법적 검토를 허용했고(Ely 1980, 75-104), 비켈은 정부는 시민의 직접적이고 물질적인 욕구뿐만 아니라 "지속적인 가치"(enduring values)를 위해 봉사해야한다는 취지에서 사법적 검토를 옹호했다(Bickel 1986[1962], 24). 드월킨은 사법적 검토는 자연법으로부터 온 권위가 아니라 실정법으로서 헌법에 기초하고, 헌법해석에서 판사의 주관이 개입되는 것은 부정할 수는 없지만, 판사가 자유재량을 행사하는 것이 아니라 헌법의 원칙에 의해 지도되는 것이라고 주장했다(Dworkin 1996, 1-38). 이 때 드월킨이 원칙(principle)이라고 하는 것은 양자택일을 할 수 밖에 없는 규칙(rule)이나 달성목표를 설정하는 정책(policy)과는 달리 정의, 공정성, 또는 도덕적 차원의 조건으로서 준수되어야할 기준을 말하는 것으로, 각각의 원칙은 상대적 비중을 가지고 있어 법관의 해석과 판단이 요구된다(Dworkin 1997[1977], 22-28).

다. 사실 정치권력을 법을 통해 제한(limit)하려는 경향, 이러한 제한의 근거로 천부적이고 전정치적(pre-political)이며 보편적인 것으로 기본권을 간주하는 경향, 그리고 헌법이 세대를 초월해 인민이 스스로를 구속하는 사전서약(precommitment)이기에 사법적 검토이외의 헌법개정은 불가능한 정치체제를 선호하는 등, 이들의 주장은 자유주의적 헌정주의(liberal constitutionalism)의 특징을 고스란히 담고 있다(곽준혁a 2005, 39-40). 이런 조건에서 판사는 헌법의 수호자이거나 사회변화의 가장 영향력 있는 주체로 상정될 수밖에 없고, 사법적 검토의 정당성은 결국 어떤 정치적 원칙이 아니라 판사의 지혜(wisdom)에 의지할 수밖에 없는 한계를 갖는다. 사법적 검토의 가장 발전된 이론으로 간주되는 드월킨도 예외가 아니다. 그 또한 해석자의 목적과 헌법사이의 구성적(constructive) 상호작용으로 헌법해석을 이해하기에 사법적 검토의 정당성은 더더욱 어떤 정치적 원칙이 아니라 판사의 능력에 의지하게 된다(Dworkin 1986, 52; Schauer 1993, 824). 비록 법원칙이 판사를 지도한다고는 하지만, 이러한 사법적 검토 하에서 우리는 판사의 자질에 따라 일희일비하게 될 것이다. 사법적 검토가 판사의 지혜(wisdom)에서 정당성의 근거를 찾는다면 헌법의 비판적 기능과 민주주의의 실천규범을 강조하는 학자들이 이 제도를 권력의 방지와 기본권 보호를 위한 적절한 수단으로 받아들일지 의문스럽다.

2. 주체의 문제: 공화주의적 지향성

해석의 문제가 사법적 검토의 기준을 찾는 작업이라면, 주체의 문제에서는 과연 사법적 검토가 한 사회의 궁극적인 합의도출의 능력을 갖고 있느냐가 핵심이다. 일반적으로 사법적 검토와 민주주의의 상관관계가 상호보완적인 관계를 갖는지, 아니면 긴장관계를 갖는지가 이 논쟁의 핵심이 된다. 이와 같은 논쟁은 '메디슨적 딜레마'(Madisonian Dilemma) - 다수의 지배와 개인의 불가침의 권리를 동시에 인정하는 정치체제에서 발생하는 긴장 - (Dahl 1957, 281)나 '반다수결주의의 어려움'(anti-majoritarian difficulty) - 선출되지 않은 판사들이 인민에 의해 선출된 대표들의 결정을 무효화하는 것을 정당화하는 과정에서 겪는 어려움 - (Bickel 1986[1962], 16-23; Friedman 1998, 334-343)이라는 이름으로 전개되는데, 논쟁의 핵심은 아이러니하게도 민주주의와 사법적 검토가 아니라 다수결주의와 사법적 검토의 긴장으로 전개되는 양상을 보여준다.[23] 물론 사법적 검토와 민

23) 이러한 맥락에서 최초의 사법적 검토와 민주주의의 논쟁은 자연히 다수결주의와 민주주의의

주주의의 관계에서 다수결주의에 대한 태도는 무시할 수 없는 하나의 가늠자다. 그렇지만 다수결주의가 민주주의의 현재적 의미를 모두 대변하는 것도 아니고, 최근 사법적 검토의 주체가 누가 되어야하는 지의 논쟁도 입법부와 사법부의 긴장으로 단순화할 수 없을 만큼 진전이 되었다. 따라서 주체의 문제를 해결하기 위해서는 이제 다수결주의를 포함한 민주주의의 현재적 의미를 모두 포괄하는 설명이 필요하다.

민중주의적 헌정주의와 이와 유사한 부류에 속하는 학자들의 주장을 살펴보면 사법소극주의도 내부적으로 매우 다양한 목소리를 갖고 있다는 것을 알 수 있다. 기존의 사법소극주의와 비교해 볼 때 큰 차이가 없어 보이지만, 이들은 실제로 매우 다른 정치적 지향성을 보여준다. 첫째, 기존에는 인민주권의 발현형식으로 다수결이 강조된데 비해(Bork 1990, 166-167), 최근에는 시민의 참여를 실현하는 하나의 방법이자 민주주의의 조건으로 다수결주의를 이해한다(Waldron 1998, 341-343). 보다 구체적으로 전자에서 다수결은 헌법에 다수의 강령(charter)적 의미를 부여하는 과정으로 이해된다면, 후자에게 다수결은 심의 이후에도 존재하는 의견의 불일치를 해소하기 위한 정치적 결정과정으로 간주되므로 다수결 자체보다 시민의 정치참여가 더 중요하다(Waldron 1999, 232-254). 둘째, 예전에는 헌법의 핵심가치에 대한 해석에서 주석주의 또는 원본주의적 입장이 제시되었지만(Bork 1986, 7-8), 최근에는 헌법적 그리고 헌법외적 가치에 대한 심의(deliberation) 또는 이와 유사한 민주적 토론을 통한 가치의 사회적 재구성이 강조된다(Whittington 2002b, 789; Kramer 2004a, 959; 2004b, 14). 심의의 형태에 대해서는 학자마다 입장이 다르지만, 최근 사법소극주의에서 제정자의 의도를 중시하는 원본주의는 찾아보기 힘들다. 셋째, 기존에는 대표성(representation)에 기초해서 입법부가 헌법해석의 주체로 자주 거론된 반면, 지금은 시민 스스로가 궁극적으로 헌법의 내용과 의미를 결정하는 주체로 주로 언급된다(Tushnet 1999, 182; Kramer 2004, 8). 여전히 사법적 검토의 존폐에 대해서는 민중주의적 헌정주의 내부에서도 의견이 분분하지만, 사법권위의 견제방법에 대한 논의에서 시민에 의한 직접적인 헌법해석 또는 사법적 검토의 폐지가 강조되는 것이 최근 경향이다.[24]

상관관계에 초점을 맞추었다. 특히 로스토우(Rowtow 1952)는 (가) 민주주의가 곧 선거를 통한 관직배분을 의미하는 것이 아니며, (나) 의회우위가 민주주의의 목적도 아니고, (다) 다수의 폭력으로부터 헌법과 시민의 자유를 수호하는 역할을 수행함으로써 사법적 검토가 민주주의에 오히려 기여할 수 있다고 주장하였다.

24) 사법절제를 사법부만의 판단에 맡기는 데 반대하고, 사법부의 권위를 다른 국가기관을 통해 견제해야한다는 중간입장은 예전에도 있었고 지금도 있다. 전자의 대표적인 경우가 아그레스토

이러한 경향들을 정리하면 최근에 사법적 검토의 문제점을 지적하는 입장은 다수결주의로 단순화할 수 없는 공화주의적 헌정주의, 보다 구체적으로 말하자면 시민적 공화주의(civic republicanism)의 특징을 공유하는 것으로 보인다.[25] 편차는 있겠지만, 그 이유는 크게 두 가지다. 첫째, 인간의 권리를 천부적이거나 전정치적인 것이 아니라 구성원들에 의해 성취되고 토론을 통해 구성되는 사회적 실체로 간주하기 때문이다. 앞서 언급한 바와 같이 최근 사법소극주의는 헌법을 열린 구조(open texture)로 이해하고 헌법적 가치뿐만 아니라 헌법외적 가치도 민중적 담론과 토론의 대상으로 삼는다(Parker 1993, 578). 이렇게 기본권을 비롯한 모든 가치를 공적 심의와 토론의 대상으로 간주하고, 이때 헌법해석의 중립성이나 정치권력의 제한보다 인민에 의한 정치권력의 통제를 강조하며, 그 결과 사법적 검토를 통한 입법행위를 용납하지 않는 것, 이 모두가 공화주의적 헌정주의의 특징을 보여주고 있다.[26] 둘째, 정치참여를 자연스러운 현상이자 정치적 권리이며, 동일한 이유에서 개인의 이익을 우선시하고 공동체의 이익을 등한시하는 태도에 대해 일정정도 반감을 가지고 있기 때문이다. 여기에서 사법적 검토는 소위 엘리트집단의 의사가 반영된다는 점에서 거부되고, 유사한 맥락에서 헌법해석은

(Agresto)인데, 그는 사법절제를 요구하는 것만으로는 민주주의에서 사법권의 문제를 해결할 수 없다고 보고 입법부와 행정부의 제도적 견제를 통해 사법우위를 방지해야한다는 주장을 피력했다(1984, 19-39). 아울러 최근에는 헌법(the Constitution)과 사법적 검토의 변증법적 상호보완을 통해 민주주의의 제도적 구체성을 확보하고 민주적 가치를 구현할 수 있다는 입장에서 민중주의적 헌정주의와 사법우위가 배치되지 않는다는 주장도 개진되고 있다(Post & Siegel 2004, 1037-1042).

25) 실제로 민중주의적 헌정주의를 주창한 크레머는 수정주의 역사학자이고, 터쉬넷도 시민적 공화주의의 내용으로부터 공동체 지향적 헌법정신을 찾으려 했다. 미국에서 공화주의의 부활은 베일린(Bailyn 1967)이 주류가 내세우는 로크의 자유주의 사상과는 상이한 이념적 기초가 미국 혁명의 기원에 있음을 주장하면서 시작되었다. 그 이념적 기초는 우드(Wood 1969)에 의해 키케로와 아리스토텔레스, 그리고 르네상스로 연결되는 고전적 공화주의로 구체화되었고, 르네상스 인문주의 연구의 권위자인 바론(Baron 1955)의 연구에 영향을 받은 포콕(Pocock 1975)이 시민적 덕성과 정치영역에의 활동적 참여를 강조하는 르네상스시대 시민적 인문주의(civic humanism)와 자신이 정의한 아리스토텔레스주의, 그리고 18세기 영국의 급진적 휘그 전통에 미국 혁명사상을 접목하면서 공화주의적 수정주의로 자리를 잡게 된다. 베일린, 우드, 포콕은 미국의 연방파와 반연방파를 모두 공화주의적 전통에서 해석하는 소위 미국학계의 '공화주의적 종합'(republican synthesis)의 대표적인 학자로 소개되기도 한다.

26) 월드런의 경우는 조금 독특하다. 그는 자신이 정의한 '정치 환경'(circumstances of politics)이라는 용어를 통해 (가) 심의 이후에도 정책, 원칙, 정의, 그리고 권리의 불일치가 있고, 이러한 불일치는 쉽게 해소되지 않기에 정치적 정책결정이 필요하며, (나) 불일치에도 불구하고 사람들은 이러한 문제에 있어 공통된 결정과 행위의 필요를 느끼기 때문에 정치적 결정이 가능하다는 입장을 피력한다(Waldron 1999, 101-103). 이때 정치적 결정이란 본질적인 가치의 옳고 그름에 대한 결정이 아니라 본질적 가치에 대한 논쟁이 파국으로 가는 것을 막기 위한 절차적 해석이다(Smith 2001, 559-60). 따라서 참여와 심의를 일반의지의 창출과정으로 보거나 본질적 가치의 심의를 통한 재구성을 논의하는 입장과는 일정정도 차별성이 있다.

반드시 공적행위와 참여를 바탕으로 한 시민정신의 결합이어야 한다. 물론 개인적 이익이 전적으로 배제되는 것은 아니지만, 정치에 참여하는 사람은 누구든지 공적이익을 우선시해야하며, 동일한 이유에서 판사, 입법자, 그리고 다른 관료 모두가 사적 이익보다 공적이익을 우선시해야한다는 점을 은연중에 강조하는 것은 다름 아닌 시민적 공화주의의 한 단면을 보여주는 것이다(Waldron 2004, 159-160).

그러나 공화주의적 헌정주의 범주에 들어가는 모든 학자들이 시민적 공화주의를 수용하는 것은 아니다. 무엇보다 정치참여를 정치적 이상으로 상정하고 공화주의와 필연적인 연관관계가 있다고 주장하는 것에 대해 많은 이견이 제기된다. 이러한 이견들은 한편으로는 공화주의 내부의 다양성을, 다른 한편으로는 시민적 공화주의가 궁극적인 합의를 도출할 수 있다는 데 대한 공화주의 내부의 회의를 반영한다.[27] 이러한 공화주의 내부의 이견은 상당부분 자유주의적 공화주의의 영향을 받았는데, 자유주의적 공화주의에서 참여는 개인의 자유를 실현하고 자율성을 확보하는 수단으로 간주되고, 시민들이 공적 심의를 통해 합의에 도달할 수 있는 조건으로서 정치적 평등과 정치적 자유의 결합이 순수한 의미에서의 참여보다 중요하다는 주장이 전개된다. 경우에 따라서는 사법적 최종 결정성(finality)이 법의 지배의 필수적 요건이며 민주주의가 기능하는 데도 필수적이라는 정도의 절충적인 입장이 있는가하면(Post & Siegel 2004, 1029), 시민들의 심의가 잘못된 결과를 가져올 때가 있으며 사법적 검토를 통한 엘리트적 심의가 공공심의의 회고과정을 통해 참여를 실질적으로 심화시킬 수 있는 효과가 있다는 입장도 있다(Spector 2003, 314-323). 이러한 입장은 민중주의적 헌정주의에 대한 자유주의의 비판과도 상당부분 일치한다.[28] 특히 자유주의적 공화주의자들은 개인의 자유

27) 전자의 경우는 자유주의적 공화주의(liberal republicanism)의 시민적 공화주의에 대한 비판으로 정리된다. 자유주의적 공화주의는 정치영역에의 참여를 통한 자율(self-rule)을 민주주의의 이상으로 간주하기보다 오히려 개개인이 가지는 다양한 욕구를 충족시킬 수 있는 조건으로서 자유의 보장을 우선시함으로써 시민적 공화주의에 쏟아지는 잠재적 전체주의라는 비판을 우회할 수 있는 내용을 갖추고자 한 것이다. 최근 자유주의적 공화주의를 비롯한 공화주의 내부의 다양한 이론과 이러한 이론이 심의 민주주의와 어떤 상관관계를 갖는지에 대해서는 곽준혁(2005a, 2005b)을 참조. 미국 연방주의자들로부터 자유주의적 전통을 찾는 선스타인도 유사한 문제의식에서 심의와 합의에 있어 다양성과 자율성을 강조한다(Sunstein 1988, 1558-1564).

28) 자유주의자들의 민중주의적 헌정주의에 대한 비판은 체메린스키의 주장으로 요약될 수 있다. 체메린스키는 크레머의 민중주의적 헌정주의에 대한 비판으로 (가) 민중주의적 헌정주의와 사법우위와 같은 핵심개념을 적절하게 정의하는 데 실패했고, (나) 사법적 최종 결정성이 사회적 갈등을 진정시키는 효과를 폄하했으며, (다) 법외에는 어디에도 호소할 곳이 없는 소수자를 민주주의라는 이름으로 법의 보호로부터 배제할 위험이 있다고 비판했다(Chemerinsky 2004, 1014). 소수자의 취약성(vulnerability)의 방치라는 문제로 월드런도 유사한 비판을 받고 있는데, 이 점에 관해서는 스미스를 참조(Smith 2001, 65).

의 중요성과 집단적 의지의 폭력성을 경고하고 있는데, 이러한 점은 자유주의의 비판과 일맥상통하는 것이다. 결국 시민적 공화주의에 대한 공화주의 내부의 비판은 민주주의의 실질적 가치의 실현에 있어서 참여가 궁극적인 합의도출의 능력을 갖는다는 데 대한 일정정도의 회의를 보여주는 단적인 예라고 할 수 있다.

이렇듯 주체의 문제는 단순히 시민성과 참여를 강조하는 공화주의적 지향성만으로 해결될 만큼 간단하지 않다. 실제로 입법자의 권한을 입법자 스스로 구속시킨다는 사전구속이라는 자유주의적 원칙도 민주주의의 실질적 구현이라는 목적에 기초하고 있고(Freeman 1990, 353-354; Arthur 1996, 66-73), 사법적 검토가 여론의 관심을 유도해서 궁극적인 합의의 도출이 용이한 보다 실질적인 심의를 보장한다는 입장에서 사법적극주의가 "공화주의 정부개념"에 더 적합하다고 주장하는 자유주의자도 있다(Dworkin 1996, 345).[29] 또한 공적심의로부터 도덕적 일반화를 통해 사적 이익이 표현되는 것을 완전히 배제하기는 불가능하다는 점에서 볼 때, 그리고 선험적 가치나 전정치적 가치가 부정되는 가운데 의사소통을 통해 사회적 가치를 재구성한다고 할 때, 힘의 논리와 타협으로부터 시민적 자유와 민주적 절차를 보호할 수 있는 방법이 시민적 공화주의나 이러한 이념적 지향성을 가진 민중주의적 헌정주의에 구비되어 있는지 의심스럽다(Habermas 1999[1998], 279-286). 결국 주체의 문제는 헌법재판을 사법부로부터 입법부, 아니면 사법부로부터 주권자인 시민에게 환원하는 것만으로는 완전히 해결할 수 없다. 그리고 헌법재판을 폐지하자는 입장이 참여를 통한 시민의 민주적 역량의 강화라는 명분만으로 정당화되는 것도 아니다. 그렇다면 헌법재판의 현재적 의미를 찾는 과제의 핵심은 자유주의적 편견에 대한 대응으로 충분하지 않다. 이러한 이유에서 사법적 검토의 현재적 의미를 찾는 과제의 핵심은 자유주의적 경향성과 공화주의적 지향성이 갖는 한계를 동시에 극복할 수 있는 정치적 원칙의 모색으로 전환된다.

Ⅲ. 사법적 검토의 제도적 재검토

사법적 검토에 대한 이론들을 검토해본 결과, 사법적극주의의 자유주의적 경

---

29) 이러한 자유주의적 사법적극주의의 주장에 대해 월드런은 (가) 사전서약에서 강조하는 예방적 구속은 실제로는 스스로가 권리를 박탈한다거나 제약하는 것이 아닌 다른 사람에 의한 구속이고(Waldron 1999, 255-281), (나) 사법적 검토를 통해 여론을 환기한다거나 양질의 심의가 가능하다는 것은 유사한 사건에서 입법부를 통해 동일한 결과를 가져온 나라의 경우에서 볼 수 있듯이 하나의 신화(myth)에 불과하다고 반박한다(Waldron 1998, 338-340).

향성이나 사법소극주의의 공화주의적 지향성 모두, 헌법재판의 현재적 의미와 제도적 개선의 방향을 제시하기에는 충분하지 않다는 것을 알 수 있었다. 전자의 경우 해석의 문제가 궁극적으로 판사의 능력으로 귀결됨으로써 엘리트주의라는 비난으로부터 자유로울 수 없고, 후자의 경우 힘의 대결로 치달을 수 있는 개연성으로 인해 자유주의의 반민중주의적(anti-populist) 편견과 비판을 우회하기에는 여전히 부족하다는 것이다. 보다 심각한 문제는 두 입장의 상대적 장점을 기계적으로 결합한다고해서 사법적 검토가 갖는 문제들을 해결할 수는 없다는 점이다. 그 이유는 민중주의적 헌정주의 진영에서 상대적으로 온건한 월드런이 로마의 자연법(jus naturae)과 형평법(aequitas)의 '반편견의 규칙'(the principle against bias) – 누구도 자기가 개입된 송사의 재판관이 될 수 없다(nemo judex in sua causa propria)[30] – 과 '동의의 원칙'(the principle of consent) – 모든 사람에게 영향을 미치는 것은 모든 사람에 의해 해결되어야 한다(quod omnes tangit ab omnibus decidentur)[31] – 을 가지고 사법적극주의와의 차이를 설명한 부분에서 분명하게 나타난다.

우리는 드월킨의 주장에 암시되어 있는 제안을 반드시 검토해봐야 한다. 즉 다수가 결정한 바가 받아들여질 조건들을 다수에게 결정하도록 허용하는 것은 그들 스스로를 그들이 [개입된] 소송의 재판관으로 만드는 것이기 때문에 부당하다는 것 말이다. 이러한 맥락에서 [사법적 검토와 관련해서] 스스로가 개입된 송사에 그 누구도 재판관이 될 수 없다는 원칙을 끌어들이는 사람들은 누구든지 권리에 대한 최종 결정권이 인민의 손에 주어지면 안되고 미국의 대법원과 같은 독립적이고 공평한 기관에 주어져야 한다고 말한다.... 그러나 공동체 구성원 모두의 권리와 관련된 주제를 동등한 참여(equal participation)에 기초해서 전체 공동체가

30) 소위 로마법에 기원을 둔 자연적 정의(natural justice)의 일반원칙으로 알려진 '반편견의 원칙'과 '쌍방청문의 원칙'(audi alteram partem)은 (가) 모든 법적 관계의 접근과 해석을 지배하는 원칙, (나) 절차상 형평성을 위한 최소한의 기준, (다) 그리고 모든 사람에게 받아들여질 수 있는 본질적이고 보편적인 원칙이라는 범주에서 사용되어졌다. 반편견의 원칙은 이후 홉스와 로크의 자연법과 자연권 사상에 큰 영향을 미친다(Corpus iuris civils, Codex 3.5; Leviathan Ch. 15; Second Treatises of Government 2.12). 로마의 법의 개념과 변화에 대해서는 슐츠(Schultz 1953[1946])를 참조.

31) 월드런이 사용하는 로마법은 '모두에게 균일하게 영향을 미치는 것은 모두로부터 승인을 받아야한다'(Quod omnes similiter tangit, ab omnibus comprobetur; Corpus iuris civils, Codex 5.59.5.2)와 중세의 '모두에게 영향을 미치는 바는 모두에게 동의를 받아야한다'(Quod omnes tangit ab omes debet approbetur)는 중세적 변형과 유사한 표현이다. 모두가 동의의 원칙으로 해석될 수 있는데, 전자의 경우는 로마에 기원을 둔 고전적 공화주의의 법의 지배로, 후자는 중세 교회에 기원을 둔 자유방임주의자(libertarianism)의 슬로건으로 종종 등장한다. 전자와 관련된 동의의 원칙은 비롤리(Viroli 2002)를 참조.

해결하려고하는 상황에서 이러한 원칙에 호소하는 것은 부적절해 보인다. [따라서] 권리라는 주제에 영향을 받는 모든 사람들이 그 결정에 반드시 참여하는 것은 타당할 뿐만 아니라 정당하다(Waldron 1998, 349-350).

월드런의 비판은 판사는 결국 자기도 포함된 권리에 대한 판결을 하기에, '반편견의 원칙'에서 독립된 법원의 헌법해석 또는 사법적 검토의 정당성을 찾는 것이 부당하다는 것으로 이해되기도 한다. 이렇게 이해될 경우, '반편견의 원칙'은 이익(interest)이 결부된 것이기에, 미국식 사법적 검토에서 대법원은 쌍방의 소송의 결과로부터 아무런 이해관계가 없는 제 3자가 될 수 있기에 월드런식의 비판은 적절하지 못하다는 정도의 반박이 가능할 것이다(Spector 2003, 301). 그러나 이러한 비판은 너무나 평면적이다. 위에서 보는 바와 같이 월드런은 '반편견의 원칙' 이 형평의 조건을 형성하는 하나의 원칙으로 개인적인 동기에 기초하고 있다는 것을 잘 알고 있다. 다만 (가) 헌법재판은 결코 쌍방의 개인적 이해관계를 조정하는 것과 동일한 것이 아니고, (나) 권리에 대한 사법적 검토는 판사 본인도 적용의 대상이 되며, (다) 이러한 이유에서 헌법재판 또는 사법적 검토는 '반편견의 원칙'이 아니라 다른 기준이 적용되어야 한다는 것이다.

대안으로 제시된 '동의의 원칙'은 법의 지배에 대한 자유주의와 공화주의의 인식의 차이를 반영하고 있다. 사실 권리에 대한 입장에 따라 구별한다면, 주관성의 개입마저 부정하지 않는 창조적 해석을 옹호하는 드월킨과 같은 학자는 어느 범주에도 들지 않는다. 그러나 제 3 자나 당사자가 배제된 상태에서 보다 공평한 판단이 가능하고, 집단적 의사결정보다 독립된 소수의 판결이 보다 현명할 수 있을 뿐만 아니라 다수의 전제와 전체주의의 위험으로부터 개인의 권리를 더 잘 수호할 수 있다고 보는 입장은 다른 정치적 원칙에 기초한다. 즉 '반편견의 원칙'은 문제의 본질을 당사자간의 형평성을 강조하는 것이기에 제 3 자 또는 중립적인 판단이 가능한 이른바 헌법의 수호자로서의 사법기관을 상정할 수 있지만, '동의의 원칙'은 기본적으로 헌법상 보장되는 권리의 문제와 같이 시민 전체에게 해당되는 사안은 반드시 시민 또는 시민들의 대표들에 의해 다루어져야 한다(Viroli 2002, 27). 이 때 전자에 있어 법의 지배는 법의 원칙을 창조적으로 이해하는 수호자적 위치의 사법부 또는 독립된 재판관이 자의적인 권력을 제한함으로써 달성될 수 있지만, 후자에 있어 이러한 방식은 견제력 없는 하나의 권력을 형성함으로써 궁극적으로 정치적 파당이나 사회집단의 자의적 지배에 대항해서 스스로의 권리와 존엄성을 지키는 시민적 견제력을 무력화시킬 수 있는 위험한 제도다. 결국 두 원칙 모두 자의적인 권력으로부터 개인 또는 시민의 권리와 존엄성을 지켜야한다는 점에서는 큰 차이점이 없지만, 법의 지배를 달성하는 방법에서 전자는 자의적인 정부를 법에 의한 통치로 대체함으로써 사법적 검토를 통한 권력의 제한을 가능하게 한다면, 후자는 시민들의 힘을 통해 자의적인 정부를 견제하려고 함으로써 사법부를 포함한 그 어느 것도 시민적 견제력의 행사를 불가능하게 만드는 권력을 가질 수 없도록 하려는 것이다.

여기에서는 헌법재판의 발원인 아테네 민주정과 로마 공화정을 '반편견의 원칙'과 '동의의 원칙'을 통해 살펴보고, 두 정치체제에서 어떻게 두 원칙들이 헌법재판을 통해 제도화되었는지를 고찰하려고 한다. 무엇보다도 지금의 사법적 검토와 민주주의의 상관관계에 대한 논쟁과는 판이하게, '반편견의 원칙'이 민주주의의 전형으로 평가받는 아테네 민주정에서 적용되었고, '동의의 원칙'은 귀족주의적 대표성의 전형으로 평가받는 로마 공화정에서 구체화되었다는 점을 주목한다. 보다 구체적으로, 아테네 민주정과 로마 공화정이 헌법재판을 제도화하는 과정에서 어떻게 '반편견의 원칙'과 '동의의 원칙'을 적용했는지를 살펴보고, 두 원칙을 동시에 만족시킬 수 있는 정치적 원칙이자 헌법재판의 제도적 방향성을 제시할 수 있는 정치적 원칙으로 '타인의 자의적인 지배로부터의 자유'로 정의되는 고전적 의미의 '자유'에 기초한 비지배적 상호성을 제시하고자 한다.

1. 아테네 민주정의 비합법성 기소: '반편견의 원칙'

사법적 검토는 미국에서 구체화된 제도지만, 이러한 형태를 포함한 헌법재판의 기원은 아테네 민주정의 비합법성 기소다(Radin 1935, 112; Deener 1952, 1079). 비합법성 기소란 민회 또는 평의회(Boulē)에 제출된 법령(psēphisma)안이나 이미 집행 중인 법이 아테네 민주정이 지향하는 일반적이고 영구적인 법률(norm) 또는 국가의 안위와 공공의 복지에 위배된다는 근거로 법안의 최초발의자를 고소하는 제도이다(Hignett 1958[1952], 210-213; Hansen 1993[1991], 205-212; 마넹 2004, 36-38).[32] 아테네 민주정의 헌법재판에서 매우 흥미로운 점은 민회에서 이미 채택된 법령이나 법률의 발의자도, 설령 그 안이 만장일치로 통과

32) 종종 아테네의 법체계를 법령(psēphisma)과 법률(nomos)로 나누고 후자에게 현대적 의미의 헌법적 지위를 부여하는 경우가 있다(Cappelletti and Adams 1965, 1209). 법률(nomos)이 소피스트 시대 이전에는 신법 또는 자연법이라는 의미의 테스모스(thesmos)의 지위를 가진 것으로 간주되기는 했지만, 법령과 법률의 구분은 그렇게 엄격하지는 않았다. 특히 데모스테네스(Demosthenes) 시대에는 모든 법은 실용적인 목적이 있는 것으로 간주되었고, 이때 이러한 법 위계와는 무관하게 거의 모든 법이 비합법성 기소의 대상이 되었다.

되었다 해도, 비합법성 문제로 기소될 수 있었다는 것이다. 비합법성 기소가 9명의 국가 최고 행정관(archon) 중 6명의 사법관으로 구성된 위원회(thesmothetai)에 서면으로 접수되면, 집행 중인 법령이나 법안은 평결이 있을 때까지 일시 효력이 정지되고, 심의 중이던 법안의 심의는 즉시 중지되었다. 비합법성 기소가 접수되면, 사법관위원회는 즉시 인민법정(Dikasterion)을 개최해야 한다. 비합법성 기소는 민사소송과는 달리 일반적인 행정소송으로 사건의 정치적 비중에 따라 최소 501명, 최고 6,000명의 배심원으로 구성된 재판이었다. 따라서 비합법성 기소행위는 입법부의 결정을 법원이 통제하는 이른바 사법부가 입법부의 입법행위와 권한을 제한하는 사법적 검토의 모습을 갖추었다.

처음에는 법률이나 법령이 기존 법률에 저촉되는 경우가 비합법성 기소의 대부분이었고 고발 횟수도 적었다. 그러나 고대 아테네의 최고법정(areopagus)이나 사법관위원회가 직접 평결하는 것이 아니라 인민법정의 배심원에 의한 헌법재판이 확정된 4세기경부터는 매우 빈번하게 사용되었다. 이 시기부터 비합법성 기소는 민주주의의 기본 원칙과 상충된다거나 공공의 이익에 해롭다는 이유만으로도 고발요건이 충족되어 그 횟수가 급격히 증가했다. 빈번한 사용을 방지하기 위해 고발인이 평결 전에 기소를 철회하면 1,000드라크마(1,000일 일당)의 벌금에 처해지고 다시는 비합법성 기소를 하지 못하도록 했으며, 배심원 투표에서 5분의 1 이하의 표를 얻는 경우 고소인은 1,000드라크마의 벌금과 부분적인 권리가 박탈되는 제도적 장치를 구비했지만, 한 달에 한번 꼴로 비합법성 기소 때문에 인민법정이 열린 것을 보면 아테네 민주주의가 급진적으로 전환되는 시기를 전후해서 그 횟수는 크게 증가된 것으로 보인다(Hansen 1993[1991], 153 & 209). 이러한 비합법성 기소의 증가는 결국 정치인들의 입법행위를 제한하는 효과를 가져왔고, 시민들은 민회의 심의보다 비합법성 기소에 의한 인민법정의 재심이 더 큰 권위를 가진 것으로 인지하게 되었다. 실제로 비합법성 기소를 통해 배심원들이 기소자의 편을 들어 판결을 내리면, 민회의 결정은 무의미해지고 법안을 발의했던 민회원은 벌금형을 받았다. 벌금의 액수는 미미할 수도 있었지만, 종종 상당한 액수일 수도 있어 시민권의 박탈(atimia)을 받는 경우도 있었다. 따라서 누구든지 원하는 사람은 법안을 발의할 수 있었지만, 비합법성 기소는 법안발의를 신중한 판단을 요구하는 정치행위로 전환시켰고, 그 결과 사법부에 의한 입법권한의 통제를 넘어 사법부의 우위로까지 해석될 수 있는 아테네 민주정의 핵심적인 제도로 자리 잡았다.

비합법성 기소는 아테네 민주정의 정치적 지향성과 '반편견의 원칙'이 적절하게 결합된 제도다. 첫째, 비합법성 기소는 민회의 결정을 법정이 뒤집는 것이었지만 그 절차는 인민을 대상으로 한 것이 아니라 그러한 법안을 발의한 정치가에게 초점을 맞추었다. 그 결과 비합법성 기소는 입법부와 사법부의 긴장관계를 가져오는 것이 아니라, 법안을 최초 발의한 사람과 이에 반대하는 사람간에 당사자 원칙에 의한 법정에서의 대립을 유도할 수 있었다. 그리고 발의자와 고발인이 대립하는 법정에서 배심원들은 마치 제 3 자처럼 쌍방의 주장을 모두 듣고, 자신은 이러한 판결로부터 어떤 이익도 없는 사람들처럼 '반편견의 원칙'에 입각해 판결을 내릴 수 있었다. 둘째, 고대 아테네 최고 법정이나 사법관위원회가 직접 평결을 하는 것이 아니라 시민들로 구성된 6,000명의 배심원단에 의해 비합법성 평결을 내림으로써, 미국식 사법적 검토가 갖는 반민중주의적, 반다수결주의적 어려움을 우회할 수 있었다. 원칙적으로는 법정에 의한 민회의 견제를 바탕으로 한 사법적 검토의 형태를 가지지만, 헌법재판이라는 고도의 정치적 행위에 시민적 참여를 허용함으로써 시민이 자기견제와 자기박탈의 기능을 수행할 수 있었다. 셋째, 민회에서 진행되는 심의보다 신중한 판단이 가능하도록 구성되었다. 민회에서는 반나절동안 수많은 결정들이 의결되지만, 비합법성으로 기소된 법률을 심사하기 위해서는 하루가 전부 소요되었다. 게다가 당사자들은 처벌을 받지 않기 위해 충분한 준비를 하고 소송에 임하기에 보다 체계적이고 상세한 심사가 가능했다. 민회는 거수로 표결을 하지만, 법정은 비밀투표였다는 점도 매수나 부패를 힘들게 만들었고 정치적 의사를 정확하게 표현할 수 있게 했다.

아테네 민주정의 시민법정은 입법행위에 대한 사법적 우위로까지 충분히 해석될 정치적 권위를 갖추었다. 만약 시민의 참여가 허용된 배심원에 의한 판결이 아니었다면, 그리고 반편견의 원칙에 기초한 쌍방청문과 당사자 소송으로 전환된 체제가 아니었다면, 입법부와 사법부의 긴장 또는 민주주의와 사법적 검토의 긴장으로 전환될 충분한 이유를 가진 제도였다. 특히 기원전 4세기 비합법성 기소의 잦은 오용은 의심할 바 없이 이 제도가 정치적 투쟁의 도구로 사용되었음을 말해준다. 민회에서 패배한 정치집단들은 종종 자신들의 패배를 인정하지 못하고 법정으로 달려가 민회의 결정을 번복하려고 했었고, 이 때 비합법성 기소를 통해 법정은 엄청난 정치적 권위를 갖게 되었다(Hansen 1993[1991], 210). 마치 사법통치(juristocracy)에 대한 지금의 세계적 차원의 우려와 찬사처럼, 그리고 인민주권의 철저한 옹호자로 알려진 데모스테네스마저도 '비합법성 기소의 폐지는 민주주의를 폐지하는 것 만큼 좋을 것'(Demosthenes 58.34)이라고 법정에서 말할 수 밖에 없도록 한 것처럼, 이 시대에도 시민법정의 비합법성 판결은 첨예한 정치적 갈등을 가져왔을 것임에 틀림없다. 그럼에도 불구하고, 비합법성 기소는 지금의 사법적 검토와 관련된 한 가지 우려를 불식시키고 있다. 즉 시민적 참여와 반편견의 원칙을 잘 조화시킴으로써, 민회의 입법행위를 견제하고 동시에 시민들의 정치적 견제력을 제고할 수 있는 제도적 장치를 갖추고 있었다는 것이다.

2. 로마 공화정의 원로원과 호민관: '동의의 원칙'

로마 공화정에서는 지금과 같은 사법적 검토제도가 존재하지 않았다. 원로원의 법률승인제도(the senatorial authorization)가 헌법재판과 관련되어 자주 사법적 검토의 원형으로 제시되는데, 자구 그대로 본다면 원로원의 권위(auctoritas patrum)지만, 원로원의 동의라고 해석하는 것이 더 타당하다. 이 동의는 원래 왕정시대 원로원이 차지하고 있던 독특한 지위에서 비롯된 것인데, 입법절차에 대한 종교적 교정을 주된 내용으로 하는 비구속적 인가(sanction)가 기초가 되었다. 기원전 339년 독재관 필로에 의해 푸브릴리아법(lex Publilia)으로 공식화되기 훨씬 이전부터 원로원은 공화정의 실질적인 입법기관인 켄투리아회(comitia centuriata)에 제출된 법안을 사전에 승인했었고, 마에니아 법(lex Maenia)으로 구체화되기 훨씬 이전부터 켄투리아회의 행정관 선거인 명부에 대한 원로원의 인가가 있어야 선거를 치를 수 있었다(Loewenstein 1973, 156-159). 비록 불문법적 전통의 로마 공화정에서 원로원의 결정은 그 어떤 법적 효력도 명시적으로 지니지 못했지만 실질적으로는 권고 이상의 힘을 가지고 있었다. 원로원의 동의는 행정관의 선출과 의회 입법행위가 실질적 효력을 갖기 위해서 필수불가결한 절차였을 뿐만 아니라, 원로원의 공식적인 동의가 없이는 의회의 법해석도 인정받을 수 없었다. 실제로 이러한 형태의 원로원의 권위는 공화정 말기에는 원로원 권고(senatus consulta)라는 이름으로 단순히 승인하는 차원에 그치지 않고 직접 법을 제정하는 데까지 이르렀다(Buckland 1965, 1-6; Lintott, 1999, 86-93). 어느 시기를 분석의 대상으로 하더라도, 헌법재판이라는 관점에서 본다면 원로원의 법률승인제도는 입법부에 의한 헌법재판이라고 해석해도 무방하다.

로마 공화정에서 원로원이 헌법재판권을 비롯한 이같은 최상의 권위를 향유한 이유는 지혜와 덕성이라는 측면에서 원로원 구성원들이 탁월하다는 신념에서 비롯되었다기보다 정치체제의 연속성과 안정성을 보장함과 동시에 입법행위를 둘러싸고 벌어지는 정치적 갈등을 가장 효과적으로 종식시킬 수 있다는 실제적 판단 때문이었다(Adcock 1975[1956], 36-53). 구체적으로 말하자면, 첫째 로마 공화정의 원로원들은 대체로 8년 동안 군사호민관으로 복무하는 것을 시작으로 하는 출세의 길(cursus honorum)을 고루 겪으면서 풍부한 경험을 가지고 있었고, 종신직이었기에 1년 임기로 교체되는 행정관들의 직무에 대해 잘 조언할 수 있었을 뿐만 아니라 직무의 연속성을 유지할 수 있는 지식을 갖고 있다는 현실적인 측면이 있었다. 둘째, 로마 공화정이 갖는 귀족적 성격에서 비롯된 것으로, 원로원과 집정관들이 동일한 계층에서 나왔기에 정치적 심의가 실질적으로 용이했고, 이를 통해 체제의 안정을 유지할 수 있다는 정치적 측면이 있었다. 비록 기원전 286년 호르텐시우스법(lex Hortensia)의 제정을 전후해서 만들어진 오비니아법(lex Ovinia)으로 평민들도 원로원에 들어갈 수 있는 공식적인 길이 열렸지만 원로원의 귀족적 성격을 바꾸기에는 역부족이었다. 그럼에도 불구하고, 이러한 귀족적 헌법재판은 인민의 동의에 기초하고 있다고 이해되었다.

귀족이 권력을 유지할 수 있는 또 다른 원칙은 원로원의 승인이 없이는 인민의회(populi comitia)의 어떤 행위도 정당성을 획득할 수 없다는 것이었다...,티누스 라르키우스(Titus Larcius)가 첫 독재관(dictator)으로 임명되었다. [독재관]은 왕의 것과 유사한 새로운 종류의 권력으로 간주되었다. 그러나 여전히 최상의 권위는 인민의 동의(cedente populo)로 뛰어난 사람들의 손에 맡겨졌고, 이 시기에 독재관이나 집정관으로서 최고 권력을 가졌던 용감한 사람들은 전쟁에서 위대한 공헌을 했다(Re Publica 2.56).

이와 같은 귀족적 동의를 바탕으로 한 헌법재판은 이후 공화주의자들에게 거부되어지는데, 그 대표적인 공화주의자가 바로 마키아벨리(Niccolò Machiavelli)이다. 그는 키케로가 언급했던 황금시기를 거부하고, 로마 공화정의 헌정체제가 민중을 대표하는 호민관(tribuni plebis)에게 의회에서 의결된 법안을 거부할 수 있는 권한을 준 바로 그때에야 비로소 완전한 헌정체제를 구성하게 되었다고 말한다.

[군주정적 요소와 귀족정적 요소를 갖춘 이후 로마는] 민중적 정부(governo popolare)에게 자리를 제공하는 일만 남았다. 따라서 로마 귀족들이 아래에 논의될 이유들로 오만해졌을 때, 인민은(il Popolo) [귀족]에게 저항해 일어났으며, 전부를 잃지 않기 위해 [귀족]은 인민에게 그들의 몫을 양보하도록 강제되었다. 그리고 다른 한편으로 원로원과 집정관들은 공화정에서 그들의 지위(grado)를 지킬

수 있을 만큼 권위(autorità)를 유지했다. 그래서 호민관(Tribuni della plebe)이 창설되었고, 세 종류의 정부가 모두 각 부문들을 가짐으로써 이후 공화국의 상황(lo stato di quella republica)은 더욱 안정되었다(Discorsi 2.7.34-35).

마키아벨리에게 귀족적 동의를 바탕으로 한 헌법재판은 여전히 불완전하다. 비록 원로원의 헌법재판이 인민의 정치적 판단보다 훨씬 월등하다고 하더라도, 귀족의 오만에 대한 인민의 실질적인 정치적·제도적 견제력이 보장되지 않는 정치체제에서는 귀족의 독선을 통해 인민을 포함한 모두가 자유를 상실할 수 있는 위험으로부터 벗어날 수 있는 방법이 없다고 믿었기 때문이다(곽준혁 2004, 45-46; 2005a, 44). 여기에서 마키아벨리가 언급한 민중적 동의는 호르텐시아스 법이후 강화된 호민관의 권한이나 인민회의(concilium plebis)가 원로원의 승인없이 법령(plebiscitae)을 제정할 수 있었던 때를 의미하는 것이 아니다. 마키아벨리의 민중적 동의는 기원전 494년 호민관 제도의 창설 시점, 즉 원로원의 동의와 귀족적 견제가 구비된 상태에서 인민의 대표에 의한 거부권과 인민의회의 법제정으로 귀족적 독선이 견제될 수 있는 균형상태를 의미한다. 다시 말하면, 마키아벨리는 '민중적 동의'만을 강조한 것이 아니라, 원로원의 동의와 민중적 동의가 동시에 구비된 헌법재판을 의도했던 것이다.

공화주의의 두 전통에 비추어 볼 때, 로마 공화정의 헌법재판은 '대표의 탁월성'과 '동의의 원칙'이 결합된 것이라고 할 수 있다. 원로원의 동의라는 측면에서 볼 때, 로마 공화정의 헌법해석은 헌정체제의 보호와 안정성의 확보를 소수의 탁월한 사람에게 맡긴 귀족적인 정치체제였다. 반면 민중적 동의라는 측면에서 볼 때, 귀족의 독선을 견제하고 민중의 변화에 대한 욕구를 전달함으로써 변화와 시민적 존엄의 확보가 우선되는 정치체제였다. 만약 원로원의 동의와 민중적 동의가 동시에 존재하지 않았다면, 로마 공화정은 인민의 삶과 무관한 부와 혈통에 기초한 과두정에 불과했거나, 아니면 로마 공화정 말기의 상황같이 법의 안정성과 체제의 연속성이 확보되지 않은 채 힘의 우위에 의존하는 정치체제가 될 수 있었을 것이다. 이렇듯 로마공화국의 헌법재판은 '동의의 원칙'이 민중주의적 색채만을 가질 필요가 없다는 점, 대표의 탁월성을 바탕으로 한 독립된 심의를 인정하면서도 동시에 인민주권적 민주주의의 요소를 동시에 포괄할 수 있는 가능성을 보여준다.

3. 제도적 구상: 헌법재판소와 비지배적 상호성

아테네 민주정과 로마 공화정을 분석한 결과, '반편견의 원칙'과 '동의의 원칙'은 어떤 정치체제의 성격과 내용을 결정짓는 정치이념이라기보다 여러 가지 형태의 결합이 가능한 일종의 조정원칙이라는 것을 알 수 있었다.[33] 아테네 민주정은 시민적 참여와 '반편견의 원칙'을 잘 조화시킴으로써, 민회의 입법행위를 견제함과 동시에 시민들의 정치적 견제력을 제고할 수 있는 제도적 장치를 갖추었다. 그리고 로마 공화정은 원로원의 권위로 입법행위를 통제함과 동시에 귀족에 의해 독점된 의회와 원로원을 '민중적 동의'를 통해 견제하고 동시에 심의의 질을 제고하는 헌법재판제도를 가지고 있었다. 이 두 제도에서 원용된 두 원칙이 지향하는 바는 이른바 비지배적 상호성이라고 정의할 수 있다.

비지배적 상호성은 신로마(neo-Roman) 공화주의에서 '타인의 자의적인 의지로부터의 자유'로 정의되는 비지배 자유의 원칙에서 출발한다(Pettit 1997; Skinner 1998).[34] 그러나 내용은 아테네 민주정의 '반편견의 원칙'과 로마 공화정의 '동의의 원칙'들이 기초하는 심의와 견제력을 자유의 개념으로 구체화한 것이다. 앞서 언급한 것처럼, 아테네 민주정의 헌법재판은 시민의 참여와 '반편견의 원칙'을 조화시킨 결과였다. 누구나 법 앞에 평등하며(isonomia), 누구든지 의회나 공공장소에서 말하고 싶을 때 말할 수 있는 권리가 있으며(isegoria), 출신배경과 상관없이 시민이면 누구든지 참정권을 가지며(isogonia), 오늘 다스리는 사람이 내일 다스림을 받을 수 있도록 해야한다(isokratia)는 정치적 평등을 헌법재판에 동등하게 참여하는 자유로운 시민(eleutheros)의 권리와 조화시킨 것이었다. 로마 공화정도 마찬가지였다. 자의적 권력으로부터의 자유는 원로원의 동의가 갖는 귀족적 심의와 민중적 동의가 갖는 전체 인민의 이익을 매개했다. 비록 아테네 민주정의 시민적 참여까지는 미치지 못했지만, 로마 공화정의 비지배 자유는 하나

33) 이 때 원칙(principle)은 관념(idea)이나 이상(ideal)과는 구별된다. 후자가 공리주의의 효용(utility)과 같이 다른 모든 원칙들이 파생되고 그 내용이 좌우되는 이념적 지표 또는 제 1 원칙(first principle)을 의미한다면, 전자는 어떤 특정한 역사적 순간에 성취 또는 만들어졌지만, 지속적으로 수정 또는 변경되면서 제도의 내용을 인도하는 정치사회적 구성체를 지칭한다.

34) 이 원칙은 (가) 자유주의가 불간섭(non-interference) —자의적 간섭으로부터의 자유— 의 원칙에 입각해서 개인 권리의 절대 불가침성과 국가의 중립성을 지나치게 강조함으로써 자율적인 개인의 공동체에 대한 헌신에 무관심했다는 반성과, (나) 공동체주의가 선험적이고 자연발생적인 연대감을 지나치게 강조함으로써 개인의 자유를 파괴하고 다양성을 해칠 수 있는 전체주의적 방향으로 전환될 수 있다는 우려를 동시에 극복할 수 있는 것이라고 할 수 있다(곽준혁 2003; Kwak 2004).

의 획득된 시민적 권리로서 개인이나 집단을 종속의 상태로 밀어 넣는 구조에 인민이 대항할 수 있는 실질적인 견제력을 부여했다. 요컨대 비지배적 상호성은 아테네 민주정과 로마 공화정의 헌법재판이 모두 기초하고 있던 조정원칙이라고 할 수 있다.

비지배적 상호성을 조정원칙으로 하는 헌법재판은 다음과 같은 내용으로 구체화된다. 첫째, 헌법재판은 자유로운 행위(action)가 아니라 자유로운 행위가 가능한 조건(condition)이 개인뿐만 아니라 정치 집단들에게 동일하게 적용될 수 있도록 제도화되어야 한다. 시민들 모두가 자의적 지배로부터 자유롭다는 확신을 가질 수 있을 때, 이러한 확신을 바탕으로 갈등상태에 있는 쌍방이 서로의 이해를 조절할 수 있다고 생각할 때, 그리고 이런 과정을 통해 기존의 힘의 불평등이 변경될 수 있을 것이라는 믿음이 생길 때, 비로소 헌법은 갈등 조정 메커니즘으로서 기능할 수 있다. 물론 이런 조건이 모두 충족될 수 있어야 헌법질서의 규범적이고 실천적인 의미가 발현된다면 비지배적 상호성은 유토피아적 상상에 불과할 것이다. 그러나 비지배적 상호성이 헌법에 대한 논의의 조건을 형성·유지·수정하는 준거로 사용되고, 그 결과 행위자 모두에게 일관되게 적용되는 이성적 판단의 근거가 될 수 있다면 단순히 유토피아적 상상이라고 할 수는 없다. 따라서 헌법재판은 비지배적 상호성이라는 조건을 보장하고, 지배적 위치에 있는 집단에게는 권력의 한계를 설정하는 일관된 판단의 근거들을 제시할 수 있으며, 사회적 약자에게는 타인의 자의적인 의지에의 종속을 견제하는 목소리를 낼 수 있는 버팀목이 될 수 있어야 한다.

둘째, 비지배적 상호성에 입각한 헌법재판은 국가로부터 동일한 대우를 보장받는 소극적 시민성에서 사회적 권리의 제도적 보장을 통해 실질적인 정치적 견제력을 보장받는 민주적 시민성으로의 전환을 목적으로 해야 한다. 비지배적 상호성에서 자유는 궁극적인 목적이 아니라 전제조건이다. 이러한 전제조건은 상호견제할 수 있는 실질적인 힘이 시민에게 부여될 때 확보된다. 개인적 차원에서는 개개인이 가지는 다양한 욕구를 충족시킬 수 있는 조건으로서 자유가 보장되어야 하고, 사회적 차원에서는 이러한 조건을 사회 구성원 모두에게 호혜적으로 인정받을 수 있어야 하며, 국가적 차원에서는 자의적 지배에 대한 시민적 저항이 정당화 되어야 한다. 이를 위해서 비지배적 상호성에 기초하는 헌법재판은 서로간의 차이를 인정하는 것보다 한 걸음 더 나가야 한다. 즉 차이의 인지를 넘어 사회적 권리의 실질적이고 제도적인 보장, 그리고 동일한 이유에서 개인이나 집단을 종속의 상태로 밀어 넣는 사회경제적 구조의 개선을 요구해야한다.

셋째, 헌법재판은 비지배적 상호성의 반복된 적용을 통해 '타인의 자의적 지배로부터의 자유'가 시민들의 행위의 준칙으로 내재화되는 과정을 또 하나의 목표로 상정해야한다. 대립하는 사회세력들이 헌정질서에 대한 이해의 차이를 극복할 수 있는 최소한의 기준은 대립상황에 있는 상대방을 자기와 동일하게 배려하는 자세이다. 그러나 이런 호혜적 자세는 첨예한 갈등상태에 있는 쌍방에게 아무런 경험적 근거도 없이, 미래의 결과에 대한 불확실성을 극복할 수 있는 근거도 없이 요구할 수 있는 성질의 것이 아니다. 비지배적 상호성의 지속을 전제하지 않고, 일방적으로 한쪽에게만 비지배의 원칙에 따라 행동하라고 요구한다면, 일상적인 갈등의 조정조차 결코 성립될 수 없다. 따라서 비지배적 상호성에 기초하는 헌법재판은 소극적인 의미의 자유를 일차적으로 보장하고, 반복적인 정치과정을 통해 힘의 불평등 관계 속에서도 쌍방이 동일한 조건에서 균형점을 찾을 수 있는 제도를 구현함으로써, 참여 주체들에게 호혜적 자세를 자연스럽게 내면화시킬 수 있다.

비지배적 상호성이라는 측면에서 볼 때, 헌법재판의 해석의 문제와 주체의 문제는 독립적으로 다루어지지 않는다. 해석의 범위에도, 주체를 정하는 문제에 있어서도, 비지배적 상호성과 각 사회가 처한 상황에 대한 종합적인 고려를 통해 다양한 제도화의 방향이 수립될 수 있기 때문이다. 이렇게 헌법재판을 바라볼 때, 해석의 문제와 주체의 문제는 비지배적 상호성이라는 조정원칙에 의해 새로운 형태의 결합양식을 발견하게 된다. 어떤 결합이 가능할 지는 지속적인 심의를 통해 결정할 사항이지만, 비지배적 상호성은 기존의 사법적극주의와 사법소극주의라는 구분의 협소함을 극복할 수 있을 뿐만 아니라 헌법재판의 제도화를 집단의 흥정의 결과로 치환하는 오류를 극복할 수 있을 것이다. 왜냐하면 비지배적 상호성에 기초한 헌법재판은 개개인이 가지는 다양한 욕구를 충족시킬 수 있는 조건인 자유에 주목하고, 사회적 약자에게 실질적 힘을 부여함으로써 비지배를 제도적으로 보장하며, 그 결과를 토대로 개인적 수준에서의 호혜적 비지배 관계를 형성하고 지속시키는 조정역할을 담당할 수 있기 때문이다. 이렇게 헌법재판의 현재적 의미를 조명할 때, 헌법은 시원적 정치행위라는 상징적 성격을 극복하고, 갈등상태에 있는 쌍방에게 비지배의 조건을 인정하도록 유도하며, 나아가 헌법의 내용뿐만 아니라 헌법의 해석을 통해 나타나는 갈등까지 조정함으로써 헌정질서에 대한 신뢰의 확보를 가능하게 할 것이다.

Ⅳ. 결 론

민주주의의 생명력은 변화를 제도화하는 힘에 달려있다. 여기서 변화의 제도화란 주어진 정치제도의 틀 안에서 변화를 수용할 수 있다는 소극적 의미가 아니라, 지속적으로 나타나는 변화의 요구들이 합의된 제도화의 방법까지 바꾸어버릴 수 있다는 적극적인 의미를 가지고 있다. 그러나 변화의 제도화라는 말 자체가 두 가지 상반된 단어가 합쳐진 모순어법(oxymoron)이듯, 어떤 종류의 헌법재판을 통해 변화의 제도화가 완성될 수 있을지는 민주주의의 미래만큼이나 불확실하다. 그럼에도 불구하고, 지금의 제도를 개선하려는 사람은 운동에 선재하는 신중함으로 반복되는 문제의 본질과 현상적 조합을 분별해야한다. 르네상스시대 정치적 의미로 최초로 사용되었던 혁명(revoluzione)이라는 말이 별자리가 1년을 주기로 제자리로 돌아오는 반복을 묘사한 말로부터 파생되었듯이, 변화를 꿈꾸는 사람은 반복되는 일상으로부터 새로운 사고의 자료를 발견하고 변화의 소용돌이 속에서도 연속을 발견할 수 있어야 한다는 것이다. 그렇지 않으면, 헌법재판은 당면한 문제에 얽힌 직접적인 이해관계에 압도되어 변화를 제도화하는 하나의 방법이 아니라 정치적 갈등을 통해 반영된 절박한 사회경제적 요구를 억압하는 수단으로 전락할 위험이 있다.

이러한 측면에서 필자는 사법적 검토를 이론적으로 재검토해 보았다. 크게 두 가지 작업을 수행했다. 첫째, 현대 민주주의의 일반적 요구를 개인의 자율성과 공공선의 조화라고 전제했을 때, 헌법재판과 관련된 '해석의 문제'와 '주체의 문제'를 일관되게 해결할 수 있는 정치적 원칙은 자유주의적 공화주의에서 찾아야 실익이 있다는 것이다. 구체적으로, (가) 헌법의 비판적 기능의 회복이나 민주주의의 규범적이고 실천적인 측면을 부각시키는 한국의 헌법학자들이 어떤 근거에서 사법적극주의를 주문하고 있는지를 분석하고, (나) 민중주의적 헌정주의를 중심으로 미국식 사법심사제도의 철폐를 주장하는 입장이 시민적 공화주의와 어떤 연관성이 있는지를 보여주며, (다) 헌법재판이 판사의 자질문제로 귀결되는 것을 막고, 헌법재판을 통한 궁극적인 합의도출의 능력을 높이기 위한 새로운 정치원칙으로 자유주의적 공화주의가 적절하다는 것을 차례로 논증했다. 둘째, 법의 안정성을 상실하지 않으면서도 민주주의의 변화추동력과 규범적 내용을 적극적으로 실현시키고 발전시킬 수 있는 헌법재판의 조정원칙으로 비지배적 상호성을 제시했다. 비지배적 상호성은 (가) 사법적극주의의 '반편견의 원칙'과 사법소극주의의

'동의의 원칙'을 새로운 결합형태로 유도하는 동시에, (나) 시민적 참여와 '반편견의 원칙'이 결합된 아테네 민주주의의 비합법성 기소(graphē paranomon), 그리고 대표의 탁월성과 '동의의 원칙'이 결합된 로마 공화국의 원로원 동의(auctoritas patrum)와 호민관의 거부권(ius auxilii)이 모두 포괄될 수 있으며, (3) 사회적 권리를 보장하면서 시민의 민주적 견제력을 높일 수 있는 헌법재판의 내용으로 구체화되었다.

전체적으로 이 논문은 헌법재판소의 정치적 역할에 대한 본격적인 논의를 위한 하나의 기초 작업이다. 그리고 우리나라에 적합한 헌법재판제도를 찾고자 필자가 제시한 비지배적 상호성은 헌법재판이 담아야할 규범적 내용이자 헌법해석을 둘러싸고 벌어질 갈등의 해소를 위한 조정원칙이다. 비지배적 상호성이 기초하고 있는 고전적 공화주의, 그리고 아테네의 민주정과 로마 공화정의 헌법재판과 다양한 정치적 원칙들의 결합은 지금까지 간과되어왔거나 아직까지 한국학계에서 진지하게 검토되지 못한 내용들이다. 법학은 정치학의 한 분파(branch)라는 말이 전혀 생소하지 않은 서구의 전통에 비추어볼 때, 사법적 검토 또는 헌법재판이 우리의 일상 속에서는 여전히 전문가의 은어로 간주되는 우리의 현실에서 볼 때 이러한 현상은 지극히 당연한 일일지도 모른다. 그러나 다른 여러 나라에서와 마찬가지로 우리나라에서도 헌법재판은 벌써 우리의 정치적 삶의 내용을 일시에 변경할 정도의 실질적인 영향력을 행사하고 있다. 필자는 비지배적 상호성이 현대 민주주의의 핵심적인 원칙을 훼손하지 않는 동시에 타인의 자의적인 지배로부터 시민의 자율성을 보장할 수 있는 방향으로 헌법재판의 규범적이고 실천적인 내용을 구체화하는 데 기여할 수 있을 것이라고 기대한다.

<참고문헌>

강승식. 2004, "미국연방대법원의 권한과 그 한계," 「헌법학 연구」, 10:4, 533-588.

곽준혁. 2003, "갈등, 혼합정체, 그리고 리더십: 마키아벨리의 「로마사 논고」를 중심으로," 9, 171-194.

______. 2004, "「로마사 논고」에 기술된 정치변동의 수사적 의미," 「한국정치학회보」, 38:3, 29-53.

______. 2005a, "민주주의와 공화주의: 헌정체제의 두 가지 원칙," 「한국정치학회보」, 39:3, 33-57.

______. 2005b, "심의민주주의와 비지배적 상호성," 「국가전략」, 11:2, 141-168.

김성호. 2005, "헌법개정과 입헌민주주의," 「연세대학교 국가관리연구원 2005년 추계학술회의」.

김운용. 1989, "사법심사," 「미국헌법과 한국헌법」, 한국공법학회 편, 서울: 대학출판사. 308-3334.

______. 1997, "미국의 위헌심사제도," 「미국헌법연구」, 8:161-198.

김효전. 1989, "미국의 위헌법률심사제가 한국에 미친 영향," 「미국헌법과 한국헌법」, 한국공법학회 편, 서울: 대학출판사, 335-370.

남복현. 1989, "현행 헌법재판제도의 허와 실," 「한양법학」, 7:97-112.

박명림. 2005, "헌법, 헌법주의, 그리고 한국 민주주의: 2004년 노무현 대통령 탄핵사태를 중심으로," 「한국정치학회보」, 39:1, 253-276.

양 건. 2000[1986], 「법사회학」, 서울: 아르케.

______. 2004, "헌법재판소의 정치적 역할: '제한적 적극주의'를 넘어서," 제 51회 헌법실무연구회 발표문(2004년 12월 3일).

오세혁. 2004, "사법부의 해석방법론에 대한 비판," 「법과 사회」, 27: 185-209.

윤명선. 1990, "사법심사제와 다수결주의-Ely의"과정 "이론에 대한 비판적 접근," 「공법연구」, 18: 115-135.

______. 1992, "미국의 사법심사제와 인권-기능적 고찰-," 「미국헌법연구」, 3: 101-168.

이동훈. 1999, "헌법재판에서 사법적극주의의 한계," 「헌법학연구」, 5:1, 308-331.

이회창. 1987, “사법의 적극주의: 특히 기본권 보장기능과 관련하여,” 「서울대학교 법학」. 70:147-161.

임지봉. 2001, “사법적극주의와 사법소극주의,” 「고시계」, 7:4-18.

정종섭. 1999, “한국의 민주화에 있어서 헌법재판소와 기본권의 실현,” 「서울대학교 법학」, 40:3, 226-253.

조지형. 1997, “사법심사의 역사적 기원-Marbury v, Madison 사건 이전을 중심으로,” 「서양사론」, 53:125-155,

최대권. 2005, “비교 사회·문화적 문맥에서 본 사법적극주의와 사법소극주의,” 「서울대학교 법학」, 46:1, 19-37,

최봉철. 1999, “법현실주의,” 「미국 사회의 지적 흐름-법」, 미국학연구소 편, 서울: 서울대학교출판부, 3-64,

최장집. 2005[2004], “민주주의와 헌정주의: 미국과 한국,” 「미국헌법과 민주주의」 한국어판 서문, 서울: 후마니타스, 7-69,

한상희. 1998, “미국에서의 사법심사의 준거-헌법의 해석학을 중심으로,” 「미국헌법연구」, 173-218,

______. 1999, “‘법과 사회’ 운동의 전개와 한계,” 「미국 사회의 지적 흐름 - 법」, 미국학연구소 편, 서울: 서울대학교출판부, 65-136,

한인섭. 1999, “비판법학,” 「미국 사회의 지적 흐름-법」, 미국학연구소 편, 서울: 서울대학교출판부, 137-174,

Agresto, John. *The Supreme Court and Constitutional Democracy*, Ithaca: Cornell University Press, 1984.

Alexander, Larry. “Modern Equal Protection Theories: A Metatheoretical Taxonomy and Critique,” *Ohio State Law Journal*, 1981, 42:1, 3-68,

Arthur, John. “Judicial Review, Democracy and the Special Competency of Judges,” in *Constitutionalism, Democracy, and Sovereignty: American and European Perspectives*, ed. Richard Bellamy. Brookfield USA: Ashgate, 1996, 61-73,

Beth, Loren. *Politics, the Constitution, and the Supreme Court: an Introduction to the Study of Constitutional Law*, Evanston: Row & Peterson, 1962.

Berger, Raoul. "Jefferson and the Law," in *Reason and Republicanism, Thomas Jefferson's Legacy of Liberty*, ed. Gary McDowell & Sharon Noble. Lanham: Rowman & Littlefield Publishers, 1997, 133–146.

Black, Charles. *The People and the court: Judicial Review in a Democracy*, New York: Macmillan, 1960.

Black, Charles. *A New Birth of Freedom: Human Rights, Named and Unnamed*, New Haven: Yale University Press, 1998.

Bickel, Alexander. *The Least Dangerous Branch, The Supreme Court at the Bar of Politics*, New Haven: Yale University Press, 1986[1962].

Bork, Robert. "Neutral Principles and Some First Amendment Problems," *Indiana Law Journal*, 1971, 47:1, 1–35,

Bork, Robert. "Judicial Review and Democracy," *Society*, 1986, 24:1, 5–8,

Bork, Robert. *The Tempting of America*, New York: Free Press, 1990.

Brest, Paul. "The Substance of Process," *Ohio State Law Journal*, 1981, 42:1, 131–142,

Buckland, William. *Roman Law and Common Law, A Comparison in Outline*, London: Cambridge University Press, 1965.

Campbell, Tom. "Democratic Aspects of Ethical Positivism," in *Judicial Power, Democracy and Legal Positivism*, Dartmouth: Ashgate, 2000, 3–57.

Cappelletti, Mauro & John Clarke Adams. "Judicial Review of Legislation: European Antecedents and Adaptations," *Harvard Law Review*, 1965, 79: 1207–1224.

Chemerinsky, Erwin. "In Defense of Judicial Review: A Reply to Professor Kramer," *California Law Review*, 2004, 92:4, 1013–1025,

Commager, Henry Steele. *Majority Rule and Minority Rights*, New York: Oxford University Press, 1943

Dworkin, Ronald. *Law's Empire*, London: Fontana Press, 1986.

Dworkin, Ronald. *Taking Rights Seriously*, Cambridge: Harvard University Press, 1997[1977].

Dworkin, Ronald. *Freedom's Law, the Moral Reading of the American Constitution*, Cambridge: Harvard University Press, 1996.

Ehrlich, Eugen, *Fundamental Principles of the Sociology of Law*, trans.

Walter L, Moll. New Brunswick: Transaction Publishers, 2001 [1936].

Ely, John. *Democracy and Distrust, A Theory of Judicial Review*, Cambridge: Harvard University Press, 1980.

Fishcer, Louis. "Separation of Powers: Interpretation Outside the Courts," *Pepperdine Law Review*, 1990, 18:57, 57–93,

Frankfurter, Felix. "American Federation of Labor v, American Sash and Door co, 1949, 335 U,S, 538, http://caselaw.lp.findlaw.com /printer_friendly?page=us/335/538.html (2006년 5월 23일 검색)

Freeman, Samuel. "Constitutional Democracy and the Legitimacy of Judicial Review," *Law and Philosophy*, 1990, 9: 327–370,

Friedman, Barry. "The History of the Countermajoritarian Difficulty, Part One: the Road to Judicial Supremacy," *New York University Law Review*, 1998, 73:2, 333–433,

Friedman, Barry. "Mediated Popular Constitutionalism," *Michigan Law Review*, 2003, 101, 2596–2636,

George, Robert. "Justice, Legitimacy, and Allegiance," *Loyola Law Review*, 1998, 44: 103–118,

Grano, Joseph. "Ely's Theory of Judicial Review: Preserving the Significance of the Political Process," *Ohio State Law Journal*, 1981, 42:1, 167–185,

Grey, Thomas. "Do we have an unwritten constitution?" *Standford Law Review*, 1975, 27:703–718,

Guarnieri, Carlo & Patrizia Pederzoli. *The Power of Judges, A Comparative Study of Courts and Democracy*, New York: Oxford University Press, 2002.

Gunther, Gerald. "Judicial Review," *Society*, 1986, 24:1, 18–23,

Habermas, Jürgen. *Between Facts and Norms*, New Baskerville: MIT Press, 1999[1998].

Hahm, Chaihark & Sung Ho Kim. "Constitutionalism on Trial in South Korea," *Journal of Democracy*, 2005, 16:2, 28–42,

Hamilton, Alexander, James Madison, & John Jay. *The Federalist Papers*, ed. Benjamin Fletcher Wright. New York: Metrobooks, 2002.

Hignett, Charles. *A History of the Athenian Constitution*, London: Oxford University Press, 1958[1952].

Hirschl, Ran. *Towards Juristocracy, The Origins and Consequences of the New Constitutionalism*, Cambridge: Harvard University Press, 2004.

Jefferson, Thomas, "To Samuel Kercheval Monticenllo, July 12, 1816," 1816.

Jefferson, Thomas. "To Judge Spencer Roane"(Letter, September 6, 1819), in *The Portable Thomas Jefferson*, ed. Merrill D, Peterson. New York: Penguin, 1819, 561-564.

Koopmans, Tim. *Courts and Political Institutions*, Cambridge: Cambridge University Press, 2003.

Kramer, Larry. "Popular Constitutionalism, circa 2004," *California Law Review*, 2004a, 92:4, 959-1011,

_______. *The People Themselves, Popular Constitutionalism and Judicial Review*, New York: Oxford University Press, 2004b.

Kwak, Jun-Hyeok. "Nondomination and Contestability: Machiavelli contra Neo-Roman Republicanism," *Korean Political Science Review*, 2004, 38:4, 219-239,

Leither, Brian. "American Legal Realism," in *Philosophy of Law and Legal Theory*, ed. Martin Golding & William Edmundson, Malden: Black-well Publishing, 2005, 50-66,

Levy, Leonard. "Judicial Review, History and Democracy," in *Judicial Review and the Supreme Court*, ed. Leonard Levy, 1967, 1-42,

Lintott, Andrew. *The Constitution of the Roman Republic*, New York: Ox-ford University Press, 1999.

Llewellyn, Karl. "A Realistic Jurisprudence-The Next Step," in *An Anthology, Philosophy of Law and Legal Theory*, Dennis Patterson, ed. M밍두: Blackwell Publishing, 2003[1930], 22-45.

Loewenstein, Karl. *The Governance of Rome*, Hague: Martinus Nijhoff, 1973.

McCormick, John. "Three Ways of Thinking "Critically" about the Law," *The American Political Science Review*, 1999, 93:2, 413-428.

Parker, Richard. ""Here, the People Rule": A Constitutional Populist Manifesto." *Valparaiso University Law Review*, 1993, 27:3, 531-584.

Post, Robert & Reva Siegel. "Protecting the Constitution from the People: Juricentric Restrictions on Section Five Power," *Indiana Law Journal*, 2003, 78:1, 1-45,

Post, Robert & Reva Siegel. "Popular Constitutionalism, Departmentalism, and Judicial Supremacy," *California Law Review*, 2004, 92:4, 1027-1043,

Rostow, Eugene. "The Democratic Character of Judicial Review," *Harvard Law Review*, 1952, 66:2, 193-224,

Schauer, Frederick. "Constitutional Positivism," *Connecticut Law Review*, 1993, 25:797-828,

Schauer, Frederick. "Judicial Supremacy and the Modest Constitution," *California Law Review*, 2004, 92:4, 1045-1067,

Schulz, Friz. *History of Roman Legal Science*, London: Oxford University Press, 1953[1946].

Smith, Dale. "Disagreeing with Waldron: Waldron on Law and Disagreement," *Res Publica*, 2001, 7:57-84.

Spector, Horacio. "Judicial Review, Rights, and Democracy," *Law and Philosophy*, 2003, 22:285-334.

Sweet, Alec Stone. *Governing with Judges, Constitutional Politics in Europe*, New York: Oxford University Press, 2000.

Tushnet, Mark. *Red, White, and Blue: A Critical Analysis of Constitutional Law*, Cambridge: Harvard University Press, 1988.

Tushnet, Mark. *Taking the Constitution away from the Courts*, New Jersey: Princeton University Press, 1999.

Tushnet, Mark. "Critical Legal Theory," in *Philosophy of Law and Legal Theory*, ed. Martin Golding & William Edmundson. 2005, 80-89,

Vioroli, Maurizio. *Republicanism*, New York: Hill and Wang, 2002.

Waldron, Jeremy. "Judicial Review and the Conditions of Democracy," *The Journal of Political Philosophy*, 1998, 6:4, 335-355,

Waldron, Jeremy. *Law and Disagreement*, New York: Oxford University Press, 1999.

Waldron, Jeremy. "Judicial Review and Republican Government," in *That*

Eminent Tribunal, Judicial Supremacy and the Constitution, ed. Christopher Wolfe, New Jersey: Princeton University Press, 2004, 159-180,

Weinrib. Ernest, 1988, "Legal Formalism: On the Immanent Rationality of Law," *The Yale Law Journal*, 97:6, 949-1016.

Wolfe, Christopher. *The Rise of Modern Judicial Review*, New York: Basic Books, 1986.

Whittington, Keith. "An "Indispensable Feature?" *Constitutionalism and Judicial Review*," Legislation and Public Policy, 2002a, 6:21, 21-33,

________. "Extrajudicial Constitutional Interpretation: Three Objections and Responses," *North Carolina Law Review*, 2002b, 80, 773-851.

Yang, Kun. "Judicial Review and Social Change in the Korean Democratizing Profess," *The American Journal of Comparative Law*, 1993, 41:1, 1-8,

Yates, Robert, 1788, "Anti-federalist Paper No, 12, February 7, 1788," http://www.liberty-page.com/foundingdocs/antifedpap/brutus/12.html

Thayer, James. "The Origin and Scope of the American Doctrine of Constitutional Law," *Harvard Law Review*, 1893, 7:3, 17-156,

http://www.ccourt.go.kr/ccourt_hinformation/casestatistics.asp (2006년 5월 25일 검색, 헌법재판소 재판 총계)

제 66 회 발표회 지정토론문

신 미 용*

헌법재판과 관련된 해석의 문제와 주체의 문제를 일관되게 해결할 수 있는 정치적 원칙은 자유주의적 공화주의에서 찾아야 할 것이라고 하시면서, 이러한 원칙 하에서 헌법재판이 담아야 할 규범적 내용이자 헌법해석을 둘러싸고 벌어질 갈등해소를 위한 조정원칙으로 비지배적 상호성을 제시하신 곽준혁교수님의 글을 잘 읽어보았습니다. 특히 이러한 내용을 사회적 권리를 보장하면서 시민의 민주적 견제력을 높일 수 있는 헌법재판이 되어야 한다고 구체화하신 데에서는 재판의 실무를 담당하는 한 사람으로서 자신의 역할에 대해서 성찰해보는 계기가 되었습니다.

정치학적인 사고방식에 익숙하지 않고 배경지식도 짧은 터라 교수님 글에 사용되고 있는 많은 개념들이 생소하기도 하고 통상 사용하던 것과 약간의 차이가 느껴지는 부분도 있어 상세하게 하자면 여쭤보고 싶은 것이 많습니다만, 교수님의 주장에 대해 더욱 집중적인 논의를 위하여 논증과정의 큰 줄기에서 가지게 된 의문점들을 질문하는 것으로 토론을 대신하겠습니다.

1. 교수님께서는 우선 사법적극주의의 입장에서는 자유주의적 경향성을 가지게 되고 사법소극주의적 입장에서는 공화주의적 헌정주의의 특징을 보이고 있다고 하시면서 각각의 문제점을 지적하셨습니다.

구체적으로 우선, 사법적극주의는 가령 정치권력의 법을 통한 제한, 천부적이고 전정치적이며 보편적인 기본권성 등, 의식적으로 또는 무의식적으로 자유주의적 경향성을 수용하고 있는데 법을 통한 제한정부 내지 권력분립원리는 사법적극주의의 원칙이 될 수 없고, 기본권을 천부적이고 전정치적인 것으로 바라보며, 헌법에 명시되지 않은 헌법외적 가치들은 어떤 근거에서 보장되어야 하는지에 대해서는 합의가 없다는 것은 결국 우리보다 우리를 더 잘 아는 판사의 지각능력에 의존하는 것이어서 사법적 검토의 제도적 정당성을 판사의 능력과 판단에 의지하려는 경향을 갖는다고 하셨습니다.

이와 관련하여, 헌법재판의 과정에서 관계된 당사자 개인이나 집단 및 이해

---

* 헌법연구관.

관계자 등이 특정의 주장을 하는 경위와 이유가 설명되고 이에 대하여 헌법적 근거와 이유가 제시되면서 합리적 추론을 거쳐 심판되고 그 판단의 내용이 사회공동체와의 소통을 거치면서 합의될 가능성(판례변경의 가능성가지 포함하여)이 있을 때에는 그 제도적 정당성에 대해서 어떻게 평가하실지 궁금합니다.

다음으로 사법소극주의는 공화주의적 헌정주의의 특징을 보여주고 있지만, 여기에도 공적심의로부터 도덕적 일반화를 통해 사적 이익이 표현되는 것을 완전히 배제하기는 불가능하고 선험적 가치와 전 정치적 가치가 부정되는 가운데 의사소통을 통해 사회적 가치를 재구성한다고 할 때 힘의 논리와 타협으로부터 시민적 자유와 민주적 절차를 보호할 수 있는 방법이 구비되지 못할 문제점이 있다고 하셨는데 이에 대해서는 공감합니다.

그렇다면 이 경우에 기본권을 비롯한 모든 가치를 공적 심의와 토론의 대상으로 삼고 인민에 의한 정치권력의 통제를 실현해갈 방법에 대한 합의와 이의 제도화로 이러한 문제점을 어느 정도 완화할 수 있다고 볼 수도 있는데 이와 같이 규범적 체계화로 구현한다는 것은 공화주의적 헌정주의와 모순되는 것인지 여쭙고 싶습니다.

2. 교수님께서는 제한정부 또는 권력분립의 원리가 사법적극주의의 정치적 원칙이 될 수 없다고 하시면서 사실 사법적극주의를 옹호하는 학자들은 자의적이고 전제적인 권력의 행사를 방지한다는 법의 지배의 일반적 의미를 사법부를 통한 정부권력의 제한과 연관시키려는 경향이 있다고 하셨는데, 그렇다면 법의 지배의 원래적 의미 또는 통상 이야기되는 법치주의 원리(현대에 있어서 실질적 법치주의 원리)는 사법적극주의의 원칙이 될 수 있다고 보시는지, 그리고 위에서 제기한 바와 같이 사법적극주의가 공화주의적 헌정주의의 특징를 공유하면서 초래되는 문제점에 대하여 그 해결방법에 대한 합의를 규범화하는 것이 공화주의적 헌정주의와 반드시 모순되는 것이 아니라면 사법적극주의든 소극주의든 '법의지배'(실질적 법치주의원리)를 공통의 원칙으로 볼 수 있는지, 이에 대한 의견을 듣고 싶습니다.

3. 비지배 자유의 원칙이 자유주의(내지 개인주의)와 공동체주의를 통합한 것으로서 비지배의 상호성이 헌법재판이 담아야 할 규범이 되어야 한다는 것에 공감합니다. 또한 종래 자유를 불간섭으로 바라보던 것과 타인의 자의적인 의지로부터의 자유로 정의되는 비지배자유가 개념상으로는 엄연히 차이가 있다는 점을 이해하면서, 다른 한편 헌법재판은 헌법에 의해서 주어진 통치권의 행사가 항상

헌법이 정한 내용과 절차 및 방법에 따라 이루어지도록 하는 제도적 장치라고 보고 이를 자의적 통치권 행사(현대와 같이 국민 대중 사이에 중층적 이해관계가 복잡다기하게 상충하는 경우 이에 대한 조정작용을 포함하여)로부터 국민의 기본권을 보호하는 것으로 볼 때에는 결국 헌법재판을 통하여 비지배자유를 실현하는 것으로 볼 수도 있을 것 같습니다. 그렇다면 헌법재판의 존재 자체를 부정하지 않는 경우 비지배자유의 상호성이라는 개념도구를 사용하였을 때 어떤 차이가 있을 수 있는지 의견을 듣고 싶습니다.

예컨대 헌법재판에서 법률의 기본권 침해 여부가 문제되는 경우에 우선 그 법률이 관련자의 행위제한에 미치는 영향이 기본권의 내용 또는 보호범위에 포섭되는지 살피고, 긍정되는 경우 그 법률의 목적과 채택하고 있는 수단 간에 비례성이 충족되는지 심사하거나 입법부가 입법재량을 자의적으로 행사하였는지 여부를 기준으로 그러한 제한이 헌법적으로 정당화되는지 심사합니다. 그리고 이 과정에서 당사자 뿐만 아니라 그 법률의 이해관계인들도 자신의 주장과 그 이유를 제시할 수 있습니다.

그런데 이 경우 헌법재판의 존재를 인정하는 범위에서 비지배 자유의 상호성을 적용한다면, 해당 기본권 주체가 당해 법률에 의해서 당하고 있는 기본권 제한이 비지배자유가 박탈되고 있는 것으로 볼 것인지, 즉 '타인의 자의적 의지에 의한 지배'가 있는지를 심사하게 될 것이고 이는 무엇을 자의적 지배로 볼 것인지의 문제로 돌아가므로 위와 같은 재판실무와 비교해보면 제한의 정당화 심사의 과정을 보호범위에 포함될 것인가의 심사로 일원화하게 되는 것과 유사하다고 볼 수 있을 것 같습니다. 이러한 경우에 비지배 자유의 상호성이라는 조정원칙을 적용하는 것의 장점은 무엇이라고 생각하시는지 듣고 싶습니다.

4. 교수님께서는 아테네의 비합법성 기소에서의 반편견의 원칙과 로마 공화정의 원로원의 동의의 원칙 모두 시민적 견제력의 확보를 중요하게 보셨는데, 우리 헌법재판제도에서 시민적 견제력을 확보하게 위해서 구상하신 구체적인 방안이 있으시다면 듣고 싶습니다. 아울러 시민적 견제력을 제도화한다고 할 때 그것은 결국 또다른 사법기관이 되는 것은 아닐지, 그 의미를 어떻게 보시는지 궁금합니다.

5. 마지막으로 교수님께서는 한국의 헌법학계가 사법적극주의를 추구하고 있는 데는 그만한 이유가 있다 하더라도 사법적 검토 그 자체의 존재 타당성과 민주주의의 실질적인 구현이라는 실질적인 목적 사이에 아무런 긴장관계가 없는 것

처럼 논의되는 것은 특이한 현상이라고 하셨는데, 이는 교수님도 언급하셨듯이 미국에서는 헌법재판에 대한 명시적이고 직접적인 헌법조문이 없고 이러한 점이 끊임없이 논란이 제공되고 사법심사를 뒷받침하는 정치적 원칙을 찾아야 하지만, 미국과 달리 우리나라는 이미 헌법에 명문의 규정이 있으므로 정치사회적 영향력의 크기를 포함하여 애초부터 논란의 여지가 적어서 그런 것은 아닌지 하는 짐작도 해봅니다만, 제가 궁금한 것은 우리와 같이 헌법에 명문으로, 즉 국민의 공통의 합의로 위헌법률심사제도를 정하고 있는 경우 그 제도적 정당성의 추구가 갖는 의미가 미국과 같은 경우와 동일하다고 보시는지, 약간의 차이라도 있다면 어떠한 내용인지 의견을 듣고 싶습니다.

제 66회 발표회 지정토론문

전 학 선*

현대 민주주의는 간접민주주의로 기본으로 하여 대의제를 채택하고 있다. 대의제를 채택하여 국민의 대표기관으로서 의회를 구성하여 국가의사결정의 원동력으로 하고 있다. 의회가 국민의 대표기관으로서 법치국가를 구현하는 방편으로 입법권을 행사하여 국민주권을 구현하게 된다. 이러한 의회가 제정한 입법을 헌법재판소가 위헌법률심판 혹은 헌법소원심판 등을 통해 통제하게 된다.

현대 20세기부터는 세계 각국이 헌법재판을 제도화하여 활발히 이를 활용하고 있다. 특히 제2차 세계대전이 끝난 후에 독일을 비롯하여 세계 각국에서 헌법재판소를 설치하여 헌법재판제도를 시행하고 있으며, 20세기 중반 이후부터는 민주화가 진행되는 국가에서는 그 특징 가운데 하나로 헌법재판제도의 채택과 헌법재판의 활성화가 꼽히고 있다. 예를 들어 1975년의 그리이스와 1976년의 포르투갈, 그리고 1978년의 스페인 등이 그렇다고 볼 수 있다. 독재정권의 시대를 거친 후에 민주화가 진행되면서 헌법재판소가 헌법의 규범력을 보장하게 되고 국민들의 기본권을 보장하는 기구로서의 역할을 하게 되었던 것이다. 또한 헌법재판은 정치적 문제를 사법적으로 해결하는 기능을 하는 것이며, 정치세력간에 평화를 보장하는 기능을 하고 있다.

일반적으로 헌법재판이라 함은 헌법분쟁 또는 헌법침해의 문제를 헌법규범을 기준으로 유권적으로 결정함으로써 헌법질서를 유지수호하는 국가작용을 일컫는다. 이러한 헌법재판도 재판이므로 재판의 형식을 가질 수밖에 없지만 일반 재판과는 다른 특징을 가지고 있다. 헌법재판 자체가 정치적 문제를 사법적으로 해결하는 제도가 되는 것이고, 그 기준이 되는 규범이 헌법이기 때문에 고도의 정치적 작용과 입법작용이 가미되어 있다고 볼 수 있다.

1988년에 활성화되기 시작하여 헌법재판의 짧은 역사에도 불구하고 급속한 발전을 한 우리나라의 헌법재판제도는, 국민들의 기본권 보장이라는 측면에서는 커다란 역할을 한 것이 사실이다. 특히 2004년도에는 노무현대통령 탄핵심판사건과 신행정수도의건설을위한특별조치법위헌확인사건을 처리하면서 국민들로부터

* 광운대 교수.

많은 주목을 받기 시작하였으며 정치세력들로부터 질책(?)과 격려(?)를 받기도 하였다.

헌법재판이 사법적 성격을 가지는 재판작용이지만 일반 사법부가 행하는 재판작용과는 다른 성격을 가지고 있다. 헌법재판이라는 것이 '정치적 문제의 사법적 해결'이라는 측면에서 본다면 헌법재판의 주체라든가 이를 담당하는 기관의 성격 또는 담당하는 사건의 성격과 이를 해결하는 심사도구 들이 일반 사법부와는 다를 수 밖에 없을 것이다.

헌법재판소가 담당하는 권한 자체가 국민의 대표기관인 입법부가 제정한 법률을 입법부에 비하여 정당성이 떨어지고 국민의 대표기관도 아닌 헌법재판소가 위헌법률심판을 통하여 법률을 무효화 시키는 것 등이 많은 논의가 있었던 것이 사실이다. 또한 헌법재판소가 정치적 세력으로부터 영향을 전혀 안 받을 수 없는 것이 재판관 임명에서부터 정치세력인 국회가 3명을 선출하도록 하는 것이 그 대표적인 예일 것이다.

헌법재판이라는 것이 결국 국가에 있어서 최고의 힘인 헌법제정권력에 의하여 만들어진 헌법을 그 하위 권력인 입법부가 이를 위반하여서는 안 된다는 점에서 출발한다고 볼 수 있다. 이러한 점은 결국 헌법의 해석 문제이며 헌법제정권력자의 의도가 무엇인가를 파악하는 것일 수도 있다. 헌법이 의미하는 것은 무엇이며 헌법제정권력자의 의도는 무엇인지를 명확하게 하여 문제를 해결하는 것이다.

현실 세계에서 발생하는 문제들을 헌법재판을 통하여 해결하는데 있어서 사건 자체가 정치적 성격을 띠기 때문에 헌법재판소가 정치세력들 사이의 분쟁의 소용돌이 속에 들어갈 수 밖에 없다. 이러한 점을 우리는 대통령탄핵사건과 신행정수도의건설을위한특별조치법위헌확인사건에서 잘 볼 수 있었다. 헌법재판소가 담당하는 권한들 예컨대 위헌법률심판권이라든가 위헌정당심판권 또는 탄핵심판권 등 정치적으로 민감한 권한을 행사할 때는 특히 그러하다.

헌법재판을 하는 경우 비록 사건 자체가 정치적 성격을 가지는 것이지만 이를 해결하는 것은 사법적 틀을 통해서이다. 헌법재판이 매우 추상적이고 이념적일 수밖에 없는 헌법이라는 규범을 통하여 이를 해결하는 것이다. 정치적 해결이라는 것은 대화와 타협을 통하여 문제를 해결하는 것이라고 한다면 헌법재판은 정치적 문제를 사법적 틀, 즉 헌법이라는 규범을 통하여 이를 해결하는 것일 수 있다. 헌법재판이라는 것이 정치적 작용과는 무관한 일반 재판과는 구별되는 면이 있다는 것을 확실하지만 정치적인 면만을 가지는 것이 아니고 그 기본적인 성격은 사법작용이라는 것이다.

그러나 위에서 언급한 바와 같이 추상적이고 이념적인 헌법을 근거로 이를 해결하는 것이므로 헌법재판소 재판관은 일반 법원의 판사들 보다는 더 광범위한 규범해석 혹은 규범 형성의 기능을 인정하게 되는 것이다. 그러나 이러한 헌법재판소 재판관의 헌법인식도 헌법제정권력자 즉 국민의 의사를 넘어서서 형성되어서는 안된다. 헌법재판소 재판관의 법형성도 국민들의 의사를 넘어서서 이를 한다면 이는 사법적 우위를 통한 사법국가, 즉 사법관이 지배하는 사회를 초래하게 되는 것이다.

그러나 여기서 우리가 간과해서는 안되는 것이 헌법제정권력자의 의사, 국민의 의사는 헌법이라는 규범을 통하여 이를 확인하고 형성하여야 하는 것이지 이를 무시하고 국민의 의사를 인정할 수는 없다는 것이다.

第66회 발표회 토론요지

사 회 자 : 김현철(헌법연구관)
토론참여자 : 곽준혁(교수), 전학선(교수), 신미용(헌법연구관)
이명웅(헌법연구관), 김대휘(판사), 양진석(교수)
서상홍(부회장), 박호성(교수), 김병환(교수), 이인호(교수)
남복현(교수)

간 사 : 안녕하십니까? 헌법실무연구회 간사를 맡고 있는 전종익연구관입니다.

여러 가지 사정상 예정보다 조금 늦게 시작하게 되었습니다.

여러분께 양해 부탁드립니다.

오늘은 회장님이신 이공현재판관님께서 해외출장관계로 참석을 못하셨고 대신 헌법재판소의 서상홍 사무처장님께서 참석해 주셨습니다.

시간관계상 바로 시작하도록 하겠습니다.

오늘 사회는 헌법재판소의 김현철연구관님께서 해 주시겠습니다.

지금부터는 김현철연구관님께서 진행해 주시겠습니다.

사 회 자 : 헌법재판소 김현철연구관입니다.

오늘 바쁘신 데도 이렇게 참석해 주신 교수님들과 연구관님들께 감사의 말씀을 드립니다.

오늘은 멀리 경북대학교에서 오신 곽준혁교수님을 모시고 '사법적 검토의 재검토'라는 제목의 발표를 듣도록 하겠습니다.

여러분들이 원고를 읽으셨으면 느끼셨겠지만 오늘은 실무계와 학계와의 대화라고 생각할 수 있고, 또 헌법과 정치학과의 대화 내지는 의사소통의 문제를 짚어보는 시간이라고 생각합니다.

곽준혁교수님의 약력을 간단히 소개해 드리면, 고려대학교 정치외교학과에서 학사와 석사를 마치시고 미국 시카고대학교에서 정치학 박사학위를 받으셨습니다.

오랫동안 미국에서 연구하시면서 쌓아온 결실이 오늘 발표문에 녹아있는 것으로 생각합니다.

제가 알기로 한 30분 정도 배정된 것으로 알고 있는데 그 안에 많은 양의 발표문의 내용을 준비하셔서 발표하실 것이고, 특별히 오늘 프레젠테이션을 준비하신 것 같습니다. 아마 이해하는데 도움이 될 것 같습니다.

그리고 발표가 끝난 후에 전학선교수님과 신미용연구관님의 토론이 있겠습니다.

이 토론이 끝난 후에 발표자인 곽교수님의 응답이 있으시겠고 플로어에서 질문이 있으시거나 말씀하실 것이 있으면 함께 토론하는 시간을 갖도록 하겠습니다.

지금부터 곽준혁교수님의 발표를 듣도록 하겠습니다.

〈 주제발표자 발표 〉

사 회 자 : 감사합니다.

지정토론 들어가기 전에 한 가지만 여쭤보겠는데 아까 발표하는 중에 미국의 보수적 학자로 리차드 버크라는 사람을 얘기했는데,

발 표 자 : 로버트 버크입니다.

사 회 자 : 로버트 버크, 알겠습니다.

그러면 지정토론 순서는, 혹시 순서 정하셨습니까? 두 분이?

그러면 신미용연구관님이 먼저 하시고 전학선교수님이 하시겠습니다.

신미용연구관님은 사법연수원 31기시고 헌법재판소 연구관으로 계시고, 이어서 바로 하시겠는데요, 전학선교수님은 파리 6대학에서 법학박사학위를 받으셨고 헌법재판소 연구원으로 계시다가 지금은 광운대학교 법과대학 교수로 있으십니다.

각 토론자에게 10분 정도 예정되어 있습니다.

〈 지정토론자 발표 〉

사 회 자 : 감사합니다.

이어서 전학선교수님 말씀해 주시겠습니다.

〈 지정토론자 발표 〉

사 회 자 : 감사합니다.

교수님의 질문에 대한 답을 듣고 진행하도록 하겠습니다.

발 표 자 : 우선 신미용 헌법연구관님 질문부터 답을 해 보겠습니다.

우선 맨 마지막에 질문하신 것부터 답을 하는 게 순서가 아닌가 싶은데요. 그중에 하나가 우리나라는 미국하고 달리 불문법적으로 존재하는 사법적 검토제도가 있는 게 아니라 법문에 명시되어 있는 헌법재판소가 있는데 그것이 어떠한

의미에서 한국 헌법학계가 사법적극주의 지향성을 보이는 것이 아닌가, 그렇게 말씀하셨는데 저는 어떻게 생각하느냐 하면 두 가지입니다.

하나는 1987년 헌법이 만들어 질 때 헌법재판소에 관련된 논의가 제가 생각하기에 이 기관의 중요성에 비해서 참 적었다. 실제로 헌법학자들의 논의도 위헌법률심사는 헌법재판소에 그 다음에 규칙, 조례나 이런 하위법률은 대법원에, 도대체 최종판결권이 대법원에 가야 되느냐 아니면 헌법재판소에 가야 되느냐 이 논의는 있었는데, 독재하에 살다보니까 우리가 헌법재판소가 있어야겠다, 지금까지 종이호랑이에 불과했는데 진짜 한 번 줘가지고 국민의 권익을 지켜봐야겠다, 이런 논의는 있었지만 정치권에서 전혀 관심 없고 지금 정치학계가 하듯이 권력구조에만 관심이 있었다. 그렇기 때문에 제가 생각하기에는 지금에 있어서 민주주의의 실질적 구현을 말씀하시는 많은 헌법학자들이 그러한 데부터 출발했으면 어떻겠나 하는 바람이 거기 들어가 있는 것이지 헌법명문에 있기 때문에 어쩔 수 없이 명문 안에서, 여기 그 주장을 하시는 분들이 전부 다 형식논리학을 거부하시는 분들인데, 그 논의 안에서 이야기하겠다하는 것은 저하고 좀 다른 생각이 아니신가.

두 번째는 어떠한 이유인가?

우리나라의 이러한 주장, 사법적극주의를 주장하시는 많은 분들이 여러 가지 형태의 학맥을 갖고 있는 것으로 알고 있습니다.

그런데 대체로 미국적 사법심사를 이야기하면서 사법적극주의 또는 인권부분에 대한 또는 더 나아가서 정치적 역할을 확대해야 한다라고 주장하시는 학자들의 글을 꼼꼼히 읽어보니까 제 생각에는 비판법학 또는 사회학적 법학, 법현실주의 이 세 가지 형태의 법이론적 전통에서 많은 것을 차용 또는 수용하신 것 같은데, 최근에 제가 알기로는 대표적인 예가 'Tushnet'이라고 하는 사람인데, 이 사람이 사법적극주의를 피력하고 있다가 최근에 와서는 사법적 검토 자체의 폐지론으로 1990년 이후에 돌아섰습니다. 즉 사법심사에 대한 저희의 판단이 일희일비하지 않습니까? 헌법재판의 판례가 어떻게 나오느냐에 따라서 자기가 만족하면 좋아하고 자기가 싫어하면 반대하는 그런 것처럼 미국의 학계도 이러한 형태의 비판적인 입장을 견지하던 사람들이 워렌법정이라든지 버거법안이라든지 그러니까 렝퀴스트법정 이전에 그러니까 기본권을 확대하고 사회적 개혁적 입법을 통과시키고 이러한 법정의 모습을 보고 흥분한 나머지 사법적극주의를 지향했지만 렝퀴스트법정이 오래 되고 지금 조지부시에 의해서 또 보수적인 쿼터가 지속될 것이라고 예상하기 때문에 완전히 돌아서서 2004년에는 그 사람들이 'California

Law Review'에 특집으로 'populist contotutionalism'이라고 하는 것을 주창하게 되었습니다. 그러니까 우리나라에서 지금 어떠한 의미에서는 헌법재판소가 기본권을 확장하고 그 다음에 국민의 권익을 위해서 많이 봉사하고 있기 때문에 그러한 부분에서 적극주의가 계속적으로 요구되고 있을지 모르지만 이 두 가지 케이스를 비교해 봤을 때 우리에게 진짜 필요한 것은 뭐냐 하니까 법정의 판례에 따라서 개혁입법을 지지하든 보수적 입법을 고수하려고 하든 이러한 어떤 정치적 풍향에 의해 움직이는 것이 아니라 어떤 하나의 조정원칙을 가지고 헌법재판이 헌법에 적시된 기본권 또는 그밖에 많은 사회적 권리들을 보장하는데 기여해야 한다. 그런 입장에서 그렇게 썼습니다.

그 다음에 다른 부분에서 첫 번째 질문이 굉장히 제가 생각하기에는 참 제 논문을 꼼꼼하게 읽으셨다라는 생각을 갖게 되는데요. 사실 설명하신 것 중에 합리적 추론을 거쳐 심판되고 그 판단의 내용이 사회 공동체와의 소통을 거치면서 합의될 가능성 즉 판례변경의 가능성까지 포함하고 있을 때 이 제도적 정당성에 대해서 어떻게 평가할 것인가? 제가 비록 결론에 비지배적상호성을 적용했습니다마는 비지배적상호성에 의해서 봤을 때 이러한 것은 하나의 좋은 대안이라고 할 수 있겠습니다.

그런데 이렇게 말씀하시는 가운데 꼭 지적하고 싶은 것 중에 하나는 소통의 가능성이라고 그래요. 예를 들면 커뮤니케이션만 되면 모든 것이 해결되느냐? 소통의 주체는 누구냐? 그 다음에 소통이 된 이후에 불일치는 어떻게 그거를 처리하느냐? 이거 상당히 정치적 문제가 아직 남아있습니다. 그 다음에 소통의 절차와 내용 모두가 수용되었을 때 최종결정권자가 헌법재판소로 다시 돌아가느냐? 이 세 가지를 모두 종합해 봤을 때 제가 생각하기에 새로운 형태의 심의절차를 통해 가지고 어떠한 방향의 제도를 지향하는지에 대한 논의가 필요한 시점이다. 그래서 긍정은 하지만 소통이라고 하는 그 자체만 보장된다고 해서, 즉 사법외적인 요구가 수렴된다고 해서 그것 자체가 헌법재판 또는 사법적 검토제도 자체의 정당성을 부여하거나 아니면 지금 현행제도가 그것의 정당성을 확보하는 것은 아니지 않는가 그렇게 생각합니다.

그 다음에 또 질문하신 것 중에 하나가 기본권을 비롯한 모든 가치를 공적 심의와 토론의 대상으로 삼고 인민에 의한 정치권력의 통제를 실현해갈 방법에 대한 합의가 이의 제도화로 이러한 문제점을 어느 정도 완화시킬 수 있다면 공화주의적 헌정주의와 모순되는지? 제가 생각하기에는 모순되지 않는 것 같습니다.

실질적으로 시민적 공화주의가 갖고 있는 힘의 우위에 의한 지배가 해소될 수 있고 동시에 저희가 헌법재판제도 외에 다른 형태의 많은 것들 헌법재판제도를 포함해서 이것들의 논의의 장을 제공할 수만 있다면 충분히 소화할 수 있지 않을까 이렇게 생각합니다.

그 다음에 법치에 대한 질문을 하셨는데요. 이거는 제가 생각하기에 법학계나 정치학계나 밤을 새워도 결론이 나지 않는 질문인 것 같습니다.

제가 생각하기에 법의 지배에서 가장, 우리 지금 논의하고 있는 헌법재판과 관련 해가지고 한 2분정도 사족의 말씀을 드리자면, 법이라고 하는 것에 대하여 저희가 플라톤의 'Law'에 나오는 내용들을 종합해서 보자면 법이라고 하는 것에 두 가지 형태의 존재가 있습니다.

예를 들면 저희가 법이론이 무엇인가하면 'What is law'부터 시작한다고 이야기하지 않습니까? 아퀴나스가 그런 표현을 쓰듯이 법이 무엇이냐하는 문제로 다시 돌아갔을 때 두 가지 정도의 내용을 이야기할 수 있겠다. 하나는 제가 자주 언급하는 말입니다마는 'taxis'(질서) 이 질서라고 하는 것은 무엇인가? 제3자 또는 우리의 손으로부터 벗어난 신적 능력 또는 그것에 준하는 능력을 가지고 있는 입법자에 의해서 주어진 법이므로 지켜야한다는 입장이 있을 수 있습니다.

또 한쪽의 입장은 제가 자주 표현하는 말인데 'cosmos'입니다. 'cosmos'는 우주에 법칙들을 널려져 있는데 우리가 그것을 발견한다는 개념입니다. 여기서 발견이라고 하는 개념은 법이론에서 자주 사용하는 다이시가 얘기하는 "판사는 기계적으로 판결을 하고 법이 자기가 자의적으로 해석해서는 안 된다." 그거하고는 전혀 다른 개념입니다. 여기서 말하는 'cosmos'에서 말하는 발견이라고 하는 것은 법이라고 하는 것이 이미 이렇게 세상에 널려져있고 우주에, 우리가 확인해 가면서 찾아간다는 개념입니다. 이 두 가지 개념에서 봤을 때 한쪽은 자연법에 가깝고 한쪽은 보통법 특히 보통법 중에서도 'blackstone'류가 아니라 'coke'류의 보통법이라 할 수 있겠습니다.

이 두 가지 형태에서 바라보는 'rule of law' 이게 정말 다를 수 있다라는 겁니다.

이 차이에서부터 제가 생각하는 게 하나는 'liberal orientation'이고 하나는 'republic disposition'이다. 이렇게 상정을 했던 것이고요. 실질적으로 연구관님께서 사용하시고 있는 개념이 제가 생각하기에는 후자에 가깝다 이렇게 느껴지거든요. 질문으로 봤을 때. 만약에 그렇다면 충분히 수용할 수 있고 그것에 의한 법의 지배를 인정할 수 있지 않을까 하는 생각입니다.

그 다음 질문인데 비지배적 상호성에 대해서 말씀하시면서 결국 헌법재판을 통하여 비지배자유를 실현하는 것이 아니냐? 제가 사실은 제일 내리고 싶었던 결론이, 가장 정치학자들이 관심을 가지는 게 그러면 곽준혁이는 헌법재판소의 존폐문제에서 어디냐? 이런 질문이 분명히 있을 것이라고 생각했는데요. 저는 그거를 우회하고 싶었던 것입니다. 왜냐하면 한국사회가 당면한 문제를 한국사회에서 심의를 통하여 비지배적상호성이라고 하는 조건이 구비된 상태에서 헌법재판제도가 필요하다라고 상정한다면 그리로 가야하고 만약에 그렇지 않다면 다른 형태의 제도를 고민해 봐야 된다. 이거는 심의의 대상이고 주제이지 이것 자체가 지금 제가 제시할 수 있는 형태는 아니다. 만약에 저한테 굳이 묻는다면 지금의 헌법재판제도 저는 비지배적 상호성을 지키는데 있어서 하나의 논의의 장을 형성할 수 있는 좋은 근간이 되리라고 봅니다. 그리고 그것이 만약에 'Graphe Paranomon'이나 이러한 형태의 제도적 보완이 있다면 충분히 저는 공감할 수 있고, 드월킨이 이야기하는 류의 어떤 공감대형성은 저는 반대합니다. 그러니까 헌법재판소에서 판례를 내놓고 난 다음에 여러 가지 형태의 데모가 있고 이러한 형태가 아니라 그것 자체에서 헌법재판소가 주도적으로 어떤 장을 열면 그 안에서 형성되어서 만들어지는 그러한 것들이 오히려 비지배적 상호성의 원칙에 준하지 않나.

그 다음에 네 번째인데요. 시민적 견제력을 확보해서 이것이 또 다른 형태의 사법기관을 만드는 것은 아닌가? 뭐 그럴 수도 있겠습니다. 그런데 비지배적상호성이 보장된다면 입법기관도 상관없습니다.

제가 로마 공화정의 예를 들었다시피, 예를 들면 월드론 같은 학자는 드월킨을 이렇게 공격합니다. "너희가 말하는 사법적 검토를 통해서 기본권이 보장되었다고 하는데 'Roe v. Wade' 사건 외에 한번 뒤져보자. 기본권이 보장되었던가" 그래 가지고 'Dred Scott'도 갖고 오고요. 여러분도 아시다시피 'Dred Scott'이라고 하는 게 소위 노예자유지역을 설정한 미주리협정이라고 하는 것을 파괴하는 협정인데 그게 'civil law'를 갖고 왔지 않습니까. 그 다음에 또 대표적인 그러한 예들을 쭉 들면서 이야기하고 낙태법금지에 대한 위헌을 사실상 선고한 게 영국의 의회제도를 통해서도 충분히 가능했는데 굳이 우리가 사법적 검토제도를 가져야 될 필요가 있겠는가 이렇게 반박도 합니다. 따라서 제 생각에는 시민적 견제력을 제도화하는 방법에는 여러 가지 방편이 있고 이것 자체의 불일치 또는 이것 자체에 대한 논의도 비지배적 상호성에 입각했으면 좋겠다. 그래서 제가 조정원칙이라는 말을 붙인 겁니다. 조정원칙이라고 하는 것은 하나의 원칙이 모든 것을 파생해내는 어떤 근본규율로서의 원칙이 아니라 이것 자체가 어떠한 논의의 장을 형성하고 이것 자체가 심의의 어떤 준거틀을 상호적으로 가질 수 있게 하는, 그래서 굳이 제가 좋아하는 말을 한다면 키케로의 품위, '시민적 품위를 가지고 서로가 토의할 수 있는 형태의 논의를 제공할 수 있는 근간으로의 헌법재판소' 이렇게 생각했습니다.

그 다음에 전학선교수님 질문, 제가 보기에는 저도 여전히 풀지 못한 질문들이 많았는데요. 예를 들면 사법적 틀은 어떻게, 정치적 성격은 어떻게, 정치행위에 대하여, 예전에는 제가 알기로는 제가 수십 년 전에 행정법을 좀 들었는데요. 거기도 보면 통치행위에 대한 논의가 활발합니다. 그 논의 이상으로 제가 얼마나 발전을 시킬 수 있을는지 잘 모르겠습니다마는 다른 대답을 하면서 한번 따라가 보겠습니다.

첫 번째는 선생님께서 말씀하신 것 중에 하나가 소위 말하는 'anti-majority'라는 게 있습니다. 즉 반다수결주의의 장·단점인 것 같습니다. 즉 다수에 의하여 만약에 의지가 형성되는 그 자체를 방치해 놓는다면 항상 다수에 의한 전제가 가능하기 때문에 이것 자체가 민주주의하고 배치되지 않겠는가. 따라서 사법적 검토 또는 헌법재판에 관련한 가장 좋은 기능 중에 하나는 실질적으로 의회나 또는 다른 형태의 여론들이 다수에 의하여 전제될 때 소수를 지켜 내고 기본권의 보장을 통하여 헌법에 규정된 많은 것들을 보장해 주는 것 아닌가. 그래서 민주주의 실질화에 오히려 더 기여할 수 있다라는 그 반론에 대하여 저는 반대하지 않습니다. 그럴 수 있다. 그렇다면 제가 생각하기에 사법적 틀, 정치적 성격 이 모두에 조정원칙이 있어야 합니다. 그렇지 않다면 납득되지 않는다. 시민들이 자기가 생각하기에 도저히 자기는 형평한 원칙에 의하여 재판 또는 처리당하지 않았다고 생각하는데 어떻게 그 법안에 대하여 동의할 수 있겠습니까? 따라서 국가기관으로서의 헌법재판소 또는 제3의 판결기관으로서의 헌법재판소가 가지는 원칙 중에 재판의 결과가 나쁘든 좋든 상대방이 설득되어 질 수 있고 납득되어 질 수 있는 원칙이 필요한데 그게 제가 보기에는 사법적 틀이든 아니면 그것이 정치기관으로서의 성격을 가지든 간에 비지배적상호성을 갖고 있다면 일정정도 담보할 수 있다. 만약에 그렇게 된다면 당사자인 입장에서나 아니면 피해자의 입장에서나 실질적으로 비지배적상호성이 헌법에서 자주 이야기하는 제3자적 규범의 원칙들을 만들어 낼 수 있기 때문에 오히려 제가 보기에는 좀 더 낫다. 이렇게 생각합니다.

그 다음에 헌법재판은 누가 담당하는게 바람직한가? 이게 제가 생각하기에는 똑같은 대답이 될 것 같은데요, 실질적으로는 저는 모르겠습니다 아직까지.

그러나 그것들이 비지배적상호성이 보장된 조건하에서 심의하고 심의된 결과들이 모아진다면 제도적 틀은 그 이후에 형성될 수 있는 것이지 제도적 틀부터 우리가 …상적으로 기븐해야된다라고 생각하지는 않습니다.

그래서 최초의 제정행위가 강조되는 어떠한 형태의 뭐 법실증주의적 입장에서의 피력을 하든 아니면 다른 형태의 내용들을 주장하든지 간에 법이론과 그 다음에 헌법학자, 정치학자들 할 것 없이 전부 다 모여서 심의의 공간을 형성한 다음 이러한 심의의 공간이 비지배적상호성에서 주어졌다고 조건화될 때 제가 생각하기에 소위 말하는 정치적 행위로서의 헌법재판소의 제도화는 가능하지 않을까 그렇게 생각합니다. 시간관계상 짧게 이렇게.

사 회 자 : 감사합니다.

토론하신 분들이 교수님의 답변을 들으셨는데요. 논의의 순서를 조금 바꾸어서 혹시 의문점이 있으시면 나중에 따로 질문을 해 주시기 바라겠습니다.

지금 발표와 지정토론과 지정토론에 대한 답변을 계속 들으셨는데 플로어에서 자유롭게 교수님에 대해서 질문하셔도 좋고 아니면 특별히 지정토론자의 입장에 가담하셔도 좋고요. 특별한 순서는 없습니다. 원하시는 대로 질문해 주시기 바랍니다.

참고로 여기 서로 모르시는 분이 있을 테니까 자기 간단한 소개를 하고 질문해 주시기 바랍니다.

이 명 웅 : 헌법재판소에 근무하는 이명웅연구관입니다.

오늘 발표 잘 들었습니다. 제가 말씀드리고자 하는 바를 제가 잘 정리를 할지는 잘 모르겠는데요 왔다갔다 하더라도 이해를 해 주시기 바랍니다.

우선 첫 번째로, 자유주의적 공화주의라고 했을 때 그런 용어는 많이 사용될 수 있지만 과연 그 용어가 가능하겠느냐라는 생각이 들고요. 왜냐하면 자유주의의 형태와 공화주의의 형태, 특히 어떤 'limitation'하고 'regualtion'의 관계에서 비롯한 혹은 어떤 민주주의와 자유주의와의 관계에서 비롯한 그런 결합이 우리헌법도 자유민주주의 이렇게 해서 공화주의적 요소를 강조하고는 있지만 현실적으로 그것을 구체적으로 하나의 이론적인 논리적 일관성이 있는 개념이 가능하겠느냐, 아니면 어설프게 이렇게 양비론 비슷하게 이쪽과 이쪽의 좋은 것을 서로 모아서 하나의 어떤 바람직하게 해보자라는 것인데 그것이 실제로 구현될 수 있는 어떤 동력을 가지고 있는지 그것이 항상 궁금했고요. 그런 관점에서 보면 로마의 공화정문제와 그리스의 그런 논의를 바탕으로 어떤 공화주의적인 속성을 받아들여서 자유주의적 공화주의를 말씀하시는데 일단 우리가 사법심사라고 하면 그 사법심사라는 'judicial review'라고 하면 거기에 전제되는 개념은 그 기준이 뭐냐라는 것입니다. 사법심사라는 개념은 사법심사를 무엇의 기준을 가지고 할 것이냐 하는 무엇의 기준이라는 것, 어떤 서구에서 말하는 최고법사상이라는 것이 혹은 자연법이든 최고법사상이라는 것이 전제되지 않고서는 사법심사라는 개념이 안 나오는 것이지요. 그래서 코크(Coke)가 'Dr. Bornham case'에서 얘기를 했지만 그때도 역시 하나의 크라이테리어가 없었기 때문에 왕에 의해서 즉시 묵살되고 그것은 하나의 어떤 이벤트로 끝나고 말았는데요. 사법심사라는 개념이 나타나게 된 것은 역시 성문헌법이라는 것이 만들어지고 난 다음에 비로소 이것이 'judicial review'다, 'judicial review'는 헌법에 근거를 해서 이것을 리뷰한다라는 사고방식이 가능하게 되었던 것이고 그것이 이제 'Marburg v. Madison' 사건에서 자신감 있게 표현이 된 것이지요. 그래서 저는 성문헌법 혹은 입헌주의를 전제하지 않은 개념에서 사법심사라는 개념이 있을 수 없고 그리고 그 헌법을 기준으로 한 사법심사라는 개념은 필연적으로 민주주의와 갈등을 겪을 수밖에 없지요. 왜냐하면 헌법 자체가 하나의 입법권을 헌법의 하위기관으로 두고 있기 때문에 헌법적 권위를 입법부가 어떤 그때의 현세의 다수가 함부로 바꾸지 못하도록 아까 경성헌법 말씀도 하셨지만, 그런 전제하에서 헌법을 기준으로 판단을 한다라는 것은 필연적으로 민주주의와 갈등을 겪을 수밖에 없는 내재적 한계를 갖고 있단 말씀입니다.

그래서 저의 두 번째 질문은 그런 어떤 성문헌법, 적어도 근대 입헌민주주의 헌법이라는 것을 전제로 했을 때 사법심사에 대한 어떤 개념이라든가 그 후의 어떤 제도적 개선안이 가능할 것인데 과연 로마시대제도와 그리스시대제도에서 유사한 어떤 사법심사의 틀을 가지고 있는 제도는 있었지만 거기에 기준이 될만한 어떤 최고법 내지는 헌법이 있었느냐라는 것입니다.

그렇지 않다면 그 개념들을 차용을 해서 자유주의적 공화주의를 구성하는 데는 일단은 이론체계적인 정합성이 문제가 되고, 두 번째는 역사적 사법심사의 개념탄생적인 맥락에서 좀 논리적 일관성이 약하지 않는가 이런 생각이 듭니다.

감사합니다.

사 회 자 : 답변해 주시지요.

발 표 자 : 이명웅연구관님 질문 중에 첫 번째 것이 '자유주의적 공화주의' 이게 단순기계적인조합 가능하겠는가? 실질적으로 그렇습니다. 그런데 그러한 이유가 많이 제기되는데요. 제가 생각하기에는 그거는 일종의 사상사적 오해에서 비롯되었다라고 얘기드릴 수 있습니다. 왜냐하면 자유주의가 파생된 것이 공화주

의이지 자유주의에 대립되는 형태로 공화주의가 등장했거나 공화주의가 있었는데 자유주의가 대립한 것이 아닙니다. 실질적으로 삼권분립이니 견제와 균형이니 많은 학자들이 지금 미국에서도 정치학계에서도 자유주의적 헌정주의가 제기하는 많은 이론들을 공화주의라고 사용할 때도 있고요. 공화주의에서 사용하는 것을 자유주의라고 사용할 때가 있습니다. 실질적으로 자유주의라는 이름이 등장하기 이전에는 자유주의가 갖고 있던 많은 사상들, 전제의 방지라든지 삼권의 분립이라든지 견제와 균형이라든지 그 다음에 인권이라는 표현은 없었지만 시민적 권리라든지 이런 용어는 전부 다공화주의적 요소였습니다. 따라서 자유주의적 공화주의가 지금 정치권에서 소위 이야기하는 공동체주의적 자유주의냐 이런 개념이라고 하는 어떤 기계적 조합이 아니라 즉흥적인 조합이 아니라 어떤 의미에서 본다면 자유주의가 갖고 있는 장점을 기존에 자유주의가 뿌리박고 있던 공화주의로 되돌려주려고 하는 개념입니다. 그래서 그러한 표현을 자유주의적 공화주의라고 굳이 쓴 이유고요. 그러한 관점에서 본다면 자유주의적 공화주의와 공화주의의 차이 또는 우리가 이야기하는 프랑스혁명이후의 자코뱅식 공화주의하고의 차이점은 딱 두 가지입니다.

하나는 뭐냐 하면 개인에서 출발할 수 있다는 겁니다.

즉 상호의존적이고 시민적인 열의로 가득 찬 어떤 공동체만을 상정하는 것이 아니라 그러면 좋겠지만, 어떤 의미에서 보면 마키아벨리적 사고방식으로 이야기하면 'Anti-social' 그러니까 반사회적이지는 않지만 'an-social' 비사회적일 수 있는 그러한 개념에서부터 시작하는 개인성, 그래서 개인이 어떠한 형태의 자기판단을 할 수 있는 조건이 가장 중요하다는 전제에서 공동체주의적인 어떤 주입식 또는 전체주의적 사고방식을 배제하고 개인에서 출발을 하고 이 개인들이 어떻게 하면 이게 경험이나 공유된 선을 통해서 함께 행위할 수 있겠는가. 거기에서 법적 제도의 틀들을 발견하는 것이 바로 자유주의적 공화정입니다. 따라서 참여는 일정정도 중요하지만 그것 자체를 목적으로 투표만 했다면 99% 참여해야 되고, 저희는 자유주의적 공화정에서 투표했는데 99% 참여하면 그거는 독재라고 봅니다. 투표율이 낮으면, 꼭 그것이 민주주의의 고도화를 말하는 것은 아니겠지만 99.9% 투표율은 독재다라고 생각하는 것이 참여에 대한 제 생각을 반영한다고 보시면 되겠습니다.

두 번째는 'judicial review'인데요. 이것도 이명웅연구관님께서 갖고 계신 것이 어쩌면 하나의 해석일 수 있지는 않는가? 이런 질문을 한번 던져볼 필요도 있을 것 같습니다. 제 것도 하나의 해석일 수 있습니다. 즉 'judicial review'가 성문헌법하고 꼭 연결되어야 된다라거나 아니면 성문헌법에 있어서의 헌법해석이라고 하는 것에 꼭 최고 법 ‘higher law’가 있어야 된다라고 하는 개념은 어떠한 의미에서 보면 법이론적으로는 법실증주의에 가깝고요. 그 다음에 미국법제사를 통틀어 본다면 그거는 미국적 독특한 성격입니다. 즉 미국의 건국자들이 당시에 ‘common law’ 보통법에 많이 기초하고 있다고들 이야기하지만 그 사람들이 기초한 보통법은 18세기 영국의 보통법 즉 Blackstone이 이야기한 자연법사상이었습니다. 그들이 말하는 헌법이라고 하는 것 자체는 시원적인 존재로서 신에 의하여 주어진 최초의 계약을 선제하는 것이다라는 개념이 해밀턴뿐만 아니라 제퍼슨까지도 1976년에 자기 친구한테 보낸 편지에 그런 표현을 사용하고 있습니다. 그래서 당시에 그러한 형태의 내용들이 있었다는 것을 밝혀내는 연구들 중에 심지어 ‘higher court’을 이야기한 콜린 같은 사람도 그런 부분에 있어서 상당부분 자연법사상에 겸비된 18세기 Blackstone의 보통법사상에 영향 받은 사람에 의하여 성문헌법이라고 하는 개념이 형성되었다고 보기 때문에 제가 보기에는 법제사적 입장에 본다든지 아니면 ‘judicial review’에 대한 폭넓은 해석에서 봤을 때 성문헌법하고 그 다음에 리버럴오리엔테이션을 가질 수밖에 없는 민주주의와의 긴장을 가진 형태의 사법적 검토가 꼭 그것만이, 그것이 비록 다수설이라 하더라도 헌법학계의, 제가 생각하기에는 한 번 더 이렇게 각도를 바꾸어서 볼 수 있는 문제고 아닌가 그렇게 보고요. 지금도 제가 생각하기로는 규범성 해석이 있지 않습니까? 헌법이라고 하는 것에 명시되어 있는 내용들을 갖다가 우리가 불확정적이기 때문에 어차피 규범적 해석을 할 수밖에 없는데 그 규범적 해석에는 여러 가지 심사형태가 있지 않습니까? 따라서 여러 가지 형태의 심사내용이 갖고 있는 것이 성문헌법의 하나의 성격일 수는 있는데 법 자체의 내용으로 본다면 그렇지 않을 수 있다. 그리고 또 말씀하시기에 아테네 민주주의 같은 경우에는 성문법이 없지 않았습니까? 또는 로마에서는 없지 않았습니까? 했는데 12표법이라고 하는 것이 상당부분 ‘higher law’의 역할을 했고요 로마에서는, 그 다음에 그리스에서도 원래 ‘nomos’라고 하는 단어가 나오기 전에는 ‘demostetai’가 기초하고 있던 하나의 법령이 있었습니다. 이거는 일종의 하늘로부터 왔다라고 하는 법개념이 있었습니다. 그런데 그 법들이 ‘nomos’라고 하는게 대치된게 바로 소크라테스하고 플라톤의 논쟁이 시작되는 바로 그 시점이고 4세기 이후에 ‘Graphe Paranomon’은 상당부분 법률이니 ‘nomos’노모스로 상징되는 최고법이니 하는 개념이 없어졌지 이전에는 존재했고 그때도 ‘Graphe Paranomon’은 역할을 했었습니다.

그래서 제 생각에는 이명웅연구관님께서 보시는 게 다수설이고, 제가 그런 부분에 대해서 충분히 이해는 하지만 좀 바꾸어서 볼 수도 있지 않겠나 하는 문제제기 정도로 생각해 주시는 게 어떨까 이런 생각입니다.

사 회 자 : 감사합니다. 다른 분.

김대휘 부장판사님.

김 대 휘 : 저는 헌법재판소에 있지 않고 서울고등법원의 김대휘부장판사입니다.

헌법재판연구에 많이 참여하려고 노력하고, 이런 굉장히 비법적인 어떤 시각을 저는 굉장히 흥미로워하기 때문에 오늘 만사 제쳐놓고 나왔습니다. 하여튼 너무 재미있었고 흥미로웠는데 토론하고자 하는 것은 아니고 곽교수님한테 세 가지만 지적이라면 지적이고 또는 다른 각도를 제시하겠다는, 특별히 답변은 안하셔도 좋습니다.

첫째는 아까 도표에 사법우위의 옆에 있는데 '법관 능력'에 의존한다, '사법우위' 그런 말씀을 하셨는데, 저는 사법우위 내지는 사법적 적극주의의 논거가 된 사법우위의 원리 이것이 법관의 능력이나 자질이라기보다는 아까 신미용연구관 지적한 부분하고 답변하신 부분에 포함된 것이기는 하지만 저는 절차와 논증이 있는 것 아니냐, 위에 논거 중에 하나는 법관의 개인적 능력, 자질이 또 필요하지만 법적절차, 사법적 절차의 우위는 입법적 결정이나 정치적 결정에는 이유를 달 의무가 없습니다. 그래서 그런 논증, 이유를 제시하면서 어떤 검증을 거칠 수 있고 아까 합의가능성 그렇게 해서 물론 비판도 있을 수 있고 그 논증에 반대도 있을 수 있지만 아까 지적하신 토론에 대한 답변, 사전에 충분한 어떤 논증절차를 거친다, 그러니까 아까 뭐라 그러셨는지 용어는 잘 모르겠는데 그런 것을 통해서 어떤 사회적 합의를 도출하는데 기여할 수 있는 것 아니냐, 그렇게 해서 결정이 나오면 예를 들어 정치적 이슈라 하더라도 사법적 결정이 나오면 이제 그만 싸우고 그냥 따르자, 마음에 안들지만 참자하는 게 바로 어떤 법치주의이고 또 어떤, 정치학에서 꼭 반대는 안할 것이라고 봅니다 참는 것은, 그런 점 하나 지적하고 싶고요.

두 번째, 정치학자니까 편견 같은 것인데, 정치는 아까 '다이나믹하다' 또 '거시적이다' 이렇게 말씀해 주셨고, 법은 굉장히 '정태적'이고 '미시적'이다. 그런데 꼭 그런 것은 아니다하는 것을, 그래서 경성헌법의 원리에 안주하면 과거에 화석화되고 안주하게 됩니다. 물론 그것은 헌법재판소나 어떤 사법적 기관도 어떤 사회적 변화에 대해서 수용하고 적응하고 선도할 수 있는 그런 여러 가지 의무와 관련되어 있습니다. 법학에서 헌법의 변천이나 이런 것을 인정하고 제도 자체의 변화를 거부하는 것도 아니고 변화의 제도화도 거부하는 것이 아닙니다. 그래서 헌법적으로 수용될 수 있는 그럼으로써 변화를 제도화하고 제도의 변화를 수용함으로써 사회붕괴를 막는, 법도 그러니까 정치학처럼 다이나믹하지는 않지만 어느 정도 수용할 수 있다, 뒤따라갈, 선도하기는 어렵지만, 그런 점은 좀, 혹시 너무 경성헌법의 원리에 얽매였다고 생각, 법률가들이 또는 법학이, 거기 어떤 사회를 화석화시키는 것은 아니다 법학이, 혹시 그런 편견을 가지실까봐 제가 지적하는 겁니다. 특별히 답변을 요구하는 것은 아니고요.

마지막으로 한 가지 더 지적하고 싶은 것은, 여기 표현이 마음에 안들어서 제가 꼭 지적하는 것은 아닙니다마는 '법학이 정치학의 한 분과다' 법이 꼭 정치의 하부에 있다 이런 느낌을 받을 것 같아서 제가 간단히 좀 지적하고자 합니다.

정치에 의해서 법이 만들어 집니다 결국은, 만들어지고 그 법을 적용하는 것은 사법부입니다. 헌법도 마찬가지지요 정치적인 영역에서, 그렇지만 다른 한편 법은 또 정치를 아까 'regulraion'하든지 'limit'를 합니다. 그래서 저는 물론 혁명이나 그런 아주 비상상황에서는 정치가 법을 압도할 수 있겠지만 통상적인 안정화된 사회에서는 이렇게 교수님 쓰신 용어로 제한을 하면 '법과 정치가 서로 비지배적 상호성' 그래서 적용된 것이 아니냐, 그래서 법이 정치를 규제할 수 있는 어떤 부분 그것도 법의 지배다. 또 정치가 법을 규정한건 의회우위, 서로 비지배적 상호성으로 사회가 공존하고 변화할 수 있지 않느냐 하는 그런 생각을 하는데 특별히 답변을 요구하는 것은 아닙니다.

이상입니다.

사 회 자 : 혹시 답변하실 것 있으시면 하시지요.

남 복 현 : 몇 가지 받으시고 그다음에 하시는 것은 어떠신지요?

사 회 자 : 먼저 질문하시겠다고요?

남 복 현 : 간단히 한두 가지만 말씀드리겠습니다.

사 회 자 : 예, 그렇게 하시지요.

남 복 현 : 일종의 해명 비슷한 얘기도 있고요.

먼저 저는 사실 김대휘부장님 말씀하셨듯이 저는 국회에서 입법을 가지고 정치학과 법학이 만날 줄 알았더니 이 헌법재판소 와가지고 정치학하고 법학하고 만나게 되었다는 게 오히려 굉장히 사실은 반갑습니다. 잘 오셨습니다. 일단 그 말씀 먼저 드리고 싶고요.

두 번째로는 용어관련성인데 여기 이제 '민주주의와 헌정주의 관계 속에서' 이렇게 표현을 하셨는데 그 헌정주의의 의미가 입헌주의 또는 헌법주의를 말씀하시는지 아니면 법치주의를 말씀하시는지 그 부분에 대한 맥락이 좀 와 닿고요.

그 다음에 아까 "헌법학계에서는 주로 자질문제로 논의를 귀결시키고 있더라." 그런 말씀을 주셨는데 그에 대한 변명 비슷하게, 이런 얘기는 제가 보기에는 우리 헌법재판소 관계자들은 말씀 못하실 것 같고 저처럼 재야인사는 할 수 있을 것 같습니다. 그거하고 관련되어서 두 가지 말씀드리겠습니다.

첫째로 헌법학계에서 왜 판사들의 자질문제로 귀결시키느냐? 그 부분인데 사실은 이제까지 아주 정치적으로 민감한 많은 재판이 있었는데 어떤 판단에 있어서 영역을 획정하거나 어떤 준거를 설정하거나 하는데 있어서 사실은 헌법학자들의 시각에서는 굉장히 잘못되었다는 시각을 가지고 있습니다. 내부적으로 안 그런 분들도 있을 수 있겠지만, 바로 그 부분이 차라리 저희 헌법하는 친구들끼리 이런 소리를 합니다. "연구관들이 써주는 검토보고서나 자기 시각을 가지고 자기의 주관을 가지고 읽어낼 수 있는 역량만 있으면 평의과정에 문제 해결되는 것 아니냐" 평의라고 하는 것은 7대 2든 9대 0이든 결정하는 것을 말씀드리는 것입니다. "그렇지 않으면 차라리 아홉 분에 한분정도는 헌법의 맥락을 기본권의 맥락을 이해하면서 접근할 수 있는 분이 그 속에 계셔야 되는 것 아니냐" 그런 차원에서 나오는 문제입니다.

그게 한쪽의 맥락이고 또 한쪽의 맥락은 현 정권과 관련되는 것인데, 현 정권이 굉장히 진보적인 것으로 소문이 나있습니다.

그런데 9월달에 다섯 분이 바뀝니다. 지금 아홉 분인데 그중에 다섯 분이 한꺼번에 교체가 되는데, 그중에 대통령이 셋, 국회에서 셋, 대법원장이 세 명 지명하도록 그렇게 되어 있습니다. 그러다 보니까 현재 이루어지는 어떤 역학관계를 기준으로 봤을 때 오히려 진보쪽으로 너무 많이 경사되어서 구성되는 것 아니냐, 사실 그런 우려를 일부 바탕에 깔고서 그렇게 구성이 되면 꽤 불편할 것이다라고 생각되는 여론집단에서 그런 쪽으로 사실은 은근히 부추기는 그런 흐름이 있습니다. 그 두 가지 흐름이 결합되어 가지고 나타나는 현상으로 보시면, 제가 읽는 것은 그렇게 읽었습니다. 그거는 그냥 코멘트정도입니다.

사 회 자 : 성함을 말씀해 주시지요.

양 진 석 : 저는 헌법재판소와는 전혀 관계가 없고 정치사상을 하는 연세대학교 양진석입니다.

발표자의 논문이 'judicial review'인데 말이에요. 영어로 얘기하면 이거는 'justification of judicial review topic'이지요. 왜 'judicial review'가 필요한지,

발 표 자 : 그냥 'reconsideration'.

토 론 자 : 뭐 'reconsideration'이든 'american constitutionalism'에 가면 섹션에 하나 있는데 왜 'judicial review'가 필요한지 또 그 기능이 무엇인지 했는데, 발표자의 참고문헌에 보면 비켈(Bickel)의 책인 'the lest dangerous branch'라는 책을 이용했는데, 이 책에 의할 것 같으면 의회는 파당으로 이루어졌기 때문에 정당간에 알력관계, 영어로 하면 팩션으로 이루어졌기 때문에 거기서 통과한 법을 믿지 못하겠다 이거예요. 그것이 헌법의 기본정신인 기본권을 침해할 수도 있고 따라서 의회에 대한 회의적인 반응 때문에 'judicial review'가 따로 사법부에 'supreme court'든 아니면 우리나라처럼 헌법재판소든 그런 것이 필요하다 이거예요. 그런 맥락에서 그러면 발표자가 발표문에 썼던데, 판사들의 자질을 얘기하던데, 그 자질이라는 것은 다른 브랜치의 어떤 부서보다도 입법부의 국회의원보다도, 국회의원들은 뭐 자질이 있습니까? 우리나라 지금? 행정부에 있는 노무현과 386세대들은 자질이 있습니까? 아까 누가 급진적이라고 그러던데, 그런 의미에서 헌법을 연구하는 사법적인 트레이닝을 받은 법관들이 더 기본권을 보호해 줄 수 있는 그런 전문적인 지능이 있다 이거예요. 그런 의미에서 자질이 있다는 얘기예요. 그 점에 대해서 본인은 어떻게 생각하시는지, 제 질문이라기보다도 어떻게 비켈의 그거 소개하는 것이 되어 버렸는데 그거를 얘기하고 싶고.

또 기본적으로 헌법재판소에 와가지고 헌법학자들하고 이렇게 하면 굉장히 이론적인 얘기가 나올줄 알았는데, 사실 'judicial review'에 대한 가장 고전적인 미국의 경우에는, 저도 법철학을 전공한 사람이지만, 핸드(Hand)의 'bill of right'라는 책에 보면 'department'가 정부가 입법부든 사법부든 계속 'successfully operation of government'하기 위해 가지고는 사법심사가 필요하단 얘기예요. 그러니까 새만금사업이라든지 대구 무슨 천성산인가요? 어떤 스님이 드러누워 가지고 공사를 못한다든지 또는 최근에 우리나라의 경우에 수도이전문제 때문에 여야당 간에 또는 한나라당과 열린우리당 간에 난리통을 치면 'successfully operation'을 못한다 그거야 'government'가, 아까 플로어에서 어떤 분이 그러니까 대충 사법적인 판결을 내주면 그거를 좀 받아주고 계속 일을 진행하십시오 하는 것이 이 Hand의 고전적인 얘기예요. 'judicial review'가 왜 필요하냐 할 때. 그런데 지금 우리나라상황은 제가 보기에는 그런 상황인 것 같습니다. 발표자는 법적극주의를 굉장히 비판하는 또는 염려하는 것 같아요. 그래서 'judicial review'가 남발됨으로써 우리나라, 그런데 사실은 제가 보기에는 우리나라는 여태까지 독재국가였기 때문에 'judicial review'다운 'judicial review'를 해본 적도 별로 없어요. 우리나라 대법원에서 또는 헌법재판소에서.

특히 지금 많은 갈등이 빚어졌을 때 행정부하고 국회하고 갈등이 빚어져가지고 'governance'가 제대로 이루어지지 않는다든지 또는 천성산에 스님이 드러누워 가지고 막대한 여산이 거기서 소비되고 있었습니다 그동안, 새만금사업도 그렇고, 그랬을 때 'successfully operation of government'하기 위해서 'judicial review'가 필요하다는 거예요. 가장 고전적인, 이것을 조금 보충했으면 더 좋은 발표가 되었을 것 같고, 발표자 곽준혁교수가 쓴 책을 보니까 거기서도 'liberalism'하고 'republicanism'하고를 굉장히 많이 대비시켜서 얘기하던데 이 'judicial review'에 'liberalism'과' republicanism'의 정치사상적인 논란은 차치하고라도 얼마나 해당되는지는 내가 좀 의심스럽고, 다만 발표자가 '반편견의 원칙' 상호동의의 원칙인가요? 이 개념이 정치사상에서 고전적으로 얘기하면 영어로 얘기하면 'reciprocity'랑 뭐가 그렇게 차이가 나는지? 이거는 조금 사상적인 질문이지만, 결국 그렇다면 'reciprocity'랑 그렇게 차이가 없다면 그러한 'reciprocity'에 의해 가지고 권력관계가 아닌 동등한 관계에서 가령 'deliberate democracy'를 염두에 두고 하신 말씀 같은데, 그렇다면 그렇게 하기 위해서라도 오히려 더 헌법재판소에서 또는 미국 같은 경우 대법원에서 법률적인 지식이 있는, 그래서 기본권을 충실하게 보장할 수 있는 법률적인 트레이닝을 받은 그런 기관이 입법부보다는 또는 행정부보다는 더 적절하지 않은가 하는 생각이 듭니다.

사 회 자 : 이 시점에서 답변을 듣고 가는 게 좋을 것 같은데요.

발 표 자 : 우선 가장 직접적인 질문부터 답변을 하는 것이 맞다고 생각합니다.

양진석선생님 질문부터 답변을 해 보겠습니다.

우선 1962년에 Bickel이 제시한 이 이론에 대한 평가는 지금 세 가지로 나뉘어지고 있습니다.

하나는 절충론이다. 그러니까 사법적극주의도 아니고 사법소극주의도 아니고, 그 다음에 사법소극주의이다, 그 다음에 사법적극주의이다 논증이 있는데 그러한 논증을 유발하게 된 것은 두 가지입니다.

하나는 Bickel이 일반적으로 우리가 만날 수 있는 문제들과 지속적인 가치들이 있는데 지속적인 가치들을 지켜주기 위해서는 judicial review가 불가피하다라고 하는 입장을 견지했기 때문에 이 사람이 사법적극주의로 포함되기도 하고, 듀얼킨 같은 학자는 이런 학자가 다분히 사법소극주의입니다. 왜냐하면 제한된 형태의 자기해석만이 가능하다고 봤고 창조적이거나 자기자신의 주관적 의사까지 개입되는 해석은 불가능하다고 봤기 때문에 소극주의라는 겁니다. 이랬을 때 비켈이 이야기하는 그 부분, 선생님이 주장하는 그 부분만 본다면 제3자적 판단이라고 하는 것입니다. 제 3 자적 판단이라고 하는 것을 한 번 지켜보자는 겁니다.

두 가지입니다.

남교수님이 말씀하신 것처럼 지금 우리나라도 이제 법관 다섯 명이 뽑힙니다. 굉장히 중요한 겁니다. 누가 되느냐에 굉장히 귀추를 주목하고 있는데요. 한 미국의 하버드대학의 로스쿨 교수도 마찬가지입니다. 사법심사제도라고 하는 게 세계에서 가장 좋은 제도처럼 이야기하는데 맨날 한다는 짓이 뭐냐 하니까 도대체 Bork를 인준해야 되느냐 말아야 되느냐? O'conner 대신에 누가 들어가느냐? 즉 앉아있는 사람이 누구냐에 따라서 Roe & Wade 같이 개혁적인 입법이 되는가 하면, 지금 abortion에 대해서 새로 평가받아야 된다고 헌법소원이 준비되고 있습니다. 그러니까 모든 진보진영에서는 두 손 놓았습니다. 왜냐하면 숫자적으로 봤을 때 6대 3이기 때문에. 이런 경우에 있어서 판사의 자질이라고 하는 것은 두 가지입니다.

하나는 방금 말씀하셨던 '지각능력' 즉 어떠한 의미에서는 판사들에게 지나친 부담을 주고 있습니다. 우리가 우리를 판단하는 이상의 지각능력을 요구하는 사회대중.

그 다음 두 번째로는 바로 제 3 자적 자질성이 과연 정치적으로 그들이 얼만큼 중립적일 수 있을까. 그 다음에 정치적으로 또는 도덕적으로 자기의 주관적 의사를 개입할 수 있을까 없을까? 어느 정도에서 판단할 것인가? 이러한 문제에 귀결된 것이지 그것 자체가 judicial review에 대한 내용은 아니다.

두 번째, Hand 판사 얘기를 하셨는데요. Hand니 Holms니 Frakforter니, Frakforter는 유명한 사람입니다. 이 사람은 자기가 뭐라고 판례에다 썼냐하면 제가 세 군데서 발견했는데 뭐냐 하면 '미국에서 가장 과두적인 정치기관이다' 이렇게 썼을 정도입니다. 그래서 이 사람이 이야기하는 것하고 바로 'reciprocity'를 한 번 연결시켜 보겠습니다.

말씀하셨다시피 'reciprocity' 이거는 형평법에서 오는 거지요. 여기에서 오는 것이기 때문에 당연히 관련 있습니다. 그런데 우리가 갖고 있는 그리고 선생님이 갖고 있는 'reciprocity'는 상당히 진전된 겁니다. 그러면 예전에는 어떠했는가? 예전에는 일종의 형평한 조건을 서로가 납득하게 되면 그게 형평성입니다. 그런데 지금은 어떻습니까? 어떠한 형태의 조건을 통해서 그 당사자 외에 다른 3자들까지도 동의할 수 있느냐? 이게 형평성의 개념이 된 것입니다. 따라서 이 반편견의 원칙이니 동의의 원칙이니 로마법에 머물러있을 때는 단순히 형평법이지만, 즉 당사자들이 납득하면 통과합니다. 그래서 심지어 로마에서는 형평법을 통과시킬 때 다른 사람이 반대해도 두 사람이 동의하면 통과되는 겁니다. 거기 하나 더 있습니다. '쌍방청문의 원칙' 이것도 마찬가지입니다. 한 사람이 쌍방의 청문의 원칙에 위반해서 자기가 말안하겠다 하면 그만이에요.

그런데 우리는 그렇지 않습니다. 우리는 지금에 있어서 형평법은 당사자외에 제3자까지도 납득하게 되는 형태의 형평을 이야기하기 때문에 그러한 의미에서 비지배적 상호성은 그 이전 것 보다 조금 진전된 형태라고 볼 수 있습니다.

그리고 선생님 말씀하신대로 저도 'judicial review' 또는 헌법재판소의 위상 그 다음에 제도적 필요성 이런 것들에 대해서 완전 부정하는 사람이 아닙니다.

그리고 제가 사법적극주의를 우스갯소리라고 이야기하는 것도 아닙니다.

그러나 사법적극주의를 피력하시는 분들 중에 몇몇 선생님들께서는 어떻게 사법적극주의의 필요성을 이야기하셨나 하면 첫째, 우리나라의 졸속입법 이거 막아야 된다. 누가 막겠느냐? 지금 제 논문에도 밑에 주를 보시면 나와 있습니다. 한 다섯 가지 정도를 모아서 모아놨는데요.

그 다음에 두 번째, 사법관들이 우리나라에서 인텔리다. 이게 학문적인 논문에 실려 있습니다. 즉 지적능력이 탁월하고 상대적으로 많이 배웠다. 이런 이야기도 적혀있습니다. 그 다음에 또 하나는 최대권선생님같은 경우는 비교문화적으로 어떠한 형태에서 왜 우리가 사법적극주의를 취하는지에 대한 설명이 있습니다. 저는 그러한 것들을 다 차치하고라도 사법적극주의 또는 검토에 대해서 논의해 보고 싶은 가장 큰 이유는 허니문시대는 끝났다. 이제 시민들이 납득하고 이미 시민들이 관심을 기울이고 소수자든 다수자든 이제 헌법재판의 판례에 따라서 이들이 자기의 의사를 개진할 텐데, 이런 경우에 있어서 좀 더 많은 이야기들을 각 학제적으로 모아서 헌법재판제도가 앞으로의 민주적 가치를 실현시키는데 기여할 수 있도록 한번 재조정하는 소위 말하면 비지배적상호성의 심의를 한 번 만들어 보자 그런 겁니다.

양 진 석 : 잠깐, 끼어들어서 죄송한데요. 사법적극주의든 그거를 비판하는 것을 보면 기본적으로 'judicial review'는 말이에요 그 법률을 헌법재판소에 가져와서 'supreme court'에다 갖다 제출해 가지고 이거를 해석해 주십시오 할 때만 의의가 있는 거예요. 작동하는 거예요. 그런 의미에서 입법부라든지 또는 행정부의 통상적인 활동보다는 영향력이 적은거예요 'judicial review'가. 너무 그것을 뭐랄까 'judicial review'의 남용가능성이랄까 그거를 염려하는 것이 아닌가 하는

발 표 자 : 그런 그것보다는 좀 총괄적으로 보고 싶었고요. 제일 첫 면에 나

오다시피 사법적 검토 또는 헌법재판입니다. 어떤 경우 헌법재판은 누군가가 소원하지 않는다하더라도 사전 또는 사후에 그 법에 대해서 심사하는 경우도 있습니다.

제도적으로 미국이라고 하는 초점을 맞추면 그 다음에 우리나라의 경우 그렇지만 여러 가지 제도적 형태가 있는데 헌법재판에 대해서 총괄적으로 봄과 동시에 사법적 검토라고 하는 제도가 많이 논의되고 있기 때문에 좀 확대하고 싶었습니다.

그 다음에 간단하게 말씀드리고 싶은데, 김부장판사님께서 제시한 세 가지 다 제가 보기에는 저하고 비슷한 생각을 가지시지 않으셨나 이런 생각을 가졌습니다.

특히 그러한 표현자체가 좀 문제가 있을지 모르지만 제가 생각하기에 수사학에서도 법률적 수사, 정치적 수사, 철학적 수사라 해서 수사를 이야기할 때 세 가지를 다 합치고 그거의 기능성을 이야기할 때는 나눕니다. 특히 기능성을 이야기할 때 나누기 시작했던 것은 실질적으로 4세기 이후이고 그 다음에 로마에서 그게 활성화되었을 뿐이지 그 이전에 같이 썼다는 개념입니다. 제가 생각하기에는 비지배적상호성을 굳이 이야기 안한다하더라도 동의할 수 있을 것 같습니다.

사 회 자 : 처장님.

서 상 홍 : 제가 건방지게 끼어들어도 되는지 모르겠습니다.

'judicial review'를 우리 곽교수님께서 사법적 검토라 그래가지고 조금 다른 뜻으로 쓰자는 주를 보고 무슨 뜻인지는 알겠는데, 용어를 가지고 이렇게 말씀을 하셨으니까 이거를 사법검토라고 그러는 게 맞는가 하는 점에 대해서는 제 생각은 조금 발표자하고 달라가지고 그 부분에 관해서 말씀드리려고 합니다.

우선 우리가 흔히 하는 사법심사라는 것은 아까 양교수님께서도 말씀하셨지만 사법부에 의한 헌법에 근거한 법률의 심사 또는 검토입니다. 그게 심사건 검토건 그거는 별 중요한 내용 같지가 않습니다. 그런데 아마 발표자께서는 이런 의미에서 과연 헌법의 해석을 사법부만 할 수 있느냐? 제 2, 제 3 의 기관, 행정부는 어떻고 또 입법부는 어떠냐? 입법부가 헌법을 해석할 최종권한을 가지는 그런 제도도 있을 수 있지 않느냐라는 그런 의미로 쓰자라고 'judicial review'를 그런 제안이신 것 같은데, 그런 것 같으면 'judicial review' 그러니까 사법적 심사라는 제목이 되어서는 안 될 것 같고, 오히려 법률의 헌법적 검토 안 그러면 헌법적 심사권 뭐 이렇게 되어야 되는 것 아닌가 그런 의미로 쓰신 것 같은데 기왕에 용어문제를 제일 먼저 들고 나오셨으니까 그렇게 제안을 드리고 싶고요.

저는 사실 우리 발표자가 가지고 계시는 어떤 동서고금을 통한 어떤 박람강기한 어떤 광범위한 법사상사적 지식에 대해서 경탄을 금치 못했습니다.

사실 그렇게 여러 가지로, 한 반 정도는 알아듣겠고 반 정도는 처음 들어보는 이름이고 그래서 참 감탄하면서 굉장히 저희들 막상 헌법실무, 물론 실무가들이 그런 부분은 좀 무식합니다마는 '야! 그래도 참 대단하구나' 그러면서 존경하는 마음이 새삼 일었습니다.

다만 한 가지 근본적으로 그리고 아주 소박하게 제가 가지고 있는 의문은 그리고 상당히 혼란스러웠던 부분은 잘 아시는 바와 같이 아까 양교수님도 지적하셨지만 사실 사법적극주의냐 사법소극주의냐는 'judicial review'를 하느냐 안하느냐의 문제는 아니라고 저는 알고 있었습니다. 그런데 지금 발표자께서는 사실은 저희들이 이때까지 이야기하기로 과연 정치문제에 관해서 사법부가 심사를 하는 게 맞으며 최종적인 심사권이 과연 아까도 말씀드린 것처럼 정치문제에 관한 헌법해석을 사법부가 해야 되느냐, 또 일정부분은 입법부가 할 여지가 있지 않느냐? 이런 시비논쟁의 핵심이 사법적극주의이고 사법소극주의라고 이해하고 있었는데, 지금 논의는 양 사상이 사법부가 헌법재판을 해서는 안 된다 법률에 관해서, 된다라는 어떤 근거가 되는 것처럼 그렇게 말씀을 하셔서 그게 과연 정말 정치학계에서는 그렇게 통용되고 있는가, 아닌가 의문이 들어서, 사실 이거는 제가 잘 몰라서 아까 서두에서 말씀드린 것처럼 소박한 의문에서 그거를 한번 말씀드리고 싶습니다.

사실 조금 더 마이크 잡으면 본래 이렇게 놓고 싶지 않는가봅니다마는 아까 비켈도 말씀하시고 그래서, 저는 우연히 요즘 Bickel의 그 책이 모든 사법적극주의, 소극주의 근원이 되고 미국에서 소위 말하는 'political question'의 원전 비슷하게 사용된다고 해서 도서관에서 빌려서 지금 읽고 있는 중입니다마는 그 모든 그러니까 다 마찬가지지만 적어도 인권문제에 관한 한 다른 무슨, 아까 제가 뭐 정치문제라고 해서 탄핵이라든지, 사실은 우리가 탄핵을 했지만 그거는 미국에서의 탄핵문제하고는 정말 다른 입장의 문제 아니겠습니까? 우리헌법은 미국헌법하고 달리 탄핵심판권을 헌법재판소에 명문으로 주고 있거든요. 그런데 미국에서는 상원에 그러니까 대법원장을 의장으로 하는 상원에 주고 있지 않습니까? 우리 헌법재판소가 하는 역할을. 그럼에도 불구하고 여타 제반 여러 가지 탄핵에 관한 문제를 미국연방대법원이 어느 정도까지 관여하고 어느 정도까지 심사할 수 있느냐 하는 그 문제 정도, 이런 문제가 그러니까 사법적극주의, 사법소극주의 과제라고 이해를 했는데, 오늘 정말로 제가 깜짝 놀라가지고는 헌법재판소의 존재근거에 대해서 이렇게 정치학계에서 논란이 있고 그게 바로 저희들이 전혀 다르게 이해하는 이 사람들의 논거를 서로 끌어들이면서 헌법재판을 해서는 된다 안된다 이렇다는데 사실 좀 놀래가지고, 중언부언하지만 그 부분을 해명을 좀 해 주셨으면 싶습니다.

발 표 자 : 우선 서상홍 사무처장님께서 세 가지 질문을 하셨는데, 세 가지 다 제가 보기에는 오해인 것 같다. 왜냐하면 지금 제 논문이 좀 길기도 하고 그 다음에 개념이 생소하기도 하시겠지만 첫 번째로, 방금 말씀하신 것을 하나씩 말씀드리자면 사법적 검토라고 하는 이야기를 하는 이유가 사법소극주의 또는 사법적 검토를 배제하는 입장에서 이 용어를 사용하자고 한 것이 아니라 주를 보시면 지금에 있어서 사법심사에 대한 논의가 사법심사제도 자체의 폐지까지도 논의되는 판에 있기 때문에 이들을 범주 안에 넣어서 함께 토론하기 위한 하나의 기구로 사법적 검토를 이야기한다고 되어 있습니다. 이 경우하고 사무처장님께서 말씀하신 경우는 조금 다릅니다.

두 번째로는 해석의 범위문제를 제기하셨는데요. 제가 보기에는 법이론에 의해서 바라보는 헌법해석에도 여러 가지 근거와 내용이 있을 줄 압니다. 사무처장님께서 말씀하신 경우는 법실증주의 또는 여러 가지 형태로 한국사회에서 헌법해석이라고 하는 것 또는 헌법재판이 헌법에 근거하에서 판단하는 것이라고 규정했을 때 받아들일 수 있는 근거인데요, 제가 생각하기에 해석의 범위라고 하는 것이 정치적 행위뿐만 아니라 인권문제에 이르기까지 지금에 있어서는 사법적극주의, 사법소극주의로 담아낼 수 없을 만큼 그것이 크다는 게 제가 이 논문을 쓰게 된 계기입니다. 지금에 있어서 사법적극주의다, 사법소극주의다, 원본주의이다 아니면 비원본주의다 이것 가지고는 담을 수 없는 내용들이 지금 쏟아져 나오고 있고 한국사회는 이제 그런 시점으로 가고 있다는 겁니다.

세 번째는 정치와 사법의 차이가 보이는데요. 대결국면이 아니라 제가 항상 패밀리라고 생각하는 이유는 이게 두 개가 다른 시각을 갖고 있는 것이 아니라 모멘틈이 다른 것 같습니다.

하나는 저희가 초점 맞추고 있는 것은 헌정적 계기입니다. 헌법재판소의 존폐 여부가 관심이 있다. 이거는 헌법개정에 대한 정치학자들의 이해와 관심을 반영하는 것이고요. 그 다음에 사무처장님께서 하신 말씀은 일상적인 헌법재판제도가 헌법에 명시된 것을 추진하고 그것을 실행할 때 바라보는 시각입니다. 그래서 우리가 똑같은 패밀리라도 지금 계기가 다릅니다.

우리 정치학자들이 관심을 가지는 가장 큰 이유는 이제 87년 같이, 다른 분들은 어떻게 생각하시는지 모르겠습니다. 87년 같이 이렇게 그냥 잠깐 밀실에서 끝나고 이런 헌법개정은 불가능하다는 겁니다. 지금은 분명히 우리가 앞으로 한국사회가 2060년대는 어떻게 살아야 되는지에 대한 전망적 계기를 마련해서 헌법개정을 하자는 입장이기 때문에 헌법재판소의 존폐뿐만 아니라 헌법재판소제도의 보완까지 근본적으로 탐구해나가는 것이고요. 그 다음에 여기에서 헌법재판소에 대한 역할에 대한 문제라고 만약에 이야기한다면 그거는 일상적 계기 그러니까 일상적으로 헌법에 명시된 것들을 기본권을 지키시고 그 다음에 헌법에 있는 것을 해석하시고 이런 부분에 대한 것은 바로 사무처장님이 말씀하신 계기 이 두 가지 계기가 합쳐졌을 때 제가 보기에는 헌법이 구현하자고 하는 원칙들이 있지 않겠나 이런 것이지 대립적이거나 아니면 다른 내용의 이야기를 하는 것은 아니라고 생각합니다.

사 회 자 : 아까 박호성교수님 먼저 손드신 것 같은데, 말씀해 주시지요.

박 호 성 : 사상학회에서 온 박호성입니다.

얘기가 너무 어려워 저는 뒤를 다 못 읽어서, 읽고 이 자리에서 배운 것만 질문을 좀 하고 싶습니다.

아까 토론자의 토론문에 보니까 헌법이 의미하는 것은 무엇이며 헌법제정권력자의 의도는 무엇인지를 명확하게 하여 문제를 해결하는 것이다. 그러시면서 말씀하실 때 헌법재판소는 누가 감시할 것인가라는 의제가 주어졌다고 말씀하셨습니다.

제가 여기에 관심이 있어서 여쭤보는 것인데 곽교수님 발표논문 중에서 2페이지에 보면 첫 번째 문단 끝에서 세 번째 줄 "헌법재판제도는 이제 대한민국 헌정체제의 내용을 결정할 수 있는 제도가 되었고 그 결과 이 제도를 지탱하는 정치적 원칙들은 헌법조문의 단순해석으로 정리될 성질의 것이 아니라 지속적인 공적토론과 민주적 심의를 통해 결정되어야 할 사항이 되었다고 말할 수 있다" 이 두 가지 문제를 가지고 제가 평상시에 궁금하게 생각했던 것을 여쭤보고 싶습니다.

과연 헌법재판관의 얘기가 아까 잠깐 나왔는데 헌법재판소에서 내린 최종결정이 문제가 있을 때 여기는 어떻게 해결해야 될 것인가? 예컨대 정치적 사건하고 연관된 것 아까 얘기도 나왔습니다마는 탄핵문제라든가 행정수도이전문제라든가 그전에 정치하고 연관된 것이기는 하지만 낙선운동이라든가 이런 것들은 제가 볼 때는 오히려 정치적 정의차원에서는 문제가 될 수 없는 것일 수도 있는데 법적인 정의차원에서 이것이 위헌이 되거나 위법한 것으로 판단되는데 제가 볼 때는 이 헌법제정권력자는 일단은 국민주권이라는 것을 거부하지 않는다면 국민의 뜻에 따라서 결정되어야 하지만 사람의 문제를 떠나서 판례가 잘못되었을 때 이 것을 어떤 논거로 바꿀 수 있는 것인지, 국민이라는 것이 정치적인 해석이 아니더라도 이 국민의 뜻에는 다수의 뜻과 소수의 뜻이 대비될 수도 있고, 또 다른 각도로 보게 되면 가치의 문제 예컨대 공화주의가치하고 자유주의가치가 같이 가면 좋겠지만 충돌될 경우에 이 문제를 어떻게 해결할 것인가, 우리 곽교수님 발표논문에 외람되지만 토론을 위해서 제가 보충을 하자면 지속적인, 아까 신미용 연구관님도 말씀하셨지만, 지속적인 공적토론과 민주적 심의를 통해서 결정되기 이전에 여기에는 저는 두 가지가 개입된다고 보는데, 하나는 법의 해석을 통해 가지고 토론과 심의가 법의 해석과정에서 영향을 미친다고 그러지만 실질적으로 여기에는 일종의 영향력이라든가 우리가 권력으로 볼 수 있는 부분 이것이 들어갈 수 있겠고, 여기에서는 물론 자연법적인 정의가 논의될 수 있지만 다른 갈래로 해결이 될 경우에는 성문화된 헌법의 형식으로 결정이 될 수 있는데 이것은 법실증주의에서 얘기하는 실정법상의 어떤 정의문제를 떠날 수 없는 편에서 개헌을 통해야지만 가능한 것인데 그렇다면 근본적으로 법적인 정의하고 법치주의에서 얘기하는 우리가 정치적인 정의라고 얘기하는 요소에서 정의가 따로 있을 것은 아닌데 이것이 상충이 될 때 우리는 어디에서 이것을 바꾸거나 바로 제정할 수 있는 또는 모순을 해결할 수 있는 논거를 찾을 수 있겠는가, 공화주의에서도 제가 조금 의문이기는 하지만 일반국민들에게 지금 가장 가르치고 교실에서 일반 사람들을 교육하기 어려운 것인데 현재 노무현정부는 몇 공화국입니까라는 제목인데, 공화주의 전공하시고 지금까지 또 이 자리가 의미 있는 장소에서 하는 것 같아서 오늘이라도 제발 다음에 돌아가면 현재 노무현정부는 몇 공화국이다라고 우리 아이들하고 사회교육할 때 가르쳐줄 수 있는 어떤 기준이 좀 나왔으면 좋겠습니다.

이상입니다.

사 회 자 : 감사합니다.

김병환교수님.

김 병 환 : 저에게도 기회가 주어져서 감사하게 생각합니다.

굉장히 흥미있는 발표와 토론에 대해서 많이 배워서 대단히 감사하게 생각합니다.

많은 점이 흥미가 있어서 질문이 많지만 간단하게 두세 가지 정도만 질문을 드리겠습니다.

사실은 'judicial review'의 존재근거, 정당화에 관련된 논의에 연관해서는 'judicial review'가 반드시 필요하냐, 필요하지 않느냐 여기에 대해서는 제가 알기로는 어떤 해답이 없습니다. 사실 어떤 헌법적 가치들을 갖다가 실현하는데 'judicial review'가 반드시 필요한가, 하지 않는가 여기에 대해서는 사실은 하버마스와 드월킨의 또는 롤스 간의 어떤 논쟁 같은 것을 보면 해결책이 없어요. 사실은 공화주의적인 어떤 절차주의적 민주주의 패러다임을 통해서 입헌주의적 법치주의를 정당화하는 어떤 하버마스의 모델이나 또는 어떤 'liberal constitutionalism'을 주장하는 드월킨에 있어서, 드월킨 같은 경우는 'judicial review'를 굉장히 옹호를 하지요. 그럼에도 불구하고 자유주의적인 어떤 정치도덕을 실현함에 있어서 반드시 이런 'judicial review'가 필요하다라고 하는 어떤 결론에는 도달하지 않습니다. 단지 그것을 당연히 인정할 때 인정하고 미국사회에서 이 'judicial review'가 어떤 기능을 함으로써 입헌주의와 민주주의를 대립적으로 이해하는 것이 아니라 민주주의에 대한 어떤 입헌주의적인 제약자체가 민주주의의 완성으로 그래서 이것이 실질주의적인 어떤 법치의 완성개념으로 봐버리는 것이지요. 그런 점에서 본다면 'judicial review'라고 하는 것은 훌륭한 기능을 하고 있다. 이렇게 볼 수 있지만 그 자체가 필연적으로 이런 헌법적 가치를 실현함에 있어서 'judicial review'가 필요하다라고 하는 강한 결론으로는 가지 않습니다. 그리고 절차주의적인 모델로부터 출발하는 하버마스의 경우에도 사실 어떤 'public deliberation'에 의해서 어떤 'basic rights' 같은 것이 합의가 되고 정당화되고 수립이 되는 거지요. 역시 또 폐기될 수도 있고요. 그러나 그렇다고 하더라도 하버마스가 '따라서 'judicial review'가 필요하지 않다'라고 하는 강한 결론에 도달하지는 않습니다. 그렇게 볼 때 결국 이 'judicial review'라고 하는 것이 한 사회에서 어떤 기능을 하고 있느냐라고 하는 것이 굉장히 실질적으로 중요하다고 생각됩니다.

제가 생각할 때는 이 'judicial review' 제도가 헌법재판소가 한국사회에서 이렇게 발생했을 때 확립이 되었을 때 이것이 어떤 사법의 정치화라고 하는 관점에서 이해될 수 있는 여지가 상당히 많았다고 생각합니다.

오늘날은 '정치의 사법화' 정치적인 문제를 사법적으로 해결하는 어떤 이런 추세가 상당히, 그래서 사법국가, 사법독재까지도 얘기가 많이 되고 있지만 사실은 이 기원에 있어서는 하나의 사법을 정치적으로 이용하는 이런 관점에서, 왜 인치보다는 법치가 훨씬 더 매력적이고 어필할 수 있는 것이거든요. 그런 외양을 보이게 하는 거지요. 그러나 민주화의 과정이라고 하는 것은 이것을 하나의 사법을 갖다가 정치를 또 사법화하는 이런 어떤 것으로 진화를 하고 있다는 점에서 이런 논쟁은 그래서 어떤 구체적인 사회 속에서 한 사회속에서 쥬디셜리뷰에 상응하는 제도가 어떤 기능을 수행하고 있는가 하는 실질적인 어떤 그런 기능의 차원에서 평가될 수 있는 것이지 'judicial review' 자체가 꼭 필요하다, 필요하지 않다라고 하는 것은 아닙니다. 그리고 상호선의 원칙을 월드론이라든가 롤스라든가 이런 사람들이 광범위하게 합의하고 있는 자유주의적인 하나의 도덕적인 근본 원칙이지요 사실은. 또 롤스에 있어서 상호성의 원칙의 가장 핵심적인 하나의 principle'이라고 볼 수 있는데 결국 이런 것들이 실현되는 어떤 방식이라고 하는 것은 결국은 기본권 형태로 1차적으로 나타난다라고 하는 거지요. 그 속에서 평등한 어떤 시민성을 규정하는 다양한 기본권적인 권리들, 기본권적인 것들, 이런 것들이 사실은 비지배적 상호성을 구현하기 위해서는 이것이 하나의 기본권적인 모종의 어떤 형태로서 일단 어느 정도는 설정될 수밖에 없다라고 하는 거지요. 그런데 이런 점은 사실은 하버마스의 절차주의적 패러다임에 대한 비판에서 많이 얘기가 됩니다. 사실은 어떤 'appropriate한 democratic procedures'가 뭐냐라고 하는 겁니다. 이것이 형성되어야만 그 절차적 패러다임에서 어떤 기본권이 도출되고 이런 법이 제정될 수가 있는 것이거든요. 그러나 거꾸로 돌이켜보면 그런 민주적인 절차, 공정한, 적합한 민주적 절차를 어떻게 우리가 규정하느냐라고 하는 것에서 결국은 기본권이 역시 파운데이셔널한 어떤 라이즈로서 기본권이 이미 암묵리에 전제되어 있다라는 거지요. 그래서 곽교수님께서 결국은 말씀하시는 비지배적상호성의 원리가 실질적으로 실현되는 그런 과정은 결국은 모종의 기본권을 가정하지 않는다면 상당히 어렵겠지 않느냐, 호혜적인, 그러니까 롤스에 이르는 어떤 평등한 가장 광범위한 평등한 기본권의 존재를 인정한 제 1 의 원리로부터 그게 설정이 되는 거지요. 이게 상호성의 원칙하에서 가장 광범위한 기본적 자유를 허용해 주는 거지요. 제 1 의 원리로서. 이런 식으로 뭔가 기본권적인 형태로 제도화되지 않는다면 원리로서의 비지배적상호성이 굉장히 추상적으로 생각이 된다라고 하는 겁니다.

그렇게 본다면 별 차이가 없지 않는가라고 하는 겁니다.

발 표 자 : 우선 김병환교수님 말씀하신 'judicial review'의 필요성에 대한 논의는 사실상 이렇다 저렇다 하기 힘든 것 아닌가, 그렇기 때문에 제가 비지배적상호성을 제시했고요. 아까 전에 신연구관님 질문에도 구체적인 제도는 심의로 비지배적 상호성이 보장되는 논의의 장에서 심의의 결과를 가져와야 되는 것이 아닌가 이렇게 대답했던 겁니다.

그런데 하나 첨언하자면 선생님하고 똑같은 생각입니다마는 드월킨의 지금 자세는 단순히 이럴 수도 있고 저럴 수도 있고 이렇게 간게 아니라 이 사람이 영국에 대해서 지나치게 괴로워하는 것 같습니다. 지금 쏟아지는 논문의 대부분은 영국이 'judicial review'를 도입해야 되고 보다 적극적으로 해야 된다. 뭐 이런 식으로 가고 있기 때문에 그거는 이제 'basic rights'를 이야기할 때와 조금 다르지 않는가 하는 것을 첨언하고 싶고요.

그 다음에 비지배적 상호성에 대한 선생님하고 저하고의 입장 차이를 반영하는 것 같기도 하고, 또 솔직하게 말하면 이거는 따로 한번 뵙고 이야기해 봐야 되는 것 같기도 한데요, 제가 생각하기에 하버마스가 갖고 있는 'verfassung-staat'라고 하는 개념이 갖고 있는 문제점 중에 하나로 제가 제기하고 싶은 게 상호성도 좋고 'procedure'도 좋고 다 좋습니다. 그런데 하나가 좀 마음에 걸립니다.

칸티안에 대한 저의 생각인지도 모르겠습니다마는 차 떼고 포 떼고 난 다음에 한번 절차를 보자, 즉 감정 빼고 그 다음에 내가 생각하는 주의, 주장 빼고 이렇게 논의하기는 힘들다. 그러니까 프리폴리티컬한 라이스를 자기가 이야기하고 싶을 것이고요, 그 다음에 파워가 있고 'domination' 있고, 정치적으로 이 국면을 해결해야 되는데 그것이 단순하게 그냥 'procedure verfassungstaat' 거기에 대한 것은 이거는 곤란하다. 그거는 제가 좀 차이가 있습니다. 그리고 만약에 비지배적 상호성이 그렇게 만약에 체계화되지 않는다면 너는 어떻게 할래? 제가 지금도 노력하고 있는 것입니다마는 그렇기 때문에 항상 비지배적상호성으로 끝나고요.

그 다음에 매일 이론적 조망이라고만 이야기하는건데, 그거는 제 한계이기도 한데 또 하나는 지금 제가 천착하고 있는 개념 중에 하나가 '휴머니티'라고 하는 개념입니다. 개념이 자꾸 나와서 죄송한데요, 왜 그러냐하면 이러한 개념들이 자세하게 소개가 안 되어 있기 때문에 제가 자꾸 이렇게 개념화시키고 있는 중입니다.

즉 르네상스시절에 사람들이 기본권을 이야기하지 않았습니다.

르네상스시절에는 '휴머니티'라고 하는 개념입니다. 즉 '인간애' 이 '휴머니티'라고하는 개념은 성문화되지 않고 앉아서 계속 토론해 보는 겁니다. 토론하다보면 이들 간에 합의가 도출되면 '휴머니티'로 통과됩니다. '휴머니티'로 통과되면 내가 경험하지 않은 사실에 대하여 내가 경험한다는 표현을 사용합니다. 그게 마키아벨리 저서에서도 막 쏟아져 나오는 건데요, 그게 '휴머니티'라는 개념입니다. 즉 저 사람이 고통당하고 있으면 내가 '휴머니티'를 느끼는 겁니다. 내가 생전에 가난해보지 않았지만 가난한 사람을 보면 눈물을 흘리듯이, 이런 개념들이 일종의 공화주의가 체계화하고 내용화하려고 하는 내용이었는데요, 저는 개인적으로 기본적 인권이나 이런 데 더 동요가 많이 되는 편입니다.

그래서 선생님 말씀하신대로 그렇게 하면 저도 편할 것 같은데 이 '휴머니티' 문제를 좀 더 해소하고 싶습니다.

김 명 헌 : 그런 것들은 가령 롤스의 제 2 의 원칙이라든가 'welfare rights' 잇 그러니까 이거를 이런 형태로 표현이 되는 거지요 사실은, 물론 그처럼 'emotionally approach'되는 어떤 그런 것으로까지는 나가지는 않지만 이 'welfare rights'을 통해서 사실은 그런 형식적인 어떤 것들을 실질화시키는, 그래서 의존적이지만 종속적이지는 않는 이런 어떤….

발 표 자 : 예, 비슷하지요. 그런데 권리가 체계화되는 것도 예를 들면 예전에 여성의 참정권이 인정된 게 얼마 안 되었습니다. 여성의 참정권이 인정된 것은 정말 18세기… 그러면 18세기 이전에 그 기본권은 존재하지 않았겠습니까? 그렇기 때문에 내용들을 체계화할 때 미국도 여성의 참정권을 인정하는 것이 1800 몇 년인가요? 1900 몇 년? 그러니까 이게 그 사람들이 기본적인 인권에 대해서 몰랐었던 게 아닐 겁니다. 그것들이 체계화되는 과정에서 우리가 자연권을 어떻게 볼 것이냐의 논쟁을 차지하고라도 '휴머니티'가 가지는 장점이 있다는 겁니다.

양 진 석 : 아니 그런데 그 'reciprocity'에 대해서 정치사상적인 논쟁을 하면 헌법하시는 분들은 재미없어 하실 것 같고, 지금 김병환교수가 한 얘기는 그런 레스퍼러티드를 하는 것은 기본적으로 롤즈의 제 1 원칙처럼 그런 맥락에 의해서 기본권이 도출되었고 그래서 헌법재판소에서 'judicial review'를 할 때는 그런 기본권에 입각해서 이 법이 기본권을 침해했느냐, 롤즈식으로 하면 'first principle'을 침해했느냐 하는 것이 'judicial review'의 목적이고 그러한 기본권이 나온 배경이 바로 롤즈 같으면 …요.

발 표 자 : 그러니까 그러한 조건들을 상정할 수 없는 여러 가지 입장이라는 것이지요.

토 론 자 : 그런 조건들이 하버마스의 'ideal speech situation' 같은 것은 결국 풀어서 이렇게 'substantial principle'이 없는데 ' principle'을 제시한게 바로 롤즈가 얘기하는 기본권이라 이거지요. 하버마스의 아이디어 'ideal speech situation'을 그렇게 잡으면 절차는 좋을지 몰라도 substantial한 어떤 결정을 할 수가 이거예요. 그런데 롤즈의 'veil of ignorance'와 하버마스하고의 차이점은 롤즈는 그러면 'veil of ignorance'에서도 정의의 제 1 원칙, 제 2 원칙이라는 것을 찾

아냈고 그 정의의 제 1 원칙이 바로 기본권 아니냐 이거예요.

발 표 자 : 그러니까 제 답변은 롤즈나 하버마스가 상정하는 조건의 비지배적 상호성이 꼭 일치하지는 않는다는 겁니다.

사 회 자 : 여기까지 하지요. 시간상 많이 제한이 있기 때문에 많은 분들의 의견을 듣고 싶은데 다 할 수 없는 것을 양해해 주시기 바랍니다.

사회자의 재량으로 한 분만 더 초대하고 싶은데 괜찮을까 모르겠습니다.

사 회 자 : 이인호교수님 한 번 말씀 해 주시겠어요.

가능하면 짧게 해 주시면 고맙겠습니다.

이 인 호 : 알겠습니다.

저는 중앙대학교 헌법학을 하는 이인호입니다.

아주 훌륭한 강의 잘 들었습니다.

저는 발표가 아니고 강의라고 생각이 되고요. 저는 학생으로서 한 2시간 정도 들었으면 좋겠다하는 생각을 했었고요. 그런데 30분에 걸쳐서 아주 짧게 했기 때문에 제가 선생님의 생각을 제대로 파악을 못한지도 모르겠습니다. 또 미리 읽어보지 않았기 때문에.

아마 선생님께서는 지금 현재 우리 헌법재판소가 폐쇄적인 구조를 가지고 있고 폐쇄적인 헌법재판소가 아주 막강한 권력을 행사하고 있는 것 아니냐, 그 점이 혹시 이 글의 동기이신가요?

발 표 자 : 그렇지 않습니다.

이 인 호 : 그렇지 않습니까? 죄송합니다 그러면.

원래 이 글을 쓰시게 된 기본취지나 그것은 그러면 우리 현실하고는 관계없는 것인가요?

발 표 자 : 우리 현실하고 관련이 있습니다.

이 인 호 : 그러면 우리 현실에서 어떤 맥락에서 이렇게 글을 쓰시고 지금 전체적인 요지가 무엇인가 다시 한 번 듣고 싶습니다.

핵심적인 말씀을 하고 싶으신 게 있으실 것 같은데.

사 회 자 : 그러면 이거를 마지막으로 모임을 마치도록 하고 싶은데 괜찮겠습니까?

정리해 달라는 말씀이신 것 같은데요.

발 표 자 : 실제로 지금 디펜스하는 입장에서 말씀을 드리고 답변을 했습니다마는 사실은 이렇게 노트가 가득찰 정도로 적고 있습니다. 많은 도움이 되었고요.

그 다음에 제가 갖고 있는 개념들을 충분히 설명하지 못했기 때문에 나름대로 아쉬운 점은 있지만 그런 과정 속에서 개념이 정교화될 수 있다는 생각 때문에 굉장히 저는 오늘 사실은 소득이 많았던 발표입니다.

왜 글을 썼느냐? 호기심 때문입니다 첫 번째, 지적호기심 때문입니다.

제가 로스쿨 시퀀스를 몇 개 들었는데요, 한국에서 헌법재판에 관련된 문제가 터졌길래 제가 인덱스에 가서 PDF파일들을 뽑아보는데 제가 생각하기에 아직까지 우리가 지금 어쩌면 헌법학계 내에서도 소개하는 차원에 그치는 것은 아닌가 하는 어떤 막연한 착각이 들었었습니다. 물론 2004년 이후의 것을 보지 못했기 때문에 어떤 진전이 있을지는 잘 모르겠습니다.

그런데 또 제가 받은 책들이나 정치학에서 쏟아지는 논문들이 에 대한 비판입니다. 사법통치라고 번역되는데요. 지금 사실 양건교수님이 지난번 여기 발표에서 밝히셨던데요, 제가 논문을 읽었는데, 리드만의 표현에 따르면 거의 100여 권이 넘습니다. 지금 쏟아져 나오는데요. 전 세계적입니다.

그러면 한국사회에서는 사법우위라고 하거나 사법통치라고 하는 문제가 없을지라도 앞으로 한국사회 민주주의가 점점 고도화된다면 한국사회는 세 가지 정도의 문제는 꼭 있을 것이다. 이 문제를 가지고 민주주의의 본질적인 부분까지 침해하게 해서는 곤란하다. 이거는 정치사상을 편안하게 하고 싶은 저의 욕망도 있고요. 그래서 첫 번째 생각한 게 민주주의를 아름답게 만드는 방법 중에 하나는 민주주의의 문제점을 제가 똑바로 보는 것인데 그러한 문제점을 문제점이기 때문에 민주주의 자체의 존폐까지 가서는 곤란하다. 그러면 어떻게 해야 될 것인가? 거기서 제가 발견한 게 'anti-populism'입니다. '반민중주의' 민주주의의 긍정적인 다이나믹스는 빠져나가버리고 선동과 민주주의의 폭력성과 그 다음에 민주주의의 전제만 남아있는 경우 이거는 모든 사람이 싫어하는 경우이고 저도 싫기 때문에 이러한 것을 방지하기 위해서는 방지하는 제도들을 찾아야 되겠다. 그 다음에 그렇게 방지한다면 원칙도 있어야겠다. 이 원칙이 이제 규제원칙이라고 하셨는데 저는 조정을 더 좋아합니다. 조정원칙이다.

그 다음 세 번째, 지금 당면한 문제 중에 일상생활에까지 파급되는 가장 중요한 제도가 있다면 무엇인가 헌법재판이? 얼마 전에 뉴스에도 보다시피 헌법재판의 평등에 대한 원칙에 의하여 안마사들이 자살까지 하는 소동이 벌어졌습니다. 그러니까 가장 한국사회의 정치에서 외곽에 존재한다는 사람들까지도 이제는 헌법재판의 영역에 또는 그 보호에 들어가야 되는 시점에 도달했습니다.

이런 경우에 정치학자로서 이거를 제시해 주어야겠다. 이거는 'judicial

supemacy'라고 하는 제도를 제가 생각해서도 아니요 'juristocracy'라고 판정해서도 아니고 한국의 민주주의를 보다 아름답게 만드는 방법 중에 하나로 그러한 기능을 하고 있다고 생각하고 또 많은 사람에게 지지를 받는, 78%가 헌법재판에 동의하고 있습니다.

그 다음 흥미로운 것은 헌법재판이 지금까지 여론조사와 배치되는 판결을 한 적은 없습니다. 특히 정치적인 부분에서. 자, 이런 경우에 있어서 어떻게 해야겠는가? 그러한 데 대해서 문제가 시작되었고요. 그런 의미에서 늘 생각하는 겁니다마는 고전을 공부하는 사람으로서 우리가 옛날 것을 잘 모르기 때문에 느끼는 생각이 반복되는 사건들 속에서 우리의 열정이 암묵을 통해서 수정되지 않으면 우리가 갖고 있는 라이덴샤프트가 아우겐마스트를 통해서 절제되지 않으면 한국의 미래는 없다. 한국의 민주주의는 힘들다. 그런 생각에서 젊지만 한번 이런 것을 써야겠다는 어떤 계기가 형성되었다고 생각합니다.

좋은 자리 마련해 주셔서 감사합니다.

사 회 자 : 감사합니다.

제67회(2006. 7. 7) 발표문

생명헌법(bio-constitution)과 체외인공수정 잔여배아(surplus embryo in vitro fertilization)의 법적 지위

강 희 원*

Ⅰ. 들어가면서

이번 학기 중간에 나는 우리 대학과 어느 중국대학 간의 학술교류 차 지도교수로서 학생들과 함께 중국을 방문하였다. 공식일정을 마친 후, 우리는 역사교과서를 통해서만 알고 있었던 만리장성을 육안으로 볼 수 있는 기회를 가졌다. 나는 도저히 상상할 수 없을 정도로 엄청나게 거대한 규모에 다시 놀라지 않을 수 없었다. 만리장성이 북방이민족의 침입에 대한 방비라는 성(城) 본래의 기능을 제대로 수행하지 못했다는 사실에 관해서는 중국역사서를 통해 익히 알고 있었던 바인데, 왜 중국을 지배했던 역대 제왕들은 수많은 백성들의 피와 땀을 소모시키면서 그 성을 구축하고 또 증축하는 데에 열중하였던 것일까라는 의문이 잠시 다시 제기되었다. 그것은 백성의 안정을 도모한다는 미명하에 제왕의 권위를 확인하기 위한 하나의 거대한 정치적인 상징작업이었을 것이다. 그런데 만리장성을 보기 위해서 세계각처에서 온 수많은 관광객들이 북적대는 현장을 보면서 나는 다른 생각을 하였다. 지금에서야 만리장성이 중국을 위한 새로운 역할을 하고 있구나하는 생각에 이르렀다. 해마다 세계도처에서 수백만 명의 관광객들이 적지 않은 비용을 지불하면서 그 웅장한 만리장성을 보기 위해서 중국으로 쇄도하고 있다. 이것이야 말로 만리장성의 현대적 효과가 아닌가? 이러한 경제적 효과는 아마 만리장성을 구축했던 중국의 역대군주들이 의도하지 않았던 일일 것이다.

언제나 인간은 안정(安定, security)을 추구하며 그러한 삶의 정서를 갖고 살

* 경희대학교 법과대학 교수.

기를 원하는 것 같다.[1] 그래서 역사를 돌아보면, 각 시대마다 당대인들은 그 시대에 익숙하지 못한 새로운 지식이나 현상에 대해서는 그것을 「안정에 대한 적(敵)」으로 규정하고 그 나름의 제도적인 만리장성을 쌓고자 했던 경우가 종종 있었다.

과거 어느 때보다 우리 인류는 과학기술의 발전으로 엄청난 변혁 속에 살고 있다. 과학기술은 공간적 차원에서 편린(片鱗)적으로 흩어져 있던 지역사회를 시간적 차원에서 하나의 세계사회로 통합하였으며, 신의 영역이라고 불리어져왔던 생명창조행위를 할 수 있는 경지에 인간으로 하여금 도달하게 만들었다. 오늘날 인간은 과학으로 신을 대체하고 터부를 깨고 있다. 사실, 과학의 역사는 기존의 터부(taboo)[2]를 파괴하는 역사라고 말해도 과언이 아니다. 그래서 현대인들은 첨단과학기술에 대해서 한편에서는 환영하고 다른 한편에서는 대하여 불안을 느끼고 있는 것 같다.

도덕과 윤리 그리고 법은 인간들이 과거에 경험했던 사회적인 불안의 현재형이라고도 할 수 있다. 현재의 사회적 조건을 변경하는 과학의 발전은 항상 기존의 도덕과 윤리 및 법과 대립적인 상황에 설 수밖에 없었다. 그러나 인간의 역사를 돌이켜 보면, 과학기술에 의한 하부구조의 변동은 도덕과 윤리, 법, 가치 등으로 대변되는 상부구조를 변화시켰다. 이러한 변화는 새로운 과학기술을 추구하는 사람들이 그것에 대한 새로운 사회적 수요를 만들어내면서 그것에 반대하는 사람들의 주장을 극복해 가는 긴 역사적인 변동과정이었다. 하부구조를 유지하는 새로운 방식이 현실화되면, 그것에 맞는 새로운 도덕과 윤리가 성립하고, 또다시 새로운 방식이 출현하면, 과거가 된 도덕과 윤리는 다시 변경되거나 배척될 수밖에 없는 운명에 처하게 된다. 이러한 맥락에서 과거의 의미는 미래에 의해서 재해석되고 변질되고 있다고 할 수 있겠다. 물론 일부 사람들은 이런 식으로 과거의 도덕과 윤리를 무력화시키는 현상을 "인간의 타락"이라고 비방하였지만, 거의 대부분의 사람들은 이러한 변화를 "발전"이라는 이름으로 받아들였던 것도 역사적 사실이었다.

1) 레라미 리프만의 엔트로피이론을 차용해서 설명한다면, 인간은 사회적인 엔트로피를 낮추기 위해 제도와 법을 만든다고 할 수 있다. 제도와 법 속에서 인간은 사회적 및 심리적인 안정을 느낀다.

2) 제임스 조지 프레이저의 「황금가지」(이용대 옮김, 2001년 한겨레신문사 출판) 옥스포드판 서문에는 터부에 관해서 다음과 같은 아주 재미있는 표현이 있어서 여기에서 소개한다. "터부는 문화를 둘러싼 울타리이자 지방색의 표지이며, 소유물과 영토에 대한 규정이다. 그러한 터부는 수용을 통해서든 배제를 통해서든 우리에게 우리가 누구인지 알려주기 때문에 우리는 모두 그것을 귀중하게 여긴다. 따라서 우리가 남과 다르다는 것을 보증해주는 터부만큼 신성불가침한 터부는 없으며, 다른 터부를 지닌 사람들과의 근친성이라는 평준화개념만큼 통렬한 사상은 없다."

생명공학의 발전, 그리고 그 성과의 상품화 및 시장화는 이제 운명처럼 우리에게 닥쳐와 있다. 과거를 그대로 고수하면서 변화된 현실을 거부할 것인가? 아니면 과거를 버리고 주어지는 상황에 따라 변신할 것인가? 이러한 양자택일의 강요는 개인적 차원과 사회 전체적 차원에서 동시에 진행되고 있다. 이러한 상황에서 많은 사람들은 불안을 느끼면서 인간의 존엄성을 목청 높여 부르짖으면서 생명공학의 발전에 우려를 표하고 있다. 이들이 부르짖고 있는 인간존엄성은 무엇을 의미하는가? 인간존엄성이란 인간 이외 다른 존재에 대한 존엄인가? 아니면, 그것은 인간이 인간에 대하여 존엄하다는 것을 의미하는 것인가? 만약 존엄성이 인간에 대한 것이라고 한다면, 인간에 대한 인간의 존엄이란 것은 무엇을 의미하는가? 자신의 운명을 통제할 수 있는 생명공학과 기술을 행사할 수 있는 능력을 가지고 있기 때문에 인간이 존엄하다는 것인가? 과연 우리가 인간존엄성에 호소하면서 인간과 자연에 대한 생명공학적인 개입행위를 자제시킬 수 있겠는가? 하지만 역사가 이미 증명해주고 있듯이, '불가능한 것'은 완전하게 금지될 수 있지만, '가능한 것'은 완벽하게 금지될 수 없다. 그렇다고 법적으로 금지한다고 인간의 존엄성이 확보될 수 있는가? 법률에 의해서 새로운 과학적인 터부가 창설될 수 있을 런지도 의문이다. 여기에 우리의 근본적인 딜레마가 있는 것이다.

어떻든 우리도 생명공학에 의한 갑작스런 변화에 대해서 우리 나름의 안정을 강구하고자 법적 제도적 장치를 마련하였다. 하지만 이 제도가 제대로 기능하지 못하는 현대판 만리장성으로 변하고 있는 것은 아닌가? 우리가 생명공학에 대한 윤리적 및 법적 규제라는 만리장성에 대해 다른 의외의 효과를 기대하고 있는 것은 아닌지 모르겠다.

Ⅱ. 논의대상의 범위

1. 논의의 계기

우리나라에서 생명공학이라는 변방에서 새롭게 발흥한 거친 외적을 방비하기 위해서 법적 제도적 만리장성을 구축해야 한다고 주장이 제기된 것은 그렇게 오래되지 않았다. 오히려 초기에는 외적의 새로운 기법을 받아들여야 한다는 목소리가 높아서 아이러니컬하게도 생명공학육성법[3]을 제정하였으며, 이 법률은 지금

3) 이 법률은 (구)유전공학육성법을 확대하여 1983년에 새로 제정된 것으로서 수 차례의 개정을

도 기능하고 있다. 1990년대에 들어오면서 우리나라의 생명공학수준도 급격하게 발달함으로써 생명공학의 과도한 발전에 대한 법적인 장성(長城)구축작업의 필요성에 관한 주장이 힘을 얻기 시작하여 논의가 되었다. 법적 장성의 구축필요성에 대해서는 모두들 찬성했지만, 그 규모를 어떻게 정하고 또 어디에 성문을 내어야 하고, 어디에 망대를 설치하며, 누가 그 성문과 망대를 무엇으로 어떻게 지킬 것인가에 대해서는 다양한 견해가 대두되었다. 각각의 견해를 조정하고 합의를 이끌어 내어 우리 사회의 일정한 규범의 틀을 만들어 나가는 과정에는 상당한 어려움이 있었으나, 생명공학진영과 생명윤리진영의 잠정적인 타협의 결과로서 2005. 1. 29. 법률 제7150호 생명윤리및안전에관한법률이 제정되고 2005. 1. 1.에 발효했다. 이 법률은 우리나라에서 인간 자기 자신의 재생산을 위한 새로운 방법인 생명공학적인 기술과 행위를 규제대상으로 하는 일반법으로서 자리를 잡고 있다.

그런데 생명윤리및안전에관한법률에 의해 합법적으로 열려 있는 통로로 인간배아에 관한 생명공학적인 연구가 허용되자 그 합법적 통로에 대한 불안이 증대되고 일부의 생명윤리론자들은 이를 막기 위해서 생명공학적인 연구를 허용하고 또 사실상 지원하고 있는 동 법률 중 8개 조항 및 부칙 일부에 대하여 헌법을 동원하기에 이른 것이 아닌가 추측해본다. 최근에는[4] 보건복지부가 난치병 치료 등 제한적인 연구목적 외에 5년이 넘은 배아를 폐기토록 한 생명윤리및안전에관한법률 제16조 제2항이 이 법률 시행 이전(2005. 1. 1.)에 생성된 배아에 대해서도 적용된다고 하는 법제처의 유권해석에 기하여 각 의료기관에 대하여 생성된 지 5년이 넘는 배아를 폐기하도록 지시하여 생명윤리및안전에관한법률이 다시 사회적인 이슈로 대두될 가능성이 있다.

2. 헌법소원 내용의 개관

(1) 청 구 인

청구인들은 모두 13명(여기에서 청구인 1, 2가 통상적인 의미에 있어서 사람에 해당하는지 여부는 논외)인데, 청구인 1, 2는 체외 수정된 냉동배아이고, 청구인 3, 4는 부부로서 청구인 1, 2의 생성에 정자와 난자를 제공한 자들이고, 청구인 5, 6, 10, 13은 의료인이며, 청구인 7, 9, 11, 12는 법학자 및 윤리학자이고, 청구인 8은 대학생이다.

거쳐서 현재에도 적용되고 있다.

4) 2006. 5. 26.자 한겨레신문, 조선일보, 국민일보 등 주요신문 참조.

(2) 위헌대상 법률조항

생명윤리및안전에관한법률(2004. 1. 29. 법률 제7150호) 제13호 제 1 항, 제16조, 제17조, 제18조, 제19조, 제20조, 제22조, 제23조 및 부칙 제 2 항, 제 3 항.

(3) 위헌의 이유

인간배아가 발생학적으로 인간과 동일선상에 있는 생명체이므로 단순히 생물학적인 재료로 취급되어서는 아니 된다는 전제하에 생명윤리및안전에관한법률 제2조가 배아 등의 정의(定義)를 잘못하고 있다고 지적하면서

1) 인공수정배아는 새로운 존재와 인격의 근원으로서 그 존엄과 가치를 법적으로 보호받아야 할 생명체임에도 불구하고, 생명윤리및안전에관한법률 제13조 1항, 제16조, 제17조, 제18조, 제19조, 제20조, 부칙 제 2 항, 제 3 항 등 인공수정배아 관련 조항은 헌법 제10조, 제12조 제 1 항, 제12조에 의해서 보장되고 있는 잔여배아의 기본권을 침해하고 있는 한편, 인간의 성장과정을 수정란 – 배아 – 태아 – 사람이라는 단계로 구분하여야 할 하등의 합리적인 이유가 없음에도 불구하고,[5] 이를 구분하여 배아를 차별적으로 연구대상으로 삼고 있으므로 이는 헌법 제11조 평등권을 침해하고 있다.

2) 위와 같이 잔여배아의 기본권을 침해함으로써 헌법 제10조, 제11조, 제12조 제 1 항, 제17조, 제19조에 의해서 보장되고 있는 정자 및 난자 제공자의 기본권을 침해하는 것은 물론이고, 잔여배아의 인간성을 지지하는 일반인에 대하여 위 헌법 각 조항에 의해서 보장되고 있는 일반인, 특히 의사, 윤리학자 법학자 등의 기본권도 침해하고 있다.

3) 생명윤리및안전에관한법률 제22조가 세포핵이식행위를 할 수 있도록 허용하면서 그 결과물인 체세포복제배아에 대해서는 연구 폐기를 인정하고 있는 바, 이는 헌법 제10조, 제11조, 제12조 제 1 항, 제17조, 제19조가 보장하고 있는 체세포 및 난자 제공자의 기본권을 침해하는 것임은 물론이고, 체세포핵이식행위에 의한 복제배아의 생성을 반대하는 일반인에 대하여 위 헌법 각 조항에 의해서 보장되고 있는 그들의 기본권도 침해하고 있다.

라고 각 주장하고 있다.

5) 본 헌법소원은 인간의 시기 및 정체성과 관련하여 뒤에서 곧 살펴보게 될 이른바 동일성론에 기초하고 있다고 말할 수 있다.

3. 생명윤리및안전에관한법률의 주요내용 개관

생명윤리및안전에관한법률은 9장, 55조항 및 부칙으로 구성된 그 내용이 상당히 포괄적인 법률이다. 우선, 동법률은 입법목적(제1조), 용어정의(제2조), 적용범위(제3조)[6], 국가 및 자치단체의 책무(제4조) 및 개인의 자기결정권(제5조)을 총칙으로 규정하고 있으며, 생명윤리 관련 쟁점사안 및 인간배아 이용의 허용범위 등 윤리적·사회적으로 심각한 영향을 미칠 수 있는 연구와 시술의 허용여부와 범위에 관한 사항을 심의하는 기관으로서 국가생명윤리심의위원회 및 기관생명윤리심의위원회를 두도록 하고 있다(제2장). 여기에서 우리의 논의를 위한 단서를 얻기 위해 생명윤리및안전에관한법률이 규율하고 있는 생명공학적인 행위 중 중요한 금지행위와 허용행위의 일부를 적시해본다면 다음과 같다.

(1) 금지행위

1) 인간개체를 복제할 목적으로 체세포핵이식에 의해 배아를 만들거나 이를 자궁에 착상, 임신진행, 출산시키는 행위를 금지하며, 인간개체복제를 목적으로 한 행위에 참여하거나 유인, 알선행위도 금지함(제11조 참조).

2) 이 법에 의하지 아니하고는 임신 이외의 목적으로 인간배아를 만들 수 없고, 정자와 난자를 선별하여 수정시키거나 사망한 자·미성년자의 정자와 난자를 이용하여 배아를 생산할 수 없도록 하며, 매매의 목적으로 정자 또는 난자를 제공하는 행위를 금지함(제13조 참조).

3) 배아 또는 태아를 대상으로 하는 유전자 검사는 대통령령이 정하는 유전질환의 진단 목적으로만 유전자검사를 실시하도록 하고, 의학적 입증이 불확실하여 피검자를 오도할 우려가 있는 유전자검사를 금지하도록 함(제25조 참조).

4) 유전정보 등을 이용하여 교육, 고용, 승진, 보험 등 사회활동에 있어서 타인을 차별할 수 없도록 하고, 타인에게 유전자 검사 받기를 강요하거나 그 결과 제출을 강요할 수 없도록 하며, 직무상 얻거나 알게 된 인간의 유전정보 등을 타인에게 제공하거나 부당한 목적으로 사용할 수 없도록 함(제31조 및 제33조 참조).

(2) 주요한 허용행위

1) 임신목적으로 체외인공수정으로 생성된 배아는 5년간 보존하고, 보존기간

6) 특히 제3조를 보면 동법률이 생명과학기술과 관련된 생명윤리와 안전에 관한 일반법으로서 지위를 가지고 있음을 알 수 있다.

이후에는 폐기함(제16조 참조).

2) 동의권자의 서면동의가 있고 보존기간이 경과된 냉동잔여배아의 경우 불임치료법 및 질병치료를 위한 배아줄기세포 연구 등의 목적으로 이용할 수 있도록 함(제17조 참조).

3) 배아생산의료기관의 장은 배아연구계획서의 승인을 받은 배아연구기관의 장에게 연구 및 시술에 필요한 난자 또는 배아를 무상으로 제공하되, 난자 또는 배아의 보관 및 제공에 필요한 경비를 요구할 수 있도록 함(제20조 참조).

4) 보건복지부장관의 허가를 받은 기관(유전자은행)은 인간의 유전정보 등을 수집·보존하여 질병의 원인규명을 위한 연구 등의 목적으로 직접 이용하거나 또는 타인에게 제공할 수 있도록 함(제32조 참조).

5) 유전자치료 임상연구 및 그 시술은 유전질환, 암, 후천성면역결핍증 등 중증 질병치료나 유전적 향상을 목적으로 하지 않는 치료로서 대체치료법이 없는 경우에 한하여 허용하고, 생식세포·배아 또는 태아에 대하여는 유전자치료를 할 수 없도록 함(제36조 참조).

4. 본 발제에 있어서 논의의 범위와 방식

2005년 생명윤리및안전에관한법률이 제정된 것은 사회의 보편적 규범과 생명존중의 사상을 일정한 사회적 규범으로 정립하는 데에 그 의미가 있었다고 할 수 있다. 그런데 우리는 생명윤리및안전에관한법률이 생명공학적인 과학기술에 대한 원천적 부정이나 금지가 아니라 생명공학과 생명윤리의 타협에 의한 건강한 사회규범의 테두리 내에서 합리적인 생명공학기술의 발전을 추구한다는 의미로 받아들여져 이를 전선(戰線)으로 하여 생명공학적인 행위와 생명윤리가 평형을 유지할 수 있으리라고 생각했으나, 그 결과는 오히려 그렇지 않은 듯하다. 이 법률에 의해서 생명공학적인 문제와 생명윤리적인 문제는 새로운 차원 즉 법적 차원으로 치닫고 있는 듯하다.

보수적인(?) 생명윤리진영은 생명윤리및안전에관한법률이 누구를 위한 성벽인가라는 본질적인 의문을 제기하면서 성벽을 경계로 하여 아군과 적군의 위치가 뒤바뀐 것을 인식했는지도 모른다. 생명공학과 생명윤리의 타협적 결과로서 만들어진 현행 생명윤리및안전에관한법률은 헌법질서가 지향하는 이른바「생명헌법(bio-constitution; Bio-Verfassung)」[7]에 반한다는 것이다.

7) 뒤에서 언급하듯이 헌법은 우리 법질서의 정점에 있는 최고의 법이다. 모든 법적인 문제는 결

이들 주장은 배아가 착상 전의 배아이거나 인공수정 후 체외보관 중인 배아이거나 인공수정으로 생성된 배아 중 임신의 목적으로 이용하고 남은 배아가 동일하게 출생한 인간과 동일한 고유한 유전자를 가지고 있으며, 배아, 태아, 사람은 동일한 생명체로서의 고유한 유전자를 가진 존재로서 생명의 연속선상에 있다고 보는 이른바 동일성론에 입각하고 있다. 이러한 주장이 정당화되기 위해서는 우리 헌법규범으로 인간존엄성의 내용이 확정될 수 있어야 하고 잔여배아의 기본권능력이 법적으로 인정되어야 한다.

본 헌법소원의 주장내용과 관련해서 판단해 볼 때, 가장 핵심적인 쟁점은 체외에서 인공수정으로 생성되어 냉동고에 보관되어 있는 배아가 우리 헌법질서에서 어떠한 법적 지위를 가지는가라는 문제에 있다고 할 수 있다. 물론 산과의사, 윤리학자, 대학생, 법학자, 철학자 등 특정직업군(群)의 일반국민들에게도 생명윤리및안전에관한법률 중 배아관련규정에 관한 헌법소원에 있어서 당사자적격이 문제로 되지만, 여기에서는 언급하지 않기로 한다. 그래서 본 발제에서는 주로 위 핵심적인 쟁점들에 논의의 중심을 맞추어서 우리나라 생명헌법의 핵심적인 부분인 인간시기에 관한 문제를 살펴본 다음에, 인간존엄성이 과연 잔여배아를 복제하거나 연구용재료로 이용하여 연구하는 등 생명공학적인 개입행위를 하고, 그 다음에 일정기간 이후 폐기하기도록 하는 명령에 대한 금지규범으로 작동할 수 있을 것인지를 생각해보기로 한다. 먼저 이러한 주제에 들어가기 전에 몇 가지의 점을 논의의 전제로서 정리한 다음, 본격적인 논의를 시작하기로 한다.

덧붙이건대, 본 발제에서 나는 나의 주장을 전개하거나 그것을 받아들이도록 권고하려고 하지 않는다. 다만, 법적 판단행위가 전개되는 것을 보여줌으로써 결정자가 자신의 행위를 볼 수 있도록 하여 보다 합리적인 판단을 하게 하려고 한다. 나의 법학방법론은 논의의 구조를 보여주는 것에 그 목적이 있다. 「보여주기」는 나의 법학방법론 중 한 가지다. 이러한 방법론에 입각해서 나는 무엇보다 논의대상과 관련된 문제에 대한 헌법적인 판단이나 결정이 얼마나 정치적인 행위인가를 보여줌으로써 그것을 담당하고 있는 사람들이 보다 신중하게 정치적인 결정을 할 수 있도록 하고자 한다.

국에는 헌법의 문제로 승화될 것이다. 그러므로 헌법학은 단순히 헌법조문을 억지로 끼워 맞추어 조작하는 법기술학(法技術學)이 되어서는 아니 된다. 헌법학은 노동을 둘러싼 문제에서 노동학이 되어야 하고, 경제문제에 관해서 경제학이 되어야 하며, 재산의 문제에 대해서 재산학이 되어야 하고, 민주주의 문제에 대해서는 민주주의학이 되어야 할 것이다, 이렇듯 이제 생명문제와 관련해서는 헌법학은 생명학이 되어야 한다. 이러한 의미에서 나는 생명문제에 관한 헌법질서를 「생명헌법(bio-constitution; Bio-verfassung)」이라고 명명하려고 한다.

Ⅲ. 전제적인 정리: 생명헌법에 관한 논의 기점의 구축을 위해서

1. 법적 논의의 성격

(1) 실용법학으로서 법학

법학사를 돌이켜보면, 법학은 당면문제를 해결하기 위한 실용법학을 중심으로 해서 발달해왔다. 실용법학의 관점에서 말하면, 법이란 인간사회에 있어서 분쟁해결을 위한 하나의 수단이고, 무엇보다 현대국가에 있어서는 가장 중요한 분쟁해결수단이다. 분쟁이란 사회에 있어서 해결되어야 할 과제이다. 의학이 인간에게 질병이 생기는 때, 신체 또는 정신에 적합한 치료행위를 시행하여 그 질병을 낫게 하는 방안을 제시하듯이, 법학은 사회에 병리현상으로서의 분쟁이 야기된 때, 그것을 법에 의해서 해결하는 방안을 제시해야 한다. 질병을 낫게 하는, 적어도 고통을 감소시키는 방안을 제시하지 못하는 의학이라고 하는 것이 그 존재이유를 인정받지 못하듯이, 분쟁을 법적으로 처리하지 못하는 법학이라는 것도 전혀 존재이유를 인정받을 수 없을 것이다. 그러므로 법학의 중심이 실용법학에 있다고 하는 것 자체는 괴이할 것도 없고, 더구나 법학이 실용법학이 되어야 한다는 주장도 비난받을 것이 될 수 없다. 이러한 차원에서 본다면, 법학은 실용법학에서 출발하고, 실용법학에서 끝난다는 성격을 숙명적으로 가지고 있다고 말할 수 있을 것이다. 실용법학의 실용성이라는 것이 결코 만인에 있어서 공통의 척도를 가지고 있는 것은 아니라는 점은 분명하다. 그 실용성이 일정한 사회에 있어서 어떠한 사람들에 있어서 어떠한 의미에 도움이 되는 실용성인가라는 근본적인 문제를 제외하고서는 실용성 일반을 논할 수 없다. 실용법학이 실용적이면 실용적일 수록, 그 실용성이 일정한 역사적 사회관계 속에서 가지는 의미나 역할, 한계 등이 엄격히 추구되고, 자각되어야 한다.

여기에서 법률가 특히 법적용자에게 요청되는 것은 실용법학의 학문적 성격과 과제를 분명히 인식해야 한다는 점이다. 실용법학으로서 법학은 일정한 사회적 목적을 달성하고자 하는 목적학문이고, 유의미한 행위를 추구하는 의미학문이며, 목적과 의미에 따라 정치적인 결단을 해야 하는 판단학문이다. 그러므로 현실에 있어서 다툼에 대한 판단으로서 실용법학적인 결론은 정치적인 또는 정책적인 의미를 가질 수밖에 없다.

(2) 법적 판단에 있어서 의미문제의 불가피성

정신적인 것을 물질적인 바탕으로부터 분리하면서 인간의 사회적 행위와 질서의 의미와 목적에 대한 물음이 그 답을 규범적으로 요구하는 곳에서 법학의 방법과 자연과학의 방법은 나누어진다. 물론 규범적인 의미추구가 자연과학에서는 전혀 배제된다는 것은 아니다. 즉 자연과학자도 "자연"이 도대체 무엇인가라는 의미에 관한 근본적인 문제에 직면해 있다. 그래서 철학적인 교육을 받은 자연과학자는 자연과학적 방법으로는 자연현상의 개별적 측면만을 알 수 있을 뿐이라는 것을 의식하는 경우가 있다. 그러나 자연과학에서의 의미문제를 배제하더라도 연구의 결과에 아무런 영향이 없다. 비록 지배를 위한 지식이 아니라 진리의 지식을 산출해야 된다는 요청이 철학적으로 정당화되지는 않지만, 이러한 요청에 의해서 자연과학에서 의미문제의 배제라는 것을 정당화한다. 어떻든 자연과학에서는 자연적 현상에 대한 인식에 있어서 의미문제를 배제할 수 있다. 왜냐하면 자연과학이 인간에게 자연적 과정을 지배할 수 있도록 하는 규칙성만을 추구하는 한, 자연과학은 전체적으로 보면 단지 거시적 우주와 미시적 우주의 경계에 불과한 고전적 인식영역인 인간의 자연적 환경 속에서 인식의 주체로서의 인간을 방법론적으로 무시할 수 있기 때문이다. 하지만 얻어진 결과와 자연과학적 행위의 합리성이 논의의 대상이 될 때 다시금 의미와 목적에 대한 물음이 제기된다.

그렇지만 법학은 인간의 법 · 국가 · 정치라는 분야에 대한 연구에서 연구대상의 본질에 대한 물음을 결코 포기할 수 없다. 만약 법학에서 연구대상의 본질에 대한 물음을 포기한다면, 그것은 그 연구 자체와 그 결과에 지대한 영향을 미칠 것이다. 오류의 또는 잘못된 대답은 확실히 학문으로서의 법학과 생활의 일부로서 법실무를 망가뜨릴 것이다. 소박한 의도로 실무적인 동기에서 의미문제를 배제하려는 시도는 겉보기에 아무런 의문이 없는 것처럼 보이지만, 다수인의 확신이 이익에 의해서 조종되는 정치적 대결의 십자포화에 직면하고 있는 현실에서 이러한 시도는 아무런 사전적인 준비가 없는 실용주의적 입장으로서 궁지에 몰리지 않을 수 없다. 우리가 인식주체로서 방법론과 시간적 요소를 고려하지 않고 국가와 법을 항상 올바르게 인식한다는 것은 불가능하다. 법학자, 국가학자, 정치학자가 자신의 연구를 방법론적으로 반성해보면, 비로소 그는 그가 궁극적인 철학적 문제를 피할 수 없다는 것을 의식하게 된다. 법학은 목적학문이다. 법학의 연구목표가 사전에 파악되어 규정되어 있기 때문이 아니라 법과 국가질서의 영역에서 공정성과 그 규준에 대한 물음이 필연적으로 제기되기 때문에 법학 특히 실용법학은 실정법의 목적론적인 정립에 그 궁극적인 목적이 있다.

법적 규제에 있어서 의미문제는 생명공학의 발달로 야기된 새로운 상황에서 보다 심각하게 제기된다. 생명공학에 대한 법적 통제에 있어서 우리는 인간, 생명 그리고 삶에 대한 실존적인 의미와 반성적 의미를 통해서 그것이 나아갈 올바른 방향을 찾을 수 있을 것이다. 생명공학이라는 새로운 상황에서 우리가 우리 자신에게 어떻게 질문하고 또 어떠한 의미를 부여하는가에 따라 우리의 법적 실천원칙은 다르게 나타날 수 있다. 인간의 의미 및 인간으로서의 존엄성은 영원히 고갈될 수 없는 가치의 원천이다. 이것을 생명공학에 대한 법적 통제에도 가장 중요한 출발점으로 되어야 할 것이다.

2. 헌법해석의 성격과 헌법재판소

헌법은 말할 필요도 없이 우리나라의 법질서 정점에 있는 근본법이다. 이런 측면에서 본다면 우리의 실정법과 실용법학은 당연히 헌법에서 출발하고, 헌법에서 끝나지 않을 수 없다. 헌법재판소는 이러한 헌법에 대한 최종적인 유권적 해석권력이다. 그러므로 법을 둘러싼 일체의 문제는 헌법의 문제 속에 집약되어 있고, 그러한 해석분쟁에 대해서는 헌법재판소가 최종적인 유권적 해석권한을 가지고 있다. 헌법에 대한 헌법재판소의 해석은 적어도 우리나라 법질서의 실천적인 맥락에서 최종적인 정치적 결단이라고 할 수 있다.

그런데 여기에서 우리가 분명히 인식할 필요가 있는 것은 헌법해석이란 것이 단순히 헌법조항의 언어적인 의미의 확정이 아니라는 것이다. 헌법문제에 있어서 일반적으로 헌법의 언어의 의미가 문제로 되는 경우, 거기에서는 반드시 헌법의 언어가 처음에 가지고 있었던 의미가 인식의 대상으로 되어야 하는 것은 아니다. 오히려 현재적인 상황에서 헌법의 언어에 어떠한 의미를 부여해야 하는가가 핵심적인 문제로 되는 것이다. 이 경우에 헌법의 언어는 단순한 인식의 대상으로서가 아니라, 해석의 대상으로서 대두하는 것이다. 헌법해석에서는 해석자가 헌법조항을 마법의 거울로 사용해서 현실을 재단해내는 것이다. 여기에서 해석이란 인간이 일정한 가치판단에 기초해서, 법문의 언어에 일정한 의미를 부여하는 실천행위 즉 가치판단작용(또는 이데올로기활동)이다.[8] 가치판단행위로서의 헌법해석은 헌법제정 당시 원래의 어떠한 의미를 가지는 것으로 만들어졌는가라는 사실을 확

8) 법해석의 일반적인 문제에 관해서는 강희원, "법해석에 관한 비판적 고찰: 노동법의 해석을 중심으로,"「경희법학」, 제38권(2003) 제 1 호, 5-54면 참조

인하는 헌법인식과는 근본적으로 다르다. 예컨대, 헌법 제10조 제1항의 「인간의 존엄과 가치」라는 언어가 본래 가지고 있었던 의미는 무엇인가라는 문제에 대해서는 오로지 하나의 옳은 해답만 있을 수 있겠지만, 헌법 제10조 제1항의 「인간의 존엄과 가치」의 언어에 어떠한 의미를 부여할 것인가 또는 어떠한 의미를 부여해야 하는가라는 물음에 대해서는 해석자의 인간관, 역사관, 가치관 등등의 차이에 의해서 다른 해답이 나올 수밖에 없다. 즉 누가 해석하는가에 따라 다르게 될 수 있다.

이렇듯 제정법에 대해서도 해석자의 가치관, 인간관, 법의식 및 이들을 기초로 한 해석활동에 매개되면서, 다양한 해석론이 전개될 수 있다. 물론 이 경우에 법이란 제정법의 언어를 기본으로 하여 각자의 뇌리에서 생각되고 있는 각자의 법이다. 헌법의 경우를 예로서 생각해본다면, 인식의 대상으로서의 헌법의 내용은 하나의 역사적 산물이고, 그 제정당시의 역사적 사정을 제외하고서는 그것에 대해 말할 수 없지만, 해석의 결과로서 헌법은 해석자의 머리 속에 구성된 것이기 때문에, 제정 당시의 역사적 사정에 관한 인식을 반드시 필요로 하지 않는다. 왜냐하면 헌법제정당시의 사정을 알지 못한다고 해서 헌법의 해석이 불가능하게 되는 것은 아니기 때문이다. 그런데 이데올로기활동의 소산으로서의 헌법해석[9]이라는 관념의 세계에서 다수 성립하는 헌법들 중에, 유권해석을 할 수 있는 권력을 가진 자의 해석활동의 소산만이 실정헌법이 되는 것이다. 여기에서 실정헌법이란 해석권력의 인증 하에 현실에서 강제력을 가지고 통용되는 헌법질서를 말한다. 예컨대, 우리나라의 경우에는, 좀 극단적으로 표현한다면, 헌법재판소의 헌법만이 실정헌법이다.

법규범이 다른 사회규범과 다른 점은 여러 가지가 있지만, 법을 법답게 하는 근본적인 점이 국가권력의 인증과 강제에 있다는 것은 말할 필요도 없을 것이다. 국가권력인 헌법재판소가 해석하고, 헌법재판소가 생각하는 헌법만이 우리나라 현실의 세계에서는 강제력으로써 통용되는 실정헌법이다. 그러한 해석권력을 가지지 않는 사람들의 해석은 관념의 세계에서 각자의 해석에 그치는 것이고, 「관념헌법」은 필경 「관념」으로 끝날 수밖에 없다. 이에 반해 권력을 가진 자들의 해석은 어느 단계에서는 「관념헌법」일 수 있지만, 일정한 과정을 거쳐서 「실정헌법」으로 고양되는 것이다. 예컨대, 오늘 나는 배아복제나 체세포복제를 금지하는 것이 헌

9) 권력에 의한 법률해석이라고 하는 경우에 최종적으로는 법원 그것도 헌법재판소의 해석이 법을 확정하는 것을 말하는 것이다. 어떻든 권력자의 법률해석과 비권력자의 법률해석에는 근본적인 차이가 있음에 주의할 필요가 있다.

법에 반한다든가, 냉동의 잔여배아를 폐기하기도록 하는 것이 합헌이라고 주장할 수 있다. 그러나 이것은 나의 관념헌법에 불과할 것이다.

여기에서 우리가 인식해야 할 문제는 헌법의 조문이 어떠하다고 설명하는 것이 중요한 것이 아니라, 해석권력에 대해서 어떠한 영향을 어느 정도 줄 수 있는가라는 것이 핵심적 문제로 된다는 점이다. 이러한 권력의 문제를 제외하고, 실정법의 문제를 언급할 수는 없을 것이다. 이러한 의미에서 특히 헌법의 문제는 항상 권력을 둘러싼 문제로서 나타날 수밖에 없다는 것이다.

3. 기본권능력의 문제

(1) 법주체에 관한 사고의 변화

여기에서 문제가 되고 있는 배아의 기본권능력문제를 생각하기 전에, 우리는 법주체(또는 법능력) 및 권리주체(또는 권리능력) 일반에 관해서 고찰할 필요가 있다. 역사적으로 볼 때, 법주체에 관한 사고는 사회적 지배구조에 따라 변화하였다. 자연채취적 원시사회에서 인간과 자연은 동일한 연장선상에서 파악되었다. 이러한 자연과 인간의 미분리현상을 증명하는 것이 바로 고대인의 물활론적인 신앙이다. 이러한 현상은 원시법에서도 널리 감지할 수 있다. 물론 이것은 지극히 순박한 의인적 사고방식의 표현에 불과하지만, 중요한 것은 원시법에서는 인간이 아닌 자연적 존재에 대해서도 널리 권리주체성을 인정하였다는 점이다. 이러한 현상은 자연채취적인 원시사회가 분화되면서, 자연적 지배관계를 정치적으로 제도화하는 국가권력의 탄생으로 급진적으로 변한다. 국가권력에 의하여 토지와 노예에 대한 사소유가 사회제도로서 인정되면서 권리주체의 관념은 사회적 신분과 결합된다. 이러한 현상을 우리는 고대와 중세에 살아 있는 법으로서 기능하였던 로마법에서 여실히 볼 수 있다.[10)]

아주 흥미로운 현상은 일정한 법공동체에서 인간에 대한 철저한 법적 차별(法的 差別)이 권리주체의 범위에 작용한다는 것이다. 이러한 차별은 법공동체 내

10) 로마법에 있어서 권리능력의 문제는 특정의 사람이 법상 가지고 있는 지위, 즉 신분과 연관되어 있었다. 완전권리능력자는 세 가지의 법률상의 지위, 즉 자유의 신분(status liberatatis), 시민의 신분(status civitatis), 가족의 신분(status familiae)를 가지고 있었다. 그리고 이러한 세 가지 지위 중 어느 하나라도 상실하게 되면 각 법상 권리능력을 제한받게 된다. 그러므로 제한된 권리능력은 이러한 각 지위의 상실에 따라 자유의 상실(capitis deminutio maxima), 시민법적 지위의 상실(capitis deminutio media), 가족법적 지위의 상실(capitis deminutio minima)이라는 세 가지 종류로 구분된다. 세 가지의 권리능력요소를 모두 상실한 자가 로마의 노예가 되었는데, 이들은 어떠한 *身分*(status)도 가지지 않은 자들이다. 현승종, 「로마법원론」, 일조각, 1972, 77면 및 Ernst Rabel, Grundzüge des römischen Privatrechts, 2판, 1955, 35면 참조

에 있어서 개인의 지위에 대하여 직접적으로 영향을 미치며 또 그의 권리능력은 단지 공동체를 통해서만 매개되기 때문이다. 그러나 사회적 신분과 권리주체성의 결합은 근대시민혁명에 의해서 해체된다. 개인의 권리가 공동체로부터 독립해서 허용되고, 이러한 권리에 관한 한, 모든 사람이 동등하다는 관념이 더욱더 실현되어질수록[11] 권리능력에 대한 제한의 일부는 행위능력의 제한(制限)으로 변경되었다.[12] 그 결과, 인간이면 누구나 사회적 신분에 관계없이, 미성년자 · 여자 또는 심신박약자 및 병자와 같은 일정한 자연적 특성(自然的 特性)에 의해서도 더 이상 권리능력은 부정되지 않고, 다만 이러한 약자들로 하여금 법률관계에 독자적으로 참여하는 것을 어렵게 하거나 또는 불가능하게 하는, 즉 행위능력을 약화하거나 부정하는 법사고로 발전하게 된다.[13] 비로소 권리능력평등의 원칙이 성립되는 것이다.

이렇게 볼 때, 극히 일부의 인간들만을 법주체로 인정하였던 고대법 이래, 인간의 역사는 중세, 근대 및 현대에 이르기까지 법주체의 범위를 확대하는 역사이었다고 말할 수 있겠다. 즉 법주체의 확장은 로마법의 법인격개념(Rechtspersonbegriff)에서 로마적 요소을 해체하고, 그것에 기술적(技術的) 법의미를 부여하는 세속화와 계몽의 과정이었다.[14] 이로써 이성적 존재로서 인간은 법인격자로 인정되고, 인간은 인간 이외의 만상(萬象)을 보호해야 하는 윤리적 의무를 인수하게 되었다. 이러한 역사적 과정에 비추어 볼 때, 이성 또는 의사표현의 능력 또는 인간존재 그 자체가 권리능력의 결정적 징표로 되었다는 것은 주장될 수 없다고 할 것이다. 그 보다 우리는 법질서에 있어서 법주체의 인정은 실용적인 차원에서 이루진다는 사실을 확인할 수 있다. 게다가 현대법에서 법인은 자연인과 판이하게 다름에도 불구하고 그것의 법주체성(권리능력)이 인정된다. 그리고 법인의 권리능력이 정말 어디서 도출되는지에 대하여 오늘날까지 분명하게 정리되지 않고 있다. 또 일정한 경우에는 사자(死者) 또는 태어나지 아니한 또는 의사표시를 할 수 없

11) "19세기 이전의 국가는 가장 넓은 의미에서도 조차 시민의 권리능력평등의 원칙을 실현하지 못하였고 또 제국 내에 있는 비시민의 재산법의 본질적인 점에서는 전혀 실현하지 못했다. Rabel(각주8), 16면 참조. 평등관념에서 노예가 제외되었다는 것은 이상할 것이 없다. 왜냐하면 고대경제가 노예에 기초하고 있었기 때문이다. 그래서 고대로마의 경제를 Max Weber는 "노예자본주의(Sklavenkapitalismus)"라고 정확히 말하고 있다. Weber(Winckelmann편저), Rechtssoziologie, 1960, 149면.

12) Eugen Ehrlich, Die Rechtsfähigkeit, 1909, 3면.

13) Rudolf Hübner, Grundzüge des deutschen Privatrechts, 5판, 1930, 51면.

14) H. Coing, Der Rechtsbegriff der menschlichen Person und die Theorie der Menschenrechte, in: Wolf(Hrsg.), Deutsche Landesreferate zum Ⅱ. Internationalen Kongreß für Rechtsvergleichung in London 1950, S. 195ff.

는 사람에게도 원칙적으로 아무런 제한없이 권리능력을 인정한다. 다른 한편 우리가 역사를 약간만 거슬러 올라가 보면, 1 내지 2세기 전에만 해도 모든 인간에게 당연히 법주체성이 인정되었던 것은 아니다. 때때로 유대인, 여자 등과 같은 일정한 부류의 사람들에게는 권리능력이 유보되기도 했다. 이러한 사실은 법주체성이 인식할 수 있는 의식의 유무와 관련이 없다는 것을 말해주고 있으며, 또 권리주체가 반드시 자신의 권리를 독자적으로 주장할 수 있는 정신적 능력을 가질 필요도 없다는 것을 보여주고 있다.

(2) 기본권능력의 목적론적인 구성

권리의 개념과 법주체의 지위에 대한 확정은 법말씀론[15](Rechtsdogmatik)의 출발점이다.[16] 때문에 권리와 권리주체의 지위(권리주체성)는 법철학과 법이론의 고전적 주제로서 복잡하고 때로는 서로 대립되기도 하는 개념이며, 지금까지 끊임없이 새로운 차원에서 논의되고 연구되는 대상이다.[17] 권리와 권리주체성에 대한 생각을 어떻게 평가해야 되는가라는 문제에 대하여 통일적으로 대답하는 것은

15) 외국어, 특히 외국어로 된 전문용어를 우리말로 번역하는 것은 그리 쉽지만은 않은 것 같다. 발표자는 평소 언어문제에 많은 관심을 가지고 있을 뿐만 아니라 유학시절에는 번역문제에 대하여 고민한 적도 있었다. "Rechtsdogmatik"이라는 말도 우리말로 번역하여 조어하기가 쉽지 않은 용어들 중 하나이다. 우리나라의 법학문헌에서 많은 사람들이 "Rechtsdogmatik"를 "법해석학", "법교의학" 등으로 번역하거나 또는 독일어를 그대로 사용하고 있는 듯하다. 그러나 "법해석학"이라고 번역할 경우 Juristische Hermeneutik와 혼돈을 일으킬 염려가 있다. 외국어를 번역하여 우리말의 용어를 조어할 때에는, 무엇보다도 당해 외국어와 우리말의 의미를 분명히 파악하고 또 언어관용을 고려해야 한다. 그 다음 언어가 의미를 전달하는 기호라는 측면을 생각하지 않으면 안 된다. 다시 말하면 의미론적 삼각관계, 즉 의미(또는 사상: Bedeutung oder Gedanke)와 기호(또는 표현: Symbol oder Ausdruck)와 지시물(또는 대상: Referent oder Objekt)의 관계가 일치할 때, 대화자간에 있어서 그 의미가 가장 분명하게 전달될 수 있다는 것을 생각하지 않으면 안 된다. 필자는 이러한 전제를 고려하면서, "법해석학" 또는 "법교의학"이라는 표현보다 독일어 "Rechtsdogmatik"의 내용과 의미 그리고 기능을 더 잘 지시할 수 있는 다른 우리말표현이 없을까 생각해 보았다. Rechtsdogmatik이 「Recht + Dogmatik」의 합성이며, Dogmatik은 Dogma에서 나온 파생어라는 사실에 착안하여, Dogma(복수형: Dogmen)의 의미를 가장 잘 전달할 수 있는 표현이 우리말에서 어떤 것이 있을까 찾아보기로 했다. Dogma는 그리이스말 dokein에서 파생된 것이다(dokei moi = es leuchtet mir ein: 나에게 분명하다). Dogmen은 철학적 또는 신학적 기본 진리로서 「철학파의 최고 가르침」 또는 「형이상학에 기초되어 있는 확신」 등을 의미한다. 이렇게 볼 때 Dogma는 한자어인 "敎"나 순수한 우리말인 "말씀"과 상통한다. 그런데 "말씀"이란 단어는 우리의 일상생활언어이며, 또 종교인들 사이에서 실제 Dogma와 유사한 의미로 사용되고 있다. 그래서 오래전부터 발표자는 Dogma를 "말씀"으로 번역하여 법학용어로 사용할 것을 제안한 바 있으며, 이에 기하여 Dogmatik은 "말씀론"으로, Rechtsdogma는 "법말씀"으로, Rechtsdogmatik은 "法말씀論"으로 번역하여 사용하고 있다.

16) 이와 관련해서 특히 자연의 법체성에 관해서 강희원, "법의 녹색화와 녹색법학 - 인간중심적 법이론의 반성과 환경법철학의 기초정립을 위하여," 법 및 사회철학 한국학회(편), 「법철학과 사회철학」, 제 4 집(1994), 93-163면, 각주 61번 참조.

17) 위 같은 글, 127-146면 참조.

대단히 어렵다. 하지만 우리는 권리가 상이한 역사적 형성배경에서 권리주체성(권리주체의 지위)의 가치가 어떻게 다르게 반영되는지를 생각해보면, 그 회답을 찾을 수 있다.[18]

17~18세기의 시민법에 있어서 봉건적 전통을 제거하기 위한 자유방임주의 운동은 자기결정, 시민주권 및 사회에 대한 국가적 개입배제를 권리와 권리주체의 지위라는 형식으로 제도화하였으며, 20세기에는 이른바 사회적 법영역에 있어서 자유방임적 전통에 대한 대항운동이 복지국가적인 개입과 조합주의적 조성의 형태로서 권리와 권리주체의 지위에 주조되었다.[19] 어떻든 시민의 자기결정과 주권 및 국가적 개입배제에 기초한 시민법적 구성은 봉건적 신분질서를 자본주의시장적인 거래질서로 대체하기 위한 가치조작이며, 시민법에 의한 법률관계에 대한 규율은 시장에서 이루어진 거래관계를 정당화하기 위한 자유방임주의적 시도였다면, 자유방임적 전통에 대한 반동작용 즉 국가에 대한 열망과 조합주의에 기초한 사회법적 구성은 시민법적 규율이라는 허구의 붕괴에 대한 보충적 시도로서 나온 것임이 역사적으로 자명하다.[20]

자유방임주의적 전통, 복지국가적 개입, 조합주의적 조성을 권리와 권리주체의 지위와 관련해서 자세히 생각해보면, 결국 그것은 그 당시 사회에 있어서 지배적 위험에 대한 개인의 지위확보, 권리화를 위한 시도로서 정리될 수 있다. 이렇게 볼 때, 권리와 권리주체의 지위의 변화는 사회변동의 단면이며, 권리화는 사회적 차원에 있어서 위험에 대한 권리주체의 대응수단의 강구이자, 그것에 관한 부분적 정당화를 의미한다. 이러한 대응수단으로서 권리화는 공격적인 성격을 가지는지 또는 방어적인 성격을 가지는가는 위험의 성격에 따라 상이하다. 또 이러한 권리화과정은 사회적 발전 또는 변화에 따라 상이한 형태로 진행되었다. 짧게나마 비교해보면, 권리화 단계는 법(제)화(法制化: Verrechtlichung)의 역사적 단계[21]의 테두리에서 특징적으로 나타난다. 그러므로 권리화의 현상은 법치국가적인 권리화, 사회국가적인 권리화, 새로운 권리화로 구분할 수 있다. 그러나 이러한 역사적 전개형태가 그것의 동시성과 상호개입성을 배제하는 것은 아니다.[22]

---

18) 위 같은 곳.

19) S. Simitis, Stolpersteine der privatrechtsgeschichte, Rechtshistorisches Jouranl 8(1989), S. 3ff.

20) 강희원, "노동쟁의와 사법질서 - 사적 노동법인가 형식적 합리성의 파탄인가?" 경희법학연구소 「경희법학」, 제28권 제1호, 134면이하 참조.

21) 이에 관해서는 J. Habermas, Theorie des kommunikativen Handelns, Bd. 2, Frankfurt, 1981, S 522ff. 및 Hee-Won Kang, Gesetzesflut und rechtsfreier Raum, Freiburg Diss., 1990, S. 32ff. 참조.

22) 이에 관해서는 강희원, "환경위기시대에 있어서 "위험"에 대한 법학적 계몽을 위하여," 서울

4. 생명공학에 있어서 기본권의 갈등적 구조

(1) 보호권과 이익향수권의 대립

과학기술적인 위험 및 이들 위험에 대한 법적 규율을 둘러싼 현재의 논의에 있어서 두 가지의 대립된 상이한 범주의 권리가 있음을 알 수 있다. 한편에서는 위험을 발생시키는 것에 대한 방어적 또는 보호적인 지위로서 법적 지위가 문제로 되고, 다른 한편으로는 위험한 기술의 이익에 대한 향수를 청구하는 법형식으로서 선택권이 주장될 수 있다. 기술적 발전의 "위험과 이득"에 관한 정치타협적인 형량체계가 이것을 조절하는 권리의 형태로서 반영된다.[23] 생명공학의 영역에서 생명공학적인 기술의 시술과 시술자를 선택할 수 있는 권리나 생명공학기술적인 발명을 상업적으로 전환할 때 이로 인한 혜택을 향수할 수 있는 권리는 환자(患者)의 기본권에 해당한다. 진료 및 치료과정에서 생명공학적인 연구성과의 사용에 관한 환자의 권리는 선택권에 속한다. 물론 이러한 권리에서는 위험실행 및 기술발전이 직접적인 권리내용이 아니라 이미 발전된 기술의 테두리내의 기술적용이 문제이므로 다른 맥락에서 환자의 권리를 파악할 수도 있다. 그러나 신체에 대하여 위해를 야기시키는 유해한 생명공학적인 실험을 실시하는 자에 대한 일반인의 예방청구권이나 손해배상청구권은 위험에 대한 보호권이라고 생각할 수 있다.

이러한 경우 얼마나 많은 이익을 새로운 권리로 인정할 수 있는가라는 권리의 양적 차원만이 문제가 되는 것이 아니라는 점은 분명하다. 문제는 기술특유의 규율구조와 관련된 상이한 권리화 범주와 권리의 질이다. 또 문제는 경합하는 법적 지위가 갈등관계에 있을 뿐만 아니라 개인의 법적 지위와 객관적 규범구조도 갈등관계에 있기 때문에 더욱더 복잡해진다. 환언하면 양자, 즉 권리보호와 제도보호가 동시에 문제되기 때문에 더욱더 복잡해진다. 기술선택을 위한 충돌은 법적 지위를 위한 투쟁의 형태로 변한다는 것이 분명하게 된다. 그러므로 지금까지 우리는 서로 상충하는 이익과 권리를 정치적 법적으로 교량하는 절차에 관하여 충분하게 생각하지 못하고 있었지만, 이러한 교량절차가 절실하게 요청되고 있다. 또 이들 절차를 위한 결정기준과 우위규칙을 정할 필요성이 있다. 이러한 결정기준과 순위원칙이 없다면, 기술적 관계의 활동은 기술적 조작성과 경제적 생산이

지방변호사회 「변호사」 제26집(1996), 76~150면 특히 129면 이하 참조.

23) Damm, Neue Risiken und Neue Rechte. Subjektivierungstendenzen im Recht der Risikogesellschaft, ARSP 1993, S. 178

익에 지배되게 된다.

(2) 재산법적 사고와 인격법적 사고의 갈등

우리는 기술특유의 규율구조와 이와 연관된 상이한 권리화범주와 권리의 질에 관한 문제의 해답을 권리의 성립사에 대한 고찰을 통해서 얻을 수 있다. 법화의 역사적 과정은 한편에서 사람과 관련하여, 다른 한편에서 재산과 관련하여 진행되었는데, 효력과 작용에 있어서 양자의 법화에는 상당한 간극이 있다는 것을 알 수 있다. 법적 지위에 관한 법이론적 및 입법정책적인 논의를 역사적 맥락에서 살펴보면, 우리는 이러한 논의에서 그 관심대상이 재산권(또는 재산법)에서부터 인격권(또는 인격법)으로 이동해 온 사실을 발견할 수 있다.[24] 이러한 사실은 법규범의 구조를 사회적 현실과 연관시켜서 생각해 볼 때, 논의대상의 전환은 인격권에 의한 재산권의 해체로 파악되어서는 안 될 것이고, 오히려 이러한 현상은 인법적인 사고(또는 인격권적인 사고)가 재산법적 사고(물법적인 사고)를 보충하는 과정이라고 이해해야 할 것이다. 인법적인 사고가 물법적 사고를 보충하는 역사적 과정은 재산권의 내재적 한계로서 사회적 구속성이 인정되면서 절대적 권리로 인정되어 왔던 재산권이 상대화되고, 재산권 이외의 다른 대체적 권리가 형성되는 것으로 진행되었다. 이러한 역사적 과정을 권리화라는 관점에서 보면, 근대사회의 권리화는 초기의 재산중심적 권리화에서 후기의 인격중심적인 권리화로 진행되었다고 말할 수 있겠다. "재산에서 사람으로"[25]라는 공식은 바로 근대적 권리화양식의 이론적 중심과 정책적 관심사의 변동을 단적으로 표현하는 말이다. 또 이러한 관점에서 볼 때 우리는 재산권을 근대초기의 권리화의 패러다임으로서, 인격권을 근대후기의 패러다임으로서 파악해도 무방할 것 같다.

---

24) 위 같은 곳

25) 위 같은 곳.

Ⅳ. 생명헌법(Bio-constitution)의 문제로서 인간시기: 인간시기의 정치학[26)]

1. 문제의 소재: 배아헌법?

생명에 대한 연구행위에는 직접적이든 간접적이든 또는 명시적이든 묵시적이든 "인간을 위해서"라는 전제가 붙게 된다. 특히 이러한 연구행위가 인간생명을 직접적인 대상으로 할 때, 이러한 전제는 보다 강하게 요구된다. 특정인의 생명이 희생될 수밖에 없는 결과가 연구과정에 필연적으로 수반되는 경우, 이러한 연구를 허용해야 할 것인가라는 문제가 제기된다. 이러한 문제가 가장 절실하게 제기되는 경우가 바로 인간배아의 인위적인 생성과 복제 및 이에 대한 연구라고 할 것이다.

현 상황에서 판단할 때, 인간배아의 인위적인 생성과 복제 및 연구는 개인뿐만 아니라 사회 전체에 엄청난 혜택을 가져다 줄 수 있다. 인간배아의 인위적인 생성과 복제 및 연구가 유전적인 불치병의 치료를 위해서 없어서는 아니 되고 또 이러한 연구결과에 기초해서 사전에 질병을 예상하고, 병적 요인을 제거하거나 교정하여 인간이 건강한 삶을 영위할 수 있도록 하고, 또 그러한 병적 요인의 제거나 교정이 원천적으로 불가능한 경우에는 그러한 인간의 출생을 미연에 막아서 고통스런 삶 그 자체가 시작되지 않도록 봉쇄하여 보다 행복한 사회를 만들고, 궁극에는 인간의 행복을 증진시키는 데에 기여한다.[27)] 그러나 연구과정에 있어서 인간배아에 대한 물리적 또는 화학적 개입과 변형은 피할 수 없기 때문에 그 배아는 폐기될 수밖에 없다.[28)] 그러므로 만약 우리가 배아를 인간 개체와 동일한

---

26) 본장은 강희원, "배아복제와 인간존엄성의 정치학," 「법제연구」, 제20호(2001), 10면 이하에서 거의 그대로 전용한 것임.

27) 인간배아복제 및 연구의 허용론자들은 배아복제 및 허용이 난치병치료에 획기적인 디딤돌이 된다고 한다. 즉 배아의 줄기세포를 체외에서 배양하면, 세포가 분화하는 과정 예컨대 혈액을 형성하는 세포, 신경을 형성하는 세포, 연골을 형성하는 세포 등을 관찰할 수 있고, 이러한 세포분화과정에 관한 비밀을 알면, 줄기세포 연구를 통해서 인간의 노화 현상을 규명하고, 현대의 난치병인 암의 발생기전을 밝혀낼 수도 있다. 또 세포의 기능장애로 발생하는 병은 배아복제를 통한 조직세포의 이식으로 치료될 수 있고, 난치병 환자의 경우 자신의 건강한 체세포를 채취한 뒤 배아복제를 해서 그것을 조직세포로 발달시킨 다음 그 환자에게 이식하여 질병을 원천적으로 치료할 수도 있다고 한다. 생명복제공학의 유용성에 관해서 강희원, "생명공학에 대한 법적 규제," 「인권과 정의」(대한변호사회지) 제291호(2000/11), 104~130면 참조.

28) 이미 불임치료로 일반화되어 있는 체외인공수정(in vitro fertilization : IVF)과정에서 예비적으로 상당수의 배아가 복제되어서 냉동·보관된다. 이러한 냉동배아의 경우 5년 이상 보존되었거나

것으로 평가한다면, 그 배아 자체에 대하여 우리와 동일한 생명권을 인정하지 않을 수 없을 것이고, 신생아 혹은 성인을 죽이는 것이 윤리적·도덕적·법적으로 허용될 수 없다면, 오로지 연구를 위해서 인간배아를 복제하고 그것을 실험재료로 사용한 후 폐기하는 것도 역시 허용될 수 없을 것이다. 이러한 불가피한 상황에서 인간배아의 인위적인 생성과 복제 및 연구의 윤리적·도덕적·법적 문제가 제기되는 것이다. 즉 인간배아의 인위적인 생성과 복제와 연구가 아무리 많은 혜택을 준다고 하더라도 인간의 생명 그 자체를 해쳐서는 아니 된다는 요청 때문에 인간배아의 생명권 즉 인간존엄성의 침해문제가 제기되는 것이다.[29)]

이러한 문제에 대하여 일부의 사람들은 정면으로 "배아가 인간인가?" 라는 근본적인 문제를 제기한다. 즉 수정란이 바로 인간인 것은 아니지 않는가? 인간의 생물학적 징표가 무엇인가? 등등의 문제를 제하면서, 오로지 연구를 위한 배아복제를 허용하고 그러한 연구에 대한 윤리적 도덕적 및 법적 면책을 정당화하기 위하여 인간시기(始期)의 문제를 들고 나온다. 여기에서 인간시기의 논쟁이 본격적으로 시작된다.

지금까지 사회적 관계에서 인간시기의 문제는 주로 "사람"시기(始期)의 문제로서 기껏해야 살인, 낙태 등과 같은 범죄행위에 있어서 형법상 보호객체의 지위와 재산상속에 있어서 상속인의 지위를 지정하는 가족법적 문제로만 논의되었다. 이러한 경우에 있어서 태아와 사람의 구분 및 이와 관련된 출생시기의 문제는 산모와의 관계에 있어서 법주체가 어떠한 물리적 상태에 있는가 또는 그렇지 않는가의 여부, 환언하견, 사람이 언제 출생한 것으로 평가되어야 하는가가 중요할 뿐이지, 그러한 주체가 인간의 생물학적 속성 즉 인간으로서의 생물학적 특성을 가지고 있는가 또는 없는가의 여부는 문제가 되지 않았다. 그렇지만 오로지 연구에만 사용되는 인간배아를 복제하는 것을 허용할 것인가라는 문제에 있어서 "인간" 시기의 문제는 지금까지의 "사람" 시기의 문제보다 미세한 차원으로 거슬러 올라간다.[30)] 왜냐하면 생명공학이라는 새로운 상황에서 인간 개체의 발생과정에 대한

관계당사자와 연락이 되지 않는 경우 폐기되는 것이 보통이다. 현행 생명윤리및안전에관한법률도 이러한 국제적인 경향을 따르고 있다고 할 수 있겠다.

29) 그 뿐만 아니라, 배아복제를 통해서 복제된 배아를 여성의 자궁에 착상시키면, 복제인간을 탄생시킬 수도 있다. 인간복제의 법적 문제 및 복제인간의 법률관계에 관해서는 강희원 「인간복제의 법적 함의 : 복제인간을 위한 미래지향적인 법률기획」 2000. 10. 27/28, 제 2 회 한국법률가대회(한국법학교수회 주최) 제 2 주제 과학기술 - (2) 생명공학분야의 발표논문 참조.

30) 민법 또는 형법에 있어서 사람의 시기에 관한 진통설, 일부노출설, 전부노출설, 독립호흡설 등은 적어도 다른 사람과의 관계에 있어서 이익의 조정을 위한 법기술적 시도라고 말할 수 있지만, 그 자체로 생명의 주체 그 자체를 부정하려는 것은 아니다. 그러나 생명윤리논의에 있어서 인간시기에 관한 이른바 14일설은 생명의 주체 그 자체를 부정하려는 것에 의의가 있다. 그

기술적 개입이 예리하게 되면 될수록, 인간개체의 보호를 위하여 보다 명확한 개입한계선을 지정할 필요성이 있기 때문이다.31) 이러한 필요성은 인간발생의 과정에서 특정시점을 인간시기로 결정하도록 강요한다. 이것은 "언제부터 인간인가"라는 규범적 기술적 차원의 문제이다. 이 문제가 생명공학적인 개입행위의 한계를 설정하는 생명헌법의 가장 핵심적인 부분이다.

위에서 언급한 바와 같은 필요성에 입각해서, 배아의 인간성(人間性)문제 즉 인간으로서의 배아의 지위에 대한 논의는 수정란의 발달단계에 있어서 그 생물학적 특성에 근거해서 전개되고 있다. 이러한 논의 전반을 이해하고 또 그 논의의 실체를 파악하고 현 단계에 있어서 법적 판단을 하기 위해서는 정자와 난자가 결합된 후 즉 수정란의 생물학적 발달단계에 대한 이해가 예비적으로 필요하다.

2. 배아기(胚芽期)의 생물학적 특성

인간의 개체발생과정에 대한 발생학적 관찰에 의하면, 남성의 정자가 여성의 난자에 수정되면, 정자와 난자의 각 23개의 염색체가 서로 쌍을 이루는 23쌍의 염색체를 지닌 단세포 수정란 즉 접합체(zygote)가 된다. 수정 후 하루 정도 지나면 접합체는 세포분열을 시작한다. 처음에는 두 개의 세포로 나누어져서 그 후에도 얼마간 세포질의 증가없이 등분되는 세포분열을 계속한다. 이러한 과정을 거치면, 수정란은 상실배(morula)와 배반포(blastocyst)의 단계에 도달하고 계속해서 세포분열을 한다. 수정 후 14일이 경과하면, 배반포의 한쪽 끝에서 원시선(primitive streak)이라고 불리우는 것이 형성되고, 이때부터 지금까지 분열된 각각의 세포들은 구체적인 신체기관으로 성장하여 8주까지 장기가 완성되고 8주 이후부터 이들 장기들이 양적으로 성장하여 성체가 된다.

그래서 이러한 발생기과정의 특징에 따라 발생학자들은 모든 장기가 형성되는 8주를 기준으로 그 이전을 배아(胚芽 : embryo)로, 그 후를 태아(胎兒 : fetus)로 나눈다. 배아의 경우에는 수정란에서 접합체, 상실배 및 배반포라는 단계로 발달

러므로 이러한 점에서 민법과 형법에 있어서 사람시기에 관한 논의와 최근 생명윤리에 있어서 인간시기에 관한 논의는 질적으로 다르다고 말할 수 있다.

31) 근대와 현대의 사이에 인간관의 변화를 가장 여실하게 보여주는 것이 "사람"개념과 "인간"개념의 분화이다. "사람개념"과 "인간개념"의 구분에는 인간 그 자체에 대한 기술철학적(技術哲學的) 또는 기술윤리학적(技術倫理學的) 개입행위를 정당화하려는 의도가 도사리고 있다. 이러한 개념적 조작을 통해서 생명기술과학적 논의는 자기정당화를 위한 철학적 윤리학적 기반을 확보하면서, 그 성과를 법적 담론의 장에 끌어들여서 권리주체 또는 보호객체의 경계를 설정하려고 한다.

하는데, 이러한 발달과정 중 약14일이 되는 날에 배아에는 원시선이 나타나고 비로소 하나의 개체로 발달할 준비를 한다고 한다. 그래서 발생학자들은 14일을 기준으로 그 이전의 8세포기까지를 전배아(前胚芽 : pre-embryo)로, 그리고 그 이후부터 8주까지를 후배아(後胚芽 : post-embryo)로 구분한다.

그런데 수정 후에 14일이 되면 수정란은 분열하여 8세포기 단계에 이르게 되는데, 이러한 8세포기 단계까지의 배아에서 하나의 세포가 독립성을 가지고 있어서 이를 분리해서 꺼내어 이를 다시 세포분열시키면, 8개의 세포가 각각 하나의 완전한 개체로 성장할 수 있는 능력을 가지고 있다고 한다. 그래서 발생학자들은 8세포기까지의 배아세포를 전능세포(全能細胞 : totipotent cells)라고 부른다. 그리고 실제적 발생과정에서 경우에 따라 두 개의 원시선이 형성되어서 일란성 쌍둥이로 성장할 수도 있고 드물게는 두개의 원시선에 의해서 나누어진 두 개의 배아가 하나로 합쳐지는 현상도 있다는 것이다. 그러므로 8세포기까지의 배아에서 따로 분리하더라도 8개의 세포가 각각 독립된 성체 즉 인간으로 성장할 수 있는 능력을 가지고 있으므로, 이를 분리하더라도 그것은 각 세포에게 무해하다는 것이다. 8세포기 이후부터는 기관발생이 완료되는 8주까지 각 세포는 어느 정도 성격이 특정되어 전능성을 상실한다. 그렇지만 8주 이전까지는 각 세포의 능력이 특정기관의 발생으로 고정되는 것은 아니다. 그래서 이러한 단계의 세포를 다능세포(多能細胞 : pluripotent cells)라고 부른다. 그러나 그 후부터는 각 세포의 능력이 특정된다.

유성생식의 경우에서는 우선, 각각으로 존재하던 난자와 정자가 결합하면, 그것으로써 수정란이 되고, 이 수정란은 각기 다른 생물학적 특성을 가진 여러 단계를 거쳐서 최종적으로 성체로 발달한다. 이러한 과정을 도식화한다면, 개체로서 인간은 「난자/정자(수정) → 접합체 → 전배아(14일 이전의 전능세포) → 후배아(14일 이후의 다능세포) → 태아 → 성체」라는 발달단계를 거쳐서 출산을 통해 태어나는 것이다. 여기서 중요한 문제는, 정자 또는 난자 그 자체가 인간이 아니라고 하더라도, 수정란의 발달단계 중에서 어느 때부터 인간으로 보아야 하는가? 라는 것이다. 인간성의 시기가 중요하게 되는 것은 어느 단계에서든 인간으로서 인정되기만 하면, 그 존재에 대하여 인간으로서의 존엄성을 인정해야 하기 때문이다. 즉 배아복제 및 연구에 있어서도 오로지 연구 그 자체를 위해서 인간생명을 파괴해서는 아니 된다는 것은 당연한 전제이다. 만약 난자 또는 정자 그 자체에 대하여 인간성을 부여한다거나 난자와 정자의 결합시 즉 수정시부터 인간성을 인정한다면, 배아에 대한 연구는 이러한 요청에 의해서 처음부터 그 방법이나 범위가 제한될 수밖에 없을 것이다. 그러나 수정 후의 일정시기까지 인간성이 인정되지 않는다면, 그 때까지는 윤리·도덕상 아무런 문제없이 마음대로 인간배아를 연구재료로서 복제할 수 있고 또한 연구용으로 사용한 후에 폐기할 수 있을 것이다. 바로 여기에 "수정란의 발달과정에서 언제부터 인간인가?"라는 인간성의 시기에 관한 논의의 핵심이 있다.

3. 배아의 기본권능력에 관한 논의

모든 과학이 항상 그렇듯이, 생명과학의 발전으로 지금까지 베일에 싸여있던 생명의 현상이 한 꺼풀씩 서서히 풀려나가고 있다. 그런데 도덕적 윤리적 및 법적 문제에 있어서 중요한 것은 이와 같이 밝혀진 생명현상들이 규범적으로 무엇을 의미하는가? 아니, 우리가 이러한 현상에 대하여 어떠한 규범적 의미를 부여해야 하는가? 라는 문제이다. 이러한 문제에 대답하기 위해서 우리는 소재연(所在然 : Sein)에서 소당연(所當然 : Sollen)을 이끌어내는 논의를 시작하는 것이다. 이러한 논의에 있어서, 보다 일반적으로 말하면, 우리는 현상적인 사실의 차이(差異)를 규범적 차별(差別)로 전환시켜서 곧바로 자신의 행위를 정당화하는 근거로 삼으려는 시도를 한다. 다시 말하면, 인간생명이 여러 단계로 발전한다는 사실에서부터 각 단계에 대한 개입행위와 취급행위의 정당성근거를 도출하려고 하는 것이 일반적 논의의 태도이다.

이러한 태도는 오늘날 전개되고 있는 생명공학에 대한 도덕적·윤리적 및 법적 논의에서도 그대로 반영되어 있다. 생명윤리적 논의에 있어서는 사실적 생명현상에 대한 기술(記述)이 거꾸로 생명에 대한 개입행위의 허용 또는 불허용을 결정하는 규범적인 기준으로 적용되고 있다. 그러나 여기에서 우리는 소재연에서 소당연을 도출할 수 있는가? 라는 본질적인 의문을 제기하지 않을 수 없다. 이러한 의문의 제기는 배아의 인간성에 관한 논의에서도 그대로 적용된다고 할 것이다.

발생학적으로 인간수정란의 발달단계에 있어서 14일 이전의 8세포기의 모든 세포들이 하나의 완전한 개체로 성장할 수 있다는 것이 밝혀졌다. 이것이 윤리적·도덕적으로 무엇을 의미하는가? 이에 대하여 어떠한 윤리적 도덕적 의미를 부여해야 하는가? 배아의 인간성에 관한 논란은 이러한 현상에 대하여 어떠한 의미를 부여할 것인가에 대한 의견의 대립이라고 할 것이다. 즉 배아의 인간성에 관한 논의는 배아가 여러 단계의 생물학적 발달단계를 거쳐서 태아 및 성체로 발전하기 때문에 배아기(胚芽期)에 있어서 배아를 구성하는 세포의 생물학적 성질과 관련하여 배아와 그 후의 인간 개체와의 관계를 어떻게 평가할 것인가에 집중되어 있다.

다행인지 불행인지는 알 수 없지만, 인간개체의 발생과정에 그 관심이 집중되고, 특히 수정란의 발달과정 중 어느 시점을 특정하고, 그 이후부터 인간성을 인정하자는 주장이 제기되어 상당한 지지를 받는 수준에 이르렀다. 이미 일부 국가에서는 14일 미만까지의 배아에 대해서는 연구와 복제가 허용되어야 한다는 쪽으로 결론을 내리고 있다. 이러한 추세를 반영하여 우리나라에서도 이러한 입장을 수용하자는 견해가 강하게 주장되고 있다. 이와 같이 수정 이후 14일을 기준으로 배아의 인간성을 인정하고, 그 이전의 배아의 복제와 연구를 허용하자는 견해가 이른바 14일론이고, 이에 반대하는 입장이 동일성론이다.[32]

(1) 14일론

14일론은 수정란이 세포분열을 하여 14일이 된 때부터 비로소 인간으로서의 지위를 인정하자는 입장이다. 14일 미만까지 수정란의 각 세포들 간에는 상호작용이 없고, 각 세포들이 전체에 대한 부분으로서 기능을 하지 못하므로 14일 미만의 배아는 인간 개체가 아닌 세포더미에 불과하다는 것이다. 즉 14일미만의 배아가 인간 개체성을 가지려면, 세포들이 부분으로서의 기능을 해야 하는데, 14일 미만의 배아는 세포들이 부분으로서 기능을 하지 못하고, 또 14일 미만까지는 척추나 내장 등 신체기관이 발생하지 않으므로 14일미만의 배아를 인간 개체로 볼 수 없다는 것이다. 이러한 14일론은 연구를 위한 배아복제에 대한 결정적인 찬성의 논거로서 주장되고 있는데, 그 이론적 실체를 제공하였던 사람들이 Helga Kuhse와 Peter Singer이다.[33]

배아복제와 연구가 가져오는 효용성 때문에 최근에 14일론은 국내외에서 상당한 지지를 얻고 있다. 14일 미만의 배아는 인간 개체로서의 성질을 가지고 있는 것이 아니므로 배아실험을 하더라도 인간의 존엄성을 침해하지 않는다는 것이다. 좀 극단적으로 말하면, 14일론은 배아복제연구에서 생기는 실질적 이익과 인간존엄성의 보장이라는 당위적 요청을 14일을 기점으로 기능적으로 조화시켜 보

32) 이에 관한 것은 주로 임종식, "배아를 인간으로 볼 것인가? 14일론을 중심으로,"「법철학연구」, 3권(2000년) 2호, 195~213면 참조.

33) 위 같은 글, 198면 참조.

려는 시도로서 인간의 시기를 수리적 기교로서 결정하려는 과학기술적 사고의 극치라고 말할 수 있겠다.

(2) 동일성론

인간개체발생의 과정에 있어서 14일이라는 시점을 기준으로 인간과 비인간으로 나누는 14일론을 비판하면서 하나의 개체가 수정란에서 접합체, 배아, 태아를 거쳐 하나의 성체로 발전하는 것이므로 이들 모두가 동일한 개체라는 주장이 제기된다. 이것이 바로 동일성론이다. 동일성론은 인간의 존엄성을 전제로 해서 배아연구를 반대하기 위한 논거로서 주장되고 있다. 이에 의하면, 특정한 개체인 단세포 수정란은 그로부터 성장하게 될 존재와 개체상 동일한 존재이며 따라서 특정한 인간개체이다. 정자와 난자의 수정에 의해서 접합체, 배아 태아 그리고 성체로의 발달은 인간의 발생과정이며, 어느 단계에 있어서도 동일한 인간이다. 동일성론에 의하면, 접합체의 시점부터 하나의 개체는 동일성을 유지하면서 발달하는 것이므로 14일을 기준으로 인위적으로 비인간과 인간을 판가름하는 14일론은 연구를 위한 배아복제 및 폐기를 정당화하기 위한 억지라고 한다.

4. 인간개념의 도구화?

최근 의료기술 및 생명공학의 발전이라는 새로운 상황은 인간에 대한 개입가능성과 함께 추상적인 인간개념을 보다 구체적으로 규정할 것이 요청되고 있다.[34] 이러한 요청은 한편에서는 장기이식을 위한 이식장기의 효율적인 수급이라는 필요성에 그 기원을 두고 있는 인간 종기(終期)의 조정에 관한 문제이고,[35] 다른 한편에서는 인간배아의 연구와 그 이용에 관련된 인간시기(始期)의 구체화의 문제이다. 이러한 문제의 밑바닥을 가만히 들여다보면, 이러한 문제의 배후에는 현실적 필요성에 기초한 인간관의 실용적인 변화가 자리잡고 있다는 것을 읽어낼 수 있다.[36]

---

34) 생명윤리적 담론에 있어서 "사람개념"에 대한 논의는 Peter Stasser/Edgae Staez (Hrsg.), Personen aus bioethischer Sicht, Stuttgart 1997 참조.

35) 최근에 와서 사람의 종기(終期)에 관한 지배적인 견해로서 그 자리를 잡아가고 있는 뇌사설(腦死說)이 바로 그것이다. 이와 관련해서 강희원, "인간 사람 그리고 재산으로서 신체 – 장기매매의 윤리학적 철학적 문제,"「법철학연구」 제 3 권(2000년) 1호, 154면 참조.

36) 현실적인 유용성과 필요성은 인간과 비(非)인간의 구별 그리고 사람과 비(非)사람간의 경계선을 더욱더 예리하게 규정할 것을 강요하고 있으며, 결국에는 이것은 인간관의 변화로 연결되고 있다.

의료기술의 발달로 장기이식이 가능하게 되고, 이식장기의 사회적 수급의 필요는 근본적으로 사람종기(終期)에 대한 관념의 변경을 요청하고, 결국 "현실적인 것은 가장 이성적인 것"이라는 논리 하에 사람의 종기는 인간신체의 일부인 뇌의 사망시기로 앞당겨졌다. 인간신체에 대한 사회적 필요와 효용성은 사람의 종기에 대한 논란을 "죽는 자"와 "사는 자"의 이익조정의 차원에서 뇌사설로 정착되어 가고 있는 것이다.[37] 이제 인공적인 배아복제와 그 연구라는 또다른 사회적 필요와 효용성이 인간의 시기(始期)를 특정시점으로 고정시키려고 하고 있다. 즉 배아에 대한 생명공학적 개입에 있어서 연구자에 대한 윤리·도덕적 및 법적 면책의 필요성은 인간의 시기를 계산할 수 있는 시점으로 확정하도록 강요하고 있다.

생명윤리학적 개념조작의 의도를 정확히 모르는 사람들은 인간의 생명에 관련된 수많은 논쟁적인 문제에서 사람개념과 인간개념이 맡고 있는 역할을 제대로 알고 나면, 아마 이러한 저의에 대하여 경악을 금할 수 없을 지도 모른다. 특히 낙태, 적극적 안락사, 낙태시술, 적극적인 자살보조 등과 같이 인간생명의 한계에 관한 파열적인 윤리적 문제에서 얼마 전부터 사람개념이 여러 가지 핵심기능을 담당하게 되었다. 사람개념과 인간개념에 대한 조작이 개입됨으로써 전배아(pre-embryo), 후배아(post-embryo)와 태아(Fetus), 불가역적 무의식상태에 있는 인간, 심한 정신박약자에 대한 도덕적으로 올바른 취급에 관한 논의가 양극화되었다. 개념조작은 의견들을 갈라놓기 때문에 합의지향적인 논의보다는 오히려 각자의 입장을 경화시키는 기능을 하고 있다는 것이다.

배아복제 및 연구의 허용성문제와 연관하여 인간개념의 코드화 또는 숫자화(數字化)[38]를 둘러싼 인간시기에 관한 정치에서 어느 편이 승리할 것인지는 머지않아 판가름날 것이다. 현실정치가 항상 그렇듯이, 어떠한 정치에서든 현실적인 강자가 이기기 마련이다. 그리고 정치적인 다툼에 있어서 논리적인 정당화의 문제는 사후적인 문제이다. 현실정치는 논리의 문제가 아니라 이익과 힘의 문제이다. 배아복제 및 연구가 주는 현실적 이익은 너무나 크다. 그러므로 짐작컨대, 인간시기의 현실정치학은 당분간 "14일"라는 전선(戰線)에서 정전협정 즉 현실적인 이익과 윤리적인 감정의 법적 타협이 타결된 것 같다.

---

37) 강희원(주35), 158면 참조.

38) 오늘날 세계는 포괄적으로 기술화하고 또 기계화되고, 전자화되고 있다. 이러한 세계의 근본적 원칙으로서 합리화는 인간의 정체성을 숫자의 조합으로 변화시킨다. 특히 생명공학의 발전추세에 의하면, 머지않은 장래에 각 개인은 유전자의 결합체로서 하나의 카탈로그번호로 축소되어 컴퓨터에 저장될 수도 있을 것이다. 이러한 의미에서 인간개념이 숫자화된다고 말할 수 있겠다.

그러나 힘의 균형이 깨어지면, 정치적인 전선은 다시 불안정하게 될 것이다. 생명공학을 둘러싼 정치적 전선에는 한쪽에 현실적인 필요와 유용성이라는 무기로 중무장한 공격군이 새로운 도발을 위한 준비를 하고 있지만, 그 반대편에는 항상 인간존엄성의 수사학(修辭學 : Rhetorik)이 존엄성수비대를 위한 꺼지지 않는 항전에너지를 분출시켜 우리들의 감성을 자극할 것이다. 인간존엄성의 소당연적인 요청은 인간생명에 대한 생명공학적인 공격에 대하여 더 이상 물러서서는 아니 되는 최후의 전선과 진지를 구축하고 일전을 불사할 준비를 하려고 한다. 하지만 이러한 수사학이 고통없는 상태 즉 현실적 자기행복의 극대화만을 추구하는 사람들에게 얼마나 큰 호소력을 가질 것인지에 관해서는 아무도 확신하지 못할 것이다.

Ⅴ. 생명헌법의 보루로서 인간존엄의 문제: 존엄성의 수사학[39)]

1. 문제의 제기

생명공학의 발전과 더불어 인간존엄성론은 양차 세계대전 이후 가장 호황기를 맞이하고 있다. 왜냐하면 인간존엄성보장이라는 화두가 생명에 대한 생명공학적인 개입행위에 대한 도덕·윤리적 요청으로서 주장되고 있기 때문이다. 인간존엄성에 관한 주장은 인간에 대한 생명공학적인 기술의 적용과 개입을 인간존엄을 침해하는 행위로 규정하고, 이를 금지하려는 데에 그 목적이 있다. 윤리, 도덕, 종교의 영역에서 시작된 존엄성논의는 궁극에는 법적 영역으로 넘어 들어오고, 생명공학에 대한 법적 규제의 근거로서 대두되고 있다. 역사적으로 보면, 인간존엄성의 요청은 유럽인들이 제1, 2차 세계대전을 체험하면서 정치권력의 무자비한 행사로부터 개인을 보호하기 위하여 주장되었는데, 오늘날 생명공학이라는 새로운 정치적 상황에서 인간존엄성은 그 새로운 의미를 얻어가고 있다. 인간존엄성의 강조는 생명공학의 무자비한(?) 발달에 대한 경종이라고 할 것이다. 이러한 맥락에 보면, 우리는 새로운 상황에서 인간존엄성을 다시 시험하고 있는지도 모른다. 우리는 생명공학의 발전이 야기하는 새로운 상황에서 우리들 자신에게 “인간

39) 본장은 강희원, “배아복제와 인간존엄성의 정치학,” 「법제연구」, 제20호(2001), 19면 이하를 보충하여 재구성한 것임.

이란 무엇인가?"라는 문제를 새삼스럽게 다시 제기하고, "생명공학시대에 있어서 인간존엄이란 무엇을 의미하는가?," "인간존엄성의 보장을 위해서 무엇은 할 수 있고 또 무엇을 해서는 아니 되는가?" 등등 문제목록에 새롭게 첨가된 항목들을 지금까지와는 다른 차원에서 고민하지 않을 수 없게 되었다.

인간의 존엄이란 인간이 자신에게 부여할 수 있는 최고의 가치가 아니었던가? 존엄성이란 모든 사람들이 스스로 인정하면서 행동을 자제할 때 비로소 지켜지는 것이다. 하지만 우리들 중 일부라도 이에 동조하지 않는다면, 그것은 이미 우리를 규율하는 규범으로서의 의미를 상실한다. 이러한 의미에서 우리는 우리의 존엄성에 대한 도전을 받고 있다. 이것은 존엄성에 대한 우리의 태도가 변했기 때문일 것이다. 우리들 중 누가 누구에게 어떠한 존엄을 강요할 수 있겠는가? 이러한 최고의 가치는 그 배경의 변화로 빛을 잃어가고 있다. 오늘날 우리가, 가치다원주의 팽배로 도덕 윤리 및 종교의 장에서 희미해져 가는 인간존엄성의 빛을 법적 포장을 통해서 다시 살려낼 수 있을지가 문제이다.

배아복제, 인간복제, 유전자치료, 인간게놈프로젝트에 기초된 생명공학은 인간생명 그 자체에 개입하여 이를 연구하는 영역이다. 이러한 생명공학적인 연구는 인간생명에 대한 본질적인 개입과 변화를 초래하기 때문에 인간의 자기반성적 규범인 인간존엄과 가치에 관한 다차원적인 논의를 불러일으킨다는 것은 필연적일 것이다. 전세계적인 차원에서 생명공학적인 기술의 발전을 우려하는 사람들은 생명법적 논의에서 인간존엄성을 생명공학적인 행위에 대한 자제규범(自制規範)으로서 동원하면서 나아가서 이를 법적 차원의 규제규범(規制規範)으로 발전시키려고 노력하고 있다. 생명윤리적 및 법적 담론에서 인간존엄성의 원리는 생명공학적인 행위에 대한 금지규범으로서 새롭게 등장하고 있다. 인간존엄성은 생명공학적인 개입행위의 한계적 규범으로서 설정되고 있다. 그러나 문제는 구체적인 상황에서 인간존엄의 내용이 확정되어질 수 없다는 것이다. 특히 유전자치료를 위한 DNA의 분석과 재조합, 연구를 위한 인간배아의 대량복제 등과 같은 구체적 문제에 대하여 인간존엄성의 보장이 주장되는데, 이 경우에 인간존엄성은 그러한 행위에 대한 전면적인 금지규범이 된다. 그렇지만 이러한 주장을 좀더 깊게 생각해보면, 이 경우에 누구의 존엄이 어떻게 침해되는지에 관해서는 아무런 언급이 없다는 것을 알 수 있다. 생명공학이라는 새로운 상황전개에 직면하여 "인간의 존엄"이라는 개념이 진정으로 무엇을 의미하는지를 새롭게 음미해야 할 때이다. 그뿐만 아니라 인간존엄이 법적 차원에서 개인의 기본적인 권리의 범위로 이해될 수 있도록 그 개념규정의 변환을 시도할 필요가 절실해졌다고 할 것이다.

2. 인간존엄의 개념

(1) 존엄의 사전적인 의미

국어사전에는 「존엄(尊嚴)」을 "인품이나 지위가 높고 엄숙함" 또는 "인품이나 지위가 높아서 범할 수 없음"이라고 정의하고 있다.[40] 「존엄」은 영어로 dignity 독일어는 Würde로 표현된다.[41] 영어의 dignity와 독일어의 Würde는 라틴어 dignatio에서 연유한 것이다.[42] 서구에서도 인간존엄성에 대한 정확한 정의는 여러 번 시도되었으나 허사였다. 왜냐하면 인간존엄성이란 문제가 결국 현실적 필요성에서부터 형이상학으로 넘어가는 문지방에 위치하고 있기 때문이다. 그래서 인간존엄이라는 개념을 둘러싸고 논쟁하면서 우리가 아무리 열정을 기울여 씨름하더라도 그 개념 자체에 대하여 실질적으로 얻을 수 있는 것은 별로 없다는 것이다. 이러한 어려움은 본질적으로 인간존엄이라는 개념이 가지고 있는 포괄성, 직관성 그리고 다변성 때문일 것이다. 인간존엄이란 인간이 높고 엄숙하며 또한 인간은 높기 때문에 범할 수 없다는 것을 의미한다. 도대체 이것이 무엇을 의미하는가?

본래 「존엄」이라는 개념은 특별한 사회적 지위를 나타내는 것이라고 말할 수 있다. 이러한 의미에서 존엄이란 말은 일부 사람들 사이에서 오늘날에도 여전히 사용되고 있다. 위계적인 신분질서가 확립되어 있는 인간집단에 있어서는 각인에 대하여 사회적 기능의 서열에 따라 지위가 부여되고, 위계질서의 최고상층부에 있는 특정인 또는 특정신분에 대하여 명예로운 지위가 부여된다.[43] 이 경우에 일반사람들이 특정인의 사회적 권위를 범할 수 없다는 것을 나타내기 위하여 존엄이란 말이 사용된다. 그 뿐만 아니라 이러한 지위에 있는 사람에 대한 극단적인 존경을 표시하고 그의 권위의 불가침성을 존엄성으로 나타내기 위하여 그를 「지존(至尊)」, 「존귀(尊貴)」, 「지고(至高)」로 부르는 경우도 있다. 이러한 맥락에 있어

40) 신기철/신용철 편저, 「우리말 큰사전」, 6차 수정증보판(하), 삼성출판사, 1985, 3024면.

41) 「존엄」이라는 말은 도이치어 Würde에 대응하는 말이지만, Würde는 Wert(가치)와 같은 어원의 말이나 비유적인 용도도 있지만, 「인간의 존엄」으로서 사용되는 경우에는 인간특유의, 인간에게만 있는 가치로 이해된다. 즉 모든 사물에 일정한 「가치」가 있다고 하여도 인간의 인간(인격)으로서 가치는 「존엄」이라고 한다(예컨대, 「동물 또는 식물의 존엄」이라는 어법은 한국에서도 비유로서 사용되지 않는다).

42) 라틴어 "dignatio"는 독일어 Würde, Rang, Stellung로, "dignitas"는 Würdigkeit, Tüchtigkeit, Verdienst, würdevolles Aussehen, Wesen로 번역되기도 하고, 그 외에 Würde, Ehre, Ehrenhaftigkeit, 또는 Achtung, Ansehrn, Stellung, Rang, Amt, Ehrenstelle로 번역되고 있다. 그리고 "cum dignitate"는 독일어 weihevoll로 번역되고 있다.

43) 이를테면 종교영역 또는 신비적인 비밀결사에서 "지존(至尊)"이라는 말이 사용되고 있다. 지존은 바로 존엄의 주체 또는 대상을 나타내는 말이다.

서 존엄은 선택된 귀족적 성질을 가지고 있다고 말할 수 있다. 그러므로 존엄은 모든 사람에게 주어지는 것이 아니다. 존엄이란 말은 위계적 구조를 가진 사회에 있어서 최고지도자에게 특별한 카리스마적 권위를 부여하고, 다른 사람의 비판이나 도전을 방지하고, 인간의 과오에 대한 책임을 면제하는 기능을 준다. 이 때의 존엄은 터부(taboo)와 유사하다고 할 것이다.

존엄개념에는 대때로 「신성한 것」이라는 의미가 포함되는 경우가 있다. 특히 종교적 위계에 있어서 높은 자리의 담당자 즉 신 또는 절대자를 지칭하는 의미로 사용될 때 그러하다. 이 경우 존엄개념은 신성한 성격을 띠게 된다. 즉 <존엄한>은 <신성한>으로 되고, 존엄은 신으로부터 부여받은 특권을 의미한다. 이러한 특권화경향은 존엄의 기독교적 개념에서 분명하게 나타난다. 기독교에 있어서 존엄화(尊嚴化)는 그 주체의 무오류성(無誤謬性)을 나타내고, 신성화를 의미한다. 신성화로서의 존엄성은 명시되지 않은 절대적 특권화를 의미한다. 물론 이런 식으로 사용된 존엄개념은 은폐이데올로기 또는 정당화이데올로기의 성격도 가지고 있다. 이를테면, 교회 내에 있어서 구체적인 성직자가 자신이 존엄의 주체라는 것을 강조할 때, 존엄은 자신의 과오를 은폐하거나 교회구성원으로부터 비난을 면제받기 위한 정당화이데올로기로서 기능할 것이다.

그런데 특히 인간존엄의 개념은 특히 서구의 기독교적 전통에서 세속화하여, 현대사회에 있어서 모든 인간에게 예외 없이 해당하는 일반적 개념으로 귀화하였다고 말할 수 있다. 이러한 시각에서 보면, 인간은 태어나면서 존엄을 획득한다고 할 것이다. 그러나 존엄개념의 세속화로 인하여 인간의 존엄성이 무엇을 의미하는지를 정의하는 것은 더욱더 어렵게 되었다고 말할 수 있다. 이러한 존엄은 경험적으로 확인할 수 있는 것이 아니라 그 자신의 현실적 공적과 사회적 지위와 관계없이 인간 그 자체에 주어지는, 모든 피조물 중에서 인간을 특정하는 최고의 가치를 의미한다고 할 것이다. 그러나 특히 신 또는 절대자의 존엄성이 아니라 피조물 즉 인간의 존엄성이 언급되면서부터, 이러한 정의(定義)가 문제로 되었다. 그렇지만, 이 개념이 특별한 존엄 즉 인간존엄으로 된 이후, 우주에 있어서 인간의 지위를 불가침의 특별가치로서 나타나는 표현으로 되었다. 이로써 존엄은 인간 스스로가 처분할 수 없는 가치로서 선언되는 것이다. 크리스트교신학자가 인간존엄성의 근거를 성경에 의해서 요청된, 신을 닮은 인간의 모습에서 찾으려고 하고 있지만, 가치다원적인 상대주의가 팽배하면서 신 또는 절대자의 위기라고 말할 수 있는 오늘날의 종교적 상황에서, 이러한 논증은 인간존엄성에 대한 최후의 근거로서 거의 설득력이 없다고 할 것이다.

(2) 인간존엄사상의 연원

오늘날 우리가 논의하는 인간존엄성의 내용은 근본적으로 유럽적인 사고에 터잡고 있다.[44] 서구에 있어서 인간존엄성사상은 한편에서는 기독교적 자연법상과 다른 한편에서는 근대계몽철학에 그 뿌리를 두고 있다. 그러나 이들 두 개의 뿌리는 결코 동일한 것은 아니다.[45] 19세기까지 기독교가 인권을 중심에 두고 있는 계몽철학과 대립하였다는 것이 이러한 사실을 증명해주고 있다. 인간존엄과 인권에 관한 계몽사상은 고대의 도덕철학에서 비롯된다. 고대에서 공동체내에서의 사회적 지위의 특성으로서 비인간적 존재에 대한 모든 인간존재의 우월성의 징표로서 인간의 존엄성이 논의되었고, 헬레니즘시대의 스토아철학에서는 이성에 대한 인간의 참여로서 인간의 존엄성이 설명되었다.[46] 어떻든, 서구에 있어서조차 인간존엄보장에 관한 이념사적 배경은 결코 동질적인 것이 아니다. 그런데 문제는 우리 사회에서 인간존엄성의 내용을 어떻게 구성할 것인가라는 점이다. 서구적 전통을 그대로 수용할 것인가? 아니면 우리 문화의 재해석을 통해서 인간존엄성의 내용을 독자적으로 형성할 것인가? 이것이 우리에게 주어진 과제라고 할 것이다.

1) 기독교적 전통

기독교적 전통에 의하면, 인간은 신의 형상대로 창조된 신의 닮은꼴(Gottes-bild)이므로 다른 모든 피조물보다 우월한 고유가치로서의 존엄성을 가지며, 인간이 신의 닮은꼴일 수 있는 것은 인간이 이성과 자유의지를 부여받은 정신적 영혼의 존재이기 때문이다.[47] 그러므로 기독교신학은 피조물로서의 인간에 관한 특별한 것 즉 특별하게 숭고한 것, 인간의 불대체적인 정체성의 증거로서 피조물인 인간의 존엄성을 이해한다고 할 것이다. 개개의 인간은 신의 피조물이라는 것 그리고 인간이 정신(Geist), 영혼 그 자체는 아니라고 하더라도 최소한 정신적 능력

44) 인간존엄의 연혁에 관해서는 Alfred Verdross, "Die Würde des Menschen in der abendländischen Rechtsphilosophie" in: Naturordnung in Gesellschaft, Staat, Wirtschaft hrsg. von H. Höffner/A. Verdross/또 F. Vito, Innsbruck 1962 S. 345−362; Ernst Bloch, 「Naturrecht und menschliche Würde」, Frankfurt a.M. 1972(Suhrkamp Taschenbuch 49); Johannes Messner Was ist Menschenwürde in: Internationale katholische Zeitschrift 6. Jhg. 3/1977, S. 233−240를 참조로 하였다.

45) Eric Hilgendorf(김영환/홍승희 역), "남용된 인간의 존엄 - 생명윤리논의의 예시에서 본인간의 존엄이라는 논증점의 문제점," 「법철학연구」, 3권 2호(2000), 261면.

46) P. Häberle, Die Menschenwürde als Grundlage der staatlichen Gesellschaft, in : Isense/ Kirchhof (Hrsg.), Handbuch des Staatrechts Bd. I, S. 818f. 참조.

47) Arnold Künzli, Menschenmarkt. Die Humangenetik zwischen Utopie, Kormmerz und Wischenschaft, Hamburg, 2001, S. 70 참조.

을 가지고 있다는 것에 인간의 특별한 본성이 있다. 이렇게 본다면, 기독교에 있어서 인간의 존엄성은 결국 신 또는 창조주로부터 자유의 영혼을 부여받은 존재라는 것에 의해서 근거된다.

2) 근대자연법적인 연원

근대자연법사상은 프랑스혁명에서 그 극점에 달한다. 프랑스 인권선언은 자유, 평등, 동포애(또는 형제애 또는 자매애)를 인간의 천부적인 자연권으로 선언하였다. 근대자연법사상에 의하면, 자연권은 인간을 나타내는 정신적 존재라는 특수성에 의해서 담지되고, 인간에게 부여된 본능결정적이 아닌 정신지도적인 태도의 가능성으로서 인간존엄개념을 구성한다는 것이다.[48] 인간은 정신적 자유를 전제로 한다. 동물의 행동은 본능에 의해서 강제되지만, 인간에 있어서는 외부적 행위는 정신의 자유로운 결정에 위임되어 있다. 그러므로 동물과 구별되는 인간의 존엄성은 인간에게 부여된 또는 위임된 자유에 의해서 근거된다. 자유는 인간을 자기책임적인 존재로 간든다. 인간존엄은 예외없이 모든 인간에게 해당된다. 인간의 존엄성은 어느 누구에게서도 빼앗을 수 없다. 또 자유는 존엄의 구성요소이고, 인간존엄성의 인정은 인간에게 자유가 있어야 한다는 것을 의미한다. 존엄성은 자유존재로서 모든 인간에게 보편적으로 승인되고, 모든 인간은 평등하다는 보편적인 인간평등의 원칙은 바로 존엄성에서 비롯된다. 자유와 평등은 인간간의 연대(連帶)로 나아간다. 물론 짐승들간에도 종적 연대성이 있는 것은 분명하다. 그러나 짐승들간의 종적 연대는 그 본능에 기초하고 있다. 그렇지만 인간의 연대성은 본질적으로 감정적으로 구속되어 있지만 자유로운 결정을 필요로 한다.

이렇듯 인간존엄성의 구성요소로서 자유, 평등, 연대라는 기본적 가치는 인권의 기본적 가치와 짝을 이루고 있다.[49] 이러한 맥락에서 인간존엄성을 가장 설득력있게 해명한 사람은 아마 블로흐(Ernst Bloch)가 대표적일 것이다. 이러한 사실은 그의 저서 제목『자연법과 인간존엄(Naturrecht und menschliche Würde)』[50]에 그대로 나타나 있다. 마르크스주의적 시각에 입각해서 블로흐는 "경제적인 해방이 없는 인간의 존엄도, 물건이 없는 인권도 불가능하다. 양자는 상호적으로 서로 의존관계에 있다"[51]고 주장한다. 그래서 마르크스주의의 요람에는 "고난한 자와 힘겨운 자를 위한 경제적 당파성뿐만 아니라 굴욕을 받는 자와 모욕을 당한 자를

48) 위 같은 책, 71면 참조.

49) 위 같은 곳.

50) 본서는 1961년 출간되었다. 여기서는 Ernst Bloch, 「Naturrecht und menschliche Würde」, Frankfurt a.M. 1972(Suhrkamp Taschenbuch 49)를 참조했다.

51) 위 같은 책, 13면.

위한 자연적 권리도 인간의 존엄을 위한 투쟁 즉 고전적 자연법에서 나온 그러한 헌장적 유산을 이해할 수 있는 당파성으로서 존재하고 있다. 사회적 유토피아는 주로 행복을 지향하고, 자연법이론은 인간의 자존심의 범주로서 주로 존엄, 인권, 인간의 안정 또는 자유의 법적 보장에 가깝다."[52] 그래서 블로흐는 "궁핍이 끝나지 않고는 인간존엄이란 없다"고 한다.[53] 그는 인간존엄을 공동체로 들어가는 올바른 통로의 이정표(Eunomie)로 정의하고 있다.[54] 블로흐는 이러한 올바른 통로의 이정표적 실례로서 토마지우수(Christian Thomasius)를 들면서 고문을 반대하는 용기있는 투사로서 토마지우스가 인간행복을 인간의 존엄과 결합하였다고 한다. 또 이것은 칸트(Imanuel Kant)[55]도 시도했던 합테제(Synthese)이었다고 한다.[56]

3) 인간존엄성과 인간상

이렇듯 사상사의 관점에서 보면, 인간존엄에 관한 의식은 인격의 의식보다도 오랜 역사를 가지고 있다고 할 수 있다. 그러한 의식이 처음으로 발휘된 것이 유대교인데, 유대교적인 전통에 의하면 인간의 특수한 가치는 신이 자신에 따라 형상해서 인간을 창조하였다(신=인간의 類似姿)고 하는 가르침에 포함되어 있다. 그리고 신약성서에 인간은 크리스트의 사망에 의해 구원되고, 인간의 가치라고 하는 것은 크리스트의 피와 동일한 가치를 가지고 있다는 것이다. 13세기가 되면서 유럽에서는 「존엄(dignitas)」사상은 근대적이라고 할 수 있는 성질을 띠면서 등장하였다. 토마스 아퀴나스(Thomas von Aquin)에 의하면, "인격은 존엄을 포함하고 있다." "인격은 존엄의 명칭이라고 생각된다."[57] 토마스는 "인간의 존엄, 즉 인간

52) 위 같은 책, 234면.

53) 위 같은 책, 237면.

54) 위 같은 책, 314면.

55) 칸트에 의하면, 인간이 이성적 능력을 부여받은 인격의 소유자이며, 인격의 소유자로서 인간은 스스로 자기를 실현하고 자기의 행위를 자율적으로 입법하는 윤리적 자율성을 가진 존재이다. 인간은 하나의 수단적 존재가 아니라 목적 그 자체로서 존재하는 목적적 존재이기 때문에 너는 너의 인격뿐만 아니라 모든 타인의 인격에도 내재하는 인간성을 결코 수단으로서가 아니라 언제나 동시에 목적으로 사용하도록 그렇게 행동하라 라는 정언적 명령을 내린다고 한다(Handle so, daß du die Menschheit swohl in deiner Person, als in der Person eines jeden andern jederzeit zugleich als Zweck, niemals bloß als Mittel brauchst)" 그러므로 Kant에 있어서 인간존엄성은 인격의 목적성이며, 이러한 목적성의 훼손은 인간존엄성의 침해라는 것이다. I. Kant, Grudlagen zur Metaphysik der Sitten, Akademieausgabe Ⅳ, S. 429. 참조

56) Bloch, 위 같은 책, 338면.

57) "Persona dignitatem importat"(Summa Theol. II, II, qu. 32, art.5). "Persona videtur esse nomen dignitatis"(De Potentia, 8, 4). 토마스 아퀴나스의 인격존엄에 대해 Joseph Lenz, "Die Personwürde des Menschen bei Thomas von Aquin" in: Philosophisches Jahrbuch der Görres-Gesellschaft, 49. Bd. Fulda 1936, S. 138-166을 참고로 하였다.

이 자발적으로 자유르운 존재이며, 자기를 위해서 존재하는 것으로서"라고 기술하면서, "존엄(dignitas)이란 존재하는 그 자체의 스스로를 위한 것으로서 가치(bonitas) 또는 이익(utilitas)과는 다른 목적을 위한 가치를 의미한다"라고 단적으로 설명하고 있다.[58] 이러한 토마스의 견해는 인격존엄에 관한 칸트의 이해와 그 맥을 같이하고 있다고 할 수 있다. 칸트에 의하면, 목적의 나라에는 모든 것이 가치(Wert, preis) 또는 존엄(Würde)을 가진다. 가치를 가지는 물건의 경우에는 그것 대신에 어떠한 다른 물건을 등가물로서 대체할 수 있다. 이에 반해 모든 가치를 넘어서, 즉 등가물의 존재를 허용하지 않는 것은 존엄을 가진다. 어떠한 것을 목적 자체가 되도록 하는 유일한 조건을 이루는 것은 단순히 상대적 가치 즉 가격을 가지는 것이 아니라, 내적인 절대적 가치 즉 존엄을 가진다는 것이다. 이렇듯 토마스와 칸트의 사상은 다른 역사적인 배경과 세계관을 전제로 하고 있음에도 불구하고, 서양의 문화 속에서 고도의 통일성을 가진 「인격존엄」의 개념을 발견할 수 있는 것이 아닌가 한다.

이렇듯 「인간의 존엄」은 서양정신사에 자리잡고 있는 근저적인 가치의 문제이다. 만약 철학적으로 이른바 가치상대주의라는 입장을 취하면, 당연히 그 가치관의 정당성을 문제로 할 수 있지만, 일반적으로 올바른 가치관으로서 승인되었고, 그 근거는 인간의 본성 즉 인격성에 있다고 설명할 수 있다. 그러므로 도이치 기본법 등 서양헌법에 있어서 인간존엄의 내용은 결국 그 헌법 이전의 그 자체의 과정으로 거슬러 올라갈 수밖에 없다.

어떻든 인간존엄이라는 말은 인간본질의 인식에 관한 총체적인 표현이기 때문에, 그것에 관한 보다 자세한 해명은 반대로 인간의 본질에 대한 인식 즉 인간상 및 인간관에서만 얻을 수 있을 것이다. 그래서 일정한 인간상이 설정되어야 비로소 인간존엄의 개념을 밝힐 수 있는 것이다. 결국 서양에 있어서 인간존엄성의 내용은 서양정신사의 맥락에 뿌리내리고 있는 인간상 또는 인간관에서 그 정당성을 얻는다. 그러나 우리의 경우는 어떠한가? 우리도 서양적인 인간관과 인간상을 그대로 수용할 수 있는가? 그렇지 않다면 존엄개념을 우리의 인간상과 인간관에서 재구성해야 하는가? 후자의 경우라고 한다면, 그것이 과연 가능한지? 과연 한민족정신사에서 어떠한 인간상 및 인간관과 어떻게 연계해서 인간존엄의 개념을 새롭게 자리매김할 수 있는지는 우리에게 주어진 과제라고 하겠다.

58) Summa Theol. II. II, qu. 64. art. 2

3. 인간존엄의 생명헌법적인 의의

(1) 우리 헌법상의 인간존엄

오늘날 많은 국가의 헌법들에는 인간의 존엄성이 명시적으로 언급되어 있다.[59] 우리 헌법 제10조 제1항은 "모든 국민은 인간으로서 존엄과 가치를 가지며…"라고 규정하고 있다. 그런데 "인간의 존엄과 가치"가 무엇을 의미하고, 그 규범적 내용이 어떠한 것인지에 관해서는 본격적인 독자적 논의가 진행되고 있지 않은 듯하다.[60] 윤리학적인 전통에서 볼 때, 존엄이라는 표현은 절대주의적인 전통에서 비롯된 것인데 반해, 가치라는 표현은 상대주의적인 전통에 그 연원을 두고 있다고 할 수 있다. 그런데 우리 헌법에는 어떠한 연유에서 존엄과 가치가 동일한 맥락에서 규정되었는지 알 수 없다.

비교법적으로 볼 때, 우리 헌법 제10조 제1항의 인간의 존엄이라는 표현은 도이치 기본법 제1조 제1항에서 그 연원을 찾아 볼 수 있다. 도이치 기본법에는 물론 「인격」과 「인간의 존엄」이 정의되어 있지 않지만, 이들 개념의 법적인 의미와 위치는 아주 명확하다고 할 수 있다. 기본법 제1조 제1항에는 「인간의 존엄은 불가침이다」라고 선언되어 있는데, 이 구절이 명령적인 의미(「침해해서는 아니 된다」)인가, 단순히 선언적인 의미(「불가침이다」)로 파악되어야 하는가는 조문상으로 확실하지 않지만, 그것에 이어서 「이것(인간의 존엄)을 존중하고(= 침해해서는 아니 된다) 또 (적극적으로) 보호하는 것은 모든 국가권력의 의무이다」라고 규정되어 있으므로 인간이 국가를 위해서가 아니라, 국가는 인간을 위해서 존재한다고 하는 가치관으로써도 인간의 존엄을 존중하고 보장하는 것은 국가의 의무라는 점은 확실하다고 하겠다. 또 기본법 제2조 제1항에서 「각인은 타인의 권리를 침해하지 않는 한 또 헌법적 질서 또는 도덕률에 반하지 않는 한, 그 인격성(Persönlichkeit)의 자유로운 발전을 목적으로 하는 권리를 가지고 있다」고 규정하고, 「인격」의 중요성도 명확히 하고 있다.

도이치 헌법학에서 도이치 기본법 제1조의 인간존엄(Menschenwürde)에 대하여 그 개념규정, 내용 및 법적 성격 등에 관해서 상당히 많은 논의들이 있

59) 예컨대 "인간의 존엄성은 불가침이다. 이를 존중하고 보호하는 것은 모든 국가권력의 의무이다"라고 규정하고 있는 도이치 기본법 제1조 제1항; "인간의 존엄성은 정치질서 및 사회평화의 기초이다"라고 규정하고 있는 스페인헌법 제10조 제1항 등.

60) 헌법상 인간의 존엄에 관한 논문으로, 예컨대, 이재명, 「인간존엄의 헌법적 접근」(중앙대학교 박사학위논문), 1992; 한병호, "인간의 존엄성에 관한 소고," 「해사법학회 법학연구」, 4호, 123~156면; 홍성방, "인간으로서의 존엄과 가치: 인간의 존엄에 대한 헌법적 고찰," 「가톨릭사회과학연구」, 제11권(1999) 등이 있다.

다.[61] 여기에서 이들 내용을 소개할 수는 없지만, 도이치 헌법질서에 있어서 인간존성과 관련해서 해석의 문제로서 다음의 네 가지의 명제에 대해 이론이 없는 것 같다. ⓐ 인간의 존엄은 자유민주제와 도이치기본법의 최고가치(der oberste Wert)이다. ⓑ 인간은 인격으로서 (인격이 있기 때문에) 존엄을 가진다. ⓒ 모든 인권(자유권, 법 앞의 평등 등)은 인간이 인격으로서 가지고 있는 존엄에 기초한다. ⓓ 본기본법 제 1 조와 제 2 조는 인간의 인격성(Persönlichkeit)을 보호하고, 제 3 조가 각인의 인격의 자유로운 발전을 보장하는 것에 대해 제 1 조는 개인보다 인격성에 관련하고 있다.

이런 식으로 도이치 기본법 제 1 조 제 1 항을 이해한다면, 인간의 존엄은 인간의 인격으로서의 존엄이라고 이해되기 때문에, 인간의 존엄을 정의하는 것은 동시에 인격을 정의하는 것이 된다. 이를테면, 인간의 존엄이란 인간은 태어나면서 정신적 윤리적 존재로서 자기의식과 자유에 있어서 자기를 결정하고, 자기를 형성하고 주위의 세계(Umwelt)에 있어서 자기를 발휘하는 소질을 가지고 있는 것에 있다고 할 수 있겠다.

내가 보기에 우리 헌법학은 우리의 현실적인 여건과 관계없이 도이치의 논의를 거의 그대로 수용하고 있는 듯하다. 어떻든 우리 헌법 제10조 제 1 항이 선언하고 있는 인간의 존엄과 가치는 국가가 개인이 가지고 있는 고유한 가치를 침해해서는 아니 되고, 존엄성의 구체적인 내용인 개인의 기본적 인권을 보장할 의무를 부담한다는 것을 확인하고 있다는 점에 대해서는 이의가 없을 것 같다.

(2) 인간존엄의 생명헌법말씀론적 내용

1) 개인의 정체성보장

헌법상 인간존엄성의 보장은 무엇보다도 개개인의 양도할 수 없는 고유한 가치를 인정하는 데에 그 의의가 있다고 할 것이다.[62] 여기에 있어서 인간의 고유한 가치로서 존엄성이란 개인의 신체적, 정신적 정체성(正體性)의 존중과 보장이다. 대체할 수 없는 정체성이 각 개인에게 있다는 것을 확인하고 이를 보장하는

61) 인간존엄에 관한 최근 독일의 논의에 대해서는 N. Hoerster, Zur Bedeutung des Prinzip der Menschenwürde, in : JuS 1983, S. 93~96; H. Hoffmann, Zur Herkunft der Menschenrechtser-klärungen, in : JuS 1988, S. 841~848; W. Höfling, Die Unantasbarkeit der Mesnchenwürde, in : JUS 1995 S. 857~862; C. Enders : Die Menschenwürde in der Verfassungsordnung. Zur Dogmatik des Art. 1 GG, Tübingen 1997; F. J. Wetz, Die Würde des Menschen ist antastbar. Eine Provokatin. Stuttgart 1998 등 참조.

62) 허영 교수는 인간의 존엄성을 기본권의 이념적 기초로 파악하고 있다. 그래서 그는 “우리 헌법질서에 있어서는 절대적이고 양보할 수 없는 최고의 가치적인 Konsens를 뜻하게 된다”고 한다. 허영, 「헌법이론과 헌법」(중), 박영사, 1988, 172면.

것이 존엄성보장의 본질적 내용이라고 하겠다. 그러므로 인간존엄성은 인간정체성이라고 할 것이다. 정체성이란 생명의 변동과정에 있다고 하더라도, 처음부터 끝까지 「그렇게 그리고 다르지 않게 존재하고 있는 그 무엇」을 의미한다. 그러므로 정체성을 가진 주체는 다른 모든 것과 구별된다. 「동일하기 때문에 동일하다」는 것이 정체성의 원칙이이다. 정체성의 원칙은 A = A로 표시된다. 정체성원칙 <A = A>에 의하면, 정체성은 「그 스스로와 하나로 있는 존재」 즉 「그 자신과의 일치」를 의미한다. 인간을 유전학적 자동기계로 파악하는 완벽주의적인 분자생물학과 생명공학은 정체성에 대한 기본적 권리를 침해해서 인간존엄을 침해할 우려가 있다. 왜냐하면 자동기계는 주관적 정체성을 가지고 있지 않고 모두 동일하기 때문이다. 인간존엄이 주관적 정체성이라면, 자동기계로서 인간의 존엄은 존재할 수 없는 것이다. 자동기계는 모든 자동기계가 그렇듯이, 스스로의 권리도 존엄성도 주장할 수 없게 된다. 왜냐하면 <기계인간>은 존엄하지 않기 때문이다. 살아 있는 인간은 정체성이 전혀 확정된 존재가 아니라 정신적 영적 신체적 발전에 따라 결코 종료되지 않고 죽음에 의해서 비로소 끝나는 생성이라는 점에 있어서 자동인간과는 구분된다. 아무도 두 번 같은 강물에 들어 갈 수 없다. 그러나 인간으로서 나는 시간과 공간의 흐름 속에서 나 자신을 느끼고 생각한다. 엄밀한 의미에서 보면, 「어제의 나」와 「오늘의 나」는 다르다. 그러나 우리는 여전히 「과거의 나(I)」와 「오늘의 나」 그리고 「내일의 나」 「나(I)」로서 동일하다고 생각하고 있다.

"인간이 무엇인가?"라는 물음에 대하여 확고한 대답을 찾지 못하게 될 것이지만, 늘 우리는 인간이란 무엇인가라는 주제를 다룬다. 그러나 인간은 유전자와 그 세포 및 신경의 총합(總合)인 자동기계 그 이상이다. 그러므로 인간을 자동기계로 환원시키려고 하는 자연과학자들은 스스로의 모순에 빠진다고 할 것이다. 왜냐하면 그들은 지식에 의한 자신의 독자적인 과학적 활동조차 이미 결정된 자동기계적인 생산물로 파악해야 하기 때문이다. 이러한 맥락에서 보면, 인간을 자동기계로 파악하도록 만든 자연과학자에게, 인간존엄성을 실현했다는 의미에서 노벨상과 같은 큰상을 준다는 것은 정말 넌센스일지도 모른다. 만약 자연과학자가 자동기계와 같은 존재라면, 그러한 자동기계는 존엄성을 칭송하는 상을 받아서는 아니 될 것이다.

인간으로서의 정체성은, 그 사람의 유전자가 아무리 변하였고 또 변하고 있는 중이라도, 변하지 않는다고 할 것이다. 우리는 생명공학적인 시각에서만 인간의 정체성을 결정해서는 아니 될 것이다. 생명공학적인 지식은 정체성을 결정하기 위한 자료에 불과하다. 인간주체의 정체성은, 주체가 설령 클론이든 전통적으로 출생하였든, 자동적으로 생산된 변하지 않는 유전자 또는 세포의 생산물 이상이고, 적어도 자연적 및 인간적 환경과의 평생 동안의 신체적 정신적 상호작용 사이에서 끊임없이 변동하는 결과일 것이다.

2) 방어적 성격

헌법상의 인간존엄의 개념은 무엇보다도 그것이 국가 또는 정치권력에 대한 방어적 기능 또는 방어적 목적을 가지고 있다는 점에서 가장 중요할 것 같다. 도이치 기본법이 인간 개개인의 처분할 수 없는 고유한 가치를 표시하기 위하여 인간존엄이라는 표현을 사용하고 있듯이, 우리 헌법에 있어서도 마찬가지라고 할 것이다. 또 우리 헌법 제10조 제1항의 인간의 존엄은 모든 형태의 국가적 개입에 대하여 인간적인 동일성의 가장 핵심적인 영역을 보장하려는 데 그 의의가 있다고 할 것이다. 인간존엄성은 상이한 도덕적 정치적 찬반여부를 초월해서 금기(禁忌)시되어야 하는 것이다. 그러므로 인간존엄성은 어떠한 정치적 권력에 대해서도 불가침성을 가지고 있다. 즉 개개의 인간은, 그가 인간이기 때문에 성, 종족, 나이, 국적, 사회적 지위, 지적 능력, 종교 등에 관계없이 신체적 정신적 영적 일체성과 동일성에 있어서 침해되어서는 아니 된다는 것이다.

오늘날에 있어서 인간존엄성의 보장은 대(對)국가적 의미보다 훨씬 넓게 확대되어야 할 것이다. 인간존엄성은 모든 사회구성원에게 요구되는 근본적 가치로서 승인되고 있다. 그래서 인간존엄성보장은 국가권력 이외에 개인과 집단에게도 그대로 요청되고 있다. 그래서 인간이 존엄하다는 것에 의하여 인간은 같은 인간에 대하여 보호되며, 이러한 경우에 존엄성개념은 실정법을 초월해서 유효하다고 한다. 인간의 존엄을 침해하는 자는 그 자신의 고유한 불가침성에 대한 권리를 도덕적으로 상실한다. 그래서 그러한 사람은 법적으로 처벌받을 수 있지만, 법적 처벌에 있어서도 존엄성의 주체로서 존중되어야 하고 또한 보호되어야 한다. 이러한 요청은 어떠한 경우에도 고문(拷問)을 금지하고 있는 국제인권선언에 잘 나타나 있다.

많은 사람들은 현대사회에 있어서 인간존엄성원칙의 전방위적인 기능(全防圍的 機能)을 칸트의 정언적 명령과 연계하여 설명하고 있다. 위에서 이미 언급한 바와 같이 칸트는 인간존엄의 존중을 요청하면서 인간을 자기자신에 대해서 뿐만 아니라 타인에 대해서도 동일하게 목적으로 사용하고, 단순히 수단으로 사용하지 않도록 행동하라는 식의 범주적 명령의 형태로 표현했는데, 이러한 칸트의 명령은 보편화된 인간존엄의 개념을 전제로 한다. 오직 수단으로 사용되고 도구화될 때 인간은 존엄하지 않게 된다는 것을 의미한다. 그러나 실질적으로 칸트식의 명령은 전혀 범주적이지 않으므로, 이것은 인간이 결코 오직 수단으로 사용되어서는 아니 된다는 것을 요구할 뿐이다. 그러나 목적으로 되면서 수단으로 사용되는 경우도 있을 수 있다. 즉 칸트의 표현은 다양한 해석이 가능하다. 그래서 뒤에서 살펴보는 듯이, 유전자치료를 위한 배아복제와 같은 생명공학적 행위에 대하여 Kant식의 「수단-목적」이라는 이분법적 관계에 의한 인간존엄성침해여부를 판단하는 것은 문제를 야기한다.63)

4. 생명헌법으로서 존엄성기준의 문제 : 존엄성의 남용?

(1) 근본적인 딜레마

우리 헌법이 인간존엄성을 선언하고, 국가에게 이를 보장할 의무가 있다고 규정하고 있지만, 구체적 상황에서 도대체 인간존엄성이 무엇을 의미하는지가 불확실하다. 특히 장기매매, 장기이식, 배아복제, 유전자치료 등 새로운 생명공학적 기술의 사용과 관련하여 인간존엄의 보장이 구체적으로 무엇을 의미하는지가 불확실하다. 특히, 생명공학적 편익과 관련하여 상호 이해관계가 대립되는 경우, 예컨대 일방의 생명과 타방의 생명이 직접적으로 충돌하는 상황에서 인간존엄성원칙은 그 의미가 무색해질 수도 있다.

우리 헌법에 있어서 인간의 존엄과 가치의 내용을 어떻게 형성할 것인가는 상당히 개방되어 있다고 할 것이다.64) 그래서 「인간의 존엄」과 「인간의 가치」65)에 대한 논의가 특히 생명공학의 발전과 함께 새로운 정치적 신조의 싸움터가 될 우려가 있다. 이러한 상황에서 인간의 존엄과 가치의 법적 의의를 생각해보면서, 특히 생명공학적 기술에 기한 인간생명에 대한 연구와 개입의 문제와 관련하여

---

63) 이와 관련해서는 John Harris, "Clones, Genes, and Human Rights," in : Richard Dawins(ed.) *The genetic revolution and human rights*(Oxford: New York, 1999), pp. 61~94, 특히 p. 68 이하 참조.

64) 헌법규범을 해석함에 있어서 우리가 주목하지 않으면 아니 되는 것은 규범해석 그 자체가 고도의 정치적 행위라는 사실이다. 헌법규범의 해석에 있어서는 "누가" "누구를 위(爲)하여" "누구에 대(對)하여" 해석되는가가 가장 중요한 문제이다. 여기에서 민주주의원칙과 법치주의원칙의 갈등이 생길 수도 있다.

65) 우리 헌법 제10조 제 1 항에는 "존엄과 가치"라는 표현이 있는데, 왜 "존엄"과 "가치"라는 말을 나란히 사용하였는지에 관한 헌법제정시의 기초자료가 없어서 알 수 없으나, 존엄이 독일어 Würde 또는 영어 dignity에서, 가치가 독일어 Wert 또는 영어 value에서 비롯된 것이라고 한다면, 헌법 제10조 제 1 항의 "인간의 존엄과 가치"라는 표현은 그 자체로 모순이라고 할 것이다. 왜냐하면 "존엄"은 다른 어떠한 것과 비교할 없는 "절대적인 것"을 의미하는데 반하여, "가치"는 다른 것과의 관계에서 상대적으로 결정되는 상대적인 것을 나타내기 때문이다.

인간존엄성의 보장이 법적 공준(公準)으로서 기능할 수 있는지를 생각해 보기로 한다.[66]

(2) 존엄성개념의 불확정성문제

인간존엄성개념은 일의적으로 확정될 수 있는 것이 아니고, 또한 항상 구체적인 상황에 의해서 보충되어야 한다. 그래서 우리 문화권 안에서 인간존엄을 어떻게 이해하고, 앞으로 전개될 새로운 상황에서 그 내용이 어떻게 형성되어야 할지 또 인간존엄의 판단에 있어서 누가 누구를 위해서 누구에 대하여 인간존엄성을 판단해야 할 것인지 등등 수많은 문제들이 제기된다. 특히 누가 존엄성개념에 대한 보충권을 가져야 하는가는 고도의 정치적 문제이다. 경우에 따라서는 존엄성개념은 개개인의 감정 또는 자의에 따라 마음대로 보충될 수 있는 관념적인 것으로 추락할 수도 있다. 이러한 위험을 감축하기 위해서 우리는 인간존엄성의 문제를 구체적인 상황에서 근본적으로 도덕철학 및 법철학적 문제로서 끊임없이 논의하고 또 구체화하는 일을 게을리해서는 아니 될 것이다.[67] 인간존엄성의 구체적인 내용규정은 가치와 규범을 인간의 기본적 욕구와 이익에 관련시켜서 법철학 및 도덕철학적 맥락에서 합리성의 차원에서 구체적인 내용을 형성해야 한다. 우리는 인간존엄성내용의 형성에 있어 아래와 같은 점들을 고려해야 할 것이다.

1) 문화적 개념으로서 인간존엄

인간존엄은 근본적으로 문화적 개념이다. 존엄성의 양식과 내용은 문화적 맥락에서 비로소 결정될 수 있을 것이다. 그러므로 인간존엄의 개념을 불변적인 것으로서 또는 시대와 문화를 뛰어넘는 영구불변의 개념으로 간주하는 것은 문제일 것이다.

우리는 우리의 문화권에서 인간존엄개념에 문화적인 그 무엇을 그 개념적 내포로 넣어야 할 것인지를 생각해야 한다. 모든 인간은 어쩔 수 없이 자신들이 성장한 문화를 배우게 된다. 문화란 수많은 인간들의 경험 중에서 선택되고 구성되나 그것은 다시 개개인의 경험에 의미를 부여한다. 문화는 우리들이 자신과 타인

---

66) 현대에 들어와 유럽인들이 이른바 제1, 2차 세계대전을 통해서 체험했던 국가권력 특히 도이치 나찌즘의 잔악성에 대하여 반성하고 그 재발을 방지하기 위해서 유럽정신사에서 인간존엄이라는 관념을 발굴해내서 그것을 실정법의 최고원리로 승화시켜 국가권력을 구속하려고 시도하였다. 이제 그들은 그것을 과학기술에 대한 방어권으로서 활성화시키고 있다. 과연 생명공학은 인간의 존엄을 해치는가? 인간의 자기희생 없이 어떻게 인간의 존엄성을 달성할 수 있을지는 의문이다.

67) 존엄개념의 다의성에 관해서는 D. Biernbacher: Mehrdeutigkeiten im Begriff der Menschenwürde, in: Aufklärung und Kritik, Sonderheft 1/1995 S. 4~13 참조.

들의 삶을 이해하는 데에 있어서 그 근거인 것이다. 우리 자신의 상상력에 근거해서 다른 문화적 세계를 만들어 낼 수 없다. 우리들의 순수한 자유, 환상, 가치도 우리 자신의 국지적 문화에 의해서 만들어지고 제한받는다. 인간행위의 형이상학적 한계에 대한 문제에서 절대적으로 타당한 대답이 있는 것이 아니라 단순히 문화적으로 결정된 합의가 있을 뿐이다. 이것은 인간존엄의 기준에 대한 문제에 있어서도 마찬가지다. 그런데 생명에 대한 우리 문화는 어떠한가? 유전자치료, 배아복제 등 최근 첨단적 생명공학에 대하여 우리 문화는 어떠한 반응을 하고 있는가? 우리가 우리 문화의 어떤 것으로 인간존엄의 내용을 채울 수 있는가? 이러한 물음에 앞에서 다시 물음으로밖에 답할 수 없을 것 같다. 우리는 "인간이란 무엇인가"라는 본질적인 물음으로 향한다. 인간존엄의 내용은 우리의 인간상 및 이에 합일될 수 있는 것으로서 문화적으로 조건지워지는 것이며, 역사적 변화 속에서 결정된다.

2) 반성적 개념으로서 인간존엄

인간존엄개념은 개인적 행위뿐만 아니라 사회적 행위를 다시 비추어내는 거울이라고 할 것이다. 우리는 인간존엄개념을 통해서 행위의 개인적 의미와 사회적 의미를 재생산한다. 인간존엄의 내용은 사전적으로 규정되는 것이 아니라 사회적 관계 속에서 규정되고 축적된다. 어떠한 행위에 대한 인간존엄성은 그 행위가 인간존엄을 침해한다는 의미에 있어서의 결단적 의미 또는 금지적 의미가 문제인 것이 아니라, 오히려 어떠한 행위나 상황이 인간존엄을 침해하는가 라고 의문을 제기할 때, 비로소 인간존엄성은 행위자에게 반성적 기회를 제공하게 된다.

우리는 더욱더 자기비판적인 이성에 대한 신뢰를 보장해야 한다. 자기비판을 하기 위해서 우리는 분자생물학과 세포생물학의 기초자들의 낙관적 태도에서부터 이들에 대한 비관적인 생명윤리학자의 편견없는 비판적 목소리까지 포용할 수 있는 태도를 취해야 한다. 어떻든 최근 비판적 목소리는 새 천년의 초두에 이룩된 인간게놈의 해명이 유전형(Genotyp)과 표현형(Phänotyp)간의 관계에 관한 지식을 제공하지 못하고, 인간에 있어서 유전형과 표현형의 관계는 낙관론자들이 유전자결정적인 현상으로 받아들이고 알려왔던 것보다 훨씬 복합적이고 복잡하다는 것을 보여주고 있다. 사려있는 생명공학자들은 모든 생명현상을 유전자의 작용으로 환원시키는 환원주의와는 거리를 두는 태도를 취하고 있다.

이러한 상황에서 인간존엄성의 개념은 인간이 자신의 행위를 비춰볼 수 있는 인간의 거울역할을 할 것이다. 우리 스스로가 기술적 발전에 상응하여 인간존엄이라는 거울을 새롭게 닦을 때, 우리의 존엄한 모습이 더욱 선명하게 보이게 될 것이다.

3) 직관적 개념으로서 인간존엄

인간존엄성은 서술적 또는 설명적 개념이 아니라 직관적 개념이다. 인간존엄성을 침해하는가는 구체적 상황에서 우리의 가치감각을 통해 직관적으로 인식된다. 이러한 의미에서 인간존엄성문제는 양적 문제가 아니라 질적 문제이다. 그러므로 구체적 개인의 입장에서 구체적 상황 그리고 구체적인 관계 속에서 인간존엄성의 침해여부가 판단되어야 한다. 인간존엄성의 기준을 획일적 추상적으로 규정할 수 없다.

예컨대, 특정인이 죽을 시기를 유전학적으로 밝히는 것이 인간존엄성을 침해하는 것인가? 또 영생하기 위하여 유전공학적 기법에 의하여 유전자를 변형하는 것이 인간존엄성을 침해는 것인가? 지금까지 우리 모두는 태어나는 순간에 이미, 언젠가는 죽어야 한다는 의미에 있어서 불확정시기부의 사형판결을 선고받았다는 것을 알고 있다. 그러나 구체적인 사망시점을 의식하게 하는 것이 그 사람의 존엄성을 침해할 것인지는 그 사람의 진정한 의사와 구체적인 상황 속에서 판단되어야 할 것이다. 물론 이미 내려져 있는 사망시기를 모른다는 사실이 공포와 고통을 완화하는 기능을 한다고 말할 수 있지만, 자신이 죽을 구체적인 시점을 알고 있음으로써 인생을 보다 알차게 살 수 있는 기회가 될 수도 있을 것이다. 이러한 맥락에서 보면, 직관적 개념으로서 인간존엄성의 내용은 사람에 따라 얼마든지 다르게 될 수 있다.

4) 형성해야 할 개념으로서 인간존엄

인간존엄성개념은 형성되어져 있는 것이 아니라 형성되어야 할 개념이다. 우리는 앞으로 일정한 권위를 상정하고 그 권위에게 존엄성의 내용의 형성을 위임해야 할 것이다. 여기에서 존엄성의 추상적 기준을 설정하는 입법자의 역할이 중요하고, 무엇보다도 구체적인 사안에 있어서 인간존엄성을 구체화하는 권한을 가진 법원의 역할이 가장 중요한 의미를 가지게 된다.

인간은 시간의 흐름에 따라 상황이 어떻게 되는지를 지켜보기보다는 그 규칙에 따를 수밖에 없는 존재이기도 하다. 그래서 그런지는 몰라도, 얼마 전까지 사회 속에서 개인들의 생활은 모두에게 공유되는 분명한 행위프로그램에 따라 규제되는 것처럼 보였다. 그러나 현실적으로는 그렇지 않았다. 인간관계는 순조롭게 형성될 수도 있고, 분쟁 속에 놓이기도 하고, 쟁취될 수도 있다. 이런 경우 특정 형식으로서 고착된 문화적 기대와 사회적 규범은 행위의 지침이 되기에는 충분하지 못하다. 그 뿐만 아니라 전지구가 하나의 무대로 세계화되어 있고 다원적인 개인주의가 지배하고 있는 오늘날과 같은 상황에 있어서는 특정문화에 기초한 기대규범의 강제는 자칫 사회적 갈등을 증폭시킬 수도 있다.

이러한 상황은 인간존엄의 내용을 실체적인 권리로 구체화하려고 하는 경우에 우리가 반드시 염두에 두어야 할 조건이다. 그러므로 형이상학적인 가치선택의 세뇌(洗腦)보다는 가능한 한 많은 사회구성원들이 참가할 수 있는 공개적인 담론의 장을 만들고, 당면문제를 자유롭게 논의하는 등 합리적 논의절차를 마련하는 것이 중요하다고 할 수 있겠다.

(3) 존엄성에 기한 생명도구화금지론의 문제

우리가 정치적, 사회적 위험뿐만 아니라 과학기술적 위험이 팽배하고 있는 현대적 상황에 있어서 위에서 언급한 바와 같이 사회의 근본적인 가치로서 인간존엄을 전방위적으로 확대해야 한다는 것에 동의하더라도, 인간이 목적으로서가 아니라 단지 수단으로서 취급될 때 인간존엄이 침해된다고 하는 기준을 모든 생명공학적인 행위에 획일적으로 적용하여 존엄성침해여부를 판단하는 것은 문제가 아닐 수 없다.[68]

여기에서 유전적으로 완벽한 인간의 창조를 목적으로 하는 분자생물학자 및 세포생물학자의 분명한 의도나 생식공학에 있어서 인간유전자의 조작은 인간의 도구화라는 관점에서 인간존엄성의 침해로 파악되어야 하지 않는가? 라는 문제가 제기된다. 어떠한 경우에도, 개인이 스스로 통제할 수 없는 유전자와 세포의 조작 그리고 이와 유사한 여타의 기술적 개입으로 인하여 자신의 자유와 자기결정권 및 그 성숙성이 박탈되는 때, 그 사람의 인간존엄성이 침해된다고 할 수 있겠다. 그러나 치료목적의 인간유전학은, 생명윤리학자에 의해서 지지되고 있듯이, 전혀 다른 방식으로 인간존엄을 존중하는 것이라고 할 것이다. 왜냐하면 인간유전학은 실험에서는 단순히 수단으로서 사용된 것이지만 질병과 고통으로부터 인간을 보호하고 해방하려고 하는 보다 높은 목적에 기여하기 때문이다. 목적과 수단은 칸트의 범주적 명령의 조건에 의하면 인간을 결코 단순히 수단으로가 아니라 동시에 목적으로 사용되는 경우에 이상적으로 달성되는 관계에 있다. 여기에서 칸트의 범주적 명령의 문제점이 나타난다. 생명을 목적으로 취급하는, 이를테면 의학적인 유전자치료와 생명을 도구로 전락시키는 초인을 꿈꾸는 완벽주의적인 생명공학 사이의 경계선은 가변적이며 또 유동적이다. 그러므로 인간존엄성 침해여부에 대한 판단기준으로서 생명을 도구화 또는 수단화해서는 아니 된다는 간트식의

68) 이에 관한 자세한 것은 Hilgendorf, 위 같은 논문, 266~270면 참조.

판단기준 즉 생명도구화금지론은 양면성을 가진 생명공학이라는 새로운 상황에서 상당히 많은 경우어 있어서 애매하게 된다.

(4) 인간존엄기준에 관한 기능론의 문제점

물론 도이칠란트에도 인간존엄을 다른 관점에서 즉 존엄을 철학적으로 또는 정신과학의 과제로서가 아니라 기능적으로 즉 실증과학의 과제로서 규명하고자 하는 학자도 있다. 그 대표적인 학자로서 루만(Niklas Luhmann)을 들 수 있겠다. 근대과학이 존재론적 형이상학적의 전제들을 무의미하게 하고 또 기능개념이 실체개념[69]과 목적개념[70]을 대신하게 되었다는 것을 전제로 하면서 루만은 「존엄이란 성공한 자기표현(die gelungene Selbstdarstellung)을 의미하는 희망개념이다」[71]라고 한다. 또 기제(Bernhard Giese)도 루만과 거의 동일한 맥락에서 이해하고 있는 듯하다. 기제는 「가치의 시장메카니즘(Marktmechanismus)은 존엄을 최고가치로서 선언하는 것을 무의미하게 한다」[72]고 한다. 이런 식으로 이해한다면, 존엄에 의한 논거가 다른 논거에 대해서 거론되는 때에 어느 쪽이 우선하는가는 다만 승인(Konsens)에 의해서 결정될 수 있다는 것을 의미한다. 어떻든 인간존엄을 기능론적으로 이해한다면, 존엄개념은 「가치」로서 사용되어진다.

사실의 문제로만 생각하게 되면, 존엄에 관한 구체적인 문제뿐만 아니라, 모든 법률상의 문제도 확실히 「승인」이라는 사실에 의해 설명될 수 있다고 생각한다. 그것뿐만 아니라 법적인 효력을 위해서 「승인」도 하나의 없어서는 아니 되는 조건이다. 그러나 승인이 얻어진 때, 또 얻어지지 않았을 때에 왜 얻어졌는가 또는 얻어지지 않았는가라는 것도 생각할 필요가 있다. 결국, 승인의 성립을 설명하기 위해서, 그 승인이 근거하는 즉 내용적인 고찰도 필요하고, 이러한 관찰을 통해 인간존엄의 전통적인 개념이 불가결하게 된다고 생각한다.

루만과 같은 존엄에 관한 이해로 종래의 형이상학적인 이해를 대체할 수는 없다.[73] 특히 이러한 기능적인 이해는 구체적인 분쟁에 대한 결정을 내려야 하는 사법(司法)에는 전혀 도움이 되지 않는다고 단언할 수 있다. 무엇보다 사법적인 판단기준으로서 확실히 「존엄」개념의 법적인 의미를 이해하기 위해 추상적인 개

69) N, Luhmann, Grundrechte als Institution, Berlin 1965, S. 60.

70) N, Luhmann, Legitimation durch Verfahren, 2. Aufl. Darmstadt/Neuwied 1975, S. 223-225

71) N. Luhmann, Grundrechte als Institution, Berlin 1965, S. 68

72) B. Giese, Das Würde-Konzept. Eine normfunktionale Explikation des Begiffs Würde in Art. 1 Abs. 1GG, Berlin 1975, S. 63

73) 사회학자인 셰레스키도 동일한 맥락에서 루만의 존엄개념을 비판하고 있다,. Helmut Schelesky, "Die Soziologon und das Recht," in: Rechtstheorie, 9. Bd. Heft 1, S. 19.

념으로서만이 아니라, 판단기준으로서 존엄성에 내재하는 구체적인 법원칙의 실천적인 적용에 입각해서 고찰할 필요가 있다. 법의 규범성은 실정화된 법원칙의 적용에 의해서 비로소 표현되고, 그 적용의 직접의 대상으로 되는 것은 추상적 또는 구체적인 인간이 아니라 (사회 속에 살아 있는) 인간의 행동(Verhalten) 내지 행위(Handlung) 그 자체이다. 따라서 복잡한 상황에서 실정화된 법원칙을 바르게 적용하는 것이 헌법해석론의 제 1 의 임무라고 할 것이다. 이러한 임무는 최종적으로 우리 헌법재판소에 부과되어 있다.

(5) 구체적인 권리에 관한 권리인(權利因, 권리씨)으로서 인간존엄

인간존엄개념의 포괄적이고 추상적인 내포에 비추어볼 때, 현단계에서 인간존엄 자체에 대해서 존엄권이라는 새로운 포괄적인 권리를 별도로 설정하는 것은 구체적인 문제해결을 위해서 도움이 되지 않을 것 같다. 이렇게 하기 보다는 구체적인 권리를 위한 권리인(權利因) 또는 권리씨 즉 메타권리(meta-right, Meta-recht)로 보는 것이 어떨까 한다. 이러한 의미에서 생명공학과 관련하여 우리는 개인의 권리로서 인간존엄성을 보장하기 위해서 존엄성의 내용을 보다 구체화할 필요가 있다. 최근에 도이치 형법학자 힐겐도르프(Eric Hilgendorf)는 헌법상의 인간존엄성은 인간의 고유가치를 존중하는 것인데, 역사적으로 형성된 인간고유가치의 내용을 적극적인 권리의 범주로서 일곱 가지의 정언적인 공식으로 표현하는 것이 인간존엄의 보장을 위해서 합목적적이라는 견해를 피력하고 있다.[74] 힐겐도르프의 이러한 시도는 생명공학시대라는 새로운 상황에 있어서 시사하는 바가 매우 크다고 할 것이다. 또 이러한 힐겐도르프의 통합이론은 인간존엄과 가치를 기본권으로 인정하고 이를 보장할 의무를 국가에게 적극적으로 부과하고 있는 우리 헌법 제10조 제 1 항의 구체화와도 부합한다고 할 것이다. 힐겐도르프가 제시한 7가지의 기본적 권리로서 인간의 존엄성의 내용은 다음과 같다.

"① 생존에 필요한 최소한 재화(예컨대, 음식, 공기, 공간)를 개개인에게 제공하지 않는 것은 인간존엄에 반한다(물질적 최소한의 생존조건에 관한 권리)

② 최소한의 자유권을 개개인들로부터 박탈하는 것은 인간의 존엄에 반한다(자율적 자기실현에 대한 권리)

③ 극심하고 오래 지속되는(신체적 또는 정신적) 고통을 (작위나 부작위에 의해) 타인에게 부과하는 것은 인간의 존엄에 반한다(고통으로부터 벗어날 권리)

④ 타인의 초개인적인 사생활의 영역을 밝혀내거나 이와 관련된 정보를 제 3

74) Hilgendorf, 위 같은 논문, 272면.

자에게 수집가능하게 하는 것은 인간의 존엄에 반한다(사생활영역의 보장권)

⑤ 마약이나 세뇌와 같은 불가항력적인 수단을 이용해 타인의 의식을 지속적으로 심하게 변경시키는 것은 인간의 존엄에 반한다(정신적 심리적 통합권)

⑥ 사람에게 법주체로서의 지위를 인정하는 것을 거부하는 것은 인간의 존엄에 반한다. 이에 대하여 자신의 권리를 법원에 주장할 수 있는 가능성이 주어져야 한다(근본적인 법적 평등에 관한 권리)

⑦ 어떤 인간이 위에서 언급한 ① 내지 ⑥까지의 침해행위를 넘어서 극단적인 방식으로 비하되거나 자신의 자존심이 침해될 때 인간의 존엄에 대한 위배는 인정된다."[75] ·

위와 같은 힐겐도르프의 견해에 의하면, 현재 전개되고 있는 유전공학적 연구 및 치료행위가 인간존엄에 위배되는 경우는 거의 없다는 것이다.[76] 그 뿐만 아니라 특정한 질병의 예방이나 치료를 할 수 있는 의료기술의 발전 또는 특정한 고통을 극복하기에 포기할 수 없는 약품개발을 형식적 의미에 있어 인간존엄성의 침해를 내세워서 국가가 막는 것이 허용되어서 아니 된다고 할 것이다.[77] 그렇지만 힐겐도르프가 체외인공수정 잔여배아를 생명공학적으로 연구하거나 임신목적 이외의 목적으로 이용하는 것이 인간존엄성을 침해하는 행위에 해당한다고 규정지을 지는 분명하지 않다.

Ⅵ. 현단계에 있어서 법적 기획(Legal Design): 잠정적인 제안

1. 인간시기의 법적 기획(legal Design)

'어디서부터 인간인가?'는 생물학적으로 두 가지로 생각할 수 있다. 하나는 인류로서 인간을 생각하는 경우, 인간은 하등동물에서 고등동물로 그리고 원인에서 호모사피엔스로 진화되어 왔다. 이때 어느 시점부터 인간인가라는 문제(계통발생과정에 있어서 인간의 시기에 관한 문제)이다. 또 다른 하나의 문제는 개체로서 인간을 생각할 때, 사람은 정자와 난자와 결합해서 하나의 성체로 성장해간다. 이러

75) 위 같은 논문, 273면.

76) 위 같은 논문, 277면.

77) 위 같은 논문, 279면.

한 경우에 어디서부터 인간이라고 보아야 하는가라는 문제(개체발생과정에 있어서 인간의 시기에 관한 문제)이다. 여기에서 문제로 되는 것은 두 번째의 경우이다.

물론 상황이 변하면, 법적 판단도 바뀔 수 있다. 생명공학적인 기술발전은 아직 초보적인 단계이다. 그것은 체외에서 배아 자체를 완전한 인간으로 성숙시킬 수 있는 단계에 와 있지 않다. 이러한 생명공학의 현재적인 기술수준에서 판단할 때, 체외에서 수정된 배아는 성체인 여성의 자궁을 빌리지 않고서는 완전한 인간으로 성장할 수 없다. 여기에 문제가 있다. 배아가 인간으로 발전하기 위해서는 제 3 자인 여성의 자기결정에 기한 자궁의 제공이 있어야 한다. 국가가 체외인공수정된 배아를 위해서 어떠한 여성에게도 자궁의 제공을 강제할 수는 없다. 체외에서 인공으로 수정된 배아가 성장하여 인간성체로 성장하게 하는 것이 인간의 존엄성을 확보할 수 있는 길이라고 한다면, 그러한 존엄성의 확보를 위해서 여성의 신체적인 조력은 절대적인 의무가 되어야 할 것이다. 그렇다면 그 여성의 존엄성은 어떻게 되는가? 그러므로 인공수정배아는 모체와 결합된 경우에 한하여 그 모체에 혼화된 인격적인 부속물로서 평가되어야 한다. 즉 현 단계에서는 배아가 모체의 자궁에 착상된 경우에야 비로소 잠재적인 인격으로 평가할 수밖에 없지 않는가라는 것이다.

생명현상은 잔인한 선택과정이다.[78] 어머니의 난자와 아버지의 정자가 수정하는 과정을 생물학적으로 본다면, 우리는 누구나 약 5억:1이라는 엄청난 경쟁을 통해서 선택된 생명이다. 우리가 될 정자가 수많은 경쟁정자들을 물리쳐서 죽게 하지 않았다면, 우리는 지금 여기에 존재하지 않을 것이다. 인공수정의 방법으로 생성되었으나 모체의 자궁에 착상되지 못하고 남아 있는 배아 즉 잔여배아는 선택받지 못한 존재이다. 생명과정에서 선택받지 못했다면 그것은 죽음뿐이다. 이것은 자연의 법칙이다. 인간에 의한 선택도 하나의 선택이다. 생명현상은 우리가 사전에 그것을 예측할 수 없기 때문에 우연이나, 사후적으로 보면 필연이라고 평가할 수 있다. 생명공학이 더욱 발전하지 않는 한, 우리는 이것을 받아들이지 않을 수 없다.

생물학적으로 볼 때, 단세포인 수정란은 그로부터 성장하게 될 존재와 개체상 동일한 존재이며 따라서 특정한 인간개체라고 주장하는 동일론은 모순이라고 하지 않을 수 없다. 배아기의 각 세포들의 특성에 비추어볼 때, 수정란에는 적어

78) 통상 생명현상에 관하여 우연 또는 필연이라고 표현하곤 하지만, 종교적으로 보면, 예컨대, 불교에서는 생명의 탄생을 「인연」이라고 하는데, 크리스트교에서는 하나님의 「은총」이라고 하고 있는 듯하다. 사실, 우연, 필연, 인영, 은총이라는 표현들 동일한 현상에 대하여 다만 다른 입장에서 한 의미부여일뿐이다.

도 배아기를 거쳐야만이 생물학적인 정체성이 확정된다고 할 것이다. 그뿐만 아니라 유전학적인 동일성이 반드시 법적인 동일성으로 평가되어서는 아니 될 것이다. 이러한 동일론을 극단적으로 확대한다면, 성체의 세포는 성체와 동일하다는 결론에 이르게 된다. 왜냐하면 앞으로 생명공학기술이 발전하면 체세포복제에 의하여 성체와 동일한 개체를 생성해낼 수 있기 때문이다. 그뿐 아니라 인간의 유전자와 99%가 동일한 원숭이가 있다면, 그는 인간이 가질 수 있는 기본권의 99%를 주장할 수 있는가?

2. 체외인공수정 잔여배아의 보호를 위한 법이론적 기획(legal theoretical design)

현재의 법학적인 태도를 살펴보면, 법적 규율대상이 사람인가 물건인가에 따라 법을 인법과 물법으로 나누고, 그에 따라 규율방식을 달리하는 태도를 취하고 있다.79) 이러한 이분법적 분류방식이 체외인공수정 잔여배아에도 그대로 적용되는 것인가가 문제이다. 체외인공수정 잔여배아가 인법적인 방식으로 규율되어야 할 것인가? 아니면 물법적인 규율방식으로 규율해야 할 것인가? 아니면 이들 양자를 혼합한 방식으로 규율해야 할 것인가? 다시 말하면, 기존의 법적인 사고에 있어서 인(人)과 물(物)로 나누고 있는 이분법에 비추어서 판단할 때, 체외인공수정 잔여배아를 법적 주체인 인(人)로 보아야 하는가, 그렇지 않으면 법적 객체인 물(物)로서 보아야 하는가 또 양자를 혼합하여 경우에 따라 상이하게 취급할 것인가가 문제이다. 이 문제에 대한 대답은 매우 중요하다. 인공수정 잔여배아의 법적 성질을 어떻게 규정하는가는 사회심리학적인 차원에 있어서 상징적인 의미를 가질 뿐만 아니라, 법률실무적인 차원에서 인공수정 잔여배아를 법적으로 취급함에 있어서 실질적으로 엄청난 차이를 만든다. 체외인공수정 잔여배아를 법주체로 규정하는가, 그렇지 않고 물건으로 취급하는가, 특히 물건으로 취급하는 경우에 그것을 사유물로 보는가 또는 사회적 공유물로 보는가에 따라 체외 인공수정 잔여배아의 법적 취급과 관련하여 그 난자와 정자를 제공한 사람 그 자신 그리고 연구자 및 그것에 특별한 이익을 가지고 있는 각 개인들은 상이한 규정적 또는 규제적 규범에 의해서 규율된다. 예컨대, 통상 재산은 매매되어서 유통될 수 있지

79) 우리 법체계, 특히 민법은 어떠한 사물이 "권리의 주체"인가 또는 "권리의 객체"인가에 따라 다른 방식으로 규율하고 있다. 여기서 말하는 권리의 주체에 관한 법이 바로 인법이고, 권리의 객체에 관한 법이 바로 물법이라고 이해한다면 문제가 없을 것이다.

만, 법주체로서 사람은 거래의 대상이 될 수 없다. 형법상의 재산적 범죄에 관한 규정은 재산에는 적용되지만, 사람 그 자체에 대해서는 적용되지 않는다. 그 뿐만 아니라 체외인공수정 잔여배아를 법주체로 보는 경우에는 그의 권리의 행사에 있어서 누가 법정대리인 또는 후견인으로 되는가도 중요한 문제라 할 수 있다.

어떻든 현상에서 체외인공수정 잔여배아를 법적으로 어떻게 처리할 것인가? 이것은 체외인공수정 잔여배아의 법적 성질을 어떻게 결정하는가에 달려 있다.

그렇지만 법적 분류는 목적적(目的的) 또는 의도적(意圖的)이다. 통상 우리 법체계에 있어서 물건은 재산권의 대상으로 취급되고 있다. 예컨대, 어떤 객체가 재산권의 대상으로 정의되는 것은 그 객체가 본질적 또는 객관적으로 또는 물리적으로 측정할 수 있는 특성을 가지고 있기 때문이 아니라, 그것이 재산법의 규율대상으로 분류되어 사회적, 문화적, 철학적, 심리학적, 경제적 목적을 달성할 수 있도록 하기 위해서 재산권의 대상인 물건으로 정의되는 것이다. 이러한 의미에서 법적 분류는 다분히 수단적 성질을 가진다. 즉 법적 분류는 그것을 통해서 달성하려는 법적 목적에 기여한다. 그래서 규율대상의 통상적 기술적 객관적 성질과 일치하지 않을 수도 있다. 이러한 범위에서 법적 분류는 기술적 또는 객관적 관행의 앤티테제이다.

또 법적 분류는 규범적인 규정일 수밖에 없다. 그러므로 여기에는 가치판단이 들어가게 되며 또 근본적인 정책적 선택이 포함되어 있다. 이러한 현상은 예컨대 태아를 사람으로 취급하지 않는 민법학의 분류방법에서 잘 나타난다. 민법 제 3 조는 "사람은 생존하는 동안 권리와 의무의 주체가 된다"고 규정하고 있는데, 우리 민법학자들은 우리 민법체계가 태아를 사람으로 취급하지 않도록 태아와 사람을 구분한다. 자연과학적으로 볼 때, 생명으로서 태아와 사람은 동일한 연장선상에 있다. 그러나 민법학적 분류는 이를테면 "출산을 위한 규칙적인 진통," "태아의 일부노출," "전부노출," "모체와의 완전분리," "독립호흡" 등 다양한 자의적인 기준에 의해서 태아와 사람을 구분한 다음, 사법상의 권리의무의 주체로서 사람의 개념을 규범적으로 정의하고 있다.[80] 태아를 고귀한 인간생명체로서 사랑하는

80) 이영준, 「민법총칙」, 박영사, 1990, 785면; 고상용, 「민법총칙」, 법문사, 1990, 37면 등 우리나라의 모든 민법학자들은 전부노출설의 입장에서 민법에 있어서 "태아"와 "사람"을 끔찍스럽게 구분하고 있다. 사실 민법 제 3 조에 대한 해석론은 우리 헌법 제10조 제 1 항의 성립으로 그 취지에 부합되게 수정되어야 마땅하다. 그 뿐만 아니라 법이론적인 차원에서도 헌법 제10조 제 1 항이 규정하고 있는 "인간의 존엄성"의 취지에 맞추어서 민법 제 3 조를 규범적으로 다르게 해석할 수 있음에도 불구하고, 우리 민법학자들은 19세기말 서구에서 형성된 사법이론을 그대로 유지하고 있는데, 이러한 학문적 해태는 유감이 아닐 수 없다. 이러한 기본적 입장은 살인죄와 낙태죄를 구별하고 있는 형법의 해석론에도 그대로 유지되고 있는데, 이것 또한 헌법적 차원에서 반성해 보아야 할 것이다.

사람의 입장에서 보면, 태아와 사람을 자의적인 기준으로 구분하는 위와 같은 민법학의 태도는 끔찍스럽게 느껴질 수 있다. 그러나 이러한 끔찍스런 결과는 우리가 현실적 차원과 규범적 차원을 구별하지 않고 태아와 사람을 통상적으로 이해하기 때문에 생기는 것이다. 태아와 사람의 규범적 구분은 사람을 구성하는 개별적인 과학적인 관념에서 나온 것은 결코 아니라고 하겠다.[81]

우리나라에서 인공수정 잔여배아가 구체적인 사건의 대상으로 된 적이 없기 때문에 체외인공수정 잔여배아의 법적 성질에 관한 논의가 전혀 없다. 그렇기 때문에 이에 관한 사례도 없고 입법도 당연히 없다. 일정한 목적을 위해서 인공수정 잔여배아의 성격을 확정하는 입법이 되었다고 하더라도, 그 실정법에 언급되지 않은 특수한 유형의 사건에서 법원이 인공수정 잔여배아의 성격을 법적으로 규정해야 할 필요가 있을 수도 있다. 게다가 입법부가 인공수정 잔여배아의 법적 성질을 수긍할 정도로 규정하려고 할 만큼 야심적이었다고 하더라도 그것을 어떻게 볼 것인지는 분명하지 않다. 본 헌법소원사건에서 헌법재판소는 체외인공수정 잔여배아가 인간 또는 물건 중 어느 하나로 분류해야 할 구체적인 상황에 처해 있다.

인공수정 잔여배아는, 보는 입장에 따라, 물건으로 볼 수도 있고 또 사람의 구성부분으로 볼 수도 있겠다. 그런데 인공수정 잔여배아를 물건으로 보는 경우에도 그것을 개인의 사적 재산으로 볼 수도 있고, 또 공동체가 공유하는 공적 재산으로도 볼 수도 있겠다. 그 뿐만 아니라 사람의 구성부분으로 보는 경우에도 체외인공수정 잔여배아는 한편으로는 인격적인 성질도 가지고 있다. 인공수정 잔여배아에 대하여 사람과 재산이라는 이분법적으로 분류하는 전통적인 접근방법은 문제를 야기할 것 같다. 생명공학의 발전으로 대두한 체외 인공수정 잔여배아를 법영역에서 취급하는 데에는 훨씬 더 유연한 접근방법이 필요할 것 같다.

그렇지만 현 단계에서 체외에서 수정되어 냉동고에 보관되어 있는 잔여배아는 난자와 정자를 제공한 사람들과의 관계에서 재산법적 사고에 의해서 취급해야 하지 않을까 생각한다. 그런데 문제는 누구의 소유에 속하는가라는 것이다. 그것은 특별한 사정이 없는 한 정자와 난자를 제공한 두 사람의 공유(共有)라고 해야 할 것이다. 현재적인 생명공학적 기술수준에서 잔여배아의 기본권능력은 인정되어서는 아니 될 것이다. 그렇게 하는 것이 오히려 인간존엄성을 지키는 길이다.

---

81) 이러한 규범적 구분의 극치는 생명공학의 발전과 더불어 대두하고 있는 "사람"과 "인간"의 개념을 구분하려는 법학자 또는 생명윤리학자들에게서 볼 수 있다. 이에 관해서는 강희원(각주 35), 155면, 특히 각주(60) 참조.

그러나 생명공학이 더욱 발전한다면, 잔여배아 자체에 대해 법적인 주체를 인정하고 기본권을 확보해 줄 수도 있을 것이다.

이들 두 가지의 문제는 인식의 문제라기보다는 다양한 차원에 있어서 의미부여의 문제라고 할 수 있다. 법에 있어서 인간의 시기는 논리적 문제가 아니라 정치적 결단의 문제이다. 의식이 진화하여 공감대가 형성되면, 헌법재판소는 그것에 기초해서 정치적인 결단을 내려야 할 것이다. 그러나 우리 사회에는 아직 그러한 의식이 성숙되지 못하고 있는 것 같다. 이러한 의식이 사회전반에 일반화되기까지는 좀 더 시간을 기다려야 할 것이다. 그러므로 본 헌법소원은 시기상조라고 할 것이다. 청구권자들의 성급한 성미가 오히려 배아헌법의 형성에 소극적 기여를 하는 결과가 되지 않을까 염려된다.

3. 체외인공수정 잔여배아(surplus embryo in vitro fertilization)의 존엄성 주체성 문제

생명윤리적 담론에서 인공적인 배아생성 및 그것에 관한 생명공학적인 연구가 인간존엄성을 침해한다는 주장이 제기되고 있다. 그러나 이러한 주장에서 배아복제 및 연구가 구체적으로 누구의 존엄을 침해하는가? 침해된 존엄의 주체가 시술된 세포인가? 세포가 발달해서 앞으로 출생한 개체인가? 수정란이 수정되기 이전 난자와 정자로 있을 때 주체 즉 난자제공자와 정자제공자인가? 생명공학적인 기술을 시술하는 사람인가? 아니면 인류전체인가?

생명공학에 있어서 인간존엄의 규범성은 생명에 대한 기술적 개입의 절대적 금지를 의미한다고 할 것이다. 존엄성의 여부가 타협에 의해서 결정된다면 이미 그 자체가 인간존엄성을 침해하는 것이 될 것이다. 그런데 인간존엄성의 주체를 어디까지 확대해야 하는가? 왜 존엄성의 주체를 수정란까지로 한정하는 것은 존엄성에 대한 타협이 아닌가? 왜 정자와 난자는 인간적 존엄성을 가지고 있지 않는가? 수없이 폐기되는 난자와 정자의 존엄성은 어떻게 보장해야 하는가? 아이를 낳지 않기로 한 부부의 결정과 부부가 피임약이나 피임기구를 사용하는 것이 인간존엄을 침해하는 것인가? 이 경우에 부부의 결정과 행위는 누구의 존엄성을 침해는 것인가? 등등 수많은 물음들이 줄줄이 제기된다.

존엄성의 주체를 결정하는 데에 있어서 인간개체발생과정의 생물학적 현상이 반드시 참조해야 하는 필요조건은 될 수 있겠지만 그 자체가 필요충분적인 조건은 아니라고 할 것이다. 그러므로 단순히 생물학적 또는 발생학적인 차원에서 존엄성의 주체가 결정되어서는 아니 된다. 결국 존엄의 주체는 존엄성의 내용과 마찬가지로 우리 문화권 내에서 반성적으로 결정해야 할 문제이다. 이 문제를 결정함에 있어서 얼마나 많은 사람들이 배아에 대해서 자기 자신과 동질감을 느끼고 또 그렇게 인식하고 있는가가 중요하다. 이것이 보호객체에서 기본권주체로 전환되기 위해서는 이러한 동질감이 있어야 한다. 적어도 현 단계에 있어서 개나 돼지와 같은 동물에는 이러한 동질감이 인정되지 않기 때문에 존엄성주체로서의 자격이 인정되지 않는다. 그러나 앞으로 이것이 변할 수는 있다고 생각한다. 헌법상의 존엄성의 주체는 우리 법공동체의 윤리도덕적인 확신에 기초해서 공동체구성원이 정치적 합의를 통해서 잠정적으로 결정해야 할 것이다.

Ⅶ. 부언: 인간생명문제에 있어서 법의 딜레마

생명윤리및안전에관한법률이 제정된 이후, 우리사회에는 법률해석전쟁이 개시되고 있다. 하지만 일단 불법이든, 합법이든 간에 생명과학적인 방법으로 새로운 생명이 탄생되는 경우에 그 생명을 보호하는 것이 인간의 존엄과 가치에 부합할 것이다. 이것은 마치 강간이나 간통으로 새로운 생명이 탄생하는 경우, 그 생명을 불법으로 인정할 수 없는 것과 마찬가지다. 그러나 그러한 탄생시키는 행위가 불법인 경우에 그 행위를 한 자를 처벌할 수 있는가가 문제이다. 이 경우에 있어서 법적 상황은 강간이나 간통의 경우와 다르다. 강간이나 간통의 경우에는 강간이나 간통행위 자체가 기존의 법주체의 자유나 권리를 침해하는 것이기 때문에 그러한 침해에 대한 법적 제재로서 처벌이 가해진다. 그러나 생명공학의 경우 특히 인간복제의 경우에서는 관련법주체의 동의 또는 수탁에 의해서 생명과학적인 방법으로 새로운 생명을 탄생시키는 행위는 누구의 구체적인 법익도 침해하지 않는다. 여기에는 우리는 그러한 행위가 인간의 존엄과 가치라는 추상적인 질서를 침해했다고 할 뿐이다. 그래서 그러한 경우에 새로운 생명을 창조하는 행위가 왜 처벌을 받아야 하는가라는 근본적인 의문이 제기된다.

그뿐만 아니라 새로운 유전자 치료가 육체적 정서적 정신적 건강을 증진시켜줄 가망이 있다면, 우리들 중의 많은 사람들이 우리 자신과 후손을 위하여 새로운 유전자 치료를 이용하려고 할 것이다.[82] 여기에서 우리는 딜레마에 빠진다.

---

82) 황우석 교수 사건을 생각해보라. 왜 그렇게 생명공학자 황우석을 지지하는 사람들이 아직도 있는가? 그들은 황우석 교수팀의 연구결과가 그들의 문제를 해결해 주리라고 믿기 때문일 것이다.

왜냐하면 우리는 한편에서는 인간의 존엄성보장이라는 가치를 요구하면서, 다른 한편에서 배아복제 및 연구에 얻어진 새로운 기술의 혜택을 원하고 있기 때문이다. 발생학적 지식에 기초하여 인간시기를 세포분열시작 이후 14일부터로 보려고 하는 이른바 14일론도 바로 이러한 딜레마에서 벗어나기 위한 궁여지책이라고 할 것이다. 고통을 경감시키고 인간의 잠재능력을 증진시키려는 것은 모든 인간의 본질적인 욕구라고 할 것이다. 그러나 어느 일방이 이러한 욕구를 극도로 추구하는 경우에 오랫동안 열심히 싸워 보존하려고 했던 개인과 집단의 안전은 이제 더 이상 안전할 수 없는 위태로운 상황으로 빠지게 된다. 우리는 이러한 극한 상황을 사전에 방지해야 할 것이다. 그러므로 생명공학적인 결과가 합사회적으로 되도록 하기 위해서 생명공학기술을 전일적 시각(全一的 視覺)에서 규제하는 것은 불가피하다. 어떠한 과학이나 기술도 가치로부터 결코 자유롭지 않다. 그러나 새로운 도구가 가지고 있는 능력을 이용하면, 우리 자신의 복지는 증진될 수 있겠지만, 우리와의 관계 속에서 다른 누군가가 또는 무엇인가를 위태롭게 하거나 위축시키고 희생시켜야 한다는 것을 인식할 필요가 있다.

새로운 생명공학적인 기술은 지금까지 인류가 맞이했던 그 어떠한 곤란한 정치적 문제보다도 더 어려운 문제이다. 생명공학적인 기술에 대한 결정권을 누구에게 맡길 것인가? 정부와 기업에게 맡길 것인가? 실험실에 있는 과학자들에게 일임할 것인가? 생명공학적 상품을 사용하는 시장의 소비자에게 맡겨야 하는가? 그러나 이러한 결정권은 종국적으로 어떠한 특정인에게 맡길 수 없는 권리일 것이다. 이것이야말로 진정으로 인간으로서 우리 모두에게 균등하고 동일하게 귀속되어 있는 존엄성의 권리이다. 새롭게 맞이하는 생명공학시대에 있어서 우리 앞에는 "모든 생명공학적인 연구나 치료가 인간의 존엄성을 침해한다고 할 것인가?" "왜 연구용 인간배아의 복제가 인간의 존엄을 해치는 것인가?" "인간존엄을 어느 정도로 감성화(感性化)하는 것이 타당한가?" "냉동잔여배아를 인간으로 보아야 하는가?" 등등의 수많은 물음들이 들끓어 오르고 있다. 이러한 문제들에 관한 논의 과정에서 우리의 삶, 고유한 본성, 우리 자신의 자기이해에 대하여 제기된 문제인식과 통찰을 통해서 단계별로 우리 사회의 공론(公論)의 방향을 설정해나가야 할 것이다.

제67회(2006. 7. 7) 발표문

인간배아에 관한 생명윤리 논쟁과 법정책

이 인 영*

Ⅰ. 들어가면서

독일의 비른바허(Birnbacher) 교수는 규범적 원칙으로 인간존엄 개념을 남용에 가까울 정도로 빈번한 사용하는 것이 독일의 생명윤리토론에서의 특징이라고 지적하였다. 인간존엄의 개념을 한편으로 새로운 생식방법이나 유전자조작의 도덕적 거부나 법적 금지에서 주요한 역할로서 사용하고, 다른 한편으로 인간 존엄의 개념은 이성적 토론에 열려있는 원칙으로서의 기능하기 보다는 신앙의 기본적인 항목의 한 유형으로 사용하고 있다고 지적하였다. 그렇기 때문에 인간존엄의 전형적인 기능은 쟁점을 한 번에 끝내게 만들며, 더 이상의 토론을 참을 수 없게 만드는 대화방해자(conversation stopper)로서의 기능하는 것이라고 지적하였다.[1)]

지난 2004년, 2005년의 2,200여 개의 여성의 난자를 사용하여 행한 배아줄기세포연구의 성과에 철저하게 기만당한 경험을 가지고 있는 최근의 우리 현실에서 생명과학 연구가 어떠한 모습과 한계를 가지고 이를 실천할 것인지를 진지하게 논의할 필요가 있다. 생명과학 연구자들이 인간을 대상으로 하는 과학연구 내지 실험을 설계하고 이를 시행하기 전에 법적 규제와 관계없이 반드시 점검해야 하는 윤리적 기준들이 무엇인지를 함께 논의할 필요가 있다. 일반적인 기준으로 인간에게 유익한 연구, 인간의 존엄성이 존중되는 연구, 정의로운 연구이어야 하며, 모든 연구는 연구대상자에게 충분한 설명에 근거한 동의를 받고 이루어졌는지 확인해야 한다. 그런 관점에서우리는 법적으로 허용하는 연구가 인간 존엄성이 존중되는 연구인지를 항상 점검할 필요가 있는 것이다. 비른바허 교수가 우려하는 바와 달리 인간 존엄의 개념은 과학정책과 과학입법이 제대로 이행되고 있

* 한림대학교 법학부 교수.

1) Dieter Birnbacher, "Do modern reproductive technologies violate human dignity?," *In Vitro Fertilization in the 1990s-Towards a medical, social and ethical evaluation*, Ashgate(1999), p. 325.

는지 오히려 빈번하게 사용해야 할 잣대가 되어야 하며, 대화의 방해자가 아니라 대화의 중심 주제가 되어야 할 것이다.

본 발표문은 미완성의 원고로서 부분적으로 많은 보완이 필요함을 먼저 언급하고 양해를 구하고자 한다. 발표문의 구성은 크게 세 부분으로 구성되어 있다. 인간배아의 개념 정의를 짓고 논쟁이 되고 있는 배아의 다양한 유형별, 예를 들어 초기배아, 잔여배아, 연구용배아 등에 관한 용어정의와 쟁점들을 살펴본다. 그리고 인간배아의 도덕적 지위논쟁에 대해 인간생명으로서의 지위, 재산으로서의 지위, 특별한 존중의 대상으로서의 지위라는 관점으로 그 내용과 반론을 동시에 검토하였다. 배아의 법적 지위와 관련해서는 헌법상의 보호와 관련된 논변을 중심으로 논하고 그 중심 내용은 인간존엄의 주체, 보호영역 논쟁이다. 그 다음 형법적 논변을 제시하고 초기인간배아에서 논쟁이 주로 이루어지는 처분권한에 대해서 차례대로 서술하였다.

Ⅱ. 인간배아의 개념정의와 생성

1. 인간배아의 개념 정의

(1) 발생학상의 배아의 정의

인간배아는 발달의 초기단계의 조직체를 말하며 태아가 되기 전까지 수정한 때로부터 발달하는 조직체(developing organism)를 말한다.[2] 난자가 정자에 의하여 수정되면 23쌍의 인간염색체 수를 지닌 단세포 수정란(접합체: zygote)으로부터 시작된다. 접합체는 세포분열을 계속하며 상실배(morula)단계와 6-7일 후 100-200개의 세포로 이뤄진 배반포(blastocyst)단계가 된다. 그 후 14일 시점에 이르면 배반포의 한쪽 끝에 세포더미인 원시선(primitive streak)이 형성되며 이 시점부터 각 세포들이 구체적인 신체기관으로 성장한다. 생물학적 개념으로 원시선이 생기는 14일까지의 존재를 접합체, 상실배, 배반포로 분류하며, 2주부터 모든 장기가 형성되는 8주까지의 존재는 배아(embryo)로, 8주 이후 장기들이 단순히 양적인 성장을 하는 때의 존재는 태아(fetus)로 분류한다.[3]

2) "The Report of The President's Council on Bioethics," *Human Cloning and Human Dignity*, Public Affairs New York(2002), p. 268.

3) National Bioethics Advisory Commission, "Human Stem cell research and Potential for Clinical Application," *Ethical issues in Human Stem Cell Research(volume 1)*(September, 1999), p.10.

배아의 발달은 크게 두가지 과정을 수반하는데 세포분열에 의해 세포의 수가 늘어나는 증식(proliferation)과, 배아를 이루는 세포들이 간, 심장 등과 같이 여러 형태의 조직으로 변화하는 분화(differentiation)가 있다. 정자와 난자가 수정된 후 일정시기까지 세포들이 분화되지 않은 상태이기 때문에 각각의 세포는 아직 전능성(totipotency) 즉, 개체를 이루는 모든 형태의 조직으로 분화할 수 있는 능력이 있다.[4] 배아로부터 전능성을 가진 세포를 얻어 분화를 억제하면서 시험관 내 배양을 계속하면 이 세포들은 전능성은 유지하되 영구히 증식하는 세포로 변하게 되는데 이를 배아줄기세포(embryonic stem cell)라고 한다.

(2) 각국의 입법례에서의 배아의 정의

발생학상의 배아의 개념이 수정이후 접합체에서부터 8주까지의 존재를 의미하는 데 반해, 외국의 입법례에서는 보호대상으로서의 배아(embryo)를 원시선[5]이 출현하기 이전의 14일 미만의 존재로서 자궁에 착상되지 않은 상태로 존재하는 초기배아(pre-embryo)에 한정하고 그 이후의 단계는 태아의 단계로 낙태죄의 보호객체가 된다.[6]

우리나라의 생명윤리및안전에관한법률에 의하면 "배아"는 수정란 및 수정된 때부터 발생학적으로 모든 기관이 형성되는 시기까지의 분열된 세포군을 말하며, "잔여배아"는 인공수정으로 생성된 배아 중 임신의 목적으로 이용하고 남은 배아를 말한다(동법 제 2 조).

독일의 배아보호법의 규정에 의하면 배아는 발육능력이 있는 인간의 수정란으로서 세포핵융합의 시점부터를 말함(제 8 조 제 1 항). 즉, 배아는 우선 수정하여 발육능력이 있는 인간의 난자로서 세포핵융합의 시점부터를 말하며, 배아에서 채취된 분화전능성을 가진 세포로서 기타 필요한 전제조건이 있으면 분열하여 개체로서 발달할 수 있는 각각의 것을 말한다.

---

4) 심호섭, "배아간세포의 진보, 줄기세포치료의 전망(2000년 대학원 의학과 공통세미나)," 『아주대학교 대학원 의학과, 자료집』, 10면.

5) 원시선(primitive streak)은 배아가 분화하기 위해 배아의 머리와 꼬리뿐 아니라 좌우방향을 나타내는 척추가 형성되는 것을 의미한다. 발생학적으로 원시선이 생기는 시기는 13-14일미만으로 이 전의 초기 배아는 몇 명의 인간개체로 성장할지 결정되지 않은 상태로서 세포간의 상호작용이 이루어지지 않으며, 원시선이 출현된 이후에 비로소 인체의 근본이 되는 척추 및 신체기관이 형성된다.

6) 우리나라의 형법해석에서도 태아는 수정된 시점이 아니라 자궁에 착상된 시점부터라고 보기 때문에 수정 이후 늦어도 13일까지의 시점의 존재를 배아라고 할 수 있다. 박상기, 형법각론, 박영사, 2002, 87면; 자궁에 착상되기 이전의 수정란은 낙태죄의 객체가 될 수 없고, 배아복제와 관련하여 문제된다. 오영근, 『형법각론』, 대명출판사, 2002, 118면.

영국의 인공수정 및 발생에 관한 법률에 의하면 (a) 배아는 수정이 완성된 살아있는 인간의 배아를 의미하며 (b) 배라 함은 수정 중에 있는 난자를 포함한다. 또 수정은 두 개의 세포접합자가 나타날 때까지 완성되지 않은 것으로 본다. 제3조의 규정에서는 (4) 위의 3(a)에서 초기적 징후는 배아가 보관되는 기간은 계산하지 아니하고 생식체가 혼합된 날로부터 14일이 결과하기 전에 배아에 나타나는 것을 말한다고 개념정의하고 있다.

일본의 복제금지법상의 배아의 정의는 하나의 세포(생식 세포를 제외한다) 또는 세포군이며, 그 자체로 인간 또는 동물의 태내에 있어서 발생 과정을 거친 것으로서, 하나의 개체로 성장할 가능성이 있는 것 중에, 태반 형성 개시 전의 것을 말한다.

2. 배아의 생성과 체외수정시술

우리나라의 경우 1999년 기준으로 보조생식술로 태어난 신생아의 비율은 0.66%이다. 일본의 경우 1.0%, 영국의 경우 1.14%, 프랑스의 경우 1.29%, 북유럽국가의 경우 1.70-3.79%와 비교할 수 있다.[7)]

인공수정[8)]의 방법을 제외한 보조생식술의 시술방법별 분포를 보면, 2001년에 시술한 총 14,667예의 주기 중에서 IVF 7,740예(52.8%), ICSI 4,987예(34.0%)의 방법으로 행해지고 주로 신선한 배아를 이용하는 것으로 이루어져 있다. 냉동보존 배아이식방식은 1,646예(11.2%)가 시행되었으며, 난자공여시술은 231예(1.6%), 생식세포난관내 이식술은 63예(0.4%)였다.

우리나라의 경우 전국 배아생성의료기관(불임클리닉)에서 동결 보관 중인 배아는 93,921개며 이 가운데 법 시행일인 2005년 1월 이전에 생성돼 남은 것이 73,700개이며, 2005년 새로 생성된 배아 122,698개 중에서 체외수정시술(IVF)에 사용되고 남은 22,221개가 동결 보존됐다. 생명윤리및안전에관한법률 시행 이전에 생성돼 남은 73,700개의 배아는 동법 부칙 제2항에 의해 제한적으로 연구에 쓸 수 있는 경우를 제외하고는, 어떻게 처리할지에 대하여 명문의 규정이 없다.[9)]

7) 한국보건사회연구원/건강증진기금사업지원단, "우리나라 불임 및 불임관련 의료이용실태와 문제해결을 위한 연구,"『정책보고서 2003-13』, 2003. 1.

8) 인공수정(Artificial Insemination)은 난자에 조작을 가하는 방법이 아니기 때문에 보조생식술에 포함되지 않는다고 한다. 1997 Assisted Reproductive Technology Success Rates - National Summary and Fertility Clinic Reports from CDC's Reproductive Health Information Source, http://www.cdc.gov/nccphp/ drh/art97/97nation.htm

9) 2006년 5월 21일 국정브리핑

〈표-1〉 2001년도 보조생식술 유형별 건수

유형	건수(개)	비율(%)
체외수정 및 자궁내 배아이식술 (IVF-ET, Vitro Fertilization and Embryo Transfer)	7,740	52.8
난자세포질내 정자주입술 (ICSI, Intracytoplasmic sperm injection)	4,987	34.0
생식세포 난관내 이식 (GIFT, Gamete Intrafallopian Transfer)	63	0.4
냉동보존 배다이식 (Cryopreserved ET, Cryopreserved Embryo Transfer)	1,646	11.2
난자공여시술 (OD, Ocyte Donation)	231	1.6
합계	14,667	100

* 출처 : "한국보조생식술현황," 『대한산부인과학회지』, 제47권 제12호, 2004, 2298면.

미국의 경우 1999년의 경우 150,000개의 배아가 체외수정 클리닉에 보관중이고, 매년 19,000개의 배아가 증가되고 있다. 2001년 보관되어 있는 배아의 수는 188,000개로 평가된다.[10]

프랑스의 경우에도 17개의 국가보관센터(CECOS)에서 보관하고 있는 냉동배아는 3,888쌍에 의한 17,592개이었다. 1994년 전후에 냉동 보관되어 있는 배아의 수는 꾸준히 증가하기 시작하였다.[11]

3. 배아 용어의 다양한 측면

(1) 초기 배아(pre-embryos)

배아의 용어 사용에 여러 변화가 있다. 먼저 배아와 초기 배아의 구분인데, 초기배아는 보통 수정된 인간난자(fertilized human egg: zygote)라고 하며, 대략 첫 2주 동안의 발달단계에 있는 것을 말한다.[12] 발생학적으로 원시선이 생기는 14일 미만의 초기 배아는 몇 명의 인간개체로 성장할지 결정되지 않은 상태로서

10) Mailee R. Harris, Stem Cell and the States: Promulgating Constitutional Bans on Embryonic Experimentation, Valparaiso University Law Review, Fall, 2002, at 244-245.

11) Grégoire Moutel/Enda Gregg/ Jean Paul Meninggaud/ Christian Hervé, Developments in the Storage of Embryos in France and the Limitations of the Laws of Bioethics, Medicin and Law, 2002, at. 592-593.

12) Klaus Steigleder, "The moral Status of Potebtial Persons," 「In Vitro Fertilization in the 1990s-Towards a medical, social and ethical evaluation」, Ashgate, 1999, p. 245.

세포간의 상호작용이 이루어지지 않는다. 14일 이후에야 비로소 인체의 근본이 되는 척추 및 신체기관이 형성된다.

초기 배아의 법적 지위가 문제가 된 것은 1970년대와 1980년대부터였다.[13] 배아와 초기배아의 구별에서 초기배아는 배아를 만들 잠재성을 가졌고, 배아는 성인이 될 잠재성을 가진 것으로 구별할 수 있다는 견해가 있다.[14] 이와 같이 용어 정의를 하는 경우 초기 배아의 도덕적 지위는 차이가 있고 초기 배아보다 더 약한 지위를 가지고 있다는 주장의 근거가 된다.

영국의 워녹보고서(Warnock Report)에 의하면 14일 이내의 초기배아는 일정한 경우 연구 및 치료용으로 사용하는 것이 윤리적으로 정당화된다고 하면서 그 이유는 수정후 원시선이 생기는 14일 이후면 그 배아는 개체성을 갖춘 존재로 여길 수 있지만, 그 이전의 초기 배아단계는 도덕적 지위의 차원에서 비교적 낮은 단계에 있다고 할 수 있다고 보고하고 있다.

(2) 잔여배아(spare embryo: supernumerary embryo)

체외수정의 기술의 발달로 임신에 사용되지 않는 많은 배아들이 생겨났고 냉동 기술의 발달로 그 배아들을 그 상태대로 동결보관하고 있다. 체외수정의 성공 또는 그 밖의 이유로 남아있는 배아를 통한 연구가 가지는 의학적 유용성이 상당수 제시됨에 따라 잔여 배아(spare embryo)에 대해 많은 과학자들이 관심을 보여왔다.

잔여배아는 먼저 불임시술에서 임신이 성공하지 않으면, 냉동 보관된 잔여배아를 해동시켜 적절한 시기에 다시 이식할 수 있게 한다. 이로 인해 난소채취의 추가 과정이 없으므로 여성이 받는 물리적인 스트레스와 추가비용 부담을 덜어준다. 또한 여성이 난소의 기능을 잃거나 난자가 손상될 경우를 대비해서 난자와 배아를 미리 얼려두어 나중에 선택의 자유를 만들어 준다. 잔여배아는 유전적 진단을 위해서도 냉동보관을 이용한다. 수정란은 실온에서 일주일 이상 살 수 없기 때문에 진단 결과를 알기까지 냉동보존하면 안전하기 때문이다. 마지막 이유로는 배아를 죽이는 것을 피하기 위하여 잔여 배아를 냉동상태로 만들어 보존하게 된다. 이때 냉동 배아를 계속 보관했다가 결국 인간으로 태어나게 해야 될 것인가 아니면 그들을 정해진 기간이 지나면 자동으로 폐기해야 할 것인지 여부를 판단

13) Kayhan Parsi, Metaphorical Imagination: The Moral and Legal Status pf Fetuses and Embryos, Depaul Journal of Health Care Law, Summer 1999, at 747.

14) Id.

해야 한다.

잔여배아의 경우 윤리적 관점에서 제기될 수 있는 문제는 잔여배아로서 향후 폐기될(discarded) 배아를 사용하는 행위와 연구용 배아를 새로 만들어(created) 사용하는 행위 간에 구분이 있는가의 물음이다. 또한 IVF 통해 만들어 낸 배아와 핵이식술을 통해 만들어낸 배아 사이에 반드시 도덕적 구분을 해야 할 필요가 있는가의 물음이다. 양자 모두 다른 인간을 위해 수단으로 이용되기 위해서 존재한다는 동질성을 가지고 있다. 즉, 수단으로서 이용되기 위해 만들어진다는 점에서는 IVF 배아나 복제배아의 탄생에는 차이가 거의 없다는 지적을 할 수 있다.

(3) 연구용 배아(research embryos)

특별히 연구를 위해 만들어진 배아들을 "연구용" 배아라고 부른다.[15] 임신의 목적으로 이식하기 위해 만들어진 것이 아니라 여성이 더 이상 아이를 원하지 않는 경우와 연구를 위해 난자를 기증한 경우에 수정시켜 만든 것을 말한다.[16] 배아의 사용의도에 따라 연구용 배아와 폐기될 배아를 구분할 수 있지만 학자에 따라 개별 사례에서 이러한 구분이 쉽지 않다고 지적한다.[17]

우리나라의 생명윤리및안전에관한법률에 의하면 누구든지 임신 이외의 목적으로 배아를 생성하여서는 아니 된다는 규정을 두고 있기 때문에 연구용 난자의 개념 역시 허용되기 어렵다(동법 제13조). 또한 프랑스의 공중보건법도 연구 또는 실험의 목적으로 생체 이외에서 인간배아를 만드는 행위를 금지하고 있다. 독일의 배아보호법도 임신이외의 목적으로 배아를 체외에서 배양시킬 수 없도록 하고 있고, 체외에서 조작하거나 자궁 내에서 착상이 완료되기 전에 여성으로부터 채취된 인간의 배아를 양도하거나 배아의 유지 이외의 목적을 위하여 획득하거나 이용한 행위도 처벌규정을 금지하고 있기 때문에 연구용 배아의 개념은 허용될 수 없다.

(4) 포기된 배아(abandoned embryos)

불임클리닉에서는 시술과정에서 배아의 운명에 대해 불임부부와 동의서를 작성한다. 그런데 프로그램이 끝나고 난 후 남겨진 배아가 있고 환자가 이사를 했거나 사망 등으로 이유로 더 이상 연락이 되지 않고 약정한 보관기간이 경과한

15) Gregory E. Pence 저, 구영모·김장한·이재담 공역, 「의료윤리」, 2003, 238면.

16) John Harris, 「Clone, Genes and Immortality」, Oxford University Press, 1998, p. 61.

17) National Bioethics Advisory Commission, "Ethical issues in Human Stem Cell Research," Ethical issues in Human Stem Cell Research(Vol.1), 1999, p.56.

경우 청구되지 않거나(unclaimed) 공여자가 포기한 배아의 처리가 문제된다. 1997년 미국의 생식의학학회(American Society of Reproductive Medicine)는 5년 이상 공여자에게 청구되지 않고 보관되어 있는 배아는 불임시술기관에서 파괴할 수 있다고 결론을 지었다.[18]

우리나라의 경우 생명윤리 및 안전에 관한 법률은 배아의 보존기간을 원칙적으로 5년으로 하고, 보존기간이 지난 배아는 동의를 얻어 연구에 이용하는 제한적인 경우를 제외하고 폐기하도록 하는 등 배아의 생성 · 관리 · 폐기에 관한 자세한 규정을 두고 있다. 그러나 동법 시행일인 2005년 1월 이전 생성된 배아에 대하여는 제한적으로 연구 목적으로 사용할 수 있는 근거만을 경과규정인 부칙 제2항에 두고 있을 뿐, 보존기간 · 폐기 등 배아의 관리에 대한 다른 규정은 두고 있지 않다. 이에 따라 보건복지부는 이들 배아에 대해 법 시행 이후에 생성된 배아와 마찬가지로 생성 후 5년이 지나면 원칙적으로 폐기할 수 있는지 여부에 대해 지난 2월 법제처에 유권해석을 의뢰했는데, 법제처는 자체 법령해석심의위원회의 검토를 거쳐 법 시행 이전에 생성된 배아도 법 시행 이후에 동결보관된 상태로 현존해 있다면 법 시행 이후에 생성된 배아와 마찬가지로 엄격한 관리가 필요하며, 생명윤리법이 적용될 수 있다는 유권해석을 내린바 있다.[19]

Ⅲ. 인간배아의 도덕적 지위 논쟁

1. 관점 1: 인간생명으로서의 지위(person metaphor: preembryo as Human Life)

(1) 인간(a new person)으로서의 지위

인간배아는 성인과 동일한 도덕적 지위를 가진다는 주장이다. 이 견해에 의하면 한번 수정된 난자는 파괴하거나 손상되어서는 안된다는 것을 의미한다.[20] 그래서 모든 수정된 난자는 착상시켜 태어날 기회를 주어야 한다고 말한다.[21]

18) http://www.asrm.org for proposed ASRM guidelines.

19) 2006년 5월 26일 국정브리핑.

20) 김일수 교수는 배아가 인간으로 선언되면 극단적인 예외를 인정하더라도 배아 줄기세포의 이용과 배아에 대한 유전적 조작행위는 원칙적으로 인체실험으로 파악할 수 있으며 인간생명과 신체적 완전성에 대한 침해행위가 된다고 한다. 김일수, "배아생명에 대한 법적 이해와 법정책의 방향", 「형사정책연구」 제3권 제3호, 2002. 가을.

21) Jeniffer L. Carow, Note, Davis v. Davis: An Inconsistent Exception to an Otherwise Sound

즉, 생명권 주장자들은 초기배아는 착상에 대한 헌법상의 권리를 가지고 있다고 주장하고 있다.[22)]

종교적인 관점에서 "성서에는 어떤 사람은 인간이고 다른 사람은 인간이 아니라고 기술하지 않았다. 왜냐하면 모든 인간은 신의 형상을 가지고 있기 때문에 누구든지 존중의 대상이 된다"고 주장한다.[23)] 또한 성서에 의하면 "태어나기 전의 사람에게도 인간적인 연속성이 항상 동일하다고 하며, 그렇기 때문에 지금 성인인 사람은 예전에 자궁에 있었을 때에도 인간이었다고 볼 수 있으므로 인간배아가 인간 생명의 가장 적고 가장 취약한 단계에 있다고 하더라도 보호받아야 하고 파괴되어서는 안된다"고 말한다.[24)]

이와 같이 가톨릭의 입장은 줄기세포연구의 논쟁의 초점은 생물학적 공리주의에 있는 것이 아니고 가장 취약한 단계에서의 생명보호에 있는 것이다.[25)] 줄기세포의 추출을 위해서 인간배아의 사용은 치료복제와 사람의 조직을 얻기 위해서 인간배아를 만드는 상황으로 나아가는 첫 번째 단계가 되리라고 보는 미끄러운 경사면 논쟁을 불러일으킨다고 본다.[26)]

한편 발생학자이며 최초의 시험관 아이(test tube baby) 실험을 행한 에드워드(Robert Edwards)도 수정은 인간의 지위를 부여한다고 하였다.[27)]

인격주의 입장에서도 인격주의는 인간의 인격지위를 그 인간 개체의 실존 순간부터 부여하며, 인간배아를 포함한 모든 인간 존재는 인격으로 간주하며, 도덕적으로 존중되고 법률적으로 보호되어야 한다고 한다.[28)]

한편 미국의 경우 이러한 관점을 법률에 규정한 예가 있다. 예를 들어 루이

Rule Advancing Procreational Freedom and Reproductive Technology, 43 DEPAUL L. REV.(1994), at 538.

22) Allse R. Paritch, The Davis Dielema: How to Prevent Battles Over Frozen Preembryos, 41 CASE W. RES. L. REV. 543, 579 n.1(1991), at 553.

23) http://www.all.org/abac/dpo001.htm.

24) http://www.all.org/abac/dpo001.htm.

25) 선험성, 하느님에 기초한 인간 존엄성 때문에 모든 인간생명은 인간이 임의로 사용하지 못하도록 보호받아야 한다고 주장한다. 구인회, "착상전 배아진단 문제 중심으로 살펴본 배아연구의 윤리적 문제점", 「신학과 사상」 제45호, 2003. 9., 65면.

26) 배아연구가 순수한 학문에 대한 관심이 아니라 엄청난 이윤이 예상되는 생명공학 및 의료산업의 논리에 의해 유도되고 있는 현 시점에서는 배아복제기술의 사용이 또 다른 인간의 소외와 비인간과, 수단화를 유발할 것이라는 주장은 매우 심각하게 고려해야 한다는 주장이 많다. 권복규, "배아복제의 윤리적 문제점", 대한의료법학회지 제 2 권 제 2 호, 2001. 12, 79면.

27) Robert Edwards, Life Before Birth: Reflections on the Embryo Debate 49-54(1989)(citing Kayhan Parsi, supra note 13)

28) 홍석영, "인간배아의 인격 지위에 관한 고찰", 「생명윤리」, 제 3 권 제 3 호, 한국생명윤리학회, 2002. 12

지애나주는 최근 수정된 난자는 파괴되거나 재산으로 취급할 수 없는 "법률상의 인간"(judicial person)이라고 규정한 주법령(state decreeing) 통과시켰다.[29] 수정된 난자의 처분권과 관련된 사건에서 이 법령은 법원으로 하여금 체외수정된 난자의 최선의 이익이라는 기준을 적용해야 한다는 점을 촉구하였다.[30] 한편 미주리주도 법령에 "각 인간의 생명의 시작은 임신(conception)에서부터 시작하며, 태어나지 않은 아이는 생명, 건강, 참삶(well-being)에서 보호받을 이익을 가지고 있다"고 규정하고 있다.[31]

(2) Person metaphor에 대한 반론

1) 배아 내지 태아를 인간이라고 가정한다면 임신중절은 살인행위이며, 태아의 생명에 대한 요구를 넘어서는 충분한 이유가 있기 전에는 죽일 수 없다. 실제로 살인이 정당화되는 조건에서만 예를 들어 정당방위 상황의 경우에만 태아살인이 정당화될 수 있다. 따라서 매사에 임신중절이 잘못된 살인이 아니라는 것을 보여 주어야 하는 도덕적 부담을 안게 된다고 지적할 수 있다.[32]

2) 만약에 초기 배아를 인간으로서의 지위를 인정한다고 하면, 배아의 자궁에의 이식이 강제적으로 되고, 여성들은 그들이 아이를 가지기를 원하거나 원하지 않든지 간에 수정된 배아를 이식하기 위해서 불임시술 프로그램에 참여해야만 할 것이다.[33]

3) 유전적 고유성의 논쟁의 출발점에는 정자에 의해 난자가 수정의 결과로서 고유한 유전자(unique genome)가 형성되는 순간 새로운 인간 또는 인간생명체가 존재한다고 주장한다. 그러나 이러한 논쟁의 생물학적 전제는 의문점이 있다. 왜냐하면 새로운 유전체는 수정 후 배아발달의 4배체 8배체 세포 단계까지 나타나거나 표현되지 않는다는 연구결과가 있기 때문이다.[34]

---

29) "A viable in vitro fertilized human ovum is a judicial person which shall not be intentionally destroyed by any natural or other judicial person or through the actions of any other such person." La. Rev. State. Ann. §§9:121-133(West 1991); A viable in vitro fertilized human ovum는 발달의 단계에서 배아이며, 냉동보관되어 있는 배아도 생명력을 가지고 있는 것으로 고려된다. 이에 따라 루이지애나주에서는 체외수정으로 생성되고 냉동보관된 배아를 줄기세포연구에 사용할 수 없다. Mailee R. Harris, sipra note 10, at 278.

30) Robert J Muller, Davis v. Davis: The Applicability of Privacy and Property Rights to the Disposition of Frozen Preembryos in Intra Famillial Disputes, 24 U. TOL. L. REV at 768.

31) La. Rev. Stat. §1.205.1(1986)

32) R. Munson,「의료문제의 윤리적 성찰」, 박석건·정유석 외 옮김, 단국대학교 출판부, 2001, 114면.

33) Jeniffer L. Carow, supra note 20, at 526.

34) citing Braude, Bolton & Moore, Human Gene Expression First Occurs Between the Four-and

4) 아나스(George Annas)는 초기 배아와 관련해서 배아가 보관되어 있고, 2달된 아이가 있는 실험실에 화재가 났는데 둘 다 구할 수 없는 상황에서 누가 초기배아를 구하기 위해서 아이를 버릴 수 있겠는가?라고 묻고 있다.[35)]

5) 미국의 국가생명윤리위원회의 보고서에 의하면 초기 단계의 배아를 인간과 도덕적으로 동일하게 취급하는 것도 잘못 이해한 것으로 볼 수 있다고 지적하였다. 왜냐하면 우리는 아이를 살해하는 것과 배아를 파괴하는 것의 근본적인 차이가 있는 도덕적 반응에 대해서 귀를 기울여야 하기 때문이다.[36)]

6) John Harris는 인간의 생명이 시작점을 가지고 있다고 생각하는 것이 분명하게 문제가 있다고 한다. 인간 개체로 점진적으로 나타나는 연속체로서 보는 것이 오히려 진실이라고 한다. 수정된 난자도 두 개의 개체가 될 수 있기 때문에 하나의 새로운 개체로 여길 수 없으며, 이러한 쌍둥이가 되는 것으로의 분리는 수정 후 2주 이후에 일어나기 때문이다.[37)] 또한 Harris 교수는 아직 태아의 단계에 접어들지 않은 배아가 성인과 상응하는 도덕적 지위를 가지고 있다고 볼 근거가 없으며, 다른 동물들과 비교해서 도덕적으로 중요하다고 판단할 수 있는 특질이나 능력을 가지고 있는 창조물이 되지 못한다고 한다. 이러한 관점에서 수정되지 않은 난자 또는 정자와 구별되는 것이 없다고 지적하였다.[38)]

7) 미끄러운 경사면의 논변은 A단계를 밟았을 때 우리는 B와 C 단계를 밟게 되리라는 것이다. 인간배아연구를 논의하면서 인간복제, 유전자조작 등의 연구로 나아갈 것이라는 개연성을 가지고 미끄러운 경사면 논변을 논의하는데 이에 대해서는 다음과 같은 반론을 제기할 수 있다. 먼저 이 경사면 논변은 비참한 경사로 귀결될 가능성이 높다는 사실에 관한 논변이며, 인과적 필연성에 관한 논변이 아니다.[39)] 또한 미끄러운 경사면의 논변은 인과적 논변이 아닐 뿐 더러 유사논리적 논변도 아니다. 예를 들어 인간만이 존중받을 가치가 있다고 주장하는 경우 그러면 인간이 무엇이고 누구를 인간이라고 할지가 매우 중요한 문제가 될 것이다. 그리고 인간의 기준이 하나씩 첨가될 때마다 그에 반비례해서 더 많은 사람들의 인간의 범주에서 제외될 것이다. 그렇게 되면 더 많은 살인이라는 결과가 초래되

Eight-Cell Stages of Preimplantation Developement, 332 Nature 459, 460(1988).

35) Kayhan Parsi, supra note 13, at 755-756.

36) The Report of the President's Council on Bioethics, 「Human Cloning and Human Dignity」, PublicAffairs New York, 2002, p.157-158.

37) John Harris, supra note 16, p. 47.

38) Id. p. 65.

39) R. G. 프라이, "미끄러운 경사면에 대한 두려움," 「안락사논쟁」(제럴드 드워킨 외 지음/ 석기용·정기도 옮김), 1998, 75면.

리라고 예측하는 것은 그다지 어렵지 않다. 그러나 이것은 원래 미끄러운 경사면 논변이 주장하고자 하는 바가 아니다. 미끄러운 경사면의 논변은 그런 기준들이 서로 다를 수 있다는 점을 문제삼지 않는다. 달리 말해 미끄러운 경사면의 논변이 주장하는 바는 개념을 명확히 한다거나 혹은 경계선을 긋는다거나 하는 유사 논리적 작업의 관여 여부와는 상관없이 만약 A를 밟게 되면 뒤이어 단계 B와 C를 밟게 된다는 것이다.[40] 미끄러운 경사면을 주장하는 사람들에게 우리가 요구하는 것은 경사면을 미끄러지게 하는 그 메카니즘이 무엇이냐는 것이다. 즉, 우리가 밑으로 곤두박질치리라고 말하는 그 높은 개연성을 만들어 내는 메카니즘이 실제 무엇이냐는 것이다.[41]

2. 관점 2 : 비인격주의 내지 재산으로서 지위(property metaphor: preembryos as property)

(1) 비인격주의 논변

인간배아의 도덕적 지위와 관련해서 적어도 인지능력을 가지고 있지 않으면 인간으로 인정할 수 없기 때문에 인간의 배아는 인간이 아니라는 주장이 있다.[42] 비인격주의 주장자는 인간존재와 인격 존재는 별개의 문제라고 보고, 인간 존재의 의미가 호모 사피엔스라는 종을 의미한다면 인간은 도덕적 생명권을 가진다는 것을 의미한다. 이러한 구분에 의해 태아가 인간존재라는 사실로부터 태아가 인간이라는 주장은 도출 될 수 없다고 한다.[43]

대부분의 철학자나 윤리학자들은 일반적으로 인간임을 보여주는 속성들을 제시하고 그런 속성을 발현할 수 있는 시작을 인간의 시작이라고 보고 있기 때문에 이에 대한 논변들을 살펴보면 다음과 같다.

고대 철학자 중 아리스토텔레스는 생물학적 특성을 중요시하여 인간은 사고

---

40) 앞의 논문, 76-77면.

41) 미끄러운 경사면을 주장하는 사람들은 그 어떤 안전장치도 미끄러짐을 막을 수 없다고 주장한다. 안전장치에 대한 이러한 과도한 비관주의적 입장도 구체적인 방법으로 제시되어야 할 것이다. 모든 안전장치가 실패할 것이라는 사실을 무엇을 통해 확신하게 되었는지 알 필요가 있다. 예를 들어 어떤 유형의 생명을 빼앗는 문제와 관련해서 단계 B와 C가 일어날 가능성을 대폭 줄일 수 있는 특별한 안전장치가 명문화되고 제도화되면 오히려 강화될 수 있을 것이다. 안전장치의 실패가 두렵다는 것으로부터 어떤 안전장치도 실패한다는 결론은 나오지 않을 수 있다. 앞의 논문, 79면.

42) Michal Tooley, "Personhood," 「A Companion to Bioethics」,(edited Helga Kuhse & Peter Singer) Blackwell Publishing, 2004, p. 124.

43) Id. p. 121.

할 수 있는 능력을 가졌고, 그러므로 동물보다 더 존중할만한 가치가 있다고 한다. 또한 유전적 특질이라는 생물학적 근거에 따라 인간성(biological humanity)을 논하는 주장이 있다. 비록 엄지손가락을 마주 보게 할 수 없다고 할지라도 유전적으로 인간인 경우에는 여전히 인간이라고 할 수 있다는 논거를 제시하고 있다.[44] 누난(John T. Noonan)에 의하면 일단 수태되면 그 존재는 곧 인간이 될 가능성을 지닌 까닭에 인간으로 인식되어야 하며, 인간이 부모에 의해서 수태되었으면 그는 인간이 되는 것이라고 말하였다.[45] 프레취(Joseph Fletch)도 엄지손가락을 마주보게 하고 얼굴을 마주보는 성교를 하고 1400g의 뇌를 가지고 있다면 그 조직은 인간이라는 주장을 하였다.[46]

위에서 살펴본 인격의 생물학적 특질에 대해 상당수의 철학자들은 도덕적으로 관련성을 가지고 있지 않다고 주장하고 있다. 인격을 인지적 기준(cognitive criterion)으로 결정하는 입장으로 피터 싱어(Peter Singer)는 심각한 뇌손상자, 인간의 초기배아 등은 이 기준을 가지고 있지 않기 때문에 인격지위를 가지지 못한다고 한다. 결론적으로 배아를 파괴하는 것은 개별적인 난자 또는 정자를 파괴하는 것과 다르지 않다고 한다.[47] 또한 엥겔하르트(Engelhardt)는 인간의 존재는 그들이 자기 인식을 가졌고 이성적이며 도덕적 감성을 가지고 있어야 한다는 기준을 제시하였다. 워렌(Marry Anne Warren)에 의하면 인간성의 요소로서 1) 인지, 고통을 느낄 수 있는 능력, 2) 이성, 3) 자기 동기부여 능력, 4) 소통능력, 5) 자기 인지의 실존 등을 들고 있다.[48] 한편 칸트(Kant)의 철학에 의하면 인격을 소유하는 인간은 자율적으로 자기의 존재를 실현하며 자기의 행위를 입법하는 도덕적 자유를 가진 존재이기 때문에 그 자체가 목적으로서 실존하며, 이러한 도덕적 자율성이 바로 인간존엄의 근거라고 한다.[49]

이와 같은 비인격주의의 입장에 따르면 인간배아는 관계적이지도 않고 개별적이지도 않으며 이성적 존재도 아니며, 감각하지도 못하고 자아의식도 없어서 아직 인격이 아니라는 결론을 취할 수 있다.

---

44) Kayhan Parsi, supra note 13, at 770.

45) John T. Noonan, 「의료윤리-삶과 죽음, 그 영원한 숙제」, 김일순·N. 포션 편역, 연세대학교 출판부, 1982, 143면.

46) Philip E. Devine, The Species Principle and Potentionality Principke, in Bioethics: Readings and Cases 136, Prentice-Hall, 1987 (citing Kayhan Parsi, supra note 13, at 769)

47) Gregory E. Pence, 「의료윤리」, 구영모·김장한·이재담 공역, 2003, 241면.

48) Marry Anne Warren, On the Moral and Legal Status of Abortion, in Thomas Mappes and Jane Zembaty, eds., Biomedical Ethics (McGraw-Hill, 1981), p. 418.

49) 생물학적으로 인간이 아닌 조직은 동의를 줄 수 없다는 점에서 차이를 구한다면 태아는 단순히 생물학적인 조직에 불과하고 그래서 도구적인 가치로 사용될 수 있음을 말한다.

(2) 재산으로서 지위(property metaphor: preembryo as Property or a bunch of human cells)

이 견해는 일반적인 견해는 아니지만, 배아가 공여자의 재산이고, 정자와 난자의 공여자가 그 처분을 결정하는데 독점적인 결정권(sole discretion)을 가지고 있다고 주장한다.50) 수정된 난자나 초기 배아는 태반층을 형성하는 서로 다르지 않는 세포로 구성되어 있다는 점에서 그리고 인지와 감각을 느낄 수 있는 신경세포 등이 결여되어 있고 착상 이후 더 계속된 발달 과정이 있을 때까지 개별화되어 있지 못하다는 점에서, 유전적 고유성 그 자체만으로는 인간으로 또는 권리의 주체로서의 성격을 규명하지 못한다고 주장한다.51) 엥겔하트(Engelhardt)는 사람들은 배아에 대해 가치를 부여하는데, 아주 귀한 재산의 특별한 형태이기는 하지만, 재산의 형태로 고려될 수 있다고 주장하였다.52) 그는 우리가 만든 접합체(zygote)를 사고 파는 것을 상상할 수 있으며, 개인적으로 만든 배아는 개인의 재산(private property)라고 하였다.53)

또한 미국의 판례에서 초기 배아는 재산으로 추정되고 그래서 장래의 부모의 관리 하에 종속된다고 한다.54)

(3) 비인격주의와 property metaphor에 대한 반론

1) 인간으로서의 지위를 누리기 위한 전제조건으로 구비되어야 할 인격의 개념은 매우 복잡해서 하나의 기준으로 모든 경우를 충분히 설명할 수 없으며, 그것을 논의하는 것 자체가 우매할 수 있다는 지적이다. 인격의 개념은 매우 유용한 분석도구일 수 있지만, 도덕적 지위의 필수조건이 될 수는 없다고 본다.55)

2) 비인격주의의 입장을 취하면 인간 생명의 가치 그 자체를 인정하지 않고 어떤 조건 하에서만 인정한다는 문제점을 안고 있다는 지적이다. 그리고 지각능력이 없는 주체 또는 이성적이라고 고려되지 않는 주체에게는 인격지위가 부여되

---

50) American Fertility Society, Ethical Statement on In Vitro Fertilization, 41 FERTULITY AND STERILITY 12(1984).

51) John A. Robertson, "In the Beginning: the Legal Status of Early Embryo," Virginia Law Review April, 1990, at 445.

52) H. Tristram Engelhardt, Foundations of Bioethics 255(Oxford: Oxford Univ. Prss, 1996)(citing Kayhan Parsi, supra note 13, at 714)

53) Kayhan Parsi, supra note 13, at 748.

54) York v. Jones, 717 F. Supp. 421 (E.D. Va. 1989).

55) George J. Annas, What Should We Do With Surplus Potential Humans? Wash. Post, Mar. 31, 1985, at K01 (citing Kayhan Parsi, supra note 13, at 778-779).

지 않는다. 그러나 동시에 인격이라는 용어를 역설적으로 인간의 아닌 동물에게 또는 로봇이나 인공지능에게 부여한다.[56]

3) 재산으로서의 지위를 인정하는 견해는 배아 그 자체의 본질을 설명하기 보다는 배아에게 일어날 수 있는 사항들을 결정하는 권한 소유자와의 관계를 중심으로 논하는 것으로 볼 수 있다.

4) 인간배아는 사체 또는 태아의 조직과는 달리 살아있다는 점에서 차이가 있으며, 전체적으로 살아있는 조직(whole, living organism)이라는 점에서 단순히 연구의 대상이 되는 인간조직과 구별할 수 있다.[57] 특히 초기 배아가 앞으로 인간으로 성장할 잠재성을 가지고 있는 유전적 결합체라는 점에서 그러한 잠재성을 결여하는 다른 정적 상태의 대상들과 구별된다는 점을 간과하였다. 유전적으로 다른 구조를 가진 창조물은 인간으로 분류할 수 있으며, 재산이라는 성격은 생물학적으로 인간이라는 사실을 배제할 수 없다는 점을 반론으로 제기할 수 있다.[58]

5) 미국의 국가생명윤리위원회의 보고서에 의하면 배아를 단순한 세포(mere cells)로 보는 입장은 초기배아가 생명의 기원에 대한 싶은 신비와 직접적인 관련성을 가지고 있다는 점을 무시한다는 점에서 위험성이 있으며, 배아가 결국 인간이 된다는 사실을 무시한 것으로 보인다. 이러한 관점은 초기생명에 대한 연구를 계속할지 여부에 대한 문제의 도덕적 심각성을 평가절하하고 있다. 이는 특히 어떤 것이 된다는 가능성을 가지고 있다는 것과 특별한 무엇인가가 된다는 가능성을 가지고 있다는 잠재성의 의미를 잘못 기술하고 있다.[59]

6) 드워킨(Dwokin)의 경우 인격성의 주제는 그리 중요하지 않다고 생각하였으며, 그래서 인간의 생명을 보호하기 위한 두가지 이익, 파생된 이익과 독립적인 이익을 주장하였다. 파생된 이익은 태아는 수정된 순간부터 인간이고 그 순간부터 보호받아야 주장하고 있지만, 독립적인 이익은 특별한 인간생명이 아니라 인간생명의 본질적인 가치를 보호한다고 주장하였다. 드워킨은 독립적인 이익의 관점에 동의하였다.[60]

---

56) 홍석영, "인간배아의 인격 지위에 관한 고찰," 「생명윤리」, 제 3 권 제 3 호, 한국생명윤리학회, 2002. 12.

57) Michal Tooley, supra note 39, p. 122.

58) Kayhan Parsi, supra note 13, at 757.

59) The Report of The President's Council on Bioethics, supra note 36, p.157.

60) Kayhan Parsi, supra note 13, at 756.

3. 관점 3 : 특별한 존중의 대상으로서의 지위(preembryo as Worthy of Special Respect : Special Respect Theory)

(1) 특별한 존중 이론(special respect theory)

앞에서 본 바와 같이 초기 배아를 단순한 재산이상으로 평가하여, 가능하다면 생명을 부여하기 위해서 자궁에 착상되어야 한다고 믿는 반면, 다른 지지자들에 의해 초기배아가 인격이 부여되는 것에는 미치지 못하기 때문에 폐기하거나 파괴하는 것이 허용된다고 주장한다.[61] 이에 반해 특별한 존중 이론(special respect theory)은 초기 배아를 생명 또는 재산 사이 영역의 중간범주에 위치하고 있으며, 초기배아는 인간 생명체로 발달할 수 있는 잠재성을 가지고 있기 때문에 특별한 존중을 받을 만 하다고 주장한다.

아나스(George Annas)는 배아를 생산물도 아니고 인간도 아닌 것으로서, 어떤 다른 범주 내에 속하는 것으로 보았다. 사람과 물건이 아니지만, 그럼에도 불구하고 우리 사회가 존중하고 보호해야 할만한 가치가 있는 고유한 상징적인 가치(unique symbolic value)를 가지고 있는 주체라고 보았다.[62] 또한 로버슨 교수(John A. Robertson)는 초기 배아의 도덕적 지위에 관한 의견이 나누어져 있기 때문에 윤리적 법적 사고를 이끌어 낼 합의를 구한다는 것은 현실적으로 불가능해 보인다고 지적하면서 배아의 가치를 근거짓는 공통적인 논거를 찾는 것이 전혀 소득이 없었던 것은 아니라고 하였다. 인간배아를 생명권을 가진 존재로서 인정하지 않은 경우에도 여전히 다른 인간의 조직과는 달리 "특별한 존중"(special respect)을 받을 가치가 있다는 데에는 동의하고 있다고 설명하였다.[63] 비록 인간이 아니고 권리를 가지고 있는 주체가 아니라도, 인간배아가 유전적으로 고유하고 태아와 아기로 발달할 잠재성을 가지고 있는 살아있는 사람의 조직이기 때문에 특별한 존중이 부여되어야 할 것이라고 주장하는 입장이다. 이 견해는 초기배아의 독특한 도덕적 중요성(unique moral significance)을 인정하고 있다.[64]

발생학자인 그럽스타인(Clifford Grobstein)교수는 인간배아는 신생아와는 다른 특별한 지위를 가지고 있다고 주장하면서 이러한 결론을 내는데 생물학적 사

---

61) Allse R. Panitch, The Davis Dielema: How to Prevent Battles Over Frozen Preembryos, 41 CASE W. RES. L. REV. 543, 579 n.1(1991), at 561.

62) Kayhan Paris, supra note 13, at 758.

63) John A. Robertson, supra note 48, at 446.

64) Jeniffer Marigliano Dehmel, Note, To Have or Not to Have: Whose Procreative Rights Prevail in Disputes over Dispositions of Frozen Embryo? 27 CONN. L. REV. 1377(1995), at 1383.

실에 근거를 두고 있다. 초기배아는 생물학적 본질에 있어서 인간이며, 고유한 성질이 유전적으로 결정되어 있고 살아있으며, 아이 또는 성인으로 발달할 잠재성을 가지고 있다고 주장한다. 완전한 인간이 될 가장 높은 잠재성을 가지고 있다는 점에서 특별한 관심을 부여해야 하고, 비록 그 잠재성이 존재하지 않는다고 하더라도 인간사회의 구성원으로서 인간배아의 가치는 인지되어야 하고 보전되어야 한다고 주장하였다.[65]

한편 이 입장에 의하면 초기배아에 대한 존중은 선택의 문제이지 도덕적 의무는 아니라고 한다.[66] 초기 배아에 대한 가치는 본질적이지만(constitutive), 필수적으로 의무적인 것은 아니라고 보는 입장이다.[67] 하지만 특별한 존중의 추상적인 개념은 결국 그 존중의 내용이 문제가 되는 구체적인 상황에 직면하게 된다. 그러한 상황은 예를 들어 사람들이 배아를 만들고 처분하는 과정에서 사람들이 취할 수 있는 방안의 본질적인 한계가 어떠한 것이 있으며, 낙태, 피임 등에서 과연 배아를 파괴할 수 있는지 여부 그리고 특별한 존중이 배아를 외부에서 만들고, 얼리고, 이식하고, 다른 사람에게 양도하며, 연구에 사용하거나 유전진단을 하거나 조작하게 할 수 있는 지 여부에 대해 질문을 던진다. 하지만, 특별한 존중의 막연한 개념(vague concept)으로 인해 이러한 질문에 대한 즉각적으로 해답을 구할 수 없을 것이다. 특히 초기 배아의 이익을 독립적인 객체로 만들어버린 최근의 과학의 변화와 아울러 배아에 관한 특별한 존중의 의미를 정의하는 전통이 세워져 있지 않기 때문에 존중의 내용은 배아와 다른 사람들과의 이익이 만나는 여러 상황 속에서 구체화되어야 한다. 배아에 대한 선택을 요구하는 중요한 이익과 관련된 각각의 상황은 배아에게 부여할만한 특별한 존중에 대한 갈등의 가능성을 불러일으킨다. 이러한 갈등을 분석해내는데 있어서는 배아의 지위에 관한 관점

---

65) Patrica A. Martin & Martin L. Lagod, The Human Pre-Embryo, the Progenitor, and the State: Toward a Dynamic Theory of Status, Rights, and Research Policy, 5 High Tech. L.J. 257, at 277.

66) Paris 교수는 배아는 엄밀한 의미에서 인간이라는 기준을 결여하고 있다고 할지라도 배아의 발달과 관련하여 우리 사회는 소량의 존중(modicum of respect)를 가지고 취급하여야 한다고 주장한다. 태어나지 않은 아이에 대한 자명한 존중의 의미는 절대적이거나 당연한 것을 의미하지는 않는다고 결론을 지었다. Kayhan Parsi, supra note 13, at 785.

67) Hastings Center 의 Bonnicksen Report(1988)에 의하면 초기배아에 대한 인지는 환자와 의사, 과학자 사이어 매우 큰 차이를 나타내는데, 환자의 경우 배아는 희망과 잠재적인 인간으로서의 상징을 나타낸다. 이에 반해 의사와 과학자에게는 배아는 재산적 가치를 가진 세포의 집합으로서 평가된다. 냉동이라는 과정은 환자에게는 배아를 시간이 지날수록 더 인간화시키는 반면, 의사에게는 배아의 냉동가능성을 측정하듯이 비인격화를 가져다주는 경향을 가지고 있다. Bonnicksen, Embryo Freezing : Ethical Issues in Clinical Setting, 18 Hastings Center Report, Dec. 1988, at 26, 29.

뿐 아니라 서로 충돌하는 가치에 대한 관점을 중심으로 신중하게 행위 여부를 평가하여야 할 것이다.68)

(2) 외국의 윤리위원회의 지배적인 견해로서의 위치

특별한 존중이라는 용어는 이미 영향력이 있는 미국의 생식관련 자문위원회에서 사용하였다. 예를 들어 1979년 미국의 보건, 교육, 복지부의 윤리자문위원회는 "인간배아는 깊은 존중(profound respect)을 받지만, 이러한 존중은 인간에게 주어지는 많은 법적, 도덕적 권리를 필수적으로 내포하고 있지 않다"고 밝혔다.

1984년 영국의 워녹 위원회(British Warnock Committe)의 경우 인간배아는 살아있는 아이 또는 성인과 같은 지위를 가지고 있지 못하다고 밝히면서, 그럼에도 불구하고 인간배아는 특별한 지위(special status)를 가지고 있다는데 동의하였다.69)

미국의 수정학회(American Fertility Society)도 1986년에 이와 동일한 결론을 이끌어냈다. "초기 배아는 인간조직에 따른 것보다는 더 많은 존중을 받을 가치가 있으며, 그러나 실제 사람과 같은 존중을 받지는 않는다. 인간배아가 인간의 다른 조직보다 더 많은 존중을 받는 이유는 인간이 될 잠재성을 가지고 있기 때문이며, 많은 사람을 위한 인간배아가 가지고 있는 상징적인 의미 때문이다. 아직 사람으로 취급되지 않으며, 그 이유는 인격의 형상(features of personhood)으로 아직 발전되지 않았으며, 아직 개별화되지 않았으며, 생물학적 잠재성이 아직 실현되지 않았기 때문이다."70)

미국의 국가생명윤리위원회의 보고서에 의하면 외견, 자기 인식, 욕구와 희망을 표시할 수 있는 능력 또는 고통을 느낄 수 있는 능력이라는 단일한 기준은 인간 존엄을 부여하는 데 그 자체 결정적인 기준이 될 수 없지만, 초기 배아에서의 그러한 기준의 결여는 인간존재가 아니라는 것을 암시하고 있다. 그러나 앞으로 인간이 될 수 있기 때문에 차별적이고, 우리의 존중을 받을만한 가치가 있는 무엇인가가 있다고 보았다.71) 즉, 배아에게 인간으로서의 권리, 보호를 부여할 수는 없지만, 존중의 대상으로 삼지 않는 것도 아니라고 기술하고 있다.

---

68) John A. Robertson, supra note 48, at 449.

69) Report of the Committee of Inquiry into Human Fertilization and Embryology(Warnock Committee Report), 1984, at 63.

70) Ethics Committee of the American Fertility Society, Ethical Considerations of the New Reproductive Technologies, 46 Fertility & Sterility 1S, 1986, at 29S-30S.

71) The Report of The President's Council on Bioethics, supra note 36, p.158.

(3) 배아의 잠재성에 대한 논변

인간배아 및 정자, 난자와 관련해서 수동적인 잠재성과 능동적인 잠재성을 구분하고 있다. 수정되지 않은 난자와 정자는 외부에서의 개입을 요구하고 있기 때문에 그 잠재성은 수동적인 성격을 가지고 있으며, 적어도 난자와 정자가 수정되어야 인간으로서의 능동적인 잠재성을 가지고 있다고 볼 수 있다. 그래서 능동적인 잠재성을 가지고 있어야만 잠재적인 인간으로 이해할 수 있으며, 이러한 잠재성의 파괴는 살아있는 인간을 파괴하는 것과 도덕적으로 동등하다고 주장하기도 한다.[72] 그런데 튤리(Tooley)는 이러한 수정과 관련된 물리적인 변화가 도덕적 차이점을 가지고 오고 있지 않다고 주장하면서 그 논거로 먼저 정자와 난자가 결합되는 수정으로 인해 개체로서의 유전적 특질을 가지고 있다고 주장하지만, 정자와 난자 그 자체로도 유전적 물질(genetic materials)이 현존하고 있기 때문에 적극적인 잠재성과 수동적인 잠재성 사이의 차이점을 찾을 수 없다는 점을 지적하였다. 그리고 수정된 배아의 경우에도 완전히 능동적인 잠재성을 가지고 있지 않다는 점을 들고 있다. 외부에서의 온도, 영양 등의 적절한 환경이 주어지지 않는다면 수정된 배아의 발달은 더 이상 실현될 수 없고 제한을 받는다. 이와 같이 궁극적으로 인간이 되기 위해서는 외부에서의 도움이 요구되며, 정자와 난자, 인간배아의 두 가지 상황이 잠재성의 성격으로 인해 서로 다른 도덕적 차이가 있다는 주장은 설득력을 가지지 못할 것이다.[73]

(4) 특별한 존중 이론에 대한 반론

1) 잠재성은 순수한 철학적 용어이며, 과학적 용어가 아니라고 하면서, 발달 중인 인간배아는 나중에 인간으로 발달할 잠재성(potency) 또는 잠재적인 생명체가 아니며, 과학적으로 인간배아는 이미 살아있는 인간생명체로 보는 입장에서는 잠재성의 존재가 정부 정책을 형성하는 역할을 절대적으로 행할 수 없다고 한다.[74]

2) 배아의 도덕적 지위와 관련한 잠재성 논쟁에 대해서 하리스(John Harris)는 한 개체가 중요한 차이를 만들어가는 변화를 행하고 있다는 사실은 그러한 변화를 마쳤을 때처럼 취급받아야 한다는 이유를 구성하지 않는다고 주장한다. 이

72) Michal Tcoly, supra note 39, p. 122.

73) Id. pp. 122-123.

74) http://www.all.org/abac/dni006.htm.

에 대한 논증으로 우리 모두는 잠재적으로 죽는다. 그렇다고 해서 그 사실은 우리가 이미 죽었을 때처럼 우리를 취급하도록 근거를 구성한다고 믿는 사람들은 없다. 또한 배아의 잠재성을 인정하는 경우 난자와 정자의 잠재성도 아울러 인정할 필요가 있다고 지적하면서 개체의 잠재성과 개체가 될 수 있는 잠재성 사이의 차이만 있을 뿐이라고 한다.[75]

Ⅳ. 인간배아의 법적 지위 논변

1. 헌법상의 보호에 관한 다양한 논변

(1) 논변 1 : 인간존엄 주체로서의 배아의 지위 논변

우리나라 헌법 제10조는 "모든 국민은 인간으로서의 존엄과 가치를 가지며 행복을 추구할 권리를 가진다. 국가는 개인이 가지는 불가침의 기본적 인권을 확인하고 이를 보장할 의무를 진다"라고 규정하고 있다. 헌법상의 모든 국민이라는 용어 정의와 관련해서 배아와 수정란이 인간존엄의 주체인 모든 국민에 포함되는지 여부가 쟁점사항이 될 수 있다.

이 문제의 해결에는 배아의 도덕적 지위가 상당한 영향력을 미치지만, 반드시 도덕적 지위와 법적 지위가 일치해야 하는 것을 요구하지 않는다. 수정 시부터 배아를 인간으로 보는 입장에서는 배아는 당연히 인간존엄의 주체로서 인정하고 있다. 또한 배아를 재산적 성격만으로 보는 입장에서는 인간존엄의 주체가 될 수 없다. 특별한 존중의 대상이라는 입장에서는 배아에게 능력이나 인격이 없지만, 그 잠재성의 존재 자체를 근거로 인간존엄이 부여될 수 있다고 본다.

배아의 인간존엄 기본권의 주체성에 대해서는 대다수의 학자들이 긍정하는 입장을 가지고 있다. 즉, 인간발달의 모든 형태가 인간존엄의 대상이 된다는 입장이다. 왜냐하면 인간 존엄은 판단연령과 능력으로부터 독립적이기 때문이다.[76] 그러므로 초기 배아라고 해서 인간 존엄을 달리 취급하거나 가치 폄하할 수는 없는 것이다.[77] 대다수의 학자들은 수정된 배아는 생물학적 완성을 촉발시키는 유

75) John Harris, supra note 16, p.50.

76) Jürgen Simon, "Human Dignity as a Regulative Instrument For Human Genom Research," 「Ethics and Law in Biological Research」(edites Cosimo Marco Mazzoni), Martinus Nijhoff Publishers, 2002, p. 41.

77) Id. p. 42.

전적 정보를 이미 지니고 있고, 생명은 지속적인 과정을 통하여 발달되기 때문에 수정의 순간부터 인간의 존엄의 주체가 된다거나[78], 존엄권의 향유능력은 이 권리를 사실적으로 행사할 자율적 능력을 전제로 하지 않는다는 점을 들거나[79], 인간의 존엄과 가치의 근거가 되는 인격주체성은 반드시 현실적으로 구현될 필요가 없다는 논거에 따라 주체성을 인정하고 있다.[80]

우리나라의 경우 대법원은 "인간의 생명은 잉태된 때부터 시작되는 것이고 회임된 태아는 새로운 존재와 인격의 근원으로서 존엄과 가치를 지니므로 그 자신이 이를 인식하고 있던지 또 스스로를 방어할 수 있는지에 관계없이 침해되지 않도록 보호되어야 한다 함이 헌법 아래에서 국민일반이 지니는 건전한 도의적 감정과 합치되는 바"[81]라고 명시하여 회임된 태아는 인간존엄의 주체가 된다고 판시하였다.

미국의 경우 연방대법원은 이전에 수정헌법 제14조의 해석으로 법문의 인간이라는 용어의 해석에 태아를 포함하여 인정한 예가 없었다. 연방대법원은 Roe v. Wade 사건(1973)에서 비로소 이러한 쟁점을 다루었다. 이 판례에서 다수의견을 표한 블랙문(Blackmun) 판사는 헌법에서 사용하는 인간(person)이라는 용어는 모든 경우 출생 전이 아니라 출생 후를 의미한다고 하였다.[82] 그는 헌법 14조에서 사용하는 인간이라는 범주 안에 태어나지 않은 경우를 포함하지 않았다는 증거로 19세기 동안의 낙태에 대한 법적 관행(legal practice of abortion)을 제시하였다. 일부 비판자들에 의해 실무의 도덕성과 합법성을 결정하는 논거를 제시하면서 역사적 관행에 의존한 점은 상당히 취약했었다는 지적을 받고 있다.[83] 그 이후 1989년 연방대법원은 웹스터 사건에서 1986년 미주리주가 새로운 낙태법을 제정하면서 태아의 생명은 임신 초기부터 시작된다는 내용을 법문에 사용하고, 또한 주정부로부터 재정지원을 받는 의사나 병원은 낙태시술을 할 수 없다고 규정한 것을 합헌이라고 함으로써 헌법이 보장하는 인간의 기본권과 특권은 태아에게도 당연히 적용된다고 판시하였다[84]

---

78) 조홍석, "생명복제와 인간의 존엄," 「공법연구」, 제30집 제1호, 한국공법학회, 2001. 12, 44면.

79) 계희열, "헌법상 인간의 존엄과 가치," 「법학논집」, 32호, 고려대학교 법학연구소, 1998. 12, 323면.

80) 이재명, "인간으로서의 존엄과 가치에 대한 헌법적 접근," 「사회과학논총」, 창간호, 안동대학 사회과학연구소, 1989. 12, 63면.

81) 대법원 1985. 6. 11. 선고 84도1958.

82) Roe v. Wade, 410 U.S. 113, 157 (1972).

83) Kayhan Parsi, supra note 13, at 778-779.

84) Webster v. Reproductive Health Services, 492 U. S. 490(1989).

미국의 법률규정에서의 인격에 관한 논쟁으로 State v. Merill 사건[85]을 들 수 있다. 미국의 미네소타 주 법률은 태어나지 않은 아이를 계획적으로 살해한 자는 종신형에 처해야 한다는 규정을 두었으며, Merill은 27일에서 28일이 지난 배아(embryo)를 임신한 피해여성을 살해하였고, 기소된 배아살해의 유죄판결에 대해서 항소를 제기하였다. State v. Merill 사건에서 미네소타 주 대법원은 논쟁 중인 인격에 대한 쟁점을 피하면서 다음과 같이 판시하였다. "주 법률은 인간의 생명이 언제 시작하고 끝나는지에 대한 쟁점을 제기하고 있지 않다. 다만 주는 착상된 배아 또는 태아가 엄마의 자궁에서 살아있는지 그래서 생명을 가지고 있거나 생명을 가지고 있지 않는지에 대해서 증명하여야 한다. 일반적으로 우리가 이해하기를 생명을 가지고 있다면 성장하거나 무엇이 되는 속성을 가지고 있다는 것을 의미한다. 주 법률은 배아나 태아의 상태에서 자궁 안에 살아있는 조직이 인간 또는 잠재적인 인간으로서의 성격을 가지고 있는 것을 증명할 필요도, 법률이 이를 요구할 수도 없다. 여기에서 형사책임은 유전적으로 인간의 배아는 앞으로 잠재적인 인간이 될 살아있는 조직이라는 것만 요구할 뿐이다." 주 대법원의 이러한 견해는 태아의 생물학적 지위만을 고찰하였고 이전의 생명윤리에서의 인격의 특질들에 대한 논쟁을 무시하였다고 볼 수 있다. 오히려 법원은 인격적 지위보다는 생물학적 지위에 더 많은 합의가 수렴되어 있다고 믿었다.[86]

독일의 경우 연방대법원은 "태아가 모체 내에서 성장하는 연속과정을 정확하게 구분하기 어려울 뿐만 아니라, 분만에 의해서 인간의 성장이 끝난 것이라고도 볼 수 없기 때문에 태아에 대한 헌법상의 보호는 어느 특정한 기간만을 특정한 대상으로 할 수 없는 것이고 전체 임신기간을 망라하여야 한다는 전제하에 일치된 의견으로 생명권의 보호는 원칙적으로 수정 한 때로부터 시작되나 늦어도 착상에 의해서 완전한 형태로 나타난다고 보아야 한다"고 하고, 생성중에 있는 생명도 헌법적 보호 하에 있다고 논증하였다.[87]

(2) 논변 2 : 인간존엄 침해인지 여부에 대한 판단

어떠한 상황에서 인간존엄이 침해되는 것인가는 일반적으로 말하기 어렵고 항상 구체적인 상황을 고려하며 언급될 수 있다.[88] 일부 학자는 인간존엄의 침해

85) Merrill, 450 N.W.2d at 320.

86) Id. at 324.

87) 인간 존재에 완성된 생명의 전단계, 곧 아직 태어나지 않은 생명을 포함하지 않는다면, 국가의 침해에 대하여 인간 존재를 보장하는 것은 불완전한 것이 될 수 있을 것이다. BVerfGE 39, 1(63ff)

여부는 결국 구체적 사건을 해결함에 있어 사법기관에 의한 유권적 판단에 맡길 수밖에 없다고 한다.89) 이런 의미에서 인간 존엄에는 역사적 발달의 검토를 필요로 하는 개방적이고 비결정적인 측면이 주어져 있다고 보아야 한다.90)

인간배아를 이용하는 모든 연구나 실험이 인간존엄의 침해 형태를 가지고 있는지에 대해서 각각의 연구나 실험의 성격에 따라 달리 판단하고 있다. 예를 들어 배아줄기세포연구의 경우 인간배아가 연구의 대상으로 전락할 뿐만 아니라 이를 위해 인간배아가 손상·폐기되기 때문에 인간존엄의 침해는 생명권의 침해를 통해 결정된다고 본다.91) 즉, 인간존엄의 보호이익이나 생명권의 보호이익은 결국 같기 때문에 성명의 침해는 곧 인간존엄의 침해를 의미한다는 것이다.92)

하지만, 배아줄기세포연구를 절대적으로 부정하는 견해를 취하면서도 치료목적에서의 배아에 대한 연구는 인간존엄에 대한 침해가 아니라고 하며93), 폐사한 수정란이나 심각한 유전질환이 발견된 착상 대기 배아에 대한 임상적 실험 등은 극히 예외적으로 가능하다고 한다.94)

미국의 경우 7개의 주가 배아에 대한 실험을 전적으로 금지하고 있다.95) 루이지에나주는 태어나지 않은 아이와 낙태 후 태어난 아이에 대한 실험은 그러한 실험이 아이에게 치료적인 의미를 가지고 있지 않는 한 금지하였다.96) 루지애나주는 배아의 상업적 이용을 금지하고, 연구목적으로 배아를 생산하는 것을 금지하고 있어 미국에서 가장 보수적인 입법으로서의 성격을 가지고 있다.97) 또한 일부 주의 경우 여성의 자궁으로부터 떨어져 나온 전후의 배아에 대한 실험을 금지

88) BVerfGE 30, 1 (25); 노기호/정문식, "독일에서의 인간배아의 인간존엄에 관한 논의", 「사회과학연구」 제2권 제 2 호, 한국사회과학회, 2003. 2, 17면.

89) 이재명, 앞의 논문, 66면.

90) Dieter Birnbacher, supra note 1, p. 330.

91) 노기호/정문식, "독일에서의 인간배아의 인간존엄에 관한 논의", 「사회과학연구」, 제 2 권 제 2 호, 한국사회과학회, 2003. 2, 17면.

92) 노기호 교수는 인간 존엄권과 생명권의 완전한 동일성을 의미하는 것은 아니며, 인간의 존엄은 생명권의 침해없이도 발생할 수도 있다고 한다. 그 예로서 인간복제의 경우 생명권의 침해는 발생하지 않지만, 인간 존엄의 침해문제가 제기될 수 있다고 한다. 노기호/정문식, 앞의 논문, 17면.

93) 조홍석, 앞의 논문, 42면.

94) 신동일, "배아 생명보호를 위한 형법적 개입의 시기," 형사정책연구 제13권 제 3 호, 한국형사정책연구원, 2002 가을호, 106면.

95) 플로리다주, 루이지에나주, 미시건주, 펜실베니아주, 미네소타주, 마인주, 뉴멕시코주가 배아실험을 금지하고 있다. 플로리다주는 과학, 연구, 실험 또는 다른 유형의 실험을 목적으로 살아있는 태아를 사용하는 것을 금지하고 있고, 미네소타주의 경우 배아에게 침해를 주는 실험을 목적으로 살아있는 인간배아를 사용하는 자는 경죄로 유죄라고 규정하고 있다.

96) id, at 261.

97) Kayhan Parsi, supra note 13, at 765.

하고 있다. 특히 미네소타주, 미시간주, 일리노이주는 냉동배아의 절차과정을 금지하고 있다.[98]

이에 반해 영국은 세계최초의 시험관아기 및 복제양돌리를 탄생시킨 국가인 만큼 2000년 8월에 발표된 Donaldson Report의 권고사항을 바탕으로 개정안을 만들었고, 기존의 불임치료에만 허용되고 있는 인간배아연구의 허용범위를 연구목적의 배아생산 및 배아복제연구까지 확대시킴으로써 영국은 인간배아복제를 법률규정에 의해 허용하는 세계최초의 국가가 되었다.[99] 14일 이전의 배아를 만성질환에 걸리거나 손상된 조직 또는 장기의 치료, 미토콘드리아질병의 치료에 대한 연구 즉, 배아줄기세포의 연구를 위해서 사용할 수 있다고 하여 배아연구의 범위를 확대 · 적용하고 있다.[100] 배아발달에 관한 지식을 넓히거나 심각한 질병에 대한 지식을 넓히거나 혹은 심각한 질병 치료의 발전에 적용될 지식을 가능하게 하기 위한 목적의 경우 배아를 대상으로 연구를 허가할 수 있다.

독일의 배아보호법은 임신이외의 목적으로 배아를 체외에서 배양시킬 수 없도록 하고 있기 때문에 배아줄기세포연구는 물론 핵치환 복제기술의 이용하여 복제배아를 생산하는 치료적 복제의 경우도 마찬가지로 금지하고 있다. 또한 체외에서 조작하거나 자궁내에서 착상이 완료되기 전에 여성으로부터 채취된 인간의 배아를 양도하거나 배아의 유지 이외의 목적을 위하여 획득하거나 이용한 행위도 처벌규정을 두고 있다(제 2 조). 그러나 2002년 배아줄기세포법을 제정하여 외국에서 수입한 줄기세포의 사용을 허용함으로써 배아줄기세포연구의 길을 열어놓고 있다.

프랑스의 인체존중에 관한 법률에서는 기본적으로 누구도 사람의 종의 완전성을 침해할 수 없다고 하여 사람의 선별화를 목적으로 하는 모든 우생학적 처치를 금지한다는 원칙규정을 두고 있다(민법 제16조의 4 삽입규정). 프랑스는 검사, 연구 또는 실험의 목적으로 사람의 배아를 체외에서 조작하는 행위를 금지하지만, 부부로 결합한 남녀가 동의한 경우 이들의 배아에 대한 치료목적으로 그리고 배

98) Mailee R. Harris, supra note 10, at 283.

99) 세포핵치환 복제기술에 의해 창출된 배아를 사용하는 연구를 허가함에 있어 HEFA는 해당연구의 목표를 성취할 아무런 수단이 없다는 것을 스스로 확인하여야 하며, 난자에 생기는 유전적 질병인 미토콘드리아 질병에 대한 이해증진 및 그 치료법개발을 위한 인간난자에 핵치환 복제기술을 사용하는 연구는 이 법의 통제에 따라 허가되어야 한다고 건의하고 있다. House of Commons Research Paper: Stem Cell Research and Regulations under the Human fertilization and Embryology Act 1990(Revised edition), 13th December 2000. pp.28-29.

100) Stem Cell Research and Regulations under the Human fertilization and Embryology Act 1990(Revised edition), p.30.

아에게 해롭지 않은 범위 안에서 배아연구를 인정한다.

(3) 논변 3 : 인간존엄 제한의 정당화 논변

인간존엄은 절대적이고 조건 없는 보호를 요구하고 있기 때문에 헌법상 보호되는 인간존엄에 대한 모든 규제는 동시에 바로 기본권의 침해를 의미하고 여기에는 기본권 제한에 대한 정당성이 처음부터 완전히 배제된다.101) 이 불가침 조항에서 유래하는 인간존엄의 절대적 보장에 대한 요청으로부터 인간존엄은 다른 기본권의 비교형량이나 조정의 대상조차 되지 않는다고 한다.102) 인간의 존엄이 관계되는 한 인간존엄은 일반적 우선권을 갖는다는 입장이다.103) 이에 따르면 배아줄기 세포연구는 당연히 위헌인 것이다. 배아의 생명과 인간 존엄을 절대적으로 보호하기 위해 배아의 줄기세포연구를 금지시키는 것 즉 인간생명체인 배아를 보호하기 위해서 질병퇴치를 위해 중요할 수 있는 기본배아연구를 금지시킨 경우에도 목적과 수단 사이의 과도한 불균형이 있다고 볼 수 없다는 입장을 가지고 있다.104)

그런데 인간존엄의 절대적 보호만을 주장하는 것이 아니라 인간존엄의 제한가능성을 긍정하는 주장이 있다. 인간존엄의 제한가능성을 인정함으로써 무엇보다 인간존엄의 보호영역을 확장할 수 있다는 전제하에서 출발하면서 헌법상 보호되는 다른 가치들과의 충돌 뿐 아니라 형량도 가능할 수 있다는 입장이다.105) 예를 들어 배아줄기세포연구의 경우 중대한 질병연구에서 연구의 자유와 배아생명의 파기나 손상이라는 인간존엄이 충돌하는 경우 기본권 상호간의 최소희생을 통한 최적의 조정이나 실체적 조화를 가능할 수 있도록 하는 접근방법이다.106) 인

101) 인간존엄은 기본권의 근원 또는 핵에 해당하는 것으로 파악하므로 법률로써 제한할 수 없다. 이재명, "인간으로서의 존엄과 가치에 대한 헌법적 접근", 「사회과학논총」 창간호, 안동대학사회과학연구소, 1989. 12, 66면.

102) 계희열교수는 우리 헌법에서처럼 존엄권이 포괄적 기본권으로서가 아니라 구체적 기본권으로 규정되어 있기 때문에 절대적 보호는 당연한 결과이며, 존엄권을 제한한다면 그것은 헌법의 자기부정을 의미한다. 계희열, 앞의 논문, 326면.

103) 조홍석, 앞의 논문, 41면.

104) 노기호/정문식, 앞의 논문, 17면.

105) 독일의 M. Kloepfer 교수는 인간존엄의 영역에 있어서도 일반적 기본권 구성요소와 기본권 제한 이론을 인정하는 데서 출발한다. 앞의 논문, , 20면.

106) 독일의 M. Kloepfer 교수는 독일의 배아보호법의 경우 학문 · 연구의 자유는 배아의 인간존엄과 생명권보장이라는 도그마 때문에 엄청난 제한을 받는다고 지적하면서, 헌법적 도그마를 직접 적용하는 대신 인간존엄의 제한가능성을 전제로 일반 기존의 법률 등으로 규제방안을 마련한다면 이로써 새로운 과학기술상의 가능성들이 기본법 제1조 제1항의 심사기준에 의해 무조건 포기되는 일은 없을 것이라고 지적하였다. 우리나라의 경우 인간존엄에 대한 절대적 보장이 명시적으로 언급되어 있지 않고, 단지 선언적으로 나타난 헌법상황에서는 독일보다는 입

간존엄을 제한할 수 있다고 하더라도 실제로 인간존엄의 보장이 약화되는 것은 아니며, 인간존엄의 제한가능성은 기본적으로 다른 기본권들과의 관계를 위한 중립적인 원칙으로 작용하는 것이다.107) 물론 인간존엄의 본질적 내용에 대한 보장은 당연히 지켜져야 한다는데 전적으로 동의하고 있다.108)

이와 관련해서 비른바허(Birnbacher)는 인간 존엄의 본질적인 의미와 확장된 의미의 양자를 구분하는 것이 윤리와 법에서 상당히 중요한 의미를 가진다고 한다. 좁거나 확장된 개념이 다른 도덕적 비중을 가져오기 때문에 오히려 양자를 결합함으로써 개별적이고 구체적인 존엄에 대해 받아들일 수 없을 정도로 취약하게 보호하거나 일반적이고 추상적인 존엄에 대해 받아들일 수 없는 강한 보호를 하는 결과를 초래할 수 있다고 말한다.109) 하지만 인간존엄의 제한가능성을 주장하지만, 인간존엄의 본질적인 측면은 가장 높은 우선적 성격(the highest priority)을 가지고 있다고 전제하여 생명보호의 원칙보다 더 높은 우선권을 부여하고 있다.110)

한편 인간존엄에서의 본질을 훼손하지 않는 범위 내에서 제한한다고 하더라도 그 침해는 정당성과 불가피성, 비례성의 요건을 구비하여야 한다. 그러므로 인간의 존엄은 그 침해가 인간의 존엄성의 침해한계에 접근하면 할수록 침해의 정당성을 주장하는 필요조건은 더욱 높아질 수밖에 없으며, 이에 대한 예시적 접근방법으로 미국의 대통령자문위원회의 의견을 참작할 수 있다. 미국의 대통령 생명윤리자문위원회는 인간배아연구를 계속할지 여부를 결정에 있어서 가장 거역하기 어려운 힘을 갖는 근거에 의해서만 연구가 가능할 수 있다고 제안하고 있다. 말하자면 그러한 연구가 사람의 생명을 구할 것이라는 합리적인 기대와 그리고 우리가 도덕적으로 최선의 것이라고 믿고 있는 것을 행해야 한다는 도덕적 부담(moral burden)에 열려져 있을 때에만 가능할 것이라고 한다.111) 배아줄기세포연

법자에게 좀 더 많은 재량의 여지 혹은 활동의 여지를 제공한다고 볼 수 있다. 노기호/정문식, 앞의 논문, 22면.

107) 노기호 교수는 인간의 존엄을 제한할 수 있다는 기본권의 도그마틱적 사고는, 예상을 뒤엎고 무서운 속도로 발전하는 과학과 기술, 학문의 발달에 따른 기본권의 충돌의 문제에 대해서, 혹은 기존의 법질서가 충분한 보호를 제공하지 못하는 기본권의 공백시에 민주주의 원칙에 따라 입법자가 먼저 결정하도록 선택의 기회를 제공하며 이를 통해 소위 기본권의 역동적 보호가 이루어질 수 있다. 또한 과학기술의 발달과 인간의 존엄을 법적으로 상호 조정해야 하는 새로운 시대에 대한 미래적응성을 보장하게 된다고 한다. 앞의 논문, 24면.

108) 긍정설의 입장이지만, 다만 인간존엄의 본질적인 내용을 법률로써 제한할 수 없으며 이런 입장에서 사형이나 낙태, 안락사 제도의 위헌성을 주장한다. 이재명, 앞의 논문, 65면.

109) Dieter Birnbacher, supra note 1, p. 330.

110) Id. p. 331.

111) The Report of The President's Council on Bioethics, supra note 36, p.158.

구를 위해 인간배아를 사용하기 위해서는 과학적으로 입증된 의학적 유용성과 연구성과에 대한 합리적 기대가 있어야 하고, 불가피하게 선택할 수밖에 없는 방안으로서 환자의 건강권, 연구의 자유와의 이익균형의 심사결과 일반인 사이에 도덕적으로 수용되는 인식, 합의가 있어야 한다는 점이다.

2. 생명과학에서의 법적 규제의무와 관련된 형법적 논변

최근의 위험형법[112]의 논의는 생명과학기술 분야에서의 형법적 규제를 쉽게 그리고 넓게 선택할 수 있는 명분을 제공하고 있다. 왜냐하면 현대사회에서의 생명과학기술의 발달에 따른 위험은 인간의 생명권에 대한 위험을 야기하고 이러한 위험을 제거하기 위해서는 형법의 실효성에 중점을 두어 예방적이고 효과지향적인 형법으로서의 기능을 강화해야 할 필요가 있기 때문이다.[113] 위험형법이 추구하는 예방지향적 사고는 필연적으로 가벌성의 확장으로 이어진다.[114] 생명과학기술의 발달에 의하여 나타나는 대량적 위험으로부터 인간배아를 보호하기 위해서는 형법을 통해 초기 단계에서부터 차단하여 그 구체적인 위험발생이 일어나기 전에 저지하고자 하는 접근방법이다.[115] 특별형법의 확대를 통해 위험제거와 갈등해소를 위한 형법적 투입을 강화하고 일반예방적 차원에서의 형법의 기능을 강화하여 국민계몽의 도구로서 형법을 활용하자는 것이다.[116]

생명과학기술의 발전은 항상 법적 논의와 개입에 앞서 이루어져 왔으며, 법

---

112) 1980년대 후반부터 현대 위험사회에 관한 사회적인 변화와 이에 따른 형법상의 새로운 현상에 주목하고 이들 문제에 대한 연구가 독일의 프랑크푸르트대학의 형법교수인 Hassemer 교수를 중심으토 그의 제자들인 Herzog, Prittwtz, Hilgendorf 등이 참여하였으며, Kuhlen, Seelmann, Neumann 등이 이 부분에 많은 연구를 진행시켰다. 김학태, 현대위험사회에서의 형법상 귀속구조의 변화, 비교형사법연구, 제3권 제1호, 2001, 7면.

113) 모든 인간의 생명을 보호한다는 측면에서 수정란과 배아는 당연히 형법의 보호프로그램에 포함되어야 하며, 특히 보호의무와 관련지어서 생각한다면 형법상의 다른 법익과 비교하여 높은 정도의 보호가 마련되어야 한다는 주장이 있다. 신동일, "배아 생명보호를 위한 형법적 개입의 시기", 형사정책연구 제13권 제3호, 한국형사정책연구원, 2002 가을호, 100면.

114) 생명과학사회에서의 새로운 대응방식은 예방적 형법관으로 장래에 나타날 수 있는 위험인자들을 예방하는 방법과 가능하게 예측되는 위험행위를 사전에 금지하는 것으로 해석하는 추상적 위험범의 확대해석, 그리고 객관적 귀속의 이완을 통한 새로운 인과관계의 확장 등이었다. 신동일, 인간복제의 금지필요성과 제한적 허용연구, 한국형사정책연구원, 2001, 69면.

115) Seelmann에 의하면 형법을 통해서 위험발생을 초기단계에서부터 막기 위한 형법의 시도는 범죄화를 앞당기는 것으로 이를 위해 법익을 형법의 이전단계에서의 보호를 위하여 달리 규정하는 방법과 또한 범죄가 되는 시점을 앞당겨 이전보다 선행단계에서의 범죄평가를 인정하는 것으로 나눌 수 있다고 한다. 김학태, "현대 위험사회에서의 형법귀속구조의 변화", 「비교형사법」 제3권 제1호, 2001, 17-18면.

116) 이용식, 위험사회에서의 법익보호와 적극적 일반예방, 형사정책, 2001(제13권 제1호), 43면.

정책은 언제나 과학기술의 발전을 뒤따라 갈 수밖에 없는 실정이다. 인간배아연구 특히 배아줄기세포연구 등과 같은 신기술에 대한 법적 허용여부 및 규제수단의 선택여부도 예외가 아니다.[117] 하지만 생명과학기술의 발달로 인한 사회적 위험의 증가에 따라 형법의 기능이 위험형법의 도입으로 전환할 필요가 있다는 주장에는 동조할 수 없다.[118] 왜냐하면 인간존엄성 보장을 위한 법익보호의 목적으로 인간배아연구를 범죄화하고 이에 자금을 지원하고 예비하는 행위까지도 처벌하는 규정을 만든다고 하더라도 종합병원, 큰 대학연구소에서부터 소규모 연구소의 밀폐된 연구실이나 실험실에서 이루어지고 있는 배아연구에 참여하고 있는 연구자 모두에게 빠짐없이 법적용의 집행을 행할 수 없는 것이며, 이러한 집행의 결핍은 법적용의 공정성을 해치게 되고 형법을 단지 상징형법의 기능으로만 전락하게 만드는 결과를 가져오기 때문이다.

또한 형법에 의한 개입을 위험원에 대한 사회윤리적 비난가능성에만 의존하여 정당화할 수 없기 때문이다.[119] 사회적 위험을 형법을 통하여 해결하려는 요구는 사회와 규범간의, 생명과학자 집단과 종교집단, 환자 등 이해관계를 가지고 있는 집단 간의 갈등만을 불러일으키는 악순환을 가져온다. 결국 형법개입의 한계를 설정하는 원칙으로 생명공학의 발전에 내재하는 형사정책적인 방향성은 형법적 이외의 다른 규제 수단 즉, 자율적 규제, 행정법적 규제수단으로 효과를 볼 수 없는 경우에 한해서 최소한의 개입을 요구할 수밖에 없으며, 형법의 보충성의 원칙에 근거하여 예방과 효율성을 위한 '최고수단(ultima prima)으로서의 형법'이 아닌 '최후의 수단(ultima ratio)으로서의 형법'의 이념에 충실할 필요가 있다. 즉, 생명과학기술사회라는 위험사회에 대처하는 기능과 역할에 있어서 기존 형법의 영역에서와 마찬가지로 금지규범의 제정은 최종적으로 고려되는 수단이어야 한다

117) 보편적 법익의 불명료성은 형법적 금지의 대상으로 삼을 수 없는 영역까지도 형벌로 규율하게 되는 이중의 위험에 노출될 수 있다. 따라서 위험사회를 효율적으로 규율하기 위해서는 보편화 내지 추상화하는 법익개념에 대하여 그것이 근대 형법의 지주인 죄형법정주의와 그로부터 파생되는 책임원칙, 비례성의 원칙, 보충성의 원칙을 훼손시킬 것이라는 딜레마를 극복할 수 있어야 한다. 허일태, "위험사회의 출현과 법의 기능변화", 「비교형사법」, 제13권 제2호, 2000, 21면.

118) 같은 견해로 조홍석 교수는 일반적 생명공학적 연구와 절차가 추상적 위험의 한계 내에 존재하는 경우에는 그에 대한 규범제정의무는 존재하지 않는다고 하며, 연구의 자유에 대한 절대적 제한이 헌법에 합치하기 위해서는 적합성의 원칙 뿐만 아니라 비례성의 원칙이 충족되어야 한다고 말한다. 조홍석, 앞의 논문, 43면.

119) 사회적 비난가능성이라는 생명윤리가 형법적 개입을 근거지우는 요소로서 작용할 수는 없다. 생명윤리를 보호하기 위해서 형법이 동원되는 것이 아니라 형법의 결과로 생명윤리가 준수되는 것이다. 김일수, 배아생명에 대한 법적 이해와 법정책의 방향, 형사정책연구, 2002(제13권 제3호), 20면.

는 점에서는 다른 차이점이 있을 수 없다고 본다.

최선의 사회정책이 최상의 형사정책의 전제조건이 될 수 있는 것처럼 인간배아보호를 위한 충실한 관리시스템의 구축이 배아의 생명권을 침해하는 행태를 예방·방지하는 최선의 형사정책일 수 있다. 외국의 입법례에서 찾아볼 수 있는 생명과학기술에 관련된 관리시스템의 주요 내용은 크게 기관심사위원회에 의한 심사, 행정부의 관리지침에 의한 규제, 큰 틀의 합의점으로 생명윤리위원회에 의한 규제 등을 들 수 있다.[120)]

3. 초기 인간배아의 처분권한 논변

배아의 법적 지위에 대해서는 여러 범주의 논의가 있다. 특히 초기 배아가 여성의 신체 이외에서 생존하도록 냉동보관을 허용하고 있기 때문에 인간배아의 법적 지위와 관련해서 후견권 내지 처분권한에 관해 문제가 된다. 이 논쟁에는 여성의 자신의 신체를 통제할 수 있는 권리 내에 배아를 계속 보관할 것인지 여부에 대한 논쟁도 포함되어 있다.

한편 법원의 판결 또는 법률의 제정을 통해서 배아의 파괴를 금지하더라도 이것은 난자의 공여자가 의무적으로 착상을 시도해야 하는 것을 의미하지 않는다. 초기 배아는 착상을 시도하기를 원하는 다른 불임부부에게 기증될 수 있다. 그러므로 여성이 더 이상 원하지 않는다면 배아의 착상을 강요받지 않을 수 있다. 이러한 상황에서도 여전히 하나의 물음이 존재하는데, 초기 배아가 미래의 부모가 가지고 있는 권리로부터 독립된 어떠한 권리를 누릴 수 있는지 여부를 결정하는 문제가 남겨져 있다.

미국에서의 법적 지위의 주요 논쟁 중 하나는 수정된 난자와 초기 배아에 대한 결정권한을 누가 가지고 있느냐에 집중되어 있다.[121)] 결정권한의 문제는 누가 배아에 대해 재산상의 이익을 가지고 있느냐에 따라 달라진다. 미국의 연방대법원 판례에서 사용하고 있는 초기 배아에 대한 소유권 또는 재산이라는 용어는 오

---

120) Hassemer에 의하면 현대사회문제들을 형법이 아닌 특별한 중재법(Interventionsrecht)을 통하여 해결하는 것이 요구된다고 하며, 이러한 중재법은 형법과 질서위반법의 사이에, 민법과 공법간의 중간에 위치하는 것으로 개개인에게 덜 강력한 제재로서의 성격을 가지게 되는 긍정적인 효과가 있으며, 규범적인 원칙과 큰 마찰이나 무리가 없는 것으로 평가된다고 한다. 인간배아보호를 위한 전제조건으로 제시하고 있는 관리시스템의 입법은 Hassemer가 대안으로 제시한 중재법의 일 유형으로 보아도 될 것 같다.

121) 누가 처분권을 가지느냐의 문제는 초기 배아처분의 가능한 옵션이 무엇인지의 문제와는 분리된다. John A. Robertson, supra note 48, at 454.

해의 소지를 불러일으킬 수 있다. 이러한 용어는 배아를 다른 재산과 동일하게 취급하는 것이라고 볼 수 없으며, 이러한 용어의 사용은 다만 법적으로 초기 배아에게 발생할 수 있는 처분 등의 다양한 가능성의 형태를 누가 결정하느냐 여부를 단순히 의미한다고 해석해야 한다.122)

또한 초기 배아에 대한 처분권한의 제한문제는 두 가지 접근방법을 가지고 있는데, 처음은 여성의 몸속에 있는 경우의 배아의 처분권한이고 이 문제는 낙태와 피임행위와 관련성을 가지고 있다. 그 다음 체외수정으로 인한 배아의 생성과 보관에 관한 제한문제이다. 미국 연방대법원은 초기 배아가 여성의 신체 밖에서 별개의 실체를 가지고 있는 경우 생식의 자율성, 프라이버시에 관련하여 해당 처분권에 대한 논쟁을 해결하고 있으며, 주요 판례로 York v. Jones, Davis v. Davis, Kass v. Kass사례를 들 수 있다.

(1) York v. Jones 사례(1989)

York v. Jones 판례는 배아의 소유권의 문제를 제기한 판례로서 이 사건의 원고인 불임부부가 불임치료를 위해 버지니아주 노포크에 있는 가장 크고 성공적인 시술을 행하고 있는 불임시술기관에서 세 번의 과배란유도와 난자채취를 행하였다. 세 번째 시도에서 5개의 배아를 아내의 자궁에 이식하였고 6개의 배아는 나중에 사용할 것을 대비해 냉동보관하였다. 세 번째 시술이 실패한 후에 그들 부부는 로스엔젤리스에 있는 다른 병원을 찾았고, 그 후 그들은 노포크에 있는 병원에 냉동된 배아를 양도받아 로스엔젤리스의 의사의 시술에 따라 해동시켜 이식하기를 원한다고 통보하였다. 노포크 병원은 이를 거절하였고, 노포크 병원에서만 불임시술이 가능하고 그렇지 않다면 이를 다른 불임부부에게 양도하거나 연구에 사용하거나 폐기하는 것을 선택하여야 한다고 주장하였다. 한 불임시술프로그램에서 다른 불임시술프로그램으로 수송하는 것에 대해 실무적이고 법적인 근거를 들어 거부를 나타냈다. 그러한 근거로는 수송하는 과정에서 해동되거나, 절도, 갈취, 비행기로 수송함으로 인해 효율성의 저하, 윤리위원회의 부동의, 자격요건이 구비되지 않은 기관으로의 수송에 따른 책임의 문제들이 있다고 주장하였다. 해당 불임부부는 노포크의 지방법원에 배아의 관리권한과 관련해서 소송을 제기하였다. 지방법원 판사는 부부와 노포크 병원과의 냉동보관 동의는 수탁자와 위탁자의 관계라고 보았고, 수탁자에게 위임의 목적이 끝나면 위탁자에게 그 대상물을 반환해야 할 의무를 가지고 있다고 판시하였다. 인간을 대상으로 하는 주연

122) Id. at 454-455.

구법이나 계약서 조항 어느 것도 냉동 배아에 대한 부부의 재산적 이익을 무효화하지는 못한다고 판단하였다. 해당 불임부부는 냉동 보관된 배아의 수송을 허가받았다.[123] 이 판결은 불임시술기관과 불임부부의 냉동배아에 대한 관리권한을 처음으로 직접 취급한 사례로서 의미를 가지고 있으며, 법원은 의심할 여지가 없이 배아는 생식체를 제공한 부부의 재산으로 추정하였다. 부가적으로 배아를 수송하는 것에 대해서 제약을 가할 때에는 프로그램 참여시의 문서에 명백하게 기술되어 있어야 하며, 사전에 불임부부가 배아를 다른 곳으로 이동할 수 있는 권리를 가지고 있지 않다는 점을 명백하게 밝혔다면 그 경우에만 그러한 제한이 가해질 수 있다고 하였다.[124]

(2) Davis v. Davis 사례(1992)

Davis v. Davis 사건은 테네시 주대법원의 초기 배아에 관한 결정권한에 관한 판결이다. Davis 부부가 결혼을 한 후 체외수정을 하기로 결정하였고 몇 개의 배아는 이식하였고, 실패할 경우를 위해 나머지 배아를 냉동보관 하였다. 이 부부가 이혼을 하게 되었고 냉동보관한 배아관리에 대해 서로 의견이 일치하지 않았다. 남편은 배아를 이식하지 않을 것을 원한 반면 부인은 다른 불임부부에게 양도할 것을 원하였다. 이러한 주장에 대해 대법원은 4-8세포기에 있는 발달단계의 초기 배아를 배아로부터 구분하여 접근하였지만, 배아 또는 초기배아의 지위가 인간이냐 또는 재산이냐는 것인지 여부가 이 사례의 주요 쟁점사항이었기 때문에 그러한 구분은 결정적인 의미를 가지고 있지 못하였다. 위 쟁점사항을 해결하기 위해서 대법원은 처음에 테네시법령을 검토하였고, 법령에 따라 태아도 살아있는 상태로 출생하지 않는다면 인간으로 고려되지 않기 때문에 배아는 인간('person')이 될 수 없다고 결론을 내렸다. 주 대법원은 오히려 배아가 재산인지 여부를 결정하는 것이 더 어려웠다고 한다. 항소법원의 경우 분명하게 주장되지는 않았지만, 배아가 재물이라는 견해에 의존하였다. 항소법원은 해부기증 통일법전(Uniform Anatomical Gift Act)에서 부부 양 당사자는 배아에 대해 공동의 이익을 가지고 있다고 해석하였다.[125] 그러나 테네시 주 대법원은 배아가 사람은 아니지만 인간생명의 잠재성을 가지고 있기 때문에 인간조직이라는 주장도 배척하

123) York v. Jones, 717 F. Supp. 421 (E.D. Va. 1989).

124) John A. Robertson, supra note 48, at 445.

125) 항소법원 이전의 순회판사는 냉동보관된 배아의 후견권은 이식목적으로 데이비스 부인에 귀속된다고 선고하였다. 판사는 인간 배아는 재산이 아니며, 이미 어린이의 지위를 가지므로 이식을 할 수 있도록 해 주는 것이 어린이의 명백한 이익에 합치한다고 판시하였다.

였다. 법원은 초기 배아가 엄격하게 말해서 인간도 아니고 재산도 아니라고 결론을 지으면서 그 사이에 중간 범주를 만들면서 인간생명의 잠재성 때문에 특별한 존중을 부여해야 한다고 판시하였다. 특히 이 판례는 인간 배아를 인간 또는 인간조직으로서의 지위 사이의 중간 영역에 위치시켰고, 또한 배아 그 자체는 그 자신의 이익을 가지고 있지 못하다고 결론을 내렸다.[126]

또한 법원은 당사자 각각에게 배아에 대한 소유권 이익이 있다고 인정하지 않았다. 이익균형 심사를 통해서 법원은 배아를 기증하려는 부인의 이익은 부양을 피하려는 남편의 이익보다 더 중요성이 있다고 보지 않았다. 이 판결의 결과 배아를 보관하고 있는 불임클리닉에게 판결과 모순되지 않는 방법으로 배아를 폐기할 권한을 주었다.[127] 이 판례는 이후 배아의 법적 지위와 관련된 몇몇 주의 법률을 제정하게 되는 계기를 만들었다. 몇 몇의 주는 실험을 위해 배아를 사용하는 것을 금지하는 주 입법을 제정하였다. 그래도 많은 주에서는 체외수정에서 만들어진 배아의 법적 지위에 관한 전혀 입법을 만들지 않았다. 이와 같이 법령의 흠결은 체외수정과 낙태를 둘러싼 갈등적인 주제라는 것이라는데 기인하기 때문으로 판단된다.[128]

(3) Kass v. Kass 사례

뉴욕주의 항소부도 역시 Davis 사건과 같은 모순적 사건을 취급하였다. 불임시술에서 성공하지 못하였고 이혼한 부부의 잔여배아가 남아있었던 사건에서 Kass부인은 임신하기를 원하였고 남편은 이를 거부하였다. Davis 사건과 달리 Kass 부부는 불임시술 당시에 동의서를 작성하였고 이 문서의 내용은 보관기간 경과 후 연구목적의 사용을 위해 불임클리닉에 배아를 기증한다고 되어 있었다. 순회 법원은 그 동의서는 유효하지 않으며, 부인에게 임신의 시도를 위해 배아 사용을 포함해서 배아의 운명을 결정할 수 있는 배타적인 권리가 있다고 판시하였다. 항소법원은 이를 파기하였으며, 그 논거로 동의서에서 밝혀진 바와 같이 부부의 배아처분에 관한 상호 다른 의사는 유효하다고 판단하였다. 순회 법원이 배아가 재산보다는 더 이상의 것 그리고 인간보다는 덜 한 무엇이라는 관점을 지지

126) 이 판례에서 법원은 배아와 초기배아가 동일한 유전적 구조를 가지고 있기 때문에 동일한 법적 지위를 가지고 있다는 주장을 받아들이지 않았다. 법원은 초기 배아의 자체 성질 예를 들어 신경체계의 결함, 개체로 될 수 있는 능력, 외부의 개입 없으면 발달할 수 있는 능력의 결여 등으로 인해 착상된 배아와는 다른 도덕적 지위를 가지고 있다고 이해하였다. Kayhan Parsi, supra note 13, at 754.

127) Davis, 842 S. W. 2d at 604-05.

128) Kayhan Parsi, supra note 13, at 758.

하였다. 즉, 법원은 초기배아는 단순히 재산이 아니고 그렇다고 여전히 인간으로서 지위를 가지고 있지 않다고 보았다. 이에 반해 항소 법원는 배아의 법적 지위를 더 이상 고려하지 않았다. 배아에 대한 부모의 공동결정이 가장 중요하며, 주요 고려의 대상이라고 하였다.129)

V. 결 론

미국의 전 대통령인 레이건 대통령이 인간배아줄기세포연구와 관련된 지침을 발표하면서 “누군가가 태어나지 않은 아이가 살아있는 인간이 아니라고 증명할 때까지 그리고 증명하지 않는다면 그 아이는 헌법에 의해서 보호받아야 한다”라고 말하였다. 이와 같은 맥락에서 초기 인간배아는 생명 또는 재산 사이 영역의 중간범주에 위치하고 있으며, 초기배아는 인간 생명체로 발달할 수 있는 잠재성을 가지고 있기 때문에 특별한 존중을 받아야 한다는 데에 전적으로 동의한다. 초기 배아의 이익을 독립적인 객체로 만들어버린 최근의 과학의 변화와 아울러 배아에 관한 특별한 존중의 의미를 정의하는 전통이 아직 세워져 있지 않기 때문에, 존중의 내용은 배아와 다른 사람들과의 이익이 만나는 여러 갈등 상황 속에서 조정하고 해결하면서 구체화되어야 한다고 본다.

또한 배아에게 능력이나 인격이 없지만, 그 잠재성의 존재 자체를 근거로 인간존엄이 부여될 수 있다고 본다. 즉, 존엄권의 향유능력은 이 권리를 사실적으로 행사할 자율적 능력을 전제로 하지 않는다는 점에서 그리고 인간의 존엄과 가치의 근거가 되는 인격주체성은 반드시 현실적으로 구현될 필요가 없다는 점에서 충분히 인간배아의 인간존엄의 기본권 주체성을 인정할 수 있다.

인간배아가 인간 존엄의 주체라고 하더라도 배아를 손상 파괴시키는 연구나 실험들이 각국에 따라 허용, 금지의 형태로 달리 취급되고, 특히 인간으로서의 배아를 인정하는 논리를 취하더라도 제한적으로 허용되는 연구의 범위가 일부 있다. 그런 관점에서 인간존엄의 절대적 보호만을 주장하는 것이 아니라 인간존엄의 제한 가능성을 긍정하는 입장을 견지하고자 한다. 인간존엄의 제한가능성을 인정함으로써 무엇보다 인간존엄의 보호영역을 확장할 수 있다는 전제하에서 출발하면서 헌법상 보호되는 다른 가치들과의 충돌 뿐 아니라 형량도 현실적으로 가능할 수 있다는 입장에 서는 것이다. 하지만 인간존엄을 제한할 수 있다고 하더라도

129) Kass, 663 N.Y.S. 2d at 587.

실제로 인간존엄의 보장이 약화되는 것은 아니며, 인간존엄의 제한가능성은 기본적으로 다른 기본권들과의 관계를 위한 중립적인 원칙으로 작용하는 것이며, 물론 인간존엄의 본질적 내용에 대한 보장은 당연히 지켜져야 한다는데 전적으로 동의하고 있다.

인간존엄에서의 본질을 훼손하지 않는 범위 내에서 제한한다고 하더라도 그 침해는 정당성과 불가피성, 비례성의 요건을 구비하여야 한다. 인간의 존엄은 그 침해가 인간의 존엄성의 침해한계에 접근하면 할수록 침해의 정당성을 주장하는 필요조건은 더욱 높아질 수밖에 없다고 본다. 예를 들어 배아줄기세포연구를 위해 인간배아를 사용하기 위해서는 과학적으로 입증된 의학적 유용성과 연구 성과에 대한 합리적 기대가 있어야 하고, 불가피하게 선택할 수밖에 없는 방안으로서 환자의 건강권, 연구의 자유와의 이익균형의 심사결과 일반인 사이에 도덕적으로 수용되는 인식, 합의가 있어야 한다는 점이다. 그리고 배아에 대한 연구 및 실험을 허용한다고 하더라도 적어도 원시선이 출현된 시점 즉, 14일 이전의 배아로서 냉동보관된 잔여배아의 경우에만 가능하고, 배아의 생산 및 관리, 연구에의 전용과정이 투명하게 드러나 있어야 하고 승인된 허용연구범위 내에서 자체 윤리위원회의 심사과정을 거쳐야 한다는 엄격한 통제 속의 허용하고 있는 시스템의 구축은 잠재적 생명권의 주체로서의 배아에 대한 존중과 아울러 인간존엄의 본질적인 한계를 고려한 정책적 대안 모색의 결과라고 볼 수 있다.

제 67 회 발표회 지정토론문

이 상 돈*

1. 이인영 교수의 발표에 의하면, 첫째 ① 초기 인간배아에게 인간존엄의 기본권 주체성을 인정하면서도, 둘째 ② 생명 또는 재산의 중간범주에 위치시킴으로써 한편으로는 특별한 존중과 보호의 당위성을 인정하지만 동시에 제한적인 손상과 파괴의 연구필요성을 인정하기도 한다. 셋째 ③ 규범적 당위성과 현실적 필요성의 경계를 설정하는 법문화적 전통이 없기 때문에 '배아와 다른 사람들과의 이익이 만나는 여러 갈등 상황 속에서 조정하고 해결하면서 구체화되어야 한다'고 본다. ①은 다분히 명목적이고, 이 교수 주장의 실질적인 핵심은 ②는 규범주의와 공리주의의 타협 그리고 ③ 법문화적 전통의 흠결과 공론에 의한 (배아보호) 법형성의 논리에 있다고 보인다.

2. 하지만 먼저 인간적 생명체일 뿐인 초기 인간배아를 인간으로 보는 해석은 '확장해석'이고, 여기에 더하여 인간존엄의 내용으로 인간생명의 절대불가침성을 인정하는 자연법적 이해가 더해지면, 이 교수의 논지 가운데 첫 번째(①) 주장은 두 번째, 세 번째 주장(② 또는 ③)과는 내적 모순을 갖게 된다. 여기서 이 모순을 해결하려면 자연법적 이해를 후퇴시키거나 혹은 '법으로부터 자유로운 영역'(rechtsfreier Raum)과 같은 이론에 의해 인간존엄규정의 효력을 예외적으로 유보시키는 논증을 할 수밖에 없다.

하지만 (인간존엄의) 예외의 인정은 이미 자연법적으로 이해된 인간존엄의 공식을 껍데기로 만들어 버린다. 물론 이 교수는 인간존엄의 제한가능성을 인정한다는 점에서 전면적으로 자연법적인 이해에 서 있는 것은 아니다. 그렇지만 처분불가능한 "인간존엄의 본질적 내용"(예: 14일 이전의 배아로서 냉동 보관된 잔여배아 이외의 배아처분금지)이 있다는 이 교수의 믿음이 남아 있는 한, 이 내적 모순은 비록 약화될지라도 제거되지는 않는다.

그러므로 이인영 교수가 세 번째 주장(③)에서 통찰한 바와 같이 법문화의 흠결과 공론에 의한 법형성의 논리는 초기 인간배아에게 헌법 제10조의 '인간'

* 고려대 법대 교수.

지위를 인정할 것인가에 관한 해석에도 적용할 필요가 있다.

3. 초기 인간배아는 인간적 생명체이고, 인간존재와 생물학적 연속성을 가지지만 인간존엄의 기본권 주체가 될 수도 있고, 그렇지 않을 수도 있다. 궁극적으로는 공론이 그것을 결정한다. 제10조의 인간 개념은 의회에게 인간적 생명체인 배아를 물건처럼 다루는 행위를 합법화하는 입법을 하지 말라고 지시하지만, 반면, 그 개념의 구체적인 내용은 배아처분의 이해관계나 윤리적 통찰의 교환과 반성적 변화의 지속적인 과정의 공론화에 기초를 둔 의회의 입법(법률)에 의해 형성되는 것이다.[1] 다시 말해 제10조의 인간존엄이 연역적으로 배아의 처분여부를 적극적으로 지시해주지는 못한다.

4. 이와 같은 공론의 역할은 강희원 교수가 좀 더 뚜렷하게 인식하고, 이른바 그의 "생명헌법"논의에 끌어들이고 있다. 강희원 교수는 인간존엄의 주체는 "우리 문화권 내에서 반성적으로 결정해야 할 문제"이고, "그래서 얼마나 많은 사람들이 배아에 대해서 자기 자신과 동질감을 느끼고 또 그렇게 인식하고 있는가가 중요하다"고 본다. 강 교수의 논리에 의하면 인간존엄의 개념이 (냉동 보관된 잉여배아든, 핵이식에 의해 생성된 배아든) 배아처분을 금지하거나 허용하는 결정을 지시해주지는 않는다. 그에게 인간존엄의 권리는 오히려 생명공학적 기술의 사용에 대한 "결정권을 인간으로서 우리 모두가 균등하고 동일하게 누리는데"에 있다. 이 지점에서 인간존엄은 그것에 관한 공론에 참여할 의사소통적 권리로 재구성된다. 추측컨대 강 교수의 논지를 일관되게 전개해보면 시민적 공론이 배아처분의 인간존엄규정위반여부, 즉 위헌여부를 결정지어야 하는 것이지, 정반대로 인간존엄규정이 시민적 공론을 무시하고, 배아처분을 금지하게 하는 것이어서는 안 된다.

5. 강 교수가 보기에 현재 우리의 시민적 공론에서 명확하게 말할 수 있는 것은 아무리 늦어도 배아가 여성의 자기결정에 기초하여 자궁에 착상되어 모체와 혼화된 인격체가 될 때에는 '인간' 지위가 시작될 수 있어야 한다는 점이다. 그 이전의 인간적 생명체가 인간인지여부는 목적론적, 정책적 결단의 사항인데, 이 결단에서 가장 중요한 것은 시민적 공론, 그의 표현대로 '의식이 진화하여 공감대가 형성되고, 헌법재판소는 그것에 기초해서 정치적 결단을 내려야 한다'는 것이다. 그런데 강 교수의 진단에 의하면 우리시민사회의 의식 진화 수준은 냉동 보관된 잔여배아를 "난자와 정자를 제공한 사람들과의 관계에서 재산법적 사고에

1) 이런 관점에서 생명공학 현상을 해석하는 이상돈, 「생명공학과 법」(생명의 공학화와 생명문화의 절차적 재생산), 2003 참조.

의해서 취급"할 수 있는, 그런 상태에 있다고 한다.

6. 하지만 우리 사회의 공론이 착상되지 않은 배아를 인간으로 보는 견해가 지배하는 상태에 있는 것은 아니지만 그렇다고, 재산으로 취급하는 견해가 지배하는 상태에 있는 것도 아닐 것이다. 우리 시민사회의 공론은 그런 대척점에 위치한 견해들이 팽팽한 경쟁을 펼치는 상태에 있다고 본다. 좀 더 정확히 말한다면, 우리사회에서 누가 더 큰 공론경쟁력을 가졌는지는 아직 판가름 나지 않았으며, 생명윤리및안전에관한법률(2005)의 타협적 입법은 오히려 그런 공론경쟁을 잠시 중단하게 만들었다. 황우석 교수 사태는 그 법이 가져온 공론마비의 부산물[2]이라고 할 수도 있다.

7. 마지막으로 헌법과 법률의 반성적인 상호작용과 형성[3]을 이해할 필요가 있다. 배아를 일정한 요건 아래서 처분할 수 있게 하는 법률이 위헌인지여부는 실체적인 차원이 아니라 절차적인 차원, 즉 의회의 입법이 배아처분에 관하여 윤리, 과학, 경제 등의 다양한 차원에서 실질적인 경쟁을 펼친 근거 있는 주장들의 설득력 크기를 통찰한 가운데 이루어진 것인지에 집중하여 판단해야 한다. 이는 두 가지 의미를 갖는다. 첫째, ① 먼저 실체적인 차원이 아니라 절차적 차원에서 이루어져야 한다는 의미는 이를테면 헌법텍스트("인간의 존엄" 규정)의 존재론적 의미를 확인하고, 그에 대한 위반여부를 헌법재판소가 판단하는 식의 헌법재판은 특히 배아처분과 같은 문제영역에서는 적절하지 않다는 것이다. 둘째, ② 헌법재판소가 스스로 시민적 공론을 진단하고 그에 기초하여 위헌여부를 판단하기에는 적합하지 않다. 그것은 의회의 몫이고, 헌법재판소는 전문가공론을 좀더 주의 깊에 살펴야 한다. 헌법재판은 의회가 그와 같은 시민적 공론에 귀 기울여 입법한 것인지를 살피고, 다른 한편 헌법텍스트에 대한 법전문가들, 이른바 헌법해석공동체내의 공론을 함께 고려한 채 이루어져야 한다.

---

2) 이에 대해서 Sangdon Yi, Legalizing embryo cloning in the midst of a paralyzed public discourse, KIATS, Theological Journal, Vol. II.1 Spring 2006, ISSN 1738-5911, 54~73쪽.

3) 이에 관해 자세히는 이상돈, 「헌법재판과 형법정책」, 고려대출판부, 2005.

제 67회 발표회 지정토론문

홍 석 영*

토론자는 인간 배아의 지위와 그에 부합하는 보호 문제에 대하여 살펴보겠다. 인간 배아와 관련된 논의는 다음 두 물음으로 표시할 수 있다: 첫째, 인간 배아는 무엇인가? 둘째, 인간 배아는 어떻게 대우받아야 하는가? 첫째 물음에 대한 대답은 생물학적·철학적 수준에서 記述的인 자료 수집을 통해 제시될 수 있고, 둘째 물음에 대한 대답은 윤리적·법률적 영역에 속하는 규범적 지위와 관련해서 제시될 수 있다. 따라서 이 물음은 과학, 철학, 윤리학, 법학 등이 관련되는 학제적 물음이며, 다양한 수준에서 인간 배아의 '지위'를 문제 삼는다. 여기에서는 이를 인간 배아의 생물학적 지위, 인간학적 지위, 법률적 지위로 나누어 살펴보겠다. 생물학적 지위는 인간 생명 유기체의 초기 발달을 경험적으로 기술한다. 인간학적 지위는 인격, 인간 존재, 인간 생명의 고유한 속성을 확인하는 개념적 정의를 탐구한다. 법률적 지위는 아직 태어나지 않은 생명의 법률적 주체성의 한계를 확인한다.

먼저 인간 배아의 생물학적 지위를 살펴보자. 과학적 탐구에 의하면, 수정란 즉 살아 있는 인간 유기체의 제 1 세포는 '통합 체계'이며, 두 개의 하위 체계 즉 난자와 정자의 양적인 결합으로 환원될 수 없는 실체이다. 더욱이 수정란은 '새로운' 체계이며 '자율' 체계이다. 그 안에 이미 모든 본질적인 정보들이 유전학적으로 새겨져 있으며, 이 정보들로 인해 배아는 점진적이고 계속적인 과정을 거쳐 그것의 최종 형태로서의 완전한 유기체, 즉 인간으로 발달하게 된다.[1]

최근의 발생학 연구를 고려한다면, 인간의 수정란과 배아는 결코 그 이후의 인간과 무관한 세포 덩어리일 수 없다. 오히려 인간의 수정란과 배아는 지속적인 발생 과정을 통해 미래의 인간 유기체로 발달하는 것이다. 아니 이미 인간으로서 발생 과정을 밟고 있는 것이다. 생명 과학자들은 인간의 발생 과정을 그 시기에

* 경상대학교 사범대학 윤리교육과 교수.

1) Laura Palazzani, "The Nature of the Human Embryo: Philosophical Perspectives," Ethics & Medicine, 1996 12. 1, p. 14.; Juan De Dios Vial Correa & Monica Dubiké, "The Embryo as an Organism," Pontifica Academia Pro Vita, Identity and Statute of Human Embryo (Libreria Editrice Vaticana, 1998), pp. 317~331; Helen Pearson, "Developmental biology: Your destiny, from day one," Nature, Vol. 418, 2002. 7. 4, pp. 14~15 등 참조.

따라 수정란, 배아, 태아 등으로 구별해서 부르고, 각 시기마다 구별되는 특징을 강조한다. 인간의 발생 과정을 이렇게 몇 개의 단계로 구분해 부르다보면, 인간은 마치 몇 개의 질적으로 구분되는 발생 과정을 거친다는 오해를 부를 수 있다. 그러나 이러한 호칭은 연속적인 인간 발생의 각 시기를 칭하는 '호칭'일 뿐이다. 인간은 수정 순간부터 인간 존재로서 발생하는 것이다. 수정 이후 발생하는 인간 생명의 발달은 연속적인 과정이며, 질적 변화를 가져오는 의미 있는 단절점을 결코 찾을 수 없다. 그러므로 인간 배아는 생물학적으로 인간 지위를 갖는다.

다음으로 인간 배아의 인간학적 지위를 살펴보자. 보에티우스와 토마스 아퀴나스에 의해 정교해진 인격 개념은 "理性的 本性의 個別的 實體"(individua substantia rationalis naturae)[2]로 정의된다. 이 정의는 인격의 우연적이지 않은 본질 속성을 확인하는 존재론적 정의이다. '실체'란 그 자체 안에 그 자체에 의해 존재함을 의미한다. '개별성'은 단일체, 비반복성, 유일회성을 의미한다. '이성'은 지성, 의식, 자아의식 등을 위한 자연 능력뿐만 아니라 자유의 의미로도 이해된다.

일단 인간 배아는 '개체'로 간주될 수 있고 그러므로 개체이다. 수정 후 14일까지 가능한 일란성 쌍생아 현상이 분할 가능성을 지지하는 논증을 구성할 수는 없다. 일란성 쌍생아 현상이 인간 배아의 개별성을 부인하지는 않는다. 왜냐하면 이 현상은 한 개체가 두 개체로 나누어지는 것이 아니라, 유전자 코드에 의해 하나의 예정된 생경 체계가, 단세포 유기체의 무성 생식의 기능처럼, 역시 예정된 다른 생명 체계를 존재케 하는 것이기 때문이다. 그러므로 이것은 분할이 아니라 증식이다. 즉 새로운 개체가 이미 존재하는 개체에 더해진 것이다. 하나의 인간 존재가 두 개의 반쪽 인간으로 나누어지는 것이 아니라, 하나의 인간 존재에서 또 하나의 개별적인 인간 존재가 나타나는 것이다.

둘째로 인간 배아는 비록 육체적으로는 모체에 의존하고 외부 환경과의 관계를 요구하지만, '실체'이다. 즉 자립하는 실체이다. 자기 실존하며 자율성이 부여되며 자기 건설의 능력을 가지며 자기 충족적으로 자신의 발달을 이끌 위치에 있다. 모체와의 관계, 외부 환경과의 관계는 필요조건이지 충분조건은 아니다. 왜냐하면 성인들도 생명을 유지하기에 적합한 외부 환경(공기, 온도 등)을 항상 필요로 하기 때문이다.

끝으로 인간 배아는 '본성적으로 이성적'이다. 달리 말하면 이성은 그것을 행사하는 실제 능력과 완전히 무관한 생물학적 인간 존재의 구조적이고 특수한 특

2) S. Boethius, De persona et duabus naturis, Contra Euthychen et Nestorium, III, 4~5; Tomas Aqinas, Summa Teologiae, I, q.29. a.3.

징이다. 따라서 호모 사피엔스 종에 속한다는 의미에서 사실상 인간인 인간 배아는 또한 적어도 잠재적인 의미에서 인격이다. 아리스토텔레스의 고전적 의미에서 잠재성은 목적으로 향하는 실재적이고 활동적인 가능성을 의미한다.[3] 비록 인간 배아가 어떤 특정한 능력을 행사하지 못한다할지라도 그 안에는 이미 그것을 최종적인 완전한 형태에 이르게 하는 유전 정보가 들어 있다.

인격으로 존재함은 근본적인 존재론적 조건이다. 인간 존재는 어떤 특정한 능력을 점차로 획득함으로써 인격이 '되는' 것이 아니다. 인간 존재는 인격 '이다'. 나이에 따라, 어떤 능력의 행사에 따라 인격의 발달 정도가 있다하더라도, 개인의 점진적인 신체적·심리적 성숙에 상응하는 인격의 정도가 있다하더라도, 인격으로 존재함은 존재론적 정체성을 갖는다. 인격적 인간 생명의 시작은 점진적인 물리적·심리적 발달 과정에 의존하지 않는다. 생물학적 인간 생명과 인격적 인간 생명은 시간과 공간에서 동일한 외연을 가진다(co-extensive).[4]

인간 존재가 있는 곳에 인격이 있는 것이다. 단세포 단계의 초기 인간 생명인 수정란은 이미 인격이다. 임신은 '질적인 도약'이며, 즉각적이며 명확한 존재론적으로 근본적인 계기이다. 그 이후의 발달 단계는 복합적이기는 하나, 양적인 것이다. 그러므로 행위의 어떤 특성의 결여(출생 이전의 초기 생명처럼)가 인격의 결여를 의미하지는 않는다. 인격은 인간의 '전체로-될-가능성'(Ganz-sein-Können)[5]을 의미한다. 이 가능성 속에서 우리들은 우리 자신을 실제의 전체성을 이끌며, 자신의 상태, 성질, 행위의 전체성에 의지한다. 따라서 인간 배아도 그것의 인격 실현 정도가 지금 현재 불완전할지라도, 전체로 될 가능성을 지닌다. 가능성으로서의 인격의 관점에서 볼 때 인간 배아는 인격 지위를 가질 수밖에 없다.

그렇다면 인간 배아의 법률적 지위는 어떠한가? 존재론적 물음은 규범적 이슈와 밀접히 연결된다. 인간 배아의 인간학적 지위는 인간 배아의 법률적 지위로 연결된다. 도덕적 의무와 권리는 존재에 근거한다. 윤리학적 법률적 속성은 존재론적 정체성으로부터 연역된다. '무엇이 인간 배아인가'의 물음에 대한 대답은 '인간 배아는 어떻게 대우받아야 하는가'의 물음에 대한 대답을 조건 지운다.

본성은 사실의 단순한 물질적 인과적 전체가 아니다. 또한 본성은 인과 법칙에 의해 결정 가능한 것도 아니다. 본성은 우주이며 의미 부여된 통합체이며 따

---

3) Aristotle, Metaphysica, Ⅸ 7, 1048b 37 ~ 1049a 14.

4) W. Bueche, "Destroying human embryos, destorying human lives: a moral issue," Studia Moralia 1991, XXIX (1), pp. 85~115. Laura Palazzani, "The Nature of the Human Embryo: Philosophical Perspectives," p. 15.

5) H. Schmidinger, Der Mensch ist Person (Innsbruck, 1994), S. 14.

라서 인류가 이해할 수 있는 것이다. 모든 실재는 자신의 본질을 구성하는 존재 목적과 이유를 가지고 있다. 본성 자체가 본질적으로 규범적이며 본성은 인간에게 행위 지시와 지침을 제공할 수 있다. 한 인격[인간]의 생명의 실현이 수정란에 새겨진 목적이라면, 인간 배아는 비록 단세포 단계일지라도 윤리적으로 존중되어야 하고 법률적으로 보호되어야 한다.

그렇다면, 인격 존재인 인간 배아에 대한 의료적 또는 생명 과학적 개입은 어떤 경우에 허용될 수 있는가에 대해 묻지 않을 수 없다. 왜냐하면 인격 지위를 인정받고 있는 성인에 대한 의료적 개입이 이루어지기 때문에, 인격 지위가 인간 존재에 대한 모든 의료적 생명 과학적 개입을 반대한다고 할 수는 없기 때문이다. 인간 존재에 대한 의료적, 생명 과학적 개입은 그것이 치료적일 때만 정당한 것으로 허용한다. 따라서 인간의 초기 생명에 대한 개입은 치료적일 때만, 다시 말하면 개입 당하는 생명에게 이익이 될 때만 정당화될 수 있다. 그러므로 배아의 파괴를 가져오는 배아줄기세포연구는 배아에게 결코 치료적이 아니며, 그러므로 허용될 수 없다. 이는 과학과 기술의 진보는 분명한 한계를 갖는다는 것을 의미한다.

생명과학 및 생명공학의 발달이 가져오는 인간 생명 존엄성의 위기를 극복하기 위해 우리는 보편적으로 인정되는 인권을 인간 생명의 초기 '범위'까지 확장해야 한다. 생명과학 및 생명공학 분야에서 오늘날 우리가 직면하고 있는 차별은 노예·인종·성에 따른 차별이 아니라, 인간 생명의 연속적인 단계에 주어지는 상이한 중요성의 차별이다. 배아가 비록 양적으로 매우 작고 지각할 수 없을지라도 질적으로는 인간이며, 그렇다면 인간으로서 존중받고 보호받을 가치가 있다.[6] 그러므로 인간에게 적합하다고 인정된 보호를 인간 존재의 존재론적 동등성을 인정하면서 인간 배아에게까지 확대해야 한다. 낙태를 형법으로 금하고 있는 법정신이 태아의 생명을 보호하려는 의도라면 이 생명 보호의 정신은 이제 배아에까지 확대되어야 할 것이다.

6) Laura Palazzani, "The Nature of the Human Embryo: Philosophical Perspectives," pp. 14~17 참조.

제 67 회 발표회 지정토론문

생명공학자 입장에서의 인간배아 이용에 관한 의견

정 형 민*

Ⅰ. 서 론

인류는 수만 년의 역사를 거치면서 항상 과학이라는 진리를 추구하여 왔으며 이들 진리는 곧 인류문명의 발달과 인류의 삶의 질 향상에 기여해 왔다. 과학은 포괄적 개념에서 모든 학문을 포함하고 있으며 이들은 곧 인간을 위해 존재한다. 따라서 생명과학 역시도 인간의 삶을 풍요롭게 하기 위해 태동되었고 이를 위해 존재한다.

생명과학은 다양한 생명현상을 연구함으로서 질병의 원인 규명, 예방 및 치료와 관련된 지식과 기술을 개발하는 학문이다. 1952년 영국의 과학자 Watson과 Crick의 DNA 이중나선 구조의 발견은 현대 생명과학의 획기적 전기를 가져왔고 이로부터 세포 및 분자수준의 생명현상 규명이 가능하게 되었다. 지난 20세기의 생명과학의 발전은 생명과학 기술이 실제 인간의 생활에 직접적으로 활용할 수 있는 수많은 정보과 기술의 발전을 가져왔으며 실제 수많은 신약과 질병진단을 통해 인간의 삶의 질은 현저히 향상되게 되었음은 부인할 수 없는 사실이다. 이러한 생명과학의 발전과정에서 일부의 윤리적 문제와의 충돌이 발생되었으며 이를 현명하게 대처하기 위한 과학자와 생명윤리 학자 및 사회와의 합의에 의한 대안이 구축되어 졌다.

1998년 미국 Wisconsin대학의 Thomson 교수팀에 의해 최초로 발표된 인간배아줄기세포(human embryonic stem cell)는 인간 생명의 시초가 되는 세포인 배아를 직접사용 하여 생산되는 세포로서 미래의학의 핵심이 될 것으로 예상되는 재생의학(regenerative medicine)의 필수적 연구재료이자 치료제로 활용될 수 있는 획기적 발견으로 인식되어졌다. 20세기를 마감하는 millenium project를 통하

* 포천중문의대 세포및유전자치료연구소 소장.

여 20세기 동안 인간의 삶의 질 향상에 영향을 미친 위대한 과학업적 선정에서 반도체, TV, 전기 등의 발견과 함께 인간 배아줄기세포의 발견이 선정되므로서 이 분야 연구의 잠재성이 인정되었다. 그러나 인간 생명세포를 이용해야 되는 문제로 인하여 세계적으로 수많은 윤리논쟁에 봉착하게 되었으며 배아를 인간으로 볼 것인가? 아니면 단순한 세포덩어리로 볼 것인가? 또는 이러한 두 가지를 공유하는 중간적 지위를 갖는 세포인가?에 대한 논란을 거치게 되었다. 많은 국가에서는 그 사회의 환경 즉, 종교사회적 분위기나 생명과학 발전으로부터 유도되는 엄청난 부가가치 등을 고려하여 인간 배아사용에 대한 가이드라인 또는 법제화가 진행되었다.

최근 국내의 연구진에 의해 세계최초로 인간 복제배아를 통한 줄기세포 생산 결과가 발표되어 전 세계의 이목을 집중하는 연구성과를 발표하였으나 이것이 허구로 밝혀지면서 그동안 전폭적 지지를 받아온 국민과 난치병 환자의 실망감을 갖게 되었을 뿐만 아니라 우리의 과학계의 신뢰도의 추락을 야기하게 되는 사건을 겪게 되었다. 일련의 시련에도 불구하고 많은 생명과학자들은 인간 배아줄기세포 연구와 관련된 연구를 보다 적극적으로 진행해야 된다는 데에 상당한 공감대를 얻고 있다. 본인은 이번 토론회를 통하여 생명과학자 입장에서 인간 배아 또는 인간 생식세포를 이용하는 연구의 당위성을 밝히고자 한다.

Ⅱ. 생명공학자 입장에서의 인간배아 및 생식세포의 이용에 대한 의견

종교인, 과학자 및 의학자 등 다양한 전문성을 지니고 있는 사람들 마다 생명의 개시에 대한 시각은 다양하다. 생명의 시작은 생식세포인 정자와 난자가 결합되는 순간부터 라고 단정하는 경우도 있고, 수정된 배아의 경우 실제 자궁에 착상되어 원시선의 형성이 이루어지는 약 14일 이후를 생명으로 보는 시각, 그리고 착상된 배아가 완전한 개체로 발달하기 위해서는 심박동이 관찰되는 시점이라는 시각 등 각각의 관점에 따라 인간의 생명의 개시 시점을 보는 시각은 다양하다. 많은 생명과학자와 의학자들은 인간 배아의 경우 정자와 난자가 결합되어 수정이 이루어진다고 하더라도 실제 수정된 배아(embryo)의 최소 25%는 유전적 이상으로 인해 착상 전에 사멸되고 착상에 성공하다 하더라도 인간개체로 발생할 수 있는 시기는 적어도 수정후 14일 경인 원시선(primitive streak)과 척삭(notochord)이 형성되는 시기가 적절하다는 의견에 동의한다. 이러한 관점에서 영국에서는 배아연구의 범위를 수정후 14일까지의 배아로 제한하였고 대부분의 배아연구를 허용하고 있는 국가들은 이를 따르고 있다. 그럼에도 불구하고 인간 배아의 연구목적의 활용에는 많은 윤리적 논란을 피할 수 없음을 인정하지 않을 수 없다.

1. 인간배아는 연구대상으로 이용되어야 한다.

인간배아를 연구목적을 위해 인위적으로 생산하는 것에 대해서는 본인을 포함하여 대부분의 과학자들은 동의하지 않는다. 다만 시험관아기로 일컬어 지는 불임치료 과정에서 생산되는 잉여의 배아를 대상으로 인간 발생의 기전, 질병 혹은 유전병의 원인규명, 줄기세포 생산등과 같은 연구를 위해서는 제한적 하용이 이루어져야 한다는 점에서는 동의한다. 이미 전 세계 많은 국가들에 의해서 인간배아의 연구목적의 활용에 대한 허용은 현실이며 우리나라도 생명윤리및안전에관한법률 제정으로 연구를 허용하고 있다. 앞서 설명한 바와 같이 인간배아를 연구에 이용할 경우 얻어질 수 있는 많은 유용한 정보는 매우 많은 분야에서 이용될 수 있다. 우선 가임연령 인구의 약 15~20%에 이르는 불임환자들에게 보다 효과적인 불임치료기술을 개발하는데 인간 배아는 유용하게 이용될 수 있다. 효과적인 인간배아의 배양방법, 임신율을 올리기 위한 다양한 기술의 개발, 동결보존기술의 개발, 착상율 증진을 위한 연구 등 현재의 20~30% 수준의 성공률을 좀더 향상시킬 수 있는 기술의 개발은 곧 불임으로 고통받는 환자들에게 건강한 아기의 출산을 위해 도움을 줄 수 있다. 또한 인간 배아를 이용하여 발생과정에서의 다양한 세포학적, 분자유전학적 연구를 통하여 인간의 개체발생의 신비와 유전병 등과 같은 질환의 발병원인을 규명하는데 도움을 줄 수 있다. 이러한 과정에서 질병의 예방법을 개발할 수 있으며 또한 질병원인에 대한 적절한 치료제의 개발도 가능해 질 수 있다. 인간 배아를 이용한 줄기세포의 생산은 미래의학의 꽃이라 할 수 있는 재생의학의 필수적인 연구재료와 세포치료제의 개발이라는 점에서 의미가 매우 크다. 인간 배아는 궁극적으로 인간개체로 발생할 수 있는 능력을 지니고 있고 이로부터 추출된 인간배아줄기세포 역시 인간을 구성하는 모든 조직과 세포로 분화할 수 있는 전분화능력(pluripotency)를 보유한다. 따라서 생명과학자들은 이러한 능력을 조절함으로서 현재 보존적 치료술에 국한되어 있는 현대의학의 한계를 극복할 수 있는 세포치료제 개발에 인간배아줄기세포가 매우 중요한 역할을 수행할 것이라는 점에 대해서는 이견이 없다. 이러한 측면에서 인위적 생산에 의한 인간 배아가 아닌 치료과정에서 생산되는 잉여의 배아를 적절한 동의하에 투명한 연구를 통한다면 인간 배아의 연구는 적극적으로 장려되어야 할 것이라고 생각된다.

2. 줄기세포의 정의 및 중요성

줄기세포(stem cell)는 인간배아로부터 유래되는 배아줄기세포(embryonic stem cell: HESC)와 성체의 각 장기 및 조직내에 특이적으로 존재하는 성체줄기세포(adult stem cell: ASC)로 구분된다. 이들 줄기세포는 각각 정도의 차이는 존재하나 특정세포로 분화할 수 있는 능력을 보유함과 동시에 무한대의 증식능을 보유하고 있어 향후 난치병 치료를 위한 세포치료제로서의 가능성을 갖고 있다. 이들 줄기세포는 아직 많은 연구가 진행되어 있지 않아 임산적 적용시 그 효능성과 안전성에 대한 임증이 많지 않은 연구분야이다. 그럼에도 불구하고 줄기세포 연구가 지닌 엄청난 잠재력으로 인하여 세계 각국은 많은 연구비 투자와 법적제도적 개선을 통한 연구의 지원이 이루어지고 있는 분야이다.

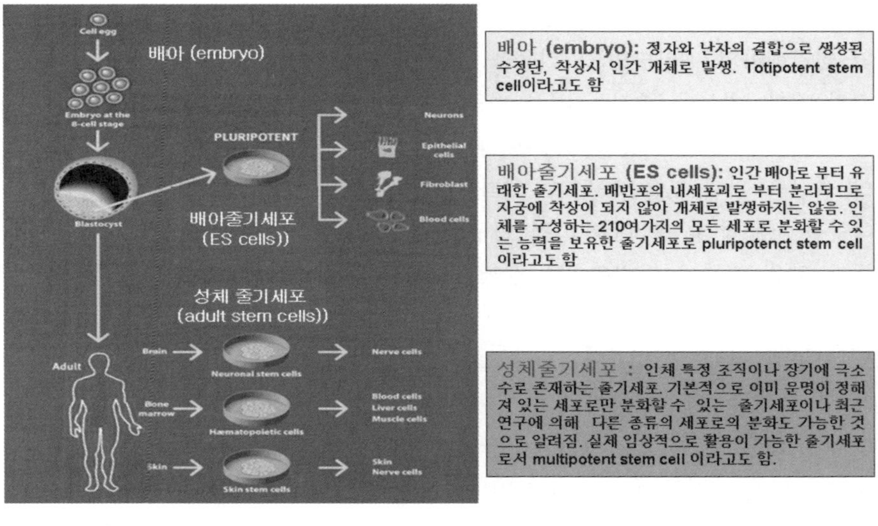

인간 배아줄기세포는 착상 직전단계의 배반포(blastocyst) 단계의 배아로부터

추출되는 줄기세포로서 내세포괴(inner cell mass)로만 구성되어 있어 자궁에 착상을 유도하여도 인간으로 발생하지는 않는다. 배아줄기세포는 인체를 구성하는 210여 가지의 각종 세포로 분화할 수 있는 능력을 지니고 있으며 강력한 증식을 지니고 있어 무한대로 증식시킬 수 있다. 그러나 이들 세포는 이들 세포를 이식할 경우 종양(teratoma)발생이 나타나는 경우가 있기 때문에 세포이식의 주의가 요하는 줄기세포이다. 한편, 성체줄기세포는 각종 조직 및 장기특이적 줄기세포로서 대표적으로 골수, 제대혈, 췌장, 근육, 지방줄기세포가 있다. 이들 줄기세포는 이미 그 운명이 정해져 있어 특정세포로만 분화하도록 되어 있으나 최근의 연구를 통하여 운명이 정해진 세포외에 다른 종류의 세포로도 분화가 가능한 것으로 알려져 있다. 특히 골수, 제대혈 등의 줄기세포는 다양한 질환에 대해 임상적으로 응용되고 있는 줄기세포로서 그 활용가치가 매우 높으나 아직 정확한 줄기세포의 특성이 규명되어 있지 않고 대량증식이 불가능한 것으로 알려져 있는 줄기세포이다. 이처럼 줄기세포는 그 종류에 따라 각각의 분명한 장점과 단점을 보유하고 있어 현재로서는 어느 줄기세포가 더 유용하게 활용될 수 있는지에 대해서는 분명하지 않다. 따라서 현재의 상황으로는 두 가지 줄기세포에 대한 다양한 연구가 필요한 시점이다.

3. 경제적 부가가치 창출과 독점적 권리를 포기할 것인가?

인간 생명을 이용하는 악의적 생명과학 기술의 개발을 통한 가치창출은 반드시 비난받아야 하고 그 결과 역시 학계를 포함한 모든 분야에서 인정받지 못한다. 그러나 정당한 절차와 학계를 포함한 다양한 분야의 검증을 거친 연구결과라고 한다면 우리는 당연히 그 결과를 존중하고 이를 이용한 가치창출 역시도 인정해야만 한다.

인간 배아줄기세포를 포함하는 줄기세포 연구는 이제 시발점에 서있는 초기 연구단계에 머물고 있는 연구분야로서 연구성과에 따라 독점적 기술의 점유를 얻을 수 있는 분야이다. 이러한 부분을 인정하여 많은 국가에서는 대규모의 투자와 연구활성화를 위한 제도적 개선을 서두르고 있다. 실례로 2003년에 전세계적으로 50,000여 건의 세포치료가 시행되었고 2007년에는 159,000건의 세포치료가 시행될 것으로 예정되는 등 이 분야의 급속한 신장이 예상된다. 이와 관련된 세포치료제 시장의 규모는 2101년에는 약 562억 달러 규모가 될 것으로 예상되고 이들 시장의 성장률은 평균적으로 18% 이상 상승할 것으로 예측되는 등 시장의 전망이 매우 희망적이다. 줄기세포를 이용하는 세포치료제 개발은 단순한 치료분야에만 적용되는 것은 아니고 신약개발, 약물전달, 질환진단용 kit 개발, 독성물질 검사 등에도 적용될 전망이고 이를 포함할 경우 이로부터 파생될 부가가치는 엄청날 것으로 예상된다. 국내의 줄기세포 연구자들은 세포치료제 개발 지연에 따르는 가치창출의 기회를 놓쳐버리는 것 외에도 연구개발의 지연 또는 포기에 따르는 과학적 예속화를 우려하고 있다. 줄기세포 연구는 어차피 세계적 대세임을 인정해야 한다.

4. 인간배아만을 사용해야 하는가?

줄기세포는 앞서 언급한 바와 같이 배아와 성체 줄기세포로 구분된다. 성체줄기세포는 연구의 역사도 비교적 길고 골수이식 등과 같은 세포치료제로서의 안전성과 유효성이 일부 검증되었으며 윤리적 문제가 거의 없는 세포이다. 반면 배아줄기세포는 세포주 생산시 어쩔 수 없이 인간배아를 사용하여야 하는 것이므로 근본적 윤리적 한계점을 안고 있다. 그럼에도 불구하고 생명과학자들이 인간배아의 연구이용에 집착하는 것은 현재 시점에서 성체줄기세포의 이용이 확대되고 또한 적용범위가 넓혀지고 있음에도 아직 난치병 치료에는 상당한 시일과 노력이 더 필요할 것으로 판단되고 있다. 앞으로 생명과학자들은 특정 난치병에 대해 배아와 성체줄기세포를 이용하여 어느 줄기세포가 치료효과가 우수한지를 밝히는 연구가 진행될 것이다. 또한 세포치료제의 효능과 지속성 그리고 면역학적 문제를 해결해야 하는 연구도 병행하게 될 것이다. 이러한 측면에서 가능성이 입증되지도 않은 상황에서 윤리적 한계로 인해 줄기세포 연구의 절반에 해당하는 배아줄기세포 연구를 포기한다는 것은 과학자 입장에서는 도저히 용납하지 않는 일이다. 법이 허용하는 범위에서 적절한 절차와 공개적 연구가 이루어진다면 연구용으로 기증받은 인간배아의 이용은 허용되어야 할 것이다.

5. 체세포복제배아연구는 어떻게 할 것인가?

황우석 교수 사건으로 말미암아 체세포복제배아줄기세포 연구는 다시 원점으로 돌아왔고 이로부터 파생된 연구윤리의 심각성이 부각되었다. 체세포복제배아줄기세포는 환자 맞춤형 줄기세포로서 이론적으로는 가장 이상적인 줄기세포이다. 배아줄기세포가 갖는 전분화능력은 향후 연구실에서 원하는 세포를 원하는 양만큼 생산가능하게 될 것이고 이들 세포가 환자의 면역체계와 동일할 수 있다면 그야말로 환상적인 세포치료제가 될 것임은 분명하다. 그러한 측면에서 세계는 놀라와 했고 연구결과에 대한 찬사를 보냈다. 지금 모든 것이 허구로 밝혀지고 일부의 논란에도 불구하고 우리나라는 어느 누구도 체세포복제배아줄기세포 연구는 수행할 수 없는 상황에 처해졌다. 이러한 틈새에 세계 여러 나라에서는 무주공산이 되어버린 이 분야 연구의 선점을 위해 대대적인 연구개시를 선언하고 있고 이미 미국의 3개 연구소, 영국의 3개 연구소, 스페인, 중국 등 8개 연구팀이 공개적인 연구를 선언하였다. 이미 과학적으로 충분히 성공할 수 있다는 확신을 갖고 있음을 의미하는 것이고 연구성공시 얻어질 수 있는 엄청난 효과를 기대하는 것이다. 우리나라는 적어도 이 분야 연구에서는 가장 앞선 국가임에는 분명하다. 비록 실패한 연구이기는 하지만 그동안 체세포복제배아 생산과 관련된 많은 노하우를 축적하였기 때문에 이후 연구재개시 누구보다도 앞선 연구성과를 창출할 가능성이 높다고 할 수 있다. 현재 생명윤리및안전에관한법률안에서는 어떠한 형태이든 임신목적 외에 인위적인 인간배아를 창출할 수 없음이 명기되어 있어 사실상 연구가 불가능하게 되었다. 경과규정에서 지난 3년 동안 인간배아 복제와 관련된 연구논문을 발표한 경우에 한해서 연구가 가능하도록 하고 있으나 이는 입법당시 황우석 교수 외에는 다른 어떠한 연구자도 연구를 하지 못하도록 하는 조치로서 과학자들의 선의의 경쟁과 자율성을 침해하는 독소조항이었다. 그나마도 현재는 전세계 어느 나라도 인간 배아복제를 논문으로 발표한 경우가 없으므로 우리나라는 법에서는 제한적 허용을 하고 있으나 실질적으로는 연구를 금지하는 형태가 되어 있다. 많은 생명과학자들은 인간 체세포복제배아 연구 역시도 연구윤리에 충실할 수 있다면 당연히 허용되어야 한다고 생각하고 있으며 세계에서 유일하게 체세포 복제를 통하여 배반포까지 발생시킨 스토이코비치 박사의 말을 인용하면 인간 체세포 복제배아줄기세포 연구와 관련된 어떠한 윤리적 문제나 기술적 장벽은 존재하지 않으며 이는 성공할 수밖에 없는 연구이다(Science, 2006)라는 말 처럼 현재의 과학적 발전단계에서 성공가능성이 매우 높은 연구라는 것이다.

Ⅲ. 결 론

새로운 의학의 발전은 기존의보수적이고 제한된 질병치료를 벗어나 수많은 난치성 질환을 근원적으로 해결하고자 하는 노력이 진행되고 있고 이러한 일련의 노력은 재생의학(regenerative medicine)이라는 새로운 영역으로 발전하고 있다. 실제 가족을 구성하고 있는 구성원 중에 당뇨, 신경계질환, 암, 심혈관 이상 등과 같은 불치병 또는 난치병 환자가 없는 가계는 거의 없다고 할 수 있을 것이다. 1998년 미국 위스콘신 대학에서 처음으로 개발된 인간 배아줄기세포는 이러한 문제를 일거에 해결할 수 있는 단초를 제공할 수 있는 위대한 발견이라고 할 수 있다. 줄기세포는 배아줄기세포와 성체줄기세포로 구분할 수 있고 각각의 줄기세포는 그 특성에 따라 몇 가지로 세분될 수 있다. 그러나 이들 줄기세포는 아직 연구가 많이 진행되어 있지 않고 아직까지 임상적 효능성과 안전성이 입증되어 있지 않아 전임상 단계의 기초연구나 임상시험단계에 머물고 있는 상황이다. 그러나 줄기세포가 갖는 엄청난 잠재력으로 전 세계는 정부 또는 민간차원에서 줄기세포의 선점을 위한 많은 노력을 기울이고 있는 실정이다. 우리나라는 줄기세포 연구에 있어 세계적 수준에 근접하고 있고 특히 배아줄기세포 연구분야에서는 어느정도의 국제경쟁력을 확보하고 있다고 할 수 있다. 체세포 복제배아줄기세포와 관련된 일련의 사태로 국내 줄기세포 연구의 기반과 저변이 흔들리고는 있으나 잠재적 경쟁력이 있고 정부와 국민의 확고한 의지와 지지를 바탕으로 이 분야의 연구활성화가 기대되고 있다.

새로운 도전을 수행하는 데에는 수많은 실패와 좌절이 있고 이를 극복하는 과정에서 과학은 발전하였고 동시에 관련기술의 발전이 병행되어 질 수 있다. 20세기의 생명과학의 발전에는 생명윤리의 개념이 희박하였고 무리한 연구의 진행이 이루어졌음을 부인할 수 없다. 이러한 오래된 관례로 인해 오늘의 생명과학 연구자들도 일부 이러한 문제를 극복하지 못한 부분이 있다. 그렇지만 모든 학문의 목적이 인간을 위해 존재하듯이 생명과학 역시 인간의 건강과 삶의 질 향상을 위해 존재함을 대부분의 과학자는 인식하고 있으며 많은 경험과 교육을 통해 생명윤리와 과학의 발전을 위한 노력을 기울이고 있다.

줄기세포 연구는 특히 생명윤리를 바탕으로 진행되어야 하고 모든 연구가 투명하고 적절한 관리하에 진행되어야 함을 부인하지는 않는다. 그러나 경쟁력과 가능성이 충분하고 제도적 장치가 이루어져 있는 연구에 대해 일련의 사태로 인해 이를 쉽게 포기하거나 연구의 진행을 지연해서는 아니 될 것이다. 공개적 토론과 국제적 연구동향을 철저히 분석하고 냉철한 판단과 결정을 통하여 연구의 활성화가 진행되기를 기대한다.

第67회 발표회 토론요지

사 회 자 : 박은정(교수)

토론참여자 : 강희원(교수), 이인영(교수), 이상돈(교수), 홍석영(교수)
정형민(교수), 정문식(교수), 신현호(변호사), 정태호(교수)
장석조(연구부장), 이명웅(헌법연구관), 이공현(회장)

간 사 : 안녕하십니까? 헌법실무연구회 간사를 맡고 있는 전종익 연구관입니다.

저희가 생명윤리법사건에 관해서 여러 전문가분들을 모시고 이런 자리를 마련할 수 있어서 대단히 기쁘게 생각합니다. 연구관님들하고 참석하신 모든 분들께서 유익한 토론의 시간이 되셨으면 좋겠습니다.

오늘 사회는 서울대학교의 박은정 교수님께서 해 주시겠습니다.

사 회 자 : 안녕하십니까? 서울대학교 법과대학 교수 박은정입니다.

학계와 실무계가 오늘 이렇게 함께 모여서 우리 사회의 중요한 현안 중에 하나인 생명윤리 또 생명법 관련법정책을 헌법적인 시각에서 다루는 이 자리에서 사회를 보게 된 것을 기쁘게 생각합니다.

어떤 외국의 중견언론인이 이런 이야기를 하더군요. "한국이 인구규모나 나라의 사이즈에 비해서 세계적인 뉴스를 많이 생산해내는 국가다." 이런 이야기를 했는데 참 공감이 가는 내용인 것 같습니다. 어제 오늘 신문도 연일 머리위로 미사일이 날아가는 이런 것으로 또 세계 이목을 주목하고 있습니다.

우리들이 오늘 다루고자 하는 이 생명윤리, 배아의 어떤 법적 지위에 관한 이런 내용도 우리가 얼마 전에 정말 세계적인 이목을 주목하게 된 그런 이슈였습니다.

여기 관련해서 법도 만들어지고 그 법을 만드는 과정에 여기 계시는 분들도 관여를 하고 그런 것으로 알고 있습니다마는, 사실 이 생명윤리관련법이 만들어졌으면서도 그 법이 시행되면서부터 벌써 개정논의나 요구가 있어 왔고 또 법해석상으로도 분분하게 되고, 그런가 하면 이와 관련해서 헌법적인 사안으로 계류중인 그러한 사건도 있는 이러한, 어느 면에서 본다면 법학의 실무나 학계에서 초미의 관심사의 하나인 분야라고 생각합니다. 저는 법철학이 전공입니다마는 법철학, 법윤리적으로도 이 문제는 앞으로 거의 한 세대동안은 항구적인 관심사가 되고 사회의 정으에 중요한 이슈가 되지 않을까 그런 생각을 합니다. 아무쪼록 그런 의미에서 오늘 우리의 모임이 중요한 발제와 토론을 통해서 이 분야에 기여하는 그런 계기가 되었으면 하는 바람이 간절합니다.

오늘은 이 문제를 헌법적인 시각에서 주로 다루게 되겠습니다마는 이와 관련해서 두 분의 발표자 분 그리고 세 분의 지정토론자분을 모셨습니다.

우선 두 분의 발표자분들을 소개해 드리겠습니다.

소개를 해 드리지 않아도 여러분들이 익히 아시고 있는 분입니다마는 제 오른쪽 옆에 계시는 강희원 경희대학교 법과대학 교수님이십니다.

강 교수님은 프라이부르크대학에서 법학박사학위를 취득하시고 또 사법연수원도 수료를 하셔서 현재 법무법인 로21의 대표변호사로 계십니다.

오늘 발표회 제목에서도 여러분들이 느끼시겠습니다마는 생명헌법과 체외 인공수정잔여배아의 법적지위, 생명헌법이라는 표현을 쓰시고 또 이 글의 뒤에 어딘가는 배아헌법이라고 하는 그런 표현도 나오는 것 같습니다.

우리학계에서는 강 선생님은 신조어의 보고 그리고 우리말 번역어라든가 우리말의 선정 이런 것에 상당히 고심하시고 그런 분야에 문제제기를 하시는 분이십니다.

오늘은 거의 단행본수준의 그런 논문을 저희 앞에 내주셨습니다.

감사드립니다.

그 다음 제 왼쪽 옆에 계시는 이인영 교수님이십니다.

한림대학교 법학부에 계십니다.

이 선생님은 연세대학교에서 법학박사학위를 취득하시고 그전에 형사정책연구원에서도 계셨고, 형법이 전공이신데 특히 생명윤리, 생명법, 의료윤리, 장기이식 이런 분야의 입법 이런 쪽에도 관심이 많으시고 그 관계활동도 하고 계십니다. 국립의료원의 장기이식운영위원회 운영위원으로 현재 활동하시고 또 무엇보다도 오늘 우리가 다루게 되는 이 사항과 관련된 국가생명윤리심의위원회 위원으로도 활약을 하고 계십니다.

지정토론자분들은 이따 다시 소개를 해 올리기로 하고 지금 소개해 드린 순서로 발표를 듣기로 하겠습니다. 대략 25분 넘지 않게 발표를 해 주시면 고맙겠습니다.

그리고 그 이후에 지정토론자 분들이 한 10분 이내로 지정토론을 하는 이런 식으로 진행을 해볼까합니다.

강 선생님 부탁드립니다.

〈 주제발표자(강희원) 발표 〉

사 회 자 : 강 선생님 고맙습니다.

긴 분량의 발제문이었지만 선생님께서 아주 간단명료하게 발표해 주셨기 때문에 제가 큰 요약을 하거나 그런 시도는 하지 않겠습니다.

어쨌든 기술적인 성과 내지는 사회적인 수요를 받아들이는 쪽으로 열린 법해석 내지 법적디자인을 해보자, 이거를 우리 법이론에서는 리걸디자인이라는 말을 그냥 리걸리즈닝이라는 의미로 아마 해석을 하면 되겠지요, 그런 뜻을 말씀하셨고, 세부적으로는 역사적인 혹은 개념적인 비교법적인 고찰을 하시면서, 특히 최근 독일의 휠겐도르프의 인간존엄개념을 새롭게 좀, 이런 관점에서 시도하면서 헌법이론사에 도움을 주고자 하는 그런 내용들을 상당히 전폭적으로 받아들이시는 것 같습니다.

감사합니다.

다음에 이인영 선생님께 부탁드립니다.

이인영 선생님은 조금 다른 리걸리즈닝을 하시면서 결론부분은 또 조금 비슷하게 하시는 것 같기도 한데, 이인영 선생님께 부탁드립니다.

한 25분 이내로 부탁드립니다.

〈 주제발표자(이인영) 발표 〉

사 회 자 : 감사합니다.

시간을 재촉하는 듯한 인상을 드려서 송구스럽습니다.

결론부분에서 이선생님 말씀하셨지만 '인간배아가 인격은 없지만 인간생명의 잠재성을 보유한다는 점에서 인간존엄의 주체로 인정될 수 있다. 그러나 헌법적인 원리에 따라서 일정한 제한이 가능하고 그래서 연구가 허용될 수 있다'라고 하는 다소 좀 복잡하고 독특한 그런 발표를 해 주셨습니다. 그리고 그런 과정에 주로 의존한 논거들은 상당히 경험적이고 상황적인 그런 논거를 동원하신 것으로 그렇게 보입니다. 제 생각에 이와 관련해서 세분의 지정토론자분께서 여러 가지 짚어주실 줄로 압니다.

우선 세분을 소개해 드리겠습니다.

앞에 계시는 이상돈 고려대학교 법과대학교수님이십니다.

이 선생님은 형법이시면서 의료형법 이런 쪽으로 관심이 많으시고 법이론적으로도 다양한 저작을 가지고 계십니다. 독일 프랑크푸르트쪽에서 박사학위를 받으셨습니다.

다음 홍석영 경상대학교 국민윤리교육과 교수이십니다.

홍선생님은 서울대학교에서 교육학박사를 취득하셨고 최근에 이 생명윤리분야의 떠오르는 신진학자이십니다.

오늘 유일하게 자연과학자로서 여기에 앉아계시는 정형민 포천중문의대교수님이십니다.

정 교수님은 현재 세포유전자치료연구소 소장으로 계시고 차병원 여성의학연구소 연구부장이시기도 하셨습니다.

세 분께서 한 10분 이내로 차례로 말씀을 해 주시면 고맙겠습니다.

〈 지정토론자(이상돈) 발표 〉

사 회 자 : 이상돈 선생님 감사합니다.

이어서 홍석영 선생님께서 해 주시겠습니다.

〈 지정토론자(홍석영) 발표 〉

사 회 자 : 고맙습니다.

이상돈 선생님께서 법학자로서 그야말로 절차주의적인 접근을 하셨다면 윤리학자이신 홍 선생님께서 전범대로 실체론적 접근의 진수를 보여 주신 것 같습니다.

마지막으로 정형민 교수님께 부탁드립니다.

〈 지정토론자(정형민) 발표 〉

사 회 자 : 아마 정 교수님께서 지난 십수 년 이래로 파워포인트 아닌 이런 형태로 발표하신 것은 아마 처음이 아닌가 싶습니다. 자연과학자로서 외부에 거의 호소에 가까운 그런 말씀을 해 주셨다는 생각이 듭니다.

이상으로 두 분의 발표와 세 분의 지정토론을 들었습니다.

사실 저희들이 두 시간 가까이 하는데 휴식도 없이 달려왔는데 남은 시간이 한 25분정도입니다. 지정토론을 하시면서 몇 개 발표자분들에게 제기하신 질문사항 내지 의견이 있습니다마는 그거를 두 분 발표자께서 지금 하시기보다는 우선 여기 참여하신 분들의 질문이나 의견 이런 것까지를 다 합쳐가지고 말미에 두 분 발표자분들께서 발언을 해 주시는 것으로 그렇게 하면 어떻겠습니까?

우선 여러분들께서 질문사항이나 의견 있으시면 말문을 열어주시지요.

예, 정문식 교수님 부탁드립니다.

정 문 식 : 안녕하십니까? 전남대학교 정문식입니다.

개인적으로 학위논문을 쓰는 과정 가운데 반드시 해결했어야만 했던 문제이기 때문에 평소에 관심이 많고 또 항상 고민하고 지금도 제 논리에 대한 어떤 반박에 대해서 준비해야 되는 그런 고민을 하고 있는 상태인데, 특별히 오늘 헌법재판소에서 여러 전문가선생님들, 먼저 연구하신 분들의 견해를 듣고 배우게 되어서 개인적인 복이라고 생각하고 행운이라고 생각을 합니다.

철학자와 윤리학자들이 누릴 수 없는 비애, 운명은 법학자들은 반드시 문제를 해결을 하고 욕과 비난을 듣더라도 예스냐 노냐를 결정해야 된다는데 있는 것 같습니다. 철학자분들과 윤리학자분들이 이런 논의가 있고 이런 근거가 있고 이런 이야기가 있다고 계속 제시를 해도 결국은 판결을 내려야 될 사람은 재판관입니다.

그런데 제가 오늘 선생님들의 발표를 들으면서 여러 가지 면에서 많이 배운게 있는데 오늘 헌법재판소에서 개최된 이 모임의 특성도 제 개인적인 추측으로는 결국 여러 선생님들의 고견을 통해서 판단을 내리려고 하는데 근본적인 도움을 얻고자 하는 것이라고 생각합니다. 그렇다고 한다면 제 개인적인으로는 중요한 문제가 헌법상으로는 배아의 생명권의 인정여부와 시점 그 다음에 인간존엄의 인정여부라고 생각합니다.

제가 발표하신 분들에 대해서 제 논지는 말씀드리지 않고 질문하는 것이 저로서는 장점이지만 또 한편 불평등입니다. 그래서 제가 숨기고 있는 카드를 말씀드린다면 저는 개인적으로는 인간의 배아는 수정시부터 인간의 존엄과 생명권이 인정되지만 그 이후의 침해문제는 다르게 전개를 해가야 된다는 것이 제 개인적인 견해입니다.

이것은 다른 몇 편의 글에서 밝혔기 때문에 언급하지는 않겠습니다.

제 질문의 요지는 세 가지입니다.

첫 번째, 제 개인적인 견해를 말씀드렸기 때문에 먼저 강희원 교수님의 발표를 듣고 하나 궁금한 것은, 생명권의 인정시점은 14일이후로 – 제가 잘못이해하지 않았다면 – 보신 것 같은데, 그런데 존엄권은 인정하지 않으셨습니다. 그렇다고 한다면 제가 이해하건데 강 교수님은 생명권의 시작시점과 인간존엄의 인정시점을 달리보신 것 같고, 그렇다면 인간존엄의 인정시점은 어딘지 그것을 듣고 싶습니다.

두 번째로 이인영 교수님 발표에서 저는 개인적으로 결론에서 유사하기 때문에 제가 특별히 언급을 하지 않겠습니다. 물론 논지는 저는 약간 다릅니다. 그리고 개인적으로 클라이퍼 교수의 인간존엄의 제한가능성도 사실은 절대적인 인간존엄보호라는 그것의 확장에 대한 반동으로서 나온 것이지 무조건 존엄이 가능하다, 여기부터 출발하는 것은 아니라는 것을 먼저 말씀드리고 싶고.

세 번째로 이상돈 교수님 토론을 들으면서 이인영 교수님 주장에 대해서 내적 모순이라고 말씀하셨는데 제가 볼 때는 인간존엄의 인정여부와 그것의 침해여부는 구별되는 문제 아닌가? 그런데 이상돈 교수님은 이를 유사하게 보시고 내적 모순이 있다고 말씀하시는 것 같습니다. 저는 거기에 대해서는 약간 다른 견해라고 생각하는데, 인간존엄을 인정하느냐 안하느냐 여부와 인간존엄이 침해되느냐 안 되느냐 여부는 구별되어야 하는 문제다라고 본다면, 그 다음에 하나 제가 궁금한게 이상돈 교수님은 절차적인 공론을 통해서 정해야 된다고 하는데 오히려 저는 그 부분에 있어서 몇 가지 의문이 떠오릅니다.

첫 번째 그렇다면 이상돈 교수님이 지금 가지고 계신 기본적인 입장은 없으신 것인지, 아니면 있으신데 밝히지 않은 것인지 그게 첫 번째 질문이며, 두 번째 제가 말한 언제부터 인간의 존엄을 인정하고 언제부터 생명권을 인정할 것인가? 이것은 법적해결을 위해서 필요하기 때문입니다.

두 번째 이상돈 교수님께서 보시는 공론은 과연 그러면 어떻게 평가하고 있는 것인지?

세 번째 이상돈 교수님은 그 공론의 표현으로서 입법자들의 어떤 결단을 예로 드셨는데 저도 개인적으로는 그 의견 자체에 대해서는 부인하지 않습니다.

하지만 하나 중요한 문제가 헌법상 인간에 대한 개념정의는 해놓고 있지 않습니다. 이것뿐만 아니라 정당에 대한 것도 조세에 관한 것도 전부 다 법률에서 그 개념정의를 하고 있습니다. 그렇다면 법률의 위헌심사가 아니라 헌법의 합법성, 위법심사로 전락될 위험이 있습니다. 뿐만 아니라 입법자의 의사만을 중요시 한다면 잘못되면 위헌심사라는 제도 자체도 문제가 발생하고 헌법이라는 근본적인 어떤 가치 혹은 통합의 기본적인 틀이라고 하는 것은 우리가 역사로만 배웠던 과거의 의회주의시대로 다시 돌아가서 헌법은 명목적인 것이고 오히려 법률이 더 중요한 것이 아닌가, 이렇게 변질되는 위험이 있지 않는가, 저는 그렇게 생각하는데, 거기에 대해서는 어떻게 생각하시는 것인지 거기에 대해서만 질문하고 싶습니다.

이상입니다.

사 회 자 : 정교수님께서 강희원 선생님, 이상돈 선생님, 이인영 선생님께 상당히 정교한 질문을 하셨는데 조금 생각할 여유도 드리고 다른 분들의 질문 내지 의견을 받아보도록 하겠습니다.

예, 연구부장님.

장 석 조 : 질문만 간단히 드리겠습니다.

이인영 교수님께 저희는 실무를 하니까 도그마틱한 부분을 여쭙지 않을 수 없습니다. 헌법의 법문으로 인간이라는 개념이 등장하는데, 지금 여기서 하는 논의가 그 인간의 범위를 논의하시는지, 그 다음에 인간의 시점에 관해서 해석론적으로 논의가 있지 않습니까? 출생이냐 노출이냐 그런 것들이 있고 그거를 인간을 가르는 징표라고 그러고, 그 전단계 태아가 있습니다. 배아 이렇게 나뉘는 것 같은데, 그런데 그것하고 헌법에서 인간이라는 법문과 그러한 크게 봐서 세 단계 또 14일 이전에 전단계가 있다면 그 4단계를 어떻게 연결시키는 것인지, 인간에 포섭을 시켜서 보호대상으로 삼자는 주장이신지 아니면 인간은 아니지만 어떤 다른 보호대상을 창설하시자는 것인지 그런 조금 도그마틱한 근거를 발표해 주셨으면 좋겠고요.

그 다음에 여기 정형민 교수님 글을 보니까 성체줄기세포라는 개념이 등장합니다.

이게 아까 발표자께서 논문에 보면 정당화되는 사유를 무슨 치료목적이라든지 의학적 유용성을 들고 계시는데 그중에 불가피성, 비례성요건을 들고 계십니다. 그런데 지금 여기 나와 있는 성체줄기세포 같은 경우는 배아줄기세포와 차이점은 이미 조직으로서의 방향성이 설정되어 있는 그러한 것을 말씀을 하시거든요. 그렇다면 배아줄기세포보다는 보다 덜 인격성이나 인간성에 대한 침해위험성이 덜한 수단이 아니냐, 그렇다면 이것이 이러한 비례성원칙으로 간다면 배아줄기세포라는 방식은 헌법적으로 허용되기 어렵다는 결론을 도출할 수 있는 것은 혹시 아닌지라는 것을 여쭤보고요.

그 다음에 이상돈 교수님께 대해서는, 절차주의적인 그런 관점을 제시를 해주셨는데, 그런 절차주의적 관점이라 하더라도 실무에서는 헌법재판소가 결정을 한다면 결정이유를 실체적인 측면에서 논증하지 않을 수 없습니다. 그랬을 때 이해당사자들이 논증과정에서 모든 이해관계자가 어차피 논증의 목표를 제시하고 목표를 정당화하는 근거를 제시하는데 그게 상반되는 상태에 있는 것이고, 결국 궁극적인 판단주체인 헌법재판소도 결국 논증주제를 제시하는 그런 과정으로 가야되는 게 아닌가 싶은데 그러한 것이 절차, 거시적인 절차만 보시고 구체적인 안에서는 구체적인 논증주제를 각 절차 참여자가 제시한다는 것이 간과된 것이 아닌지, 판단자도 마찬가지로 이것이 어떤 헌법의 어디에 해당한다는 것에 관한 결론을 밝히고 이유제시를 해야 되는데 그러한 어떤 내면적인 그런게 너무 가볍게 취급된 게 아닌지 그런 느낌이 듭니다.

그렇게 세 가지 질문 드리겠습니다.

사 회 자 : 감사합니다.

신 변호사님까지 우선 한 번.

신 현 호 : 신현호 변호사입니다.

저는 개인적으로 이런 주제를 1997년도에 동아일보하고 울산대학병원에서 공동 주체된 세미나에 참석해본 적이 있었는데, 그 당시 불교학자와 신부님, 목사님, 의사, 변호사님 저 이렇게 다섯 명이 참석을 하면서 그때 굉장히 크게 느낀 것 중에 하나가 지금 발표하신 선생님들이 가지고 있는 기본적 인권개념이 지나치게 서구중심적 또 기독교원리주의적인 입장에서 인권을 접근하는 게 아닌가 하는 생각들을 해봤습니다. 그 당시에 제가 재미있게 느낀 것 중에 하나가 불교학자 입장에서는 이런 배아연구라든지 인간복제부분에 대해서는 전혀 개의치를 않더라고요. 어차피 그 사람들도 그런 전생에 업을 쌓아놨기 때문에 복제인간으로 태어난 것이니까 우리는 그런데는 관여안하겠다는 것들인데, 한 기독교신문사의 편집장 한분이 신부님한테 만약에 개체 복제된 인간을 사람으로 봐야되느냐, 기독교에서는 난·정자가 수정해서 착상될 때 인간의 영혼이 불어진다고 지금까지 설명을 해왔는데 그 사람은 난·정자가 결합하는 게 없지 않느냐, 이러니까 그 신부님이 한 2, 3분 정도 침묵을 하시는데 그 2, 3분의 침묵시간이 진짜 수십 시간 되는 것 같은 굉장히 무거운 것을 제가 한번 느꼈습니다. 제가 그러면서 그 다음에 이렇게 보니까 세계적으로 이런 수정란보호법 같은 생명복제금지법을 만든 나라가 거의 다 기독교국가들입니다.

그러니까 입법상은 금지를 시켜놓고 실질적으로는 국가적인 차원에서 굉장히 지원을 많이 하고 있는 이중적인 성격을 가지고들 있는데요. 이번에 헌법재판을 청구하신 분들도 이게 위헌이 되면 금지시킬 수 있다는 이상론적인 입장에서 이렇게 하신 게 아닌가 싶기도 합니다.

저는 개인적으로 몇 개 논문을 썼습니다마는 우리가 새로운 과학현상이 발생했을 때는 새로운 가치관의 정립이 필요하다고 보는데요, 대표적인 게 뇌사관계입니다. 심장이식술이 발전을 하니까 그 다음에는 살아있는 사람의 심장을 떼기 위해서 뇌사자를 죽은 사람으로 보자, 그렇게 시기를 굉장히 앞당기는 그런 윤리적인 평가 그리고 그거를 법이 더 이상 개입하지 않아 왔는데, 지금도 이런 배아라는 개념이 과거에는 사실은 착상용으로만 우리가 만들어 놨던 것 들입니다. 그런데 과학이 발달하다보니까 이 배아라는 게 일종의 생약, 세포치료용약제로서 활용할 가능성이 있으니까 그런 개념에서 접근하다보니까 이런 논란들이 나는데 따라서 우리가 배아 같은 경우도 착상용배아 같은 경우는 배아뿐만 아니고 사실은 난·정자까지도 확대해서 인간의 존엄과 가치가 있는 쪽으로 보호를 해 주어야 되지 않나 하는 생각을 갖고요. 그렇지 않고 이게 치료용 배아로 되었을 때는 약으로 우리가 보자. 특히 저희는 이 문제를 가지고 보건복지부에서 식약청과 국립보건원이 싸우는 것을 제가 한번 봤습니다. 식약청입장에서는 '약으로 보자' 그다음에 NIH에서는 '치료방법으로 보자' 치료방법으로 보면 보건원에서 관할권을 갖고 약으로 보면 식약청에서 관리하니까 이게 내부적으로 굉장히 큰 논란이 되는 것을 봤었는데요. 그리고 제가 이게 아까 종교적인 말씀드린 게 우리나라가 종교전쟁이 일어나지 않는 가장 커다란 이유는 기본적으로 샤머니즘국가라는 겁니다. 기독교도 샤머니즘화 되었고 다 베이스가 그런데, 그러니까 쉽게 이야기해서 현세지향적인 국민성을 가지고 있는 이런 나라에서 제가 이런 공청회를 여러 번 참석해 보면 결국은 난치병 환자들이 등장을 하게 되고 그분들 말씀이 지금 당장 죽어가는 사람이 있거나 이렇게 가족이 고생을 하는데 그까짓 세포덩어리 하나가지고 왜 이렇게 왈가왈부하느냐는 이런 논쟁들이 굉장히 많이들 있는 것을 제가 봤습니다.

그래서 강 교수님한테는 지금 이렇게 우리가 단순히 배아부분에 대해서 이론적인 가치관에 따라서 언제 어떻게 해서 이렇게 인간의 존엄과 가치가 있느냐 하는 이런 평가, 특히 기독교 원리주의적인 입장에서 너무 지나치게 본 게 아닌가 하는 질문을 하나 드리고요. 그래서 때로는 난·정자도 인간의 존엄과 가치가 있는 것으로 확대할 필요가 있는 반면에 배아도 치료용일 때는 연구의 대상이나 치료대상이 되어야 되지 않을까하는 생각이 있고요.

이인영 교수님한테 질문드리고 싶은 것은 그러면 과연 이게 위헌이다, 인간의 존엄과 가치를 침해한다고 했을 때 우리가 형법적용에는 잘 아시다시피 당벌성이나 보충성, 유효성 이러한 3대원칙이 적용되어야 되는데, 이 배아를 가지고 과연 세포치료제로 만들었을 때 그만큼 처벌가치가 있느냐, 이게 형법적용의 대상이 될 수 있느냐 하는 점들 한번 질문 드리고 싶습니다.

그리고 아까 홍석영 교수님께서 잔여배아에 대해서는 배아자체가 폐기된다고 그랬는데요, 그렇게 보시면 현재 우리가 장기이식에서 제일 커다란 형법적인 논쟁이 뭐냐 하면 도너입장에서는 개악이 되는 겁니다. 자기 신장의 하나를 떼어 주거나 어디 한 장기일부를 떼어줘야 되는데 그럼에도 불구하고 우리는 그거는 형법에서는 합법적인 행위로 보고들 있습니다. 하물며 장기의 일부를 떼어줘도 형법 처벌하지 않고 위헌논쟁이 안 일어나는데 그보다 훨씬 눈에 보이지 않는 세포덩어리를 가지고 이거를 개악시키는 거니까 이거를 치료형이라고 봐서는 안 된다, 이렇게 말씀하시는 거는 표현이 조금 뭐합니다마는 거의 탈레반 수준의, 이슬람원리주의자들도 그 정도는 안하지 않을까하는 생각을 감히 한번 해봤습니다.

사 회 자 : 고맙습니다. 혹시 다른 분 안계신지?

예, 이명웅 박사님 부탁드립니다.

이 명 웅 : 오늘 여러 가지 많은 배움이 있었습니다.

제가 우선 두 가지만 간단하게 말씀드리겠는데요, 하나는 아주 실무적으로 절차적인 문제인데, 지금 헌법재판소에 청구된 청구인들 중에 두 사람이 배아입니다. 냉동보관 되어 있는 배아인데, 그런데 우리가 어떤 생명권의 주체냐 이런 논의와는 별도로 소송을 할 수 있는 권리를 인정할 수 있느냐라는 것은 인류 법의 역사에서 여러 가지 확대의 역사를 걸어왔기는 하지만 그것 자체도 하나의 어떤 법정책적인 판단영역이라고 볼 수도 있는데, 그 점은 강 교수님도 논문에서 말씀하셨는데요, 보통 우리가 미성년자라든가 잉태된 태아에 대해서 어떤 소권을 인정할 때는 그것이 그 태아의 이익을 위해서 법정대리인이 명확하게 있는 상태에서 엄마가 청구를 한다든가 아니면 태아의 존재가 확인이 되고 그 태아의 이익을 위한 어떤 소송의 형식이라는 것이 묵시적으로 전제가 되는데, 배아인 경우에 그 배아의 이익을 위해서 배아 스스로가 소송한다는 게 좀 이상하잖아요. 그러면 그 배아를 만들어낸 어떤 도너랄까 법정대리인까지는 아니더라도 어쨌든 어머니나 아버지에 해당하는 사람의 존재나 그 사람들의 어떤 소송의사가 배아에서 추출된다, 배아의 청구에서 의제된다, 이렇게 보는 것이 상당히 어려운 문제일 것 같은데, 일단 재판소로서는 그 배아가 과연 어떤 기증자에 의해서 형성된 것인지 그것이 정확한 어떤 과학적인 데이터인지 그것도 판단해야 되고, 그리고 문제되는 조항들이 어떤 측면에서 그 배아의 어떤 소송의사를 나타낼까 이런 문제가 있을 것 같은데, 이 문제에 대해서는 여러 선생님들이 깊이 생각은 안해보셨을 것 같아요. 그래서 혹시 관점이 있으면 아무 분이나 말씀해 주시고.

마지막으로 강희원 교수님께서 결국 생명권의 시점을 어느 정도에서 보느냐에는 이론이 있을 수 있고 거기에 대해서 그 시점을 어떻게 보든 보호의 정도는 차등이 있을 수 있다라는 것도 오늘 많이 나온 얘기인데 그러면 인간의 존엄과 가치라는 그 내용은 그러면 고정된 것이냐, 그것도 역시 아주 중요한 어떤 본질적인 가치의 내용이기는 하지만 결국 그 데피니션은 강희원 교수님 논문에 쓰셨던 것도 결국 2차대전 이후에 나치를 겪고 난 다음에 어떤 일반적인 자율적인 성인을 기준으로 한 데피니션이 아니겠느냐, 그래서 그것은 전혀 어떤 배아에 대해서까지 적용을 바로 연결시킬려는 것은 너무 지나친 도그마틱한 것인 것 같은데, 그렇다면 물론 그것이 어떤 핵심적인 영역이고 모든 가치의 어떤 최상위를 차지하는 어떤 본질적인 직관적인 부분은 있지만 생명권의 주체에 따라서 보호의 대상이 달라진다 했을 때는 인간의 존엄과 가치라는 개념도 차별적으로 적용할 수 있는 여지가 있을 것 같은데 강 교수님 그거는 반대이신 것 같은데, 어떤 그런 가능성이 있는 것인지 말씀해 주시면 고맙겠습니다.

사 회 자 : 감사합니다.

교수님 부탁드립니다.

정 태 호 : 경희대 정태호 교수입니다.

제가 첫 번째 갖는 의문은 이게 헌법소원의 적법성이 과연 인정될 수 있을 것인가, 여기 오늘 주제발표하신 분들 이 문제에 대해서 깊이 언급을 안했기 때문에 저는 이 생명윤리및안전에관한법률에 대해서 헌법소원을 제기하는 형태로는 가능할 것 같은데, 지금 여기서 다뤄지는 그런 형태로 과연 헌법소원의 적법성이 인정될 수 있겠는가, 저는 근본적인 의문을 갖게 되거든요. 과연 지금 청구인으로 등장하는 배아가 폐기대상이 되고 있는 것인지 내지는 기증자가 그러니까 정자, 난자 제공자가 동의를 해서 연구대상으로 사용될 것인지 이것도 불분명한 상황에서, 아마 전후관계로 미루어 봐서는 그런 가능성도 없는 것 같습니다. 왜냐하면 기증자가 헌법소원의 주체로 등장을 하고 있기 때문에, 그렇다면 도저히 어떤 추상적인 위험은 있는데 구체적인 생명의 위협을 받고 있지 않은 상태에 있지 않느냐 그런 생각을 해보고요. 그리고 정자, 난자 제공자 입장에서도 과연 헌법소원을 청구할 수 있는 입장에 있는지, 만일 그렇게 생명권을 절대적인 것으로 보고 있다면 잉여배아, 잔여배아를 어떤 경우에도 자궁에 착상해서 애를 낳겠다는 그런 어떤 절대적인 의지를 갖고 있지 않다면 헌법소원을 생명권침해를 주장하면서 제기하기 어려운 상황이 아닌가, 그러니까 분명히 인공수정 하다보면 잔여배아문제가 제기가 될 것이고 배아의 어떤 생명권주체성이나 존엄권주체성을 주장하면서 헌법소원제기하면서 과연 인공수정에 임할 수 있을 것인지 이것도 개인적으로 의문이 아닐 수 없습니다. 그거는 뭐 절차법적인 관점에서의 의문이고.

또 다른 의문은 이인영 교수님께서는 배아의 어떤 인간존엄권의 주체성을 인정을 하시면서도 그에 대한 제한가능성을 열어놓고 있는데 적어도 제가 알기에는, 물론 우리 헌법, 실정헌법체계에서 이론의 여지가 전혀 없는 것은 아니지만 기존에 어떤 지배설의 관점에서 보면 인간존엄권의 어떤 절대성 이것을 감안했을 때 헌법 기본권은 도그마틱을 전부 흔들어야 되는 그런 문제가 있지 않는가 그렇게 생각을 합니다. 그래서 그러한 위험성을 피하면서도 동일한 결론에 도달하려면 저는 주체성은 인정하지 않되, 그것이 인간의 어떤 씨앗인 만큼 인간존엄성, 생명권의 어떤 객관법적인 보호의 대상의 지위를 인정하는 것이 지금 해석론적으로 보면 유일한 길이 아닌가, 기본권 도그마틱을 흔들지 않고 보호를 할 수 있는, 그러나 다른 공익적인 차원에서 어떤 절충의 여지를 남길 수 있는 그런 길이 아닌가 그렇게 생각을 해봅니다.

사 회 자 : 고맙습니다. 정교수님.

오늘 발제를 해 주신 두 분은 사실 헌법소원사건과 관련해서 진술인 자격으로 오신 분들은 아니고, 그런 점에서 본다면 밥값을 덜하신 것 같이 느껴지지만 그런 자격으로 오신분 들은 아니고 그럼에도 불구하고, 기왕에 배아의 지위에 관한 것이 논해 지는 것이라고 한다면 사실 소송적격의 문제고 그것은 여기는 좀 언급이 되었어야 하지 않았나라는 그런 생각이 들기는 듭니다.

어쨌든 그런 것을 감안하셔서 남은 시간이 많지 않지만 답변을 해 주시되, 우선 지정토론자이신 이상돈 선생님과 정형민 선생님께도 연구부장님께서 한 가지 언급하신게 있는데 그거를 짧게 2분 정도만 해 주시고, 나머지를 두 분 발표자 분들이 해 주시기로 하겠습니다.

이 상 돈 : 처음에 기본권인정 여부와 침해 여부가 차이가 있다, 제가 내적 모순을 얘기한 것은 논리적으로 '인정'과 '침해' 구별될 수 있는데 자연법적인 이해를 하게 되면 인간의 생명이라고 하는 것의 처분불가분성, 불가침성 이 개념을 붙잡게 되면 내적 모순이 발생한다는 얘기였고요.

두 번째로 실제 제 개인적인 생각은 없느냐 그거인데, 개인적인 생각을 말하라고 하면 잔여배아를 이용할 수 있다면 저는 핵이식배아도 이용할 수 있다 하는 게 개인적인 생각입니다. 오히려 좀 더 논증을 나가보면 잔여배아이용이 더 윤리적으로 문제가 될 소지가 더 많지 핵치환방법으로 형성된 배아이용보다도, 그런 생각이 드는데요, 그 자세한 논거는 여기서 살필 수 없을 것 같고요.

또 세 번째 연구부장님 질문하신 내용, 타당한데요, 제가 발표자가 아니니까 절차주의적인 논증을 자세히 설명 안 드린 것인데, 제가 의도한 바는 우선 당시 법률제정할 때 핵이식, 예를 들면 핵이식방법에 의해서 배아형성을 허용하는 국민들의 견해 이것이 얼마나 되는지 등등 그거를 의회가 시민사회의 공론을 충분히 주의 깊게 관찰하고 결정을 내린 것인지 그 부분이 의문스러운데요. 제 생각은 헌법재판소 역할은 그러한 시민적 공론을 확인해 주는 기회는 적절치 않다는 것이고요 첫째는, 다만 헌재는 의회가 시민적 공론을 주의 깊게 살폈는지를 되돌아볼 필요는 있다는 생각입니다.

두 번째로 헌재는 지금 이 세미나도 그러하지만 전문가들의 공론을 통해서 어쩌면 시민적 공론을 시뮬레이션해 볼 수도 있다 하는 생각이고요. 전문가들의 공론이라는 것은 연구부장님 말씀하신대로 절차적인 이해라는게 아무렇게나 하자는게 아니라 전문가 공론 안에서 잔여배아 이용이나 핵치환배아형성에 대해서 제시되는 논거들, 그 논거들을 분석하고 타당성여부를 판가름해야겠지요. 그거를 저는 생략을 한 것이고요 말씀을, 그러나 개인적으로 얘기하라고 하면 자연성, 인위성, 배아생성 관련되어서, 생식에 관련되어서, 그 구분이 굉장히 중요한 역할인데, 자연성과 인위성 구분 논증이 굉장히 박약한 것이고, 또 '치료목적성' 여기에 정당화근거를 찾는 견해도 있는데, 이거는 잔여배아나 핵이식방법의 배아형성이나 차이가 없다는 것이고, 세 번째 더 중요한 제 생각은 둘 다 허용하더라도 더 중요한 것은 무엇이 우리인류가 치료해야 될 질병으로 바라보느냐, 질병치료목적에 대한 반성이 더 중요한 과제로 주어져 있다는 생각입니다.

세 번째로 헌재에서 볼 때 시민적 공론을 헌재가 확인해서 적극적으로 선언할 수도 없고, 시민대표성을 갖고 있는 것도 아니고, 두번째 전문가 공론에 의해서 더 타당한 견해를 확정지을 수도 없고 만일, 그런 상황에 있다면 세 번째 헌법재판소가 갖는 것은 예를 들면 잔여배아이용에 관한 것, 또 핵이식방법의 배아형성처분에 관해서 그것을 허용하느냐 금지하느냐, 입법재량, 입법자형성영역으로 돌려주는 것이 맞지 않는가 하는 게 제가 얘기하는, 설명을 간략하게 하는 절차주의적인 이해에서 말씀드릴 수 있는 부분입니다.

사 회 자 : 고맙습니다.

정 선생님 간략하게.

정 형 민 : 제 원고에도 보시면 줄기세포 종류를 설명할 때 배아줄기세포와 성체줄기세포가 있다고 제가 말씀을 드렸습니다.

성체줄기세포는 우리 몸 장기에 아주 극소수로 존재하는 그런 줄기세포입니다. 이미 알려져 있는 것만 하더라도 80여 종이나 되기 때문에 우리 몸의 곳곳에는 다 성체줄기세포가 존재하는 것 같습니다. 이 세포는 그야말로 우리 몸에서 그냥 추출할 수 있는 부분이기 때문에 윤리적인 측면에서 본다면 배아와 비교하지 않을 정도로 극히 윤리적으로 깨끗합니다. 또 하나는 자기몸속에서 꺼낼 수 있는 부분이기 때문에 타인의 어떤 세포를 이식받지 않아도 되는 어떤 면역학적인 자유로움이 있습니다. 그렇지만 이 세포가 갖고 있는 단점도 굉장히 크다는 거지요. 아직까지 우리가 정확하게 줄기세포의 특성을 규명을 못하기 때문에 우리가 분리하고 있는 세포중에 1만 개나 2만 개 중에 하나만이 실제 줄기세포만의 특성을 갖고 있다라는 겁니다.

예를 들면 백혈병에 걸리면 골수이식을 해 주는데 골수이식 공여자를 찾는 것이 너무나 어렵습니다. 6만분의 1의 확률을 갖고 있기 때문에. 만약에 어렵게 그렇게 골수이식 공여자를 찾았는데 이 공여자들이 우리나라만 하더라도 1년에 몇 백건의 골수이식이 이루어지는데 한번 채취된 골수를 여러 번 증식을 할 수만 있다면 그렇게 어려운 줄기세포를 찾기 위해서 공여자를 찾기 위해서 그런 노력이 필요 없을 겁니다. 그런데 한번 채취해 가지고 한번 쓰기도 어려운 실정이라는 것이지요. 그런 어떤 기술적인 한계가 있고.

그 다음에 지금 난치병이라고 일컬어지는 줄기세포의 치료대상이 되고 있는 질환이 2500종류가 됩니다. 그래서 이 많은 질병들을 치료하는 것이 정말로 성체줄기세포만으로 다 해결을 할 수 있느냐? 그렇지 못하다는 거지요. 우리가 아직 기술적인 어떤 한계 그 다음에 앞으로 해결해야 될 어떤 문제점들이 상당히 많고, 분명히 성체와 배아줄기세포가 치료에 장점을 갖고 있는 질환들이 분명히 있다는 겁니다.

그러한 어떤 가능성을 무시하고 어느 하나의 일방만에 어떤 윤리적으로 안전하다고 해서 하나의 어떤 일방만의 줄기세포만을 우리가 선택을 했을 경우에 또 다른 문제를 야기할 수 있고, 우리가 상호보완적인 그런 연구가 지금은 필요한 실정이다, 이렇게 말씀을 드려야 될 것 같습니다.

사 회 자 : 감사합니다.

홍 선생님.

홍 석 영 : 신 변호사님이 저에 대해서 탈레반수준의 논의라고 촌평을 해 주셨는데 그거는 촌평이고 그 논의의 핵심은 잔여배아연구와 장기기증을 비교하신 것인데 장기기증은 장기를 기증해서 그 생명체가 죽지 않습니다. 그래서 결국 제일 논란이 되는게 심장이식을 하기 위해서 할 수 없이 뇌사자라는 개념을 만들어냈습니다. 그래서 살아있는 자, 죽은 자, 뇌사자를 만들어서 결국 그 장기를 꺼냈을 때 한 인간생명이 죽는 것에 대한 부담을 법적으로 피해보려고 노력을 했던 것이고요. 그러한 맥락에서 볼 때 배아줄기세포연구는 배아줄기세포를 획득하는

그 순간에 배아를 인간으로 볼 수도 있고 물질로도 볼 수 있다고 하셨지만 공론의 장이라니까, 인간으로 보는 사람의 관점에서는 분명히 그 배아상태의 인간생명이 그 순간에 죽습니다. 그렇기 때문에 그거는 치료라고 할 수 없다라는 이야기를 말씀드린 것입니다.

사 회 자 : 고맙습니다.

간략하게 두 분 발표자 선생님께서 상당히, 적어도 세 개 이상 질문들이 들어와 있는 것 같습니다마는 요약해서 종합적으로 말씀해 주시지요.

먼저 강희원 선생님 부탁드립니다.

강 희 원 : 우선 정문식 교수님, 제가 인간의 시기를 14일론하고 동일론을 소개하면서 마치 14일론의 지지자처럼 그렇게 얘기하셨는데, 그게 아니라 저는 사실 이글 쓰면서 그런 것을 오픈을 해 놓을려고 생각을 했었습니다 기본적으로는, 오픈을 하는 이게 전부 다 결정하는 부분들은 부제에 갖다 붙였다시피 인간시기도 결국은 정치학적인 그런 문제다, 논의를 해가지고 결정이 되어야 된다, 그런 의미에서 이거를 갖다 붙였는데, 그렇게 이해되었다면 조금 쓴 의도가 빗나간게 아닌가 싶고요.

우선 언제부터 하느냐 하는 이런 논리적 문제하고, 그 이후에 인간존엄을 제한할 수 있느냐 하는 문제, 논리전개과정문제인데, 어떻게 하나 결론은 마찬가지입니다. 처음부터 인정하더라도 어떻게 보면 침해하는 그런 결과가 생길 것이고 14일부터 하더라도 침해하는 그런 결과가 생기는 것은 마찬가지 아닌가 그런 생각을 해봤습니다. 그런데 저는 14일론 지지자는 아닙니다. 그 부분에 대해서 얘기하고.

그 다음에 신변호사님 저 보고 마치 기독교쪽으로 너무 경도가 된 게 아닌가 이랬는데, 전혀 저는 그런 의도로 쓴 것은 아닙니다. 오히려 저는 인간존엄이나 이런 것들이 너무 기독교적으로 치우쳤기 때문에 오히려 우리나라 독자적인 우리가 갖고 있는 문화적인 그런 어떤 개념에서 이거를 형성해야 되지 않느냐 그런 입장에 사실상 이 글을 시도를 했습니다. 그래서 존엄성이 남용이 되었다든지 존엄성개념이 이렇게 추상적이고 문화적 개념이다, 이렇게 다양한 그런 개념을 동원을 해가지고 오히려 서구적인 것을 탈피해 볼려고 하는 것이 저의 시도였는데, 거꾸로 그렇게 이해되었다면 저는, 아마 저의 시도가 완전히 잘못된 게 아닌가, 다만 이런 존엄성이 개념자체가 서구에서 들어 와서 우리가 지금 그렇게 논의를 하고 있는데 그거를 소개했을 뿐이고, 저는 오히려 그런 쪽에서 접근을 안했습니다.

문제는 이제 신 변호사님처럼 샤머니즘쪽으로 아예 팔자가 있다, 착상배아 팔자가 있고 연구용배아 팔자가 있다 이렇게, 이게 이제 샤머니즘적인 접근인데 팔자론이 아니겠습니까? 너 그렇게 되면 팔자다, 그런 측면은 사실상 아니지 않느냐 하는 겁니다. 결국 신 변호사님 얘기하신 것처럼 착상용이 있고 치료용이 있고 연구용이 있고 이거는 근본적으로 운명이고 팔자인데, 이렇게 되는 것은 아니지 않느냐 하는 그런 생각을 갖고 있고.

그 다음에 이명웅 박사님이 절차적인 그런 얘기는 사실 이 글을 쓸 때 저는 그런 부분을 쓸려고 했습니다. 그런데 글을 의뢰했던 전 연구관님이 가능하면 그런 절차적인 부분은 안 썼으면 좋고 실체적인 부분만 써 달라고 그래 가지고 일부러 논의대상범위를 거기에 제한해서 썼는데, 적어도 제가 보기에 이 헌법소원이 좀 흠결이 있는 것 같아요. 적어도 이들 헌법소원을 낸 청구서를 보면 배아가 동일성 입장에 이렇게 있는데 그러면 적어도 법정대리인을 세웠어야 되는데 그거를 안 세웠거든요. 이 신청서를 보면, 그 부분에 대해서는 명백히 제가 보기에는 청구인들이 낸 그 자체로도 흠결이 있는 게 명백합니다. 이 신청서를 제가 보면, 배아1, 2하고 그 다음에 바로 난자제공자, 정자제공자 이렇게 나오고 그 다음에 일반인이 나오는데 적어도 그 부분에 동일성 입장에서 봤다면 동성론자 입장에서 봤다면 배아에 대해서 이 두 사람이 부모가 아버지나 어머니 될 사람이 법정대리인이 되었어야 되지 않냐, 그 부분은 명백히 하자가 있는 것 같고.

그 다음에 배아가 과연 당사자 입장이 되느냐 안 되느냐 하는 부분에 대해서는 역사적으로 봤을 때는 될 수도 있고 안 될 수도 있는데 저는 잠정적인 논의에서는 될 수가 없다, 이 사안에서는 헌법소원 하는 당사자 지위에 있지 않다는 그런 결론을 밑에 깔고 있었습니다. 그런데 그거를 아마 이 논의하는 전 연구관님이 얘기했으면 제가 아마 그 부분을 되게 많이 강조를 했을 것이고 그랬을 텐데 그 부분은 가능한 한 빼주고 실체적인 부분을 논의를 해달라 그래 가지고 뺐습니다.

사 회 자 : 도룡뇽보다는 될 가능성이 더 많습니다.

강 희 원 : 저는 실질적으로 녹색법학이라 그래서 자연이나 뭐 이런데 대해서도 법적주체를 인정할려고, 이거는 결국은 우리 사회를 유기적으로 구성하는데 얼마나 기여할 수 있느냐 하는 부분입니다. 여기 법적지위를 당사자적격으로 인정하냐 안하느냐 문제는 정해진 어떤 논리적인 부분이 아니라 그거를 통해 가지고, 예를 들면 그렇습니다. 1살 난 유아나 태아나 의사결정은 똑같습니다. 실질적으로 할 수 없는데 그럼에도 불구하고 우리가 태어나고 난 다음부터는 부모를 법

정대리인으로 인정하고 이렇게 하고 그 다음 그 이전에는 일부에 대해서만 권리를 인정하고 이렇게 합니다. 그런 것들을 봐보면 우리 사회를 어떻게 유기적으로 구성하고 그렇게 하느냐 하는 문제이지 논리적인 문제는 아니지 않느냐 하는 그런 생각을 했었습니다.

그 다음에 정태호 교수님도 똑같이 절차적인 부분을, 하여튼 절차적인 부분에서 저는 상당히 관심이 많아서 이 부분을 자세하게, 이 소원이 과연 적법성이 있느냐 하는 부분들, 이게 구체적으로 지금 침해하는 것도 없는데 배아가 당사자가 되어 가지고 소원을 했고 그 밑에 배아의 원인이 되었던 정자를 제공한 사람도 당사자가 되었었는데, 이 부분에 대해서는 아까도 얘기했듯이 하자가 있는, 과연 이 부분이 침해의 어떤 구체적인 헌법소원을 할 만한 그런 사안이 되느냐 하는, 그래서 그 부분에 대해서 전 연구관님께 한번 물어봤었습니다. "이게 도대체 어떻게 해서 이런 소원이 제기가 되었느냐? 구체적으로" 저는 이 소원이 제기된 계기를 얼마 전에 법제처에서 지금까지 남아있는 '5년 지난 배아를 폐기를 해라' 하는 그런 유권해석을 해가지고 각급 의료기관에다가 제공을 했다고 얘기를 하더라고요, 보건복지부등에서, 이거를 계기로 해서 폐기될 위험에 처해 있기 때문에 그래서 헌법소원을 제기했다고 처음에는 그렇게 생각을 했습니다. 그랬는데 우리 전 연구관님께 물었더니 그게 아니라 벌써 이 법이 만들어지자 발효하자 3개월 이후에 이렇게 헌법소원을 했다 그래서 적어도 그 부분에 대해서도 저는 사실 언급을 할려고 그랬는데 그런 부분은 헌법재판소의 연구관님들이 더 절차적으로 잘 아실 것이라고 그래서 언급을 안했었습니다. 그런 정도입니다, 기본적인 생각은.

그리고 결론적으로 보면 저는 각하가 되어야 되지 않을까 그런 생각을 갖고 있습니다. 이 부분에 대해서.

사 회 자 : 감사합니다.

예, 이인영 선생님.

이 인 영 : 저는 절차적인 문제에 법정대리인을 선임하지 않았다라고 하는게 이게 전체를 각하를 할 정도는 아니라는 생각을 합니다.

왜냐하면 저는 국가생명윤리심의위원회 위원으로서 이 검토의견을 작성한 초안을 작성한 바가 있기 때문에 사실 우리사회에서 이러한 문제들을 공론화를 시켜서 다시 한번 생명과학연구에 관해서 어떤 기준점을 다시 한번 찾는 게 필요하다라는 생각을 했습니다.

장석조 연구부장님께서 저한테 질문하신 두 가지 부분을 이야기하면요, 우리가 누구든지 모든 국민은 이 용어, 퍼슨이라고 하는 용어 안에 배아라고 하는 것을 과연 포함시킬 수 있겠느냐, 그 논거가 뭐냐라고 이야기를 하시는데요, 우리가 퍼슨이라고 하는 그 내용안에는 휴먼과 휴먼비잉 두 가지 모두가 다 포함한다라고 생각을 합니다. 왜냐하면 퍼슨이라고 하는 용어 안에 만약에 실존하고 있는 존재만 포함한다라고 이야기를 한다면 낙태에 관한 처벌규정, 낙태에 관해서 문제제기하는 것이 없었을 것이라고 하는 생각을 합니다. 대법원판결에서도 보면 낙태에 관해서 규정을 하면서 뭐라고 했냐하면 "새로운 존재와 인격의 근원"이라고 이야기를 했습니다. 얼른 국어사전을 조금 전에 뒤져서 '근원'이 뭐냐를 보면 근원이라고 하는 것은 사물이 생겨나는 본바탕이라고 되어 있습니다. '태아는 인간이 생겨나는 본바탕이다'라고 이야기를 합니다. 그러면 우리가 생명이라고 하는 부분에 있어서 생명이라고 하는 것은 연속성을 가지고 있고, 언제 시작하고 특별한 기간에 보호를 해야 되느냐, 언제부터 보호를 해야되느냐라고 이야기를 할 때에는 본바탕을 가지고 있는 그 순간에, 본바탕이라고 우리가 인식할 수 있는 그 존재에 대해서 여전히 존엄과 가치를 가지고 있다라고 생각을 하기 때문에 태아도 본바탕이면 배아도 본바탕이라고 하는 생각을 합니다. 그래서 그런 관점에서 우리나라 대법원에서 명시한 것, 그 다음에 독일의 판례에서 실제로는 생명의 시작은 수정한 때로부터이지만 사실 눈으로 드러난 것은 착상한 때부터이기 때문에 그때 나타났기 때문에 그때 태아의 부분의 경우에도 역시 보호의 대상이 된다라고 하는 관점이기 때문에 저는 그 논거가 휴먼 엔드 휴먼비잉도 아울러서 포함할 수 있다. 이상돈 선생님은 저한테 확장해석을 한다라고 하는 지적을 하셨지만 우선 그런 논리로 적용해야 되지 않을까라는 생각을 합니다.

그 다음에 아까 비례성의 원칙이라고 하는 이야기를 하면서 배아줄기세포연구, 성체줄기세포연구라고 하는 이야기를 합니다. 저는 형법학자로서 형법은 최후의 수단으로 적용해야 된다. 금지규범이라고 하는 규범은 다른 사회에서 다른 사회규범이 즉 소위 말해서 기능이 가능할 때는 형법이 개입해서는 안된다라고 하는 최후수단성이 있습니다. 그때 이야기할 때 과잉금지의 원칙, 비례성의 원칙이라고 하는 것을 저희가 논거로 드는데요, 지금 A와 B라고 하는 부분에 대해서 A가 가능한데 A의 연구성과가 사실 윤리적으로 문제가 없는데 B라고 하는 논거를 굳이 쓸 필요가 있느냐라고 하는 게 아닙니다. 지금 사실은 자연과학자들의 상당수, 제가 이 자리에서 자연과학자를 옹호할 줄은 몰랐는데요, 사실 그런 입장은 아닌데, 자연과학자들 입장에서는 성체줄기세포의 연구의 과정 성과와 배아줄기세포의 연구의 과정과 성과가 분명히 차이점이 있다라고 얘기합니다. 이거는 실제로 과학적으로 여러 가지 잡지에서도 드러난 바가 있고요. 그러니까 A가 덜 윤리적인데 왜 A를 사용하지 않고 B를 사용하는 게 비례성에 위배된다라고 하는 게 아닙니다. 그래서 어떻게 보냐하면 B라고하는 배아줄기세포의 연구라고 하는 것을 이 배아줄기세포연구가 과연 비례성의 원칙에 위배되느냐라고 하는 관점으로 봐야 되지 성체줄기세포와 비교하는 가운데서 비례성의 원칙을 논하는 것은 아니다라고 하는, 그 B 자체가 과연, 사실은 배아의 존엄과 가치를 침해하고 그것을 금지하는게 과연 과잉금지이냐 이런 문제를 중점으로 봐야 된다라고 이야기할 때 저는 잔여배아, 이미 폐기되는 것으로 전제를 한 잔여배아를 부모의 동의서식이라고 하는 과정을 거친 경우에는 그러니까 배아라고 하는 이러한 요건이 구비된 경우에 그러한 것에 대해서 연구로 전용하는 것에 대해서는 그다지 다른 이익과, 연구의 자유라든지 또는 환자의 건강권이라는 이익과 상충하는 것과 관련해서도 그다지 그렇게 그것을 허용해서는 안 되는 것은 아니지 않느냐라는 생각을 해봅니다.

그 다음에 아까 질문 하나가 더 있었는데요, 추상적 위험, 정태호 교수님의 질문이셨던 것 같은데요, 추상적 위험하고 생명의 위험 이런 부분에 대한 이야기를 하시면서, 사실은 추상적 위험이라고 하는 관점에서 미국의 경우에는 미네소타주나 또는 미시건주 같은 경우에는 냉동보관배아자체를 금지합니다. 그러니까 아예 이러한 추상적인 위험이 발생하지 않게끔 냉동하는 것 자체를 보관하는 그런 입법도 있습니다. 그런데 지금 문제는 뭐냐 하면 우리 현실에 닥친 문제는 지금 우리는 그에 대해서 규제하는 법이 없습니다. 냉동보관은 과연 몇 개를 할거냐, 어떻게 할거냐라는 절차법이 전혀 규정되어 있지 않은 상태 하에서 지금 생명윤리법에 의해서는 배아연구가 가능하게 되어 있는 상황에서 이것에 대한 논거를 어떻게 할거냐라고 하는 이야기를 하면서 주체성을 인정하지 않고 객관적 보호라고 하는 것을 지지한다라고 하는 그러한 이야기를, 지배설은 이런 절대적 보호인데라고 하는 이야기를 하지만요, 지배설이라고 하는 부분은 과거의 지배설일 수 있기는 하지만 발전하는 과학의 변화라고 하는 과정을 통해서 우리가 배아 또는 이전에 인공자궁의 문제도 거론된다라고 이야기할 때 그런 논리에서 과연 주체성을 인정하는 이론이 절대불변한 지배설이라고 하는 것에 틀을 맞추는게 과연 바람직할 것이냐라고 하는 근본적인 물음을 제기해 보고 싶습니다.

사 회 자 : 고맙습니다.

마지막까지 하신 말씀은 배아가 인간인데 헌법적 판단을 잘해서 폐기용, 실험용도로 사용될 수 있다, 이런 결론이로군요. 선생님 결론은.

이 인 영 : 아니요, 그거는 아니고, 뭐냐 하면 일정한 요건을 갖춘 잔여배아

의 경우에 있어서 존엄의 주체이기는 하지만 제한가능성이라고 하는 부분은 있다라고 이야기하면서 제가 아까 이야기 했던게, 제가 강조하는 것은 이렇게 침해의 한계에 접근하면 접근할수록 그 침해를 허용하는 필요성의 요건은 높을 수밖에 없다. 그러면 과연 그 높은 기준을 어떤 범위 내에서 우리가 고민하면서 정의할 거냐라고 하는 것이 제 논점입니다.

강 희 원 : 알겠습니다. 감사합니다.

더 토론의 여지가 명백히 있으리라는 생각이 듭니다.

그러나 시간적인 제한이 있고,

발 표 자 : 한마디만 하겠습니다.

이 사건에서 저희들 여기 발표하는데 전혀 언급하지 않았는데 냉동이라는 부분을 사실상 상당히 주의해가지고 봐야 되지 않냐하는 겁니다.

예를 들면 지금 이게 냉동배아 같으면 질소냉동기에 영하 180도 이렇게 얼려놓는 것인데, 과연 그 상태에서 생명이 있느냐하는 거지요. 우리 성인도 마찬가지지요. 성인도 냉동을 이렇게 시키게 되면 과연 살아있느냐 하는 거지요. 이 부분에 대해서도 사실상 배아자체 문제하고 달리해서 생물학적이나 법적으로 판단을 해야 될 그런 부분이라고 생각합니다. 그 부분에 대해서는 사실상 우리 오늘 생명헌법하면서 얘기는 안했습니다마는 이 냉동이라는 부분에 대해서도 분명히 다른 잣대를 들이대고 우리가 판단을 해야 되지 않을까 생각됩니다.

사 회 자 : 감사합니다.

혹시 마무리 단계에서 재판관님 하실 말씀이 없으신지요.

회　　장 : 시간이 너무 갔는데요. 이거는 정말 새로운 분야고 저희들이 많은 것을 배웠습니다. 이런 기회를 통해서 우리 헌법재판소가 이런 자료 또 저희들 머리속뿐만 아니라 이런 자료를 받고 오늘 토론내용을 귀하게 저희들이 생각하는 이유는 저희들 헌법재판소가 이런 자료를 받고 의견 듣고 또 여러분들의 그동안의 연구성과를 저희들이 집적해감으로써 우리 헌법재판소가 이렇게 지식의 창고위에서 저희들이 더욱 발전하고 또 여러분들의 기대에 어긋나지 않는 판단을 할 것으로 기대합니다.

사실 여기서 적법요건은 그렇게 중요한 것 같지는 않습니다.

왜 그러냐 하면 적법요건이라는 것은 형식적으로 보면 직접성이나 헌법재판소에서 소를 제기할 수 있느냐, 소원을 제기할 수 있느냐의 요건이지만 그것이 실체판단과 절대 분리될 수는 없습니다. 실체를 어떻게 보느냐, 왜 논리적으로 그러면 본안까지 들어간다 그런 판단을 전제로 해서 적법요건이 판단되느냐하고 우리가 의문을 제기할 수는 있지만, 사실은 적법요건이라는 것도 실체가 판단이 안 되면 적법요건도 사실은 심사를 할 수 없습니다. 그렇기 때문에 실체에 대한 오늘 토론을 하셨다 해도 저희들은 충분히 그것 자체로 저희들은 많은 것을 배운 것으로 그렇게 믿습니다.

정말 발표해 주시고 토론해 주시고 사회해 주시고 참여해 주신 교수님들 정말 감사합니다.

사 회 자 : 감사합니다.

재판관님의 마무리 말씀을 사회자로서도 갈음하는 것으로 받아들여주시면 감사하겠습니다. 장시간 앉아 계신 여러분들께 감사를 드립니다.

그리고 오늘 발제를 해 주시고 지정토론을 해 주신 분들에게도 감사드립니다.

법의 문제이기도 하지만 사실 법의 문제이기만 한 것은 아니다라고 하는 것을 느끼게 해 주고 이 법의 이름으로 윤리위원회를 만들어서 하라고 하는 그것 자체가 그만큼 해결이 어렵다라고 하는 문제를 이야기하는 것이고 그런 점에서 본다면 모든 입법이 다 그렇듯이 입법과정에서나 법의 해석의 과정에서 충분한 토론, 공론 이런 것들이 확인되는 것이 중요할 것 같고, 그런 것들이 확인이 되지 않는 절차였다고 한다면 그것은 비헌법적이고 반헌법적이다라고 하는 그런 소리를 들을 수 있지 않겠는가 그런 의미에서 이와 관련된 토론은 많을수록 당분간은 좋을 것이다라는 그런 생각이 듭니다.

여러분 감사합니다.

第68회(2006. 9. 8) 발표문

신뢰보호원칙에 대한 헌법재판소의 태도

박 경 철*

Ⅰ. 서 론

1. 법치국가원리와 신뢰보호원칙

법치국가원리는 이념적으로 법적 정의의 실현이라는 요청과 법적 안정성의 실현이라는 경우에 따라 상충되기도 하는 두 요소를 본질적 구성요소로 한다. 신뢰보호원칙은 법치국가원리의 두 가지 요소 중에서 법적 안정성의 요청에 근거하여 인정된다고 할 수 있다.[1] 자유는 법질서의 신뢰성이 확보될 때 더 잘 보장될 수 있다. 왜냐하면 자유는 무엇보다도 자신의 고유한 삶을 누구의 지시나 간섭을 받지 않고 자신의 의사에 따라 계획하고 실현할 수 있는 가능성을 의미하는데, 이를 실현하기 위한 본질적인 전제조건이 바로 국민의 삶과 개성신장을 위한 계획의 실현에 영향을 미칠 수 있는 국가의 영향력을 가능한 한 확실하게 평가할 수 있어야 하기 때문이다.[2] 이런 점에서 법치국가원리는 자유의 조건으로서 국민에게 국가작용에 대한 예측가능성과 신뢰를 보장하여야 한다. 특히 오늘날의 복지국가 · 사회국가에서는 국민은 자신의 생존이나 개성신장을 국가가 제공하는 급부나 국가로부터 부여받은 허가 등의 존속에 의존하고 있기 때문에 법적 안정성의 요청은 더욱 중요한 의미를 지니게 된다.[3] 질서속에서 살아가는 개개의 국민

* 강원대학교 법과대학 교수.

1) 김남진 · 김연태, 행정법 Ⅰ, 법문사, 46면; 김성수, 일반행정법, 101면 이하; 정종섭, 법률의 변경에 있어서 신뢰의 보호, 헌법연구 3(박영사, 2001), 128면 이하; 한수웅, 法律改正과 信賴保護 : 不眞正遡及效에 관한 憲法裁判所 判例 評釋을 겸하여, 人權과正義 250(대한변호사협회, 1997.6), 77면 이하 참조. 이에 반하여 신뢰보호원칙을 법치국가원리의 두 요소인 법적 안정성과 실질적 정의 모두에서 도출되는 원칙이라는 견해도 있다. 강경근, 법치주의와 신뢰보호원칙, 고시계 2003. 3, 23면.

2) BVerfGE 60, 253(267). 유사한 취지: 정종섭(주 1), 119면 이하 참조.

은 법적 안정성의 요청에 근거하여 자신이 신뢰한 법상태를 보호해줄 것을 국가에 요구할 수 있다고 할 것입니다.[4] 이런 점에서 신뢰보호원칙은 법치국가원리의 법적 안정성보장의 주관적 측면이라고 할 것입니다. 우리 헌법재판소도 헌법상 법치국가의 원칙과 법적 안정성에 근거하여 신뢰보호의 원리를 인정하고 있다[5].

그런데 신뢰보호원칙이 법치국가원리의 본질적 구성요소로서 헌법원칙으로서의 지위를 가진다고 하더라도 신뢰보호원칙은 두 가치 측면에서 내재적 한계를 가지고 있다고 할 것이다.[6] 즉 법적 안정성의 요청에 근거하는 신뢰보호원칙은 법치국가원리의 또 다른 요소인 법적 정의의 요청과 갈등 · 충돌이 나타날 수 있으며, 또 한편으로는 법규범이 변화된 현실에 적응하여 공익을 실현하여야 할 필요성과의 관계에서 갈등 · 충돌이 발생할 수 있다. 이런 갈등 · 충돌현상은 헌법의 통일성에 입각하여 국민의 신뢰이익과 법적 정의의 요청과 새로운 법규범으로 실현하고자 하는 공익을 종합적으로 형량하여 그때그때의 사안마다 개별적으로 검토하여야 한다고 할 것이다.[7]

2. 문제의 제기

현재 신뢰보호원칙과 관련하여 이론적 차원에서는 입법작용에 대한 신뢰보호원칙의 적용요건이 불명확하고 애매모호하다는 문제점이 있고, 실무적 차원에서는 헌법재판소가 신뢰보호원칙의 적용에 몇 가지 점에서 소극적이라는 문제점이 있다고 할 수 있다.

신뢰보호원칙이 독일 행정재판의 발전과정에서 형성되어 독일 연방행정재판소나 연방헌법재판소가 헌법원칙으로 수용함으로써 독일 내에서 확고한 법원칙으로서 정립되었고, 이후 유럽재판소에 의하여 법의 일반원칙으로 수용되어 보편적인 하나의 법원칙으로 인식되고 있다.[8][9] 이와 같은 대륙법계의 법률문화가 우리

3) 이상철, 독일 행정절차법상의 신뢰보호원칙, 안암법학 2(안암법학회, 1994.8), 203면 이하 참조.

4) 정종섭(주 1), 128면; 한수웅(주 1), 77면 참조.

5) 헌재 1995.6.29. 선고, 94헌바39 결정, 판례집 7-1, 910면 이하; 1995. 10. 26. 선고, 94헌바12, 판례집 7-2, 461면 이하; 헌재 1997. 11. 27. 97헌바10, 판례집 9-2, 651, 668; 2001. 9. 27. 2000헌마152, 판례집 13-2, 338, 346; 2004. 12. 16. 2003헌마226 · 270 · 298 · 299(병합), 판례집 16-2, 589면 이하 참조.

6) E. Benda, Handbuch des Verfassungsrechts(1), § 17, S. 742.

7) 독일연방헌법재판소는, 법적 안정성의 요청과 법적 정의의 요청간의 갈등·충돌현상은 기본적으로 긴장관계에 있는 것일 뿐이고, 조정될 수 없는 대립관계는 아니라고 한다. BVerfGE 60, 253(268).

8) 신뢰보호원칙의 유럽법의 일반원칙으로의 수용과정에 관해서 Volkmar Götz, 유럽법의 일반원

나라에도 계수되어 신뢰보호원칙이 학계와 실무에서 국가작용이 준수하여야 할 헌법원칙으로 받아들여지고 있다고 할 수 있다. 그런데 행정작용에 대한 신뢰보호원칙의 성립요건 내지 적용요건은 행정법학의 영역에서 구체화되어 있는 반면에 입법작용에 대한 신뢰보호원칙의 적용요건을 구체화하려는 시도 내지 노력은 다소 부족하다고 할 수 있다.[10] 그 결과 행정작용에 대한 신뢰보호원칙의 적용요건을 입법작용에도 그대로 적용되는 것처럼 이해되고 있다. 하지만 행정행위는 기본적으로 개별적 성격을 가지고 있는 반면에 법규범은 일반적 성격을 가지고 있다는 차이가 있으며, 또 행정작용은 기본적으로 법률에 근거하여 이루어져야 하지만, 입법작용은 구체적 법질서를 형성할 수 있는 광범위한 형성의 자유를 가지고 있다는 점에서 차이가 있다고 할 것이다. 신뢰보호원칙을 개별 행정행위에 적용하는 경우 선행 행정행위에 대한 국민의 신뢰이익이라는 사익과 새로운 행정행위로 달성하고자 하는 공익을 개별적 차원에서 비교형량하는 것이 중요하고, 이익형량의 결과 신뢰이익이 공익보다 크거나 같다면 원칙적으로 존속보호를 하여야 하며, 신뢰이익이 공익보다 작은 경우 새로운 행정행위를 할 수 있다는 것이 되어 공익과 사익의 비교형량의 결과 신뢰보호의 방법도 단순하다고 할 수 있다.[11] 하지만, 법규범에 대한 국민의 신뢰에 신뢰보호원칙을 적용함에 있어서는 일반성을 띠는 법규범의 특성상 다양한 신뢰이익이 형성될 수 있으므로 신뢰이익과 공익을 형량하여 그에 상응하는 다양한 신뢰보호방법을 고려하는 것이 필요하다고 할 것이다. 이런 점에서 입법작용에 대한 신뢰보호원칙의 적용요건을 정립하는 것이 필요하다고 판단된다.

실무적 측면에서 보면 헌법재판소 역시 이익형량의 관점에서 주로 법규범에 대한 국민의 신뢰보호문제를 다루고 있다고 할 수 있다. 그 결과 법규범에 대한

칙으로서 비례원칙과 신뢰보호원칙, 박정훈 역, 법학, 제105권(1997. 12), 31면 이하 참조.

9) 영미법계의 금반언의 원칙에 관하여는 박수헌, 미국행정법상 금반언원칙에 관한 소고, 토지공법연구 제18집 (2003. 6), 191면 이하 참조.

10) 헌법학의 일반교과서에서는 신뢰보호원칙이 매우 간단히 언급되고 있을 뿐이며, 개별논문 역시 많지 않은 상황이다. 계희열, 헌법학(상), 2004, 363면; 허영, 한국헌법론, 2006, 149면; 권영성, 법문사, 2006, 797면; 성낙인, 헌법학, 법문사, 2006, 176면; 전광석, 한국헌법론, 법문사, 2006, 200면 이하; 정종섭, 헌법학원론, 2006, 134면. 명재진, 信賴保護와 憲法, 연세법학연구 第10輯 第1卷(연세법학회, 2003), 1면 이하 참조; 정종섭,(주 1), 117면 이하 참조; 한수웅(주 1), 76면 이하 참조.

11) 이에 대하여 행정행위에 대한 신뢰이익의 보호와 관련하여 국민에게 보호가치있는 신뢰이익이 성립한 이상 후행행정작용이 추구하는 공익이 크다고 할지라도 사정판결제도를 이용하여 보상보호를 하여야 한다는 주장이 있다. 김남진, 信賴保護要件의 充足과 權利保護 -대법원 1998년 11월 13일 선고98두7343판결-, 法律新聞 第2762號(1999년 2월 1일), 15면; 김유환, 신뢰보호원칙의 적용한계와 이익형량, 고시계 2003. 10, 84면.

신뢰보호를 검토함에 있어서 정당한 신뢰이익과 공익을 형량하여 그에 상응하는 다양한 신뢰보호방법을 제시하지 못하고 있다고 할 수 있다.

이하에서는 먼저 신뢰보호원칙의 국가작용에 대한 기속력(Ⅱ)을 살펴본다. 이를 통하여 신뢰보호원칙이 국가작용에 대하여 어떠한 효력을 가지는지를 살펴본다. 그리고 난 후 입법작용의 한계원칙으로서의 신뢰보호원칙의 적용요건(Ⅲ)에 관하여 살펴본 후 신뢰보호원칙의 적용에 관한 헌법재판소의 태도 일반에 관하여 살펴본 후 비판의 여지가 있다고 생각되는 헌법재판소의 결정을 검토하기로 한다(Ⅳ).

Ⅱ. 신뢰보호원칙의 국가작용에 대한 기속력

신뢰보호원칙은 법치국가원리에서 파생하는 헌법원칙이라는 점에서 입법작용, 행정작용, 사법작용을 구속한다고 할 것이다.

입법작용에 대한 신뢰보호원칙의 적용문제는 주로 과거의 사실관계나 법적 상태를 규율하는 입법작용에 의하여 국민의 법규범에 대한 신뢰가 침해되는 경우 비로소 제기된다고 할 수 있다. 과거의 사실관계나 법적 상태를 규율하는 입법작용 또는 그에 의하여 정립되는 법규범을 '소급입법'이라고 하는데, 헌법재판소는 "소급입법은 새로운 입법으로 이미 종료된 사실관계 또는 법률관계에 작용케 하는 진정소급입법과 현재 진행중인 사실관계 또는 법률관계에 작용케 하는 부진정소급입법으로 나눌 수 있는바, 부진정소급입법은 원칙적으로 허용되지만 소급효를 요구하는 공익상의 사유와 신뢰보호의 요청 사이의 교량과정에서 신뢰보호의 관점이 입법자의 형성권에 제한을 가하게 되는데 반하여, 기존의 법에 의하여 형성되어 이미 굳어진 국민의 법적 지위를 사후입법을 통하여 박탈하는 것 등을 내용으로 하는 진정소급입법은 국민의 신뢰보호와 법적 안정성을 내용으로 하는 법치국가원리에 의하여 특단의 사정이 없는 한 헌법적으로 허용되지 아니하는 것이 원칙이고 다만 일반적으로 국민이 소급입법을 예상할 수 있었거나 법적 상태가 불확실하고 혼란스러워 보호할 만한 신뢰이익이 적은 경우와 소급입법에 의한 당사자의 손실이 없거나 아주 경미한 경우 그리고 신뢰보호의 요청에 우선하는 심히 중대한 공익상의 사유가 소급입법을 정당화하는 경우 등에는 예외적으로 진정소급입법이 허용된다"고 판시하여 진정소급입법과 부진정소급입법으로 나누어 각각의 헌법적 한계를 검토하고 있다.[12] 헌법재판소도 지적하는 것처럼 진정소급입법과 부진정소급입법의 구분은 질적 구분이 아닌 양적 구분으로, 단순히 법기술적 차원으로 이루어질 가능성이 있어 척도로서 문제가 있지만[13] 대체로 헌법재판소가 제시한 소급입법에 대한 분류방식과 헌법적 한계는 학계에서 대체로 받아들여지고 있다.[14] 하지만 진정소급입법에는 법률의 효력을, 법률이 대외적으로 성립하는 공포시점 이전으로 소급하여 발생하게 하는 경우도 포함하여야 한다는 견해가 있다.[15] 헌법재판소는 이와 같은 입법을 부진정소급입법으로 평가하고 다만 신뢰보호원칙의 심사를 장래입법에 비해서 더 강화하여야 한다고 판시하고 있다.[16]

신뢰보호원칙은 진정소급입법과 부진정소급입법의 한계로서 특히 진정소급입법의 경우 더욱 엄격하게 적용되어야 한다. 그런데 진정소급입법은 특단의 사정이 없는 한 헌법적으로 허용되지 아니한다는 점에서 소급입법과 신뢰보호원칙의 문제는 주로 부진정소급입법과 관련하여 발생하는 문제라고 할 것이다. 즉 일정한 사실관계나 법적 지위를 새로이 규율하고자 하는 모든 법규범은 이미 과거에 발생하였으나 아직도 지속되는 사실관계나 법적 지위를 어떻게 규율할 것인가 하는 문제에 직면하게 되고 이 과정에서 신뢰보호원칙이 문제된다고 할 것이다. 공무원의 정년 연령을 65세에서 60세로 변경하는 공무원법의 개정이 이루어진 경우 혹은 자동판매기를 통한 담배판매영업허가를 받아 자동판매기를 구입하여 적법하게 담배판매영업을 하던 중 담배자동판매기를 일정한 장소외에는 설치할 수 없도록 법령이 개정되어 더 이상 자동판매기를 통한 담배판매영업을 할 수 없는 경우처럼 법규범의 존속을 신뢰하였으나 종래 자신의 판단이나 결정의 근거가 된 법규범이 종전보다 불이익하게 변경된 경우 어떠한 경우 어느 정도로 종전의 법규범에 대한 신뢰를 보호하여야 하는 것이 문제된다고 할 것이다. 따라서 입법자는 법률을 제정하거나 개정하는 경우 우선적으로 기존의 법적 상태나 사실관계 등의 실태를 조사하여 기존의 법적 상태에 대한 국민의 신뢰여부와 보호정도와 새로운 법적 규율을 통하여 실현하고자 하는 공익을 종합적으로 형량하여 공익을

12) 헌재 2006.04.27. 2005헌마406, 공보 115, 673면; 헌재 1999. 7. 22. 97헌바76등, 판례집 11-2, 192-193. 유사한 취지: 헌재 1996. 2. 16. 96헌가2,96헌바7,96헌바13(병합), 5·18민주화운동(민주화운동)등에관한특별법(특별법) 제2조 위헌제청사건, 판례집 8-1, 84면. 대법원도 소급입법을 진정소급입법과 부진정소급입법으로 나누고 있다. 판 1983.4.26. 선고, 81누423; 1983.12.27. 선고, 81누305; 1989.7.11. 87누1123 판결 참조.

13) 정종섭(주 1), 144면 이하 참조; 헌재 1995. 10. 26. 선고 94헌바12, 판례집 7-2, 457면.

14) 김성수(주 1), 110면 이하; 계희열(주 10), 363면; 허영(주 10), 149면; 권영성(주 10), 797면..

15) 자세한 것은 한수웅(주 1), 78면이하 참조. 헌법재판소는 이와 같은 입법을 부진정소급입법으로 평가하고 있다. 헌재 1995. 10. 26. 선고 94헌바12, 판례집 7-2, 458면.

16) 헌재 1995. 10. 26. 선고 94헌바12, 판례집 7-2, 458면.

실현하면서도 국민의 정당한 신뢰이익도 보호하는 법규범을 제정·개정하여야 할 것이다. 따라서 입법작용에 신뢰보호원칙을 적용함에 있어서는 이익형량의 원칙뿐만 아니라 규범조화적 해석의 원칙 내지 실제적 조화의 원칙이 중요한 기능을 하여야 한다고 할 것이다.

개별적 성격을 가지는 행정작용을 함에 있어서도 행정기관은 신뢰보호원칙을 준수하여야 한다. 행정작용과 관련하여서는 신뢰보호원칙의 적용례들이 보다 세분화·구체화되어 있고 그에 대한 이론이 발전되어 있다. 즉 위법한 수익적 행정행위의 취소, 적법한 수익적 행정행위의 철회, 실권의 법리, 확약, 행정계획의 폐지·변경 등의 경우에 신뢰보호원칙의 적용여부가 논의되고 있다. 행정작용에 신뢰보호원칙을 적용함에 있어서는 공익과 신뢰이익을 비교형량한 결과 '도 아니면 모'식의 판단을 해야 한다는 점에서 행정작용에 신뢰보호원칙을 적용함에 있어서는 이익형량의 원칙이 중요한 판단기준으로 기능한다고 할 수 있다.

그리고 사법작용이 역시 헌법원칙으로서 신뢰보호원칙에 기속되어야 한다. 여기서 사법작용이 신뢰보호원칙에 기속된다고 하는 것은 행정재판이나 헌법재판을 함에 있어서 신뢰보호원칙을 재판의 준거로 삼아 이를 존중하고 실현하는 재판을 하여야 한다는 것을 의미하는 것이고, 헌법재판소나 법원의 재판에 신뢰보호원칙이 적용되어 판례의 변경이 허용되지 아니한다는 취지는 아니다.[17)]

Ⅲ. 입법작용에 대한 신뢰보호원칙의 적용요건

1. 서 언

위에서 언급한 것처럼 개별적 성격을 가지는 행정작용에 신뢰보호원칙을 적용함에 있어서는 행정작용의 존속에 대한 사인의 신뢰이익과 새로운 행정작용으로 추구하는 공익의 비교형량이 중요하며, 그 결과 행정작용의 경우 행정기관이 고려할 수 있는 신뢰보호의 방법은 단순하다고 할 수 있다.[18)] 반면에 법규범의 변경과 관련하여 신뢰보호원칙을 적용하는 경우 종전의 법질서에 대한 국민의 신

17) 법원이나 헌법재판소의 재판에 기판력 내지 확정력이 발생하는 것은 소송절차의 법적 안정성을 실현하기 위하여 인정되는 것이라고 할 것이다.

18) 유사한 취지: 김성수(주 1), 107면. 보상에 관한 명시적 규정이 없는 이상 일반법원이 위법한 수익적 행정행위의 직권취소를 허용하면서 신뢰보호를 위하여 보상을 명할 수 있는지에 대하여 회의를 표시하고 있다.

뢰이익과 법규범의 제정 · 개정 · 폐지 등으로 추구하고자 하는 공익이 서로 충돌 · 상충하게 되는데, 이 때 행정작용의 경우처럼 양자를 비교형량하여 그 결과에 따라 단순하게 신뢰보호여부와 신뢰보호방법이 결정되는 것이 아니라 구법에 대한 국민의 신뢰가 정당한 경우 국민의 신뢰이익이 법률의 변경으로 달성하고자 하는 공익보다 크거나 같다면 존속보호를 하는 입법을 하여야 하고, 공익이 신뢰이익보다 더 큰 경우에라도 입법자는 신뢰이익을 무시하는 입법을 하여서는 아니되고, 입법자는 정당한 신뢰이익의 크기와 보호의 정도 등을 공익의 중요성과 긴급성 등과 형량하여 그에 상응하는 신뢰보호방법을 마련하여야 할 입법의무가 있다고 할 것이다. 입법자가 정당한 신뢰이익과 공익을 형량하여 그에 상응하는 적정한 신뢰보호방법을 마련하지 않은 경우 당해 법규범은 신뢰보호원칙에 위배되어 위헌이라고 평가되어야 할 것이다. 이런 점에서 법규범에 대한 신뢰보호원칙의 위배여부를 판단함에 있어서는 먼저 정당한 신뢰이익이 성립하고 있는지를 검토하여야 하고, 이것이 인정될 경우 공익과 신뢰이익을 형량하여 어떠한 신뢰보호방법을 두어야 하는가가 검토되어야 할 것이다.[19] 즉 법규범에 대한 신뢰보호원칙의 적용요건은 '정당한 신뢰이익'의 성립요건과 '적정한 신뢰보호방법의 구비' 두 부분으로 나누어 보는 것이 타당하다고 생각된다.

2. 정당한 신뢰이익의 성립 여부

(1) 정당한 신뢰이익의 성립요건

부진정소급입법의 경우 구법의 존속에 대하여 정당한 신뢰이익이 형성되었다고 하기 위해서는 국민이 구법질서의 존속에 대하여 보호가치있는 합리적인 신뢰를 하고 이러한 신뢰에 입각하여 일정한 처분행위를 하여야 한다고 할 것이다. 여기에서 부진정소급입법의 경우 구법의 계속성에 대하여 정당한 신뢰이익이 형성되었는지 여부를 판단함에 있어서는 '어떠한 경우 구법에 대한 국민의 신뢰가 보호할 가치가 있다고 인정할 수 있는가'하는 것이 중요하다.

신뢰보호원칙은 국가작용의 정당성과 계속성에 대하여 국민이 일방적으로 가졌던 기대나 신뢰를 보호하는 것이 아니라 원칙적으로 국가가 국민에게 이미 부여했던 신뢰가 보호대상이 된다.[20] 따라서 구법에 대한 국민의 신뢰가 보호할 가

19) 유사한 취지: 한수웅(주 1), 87면.

20) 이와 관련하여 법률의 제정의 경우 종전의 법적 규율이 없던 상태 내지 입법부작위에 대해서 신뢰보호원칙이 적용될 수 있는지 하는 것이 문제될 수 있다. 일반적으로 신뢰보호의 근거가 되는 국가의 행태에는 국가의 작위뿐만 아니라 부작위도 포함한다. 여기서 국가의 부작위 내지

치가 있는가 여부는 입법자가 어느 정도로 국민으로 하여금 법률의 존속에 대한 신뢰를 가지게 하고 그에 따라 행동하게 하였는가에 달려 있다고 할 것이다. 이를 판단하기 위해서는 입법자가 행한 입법의 내용을 구체적으로 검토하여 입법자가 법률의 존속시기를 명시하거나 또는 특정상황을 전제로 하여 법률을 제정하였기 때문에 법규범의 변경에 대한 예견가능성이 있는지 여부와 법규범이 일정한 정치 · 경제 · 사회 · 문화적 상태를 실현하기 위하여 국민의 행위를 강제하고 있는지, 혹은 적극적으로 국민의 행위를 유도 · 유인하는 내용을 두고 있는지 여부 등을 기준으로 하여 판단하여야 한다.[21]

(2) 판단기준

가. 법규범의 변경에 대한 예견가능성

법규범의 문언이나 취지에서 법규범의 개정이나 폐지 등 그 변경을 예견할 수 있는 경우는 물론이고 일반적으로 법규범은 현실상황의 변화나 입법정책의 변경 등으로 언제라도 개정될 수 있는 것이기 때문에, 원칙적으로 법규범의 개정은 예측할 수 있다고 보아야 하므로 특별한 사정이 없는 한 법률 변경의 경우 구법의 존속에 대한 신뢰는 일반적으로 보호가치가 크다고 할 수 없다. 특히 법률에서 법규범의 존속시기나 일정한 혜택이 부여되는 시기를 명시하고 있는 경우 구법의 계속성에 대한 국민의 신뢰는 입법자가 명시한 기간 동안에는 특별히 보호되어야 하지만, 입법자가 명시한 기간이후의 구법의 계속성에 대한 국민의 신뢰는 처음부터 배제된다고 할 것이다.[22] 그리고 기한을 정하지 않고 조세를 감면하거나 보조금을 지급하는 법규범이 있는 경우 그런 혜택이 수익을 받는 국민의 일정한 처분행위없이 부여되는 경우, 예컨대 근로소득세를 일률적으로 1% 인하하

국가가 묵인 내지 방치하였다는 것의 의미가 문제된다고 할 수 있다. 국가의 묵인 내지 방치를 넓게 이해하면 입법자가 아무런 입법을 하고 있지 아니한 영역에서 새로운 입법을 할 때에는 종전의 법적 상태에 대한 신뢰보호의 문제가 발생하게 된다. 행정청이 법규범에 근거하여 일정한 처분을 할 수 있음에도 불구하고 방치·묵인하는 경우와 달리 입법부는 광범위한 입법형성권을 가지고 있다는 점에서 일정한 영역에서 새로운 법률을 제정하면서 구법상태에 대한 신뢰를 보호하는 규정을 스스로 두지 않는 한, 구법상태가 존속될 것이라는 국민의 신뢰에 대해서는 원칙적으로 신뢰보호원칙을 적용할 여지는 없다고 할 것이다. 같은 취지: 정종섭(주 1), 154면. 개발이익환수에관한법률 부칙 제2조 위헌소원심판사건(전원재판부 2001. 2. 22. 98헌바19)의 심판대상인 개발이익환수에관한법률 부칙 제2조에서는 이 사건 법률시행 당시에 건축중인 건물에 대해서는 이 법시행이후의 개발이익만을 환수하도록 규정하여 이 법 시행이전의 개발이익에 대해서는 신뢰이익을 보호하는 입법조치를 하고 있다.

21) 같은 취지: 헌재 2002.11.28. 2002헌바45, 판례집 14-2, 713면.

22) 이에 대하여 법률의 존속시기를 법률에 규정하고 있는 경우 입법자가 여기에 따라야 하는 것은 입법자의 자기구속에 의하여 인정되는 것이고, 국민의 신뢰보호를 근거로 주장할 수 없다는 견해도 있다. 정종섭(주 1), 132면.

는 경우처럼 국민의 특별한 처분행위 없이도 조세감면해택을 받을 수 있는 경우에는 그와 같은 조세감면제도는 경제상황의 변화나 국가정책의 변경으로 인하여 감축 또는 폐지되리라는 것은 일반적으로 예견할 수 있다고 할 것이다. 하지만 법규범이 제공하는 조세감면이나 보조금 지급의 혜택이 국민의 일정한 처분행위를 전제로 하는 경우에는 이러한 혜택이 경제상황의 변화나 국가정책의 변경으로 인하여 쉽게 감축 또는 폐지되는 것이 허용된다면 국민은 국가정책이나 법규범을 신뢰할 수 없게 될 것이며 경제적 · 정신적으로 큰 피해를 입게 될 것이므로 국민의 일정한 처분행위를 전제로 하여 부여되는 혜택 등이 쉽게 변경될 것이라는 것은 일반적으로 예견할 수 없다고 할 것이고 따라서 이와 같은 경우에 있어서의 구법에 대한 신뢰는 보호가치가 상대적으로 크다고 할 것이다. 그리고 입법자가 여러 차례의 법률개정을 통하여 혜택을 점진적으로 축소하고 있는 경우에도 원칙적으로 구법상의 혜택에 대한 신뢰이익 역시 보호가치가 적다고 할 수 있다.

나. 국민의 신뢰가 입법자에 의하여 적극적으로 유도된 경우

예컨대 고등학교 · 대학교 입시시험제도같이 법규범이 일정한 정치 · 경제 · 사회 · 문화 · 행정적 상태를 실현하기 위하여 국민의 일정한 행위를 강제하는 경우에는 국민은 행위여부에 대한 선택가능성이 없고 법규범이 정하는 일정한 행위를 하여야 하므로 법규볌의 존속에 대하여 국민이 가지는 신뢰는 그 보호가치가 매우 크다고 할 것이다. 왜냐하면 일정한 목적을 달성하기 위하여 국가가 공익상의 이유로 국민의 선택을 배제하고 국가가 설정한 기준에 따라 행동하도록 강제하는 경우 국가는 국민의 헝위에 대한 책임을 인수하였다고 할 것이기 때문이다.[23] 다만 신뢰이익이 오로지 국민 개개인의 투자의 결과로서 형성된 것이 아니라 국가가 일정부분을 분담하고 있고 권리의 내용이 국가의 재정형편 등을 고려하여 결정되어야 하는 경우 예컨대 각 종 사회보장급여의 경우에는 정당한 신뢰이익으로 인정될 수 있는 범위는 축소될 수 있을 것이다.[24] 법규범이 일정한 정치 · 경제 · 사회 · 문화 · 행정적 상태를 실현하기 위하여 보조금 지급, 조세감면, 금융지원, 일정한 자격시험에서의 응시자격이나 합격기준 완화 등으로 일정한 국민의 행위를 적극적으로 유도하는 경우에는 구법에 따른 법적 지위와 구법의 존속에 대한

23) 한수웅(주 1), 87면.

24) 헌법재판소도 공무원연금법 제43조의2 위헌소원심판사건에서 "퇴직연금수급권의 성격상 그 급여의 구체적인 내용은 불변적인 것이 아니라, 국가의 재정, 다음 세대의 부담 정도, 사회정책적 상황 등에 따라 변경될 수 있는 것"이라고 판시하고 있다. 헌재 2005. 6. 30. 2004헌바42, 판례집 17-1, 984면 참조. 유사한 취지: 헌재 2004.06.24. 2002헌바15(구 국민연금법 제67조 제1항 위헌소원), 판례집 16-1, 733면 참조.

신뢰는 보호가치가 특별히 크다고 할 것이다. 헌법재판소도 "개인의 신뢰이익에 대한 보호가치는 ① 법령에 따른 개인의 행위가 국가에 의하여 일정방향으로 유인된 신뢰의 행사인지, ② 아니면 단지 법률이 부여한 기회를 활용한 것으로서 원칙적으로 사적 위험부담의 범위에 속하는 것인지 여부에 따라 달라진다. 만일 법률에 따른 개인의 행위가 단지 법률이 반사적으로 부여하는 기회의 활용을 넘어서 국가에 의하여 일정 방향으로 유인된 것이라면 특별히 보호가치가 있는 신뢰이익이 인정될 수 있고, 원칙적으로 개인의 신뢰보호가 국가의 법률개정이익에 우선된다고 볼 여지가 있다"고 판시하고 있다.[25]

다만 국민이 입법과정이나 행정과정에서 입법자나 담당공무원을 속이거나 협박한 경우, 또는 입법에 필요한 자료나 법률상의 혜택을 받기 위하여 기재사항을 고의 또는 과실로 누락하거나 사실을 은폐하거나[26] 뇌물을 공여하거나 선행조치에 중대하고 명백한 하자가 있어 선행조치가 위법임을 알았거나 중대한 과실로 알지 못한 경우 개인의 신뢰는 법적으로 보호가치 있는 정당한 신뢰라고 할 수 없다고 할 것이다.

다. 국민의 신뢰가 단순히 법규범이 부여하는 일정한 제도의 혜택을 받을 수 있다는 기대 내지 입법내용에 대한 일방적 신뢰인 경우

입법자가 일정한 생활영역을 형성하는 법규범을 제정하는 경우, 법규범의 행위규범적 특성으로 인하여 이와 같은 법규범도 국민이 그 영역에서의 자신의 개성신장을 위한 계획 설정과 실현을 위한 지침이 된다고 할 것이다. 이 경우 국민의 결정은 국가에 의하여 유도된 것이 아니라는 점에서 보호가치가 상대적으로 작다고 할 수 있다. 예컨대, 입법자가 공무원의 정년을 65세에서 62세로 단축하는 법률을 개정하는 경우 구법상의 65세 정년규정은 입법자가 공무원제도에 관한 형성의 자유에 입각하여 제정한 것이므로 구법상의 65세 정년규정을 신뢰하고 공무원이 되었다고 하더라도 구법에 대한 신뢰는 단순히 법규범이 규정하고 있는 일정한 제도에 따른 혜택을 받을 수 있다는 기대 내지 공무원 개인의 일방적 신뢰에 불과하다고 할 것이다. 따라서 이와 같은 경우 구법규정에 대한 신뢰나 그에 따른 공직선택 등의 처분행위는 상대적으로 그 보호가치가 적다고 할 것이다. 다만 정년을 단축하는 법률개정 당시에 이미 62세를 초과하였지만 구법상의 정년에 이르지 아니한 공무원과 62세에 임박한 공무원이 구법상의 정년제도에 대하여

25) 헌재 2002. 11. 28. 2002헌바45, 판례집 14-2, 713-714면.

26) 헌재 2004. 7. 15. 2002헌바63(구 상속세법 부칙 제3조 위헌소원), 판례집 16-2, 59~76면→ 헌재 2003.06.26. 2000헌바82(구 국세기본법 부칙 제2조 위헌소원), 판례집 15-1, 689면 참조.

가지는 신뢰 내지 기대는 이제 공무원이 된 지 몇 해가 되지 않는 공무원이 정년 제도에 대하여 가지는 신뢰 내지 기대와 동일시할 수 없을 만큼 크고 구체적이라고 할 수 있다. 따라서 이와 같은 경우 구법상의 신뢰이익은 보호가치 내지 보호의 필요성은 크다고 할 것이다. 이런 점에 비추어볼 때 일정한 경우에 국민의 결정이 국가에 의하여 유도된 것이 아니라고 하더라도 구법에 대한 국민의 신뢰가 보호되어야 하는 경우가 발생할 수 있다고 할 것이다.

그리고 일정한 직업에 종사하기 위해서는 법률이 정하는 일정한 요건하에서 국가가 허가 내지 특허 등으로 통제하는 경우 허가 등을 받아 일정한 직업을 영위하고 있는 자는 허가의 존속이 그에게 평생 보장되었다고 할 수는 없다.[27] 하지만 국민이 허가에 근거하여 영업을 위한 사무실이나 집기나 상품 등을 구입하는 등의 처분행위를 하고 직업을 영위하는 경우 헌법이 보장하는 직업수행의 자유의 보호범위에 포섭된다는 점에서 직업활동에 대한 국가의 허가 내지 근거법령에 대한 신뢰는 보호가치가 크다고 할 것이다 다만 이와 같은 경우는 국민의 스스로의 결정에 따라 법규범이 규정하고 있는 일정한 제도를 적극적으로 이용한 것이라는 점에서 국가가 국민으로 하여금 일정한 직업을 가지도록 적극적으로 유도한 경우보다 신뢰의 보호정도는 상대적으로 작다고 할 것이다.

3. 신뢰보호방법의 적정성

(1) 서 설

정당한 신뢰이익의 성립이 인정되면 신뢰보호의 방법이 문제되는데, 이 때 입법자는 구법의 존속 내지 법적 지위의 존속에 대한 국민의 신뢰이익과 법률의 개정을 통하여 추구하고자 하는 공익과 법적 정의를 실현하고자 하는 공익을 형량하여 신뢰이익이 법률의 개정을 통하여 실현하고자 하는 공익보다 크거나 같은 경우를 제외하고는 이익형량의 원칙과 규범조화적 해석원칙(실제적 조화의 원칙)에 따라 양 법익을 조화시키는 적정한 신뢰보호방법을 선택하여야 할 것이다.[28] 신뢰보호원칙은 원칙적으로 존속보호를 의미한다고 한다.[29] 존속보호는 국민으로 하여금 자신의 법적 지위를 그대로 유지할 수 있게 한다는 점에서 국가의 정책과 법규범 등의 변화에도 불구하고 자신의 삶을 자율적으로 영위하게 하는 가장 바

27) 한수웅(주 1), 86면.

28) 유사한 취지: 정종섭(주 1), 162면; 한수웅(주 1), 87면.

29) 명재진(주 10), 10면.

람직한 신뢰보호방법이다. 하지만 존속보호의 방법만으로는 국민의 신뢰이익과 법률변경으로 추구하는 공익을 조화시킬 수 없다는 점에서 법규범을 개정하되 이로 인한 국민의 신뢰이익의 침해에 대하여 재산상의 손실 등을 보상하는 방법(보상보호), 일정한 유예기간을 두는 방법, 기타 법률변경에 적응할 수 있도록 지원하는 제도를 두는 방법 등을 고려하여야 할 것이다. 다양한 신뢰보호방법은 공익과 사익의 교량과정에서 어느 정도 보상적·조정적 기능을 하며, 다양한 신뢰보호방법을 통하여 입법자는 개개 법률의 고유한 상황에 맞게 법치국가적 신뢰보호의 요청을 실현할 수 있게 된다.[30] 법률의 변경과정에서 신뢰보호방법을 규정하지 않거나 규정하더라도 적정하지 않은 경우에는 그와 같은 법률의 변경은 신뢰보호원칙에 위배되어 위헌이라고 할 것이다.[31]

(2) 신뢰보호의 구체적 방법

가. 존속보호의 방법

구법의 존속보호는 구법에 대하여 가지는 국민의 신뢰이익이 보호가치있는 정당한 신뢰이익으로서 법률개정으로 실현하고자 하는 공익보다 큰 경우에 인정될 수 있을 것이다. 특히 구법의 존속을 보장하지 않을 경우 국민이 받은 신뢰이익의 침해를 회복할 수 없는 경우에는 존속보호의 방법으로 신뢰를 보호하여야 한다. 법률을 개정하는 경우 개정법률은 개정이후에 발생한 사실관계에만 적용하고, 구법상의 사실관계나 법률관계에 대해서는 구법을 계속 적용하는 경과규정을 두거나 아니면 구법과 신법을 당사자의 의사에 따라 선택하게 하는 방법도 있다.[32]

나. 한시적·부분적 존속보호

한시적으로 신법의 적용을 배제하는 규정을 두는 방법은 구법에 대한 국민의 신뢰이익과 법률의 개정으로 추구하는 공익을 형량하여 구법의 존속을 국민이 신뢰한대로 영구히 구법의 적용을 보장하는 것이 아니라 구법의 존속을 한시적으로 보장하여 국민의 신뢰이익을 어느 정도 보호하면서도 일정기간 경과 후에는 신법이 추구하는 공익을 실현하는 신뢰보호방법이라고 할 수 있다. 이와 유사한 것으로 구법에 대하여 정당한 신뢰이익을 가지고 있는 일정한 인적 집단 등에 한정하

---

30) 한수웅(주 1), 87면.

31) 따라서 입법작용에 신뢰보호원칙을 적용함에 있어서 법적 정의의 요청과 법규범의 현실적합성의 요청은 원칙적으로 신뢰보호원칙의 적용여부에 대한 한계원리라기보다는 신뢰보호의 방법을 정함에 있어서 한계나 제한의 원리로 기능한다고 이해하는 것이 타당하다고 할 것이다.

32) 자세한 것은 한수웅(주 1), 88면.

여 신법의 적용대상에서 배제하고 구법을 적용하는 것도 신뢰보호의 한 방법이라고 할 것이다.[33)]

다. 적응지원제도

적응지원제도(Anpassungshilfe)는 국민들로 하여금 변화된 법규범에 용이하게 적응하게 하고 그럼으로써 신법을 원활하게 적용하여 법률개정의 목적을 달성하기 위하여 보조금 지급, 조세감면, 금융지원, 일정한 시설의 설치 등의 혜택을 제공하는 것이다. 적응지원제도는 신뢰이익의 침해가 발생하는 것을 미연에 방지하고 사후적인 보상문제가 발생하지 않는다는 점에서 발생한 손실에 대한 보상과는 구별된다.[34)]

라. 보상보호의 방법

보상보호란 정당하게 성립한 신뢰이익이 공익 못지않게 크거나 중요하지만 중대한 공익실현을 위하여 불가피하게 신뢰이익의 존속을 인정할 수 없는 경우에는 정당한 신뢰이익을 침해하는 대신에 신뢰이익의 침해로 인한 손실을 보상하는 방법을 의미한다. 예를 들어 독일의 경우에는 독일연방행정절차법 제49조는 불가쟁력이 발생한 수익적 행정행위라도 철회권의 유보, 부담의 불이행, 새로운 사실의 발생, 공공복리에 대한 중대한 불이익 방지, 그리고 법률의 개정 등의 사유가 있는 경우에 한하여 행정행위의 철회를 허용하면서, 동조 제6항에서 새로운 사실의 발생, 공공복리에 대한 중대한 불이익 방지, 그리고 법률의 개정의 사유로 철회된 경우에는 당사자가 행정행위의 존속을 신뢰하였고 그 신뢰가 공익과 비교하여 보호가치있는 것일 경우에는 당사자의 신청에 따라 그 재산상의 불이익을 보상하여야 한다고 규정하고 있다.

---

33) 예컨대, 국공립사범대학 등의 졸업생의 교육공무원으로 우선채용제도에 대한 헌법재판소의 위헌결정(1990. 10. 8. 89헌마89)에 따른 후속입법조치로서 국회는 1990. 12. 31. 교육공무원법을 개정하여 국공립사범대학 등의 재학생과 졸업생의 일부를 일정기간 구제하는 제도를 둔 바 있다.

교육공무원법(일부개정 1990. 12. 31. 법률 제4304호) 부칙 제2조(국·공립의 교육대학·사범대학등의 졸업자 등에 대한 경과조치) 임용권자는 교사를 신규로 채용함에 있어서 1993연도까지 임용권자가 정하는 바에 따라 채용예정인원의 일정비율을 1989연도 이전에 국립 또는 공립의 교육대학·사범대학 기타 교원양성기관에 입학한 자로서 소정의 교육과정을 이수하고 졸업하거나 수료한 자로 선발·임용할 수 있다.

34) 교육공무원의 정년을 65세에서 62세로 단축하는 교육공무원법(1999.1.29. 법률 제5717로 개정된 것) 제47조의 구정으로 당연퇴직하거나 명예퇴직하는 교원을 위하여 명예퇴직수당의 지급대상 및 지급액에 관하여 종전의 정년을 적용하여 지급하는 교육공무원법 부칙 제4조가 적응지원제도라고 할 수 있다.

Ⅳ. 신뢰보호원칙의 적용에 관한 헌법재판소의 태도

1. 일반원칙에서의 문제점

헌법재판소는 89헌마1사건에서 부진정 소급입법을 하는 경우 "구법질서에 대하여 기대했던 당사자의 신뢰보호보다는 광범위한 입법권자의 입법형성권을 경시해서는 안될 일이므로 특단의 사정이 없는 한 새 입법을 하면서 구법상의 법적 지위 내지 구법상의 기대이익을 존중하여야 할 의무가 발생하지는 않는다"[35]라고 하여 부진정소급입법의 경우에 입법자의 입법권을 우선시하여 국민의 신뢰이익이 존중될 수 없다는 태도를 취하였으나, 94헌바12사건[36]에 대한 결정을 계기로 일반적으로 과거에 시작된 구성요건사항에 대한 신뢰는 더 보호될 가치가 있다고 할 것이기 때문에 신뢰보호의 원칙에 대한 심사가 부진정소급입법의 경우 장래입법에 비해서보다는 일반적으로 더 강화되어야 한다고 판시한바 있다. 이후로 헌법재판소의 부진정소급입법에 대한 심사밀도 및 논증과정은 치밀해졌다고 평가할 수 있다.

헌법재판소는 부진정소급입법이 신뢰보호원칙에 위배되는지 여부를 심사함에 있어서 과거에는 "신뢰보호원칙의 위반여부는 한편으로는 침해받은 신뢰이익의 보호가치, 침해의 중한 정도, 신뢰침해의 방법 등과 다른 한 편으로는 새 입법을 통하여 실현하고자 하는 공익목적을 종합적으로 비교형량하여 판단하여야 한다"는 원칙론을 제시한 후에 청구인에게 정당한 신뢰이익이 있는지(정당한 신뢰이익의 성립여부), 그리고 청구인의 신뢰는 어느 정도 보호할 가치가 있는지(보호의 필요성 내지 신뢰의 보호 정도)', 그리고 법률의 변경으로 추구하는 공익이 무엇인지 그리고 특정되어 있는지, 그리고 신뢰이익과 법률변경으로 추구하는 공익을 비교형량하여 적절한 신뢰보호방법을 두고 있는지 하는 점에 대해서 논리적인 논증보다는 전체적 내지 포괄적 판단을 주로 하였다고 평가할 수 있다. 즉 청구인에게 정당한 신뢰이익이 성립하였는지, 보호의 가치는 있는지 하는 것 등을 구체적으로 논증하지 않거나,[37] 법률의 개정으로 달성하고자 하는 공익의 중요성을 먼저 강조

35) 헌재 1989. 3. 17. 선고, 88헌마1, 판례집 1, 18면.

36) 헌법재판소는, 구조세감면규제법에 규정된 36개월간의 20%의 증자소득공제제도를 36개월이 경과되기전에 12% 공제로 개정하면서 즉시 시행하도록 규정한 조세감면규제법 부칙 제13조와 제21조에 대하여 증자 후 36개월간 20%의 증자소득공제를 받을 수 있다는 청구인의 신뢰이익을 침해하였음을 이유로 한정위헌결정을 선고하였다.

한 후 이런 공익에 비추어 신뢰이익의 보호정도 내지 크기는 공익보다 작다는 식의 논증이 많았다.38) 하지만 최근의 결정에서는 신뢰보호원칙을 적용함에 있어서 각각 논점마다 논리적이고 구체적인 논증을 시도하고 있다고 평가된다.39) 그리고 국민의 신뢰이익의 보호가치성 내지 보호의 정도를 판단하는 기준으로 '법령개정의 예측성'과 '국가에 의하여 유인된 신뢰'인지 여부를 기준으로 제시하여 신뢰이익의 보호가치성을 객관적이고 합리적으로 판단하려고 하는 점도 헌법재판소 결정의 설득력이 높이는데 기여할 것이다.

다만 아쉬운 점은 헌법재판소가 입법작용에 대하여 신뢰보호원칙의 위배여부를 판단함에 있어서 법률의 개정시 구법질서에 대한 당사자의 신뢰가 합리적이고도 정당하며 법률의 개정으로 달성하고자 하는 공익적 목적이 그러한 당사자의 신뢰의 파괴를 정당화할 수 없다면 그러한 새 입법은 신뢰보호의 원칙상 허용될 수 없음은 강조하면서도, 법률의 개정으로 달성하고자 하는 공익이 신뢰이익보다 크다고 할지라도 신뢰이익과 공익을 형량하여 그에 상응하는 적절한 신뢰보호방법을 마련하지 않는 경우에도 신뢰보호원칙위반으로 위헌이 된다는 점을 일반원칙으로 강조하고 있지 않다는 점이다. 즉 헌법재판소가 구체적 사건에 신뢰보호원칙을 적용하는 경우에 항상 다음과 같은 이론적 지침에 입각하고 있다. "법률이 개정되는 경우에는 기존 법질서와의 사이에 어느 정도의 이해관계의 상충은 불가피한데, 이 경우 구법질서에 대한 당사자의 신뢰가 합리적이고도 정당하며, 법률의 개정으로 야기되는 당사자의 손해가 극심하여 새로운 입법으로 달성하고자 하는 공익적 목적이 그러한 당사자의 신뢰의 손상을 정당화할 수 없다면, 그러한 새 입법은 헌법상 법치국가의 원리로부터 파생되는 신뢰보호의 원칙상 허용될 수 없다. 이러한 신뢰보호 원칙의 위배여부를 판단하기 위해서는 침해받은 이익의 보호가치, 침해의 중한 정도, 신뢰가 손상된 정도, 신뢰침해의 방법 등과 새 입법을 통해 실현하고자 하는 공익적 목적을 종합적으로 비교·형량하여야 한다"40)

37) 헌재 1995.10.26. 94헌바12.

38) 헌재 1995. 4. 20. 92헌마264,279(병합)(부천시담배자동판매기설치금지조례 제4조 등 위헌확인, 강남구담배자동판매기설치금지조례 제4조 등 위헌확인); 헌재 1998. 11. 26. 97헌바58(농어촌특별세법 부칙 제3조 제3항 위헌소원), 판례집 10-2, 673면 이하; 헌재 1999. 7. 22. 98헌마480(학교보건법시행령 제4조의2 제5호 등 위헌 확인).

39) 헌재 2006.04.27. 2005헌마406(의료법 제5조 위헌확인); 헌재 2004. 7. 15. 2002헌바63(구 상속세법 부칙 제3조 위헌소원), 판례집 16-2, 59면 이하; 헌재 2002.11.28. 2002헌바45구(병역법 제71조 제1항 단서 위헌소원), 판례집 14-2, 704면 이하; 헌재 2003.09.25. 2001헌마143(공무원연금법 제27조 제3항 등); 헌재 2003. 6. 26. 2000헌바82(구 국세기본법 부칙 제2조 위헌소원), 판례집 15-1, 678면 이하; 헌재 2001.04.26. 99헌바55(구 농어촌특별세법 부칙 제3조 제1항 단서 후단 위헌소원), 판례집 13-1, 869면 이하; 헌재 2001.02.22. 98헌바19(개발이익환수에 관한법률 부칙 제2조 위헌소원), 판례집 13-1, 212면 이하.

이와 같은 헌법재판소의 기본적 태도는 법률의 변경에 신뢰보호원칙을 적용함에 있어서 국가가 신법에 의하여 추구하는 공익과 구법의 존속에 대한 국민의 신뢰이익을 비교형량하여 신뢰이익이 우월할 때 신뢰보호원칙이 적용된다고 하여 이익형량의 원칙에 입각하여 논리를 전개하고 있다.[41] 그러나 이런 태도는 논리적으로나 국민의 권익보호차원에서나 문제점이 있다고 판단된다. 논리적으로 볼 때 이런 태도는 위에서 언급한, 신뢰보호원칙을 적용하는 경우에 있어서 행정작용과 입법작용이 가지는 특성을 고려하고 있지 않다는 문제점을 지니고 있다. 즉 이익형량의 원칙에 따라서 이해하는 경우 입법자는 법률의 변경으로 추구하는 공익이 국민의 구법에 대한 신뢰이익보다 클 경우에도 국민의 신뢰이익을 무시하여서는 아니되고 그에 상응하는 적절한 신뢰보호방법을 두어야 함을 설명하기 곤란하고 이에 따라 입법자의 자의를 통제할 수 없다는 문제점이 있다고 할 것이다.[42] 또한 구법의 존속에 대한 신뢰이익은 위법행위의 결과가 아니고 국법질서에 따라 자신의 삶을 형성한 결과임을 고려하여야 한다. 공익과 사익의 경중이나 우열을 가리는 것이 쉽지 않다는 점을 고려할 때 이익형량의 원칙에 입각하여 국민의 신뢰이익과 국가가 추구하는 공익을 비교형량하여 신뢰보호여부를 판단하는 경우 경우에 따라서는 신법에 의하여 추구되는 공익을 이유로 국민의 정당한 신뢰이익을 경시하는 것을 정당화하는 논리로 역기능할 수 있는 문제점이 있다고 할 것이다. 이런 점에서 신뢰보호원칙을 적용함에 있어서 특히 국민의 신뢰이익이 공익보다 작은 경우에라도 국민의 신뢰이익을 보호하여야 함을 설명하기 위해서는 이익형량의 원칙뿐만 아니라 규범조화적 해석원칙 내지 실제적 조화원칙도 고려하여야 한다고 할 것이다. 그리고 무엇보다도 아쉬운 점은 헌법재판소의 논증과정이 이론적으로 정치해져가고 있음에도 불구하고 헌법재판소가 신뢰이익과 법률변경으로 달성하고자 하는 공익을 형량하여 그에 상응하는 다양한 신뢰보호방법을

40) 헌재 1995. 6. 29. 94헌바39, 판례집 7-1, 910; 2000. 7. 20. 99헌마452, 판례집 12-2, 128, 147; 2003. 10. 30. 2001헌마700, 2003헌바11(병합), 판례집 15-2(하), 160면.; 헌재 1999. 7. 22. 97헌바76등, 판례집 11-2, 195-196면; 헌재 1997. 11. 27. 97헌바10, 판례집 9-2, 669면 참조.

41) 정종섭(주 1), 157면; 한수웅(주 1), 80면 참조.

42) 독일에서 행정계획의 변경과 관련하여 다양한 신뢰보호방법이 주장되는 것도 행정계획이 다원적 법률관계를 내포하고 있고 또한 법규범제정의 경우처럼 광범위한 형성의 자유가 인정되기 때문이라고 할 것이다. Vgl. Maurer, Hartmut, Allgemeines Verwaltungsrecht(Verlag C. H. Beck, 2004), S. 432ff. 행정계획에 대한 신뢰보호원칙의 적용여부를 검토함에 있어 신뢰보호요건과 신뢰보호의 한계로 나누어 검토하는 견해로 정남철, 도시계획결정의 위법성판단 및 사법적 통제기준-대법원 2005. 3. 10. 선고 2002두5474 판결-, 법률신문, 2006. 5. 22. 제3460호 참조. 특히 대부분의 행정법학자들 역시 행정행위 일반에 대한 신뢰보호원칙의 적용여부를 검토함에 있어 신뢰보호의 성립요건과 신뢰보호의 내용과 한계로 나누어 검토하고 있다. 김남진 · 김연태, 행정법 Ⅰ, 법문사, 44면 이하; 김동희 행정법 Ⅰ, 67면 등 참조.

제시하지 못하고 있다는 점이다. 특히 신뢰보호방법으로서 보상보호를 인정하고 있지 않는다는 점이다.[43]

그리고 헌법재판소의 결정례중에서 신뢰보호원칙의 준수여부를 과잉금지원칙보다 먼저 심사하는 사례[44]가 있는데, 이런 논증방식은 경과규정만의 위헌성을 심사하는 경우가 아니라면 신뢰이익의 기본권에 대한 보충성 내지 신뢰보호원칙의 보충성[45]에 비추어볼 때 타당하지 않다고 판단된다. 법규범에 의하여 자유와 권리가 구체적으로 보장되고 있는 경우에는 그와 같은 법규범의 존속에 대해서는 항상 신뢰가 존재하기 때문에 권리나 자유의 보장에는 이를 보장하고 있는 법규범에 대한 신뢰가 항상 수반된다.[46] 따라서 신뢰보호원칙에 위배되는 법규범의 변경으로 기본권이 침해되었다고 주장되는 경우 헌법재판소의 주류적 논증방식처럼 먼저 변경된 법규범에 의하여 기본권이 침해되었는지 여부를 기본권제한입법의 한계법리에 입각하여 검토하여야 하고, 기본권침해가 없다고 판단되는 경우 비로소 변경된 법규범이 구법의 존속에 대한 신뢰이익을 침해하고 있는가를 검토하여야 한다고 할 것이다.

2. 교육공무원법 제11조 제1항에 대한 헌법소원심판사건(헌재 1990. 10. 8. 89헌마89)

(1) 사건의 개요

청구인들은 사립 사범대학에 재학중이거나 졸업한 자들로서 교육공무원으로의 채용을 희망하고 있으나, 1981년 이후 사립 사범대학의 증설과 더불어 졸업정원제 시행 등으로 전체 사범대학 등의 학생정원이 증가하여 교원적체가 심화되어 국공립사범대학 졸업생들도 졸업과 동시에 교육공무원으로 채용되지 못하여 대기하여야 하는 상황이 발생하여 1987년 이후로는 사립사범대학 졸업생들이 교육공무원이 될 수 있는 순위고사도 실시되지 못하게 됨에 따라 1953년부터 시행되어온 「교사의 신규채용에 있어서는 국립 또는 공립의 교육대학·사범대학의 졸업자를 우선하여 채용하여야 한다」는 교육공무원법(1981.11.23. 법률 제3458호

43) 이점은 VI. 3.에서 다시 검토하기로 한다.

44) 헌재 2006.02.23. 2004헌마597(공중위생관리법 제17조 제1항 위헌확인), 헌재공보 제113호 369면 이하; 헌재 2004. 12. 16. 2003헌마226·270·298·299(화물자동차운수사업법시행규칙 제3조의2 제1항 제1호 등 위헌확인), 판례집 16-2-하, 580면 이하.

45) 정종섭(주 1), 130면.

46) 정종섭(주 1), 130면.

전문개정) 제11조 제1항의 규정(이하 '법률조항'이라 한다)때문에 사립 사범대학 졸업생은 사실상 교육공무원으로 채용될 수 없게 되었다고 주장하면서 위 법률조항은 교육공무원의 채용에 있어 사립 사범대학 졸업자를 국공립 사범대학 졸업자 등에 비하여 합리적 이유없이 차별하는 것으로서 평등의 원칙을 규정한 헌법 제11조 제1항과 직업선택의 자유를 규정한 헌법 제15조에 위반된다고 하면서 위 법률조항에 대하여 1989년 5월 11일 헌법소원심판을 제기하였다.

(2) 헌법재판소의 결정요지

헌법재판소는, 국·공립사범대학 등 출신자를 교육공무원인 국·공립학교 교사로 우선하여 채용하도록 규정한 교육공무원법 제11조 제1항은 국·공립의 사범대학과 사립의 사범대학 사이에는 설립주체가 다르다는 점 이외에는 입학에서부터 졸업에 이르기까지의 교육과정 등 교육에 필요한 제반사항에 있어서 아무런 차이가 없어 교원자격의 본질적 요소에 아무런 차이가 없음에도 불구하고 사립사범대학 졸업자와 일반대학의 교직과정이수자가 교육공무원으로 채용될 수 있는 기회를 제한 또는 박탈하게 되어 결국 교육공무원이 되고자 하는 자를 그 출신학교의 설립주체나 학과에 따라 차별하는 결과가 되는 바, 이러한 차별은 이를 정당화할 합리적인 근거가 없으며, 국공립사법대학 출신 이외의 교사자격자가 가지는 직업선택의 자유를 침해하고 있어 헌법 제11조 제1항과 제15조에 위반된다고 하면서 단순위헌결정을 하였다.

(3) 평 가

국공립사범대학 등의 졸업생에 대한 국공립학교 교원으로의 우선채용제도에 관한 헌법재판소의 결정은 신뢰보호원칙과 관련하여 신뢰보호원칙이 헌법재판작용에 미치는 효력과 위헌의 법률에 대한 신뢰보호가 문제된다. 헌법재판소가 위 법률조항에 대하여 평등원칙 위반이라고 하여 위헌이라고 판단한 것에는 문제가 없다고 할 것이다.[47] 다만 헌법재판소가 위 법률조항에 대하여 단순위헌결정을 함으로써 위 법률조항의 내용을 신뢰하고 국공립 사범대학 등에 입학하여 재학중인 학생들과 아직 교원이 되지 못한 졸업생 특히 시·도교육위원회별로 작성된 교사임용후보자명부에 등재된 미발령자의 위 법률조항에 대한 신뢰 내지 법적 지

47) 헌법재판소가 이 사건결정에서 위 법률조항이 공무담임권이 아닌 직업의 자유가 침해되었다고 한 점이나 헌법소원심판청구기간의 기산점을 상황성숙성이론에 입각하여 판단한 점 등은 논외로 한다.

위를 전혀 고려하지 않고 있다는 점에서 문제가 있다고 할 것이다. 이들은 교육공무원법의 내용을 신뢰하고 그에 따라 국공립사범대학 등에 입학하여 소정의 과정을 이수하고 있거나 이수하고 졸업한 자들이라고 할 것이다. 특히 국가는 우수인재를 유치하기 의하여 1953년부터 입학금면제, 학비보조금지급과 더불어 이 사건 결정에서 위헌으로 판단된 교육공무원으로의 우선채용제도를 교육공무원법으로 보장하고 있었다. 국공립사범대학 재학생 등은 단순히 법률이 부여한 기회를 활용한 것이 아니라 국가에 의하여 적극적으로 일정방향으로 유인된 결과 국공립사범대학 등에 입학하고 졸업하였다고 할 것이다. 그런 점에서 국공립사범대학 재학생 등의 교육공무원법에 따른 법적 지위와 구법의 존속에 대한 신뢰이익은 특별히 보호가치가 있는 신뢰이익으로 인정되어야 할 것이다. 이런 점에 비추어볼 때 헌법재판소는 국공립사범대생의 우선적 국공립학교 교사채용제도의 위헌성은 인정하되 입법자가 위헌의 제도를 믿고 자신의 인생을 설계하고 결정한 국민의 신뢰를 보호하기 위한 경과규정을 마련하도록 하는 헌법불합치결정을 하는 것이 타당했다고 판단된다.[48] 헌법재판소의 위 법률조항에 대한 위헌결정이후 국회는 1990. 12. 31 교육공무원법을 개정하여 신규채용은 공개경쟁으로 하도록 하면서 부칙 제2조에서 "임용권자는 교사를 신규로 채용함에 있어서 1993연도까지 임용권자가 정하는 바에 따라 채용예정인원의 일정비율을 1989연도이전에 국립 또는 공립의 교육대학 · 사범대학 기타 교원양성기관에 입학한 자로서 소정의 교육과정을 이수하고 졸업하거나 수료한 자로 선발 · 임용할 수 있다"고 규정하여 국공립사범대학 등의 재학생 일부와 졸업생을 1993년도까지 일부가 구제될 수 있는 부칙규정을 두었다. 그런데 이 부칙규정은 엄밀히 따지면 헌법재판소의 단순위헌결정의 취지에 위배되는 규정이라고 할 수 있다.[49] 헌법재판소의 신뢰보호

48) 유사한 취지: 허영, "교육공무원법 제11조 제1항에 대한 위헌결정," 헌법재판자료 제4집(헌법재판소), 326면 이하 참조. 허영은 위 법률조항에 대하여 '국·공립사범대학 재학생들이 졸업하는 시기까지 새로운 교원양성 및 채용제도를 마련하여야 할 헌법적 의무를 지고 있다는 점을 분명히 밝히는 일종의 입법개선 촉구결정'을 하는 것이 타당하다고 평가한다.

49) 하지만 헌법재판소는, 1990년 10월 8일 헌법재판소의 위헌결정당시 교사임용후보자명부에 등재되어있던 국립 사범대학 졸업의 미임용자를 위하여 중등교원 임용시험에 있어서 이들 미임용자만을 대상으로 하는 특별정원을 두고, 기존의 전공과목과 다른 과목의 교원이 될 수 있도록 부전공과정을 마련해 주는 '국립사범대학졸업자중 교원미임용자 임용 등에 관한 특별법(2005. 5. 31. 법률 제7535호로 전문 개정된 것)'에 대한 헌법소원심판사건(2005헌마598)에 대한 결정에서 "특별정원 및 부전공과정 제도는 …… 미임용자들을 전부 중등교원으로 무시험 우선채용하자는 것이 아니라 신뢰이익을 입법적으로 보호하는 차원에서 중등교원임용시험을 치르되 다만 한시적이고 제한적인 경쟁을 거쳐 중등교원이 될 수 있는 기회를 제공한 것에 불과한 것이기 때문"에 위 특별법이 89헌마89사건에 대한 헌법재판소의 위헌결정에 정면으로 위반되는 것이 아니라고 한다. 헌재 2006. 3. 30. 2005헌마598, 공보 114, 577면. 그렇지만 국공립사범대학 졸업생에 대한 교육공무원으로서의 우선채용제도에 헌법재판소의 단순위헌결정(89헌마89)은 국공립사

원칙을 무시하는 단순위헌결정은 입법자가 국공립사범대학 등의 재학생과 졸업생의 신뢰보호조치를 마련할 수 있는 가능성마저 봉쇄하는 측면이 있다고 할 것이다. 신뢰보호원칙은 법치국가원리에서 파생하는 헌법원칙이라는 점에서 입법작용과 행정작용만 기속하는 것이 아니라 사법작용도 기속한다고 할 것이다. 헌법재판소나 일반법원도 헌법재판이나 행정재판을 함에 있어서 신뢰보호원칙을 재판의 준거로 삼아 이를 존중하고 실현하는 재판을 하여야 한다. 이런 점에서 헌법불합치결정은 신뢰보호의 관점에서 필요한 결정형식이라고 할 수 있다.

이 결정과 관련하여 제기되는 또 하나의 문제는 위헌의 법률에 대한 신뢰도 보호되어야 하는가 하는 문제이다.[50] 헌법재판소는 신뢰보호의 대상이 되는 실정법은 위헌 · 무효가 아닐 것을 전제로 한다고 판시한 바 있지만,[51] 현행 헌법재판소법에 의하면 헌법재판소의 법률에 대한 위헌결정은 결정이 있은 날부터 효력을 상실한다고 규정하고 있으며,[52] 헌법재판소에 의하여 위헌으로 결정되기 전까지는 위헌의 법률도 효력을 발생하고 국민의 일상생활을 규율하므로[53] 위헌의 법률에 대한 국민의 신뢰도 보호되어야 한다고 할 것이다. 이와 같은 국민의 신뢰를 보호하지 않는다면 법의 불신을 초래하게 되어 법질서의 안정성을 확보할 수

범대학 졸업생을 '무시험 우선채용'하기 때문에 위헌이라는 취지가 아니라 국·공립의 사범대학과 사립의 사범대학 사이에는 설립주체가 다르다는 점 이외에는 입학에서부터 졸업에 이르기까지의 교육과정 등 교육에 필요한 제반사항에 있어서 아무런 차이점이 없음에도 불구하고 우선채용제도는 합리적 근거없이 국·공립학교의 교사로 채용되고자 하는 교사자격자를 그 출신학교의 설립주체 또는 학과에 따라 차별하기 때문에 헌법상의 평등원칙에 위반한다는 취지이다. 이와 같은 결정취지에 비추어보면 국공립사범대학 졸업의 미임용자들만을 대상으로 특별정원을 배정하는 위 특별법도 위헌이라고 이해하는 것이 타당할 것이다. 같은 취지: 2005헌마598사건에 대한 조대현재판관의 반대의견(공보 114, 579-580면 참조).

50) 이에 관하여 자세한 것은 정종섭(주 1), 148면 이하; 한수웅(주 1), 80면 이하 참조.

51) 헌재 1995. 10. 26. 94헌바12, 판례집 7-2, 461면 참조. 헌법재판소는 수범자가 실정법을 믿고 구체적 행위로 나아간 경우 이를 신뢰보호원칙에 따라 보호하여야 하지만, 위헌·무효이거나 내용이 불분명하거나, 반공익적이라거나, 조만간 개정될 것이 예상되는 법률이 아닐 것이 전제된다고 한다.

52) 우리 헌법재판소도 헌법재판소의 법률에 대한 위헌결정의 효력이 장래효임을 근거로 하여 위헌법률도 유효한 신뢰의 근거가 될 수 있다고 한다. 헌재 2006. 3. 30. 2005헌마598, 공보 114, 577면. 다만 위헌법률에 대한 신뢰이익은 위헌적인 상태를 제거해야 할 법치국가적 공익과 비교형량해 보면 공익이 신뢰이익에 대하여 원칙적인 우위를 차지하기 때문에 합헌적인 법률에 기초한 신뢰이익과 동일한 정도의 보호, 즉 "헌법에서 유래하는 국가의 보호의무"까지는 요청할 수는 없다고 한다. 따라서 위헌의 법률을 신뢰한 자는, 위헌법률에 기초한 신뢰이익이 보호되지 않는다는 이유를 들어 개정법률을 위헌이라고 하거나, 위헌법률에 기초한 신뢰이익을 보장하기 위한 법률을 제정하지 않은 부작위를 위헌이라고 주장할 수 없다고 한다. 헌재 2006. 3. 30. 2005헌마598, 공보 114, 577면.

53) 이런 점 때문에 헌법재판소의 법률에 대한 위헌결정에 소급효를 인정한다고 하여 반드시 위헌법률에 대한 신뢰는 보호받지 못한다고 할 수 없다. 따라서 헌법재판소의 위헌결정의 효력과 위헌법률에 대한 신뢰보호문제를 연관시키는 것은 타당하지 않다고 생각된다. 같은 취지: 정종섭(주 1), 148면 이하 참조.

없게 될 것이다. 행정법상 신뢰보호의 관점에서 위법한 수익적 행정작용이라도 일정한 경우 취소가 제한되는 점에 비추어볼 때 위헌의 법률이라고 하여 당연히 신뢰보호의 대상이 되지 않는다고 주장하는 것은 타당하지 않다고 할 것이다. 위헌의 법규범이라고 할지라도 위헌의 법규범이 마련될 당시 이를 정당화할 목적이 인정되고, 법규범의 목적을 실현하기 위하여 국가기관이 적극적으로 유인하였다면 위헌의 법률에 대한 국민의 신뢰도 보호하는 것이 원칙적으로 타당하다고 할 것이다. 다만 위헌의 법률에 대하여도 보호가치있는 정당한 신뢰이익이 성립한다고 하더라도 신뢰보호방법을 선택함에 있어서는 신뢰의 대상이 된 법규범의 내용이 위헌이라는 점을 고려하여 국민의 신뢰이익과 법적 정의의 실현이라는 공익이 조화되게 하여야 할 것이다.[54)]

3. 학교보건법시행령 제 4 조의2 제 5 호 등 위헌확인사건(헌재 1999. 7. 22. 98헌마480 · 486(병합)): 법률의 변경으로 기존업자의 영업이 금지되는 경우의 신뢰보호문제[55)]

(1) 사건의 개요와 심판대상

가. 사건의 개요

청구인들은, 각 관할 경찰서장으로부터 풍속영업의규제에관한법률 제 5 조 제 4 항의 규정에 의한 노래연습장영업 신고필증을 교부받고, 학교보건법 제 5 조의 학교환경위생정화구역(이하 '정화구역'이라고 한다)안에서 각 노래연습장영업을 하여 왔다. 그런데 대통령은 학교보건법 제 6 조 제 1 항 제14호의 위임에 근거하여 1993. 9. 27. 학교보건법 시행령을 개정하였다. 1993. 9. 27. 개정된 학교보

---

54) 그러나 이에 대하여 헌법재판소에 의하여 위헌으로 결정되지 않은 상태에서는 모든 법률의 통용력이 같을 뿐만 아니라 국민은 어느 법률이 나중에 위헌으로 결정될 것인지 알 수 없기 때문에 위헌인 법률에 대한 신뢰이든 합헌인 법률에 대한 신뢰이든 법률변경의 형량에서 서로 동일하게 다루어야 한다는 견해도 있다. 정종섭(주 1), 152면 참조. 이런 견해에 따를 경우 교원 신규채용에 적체가 심각한 상황임에도 불구하고 국공립사범대생의 교육공무원으로의 우선채용제도는 졸업생뿐만 아니라 재학생들이 모두 교육공무원으로 임용될 때까지 유지되어야 한다는 문제점이 있다고 할 것이다. 위헌의 법률에 대한 신뢰를 보호하는 것도 중요하지만, 그로 인하여 야기되는 위헌적 상태를 제거하는 것도 필요하다고 할 것이다. 결국 입법자가 법적 정의의 요청과 신뢰이익의 보호라는 요청을 형량하여 합리적인 신뢰보호방법을 마련하여야 한다고 할 것이다.

55) 유사사례: 헌재 1995. 4. 20. 92헌마264,279(병합)(부천시담배자동판매기설치금지조례 제4조 등 위헌확인, 강남구담배자동판매기설치금지조례 제 4 조 등 위헌확인); 헌재 2004. 10. 28. 2002헌바 41 결정(학교보건법 제 6 조 제 1 항 제11호 등 위헌소원); 2003. 9. 25. 2001헌마700, 2003헌바11; 2002. 7. 18. 99헌마574; 2000. 7. 20. 99헌마452.

건법시행령 제4조의2 제 5 호(이하 '시행령 조항'이라고 한다)는 정화구역 안에서는 노래연습장을 하여서는 아니된다고 규정하고, 같은 시행령 부칙 제 2 항에 의하면 노래연습장시설은 1998. 12. 31.까지 이전 또는 폐쇄하여야 한다고 규정하고 있다.

이에 청구인들은 시행령 조항으로 인하여 노래연습장영업을 계속하지 못하게 됨으로써 헌법 제10조의 행복추구권, 헌법 제13조 제 2 항의 소급입법에 의한 재산권 박탈을 받지 아니할 권리, 헌법 제15조의 직업선택의 자유 및 헌법 제23조의 재산권 등을 침해받았다고 주장하면서 위 시행령 조항의 위헌확인을 구하는 이 사건 헌법소원심판을 청구하였다.

청구인들 중 일부는 이 사건 시행령 조항이 공포 · 시행된 1993. 9. 27. 이전부터 적법하게 노래연습장영업을 하여 왔으며, 나머지 청구인들은 이 사건 시행령 조항의 공포 · 시행 전부터 적법하게 노래연습장영업을 하던 사람들로부터 명의변경을 하여 그들의 지위를 그대로 승계한 자들이다.

나. 심판대상

학교보건법시행령(1993. 9. 27. 대통령령 제13982호로 개정된 것) 제 4 조의2(정화구역 안에서의 기타 금지시설) : 법 제 6 조 제 1 항 제14호의 규정에 의하여 대통령령으로 정하는 시설은 다음 각호와 같다. 다만, 초 · 중등교육법 제 2 조 제 1 호의 규정에 의한 유치원과 고등교육법 제 2 조 각호의 규정에 의한 학교의 정화구역의 경우에는 제 1 호 · 제 3 호 및 제 5 호 내지 제 7 호의 시설을 제외한다.

5. 풍속영업의규제에관한법률시행령 제 2 조 제 5 호의 규정에 의한 노래연습장

시행령 부칙 ② (기존시설에 관한 경과조치) 이 영 시행당시 제 4 조의2 제 4 호 내지 제 6 호의 개정규정에 해당하는 시설은 1998년 12월 31일까지 이전 또는 폐쇄하여야 한다. 다만, 1994년 8월 31일까지 법 제 6 조 제 1 항 단서의 규정에 의하여 교육감 또는 교육감이 지정하는 자의 인정을 받은 경우에는 그러하지 아니하다.

(2) 헌법재판소의 결정요지

헌법재판소는, 시행령 시행 이전부터 적법하게 영업했던 청구인들은 제소기

간 경과를 이유로 부적법 각하하였고, 시행령 시행이전에 신고필증을 받아 적법하게 영업하던 자로부터 시행령 시행이후에 양수받은 청구인들의 청구에 대해서 심사하고 있다.[56] 헌법재판소는, 이 사건 시행령 조항은, 학교보건법 소정의 정화구역 안에서 노래연습장의 시설 · 영업을 금지하는 것이므로 직업행사의 자유를 장소적으로 제한하는 규정이지만, 노래연습장의 밀실성, 선정성 등을 고려할 때 청소년학습환경보호라는 입법목적의 정당성이 인정되고, 수단 또한 학교경계선으로부터 200미터 이내의 정화구역 안에서만 노래연습장 시설을 금지하는데 불과하고, 학교환경위생정화위원회의 심의를 거쳐 학습과 학교보건위생에 나쁜 영향을 주지 않는다고 인정하는 경우에는 정화구역 중 상대정화구역(학교경계선을 기준으로 50m부터 200미터까지의 구역) 안에서의 노래연습장 시설은 허용되는 점을 고려할 때 과잉금지원칙에 위배되지 않는다고 보아 이 사건 시행령 조항은 직업선택의 자유와 행복추구권으로부터 파생되는 일반적 행동자유권을 침해한 것으로 볼 수 없다고 판시하고 있다.

그리고 이 사건 시행령 조항은 그 시행일 이후 위 각 학교의 정화구역 안에서 노래연습장 시설을 설치하여 영업하는 것을 금지하면서 시행당시의 기존시설은 이를 이전하거나 폐쇄하도록 경과조치를 한 것으로 장래에 향하여 노래연습장의 시설 · 영업에 관하여 규제를 한 것이지 그 시행일 이전의 노래연습장의 시설, 영업에 관하여 규율한 것이 아니므로 헌법 제13조 제 2 항이 금지한 소급입법에 의한 재산권 박탈이라 할 수 없다고 하며, 또한 특별한 논증없이 이 사건 시행령 조항의 위와 같은 규정내용이 헌법 제23조 제 3 항의 재산권의 수용 사용 또는 제한에 해당한다고 볼 수도 없다고 판시하고 있다.

이 사건 시행령조항에 의하여 침해되는 기본권이 없음을 일단 확인한 후 헌법재판소는, 이 사건 시행령 부칙조항이 청구인들이 이 사건 시행령의 시행일 이전에 적법하게 설치한 노래연습장 시설을 1998. 12. 31.까지 이전 또는 폐쇄하여야 한다고 규정하여 노래연습장 영업을 할 수 없도록 제한하고 있는 것이 법치국가 원리에서 파생되는 법적안정과 신뢰보호의 원칙에 어긋나는 것은 아닌지에 대하여 "이 사건 시행령 조항이 정화구역 안에서의 노래연습장의 시설 · 영업을 금지하면서 이미 설치된 노래연습장 시설을 계속 그대로 두고 영업을 하도록 허용하는 것은 이 사건 시행령조항이 청소년학생의 보호라는 공익상의 필요에 의하

56) 시행령 시행이후에 양수받은 청구인들은 시행령 시행이전부터 적법하게 영업하던 자로부터 노래연습장에 대한 권리뿐만 아니라 구법질서의 계속성에 대한 신뢰까지 함께 양수받은 것으로 볼 수 있다.

여 정화구역 안에서의 노래연습장의 시설 · 영업을 금지하려는 근본취지를 몰각하는 결과가 될 뿐만 아니라 그 입법목적을 달성하는데 큰 지장이 있으므로 부칙조항에서 이미 설치된 노래연습장시설을 폐쇄 또는 이전하도록 하면서 경제적 손실을 최소화할 수 있도록 1998. 12. 31.까지 약 5년간의 유예기간을 주는 한편 1994. 8. 31.까지 교육감 등의 인정을 받아 계속 영업을 할 수 있도록 경과조치를 하여 청구인들의 법적안정성과 신뢰보호를 위하여 상당한 배려를 하고 있다. 따라서 이 사건 시행령 조항은…… 법적안정성과 신뢰보호의 원칙에 어긋난다고 할 수도 없다"라고 판시하여 청구인들의 청구를 기각하고 있다.

(3) 평　가

헌법재판소가 이 사건 시행령조항이 직업의 자유를 제한하거나 소급입법에 의하여 재산권을 제한하는 규정이 아니라고 판단한 것은 타당하다고 판단된다. 하지만 헌법재판소가 이 사건 시행령 조항이 신뢰보호원칙에 위배되지 않는다고 판단하면서 취한 논증방식이나 그 결론에는 동의하기 어려운 점이 있으며, 헌법 제23조 제3항의 재산권 수용에 해당하지 아니한다고 판단한 부분에도 의문이 있다. 이 사건 시행령조항으로 재산권 수용이 발생하는가 하는 문제는 청구인의 신뢰이익에 대한 신뢰보호원칙의 적용과 관련된 문제이므로 따로 논의하지 않고 논의진행과정에서 필요한 경우 논의하기로 한다. 청구인의 신뢰는 구법에 따라 정화구역내에서 영업을 계속할 수 있다는 신뢰와 영업을 계속하면서 형성하여온 재산적 가치의 존속에 대한 신뢰로 나누어 볼 수 있다.

가. 정화구역내에서의 영업계속에 대한 신뢰이익의 보호여부

노래연습장 영업은 풍속영업의 규제에 관한 법률과 동법 시행령이 정하는 일정한 시설을 갖추어서 경찰서장에게 신고함으로써 영업할 수 있다. 신고사항은 허가사항(여관업)에 바하여 공공의 안녕질서에 위해를 미칠 가능성이 상대적으로 적기 때문에 일정한 시설을 갖추어서 행정청에 신고하면 족한 것으로 규정한 것이다. 이에 따라 신고한 자는 자신의 원하는 영업을 할 수 있게 된다. 청구인들은 이 사건 시행령 조항 시행이전에 적법하게 신고하여 노래연습장 영업을 하고 있었다. 이는 헌법이 보장하는 직업행사의 자유에 의하여 보장된다고 할 것이다. 그런데 개정 학교보건법 시행령이 시행되면서 1993. 9. 27.부터는 노래연습장을 정화구역 내에 설치할 수 없게 되었으며, 이 사건 시행령 부칙 제2조에 따라 이미 정화구역 내에 설치된 노래연습장은 1998. 12. 31.까지 이전 또는 폐쇄하도록 규정하고 있다. 청구인들은 이 사건 시행령 조항으로 인하여 노래연습장 영업을

1998. 12. 31.까지만 할 수 있게 되었다는 점에서 학교인근에서도 노래연습장 영업을 계속할 수 있다는 신뢰가 침해되지 않았는지 하는 것이 문제된다. 이와 관련하여 법률의 제정 · 개정의 경우 구법질서에 대한 신뢰를 어느 정도를 보호할 것인가 하는 것이 문제된다고 할 것이다. 즉 신뢰보호원칙의 적용여부가 문제된다고 할 것이다. 이 사건에서 헌법재판소는 "이 사건 시행령 조항이 법적안정성과 신뢰보호의 원칙에 위반되는지 여부는 개정전 법령에서 허용되었던 노래연습장의 시설 · 영업에 대한 청구인들의 신뢰를 보호할 필요성 및 법적안정성의 요청과 개정된 위 시행령조항에 의하여 달성하고자 하는 공익을 비교 · 형량하여 판단하여야 할 것이다"라고 한다. 그러나 입법작용이 신뢰보호원칙에 위배되는지 여부를 심사함에 있어서는 입법작용이 가지는 광범위한 형성의 자유에 비추어볼 때 구법에 대한 국민의 신뢰가 정당하게 성립한 보호가치있는 신뢰이익인지를 먼저 검토한 후, 이것이 인정될 경우 공익과 형량하여 그에 상응하는 신뢰보호장치가 마련되어 있는가를 검토하는 것이 필요하다고 할 것이다. 즉 신뢰이익이 공익보다 크다면 존속보호의 방법을 택하여야 할 것이며, 신뢰이익이 공익보다 적다고 하는 경우에도 한시적인 유예기간을 두거나 적응지원제도를 마련하거나 보상보호의 방법을 취하여야 한다. 청구인들은 이 사건 시행령의 시행일이전에 적법하게 설치한 노래연습장 시설을 이용하여 정화구역에서 영업을 하고 있었는데, 노래연습장 영업은 헌법재판소가 지적하듯이 그 자체만으로는 선량한 풍속을 해하거나 청소년의 건전한 육성을 저해하는 행위라고 할 수 없다고 할 것이다. 그래서 정화구역 내에서의 노래연습장 영업을 제한하지 않던 구법을 신뢰하고 정화구역 내에 노래연습장을 설치하여 영업을 하였던 것이라고 할 수 있다. 이런 점에 비추어볼 때 청구인들이 정화구역 내에서 노래연습장 영업을 계속할 수 있으리라고 신뢰한 것에는 청구인들의 귀책사유를 인정할 수 없다고 할 것이다. 그리고 청구인들의 노래연습장 영업행위는 헌법이 보장하는 직업의 자유에 의하여 보호되는 기본권 행사라고 할 것이다. 이런 점에 비추어 볼 때 청구인들의 신뢰는 보호가치있는 정당한 신뢰라고 할 수 있다. 다만 청구인들은 스스로의 결정에 따라 풍속영업규제에관한법령이 정하는 시설을 갖추어 영업을 하고 있는 것이라는 점에서 국가가 국민으로 하여금 일정한 직업을 가지도록 적극적으로 유도한 경우보다 신뢰의 보호정도는 상대적으로 작다고 할 것이다. 그런데 정당한 신뢰이익의 성립이 인정되더라도 이를 어느 정도 보호할 것인가는 법령의 제정으로 추구하는 공익 그리고 제3자의 정당한 이익 등을 종합적으로 고려하여야 한다고 할 것이다. 이 사건에서 청구인의 신뢰이익은 정당하게 성립하였지만, 노래연습장은 밀실성과 선정

성 등으로 변별력과 의지력이 미약한 청소년 학생의 학습환경보호와 청소년의 건전한 육성을 저해할 우려가 있으므로 이와 같은 공익목적과 청구인의 신뢰이익을 형량하여 볼 때 공익이 신뢰이익보다 더 중요하다고 할 수 있으며, 정화구역 안에서의 노래연습장의 시설·영업을 금지하면서 이미 설치된 노래연습장 시설만은 계속 그대로 두고 영업을 하도록 허용하는 것은 이 사건 시행령 조항의 입법목적을 달성하는데 지장이 있다고 할 것이며, 노래연습장의 교육환경으로서의 위해성을 인정하면서도 시행령 부칙 제2조에서는 5년이 넘는 지나치게 많은 유예기간(1998. 12. 31.까지 영업 가능)을 주는 한편 1994. 8. 31.까지 교육감 등의 인정을 받는 경우 상대정화구역에서 계속 영업을 할 수 있도록 하는 경과규정을 두고 있다는 점에서 영업의 자유에 관한 신뢰이익의 보호와 관련하여 이 사건 시행령 조항이 신뢰보호원칙에 위배된다고 할 수 없다고 평가된다.

나. 영업을 통하여 형성된 재산적 가치의 존속에 대한 신뢰보호여부

헌법재판소는 이 사건 결정에서 언급하고 있지 않지만, 청구인들은 이 사건 시행령 조항 시행이전부터 영업을 계속하여 오면서 형성된 무형의 재산적 가치 즉 영업권을 1998. 12. 31.이후로는 더 이상 영업할 수 없게 됨에 따라 영업권의 존속에 대한 청구인의 신뢰이익이 침해되고 있는지 여부가 이 사건에 검토되어야 한다고 생각된다. 위에서 살펴본 것처럼 영업의 계속에 대한 청구인들의 신뢰이익은 정당하게 성립한 보호가치있는 것이라고 할 것이므로 영업권의 존속에 대한 청구인의 신뢰 역시 보호가치있는 정당한 신뢰라고 할 것이다. 그런데 영업권의 존속에 대한 청구인들의 신뢰는 헌법에 의하여 보호되는 재산권이라고 할 것이다. 재산권적 법적 지위의 보장에 관한 한 법치국가적 신뢰보호원칙은 헌법상의 재산권보장을 통하여 고유하게 형성되고 헌법적으로 구체적으로 표현된다고 할 것이다. 즉 재산적 가치있는 법적 지위가 법률의 변경 등으로 침해되는 경우 재산권보장은 일반적인 신뢰보호원칙에 대한 특별조항으로 기능한다고 할 것이다.[57] 헌법재판소는 2003헌바11사건에 대한 결정에서 '일반적으로 특정한 장소에서 영업을 함으로써 얻는 영업이익 내지 영업권은 헌법 제23조에 의하여 보호되는 재산권에 포함되지 아니한다'고 판시하고 있다.[58] 그러나 학교보건법적용과

57) 한수웅, 財産權의 內容을 새로이 形成하는 法規定의 憲法的 問題 : 소위 '그린벨트 決定'에 관한 判例評釋을 겸하여, 저스티스 제32권 제2호(1999.6), 42면. 같은 취지: 헌재 2002.07.18. 99헌마574, 판례집 14-2, 43면; 헌재 1999.04.29. 94헌바37, 판례집 11-1, 319면.

58) 헌재 2003.10.30. 2003헌바11, 판례집 15-2, 165면 이하. 반면에 건설업자가 명의대여를 하는 경우 건설업등록을 말소하도록 규정하고 있는 건설산업기본법 제83조에 대한 위헌소원심판사건(헌재 2001. 03. 21. 2000헌바27)에 대한 결정에서는 "이 사건 법률조항으로 인하여 …… 헌법 제15조의 직업수행의 자유가 제한되며, 이와 동시에 양도할 수 있는 재산적 가치가 있는 권리

관련된 이 사건과 유사한 2002헌바41사건결정에서 소수의견[59]이 주장하듯이 일정지역에서 "다년간에 걸쳐 확고하게 형성되거나 획득된 영업상의 고객관계, 입지조건, 영업상의 비결, 신용, 영업능력, 사업연락망 등을 포함하는 영업재산이나 영업조직은 경제적으로 유용하면서 처분에 의한 환가가 가능하므로 재산적 가치가 있다는 것이 사회 일반에 의하여 승인되고 있고," 현행법에서도 영업권을 양도의 대상(상법 제7장), 과세의 대상(소득세법 제20조의지 제1항, 제94조 제1항), 손실보상의 대상(공익사업을위한토지등의취득및보상에관한법률 제77조 제1항) 그리고 회사자산평가의 대상(상법 제452조, 제530조의 8)이 된다는 점을 명시하고 있고, 대법원 역시 영업권을 무형의 재산적 가치로 판단하고 있다는 점[60] 등을 종합적으로 고려해 볼 때 영업권은 헌법이 보장하는 재산권에 속한다고 보는 것이 타당하다고 할 것이다. 따라서 이 사건 시행령 조항이 공익상의 필요에 의하여 노래연습장영업을 폐쇄·이전할 것을 명하는 것이 헌법이 보장하는 재산권의 침해에 해당하는 것인지, 그래서 손실보상이 필요한 것인지 여부가 문제된다고 할 것이다.[61] 이 문제는 경계이론의 입장에 따른다면 "특별한 희생"인지 여부가 판단의 척도가 될 것이며, 분리이론의 입장에서는 이 사건 시행령 조항이 헌법 제23조 제1항의 재산권의 내용과 한계를 일반적으로 형성하는 규정인지 아니면 이미 형성된 구체적 재산권을 공공의 필요에 따라 구체적·개별적으로 제한하는 규정인지 하는 것이 판단의 척도가 될 것이다. 생각건대 경계이론에 의할 때 이 사건 시행령조항으로 인하여 정화구역 내에서 이미 노래연습장 영업을 하고 있던 사람들의 영업권을 청소년의 교육환경보호라는 공익을 위하여 박탈하는 것이라는 점에서 특별한 희생에 속한다고 할 수 있다. 그리고 분리이론에 의할 때 이 사건 시행령 조항으로 이미 적법하게 영위하던 영업을 법령의 개정으로 폐지하여야 한다는 점에

로서 헌법 제23조에 의하여 보장되는 재산권에 속하는 청구인의 건설업 영업권도 또한 제한된다.(헌재 2001. 3. 21. 2000헌바27, 판례집 13-1, 672면.)"고 하여 상반되는 견해를 표현하고 있다. 법률이 금지하는 명의대여를 하다가 등록말소되어 영업이 폐쇄되는 경우에는 영업권이라는 재산권이 인정되는데, 법령의 개정으로 더 이상 영업을 할 수 없게 된 경우에는 영업권이 재산권으로 인정될 수 없다고 하는 헌법재판소의 견해는 상호 모순된다고 할 것이다.

59) 자세한 것은 헌재 2004. 10. 28. 2002헌바41, 판례집 16-2, 156면 이하 참조.

60) 대법원은 "소위 영업권이라는 것은 그 기업의 전통, 사회적 신용, 그 입지조건, 특수한 제조기술 또는 특수거래관계의 존재 등을 비롯하여 제조판매의 독점성 등으로 동종의 사업을 영위하는 다른 기업이 올리는 수익보다 큰 수익을 올릴 수 있는 초과수익력이라는 무형의 재산적 가치를 말하는 것"이라고 정의하고 있다(대판 1985. 4. 23. 84누281; 대판 2004. 4. 9. 2003두7804).

61) 유사한 취지: 이일세, 정화구역에서의 영업제한과 국민의 재산권 보장(헌법재판소 2004. 10. 28. 2002헌바 41 결정을 중심으로), 강원대학교 비교법학연구소 주최, 2005년 제1회 콜로퀴엄(2005. 5. 24.) 자료집, 13면 참조.

서 이 사건 시행령 조항은 이미 형성된 국민의 구체적 재산권인 영업권을 상실하게 하는 규정이며, 따라서 헌법 제23조 제3항의 수용에 해당한다고 할 것이다.[62] 그럼에도 불구하고 이 사건 시행령 조항이 영업이전의 경우 예상되는 부대비용(이전비용과 철거비용 등)이나 영업폐쇄의 경우 발생하는 영업권상실에 대한 보상규정을 두지 않은 것은 위헌이라고 판단하는 것이 타당하다고 할 것이다.[63]

법률의 변경으로 과거에 적법하게 하던 영업을 더 이상 못하게 된 이 사건과 유사하면서도 구별되는 사건이 2002헌바41사건이다. 2002헌바41사건은 학교보건법에 의하여 여관영업이 제한되고 있었으나 주위에 학교가 없어 여관영업을 하고 있었는데 30m 이내의 거리에 학교가 설치되어 기존의 여관영업자들이 더 이상 영업을 할 수 없게 된 사례이다. 즉 이 사건은 기본권을 제한하는 법규범의 요건에 해당하지 않아서 기본권을 제한받고 있지 않았는데 '국가작용으로 인한 사실상태의 변화' 즉 교육청에 의한 학교설립으로 법률이 금지하는 요건에 해당하게 되어 영업을 못하게 된 사례이다. 2002헌바41사건에 대한 결정에서 헌법재판소 다수의견은, 정화구역 내에서의 여관영업을 제한하는 것은 "국가가 구체적인 공적 과제를 수행하기 위하여 이미 형성된 구체적인 재산적 권리를 전면적 또는 부분적으로 박탈하거나 제한하는 것이라기보다는(입법자의 의도가 개별·구체적으로 특정 재산권을 박탈하거나 제한하려는 데 그 본질이 있는 것이 아니라), 여관이라는 유해환경으로부터 초등학교 학생들을 차단·보호하여 초등학교 교육의 능률화를 기하기 위하여 정화구역 안에 여관의 시설을 금지함으로써 재산권의 사회적 제약을 구체화하는 입법"이라고 평가하면서 이는(정화구역 내에서의 여관영업을 금지하고 일정기간 내에 이전·폐쇄하도록 하는 규정은) "공익목적을 위하여 개별적·구체적으로 이미 형성된 구체적 재산권을 박탈하거나 제한하는 것으로서 보상을 요하는 헌법 제23조 제3항 소정의 수용·사용 또는 제한과는 구별되는 것이다"라고 판시하고 있다.[64] 다수의견은 개정법률의 시행이후 여관영업을 제한하는 경우에는 타당할 수 있으나, 여관업을 제한하기 이전부터 허가를 받아 적법하게 영업을 하고 있었는데 법령의 개정으로 영업을 할 수 없게 된 경우 그리고 2002헌바41사건처럼 정화구역 내에서 여관업을 제한하는 경우에도 그 요건에 해당하지 않아서 적법하

62) 같은 취지: 이일세(주 59), 13면.

63) 손실보상에 관한 대표적인 법률인 '공익사업을 위한 토지 등의 취득 및 보상에 관한 법률'에서는 "영업을 폐지하거나 휴업함에 따른 영업손실에 대하여는 영업이익과 시설의 이전비용 등을 참작하여 보상하여야 한다(제77조 제1항)"고 규정하여 일정한 영업손실에 대하여 보상하고 있다.

64) 헌재 2004. 10. 28. 2002헌바41, 판례집 16-2(하), 152-153면.

게 여관업을 하고 있는 도중에 지방교육청에 의한 학교설립으로 인하여 그 요건에 해당하게 되어 이전에 적법하게 하던 영업을 계속할 수 없게 된 경우는 국가작용에 의하여 '이미 형성된 구체적인 재산적 권리를 전면적'으로 박탈당하는 경우라고 할 것이므로 헌법 제23조의 재산권의 수용에 해당한다고 이해하는 것이 타당하다고 할 것이다.[65] 설사 다수의견의 주장대로 학교보건법과 동법 시행령 조항이 정화구역 내에 있는 재산권에 대한 일반적 · 추상적 제한을 설정하는 내용이라고 할지라도, 이미 노래연습장이나 여관 영업을 하는 청구인들에게는 수인한도가 넘은 특별한 제한이 된다는 점에서 조정적 보상이 필요하다고 보는 것이 타당하다. 이에 따른다면 구체적 사정에 따라 영업권보상, 철거 및 이전비용, 시설개보수비용이 보상의 내용이 될 수 있을 것이다.

이 사건 시행령 부칙 조항이나 2002헌바41사건의 부칙 조항에서 5년 전후의 유예기간을 두는 것에 대해서 헌법재판소는, 법령개정 이전부터 적법하게 영업하고 있던 기존업자의 '경제적 손실을 최소화하기 위하여' 라고 하는데, 노래연습장과 여관이 청소년의 건전한 육성과 학습환경에 유해한 영향을 미친다는 점 때문에 정화구역 내에 설치 · 영업하지 못하게 한다는 점을 고려할 때 5년의 유예기간은 두는 것은 청소년 보호라는 목적을 달성하는 적절한 수단이라고 할 수 없다고 할 것이다. 이들 시설이 청소년의 교육환경에 유해하다고 하다면 가능한 조속한 시간내에 폐쇄 · 이전하도록 하면서 그에 대한 손실을 금전으로 보상하는 것이 더 적절하다고 할 것이다.

헌법재판소는 기본적으로 신뢰보호의 방법으로서 보상보호를 인정하지 않으려고 한다.[66] 하지만 이런 태도는 재산권이 개인의 자유실현을 위한 경제적 기초로서의 의미를 가진다는 점을 간과하고 있다고 할 것이다. 헌법재판소의 이런 태도로 인하여 자력없는 국민들은 법률의 변경으로 불의의 파산 내지 경제적 곤궁에 처하게 될 수 있다. 비록 국민이 "자신의 자유로운 결정과 계획, 그에 따른 사적 위험부담과 책임하에 행위하면서 법질서가 반사적으로 부여하는 기회를 활용[67]"하였다 하더라도 이들이 위법행위를 한 것이 아니며 합헌적인 법률에 의하여 자신들의 노력과 재능으로 적법하게 형성한 구체적 재산권적 지위(영업권)는 보호되어야 할 것이다. 일정한 경우 손실보상을 인정하여 당사자의 신청에 따라 손실보상을 법원에 청구하도록 하고 법원은 구체적 사정을 살펴서 보상금액을 정

65) 이일세(주 59), 14면 참조.

66) 이런 이유로 영업권에 관한 헌법재판소의 태도에도 혼란이 생긴 것이라고 할 수 있다.

67) 헌재 2003. 10. 30. 2001헌마700, 2003헌바11(병합), 15-2(하), 166면.

하도록 하는 독일 연방행정절차법 제49조 제 6 항의 태도는 참고할 만하다.[68]

4. 구 조세감면규제법 부칙 제 5 조 제 1 항 위헌소원(헌재 1995. 3. 23. 93헌바18, 31(병합))

(1) 사건의 개요

청구인 갑회사는 1984.11.15. 공유수면매립법에 의한 매립면허를 받아 공유수면에 대한 매립사업을 시행하고 1990.11.경 준공인가를 받아 소유권을 취득한 토지 중 일부를 1990년에 다른 사람에게 양도하였다. 그리고 청구인 을회사는 공유수면매립면허를 받아(1982.12.12 이후) 매립사업을 시행하고 1985.9.13. 준공인가를 받아 소유권을 취득한 매립지를 1990.8.13. 다른 사람에게 양도하였다. 관할 세무서장은 갑과 을의 매립지 양도에 대하여 당시 시행되던 구 조세감면규제법(1989.12.30. 법률 제4165호로 개정되고, 1991.12.27. 법률 제4451호로 개정되기 전의 것. 이하 "구 조감법"이라 한다) 제59조 제10호 및 부칙 제 5 조 제 1 항에 의하여 특별부가세를 50% 감면하고 과세처분을 하였다. 청구인들이 이 사건 공유수면매립면허를 받을 당시에 시행되던 구 법인세법 제59조의3 제 1 항 제19호는 공유수면매립사업시행자가 매립지를 양도함으로써 발생하는 소득을 특별부가세의 비과세대상으로 규정하고 있었다. 그런데 1988.12.26. 위 구 법인세법 제59조의3 제 1 항 제19호가 삭제되면서 같은 법 제59조의3 제 2 항에 제 6 호가 신설되어 공유수면매립지의 양도로 인한 소득에 대하여 특별부가세를 50%만 감면하도록 개정되었으며 같은 법 부칙 제12조 제 2 항에 의하여 위 개정조항은 1989.1.1. 이후 매립면허를 받아 취득한 토지를 양도하는 것부터 적용하도록 되었다가, 그 후 1989.12.30. 공유수면매립지의 양도소득에 대한 특별부가세 50%의 감면에 관한 규정이 구 조감법 제59조 제10호로 신설되면서 이 사건 법률규정인 같은 법 부칙 제 5 조 제 1 항은 매립면허일에 관계없이 모든 매립지에 대하여 그 법 시행(1990.1.1.)후 최초로 양도하는 것부터 위 제59조 제10호를 적용하도록 규정하였다. 따라서 이 사건 법률규정으로 인하여 1989.1.1. 전에 매립면허를 받은 자라도 1990.1.1. 이후에 매립지를 양도하는 경우에는 특별부가세의 50%를 부과당하게 된 것이다. 이에 갑(93헌바18)·을(93헌바31)회사는 각각 관할 고등법원에

68) 독일 연방행정절차법 제49조 제 6 항의 보상청구권의 법적 성격에 대하여는 이 규정은 기본법 제14조 제 1 항과 제 2 항의 의미에서의 법률적으로 규정된 조정의무가 있는 재산권내용형성규정으로 이해되고 있다. Kopp/Ramsauer, Verwaltungsverfahrensgesetz(VwVfG), 9Aufl. 2005, §. 49. RN. 78. S. 986.

관할 세무서장을 상대로 위 과세처분의 취소를 구하는 행정소송을 제기하고, 같은 법원에 구 조감법 부칙 제5조 제1항에 대하여 위헌심판제청신청을 하였으나 제청신청이 기각되자 이 사건 헌법소원심판청구를 하였다.

(2) 헌법재판소의 결정요지

헌법재판소는 이 사건에서 1989.1.1. 전에 공유수면매립면허를 받은 자가 매립지 양도로 인한 소득에 대하여는 특별부가세가 비과세되리라는 기대에 반하여 특별부가세를 50%만 감면받게 된 것이 헌법 제13조 제2항에 의하여 금지되는 소급입법에 의한 재산권의 박탈에 해당하는지 여부와 법치주의 원칙에서 파생되는 신뢰보호의 원칙에 위배하여 재산권을 침해하는 것인지 여부를 살펴보고 있다.

헌법재판소는, 이 사건 법률규정은 그 법 시행 후에 양도하는 것에 대하여서만 특별부가세 50% 감면제도를 적용하도록 하고 있으므로 그 규정 시행 전에 이미 특별부가세의 납부의무가 성립한 소득이나 거래를 대상으로 하는 것이 아니므로 소급입법이라고 할 수 없으며, 공유수면매립지의 양도로 인한 소득에 대하여 특별부가세를 부과하지 않은 것은 정책적으로 조세우대조치를 한 것일 뿐이고 매립사업자에게 특별부가세를 납부하지 아니할 권리를 부여한 것이라고 할 수는 없으며, 매립지 양도소득에 대한 비과세를 신뢰하였다고 하더라도 이것은 단순한 기대에 불과할 뿐 헌법 제23조가 보장하는 재산권이라고 할 수 없으므로 이 사건 법률규정은 헌법 제13조 제2항이 금지하는 소급입법에 해당하지 아니하고, 위 규정으로 인하여 1989.1.1. 전에 매립면허를 받은 자의 재산권을 박탈한 것이라고 할 수도 없어 위 규정은 헌법 제13조 제2항에 위반된다고 할 수 없다고 판시하고 있다. 이 사건 규정이 소급입법에 의한 재산권박탈이 아니라는 점을 확인한 후 헌법재판소는 이사건 법률규정이 신뢰보호원칙에 위배되는지 여부를 심사하고 있다.

헌법재판소는, "이 사건 법률규정이 신뢰보호원칙에 위배되는지 여부는 매립사업자의 기존 조세법에 의한 특별부가세 비과세에 대한 신뢰보호의 필요성 및 법적 안정성의 요청과 법률개정으로 달성하고자 하는 공익목적을 비교형량하여 판단"하여야 한다고 하면서 공유수면매립지의 양도소득에 대한 특별부가세의 감면에 관한 규정은 점차 그 조세우대조치를 완화하는 방향으로 여러 차례 개정되어 왔고,[69] 조세법분야는 경제현상의 변화에 따라 신축적인 개정이 요구된다는

69) 1991. 12. 27. 법률 제4451호로 이 사건 법률규정이 삭제됨으로써 공유수면매립지 양도에 대한 특별부가세 감면제도는 폐지되었고, 다만 그 부칙 제19조 제3항에 의하여 1991.12.31. 이전

점에서 조세우대조치는 잠정적인 것으로 장래의 개정이 쉽게 예측가능하며, 비과세나 감면제도와 같은 조세우대조치는 조세공평원칙 내지 조세평등주의의 이념에 배치되므로 이에 대한 기대나 신뢰가 절대적으로 보호되어야 할 필요가 없고 따라서 비과세감면혜택을 폐지하는 개정방향에 합리성이 인정된다는 점등을 들어 이 사건 법률규정은 기존 법질서에 대한 신뢰와 개정법률이 달성하고자 하는 공익목적사이의 조화를 도모하고 있으므로 신뢰보호원칙에 위배되지 아니한다고 한다.

(3) 평 가

헌법재판소가 이 사건 법률이 소급입법에 의한 재산권박탈을 내용으로 하지 아니한다고 판단한 것은 타당하지만 매립사업자의 구 법인세법에 의한 특별부가세 비과세에 대한 신뢰에 대한 신뢰보호원칙의 적용에 있어서는 문제가 있다고 판단된다. 먼저 신뢰보호원칙을 적용하기 위해서는 청구인들의 신뢰가 보호가치 있는 정당한 신뢰이익인지부터 검토하여야 할 것이다. 그런데 이에 대한 헌법재판소의 검토는 매우 부족하다. 구 법인세법상의 매립지양도에 대한 특별부가세 비과세제도는 국토개발이라는 정책목표를 달성하기 위하여 비과세 혜택을 줌으로써 민간기업의 참여를 유발하기 위한 제도로 평가된다. 이런 점에서 청구인들의 비과세혜택에 대한 신뢰는 국가에 의하여 유인된 신뢰라고 할 것이다. 그리고 경제정책의 변경이나 경제상황의 변화에 탄력적으로 적응하여야 하는 조세법의 특성상 조세감면혜택이 쉽게 감축 또는 폐지되리라는 것을 일반적으로 예상할 수 있다. 하지만 조세상의 혜택이 국민이나 기업의 일정한 처분행위를 전제로 하는 경우에는 이러한 혜택에 대한 신뢰는 보호가치가 크다고 할 것이다. 이 사건에서 청구인들은 공유수면매립면허를 받아 자본과 인력을 투입하여 공유수면을 매립하여야 매립지에 대한 소유권을 취득하고 양도할 수 있다는 점에서 청구인들이 가지는 비과세혜택에 대한 신뢰는 보호가치가 크다고 할 것이다. 헌법재판소는 이 사건 법령이 조세우대조치를 완화하는 방향으로 여러 차례 개정되어 왔음을 이유로 청구인들의 신뢰가 보호가치가 적은 것으로 판단하는데, 법개정과정을 엄밀히 살펴보면 매립사업 시행이후 법개정은 1988. 12. 26.과 1989. 12. 30. 2차례 있었을 뿐이다. 그런데 1988.12.26일 공포된 개정 법인세법 부칙 제12조 제2항에서는 공유수면매립지 양도소득에 대한 비과세혜택 박탈과 50% 상당의 면제

에 공유수면을 매립한 자가 취득한 매립지를 1994.12.31. 이전에 양도하는 경우에만 50%가 감면되도록 되었다.

규정은 이 법 시행후 매립면허를 받은 자가 취득한 토지를 양도하는 분부터 적용한다고 하여 구 법인세법상의 비과세혜택에 대한 신뢰는 그대로 보호하고 있다. 그런데 불과 1년 사이에 신뢰보호를 무시해야 할 특별히 중대한 공익 내지 사정변경이 발생하였는지 의심스럽다는 점에서 청구인들이 법률의 변경가능성에 대하여 예견가능성이 크다고 하는 것은 타당하지 않다고 판단된다.

청구인들의 신뢰가 보호가치있는 정당한 신뢰이기는 하지만 개정법률로 추구하는 공익과의 형량을 통하여 그에 상응하는 신뢰보호조치가 마련되어야 한다고 할 것이다. 그런데 이 사건 법률에 따라 조세우대조치를 폐지 · 축소시킴으로써 달성하고자 하는 국가의 재정적 목적은 막연하고 일반적인 국가재정이라고 할 수 있다. 즉 공무원연금의 재정, 통일비용, 전쟁비용 등 이 사건에서는 국가에 의하여 유인된 신뢰이익보다 우선적으로 고려되어야 할 국가목적 내지 공익목적이 구체화 · 특정되어 있지 않다고 판단된다. 이런 점에 비추어볼 때 비과세에 대한 청구인의 신뢰이익이 공익보다 중요하다고 판단된다. 더구나 갑회사의 경우에는 비과세혜택을 축소하는 법개정 당시에 매립이 완료되지 아니하여 준공인가를 받지 못하여 처분의 기회가 없었음에도 불구하고 단순히 사업 도중에 법개정으로 비과세혜택이 축소되어 왔다는 사정만으로 신뢰이익을 보호받지 못한다고 하는 것은 그 사업자의 귀책사유가 전혀 없음에도 불구하고 국가정책을 신뢰하고 행동한 국민의 불이익을 야기하는 것이라는 점에서 현저히 정의에 반하는 결과를 초래한다고 할 것이다.[70] 그런 점에서 1989.1.1 이전에 매립면허를 받은 사업자에 대해서 특별부가세를 비과세로 하지 않고 단지 50%만 감면하는 이 사건 법률조항은 신뢰보호원칙에 위배된다고 판단된다. 입법자는 비과세혜택을 축소하는 1989. 12. 30일 구조감법을 개정할 때 1988.12.26일 공포된 개정 법인세법 부칙 제12조 제2항과 같은 규정을 두어 청구인들의 신뢰를 그대로 보장하든지, 아니면 일정한 유예기간을 두는 방법[71]으로 1989. 1. 1. 이전 매립면허를 받은 사업자의 신뢰이익을 보호하였어야 했다고 판단된다. 기본적으로 헌법재판소는 이 사건에서 청구인들의 신뢰이익의 보호가치성을 피상적으로 검토한 측면이 있고 그 결과 국가에 의하여 유인된 국민의 신뢰보다 우선할 수 있는 특정된 공익이 없음에도

70) 이런 판례의 태도를 따르면 결국 사업자는 하루라도 빨리 공사를 진행하려고 할 것이고 이것이 결국 졸속·부실공사를 야기하는 하나의 요인될 수 있을 것이다.

71) 예를 들어 "1989. 1. 1. 이전에 매립면허를 받은 사업자 중에서 이 법시행 당시 매립을 완료하지 못한 사업자에 대해서는 준공인가 후 2년 이내에 처분하는 경우 그리고 준공인가를 받았으나 이 법시행 당시 처분하지 아니한 사업자에 대해서는 시행일로부터 2년 이내에 처분하는 경우에는 적용하지 아니한다"는 방법을 생각해 볼 수 있다.

불구하고 일반적 추상적 공익만으로 국가에 의하여 유인된 국민의 신뢰를 경시하였다고 할 것이다. 헌법재판소가 신뢰이익이라는 사익과 공익의 형량과정에서 특정되지 않은 일반적 · 추상적인 공익을 인정함으로써 신뢰이익보다 국가목적을 우선시하는 태도는 항상 경계하여야 할 것이다.

Ⅴ. 결 론

인간의 존엄과 자유와 평등의 이념과 더불어 사회적 정의가 요청되는 질서에서는 국가권력의 법기속은 필요불가결하다. 국가권력의 법기속성을 실현하기 위하여 비례의 원칙, 평등의 원칙과 더불어 신뢰보호의 원칙이 요구된다고 할 것이다. 왜냐하면 법질서에 대한 국민의 신뢰가 보호되지 아니하는 한, 국민의 자유와 권리는 제대로 보장될 수 없기 때문이다.

입법작용은 행정작용과 달리 광범위한 형성의 자유를 가지고 있는 만큼 입법작용에 신뢰보호원칙을 적용함에 있어서는 먼저 정당한 신뢰이익이 형성되어 있는지, 그리고 정당한 신뢰이익이 성립한 경우 보호가치가 있는 것인지 즉 보호의 정도를 검토하여야 한다. 그리고 나서 입법자가 법률의 변경으로 추구하는 공익이 무엇인지 그것이 구체화되어 있는 것인지 긴요한 것인 지등을 검토하여야 할 것이다. 이것이 인정되는 경우 입법자가 구법의 존속 내지 법적 지위의 존속에 대한 국민의 신뢰이익과 법률의 개정을 통하여 추구하고자 하는 공익 등을 종합적으로 형량(고려)하여 신뢰이익이 법률의 개정을 통하여 실현하고자 하는 공익보다 큰 경우를 제외하고는 규범조화적 해석원칙(실제적 조화의 원칙)에 따라 양 법익을 조화시키는 적정한 신뢰보호방법을 선택하고 있는지 여부를 검토하는 것이 헌법의 통일성을 실현하기 위한 헌법해석의 기본원칙에 부합한다고 할 것이다. 국가의 기능과 과제가 확대됨에 따라 현실의 변화에 적절히 대처하기 위하여 법률을 변경하여야 할 필요성이 높은 현실에서 헌법재판소는 신뢰보호원칙을 적용함에 있어서 어떠한 경우 어떤 정도의 보호가치있는 정당한 신뢰이익이 성립하는지를 유형화하는 노력을 하는 동시에 정당하게 성립한 신뢰이익과 공익을 형량하여 그에 상응하는 적정한 신뢰보호방법을 찾는 노력 역시 함께 하여야 할 것이다. 신뢰보호원칙이 독일에서 행정재판소와 헌법재판소의 판결을 통하여 형성확립된 점, 그리고 지금으로부터 30여 년 전인 1976년 독일 연방행정절차법에 존속보호뿐만 아니라 보상보호까지 규정한 점 등을 고려할 때 신뢰보호원칙의 적용에 특히 보상보호의 채택에 헌법재판소가 보다 적극적인 자세를 보여야 한다. 헌법재판소의 결정이 대한민국의 법문화의 수준을 결정한다. 법문화의 발전은 헌법재판소가 원리나 권리의 본질이 충실이 실현될 수 있도록 논리를 전개할 때 비로소 가능하다고 할 것이다.

"신뢰보호원칙에 대한 헌법재판소의 태도"에 관한 토론

黃　道　洙*

먼저, 신뢰보호원칙에 관하여 이론적으로 설명한 뒤에 헌법재판소 판례를 분석하여 발표해 주신 박교수님께 감사의 말씀을 드립니다.

신뢰보호원칙은 이론정립이 가장 어려운 분야 중에 하나가 아닌가 생각합니다. 이론정립이 어렵다는 것은 자칫 헌법재판소의 '자의적'인 판단이 발생할 우려가 있다는 것을 의미하고, 국민에게는 '예측가능성'을 상실시킬 위험이 발생한다는 것을 의미하므로, 이에 대한 학문적 이론정립이 시급하다는 점은 발표자와 생각을 같이하고 있습니다.

이러한 이론적 어려움 때문에 발표자가 지적하신 바와 같이 앞으로 더욱 '노력'하여야 하는 분야가 아닌가 생각되는데, 이 논제와 관련하여 지금까지 제가 개인적으로 고민해 왔던 부분에 관하여 몇 가지 질문을 드림으로써 노력을 함께하는데 동참하고자 합니다.

첫째, 신뢰보호원칙이 적용되는 영역(구속력의 범위)에 관련하여 신뢰보호원칙과 소급입법금지원칙과의 관계 정립이 쉽지 않은 문제를 제기한다고 생각합니다.

발표자는 '신뢰보호원칙은 진정소급입법과 부진정소급입법의 한계로서 특히 진정소급입법의 경우 더욱 엄격하게 적용되어야 한다'라고 하여, 신뢰보호원칙이 진정소급입법과 부진정소급입법에 적용되는 것임은 분명히 하였으나, 그 이외의 입법의 경우에도 신뢰보호원칙이 적용될 가능성에 관하여는 분명한 견해를 밝히지 않은 것으로 보입니다.

그런데 소급입법이 아닌 경우(장래에 대하여만 효력을 가지는 경우)에도 신뢰보호원칙이 적용되기도 합니다.

그렇다면, 신뢰보호원칙와 소급입법금지원칙과의 관계를 정립함에 있어서, 양자의 적용영역이 다른 별개의 원칙으로 볼 수도 있고, 신뢰보호원칙이 큰 원칙이고, 소급입법금지원칙은 신뢰보호원칙의 일부를 구성하는 소원칙으로 볼 수도 있

* 건국대 교수, 변호사.

다고 하겠습니다. 관계정립 여하에 따라 신뢰보호원칙의 내용에 관한 이론구성에 영향이 있을 것으로 예상됩니다.

신뢰보호원칙과 소급입법금지원칙과의 관계 정립에 관한 발표자의 의견을 듣고 싶습니다.

둘째, 신뢰보호원칙이 적용되는 영역(구속력의 범위)에 관련한 또 다른 문제로서, 종전 법률관계의 변경으로 인하여 불이익이 발생하기만 하면 신뢰보호원칙이 적용될 것인지가 문제입니다.

입법을 한다는 것은 종전의 법률관계를 변경시킨다는 것을 의미하고, 법률관계가 새롭게 변경한다는 것은 종전 법률관계에서 이득을 보고 있던 국민들에게는 불이익을 발생시킨다는 것을 의미합니다.

이러한 경우 종전 법률관계가 한시법에 의한 법률관계가 아닌 한, 논리적으로 국민들은 종전 입법이 지속될 것을 전제로 자신의 행동을 결정하였을 것이고, 그 행동에 의하여 종전 입법에 의하여 보장되는 이익을 받고 있었는데, 개정입법에 의하여 종전 이익을 전부 또는 일부 상실하게 되었으니 신뢰를 침해받았다는 주장이 언제든지 가능하게 됩니다. 이러한 논리에 의하면 모든 입법에 대하여 신뢰보호원칙 주장이 가능하다는 결론에 이르게 되는데, 이러한 결론은 신뢰보호원칙의 원래 취지에 부합한다고 보기 어렵습니다.

왜냐하면, 위와 같은 일반적인 불이익에 대하여는 기본적으로 헌법상의 과잉금지원칙(기본권제한의 경우)나 자의금지원칙이 적용됨으로써 그 위헌성을 심사하는 것이 타당하다고 보기 때문입니다.

그렇다면 법률개정으로 인한 불이익의 발생만으로는 신뢰보호원칙을 적용할 수 없고, 그 이상의 '무엇'이 요건으로 충족되어야 신뢰보호원칙을 적용할 수 있다는 이론을 정립하는 것이 바람직하다고 볼 수 있는데, 그 요건이 '무엇' 인가가 불명확하다는 점입니다.

발표자는 '법규범 변경에 대한 예견가능성', '입법자의 적극적 유도', '국민의 기대' 등을 기준으로 판단할 것을 예시하고 있는데, 이들 기준이 아직도 모호하다는 비판을 면하기는 어려울 것 같습니다.

왜냐하면, ① 법률이 제정되면, 국민들은 그것이 한시법이 아닌 한 계속 유지될 것이라고 예상할 것이고(국회의원들이 언제 개정입법을 발의할지는 아무도 모름), ② 입법은 원래 사회적 해악을 제거하고 사회적 유익을 제고할 목적으로 제정되므로, 모든 입법은 사회의 방향을 결정한다는 점에서 국민들에 대한 '유도'가 포함되어 있다고 보아야 하고, ③ 국민들은 입법에 순응하여 자신의 의사를 결정하여 사회생활을 영위한다는 점에서 국민들은 관련 입법사항에 대하여 기대를 가질 것이기 때문입니다.

결국 신뢰보호원칙의 적용범위는 자칫 신뢰의 '정도'에 의하여 결정된다는 결론에 이르게 되는데, 발표자가 우려하는 '논리적인 논증보다는 전체적 내지 포괄적인 판단'에 의하여 결정된다는 이론적 어려움에 처하게 됩니다. 이 부분 문제를 해결할 수 있는 다른 대안은 없는지 어려운 질문을 다시 제기해 봅니다.

셋째, 발표자는 신뢰보호의 방법과 관련하여 '보상보호'를 적극 활용할 것을 주장하고 있습니다. 특히, 발표자는 정화구역 내의 풍속영업을 중단하게 되는 불이익과 관련하여 유예기간을 두기보다는 보상규정을 두는 방법으로 신뢰를 보호하여야 할 것이고, 이를 두지 아니한 당해 입법은 신뢰보호원칙 위반으로서 위헌이라는 결론에 이르고 있습니다.

그런데, 보상보호는 결국 국민 전체의 재정적 부담으로 귀결되는 것이라는 점을 고려하면, 가능하면 신뢰보호의 방법은 당해 국민이 스스로 해결할 수 있는 방법이 더 바람직할 수 있다는 생각을 해보게 됩니다.

즉, 보상보호의 문제는 신뢰보호원칙에 의한 신뢰보호의 수준을 낮춤으로써 해당 국민이 스스로 해결하도록 하는 것이 바람직한가, 아니면 국민 전체가 당해 국민의 신뢰를 재정적으로 부담하는 것이 바람직한가의 문제, 또는 법률개정과 관련하여 종전 입법에 이해관계를 가진 자들 사이에서 문제를 해결할 것인지, 아니면 국민 전체가 종전 입법에 관련된 분야의 문제를 재정적으로 공동책임을 질 것인지의 문제에 관한 정책을 사법적으로 선택하는 문제로 귀결된다고 볼 수 있습니다.

가능하면, 당해입법과 관련이 없었던 국민들이 재정적 부담을 지게 되는 것은 바람직하지 않다는 점에서 볼 때, 해당국민 또는 당해 입법에 이해관계를 가진 국민들 사이에서 해결되는 것이 바람직하다고 볼 수 있고, 그렇다면 보상보호는 가능하면 자제되어야 할 것으로 보이는데, 이에 관한 발표자의 의견을 듣고 싶습니다.

넷째, 마지막으로 재산권 및 손실보상과 관련된 법논리에 관하여 살펴봅니다. 발표자는 영업이익 내지 영업가치를 재산권으로 인정할 것인가와 관련하여 이를 헌법상의 재산권으로 인정할 경우 손실보상이 가능하기 때문에 이를 재산권으로 인정하는 이론구성을 행하는 것이 바람직하다고 주장하고 있습니다.

발표자가 궁극적으로 추구하는 것은 손실보상으로서의 보상보호이 행해져야 한다는 것으로 볼 수 있습니다.

그러나 논리적으로 볼 때, '재산권'에 대하여만 보상보호가 가능하다는 이론에 구속될 필요성은 없다고 봅니다. 즉, 재산권이 아닌 다른 권리(내지 재산가치)에 대하여도 손실보상이 가능하고 따라서 보상보호가 가능하다는 이론을 수립하면(예들 들어 신체훼손에 대하여 손해배상이 가능한 것과 같이), 굳이 영업이익을 재산권에 포함시키자는 이론을 구성하지 아니하더라도 보상보호를 위한 이론정립이 가능하지 않겠는가라는 생각을 해 볼 수 있습니다.

이 부분에 대한 발표자의 견해를 듣고 싶습니다.

제 68 회 발표회 지정토론문

손 인 혁*

여러 가지 업무로 바쁘신 일정 속에서도 헌법재판실무의 개선과 발전을 위하여 좋은 글을 써 주신 것에 대하여 먼저 지정토론자로서 감사의 말씀을 드립니다. 그리고 오늘 주제인 "입법작용에 대한 신뢰보호원칙의 적용"은 그 이론적 가치나 실무적 효용성에도 불구하고 아직 구체적인 해명이 이루어지지 않아 실무자의 입장에서 늘 부담감을 갖고 있었는데, 오늘 발제자님의 명쾌한 정리를 통하여 나름대로 마음의 평온을 갖게 된 것 같습니다.

이 주제에 관하여 이해하는 것이나 실무경험이 일천하지만, 발제문을 읽은 과정에서 생긴 몇 가지 혼동과 의문을 말씀드리는 것으로 지정토론을 대신하고자 합니다.

1. 소급입법에 대한 논의와 관련하여

소급입법의 문제와 신뢰보호원칙이 반드시 그 궤를 같이 한다고 볼 수는 없지만, 구체적인 사안에서 신뢰보호원칙이 문제되면 우선적으로 그러한 입법작용이 소급입법에 해당하는지 여부를 먼저 검토합니다. 그 결과 진정소급입법이라고 인정되는 경우에는 원칙적으로 (입법형식상의) 위헌성 추정을 한 다음, 다시 신뢰보호원칙의 요건에 따라 심사하여 소급입법을 정당화할 사유가 있는지 여부를 판단하게 됩니다. 그리고 부진정소급입법의 경우에는 원칙적으로 (그러한 입법형식이) 허용되지만, 신뢰보호원칙이 입법자의 입법형성권을 제약하므로 구체적인 입법내용이 신뢰보호원칙에 의하여 제약된 입법형성권의 한계를 일탈하였는지 여부를 판단하게 됩니다.

물론 이러한 구별이 양적 개념이고 관점과 기준에 따라 자의적으로 평가될 수 있다는 측면에서 비판이 있지만 이러한 논의는 별론으로 하고, 양자에 있어 신뢰보호원칙의 의미와 기능이 신뢰보호원칙의 보충성(발제문 16면, 주 45번)과 관련하여 같은 것인지가 문제된다고 봅니다.

* 헌법연구관.

즉, 토론자의 생각으로는 진정소급효의 경우에는 신뢰보호원칙이 독자적인 심사기준으로서의 의미를 가져 그 위헌여부의 판단이 오로지 그 적용의 결과에 좌우되지만, 부진정소급효의 경우에는 사실상 기본권제한입법의 위헌여부판단, 즉 과잉금지원칙의 적용문제로 흡수되어 그 독자적인 심사기준으로서의 의미가 거의 없다고 보이기 때문입니다(예외가 없는 것은 아니지만 독립적으로 신뢰보호원칙이 적용되는 경우라고 하더라도 사실상 과잉금지원칙의 형량판단에 흡수되어 독자적인 의미가 크지 않다고 보입니다).

이런 의미에서 발제자의 견해와는 달리, 신뢰보호원칙이 독자적인 의미를 가지고 그 기능이 완전히 발휘되는 영역은 법률의 진정소급효가 문제되는 경우라고 생각되는데, 발제자의 견해는 어떠신지요.

2. 신뢰보호방법의 적정성과 관련하여

발제자께서는 신뢰보호원칙의 적용에 있어 종래의 형량 중심의 사고보다 규범조화적인 관점을 강조하여, 법률의 개정으로 달성하고자 하는 공익이 신뢰이익보다 크다고 할지라도 신뢰이익에 상응하는 적절한 신뢰보호방법을 마련하지 않는 경우에도 신뢰보호원칙에 위반되어 위헌이라고 설시하고 있습니다. 그리고 이러한 경우 헌법불합치결정을 활용하여 입법자에게 그에 상응하는 입법의무를 부여함이 상당하고 합니다.

이러한 입장에 대하여 저도 기본적으로 동의합니다.

(1) 모든 기본권 영역에서 타당한 결론인지요?

신뢰보호가 문제되는 입법작용은 예외가 없는 것은 아니지만 평등문제를 수반합니다. 그리고 신뢰이익의 보호를 위한 경과규정이나 적응보조규정은 이러한 취지에서 그 차별취급의 정당성이 일반적으로 긍정됩니다.

그러나 신뢰를 제공한 법률이 애당초 제3자의 기본권을 침해하고 있는 경우이거나 이러한 경과규정을 통하여 그 기본권 침해의 정도가 심화 또는 차별취급으로 인한 불이익의 정도가 심대해지는 경우에는 오히려 헌법재판소의 규범조화적 해석이 헌법의 기본권 보장 정신으로부터 더 멀어지는 경우도 있을 것으로 생각됩니다.

예를 들어, 국공립 사범대학 졸업자의 우선임용과 관련하여 국공립 사범대학 졸업자의 신뢰보호를 위하여 헌법재판소가 입법자에게 어떠한 방식으로든 적응규정을 둘 것을 명하는 경우, 신규채용의 적체가 이미 심각한 상황에서 사립 사범대학 재학생이나 졸업자의 기본권 침해나 차별취급의 정도를 더욱 심화시킬 것이기 때문입니다.

(2) 보상보호의 활성화로 인하여 오히려 기본권보장이 형해화될 가능성은 없는지요?

재산권보장에 있어 분리이론의 가장 큰 이론적·실천적인 근거는 기본권 보호의 헌법정신에 충실하다는 것입니다. 손쉽게 보상을 통한 기본권 제한의 정당성을 긍정함으로써 국가로부터의 기본권침해에 통로를 열어줄 수 있기 때문입니다.

이론적으로 신뢰보호의 원칙은 과잉금지원칙 등 기본권제한입법에 대한 심사기준들과 명백하게 구별되지만, 실무상 양자는 거의 동일한 사실관계와 법적 상황에 대한 규범적 평가로 대체됩니다(외국 치과대학 졸업자에게 국내의료면허를 부여함에 있어서 새로 예비시험이라는 요건을 추가하는 경우 과잉금지원칙 또는 신뢰보호원칙 양자 모두 문제되지만, 위헌으로 판단하는 경우 어느 기준에 위배되었는지를 명백히 가리는 것은 불가능합니다).

이러한 경우에 쉽게 보상보호 등 대체적인 위헌성 치유방안을 인정함으로써 그 위헌성문제를 해결하려는 시도는 곧 기본권 침해의 통로로 이용될 것이 예상되고, 그것이 재산권이 아니라 다른 기본권과 관련을 갖는 경우에는 더욱 심각한 문제를 야기하게 될 것이라고 생각합니다.

이러한 취지에서 헌법정책적으로 신뢰보호를 강조하여 보상보호 등 규범조화적인 해석을 강조하는 것은 별론으로 하고, 헌법재판에서 이를 적극적으로 도입하는 데는 신중을 기하여야 한다고 생각됩니다.

제68회 발표회 토론요지

사 회 자 : 최창호(헌법연구관)
토론참여자 : 박경철(교수), 황도수(교수), 손인혁(헌법연구관)
이재우(박사), 이인호(교수), 최두훈(비서관)
김현철(헌법연구관), 이종수(교수), 황치연(헌법연구관)
노희범(헌법연구관), 성 왕(헌법연구관), 서기석(판사)
이공현(회장)

간 사 : 안녕하십니까? 헌법실무연구회 간사를 맡고 있는 전종익 연구관입니다.

7월초에 저희가 헌법실무연구회발표를 한 이후에 여름방학을 마치고 두달만에 모이는 자리입니다.

여러 가지 사정상 오늘 저희 연구관님들이 많이 참석을 못하셨습니다.

그럼에도 불구하고 참석해 주신 여러분들께 감사를 드립니다.

오늘 사회는 저희 헌법재판소의 최창호 연구관님께서 해 주시겠습니다.

지금부터는 최창호 부장님께서 진행을 해 주시겠습니다.

사 회 자 : 여러분 안녕하십니까? 소개받은 최창호 연구관입니다.

무더운 여름이 지나가고 청명한 가을하늘이 우리에게 더 가까이 다가와 있고 맑은 공기가 아침저녁으로 선선한 기분을 느끼게 하는 그러한 좋은 계절이 되었습니다.

헌법재판소장 및 재판관후보자 청문회관계로 인해서 여러 연구관님께서 참석 못하셨는데 이렇게 좋은 계절에 헌법공부는 그래도 계속되어야 한다라는 일념하에 오늘은 박경철 교수님께서 '신뢰보호원칙에 대한 헌법재판소의 태도'라는 제목을 가지고 발표를 해 주시겠습니다.

신뢰보호원칙에 대해서는 지난겨울 헌법연구관세미나에서도 밤늦게까지 깊은 토론이 이루어졌고, 우리 연구관들도 모두 다 이것을 어떻게 해결하고 이해해야 할 것인가에 대해서 논란이 많았던 것인데 오늘 박교수님께서 명쾌하게 설명을 해 주시리라고 생각합니다.

박교수님께서는 서울대학교를 졸업하셨고 학교졸업 이후에 허영선생님 밑으로 가서 '국민주권의 본질과 실현조건에 관한 연구'로 박사학위를 취득하셨습니다.

그리고 지금 강원대학교에서 법학을 가르치고 계십니다.

개인적으로는 박교수님과 같이 공부를 하고 미팅도 하고 목욕도 같이 하고 했던 그런 개인적인 인연이 있습니다.

오늘 박교수님 강의를 들은 다음에 지정토론으로는 헌법재판소의 손인혁 연구관님 그리고 건국대교수이면서 헌재연구관을 역임하신 황도수 변호사님께서 해주시도록 하겠습니다.

우선 사회자의 역할은 시간을 적절히 배분해서 여러분께서 힘드시지 않도록 하는 것이 가장 중요한 일이라고 생각합니다.

그래서 우선 발표는 한 30분정도로 하고 지정토론은 각 10분씩 그리고 잠깐 쉬었다가 자유토론을 하거나 아니면 계속해서 토론을 하는 방식으로 진행하도록 하겠습니다.

그러면 박경철 박사님으로부터 발표를 듣겠습니다.

< 주제발표자 발표 >

사 회 자 : 수고 하셨습니다.

시간을 30분 드렸는데 이 발표문 자체가 30페이지가 넘는 것이라서 쉬지 않고 발표를 하셨으나 50분이 경과했습니다.

그러면 황도수교수님께서 지정토론을 해 주시겠습니다.

< 지정토론자(황도수) 발표 >

발 표 자 : 너무 어려운 질문을 하셔서 제가 좀 당황스럽습니다.

생각할 거리를 많이 주셔서 감사드립니다.

첫 번째 질문에 있어서 '신뢰보호원칙과 소급입법금지원칙과의 관계정립' 저도 이거를 논문을 쓰면서 생각을 해봤는데 쉽지 않은 그런 문제점이 있는 것 같습니다.

기본적으로 소급입법금지원칙이라는 것은 근대법의 하나의 기본원칙이라고 할 수 있다고 하겠습니다.

기본적으로 행위시의 어떤 법률에 의해서 국민의 어떤 행위가 규율되어야 한다는 점에서 이런 소급입법금지원칙은 근대법의 하나의 기본원칙으로서 이미 확고하게 형성된 기본원칙이 아닌가, 이렇게 평가한다고 할 수 있겠습니다.

그에 반해서 신뢰보호원칙이라는 것은 독일의 경우 독일연방행정재판소의 판결에서 1950년대 어떤 판결을 통해서 본격적으로 논의되고 확립된 그런 이론이라는 점에서 생성시기에 있어서 차이가 있고 그런 점에서 소급입법금지원칙은 이미 하나의 어떤 독자적인 법원리로 확립되어 있는 그런 내용을 가진다고 할 수 있겠습니다.

그에 반해서 신뢰보호원칙은 지금 형성도상에 있는 그런 원칙인데 그런 원칙의 어떤 취지, 신뢰보호원칙의 기본취지가 소급입법금지원칙에도 이미 반영되어 있기 때문에 기본적으로 신뢰보호원칙하고 소급입법금지원칙을 이렇게, 어떤 상위원칙으로 신뢰보호원칙이 이해되는 그런 측면도 있는데 제가 보기에는 각각 독립된 원칙으로 이해하는게 타당하지 않을까 그렇게 저는 생각됩니다.

소급입법금지원칙이라는 것은 조금 전에도 말씀드렸듯이 근대법의 기본원리로 확립되었고 그 나름대로의 어떤 영역이 있는 반면, 신뢰보호원칙이라는 것은 어떤 법률의 개정을 통해서 이미 형성중에 있는 어떤 사실관계나 법률관계를 적용하는 과정에서 구법상의 어떤 신뢰이익이 침해되는 그런 경우에 적용한다는 그런 측면에서 볼 때 신뢰보호원칙의 독자성이라든지 그런 관점에서 볼 때 양자는 각각 별개의 어떤 원칙으로 이해하는 것이 바람직하지 않나 그렇게 생각됩니다.

그리고 두 번째 질문으로 종전법률관계의 변경으로 인해서 불이익이 발생하기만하면 신뢰보호원칙이 적용될 것인가 하는 그 문제에 대해서 문제가 있다고 하시면서 신뢰보호요구를 판단하는 기준에 있어서 법규범의 변경에 대한 예견가능성이라든지 입법자의 적극적 유도, 국민의 기대 등을 신뢰보호의 가치판단의 기준으로 삼고 있는데 이런 기준도 명확하지 않고 좀더 구체화된 새로운 기준이 있어야 된다는 그런 문제점을 지적하신 것이 되겠지요.

그런데 저도 이 부분 판례의 형성이라든지 계속적인 연구를 통해서 새로운 기준이라든지 이런 기준이 마련되어야 한다고 생각됩니다. 발표문 말미에서도 '보다 구체화되고 유형화되는 그런 노력이 있어야 된다' 그렇게 말씀드렸습니다.

그런 점에서 제가 현재까지 세 가지 이상을 언급하기에는 제가 아직 공부가 부족한 것 같습니다.

그리고 이런 법규범의 변경에 대한 예견가능성이나 입법자의 어떤 적극적 유도 그리고 국민의 일방적인 기대여부 이런 상황의 어떤, 하나의 일응의 어떤 기준이지 그때그때 어떤 구체적 상황에 따라서는 단순히 일방적인 어떤 기대라할지라도 보호되어야 되는 그런 상황도 생긴다고 할 수 있겠습니다.

교육공무원법 정년제도와 관련해서 65세에서 62세로 낮추는 그런 법률의 경우 그 교육공무원법상의 정년제도는 일반적으로 공무원관계의 어떤 형성을 위한 그런 일반적인 법규정이지만 공무원이 된 자는 정년에 대한 신뢰를 형성하게 된다고 할 수 있겠습니다. 그런 경우 62세를 초과하는 공무원들의 경우 그리고 62세가 임박한 공무원의 경우 공무원정년 65세라는 제도가 단순히 국민의 어떤 일방적인 기대를 유도하는 그런 제도에 불과하다할지라도 그런 공무원의 경우에는 신뢰보호의 필요성이나 가치는 크다고 할 수 있겠습니다.

그런 것은 일응 세 가지 어떤 기본유형하에서도 세분화 되어야 되지 않나 저는 생각됩니다.

그리고 세 번째로 신뢰보호의 방법과 관련해서 제가 보상보호를 적극 활용할 것을 주장했는데 제가 보기에는 법률의 변경에 따라서 불시에 어떤 영업을 폐쇄하고 다른 데로 이전해야 된다든지 그런 경우 그런 국민의 재산적인 타격이라든지 경제적인 곤궁이 그 사람을 빈곤으로 몰지 않느냐, 그런 점에서 이것이 사회적 법치국가의 관점에서 과연 정당화될 수 있을까 하는 그런 관점에서 이런 어떤 이미 구법하에서 적법하게 영업하고 있었던 자들의 어떤 신뢰이익도 보호되어야 된다는 그런 측면에서 어떤 보상 보호의 방법도 고려되어야 된다, 이렇게 평가했습니다.

그리고 학교보건법과 관련해서 여관영업이라든지 그리고 노래연습장영업과 같은 경우 그렇게 어떤 공익에 해가 된다면 일정한 보상을 통해서 그런 유해시설을 학교환경에서 빨리 제거하는 것이 오히려 교육환경의 보호라는 그런 측면에서 바람직하다는 그런 관점도 고려되었다고 하겠습니다.

그리고 황교수님이 이런 보상보호를 부여하게 되면 결국 국민전체의 재정적 부담으로 귀결된다 이렇게 말씀하셨는데 그런 부분은 고려되어야 되고 타당한 지적이라고 생각됩니다.

그렇지만 여관영업자라든지 노래연습장영업자들의 경우도 결국 국민전체의 이익이라는 공공이익을 위해서 영업이 폐쇄되는 그런 불이익을 입게 된다고 할 수 있겠습니다. 그런 점에서 공적부담의 공평이라는 관점에서 보면 이 부분도 국민전체가 분담해야 될 그런 측면도 있지 않나 이렇게 평가한다고 할 수 있겠습니다.

인간은 법질서 속에서 살아갈 수밖에 없는데 그 질서가 변경되었다고 해가지고 개인에게 모든 위험부담을 다 지운다는 것은 오늘의 사회적 법치국가의 관념에서는 정당화되기 어렵지 않나 이렇게 평가한다고 할 수 있겠습니다.

물론 영업권보상까지 해야 되는 상당히 보상범위가 넓은 것은 사실이라고 할 수 있겠습니다. 그렇지만 헌법재판소의 많은 연구관님들이 계시니까 아마 좋은 이론을 만들어 내지 않을까 기대하고 있습니다.

부족하나마 답변을 대신하겠습니다.

사 회 자 : 이론적 어려움이 있는 신뢰보호원칙에 대한 황교수님의 정확한 화두의 제시로 인해서 우리 모두 함께 고민해 왔던 부분에 대해서 노력을 함께 해야 될 것 같습니다.

손연구관님 지정토론해 주십시오.

〈 지정토론자(손인혁) 발표 〉

발 표 자 : 바쁘신 데도 이렇게 긴 논문을 읽어주시고 좋은 질문을 해 주셔서 감사드립니다.

손연구관님께서는 과잉금지원칙이 과연 독자적인 어떤, 특히 부진정소급입법의 경우 독자적인 어떤 심사기준이 될 수 있는가에 대해서 질문하신 것 같은데, 제가 보기에는 기본권하고 신뢰이익이 기본적으로 구별되어야 되기 때문에 심사기준을 달리해야 되지 않나 이렇게 평가한다고 할 수 있겠습니다.

기본권의 침해여부 그쪽은 발표문에서도 말씀드렸듯이 개인의 자유와 권리를 보장하고 있는 법규범일 경우 자유나 권리만 보장하는게 아니고 그 법규범의 존속에 대한 신뢰도 수반되는 그런 측면도 있다고 하겠습니다.

그런 경우 먼저 기본권이 침해되는지 여부부터 검토하는 것이 논리적이지 않나 그런 측면에서, 그런 점에서는 어떤 기본권제한입법의 한계원리로서 과잉금지원칙이나 평등원칙을 먼저 적용하고 그래서 침해된 기본권이 없다고 판단되는 경우 신뢰이익의 침해문제가 없는지 신뢰보호원칙관점에서 다시 한번 검토하는 것이 필요하다고 할 수 있겠습니다.

다만, 헌법재판과정에서 부칙규정자체만의 문제가 되었다면 적정한 신뢰보호방법을 두고 있는지 여부와 관련해서 과잉금지원칙에 따른 심사는 가능할 수 있다고 평가할 수 있겠지만 그렇지 않고 일정한 기본권을 제한하는 법률조항자체와 관련해서 어떤 부칙조항의 위헌성이 문제된다고 할 때는 본문규정 자체에서 기본권이 제한되고 있는지 안 되는지 여부는 과잉금지원칙에 따라 먼저 심사하는 것이 제가 생각하기에는 그게 더 논리적이다, 이렇게 평가할 수 있겠습니다.

앞에서도 말씀드렸다시피 신뢰이익이 가지는 보충성이라든지 또는 신뢰보호원칙의 어떤 보충성에 비추어 보면 이거는 구별해서 신뢰보호원칙의 독자적 의미를 인정하는게 제가 보기에는 타당한 것 같습니다.

그리고 마지막 질문에서 보상보호의 문제가 헌법재판의 실무에 있어서 쉽지 않은 문제라는 점에 대해서는 공감이 되고 이해가 되는 측면이 있다고 하겠습니다.

그런데 조금 전에 황교수님 질문에 대해서도 말씀드렸듯이 어떤 구체적 상황에 따라서 보상보호도 필요한 그런 경우가 있다고 생각되기 때문에 그런 측면에서 헌법재판소가 노력해야 되지 않나 하는 그런 측면에서 말씀드린 것이라고 할 수 있겠습니다.

그리고 국공립사범대학졸업자와 관련해서 입법자가 어떤 신뢰보호조치를 하는 것이 차별취급의 정도를 심화시킨다, 이렇게 의견을 밝히시고 있는데, 제가 보기에는 이미 사립사범대학생들의 경우도 대학에 입학할 때 그러한 사실을 알고 입학했기 때문에 그 법률이 위헌결정된다고 해가지고 위헌결정에서 헌법재판소가 헌법불합치결정하고 그래서 입법자에게 국공립사범대학 재학생이라든지 졸업생의 신뢰를 보호하는 어떤 입법조치를 하라고 입법의무를 부과한다할지라도 입법자가 어느 정도 보호할 것인가는 그 법률이 가지고 있는 위헌성이라든지 그리고 그 법에 대해서 가지고 있는 국공립사범대학의 재학생이라든지 졸업생들의 신뢰 등을 고려해서 종합적으로 입법자가 재량껏 입법을 하면 되는 것이기 때문에 헌법재판소가 헌법불합치결정 했다고 해가지고 입법자가 그 법률에 대해 신뢰를 가지고 있는 모든 사람을 다 구제해야 된다, 그런 취지는 제가 밝힌 것은 아니고요, 그때 상황에 따라서 입법자가 결단을 해서 나름대로 일정한 구제조치를 해주어야 된다고 생각합니다.

허영 선생님 같은 경우는 그 당시 위헌결정에 대해서 재학생들이 졸업할 때까지 새로운 어떤 공무원채용제도를 마련하는 그런 입법개선촉구결정을 하는게 타당하다 그렇게 밝히시고 있는데, 저는 거기까지는 아니다할지라도 어떤 위헌법률에 대한 신뢰랄지 이 사건과 관련한 국공립사범대학 재학생이라든지 졸업생이 가지는 신뢰는 너무 크다고 생각된다고 할 수 있겠습니다. 그런 점에서 입법자에게 신뢰보호장치라 할 수 있는 입법의무를 부과한다고 해가지고 모든 재학생이라든지 졸업생을 보호하라는 그런 취지는 아니었다고 하겠습니다.

그런 점에서 입법자의 어떤 입법조치에 따라서 국공립사범대학졸업자들을 일부 보호한다고 해가지고 그게 위헌성을 더 심화시킨다 이런 표현은 제가 보기에는 적절하지 않나 이렇게 생각됩니다.

제가 토론문을 지금 받아가지고 제대로 읽어보지 못해서 질문에 대한 대답이 적절하지 않았던 점이 있는 것 같습니다.

양해해 주시면 감사하겠습니다.

사 회 자 : 애쓰셨습니다.

지난겨울 연구관세미나에서도 열띤 토론이 이루어졌는데 여기 계시는 연구관님들께서도 신뢰보호이익에 관한 보고서를 쓰시고 연구를 하신 분들이 많이 계시는 것으로 알고 있습니다.

자유토론시간이 되어서 자유로 발표자에게 질문하실 내용이나 하실 말씀이 있으신 분은 발표를 해 주시기 바랍니다.

먼저 자기소개를 간단히 하고 해 주시기 바랍니다.

이 재 우 : 저는 한국학중앙연구원 성남 판교에 있는 박사과정을 수료한 이재우라는 사람입니다.

다름이 아니고 제가 첫 참여했는데요, 신뢰보호원칙의 근원적인 문제점에서 기원을 밝혀 주셨으면 좋겠고요. 예를 들자면 자연법사상에 기원한 신의성실의 원칙이나 그리고 또 민법상의 신의성실의 의무, 그에 준하는 입법상의 확장 그 부분에서 기원을 좀 밝혀 주시고, 그리고 현실적 실행상의 문제들, 예를 들자면 기본권제한이 과연 우선인가 또 기본권의 판단기준이 우선인가, 아니면 신뢰의 이익을 다툴 때 그 이후에 일어나는 평등의 문제들과 결부되어 가지고 기본권 관련했을 때 문제, 그리고 또 하나가 신뢰보호를 한다는 것이 한쪽에서 세력적으로 볼 때 피해자와 가해자로 나눌 때 피해자측의 신뢰를 보호하기 위해서 보충적으로 그거를 갖춘다고 해서 그것이 가해자측에 피해를 주는 그러니까 결국에는 다시 반복되는, 부칙조항에다가 위헌적 부칙을 추가함으로 인해 가지고 그것이 우선은 피해를 보상해주겠다는 그 의도는 좋지만 그것이 결과적으로 근원적인 보상은 되지 않는다는 것, 왜냐하면 그것이 계속 반복되는 그래서 위헌이 또 다시 위헌을 낳고 그런 어떤 연쇄적 문제들 그런 부분에서 결국 제 요점은 그것이 아까 5년기간 보상해 준다는 그 기간, 적정성이 문제가 된다는 거지요. 그래서 그것을 어느 정도 기간을 최적정으로 해 준다는 것에서 짧은 기간 안에 얼마만큼 보상을 해줌으로 해서 그것이 과연 적정한 보상이 되고 적정한 손실내지는 손해에 대한 보완이 되는 것인가 하는 근원적인 문제로 따져봤을 때 기본권이 침해된다고 한다면 그것은 결국에는 완전한 보상이 될 수 없다고, 그 순간부터 보상이 될 수 없기 때문에, 그래서 그런 어떤 철학적인 부분까지 그래서 신뢰보호를 위해서 하나의 규정을 다시 만든다고 하는 것이 과연 그 자체가 다음에 일어나는 어떤 단계에 발생하는 문제들을 완전히 해결해 줄 수 있는게 아닌데 그것을 5년을 하는가 1년을 하는가에 따라서 그것이 만회가 되지 않는다는 겁니다.

발 표 자 : 먼저 신뢰보호원칙의 사상적, 이념적, 연혁적인 기원이 뭐냐 이랬

는데, 솔직히 말씀드리면 제가 자세히는 모릅니다. 그냥 일반교과서나 논문을 읽고 아는 그런 정도에 불과하기 때문에 제가 딱히 말씀드리는 것은 적절하지 않은 것 같습니다.

다만, 독일에서 신뢰보호원칙의 근거가 뭐냐? 민법상 신의성실의 원칙에서 비롯되었다든지 또는 법치국가원리의 법적 안정성에서 비롯된다든지 사회국가원리, 오늘날 국민의 생존이나 개성신장에 있어서 국가에 의존하는 정도가 크기 때문에 국가가 일정한 배려를 해 주어야 된다는 그런 사회국가원리의 관점에서 인정하는 그런 견해도 있고, 여러 가지 어떤 기본권에서 인정하는 그런 견해도 있다는 그런 정도만 알고 있고 깊은 사상적인 이념적인 기초는 제가 말씀드릴 수 없다고 하겠습니다.

그리고 두 번째 질문 중에 논증의 순서와 관련해서 말씀을 해 주셨는데 일단 조금 전에도 말씀드렸듯이 기본권이 침해되면 신뢰이익도 당연히 침해되는 것이기 때문에 어떤 논리적 순서상 기본권침해여부부터 먼저 심사하는게 제가 생각하기에는 타당하지 않나 그렇게 생각됩니다.

그리고 신뢰보호를 위해서 부칙조항을 두게 되면 이것이 평등의 문제를 야기하고 그것이 또 다시 위헌의 문제가 야기되지 않느냐는 그런 질문을 하셨는데, 국공립 사범대학생들의 경우 단순위헌결정하고 그리고 국공립사범대학생도 보호 안하면 그거는 제가 보기에는 그런 점이 법적으로 명쾌할지는 몰라도 그거는 단순히 형식적인 정의에 불과하다고 하겠습니다. 사회구성원으로서 법을 믿고 살았던 그런 사람들의 신뢰까지 보호해 주는 것이 실질적 정의가 실현되는 것이다 이렇게 생각됩니다. 그리고 만약에 입법자가 어떤 경과조치를 둘 때 만약에 교육공무원 100명을 뽑아야 된다고 한다면 사립사범대생하고 국공립사범대생의 비율을 50대 50으로 정한다든지 이런 식으로 해서 평등을 실현할 수 있는, 위헌성을 최소화시킬 수 있는 그런 어떤 입법적 조치도 가능하지 않나 생각됩니다. 단순히 어떤 법률이 위헌이라고 해서 법률에 대한 신뢰보호문제를 간단하게 볼 수는 없지 않나 이렇게 생각됩니다.

그리고 마지막에 굉장히 어려운 질문을 하셨는데 5년 보호해 주는 경우하고 1년 보호해 주는 경우, 그렇게 해서 얼마나 영업상의 손실을 보상하고 그래서 어떤 보상보호의 관계가 어떻게 적절히 조화될 수 있느냐는 그런 취지의 질문이신 것 같은데, 사실 그 부분에 대해서는 제가 구체적으로 생각해 본바는 없지만 다만, 제가 여관영업이라든지 노래연습장영업의 경우 학교환경위생정화구역에 있어 위해하다는 이유로 이전 폐쇄되어야 된다는 그런 이유를 제시하고 있으면서 5년간 영업할 수 있게 하는 것은 그런 점에서 제가 그거는 문제가 있다고 판단되었다는 겁니다.

그런데 구체적으로 5년이 아니고 1년이었을 경우 어떻게 되느냐? 영업손실의 어떤 보상, 1년으로 하면서 어느 정도의 손실보상을 해 줄 것이냐, 만약 질문이 그런 취지라면 제가 그거는 답변하기가 곤란할 것 같습니다.

사 회 자 : 적절한 대답이 되셨는지, 조금 미흡한 것 같기도 한데...

사 회 자 : 그러면 다음은 이인호교수님 한마디 해 주시겠습니까?

이 인 호 : 저도 의문이 많이 들었던 게 소급입법의 원칙과의 관계, 또 우리 헌법 13조에 보면 소급입법이 금지되는 영역이 세 가지 영역이 있는데, 재산권을 소급적으로 박탈하거나 참정권을 소급적으로 박탈하거나 신체의 자유를 소급적으로 박탈하거나 형벌을 부과할 때 소급적으로 형벌을 부과하는 경우 그 세 가지를 명시해 놓고 있습니다.

그런데 우리가 그동안 이 조항은 주의 깊게 안 읽은 것 아닌가, 지금 현재 제가 의문이 드는 것은 소급입법금지의 원칙은 우리 헌법은 세 가지 영역에서만 금지하라고 해놓았는데 이게 단순한 예시인가 아니면 우리 헌법이 소급입법은 이것만 안된다라고 금지해 놓은 것인지, 그래서 통상 법치국가원리라는 이름으로 신뢰보호의 원칙이나 소급입법금지의 원칙을 끌어내는데 우리 헌법전은 그렇게 안하고 있는 셈이거든요. 현재로 세 가지 영역만을 말하는 것이다. 신뢰보호의 원칙, 저는 이 양자의 관계는 따라서 소급입법금지의 원칙이 절대적으로 금지되는, 그런데 그것도 논의되어야 될 것 같습니다. 아마 곧 사건이 들어가게 될 텐데 친일재산환수문제 때문에, 아마 결국은 13조를 해석하는 문제가 곧 나오게 될 겁니다. 그럴 때 이것이 절대적인 금지인가 아니면 상대적인 금지인가 하는 문제가 아마 헌법재판소가 해결해야 되는 문제라고 생각이 됩니다마는, 어쨌든 이 세 가지 경우가 아니면 원칙적으로 소급입법이 허용된다고 봐야 되는 것인지 아니면 그냥 소급입법금지의 원칙은 법치국가원리의 일반원칙이니까 모두 다 적용되는 것인지 하는 것이 항상 의문이 되어 왔었고요.

저는 신뢰보호의 원칙이 우리 황도수 교수님께서 적절히 지적하셨다고 생각되는데 저는 신뢰보호원칙이 더 포괄적인 원칙이 아닌가, 그러니까 소급입법금지는 별개의 것이 아니라 그 안에 포섭되어 있는 것이다, 결국은 신뢰보호의 원칙은 더 넓은 것이지만, 제 생각은 그렇습니다, 그 세 가지 영역이 아닌 경우에는 결국은 신뢰보호의 문제로 접근이 되는 것 같은데요.

그 다음에 하나, 비례의 원칙하고는 좀 다른 것이 아닌가 생각되고요.

그 다음에 예를 들면 아까 국공립 말씀을 하셨는데 국공립사건의 경우에는 더 이상 기대가 깨어지게 된 국공립학교의 경우에는 그 사람들은 세 가지 영역에 속하지 않는 이익들이거든요. 재산권도 아니고 참정권도 아니고 그것도 아니기 때문에 굳이 그거를 보호해 주어야 되는가? 만약에 그런 것까지 일일이 보호하면 그야말로 모든 입법행위에 신뢰보호의 문제나 하는 것이 적용이 되게 되는데 저는 그 신뢰보호의 원칙을 가급적 좁혀서 적용해야 되고 적용범위도, 그 다음에 노래연습장 경우는 그거는 재산권 어떤 문제가 생길 수 있습니다.

그러니까 재산권을 어떻게 보면 비록 완전히 소급적이지는 않지만 과거에 이미 투자되었던 것을 회복불가능하게 만들기 때문에 그 경우에는 재산권제한의 문제로 해서 신뢰보호원칙을 적용시키는 것이 타당하기는 하다고 생각되는데 그 정도 경과규정을 두었다면 헌재의 합헌결정은 타당한 것이 아니었는가, 제가 두서없이 말씀드렸습니다. 죄송합니다.

사 회 자 : 감사합니다.

조만간 사건이 들어 올 것으로 예상되는 친일재산환수에 관해서도 언급을 해 주시고, 이교수님께서 글을 몇 개 써주시면 연구관들이 사건처리 하는데 도움이 많이 되겠습니다.

발 표 자 : 소급입법과 관련해서 현행 헌법 13조에 있는 '형벌불소급의 원칙'이라든지 '재산권이나 선거권에 대해서 소급입법에 의해서 박탈할 수 없다' 이런 규정이 있는데 제가 보기에 이 규정은 기본적으로 원칙을 밝히고 있는 예시적 규정으로 보는게 타당한 것 같습니다.

조금 전에도 말씀드린 것처럼 행위시법주의가 하나의 법의 일반원칙으로 받아들여지고 있는 이상 진정소급입법은 원칙적으로 허용되지 않는다고 할 수 있겠습니다.

그런데 그중에서 가장 중요한 형벌이라든지 개인이 소유하고 있는 재산이라든지 그리고 선거권이나 피선거권과 같은 것은 국가공동체에서 개인적인 또는 국가적 차원에서 당연히 보호되어야 될 그런 기본적인 인권들이라고 할 수 있다고 하겠습니다.

그런 점에서 헌법에서 특별히 보호하기 위해서 규정한 것이지 이런 규정하지 않은 분야라고 해 가지고 소급입법에 의해서 제한할 수 있다, 이렇게 이해하는 것은 바람직하지 않다는 측면에서 볼 때 헌법에 나와 있는 그 세 가지 사항들은 하나의 예시규정으로 이해하는게 타당하다고 하겠습니다.

그리고 헌법재판소의 어떤 결정에서도 나와 있듯이 진정소급입법의 경우 원칙적으로 허용 안되지만 당사자들이 예상하였다든가 또는 법적 혼란으로 인해서 보호할 만한 신뢰가 없다든지 예외가 될 수 있는 그런 사항들을 규정해 두고 있기 때문에 이런 일정한 경우에 어떤 예외는 진정소급입법일 경우 어떤 예외가 발생할 수 있다는 것도 부정할 수는 없다고 한다고 하겠습니다.

그리고 제가 보기에는 신뢰보호원칙은 모든 국가작용에 적용되어야 되지 않나 이렇게 생각됩니다.

국공립사범대학 학생의 경우 보호해 주어야 되느냐 안 되느냐의 문제는 개개인의 신뢰보호원칙이라든지 과잉금지원칙이라는 자체가 구체적 사안에 따라 개별적으로 개인의 인생관이나 주관이 판단되어서 개별적으로 나타날 수밖에 없는 그런 어떤 측면이 있다고 볼 수 있다고 하겠습니다.

그런 점에서는 1953년에 생겨가지고 1990년까지 거의 유지되고 있었던 제도에 대해서 하루아침에 국공립사범대생의 신뢰를 보호하지 않는 것은 제가 보기에는 적절하지 않다고 생각됩니다.

더구나 그 당시에 어떤 위헌적 상태가 심화된 것도 학생정원을 통제하고 있는 교육부가 그런 상황을 알면서도 방치해 놓고 와서 최종순간에 그 제도를 믿은 국민들한테 정책의 실패를 다 떠넘기는 그런 어떤 행태였다고 보기 때문에 실질적 정의를 실현한다는 차원에서는 보호되었어야 하지 않나 그렇게 생각합니다.

사 회 자 : 또 말씀하실 분?

안계시면 연구회 참석을 계속해 주시는 최두훈 박사님 한 말씀 해 주십시오.

최 두 훈 : 오늘 이인호 교수님하고 저하고 세트로 갑자기 질문을 해 주셔가지고, 방금 박교수님 말씀 듣다보니까 잠깐 생각난 게 있는데요, 그렇다면 지금 말씀하신 취지대로라면 국가유공자 가산점을 이번에 줄이는 방향으로 결정이 났는데 그 경우는 어떻게 설명이 될 수 있을지 궁금하다는 생각이 갑자기 들었습니다.

발 표 자 : 구체적으로 어떻게 바뀌었는지?

최 두 훈 : 국가유공자 가산점제도가 계속 존속이 되어 왔었는데 그 사람들의 신뢰의 이익이 줄어든 것 아닙니까? 말씀하신대로라면? 그렇다면 그때는 국가유공자 가산점제도가 축소되었을 사람의 신뢰이익을 보호할 가치가 있는 것인지, 그것이 실질적 정의에 부합하는 것인지, 그 설명대로라면 그것도 어떻게 보상을 해야 된다고 될 수 있을 텐데, 만약 그렇게 되는 것하고 국공립사범대학교 졸업자들하고 어떻게 다른게 있는 것인지 그게 설명이 필요할 것 같습니다.

발 표 자 : 제가 생각할 때 국가유공자 당사자가 아닌 가족들한테까지 보호

해 주는 것 자체가 위헌이라고 그렇게 해서 판단내린 그 결정 말씀 하시는 겁니까?

최 두 훈 : 최근에 내린 결정을 얘기하는 겁니다.

발 표 자 : 그렇다면 그런 경우 국가유공자 본인이 아닌 그 유가족일 경우는 실질적으로 보호의 가치가 상대적으로 적다고 할 수 있지 않겠습니까? 자신들이 스스로 어떤 투자를 한다든지 했던 것도 아니고.

그에 반해서 국공립대학생들의 경우 4년이라는 인생을 제도를 믿고 대학에서 보낸 투자라는 그런 측면이 있다고 본다면 시간적인 그런 투자를 본다면 국가유공자 가족들의 경우는 특별한 어떤 투자행위 없이 단지 국가가 제공하는 어떤 혜택을 그냥 누리는데 불과한 것이고, 그에 반해서 국공립사범대학생들의 경우에는 어떤 국가가 제공하는 혜택을 얻기 위해서 국가가 요구하는 일정한 절차를 밟아왔던 그래서 투자를 해왔던 그런 사람이기 때문에 어떤 신뢰보호에 있어서 가치 정도가 달라질 수 있다고 생각합니다.

사 회 자 : 예, 김현철 연구관님.

김 현 철 : 헌법재판소 김현철 연구관입니다.

황도수 교수님의 두 번째 질문하고 연관되어 있다고 생각이 되는데요. 신뢰보호원칙이 문제가 되는 것은 종전의 법률관계가 변경되는 경우에 종전의 법률관계를 신뢰한 사람들 또는 그 법률관계에 기해서 여러 가지 행위를 했던 사람들을 어떻게 보호해 줄 것인가의 문제인데, 법률로 인해서 변경이 되는 경우와 헌법재판소의 위헌판결로 인해서 변경이 되는 경우, 이렇게 크게 나누어볼 수 있다고 생각이 됩니다.

먼저 입법자가 법률로 변경하는 경우를 한번 상정해 보면 입법자가 그렇게 바꾸는 경우에는 종전의 법이 위헌이라고 생각해서 바꾸는 경우는 상정하기 어렵고 더 나은 상황을 만들기 위해서 또는 사회적인 현상이라든지 여러 가지 조건이 바뀌어서 그 상황을 타파하기 위한 그런 법률이 될 텐데 그것을 소위 말해서 개혁법이라고 부르고 있는 것으로 알고 있습니다. 이런 개혁법률 같은 경우에 종전의 법을 신뢰했던 사람들을 어떻게 보상해 줄 것인가? 거기에 대해서 발표문 25페이지에 보면 하나의 예를 들어서 재산권에 관련된 경우에는 특별희생에 해당되는 것으로 봐서 수용으로 보고 그렇다면 보상을 해 주어야 된다, 이렇게 말씀하고 계시는데, 이런 개혁법률 같은 경우에 독일에서도 처음에는 구법상태에서 어떤 법률관계를 형성한 자의 경우에는 적법한 법률관계에 기한 권리에 해당되는 거지요? 그거를 예를 들어서 재산권이라고 본다면 특별한 재산이 해당되겠습니다.

그래서 그것을 개혁법률에 의해서 신법으로 그러한 지위를 박탈하거나 축소하면 당연히 수용의 문제가 발생하고 보상의 문제가 발생하겠지요. 그렇지만 독일연방헌법재판소와 행정법원이 판례를 변경해서 이런 개혁법률 같은 경우에는 분리이론의 입장에서 우리 헌법 23조 3항 독일기본법으로 따지면 14조 3항인가요? 거기에 해당되는 것이 아니라 1, 2항에 해당되는, 재산권의 사회적 귀속성에 해당되는 그 부분으로 변경해서 그렇게 판단한 것으로 우리가 확인할 수 있는데, 그런 경우에는 보상이 반드시 금전보상만 필요한 것은 아니니까요, 다른 보상조치를 통해서 합헌적인 상태를 이끌어낼 수 있는 거지요. 그런 측면에서 종전에 해왔던 영업을 조금 더 하게 한다든가 또는 국가로 하여금 매수청구를 할 수 있도록 한다든가 그런 측면으로 그런 보상적 조치만으로도 가능한 것으로 생각이 됩니다. 그렇다고 보면 모든 경우에서 다 금전보상을 하는 것은 적절치 않다고 생각이 됩니다.

또 한 가지는 헌법재판소가 위헌판결을 통해서 종전법률관계를 변경하고자 하는 경우가 있는데, 그런 경우에는 일단 위헌적인 법률을 신뢰한 사람에 대해서 보호하는 것은 적절치 않다고 봅니다. 다만, 국공립사범대학의 교원임용의 경우에 있어서는 처음부터 위헌의 법률이라고 보기 보다는 교원이 적체가 되고 사립사범대학과 국립사범대학의 학생들이 본질적인 차이가 없다는 점에 비추어서 나중에 위헌적인 상황이 된 것으로 생각하기 때문에 그래서 위헌판결이 난 것으로 볼 수 있기 때문에 그런 경우에는 비록 헌법재판소가 단순위헌판결을 냈지만 발표자 의견대로 일정한 범위 내에서 입법자로 하여금 보상적 조치를 취할 수 있도록 하는 것은 가능하다고 생각합니다. 다만, 아까도 말씀드렸듯이 그런 상황이 아닌 위헌적인 판단으로 헌법재판소가 위헌판결을 한 경우에는 위헌적인 법률에 대한 신뢰에 대해서 보호한다는 것은 그거는 오히려 법치주의원칙에도 어긋난다고 생각됩니다.

두 가지 점에 대해서, 뒷부분은 우리 교수님하고 같은 의견이기 때문에 특별히 답을 요구하지는 않는데, 첫 번째 질문에 대해서는 어떻게 생각하시는지 답변을 듣고 싶습니다.

발 표 자 : 적절한 지적이라고 생각합니다.

저도 보상보호 이렇게 해서 영업권까지 보상해야 된다, 이렇게 했는데 경계이론이나 분리이론에 따라 판단해 보면 그렇게 밖에 해석이 안 된다, 이렇게 생각되어서 제가 평가에 있어서도 헌법재판소 다수의견의 견해에 따라 여관영업을 제한하는 것이 일반적이고 추상적인 제한이라고 이해했을 때 기존 여관영업자한테는 수인한도가 넘는 제한이 아니냐 그런 점에서는 어떤 조정적 보상이 필요한 그런 사례가 아닌가 그런 문제점을 지적했다고 하겠습니다.

이론에 따라 그냥 생각 했을 때 보상보호가 필요하다 그렇게 말씀드린 것이고, 그리고 헌법재판소 다수의견의 견해에 따른다면 27페이지 상단에 보면 '설사 다수의견의 주장대로 학교보건법과 동법시행령조항이 정화구역내에 있는 재산권에 대한 일반적·추상적 제한을 설정하는 내용이라고 할지라도 이미 노래연습장이나 여관영업을 하고 있는 사람들에게는 수인한도가 넘는 특별한 제한이 된다는 점에서 조정적 보상이 필요하다고 보는 것이 다수의견의 논리에 따르더라도 이런 보상을 해 줄 수 있다' 이런 취지로 말씀드렸습니다.

그리고 이에 따르는 어떤 구체적 사정에 따라서 영업권을 보상한다든지 철거 및 이전비용을 지원한다든지 시설 개·보수비용을 지급한다든지 이런 보상내용이 될 수 있다고 하겠습니다.

그런 점에서 제가 영업권 보상해야 된다는 것은 경계이론이나 분리이론에 따를 때 그런 것까지 해야 되지 않나 이런 측면에서 말씀드린 것이고 그리고 설사 다수의견의 취지에 따라 한다하더라도 이런 경우에는 조정적 보상이 있어야 한다는 그런 취지였다고 하겠습니다.

사 회 자 : 이종수 교수님 한 말씀해 주시지요.

이 종 수 : 안녕하십니까? 연세대 법대에서 헌법을 담당하고 있는 이종수라고 합니다.

원래 오늘 질문할 예정이 없었는데 제가 헌법실무연구회에 굉장히 오랜만에 발걸음을 했습니다. 평소에 존경하고 좋아하는 박경철 교수께서 발표를 한다고 해서 왔는데요. 오늘 발제를 통해서 저 역시 신뢰보호원칙에 대해서 그동안 깊은 이해가 별로 없었는데 많은 내용을 배울 수 있었다고 생각합니다.

그런데 제 생각을 좀 덧붙이자면 그렇네요, 예를 들어서 지금 우리 헌법에서 법치국가원리 또는 법치국가원칙에 파생되는 또는 하부내용으로 신뢰보호원칙을 말씀하시는데 저는 기본적으로 원칙에 대한 거부감이 있어요. 예를 들어서 지금 현재까지 나온 것도 신뢰보호원칙 무슨 소급입법금지원칙, '원칙' 그러는데 이 원칙과 원칙간에 충돌문제가 항상 발생합니다. 그래서 예를 들어서 우리가 적어도 원칙이라고 말하기 위해서는 법 전반에 걸쳐서 일관되게 적용될 수 있어야 되는데 문제는 신뢰보호 같은 경우가 문제가 되는게 적어도, 제가 이 신뢰보호원칙에 대해서 잘은 모르지만, 이것이 법치국가원리와 관련해서 나왔다고 한다면 이 법치국가원리가 소위 국가작용을 어떤 법적 통제하에 두는 것이고 그런 의미라면 법에 대한 신뢰를 전제로 하고 어떤 법을 적용하는 행정작용에 대한 어떤 통제와 관련해서 주로 행정작용의 어떤 정당성심사와 어떤 법적 결론의 타당성과 관련된 내용으로 신뢰보호원칙이 형성되었다고 보는데요. 이와 관련해서 말씀드리자면 그렇습니다. 우리가 지금 계속 입법변경과 관련해서 신뢰보호원칙 이야기하지만 사실 입법변경이라는게 방금 김현철 연구관님께서 말씀하신 바와 같이, 적어도 입법자에게 입법형성권이 부여되어 있고 그것이 하나의 큰 원칙이고, 그렇다면 입법자가 입법변경을 한다는 것이 그것이 주어진 권한이기도 하고 원칙이라면 입법변경을 통해서 어떤 기본권주체 또는 행정객체에게 어떤 신뢰보호의 불이익이 생겼다, 이렇게 보기에는 어려운 부분이 있지 않느냐, 왜냐하면 우리가 보통 통상적으로 발하는 법이라고 하는 것은 일반성·추상성을 갖고 있는 것이기 때문에 개개 구체적인 당사자에게 직접적으로 어떤 불이익 또는 어떤 권리침해를 갖고 오기는 힘든 부분이 있어요. 그렇기 때문에 적어도 구체적이고 개별적인 행정작용이 특정개인에게 권리상의 어떤 불이익을 가져왔다면 거기서는 신뢰보호가 문제될 수 있다고 봅니다.

그렇기 때문에 지금 너무 예를 들어 지금 현재 우리 박교수님께서 신뢰보호원칙을 헌법상 원칙이라고 여기 발제문에서 몇 번 기술하셨는데, 과연 신뢰보호원칙이 헌법상원칙이냐, 이것은 저는 의문점이라고 생각해요. 왜냐하면 적어도 우리가 신뢰보호가 문제시되는 경우가 헌법상 원칙이어서가 아니라 적어도 일반 특히 행정재판에서 소위 당사자의 어떤 주관적 공권의 보호와 관련해서 문제되는 것이지, 그렇다면 헌법심사의 원칙 또는 재판에 있어서의 심사원칙 이렇게 볼 수는 있지만 헌법상 원칙으로 고양시키는 부분은 좀 무리지 않느냐, 그래서 한번 생각해 보면 이렇습니다. 우리가 어떤 입법변경 또는 어떤 행정작용의 변경과 관련해서 신뢰보호가 문제시된다면 신뢰보호는 이 경우에 우리가 원칙이라고 말하기 보다는 하나의 관점에 불과한 것이지, 그래서 적절하게 당사자의 신뢰보호라고 하는 것을 하나의 관점으로 적용해서 구체적으로 타당한 어떤 판결의 결과를 담보해야 되는 것 아니냐 이렇게 생각을 합니다.

그래서 이것을 계속 어떤 헌법상의 원칙이라든가 이렇게 보는 부분이 문제일 수 있다고 생각을 하고 그래서 지금 현재 박교수님께서 굉장히 세부적으로 여러가지 헌재 결정례를 제시해 주셨는데 한번 생각해 보면 이래요. 예를 들어서 일반 법률의 변경으로 인한 신뢰보호의 적용과 관련해서는 이것은 앞서 말씀드린대로 일반성· 추상성을 갖고 있는 일반법률의 변경이기 때문에 당사자의 구체적인 신뢰보호이익과 관련된 문제는 적다. 그러나 예를 들어서 앞서 말씀하신대로 노래연습장 관련해가지고 시행령의 변경으로 인해서 구체적으로 노래연습장 운영자의 권리가 침해되었다면 이것은 당사자의 신뢰보호에 좀더 근접할 수 있는 구체적인 권리침해가 이루어지고 보다 큰 신뢰보호의 필요성이 있다고 생각합니다.

그래서 이 부분을 소위 입법자의 입법변경으로 인한 부분하고 행정작용으로 인한 부분들을 구체적으로 분리시켜서 이야기해야 이 논의를 좀더 생산적으로 이끌 수 있지 이것을 크게 신뢰보호 자체를 이렇게 이야기해 버리면 사실 입법권한 자체를 논하기가 힘들어져요. 제 개인적인 생각은 그렇습니다.

발 표 자 : 질문 감사합니다.

이교수님이 원칙이 많아가지고 골치 아프다고 그랬는데 저도 마찬가지입니다.

그런데 신뢰보호원칙이 헌법원칙인가에 대해서는, 저는 헌법원칙으로 받아들여져야 되지 않겠나 생각합니다. 모든 국가작용을 귀속하는 하나의 법원칙으로 받아들여 져야된다, 이렇게 생각합니다. 법치국가원리가 헌법에 명문의 규정이 없지만 우리헌법의 기본원리로 당연히 인정되는 것처럼, 당연히 인정되는 것도 아니지요, 헌법의 여러 조문에서 법치국가원리를 규정하고 있는데 헌법 제37조 1항에서 국민의 기본권을 제한할 때는 법률에 따라서 필요최소한으로 제한하라는 그런 규정을 두고 있고, 기본권이 침해되면 재판청구권을 행사할 수 있도록 보장하고 있고, 국가의 입법작용에 대해서 헌법재판소가 위헌심사할 수 있도록 하는 등 이런 여러 가지 어떤 제도들을 두고 있기 때문에 법치국가원리를 채택하고 있다, 이렇게 평가하는 것처럼 신뢰보호원칙도 헌법에 명시적인 규정이 없지만 헌법 제11조의 평등원칙이라든지 37조 2항의 과잉금지원칙이라든지 법의 일반원칙을 선언하고 있는 것과 더불어서 조금 전에도 13조 2항이나 3항에서 형벌불소급의 원칙이라든지 재산권이나 어떤 선거권이나 피선거권을 박탈하지 못하도록 하고 있는 그런 규정들은 이런 어떤 진정소급입법금지원칙을 선언하고 있는 것이지만 그 내용에는 신뢰보호원칙도 포함되어 있다, 이렇게 평가할 수 있기 때문에 신뢰보호원칙도 헌법원칙이 아닌가 생각됩니다.

그리고 이런 어떤 신뢰보호원칙을 적용하는데 일관성이 없지 않느냐 이런 문제가 있는데, 사실 일관성이 없을 수밖에 없는게 개별적 사건마다 개별적으로 판단해야 되기 때문에 일관성이 있다고 하는 것은 신뢰보호원칙이 적용되어야 된다는, 구체적으로 국가가 어떤 원칙에 따라 심사해야 된다는 것 외에는 그 결과가 어떻게 될지는 그때그때 심사마다 달라지기 때문에 이거는 구체적, 개별적으로 판단해야 되지 않나 생각됩니다. 그래서 법치국가가 일의적 내용이 없는 그런 원리다, 그런 취지가 아닌가 저는 그렇게 이해하고 있습니다.

그리고 시행령조항과 관련해서 입법작용과 행정작용을 분리해서 생각해야 되지 않느냐 이렇게 이야기하셨는데, 제가 보기에 전체적으로 시행령조항도 법률의 위임에 따라 제정된 입법작용이기 때문에 결국 법률의 변경에 따른 신뢰보호문제가 아닌가 그렇게 생각했습니다.

사 회 자 : 시간이 깊어가기 때문에 마무리해야 될 시간이 다가오는데 말씀 안하신 황치연 박사님께서 마지막으로 코멘트를 한마디 해 주셔야지 저희들이 끝내게 됩니다.

황 치 연 : 이 논문을 읽고 아까 황도수 변호사님도 많은 문제의식을 가졌듯이 첫째로 신뢰가 뭔지, 신뢰라는 말은 굉장히 심리적인 요소인데 이 심리적인 요소까지 보호해야 할 헌법상의 원칙으로 정립했다면 첫 번째로 그 신뢰가 뭔지, 여기에 대해서 좀더 검토가 많이 있어야 할 것 같고, 신뢰라고 할 수 있는 세 가지 요건 정도가 독일에서 검토되고 있는 것 같아요.

그러면 신뢰보호원칙이 뭔지, 보통 그 개념과 내용이 확정되어 있어야 되는데 그 개념과 내용이 확정되어 있지 않으니까 자꾸 여러 가지 얘기를 해서 순환적으로 돌고 있는 것 같습니다.

그 다음에 그 원칙에 의한 심사기준도 적용요건에 대해서만 몇 가지 딱 나열하고 우리 헌법재판소 판례에서 최소한도로 언급된 것 정도가 정리가 되어 있어야지 않았을까 이렇게 생각이 들고요.

그 다음에 위헌결정으로 주문을 만약에 냈을 때 그 신뢰보호원칙을 고려해서 불합치결정를 했어야 한다 이런 취지로 말씀하셨는데, 위헌결정을 냈다고 해서 대체입법, 보완입법상 관계되는 당사자들의 신뢰를 보호하기 위해서 그거를 할 수 없겠는가? 그러면 만약에 위헌결정을 대체하는 불합치결정을 내렸을 때 구체적으로 신뢰보호방법이 여러 가지가 있는데 헌법재판소가 얼마만큼 개입해서 신뢰를 보호해 주는 대체보완입법을 주문형태로 표시할 수 있겠는가? 이것도 굉장히 어려울 것 같습니다.

결국 우리가 기본권형태로 표현할 수 있는 것, 그 신뢰 중에, 그게 결국은 기득권인데 기득권을 기본권형태로 보호할 수 있을 때는 그 기본권침해에 대한 어떠한 형량적 판단, 비례성심사 이것으로 규율하지 않겠는가.

그 다음에 어떤 '입법계속에 대한 신뢰' 이거는 그 기대 자체가 어떤 환상적인 것 아닌가, 그러니까 아까 어떤 분이 말씀하셨듯이 법률은 어떤 상황을 규율해야 되기 때문에 얼마든지 개정될 수가 있는데 그 자체는 법률의 존속, 계속 존속에 대한 신뢰 자체는 아주 특단의 경우가 아닌 한 그거를 신뢰를 이유로 바꾸어 표현할 수 없지 않을까? 그러니까 기득권 형태가 어떤 기본권침해로 나타날 때 그때의 경우와는 또 구별되어야 되지 않겠는가, 여러 가지 의문이 있습니다.

사 회 자 : 예, 좋은 코멘트 감사합니다.

노희범 연구관님께서 한마디만 더 해 주시지요.

노 희 범 : 저는 잘 몰라서 여쭤보는데요, 지금 15페이지 발표문 보면 마지막에 '헌재 결정중에는 신뢰보호원칙의 준수여부를 과잉금지원칙보다 먼저 심사한 사례가 있는데 신뢰이익의 기본권에 대한 보충성내지 신뢰보호원칙의 보충성의 원칙상 기본권심사를 먼저 해야 된다' 이렇게 말씀하셨습니다.

우리 헌법재판소 판례도 기본권심사와 신뢰보호원칙을 나누어서 판단한 경우가 많이 있기 때문에 제가 의문을 갖는데요. 지금 신뢰보호원칙의 기원이라든가 법치국가원리에서 나온다는 그런 점은 일반화된 것이기 때문에 저희 실무하는 사람 입장에서 그 기원 자체를 부인하거나 헌법상의 원칙이 아니다라고 하기는 어려운 것 같고요. 다만, 과연 신뢰보호원칙에 의해서 보호해야 될 대상이 정당한 국법질서에 대한 국민의 기대 내지 신뢰이익이라고 하셨는데 과연 그게 뭐냐 그 실체가, 아까 황치연 박사께서도 말씀하셨지만 그게 과연 기본권유사의 것이냐 아니면 기본권이냐, 아니면 단순한 어떤 기대냐, 마음속으로 갖고 있는 거냐, 그래서 신뢰보호이익에서 보호해야 될 대상을 구체화하면 존속보호, 보상보호라고 하셨는데 결국 그것은 기본권과 관련된 것이 아닌가 이런 생각이 듭니다.

구법질서에 의해서 형성된 재산권이든 자기의 어떤 법적지위든 이런 것들이 기본권화되어 있고 그 이익을 침해하지 말라라는 그런 것이 원칙이라면 결국은 신뢰이익이라는 실체는 기본권의 범주에 들어와야만 위헌여부에 대한 심사가 되는 것이고 헌법상의 원칙으로서 의미가 있는 것이 아닌가, 그래서 우리가 지금 법률에 대한 위헌심사에서 신뢰보호원칙위반여부를 주장할 때는 사실상은 아까 이종수 교수님이 언뜻 말씀하신 것과 마찬가지로 기본권에 대한 침해여부, 과잉금지심사에 있어서 하나의 심사기준으로서 작용하는 것이 아닌가, 이게 독단적으로 기본권은 침해하지 않는 데 신뢰보호이익은 침해되어서 위헌이다라고 했을 때 과연 기본권도 아닌 어떤 신뢰이익이 침해되어서 헌법에 위반된다고 봤을 때는 기본권보다 신뢰이익이라는게 더 크다는 의미거든요. 그러면 과연 이게 68조 1항이나 68조 2항에 의해서도 과연 들어 올 수 있을까? 제가 엉뚱한 질문을 했는지 모르겠는데 그런 의문이 들어서 제가 질문을 한번 드려봅니다.

발 표 자 : 질문 감사드립니다.

저도 신뢰이익이 과연 무엇인지, 그리고 이게 기본권과 어떤 관계에 있는지 저도 나름대로 고민해 봤는데, 결국 기본권하고 신뢰이익은 구별되어야 않겠나 이런 생각이 듭니다.

기본권의 경우 과잉금지원칙에 위배되면 그 법률이 위헌이라고 선언되지 그 기본권을 보호하기 위한 다른 적절한 방법 이거를 따로 검토하지는 않는 것 같습니다. 좀 극단적인 예 같기도 한데 제가 언뜻 생각해 보니까. 그런데 신뢰이익과 관련해서는 이게 신뢰보호원칙에 위배되지 않느냐 할 때 공익보다 신뢰이익이 크다고 할 때는 존속보호한다지만 공익이 더 큰 경우 어떤 여러 가지 신뢰보호방법을 통해서 제한이 가능하다는 그런 측면에서 보면 기본적으로 기본권하고 신뢰이익은 달리 생각해야 되지 않나 그렇게 생각됩니다. 물론 기본권도 과잉금지원칙에 따라 판단하면 여러 가지 제한이 있으니까 답변 자체도 좀 모순이 있는 것 같기는 합니다.

그 부분에 대해서 제가 명쾌하게 설명드리기는 그렇고, 어쨌든 신뢰보호원칙에 위배되어서 침해되면 기본권이 침해된다, 그렇게 봤기 때문에 결국 신뢰이익이 기본권의 보호범위내에 있는 것 아니냐는 그런 지적은 타당한 것 같습니다.

사 회 자 : 성왕 연구관님.

성　　왕 : 제가 질문하려던 내용이 노희범 연구관님이 질문하신 내용인데요.

제 생각에도 사실 지금 신뢰보호원칙에 대해서 재판소가 판단한 내용 중에는 신뢰보호원칙을 먼저 판단한 것도 있고 과잉금지원칙과 별개로 판단한 내용도 있고 과잉금지원칙의 하부내용으로서 판단을 한 사례도 있는데, 지금 말씀하신 어떤 보호가치 있는 신뢰와 공익과의 어떤 형량이라든지 그에 대해서 신뢰를 보호하는 방법을 규정하고 있느냐 이런 부분들이 과잉금지원칙을 판단함에 있어서 법익균형성의 일부요소로서 판단이 될 수도 있고, 또 그 신뢰보호방법이 있느냐 하는 문제가 방법의 적정성이나 피해의 최소성 문제로 얼마든지 검토가 될 수 있기 때문에, 과연 신뢰보호원칙이 과잉금지원칙과 독립된 헌법원칙으로서 헌법재판에서 심사기준이 될 수 있는지에 관해서 저도 약간의문이 있었고요.

만약에 그런 기본권제한이 문제되지 않는 경우에 신뢰보호가 문제될 수 있는 사안이 있다고 한다면 그 경우에 그렇다면 기본권제한이 인정되지 않지만 신뢰보호가치 있는 신뢰를 침해하기 때문에 신뢰보호원칙에 반한다고 해서 위헌이라고 할 수 있는지, 그런 경우 지금 68조 제1항에 의한 헌법소원 같은 경우에 기본권을 침해하는 경우에 헌법소원을 제기할 수 있도록 하고 있는데 기본권제한은 없지만 신뢰보호원칙에 반하기 때문에 헌법에 위반된다라고 판단한다면 어떤 보호가치 있는 신뢰와 기본권을 동등한 위치까지 격상시키는 결과를 가져오지 않나 하는 생각이 들어서 그 질문을 드리려고 했는데 노희범 연구관님이 이미 다 말씀하신 것 같습니다.

발 표 자 : 저도 헌법재판 판례를 보니까 주로 신뢰보호원칙, 과잉금지원칙에 따른 기본권이 침해되고 있는지 여부를 검토한 다음에 기본권이 침해되고 있지 않다면 신뢰보호원칙에 따라 신뢰이익이 침해되고 있지 않느냐 이렇게 하는게 주류적인 태도 인데, 보면 또 조금 전에 말씀하신 것처럼 신뢰보호원칙을 과잉금지원칙보다 먼저 심사하고 그렇게 한 사례도 있었고, 또 과잉금지원칙을 심사하는 과정에서 법익균형성단계에서 심사하는 그러한 결정례도 보기는 봤는데 제가 그 부분에 대해서는 자신 있게 말씀드릴 수가 없어 가지고, 특히 과잉금지원칙을 심사하는 단계에서 법익균형성을 심사하는 그런 문제에 대해서는 연구관님들이 결정문 쓰고 이렇게 하니까 힘든 부분도 있겠지만 제가 보기에는 바람직하지는 않은데 어떻게 비판해야 될지 그거를 아직 제가 확신이 서지 않았기 때문에 그 부분을 따로 발표를 안드렸습니다. 단지 과잉금지원칙보다 기본권침해여부를 따지면서 신뢰보호원칙하고 과잉금지원칙을 따로 분리해 놓고 신뢰보호원칙위배여부를 먼저 검토하는 그 부분만, 제가 생각하기에는 그 부분은 신뢰이익의 보충성이라든지 이런 관점에서 볼 때 적절하지 않다 생각해서 그 부분만 말씀드렸습니다.

사 회 자 : 이교수님 마지막으로.

이 종 수 : 제가 덧붙일 말씀은 예를 들어서 지금 헌법소원과 관련 해가지고 잘 아시겠지만 독일 같은 경우에는 거의 헌법소원의 90%가 재판소원입니다.

우리같은 경우 재판소원이 허용되지 않는 시스템에서 직접적으로 국민들이 기본권침해를 주장하는 경우가 많고, 이 구조에서 독일같은 경우는 사실 재판소원의 90%가 청구권침해라든지 어떤 기타사유를 이야기하는 것인데, 그렇기 때문에 신뢰보호가 적용되는게 제가 정확하게는 몰라도 적어도 행정법원에서 앞서 이야기한 대로 어떤 행정작용의 효력과 그리고 당사자의 신뢰이익사이에서의 형량문제로 드러나지 지금 우리처럼 이렇게 기본권으로 바로 넘어와 가지고 이렇게 직접적으로 이것이 실제로 신뢰이익이 헌법재판소에서 헌법소원정도에서 다루어지려면 앞서 저도 말씀드렸고 다른 분들도 말씀하셨지만 적어도 이게 헌법소원 기본권침해가 주장되는 부분이어야 하는데 신뢰이익과 기본권을 거의 동일하게 봐버리는 그런 문제가 생깁니다. 그래서 적어도 이것과 관련 해가지고는 기본권침해주장과 신뢰이익침해주장은 분명히 구분되어야 된다. 그렇다면 신뢰의 이익이 적어도 기본권침해와 상응할 정도의 그런 내용을 가져야되는데 그거는 앞으로 구체적으로 개별적으로 따져봐야 될 문제가 되겠지요. 그래서 우리가 신뢰보호원칙이라고 이야기할 때 사실상 독일에서는 앞에 수식어가 붙습니다. 앞서 박교수님께서 말씀하셨지만 '보호할 만한 가치가 있는 신뢰의 보호'가 됩니다, 정확하게 말하면, 그러니까 이게 언어적으로 사실 모순이에요. 보호할 가치가 있는 신뢰의 보호인데 이미 보호할 가치가 있는지 없는지 여부가 먼저 판단되어야 되고 그리고 난 다음에 신뢰를 보호해야 되고, 아마 독일에서도 이 부분 관련해서는 그렇게 확정적인 입장이 별로 없을 것 같은데 분명한 것은 어떻든 간에 국가작용을 통해 가지고 당사자의 기대이익 또는 신뢰이익을 보호해야 되는 것은 분명하다 이런 이야기는 분명한데 이것을 지금 우리가 자꾸 이거를 헌법소원제도에서 헌법적 차원에서 자꾸 해결할려고 하니까 이것이 문제가 생기는 것이라고 생각합니다.

발 표 자 : 감사합니다. 독일쪽 논의는 제가 잘 모르기 때문에 좋은 지적으로 받아들이고 열심히 공부하겠습니다.

서 기 석 : 서울고등법원의 서기석 판사입니다.

옛날에 저도 헌법재판소에 근무한 경력이 있습니다.

제가 요새 한창 문제되는 게임기 고시와 관련해서 종래 적법하게 18세이상 등급으로 해서 게임을 해왔는데 갑자기 어느 날 고시를 만들어 가지고 '이거는 사행성게임물이다. 이러이러한 요건에 해당하는 사항은 사행성게임물이니까 어느 날부터 경품은 제공할 수 없다. 게임을 제공할려면 경품없이 제공하든지 아니면 그거를 고쳐라' 이런 고시를 만들었거든요. 그래서 그 고시가 위헌이다, 재산권 침해, 직업의 자유침해, 비례의 원칙 뭐 일반변호사들이 잔뜩 주장하시는데, 신뢰보호의 원칙도 그중에 하나로 들어가는데요, 제가 지금은 서울고등법원에 있습니다마는 지난 27일까지는 서울행정법원 수석부장을 했습니다. 주장을 해왔는데, 판결을 써왔는데 의문점이 하나는, 우선 비례의 원칙이나 과잉금지원칙에 위배되어서 예컨대 직업의 자유를 침해했다, 이거는 말이 되는데요. 이게 신뢰보호의 원칙이 무슨 과잉금지의 원칙같이 어떤 기본권침해의 판단기준인 것인지 아니면 그 자체가 어떤 기본권 비슷하게 해서 그자체가 어떤 독립된 기본권 비슷한 것인지 그것부터 헷갈리더라고요. 그 말이 무슨 말인가 하면 예컨대 '과잉금지원칙에 위배되었기 때문에 직업의 자유가 침해되었다' 이거는 말이 되지 않습니까. 헌재에서 그런 식으로 재판을 하고 하는데, '신뢰보호의 원칙이 위배되었기 때문에 예컨대 직업의 자유가 침해되었다' 이렇게 이야기해야 되는 것인지, 아니면 '그러그러했기 때문에 신뢰보호원칙에 위배되었기 때문에 위헌이라는 것인지' 우선 그 부분에서 제가 판단하기가 힘들었습니다. 그래서 제가 헌재결정문을 쭉 읽어보니까 헌재결정은 과잉금지원칙하고 비슷하게 어떤 기본권침해의 판단기준으로 삼고 있는 것 같은 그런 생각이 들어가지고 저도 결국 그냥 그런 식으로 헌재같이 판결을 쓰라고 했는데 우선 그 부분은 어떤지 모르겠습니다.

제 말은 기본권침해의 판단기준으로서 신뢰보호원칙을 사용해야 될 것인지 과잉금지원칙과 비슷하게 말이지요, 아니면 독자적으로 어떤 기본권과 같이 신뢰보호원칙에 위배되면 그자체로서 어떤 직업선택의 자유를 침해했다든지 이런 것과 관계없이 바로 위헌내지 위법이 되는 것인지 그것부터 우선 질문을 하고 싶습니다.

발 표 자 : 신뢰보호원칙이 기본권은 아닌데 과잉금지원칙과 마찬가지로 국가작용의 위헌성을 심사하는 하나의 기준이라고 생각합니다. 그러니까 헌법원칙이라고.

서 기 석 : 지금 헌재에서 아마 그런 식으로, 결정문을 보니 그런 것 같아요. 그래가지고 보니까 결국 법익균형성 그 문제에서 따로 판단을 하니까 이게 중언부언이 돼요, 똑같은 실제로 실무에 있어서는. 아까 그래서 헌재결정문에서 그거를 법익균형성부분에서 동시에 판단하고 있다고 하는데 실무적인 입장에서 보면 그거를 따로 판단하면 우선 과잉금지원칙을 먼저 판단하셔야 된다고 했는데요. 과잉금지의 원칙판단하고 나중에 신뢰보호의 원칙 판단하면 위에서 실컷 했던 이야기를 똑같이 해야 되거든요. 그래서 아마 헌법재판소에서도 법익균형성 그 부분에서 그냥 언급하고 나중에 결국은 비례의 원칙이나 신뢰보호의 원칙에 위배되지 않기 때문에 직업선택의 자유를 침해한 것이 아니다, 이런 식으로 하는게 아닌가 그런 생각이 듭니다.

발 표 자 : 그 부분은 제가 공부를 더 해봐야 되겠는데 아까도 말씀드렸듯이 신뢰보호 원칙에 위배되어서 기본권이 침해되었다고 주장되는 경우 기본권이 침해되고 있는지 여부부터 따져두고 그 다음에 기본권이 침해 안되었다고 했을 때 신뢰보호원칙에 위배되었기에 어떤 법을 제정한다든지 해서 신뢰이익이 침해되면 그때는 그 신뢰이익의 침해로 기본권이 침해되었다, 이렇게 이중심사를 하는게 제가 보기에는 논리적이라고 생각됩니다.

서 기 석 : 그래서 예컨대 비례의 원칙에 위배될려면 결국 법익균형성 아닙니까? 아까 예를 들면 5년 보호했으니까 5년동안 노래방을 할 수 있도록 했으니까 직업의 자유를 침해 안했다, 이렇게 하는 것인데 결국 그 부분에 있어서 5년 신뢰보호를 한 것 아닙니까? 그러니까 5년 신뢰보호를 한 것이 결국 적절했느냐?

5년동안 신뢰보호를 했으면 충분히 보호한 것이다. 그렇기 때문에 비례의 원칙에 위배안되고 결국은 신뢰보호의 원칙에도 위배안된다. 이런 식으로 결론이 말이지요.

발 표 자 : 그런 부분은 신뢰보호방법의 적정성문제에서 따져줄 수도 있는 문제니까 법익균형성단계에서 심사하지 않더라도, 어떤 신뢰이익이 구법질서에 따라 적법하게 계속 영업할 수 있다는 그 이익이 신뢰보호원칙에 따라 적절히 보호되고 있는지 여부를 따질 때 보호가치 있는 정당한 신뢰이익이 성립되었는지, 성립된다면 성립된 이익에 각 공익을 형량해서 적절한 신뢰보호방법이 있는지를 신뢰보호원칙이라는 단계에서 제가 생각하기에는 따로 검토하는게 바람직하다고 저는 생각합니다.

사 회 자 : 점점 열띤 토론에 되어 가는데 제가 시간을 맞추어야 되는데 17분정도가 넘었습니다.

그래서 헌법실무연구회를 이끌어주시는 이공현재판관님 말씀을 마지막으로 듣고 다음 자리에 가서 논의를 계속하도록 하겠습니다.

이 공 현 : 저도 이렇게 오늘 신뢰보호원칙이 이렇게 우리 주제로 떠올랐는데 제가 얼핏얼핏 스칠 때 언제 한번 찾아봐야 되겠다해서 헌법논총부터 다 뒤져도 아직까지 논문이 없는 것을 보니까 얼마나 어려운 주제이고 우리 헌법재판소에서도 그동안에 이거가지고 고심을 많이 했는가 하는 것을 간접적으로 알 수 있겠더라고요.

지금까지 이 문헌을 제가 찾을 수 없었습니다.

그래서 박교수님께 그렇게 말씀드렸습니다. 우리 헌법재판소가 고민하고 있고 다들 의문을 가졌던 문제를 정식으로 제기하고 이것이 첫걸음 아닌가, 우리가 여기서 첫술에 배가 부르겠습니까? 여기 계시는 교수님들 또 우리 연구관님들 전부 다 같이 노력해서 우리 헌재가 이런 문제에 대해서 하나하나 정립해가는 단계가 되어야 되지 않는가 하는게 제 소감입니다.

오늘 와주셔서 정말 감사하고 다들 너무 열띤 토론을 해 주셔서 감사합니다.

사 회 자 : 늦게까지 발표 및 토론에 참석해 주신 여러분들에게 감사드립니다.

憲法實務硏究 제 7 권

2006年 12月 10日 初版印刷
2006年 12月 20日 初版發行

著 者 憲法實務硏究會
發行人 安 鍾 萬
發行處 博 英 社
서울特別市 鍾路區 平洞 13-31番地
電話 (733) 6771 FAX (736) 4818
登錄 1952. 11. 18. 제1-171호(倫)

www.pakyoungsa.co.kr e-mail: pys@pakyoungsa.co.kr

定 價 45,000원

ISBN 978-89-10-51383-4
ISBN 978-89-10-50790-1(세트)